D1807479

Bruderschaften als multifunktionale Dienstleister
der Frühen Neuzeit in Zentraleuropa

Veröffentlichungen des Instituts
für Österreichische Geschichtsforschung

Band 70

2018

Böhlau Verlag Wien

Bruderschaften als multifunktionale Dienstleister der Frühen Neuzeit in Zentraleuropa

Herausgegeben von
Elisabeth Lobenwein, Martin Scheutz und Alfred Stefan Weiß

2018

Böhlau Verlag Wien

Bibliografische Information der Deutschen Nationalbibliothek:
Die Deutsche Nationalbibliothek verzeichnet diese Publikation in der
Deutschen Nationalbibliografie; detaillierte bibliografische Daten sind
im Internet über http://portal.dnb.de abrufbar.

Umschlagabbildung:
Eine Bruderschaft aus dem Salzburger Bürgerspital – die Heilig-Kreuz-Bruderschaft. Das in eine Bruder-schaftskutte gekleidete, mit einem Kropf versehene Bruderschaftsmitglied hält einen Kreuzstab in der Rechten und einen Rosenkranz in der Linken. Die Bruderschaftskutte ist rotbraun, mit roten Knöpfen und hellroten Ärmelaufschlägen; Quelle: Kostüm- und Trachtenbilder der Kuenburg-Sammlung (Ende 18. Jahrhundert), Privatbesitz; Friederike Prodinger–Reinhard R. Heinisch, Gewand und Stand. Kostüm- und Trachtenbilder der Kuenburg-Sammlung (Salzburg–Wien 1983) Tafel 44, zur Beschreibung S. 173, Nr. 82.

© 2018 by Böhlau Verlag GmbH & Co. KG, Wien Köln Weimar
Kölblgasse 8–10, A-1030 Wien,

Alle Rechte vorbehalten. Dieses Werk ist urheberrechtlich geschützt.
Jede Verwertung außerhalb der engen Grenzen des Urheberrechtsgesetzes ist unzulässig.

Satz: Bettina Waringer, Wien
Druck und Bindung: General, Szeged
Gedruckt auf chlor- und säurefreiem Papier
Printed in the EU

ISBN 978-3-205-20001-7

Inhalt

Abkürzungs- und Siglenverzeichnis   9

Vorwort 13

Elisabeth Lobenwein, Martin Scheutz
　Frühneuzeitliche Bruderschaften in Zentraleuropa. Zur Einschätzung
　einer Massenbewegung. 15

(1) Forschungsüberblicke zum Bruderschaftswesen
in Österreich, Böhmen/Mähren und Ungarn

Martin Scheutz
　Frühneuzeitliche Bruderschaften im Bereich des heutigen Österreich.
　Ein Forschungsüberblick. 29

Zdeněk Orlita
　Fromme Bruderschaften in Böhmen, Mähren und Schlesien.
　Ein Forschungsüberblick 67

András Forgó
　Bruderschaften in Ungarn. Eine Forschungsbilanz 87

(2) Bruderschaften als multifunktionale Einrichtungen

Rupert Klieber
　Die vielen Bruderschaften und der Organisationstypus „Fraternität": Angebote zur
　Aufschlüsselung eines bedeutenden Sektors religiöser Dienstleistung 107

Thomas Winkelbauer
　Bruderschaft und Wallfahrt im 17. und 18. Jahrhundert.
　Niederösterreichische, böhmische und mährische Beispiele für die enge
　Verbindung zweier Einrichtungen der katholischen Konfessionalisierung . . . 117

Thomas FRANK
    Bruderschaften als Bank. Italienische Beispiele des 15. und 16. Jahrhunderts . .   135

Vladimír MAŇAS
    Geistliche Bruderschaften und ihr Musikschaffen am Beispiel des
    Gesangs von Laien   145

Gerald HIRTNER
    Bruderschaften als Auftraggeber von Druckerzeugnissen am Beispiel von
    Salzburger Bruderschaftsbriefen. Mit einem Verzeichnis von
    Bruderschaftsbriefen der Erzabtei St. Peter   159

Elisabeth LOBENWEIN
    Spätmittelalterliche und frühneuzeitliche Bruderschaften und ihr Totendienst .   189

(3) Spezielle Typen von Bruderschaften

Christine TROPPER
    Die Rosenkranzbruderschaften in Kärnten in der Frühen Neuzeit   209

Zsófia KÁDÁR
    Die jesuitischen Kongregationen der österreichischen
    Ordensprovinz (von ihren Anfängen bis 1671).
    Typen und Tätigkeitsfelder (ein Forschungsbericht)   239

Marina BECK
    Die Lukasbruderschaften als Auftraggeber von Kunstwerken   313

Tobias DANIELS
    Nationale Bruderschaften in Rom (14.–17. Jahrhundert)   339

Elisabeth HILSCHER
    Musikerbruderschaften als Karrierenetzwerke für Stadt und Hof in Wien . . .   357

Claudia RESCH
    Die Totenbruderschaft von St. Augustin
    und ihre Totenkapelle(n) – geziert, gemalt und gedruckt für die Ewigkeit . . .   373

(4) Organisationsformen von Bruderschaften

Irene RABL
Kloster und Bruderschaft – Leitung und Mitglieder.
Die Lilienfelder Josephsbruderschaft im Vergleich mit einer jesuitischen Sodalität
und drei marianischen Kongregationen in Wien und Graz 397

Regine PUCHINGER
Bruderschaft und Pfarrorganisation –
eine Verbindung zum gegenseitigen Nutzen? 419

(5) Bruderschaften in unterschiedlichen Religionskulturen

Judit MAJOROSSY
The Fate and Uses of Medieval Confraternities in the Kingdom
of Hungary during the Age of Reformation 441

Arend MINDERMANN
Katholisch-protestantische Bruderschaften?
Die Stader Bruderschaften im 16. und 17. Jahrhundert 477

Stefano SARACINO
Griechisch-orthodoxe Bruderschaften in der Habsburgermonarchie
(18. Jahrhundert): Multifunktionale Dienstleister und karitative Akteure . . . 493

Sylvie Anne GOLDBERG
Jewish Brotherhoods in the Habsburg Lands 513

(6) Resümee

Andreas HOLZEM
Wissen – Praktiken – Emotionen.
Nachdenken über eine kulturgeschichtliche
Weiterführung der Bruderschaftsforschung. 529

Verzeichnis der Autorinnen und Autoren. 547

Abkürzungs- und Siglenverzeichnis

A.	Archiv
AASI	Archivum Provinciae Austriae Societatis Iesu/Archiv der Österreichischen Provinz der Gesellschaft Jesu
ABP	Archiv des Bistums Passau, Passau
ADG	Archiv der Diözese Gurk, Klagenfurt
AfD	*Archiv für Diplomatik, Schriftgeschichte, Siegel- und Wappenkunde*
AHAS	*Acta Historiae Artis Slovenica*
AHD	Archiv Hl. Dreifaltigkeit, Wien
AHG	Archiv Hl. Georg, Wien
AKG	*Archiv für Kulturgeschichte*
AMB	Archív mesta Bratislavy, Bratislava
ASK	*Archiv für Schlesische Kirchengeschichte*
ASMA	Archiv von Santa Maria dell'Anima, Rom
ASP	Archiv der Erzabtei St. Peter, Salzburg
AT-AES	Archiv der Erzdiözese Salzburg, Salzburg (Stadt)
AVA	Allgemeines Verwaltungsarchiv, Wien
AVGT	*Archiv für Vaterländische Geschichte und Topographie*
AZ	*Archivalische Zeitschrift*
BayJbVk	*Bayerisches Jahrbuch für Volkskunde*
BBK	*Biographisch-Bibliographisches Kirchenlexikon*
BlVLkNÖ	*Blätter des Vereines für Landeskunde von Niederösterreich*
BMWien	*Berichte und Mitteilungen des Alterthums-Vereines zu Wien 1–50 (1856–1918)*
Br.	Bruderschaft/Bruderschaften
BZ	*Byzantinische Zeitschrift*
Cod.	Codex/Codices
ČMM	*Časopis Matice moravské*
CM	Conventionsmünze
DASP	Diözesanarchiv St. Pölten, St. Pölten
DAW	Diözesanarchiv Wien, Wien
DBE	*Deutsche Biographische Enzyklopädie*
DF	*Diplomatikai Fényképgyüjtemény*
Diccionario	Diccionario histórico de la Compania de Jesús 1–4, hg. von Charles E. O'Neill–Joaquín M. Domínguez (Rom–Madrid 2001).
Diss.	Dissertation
Dipl.	Diplomarbeit
EdN	*Enzyklopädie der Neuzeit*
Ergbd.	Ergänzungsband/-bände

Fasz.	Faszikel
FHB	*Folia Historica Bohemica*
FHKA	Finanz- und Hofkammerarchiv, Wien
fl.	Gulden
FRA	Fontes Rerum Austriacarum
FS	Festschrift
GNM	Germanisches Nationalmuseum, Nürnberg
H.	Heft
HHStA	Haus-, Hof- und Staatsarchiv, Wien
HJbStL	*Historisches Jahrbuch der Stadt Linz*
Hs.	Handschrift/Handschriften
HZ	*Historische Zeitschrift*
JbOÖMV	*Jahrbuch des Oberösterreichischen Musealvereines*
JbStKlo	*Jahrbuch des Stiftes Klosterneuburg*
JbVk	*Jahrbuch für Volkskunde*
JbVGStW	*Jahrbuch des Vereins für Geschichte der Stadt Wien*
KA	Kriegsarchiv, Wien
Kart.	Karton
KLA	Kärntner Landesarchiv, Klagenfurt
KTRKGy	Kézirattár és Régi Könyvek Gyűjteménye
LMA	*Lexikon des Mittelalters*
MA	Masterarbeit
MGSLk	*Mitteilungen der Gesellschaft für Salzburger Landeskunde*
MIÖG	*Mitteilungen des Instituts für Österreichische Geschichtsforschung*
MNL GyMSM SL	Magyar Nemzeti Levéltár Győr-Moson-Sopron Megye Soproni Levéltára
MNL HBML	Magyar Nemzeti Levéltár Hajdú-Bihar Megyei Levéltára, Budapest
MNL OL	Magyar Nemzeti Levéltár Országos Levéltára, Budapest
MOÖLA	*Mitteilungen des Oberösterreichischen Landesarchivs*
MÖStA	*Mitteilungen des Österreichischen Staatsarchivs*
MStLA	*Mitteilungen des Steiermärkischen Landesarchivs*
MTA	Magyar Tudományos Akadémia, Budapest
MVGStW	*Mitteilungen des Vereines für Geschichte der Stadt Wien*
MZA	Moravský zemský archiv v Brně [Mährisches Landesarchiv Brünn]
NDB	*Neue Deutsche Biographie*
N. F.	Neue Folge
NÖLA	Niederösterreichisches Landesarchiv, St. Pölten
OÖHbl	*Oberösterreichische Heimatblätter*
OÖLA	Oberösterreichisches Landesarchiv, Linz
ÖAW	Österreichische Akademie der Wissenschaften
ÖNB	Österreichische Nationalbibliothek, Wien
ÖStA	Österreichisches Staatsarchiv, Wien
ÖZKD	*Österreichische Zeitschrift für Kunst und Denkmalpflege*
PA	Pfarrarchiv
pag.	pagina
QFIAB	*Quellen und Forschungen aus italienischen Archiven und Bibliotheken*
RHE	*Revue d'Histoire Ecclésiastique*

RHM	*Römische Historische Mitteilungen*
RP	Ratsprotokoll/-e
RQ	*Römische Quartalschrift*
SB	Sitzungsberichte
SchlossA	Schlossarchiv
SMCA	Salzburger Museum Carolino Augusteum, Salzburg
sog.	sogenannte/-er
StaatsA	Staatsarchiv
StA	Stadtarchiv
StAbt	Staatenabteilung
StAF	Staatsarchiv Freiburg im Üechtland, Freiburg
StHB	Stiftungshofbuchhaltung
StiA	Stiftsarchiv
StLA	Steiermärkisches Landesarchiv, Graz
STMBO	*Studien und Mitteilungen zur Geschichte des Benediktinerordens und seiner Zweige*
StuF	Studien und Forschungen aus dem Niederösterreichischen Institut für Landeskunde
SUS	Sammlungen und Selekte
ß	Schilling
TRE	*Theologische Realenzyklopädie*
UA	Universitätsarchiv
UB	Urkundenbuch
UH	*Unsere Heimat. Zeitschrift des Vereines für Landeskunde von Niederösterreich*
unpag.	unpaginiert
VIÖG	Veröffentlichungen des Instituts für Österreichische Geschichtsforschung
WGBll	*Wiener Geschichtsblätter*
WStLA	Wiener Stadt- und Landesarchiv, Wien
W. W.	Wiener Währung
ZBLG	*Zeitschrift für Bayerische Landesgeschichte*
ZHVSt	*Zeitschrift des Historischen Vereins für Steiermark*
ZRG	*Zeitschrift der Savigny-Stiftung für Rechtsgeschichte*
GA	*Germanistische Abteilung*
KA	*Kanonistische Abteilung*
RA	*Romanistische Abteilung*
xr.	Kreuzer

Vorwort

Der vorliegende Band ist das schriftlich ausformulierte Resultat einer Tagung mit dem Titel „Multifunktionale Dienstleister. Frühneuzeitliche Bruderschaften in Zentraleuropa", die zwischen 23. und 25. Februar 2017 in Salzburg stattgefunden hat. Die Salzburger Tagung wurde gemeinsam vom Archiv der Erzdiözese Salzburg, dem Fachbereich für Geschichte der Universität Salzburg und dem Institut für Österreichische Geschichtsforschung in Wien organisiert. Zu großem Dank sind wir Christine Gigler vom Archiv der Erzdiözese Salzburg verpflichtet, die als souveräne Mitorganisatorin fungierte und zudem bei einer Führung im Rahmen der Tagung detaillierten Einblick in das Archiv vermittelte. Wir waren dankbar, im Rupertussaal des Erzbischöflichen Palais, Kapitelplatz 2, eine gastliche Bleibe für diese interdisziplinäre Tagung, die Referentinnen und Referenten aus Deutschland, Italien, Österreich, Tschechien und Ungarn zusammenführte, gefunden zu haben. Verschiedene Disziplinen haben bei der Tagung niederschwellig zueinander gefunden, beispielsweise Kirchen-, Kunst-, Profangeschichte und Musikwissenschaft. Andreas Holzem aus Tübingen übernahm die schwierige Aufgabe, eine Zusammenfassung der Ergebnisse am Ende der Tagung vorzunehmen – der vorliegende Band bietet eine schriftliche Ausformulierung dieses Resümees. Der reibungslose Ablauf der Tagung war auch ein Resultat der guten Zusammenarbeit des in Klagenfurt, Salzburg und Wien sitzenden Organisationsteams.

Unser Dank für die Beteiligung an der Tagung gilt Sylvia Hahn (Rektorat der Universität Salzburg), Elisabeth Kandler-Mayr (Ordinariat der Erzdiözese Salzburg), Albert Lichtblau (Fachbereich für Geschichte der Universität Salzburg) und Thomas Mitterecker (Archiv der Erzdiözese Salzburg). Ein besonderer Höhepunkt der Tagung war die themenspezifische Führung bei der Heiligen Stiege in der Salzburger Kajetanerkirche, die in der kundigen Darlegung durch Matthias Hohler barocke Frömmigkeitspraxis hautnah erleben ließ. Auch Gerald Hirtner, dem Archivar des Stiftsarchivs der Erzabtei St. Peter in Salzburg, sind wir für seine auf Bruderschaftsquellen fokussierte Führung durch das Archiv zu Dank verpflichtet. Schließlich danken wir allen Vortragenden für ihre hier vorliegenden schriftlich ausgearbeiteten Beiträge und für die zeitgerechte Abgabe der Manuskripte – die Zusammenarbeit war für alle Beteiligten erfreulich.

Klagenfurt, Salzburg und Wien, im Februar 2018
Elisabeth Lobenwein, Martin Scheutz und Alfred Stefan Weiß

Frühneuzeitliche Bruderschaften in Zentraleuropa.
Zur Einschätzung einer Massenbewegung

Elisabeth Lobenwein, Martin Scheutz

Das sowohl Männern als auch Frauen offen stehende, bis circa Mitte des 18. Jahrhunderts stark florierende Bruderschaftswesen entstand angeleitet von kirchlichen, bäuerlichen, bürgerlichen und adeligen Repräsentanten unter anderem aus einer religiösen Laienbewegung des Spätmittelalters[1] und erlebte nach einem deutlichen Einbruch in der Reformationszeit[2] im Zuge der katholischen Reform und der katholischen Konfessionalisierung bevorzugt in Städten, aber auch in Dörfern einen starken Aufschwung im 17. Jahrhundert[3]. Im Kern der bruderschaftlichen, von unterschiedlichen weltlichen, religiösen, materiellen, spirituellen, persönlichen und kommunikativen Faktoren bestimmten Soziabilität stand der frei gewählte Zusammenschluss von Gleichgesinnten, in dessen Zentrum sich die sieben Werke der Barmherzigkeit, aber vor allem Totengedenken, Totendienst und der Erwerb von Ablässen im Sinne des Seelenheils befanden. Das Autonomieverlangen der Laien in den spätmittelalterlichen, genossenschaftlich organisierten Bruderschaften[4] – im Spätmittelalter hatte es noch keine allgemein verbindlichen Bestimmungen zum Bruderschaftswesen gegeben – stieß mit dem Tridentinum (22. Sessio,

---

[1] Als Aufarbeitung der spätmittelalterlichen Bruderschaften (etwa im Bereich der Armenpflege, der genossenschaftlichen Organisationsform, der Bruderschaften als regionales und überregionales Netzwerk) siehe etwa den Sammelband: Mittelalterliche Bruderschaften in europäischen Städten. Funktionen, Formen, Akteure/Medieval Confraternities in European Towns. Functions, Forms, Protagonists, hg. von Monika ESCHER-APSNER (Inklusion/Exklusion 12, Frankfurt/Main 2009); als Synthese für Franken Ludwig REMLING, Sozialgeschichtliche Aspekte des spätmittelalterlichen Bruderschaftswesens in Franken, in: Einungen und Bruderschaften in der spätmittelalterlichen Stadt, hg. von Peter JOHANEK (Städteforschung A/32, Köln 1993) 149–161.

[2] Als Beispiel einer florierenden Bruderschaftslandschaft siehe die Verehrung der Heiligen Anna: Angelika DÖRFLER-DIERKEN, Vorreformatorische Bruderschaften der hl. Anna: vorgelegt am 9. Mai 1992. *Abhandlungen der Heidelberger Akademie der Wissenschaften Philosophisch-historische Klasse* Jg. 1992/3 (Heidelberg 1992) 1–212. Zur Kritik Luthers an den Bruderschaften Robert STUPPERICH, Bruderschaften/Schwesternschaften/Kommunitäten. *TRE 7* (1981) 195–206, hier 200f.

[3] Als Überblick Wolfgang HARDTWIG, Christliche Bruderschaften. *EdN* 2 (2005) Sp. 460–464; als Synthese Wolfgang HARDTWIG, Genossenschaft, Sekte, Verein in Deutschland 1: Vom Spätmittelalter bis zur Französischen Revolution (München 1997) 70–97.

[4] Rudolf WEIGAND, Bruderschaft. *LMA* 2 (1983) Sp. 738f. (unter Auflösung der Abkürzungen): „Die Erscheinungsformen der Bruderschaften zeigen im Mittelalter eine sehr große Mannigfaltigkeit. Das Spektrum reicht von den Gebetsverbrüderungen, der im Frühmittelalter häufigsten Form der Bruderschaften, den städtisch-bürgerlichen Bruderschaften, die nicht mit Gilden oder Zünften identisch sind, bis hin zu den rein religiös ausgerichteten Bruderschaften. Ähnlich vielfältig sind auch die Bezeichnungen, die in den mittelalterlichen Quellen für die Bruderschaften erscheinen."

17. September 1562) auf bischöflich-kirchliche, nunmehr verschriftlichte Kontrollvorstellungen[5]. Auf den Diözesan- und Provinzialsynoden erhoben sich schon im 15. und
besonders im 16. Jahrhundert vermehrt kritische Stimmen zum Bruderschaftswesen. Erst
das Tridentinum legte fest, dass die Bruderschaften als Teil der „pia loca", also der im
Sinne des Kirchenrechtes anerkannten Einrichtungen, anzusehen waren. Sie zählten somit
zum kirchlichen Bereich und unterlagen dem Kirchenrecht. Zudem betonte das Tridentinum das von Exemtionen nicht eingeschränkte Visitationsrecht der Bischöfe über die
Bruderschaften. Durch eine jährlich vorgeschriebene Rechnungslegung wurde das Aufsichtsrecht der Bischöfe bzw. deren Vertreter über die Verwaltung der Bruderschaften zusätzlich hervorgehoben[6]. Die Bulle „Quaecumque"[7] (7. Dezember 1604) Clemens' VIII.
verfestigte die bischöfliche Kontrolle, beispielsweise über die nahezu bei allen Bruderschaften gleich oder ähnlich lautenden Statuten, die Visitationsrechte und Kontrolle der
Rechnungslegung[8]. Sie fixierte bis zum Codex Iuris Canonici von 1917 die kirchenrechtliche Grundlage zur Behandlung der Bruderschaften. Die Rechte des Ortsordinarius wurden gestärkt, der nicht nur die Gründung einer Bruderschaft bestätigen musste, sondern
auch der Eingliederung der Bruderschaft in eine Erzbruderschaft zustimmen sollte. Bei
der Verleihung von Ablässen und Privilegien waren bischöfliche Aufsichtsrechte wichtig,
aber auch die Erstellung der Statuten bedurfte der Zustimmung des Diözesanbischofs.
Zugleich untersagte die Bulle „Quaecumque" die Einrichtung von mehreren gleichartigen
Bruderschaften an einem Ort – das nachtridentinische Modell der Bruderschaft sollte sich
im Sinne der Konfessionalisierung nicht gegenseitig konkurrieren. Mit diesen rechtlichen
Rahmungen wurden die Bruderschaften stark an die Kirche nach Trient gebunden und
gleichzeitig intensiv der kirchlichen Kontrolle unterworfen; die Rolle des Papstes, der Ablässe erließ bzw. verlieh, wurde damit gestärkt[9]. In der kirchlichen Rechtssprache des 17.
und 18. Jahrhunderts werden Begriffe wie „sodalitas", „confraternitas" oder „congregatio"

---

[5] Reformdekret 22. Sitzung, Canon 8 und 9: Dekrete der ökumenischen Konzilien 3: Konzilien der Neuzeit, hg. von Josef WOHLMUTH (Paderborn ³2002) 740: „[8, bischöfliche Rechte und Pflichten im Stiftungs-
wesen]: Bischöfe sind – auch als Delegaten des Apostolischen Stuhls – in den rechtlich zugelassenen Fällen
Vollstrecker aller frommen Verfügungen, handle es sich um den letzten Willen oder um Verfügungen Lebender.
Sie haben das Recht, Hospitäler, Kollegien und Laienbruderschaften und auch, was ‚Schule' oder sonstwie
heißt, zu visitieren. [...] [9, Rechenschaftspflicht gegenüber den Ordinarien]: Sowohl kirchliche als auch weltliche Administrationen des Vermögens einer Kirche, auch einer Kathedrale, eines Hospitals, einer Bruderschaft,
eines Almosenhauses, eines mons pietatis und aller frommen Einrichtungen, sind gehalten, jedes Jahr vor dem
Ordinarius Rechenschaft über ihre Verwaltung abzulegen. Alle Gewohnheiten und Privilegien, die dem entge-
genstehen, sind aufgehoben, außer es wurde in der Stiftung und Errichtung einer solchen Kirche oder eines
Kirchenvermögens vielleicht ausdrücklich anders verfügt. Muß aus Gewohnheit, aufgrund eines Privilegs oder
einer örtlichen Konstitution gegenüber anderen, die dafür abgeordnet wurden, Rechenschaft abgelegt werden,
dann wird mit ihnen zusammen auch der Ordinarius zugezogen. Anders erteilte Entlastungen nützen den genannten Administratoren überhaupt nichts."
[6] Bernhard SCHNEIDER, Bruderschaften im Trierer Land. Ihre Geschichte und ihr Gottesdienst zwischen
Tridentinum und Säkularisation (Trierer theologische Studien 48, Trier 1989) 106f.
[7] Bullarum diplomatum et privilegiorum sanctorum Romanorum pontificum. Taurensis Editio 11 (Rom
1867) 138–143 (Nr. 362), online unter https://babel.hathitrust.org/cgi/pt?id=ucm.5320561798;view=1up;
seq=181 [27. 11. 2017].
[8] Zu kirchlichen Disziplinierungsversuchen der Bruderschaften durch legislative Bestimmungen Rebekka
von MALLINCKRODT, Struktur und kollektiver Eigensinn. Kölner Laienbruderschaften im Zeitalter der Konfessionalisierung (Veröffentlichungen des Max-Planck-Instituts für Geschichte 209, Göttingen 2005) 74–83.
[9] Ludwig REMLING, Bruderschaften in Franken. Kirchen- und sozialgeschichtliche Untersuchungen zum
spätmittelalterlichen und frühneuzeitlichen Bruderschaftswesen (Quellen und Forschungen zur Geschichte des
Bistums und Hochstiftes Würzburg 35, Würzburg 1986) 32.

als synonyme Bezeichnungen für diese kirchlich kontrollierten Laienvereinigungen verwendet[10]. Bruderschaften galten in einem nachtridentinischen Verständnis und innerhalb der nachtridentinischen Anstaltskirche „nicht länger als freie und selbständige Initiativen von religiös interessierten Personen […], sondern als kirchlich genehmigte und reglementierte Einrichtungen im Dienst der Seelsorge"[11].

Für die Wiederbelebung des Bruderschaftswesens ab der zweiten Hälfte des 16. Jahrhunderts war sicherlich das Vorbild der jesuitischen Kongregationen – streng genommen keine Bruderschaften, sondern zentralistisch geführte Vorfeldorganisationen der Jesuiten – entscheidend. Spätmittelalterliche Bruderschaften lassen sich als einen familienähnlichen und von Berufsgruppen gekennzeichneten Verband, „der sich nicht durch ständische Hierarchie, sondern durch Gleichrangigkeit auszeichnen soll"[12], verstehen. Auf der Grundlage von Zunftzugehörigkeit und gemeinsamen religiösen Vorstellungen, aber mitunter auch von sozialer Exklusivität hatten sich die mittelalterlichen Bruderschaften organisiert, während die neuzeitlichen Bruderschaften vor allem eine Intensivierung der Frömmigkeitspraktiken und eine Sakralisierung des Alltagslebens anstrebten. Nicht mehr nur einmal pro Jahr sollte gebeichtet und kommuniziert werden, sondern möglichst häufig; der Rosenkranz sollte zum ständigen Begleiter der Lebenspraxis werden. Nach dem Vorbild der marianischen Kongregationen sollte wiederholt gebetet, gefastet, prozessiert und die Messe besucht werden. Die nachtridentinischen Bruderschaften hatten eine vermehrte „Teilhabe am Heiligen" durch die Laien sicherzustellen, weil die Bruderschaften „Bilderwelten und Sprechakte zur Verfügung stellten und einübten, aus denen gleichzeitig genaue und ständische gebundene Handlungsanweisungen erwuchsen"[13]. Häufig wird die Geschichte der Bruderschaften als Geschichte des Verhältnisses von Laien und Geistlichen geschrieben, aber der Raum der Bruderschaften öffnete einen Raum jenseits des Binären, eine geistlich-weltliche Kontaktzone entstand, innerhalb der geistliches Wissen transportiert wurde[14]. Nach dem Vorbild der „engelgleichen" Jesuiten sollte die Rolle des katholischen Priesters nachtridentinisch als heroischer, asketischer, bartloser Einzelgänger, der aufgrund deutlicher Grenzziehung aus dem Pfarrvolk herausgehoben war, interpretiert werden. Nicht nur die dogmatisch-theologische Ausbildung hatte verbessert zu werden, sondern der Pfarrer musste sich in Mimik, Gestik und Körperhaltung selbst kontrollieren – der Erhabenheit des Sakramentes der Weihe sollte auch der vorbildliche Lebenswandel des Geistlichen entsprechen. Eine Trennung von Sakralem und Profanem musste vorgenommen werden[15]. Die nachtridentinischen Bruderschaften gaben den Pfar-

---

[10] Ludwig REMLING, Bruderschaften als Forschungsgegenstand. *JbVk* 3 (1980) 89–112, hier 99.

[11] Bernhard SCHNEIDER, Kirchenpolitik und Volksfrömmigkeit. Die wechselhafte Entwicklung der Bruderschaften in Deutschland vom Spätmittelalter bis zur Mitte des 19. Jahrhunderts. *Saeculum* 47 (1996) 89–119, hier 93.

[12] Andreas HOLZEM, Christentum in Deutschland 1550–1850. Konfessionalisierung – Aufklärung – Pluralisierung 1 (Paderborn 2015) 435.

[13] Ebd. 439.

[14] Nicholas TERPSTRA, Boundaries of Brotherhood. Laity and Clergy in the Social Spaces of Religion, in: Faith's Boundaries. Laity and Clergy in Early Modern Confraternities, hg. von DEMS.–Adriano PROSPERI–Stefania PASTORE (Europa Sacra 6, Turnhout 2012) XI–XXXI, hier XV.

[15] Als „klassische Texte" dazu Hubert JEDIN, Das Leitbild des Priesters nach dem Tridentinum und dem Vatikanum II. *Theologie und Glaube* 60 (1970) 102–124; Alois HAHN, Die Rezeption des tridentinischen Pfarrerideals im westtrierischen Pfarrklerus des 16. und 17. Jahrhunderts. Untersuchungen zur Geschichte der katholischen Reform im Erzbistum Trier (Publications de la Section Historique de l'Institut G.-D. de Luxembourg 90, Luxemburg 1974) 257–272; Werner FREITAG, Pfarrer, Kirche und ländliche Gemeinschaft. Das De-

rern bei diesem Kampf um die Sakralisierung ein spirituelles Kampfmittel in die Hand.
Der Pfarrer hielt die Bruderschaftsmessen, setzte sich an die Spitze der Bruderschaftsprozessionen und kontrollierte die Vereinigung der Laien in seiner Pfarre. Umgekehrt konnte
der Pfarrer mit den Bruderschaftsmessen sein mitunter recht bescheidenes Einkommen
aufbessern und letztlich auch auf die Finanzmittel der Bruderschaft zugreifen[16].

Häufig an Pfarren oder Klöster angeschlossen, unterstützte (bzw. rivalisierte) die als
Ablassvermittlerin tätige Bruderschaft das kirchliche Leben vor Ort organisatorisch und
spirituell, wie etwa durch Lesung von Messen, durch zunehmend an römisch-katholischen Frömmigkeitsformen angelehnte Andachten, durch Prozessionen oder durch Wallfahrten. Die in ihrer Bedeutung kaum zu überschätzenden Kunstmäzene (Architektur[17],
Kunsthandwerk, Musik) kamen auch für die Ausstattung von Altären oder etwa für den
Ankauf von Geräten, Kelchen und Paramenten auf.

Die tausenden im katholischen Europa verstreuten, in größeren Städten oft dutzendfach bestehenden Bruderschaften als zentrale Einrichtungen der Vergesellschaftung und
als Manifestation der Bedeutung der Laien in der Kirche galten als „Rückgrat des sozialen,
religiösen und staatlichen Lebens"[18] in der Vormoderne. Stände- und geschlechtsübergreifend angelegt, kannten mitteleuropäische Bruderschaften in der Regel kein Ausschließlichkeitsprinzip, sondern Männer und Frauen konnten in mehreren Bruderschaften
gleichzeitig Mitglied sein, was die Spezifika von bestimmten Bruderschaftstypen (wie die
dominikanischen Rosenkranzbruderschaften[19], die Sakramentsbruderschaften etc.) verwischte. Die geistlichen Verpflichtungen der Bruderschaften ergaben sich oft schon im
Namen, Arme-Seelen-Bruderschaften widmeten sich etwa einer angemessenen Beerdigung der Toten.

Die Klassifizierung der Bruderschaften schuf aber generell Probleme, grob gesprochen
könnte man die gegenwärtige Forschungslandschaft verallgemeinernd in Exponenten
einer nivellierenden Bruderschaftskonzeption („much of the same") und in einen For-
schungsansatz, der im Gegenteil die Spezifika der jeweiligen Bruderschaftstypen herauszuarbeiten versucht, unterteilen. Einerseits wird der Schatz an päpstlichen Ablässen extra-
poliert, andererseits werden die Unterschiede zwischen einer Allerseelen-Bruderschaft und
einer Barbarabruderschaft herausgearbeitet. Schon den aufgeklärten und nicht-aufgeklär-
ten Zeitgenossen bereitete die schiere Fülle an verschiedenen Bruderschaftstypen Probleme bei der Klassifizierung. Hofrat Franz Josef Heinke (1726–1803), spiritus rector der
Josephinischen Kirchenpolitik, unterschied beispielsweise die große Anzahl der verschiedenartigen Bruderschaften in den deutschen Erbländern – allein in der Steiermark 483,
in Niederösterreich um 1780 688, in Wien 116 Bruderschaften – funktionell bezüglich

---

kanat Vechta 1400–1803 (Studien zur Regionalgeschichte 11, Bielefeld 1998) 286–302; zum neuen Priestertyp
Von der Gegenreformation bis zum Josephinismus, hg. von Karl Heinz Frankl–Peter G. Tropper–Christine
Tropper (Das Christentum in Kärnten 3, Kehl 2004) 18–22.

[16] Siehe den Beitrag von Regine Puchinger in diesem Band.

[17] Als Beispiel Nikolaus Hofer, Das ehemalige Bruderschaftsgebäude in Scheibbs, NÖ. Ergebnisse der
Ausgrabung eines barockzeitlichen Bauwerks mit spätmittelalterlichen Vorgängerbauten am Rathausplatz von
Scheibbs, Niederösterreich (Dipl. Wien 1996); siehe etwa die prächtigen, mit Porträts ausgestatteten Bruder-
schaftsbücher bei Franz Berger, Zwei Bruderschaftsbücher der Stadt Ried. OÖHbl 1 (1947) 131–136.

[18] Peter Hersche, Muße und Verschwendung. Europäische Gesellschaft und Kultur im Barockzeitalter 1
(Freiburg/Br.–Basel–Wien 2006) 396, siehe den europäischen Überblick zu Bruderschaften 396–439.

[19] Am Beispiel der Schweiz Stefan Jäggi, Rosenkranzbruderschaften. Vom Spätmittelalter zur Konfessionalisierung, in: Der Rosenkranz. Andacht, Geschichte, Kunst, hg. von Urs-Beat Frei–Fredy Bühler (Bern 2003)
91–105. Siehe den Beitrag von Christine Tropper in diesem Band.

ihrer Zielsetzungen in mehrere Typen[20]: (1) Einzelnen Heiligen gewidmete Bruderschaften (Antonius, Benedikt, Monika, Apollonia, Barbara, Sebastian, Rochus etc.); (2) Bruderschaften zum Zweck der „Verehrung einiger Religions-Geheimnisse" (Dreifaltigkeit, Corporis-Christi etc.); (3) Bruderschaften, „welche auf Leistung der Hilfe für die Seelen im Fegfeuer abzielten"[21] und schließlich, anders geartet, (4) die von den Jesuiten geförderten Christenlehrbruderschaften[22]. Nach einem Ansatz aus der Organisationssoziologie wurde versucht, Bruderschaften in insgesamt sechs Kriterienbündel einzuteilen: (1) Eigenständigkeit oder Abhängigkeit der Bruderschaft (Affiliierung an eine Erzbruderschaft), (2) Selbstverwaltungsgrad der Bruderschaft durch gewählte Organe oder Anbindung an eine geistliche Institution (etwa ein Kloster, Universität) und (3) Ausstattung mit einer an römischen Vorbildern geschulten Bruderschaftszier oder zierlose Erscheinungsform der Bruderschaft[23].

Kontrovers in der Forschung wird beurteilt[24], ob die flexibel agierenden, Chamäleon artig verschiedenste Funktionen integrierenden Bruderschaften als Agent der obrigkeitlich, weltlich-kirchlich gesteuerten Gegenreformation auftraten bzw. als Zwangsmittel für eine verinnerlichte, privatisierte Frömmigkeit agierten oder ob Bruderschaften als harmloser Ausdruck eines basalen nachtridentinischen Selbstverständnisses der Laien zu interpretieren sind. Den Bruderschaften als „zentralen Agenten der Vergesellschaftung"[25] in der karitativen-sozialen Arbeit, aber auch als gemeindlichen Friedensstiftern kam große Bedeutung zu. Bruderschaften schufen Ersatzfamilien, zementierten Beziehungen[26], fungierten als Kitt einer geburtsständisch gespaltenen Gesellschaft und erzeugten über Geschlechtergrenzen hinweg künstliche Verwandtschaft. Unterschiedliche, letztlich bruchstückhaft nebeneinanderstehende Sichtweisen entwickelten sich zwischen den Kirchen- und den Profanhistorikerinnen und -historikern. Aus der Sicht der Profangeschichte stellen sich die Bruderschaften als niederschwellige Konfessionalisierungsangebote dar, welche unter Einsatz verschiedener Mittel mithalfen, die in der zweiten Hälfte des 16. Jahrhunderts mehrheitlich protestantische Bevölkerung wieder auf katholische Linie zu bringen. Thomas Winkelbauer erscheinen die Bruderschaften in einer sozialgeschichtlichen Perspektive als disziplinierende „Instrumente [der Obrigkeit] zur

---

[20] Zu den Zahlen für die Steiermark Johann SEPPERER, Die kirchlichen Bruderschaften in der Steiermark. Aufhebung und Wiedererrichtung (Diss. Graz 1959) Anhang IV; zu den Zahlen für Wien Ferdinand MAASS, Der Josephinismus. Quellen zu seiner Geschichte in Österreich 1760–1790. Amtliche Dokumente aus dem Wiener Haus-, Hof- und Staatsarchiv, dem Allgemeinen Verwaltungsarchiv und dem Archiv des Wiener Schottenstiftes 3: Das Werk des Hofrats Heinke 1768–1790 (FRA II/73, Wien 1956) 355, zur Zahl der NÖ. Bruderschaften ebd. 357.

[21] MAASS, Der Josephinismus (wie Anm. 20) 355.

[22] Am Beispiel Trier SCHNEIDER, Bruderschaften im Trierer Land (wie Anm. 6) 117–125.

[23] Rupert KLIEBER, Bruderschaften und Liebesbünde nach Trient. Ihr Totendienst, Zuspruch und Stellenwert im kirchlichen und gesellschaftlichen Leben am Beispiel Salzburg 1600–1950 (Frankfurt/Main u. a. 1999) 575–578. Etwa auch Peter BECKER, Konfessionalisierung in Kurköln. Untersuchungen zur Durchsetzung der katholischen Reform in den Dekanaten Ahrgau und Bonn anhand von Visitationsprotokollen 1583–1761 (Veröffentlichungen des Stadtarchivs Bonn 43, Bonn 1989) 190: Im 17. Jahrhundert entstand ein neuer Bruderschaftstyp, „der nicht mehr hemmend neben der Reform stand [wie die mittelalterlichen Bruderschaften], sondern aus ihr selbst entstanden war."

[24] Zu Bruderschaften als Agenten der Gegenreformation Thomas WINKELBAUER, Ständefreiheit und Fürstenmacht. Länder und Untertanen des Hauses Habsburg im konfessionellen Zeitalter, Teil 2 (Österreichische Geschichte 1522–1699, Wien 2003) 224–236.

[25] HERSCHE, Muße und Verschwendung (wie Anm. 18) 416.

[26] Christopher BLACK, Italian Confraternities in the Sixteenth Century (Cambridge 1989) 271.

Verbreitung und Intensivierung römisch-katholischer Frömmigkeitspraktiken, zur Verbesserung der moralischen Sitten der Stadt- und Landbevölkerung und zur Einübung eines durch private und öffentliche Gebete strukturierten Tages-, Wochen-, Monats- und Jahresablaufs"[27]. Aus der Sicht der Kirchengeschichte wird dagegen die Freiwilligkeit und die scheinbare Absichtslosigkeit der posttridentinischen, von Laien mitgetragenen Bruderschaften unterstrichen, lediglich die „kirchliche Domestizierung" schien das Ziel der Bruderschaftsgründungen gewesen zu sein. Geistliche Dienstleistung im Sinne von Totendienst[28], Liebesbündnis, sozial-karitativer Verein kontrastierte mit der gesellschaftlichen Funktion der Bruderschaften als „Reisebüro des kleinen Mannes"[29], als niederschwelliges Verbindungsglied zwischen lokalen/regionalen weltlichen und geistlichen Eliten. Die Bruderschaften sind durch mehrere Faktorenbündel gekennzeichnet: „das Fundament ,Totenkult', die geringe Verbindlichkeit, der niedrige Organisationsgrad und die grundsätzliche Offenheit für Männer und Frauen"[30]. Die Frage nach den Bruderschaften als zwielichtigen und eigensinnigen Agenten der katholischen Konfessionalisierung ist vermutlich kaum schlüssig zu beantworten und muss in Schwebe bleiben. „Wenn Laien und Geistliche gemeinsam Fraternitäten leiteten, so kann man nicht nur eine Erziehung und Durchsetzung obrigkeitlicher Normen von Seiten der Kirchenmänner unterstellen, sondern auch Interessenkongruenzen beider Seiten"[31]. Die Frage der zeitlichen Sequenzierung des Bruderschaftswesens in der Habsburgermonarchie gehört zu den offenen Problemen. Auf dem Gebiet des heutigen Österreich scheinen die Bruderschaften „nicht Teil der ersten Welle der katholischen Konfessionalisierung" gewesen zu sein, sondern sie „stellen vielmehr ein typisches Phänomen der erfolgreichen innerkirchlichen Nacharbeit in der zweiten und dritten Generation nach der Beseitigung des evangelischen Kirchenwesens dar"[32]. Noch kaum in den Blick genommen und auf der Grundlage der bislang ausge-

---

[27] Thomas WINKELBAUER, Volkstümliches Reisebüro oder Werkzeuge obrigkeitlicher Disziplinierung? Die Laienbruderschaften der Barockzeit in den böhmischen und österreichischen Ländern, in: Staatsmacht und Seelenheil. Gegenreformation und Geheimprotestantismus in der Habsburgermonarchie, hg. von Rudolf LEEB–Susanne Cl. PILS–Thomas WINKELBAUER (VIÖG 47, Wien 2007) 141–160, hier 147. In ähnliche Richtung argumentierend Martin SCHEUTZ, Bruderschaften als multifunktionale Dienstleister der Frühen Neuzeit. Das Beispiel der vereinigten Barbara- und Christenlehrbruderschaft Herzogenburg (1637/1677–1784), in: 900 Jahre Stift Herzogenburg. Aufbrüche – Umbrüche – Kontinuität. Tagungsband zum wissenschaftlichen Symposium vom 22.–24. September 2011, hg. von Günter KATZLER–Victoria ZIMMERL-PANAGL (Innsbruck–Wien–Bozen 2013) 283–315; Willibald KATZINGER, Die Bruderschaften in den Städten Oberösterreichs als Hilfsmittel der Gegenreformation und Ausdruck barocker Frömmigkeit, in: Bürgerschaft und Kirche. 17. Arbeitstagung in Kempten 3.–5. November 1978, hg. von Jürgen SYDOW (Stadt in der Geschichte 7, Sigmaringen 1980) 96–112.
[28] KLIEBER, Bruderschaften und Liebesbünde (wie Anm. 23) 28, sieht in Fraternitäten „alle mittelalterlichen und neuzeitlichen ,Organisationen' (= freiwillige, zielgerichtete Zusammenschlüsse) mit eindeutig totenkultischem Schwer[k]punkt".
[29] Siehe den Beitrag von Thomas WINKELBAUER in diesem Band.
[30] Rupert KLIEBER, Basisbewegung oder Instrument kirchlicher Domestizierung? Charakteristika und Dimensionen des neuzeitlichen Bruderschaftswesens im süddeutschen Raum, in: Staatsmacht und Seelenheil (wie Anm. 27) 161–167, hier 162.
[31] Rebekka VON MALLINCKRODT, Reichweite und Grenzen des Konfessionalisierungsparadigmas am Beispiel Kölner Laienbruderschaften des 17. Jahrhunderts, in: Interkonfessionalität – Transkonfessionalität – binnenkonfessionelle Pluralität. Neue Forschungen zur Konfessionalisierungsthese, hg. von Kaspar VON GREYERZ (Schriften des Vereins für Reformationsgeschichte 201, Gütersloh 2003) 16–47, hier 47.
[32] Rudolf LEEB, Der Streit um den wahren Glauben – Reformation und Gegenreformation in Österreich, in: Georg SCHEIBELREITER–DERS.–Peter TROPPER–Maximilian LIEBMANN, Geschichte des Christentums in Österreich. Von der Spätantike bis zur Gegenwart (Österreichische Geschichte, Wien 2003) 145–279, hier 276.

werteten Quellen schwer nachweisbar erscheint aber die politische Funktionsweise der Bruderschaften, die selbst ratsferne Schichten zumindest mit Ehre und visueller Repräsentation in der Öffentlichkeit ausstattete[33].

Als wichtigste Quellengrundlage für die Bruderschaftsforschung gelten – so nach der Aufhebung 1783[34] noch vorhanden – seit langer Zeit die Verzeichnisse der lebenden und toten Mitglieder, die sog. Bruderschaftsbücher, die Protokollbücher und des Weiteren die Bruderschaftsrechnungen, aber auch die in regelmäßigen Abständen erstellten Inventare. Viele einschlägige Quellengattungen sind für die Bruderschaftsforschung bislang noch nicht einmal ansatzweise ausgewertet worden, wie sich exemplarisch an den Visitationsprotokollen zeigen lässt. Die Reformation bedingte einen Niedergang des Bruderschaftswesens, so findet sich 1528 für das steirische Kainach (bei Voitsberg) der Eintrag: „Hab dy Zwelffpoten bruederschafft abgeschafft"[35]. Dennoch lassen sich bei den Visitationen des 16. Jahrhunderts zahlreiche Bruderschaften, welche aufgrund ihres Dienstleistungscharakters wohl die Reformationszeit überstanden hatten, nachweisen. So fanden sich bei der landesfürstlichen Visitation 1544/45 in der Steiermark viele Hinweise auf Bruderschaftsgottesdienste: „alle Quatember ein Begängnis" oder, punktuell, „Begängnis, wenn einer aus der Bruderschaft stirbt". Periodisches Totengedächtnis vierteljährlich kontrastierte also mit den anlassbezogenen Leichenfeiern. Bei den Patrozinien überwogen die Marienbruderschaften (37 Beispiele) vor den Gottsleichnamsbruderschaften (18), den Allerseelen- und den Sebastians- (9) und den Nikolausbruderschaften (6)[36]. Die kirchliche Visitation der Salzburger Pfarren im Herzogtum Steiermark zwischen 1617 und 1619 kontrollierte insgesamt 279 Kirchen (95 Pfarr-, 50 Vikariats- und 134 Filialkirchen) und fand dabei 56 bestehende oder untergegangene Bruderschaften. Die Visitatoren legten 1617/19 den steirischen Pfarrern aufgrund der vielfach in der Reformation untergegangenen Bruderschaften auf, eine diesbezügliche Institution zu Ehren von Fronleichnam/ Corporis Christi, des Pestheiligen Sebastian oder der Jungfrau Maria erneut zu grün-

---

Für das Erzstift Salzburg kann die Hochblüte des Bruderschaftswesens zwischen 1670 und 1770 nachgewiesen werden, Rupert KLIEBER, Neuzeitliche Bruderschaften und Liebesbünde. Entwicklungsphasen eines versunkenen religiösen Dienstleistungssektors am Beispiel Salzburg 1600–1950. *MIÖG* 108 (2000) 319–350, hier 329–335.

[33] Am Beispiel der mächtigen venezianischen Bruderschaften, wo sich als „politische Spielwiese" diejenigen sammelten, die nicht an der Herrschaft der Lagunenstadt beteiligt waren, Rebekka VON MALLINCKRODT, Unsichtbare Mächte – Repräsentative Machtlosigkeit? Ein Vergleich politischer Einflussmöglichkeiten und architektonischer Repräsentation frühneuzeitlicher Bruderschaften in Venedig und Köln, in: Machträume der frühneuzeitlichen Stadt, hg. von Christian HOCHMUTH–Susanne RAU (Konflikte und Kultur 13, Konstanz 2006) 333–353.

[34] Der Josephinismus. Ausgewählte Quellen zur Geschichte der theresianisch-josephinischen Reformen, hg. von Harm KLUETING (Ausgewählte Quellen zur deutschen Geschichte der Neuzeit 12a, Darmstadt 1995) 328–330.

[35] Anton ALBRECHER, Die landesfürstliche Visitation und Inquisition von 1528 in der Steiermark (Quellen zur geschichtlichen Landeskunde der Steiermark 13, Graz 1997) 224. Ähnlich für Saxenfeld 243: „Nachdem dy bruederschafft sendt abgeschafft, so soll es allso beleyben, furan nit begangen werden"; mitunter bedienten sich die Pfarrer am ehemaligen Bruderschaftsbesitz, etwa einem Weingarten, siehe dazu das Beispiel von Leoben 294: „Es haben die burger ainhelligklich wider herrn Wolffgangnen Herbst anzaigt, wie er ain stifft sandt Maria Magdalena bruderschaft diser zeit verwesst, darzue ain weingart gehortt. Den hat der pharrer zu Lewbenn ain caplan gedachter bruederschafft den tissch undt phruendt neben andern briestern geben solldte. Nachdem aber der pharrer ermellten weingart innen hat, stuendt woll darauff, das er verkhaufft undt endtzogen wurde."

[36] Rudolf K. HÖFER, Die landesfürstliche Visitation der Pfarren und Klöster in der Steiermark in den Jahren 1544/45 (Quellen zur geschichtlichen Landeskunde der Steiermark 14, Graz 1992) 99.

den[37]. Diesen neu zu schaffenden Bruderschaften hatten die Pfarrer geistliche Satzungen auszustellen, ihnen einen bestimmten Altar zuzuweisen bzw. die Bruderschaft zur Stiftung eines Altars aufzufordern. In den Predigten sollten sich die Pfarrer für die Gründung von Bruderschaften einsetzen. Die Bruderschaftsmitglieder mussten jährlich (oder seltener vierteljährlich) einen bestimmten Geldbetrag – meist zwischen zwei und sechs Kreuzern – ableisten, mit dem die Bruderschaftsfahne, die Kerzen sowie die feierlichen Messen am Patronatstag und anlässlich der Begräbnisse der verstorbenen Mitglieder beglichen werden sollten[38]. In der Diözese Brixen tauchen die Bruderschaften in den Visitationsprotokollen offenbar erst im 17. Jahrhundert auf, 1625 werden sie erstmals erwähnt, wobei die Rosenkranzbruderschaften besonders verbreitet waren[39]. Die Visitatoren interessierten sich für die bischöfliche Erlaubnis für die jeweilige Bruderschaft; die bischöflichen Approbationen wurden untersucht und gegebenenfalls auch päpstliche Bestätigungen eingefordert. Mitunter äußerten die Visitatoren ab der zweiten Hälfte des 17. Jahrhunderts den Wunsch nach Gründung einer eigenen Bruderschaft oder notierten mitunter auch die finanzielle Unterstützung der Pfarre durch die örtliche Bruderschaft[40].

Auch in Selbstzeugnissen würden sich viele Hinweise auf Bruderschaften finden und vor allem die lebensweltliche Rezeption des Bruderschaftswesens durch die Zeitgenossen erfahren lassen. Der Steyrer Färber Jakob Zetl (1580–1660)[41], in seiner Selbstwahrnehmung ein katholischer Märtyrer wohnend in einer mehrheitlich protestantischen Stadt, beschreibt – hier exemplarisch für die Gattung vorgestellt – in seiner „Steyrer Chronik" den katholischen Umschwung im Land ob der Enns (dem heutigen Oberösterreich), das ab 1620 dem bayerischen Herzog verpfändet worden war. *Den 4. Maii ist alhier zu Steyr die armen-seelen-bruederschafft aufgericht worden, haben sich unß, 12 catholischen burger, bey unßerm herrn pfarrherrn Achatio Schrott einschreiben lassen und die nämben auff München geschickht*[42]. Die katholischen Bürger Steyrs gründeten also 1624 im Verband mit dem Steyrer Pfarrer eine Bruderschaft, mussten deren Mitglieder aber an die bayerische Regierung weitermelden – die Gründung der Bruderschaft erfolgte also mit weltlicher, obrigkeitlicher Kontrolle. Rund zehn Jahre später, 1635, wurde dann in Reaktion auf die Pest eine Sebastiansbruderschaft in Anwesenheit des Abtes von Garsten und des „jungen" Grafen Werner T'Serclaes Tilly (1595–1651) gegründet. *Den 20. Januarii ist in anweeßsenheit ihro hochwürden und gnaden herrn herrn praelatens zu Gärsten und deß jungen herrn herrn grafen von Thyly und seiner frauen gemahlin daß fesst sankt Sebastian in alhieger pfarrkirchen wegen der abscheulichen sucht der pestilenz zum erstenmahl solenniter begangen und die bruederschafft sankt Sebastiani eingesezt worden*[43]. Auch eine bei den Dominikanern

---

[37] Dieter Cwiek, Kirchliche Zustände in den Salzburger Pfarren der Steiermark in der Gegenreformation nach dem Visitationsprotokoll des Seckauer Bischofs Jakob Eberlin aus den Jahren 1617–1619 (Diss. Graz 1966) 179–186.

[38] Die kirchliche Visitation des Bischofs Jakob Eberlein von Seckau in den Salzburger Pfarren des Herzogtums Steiermark 1617–1619. Edition der Texte und kurzer Kommentar zu den Berichten über die kirchlichen Zustände, bearb. von Hannes P. Naschenweng (Quellen zur geschichtlichen Landeskunde der Steiermark 26, Graz 2013) 762–764.

[39] Josef Silbernagl, Die nachtridentinischen kirchlichen Verhältnisse in der Diözese Brixen von 1614–1662 im Spiegel der Visitationsprotokolle (Diss. Innsbruck 1973) 336–338.

[40] Rosa Mair, Brixener Visitationsberichte 1663–1685 (Diss. Innsbruck 1978) 203–206.

[41] Harald Tersch, Österreichische Selbstzeugnisse des Spätmittelalters und der Frühen Neuzeit. Eine Darstellung in Einzelbeiträgen (Wien 1998) 619–633.

[42] Wien, HHStA, W 762 (Böhm 511), pag. 21.

[43] Ebd. pag. 132.

angesiedelte Rosenkranzbruderschaft gab es 1635 in Steyr[44] – die Steyrer Chronik des Färbers Jakob Zetl verdeutlich also die katholische Reform und belegt, wie die ehemals protestantischen Eliten demonstrativ an den „neuen" Bruderschaften teilnahmen, um ihre Treue und Ergebenheit gegenüber der habsburgischen Zentralverwaltung und dem katholischen Landesfürsten zu demonstrieren.

Bruderschaften in Europa agierten aber nicht nur als soziale und religiöse Dienstleister, sondern wurden auch als vielfältige Auftrags- und Kreditgeber tätig: Ihr Tätigkeitsfeld umspannte Musik (Messen, Oratorien)[45], Kunsthandwerk[46], aber auch Bankfunktionen (Kredite); Bruderschaften gaben Dienstboten, Mesnern, Kaplänen, Musikern und etwa Handwerkern Arbeit[47]. Die Bruderschaften als Altarstifter der Neuzeit[48], als Brücke zwischen Gebenden und Nehmenden und als wichtiger Faktor der Armenunterstützung[49] sowie der Bildungsgeschichte[50] oder etwa die Bruderschaften als Phänomen des europäischen und transeuropäischen Kulturtransfers[51] wären weitere Posten auf einer Liste der bruderschaftsspezifischen Forschungsdesiderate. Vor dem einleitend, zugegeben knapp skizzierten Hintergrund weist die Erforschung des Bruderschaftswesens besonders im Raum der Habsburgermonarchie noch zahlreiche Forschungsdesiderate auf, von denen nur vier – aus unserer Sicht wesentliche – Problemfelder benannt seien: (1) Die Frage der Raumnutzung von und der Eigenräumlichkeit der Bruderschaften ist noch kaum systematisch aufgearbeitet worden. Die überständisch angelegten Bruderschaften waren wichtiger Teil der öffentlichen Prozessionen, sie konnten aber auch Kirchenraum durch Bruderschaftsaltäre okkupieren oder eigene Hörräume während der Bruderschaftsmessen erschaffen. (2) Die Frauen waren ein wichtiger, in manchen Gegenden sogar überwiegender Teil der Bruderschaftmitgliederschaft[52]. Die Frage nach Pull- und Push-Faktoren

---

[44] Ebd.

[45] Siehe den Beitrag von Elisabeth HILSCHER in diesem Band.

[46] Siehe den Beitrag von Marina BECK in diesem Band.

[47] Siehe als Beispiel die Philipp-Neri-Bruderschaft in Wien (1701–1783), die 1762 vier Dienstboten beschäftigte: Johann G. HERBERSTEIN, Die Philipp-Neri-Bruderschaft zu Kindberg, das erste Wiener Oratorium und das Werk des Hl. Philipp Neri. Drei Zeugnisse für die Philippsverehrung in Österreich (Dipl. Wien 1994) 33.

[48] Eine grundlegende Aufarbeitung der Bruderschaftsaltäre für Mitteleuropa fehlt vollständig, obwohl die Bedeutung der Bruderschaften für die Altarausgestaltung außer Zweifel steht. Siehe die Transkription von drei Bruderschaftsinventaren, die Tabernakel, goldene und silberne Ampeln, Kronen, Messgewänder in verschiedenen Formen etc. verzeichnen, Gerald PERFLER, Transkription dreier Inventare der Maria Hilf Bruderschaft im Dom zu St. Jakob in Innsbruck aus den Jahren 1741, 1758 und 1782 (Dipl. Innsbruck 2004) 62–90 (1782). Siehe als Beispiel Gabriele KÖSTER, Künstler als Mitglieder venezianischer Bruderschaften im 14. und frühen 15. Jh. am Beispiel der „Scuola di Santa Maria della Misericordia", in: Verwandtschaft, Freundschaft, Bruderschaft. Soziale Lebens- und Kommunikationsformen im Mittelalter, hg. von Gerhard KRIEGER (Berlin 2009) 151–175.

[49] Als Beispiel etwa Kathrin UTZ TREMP, Barmherzigkeit und Versicherung zugleich. Die Armenfürsorge der Freiburger Heiliggeistbruderschaft an der Wende vom Spätmittelalter zur frühen Neuzeit, in: Von der Barmherzigkeit zur Sozialversicherung. Umbrüche und Kontinuitäten vom Spätmittelalter bis zum 20. Jahrhundert, hg. von Hans-Jörg GILOMEN (Schweizerische Gesellschaft für Wirtschafts- und Sozialgeschichte 18, Zürich 2002) 183–197; Monika ESCHER-APSNER–Philine HELAS, Bruderschaften. Selbstverständnis und Selbstinszenierung, in: Armut. Perspektiven in Kunst und Gesellschaft, hg. von Herbert UERLINGS–Nina TRAUTH–Lukas CLEMENS (Darmstadt 2011) 178–185.

[50] Ekkehard HOFBAUER, Die Ausgaben der Corporis-Christi-Bruderschaft in Kufstein 1687 bis 1691. *Tiroler Heimatblätter* 56 (1981) 126–129, hier 126 (Schulmeister), 127 (Ausstattung der Schule).

[51] Early Modern Confraternities in Europe and the Americas: International and Interdisciplinary Perspectives, hg. von Christopher BLACK (Aldershot u. a. 2006).

[52] Mit Frauenanteilen von 60 bis 80 % in Salzburger Bruderschaften KLIEBER, Bruderschaften und Liebesbünde (wie Anm. 23) 589–591.

und der Partizipation der Frauen am Bruderschaftsleben, aber auch die Frage nach den Bruderschaften als Kontaktort und Kontaktbörse der Geschlechter in der Frühen Neuzeit müsste tiefergehend untersucht werden. Auch erscheint wesentlich, wie die Patrone der Bruderschaften männliche und weibliche Geschlechterrollen mitformten bzw. veränderten. (3) Grundzüge der Mediengeschichte von Bruderschaften sind noch kaum erarbeitet, obwohl sich die Bruderschaften als wahrnehmbare Faktoren der lokalen Druckgeschichte gerierten. Zahlreiche Bruderschaftsdrucke, deren Rezeption kaum erforscht ist, müssten mediengeschichtlich stärker verortet werden – ein Kuriosum waren diese Drucke auf jeden Fall sicherlich nicht, sondern diese Drucke erzählen eine Geschichte vom Eindringen der katholischen Konfessionalisierung in die Häuser und Wohnungen der lokalen Bevölkerung. Vielfältige mediale Impulse wurden von den Bruderschaften an ihre Mitglieder, aber auch an Außenstehende fern und nah gesendet. (4) Die Frage, wie sich die Mitgliederstruktur der Bruderschaften gestaltete und wie sich die niederschwellige Mitgliedschaft in der Bruderschaft mit anderen gesellschaftlichen Organisationsformen (Pfarre, Dorf/ Stadt, Grundherrschaft, aber auch Ethnie etc.) verhielt, ist eine schwer zu beantwortende, aber wichtige Fragestellung. Netzwerkanalysen könnten hier helfen, vielfach scheitern diese Ansätze an der Quellenlage und der hochaufwendigen Datenerhebung.

Zweifellos ist es für einen einzelnen Forscher bzw. eine einzelne Forscherin schon lange schwer möglich, die interdisziplinäre, zwischen Kirchen- und Profangeschichte situierte und vielfach nationalhistoriografisch ausgerichtete Forschung zum Thema Bruderschaft auch nur annähernd zu überblicken. Im Fokus des vorliegenden, auf der Zusammenarbeit von deutschen, österreichischen, tschechischen und ungarischen Forschenden beruhenden Bandes stehen deshalb einleitend Literaturüberblicke zu den deutschen Erbländern (sprich dem heutigen Österreich), zu Böhmen/Mähren und zu Ungarn[53]. Diese Forschungsskizzen sollen Einblicke in nationale Forschungstraditionen, aber auch in die jeweiligen Spezifika der Bruderschaftsforschung in den behandelten Ländern geben. Unterschiedliche Betonung von Forschungsschwerpunkten – etwa in Mähren erscheint die Bruderschaftsforschung stark von der Musikwissenschaft mitgeprägt[54] – zeigen sich hier, aber auch unterschiedliche Forschungstraditionen können erschlossen werden. Der zweite Abschnitt des vorliegenden Bandes fokussiert auf die verschiedenen Funktionen von Bruderschaften: Religiöse Dienstleistungen, Totendienst, Wallfahrtsorganisation, der Musikanbieter Bruderschaft, Bankfunktion der Bruderschaften, Bruderschaften als Medienproduzenten[55]. Einen dritten Schwerpunkt wählt der vorliegende Band mit den Spezifika der verschiedenen Bruderschaftstypen: Rosenkranzbruderschaften, jesuitische Kongregationen in der Österreichischen Ordensprovinz[56], nationale Bruderschaften[57],

---

[53] Siehe die Beiträge von Martin SCHEUTZ, Zdeněk ORLITA und András FORGÓ in diesem Band.

[54] Siehe den Beitrag von Vladimír MAŇAS.

[55] Als Beispiel Gábor TÜSKÉS–Éva KNAPP, Religiöse Bruderschaften im 17. und 18. Jahrhundert, in: DIES., Volksfrömmigkeit in Ungarn. Beiträge zur vergleichenden Literatur- und Kulturgeschichte (Quellen und Forschungen zur Europäischen Ethnologie 17, Dettelbach 1996); Hans HOCHENEGG, Bruderschaften und ähnliche religiöse Vereinigungen in Deutschtirol bis zum Beginn des zwanzigsten Jahrhunderts (Schlern-Schriften 272, Innsbruck 1984) 35–201. Siehe den Beitrag von Gerald HIRTNER in diesem Band. Zur Bedeutung der kirchlichen Drucke etwa Gerald HIRTNER, Netzwerk der Tugendhaften. Totenroteln als historische Quelle (STMBO Ergbd. 48, St. Ottilien 2014).

[56] Siehe den breit angelegten und auf umfangreichen Forschungen beruhenden Beitrag von Zsófia KÁDÁR in diesem Band.

[57] Etwa am Beispiel Roms in diesem Band, siehe den Beitrag von Tobias DANIELS.

Musikerbruderschaften und Totenbruderschaften[58]. Die Anbindung von Bruderschaften an Pfarre und Klöster bilden den Schwerpunkt des vierten, kurzen Kapitels[59]. Abschließend wird versucht, die konfessionalisierende Einrichtung der Bruderschaften mit den Entwicklungen während der Reformation[60] und mit dem Bruderschaftswesen in anderen Konfessions- und Religionskulturen (etwa bei den Griechen[61]) zu vergleichen.

---

[58] Siehe die Beiträge von Elisabeth LOBENWEIN und Claudia RESCH in diesem Band.
[59] Siehe die Beiträge von Regine PUCHINGER und Irene RABL in diesem Band.
[60] Siehe die Beiträge von Arend MINDERMANN und Judit MAJOROSSY in diesem Band.
[61] Siehe den Beitrag von Stefan SARACINO in diesem Band.

(1)
FORSCHUNGSÜBERBLICKE ZUM BRUDERSCHAFTSWESEN IN ÖSTERREICH, BÖHMEN/MÄHREN UND UNGARN

Ein S. Corporis Christi Bruderschafts M.

Abb.: Das Bruderschaftsmitglied der Fronleichnamsbruderschaft in Salzburg ist mit einer Perücke und mit einer scharlachroten, geknöpften Bruderschaftskutte samt weißem Beffchen ausgestattet. In der rechten Hand trägt es eine Prozessionsstange; Quelle: Kostüm- und Trachtenbilder der Kuenburg-Sammlung (Ende 18. Jahrhundert), Privatbesitz; Friederike PRODINGER–Reinhard R. HEINISCH, Gewand und Stand. Kostüm- und Trachtenbilder der Kuenburg-Sammlung (Salzburg–Wien 1983) Tafel 45, zur Beschreibung S. 173, Nr. 84.

Frühneuzeitliche Bruderschaften im Bereich des heutigen Österreich.
Ein Forschungsüberblick

Martin Scheutz

Der streitbare protestantische Berliner Aufklärer Friedrich Nicolai (1733–1811) ließ bei seinem Wien-Aufenthalt 1781 kein gutes Haar am römischen Katholizismus, an der aufwendigen Fronleichnamsprozession und an den Wallfahrten generell[1]. Die genuin katholische Vergesellschaftungsform der Bruderschaft – in Wien gab es um 1780 nach Nicolai 50 Bruderschaften – schien ihm Inbegriff der gegenreformatorischen Manipulation unmündiger Geister, der irrationalen Verschwendung von Ressourcen wie Arbeitszeit und als Inszenierungsfläche der katholischen Priesterschaft. „Die Bruderschaften sind vom sechszehnten und siebenzehnten Jahrhunderte an, in allen katholischen Landen sehr gemein geworden. Sie gehören zu den wichtigsten Kunstgriffen der Mönche, und der Geistlichkeit überhaupt, um die Menschen näher zusammenzubringen, und sie dann durch ganz unmerkbare Seile zu den Absichten der Geistlichen zu leiten; zugleich aber auch, um sich und ihren Kirchen ein gutes Einkommen zu verschaffen, ihre Ablässe anzubringen, und Gelegenheit zu geben, daß Messen gelesen und bezahlt werden. Besonders auch die Jesuiten wusten sich meisterlich der Bruderschaften zu ihren Absichten zu bedienen.

Skapuliere, Gürtelriemen, Bilder, Bruderschaftsfahnen waren, und sind noch die Lockspeisen, womit die elenden abergläubischen Leute angelockt werden, um in die Bruderschaften zu treten. Die Priester rathen in der Beichte zum Eintritt in solche Gesellschaften. Sie lassen Bruderschaftsbüchlein drucken, worinn die kindischsten Pralereyen von der Kraft des Ablasses der Bruderschaft gemacht, und zum Theil die unsinnigsten Legenden von falschen Wundern fortgepflanzt werden. Ueber die Einbrüderung fertigen sie große Patente aus, auf großen Bogen, mit großen Kupferstichen und Siegeln. In diesen Patenten sind schwülstige und pralerische Erhebungen von der Kraft und den Vorzügen der Bruderschaft. Diese Diplome müssen nach dem Tode eines Mitglieds zurück geschickt werden. Es werden alsdann die für die Ruhe des verstorbenen Mitgliedes bestimmten Messen gelesen, wobey die sämmtlichen lebenden Mitglieder sich einzufinden haben, um für die Seele des Abgeschiedenen soviel zu beten, als sie können. Zu solchen Zusammenkünften, desgleichen zur Feyerung des Festes des Schutzpatrons, u. dgl. la-

---

[1] Kai KAUFMANN, „Es ist nur ein Wien!" Stadtbeschreibungen von Wien 1700 bis 1873. Geschichte eines literarischen Genres der Wiener Publizistik (Literatur in der Geschichte, Geschichte in der Literatur 29, Wien 1994) 131f; DERS., Gemütliches Wien und verständiges Berlin. Entwicklung kultureller Stereotype 1780–1880, in: Alt-Wien. Die Stadt, die niemals war, hg. von Wolfgang KOS (Sonderausstellung des Wien-Museums 316, Wien 2004) 39–45.

den sie durch gedruckte Zettel ein, auf welchen entweder ein grosser Kupferstich, oder wenigstens mit sehr großen Buchstaben die Worte, Vollkommner Ablaß, zu mehrerer Anlockung der christgläubigen Einfaltspinsel zu sehen sind […]"[2]. Die von Friedrich Nicolai perhorreszierte barocke Frömmigkeitskultur in der Residenzstadt Wien fand in den Bruderschaften seinen willkommenen kleinsten Nenner, wobei er die über Drucke und Druckgraphiken hergestellte Medialität der Bruderschaften betonte: Nach Ansicht Nicolais verdarben die Geistlichen und „Meßfischer" durch diese abergläubischen Versprechungen den wahren Kern der „Religion" und der „Sittenlehre". Nicolai bezieht sich in seiner Beschreibung des frühjosephinischen Wien und seiner Bruderschaften vor allem auch auf Matthias Fuhrmanns (1697–1773) „Historische Beschreibung" Wiens. In der Sicht des Pauliners Fuhrmann erscheinen die Bruderschaften dagegen – am Beispiel der zur Begleitung von Hinzurichtenden begründeten Wiener Totenbruderschaft – als „eines der fürnehmsten christlichen Liebs-Wercken", wobei schon Fuhrmann die Performanz-kultur der Bruderschaften unterstrich. Die 1638 gestiftete und in der Georgskapelle der Hofkirche beheimatete Wiener Totenbruderschaft[3] begleitete den Leichnam der Hinge-richteten zum Begräbnisort „mit Vortragung eines Crucifix-Bilds, in langen schwarzen Kleidern bis auf die Versen, verkappet, und mit einem ledernen Mänterl, worauf der Kai-serl. Adler, das Zeichen dieser Bruderschafft zusehen"[4].

1. Definitionsfragen und Zäsuren des Bruderschaftswesens

Das Phänomen der Bruderschaften – zeitgenössisch geteilt in „gesellige weltliche" (Handwerk) und „gesellige geistliche" Bruderschaften[5] – spiegelte schon zu Zeiten des die Rückschrittlichkeit katholischer Länder[6] bekämpfenden Aufgeklärten Absolutismus un-terschiedliche Sichtweisen wider: Während Friedrich Nicolai die Bruderschaften als Mit-tel des Zwanges, als Ausdruck der katholischen Muße und Zeitverschwendung sowie als Instrument der Manipulation der Untertanen durch die Geistlichkeit verstand[7], versuch-ten Geistliche, aber auch weltliche Eliten die Bruderschaften als eine freiwillige, scheinbar

---

    [2] Friedrich Nicolai, Beschreibung einer Reise durch Deutschland und die Schweiz, im Jahre 1781. Nebst Bemerkungen über Gelehrsamkeit, Industrie, Religion und Sitten 5 (Berlin–Stettin 1785) 79–83.
    [3] Harald Johannes Mann, Die barocken Totenbruderschaften. ZBLG 39 (1976) 127–151; siehe auch den Beitrag von Claudia Resch in diesem Band.
    [4] Matthias Fuhrmann, Historische Beschreibung Und kurz gefaste Nachricht Von der Römisch. Kaiserl. und Königlichen Residenz-Stadt Wien, Und Ihren Vorstädten. Zweyten Theils, Erster Band (Wien 1766) 135.
    [5] So die Differenzierung bei Johann Heinrich Zedler, Universal-Lexicon Aller Wissenschaften und Künste, Supplementbd. 4 (Leipzig 1754) Sp. 780.
    [6] Karl Othmar Freiherr von Aretin, Einleitung, in: Der aufgeklärte Absolutismus, hg. von dems. (Neue wissenschaftliche Bibliothek 67, Köln 1974) 11–51, hier 42–44 (Punktation).
    [7] Transponiert in die Forschungslandschaft wäre dies etwa auch eine Forschungsposition der Gegenwart: Thomas Winkelbauer, Volkstümliche Reisebüros oder Werkzeuge obrigkeitlicher Disziplinierung? Die Laien-bruderschaften der Barockzeit in den böhmischen und österreichischen Ländern, in: Staatsmacht und Seelenheil. Gegenreformation und Geheimprotestantismus in der Habsburgermonarchie, hg. von Rudolf Leeb–Susanne Cl. Pils–dems. (VIÖG 47, Wien 2007) 141–160, hier 147: „Die Laienbruderschaften waren Instrumente zur Verbreitung und Intensivierung römisch-katholischer Frömmigkeitspraktiken, zur Verbesserung der morali-schen Sitten der Stadt- und Landbevölkerung und zur Einübung eines durch private und öffentliche Gebete und religiöse Übungen strukturierten Tages-, Wochen-, Monats- und Jahresablaufs." Bruderschaften „waren nicht zuletzt von den geistlichen und weltlichen Obrigkeiten geförderte Instrumente der katholischen Propa-ganda, Disziplinierung und Konfessionalisierung".

unpolitische und weitgehend unverbindliche, niederschwellige, von Frauen dominierte Vergesellschaftungsform und als Dienstleistungsangebote im Sinne einer konfessionellen Wegbegleitung bei Übergangsriten vorzustellen[8].

Die neuzeitlichen Bruderschaften gelten der neueren Forschung als „Rückgrat des sozialen, religiösen und staatlichen Lebens", aber auch als eine „Manifestation der Macht der Laien"[9] innerhalb der Kirche. Die weltlichen, sozialen Funktionen des Bruderschaftswesens gelangen erst in den letzten Jahrzehnten stärker in den Blick der Forschung. Neuere Definitionsversuche der neuzeitlichen Organisationsform Bruderschaft sehen diese Einung „als freiwillige, auf Dauer angelegte Personenvereinigung mit primär religiös/caritativen Aktivitäten, die als kirchliche Sondergruppen innerhalb oder neben der Pfarrei bestehen"[10]. Vielfach werden die Bruderschaften als prototypische Vereine angesehen. „Bruderschaften heißen […] – abgesehen von den Gesellenbruderschaften, für die jedoch ebenfalls die religiöse Orientierung wichtig war – Personenvereinigungen, die freiwillig eingegangen und auf Dauer angelegt wurden und vorrangig religiöse, oft auch karitative Zwecke verfolgten. Sie waren in der Regel an eine Kirche oder Kapelle gebunden, entwickelten eine gewisse Selbständigkeit auf der Grundlage eigener Statuten und verknüpften den religiösen mit geselligen und sozialen Zwecken"[11]. Charakteristische Bündelung der

[8] Rupert KLIEBER, Basisbewegung oder Instrument kirchlicher Domestizierung? Charakteristika und Dimensionen des neuzeitlichen Bruderschaftswesens im süddeutschen Raum, in: Staatsmacht und Seelenheil (wie Anm. 7) 161–167, hier 166: „Zuletzt zur Frage nach dem Grad der Vereinnahmung der Fraternitäten durch die kirchliche Obrigkeit. Ihr Wille, die Bruderschaften in einer Kombination aus Förderung und Forderung zu einem Bestandteil der Pastoralpolitik zu machen, hat sich vielfach manifestiert: In Visitationen, der geforderten Statuten- und Rechnungsapprobation, den Förderungen von Neugründungen. Andererseits blieb zumindest den selbstständigen Fraternitäten ein nicht geringer Spielraum der Eigenverantwortung, dokumentiert vor allem in den Wahlen der Vorsteher, die bis in die Aufklärung das Binnengeschick von Verbindungen bis hin zur Finanzgebarung weitgehend autonom lenkten."

[9] Ana María SABE ANDREU, Las cofradías de Ávila en la Edad moderna (Ávila 2000) 331, zitiert nach Peter HERSCHE, Muße und Verschwendung. Europäische Gesellschaft und Kultur im Barockzeitalter 1 (Freiburg/Br.–Basel–Wien 2006) 396.

[10] Ludwig REMLING, Sozialgeschichtliche Aspekte des spätmittelalterlichen Bruderschaftswesens in Franken, in: Einungen und Bruderschaften in der spätmittelalterlichen Stadt, hg. von Peter JOHANEK (Städteforschung A/32, Köln 1993) 149–161, hier 151; DERS., Bruderschaften in Franken. Kirchen- und sozialgeschichtliche Untersuchungen zum spätmittelalterlichen und frühneuzeitlichen Bruderschaftswesen (Würzburg 1986) 49f.: Bruderschaften als „freiwillige, auf Dauer angelegte Personenvereinigungen mit primär religiösen, oft auch caritativen Aktivitäten, bestehend innerhalb und neben der Pfarrei, wobei durch die Mitgliedschaften weder der kirchenrechtliche Status des Einzelnen tangiert wird, noch sich im privaten Lebensbereich Veränderungen ergeben müssen"; als Überblick Wolfgang SCHIEDER, Brüderlichkeit, Bruderschaft, Brüderschaft, Verbrüderung, Bruderliebe, in: Geschichtliche Grundbegriffe 1, hg. von Otto BRUNNER–Werner CONZE–Reinhart KOSSELECK (Stuttgart 1972) 552–581, hier 552–563; siehe auch den Beitrag „Bruderschaft". LThK 2 (Freiburg/Br. ³1994) Sp. 718–721.

[11] Wolfgang HARDTWIG, Christliche Bruderschaften. EdN 2 (2005) Sp. 460–464, hier 460; DERS., Genossenschaft, Sekte, Verein in Deutschland 1: Vom Spätmittelalter bis zur Französischen Revolution (München 1997) 70–97. Siehe den Definitionsversuch von Josef R. von Bauer (1860–1936): Er spricht von Bruderschaften „als einer Verbrüderung von Laien unter einem geistlichen Vorstande zu rein religiösen und frommen Zwecken. Sie unterliegen der päpstlichen oder bischöflichen Approbation, beziehungsweise bischöflichen Visitation, eine Anordnung des canonischen Rechtes, welche durch das tridentinische Concil zur Beseitigung der bis dahin bestandenen Unklarheiten des Begriffes und der Subordination der Bruderschaften aufgestellt wurde. […] Der überwiegende Teil verfolgte lediglich kirchliche Zwecke, Veranstaltung von Processionen, Wallfahrten und anderen öffentlichen Aufzügen in besonderer Kleidung, Ausschmückung von Kirchen und Kapellen, Veranstaltung von feierlichen oder pompösen Leichenbegängnissen, Veranstaltung von beschaulichen Zusammenkünften oder frommen Gastmahlen"; Josef Ritter von BAUER, Das Bruderschaftswesen in Niederösterreich. Ein Beitrag zur Rechts- und Culturgeschichte Niederösterreichs. BlLkNÖ 19 (1885) 201–223, hier 205.

Bruderschaften erweisen sich mitunter als einfacher als schwierige Definitionen: Bruderschaften scheinen durch den „Verbandscharakter, durch eine Vereinigung mit einer gewissen Festigkeit und Identität, Anbindung an eine Kirche oder Kapelle, religiöse und
gesellschaftliche Funktionen, eine gewisse Eigenständigkeit mit bestimmten Statuten und
eigenen Organen"[12] gekennzeichnet.

Verschiedene Bruderschaftstypen lassen sich zwar idealtypisch scheiden, aber in der
fließenden Praxis kaum trennen: etwa in stärker beruflich orientierte Zunftbruderschaf-
ten, in Andachtsbruderschaften (darunter Wallfahrtsbruderschaften, Katechismusbruder-
schaften), in sozialkaritative Bruderschaften (Spital-, Elendenbruderschaften), in ständische Bruderschaften (etwa Adel, Priester) und in „Schützen-Bruderschaften". Begrifflich
lassen sich – nicht ganz unumstritten – zudem Bruderschaften von jesuitischen „Sodalitäten" und von marianischen, durch die Jesuiten geführte „Kongregationen" differenzieren.
Engere Definitionsansätze sehen Bruderschaften „als ein vormodern-loses Organisationsmodell auf totendienstlichem Fundament"[13]. Die neuzeitlichen, nur mehr entfernt an die
mittelalterlichen Handwerkseinungen erinnernden Bruderschaften waren „körperschaft-
lich verfaßte Vereine, die neben Werken der Frömmigkeit und Nächstenliebe auch zur
Mehrung des amtlichen Gottesdienstes beitragen sollen, z. B. durch Andachten, Messen,
Wallfahrten und Prozessionen". Als Wesensmerkmal der neuzeitlichen Bruderschaften
werden „das Fundament ,Totenkult', die geringe Verbindlichkeit, der niedrige Organisationsgrad und die grundsätzliche Offenheit für Männer und Frauen"[14] genannt.

Die österreichische Forschung zu Bruderschaften kämpfte lange mit dem (scheinbaren?) Gegensatz von stärker berufsorientierten mittelalterlichen und stärker kirchlich orientierten neuzeitlichen Bruderschaften und arbeitete sich – insgesamt wenig überzeugend
– an Differenzierungsmerkmalen ab[15]. Die vor allem in den Städten gegründete „Hand-
werker-Bruderschaft" des Spätmittelalters wurde als Typ von der „religiösen Bruderschaft"
geschieden[16]. Terminologisch lassen sich die kultisch-religiösen, gemeinschaftsstiftenden

---

[12] Bernhard SCHNEIDER, Bruderschaften im Trierer Land. Ihre Geschichte und ihr Gottesdienst zwischen
Tridentinum und Säkularisation (Trierer theologische Studien 48, Trier 1989) 83.

[13] Rupert KLIEBER, Neuzeitliche Bruderschaften und Liebesbünde. Entwicklungsphasen eines versunkenen
religiösen Dienstleistungssektors am Beispiel Salzburg 1600–1950. *MIÖG* 108 (2000) 319–350, hier 320;
DERS., Bruderschaften und Liebesbünde nach Trient. Ihr Totendienst, Zuspruch und Stellenwert im kirchlichen und gesellschaftlichen Leben am Beispiel Salzburg 1600–1950 (Frankfurt/Main u. a. 1999) 28, sieht in
Fraternitäten „alle mittelalterlichen und neuzeitlichen ,Organisationen' (= freiwillige, zielgerichtete Zusammenschlüsse) mit eindeutig totenkultischem Schwer[k]punkt".

[14] KLIEBER, Basisbewegung (wie Anm. 8) 162.

[15] Nach einem Definitionsvorschlag von Alfred Haverkamp sind Bruderschaften „alle auf Dauer zielen-
den Vereinigungen von prinzipiell gleichberechtigt partizipierenden Männern und/oder Frauen, die sich selbst
Satzungen gaben, was Einflüsse von außen nicht ausschloss, und ihre Amtsträger für befristete Zeiten wählten.
Sie verpflichteten sich zu gemeinsamen religiös-kultischen Handlungen in Versammlungen, die in der Regel
mit Messen und Mahlen verknüpft waren, und des öfteren auch zu individuellen Gebeten. Sie intendierten auf
diese Weise, aber auch in anderen Verhaltensweisen mit unterschiedlichen Akzenten die Förderung des irdischen Wohlergehens und des Seelenheils ihrer lebenden und verstorbenen Mitglieder. Sie bildeten auf religiöser
Grundlage eine in Riten und Symbolen Ausdruck findende Kult-, Memorial- oder auch Seelsorgegemeinschaft
und zugleich eine Fürsorgegemeinschaft, die in umfassenden Sinne das *bonum commune* respektive die *communis utilitas* ihrer Bruderschaft und deren Mitglieder anstrebte"; Alfred HAVERKAMP, Bruderschaften und
Gemeinden im 12. und 13. Jahrhundert, in: Ordnungskonfigurationen im hohen Mittelalter, hg. von Bernd
SCHNEIDMÜLLER–Stefan WEINFURTER (Vorträge und Forschungen 64/Konstanzer Arbeitskreis für Mittelalterliche Geschichte, Stuttgart 2006) 153–192, hier 163f.

[16] Als Beispiel etwa Lieselotte JONTES, Die steirischen Bruderschaften im Mittelalter (Diss. Graz 1970)
10–16. Als Beispiel für einen modernen Differenzierungsversuch, finden sich etwa Unterscheidungen von

Bruderschaften in Europa angesichts von tausenden oder vielleicht sogar zehntausenden Bruderschaften kaum einheitlich fassen. Trennungen „zwischen wirtschaftlichen,
sozial-karitativen, ständischen, asketischen oder devotionellen Gemeinschaften"[17] gehen
an der Funktionsvielfalt und -einheitlichkeit der Bruderschaften in der Praxis vorbei.
Handwerksbruderschaften entstanden häufig ab dem 14. Jahrhundert vor geändertem
ökonomischen und demographischen Hintergrund, als vor allem die Handwerksgesel-
len „größeren eigenen Handlungsspielraum gewannen, das Wandern […] obligatorisch
wurde und die Bruderschaft als religiöse Laienorganisation über ihre Bindungen an Zunft
und Gilde die Arbeits- und Sozialverfassung des Handwerks wesentlich beeinflusste. Die
Gesellen übertrugen das Modell des gildehaften Zusammenschlusses von Menschen mit
gleichen beruflichen Interessen und Lebensverhältnissen auf ihre eigenen Bedürfnisse"[18].
Berufliche Bruderschaften übernahmen neben religiösen Funktionen auch Dienstleis-
tungsfunktionen wie Arbeitsvermittlung, Krankenversorgung, Strategien der Konflikt-
lösung mit den Handwerksmeistern und mit den lokalen Obrigkeiten. Diese berufs-
bezogenen Bruderschaften entwickelten aber auch gemeinschaftsstiftende Formen der
Vergesellschaftung wie die regelmäßigen Treffen und Jahresmähler, die Teilnahme an Prozessionen, die gemeinsame Bestattung von Verstorbenen und kollektive Kirchenbesuche,
gemeinsame Ehrvorstellungen und umfassende memoriale Handlungen.

   Mit der Reformation – etwa dem 1519 erschienenen „Sermon von dem hochwürdigen Sakrament und von den Bruderschaften"[19] Martin Luthers – kam nicht nur das auf
Kauftransaktionen beruhende Ablass-, sondern auch das Bruderschaftswesen unter Kritik.
Luther monierte die üppigen Saufgelage der Bruderschaften, deren Streben nach Geld-
besitz und die Separierung der Bruderschaft von der Gemeinschaft aller Christen, lobte
aber die Bruderschaften umgekehrt für deren karitative Bestrebungen. Insgesamt gesehen
entzog aber die reformatorische Kritik an der Fegefeuerlehre, am Ablasswesen, an der
Heiligenverehrung, an den „guten Werken" und am altkirchlichen Gnadenverständnis
den Bruderschaften nahezu völlig den Boden unter den Füßen – und dies zum Zeitpunkt
einer Konjunktur des Bruderschaftswesens. Die im 14. Jahrhundert gegründete und 1497
mit der Tischlerbruderschaft bei den Wiener Dominikanern unierte Wiener Gottsleichnamsbruderschaft bei St. Stephan, deren Aufgabe in der Abhaltung des Passionsspiels und
der Verehrung des Altarsakraments (etwa Sakramentsprozession jeden Donnerstag) bestand[20], florierte um die Zeitenwende. Zwischen 1505 und 1530 traten dort zumindest

---

„rein kirchlichen Bruderschaften" und „berufsbezogene Bruderschaften", Hans Jürgen BRANDT–Karl HENGST,
Geschichte des Erzbistums Paderborn 2: Das Bistum Paderborn von der Reformation bis zur Säkularisation
1532–1802/21 (Paderborn 2007) 349–361. Siehe jetzt zur Handwerksbruderschaft am Beispiel Wien Markus
GNEISS, Das Wiener Handwerksordnungsbuch (1364–1555) (QIÖG 16, Wien 2017) 106–116, 636 (s. v.
„Bruderschaft").
   [17] Monika ESCHER-APSNER, Mittelalterliche Bruderschaften in europäischen Städten. Funktionen, Formen, Akteure/Medieval Confraternities in European Towns. Functions, Forms, Protagonists, in: Mittelalterliche Bruderschaften in europäischen Städten. Funktionen, Formen, Akteure/Medieval Confraternities in European Towns. Functions, Forms, Protagonists, hg. von DERS. (Inklusion/Exklusion 12, Frankfurt/Main 2009)
9–27, hier 13.
   [18] Wolfgang HARDTWIG, Bruderschaft der Gesellen. EdN 2 (2005) Sp. 457–460, hier 457.
   [19] Bernhard SCHNEIDER, Kirchenpolitik und Volksfrömmigkeit. Die wechselhafte Entwicklung der Bruderschaften in Deutschland vom Spätmittelalter bis zur Mitte des 19. Jahrhunderts. Saeculum 47 (1996) 89–119,
hier 92.
   [20] Johannes WEISSENSTEINER, Zwischen Luther und Canisius. Wiener Bischöfe und Wiener Pfarren in der
Reformationszeit, in: Brennen für den Glauben. Wien nach Luther, hg. von Rudolf LEEB–Walter ÖHLINGER–
Karl VOCELKA (Sonderausstellung des Wien Museums 413, Wien 2017) 218–231, hier 220–223.

1.880 Personen in die Bruderschaften ein, ab 1513 gingen die Eintritte allmählich, ab 1520 rapide zurück; parallel dazu fielen nach 1524 auch die Spenden und Legate der Wiener Gottsleichnamsbruderschaft ab. Das im 15. Jahrhundert florierende mittelalterliche Bruderschaftswesen (meist in Form von Fronleichnams- und Liebfrauenzechen)[21] – die Wallfahrtskirche von St. Leonhard oberhalb von Tamsweg wies in der zweiten Jahrhunderthälfte 4.766 Mitglieder aus der Umgebung, aber auch aus Gegenden vom Rhein, vom Main, aus Friaul und Krain auf[22] – klang sanft, aber doch ab den 1520er und 1530er Jahren aus, auch Neugründungen von Bruderschaften zeigten sich kaum mehr[23]. So überlebte einzig die 1471 gegründete, religiös, aber auch karitativ ausgerichtete Sebastiani-Bruderschaft an der Wiener Schottenkirche den Einbruch der Reformation und erfuhr 1616 die Approbation neuer Statuten durch Papst Clemens VIII.[24]. Als Beispiel für den Niedergang kann die exklusive Nonnberger Bruderschaft in Salzburg dienen, deren weltliche und geistliche, männliche und weibliche Mitglieder anführendes Bruderschaftsbuch 1496 angelegt und 1515 beendet wurde[25]. Manche der altkirchlichen Bruderschaften wurden nicht aufgelöst, sondern als eine geistliche Einung, ohne Lesen von Seelenmessen, aber mit Ehrerweisungen gegenüber den alteingeführten Heiligen, von den evangelischen Gemeinden auf dem geistigen Boden des Luthertums weitergeführt, wie dies für Krems[26] oder für Judenburg[27] im 16. Jahrhundert belegt ist[28].

---

[21] Am Beispiel der Liebfrauenzechen (ältester Nachweis 1373, letzter Nachweis 1488) Gebhard RATH, Das Bruderschaftsbuch der Liebfrauenzeche zu St. Stephan in Wien. *MÖStA* 7 (1954) 336–372. Belege für Wien zu Gottsleichnams- und Unser-Lieben-Frauen-Bruderschaften bei Johann STÜRZER, Der soziale Gedanke im Mittelalter und sein Niederschlag in den christlichen Bruderschaften Wiens (Diss. Wien 1961) 41–45: u. a. Bruderschaft zu Ehren des Allerheiligsten Sakraments 1357 erwähnt, Liebfrauenzeche bei St. Peter 1335, Sebastianibruderschaft bei den Schotten, Sigmundsbruderschaft bei den Karmelitern am Hof, Stephansbruderschaft bei St. Stephan. Siehe die Geschichte der aus dem 14. Jahrhundert stammenden Fronleichnamszeche in Wiener Neustadt bei Elfriede DREXLER, Beiträge zum Bruderschaftswesen mit besonderer Berücksichtigung der Fronleichnamsbruderschaft zu Wiener Neustadt (Diss. Wien 1955) 37–125.

[22] Georg SCHEIBELREITER, Das Christentum in Spätantike und Mittelalter – von den Anfängen bis in die Zeit Friedrichs III., in: DERS.–Rudolf LEEB–Peter TROPPER–Maximilian LIEBMANN, Geschichte des Christentums in Österreich. Von der Spätantike bis zur Gegenwart (Österreichische Geschichte, Wien 2003) 13–144, hier 141. Für Wien als Überblick etwa Ferdinand OPLL, Leben im mittelalterlichen Wien (Wien 1998).

[23] Als Vergleichsbeispiel in rund 950 Pfarreien des Bistums Würzburg gab es im Spätmittelalter 240 Bruderschaften, davon ein Drittel in dörflichen Kirchen und Kapellen ansässig, REMLING, Bruderschaften in Franken (wie Anm. 10) 154.

[24] Albert HÜBL, Die Bruderschaften an der Schottenkirche in Wien. *BMWien* 50 (1918) 1–21, hier 1–11.

[25] M. E. VON RICKHOFEN, Die Nonnberger Bruderschaft 1496–1515. *MGSLk* 56 (1916) 27–55, hier 30 (Liste der Mitglieder S. 39–41); zur 1390 gegründeten Maria-Himmelfahrts-Bruderschaft und ihrem Einbruch im 16. Jh. Fritz STEINEGGER, Die Anfänge der Maria-Himmelfahrts-Bruderschaft (vnnser lieben Frawen grosse Bruderschaft) zu St. Jakob in Innsbruck und ihr ältestes Bruderschaftsbuch [1452–1508], in: Beiträge zur Innsbrucker Kirchengeschichte, zum 70. Geburtstag Propst Dr. Jos. Weingartner (Veröffentlichungen aus dem Stadtarchiv Innsbruck 8, Innsbruck 1954) 16–38, hier 23f.

[26] Die Kremser Fronleichnamsbruderschaft wurde durch die Protestanten übernommen, welche Ende des 16. Jahrhunderts die Vergabe der Schwibbögen für Grabstellen, die Verleihung von Bahrtüchern und die „Ansage" der Begräbnisse übernahmen, Franz SCHÖNFELLNER, Krems zwischen Reformation und Gegenreformation (Forschungen zur Landeskunde von Niederösterreich 24, Horn 1985) 172, 270–274. Siehe den Beitrag von Arend MINDERMANN in diesem Band; „Den armen tom besten". 600 Jahre Brüderschaften in Stade, hg. von Sebastian MÖLLERS (Bielefeld 2016).

[27] Zur Wiedererrichtung der Martinsbruderschaft als evangelische Stiftung (Wiedererrichtung „wie die zuvor allda auch gewesen, aber jetzt christlich, unter Hintansetzung aller päpstlichen Mißbräuche") Paul DEDIC, Geschichte des Protestantismus in Judenburg mit besonderer Berücksichtigung des evangelischen Kirchen- und Schulwesens in den Jahren 1572–1598 (Graz 1932) 42f.

[28] Rudolf LEEB, Der Streit um den wahren Glauben – Reformation und Gegenreformation in Österreich, in: Geschichte des Christentums in Österreich (wie Anm. 22) 145–279, hier 275.

Das neuzeitliche Bruderschaftswesen interpretierte sich einerseits als Nachlassverwalter des „mittelalterliche[n] Bruderschaftserbe[s]"[29], sah sich aber andererseits stärker in die nachkonziliare päpstliche Gesetzgebung (etwa durch Förderung von Erzbruderschaften) eingepasst, indem man sich nachtridentinisch als „kirchlich genehmigte und reglementierte Einrichtungen im Dienst der Seelsorge"[30] zu verstehen hatte. Neuzeitlich stand im Kern der bruderschaftlichen, von vielen weltlichen, religiösen, materiellen, spirituellen, persönlichen und kommunikativen Faktoren bestimmten Soziabilität der frei gewählte Zusammenschluss von Gleichgesinnten, in dessen genossenschaftlichem Zentrum sich die sieben Werke der Barmherzigkeit, aber vor allem Totengedenken, Totendienst und der Erwerb von Ablässen im Sinne des Seelenheils befanden. Im Unterschied zur vorreformatorischen Zeit musste der Ablass nicht mehr erkauft werden, sondern jedes Mitglied einer Bruderschaft erstand nach Entrichtung der geringen Eintrittsgebühr bzw. des fallweise zu entrichtenden Mitgliedsbeitrages[31] „Anteilscheine" am Ausstattungsschatz der Bruderschaft mit päpstlichen Ablässen, welche die zeitlichen Sündenstrafen im Fegefeuer wesentlich zu verkürzen vermochten. Das Autonomieverlangen der Laien in den Bruderschaften stieß nach dem Tridentinum (Reformdekret 22. Sitzung, 17. September 1562) auf bischöflich-kirchliche Kontrollvorstellungen, so sicherte die Bulle Clemens' VIII. „Quaecumque" (1604) bischöfliche Kontrolle über die nahezu bei allen Bruderschaften gleich oder ähnlich lautenden Statuten, weiters bischöfliche Visitationsrechte und umgehende Kontrolle der Rechnungslegung zu[32]. Die tausenden im katholischen Europa verstreuten, in größeren Städten oft dutzendfach bestehenden Bruderschaften als zentrale Einrichtungen der Vergesellschaftung und als Manifestation der Bedeutung der Laien in der Kirche galten als „Rückgrat des sozialen, religiösen und staatlichen Lebens"[33] in der Vormoderne. Stände- und geschlechtsübergreifend angelegt kannten mitteleuropäische Bruderschaften in der Regel kein Ausschließlichkeitsprinzip, sondern männliche und weibliche Untertanen konnten in mehreren Bruderschaften gleichzeitig Mitglied sein, was die Spezifika von bestimmten Bruderschaftstypen (wie die dominikanischen Rosenkranzbruderschaften, die Sakramentsbruderschaften etc.) in der Praxis verwischte. Die geistlichen Verpflichtungen der Bruderschaften ergaben sich oft schon im Namen, Arme-Seelen-Bruderschaften widmeten sich etwa einer angemessenen Beerdigung der Toten.

2. Forschungslage zum österreichischen Bruderschaftswesen

Die Annäherung der ersten „österreichischen" wissenschaftlichen Beiträge[34] in der zweiten Hälfte des 19. Jahrhunderts an das Bruderschaftswesen erfolgte meist über Be-

---

[29] Klieber, Neuzeitliche Bruderschaften (wie Anm. 13) 320.

[30] Schneider, Kirchenpolitik (wie Anm. 19) 93.

[31] Steinegger, Anfänge (wie Anm. 25) 20.

[32] Zu kirchlichen Disziplinierungsversuchen der Bruderschaften durch legislative Bestimmungen Rebekka von Mallinckrodt, Struktur und kollektiver Eigensinn. Kölner Laienbruderschaft im Zeitalter der Konfessionalisierung (Veröffentlichungen des Max-Planck-Instituts für Geschichte 209, Göttingen 2005) 74–83; Rudolf Reinhardt, Die barocke Bruderschaft – Träger „kirchlich" verwalteten Kirchengutes? ZRG KA 101 (1984) 349–355.

[33] Hersche, Muße und Verschwendung (wie Anm. 9) 396, siehe den europäischen Überblick zu Bruderschaften 396–439.

[34] Als Vergleich Ludwig Remling, Bruderschaften als Forschungsgegenstand. JbVk 3 (1980) 89–112, hier 101–107.

griffe wie „Rechts-, Kultur-"[35] oder etwa „Sittengeschichte"[36]. Ältere Überblicke zum Bruderschaftswesen versuchen meist eine in ihrem Phasenmodell unscharfe Meistererzählung des Bruderschaftswesens, die mitunter unter fragwürdigem Rückgriff auf angeblich „urgermanische" Ursprünge bei den frühmittelalterlichen Gebetsverbrüderungen der Klöster ihren Anfang nimmt[37]. Ab dem Spätmittelalter finden sich in vielen Stadt-, Pfarr- und Klosterarchiven eine größere Anzahl an verschiedenartigen und doch inhaltlich verwandten Vereinigungen, die sich nach ihrer Selbstbezeichnung entweder Bruderschaften oder Gilden, entweder Zechen oder Konfraternitäten und Sodalitäten nannten, ohne dass eine idealtypische Unterscheidung in einen eher weltlichen Typ Zunft/Gilde auf der einen Seite bzw. in einen eher geistlichen Typ Bruderschaft/Konfraternität auf der anderen Seite möglich erschien[38]. Diese Vereinigungen wiesen je nach Untersuchung eine eher wirtschaftliche, vergesellschaftende, politische und/oder religiöse Grundtendenz auf, wobei die ältere Forschung vielfach die Zäsur der Reformation unterstreicht und die existentielle Bedrohung der Bruderschaften/Zünfte durch den Untergang der Werkfrömmigkeit betont[39]. Vor dem Hintergrund der „Gegenreformation"/katholischen Reform oder katholischen Konfessionalisierung kam es dann in der Neuzeit zu einer Neuformation des nun stärker auf kirchliche/religiöse Tätigkeitsfelder beschränkten Bruderschaftswesens. Vor allem die theresianischen Einschnitte[40] und die josephinische Zäsur mit der Aufhebung des Bruderschaftswesens und der Einführung einer uniformen Pfarrbruderschaft zur „Bruderschaft der thätigen Liebe des Nächsten" am 9. August 1783[41] fand in den Abhandlungen zum Bruderschaftswesen breite, je nach ideologischer Ausrichtung unterschiedlich gewichtete Resonanz. Der Übergang der Bruderschaften bzw. die Restauration der Bruderschaften im langen 19. Jahrhundert und die Stellung des Bruderschaftswesens zu den

---

[35] Von Bauer, Bruderschaftswesen (wie Anm. 11) 201–223.

[36] Adalbert Horawitz [1840–1888], Die Klosterneuburger Bruderschaften. Ein Beitrag zur Sittengeschichte Oesterreichs. *BMWien* 9 (1866) 33–48, 36: Die Bruderschaftsbücher „weisen eine soziale Bildung auf. Aus diesem einfachen Einschreibebuche unberührter Leute geht doch hervor, welche Kreise von jenem frommen Einigungsstreben ergriffen wurden, das Namensregister weist in den schärfsten Zügen das Herabkommen der Stände, die Umwandelung der Zeiten nach. Und darum erscheint vielleicht diese an sich unbedeutende Arbeit doch als Beitrag zur Sittengeschichte Oesterreichs […]."

[37] Ebd. 37: „Denn nicht mehr allein die Geistlichen verschiedener Klöster verbrüdern sich, nicht allein geistige und übersinnliche Zwecke sollen durch die Verbindung erreicht werden, auch den weltlichsten und auf das irdischste gerichteten Strebungen wird die Vereinigung zum oft angewandten Mittel. Zu Schutz und Trutz tritt das zum Selbstbewusstsein gekommene Bürgerthum zusammen […]."

[38] Von Bauer, Bruderschaftswesen (wie Anm. 11) 204: „Alle Schutzverbrüderungen, die Gilden oder Hansen der Kaufleute, die Zünfte der Handwerker standen unter dem Schutze der christlichen Gottheit oder eines Heiligen, hatten neben ihren geselligen Vereinigungen religiöse Zusammenkünfte, besassen zu dem Zwecke oft ihre besonderen Altäre, unterhielten darauf Liechter, besoldeten ihre besonderen Geistlichen oder schlossen mit einem Kloster einen Vertrag, damit Messen zu gewissen Zeiten gelesen würden für die Lebenden und für die Verstorbenen. Ihren uranfänglichen, rein religiös-geselligen Grundcharakter haben übrigens die Zünfte, obgleich alsbald in vorwiegend politische Verbände mit thatkräftiger Einwirkung auf das stadtgemeindliche Regiment übergehend, doch erst dann gänzlich abgelegt, als sie in späterer Zeit zu blossen Handwerkerverbindungen mit exclusiv gewerblichen Tendenzen herabsanken, deren corporative Gerechtsame unter dem mehr feindlichen, als begünstigenden Einflusse des Reichsschlusses von 1731 immer mehr zusammenschrumpften."

[39] Heinz Zatschek, Handwerk und Gewerbe in Wien. Von den Anfängen bis zur Erteilung der Gewerbefreiheit im Jahr 1859 (Wien 1949) 11–60; Hans Lentze, Die rechtliche Struktur des mittelalterlichen Zunftwesens in Wien und den österreichischen Städten. *MVGStW* 15 (1935) 15–41, hier 22f.

[40] Verbot der Gründung geistlicher Bruderschaften ohne staatliche Genehmigung am 17. August 1771, Der Josephinismus. Ausgewählte Quellen zur Geschichte der theresianisch-josephinischen Reformen, hg. von Harm Klueting (Ausgewählte Quellen zur deutschen Geschichte der Neuzeit 12a, Darmstadt 1995) 156.

[41] Ebd. 328–330.

sich formierenden politischen Bewegungen (Liberale, Konservative, Arbeiterschaft) sind dagegen unzureichend aufgearbeitet.

Mehrere Wellen an Auswertungsstrategien des Forschungsthemas lassen sich feststellen; standen bis in die späten 1980er Jahre neben der lokalen Kirchen-, der Ordensgeschichte, der religiösen Volkskunde vor allem die sozialgeschichtlichen Fragestellungen (Organisationsform, Geschlechterverteilung, soziale Zusammensetzung der Mitgliedschaft) im Vordergrund, so wandte sich die Forschung ab den 1990er Jahren stärker kulturwissenschaftlichen Fragestellungen (etwa Raumnutzung und spacing, visuelle Repräsentation der Bruderschaften, Genderfragen) zu[42]. Neuere Forschungsarbeiten sehen die frühneuzeitlichen Bruderschaften deutlich als einen – wenn auch recht eigensinnigen und mitunter unberechenbaren – „Agenten" der Konfessionalisierung[43].

Qualifizierte Regionalstudien zum Bruderschaftswesen liegen auf der Ebene von Monographien und wissenschaftlichen Qualifikationsarbeiten zu Tirol[44], zu Salzburg[45], zum Themenfeld Bruderschaft und Stadt für Oberösterreich[46] und zur mittelalterlichen und neuzeitlichen Steiermark[47] vor. Einzelne Studien versuchen das Bruderschaftswesen an bestimmten Orten – etwa für Kastelruth[48], die Pfarre Haus[49] im Ennstal oder Wiener Neustadt[50] – oder einen bestimmten Bruderschaftstyp[51] regional breiter aufzuarbeiten. Überraschenderweise fehlen breitere Überblickswerke für Wien[52] oder beispielsweise für Kärnten, obwohl es verschiedentlich an Vorstudien und bibliographischen Annäherungen

---

[42] Als Beispiel etwa Sabine von Heusinger, The Topography of Sacrced Space and the Representation of Social Groups. Confraternities in Strasbourg, in: Politics and Reformations. Communities, Polities, Nations and Empires. Essays in Honor of Thomas A. Brady, hg. von Christopher Ocker (Leiden–Boston 2007) 67–83.

[43] Rebekka von Mallinckrodt, Reichweite und Grenzen des Konfessionalisierungsparadigmas am Beispiel Kölner Laienbruderschaften des 17. Jahrhunderts, in: Interkonfessionalität – Transkonfessionalität – binnenkonfessionelle Pluralität. Neue Forschungen zur Konfessionalisierungsthese, hg. von Kaspar von Greyerz (Schriften des Vereins für Reformationsgeschichte 201, Gütersloh 2003) 16–47. So wurden die Gegensätze von jesuitischen Kongregationen gegen den „Rest" der Bruderschaften betont.

[44] Hans Hochenegg, Bruderschaften und ähnliche religiöse Vereinigungen in Deutschtirol bis zum Beginn des zwanzigsten Jahrhunderts (Schlern-Schriften 272, Innsbruck 1984); Markus Klammer, Das religiöse Bruderschaftswesen in der Diözese Brixen vom Konzil von Trient bis zur Aufhebung (1783) (Diss. Innsbruck 1983).

[45] Klieber, Bruderschaften und Liebesbünde (wie Anm. 13); ders., Basisbewegung (wie Anm. 8); ders., Bruderschaften. Instrument der Religionspolitik Paris Lodrons?, in: Erzbischof Paris Lodron (1619–1653), Staatsmann zwischen Krieg und Frieden. 28. Sonderschau des Dommuseums zu Salzburg, hg. von Peter Keller–Johannes Neuhardt (MGSLk Ergbd. 20, Salzburg 2003) 68–78.

[46] Willibald Katzinger, Die Bruderschaften in den Städten Oberösterreichs als Hilfsmittel der Gegenreformation und Ausdruck barocker Frömmigkeit, in: Bürgerschaft und Kirche. 17. Arbeitstagung in Kempten 3.–5. November 1978, hg. von Jürgen Sydow (Stadt in der Geschichte 7, Sigmaringen 1980) 96–112.

[47] Johann Sepperer, Die kirchlichen Bruderschaften in der Steiermark. Aufhebung und Wiedererrichtung (Diss. Graz 1959); für das Mittelalter mit einer Materialsammlung Jontes, Bruderschaften (wie Anm. 16).

[48] Martha Mulser, Die religiösen Bruderschaften in Kastelruth (Diss. Innsbruck 1978).

[49] Roswitha Stipperger, Die Bruderschaften in der Pfarre Haus im Ennstal. Religiöses Gemeinschaftsleben in der Barockzeit und seine Einflüsse auf kirchliche Vereine des 19. und 20. Jahrhunderts (Diss. Graz 1981).

[50] Drexler, Bruderschaftswesen (wie Anm. 21).

[51] Am Beispiel der 31 Nepomukbruderschaften in Wien und Niederösterreich Walpurga Oppeker, Johannes von Nepomuk-Bruderschaften in Österreich unter der Enns im Bereich der Bistümer Passau und Wien. UH 83 (2001) 151–198; Christine Tropper, Die frühneuzeitliche Rosenkranzbruderschaft zu Maria Saal, in: Kärntner Landesgeschichte und Archivwissenschaft. Festschrift für A. Ogris, hg. von Wilhelm Wadl (Archiv für Vaterländische Geschichte und Topographie 84, Klagenfurt 2001) 271–291.

[52] Ernst Tomek, Das kirchliche Leben und die christliche Caritas, in: Geschichte der Stadt Wien 5, hg. von Anton Mayer (Wien 1914) 160–330, hier 299–312.

nicht fehlen würde[53]. Eine neue monographische Aufarbeitung widmet sich dem viel-
schichtigen Netzwerk der 1653 gegründeten Lilienfelder Josephsbruderschaft und seinem
Propagator, dem Lilienfelder Abt Chrysostomus Wieser (reg. 1716–1747)[54]. Mitunter liegen für einzelne Kirchen/Klöster/Pfarren breitere Aufarbeitungen der dort vorhandenen
Bruderschaften vor[55].

Das Bruderschaftswesen des Mittelalters und der Neuzeit galt als Ausdruck der „Pietas Austriaca" wie des „Barockkatholizismus"[56] und hat das Interesse verschiedener
Forschungsdisziplinen bzw. verschiedener Bereiche der Kulturwissenschaften auf sich
gezogen, wobei disziplinär neben der europäischen Ethnologie vor allem die Kirchengeschichte und die Geschichtswissenschaften – und hier vor allem die an der Handwerksgeschichte interessierte Wirtschafts- und Sozialgeschichte – zu erwähnen sind. Auch für
Österreich gilt, dass lange Gegensatzpaare die Forschung zum Bruderschaftswesen bestimmten: (1) heidnisch-christlicher Ursprung der Bruderschaften, (2) geistlich-weltliche
Sphäre dieser Einrichtung und (3) ständisch-überständische Mitgliederstruktur[57]. For-
schungskontroversen entzündeten sich seit der vom Rechtshistoriker Wilhelm Eduard
Wilda (1800–1856) vorgelegten Untersuchung zum „Gildewesen" von 1831 an der strit-
tigen Ursprungsnarration: Heidnische und/oder christliche Wurzeln wären am Beginn
der Einungen, der Bruderschaften und der Gilden gestanden. Das Gegensatzpaar geist-
lich-weltlich bewirkte einerseits eine deutliche Akzentuierung der Reformation und Säkularisation in der Forschung und rief andererseits auch den immer wieder unternommenen
Versuch einer Trennung von Handwerks- und Frömmigkeitsbruderschaften hervor. Das
Gegensatzpaar ständisch-überständisch betonte dann vor allem die sozial übergreifende
Mitgliederstruktur, versuchte berufsständische Unterschiede zwischen mittelalterlichen
und neuzeitlichen Bruderschaften, aber auch Handwerks- und Frömmigkeitsbruderschaften herauszuarbeiten. Bei der Erforschung des österreichischen Bruderschaftswesens
überwiegen deutlich die häufig meist über keinen spezifischen Bruderschaftsbegriff verfü-
genden Einzeluntersuchungen zuungunsten der überblicksartigen Lokal- und Regional-

---

[53] DERS., Kirchengeschichte Österreichs, Teil 2: Humanismus, Reformation und Gegenreformation (Innsbruck–Wien 1949) 639–645; HÜBL, Bruderschaften an der Schottenkirche (wie Anm. 24); STÜRZER, Der
soziale Gedanke (wie Anm. 21); Bibliographie zur Geschichte und Stadtkunde von Wien. Nebst Quellen und
Literaturhinweisen 1, hg. von Gustav GUGITZ (Wien 1947) 192–205; Pierre ARDAILLOU, Les Confréries Viennoises aux 17ᵉ et 18ᵉ Siècles. *RHE* 87 (1992) 745–758; Karl VOCELKA, Religiöse Zeremonien in der Öffentlichkeit am Beispiel des barocken Wien, in: Die Stadt als Kommunikationsraum. Reden, Schreiben und Schauen
in Großstädten des Mittelalters und der Neuzeit, hg. von Irmgard Christa BECKER (Ostfildern 2011) 91–100;
DERS., Frömmigkeitsgeschichte – Pietas Austriaca und Volksfrömmigkeit, in: Wien. Geschichte einer Stadt
2: Die frühneuzeitliche Residenz (16. bis 18. Jahrhundert), hg. von DEMS.–Anita TRANINGER (Wien 2003)
352–363, hier 357f.
[54] Irene RABL, „Ite ad Joseph". Chrysostomus Wieser und die Lilienfelder Erzbruderschaft des Hl. Joseph
(Beiträge zur Kirchengeschichte 18/Geschichtliche Beilage zum St. Pöltener Diözesanblatt 35, St. Pölten 2015).
[55] Als Beispiel etwa Maria HABACHER, Die St. Sebastiansbruderschaft zu Klosterneuburg 1624–1783.
JbStKlo N. F. 15 (1994) 119–148; Luigi A. RONZONI, Ignaz Parhammer und die Christenlehr-Bruderschaft.
Die Franz Regis-Kapelle in der Jesuitenkirche Am Hof in Wien. Die Jesuiten in Wien, in: Die Jesuiten in Wien.
Zur Kunst- und Kulturgeschichte der österreichischen Ordensprovinz der „Gesellschaft Jesu" im 17. und 18.
Jahrhundert, hg. von Herbert KARNER (Veröffentlichungen der Kommission für Kunstgeschichte der Österreichischen Akademie der Wissenschaften 5, Wien 2003) 99–112; Regine PUCHINGER, Die Mitgliederstrukturen
pfarrlicher Bruderschaften in der Frühen Neuzeit. Am Beispiel zweier Bruderschaftsbücher aus dem steirisch-
niederösterreichischen Grenzgebiet (MA Wien 2014).
[56] Thomas WINKELBAUER, Ständefreiheit und Fürstenmacht. Länder und Untertanen des Hauses Habsburg
im konfessionellen Zeitalter, Teil 2 (Österreichische Geschichte 1522–1699, Wien 2003) 224–236.
[57] REMLING, Bruderschaften als Forschungsgegenstand (wie Anm. 34) 103f.

studien, was vor allem eine quanti- und qualifizierende Erhebung des österreichischen Bruderschaftswesens bislang vor große Probleme stellte.

Neben der Stadt- und Kirchengeschichte zeigte vor allem die europäische Ethnologie großes Interesse an den Bruderschaften, eine Fülle von „grauer", bibliographisch schwer erfassbarer Literatur macht aber einen Forschungsüberblick schwierig. Auf der Grundlage der Bruderschaftssatzungen, aber auch der Rechnungen lassen sich über bruderschaftliche Archivalien differenzierte Aussage über die Gestaltung von Festlichkeiten, über kulturelle festliche Praktiken (etwa Fasching, Messriten, Begräbnisriten etc.)[58], Informationen zur Sprachgeschichte[59] oder etwa über die materielle Ausgestaltung von Grüften und Särgen durch die Bruderschaften[60] gewinnen. Die stark auf eine Verzeichnung von Personen/ Mitgliedern ausgerichteten Bruderschaftsdokumente eröffnen Forschungspotential für die Genealogie, wie etwa eine gedruckte Sterbeliste der Steyrer Rosenkranzbruderschaft von 1732 oder das Bruderschaftsbuch der Heiligen-Kreuz-Bruderschaft des Salzburger Bürgerspitals (mit seinen heute prominenten Mitgliedern Leopold und Wolfgang Amadé Mozart) zeigen[61]. Vor allem die Dinglichkeit der Bruderschaften gelangte immer wieder in den Blick: Bruderschaftsstangen[62] wurden gesammelt und aus numismatischer Perspektive Ablasspfenninge (der Salzburger Kreuzbruderschaft)[63] oder Bruderschaftsmedaillen[64] ausgewertet. Vor allem die unglaubliche Fülle der bruderschaftlichen Druckgra-

---

[58] Als Beispiel für ältere Aufwertungsstrategien der Ethnologie Karl-S. KRAMER, Brauchtum und Feste in der spätmittelalterlichen Stadt. Soziale Zuordnung an Beispielen, in: Einungen und Bruderschaften in der spätmittelalterlichen Stadt, hg. von Peter JOHANEK (Städteforschung A/32, Köln–Weimar–Wien 1993) 171–183; Hans COMMENDA, Die Litterae Annuae des Linzer Jesuitenkollegs als Quelle der Volkskunde. *HJbStL* 1961 (1962) 119–138.

[59] Mit einer Auswertung des „deutschen Volkselements" in den Bruderschaftslisten der Hauerbruderschaften (die ein Spital betrieb) von 1453 und von 1473 Franz HUTER, Von den Deutschen im alten Trient. Aus dem Archiv der Hauer-Bruderschaft zu St. Peter, in: Mundart und Geschichte. Eduard Kranzmayer zu seinem 70. Geburtstag, hg. von Maria HORNUNG (Studien zur österreichischen Dialektkunde 4, Graz 1967) 71–80 (Liste 1453 S. 79, 1473 S. 80).

[60] Am Beispiel der Michaelerkirche („Bruderschaft des zarten Fronleichnams unseres Herrn Jesu Christi" [gegr. um 1330], spanische Corpois-Christi-Bruderschaft [gegr. 1631], „Bruderschaft der immerwährenden Anbetung des Hochwürdigen Sakraments des Altares" [gegr. 1772], „Englische Bruderschaft unter der Anrufung des heiligen Erzengels Michael" [gegr. 1718], „Wällische Bruderschaft" [gegr. 1691]) Adolf MAIS, Die Gruftbestattungen zu St. Michael in Wien. Bruderschaften, Bestattungen, Sargmalerei, Totenbeigaben, in: Kultur und Volk. Beiträge zur Volkskunde aus Österreich, Bayern und der Schweiz. Festschrift für Gustav Gugitz zum achtzigsten Geburtstag, hg. von Leopold SCHMIDT (Veröffentlichungen des Österreichischen Museums für Volkskunde 5, Wien 1954) 245–273. Mais wertet die Kosten der Leichenbegängnisse, die Art der Holzsärge (etwa „Schnörkelrandsärge", „Girlandensärge", „Möbelrandsärge") und die Totenbeigaben aus.

[61] Auf der Grundlage von 324 Verstorbenen (mit Nachträgen für 1730 und 1731) Friedrich SCHOBER, Die im Jahre 1732 Verstorbenen der Rosenkranzbruderschaft zu Steyr, Oberösterreich. *Adler. Zeitschrift für Genealogie und Heraldik* 4/18 (1956/1958) 201–204; Walter HUMMEL, Das Bruderschaftsbüchl der Hl. Kreuz-Bruderschaft an der Bürgerspitalkirche in Salzburg. *SMCA Jahresschrift* 5 (1959) 205–221 (Tafel 28/29); Mozart – Briefe und Aufzeichnungen 1: 1755–1776, hg. von Wilhelm A. BAUER–Otto Erich DEUTSCH (Kassel 1990) 388 (Nr. 207): Brief aus Bologna 1770 September 8: „ich bitte mir zu schreiben, in was für bruderschaften ich bin, und mir selbige darzu nothwendige gebeter zu wissen zu machen."

[62] Helene FINKENSTAEDT–Thomas FINKENSTAEDT, Stanglsitzerheilige und Große Kerzen. Stäbe, Kerzen und Stangen der Bruderschaften und Zünfte in Bayern (Weißenhorn 1968); DIES., Vorläufiges Inventar der Prozessionsstangen in Bayern. *BayJbVk* 1968 (1968) 13–44.

[63] Karl ROLL, Die Ablaßpfenge der heiligen Kreuzbruderschaft in der Bürgerspitalkirche in Salzburg, in: Ausgewählte Aufsätze des Salzburger Numismatikers Karl Roll (1850–1934), hg. von Peter KRAMML (Salzburg 1989) 157–165.

[64] Ludwig Baron DÖRY, Bruderschaftsmedaillen. Ein Problemaufriss. *JbVk* 3 (1980) 113–136.

phik[65] (Bruderschaftsbriefe, Kupferstiche, Andachtsbücher etc.) verdeutlicht die große mediengeschichtliche Relevanz der Bruderschaften[66]. Archäologische Grabungen ergeben am Beispiel des um die Mitte des 17. Jahrhunderts direkt vor der Pfarrkirche und beim Friedhof errichteten Scheibbser Bruderschaftsgebäudes (Erzbruderschaft Jesus und Maria des heiligen Rosenkranzes) eine zweiteilige, bauliche Struktur. Eine mit Prunkfassade ausgestattete Loretto-Kapelle und eine Bruderschaftsstube unterstreichen die Rolle der von den märktischen Eliten geförderten Bruderschaft als Bauherr auf dem wichtigsten Platz des wirtschaftlich bedeutenden Eisenmarktes[67]. Ein wichtiges Forschungsfeld zum Thema Bruderschaftswesen stellt die Musikwissenschaft dar, weil die Vorsteher von Bruderschaften als wichtige Auftraggeber für Totenmessen und für die Vesper auftraten. Bruderschaften fungierten aber auch als Musikdienstleister und als wichtiger Arbeitgeber für Musiker generell[68]. Auch als „Bauherr" für Kalvarienberge, für Kirchen und für Bruderschaftskapellen, für Altäre und für Altarblätter, aber auch für die lokale Kunsthandwerkerszene kam den kunstfördernden und variabel auf regionale Fragestellungen reagierenden Bruderschaften eine große Bedeutung zu; vor allem die sieben Werke der Barmherzigkeit wurden von den Bruderschaften künstlerisch inszeniert[69]. Nicht nur der Bau des Grazer Kalvarienberges, sondern etwa auch der Wiener Peterskirche wurde von Bruderschaften wesentlich vorangetrieben[70], vor allem aber auch die Kunstschmiede, Maler, Tischler,

---

[65] Gábor Tüskés–Éva Knapp, Graphische Darstellungen in den Publikationen barockzeitlicher Bruderschaften. *Zeitschrift für Kunstgeschichte* 52 (1989) 353–372; dies., Literaturangebot und Bildungsprogramm in den barockzeitlichen Bruderschaftspublikationen in Ungarn. *Internationales Archiv für Sozialgeschichte der deutschen Literatur* 17 (1992) 1–42.

[66] Edgar Krausen, Die Bruderschaftsbriefe der Sammlung Dr. Anton Rot. *JbVk* 3 (1980) 137–155; Hochenegg, Bruderschaften (wie Anm. 44).

[67] Nikolaus Hofer, Das ehemalige Bruderschaftsgebäude in Scheibbs, NÖ. Ergebnisse der Ausgrabung eines barockzeitlichen Bauwerks mit spätmittelalterlichen Vorgängerbauten am Rathausplatz von Scheibbs, Niederösterreich (Dipl. Wien 1996); ders., Das frühneuzeitliche Bruderschaftsgebäude in Scheibbs. Eine archäologische Spurensuche, in: Regionalgeschichte am Beispiel von Scheibbs in Niederösterreich. Die Vorträge des 22. Symposions des Niederösterreichischen Instituts für Landeskunde in Scheibbs vom 1. bis 4. Juli 2002, hg. von Ursula Klingenböck–Martin Scheutz (StuF 35, St. Pölten 2003) 147–160.

[68] Am Beispiel der St. Nikolai-Bruderschaft der Spielleute aus dem 13. Jh. und der Cäcilien-Bruderschaft bei St. Michael (gegr. 1725 aus Hofmusikern) in Wien Geraldine Rohling, Exequial and Votive Practices of the Viennese Bruderschaften. A Study of Music and Liturgical Piety (Diss. Music Catholic University of America 1996) 150–201; dies., First Vespers of the Titular Feast of the Saint Cäcilienbruderschaft in the Domkirche of Saint Stephan in 1726, in: Sakralmusik im Habsburgerreich 1570–1770, hg. von Tassilo Erhardt (Veröffentlichungen der Kommission für Musikforschung 29, Wien 2013) 253–263. Als Vergleich etwa neben anderen Arbeiten des Autors Vladimír Maňas, Confraternities of Litterati in Moravia. Funerary, Musical, Confessionalising Corporations?, in: Public Communications in European Reformation. Artistic and Other Media in Central Europe 1380–1620, hg. von Milena Bartlová–Michal Šroněk (Praha 2007) 143–158. Siehe auch zur Fronleichnamsbruderschaft in Ybbs-Ferschnitz 1457 Robert Klugseder–Thomas Lemmens, Die Priestergemeinschaft von Ybbs-Ferschnitz. Musikhandschriften und Bruderschaftsbuch, in: Musikhistorische Forschungsbeiträge aus Niederösterreich, hg. von Christian K. Fastl–Peter Gretzel (StuF 68, St. Pölten 2017) 13–25.

[69] An italienischen und deutschen Beispielen Monika Escher-Apsner–Philine Helas, Bruderschaften. Selbstverständnis und Selbstinszenierung, in: Armut. Perspektiven in Kunst und Gesellschaft, hg. von Herbert Uerlings–Nina Trauth–Lukas Clemens (Darmstadt 2011) 178–185. Siehe den Beitrag von Marina Beck in diesem Band.

[70] Friedrich Polleross, Auftraggeber und Funktionen barocker Kunst in Österreich, in: Barock, hg. von Hellmut Lorenz (Geschichte der Bildenden Kunst in Österreich 4, München u. a. 1999) 17–50, hier 33f.; ders., „Geistliches Zelt- und Kriegslager" – Die Wiener Peterskirche als barockes Gesamkunstwerk. *JbVGStW* 39 (1983) 142–208; Julian Schmidt, Vielfältige Dreifaltigkeit. Die Erzbruderschaft der Allerheiligsten Dreifaltigkeit zu St. Peter in Wien (1676–1783) (MA Wien 2018).

Vergolder usw. lebten gut von den zahlreichen Bruderschaften und unterstrichen das Bedürfnis der Bruderschaften nach mehr oder weniger Repräsentation[71]. Künstler schrieben sich als fördernde Mitglieder in die Bruderschaften ein und reihten sich so in das Patronagenetzwerk der Bruderschaft ein[72].

3. Bruderschaftliches Einerlei oder gruppenspezifische Angebote? Bruderschaftstypen, Patrone und Mitgliederzahlen

Nach einem überzeugenden funktionalen Gliederungsvorschlag bezüglich der Organisationsform schied der Wiener Kirchenhistoriker Rupert Klieber (geb. 1958) als hervorragender Kenner des Salzburger Bruderschaftswesens die nachtridentinischen Bruderschaften im Raum des heutigen Österreich folgendermaßen[73]: (1) in selbstständige, mit eigenen Leitungsorganen versehene bzw. in betreute, unselbstständige Bruderschaften, wo sich die Bruderschaft an eine geistliche Institution (etwa Kloster, Pfarre, Universität) angeschlossen sah; (2) in gezierte „welsche" bzw. zierlose Verbindungen (mit oder ohne Prozessionen, eigene Kleidung, Mäntel, Prozessionsstäbe, Fahnen, Stangen, Laternen etc.) und (3) in einfache (etwa in einer Pfarre agierende) bzw. in affiliierte, an eine Erzbruderschaft (und damit meist an eine Ordensfamilie) angeschlossene Bruderschaften. Manche Orden errichteten spezifisch affiliierte Bruderschaften wie die Dominikaner die Rosenkranz-, die Karmeliter die Skapulier-, die Franziskaner die Strickgürtelbruderschaften und die Jesuiten die elitären marianischen Kongregationen.

Die Bruderschaften waren ein Massenphänomen, das sich im Spätmittelalter in den Städten und in der Neuzeit als „Versicherungsanstalt" zur Lukrierung von Ablässen auch am Land breit nachweisen lässt. Mitunter lassen sich konkrete Anlässe für die Gründung von Bruderschaften nachweisen, überstandene Pestepidemien, die Gründung einer Jesuitenniederlassung oder die Verhütung von Kriegsgefahr[74] boten Motive für die Gründung – vergleichende Untersuchungen dazu stehen aber noch aus. Für die frühneuzeitliche Steiermark konnten 482 und für Kärnten 307 Bruderschaften (davon 90 Christenlehrbruderschaften) nachgewiesen werden[75]. In Niederösterreich zeigen sich

---

[71] Am Beispiel von Bruderschaftszetteln, Bruderschaftsstangen, Fahnen, Kutten, Altären und Altarbildern Bernhard MAZEGGER, Bruderschaftsbildwerke im Tiroler Anteil der Erzdiözese Salzburg (Dipl. Innsbruck 2003) 20–26.

[72] Als Beispiel etwa die Integration von Malern und Steinmetzen in die Geißlerbruderschaft bei Santa Maria della Misericordia Gabriele KÖSTER, Künstler als Mitglieder venezianischer Bruderschaften im 14. und frühen 15. Jh. am Beispiel der „Scuola di Santa Maria della Misericordia", in: Verwandtschaft, Freundschaft, Bruderschaft. Soziale Lebens- und Kommunikationsformen im Mittelalter, hg. von Gerhard KRIEGER (Berlin 2009) 151–175; Rebekka VON MALLINCKRODT, Unsichtbare Macht – Repräsentative Machtlosigkeit? Ein Vergleich politischer Einflussmöglichkeiten und architektonischer Repräsentation frühneuzeitlicher Bruderschaften in Venedig und Köln, in: Machträume der frühneuzeitlichen Stadt, hg. von Christian HOCHMUTH–Susanne RAU (Konflikte und Kultur 13, Konstanz 2006) 333–353.

[73] KLIEBER, Bruderschaften und Liebesbünde (wie Anm. 13) 575–578; DERS., Basisbewegung (wie Anm. 8) 162.

[74] Als Beispiel etwa Reinhold DESSL, Die Geschichte der Wilheringer Schutzengelbruderschaft. *JbOÖMV* I 138 (1993) 241–265, hier 248f. Die Wilheringer Schutzengelbruderschaft wurde als Dank für die Verschonung im österreichischen Erbfolgekrieg 1744 offiziell gegründet.

[75] SEPPERER, Bruderschaften (wie Anm. 47) Anhang IV (ohne Pagina). Für Kärnten siehe den Beitrag von Christine TROPPER in diesem Band.

um 1780 688[76] – im Jahr 1784 in der Diözese St. Pölten allein 169[77] – und in der
Residenzstadt Wien 116 Bruderschaften, wobei jedes Kloster zumindest eine Bruderschaft besaß[78]. Für das Land Oberösterreich sind Erhebungen schwieriger, weil hier nur
für einzelne Städte Untersuchungen vorliegen, aber in Linz finden sich zwischen 1588
(Corporis-Christi-Bruderschaft) bis Ende des 18. Jahrhunderts zumindest 18 Bruderschaften[79]. Im frühneuzeitlichen Land Salzburg gab es insgesamt mehr als 240 Bruderschaften (davon rund 40 in der Stadt), in der Erzdiözese knapp 300 Bruderschaften.
In der Diözese Brixen lassen sich in der Frühen Neuzeit insgesamt 443 Bruderschaften
nachweisen[80].

Nach einer Verhältnisberechnung von Einwohnerzahl und Bruderschaftshäufigkeit
kam in Wien auf 1.150 Einwohner/-innen eine Bruderschaft, in Kärnten eine auf 1.359
Bewohner/-innen, in Niederösterreich eine auf 1.533 Personen[81]. In der Steiermark lässt
sich bei einer Bevölkerung von rund 700.000 (1750) und 443 Bruderschaften eine Bruderschaft pro 1.500 Einwohner/-innen errechnen. Dagegen fiel im Land Salzburg auf
600 Ortsansässige eine derartige Einrichtung, doch zeigt sich eine Differenz zwischen
Stadt und Land: Am „flachen" Land in Salzburg kann man pro 1.000 Einwohner/-in-
nen eine Bruderschaft festmachen, in der Stadt dagegen lag das Verhältnis bei ca. einer
Bruderschaft zu 410 Personen (40 Bruderschaften bei 16.400 Einwohner/-innen im Jahr
1786). In Linz kamen vergleichsweise auf 16.223 (1784) Bewohner/-innen zumindest 18
Bruderschaften, was rund eine Bruderschaft pro 900 weiblichen und männlichen Stadtbewohnern ergeben würde. Es gibt resümierend also deutliche Unterschiede in der Häufigkeit von Bruderschaften, die Anzahl von Bruderschaften in den Städten scheint größer
gewesen zu sein als am flachen Land. Geistliche Territorien hatten möglicherweise eine
größere Bruderschaftsdichte als weltliche Territorien aufzuweisen.

Die zeitliche Dynamik des neuzeitlichen Bruderschaftswesens variierte ebenfalls: In
Salzburg zeigt sich eine „Initialphase" des neuzeitlichen Bruderschaftswesens zwischen
1614 und 1630, nach einigen Jahrzehnten eines auch wirtschaftlich bedingten „Wellen-
tales" kam es zwischen 1670 und 1705 zu einer erneuten Gründungswelle und einer an-
schließenden Blütephase bis 1770. Bis 1820 zeichnete sich eine Krisenphase ab, danach
lief das Bruderschaftswesen auf niedrigem organisatorischen und personellen Niveau bis
in die 1920er und 1930er Jahre weiter. Auch in der Diözese Brixen zeigt sich das 18. Jahrhundert als dynamischste Phase der Bruderschaftsgründungen (bei 412 Nennungen):
Zwischen 1563 und 1600 kam es nur zu zwei Gründungen, zwischen 1600 und 1650
schon zu 41, in den fünfzig Jahren danach zu 85 Fundationen. In der ersten Hälfte des

[76] Ferdinand Maass, Der Josephinismus. Quellen zu seiner Geschichte in Österreich 1760–1790. Amtliche
Dokumente aus dem Wiener Haus-, Hof- und Staatsarchiv, dem Allgemeinen Verwaltungsarchiv und dem
Archiv des Wiener Schottenstiftes 3: Das Werk des Hofrats Heinke 1768–1790 (FRA II/73, Wien 1956) 357.

[77] Auf unklarer Quellengrundlage (ein zeitgenössisches Verzeichnis oder eine Kompilation von mehreren
Verzeichnissen?) Wilhelm Bielsky, Verzeichnis der in der Diözese St. Pölten 1784 erloschenen Bruderschaften.
Hippolytus 6 (1863) 56–61.

[78] Maass, Der Josephinismus (wie Anm. 76) 355; Bauer, Bruderschaftswesen (wie Anm. 11) 206. Pierre
Ardaillou erschloss um 1750 für Wien 150 Bruderschaften, Ardaillou, Les Confrériers Viennoises (wie Anm.
53) 745.

[79] Katzinger, Bruderschaften (wie Anm. 46) 102–108; Fritz Mayrhofer–ders., Geschichte der Stadt
Linz. Von den Anfängen zum Barock 1 (Linz 1990) 299–301.

[80] Klammer, Bruderschaftswesen (wie Anm. 44) 208–243.

[81] Klieber, Basisbewegung (wie Anm. 8) 164; für Kärnten siehe den Beitrag von Christine Tropper in
diesem Band.

18. Jahrhunderts als einer Boomphase wurden 105 und in der zweiten Hälfte 179 Bruderschaften gegründet[82].

Schon Hofrat Franz Josef Heinke (1726–1803), Kopf der josephinischen Kirchenpolitik, unterschied die große Anzahl der verschiedenartigen Bruderschaften funktionell bezüglich ihrer Zielsetzungen in vier Typen[83]: (1) Einzelnen Heiligen gewidmete Bruderschaften (Aloisius, Appolonia, Antonius, Barbara, Benedikt, Franziskus, Josef, Monika, Rochus, Sebastian etc.); (2) Bruderschaften zum Zweck der „Verehrung einiger ReligionsGeheimnisse" bzw. eines Glaubensgeheimnisses (Dreifaltigkeit, Corporis-Christi etc.), (3) Bruderschaften, „welche auf Leistung der Hilfe für die Seelen im Fegfeuer abzielten" (Arme-Seelen-Bruderschaften, Totenbruderschaften) und schließlich, anders geartet, (4) die von den Jesuiten geförderten und auch am Land starke Verbreitung genießenden Christenlehrbruderschaften[84].

Eine Gesamtübersicht – auf der nicht immer zweifelsfreien Grundlage gedruckter neuer und frühneuzeitlicher Literatur – ergab beispielsweise für das Bayern im heutigen Umfang bei 2.709 Orten rund 4.000 Belege für mittelalterliche und neuzeitliche Bruderschaften, wobei sich 887 Belege für Corporis-Christi-, 626 für Herz-Mariae-, 351 Belege für Herz-Jesu-, 300 Belege für Rosenkranzbruderschaften, weiters 212 Belege für Allerseelen-, 193 Belege für Sebastian- und 145 für die karmelitischen Skapulierbruderschaften fanden[85]. In Ungarn fanden sich unter den erschlossenen 1.304 Bruderschaften rund 35 % Heiligenbruderschaften (922 Br.)[86]; weiters rund 20 % Marienbruderschaften (528 Br.)[87] und 44 % christologische, eucharistische und sonstige Bruderschaften[88]. Bei den Heiligen zählen unter den ungarischen Bruderschaften neben Franziskus (331 Bruderschaften), dem dritten franziskanischen Orden (31) vor allem Joseph (15), Antonius von Padua (14), Johannes von Nepomuk und Anna (11), Michael (8) und Barbara (5) zu den häufigen Patronen von religiösen Bruderschaften. Allein die Erzdiözese Prag wies zwischen 1650 und 1770 mindestens 500 Bruderschaften auf[89], die Olmützer Diözese 1783 rund 290 Bruderschaften (273 Bruderschaften und 17 jesuitische Sodalitäten)[90]. Bei den 878 in der Barockzeit existenten Bruderschaften in Böhmen dominierten Marienpatrozinien (39 %), gefolgt von Heiligenpatrozinien (27 %) und Christusbruderschaften

---

[82] KLAMMER, Bruderschaftswesen (wie Anm. 44) 43.

[83] KATZINGER, Bruderschaften (wie Anm. 46) 111. Katzinger orientiert sich dabei offensichtlich an der zeitgenössischen Aufstellung Heinkes MAASS, Josephinismus (wie Anm. 76) 355.

[84] Am Beispiel der Region Trier SCHNEIDER, Bruderschaften im Trierer Land (wie Anm. 12) 117–125.

[85] Josef KRETTNER, Erster Katalog von Bruderschaften in Bayern (Veröffentlichungen zur Volkskunde und Kulturgeschichte 6, München–Würzburg 1980) 15f. 29 weitere Bruderschaftstypen haben zwischen elf und 57 Belege, insgesamt 63 Bruderschaftstypen finden sich nur einmal erwähnt.

[86] Gábor TÜSKÉS–Éva KNAPP, Religiöse Bruderschaften im 17. und 18. Jahrhundert, in: DIES., Volksfrömmigkeit in Ungarn. Beiträge zur vergleichenden Literatur- und Kulturgeschichte (Quellen und Forschungen zur Europäischen Ethnologie 17, Dettelbach 1996) 279–322, hier 285 und 292–297: darunter 331 [25,5 %] Franziskus-Gürtelbruderschaften, 99 sonstige Heilige (S. 292).

[87] Ebd. 292: darunter 84 [6,4 %] Br. Leben Marie, 146 [11,2 %] Titel Mariae, 264 sonstige Marienbruderschaften.

[88] Ebd. 292: darunter 221 [16,9 %] Christenlehr-Bruderschaften, 46 Br. zur Hl. Dreifaltigkeit, 44 Br. zur Todesangst Christi, 25 sonstige christologische Bruderschaften.

[89] WINKELBAUER, Ständefreiheit (wie Anm. 56) 225.

[90] Vladimír MAŇAS, Fromme Bruderschaften der Olmützer Diözese in der Frühen Neuzeit, in: Frühneuzeitforschung in der Habsburgermonarchie. Adel und Wiener Hof – Konfessionalisierung – Siebenbürgen, hg. von István FAZEKAS–Martin SCHEUTZ–Csaba SZABÓ–Thomas WINKELBAUER (Publikationen der ungarischen Geschichtsforschung in Wien 7, Wien 2013) 293–307, hier 303.

(bzw. die Heilige Familie) (19 %)[91]. Auf dem Gebiet des Erzbistums Görz gab es nach Visitationsberichten durch Karl Michael von Attems (1752–1774) 268 Bruderschaften[92].

Nach einer Aufstellung der innerösterreichischen Behörden aus den 1780er Jahren über die liquidierten Bruderschaften bzw. deren übernommenes Vermögen lassen sich für die Steiermark 482 Bruderschaften mit einem Gesamtvermögen von 380.714 fl. nachweisen (Tabelle 1).

Tabelle 1: Bruderschaften in Innerösterreich 1784 (482 Bruderschaften); Quelle: SEPPERER, Bruderschaften (wie Anm. 47) Anhang IV.

Bruder-schaftstyp	Grazer Kreis	Judenburger Kreis	Cillier-Kreis	Marburger-Kreis	Brucker-Kreis	Gesamt
Rosenkranz	45	17	10	16	23	111
Fronleichnam	17	7	11	14	5	54
Sebastian	20	10	2	10	3	45
Skapulier	8	5	8	3	3	27
Christenlehr	9	3	–	1	7	20
Barbara	4	3	5	2	1	15
Anna	7	–	1	-	1	9
Dreifaltigkeit	4	–	–	3	1	8
Michael	4	2	–	–	–	6
Jesu, Maria und Joseph	4	1	–	1	–	5
Andere	58	36	23	41	24	182
Gesamt	180	83	60	91	68	482

Im Land Salzburg (unter Einschluss der Tiroler Landesteile) war die christologische Herz-Jesu-Bruderschaft am verbreitetsten (Tabelle 2), gefolgt von der Rosenkranz- und der Skapulier-Bruderschaften. Mit einigem Abstand folgten die Allerseelen-, die Corporis-Christi- und die Dreifaltigkeitsbruderschaften.

---

[91] Es ist anzunehmen, dass die 89 Rosenkranzbruderschaften zu den 343 Marienpatrozinien hinzugerechnet wurden; Jiří MIKULEC, Die religiösen Bruderschaften der Barockzeit und die Rekatholisierung Böhmens. *Bohemia* 48/1 (2008) 91–115, hier 95, 104–112.

[92] Jure VOLČJAK, Pregled Predjožefinskih bratovščin na ozemlju goriške nadškofije na Kranjskem/Verzeichnis der vorjosephinischen Bruderschaften in Krain im Rahmen des Erzbistum Görz. *Acta Historiae Artis Slovenica* 21/2 (2016) 9–34.

Tabelle 2: Bruderschaften im Bereich der Erzdiözese Salzburg (ohne Stadt Salzburg mit 32 Bruderschaften); Quelle: KLIEBER, Bruderschaften und Liebesbünde (wie Anm. 13) 556–567.

Bruderschafts-typ	Flachgau	Tennengau	Pongau	Pinzgau	Lungau	Tiroler Anteil	Gesamt
Herz-Jesu	16	7	7	8	–	13	51
Rosenkranz	9	4	5	9	2	13	42
Skapulier	3	5	13	7	2	11	41
Allerseelen	8	3	2	–	2	6	21
Dreifaltigkeit	2	1	1	5	2	3	14
Corporis-Christi	4	2	2	3	–	1	12
Joh. Nepomuk	1	2	2	1	–	2	8
Schutzengel	–	–	–	1	1	5	7
Jesu, Maria, Josef	–	1	1	–	1	4	7
Sebastian	2	–	–	1	–	3	6
Barbara	1	–	–	–	–	4	5
Sieben Zufluch-ten	–	–	–	1	–	3	4
Maria Sieben Schmerzen	1	2	–	–	1	–	4
Andere	13	7	7	14	8	21	70
Gesamt	60	34	40	50	19	89	292

Tabelle 3: Bruderschaften im Bereich der Diözese Brixen (443 Bruderschaften); Quelle: KLAMMER, Bruderschaftswesen (wie Anm. 44) 207–243.

Bruder-schaftstyp	Brixen	Lajen	Bruneck	Enneberg	Sillian	Sterzing	Matrei	Innsbruck	Fügen	Flauerling	Imst	Gesamt
Christenlehr	2	6	10	2	7	13	12	10	10	6	10	88
Rosenkranz	1	6	4	10	3	7	4	3	6	5	8	57
Maria	2	5	3	2	1	7	2	3	7	5	4	41
Arme Seelen	1	1	3	1	3	5	1	3	3	2	1	24
Skapulier	1	4	–	3	1	2	2	1	2	1	3	20
Sebastian	1	–	1	–	1	3	1	2	2	2	4	17
Fronleichnam	1	1	1	–	1	1	1	2	1	2	4	15
Jesus, Maria und Joseph	1		1	1	2	2	1	3	1	2	2	16
Anna	1	2	–	–	2	1	–	3	2	–	2	13

Dreifaltigkeit	–	1	1	–	1	2	1	–	1	1	–	8
Geißler	–	1	–	3	–	–	–	–	–	–	–	4
Nepomuk	–	–	2	–	–	–	–	–	–	–	1	3
Andere	12	8	6	6	10	6	10	31	21	11	16	137
Gesamt	23	35	32	28	32	49	35	61	56	37	55	443

Im Raum von Nord- und Südtirol waren vor allem die häufig schon im 15. Jahrhundert begründeten Sakraments-, Corporis-Christi- und Fronleichnamsbruderschaften (46 Nennungen) sowie die Skapulierbruderschaften (52 N.), die Rosenkranzbruderschaften (139 N.) und die zwischen 1768 und 1783 gegründeten Christenlehrbruderschaften (123 N.) weit verbreitet (Tabelle 3)[93].

Eine Aufstellung von 169 aufgelösten Bruderschaften aus der Diözese St. Pölten aus dem Jahr 1784[94] zeigt, dass die Christenlehrbruderschaften auch hier ab der Jahrhundertmitte aufkamen (Tabelle 4). Daneben gab es viele der „alten" Rosenkranz- und Corporis-Christi-Bruderschaften, aber auch die stärker dem Totendienst verpflichteten Barbara-, Skapulier- und Sieben-Schmerzen-Mariens-Bruderschaften; die neuen Nepomukbruderschaften kamen allmählich im 18. Jahrhundert auf.

Tabelle 4: Bruderschaften im Bereich der Diözese St. Pölten 1784 (169 Bruderschaften) Quelle: Bielsky, Verzeichnis (wie Anm. 77) 56–61.

Bruderschaftstypen	Viertel Ober Manhartsberg	Viertel Unter Manhartsberg	Gesamt
Christenlehr	15	16	31
Rosenkranz	10	11	21
Corporis-Christi	9	8	17
Sebastian	4	6	10
Maria Himmelfahrt	4	4	8
Barbara	1	6	7
Johann Nepomuk	2	5	7
Sieben Schmerzen Mariens	3	4	7
Skapulier	2	4	6
Jesus, Maria u. Joseph	5	1	6
Arme Seelen	3	2	5
Todesangst	3	–	3
Michael	2	–	2
Andere	22	17	39
Gesamt	85	84	169

---

[93] Auflistung nach Hochenegg, Bruderschaften (wie Anm. 44) 39–223.
[94] Bielsky, Verzeichnis (wie Anm. 77) 56–61.

Die Beliebtheit bzw. Akzeptanz von Bruderschaften verdeutlicht sich auch an den Erwähnungen von Bruderschaften in Testamenten, vor allem in den 1720 bis 1740er Jahren bedachten die Linzer Bürgerinnen und Bürger in 65 % der ausgewerteten Testamente die Bruderschaften mit Legaten, dieser Wert sank in den Jahren zwischen 1770 und 1783 auf 31,5 % ab (Grafik 1)[95]. Vor allem Handwerker und Händler, aber auch andere Gesellschaftsschichten stifteten Legate bei den Bruderschaften, wobei die Stiftungssumme bei durchschnittlich 17 fl. lag – auch hier sank die Höhe der Stiftungen nach einem Höhepunkt um 1730 im Zeitraum nach 1770 langsam ab.

Grafik 1: Auswertung von 869 Linzer Testamenten des 18. Jahrhunderts (1701–1780) bezüglich von Stiftungshäufigkeit an Bruderschaften. Quelle: KATZINGER, Bruderschaften (wie Anm. 46) 112.

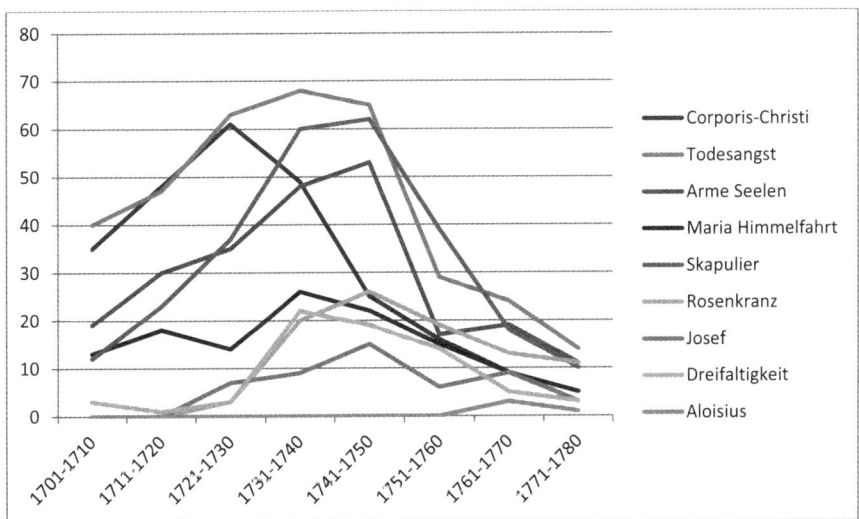

Die ersten eingetragenen Bruderschaftsmitglieder verraten meist eine hohe Gründungsenergie hinter der Fundation von Bruderschaften: Meist trugen sich hochrangige lokale (etwa Grundherrschaftsbeamte, Geistliche) oder regionale Eliten am Beginn in die Mitgliederverzeichnisse ein, dann folgten in der Regel die weniger prominenten Mitglieder[96]. Die 1637 gegründete Herzogenburger Barbarabruderschaft listet beispielsweise am Beginn die Mitglieder des Herzogenburger Konventes, aber auch die Pfarrer der Umgebung, daneben die lokale Elite wie den Hofrichter, den Marktschreiber, den Marktrichter

[95] Michael PAMMER, Glaubensabfall und Wahre Andacht. Barockreligiosität, Reformkatholizismus und Laizismus in Oberösterreich 1700–1820 (Sozial- und Wirtschaftshistorische Studien 21, Wien 1994) 197–205.

[96] WEISSENSTEINER, Luther (wie Anm. 20) 222f. Es gibt auch einige Beispiele von Priesterbruderschaften Karl KECK, Die Priesterbruderschaft zu Ehren des hl. Borromäus in Falkenstein. *Beiträge zur Wiener Diözesangeschichte* 8 (1967) 41f.; Anton KERSCHBAUMER, Das Ferschnitzer Bruderschafts-Buch vom Jahre 1457. *Archiv für Diöcesan-Geschichte des Bisthumssprengel St. Pölten/Theologische Quartalschrift Hipploytus* 7 (1864) 189–200; Wolfgang IRTENKAUF, Die Priesterbruderschaft des Walgaus. *Jahrbuch des Vorarlberger Landesmuseumsvereins* 120/121 (1976/77 [1978]) 22–31.

und die Herzogenburger Bürgerschaft auf[97]. Oft erlahmte nach einigen Jahrzehnten und nach einer intensiven Gründungsphase das Interesse der umwohnenden Bevölkerung, vor allem wenn die lokalen Eliten die Bruderschaft nicht adäquat unterstützten. Im steirisch-niederösterreichischen Grenzgebiet agierte die 1674 gegründete Mariae-Verkündigungs-Bruderschaft in der Pfarre St. Lorenzen am Wechsel, insgesamt fanden 5.193 weltliche und 47 geistliche Mitglieder darin Aufnahme. Anfänglich erzielte man dort für eine ländliche Pfarre hohe Beitrittszahlen (40 Beitritte pro Jahr), zwischen 1708 und 1772 traten dann aber im Durchschnitt nur mehr 21 Personen pro Jahr bei[98]. Das durchschnittliche, nur über einen Abgleich mit den Pfarrmatriken zu erhebende Beitrittsalter lag bei den Männern zwischen 20 und 30 Jahren, bei den Frauen dagegen unter 20 Jahre (Mindestbeitrittsalter 14 Jahre). Oft ergaben sich auch Eintragungen von Kernfamilien en bloc, darunter auch Kleinkinder; selbst posthume Einträge finden sich. Als Pull-Faktoren, die einen Eintritt in die Bruderschaften förderten, erwiesen sich Wallfahrten und Prozessionen, doch stammt ein Großteil der Eingetragenen in den beiden Bruderschaften aus der eigenen Pfarre.

Versucht man einige Typen an besonders verbreiteten Bruderschaften herauszugreifen, so waren vor allem die Corporis-Christi-Bruderschaften von besonderer Bedeutung, zumal das mit der Bruderschaft eng verbundene und meist festlich prächtig inszenierte Fronleichnamsfest und die damit unterstrichene, nachtridentinische Transsubstantiationslehre zu einem wichtigen Element der einsetzenden Gegenreformation in den österreichischen Erbländern avancierte[99]. Die mitunter aus hochrangigen Mitgliedern[100] gebildeten Corporis-Christi-Bruderschaften spezialisierten sich auf die Begleitung der Geistlichkeit auf dem Versehgang, indem jeder Versehgang „zu einer öffentlichen Demonstration für die Anwesenheit Jesu Christi unter der Brotgestalt"[101] wurde. Die Eucharistie, der häufige Empfang des Sakraments und die Ausgestaltung der Karwoche (Heiliges Grab) waren

---

[97] Martin SCHEUTZ, Bruderschaften als multifunktionale Dienstleister der Frühen Neuzeit. Das Beispiel der vereinigten Barbara- und Christenlehrbruderschaft Herzogenburg (1637/1677–1784), in: 900 Jahre Stift Herzogenburg. Aufbrüche – Umbrüche – Kontinuität. Tagungsband zum wissenschaftlichen Symposium vom 22.–24. September 2011, hg. von Günter KATZLER–Victoria ZIMMERL-PANAGL (Innsbruck–Wien–Bozen 2013) 283–315, hier 299–301.

[98] PUCHINGER, Mitgliederstrukturen (wie Anm. 55) 80–84.

[99] Martin SCHEUTZ, Kaiser und Fleischhackerknecht. Städtische Fronleichnamsprozessionen und öffentlicher Raum in Niederösterreich/Wien während der Frühen Neuzeit, in: Aspekte der Religiosität in der Frühen Neuzeit, hg. von Thomas AIGNER (Beiträge zur Kirchengeschichte Niederösterreichs 10, St. Pölten 2003) 62–125, hier 66–69; Franz GRASS, Sakralkultur und Kirchenrecht. Zur Rechtsgeschichte der Prozessionen, Versehgänge, sowie des Bruderschaftswesens in den österreichischen Alpenländern, besonders in Tirol. *Österreichisches Archiv für Kirchenrecht* 16 (1965) 263–275, hier 271–275.

[100] Am Beispiel der 1603 vom Stadtpfarrer in Graz gegründeten Fronleichnamsbruderschaft Ulrike KAMMERHOFER-AGGERMANN, Quellenvergleich zu den Fronleichnamsprozessionen in den Städten Graz und Salzburg vor und nach der Reformationszeit. Die Rolle der Corporis-Christi-Bruderschaft in der Fronleichnamsprozession, in: Volksfrömmigkeit. Referate der Österreichischen Volkskundetagung 1989 in Graz. Im Auftrag des Vereins für Volkskunde und des Österreichischen Fachverbandes für Volkskunde, hg. von Helmut EBERHART–Edith HÖRANDNER–Burkhard PÖTTLER (Buchreihe der Österreichischen Zeitschrift für Volkskunde Neue Serie 8, Wien 1990) 267–283, hier 276–281; DREXLER, Bruderschaftswesen (wie Anm. 21) 106–125.

[101] Robert EBNER, Charakteristika des fränkischen Bruderschaftswesens im Barock, in: Barock in Franken, hg. von Dieter J. WEISS (Bayreuther Historische Kolloquien 17, Dettelbach 2004) 255–270, hier 261; Heinrich GRATSCHER, Die Fronleichnams-Bruderschaft zu Hall. *Tiroler Heimatblätter* 38 (1962) 23f.; Gerhard MOSER, Wilhelm Mittersteiner und die Fronleichnamsbruderschaft von St. Johann 1623, in: Das Stadtbuch St. Johann im Pongau. Eine Publikation der Stadt St. Johann, hg. von DEMS. (St. Johann im Pongau 2005) 161–166.

Konstanten dieses Bruderschaftstyps[102]. Neben den Corporis-Christi-Bruderschaften und den frühneuzeitlich florierenden Dreifaltigkeitsbruderschaften[103] erfreuten sich, angestoßen von der durch Jakob Sprenger 1474 gegründeten Kölner Rosenkranzbruderschaft[104], die im Kontext des Dominikanerordens eingerichteten Rosenkranzbruderschaften größerer Verbreitung in den deutschen Erbländern der Habsburgermonarchie. Im Zentrum der Bruderschaft standen die Marienfeiertage, das Rosenkranzfest und das Fest des Heiligen Dominikus. Die Folge von 50 Mariengrüßen und deren christologische Erweiterungen (Rosenkranz) wurden zum Signet der Rosenkranzbruderschaften, deren Wirken sich auch kunstgeschichtlich reich entfaltete[105]. Mitunter wandelte man – etwa zu Beginn des 17. Jahrhunderts am Salzburger Beispiel von Werfen und Kuchl kenntlich – alte Bruderschaften in neue Rosenkranzbruderschaften um[106]. Im Zentrum der Rosenkranzbruderschaften standen Bildnisse der Gottesmutter Maria „im Rosenkranz", ein Prozessionshimmel über dem Allerheiligsten und Altarblätter etc.[107]. Für die 1671 durch den Prior des Wiener Dominikanerkonventes gegründete Rosenkranzbruderschaft in Neusiedl am See wurden beispielsweise für die Bruderschaftskapelle Bilder der 15 Geheimnisse des Rosenkranzes angeschafft[108].

Als typische Heiligenbruderschaften lassen sich die in Österreich breiter untersuchten Sebastiansbruderschaften ansprechen, die vor allem im Kontext der Pestepidemien eine

---

[102] Zu den Ausgaben an einem Beispiel aus Linz Ludwig RUMPL, Die Corporis-Christi-Bruderschaft der Stadtpfarre Linz. *HJbStL* 1961 (1962) 57–95, hier 72–83; für Kufstein Ekkehard HOFBAUER, Die Ausgaben der Corporis-Christi-Bruderschaft in Kufstein 1687 bis 1691. *Tiroler Heimatblätter* 56 (1981) 126–129 (Windlichter, Flagellanten, Baumöl, Wachskerzen, Besoldung des Bruderschaftsdieners, Kutten etc.).

[103] Julian SCHMIDT, „Guarnison der Peters=Burg" oder doch nur „versamblung viller Mentschen"? Die Dreifaltigkeitsbruderschaft bei St. Peter in Wien (1676–1783), in: Frühneuzeitforschung in der Habsburgermonarchie (wie Anm. 90) 359–385; DERS., „terribilis ut castrorum acies ordinata". Bruderschaftliche Selbstdarstellung im Barock am Beispiel der Dreifaltigkeitsbruderschaft zu St. Peter in Wien, in: Barokk vallásos közösségek [Barocke religiöse Gemeinschaften], hg. von Judit BOGÁR–Eszter DÉRI (Budapest 2017) 171–188; Walpurga OPPEKER, Über die unterschiedlichen Erscheinungsformen des Motivs der Allerheiligen Dreifaltigkeit in Niederösterreich. *Das Waldviertel* 64/1 (2015) 1–22; Emil SCHEIBENSTOCK, 500-Jahr-Jubiläum der Dreifaltigkeits-Bruderschaft auf Kristberg. *Bludenzer Geschichtsblätter* 16 (1994) 10–13; Heinrich A. MAYER, Die vereinigte Barbara- und Dreifaltigkeitsbruderschaft an der Stiftskirche des Neuklosters in Wiener Neustadt. *Sancta Crux* 38/1–2 (1976) 52–62, hier 52 (die Dreifaltigkeitsbruderschaft 1740).

[104] Andreas HEINZ, Der Rosenkranz vor dem Hintergrund seiner Entstehungsgeschichte, in: Edelsteine, Himmelsschnüre, Rosenkränze & Gebetsketten. Katalog zur 33. Sonderschau des Dommuseums zu Salzburg, 9. Mai bis 26. Oktober 2008. Katalog des Bestandes der Edith-Haberland-Wagner-Stiftung im Dommuseum zu Salzburg, hg. von Peter KELLER (Sonderschau des Dommuseums zu Salzburg 33, Salzburg 2008) 21–32.

[105] Mit einem reichen Überblick Gregor M. LECHNER, Rosenkranzbruderschaften und Denkmäler ihrer Frömmigkeit. Auf Spurensuche im alten Erzbistum Salzburg und im Rupertigau, in: Edelsteine, Himmelsschnüre (wie Anm. 104) 66–79.

[106] Rupert KLIEBER, Mit der „Betschnur" aus dem Fegefeuer ins Paradies gezogen werden … Die Salzburger Rosenkranz-Bruderschaften des 17. und 18. Jahrhunderts, in: Edelsteine, Himmelsschnüre (wie Anm. 104) 33–48, hier 35f. Zum bescheidenen Nachleben der Rosenkranzbruderschaften Christine M. GIGLER, Rosenkranzbruderschaften in der Erzdiözese Salzburg im 19. und 20. Jahrhundert, in: Edelsteine, Himmelsschnüre (wie Anm. 104) 56–65.

[107] Am Beispiel von Maria Saal (1644) TROPPER, Rosenkranzbruderschaft (wie Anm. 51) 275–277; am Beispiel Imst Stefan HANDLE, Religiöser und gesellschaftlicher Wandel in Imst in der Frühen Neuzeit (Schlern-Schriften 357, Innsbruck 2013) 144–146; für Lambach Elisabeth LOBENWEIN, Die Erzbruderschaft des hl. Rosenkranzes zu Lambach, in: Stift Lambach in der Frühen Neuzeit. Frömmigkeit, Wissenschaft, Kunst und Verwaltung am Fluss, hg. von Klaus LANDA–Christoph STÖTTINGER–Jakob WÜHRER (Linz 2012) 455–472.

[108] Josef RITTSTEUER, Die Rosenkranzbruderschaft in Neusiedl am See. *Neusiedler Jahrbuch. Beiträge zur Stadtgeschichte von Neusiedl am See* 3 (2001) 38–50, hier 41.

Wiedererstehung erlebten. Die Sebastianbruderschaften feierten nicht nur das Heiligen-
fest am 20. Jänner, sondern begingen auch Wallfahrten wie Bruderämter und führten
Totendienste aus[109]. Der Heilige Sebastian firmierte zudem als Patron der zahlreichen
bürgerlichen und höfischen Schützenvereinigungen[110]. Neben den mitunter alten und in
der Gegenreformation wiedererneuerten Annen-[111] oder den mit Totenkult unmittelbar
verbundenen Barbarabruderschaften[112] müssen die Nepomukbruderschaften als typische
Einrichtungen des 18. Jahrhunderts angesprochen werden. Nach der Heiligsprechung des
Prager Heiligen 1729 und dessen Aufstieg zu einem überregionalen Heiligen der Habsburgermonarchie[113] lassen sich viele Bruderschaftsgründungen des „Brückenheiligen" und
Wahrers des Beichtgeheimnisses nachweisen. In Wien hatte man schon 1709 eine erste
Nepomukbruderschaft gegründet, die älteste derartige Bruderschaft im heutigen Nieder-
österreich folgte 1724 in Stein an der Donau[114].

Trotz aller Schwierigkeit der Einordnung müssen auch die jesuitischen Sodalitäten
als eigener Bruderschaftstyp angeführt werden. In all ihren Niederlassungen richteten die
Jesuiten mit nachhaltigem Erfolg Bruderschaften ein, wobei der Flame Johannes Leunis (1536–1584) die erste marianische Schülerkongregation 1563 mit den Schülern des
römischen Kollegs gründete[115]: Eine tägliche Messe, die wöchentliche Beichte, eine monatliche Kommunion und eine tägliche Meditation von einer halben Stunden standen
auf dem idealtypischen Programm der jeweils von einem Pater geleiteten Kongregation.

---

[109] Am Beispiel von Purbach Hans KIETAIBL, Die Sebastianibruderschaft in Purbach am Neusiedler See.
Burgenländische Heimatblätter 49 (1987) 115–121; zur Erneuerung 1624 in Klosterneuburg HABACHER, St. Se-
bastiansbruderschaft (wie Anm. 55) 126; zur 1668 gegründeten Dornbirner Bruderschaft Jakob FUSSENEGGER,
Die Dornbirner Sebastiansbruderschaft. *Dornbirner Schriften* 18 (1995) 3–59.

[110] Auf der Grundlage eines niederländischen Schützenbuches aus den Beständen der ÖNB Elfriede RATH,
La Confrerie de S. Sebastian a Malines. Zur Geschichte einer Schützenbruderschaft am Hofe der Erzherzogin
Margarete von Österreich, in: Kultur und Volk (wie Anm. 60) 307–332.

[111] Als Fallstudie Franz SCHOBERLEITNER, Die St. Anna-Bruderschaft in Haag am Hausruck und ihr Bene-
fizium. *OÖHbl* 45 (1991) 70–75; am Beispiel der Vorreformation Angelika DÖRFLER-DIERKEN, Vorreformatorische Bruderschaften der hl. Anna. Vorgelegt am 9. Mai 1992 (Abhandlungen der Heidelberger Akademie
der Wissenschaften Philosophisch-historische Klasse 1992/3, Heidelberg 1992) 1–212; Stefan SAMERSKI, Von
der Rezeption zur Indoktrination. Die Annenbruderschaft in Olmütz (16./17. Jh.), in: Jesuitische Frömmig-
keitskulturen. Konfessionelle Interaktion in Ostmitteleuropa 1570–1700, hg. von Anna OHLIDAL–DEMS.
(Forschungen zur Geschichte und Kultur des östlichen Mitteleuropa 28, Stuttgart 2006) 93–118.

[112] Am Fallbeispiel einer 1660 gegründeten einschlägigen Bruderschaft Werner SCHARRER, Die Barbara-
bruderschaft oder Bruderschaft vom guten Tod am Barbaraberg nahe Speinshart, in: Stadt und Frömmigkeit.
Colloquium zum 70. Geburtstag von Gerd Zimmermann (11.–13. November 1994 in Bamberg), hg. von
Ulrich KNEFELKAMP (Bamberg 1995) 139–170, hier 150f.; SCHEUTZ, Bruderschaften (wie Anm. 97) 283–315;
Georg HAHNL [Propst, 1898–1963], Die Barbara- und Christenlehrbruderschaft an der Stiftskirche in Herzo-
genburg. *Herzogenburger Pfarrblatt* (September/Oktober 1959) ebd. (November/Dezember 1959); ebd. (Jän-
ner/Februar 1960); ebd. (März/April 1960); ebd. (Mai/Juni 1960); ebd. (Juli/August 1960); ebd. (September/
Oktober 1960); ebd. (November/Dezember 1960); ebd. (Jänner/Februar 1961); ebd. (März/April 1961); ebd.
(Mai/Juni 1961).

[113] WINKELBAUER, Ständefreiheit (wie Anm. 56) 208–210.

[114] Als breiter Überblick Walpurga OPPEKER, Johannes von Nepomuk-Bruderschaften in Österreich unter der Enns im Bereich der Bistümer Passau und Wien. *UH* 83 (2012) 151–198; als Einzelstudie Heinrich
RAUSCHER, Die Johann Nepomukbruderschaft in Stein an der Donau. *UH* 7 (1934) 227–258.

[115] Zur Entwicklungsgeschichte der Schülerkongregationen, die in Rom und Florenz schon im 15. Jh.
existierten, John W. O'MALLEY, Die ersten Jesuiten (Würzburg 1995) 230f.; Bernhard DUHR, Geschichte der
Jesuiten in den Ländern deutscher Zunge 1: Geschichte der Jesuiten in den Ländern deutscher Zunge im XVI.
Jahrhundert (Freiburg/Br. 1907) 357–371; Rita HAUB, Die Geschichte der Jesuiten (Darmstadt 2007) 45; Markus FRIEDRICH, Die Jesuiten. Aufstieg. Niedergang. Neubeginn (München–Berlin 2016) 231–233.

Nach dem Vorbild des römischen Kollegs, das von Priestern und Scholastikern aus weiten Teilen Europas besucht wurde, errichtete man bald Schülerkongregationen an allen Jesuitenkollegien, die ein integraler Bestandteil des Jesuitenordens wurden. Neben der „lateinischen", aus den Schülern des Gymnasiums bestehenden Bruderschaft setzte man meist auch eine „deutsche", aus den Bürgern der Stadt rekrutierte marianische Bruderschaft ein. Schon bald nach der Gründung (1616) trat beispielsweise 1618 in Krems eine „Sodalitas Assumptae in caelum Virginis" auf, die 1621 gedruckte Regeln erhielt – erst 1631 trennte sich die bürgerliche („Assumpta Virginis") von der studentischen Kongregation („Sodalitas Natae Angolorum Reginae")[116]. Beide Kremser Bruderschaften traten gemeinschaftlich auf, so zog man seit 1621 nach Maria Langegg; eine große Bußprozession bahnte sich 1632 ihren Weg nach Göttweig. Erst 1665 folgte mit der sich regelmäßig am Freitag einfindenden, rund 300 Personen umfassenden Todesangstbruderschaft („Congregatio agoniae Christi") eine dritte und 1752 mit der Christenlehrbruderschaft eine vierte Kremser Bruderschaft (Bruderschaft Jesu, Maria und Josef). Die von den Jesuiten wesentlich vorangetriebenen Christenlehrbruderschaften wurden etwa in Wien vom Jesuiten Ignaz Parhamer (1715–1786) nahezu militärisch organisiert, so versammelten sich am 10. August 1752 17.000 Knaben und Mädchen in militärischer Ordnung und zogen nach dem Bericht von Johann Josef Khevenhüller „nach dem Militar Fuß in Caporalschafften, Companien etc. eingetheilet"[117] in einer Prozession durch die Stadt. Nach dem Parhammerschen Katechismus mussten die Kinder einen Fragenkatalog von 300 Fragen genau beantworten, was mechanisches Lernen und große Disziplinierung der Kinder voraussetzte.

4. Organisationsform der Bruderschaften

Frühneuzeitliche Bruderschaften konnten von weltlichen oder geistlichen Stifterinnen und Stiftern vor dem Hintergrund der katholischen Konfessionalisierung gegründet werden. Neben den Privatinitiativen entstand vor allem für Klöster und Pfarren nahezu ein Zwang, Bruderschaften einzurichten. Statistisch gesehen standen beispielsweise ungarische Bruderschaften der Frühen Neuzeit (bei 298 Nennungen) zwei Mal so häufig unter der Aufsicht eines Ordensmitgliedes als unter der Aufsicht eines Weltpriester, vor allem in der Zeit zwischen 1720 und 1750 erreichte die Gründungstätigkeit der ungarischen Bruderschaften unter Ordensaufsicht einen Höhepunkt, zwischen 1740 und 1770 nahm dagegen die Gründung von Christenlehr-, Corporis-Christi-Bruderschaften oder

---

[116] Gottlinde STANKE, Die Geschichte des Kremser Jesuitenkollegs (Diss. Wien 1965) 127f. Zur Entwicklung der jesuitischen Bruderschaften in Österreich Anna CORETH, Die ersten Sodalitäten der Jesuiten in Österreich. Geistigkeit und Entwicklung. *Jahrbuch für mystische Theologie* 11 (1965) 7–50; Josef MILLER, Die marianischen Kongregationen im 16. und 17. Jahrhundert. *Zeitschrift für katholische Theologie* 58 (1934) 83–109. Am ungarischen Beispiel Zsófiá KÁDÁR, Jesuitische Kolleggründungen im westungarischen Raum in der ersten Hälfte des 17. Jahrhunderts. Die Beispiele Raab/Győr und Ödenburg/Sopron, in: Frühneuzeitforschung in der Habsburgermonarchie (wie Anm. 90) 155–170. Siehe den Beitrag von Zsófiá KÁDÁR in diesem Band.

[117] Luigi A. RONZONI, Ignaz Parhammer und die Christenlehr-Bruderschaft. Die Franz Regis-Kapelle in der Jesuitenkirche Am Hof in Wien. Die Jesuiten in Wien, in: Die Jesuiten in Wien. Zur Kunst- und Kulturgeschichte der österreichischen Ordensprovinz der „Gesellschaft Jesu" im 17. und 18. Jahrhundert, hg. von Herbert KARNER–Werner TELESKO (Veröffentlichungen der Kommission für Kunstgeschichte der Österreichischen Akademie der Wissenschaften 5, Wien 2003) 99–112, hier 101f. (dort auch Zitat Khevenhüller); an Annaberger Beispielen RABL, Ite ad Joseph (wie Anm. 54) 183–198.

jesuitischen Bruderschaften durch Weltgeistliche zu[118]. Die Etablierung von Bruderschaften erwies sich als Inklusionsmittel eines Pfarrers mit Blick auf seine Pfarrgemeinden bzw. eines Abtes/Priors mit Blick auf das vom Stift/Kloster übernommene Pfarrnetz. In Salzburg verfügten von 119 Pfarren und Vikariaten nur 23 über keine Bruderschaft, in 81 % der Pfarreien konnte der Pfarrer über das zusätzliche Kontroll-, Herrschafts- und Disziplinierungsmittel, aber auch über den Finanzpool einer Bruderschaft verfügen.

Klöster als Fundatoren von Bruderschaften konnten damit ihre konfessionalisierende Kooperationsbereitschaft mit den Landesfürsten unter Beweis stellen, so wollten beispielsweise der Salzburger Erzbischof Markus Sitticus und seine Nachfolger in Salzburg neue italienische Formen der uniformierten Bruderschaftsprozessionen (etwa Kleider mit Kapuzen, Fahnen, Stangen, Laternen) einführen. Das städtische Stift St. Peter unterstützte diese konfessionalisierenden Ansätze des Landesfürsten mit einer Skapulier- (1630) und einer Rosenkranzbruderschaft (1632) – gleichzeitig war diese Einführung italienischer Frömmigkeitsformen auch ein Kooperationsangebot an den Landesfürsten[119]. Am Beispiel der 1653 gegründeten Josephsbruderschaft des niederösterreichischen Zisterzienserklosters Lilienfeld lässt sich verdeutlichen, dass dieses Stift die Josephsbruderschaft dazu benutzte, um einerseits sein Netzwerk in Richtung des Wiener Hofes und zu anderen Klöstern hin zu stärken (etwa durch die Wahl von Rektoren), andererseits auch seine Repräsentation – als wichtiger Etappenort auf dem Weg nach Mariazell – überregional zu stärken. Zwischen 1698 und 1777 traten in die Lilienfelder Josephsbruderschaft beinahe 300.000 Personen ein[120].

Die entweder „top-down" oder „bottum-up" gegründeten Bruderschaften als soziale Netzwerke vor Ort hatten ihren spirituellen und organisatorischen Mittelpunkt in einer Pfarrkirche, in einer dort befindlichen Kapelle oder bei einem Altar. Das Verhältnis der Bruderschaften zu den Pfarren war von gemeinsamen Interessen, aber auch Spannungen gekennzeichnet. Explizit halfen Bruderschaften die „seelsorgerliche Unterversorgung"[121] bestimmter Gebiete zu beheben bzw. die katholische Reform beispielsweise in ländliche Gebiete hineinzutragen. Das Vermögen der Bruderschaft war zwar rechnungstechnisch säuberlich von der Kirchenfabrik getrennt, in der Praxis verschwamm diese Unterscheidung durch die Personalunion von Pfarrer und Bruderschaftspräses (sowie „Schriftführer" des Bruderschaftsbuches)[122]. Der mitunter schlecht dotierte Landpfarrer konnte an den willkommenen Einnahmemöglichkeiten einer Bruderschaft (etwa durch zusätzliche Messen), etwa für das Lesen von Seelenmessen/„Bruderämtern", von Bruderschaftsandachten und von Jahrtagen für Bruderschaftsmitglieder partizipieren[123], umgekehrt konnten finanzschwache Bruderschaften zum hinkenden Pferdefuß einer Pfarre mutieren. Die Bruderschaften hatten einen wesentlichen Anteil an der Ausgestaltung von Prozessionen,

---

[118] TÜSKÉS–KNAPP, Religiöse Bruderschaften (wie Anm. 86) 297–304.

[119] KLIEBER, Neuzeitliche Bruderschaften (wie Anm. 13) 326.

[120] RABL, Ite ad Joseph (wie Anm. 54) 150.

[121] PUCHINGER, Mitgliederstrukturen (wie Anm. 55) 37.

[122] Finanztransfers von der Pfarre zur Bruderschaft und umgekehrt SCHNEIDER, Bruderschaften im Trierer Land (wie Anm. 12) 183f.; am Beispiel der 1671 gegründeten Rosenkranzbruderschaft der Wiener Schottenkirche, wo der Pfarrer den Präses gab, HÜBL, Bruderschaften an der Schottenkirche (wie Anm. 24) 5.

[123] PUCHINGER, Mitgliederstrukturen (wie Anm. 55) 125; zur Bezahlung des Pfarrers für Begräbnisse von Bruderschaftsmitgliedern Rupert STRUBER, Die Bruderschaften der Pfarre Kuchl im Lichte archivalischer Quellen vom 17. bis zum 19. Jahrhundert (Dipl. Salzburg 1997) 70; Florian ÖTTL, Die Pfarrei St. Leonhard. Ihre Bruderschaften und religiösen Vereinigungen (Dipl. Innsbruck 1997) 104.

stellten Fahnen- und Himmelträger, kamen für die Bewirtung der Spielleute, Stangen- und Kreuzträger, aber auch für die Bezahlung von Pfarrer wie Kooperator oder für die unvermeidlichen Böllerschützen auf[124]. Die Vermögensverwaltung der Bruderschaft durch den Pfarrer war also vor diesem Hintergrund problematisch, weil Pfarrer und Präses nicht immer kongruente Interessen bedienten.

Die Beiträge der Bruderschaften zur Ausgestaltung der Kirchen waren durchaus erheblich. In der Kuchler Pfarrkirche bezahlten die Bruderschaften in der Frühen Neuzeit einen Windfang für die Kirchentür, sie leisteten Beiträge zur Uhr oder zur Aufbringung des Wachses, für die Schindeldächer der Kirche. Die Bruderschaften bezahlten die Ausbesserung der Messgewänder, die Pflastersteine in der Kirche, entrichteten Malerleistungen für die Altarblätter oder beteiligten sich an Reparaturkosten für die Orgel[125]. Unverzichtbar waren die Beiträge der Bruderschaften bei der Besoldung des Pfarrers und der kirchlichen Bediensteten wie Mesner, Chorsänger, Organisten, Totengräber, Ministranten. Die Kuchler Mutter-Gottes-Bruderschaft zahlte dem Kuchler Pfarrer beispielsweise im 16. Jahrhundert jährlich sechs Gulden für „besingkhnussen, wochenmessen und anders“[126]. Der Zwang eigene Bruderschaftsaltäre mit Kommunionsbank, Geländer, Altarblättern, Nebenfiguren des Altars etc. auszugestalten bzw. der Druck der Pfarrer in diese Richtung setzte manche der Bruderschaften unter großen finanziellen Druck. Die Herzogenburger Barbarabruderschaft übernahm 1772 die Errichtung eines Altars mit fast 3.000 fl. an Bildhauer-, Steinmetz- und Vergoldungsarbeiten – Aufwendungen, welche die Finanzkraft der Bruderschaft deutlich überstiegen[127]. Bruderschaftsgottesdienste konnten einerseits eine Erweiterung des lokalen seelsorglichen Angebots darstellen, andererseits konnten die bruderschaftlichen Treffen auch eine seelsorgerliche und „pfarrherrschaftliche“ Konkurrenz für den Pfarrer darstellen, wenn etwa die Anziehungskraft einer benachbarten Bruderschaft die eigene pfarrliche Attraktivität überschritt.

Insgesamt erwiesen sich aber die Bruderschaften als Stabilisierungsfaktor der gegenreformatorischen Pfarren und erhöhten die soziale Kohäsion unter den Pfarrmitgliedern (Heiratsmarkt, performative Aktionen wie Wallfahrten) beträchtlich. Eine in der Praxis nicht friktionsfreie Allianz von Bruderschaft und Pfarre dürfte die Regel gewesen sein[128]. Untersuchungen zum Durchdringungsgrad von Pfarrgemeinde und Pfarrbruderschaft von St. Lorenzen am Wechsel (Liebfrauen-Bruderschaft) im steirisch-österreichischen Grenzgebiet zeigen, dass dort beispielsweise zwischen 1651 und 1700 rund die Hälfte der Bewohnerschaft des Pfarrsprengels auch Mitglied der lokalen Bruderschaft war[129].

Die Bruderschaften der Frühen Neuzeit befanden sich in einem ambivalenten Verhältnis zu den bürgerlichen Eliten bzw. zum Stadtrat. Während in der zweiten Hälfte des 16. Jahrhunderts die Stadträte im heutigen Österreich großteils protestantisch dominiert waren, zeichnete sich ab dem beginnenden 17. Jahrhundert ein gewaltsam erzwungener Umschwung ab. Die Bruderschaften und deren Gründungsdaten waren Ausdruck des sich abzeichnenden Herrschaftswandels und des Elitentausches: So wurde in Linz 1588 die alte Corporis-Christi-Bruderschaft wieder ins Leben gerufen. Diese Bruderschaft

---

[124] Am Beispiel von Kuchl Struber, Bruderschaften (wie Anm. 123) 78–81.
[125] Exemplarisch ebd. 81f.
[126] Ebd. 86.
[127] Scheutz, Bruderschaften (wie Anm. 97) 310.
[128] Zu den Konflikten der Bruderschaften und des Wiener Schottenabtes um die Altäre in der Kirche (angesichts des Umbaues) Hübl, Bruderschaften an der Schottenkirche (wie Anm. 24) 8.
[129] Puchinger, Mitgliederstrukturen (wie Anm. 55) 108–111, 140–143.

setzte sich nach einem zwischen 1603 und 1608 geführten Rechnungsbuch aus 39 Linzer und 19 auswärtigen Mitgliedern zusammen. Die Linzer Mitglieder bestanden nach den Aufzeichnungen aus einem Geistlichen als Rektor, sechs kaiserlichen Beamten und „Dienern", fünf Bürgern, mehreren Mitbürgern und sieben Frauen zusammen[130]. Erst langsam fügten sich die neu eingesetzten Stadträte durch ihre Mitgliedschaft in Bruderschaften in die gewandelten konfessionellen Verhältnisse, die Mitgliedszahlen in den ersten Jahrzehnten des 17. Jahrhunderts stiegen deutlich an. Die Bürger bestifteten die Bruderschaften allmählich.

Die für Österreich noch kaum vergleichend erforschte Organisationsform der Bruderschaften wurde im Regelfall grob in den Bruderschaftsstatuten bzw. -ordnungen[131] festgelegt, dagegen fanden sich Instruktionen, die Tätigkeitsprofile einzelner Funktionsträger genauer festgelegt hätten, bislang selten in den Archiven[132]. Nur die vereinzelt überlieferten Protokolle der Sitzungen des Bruderschaftsvorstandes zeigen die umgesetzte Praxis. Die nachtridentinischen Bruderschaften waren an die Bewilligung des Bischofs und an die Zustimmung von lokalen Pfarrern und Kuraten gebunden; die Einbindung von Laien funktionierte je nach Bruderschaft unterschiedlich. Das Grundmodell der Bruderschaftsorganisation sah einen Rektor als formelle Leitung vor, daneben und hierarchisch in unklarer Beziehung dazu agierte der Präses als geistlicher Führer und sein „Direktorium". Manche Bruderschaften besaßen abhängig von der Größe der Einrichtung und der Verhältnisse vor Ort einen eigenen Vorstand, der sich aus Rektor, Sekretär und Präses zusammensetzte[133]. Dieser Vorstand konnte, von Bruderschaft zu Bruderschaft unterschiedlich und funktional differierend, durch mehrere Assistenten, den Schatzmeister, den Vizesekretär und die „Consultores" erweitert werden.

Die oberste, nicht-geistliche Leitungsebene in der Bruderschaft im Sinne eines Vorstandes – in den Quellen mit Namen wie Rektor und Vizerektor, Dekan[134], Bruderschaftsverwalter[135], Bruderschaftvater[136] oder in Westösterreich mit „Brudermeister"/ „-knecht"[137], Bruderpropst oder älter mit „Zechpropst" belegt – konnte/n eine oder zwei weltliche oder geistliche Person/-en wahrnehmen. Mitunter findet sich nur ein Rektor, mitunter ein Rektor und ein Vizerektor, mitunter zwei „Brudermeister". Die Rektoren/ Brudermeister hatten in Abstimmung mit dem Geistlichen die Bruderschaftskassa zu verwalten und die Rechnungslegung zu übernehmen, bei den Gottesdiensten der Bruderschaften gegenwärtig zu sein, die Verpachtung der Bruderschaftslehen zu entscheiden,

---

[130] RUMPL, Corporis-Christi-Bruderschaft (wie Anm. 102) 60.

[131] Etwa ÖTTL, Pfarrei (wie Anm. 123) 142f.; FUSSENEGGER, Sebastiansbruderschaft (wie Anm. 109) 11–17.

[132] Am Beispiel der Instruktionen für die Fronleichnamsbruderschaft an der Wiener Michaelerkirche, DAW, Kirchen- und Pfarrprotokoll der St. Michaels Hofpfarrkirche, 3. Teil 1775, pag. 1969–1971: Instruktion für den geistlichen Vater, ebd. pag. 1971–1972: Instruktion für den Rektor (Hilfe für den geistlichen Vater); ebd. pag. 1972f: Instruktion für Assistenten (als unmittelbare Helfer des Rektors); ebd. pag. 1973: Instruktion für Consultoren (für Mitgliedereinschreibung zuständig); ebd. pag. 1974: Instruktion für den Sekretär (Einschreib- und Denkbücher, Schriftverkehr); ebd. 1974–1975: Instruktion für den Verwalter (Kassaführung der Bruderschaft). Zu einer weiteren Bruderschaft an dieser Kirche Egon KOMORZYNSKI, Die Sankt Nikolausbruderschaft in Wien, in: Festschrift Wilhelm Fischer. Zum 70. Geburtstag überreicht im Mozartjahr 1956, hg. von Hans ZINGERLE (Innsbrucker Beiträge zur Kulturwissenschaft 3, Innsbruck 1956) 71–74.

[133] RABL, Ite ad Joseph (wie Anm. 54) 125.

[134] KLAMMER, Bruderschaftswesen (wie Anm. 44) 118.

[135] STIPPERGER, Bruderschaften (wie Anm. 49) 108.

[136] So in einem amtlichen Schreiben von 1741 ebd.109.

[137] Als Beleg etwa STRUBER, Bruderschaften (wie Anm. 123) 88.

die Armenspenden zu verteilen, die Wallfahrten zu organisieren wie zu begleiten etc. Beim jährlichen Treffen der Bruderschaft hatte er die Rechnung vor der versammelten Bruderschaft zu verlesen, die von der geistlichen/weltlichen Obrigkeit approbiert wurde. Ein rituelles, mitunter in kostenrelevanter Üppigkeit ausartendes Bruderschaftsmahl stand am Ende des Bruderschaftsjahres. Die Aufsichtskompetenz des Rektors über die Bruderschaftsfinanzen wandelte sich im Laufe der Frühen Neuzeit. Im 18. Jahrhundert unterschrieb der Rektor die Rechnungen nur mehr formal, weil der Pfarrer bzw. geistliche Präses die eigentliche Entscheidungsbefugnis über die Bruderschaft informell übernommen hatte[138]. Manche Bruderschaften hatten eine aus zwei Personen bestehende Spitze in Form eines Rektors und eines Vizerektors. Vor allem bei elitären Bruderschaften waren diese Spitzenämter oft adeligen, geistlichen Honoratioren oder funktionalen Eliten vorbehalten.

Der Kreis der für diese Funktion zur Verfügung stehenden Personen hing hierbei deutlich vom sozialen/ökonomischen/kulturellen Prestige bzw. „Kapital" der Bruderschaft ab: Elitäre Bruderschaften konnten hier auf Hofbedienstete, Adelige und die höhere Geistlichkeit, Pfarrbruderschaften dagegen auf die Bürgerschaft und bäuerliche Oberschichten[139] zurückgreifen. Die Amtsdauer der Bruderschaftsvorstände war unterschiedlich lang, eine Vorstandszeit von über 20 Jahren im bäuerlich-bürgerlichen Bereich war nicht ungewöhnlich[140], umgekehrt wechselten bei elitären Bruderschaften die Vorstände oft rasch, um die disparaten Netzwerke angemessen zu bedienen.

Unter, neben oder mitunter auch über dieser „weltlichen" Leitungsebene stand ein Präses oder „rector ecclesiae"[141], der die Bruderschaft geistlich im Sinne eines geistlichen Vaters und einer „Superioritas"[142] führte und intern organisatorisch/geistlich den Ton angab. Mitunter konnte der Präses auch gleichzeitig die Rolle eines Rektors innehaben. Frauen scheinen, obwohl sie einen wichtigen Bestandteil der Mitgliedschaft darstellten, unter den Funktionären nicht auf. Amtliche Korrespondenz wurde in Kenntnis der realen Machtverteilung häufig deshalb nicht an den Rektor, sondern gleich direkt an den Pfarrer/Präses gerichtet. Die geistliche Führung vor Ort kümmerte sich vor allem auch um die liturgischen Belange der Bruderschaft wie Bruderschaftsfeste, Seelenmessen, Andachten und Wallfahrten. Der Präses als Geistlicher wurde durch weitere Hilfsämter wie die Assistenten, Consultoren/Brudermeister[143], Quästoren, weitere Sekretäre, Ansager und Schatzmeister ergänzt. Die Bruderschaftsleitung trat unter dem Vorsitz des Präses in einem sog. Direktorium (Bruderschaftskonsilium, „Bruderrat"[144], Vorstand oder „obersten Magistrat"[145]) zu regelmäßigen Sitzungen zusammen, wo auch die Rechnungslegung/ „Raitung" über die Bruderschaftsmittel, oft mit einem abschließenden, rituellen Bruderschaftsmahl verbunden, abgesegnet und verschiedene Beschlüsse für die Bruderschaft (etwa Aufnahmen) – darunter die Wahl des Rektors – getroffen wurden.

---

138 Ebd. 89.
139 STIPPERGER, Bruderschaften (wie Anm. 49) 104.
140 Ebd. 106, 111 (Liste der Bruderschaftsverwalter der Bruderschaft Aller Christgläubigen 1717–1785).
141 SCHMIDT, „Guarnison" (wie Anm. 103) 373f.
142 KLAMMER, Bruderschaftswesen (wie Anm. 44) 117.
143 Ebd. 119.
144 STIPPERGER, Bruderschaften (wie Anm. 49) 103.
145 RABL, Ite ad Joseph (wie Anm. 54) 125.

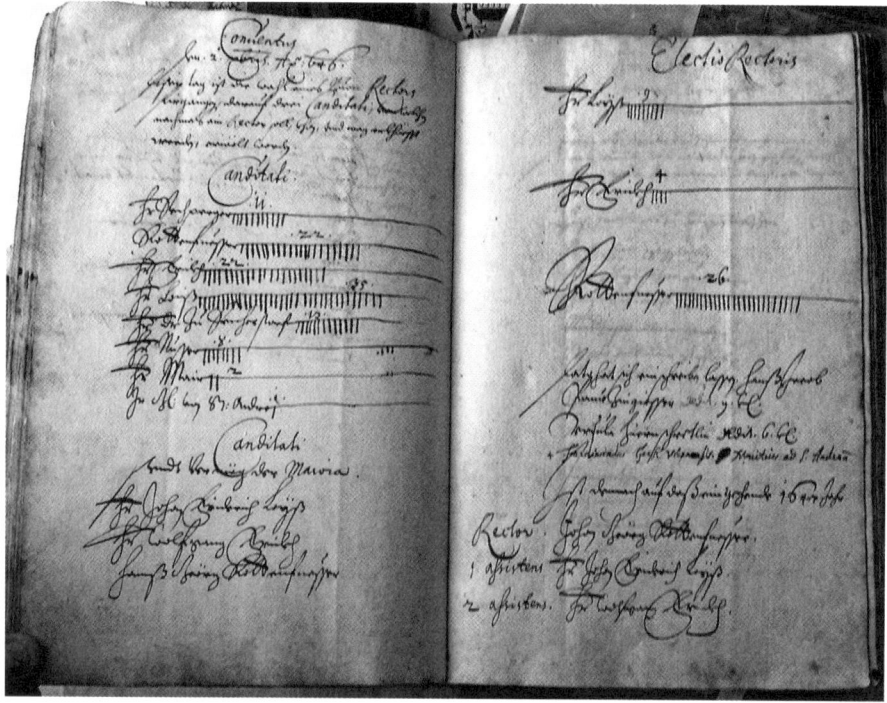

Abb. 1: Wahl des Rektors der Herzogenburger Barbarabruderschaft für das Jahr 1647, Herzogenburg, 2.
Dezember 1646: Aus acht Kandidaten gelangen die drei stimmenstärksten Kandidaten in die Stichwahl
(*Candidati seindt vermög der maiora* […]; dann *Electio rectoris*): 26 Stimmen für Johann Georg Rottenfueß
[Hofmeister des Stiftes], neun Stimmen für Johann Friedrich Loyß und vier Stimmen für Wolfgang Frickh
[Formbachischer Verwalter] (StiA Herzogenburg, H.2-B 205, Protokollbuch der Herzogenburger Barbarabru-
derschaft 1639–1698).

Vor allem die selbstständigen Bruderschaften wählten ihre Rektoren in Form von
Stichwahlen (Abb. 1); bei anderen, vor allem unselbständigen Bruderschaften (etwa im
Weichbild von Klöstern) mussten die Rektoren von den Trägereinrichtungen bestätigt
werden. Besonders die Präsides als die eigentlichen Entscheidungsträger vor Ort wurden
mitunter autoritär vom Abt eingesetzt, wie etwa das Beispiel der Lambacher Rosenkranzbruderschaft[146] zeigt. Die frühneuzeitlichen Bruderschaften waren dem Wahlprinzip verpflichtet. Die Herzogenburger Barbarabruderschaft[147] wählte beispielsweise anlässlich der
Rektorenwahl jährlich aus einer, sich offenbar freiwillig meldenden Kandidatenschar in
einem ersten Schritt die drei stimmenstärksten Bewerber aus. In einem zweiten Wahl-
vorgang wurde in einer Stichwahl der stimmenstärkste Kandidat zum Rektor, die beiden
unterlegenen Kandidaten zu Vizerektoren bestimmt. Das Amt des Rektors der Herzogenburger Barbarabruderschaft wurde ab den 1680er Jahren immer stärker zu einem Ehrenamt, wie auch die geistlich dominierten Kandidatenlisten und die meist unterlegenen
weltlichen Kandidaten zeigen. So „ritterten" 1691 neben weltlichen Herrschaftsbeamten
(etwa dem Grundschreiber des Stiftes Herzogenburg) beispielsweise auch der letztlich

---

[146] LOBENWEIN, Erzbruderschaft (wie Anm. 107) 467.
[147] SCHEUTZ, Bruderschaften (wie Anm. 97) 296.

siegreiche Prälat des Chorherrenstiftes von St. Pölten, der Prälat von Klein-Mariazell oder der Dechant von Traismauer um das Rektorenamt. Am Auswahlprinzip der möglichst prominenten Rektoren-Kandidaten, aber auch dem Wahlprinzip generell scheint die Herzogenburger Barbarbruderschaft formal weiter festgehalten zu haben, weil etwa am 13. Dezember 1693 der Dürnsteiner Propst Gottfried von Haslingen *mit 32 wahlstimen* [von den Bruderschaftsmitgliedern] *erwöhlt worden* ist. Die eigentliche Arbeit übernahmen bei der Herzogenburger Barbarabruderschaft meist die weniger prominenten Vizerektoren und der meist vom Stiftsdechant gestellte Präses der Bruderschaft.

Weniger prominente Bruderschaften verfügten über einen Rektor, der vor Ort saß und die Geschicke der Bruderschaft bestimmte. Die 1588 gegründete Linzer Corporis-Christi-Bruderschaft wies mit dem jeweiligen Stadtpfarrer einen geistlichen Rektor auf, der für die Rechnungsführung, die Aufnahme der Mitglieder und die Führung der Bruderschaft zuständig zeichnete[148]. Die wichtigsten Ämter in dieser Linzer Bruderschaft (wie Assistenten oder Sekretär) wurden von kaiserlichen Beamten (Vizedom, Mautner, Landesschreiber) gestellt, der Schatzmeister war meist ein Linzer Bürger. Die weit ausgreifende Lilienfelder Josephsbruderschaft mit ihren zehntausenden Mitgliedern wurde pro forma von einem jedes Jahr im Dezember gewählten Rektor und einem Sekretär geleitet, für die geistlichen Belange stand ein aus dem Lilienfelder Konvent stammender Pater als Präses zur Verfügung. Die Rektoren der Lilienfelder Josephsbruderschaft wurden von der Bruderschaft elitäre geistliche und weltliche Honoratioren ausgewählt, welche die Bruderschaft nach außen repräsentieren sollten[149]: Vor allem hofnahe Adelige aus den österreichischen Erblanden und aus Ungarn, aber auch viele Äbte und Prälaten umliegender Klöster wurden zu Rektoren „gewählt". Auch der Bruderschaftssekretär der Lilienfelder Josephsbruderschaft – rund die Hälfte waren Geistliche aus umliegenden Klöstern und Stiften – dürfte noch ein Ehrenamt gewesen sein. Die tatsächliche Arbeit innerhalb der Bruderschaft verrichtete bei der Lilienfelder Josephsbruderschaft der immer von einem Lilienfelder Pater (meist dem Novizenmeister) gestellte und meist mehrere Jahre amtierende Bruderschaftspräses als „geistlicher Vorsteher" und sein Vizepräses.

5. Bruderschaften als multifunktionale Dienstleister: Werke der Barmherzigkeit im Zentrum

Die geistlichen und leiblichen sieben Werke der Barmherzigkeit standen mit je nach Bruderschaftstyp unterschiedlichen Schwerpunkten im Zentrum der frühneuzeitlichen Bruderschaften. Unter den leiblichen Werken finden sich die Speise von Hungrigen, die Beherbergung von Obdachlosen, die Bekleidung von Nackten, der Besuch bei Kranken und Gefangenen, das Begraben von Toten[150] und die Reichung von Almosen. Die geistlichen Werke der Barmherzigkeit umfassen dagegen die Unterweisung von Unwissenden, die Beratung Zweifelnder, den Trost für Trauernde, die Zurechtweisung von Sündern, das Verzeihen von Beleidigungen, das geduldige Ertragen lästiger Menschen

---

[148] KATZINGER, Bruderschaften (wie Anm. 46) 103; RUMPL, Corporis-Christi-Bruderschaft (wie Anm. 102) 66–68.

[149] RABL, Ite ad Joseph (wie Anm. 54) 239–270.

[150] Als gut strukturierter Überblick immer noch Peter LÖFFLER, Studien zum Totenbrauchtum in den Gilden, Bruderschaften und Nachbarschaften Westfalens vom Ende des 15. bis zum Ende des 19. Jahrhunderts (Forschungen zur Volkskunde 47, Münster 1975).

und schließlich das Beten für Lebende und Tote. Zu diesem Zweck entwickelten die Bruderschaften besondere Riten und eine konfessionelle Rhythmik des Kirchenjahres in Form von Messen und Hochämtern. Eine Vielzahl von an bestimmten Tagen abgehaltenen religiösen Andachten, Beicht- und Kommuniziervorgängen bestimmte das religiöse Leben, weiters die Teilnahme bzw. Organisation von Prozessionen und im 18. Jahrhundert verstärkt die Christenlehre. Den Bruderschaften als moralischer Instanz und als „Immunisierungsinstrument gegen Sittenverderbnis"[151] ging es im Sinne der katholischen Reform auch um die „Einigkeit der christlichen Fürsten, die Ausrottung der ‚Ketzereien' und Ausweitung der heiligen catholischen Kirche"[152]. Schon beim Eintritt in eine Bruderschaft musste meist in Kombination mit einem Ablassgewinn gebeichtet und kommuniziert werden; in manchen Bruderschaften sollten die Bruderschaftsmitglieder alle Stunden beim Schlagen der Uhr für die Sterbenden einen englischen Gruß oder einen „Tugendact"[153] verrichten. Den Messen und dem Abendmahl kam innerhalb des Bruderschaftswesens herausragende Bedeutung zu, indem abhängig von der Ausstattung mit Benefizien täglich, wöchentlich oder zumindest einmal im Monat eine Bruderschaftsmesse, die als „Christenpflicht" von den Mitgliedern zu besuchen war, abgehalten wurde. Die als zu erziehend dargestellten Mitglieder sollten durch Lieder, Gebete und rituelle Performanz in eine neue, rekatholisierte Frömmigkeitspraxis inkludiert werden; die Andachten zu den Quatembertagen dienten ebenso dem Totengedächtnis der verstorbenen Bruderschaftsmitglieder wie die Umgänge und Vesper an den monatlichen Bruderschaftsfesten oder die individuell zu betenden Rosenkränze. Den theophorischen, mitunter durch eigene Stiftungen finanziell abgesicherten Prozessionen außerhalb der Kirche kam große Bedeutung nicht nur zu Fronleichnam oder am Karfreitag zu. Die Corporis-Christi-Bruderschaften veranstalteten große Fronleichnamsprozessionen, zu denen sie auch andere Bruderschaften als Mitakteure einluden. Die Rosenkranz- und Heiligen-Kreuz-Bruderschaften veranstalteten dagegen meist nur einen Kreuzweg oder einen Heiligkreuzumgang, der von getragenen Passionsbildern und geschulterten Heiligenstatuen begleitet wurde. Flagellantenbruderschaften setzten verstärkt auf öffentliche Geißelung, etwa in der anschließend durch Blutspritzer regelrecht verwüsteten Bruderschaftsstube oder am Marktplatz, und dann auf öffentlichen Umgängen in blutgetränkten Kutten im städtischen/pfarrlichen Raum[154]. Als eine „Konversionsmaschine"[155] und als eine „umgekehrte Wallfahrt"[156] nach innen wurden eigene Christenlehrbruderschaften gegründet, deren missionarisches Ziel in der Bekämpfung der Unwissenheit bezüglich der Glaubenssätze beim gemeinen Volk, der „Laster" und der Rettung der unschuldigen Kinder lag. Als Mittel dieser katholischen Mission, des religiösen Unterrichtes und der Predigt dienten die zwischen Schule und

---

[151] KLAMMER, Bruderschaftswesen (wie Anm. 44) 63.

[152] Nach Erwähnungen in Statuten oder Bruderschaftszetteln ebd. 61.

[153] Ebd. 65.

[154] Ebd. 75.

[155] Martin SCHEUTZ, Legalität und unterdrückte Religionsausübung. Niederleger, Reichshofräte, Gesandte und Legationsprediger. Protestantisches Leben in der Haupt- und Residenzstadt Wien im 17. und 18. Jahrhundert, in: Geheimprotestantismus und evangelische Kirchen in der Habsburgermonarchie und im Erzstift Salzburg (17./18. Jahrhundert), hg. von Rudolf LEEB–DEMS.–Dietmar WEIKL (VIÖG 51, Wien 2008) 209–236, hier 213.

[156] HERSCHE, Muße und Verschwendung (wie Anm. 9) 838–845; Marc VENARD, Die Rolle der Laien, in: Das Zeitalter der Vernunft (1620/30–1750), hg. von DEMS. (Die Geschichte des Christentums. Religion. Politik. Kultur 9, Freiburg/Br.–Basel–Wien 1998) 301–333, hier 308–333.

Kirche angesiedelten Christenlehrbruderschaften, wobei die katechetischen Inhalte auf verschiedene Altersstufen oder gezielt auf Geschlechter bezogen wurden.

Die Bruderschaften waren geschickte religiöse Dienstleister, die gesellschaftliche und konfessionelle Aufgaben wahrnahmen und hoch aufgeladene Räume religiöser und zeremonieller Intensität im öffentlichen Raum schufen. Bruderschaften dienten also einerseits der Vermittlung religiöser Dienstleistungen im Sinne eines Mehrwertes gegenüber der regulären Seelsorge, andererseits waren sie für die „Abhilfe bei gesamtgesellschaftlichen oder individuellen sozialen Nöten"[157] zuständig.

Die religiösen Dienstleistungen der Bruderschaften bezogen sich auf die sonst nur gegen Entrichtung der Stolgebühren empfänglichen kirchlichen Leistungen zur Erlangung des ewigen Heils über Ablässe und Absolution[158]. Vor allem der im Regelfall in seiner Ausgestaltung von sozialen Parametern abhängige Totenkult stand im Zentrum der Bruderschaften. Allein in der Diözese Brixen gab es 30 Toten- und Arme-Seelen-Bruderschaften, deren Hauptarbeitsgebiet in der Bestattung der Bruderschaftsmitglieder und der gesteigerten rituellen Ausgestaltung von Begräbnissen lag. Die Multiplikation des privaten Totengedächtnisses durch die Bruderschaft und die garantierte „Ablaßinflation"[159] ließen eine bevorzugte Stellung der Bruderschaftsmitglieder im Jenseits erwarten. Möglichst bald nach dem Ereignis musste der Tod eines Mitglieds an den Bruderschaftsvorsteher gemeldet werden, damit die Ansage an die restlichen Mitglieder erfolgen konnte. Die Kommunikation der Todesnachricht, die Stellung von Bahrträgern, die von der Bruderschaft zur Verfügung gestellten Bahrtücher[160], die Totenmesse selbst und die kostenintensiven Begräbnisrequisiten wie auch die Musik wurden von der Bruderschaft gestellt – die Bruderschaften boten individualisierte Begräbnisse, die Totenmemoria erfolgte dagegen kollektiv. Keine Bruderschaft bot aus eigenem Antrieb Jahrtage mit Totenamt für verstorbene Bruderschaftsmitglieder an[161], sondern für diese Dienstleistungen mussten Stiftungen sorgen, die dann die Verkündung der Jahrtage von der Kanzel und die memorativen Feiern finanzierten[162].

Die über Einschaltung des Konsistoriums erworbenen Ablässe waren das wichtigste „Geschäftsfeld" der Bruderschaften, die meist in den Bruderschaftszetteln oder auch den -büchern detailliert aufgelistet waren. Meist gab es beim Eintritt und beim Titularfest einen vollkommenen Ablass, aber auch bei der Beichte, der Kommunion oder auch bei anderen wichtigen Bruderschaftsereignissen. Sonst wurden zeitlich begrenzte Ablässe für das Verrichten bestimmter Gebete, bei Diensten an Mitgliedern oder bei anderen Bruderschaftstätigkeiten ausgesprochen. Manche Bruderschaft verfügte über Ablässe, die von den lebenden Bruderschaftsmitgliedern für Verstorbene erworben werden konnten. In der Praxis scheinen die Bruderschaftsmitglieder den Ablässen gegenüber den im Rahmen der Messen erteilten Sakramenten den Vorzug erteilt zu haben.

---

[157] KLAMMER, Bruderschaftswesen (wie Anm. 44) 80.

[158] Am Beispiel einer Pfarre ÖTTL, Pfarrei (wie Anm. 123) 94–100.

[159] KLAMMER, Bruderschaftswesen (wie Anm. 44) 89.

[160] KATZINGER, Bruderschaften (wie Anm. 46) 103; Stefan René BUZANICH, Reformation und Gegenreformation und die Bedeutung der Arme-Seelen-Bruderschaft in der Herrschaft Litschau. Das Waldviertel 66/4 (2017) 432–439, hier 439.

[161] KLAMMER, Bruderschaftswesen (wie Anm. 44) 83.

[162] Am Beispiel der 1728 gegründeten Wiener Peter und Paul-Bruderschaft, die 1782 versuchten, einen privilegierten Altar zu erhalten, wobei das kaiserliche Placet verweigert wurde, Manfred FUX, Die St. Peter und Paul-Bruderschaft in Wien. Eine Reaktion auf das Vordringen papstfeindlichen Zeitgeistes in der ersten Hälfte des 18. Jahrhunderts, in: Festschrift Franz Loidl zum 65. Geburtstag 2, hg. von Viktor FLIEDER (Sammlung aus Christentum und Kultur, Sonderband 2, Wien 1970) 105–117, hier 109.

Bruderschaften setzten aber auch in Wahrnehmung der zeitgenössischen, gesellschaftlichen Problemstellungen eine Vielzahl an sozial-karitativen Dienstleistungen (darunter auch Kredite), etwa die Bekämpfung von Armut und Pauperismus, in Szene[163]. Die Versorgungsleistungen der Bruderschaften waren einer „Parochialisierung"[164] unterworfen, es galt Notsituationen in der Nachbarschaft zu lindern. Die materielle Unterstützung konnte über spezielle Stiftungen oder über die Bruderschaftskassa bzw. über Kollekten unter den Bruderschaftsmitgliedern geleistet werden[165]. Meist konnten aus Anlassfall Ansuchen an die Bruderschaft gestellt werden, doch versuchten die Konsistorien im Sinne einer Genehmigungspflicht Einfluss auf die Almosenvergabe zu gewinnen, indem sie etwa Brudermeistern auferlegten, „vom Bruderschaftseinkommen Niemandem nichts erfolgen zu lassen"[166]. Bei Tiroler Bruderschaften verteilte man unabhängig von den Besitzverhältnissen an jeden Hauspatron einmal im Jahr Brot: Jeder Hausbesitzer bekam zwei, jedes Mitglied einer Bruderschaft erhielt vier Brote. Auch die Verteilung von Salz oder Kerzen unter Bruderschaftmitgliedern war nicht unüblich. In einigen Städten in Tirol legte das Konsistorium nach Begutachtung der Vorjahresrechnung die über die städtische Almosenkasse ausgeschüttete Almosenleistung – ohne Rückfrage bei der jeweiligen Bruderschaft – fest[167]. Spezielle Stiftungen wandten sich – wie in Sterzing 1690 belegt – „den 19 ärmsten Leute[n], welche zu schwach oder zu gschämig sind, das Almosen zu suchen"[168], zu und unterstützten sie jährlich mit einem bestimmten Betrag. Mitgiftzuschüsse für Mädchen im heiratsfähigen Alter waren zudem eine wichtige Zielsetzung für Bruderschaften[169]. Bruderschaften reagierten aber auch auf Supplikationen, indem hier Mitglieder und Nicht-Mitglieder um Beiträge für Begräbnisse, Zuschüsse für Lehr- und Schulgeld, Unterstützung in Notlagen bzw. für ärztliche Behandlungen ansuchen konnten.

Eine spezielle Form der Unterstützung war die vor allem in der zweiten Hälfte des 18. Jahrhunderts erwachende Schulfürsorge, wobei sich als Erweiterung der Pfarrschulen vor allem Elementarschulen in Tirol mitunter durch die Unterstützung von Bruderschaften entwickelten. Die Zielsetzung der Bruderschaften als moralische Anstalt, die durch Schulbildung versuchten Lasterhaftigkeit und Müßiggang zu vermeiden, werden darin deutlich. So beschäftigte die Lieb-Frauen-Bruderschaft von Sillian einen Schulmeister, auch das Schulhaus war um 1620 aus Bruderschaftsmitteln errichtet worden[170]. Auch die Gründung von Christenlehrbruderschaften reiht sich in diese schulischen Bestrebungen

---

[163] KLAMMER, Bruderschaftswesen (wie Anm. 44) 89–97; zur Bankfunktion BUZANICH, Reformation (wie Anm. 160) 439.

[164] KLAMMER, Bruderschaftswesen (wie Anm. 44) 90.

[165] Zur Tafelsammlung während der täglichen Frühmesse und zum Opferstock beim privilegierten Altar SCHOBERLEITNER, St. Anna-Bruderschaft (wie Anm. 111) 9.

[166] KLAMMER, Bruderschaftswesen (wie Anm. 44) 92; zur Almosenvergabe RUMPL, Corporis-Christi-Bruderschaft (wie Anm. 102) 88f.

[167] KLAMMER, Bruderschaftswesen (wie Anm. 44) 94; Heinrich PURKARTHOFER, Eine Stiftung an die St. Nikolaus-Bruderschaft zu Bruck und deren Rechnungslegung im Jahre 1673. MStLA 34 (1984) 105–112, hier 107. Als Vergleich Kathrin UTZ TREMP, Barmherzigkeit und Versicherung zugleich. Die Armenfürsorge der Freiburger Heiliggeistbruderschaft an der Wende vom Spätmittelalter zur frühen Neuzeit, in: Von der Barmherzigkeit zur Sozialversicherung. Umbrüche und Kontinuitäten vom Spätmittelalter bis zum 20. Jahrhundert, hg. von Hans-Jörg GILOMEN (Schweizerische Gesellschaft für Wirtschafts- und Sozialgeschichte 18, Zürich 2002) 183–197.

[168] KLAMMER, Bruderschaftswesen (wie Anm. 44) 95.

[169] Am Beispiel der Bruderschaften im Trentino Lara CAMPESTRIN, Le doti della carità. Confraternite in area trentina e veneta (secoli XVI–XVII). *Geschichte und Region/Storia e regione* 19/1 (2010) 15–34.

[170] KLAMMER, Bruderschaftswesen (wie Anm. 44) 98.

Abb. 2: Bruderschaften und deren kommunikative Akte: Übergabe eines Bruderschaftszettels an ein Bruderschaftsmitglied auf dem Altarbild des Herzogenburger Bruderschaftsaltares (Marienaltar in der Stiftskirche), Bartholomeo Altomonte (Maler) 1760, Johann Josef Reßler (Bildhauer), Jakob Mößl (Steinmetz) (Foto: Martin Scheutz).

der Bruderschaften ein, die vor allem auf eine „sittlich-religiöse" Ertüchtigung der Jugend abzielten. Rund 7 % der Bruderschaften in der Diözese Brixen unterstützten die jeweilige Ortsschule durch Beiträge.

6. Quellen- und Realienkunde

Vor einiger Zeit wurde eine Ausweitung der Quellenbasis als „vorrangige Aufgabe der [Bruderschafts-]Forschung"[171] apostrophiert, auch eine vergleichende quellenkundliche Untersuchung des Bruderschaftsschriftgutes (etwa in verschiedenen europäischen Regionen) fehlt bislang. Als grundlegende Quellengattung der Bruderschaftsgeschichte müssen vor allem die gedruckten/handschriftlichen Statuten, die jährlichen Rechnungslegungen, die in verschiedenen Quellenkontexten überlieferten Mitgliederlisten, die Errichtungsurkunden der Bruderschaften, die mitunter prunkvoll ausgestatteten Bruderschaftsbücher wie -zettel (Abb. 2) und mitunter die Briefschaften der Bruderschaften zwischen den verschiedenen geistlichen und weltlichen Behörden angesehen werden. Mehrere grundlegende, interne Verschriftlichungsebenen lassen sich bei Bruderschaften nachweisen[172]: (1) das ein Verzeichnis der lebenden und toten Mitglieder bietende Bruderschaftsbuch, (2) das die Bruderschaftskonvente/-versammlungen verschriftlichende Protokollbuch und schließlich (3) die jährlich geführten Rechnungen (Rapulare und Reinschriften) und die Inventare der Bruderschaften. Mitunter fallen diese Quellentypen in ein Buch zusammen.

---

[171] REMLING, Bruderschaften als Forschungsgegenstand (wie Anm. 34) 107.

[172] Die Bruderschaftsbücher weisen große Ähnlichkeiten auf, bei der Gründung der Steiner Nepomukbruderschaft 1724 legte man in der Ratssitzung ein Bruderschaftsbuch vor, nach dessen Vorbild dann das neue Bruderschaftsbuch angelegt wurde, RAUSCHER, Nepomukbruderschaft (wie Anm. 114) 228.

Der Versuch, eine kleine Quellenkunde des Bruderschaftswesens zu erstellen, muss vor allem bei der zentralen Quellengattung der Bruderschaftsbücher ansetzen. Diese mitunter prächtig ausgestatteten Bruderschaftsbücher[173] listen am Beginn die Regeln der Bruderschaft, die „Satzungen und Ordnungen" der Bruderschaft und eine Abschrift der Ablässe auf[174] – eine Vielzahl an Bruderschaftsbüchern scheint aber die josephinische Aufhebung nicht überstanden zu haben. An diese Eckdaten der Bruderschaft schlossen sich mitunter ein Verzeichnis der Inhaber von Bruderschaftsämtern (wie Rektoren, Assistenten, Sekretäre, Consultoren) und dann ein meist nach Brüdern und Schwestern geteiltes, mitunter auch Stand und Herkunftsort verbuchendes Mitgliederverzeichnis[175]. Diese auch „Einschreibbücher" genannten Bruderschaftsbücher machten aus Männern und Frauen durch eigenhändigen Eintrag[176] oder durch Verbuchung des Sekretärs Mitglieder einer Bruderschaft und verzeichneten bei manchen Bruderschaften entweder die Eintrittsgebühr[177] und/oder die geleisteten Jahresbeiträge[178]. Verstorbene Mitglieder wurden mit einem Kreuz oder einem „obiit"-Vermerk gekennzeichnet; manche Bruderschaften führten auch eigene „Toten Register", aus denen während der jährlichen Bruderschaftsstreffen die verstorbenen Mitglieder zur Memoria verlesen wurden. Als Dokumentation der Mitgliedschaft verteilten die Bruderschaften sog. Bruderschaftszettel oder -briefe als Aufnahmebescheinigung an die Mitglieder[179]. Diese häufig mit einem Holzschnitt oder Kupferstich gezierten Bruderschaftszettel enthielten eine Nachricht über die Art und die offizielle Genehmigung der Bruderschaften, über die Pflichten und Rechte der Mitglieder und vor allem über die Ausstattung der Bruderschaft mittels verliehener Ablässe. Der geistliche und weltliche Leiter unterschrieb diese Aufnahmebescheinigung, die als Beleg für die Eintragung ins Bruderschaftsbuch galt – diese Zettel wurden im Fall des Todes an die Bruderschaftsverwaltung zurückgeschickt, um die gewünschte Totenmesse zu erlangen und dürften dann oft vernichtet worden sein[180]. Eigene gedruckte Nekrologe der verstorbenen Bruderschaftsmitglieder kursierten vor allem in elitären Bruderschaften jährlich[181].

[173] Am Beispiel des „Einschreibbuches" der Sebastiani-Bruderschaft Franz BERGER, Zwei Bruderschaftsbücher der Stadt Ried. OÖHbl 1 (1947) 131–136, hier 132f.; am Beispiel eines prunkvollen Bruderschaftsbuches Dieter J. WEISS, Die Maria-Hilf-Bruderschaft bei St. Peter. Ein Beitrag zur altbayerischen Kirchen- und Frömmigkeitsgeschichte (Aus dem Pfarrarchiv von St. Peter in München 5, München 1991) 9–13.

[174] Am Beispiel des 1637 angelegten, vom Herzogenburger Propst an die Bruderschaft geschenkten Bruderschaftbuch der Herzogenburger Barbarabruderschaft SCHEUTZ, Bruderschaften (wie Anm. 97) 297; STIPPERGER, Bruderschaften (wie Anm. 49) 9.

[175] RATH, Bruderschaftsbuch (wie Anm. 21) 340–342.

[176] HUMMEL, Bruderschaftsbüchl (wie Anm. 61) 208.

[177] Am Beispiel von Innsbruck STEINEGGER, Anfänge (wie Anm. 25) 19.

[178] HABACHER, Die Sebastiansbruderschaft (wie Anm. 55) 129; am Beispiel von drei Bruderschaftsbüchern aus dem Spätmittelalter und der beginnenden Neuzeit Friederike ZAISBERGER, Das Bruderschaftsbuch von St. Leonhard ob Tamsweg (1465–1482). Salzburgs Wallfahrten in Kult und Brauch, in: Salzburgs Wallfahrten in Kult und Brauch. Katalog, 11. Sonderschau des Dommuseums zu Salzburg, hg. von Johannes NEUHARDT (Sonderschau des Dommuseums zu Salzburg 11, Salzburg 1986) 75–80.

[179] MAZEGGER, Bruderschaftsbildwerke (wie Anm. 71) 20f: Die Bruderschaftszettel hatten im Regelfall folgenden formalen Aufbau: Überschrift mit Bezeichnung der Bruderschaft, Genehmigung der kirchlichen Stelle, Pflichten der Mitglieder, Rechte der Mitglieder (vor allem Ablässe), Bruderschaftsformel (Gelübde-Erneuerung und allgemeines Gebet), Bestätigung mit Datum der Aufnahme und Unterschrift des Vorstandes. Der Begriff Bruderschaftsbrief ist eine weitere Bezeichnung für Aufnahmedokumente, RABL, Ite ad Joseph (wie Anm. 54) 165–169.

[180] HOCHENEGG, Bruderschaften (wie Anm. 44) 7f.; KRAUSEN, Bruderschaftsbriefe (wie Anm. 66) 137–155

[181] ROHLING, Exequial and Votive Practices (wie Anm. 68) 136.

Neben den Bruderschaftsbüchern finden sich vereinzelt Protokollbücher, welche die regelmäßigen Zusammenkünfte des Bruderschaftsvorstandes oder auch die Wahlvorgänge dokumentieren[182]. Die jährlichen Rechnungen der Bruderschaften bieten Informationen über die Geschäfte der Bruderschaften, die Kreditvergabe, die getätigten Anschaffungen und die Ausgaben für Musik, Prozessionen und Totenmessen[183]. Diese Rechnungen wurden von den weltlichen und geistlichen Behörden kontrolliert und lassen die Geschäftsstrategien der Bruderschaften erahnen. Eine vergleichende Auswertung von Inventaren der Bruderschaften ließe die Spezifika der Bruderschaften deutlicher hervortreten[184], fehlt aber bislang.

Bezüglich der von den Bruderschaften gedruckten Publikationen ist eine Übersicht äußerst schwierig[185]: (1) die oft auch Lieder enthaltenden und mitunter in Leder gebundenen Andachts- und Regelbücher, (2) jährliche Rundschreiben mit Predigten, Nekrologien (vor allem bei größeren Bruderschaften) und bruderschaftsspezifischen Informationen, (3) Festtags- und Jubiläumsschriften (etwa zum hundertsten Jahrestag der Gründung, siehe Abb. 3) und (4) Wallfahrts- und Prozessionsbücher (für die jährliche Prozession, Bittgänge) finden sich. Die mitunter handschriftlich, meist gedruckt erhaltenen Statuten[186] und Ordnungen verzeichnen in unterschiedlicher Ausführlichkeit den Pflichtenkatalog der Bruderschaftsmitglieder und der Bruderschaftsfunktionäre. Die Abhaltung der Messen und die Bruderschaftslade als Aufbewahrungsort der Archivalien schrieb man dort fest[187]. Neben den Statuten gab es noch bei größeren Bruderschaften eigene gedruckte Andachtsbücher (oft mit Gesangtexten)[188] und jährliche, mit dem Namen des Rektors und des Sekretärs gezeichnete Rundschreiben[189], die einerseits eine Predigt und andererseits ein Nekrologium der Bruderschaftsmitglieder enthalten konnten. Die Lilienfelder Josephsbruderschaft verschickte jährlich 1.500 Exemplare dieser Rundschreiben. Daneben findet sich noch eine Fülle an Gelegenheitsschriftgut der Bruderschaften, etwa Jubiläumsschriften, Broschüren für glückliche Sterbestunden, Heiligenviten der namensgebenden Patrone der Bruderschaften etc. Die Vielzahl der Bruderschaftsdrucke ist unübersichtlich und schwer zu bibliographieren, so verschenkten etwa

---

[182] SCHEUTZ, Bruderschaften (wie Anm. 97) 297f.

[183] Zur Kirchenkapitalien-Sicherstellung als Beispiel Patent vom 8. Dezember 1759: Codex Austriacus VI (Wien 1770) 985–987 (Reskript an NÖ Regierung 25. April 1767); Maria CAPRA, Aus den Rechnungsbüchern der Gottsleichnamsbruderschaft bei St. Stephan in Wien. *WGBll* 4 (1949) 8f.; PURKARTHOFER, Eine Stiftung (wie Anm. 167) 105–112; LOBENWEIN, Erzbruderschaft (wie Anm. 107) 459–465; SCHEUTZ, Bruderschaften (wie Anm. 97) 301–310.

[184] Zum Inventar von 1782 mit einer großen Anzahl von kirchlichem Gerät Gerald PERFLER, Transkription dreier Inventare der Maria Hilf Bruderschaft im Dom zu St. Jakob in Innsbruck aus den Jahren 1741, 1758 und 1782 (Dipl. Innsbruck 2004) 62–90 (1782). Die St. Jakobsbruderschaft der Pfarre St. Leonhard besaß etwa zwei Kühe, die sie „vermietete", ÖTTL, Pfarrei (wie Anm. 123) 148.

[185] ROHLING, Exequial and Votive Practices (wie Anm. 68) 108–146.

[186] Siehe Statuten bei Peter SCHLOR, Bruderschaft der Allerseligsten Jungfrau zur Erlangung einer guten Sterbestunde in Neunkirchen. *Beiträge zur Wiener Diözesangeschichte* 7 (1966) 46f.

[187] Thomas FRANK, Rechtsgeschichtliche Anmerkungen zu spätmittelalterlichen Bruderschaftsstatuten in Deutschland und Italien, in: Von der Ordnung zur Norm. Statuten in Mittelalter und Früher Neuzeit, hg. von Gisela DROSSBACH (Paderborn–München–Wien u. a. 2010) 311–326, hier 317f. Frank unterscheidet drei Formen von Bruderschaftsregeln: (1) die selbstständig überlieferte Minimalform, (2) die ausführlich begründete, von der Bruderschaft verfasste Form und (3) die obrigkeitliche Edition. Am Beispiel der Barbarabruderschaft in Herzogenburg SCHEUTZ, Bruderschaften (wie Anm. 97) 313–315.

[188] Als Beispiel etwa RABL, Ite ad Joseph (wie Anm. 54) 152–156.

[189] Ebd. 157–165.

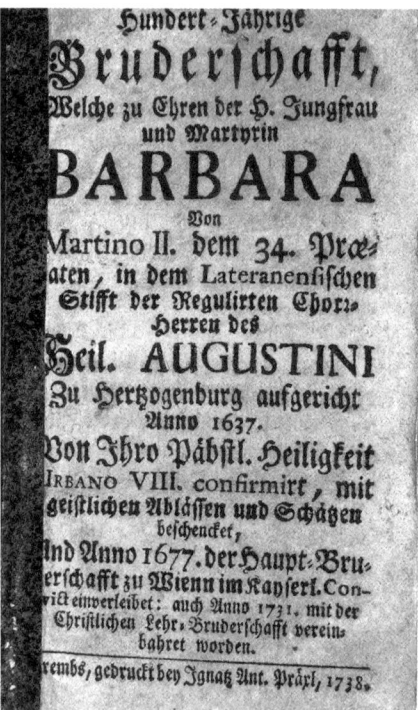

Abb. 3: Beispiel eines Bruderschaftsbüchleins – die Bruderschaften als „Förderer" regionaler Druckereien: Hundert-Jährige Bruderschafft, Welche zu Ehren der H. Jungfrau und Martyrin Barbara Von Martino II. dem 34. Praelaten, in dem Lateranensischen Stifft der Regulirten Chor-Herren des Heil. Augustini Zu Hertzogenburg aufgericht Anno 1637 [...] (Krems 1738) (StiA Herzogenburg, H.5.7.-F. 1023).

die bestellten Ansager der Wiener Bruderschaften am Beginn des Jahres Kupferstiche mit den Bruderschaftsheiligen als Neujahrs- bzw. Gnadenbilder[190], um Trinkgelder zu heischen. Noch kaum systematisch sind Visitationsbericht als Grundlage für Bruderschaften generell herangezogen worden, wobei diese Quellengattung einiges an Aufschluss über die Organisation des Bruderschaftswesens versprechen würde[191].

7. Fazit

Das faszinierende und doch unterschätzte Forschungsfeld Bruderschaft wurde in Österreich – anders etwa als in Italien[192] oder Deutschland – bislang nicht allzu intensiv

---

[190] Albert Hübl, Neujahrsbilder der Bruderschaft an der Schottenkirche in Wien. *MVGStW* 1 (1920) 81–86.

[191] In Auswahl: Dieter Cwienk, Kirchliche Zustände in den Salzburger Pfarren der Steiermark in der Gegenreformation nach dem Visitationsprotokoll des Seckauer Bischofs Jakob Eberlein aus den Jahren 1617–1619 (Diss. Graz 1966) 179f. (Hauptaufgaben: Fronleichnamsprozession, Quatembermessen, sozial-karitatives Wirken), 181–186 (Verbreitung der Bruderschaften); Hannes P. Naschenweng (Red.), Die kirchliche Visitation des Bischofs Jakob Eberlein von Seckau in den Salzburger Pfarren des Herzogtums Steiermark 1617–1619. Edition der Texte und kurzer Kommentar zu den Berichten über die kirchlichen Zustände (Quellen zur Geschichtlichen Landeskunde der Steiermark 26, Graz 2012) 762–764 (nur online unter: www.hlkstmk.at); Albert Forer, Die nachtridentinischen kirchlichen Verhältnisse in der Diözese Brixen von 1570–1613 im Spiegel der Visitationsprotokolle (Diss. Innsbruck 1970) 146; Josef Silbernagl, Die nachtridentinischen kirchlichen Verhältnisse in der Diözese Brixen von 1614–1662 im Spiegel der Visitationsprotokolle (Diss. Innsbruck 1973) 336–338; Rosa Mair, Brixener Visitationsberichte 1663–1685 (Diss. Innsbruck 1978) 203–206.

[192] Christopher Black, Italian Confraternities in the Sixteenth Century (Cambridge 1989); auch in kolonialgeschichtlicher Sicht: Early Modern Confraternities in Europe and the Americas. International and Inter-

beackert. Einige wenige Längsschnittstudien – darunter eine Monographie über Salzburger Bruderschaften und eine breitere Untersuchung zur Diözese Brixen – stehen einer Fülle an Einzeluntersuchungen mit unterschiedlichem Fragehorizont und mit differierender Einbettung in Forschungskontexte bei unterschiedlicher fachdisziplinärer Ausrichtung gegenüber. Interpretatorisch schwankt die Bewertung des Bruderschaftswesens breit zwischen harmlosem, niederschwelligem und unverbindlichem Vereinswesen und einem stark disziplinierenden, von den Eliten gesteuerten Eingriff in die ländliche und städtische Lebenswelt der Vormoderne. Während die Längsschnittuntersuchungen eher nivellierend auf das Organisationsgebilde Bruderschaft eingehen, zeigen die oft ohne explizite Begrifflichkeiten zum Bruderschaftswesen operierenden Einzeluntersuchungen ein kaum überschaubares inhaltliches Spektrum des Bruderschaftswesens: Werke der Barmherzigkeit und sozialkaritative Tätigkeit standen neben Frömmigkeitspraktiken und Liebesdienst für Tote. Viele Bereiche des Bruderschaftswesens wurden bislang kaum in der Forschung breiter aufgearbeitet: Weder liegen finanzgeschichtliche Untersuchungen, noch vergleichende Studien zur karitativen Tätigkeit der Bruderschaften oder zum Medienereignis Bruderschaft vor, auch die Spezifika einzelner Bruderschaftstypen, deren Verbreitungsintensität und die Ursachen für die unterschiedliche Ausformung der Bruderschaftslandschaft sind aufgearbeitet, auch eine quellenkundliche und -typologische Einordnung der reichhaltigen, wenn auch heterogen überlieferten Bruderschaftsarchivalien konnte bislang nicht erarbeitet werden. Neuere Forschungsansätze, die sich beispielsweise mit Genderfragen, mit regionaler Identitätsbildung, mit der Raumnutzung der Bruderschaften oder etwa mit dem Kulturtransfer beschäftigen, fehlen weitgehend.

---

disciplinary Perspectives, hg. von Christopher BLACK–Pamela GRAVESTOCK (Aldershot 2006); zur Raumgeschichte der Frühen Neuzeit, aber auch zum Netzwerk Bruderschaft: Faith's Boundaries. Laity and Clergy in Early Modern Confraternities, hg. von Nicholas TREPSTRA–Adriano PROSPERI–Stefania PASTORE (Europa Sacra 6, Turnhout 2012).

Fromme Bruderschaften in Böhmen, Mähren und Schlesien. Ein Forschungsüberblick

Zdeněk Orlita

Dieser Forschungsüberblick wird vorwiegend die Devotions- oder Andachtsbruderschaften und deren Entwicklung zwischen dem Tridentinum und der josephinischen Säkularisierung behandeln. Die Bruderschaften Böhmens, Mährens und Schlesiens stehen im Zentrum der Übersicht. Aus der Sicht der kirchlichen Verwaltungsgeschichte handelt es sich dabei um die Gebiete der Prager und jene der Olmützer Erzdiözese inklusive der schlesischen Gebiete des Troppauer und Jägerndorfer Fürstentums. Im Rahmen der Studie werden auch die Bruderschaften im sog. österreichischen Teil der Breslauer Diözese, welche seit dem österreichischen Erbfolgekrieg (1742) ein Generalvikariat bildete, berücksichtigt – dieses Gebiet bestand aus den Kommissariaten Neiße/Nysa und Teschen/Cieszyn. Seit der zweiten Hälfte des 16. Jahrhunderts lässt sich dort auch ein neuer Typ von spirituellen, mit den kirchlichen Institutionen eng verbundenen Konfraternitäten nachweisen. Die von Geistlichen initiierten und geleiteten Bruderschaften sollten nach dem Tridentinum die spätmittelalterlichen Laienvereinigungen allmählich ersetzen. Die Initiatoren verfolgten das Ziel, die Frömmigkeit der eingeschriebenen Mitglieder im Sinne der katholischen Reform zu intensivieren, vor allem durch die Begleitung des religiösen Alltaglebens mit rituellen Praktiken.

Abgesehen von einigen älteren, den Literatenbruderschaften gewidmeten Arbeiten, beginnen systematische Untersuchungen zu den religiösen Bruderschaften in der tschechischen Geschichtsschreibung erst nach der November-Revolution 1989[1]. Bahnbrechend waren in den 1990er Jahren die Forschungen von Jiří Mikulec, der sich auf die Erforschung religiöser Bruderschaften im Raum der Prager Erzdiözese konzentrierte, also auf das böhmische Königtum inklusive der Grafschaft Glatz/Kłodzko[2]. Er führte dabei eine quantitative Untersuchung der frommen Bruderschaften auf Grundlage der

---

[1] Die sog. Literaten-Bruderschaften wurden ab dem Spätmittelalter meist von utraquistisch gesinnten Gläubigen in tschechischsprachigen Pfarrgebieten gegründet. Die Bruderschaftmitglieder beteiligten sich vor allem an Sonn- und Feiertagen an der Feier der Frühmessen (sog. matura). Im Rahmen dieser freiwilligen Messe konnten sie vor allem in ihrer Muttersprache singen. Über die sog. Literatenbruderschaften Vladimír Maňas, Hudební aktivity náboženských korporací na Moravě v raném novověku [Die musikalischen Tätigkeiten der religiösen Korporationen Mährens im Zeitalter der Frühen Neuzeit] (Diss. Brünn 2008).

[2] Jiří Mikulec, Barokní náboženská bratrstva v Čechách [Die Barockbruderschaften in Böhmen] (Praha 2000).

sog. Pfarrer-Relationen aus dem 17. Jahrhundert und der sog. Vikar-Relationen aus den
1760er Jahren durch[3]. Er thematisierte aber auch das wirtschaftliche Umfeld der Bruderschaften und deren Kreditvergabe. Anhand der Analyse normativer Texte (Bruderschaftsregeln) bemühte sich der heute an der Akademie der Wissenschaften der Tschechischen
Republik forschende Historiker, das Aufgabengebiet der Devotionsbruderschaften während der Zeit der Rekatholisierung nach der Schlacht am Weißen Berg (1620) zu definie-
ren. In einer weiteren Studie arbeitete Mikulec den Kult des Hl. Isidor auf und zeigte den
Handlungsspielraum einer barocken Bruderschaft auf dem Land auf[4].

Die systematische Untersuchung der Devotionsbruderschaften im Raum Mährens
und Schlesiens erwies sich erst seit dem letzten Jahrzehnt als eine dringliche Forschungs-
frage. Bis zu diesem Zeitpunkt musste sich die vor allem an Literatenbruderschaften interessierte mährische und schlesische Bruderschaftsforschung vor allem auf die nicht immer
verlässlichen Erkenntnisse der verstreuten Regionalforschungen des 19. Jahrhunderts stützen. Einen wichtigen Impuls stellte die Publikation einer zusammenfassenden Geschichte
der Olmützer Diözese für das 18. Jahrhundert dar[5], deren Autor Rudolf Zuber auch den
barocken Devotionsbruderschaften ein Kapitel widmete. Diese Arbeit gab den entschei-
denden Anstoß, eine gründlichere Untersuchung der Bruderschaftsarchivalien im Gebiet
der Erzdiözese Olmütz durchzuführen. Vladimír Maňas und Zdeněk Orlita übernahmen
gemeinsam diese Aufgabe. Es folgten mehrere zusammenfassende Studien, die das Wirken der mährischen Devotionsbruderschaften im Zeitraum des 16. bis zum 18. Jahrhundert aufarbeiteten; eine Studie zu den marianischen Bruderschaften des Jesuitenordens
zwischen dem Konzil von Trient und den josephinischen Kirchenreformen folgte[6]. Im

---

[3] Jiří Mikulec, Piae Confraternitates v pražské arcidiecézi na sklonku 17. století [Die „Piae Confraternitates" in der Prager Erzdiözese am Ende des 17. Jahrhunderts]. *FHB* 15 (1991) 269–342; ders, Zbožná
bratrstva při farnostech pražské diecéze a jejich majetkové zázemí před josefínskými reformami [Die frommen
Bruderschaften in den Pfarrbezirken der Prager Erzdiözese und ihr Vermögensstand im Zeitalter vor den Kirchenreformen Josephs II.] *FHB* 16 (1993) 171–219.

[4] Jiří Mikulec, Náboženská bratrstva v procesu pobělohorské rekatolizace [Die religiösen Bruderschaften
im Rekatholisierungsprozess nach der Schlacht am Weißen Berg], in: Rekatolizace v českých zemích [Die Rekatholisierung in den Böhmischen Länder], hg. von Jindřich Francek (Pardubice 1995) 39–45; ders, Kult sv.
Isidora sedláka v českých zemích. K působení církve v prostředí venkova v 17. a 18. století [Der St. Isidorkult
in den böhmischen Ländern. Zur Wirkung der Kirche auf dem Land im 17. und 18. Jahrhundert], in: Kultura
baroka v Čechách a na Moravě [Die Barockkultur in Böhmen und Mähren], hg. von Zdeněk Hojda (Praha
1992) 65–84.

[5] Rudolf Zuber, Osudy moravské církve v 18. století, 2. díl [Die Schicksale der mährischen Kirche im 18.
Jahrhundert], 2. Teile (Olomouc 2003).

[6] Vladimír Maňas, Náboženská bratrstva na Moravě do josefínských reforem [Die barocken Bruderschaften in Mähren bis zu den josephinischen Reformen], in: Bratrstva. Světská a církevní sdružení a jejich role v kul-
turních a společenských strukturách od středověku do moderní doby [Bruderschaften. Weltliche und kirchliche
Vereinigungen und ihr Einfluss auf kulturelle und soziale Strukturen vom Mittelalter bis zur Gegenwart], hg.
von Tomáš Jiránek–Jiří Kubeš (Pardubice 2005) 37–77; ders., Kardinál František z Ditrichštejna a náboženská
bratrstva [Kardinal Franz von Dietrichstein und die religiösen Bruderschaften], in: Kardinál František z
Ditrichštejna a jeho doba [Kardinal Franz von Dietrichstein und seine Zeit], hg. von Emil Kordiovský–Miroslav Svoboda (Brno 2007) 317–322; ders., K osudům náboženských bratrstev olomoucké diecéze v raném
novověku [Zum Schicksal der religiösen Bruderschaften der Olmützer Diözese in der Frühen Neuzeit], in:
Zbožných duší úl. Náboženská bratrstva v kultuře raněnovověké Moravy [Der Bienenstock der frommen Seelen. Religiöse Bruderschaften in der Kultur des frühneuzeitlichen Mähren], hg. von Vladimír Maňas–Zdeněk
Orlita–Martina Potůčková (Olomouc 2010) 9–12; ders., Fromme Bruderschaften in der Olmützer Diözese
in der Frühen Neuzeit, in: Frühneuzeitforschung in der Habsburgermonarchie. Adel und Wienerhof – Konfessionalisierung – Siebenbürgen, hg. von István Fazekas–Martin Scheutz–Csaba Szabó–Thomas Winkelbauer (Publikationen der ungarischen Geschichtsforschung in Wien 7, Wien 2013) 293–309; Zdeněk Orlita,

Rahmen der laufenden Untersuchungen publizierten die Autoren auch eine Monografie, die mit einer detaillierten Untersuchung der Tätigkeitsbereiche religiöser Bruderschaften in Städten während der Zeit des Barock (etwa am Beispiel der Königsstadt Brno/Brünn[7]) endete. Die Erforschung des Bruderschaftswesens bedarf einer interdisziplinären Zusammenarbeit, wie dies Vladimír Maňas anhand einer Studie musikalischer Aktivitäten von frühneuzeitlichen Bruderschaften verdeutlichen konnte[8]. Zusätzlich bereitete Vladimír Maňas 2011 gemeinsam mit Zdeněk Orlita und Martina Potůčková eine Ausstellung im Museum der Olmützer Erzdiözese vor, die der Bedeutung der Devotionsbruderschaften in der mährischen Kultur der Frühen Neuzeit gewidmet war. Vor allem die materielle Kultur der Bruderschaften und deren Ausstattung wurden in dieser Ausstellung vorgestellt[9].

1. Quellen der Bruderschaften in Böhmen, Mähren und Schlesien

Für eine Untersuchung der Devotionsbruderschaften in den Ländern der böhmischen Krone müssen für den frühneuzeitlichen Zeitraum vor allem zwei Gruppen schriftlicher Quellen ausgewertet werden: (1) Protostatistische Archivalien und (2) Quellen, die von den Bruderschaften selbst produziert wurden und deren Tätigkeitsbereiche widerspiegeln.

Unter die erste Gruppe kann man Archivalien einordnen, welche die Visitations-, Informations- und Kontrolltätigkeit des Diözesanklerus bzw. des bischöflichen Konsistoriums dokumentieren und die sich in Böhmen und Mähren ausschließlich für die Zeit nach der Schlacht am Weißen Berg erhalten haben. In der Prager Erzdiözese werden diese Quellen „Pfarrer-Relationen", für den Raum der mährischen Olmützer Diözese „Dekanatsmatrikeln" genannt. Die Pfarrer-Relationen der Prager Erzdiözese lassen sich gut auswerten, weil am Ende des 17. Jahrhunderts auch religiöse Bruderschaften in den einzelnen Pfarrsprengeln erfasst wurden. Die sog. Pfarrer-Relationen sind Ergebnisse einer Umfrageaktion des Erzbischöflichen Konsistoriums, die in den Jahren 1676–1677 und 1700–1701 durchgeführt wurde. In einem Fragenkatalog von insgesamt 46 Fragen versuchte man, das wirtschaftliche Umfeld der Pfarrsprengel, den Zustand des Schulwesens und der Armenfürsorge und selbstverständlich das Ausmaß der Frömmigkeit unter den dort lebenden Gläubigen zu ermitteln. Die religiösen Bruderschaften werden in

---

Mariánské kongregace při jezuitské koleji v Olomouci v 16.–18. století [Marianische Kongregationen am Olmützer Jesuitenkolleg vom 16. bis 18. Jahrhundert] (Diss. Troppau/Opava 2008); DERS., Olomoučtí jezuité a náboženská bratrstva v 16.–18. století [Die Olmützer Jesuiten und die frommen Bruderschaften vom 16. bis 18. Jahrhundert]. *Střední Morava* 20 (2005) 43–54; DERS., Postní a velikonoční období v praxi olomouckých jezuitských sodalit v druhé polovině 17. století [Die Fasten- und Osterzeit im Tätigkeitsbereich der Olmützer Jesuitensodalitäten während der zweiten Hälfte des 17. Jahrhunderts]. *ČMM* 125 (2006) 53–76; DERS., Gemeinschaft der Frommen im Wandel. Marianische Kongregationen in Mähren zwischen dem Tridentinum und der Aufklärung, in: Frühneuzeitforschung in der Habsburgermonarchie (wie oben) 309–335.

[7] Tomáš MALÝ–Vladimír MAŇAS–Zdeněk ORLITA, Vnitřní krajina zmizelého města. Náboženská bratrstva barokního Brna [Die innere Landschaft einer verschwundenen Stadt. Die religiösen Bruderschaften des barocken Brünn] (Brno 2010).

[8] Vladimír MAŇAS, Musiktätigkeit der frommen Bruderschaften Mährens in der Frühen Neuzeit. *Studia musicologica Academiae scientiarum hungaricae* 46/1–2 (2005) 69–80; DERS., Hudební aktivity (wie Anm. 1) 123–143.

[9] Zbožných duší úl. Náboženská bratrstva v kultuře raněnovověké Moravy [Der Bienenstock der frommen Seelen. Religiöse Bruderschaften in der Kultur des frühneuzeitlichen Mähren], hg. von Vladimír MAŇAS–Zdeněk ORLITA–Martina POTŮČKOVÁ (Olomouc 2010).

den Pfarrer-Relationen „piae confraternitates" genannt. Die Beamten des Konsistoriums interessierten sich besonders für ihre Anzahl, ihr Patrozinium und auch für die Persönlichkeit des Gründers[10]. Diese Pfarrer-Relationen blieben für 13 Bezirke des böhmischen Königreiches (inklusive der Grafschaft Glatz) erhalten, allerdings ohne die Bistumsbezirke von Leitmeritz/Litoměřice und Königsgrätz/Hradec Králové, weil dort schon in der zweiten Hälfte des 17. Jahrhunderts eigenständige Diözesen bestanden. Auch das Egerland/Chebsko ist nicht mitinbegriffen, weil es zur Diözese Regensburg gehörte.

Den sicherlich kompaktesten Quellentyp, der vergleichsweise exakt über das Bruderschaftswesen im Untersuchungszeitraum zu berichten vermag, stellen für die Olmützer Diözese die sog. Dekanatsmatrikeln dar. Die ersten Bücher entstanden auf Anordnung des Bischofs Karl von Liechtenstein-Kastelkorno (1664–1695) im Jahr 1671. In allen Pfarrsprengeln sollten „Gedenkmatrikeln" angelegt werden, in die sowohl sämtliches Kircheneigentum als auch alle Gebäude eingetragen werden sollten. Die ersten Dokumente dieser Art entstanden in den Jahren 1671–1673, die zweite Gruppe der Dekanatsmatrikeln entstammt den Jahren 1690–1691, oft handelt es dabei nur um teilweise aktualisierte Abschriften älterer Matrikeln[11]. Auf die Bruderschaften beziehen sich in diesen Dokumenten entweder eigene Abschnitte oder wenigstens Bemerkungen zum Kircheninventar (weil dort auch mehrere den Bruderschaften zugehörige Gegenstände registriert wurden), des Weiteren folgen Kirchenstiftungen, mitunter auch Angaben zur Besoldung des Pfarrers und der Kirchendiener. Die einschlägigen, den Bruderschaften direkt gewidmeten Passagen haben eine recht unterschiedliche Aussagekraft. Vor allem bei den ältesten Bruderschaften (mit mittelalterlicher Tradition) wird deren „Altertümlichkeit" betont, gleichzeitig unterstreicht man aber auch die Erneuerung der Tradition im 17. Jahrhundert, die ausschließlich unter den Episkopaten des Kardinals von Dietrichstein (1599–1636) und des Karl von Liechtenstein-Kastelkorno erfolgte. Nicht immer ist das Gründungsjahr angegeben, besonders bei den ältesten Bruderschaften wurde der Entstehungszeitraum nur ungefähr angeführt. Einige Dekanatsmatrikeln enthalten zudem Abschriften der Gründungsurkunden der Bruderschaften, mitunter weitere Informationen z. B. Angaben zu Jahresfeierlichkeiten, Eigentumsverzeichnisse und Hinweise zu kulturellen Aktivitäten (vor allem bei musikalisch aktiven Bruderschaften wie der marianischen Bruderschaft in Vyškov/Wischau).

Im Zeitraum zwischen 1764 bis 1771, also zur Zeit des Bischofs Maximilian Hamilton, entstanden zwei weitere Reihen an Dekanatsmatrikeln[12]. Hamilton legte einen Fokus auf die materielle Ausstattung der Pfarrsprengel, der auch in den Bruderschaften gewidmeten Abschnitten der Dekanatsmatrikel zu Tage tritt. Das Kapitel 16 – angeordnet zwischen dem Abschnitt Kircheneigentum (Kapitel 15) und Kirchendiener (Kapitel 17) – widmet sich den Bruderschaften[13]. Außer der bloß nominellen Erwähnung der Bruderschaften enthält das einschlägige Kapitel auch Angaben zur Entstehung und zum Gründer der jeweiligen Bruderschaft. Des Weiteren werden Beglaubigungsurkunden des bischöflichen Konsistoriums und in manchen Fällen auch Unterlagen über die Inkorporation der Bruderschaft in eine der Erzbruderschaften erwähnt. Von Interesse sind ebenso Informationen über das Tätigkeitsfeld der Bruderschaften im Bereich der Frömmigkeits-

---

[10] MIKULEC, Piae Confraternitates (wie Anm. 3) 271f.
[11] MAŇAS, Náboženská bratrstva (wie Anm. 6) 38f.
[12] Ebd. 38.
[13] Siehe Kapitel 16 (*An in Ecclesia sit alique confraternitas, vel confoederatio erecta?*).

praxis, also die Aufzählung der Jahresfeiertage, der Bruderschaftsmessen für lebende wie verstorbene Mitglieder, der Prozessionen und eventuell der Festmähler (im Zusammenhang mit der Wahl/Erneuerung des Präsidiums). Im Kapitel 16 der Dekanatsmatrikel werden aber lediglich die barocken Devotionsbruderschaften in der engeren Wortbedeutung erfasst. Die von den Jesuiten und Piaristen gegründeten Studentenkooperationen fehlen ebenso wie die Ordensbruderschaften (vor allem die Augustiner-Bruderschaften St. Monika und Erzbruderschaften St. Franziskus bei den Franziskanern) und schließlich auch der dritte Orden (am häufigsten von Minoriten, Franziskanern und Kapuzinern gegründet[14]).

Ein zweiter Typ an statistischen Quellen entstand vor allem durch die Aktivitäten der Landesbehörden während der Regierungszeit Josephs II. und hing mit der fortschreitenden Einschränkung und der folgenden Auflösung der Devotionsbruderschaften zusammen. Für die mährische Markgrafschaft handelt es sich dabei um neun Kartons mit Schriftstücken, deponiert im Fonds des Mährisch-Schlesischen Guberniums. Separat fertigte man auch ein Verzeichnis marianischer Kongregationen der Jesuiten- und Piaristen-Kollegien an, wobei es sich vor allem um ein sog. Inventarium handelte, in welchem das ganze Vermögen der Bruderschaft festgehalten wurde: Bargeld, Einnahmen aus Fundationen, Erträge aus Darlehen, Immobilien inklusive Schätzungs- und Verkaufswert (*schatzungswerth und licitando verkauf*), Urkunden und Dokumente (Aufmerksamkeit wird begreiflicherweise vor allem Rechnungsbüchern gewidmet) sowie das eigene Bruderschaftsinventar (*bruderschaft gerätheschaften*).

Für die Region des sog. Österreichisch-Schlesiens können zudem die im Archiv des königlichen Amtes Troppau deponierten Schriftstücke der Liquidationskommission benutzt werden. Die Unterlagen des königlichen Amtes decken sich allerdings nicht exakt mit den Grenzen der Kirchenverwaltung der Olmützer Diözese; eine Vielzahl an Dokumenten widmet sich dem österreichischen Teil der Diözese Breslau, welche in das Kommissariat Teschen/Těšín und Neiße/Nisa geteilt wurde. In diesem Gebiet kam es im Rahmen der Kirchenreformen Josephs II. insgesamt zur Auflösung von 54 Devotionsbruderschaften; 34 davon gehörten zur Olmützer Diözese (Fürstentümer Troppau und Jägerndorf) und 20 Bruderschaften bestanden im sog. österreichischen Teil der Breslauer Diözese. Die Diözese Breslau bildete ab den 1740er Jahren das sog. Generalvikariat, das zur kirchlichen Verwaltung des österreichischen Teiles der Diözese errichtet worden war, denn der größere Teil mit Breslau fiel mit dem Jahr 1742 an Preußen[15].

---

14 Eine ausführliche Analyse der Dekanatsmatrikel der Olmützer Diözese im Hinblick auf die frommen Bruderschaften bei Vladimír Maňas, Náboženská bratrstva na Moravě do josefínských reforem [Die barocken Bruderschaften in Mähren bis zu den josephinischen Reformen] (Dipl. Brünn 2003) 24–28.

15 Über die frommen Bruderschaften im österreichischen Teil der Breslauer Diözese im 17. und 18. Jahrhundert siehe David Pindur, Barokní náboženská bratrstva v rakouské části vratislavské diecéze [Die Barockbruderschaften im österreichischen Teil der Breslauer Diözese], in: Zbožných duší úl (wie Anm. 9) 39–41. In den Kommissariaten Neiß und Teschen existierten noch im Jahr 1784 insgesamt 20 Bruderschaften. Im Neißer Gebiet handelte es sich um folgende Konfraternitäten: Skapulierbruderschaften in Weißwasser/Bílá Voda und Gurschdorf/Skorošice, Rosenkranzbruderschaften in Johannisberg/Jánský Vrch und Freiwaldau/Frývaldov (heute Jeseník), Konfraternität Mariahilf in Freiwaldau und Zuckmantel/Zlaté Hory. Im Kommissariat Teschen wurden im Jahr 1784 folgende Bruderschaften aufgehoben: Rosenkranzbruderschaften in Bielitz/Bílsko (heute Stadtteil der Bielsko-Biała), Oderberg/Bohumín, Friedeck/Frýdek, Skotschau/Skočov (Skoczów) und Teschen/Těšín, Skapulierbruderschaften in Ober Kurzwald/Meziříčí (Międzyrzecze), Orlau/Orlová, Fronleichnambruderschaft in Teschen, Schutzengelbruderschaft in Ober Domaslowitz/Horní Domaslavice, St. Simon und Juda Bruderschaft in Leskowetz/Lískovec, Bruderschaft des heiligen Johannes von Nepomuk in Freistadt/Frýštát,

Zu den interessantesten Quellen, die von den Devotionsbruderschaften selbst stammen, gehören die Matrikeln (Mitgliedsalben), die Gedenkbücher, die Rechnungen, die normativen Texte (Regeln/Statuten) und das thematisch umfangreiche und gedruckte Schrifttum[16].

Bruderschaftsmatrikeln, zeitgenössisch auch als „Alben" bezeichnet, repräsentierten die bedeutendste Quellengattung der Bruderschaften – die Mitgliederverwaltung war der zentrale Punkt, um den das Leben der Soziabilitäten/Bruderschaften bzw. der einzelnen Mitglieder kreiste. Dieses Buch war nicht nur das wichtigste Schriftstück, in dem alle lebenden und verstorbenen Mitglieder der Bruderschaft verzeichnet waren, sondern auch gleichzeitig eine „Insignie nach außen", welche die Mitglieder einer Bruderschaft bei schicksalhaften Ereignissen ihres Lebens begleitete: Eintritt und Austritt aus der Bruderschaft, ob durch Tod oder Ausschluss, wurde darin verzeichnet. Einige Bruderschaftsmatrikel enthalten inhaltlich auch weitere Informationen: Neben bloßen Mitgliederverzeichnissen existieren Handschriften, welche Parallelen zu Gedenkbüchern aufweisen. Diese enthalten zumindest grundlegende Informationen zur Entstehung der Bruderschaft, weniger häufig dagegen Abschriften wichtiger Schriftstücke (Privilegien, Ablässe), Verzeichnisse der Bruderschaftsdiener (Sekretäre, Infirmarien [d. h. Fürsorge kranker Mitglieder], Kantoren, Sakristane etc.) und der Mitglieder des Vorstandes oder etwa Aufstellungen des Bruderschaftsvermögens (Inventar).

Die älteste erhaltene mährische Matrikel, die ein Verzeichnis mit den grundlegendsten Informationen der Bruderschaft ist, stammt aus Kremsier/Kroměříž. Die Matrikel wurde in den Jahren 1581–1610 geführt und enthält ein mehrseitiges Verzeichnis von Mitgliedern der Bruderschaft Maria Himmelfahrt und Erzengel-Michael, aufgeteilt nach dem Gesellschafts- und Ständekriterium (Geistliche, Adelige, Bürger)[17]. Im Gegensatz dazu haben die Bruderschaften in Hullein/Hulín und Bolatitz/Bolatice einen ausdifferenzierteren Typus der Bruderschaftsmatrikel hinterlassen. In der Matrikel der Bruderschaft Maria Himmelfahrt in Hullein/Hulín ist die Gründung der Bruderschaft 1602 erwähnt, ab dem Jahr 1605 folgen dann Auflistungen von Schenkungen und ungefähr ab dem Jahr 1615 werden die Namen verstorbener Mitglieder genannt. Die Matrikel der Rosenkranzbruderschaft in Bolatice ist innerhalb der großen Bandbreite an erhaltenen und bekannten Bruderschaftsmatrikeln eine außergewöhnliche Quelle, in der nicht nur das Mitgliederverzeichnis, sondern auch die Umstände der Gründung, Satzungen, liturgische Vorschriften, das Inventar beweglicher Gegenstände der Bruderschaft und weitere Angaben zum Besitzstand niedergeschrieben wurden.

Die Historiker Ludwig Remling und Bernhard Schneider stellten beide in ihren Untersuchungen fest, dass die Erforschung der Devotionsbruderschaften im katholischen

---

St. Barbarabruderschaft in Schwarzwasser/Strumeň (Strumień) und Herz-Jesu-Bruderschaft in Jablunkau/Jablunkov.

[16] Eine zusammenfassende Analyse über die Druckschriften der mährischen Bruderschaften erstellte Vladimír Maňas, Tištěná produkce náboženských bratrstev [Die Druckproduktion der frommen Bruderschaften], in: Zbožných duší úl (wie Anm. 9) 36–38; über die Erbauungsliteratur der marianischen Kongregationen der Böhmischen Provinz der Gesellschaft Jesu Vladimír Maňas–Zdeněk Orlita, Sodalis Marianus Bohuslava Balbína v kontextu tištěných příruček mariánských kongregací 17. století [Bohuslav Balbins Sodalis Marianus im Kontext der gedruckten Handbücher der marianischen Kongregationen des 17. Jahrhunderts], in: Jezuité a Brno. Sociální a kulturní interakce koleje a města (1578–1773) [Jesuiten und Brünn. Die Sozial- und Kulturinteraktionen zwischen Kolleg und Stadt 1578–1773], hg. von Hana Jordánková–Vladimír Maňas (Brno 2013) 135–157.

[17] Maňas, Náboženská bratrstva (wie Anm. 6) 31.

Barock auf einen spezifischen Bereich beschränkt bleibt, nämlich auf die Auswertung von Statuten, Konfirmationsurkunden und Rechnungen[18]. Normative Quellen spiegeln letztlich die Praxis der Bruderschaften nur unzureichend wider. Neben diesen zweifellos wichtigen Quellen sollten aber auch Archivalien, welche die ursprüngliche Intention und die Vorstellungen der geistlichen Gründer deutlicher ausdrücken, für die Erforschung von Bruderschaften herangezogen werden.

Unter den üblichen, die geläufigen religiösen Pflichten der Mitglieder beschreibenden Quellen aus Böhmen, Mähren und Schlesien nehmen die nur einige Punkte zählenden Regeln und Statuten der marianischen Kongregationen der Jesuiten einen privilegierten Platz ein. Konkret handelt es sich um eine Aufstellung von Grundsätzen und Gepflogenheiten, welche die Jesuiten im Jahr 1666 für die akademische Kongregation Maria Himmelfahrt in Olmütz zusammengestellt haben. Das Dokument ist als *Constitutiones ac consvetudines*[19] betitelt, ist im Folioformat verfasst und beinhaltet außer gemeinsamer Regeln der Gefolgschaft (*Regulae communes sodalitatis*) auch ausführlich formulierte Statuten für die einzelnen „Beamten" dieser Korporation. Im Unterschied zu den allgemeinen und für alle neugegründeten Sodalitäten verbindlichen Statuten der Marianischen Kongregation in Rom (1587) ist ein deutliches Bestreben nach einer größeren Systematisierung zu beobachten. Angaben zu den höheren und niederen Beamten der Sodalität finden sich ebenso verzeichnet wie die Tätigkeitsfelder angefangen vom Präses bis zum Gehilfen des Mesners. Der ganze zweite Teil widmet sich dann der Aufnahme von neuen Mitgliedern[20]. Vom Zeitpunkt ihrer Novizenschaft bis zur Abschlussprüfung unter der Aufsicht der Instrukteure (*instructor sodalitatis*) werden alle Abläufe genau geregelt. Die Wahl der Beamten ist im dritten Kapitel der Statuten verankert, darin werden auch die ersten Schritte des neuen Vorstandes der marianischen Kongregation (sog. *magistratus marianus*) erwähnt. Der fünfte Teil normiert die Bräuche und Gewohnheit der Sodalität, wobei für den täglichen Ablauf der Kongregation vor allem das dritte Kapitel wichtig ist (*Consvetudines stabiles totius anni*). Es beschreibt die festgefügten Traditionen und legt Zeugnis ab über das Innenleben der Sodalitäten: über die regulären Versammlung (*conventus*), über die Verteilung der monatlichen Patrone, über die Beichte, Kommunion, Gottesdienste oder über die Prozessionen. Die spezifische und außergewöhnliche Position der marianischen Kongregationen innerhalb der Familie der barocken Bruderschaften wird im sechsten Teil der Regeln angedeutet, der sich mit Strafen beschäftigt, in denen die Ausweisung inklusive der Absetzung der Beamten dominieren[21]. Das Buch endet mit der Abhandlung über die Schriftführung der Sodalität, wobei der Akzent auf der Art der Buchführung von Rechnungsbüchern, Tagebüchern und Matrikeln liegt[22].

Unter den Quellen narrativer Art kommt vor allem den Bruderschaftsgedenkbüchern ein wichtiger Platz zu, wobei auch hier wiederum die Handschriften aus dem Umfeld der marianischen Kongregationen des Jesuiten-Ordens besonders hervorstechen. Der Sekretär sollte in seiner alltäglichen Arbeit ein Tagebuch führen, aber in der Chronik

---

[18] Ludwig REMLING, Bruderschaften als Forschungsgegenstand. *JbVk* 3 (1980) 89–112, hier 90–92; Bernhard SCHNEIDER, Bruderschaften im Trierer Land. Ihre Geschichte und ihr Gottesdienst zwischen Tridentinum und Säkularisation (Trierer theologische Studien 48, Trier 1989) 50f.

[19] Constitutiones ac consvetudines sodalitatis B.V. Mariae sub titulo Assumptae in collegio Soc: Iesu Olomutii [1666]. Vědecká knihovna v Olomouci [Wissenschaftliche Bibliothek Olmütz], Ms. M-II-37.

[20] Ebd. Pars II. De admissione ad Sodalitatem, Caput II. De Admissione ad Tyrocinium, fol. 68ᵛ.

[21] Ebd. Pars VI. De Poenis Sodalium, fol. 199ʳ.

[22] Ebd. Pars VII. Svpellex Sodalitatis, fol. 220ᵛ.

nur entscheidende Momente festhalten. Die detaillierten Instruktionen zur Führung der Gedenkbücher sind ein interessanter Beleg der bruderschaftlichen Selbstreflexion und der gesellschaftlichen Rezeption der Bruderschaften im städtischen Umfeld. Denn die Chronik sollte den Akzent auf bestimmte, periodisch sich wiederholende Situationen und feierliche Anlässe legen, in welchen der Sodalität eine repräsentative Funktion zukam. Nichtsdestotrotz lässt sich eine gewisse routinemäßige Abflachung der Ereignisstruktur der Sodalitäten nicht verbergen. Die Chronik zeigt ein Bild verschränkter Ereignisse zwischen der Öffentlichkeit und der Institution Bruderschaft wie bspw. die Wahl des Stadtrates, namhafte Feierlichkeiten im Kreislauf des Kirchenjahres sowie anspruchsvolle, prächtige Trauerfeierlichkeiten verstorbener Mitglieder. Die alljährlichen Eintragungen begannen mit der Auflistung der höchsten Beamten der Sodalität (Rektor, Assistenten) inklusive des geistigen Vaters (Präses). Im Verlauf des Jahres wurden in den Annalen auch jegliche Änderungen in der Führung verzeichnet. Der Sekretär musste vor allem auch Angaben über die Anzahl der Sodalen, über Zuwachs und Abgang aus der Gesellschaft und den Tod der Mitbrüder machen[23].

2. Vorreformatorisches Erbe

Von den noch im 17. Jahrhundert auf dem Gebiet der Prager Erzdiözese wirkenden vorreformatorischen Bruderschaften müssen vor allem die Rosenkranzbruderschaften in Kadaň/Kaaden, Ústí nad Labem/Aussig in Nordböhmen, Teplá/Tepl in Westböhmen sowie die Fronleichnambruderschaft in Most/Brüx und Ústí nad Labem und die Konfraternität der Jungfrau Maria und St. Jakob in Tachov/Tachau und die Bruderschaft St. Jakob in Plzeň/Pilsen erwähnt werden[24]. Im Unterschied zu Böhmen wirkten in Mähren und im schlesischen Anteil der Olmützer Diözese seit dem Spätmittelalter vornehmlich Fronleichnamsbruderschaften. Die Ausbreitung der Corporis-Christi-Bruderschaften seit dem 14. Jahrhundert hing stark von der Popularität des eucharistisches Kults ab. Neben den theophorischen Fronleichnamsprozessionen traten in den königlichen Städten Mährens vornehmlich auch die Bruderschaften auf. Quellen aus dem 17. Jahrhundert berichten, dass derartige Bruderschaften 1370 in Hradiště/Ungarisch Hradisch und 1382 in Troppau gegründet wurden, weitere Bruderschaften sind für das 15. Jahrhundert belegt, z. B. in Olmütz und Iglau. Meist wurden die Fronleichnamsbruderschaften in Böhmen, Mähren und Oberschlesien durch die Bischöfe in einem reformkatholischen Sinne erneuert[25].

3. Reformkatholische Vereinigungen

Obwohl die Bischöfe schon während der zweiten Hälfte des 16. Jahrhunderts Einfluss auf die Bruderschaften nahmen, wird ihre intensivere Tätigkeit erst seit der Publikation der Bulle *Quaecumquae a Sede Apostolica* aus dem Jahr 1604 deutlich. Es waren vor allem

---

[23] ORLITA, Mariánské kongregace (wie Anm. 6) 39–41.
[24] MIKULEC, Piae confraternitates (wie Anm. 3) 269–301. Zu den Frömmigkeitsformen der mittelalterlichen Bruderschaften in Böhmen Hana PÁTKOVÁ, Bratrstvie ke cti Bože. Poznámky ke kultovní činnosti bratrstev a cechů ve středověkých Čechách [Bruderschaften zur Ehre Gottes. Bemerkungen zur religiösen Praxis der Bruderschaften und Zechen im mittelalterlichen Böhmen] (Praha 2000).
[25] MAŇAS, Náboženská bratrstva (wie Anm. 6) 41f.

die Jesuiten, die sowohl in der Prager Erzdiözese als auch der Olmützer Diözese im letzten Viertel des 16. Jahrhunderts mit ihren marianischen Kongregationen den Beginn der Reform der Bruderschaften markierten und einen neuen Bruderschaftstypus förderten. An der Wende vom 16. zum 17. Jahrhundert wandte die Gesellschaft Jesu in der damaligen österreichischen Provinz ihre Aufmerksamkeit vor allem den studentischen marianischen Kongregationen zu, das naturgemäß mit dem Ausbau des Kollegiennetzes und mit dem Aufbau eines jesuitischen Universitätsumfeldes zusammenhing. Die ersten marianischen Sodalitäten rekrutierte man zum überwiegenden Teil aus Akademikern und Gymnasiasten, wobei es etwa in der Olmützer Diözese am Ende des Episkopats von Stanislav Pavlovský 1598 bereits insgesamt vier Studentengesellschaften in Olmütz und Brünn gab. In der Prager Erzdiözese stifteten die Jesuiten in der Zeit vor der Schlacht am Weißen Berg Kongregationen für die Studenten und Bürger in Prag, Krummau/Český Krumlov, Neuhaus/Jindřichův Hradec und Komotau/Chomutov. Allein am Prager Jesuitenkolleg Clementinum wirkten vier Sodalitäten.

Die Prager Mariensodalität Maria Himmelfahrt (1575) ebenso wie die Brünner Sodalität Maria Verkündung (1593) waren Bürgerkongregationen, die vor allem die dort ansässige italienische Handwerkerschaft in sich sammelten. Ihre Entstehung wurzelt also viel stärker in der „nationalen", konfessionellen Zusammensetzung dieser beiden Städte. Während das Brünner Jesuitenprojekt der ursprünglich italienisch dominierten und sich später öffnenden marianischen Kongregation trotz der intensiven Unterstützung durch Kardinal Franz von Dietrichstein nach zehn Jahren scheiterte, entwickelte sich die Prager Sodalität zu einer starken und selbstbewussten Bürgerkorporation[26].

In der ersten Hälfte des 17. Jahrhunderts kam es zu einer sprunghaften Ausbreitung der marianischen Kongregationen und anderer jesuitischer Bruderschaften, die die gesamte frühneuzeitliche böhmische und mährische Gesellschaft prägten. In Böhmen entstanden während der Amtszeit von Erzbischof Ernst Adalbert von Harrach (1623–1667) die jesuitischen Konfraternitäten in Kuttenberg/Kutná Hora (1625), Königgrätz/Hradec Králové (1633), Leitmeritz/Litoměřice (1641) und Klattau/Klatovy (1642). In Mähren und Schlesien siedelten die Jesuiten ihre Bruderschaften bei den neugegründeten Kollegien in Znaim/Znojmo, Iglau/Jihlava und Troppau/Opava an. Es handelte sich dabei nicht nur um sog. lateinische Kongregationen für Studenten der Universitäten, sondern die Jesuiten gründeten auch Kongregationen für Bürger, Handwerker, Gesellen und Bauern. Die Durchdringung der Gesellschaft mit Sodalitäten erhöhte sich noch, als eigene Sodalitäten für einzelne Standes- und Berufsgruppen gebildet wurden. In „jesuitischen" Städten verbreiteten sich bürgerliche Kongregationen, die in Sektionen für verheiratete und ledige Männer unterteilt waren, daneben gab es handwerkliche Sonderkongregationen für Meister und Gesellen. In einem sprachlich differenzierten Umfeld entstanden damit böhmische und deutsche Spezifika der marianischen Sodalitäten. Abgesehen von den marianischen Kongregationen stifteten die Jesuiten in böhmischen und mährischen Städten noch weitere Gemeinschaften. Es handelte sich um niederschwellig zugängliche, meist der Todesangst Christi geweihte Körperschaften bzw. Laienvereinigungen, die in zeitgenössischen jesuitischen Quellen *coetus* genannt werden.

Erwies sich diese jesuitische Disziplinierung der eingeschriebenen Mitglieder im Sinne der katholischen Reform als erfolgreich bzw. nahmen die Gläubigen diese

---

[26] Über die Tätigkeit der italienischen Bürgerkongregation in Brünn am Ende des 16. Jahrhunderts ORLITA, Gemeinschaft der Frommen (wie Anm. 6) 311–318.

Bestrebungen überhaupt wahr? Abgesehen von dem oben erwähnten Misserfolg der Bürgerkongregation in Brünn scheiterten die Jesuiten häufig auch in Dörfern – und dies
sogar noch am Ende des 17. Jahrhunderts, wie das am Beispiel der Bruderschaftschronik
von St. Isidor in Prag in den 1770er und 1780er Jahren deutlich wird. Die Prager Jesuiten
hatten für die ansässigen Bauern und Weinbauern eine eigene Kongregation gestiftet; Sitz
der Kongregation war die Bethlehemskapelle in der Prager Altstadt. Aus den jesuitischen
Berichten geht hervor, dass die Bauern und Kongregationsmitglieder die regelmäßigen
Sonntagsversammlungen weitgehend ignorierten, die Beichte widerwillig ablegten und
viele, ohne ein Sterbesakrament erhalten zu haben, verstarben[27]. Im August 1682 etwa
verließen die Bauern die Kongregationsversammlung aufgrund der anfallenden Ernte,
und im September desselben Jahres blieben sie den Versammlungen fern, weil sie ihre
Weingärten bewachen mussten. Der jesuitische Präses der St. Isidorkongregation beklagte
sich über das Verhalten der Bauern bei den Prozessionen, die nicht „militärisch" auftraten,
sondern den Prozessionen „schlendernd" beiwohnten[28].

Abgesehen vom Jesuitenorden profilierten sich in erster Linie vor allem Bischöfe und
die neuen Reformorden (z. B. Kapuziner) mit der Gründung nachtridentinischer Bruderschaften. Am Ende des 16. Jahrhunderts zeigte vor allem die Corporis-Christi-Bruderschaft in Prag deutliche konfessionalisierende Züge. Diese Konfraternität entstand bei der
Augustinerkirche St. Thomas auf der Prager Kleinseite um 1580, die bruderschaftlichen
Handbücher wurden vom kaiserlichen Hofkaplan Jakob Chimarrhaeus (*Sacrum Gazo-
phylacium*, Prag 1588, 1594) und von Georgius Pontanus von Breitenberg (*Krafftbüchlein*, Prag 1590) zusammengestellt. Im Jahr 1607 gründete der Brünner Pfarrer Michael
Schwab bei der St. Jakob Pfarrkirche in der königlichen Stadt Brno/Brünn nach dem
bereits geschilderten Prager Modell eine neue Corporis-Christi-Bruderschaft. Gleichzeitig
bat der Olmützer Bischof die Olmützer Jesuiten um Beurteilung des neuen Handbüchleins für diese Bruderschaft, dessen Verfasser der Brünner Pfarrer Michael Schwab selbst
war. Neben mehreren Abschnitten aus dem *Krafftbüchlein* des Prager Dompropstes Georg
Barthold Pontanus von Breitenberg fand in dieses Werk auch die Korrespondenz von Michael Schwab mit dem Olmützer Bischof Kardinal Dietrichstein Aufnahme. Der Bischof
war begeistert und schrieb dem Brünner Pfarrer, dass die Fronleichnambruderschaft das
beste Mittel für eine Wiederherstellung des römisch-katholischen Zeremoniells darstellten würde[29].

Eine ebenso markant reformkatholische Handschrift tragen auch die Statuten der
durch den Olmützer Bischof Dietrichstein begründeten Corporis-Christi-Bruderschaft
in Iglau (1635). Die einzelnen Paragraphen spiegeln in abgeschwächter Form die Sat-

---

[27] Das Gedenkbuch der Prager St. Isidorkongregation aus den Jahren 1682–1729 stellt im Rahmen der
Böhmischen Provinz der Gesellschaft Jesu eine außergewöhnliche Quelle vor. Die einzelnen Eintragungen be-
schreiben ziemlich realistisch alltägliche Probleme der Landesbevölkerung und ihr Verhältnis zu den Kongrega-
tionspflichten. Siehe Historia, et reliqua notabilia ac consvetudines Congregationis S. Isidori, erectae Pragae in
Capella Bethleem 12. Julii Anno 1665. Knihovna královské kanonie premonstrátů na Strahově [Bibliothek der
Prämonstratenser in Strahov] Ms. DE.III.15.

[28] Zdeněk ORLITA, Limity kontroly. Sodalita sv. Isidora v Tuřanech a možnosti působení mariánských
kongregací mezi vesnickým obyvatelstvem v druhé polovině 17. století [Die Grenzen der Kontrolle. Die St. Isidorkongregation in Tuřany und die Wirkungsmöglichkeiten der marianischen Kongregationen unter der Landesbevölkerung in der zweiten Hälfte des 17. Jahrhunderts], in: Jezuité a Brno (wie Anm. 16) 171–187.

[29] Georg Pontanus von BREITENBERG, Krafftbüchlein. Darin den Hochlöblichsten vbertrefflichsten Brüder-
schafft des Fronleichnams Jesv Chrjstj / grund, krafft vnd regeln auffs kürtzest angezeigt werden (Prag 1590); siehe
MALÝ–MAŇAS–ORLITA, Vnitřní krajina (wie Anm. 7) 68–70; MAŇAS, Fromme Bruderschaften (wie Anm. 6) 297.

zungen der marianischen Kongregationen wider[30], wie z. B. die regelmäßigen Besuche von Kranken oder der im Gefängnis einsitzenden Bruderschaftmitglieder, die Beerdigung aufgefundener Leichen (darunter unbekannter Personen), die Kontrolle des alltäglichen Lebens (Trunksucht, Bekämpfung von Fluchereien), Gewissensprüfung am Abend. Die Bruderschaft besaß – zumindest in Iglau – die Möglichkeit, „unwürdige" Mitglieder aus der Bruderschaft auszuschließen.

Der Kardinal und Olmützer Bischof Karl von Dietrichstein nahm sich persönlich der Gründung oder der Erneuerung der mährischen Konfraternitäten an, wobei sich mit Sicherheit bislang 18 Fälle belegen lassen. Am Anfang seiner Bemühungen stand die Förderung der älteren Maria-Himmelfahrt- und Erzengel-Michael-Bruderschaft in Kremsier/Kroměříž, der Residenzstadt der Olmützer Bischöfe. Diese Konfraternität wirkte dort an der gleichnamigen Kirche und wurde im Jahr 1608 der römischen Erzbruderschaft *Confallonis* inkorporiert. Ab diesem Zeitpunkt nahm diese Kremsierer Konfraternität an der Privilegierung und an den Ablässen der römischen Erzbruderschaft teil – wahrscheinlich stärkte sie damit auch ihr Prestige. Zwischen 1599 und 1636 wurden rund zehn neugegründete oder erneuerte Bruderschaften dieser Erzbruderschaft eingegliedert: Darunter befanden sich z. B. die Maria-Himmelfahrt-Bruderschaft in Hulín/Hullein (1615), die Maria-Himmelfahrt- und die Erzengel-Michael-Bruderschaft in Kojetín/Kojetein (1629) oder die Unbefleckte-Empfängnis-Bruderschaft in Příbor/Freiberg (1629). Diese frommen Bruderschaften bildeten in der Olmützer Diözese ein Netzwerk von Konfraternitäten, die ihr marianisches Patrozinium oft auch mit einem Konpatrozinium eines lokal wichtigen Heiligen verbanden[31].

Die Wirkung und Erfolge der jesuitischen Kongregationen motivierten höchstwahrscheinlich auch andere Reformorden. Die Prager Kapuziner gründeten im Jahr 1604 die Flagellantenbruderschaft des gegeißelten Christus und deutlich wahrnehmbare reformkatholische Ansätze kann man auch unter den Mitgliedern der Rosenkranzbruderschaften der Dominikaner finden[32]. Im Vorwort des Bruderschaftsbüchleins der Olmützer Rosenkranzfraternität aus dem Jahr 1613 empfahl der Dominikaner Provinzial Vinzenz Sohier diese Vereinigung als wirkungsvolles Mittel zur Wiederherstellung katholischer Frömmigkeitsübungen. Sein Vorwort lässt sich mit Blick auf die mächtige Stellung der Protestanten in der Stadt als Ansage zur katholischen Konfessionalisierung verstehen: *Also köndte man (meines Erachtens) jetziger Zeit den Catholischen Glauben mit keiner gewissern Confession offentliche bekennen vnd etlicher massen zu befördern / alß sich in diese löbl: Bruderschafft zu begeben / derselben andächtiges Gebett zugebrauchen / vnnd die Zeichen deß Rosenkrantzes / da sie von einem jeglichen gesehen kündte werden / ohn alle schew zutragen*[33].

---

30 Zemský archiv v Opavě, pobočka Olomouc [Landesarchiv Troppau, Zweigstelle Olomouc], PA St. Mauritz, Kart. 30, Inventarnr. 365, *Statuta, Satzungen vnd Ordnungen der löblichen vndt andechtigen Bruderschaft deß heyligen zarten Frohnleichnambs für der Pfarr Kirchen St: Jacobi in Iglaw* [1636].

31 Maňas, Náboženská bratrstva (wie Anm. 6) 55–57.

32 Marek Brčák, Kapucínský řád a společnost v Čechách a na Moravě v letech 1618–1673 [Der Kapuzinerorden und die Gesellschaft in Böhmen und Mähren in den Jahren 1618–1673] (Dipl. Prag 2013) 114–118; Mikulec, Barokní náboženská bratrstva (wie Anm. 2) 102–105.

33 Conrad Sittard, ROSARIVM oder von vrsprung, inhalt, weiß, fürtefigkeit vnd höchsten nutz deß Rosenkrantzes der heyligen Jungkfrawen Mariae. Allen Brüdern und Schwestern derselben Bruderschafft zu gutem zusammen getragen. Durch den Ehrw: W: Herrn Conradvm Sittardvm Provincialem Prediger Ordens durch hohes Deutschland vnd Oesterreich. Von newem vbersehen vnd gemehrt, auf anhalten der löbl. Bruderschaft deß. H. Rosenkrantzes bey S. Michael in Ollmütz. Vědecká knihovna v Olomouci [Olmütz, Wissenschaftliche Bibliothek], Sign. 37.500.

Neben den Skapulierbruderschaften und den Gürtelkonfraternitäten der Augustiner spielten die Bruderschaften auch bei den Minoritenklöstern eine wichtige Rolle. Das
Handbüchlein der Olmützer St. Antonius-Bruderschaft Seraphische Zuflucht bot den
Gläubigen ein ziemlich anspruchsvolles Programm einer verkirchlichten und reformkatholischen Vereinigung. Den gleichen Zweck wie der Rosenkranz bei den Dominikaner-
bruderschaften erfüllte bei den Minoriten der geweihte Gürtel. Diese Dinge sollten nicht
nur der Festigung einer Gruppenidentität dienen, sondern auch konfessionelle Identifikation und apotropäische Funktionen ausfüllen. Vielleicht noch bedeutender war die
Einführung des täglichen Gebetes und die Rezitation zahlreicher Litaneien oder Offizien.
Im Fall der Olmützer Antonius-Bruderschaft handelte es sich z. B. um das Offizium des
heiligen Antonius und um die Novene – also die neuntägige Andacht zu Ehren des Heiligen Antonius[34]. Ähnlich wie bei den jesuitischen Bruderschaften nahm die Strukturierung der Zeit durch regelmäßige fromme Übungen auch bei den Bruderschaften anderer
Mönchsorden eine wichtige Disziplinierungsfunktion ein.

4. Barocke Bruderschaften

Erst nach dem Dreißigjährigen Krieg konnten bei einzelnen Pfarr- und Klosterkir-
chen die neuen religiösen Bruderschaften in größerem Maße entstehen. In Mähren fand
während des Episkopats des Olmützer Bischofs Karl Liechtenstein-Kastelkorno von 1664
bis 1695 eine letzte Erneuerungsphase spätmittelalterlicher Fronleichnamsbruderschaften
statt. Die Corporis-Christi-Bruderschaften wurden in den oberschlesischen Städten Troppau und Jägerndorf wiederhergestellt. In der Stadt Olmütz erneuerten die Jesuiten im
Jahr 1677 die vorreformatorische Fronleichnamsbruderschaft bei der St. Moritz Propst-
und Pfarrkirche. Gleichzeitig mit der St. Anna-Bruderschaft gehörte die erneuerte Cor-
poris-Christi-Fraternität zu den bedeutendsten jesuitischen Laienvereinigungen. Obwohl
die Jesuiten die Bruderschaftsregeln verfassten und ihre Priester wie Sonntagsprediger zu
den ersten Rektoren ernannt wurden, verloren sie im Laufe der 1680er Jahre allmählich
an Einfluss. Gleichzeitig stritten sich die Jesuiten mit dem dort ansässigen Kapuzinerorden um die Predigerkanzel bei der St. Moritz Pfarrkirche. Pfarrer und Propst übergaben
jedoch im Jahr 1678 das Predigeramt an den Kapuzinerorden[35].
    Die neue Welle an Bruderschaftsgründungen seit Beginn des 18. Jahrhunderts stand
stärker im Zeichen von Unverbindlichkeit und eines offeneren Organisationsgrades. Im
Unterschied zu den Bruderschaften aus der ersten Hälfte des 17. Jahrhunderts finden
sich nun keine spezifisch konfessionalisierenden Merkmale mehr in den Bruderschaftsregeln. Auf der einen Seite standen die Unverbindlichkeit, ein loser Organisationsgrad
und die Attraktivität der Ablassprivilegien – dies veranlasste die Gläubigen oft zur mehrfachen Mitgliedschaft bei Bruderschaften[36]. Gleichzeitig zeigte sich häufiger das Bestreben,

---

[34] Seraphische Zuflucht deß Wunderthätigen und Glorwürdigen h. ANTONII von Padua. Allen betrübten und nothleydenden Seelen besonders einer andächtigen und würdigen Bruderschafft. Welche unter dieses
Namen in unterschiedlichen Provincien auffgerichtet, bestättiget und mit grossen Ablaß begnadet ist. Ollmütz,
gedruckt bey Veit Heinrich Ettel im Jahr 1669. Vědecká knihovna v Olomouci [Olmütz, Wissenschaftliche
Bibliothek], Sign. 600.356.
[35] ORLITA, Mariánské kongregace (wie Anm. 6) 270–275.
[36] Zur Definition siehe Rupert KLIEBER, Bruderschaften und Liebesbünde nach Trient. Ihr Totendienst,
Zuspruch und Stellenwert im kirchlichen und gesellschaftlichen Leben am Beispiel Salzburg 1600–1950
(Frankfurt/Main u.a. 1999) 573–575.

isolierte und exklusive Körperschaften zu stiften. Im böhmischen, mährischen und oberschlesischen Raum finden sich vermehrt sog. Eliten-Bruderschaften mit einem „numerus clausus", die gewöhnlich in größere Bruderschaftsverbände integriert waren. Aber
es entstanden auch selbstständige, meist durch den Adel initiierte Konfraternitäten, wie
z. B. die Bruderschaft der Verehrung der Jahre des Jesus Christus am Heiligenberg/Svatý
Kopeček bei Olmütz. In Anlehnung an das Lebensalter Christi nahm diese Bruderschaft
nur 33 Mitglieder auf. Hier konnten vorwiegend die Olmützer Kanoniker und die Mitglieder des Domkapitels, also die Vertreter der mährischen und schlesischen Freiherren
und Reichsgrafen, Aufnahme finden. Ähnlich wirkten wahrscheinlich auch die Bruderschaften der 300 Personen bei den Minoritenkonventen (Troppau und Jägerndorf), also
als eine Art der Verbrüderungseinrichtung, bei der alle Mitglieder durch einen „numerus
clausus" und durch finanzielle Beiträge für sich selbst Seelenmessen stifteten[37].

Die Analyse der erhaltenen materiellen Zeugnisse der Bruderschaften erlaubt es zumindest für die böhmischen und mährischen Königsstädte, den religiösen „Betrieb" dieser
wohlhabenden Bruderschaften nachzuvollziehen, die alle Bruderschaftsfeste und die bedeutendsten Ereignisse des kirchlichen Jahres bespielten. Jede Vereinigung verfügte über
eine eigene liturgische Ordnung, die an den ausgewählten Feiertagen ihren Mitgliedern
die Teilnahme an den grundlegenden Zeremonien, vor allem Messen und Gebeten, auf-
erlegte. Sonderandachten wurden für verstorbene Bruderschaftsmitglieder abgehalten,
kollektive Memorialrituale waren der Allerseelenwoche (Oktav) Anfang November vorbehalten. Zu den Höhepunkten gehörten Büßerprozessionen zu Karfreitag. Vor allem die
Leichenkondukte in den Städten mit ihren zahlreichen Konventen und Bruderschaften
bildeten eine ständige Grundlage für Reibereien und Konflikte. Unheilvoll wirkte sich
hier die damals gern geübte Praxis der Gläubigen aus, sich gleichzeitig mehreren Bruderschaften anzuschließen. Heftige Auseinandersetzungen und Streit zwischen den Bruderschaften ergaben sich deshalb meist beim Ableben einer gesellschaftlich hochstehenden
Persönlichkeit aus dem Adel, dem Magistrat oder der Geistlichkeit.

Eine der wichtigsten Funktionen der spätmittelalterlichen Bruderschaften war der vor
allem auf dem Land sehr begehrte Totendienst, also die Begleitung des Toten, die wür-
devolle Beerdigung, die anschließende Seelenmesse und die entsprechenden liturgischen
Handlungen. Gerade diese Form des Totendienstes wurde später auch von den nachtridentinischen Bruderschaften (einschließlich der marianischen Kongregationen der Jesuiten) aufgenommen und fortgeführt. Besondere Bedeutung für die gesamte böhmische
Provinz der Gesellschaft Jesu hatte die *Constitutiones ac consuetudines* (1666) der Olmützer Akademikerkongregation, welche die Grundregeln für die Sorge um kranke, sterbende
und verstorbene Kongregationsmitglieder festgeschrieben hatte[38]. Für die Begräbniskultur im Kontext der jesuitischen Bruderschaften erwies sich das Verzeichnis der Begräbnisgebühren (sog. *Taxa funeralium*) aus der zweiten Hälfte des 17. Jahrhunderts als besonders wichtig, in dem die Beerdigungen der Kongregation in vier Preisklassen eingeteilt
wurden[39]. Am Ende der Handschrift findet sich ein alphabetisch geordnetes Verzeichnis

---

[37] MAŇAS–POTŮČKOVÁ–ORLITA, Zbožných duší úl (wie Anm. 9) 31f.

[38] Constitutiones ac Consuetudines (wie Anm. 19), siehe Kapitel „De Aegrotis Sodalibus" und die Regeln
für einen Kongregationsinfirmarius (*praefectus aegrorum*), fol. 5ᵛ, 180ᵛ.

[39] *Taxae funeralium in Congregatione Latina Majori B. V. Mariae in Caelos Assu*[m]*ptae Olomucii errecate
anno 1580.* Verzeichnis der Begräbnisgebühren ist als Beilage in der Chronik (*Initia et Progressus*) der größeren
lateinischen Kongregation Mariae Himmelfahrt in Olmütz beigefügt; Olmütz, Wissenschaftliche Bibliothek,
Handschriftensammlung, Manuskript, Sign. M-II-38 (Initia et Progressus), fol. 15ʳ–17ʳ.

aller Gegenstände, welche die Kongregation im Rahmen dieser Kondukte bereitstellte[40]. Das aufwändigste und prachtvollste Leichenbegängnis war eine Beerdigung erster Klasse. Dabei fanden ein kostbares Bahrtuch, eine silberne Statue, die mit einem Silberkreuz bekrönte Umbella (es handelte sich dabei um ein Prozessionskreuz, an dessen Spitze ein Velum/eine Fahne befestigt war) und das Bruderschaftsbuch (die Matrikel) Anwendung. Die Umbellaträger und andere Dienstmänner trugen eine schwarze Seidentunika. Bei der Beisetzung zweiter Klasse wurde statt der Umbella mit dem Silberkreuz eine schlichtere Fassung ohne Silber verwendet. Bei einer Beerdigung vierter Klasse stellte die marianische Kongregation dagegen das Bahrtuch, eine einfache Umbella und lediglich eine Statue (*statua secundaria*) aus Holz zur Verfügung.

Ein Leichenzug im Umfeld der marianischen Kongregationen fand demnach immer zwischen Pietät und Selbstpräsentation statt. Eine ausführliche Beschreibung der Leichenzüge findet sich in den vorgenannten *Constitutiones ac consuetudines* (1666) im Abschnitt über die verstorbenen Sodalen (*De mortuis Sodalibus*)[41]. Darin wird betont, dass der Leichenzug als ein öffentlicher, sorgfältig organisierter Auftritt der marianischen Sodalität angelegt werden solle und nach dem Ordnungsprinzip einer Prozession abzulaufen habe. Wegen der engen Verschränkung von Frömmigkeit und gesellschaftlicher Repräsentation ist es nicht verwunderlich, dass die städtischen Leichenzüge der Bruderschaften eine Art Pulverfass für Reibereien und Konflikte bildeten. Zu solchen Konflikten kam es in der Olmützer Diözese bereits während der ersten Hälfte des 17. Jahrhunderts, und zwar in Iglau und Olmütz.

5. Die Versteigerung der liturgischen Bruderschaftsausstattung und der Verfall der Bruderschaften

Das Schicksal des Bruderschaftswesens im Zeitalter der maria-theresianischen Reformen und der josephinischen Säkularisation gestaltete sich in allen Ländern der Habsburgermonarchie ähnlich. Im Zuge des Aufhebungsprozesses wurden in den Jahren 1783/84 vor allem die Verzeichnisse des Bruderschaftsvermögens angefertigt. Mit Blick auf die große Bedeutung, die Prozessionen, Wallfahrten, Totenbegleitung und religiös-dramaturgische Vorstellungen im öffentlichen Stadtraum für die Bruderschaftskommunikation zukam, bieten die Vermögensverzeichnisse ideale Möglichkeiten einer Rekonstruktion der Bruderschaftsausstattung im Sinne der Bruderschaftstypologie von Rupert Klieber (gezierte und zierlose Bruderschaften)[42]. Damit lassen sich auch die Vorstellungen der Bruderschaften bezüglich der Selbstpräsentationen im Konkurrenzumfeld der böhmischen und mährischen Barockstädte besser erschließen.

Die Verwendung liturgischer Gefäße, Gewänder, Paramente und Ausstattung für Prozessionen gehörten zum alltäglichen religiösen Leben der Bruderschaften und waren integraler Bestandteil ihres öffentlichen Wirkens[43]. Mit der seit der zweiten Hälfte des

---

[40] *Res congregationis funeribus adhgiberi solitae, ordine alphabeti, adjecto ubique pretio appositae*, in: Initia et Progressus (wie Anm. 39) fol. 16ʳ.

[41] Constitutiones ac Consuetudines (wie Anm. 19) fol. 184ʳ–185ᵛ.

[42] KLIEBER, Bruderschaften und Liebesbünde (wie Anm. 36) 576.

[43] Mit einer ausführlichen Analyse der Bruderschaftsausstattung für Böhmen, Mähren und Schlesien am Ende des 18. Jahrhunderts Zdeněk ORLITA, Liturgický mobiliář náboženských bratrstev a jeho osudy v době josefinských církevních reforem [Die liturgische Ausstattung der religiösen Bruderschaften und ihr Schicksal im Zeitalter der Kirchenreformen Josephs II.], in: Zbožných duší úl (wie Anm. 9) 21–30.

17. Jahrhunderts zunehmenden Zahl an Bruderschaften steigerte sich proportional auch deren gegenseitige Konkurrenz; vor allem im städtischen Bereich setzten einzelne Bruderschaften starke Akzente in der Repräsentation. Vor diesem Hintergrund stellen die Auflösungsdekrete vom 22. Mai 1783 nicht nur eine offizielle Amtshandlung dar, mit welcher der Monate dauernde Prozess der Inventarisierung und der Abstoßung des Bruderschaftsbesitzes beendet wurde, sondern auch die faktische Liquidierung der Materialität der barocken Laienkonfraternitäten. Der Verkauf des Bruderschaftsbesitzes wurde durch das Dekret vom März 1783 geregelt, welches den formalen Ablauf bestimmte und die Exekutivgewalt an die Bezirksämter übergab. Inventare wurden in drei Exemplaren ausgefertigt, für ihre Richtigkeit war der Rektor der Bruderschaft verantwortlich, auf dem Land und den kleineren Städten gewöhnlich der örtliche Pfarrer. In den Eigentumsverzeichnissen sind mit akribischer Genauigkeit auch die kleinsten Einzelheiten der Bruderschaftsausstattung vermerkt, mit Angabe des Schätzwertes. Die Bezirksämter interessierten sich vor allem für Gegenstände, die mit Gold und Silber verziert waren. Von den Messgewändern sind in den Verzeichnissen am häufigsten Kaseln, Stolen und gesteppte Pluviale, die mit goldenen und silbernen Borten eingefasst waren, vertreten. Weniger häufig finden sich liturgische Gefäße aufgelistet. Meist überwiegen die zur Zelebration einer Messe bestimmten Kelche, Ziborien und die dazu gehörigen Paramente (Patena, Purifikatorium, Palla, Velum, Bursa, Korporal).

Diese überlieferten Eigentumsinventare der barocken Bruderschaften erweisen sich in vielerlei Hinsicht als eine interessante Quelle, die es uns gleich auf mehreren Ebenen ermöglichen, in eine Geschichte schwindender barocker Spiritualität Einblick zu nehmen. Die Verzeichnisse bezeugen die Liquidation der materiellen Ausstattung barocker Bruderschaften, die durch diesen Schritt einen wichtigen Teil der Voraussetzung ihrer weiteren Existenz und ihrer öffentlichen Tätigkeit verloren hatten. Die einzelnen Posten in den Aufstellungen sind aber auch kleine Splitter eines Mosaiks, in dem zumindest teilweise das Milieu der verschwundenen kirchlichen Traditionen und des alltäglichen religiösen Lebens der Laien durchscheint. Auf einigen Dutzend Inventarseiten von aufgelösten Bruderschaften erwächst ein Bild der Gläubigen in der Kapelle, im Oratorium oder im Kirchenschiff vor dem Altar oder in den städtischen Gassen oder den Wegen am flachen Land. So kann die materielle Ausstattung der Bruderschaften in Gegenständen des geschlossenen liturgischen Raums der Kirche und des Oratoriums sowie in Gegenständen, welche bei Prozessionen, Wallfahrten und religiösen Feierlichkeiten unter freiem Himmel benutzt wurden, erschließen.

In den böhmischen, mährischen und schlesischen Kirchen der Olmützer Diözese haben sich die künstlerische Ausschmückung und die konkrete Ikonographie durch die Anwesenheit der Orden und durch die örtlichen Traditionen verändert. Vor dem Hintergrund dieser Entwicklung muss nach dem Einfluss der frommen Bruderschaften auf Ausgestaltung und Form des Kirchenraumes gefragt werden[44]. Man muss auch fragen, wie deutlich für die Zeitgenossen die Anwesenheit religiöser Bruderschaften im sakralen Raum der Kirchen oder der Kapellen erkennbar war. Eine besondere Situation entstand dann, wenn ein liturgischer Raum gleichzeitig von mehreren Bruderschaften benutzt wurde, was vereinzelt auch zu Raumnutzungskonflikten führen konnte. Bruderschaften, welche regelmäßig an

---

[44] Rebekka von MALLINCKRODT, Struktur und kollektiver Eigensinn. Kölner Laienbruderschaft im Zeitalter der Konfessionalisierung (Veröffentlichungen des Max-Planck-Instituts für Geschichte 209, Göttingen 2005) 39f.

den Pfarrgottesdiensten teilnahmen und manchmal auch aktiv partizipierten, finanzierten mittels ihrer vermögenden Mitglieder durchaus auch die Ausstattung der Kirche mit, vor allem mit Gefäßen und Paramenten, die zum Messelesen notwendig waren. Die Aufträge von Bruderschaften zur Herstellung von Altären, was mit großen finanziellen Ausgaben bezüglich der Bildhauer-, Schreiner- und Malerarbeiten in Zusammenhang stand, sind seltener nachzuweisen. Aus den kurz vor der Auflösung der Bruderschaften entstandenen Inventaren wird ersichtlich, dass vor allem marianische Bruderschaften gegen Ende des 18. Jahrhunderts eigene Altäre gestiftet hatten. Die Studentenkongregation von Iglau/Jihlava verfügte im Jahr 1784 über einen kleinen Altar, allerdings schon demontiert, mit einem Retabel mit einer gemalten Szene zu Maria Empfängnis. Die kleine Bruderschaft Königin der Engel beim Olmützer Gymnasium führte im Inventar einen Altar und Portatile an. Ein Altar mit dem Bild „Maria-Reinigung" befand sich in der Kapelle der gleichnamigen Kongregation der ledigen Gesellen in der Jesuitenkirche zu St. Georg in Troppau. Die Rektoren der Bruderschaften erwähnten manchmal auch die Altarbilder. Die Sodalität der Gesellen von Iglau bot um zehn Kreuzer *ein mehr als hundert jahre altes bild*, die Heilige Familie darstellend, oder das Bild „Das letzte Abendmahl" und ein großes Gemälde mit der Szene Maria-Himmelfahrt an[45].

Einen grundlegenden Bestandteil der materiellen Ausstattung frommer Bruderschaften stellten liturgische Textilien und Paramente dar, die zur regelmäßigen gottesdienstlichen Tätigkeit verwendet wurden. Ornate für Gottesdienste oder unentbehrliche Textilien für die Bruderschaftsmessen, Kleidung für die Ministranten oder Uniformen für die Träger der Bruderschaftsinsignien befanden sich am Ende des 18. Jahrhunderts mehr oder weniger in allen Inventaren der böhmischen, mährischen und schlesischen Konfraternitäten. Bei den priesterlichen Messgewändern verfügten die Bruderschaften über eine für die alltägliche Liturgie geläufige Ausstattung. Die Inventare weisen vor allem Stola, Pluviale, Alben, Rochetten, seltener Ornate (Kasel) aus. So ließen sich z. B. die Mitglieder der großen lateinischen Kongregation bei der Olmützer Akademie im Jahr 1665 eine schwarze Begräbnisstola anfertigen, zu deren Verzierung sie Silber und Perlen benutzten, die ursprünglich die Garderobe einer Marienplastik geschmückt hatte. Die marianische Gesellschaft der Bürger von Teltsch/Telč besaß eine rote Samtstola, gesteppt mit goldenen Fäden und von goldenen Fransen umsäumt im Wert von zehn Gulden[46].

Der öffentliche Raum hatte für die barocken Bruderschaften eine ähnlich große Bedeutung wie eine Kapelle oder ein Kirchenschiff. Bei der Analyse der Inventare aufgelöster Bruderschaften wird bald deutlich, dass die in die Prozessionsausstattung investierten Beträge oft viel höher waren als jene für die normale liturgische Ausstattung. Dieser Trend entspricht der Bedeutung, welche die Bruderschaften der öffentlichen Präsentation beimaßen. Die barocken Bruderschaften hatten in ihrer Ausstattung eigene Insignien, die sie auf den Gassen deutlich heraushoben, und den benachbarten Handwerkszünften, aber auch den Zuschauern schon von Weitem die Anwesenheit einer Pfarr- oder Ordensbruderschaft ankündigte. Eine wichtige Bedeutung kam der Umbella zu. Es handelte sich dabei um ein Prozessionskreuz, an dessen Spitze ein Velum/eine Fahne befestigt war, wo sich unter dem Kruzifix ein fließendes Zelt bildete – damit begann jede, von den Bruderschaften organisierte Prozession oder jeder Leichenkondukt[47]. Die Umbella als zentrale

---

[45] MZA, G1 Mährisch-schlesische Gubernium, sign. B 313, Kt. 130, fol. 8ᵛ, 24ᵛ, 66ᵛ, 75ᵛ.

[46] Ebd. Sign. B 313, Kart. 128, fol. 26ʳ.

[47] Die Sammlung der ikonographischen Quellen über die mährischen Bruderschaften thematisiert auch das Problem der Bruderschaftsumbellen, Maňas–Potůčková–Orlita, Zbožných duší úl (wie Anm. 9) 2–89.

Insignie wurde immer an der Spitze des Umzuges bei den großen Feiertagen sowie den Leichenzügen getragen oder begleitete fast immer den Priester und das Viatikum auf dem Versehgang. In der Ausstattung barocker Bruderschaften befinden sich häufig zwei Umbellae, eine schwarze für Trauerfälle und ein in festlichen Farben gehaltenes Exemplar. Marianische Kongregationen und Bruderschaften mit gleichem Patrozinium erschienen in blauer Umbella, ansonsten weisen die Inventare goldene (gelbe) und rote Stoffe für die Fronleichnamsbruderschaften auf. Manche Olmützer Bruderschaften oder marianische Kongregationen besaßen sehr pompöse Umbellae. Die Jesuitenbruderschaft zu St. Anna besaß eine aus Samt im Wert von 20 Gulden, mit größter Wahrscheinlichkeit in grüner Farbe, verbrämt mit goldenen Borten, benäht mit goldenen Schildchen und einem Kupferkreuz geziert.

Bei gut situierten Bruderschaften sind in den Inventaren verhältnismäßig oft Prozessionsstangen, in Bruderschaftsquellen als sog. Geheimnisstäbe bezeichnet, zu finden. Diese Bruderschaftsinsignien in Form von Stangen, mit Skulpturen aus Holz oder Blechmalerei am oberen Ende, waren ein Analogon zu den traditionellen Prozessionsstangen von Zünften. Detaillierte Beschreibungen über das Aussehen dieser Bruderschaftsstangen blieben in den Abrechnungen der Gürtelbruderschaft von der Jungfrau Maria Trost und St. Monika in Brünn erhalten. Die Abrechnung über die Herstellung der Stangen zum Anlass der Krönungsfeier des Madonnenbildes in der St. Thomas Kirche in Brünn aus dem Jahre 1736 ist im böhmischen und mährischen Raum die einzig erhaltene Beschreibung einer solchen Insignie. Die Gürtelbruderschaft prozessierte an diesem Ehrentag ausgehend vom Brünner Augustinerkonvent, über den Köpfen ihrer Mitglieder schwebten insgesamt 13 Geheimnisstäbe oder Mysterien (*Tredecim mysteriae, vulgo Dreyzehn Geheimnüß-Stöcken*). Der zentrale Bruderschaftsstab veranschaulichte ein Bild des in der linken Hand den Erdball haltenden Erlösers und eines Engels, welchen er mit der rechten Hand segnet. Auf der Gegenseite war das Bild der Madonna von St. Thomas abgebildet. Auf den restlichen zwölf Stäben befanden sich die Bilder der Apostel[48]. Bruderschaftsstangen finden zwar auch in Inventaren ihre Erwähnung, man muss aber hinzufügen, dass es sich dabei oft nur um eine Aufzählung ohne nähere Beschreibung handelt. Die Minoritenbruderschaften St. Antonius und St. Franziskus hatten jede sechs Stöcke; 21 Stöcke besaß die Bruderschaft Jesus, Maria und Josef des Minoritenordens. Die dominikanische Rosenkranzbruderschaft hatte 15 Stöcke, was der Zahl an Abbildungen des Geheimnisses des freudenreichen, schmerzhaften und glorreichen Rosenkranzes entspricht[49].

Ein unentbehrlicher Teil der Ausstattung der religiösen Bruderschaften waren die diverse Heilige darstellende Skulpturen. Ein Nachweis bezüglich der Benutzung dieser Bruderschaftsstatuen blieb z. B. aus dem Umfeld der marianischen Kongregationen in Olmütz erhalten. Eine Empfehlung aus dem Jahr 1666, dass die Kongregationen eine große und eine kleinere Plastik der Jungfrau Maria mit Traggestell haben solle, deutet auf deren Verwendung bei Wallfahrten und Prozessionen hin. Im Milieu mährischer marianischer Bruderschaften war der Besitz von zwei Statuen üblich, was die Inventare der Sodalitäten aus den 1780er Jahren bestätigen; allerdings änderte sich die Art ihrer Verwendung. Während in Olmütz empfohlen wurde, in den Gassen mit den kleineren Skulpturen zu

---

[48] Malý–Maňas–Orlita, Vnitřní krajina (wie Anm. 7) 155f. Über die Bruderschafts-, Zunftstäbe und Prozessionsstangen Helene Finkenstaedt–Thomas Finkenstaedt, Stanglsitzerheilige und Große Kerzen. Stäbe, Kerzen und Stangen der Bruderschaften und Zünfte in Bayern (Weissenhorn 1968).

[49] MZA, G1 Mährisch-schlesische Gubernium, Sign. B 313, Kart. 124, fol. 96ʳ.

gehen, ordnete die lateinische Kongregation beim Troppauer Kolleg St. Georg genau das
Gegenteil an. Laut Inventar dieser Sodalität diente die große Statue *zu Prozessionen* und
die kleinere Madonna wurde während der sonntäglichen Zusammenkünfte im Oratorium
ausgestellt. Die Bruderschaft Jesus, Maria, Josef, ebenfalls eine Konfraternität des Minoritenordens, bezeichnete direkt die Funktion ihrer Skulpturen. Für das Jahr 1784 besaß sie
eine Statue mit Tragegestell und ein mit Gold verziertes Pegma aus Holz (*von Holtz und
Gold stafiertes Pegma mit Statue*). Die Rosenkranzbruderschaft aus dem dominikanischen
Konvent St. Michael konnte sich gleich dreier Skulpturen aus Silber rühmen. Der Wert
des Jesuskindes und zweier Jungfrau Maria Statuetten wurde auf 90 fl. geschätzt. Darüber
hinaus verfügte die Bruderschaft auch über eine Madonna aus Holz, ein Jesuskind und
eine Statue des Heiligen Dominik, die bei den üblichen Prozessionen benutzt wurden[50].

Die Auflösung der Bruderschaften und der darauffolgende Verkauf ihres Eigentums
war nur eine der staatlichen Maßnahmen gegen die farbige Welt der katholischen barocken Tradition. Schneider, Gürtler oder Goldschmiede trennten in diesen Herbsttagen
des Jahres 1784 Litzen von den Uniformen, rissen Fransen ab, entfernten Kreuze von
den Umbellen und Beschläge von den Bruderschaftsmatrikeln, daneben stapelten sich
Häuflein von Silber, vergoldetes Messing und Ballen abgenutzter Stoffe aufeinander. Mit
dem schwindendem Gold- oder Silberanteil verschwanden auch einzelne, in öffentlichen
Prozessionen oder Stadtfeiern auftretende Gruppen aus dem Blickfeld der Öffentlichkeit. Durch den Entzug an äußerlicher Materialität griff der aufgeklärte Staat eine der
Grundlagen der barocken Bruderschaftsinstitutionen an, welche sich mittels äußerlicher
Insignien von der umliegenden Umwelt unterschieden und die mit ihrer Hilfe eine gemeinsame Gruppenidentität aufrechterhielten. Die Materialität dieser Bruderschaften als
Mittel der Repräsentation wich damit aus dem umstrittenen Stadtraum der Frühen Neuzeit.

6. Fazit

Die Entwicklung und die Gründung religiöser Bruderschaften in Böhmen unterschieden sich zur Zeit des Spätmittelalters deutlich von den mährischen Verhältnissen. Während die ältesten, belegten Bruderschaften in Mähren Corporis-Christi-Bruderschaften
waren, kann man in den Pfarrsprengeln der Prager Erzdiözese eine ungleich größere Va-
riabilität antreffen. Im Gebiet der Markgrafschaft Mähren treten neue Bruderschaften
erst im Zusammenhang mit der Reformtätigkeit von Bischofs Stanislaus I. Thurzo von
Olmütz am Ende des 15. Jahrhunderts auf. Neben einer ganzen Reihe in den einzelnen
Zünften wirkenden Bruderschaften entstanden „wirkliche" Konfraternitäten erst allmählich: etwa Annabruderschaften (Olmütz/Olomouc 1501, Znaim/Znojmo 1506, Prosnitz/
Prostějov 1528) oder die Rosenkranz-Bruderschaften in Olmütz/Olomouc und Brünn/
Brno.

Während im Verlauf der Reformation die meisten der ursprünglich spätmittelalterlichen Konfraternitäten untergingen, kann man während des Zeitalters der Konfessionalisierung in Böhmen, Mähren und teilweise auch in Schlesien vor allem sog. Literaten-
Bruderschaften antreffen, welche auch im Milieu des Utraquismus wirken konnten. Ein
charakteristisches Merkmal dieser Bruderschaften war das gemeinsame Feiern einer sog.

---

50 Maňas–Potůčková–Orlita, Zbožných duší úl (wie Anm. 9) 3–6.

matura (einer freiwilligen marianischen Frühmesse), bei welcher die Mitglieder, im Unterschied zur lateinischen Liturgie, in der Volkssprache singen konnten. Ähnlich wie im Bereich der mittelalterlichen Handwerkszünfte konzentrierten sich die kultischen Aktivitäten der Literaten-Bruderschaften vorwiegend auf den Totendienst.

Die ersten, die tridentinischen Reformen rezipierenden Laien-Bruderschaften setzten im Laufe der zweiten Hälfte des 16. Jahrhunderts – gegründet von den Jesuiten – ein. Die Aktivitäten dieser marianischen Kongregationen waren in Böhmen, Mähren und Schlesien vom Auftreten der Jesuitenkollegien abhängig. Die Jesuiten gründeten marianische Kongregationen absichtlich als abgeschottete, geschlossene Gemeinschaften und bemühten sich aber gleichzeitig, eine breitere Öffentlichkeit einzubinden, vor allem Personen aus den Reihen der politischen Repräsentation, der ökonomischen Elite und Vertreter des höheren Ordens- und Diözesanklerus. Überdies versuchten die Jesuiten marianische Kongregationen für einzelne Sozial- und Berufsgruppen zu etablieren. Die marianischen Kongregationen wollten in der Frühen Neuzeit dem Druck der „Konkurrenz" standhalten, verfolgten aber auch eine pastorale Strategie mit den Bruderschaften. Neben der starken Bindung auf den Jesuitenorden sollte eine jesuitenspezifische Ignaz-Spiritualität erhalten bleiben. Die Bruderschaften wurden von den Jesuiten vor diesem Hintergrund als eine sich zwischen geschlossener und offener Gemeinschaft bewegende Kommunität verstanden.

Weitere Forschungen zum Bruderschaftswesen werden das Schicksal der marianischen Kongregationen im Zeitalter zwischen der Auflösung des Jesuitenordens (1773) und der endgültigen Aufhebung aller religiösen Bruderschaften in der Habsburgermonarchie (1783) verfolgen müssen. Aus den erhaltenen Relationen des Diözesanklerus, aber auch der Landesämter geht hervor, dass die marianischen Kongregationen als integraler Teil der Universitätswelt wahrgenommen wurden. In erhaltenen Briefen spiegelt sich die mögliche Schwierigkeiten wider, welche der josephinische Staat mit den marianischen Kongregationen hatte, weil die Kongregationen wesentlichen Einfluss auf die religiöse und „moralische" Erziehung der studierenden Jugend besaßen. Aufgrund dieses Wertekanons und der religiösen Werte des aufklärenden Katholizismus, aber auch aufgrund der Betonung der Rationalität, der Bürokratisierung und der geforderten Leistung des josephinischen Staatssystems erschienen diese exjesuitischen Gemeinschaften als geeignetes Umfeld bei der Implementierung der josephinischen Vorstellungen. Die Auflösung der religiösen Bruderschaften wird im vorliegenden Beitrag vor allem am Beispiel der Versteigerung des liturgischen Geräts und der Prozessionsausstattung verdeutlicht. Die Reaktion der Gläubigen auf die flächendeckende Auflösung religiöser Bruderschaften, auf die laufenden Versteigerungen und auf die gesamte Liquidierung des liturgischen Bruderschaftsbesitzes müsste breiter erforscht werden.

Bruderschaften in Ungarn. Eine Forschungsbilanz

András Forgó

Parallel zu anderen Ländern Europas prägten die frommen Laienorganisationen auch im Königreich Ungarn das öffentlichkeitswirksame Bild der religiösen Landschaft sowohl im Spätmittelalter als auch in der Frühen Neuzeit. Dementsprechend beschäftigten sich zahlreiche Publikationen mit deren Geschichte, wie im Folgenden ein Überblick des ungarischen Forschungsstandes vermitteln soll, wobei mein Schwerpunkt auf der ungarischsprachigen Forschungsliteratur liegen wird. Da in der einschlägigen Fachliteratur lediglich eine geringe Anzahl an epochenübergreifenden Querschnittanalysen vorliegt, welche die religiösen Gemeinschaften in einen breiteren Kontext stellen, muss ich mich für die vorliegende Überblicksdarstellung vorwiegend auf Einzelstudien stützen. Die Willkürlichkeit meines Auswahlverfahrens ist mir deutlich bewusst, trotzdem soll im Folgenden ein repräsentativer Querschnitt versucht werden. In der einschlägigen ungarischen Fachliteratur werden die religiösen Gemeinschaften mit unterschiedlichen Begrifflichkeiten belegt, am häufigsten mit der Bezeichnung „religiöse Gemeinschaft" (ungarisch: „vallásos társulat"), „Bruderschaft" (ungarisch: „testvérület") oder mit den lateinischen Begriffen „fraternitas", „confraternitas" und „sodalitas". Da diese Begrifflichkeiten in der Forschung nicht trennscharf verwendet werden, verwende auch ich diese als Synonyme. Eine markante Ausnahme bilden dagegen die jesuitischen Kongregationen des 17. und 18. Jahrhunderts, die auch hier eine separate Abhandlung erfahren.

1. Mittelalterliche Bruderschaften – ein mosaikartiges Bild mit einigen gemeinsamen Tendenzen

Der bedeutende ungarische Mediävist András Kubinyi listet in seiner zusammenfassenden Studie über die mittelalterlichen Bruderschaften folgende Bezeichnungen als einschlägige Quellenbegriffe auf: „cecha", „confraternitas", „fraternitas", „collegium" sowie „confraternitas vulgo kalandus", „congregatio vulgariter kalandas" beziehungsweise in deutschsprachigen Dokumenten „Bruderschaft" oder „Zeche". Ähnlich wie in anderen europäischen Territorien begegnen wir auch im Gebiet des historischen Ungarn dem Phänomen, dass der Begriff Zunft („cecha", „Zeche") verschiedene Formen der Vergesellschaftung bezeichnet. Nicht nur die handwerklichen Interessensvertretungen, sondern auch rein religiöse Gemeinschaften werden damit benannt. Das Wort „Kalandbruderschaft" („fratres calendarum") bezog sich nicht nur auf eine spezielle Form religiöser Gruppierungen, die sich am Anfang des Monats („calendae") zu regelmäßigen

Sitzungen traf, sondern auch auf höchst unterschiedliche Kleriker- und Laienorganisationen[1].

Als Folge der knapp zwei Jahrhunderte andauernden osmanischen Besetzung kann man über das mittelalterliche Bruderschaftswesen bzw. die Bruderschaften bis zum beginnenden 16. Jahrhundert in Ungarn lediglich ein mosaikartiges Bild gewinnen[2]. Auffällig ist, dass ausschließlich die Tätigkeit der Bruderschaften im städtischen Bereich quellenmäßig belegt ist, über deren Tätigkeit in den Dörfern verfügen wir dagegen über keinerlei Quellenmaterial. Allerdings sind uns Fälle bekannt, in denen städtische Bruderschaften Dörfer besaßen, wie z. B. die Corporis-Christi-Bruderschaft in Kronstadt/Brașov – wahrscheinlich eine Einnahmequelle der Bruderschaft[3]. Ein weiteres Merkmal ist die im internationalen Vergleich geringe Zahl an religiösen Gemeinschaften generell: Während in den italienischen, französischen oder deutschen Städten nicht selten dutzende Bruderschaften nebeneinander existierten, finden wir in den ungarischen Städten meist nur zwei bis drei derartige Gemeinschaften vor Ort. Eine auffällige Ausnahme ist Ödenburg/Sopron, wo bereits zu Beginn des 15. Jahrhunderts zehn Bruderschaften tätig waren. Ein größerer Aufschwung erfolgte landesweit erst in den 1490er Jahren. Dies ist wohl in erster Linie mit der verstärkten Ansiedlung deutschsprachiger Bürger in den urbanen Wirtschaftszentren zu erklären. Die Mitgliederzahlen der mittelalterlichen Bruderschaften waren im europäischen Vergleich gering, der Forschung sind keine ungarischen Bruderschaften mit mehreren hundert Mitgliedern bekannt, während diese Größenordnung in westlichen Teilen Europas nicht selten ist[4].

Die religiösen Gemeinschaften wurden anfänglich von Klerikern gegründet, denen sich dann auch Laien anschlossen. Die ersten Angaben zu den bereits erwähnten Kalandbruderschaften datieren aus dem späten 11. bzw. frühen 12. Jahrhundert: Mehrere Verordnungen schrieben dem Ordensklerus gesittetere Verhaltensweisen als den Weltpriestern vor und sanktionierten vor allem auftretende Trunksucht der Mitglieder[5]. Seit dem 15. Jahrhundert begegnen uns dann auch reine Laienorganisationen. Diese Erscheinung hängt offensichtlich mit der Entwicklung der individuellen Frömmigkeit des Spätmittelalters sowie mit dem Kampf gegen häretische Bewegungen zusammen. Unter den Laienmitgliedern finden sich auch Frauen, die in der Regel gemeinsam mit ihren Ehemännern einer Bruderschaft beitraten. Der Forschung sind auch Bruderschaften bekannt, in denen die Mehrheit der Mitglieder aus Frauen bestand, etwa bei der Vereinigung „Mutter der Barmherzigkeit" in Bartfeld/Bardejov zwischen 1483 und 1511[6].

Zu dieser Zeit waren laut den überlieferten Quellen die Corporis-Christi-Bruderschaften am häufigsten verbreitet. In der Forschung sind insgesamt 22 derartige Gemeinschaften bekannt. In zwei Städten (Ofen/Buda, Ödenburg) sind je zwei Corporis-Christi-Bruderschaften aktenkundig. Während in Ofen eine deutsche und eine ungarische Bruderschaft bestand, war eine Bruderschaft in Ödenburg den Klerikern und die andere

[1] András KUBINYI, Vallásos társulatok a késő középkori magyarországi városokban [Religiöse Gemeinschaften in den ungarischen Städten des Spätmittelalters]. *Magyar egyháztörténeti vázlatok* 10/1–2 (1998) 123–134.

[2] Die Schlacht bei Mohács (1526) gilt auch in der ungarischen Historiographie als eine Epochengrenze.

[3] KUBINYI, Társulatok (wie Anm. 1) 128, 134.

[4] Marie-Madeleine de CEVINS, L'église dans les villes Hongroises à la fin du Moyen Âge (vers 1320–1490) (Publications de l'Institut Hongrois de Paris 1, Budapest–Paris–Szeged 2003) 190f.

[5] KUBINYI, Társulatok (wie Anm. 1) 124.

[6] Marie-Madeleine de CEVINS, Les confréries en Hongrie à la fin du Moyen Âge: l'exemple de la confrérie „Mère de Misericorde" de Bardejov (1449–1525). *Le Moyen Âge* 106 (2000) 347–364, 495–511.

den Laien vorbehalten. Die große Anzahl der Corporis-Christi-Bruderschaften ist mit dem Aufschwung des Fronleichnamsfestes bzw. des Hostienkultes zu erklären. Das Fest wurde bereits kurz nach seiner römischen Einführung in Ungarn populär[7]. Intensiv wurde der Hostienkult seitens der weltlichen Obrigkeiten unterstützt: In Ofen nahm die königliche Familie seit dem späten 14. Jahrhundert an den Prozessionen teil[8]. Neben der Hostienverehrung wurden zahlreiche Bruderschaften bereits im Mittelalter der Jungfrau Maria gewidmet, aber auch andere Heilige wie Anna, Michael oder die Dreifaltigkeit waren als Patrone beliebt[9]. Kurz nach der Entfaltung des Rosenkranzkultes auf deutschem Boden und seiner päpstlichen Bestätigung im Jahr 1475 wurden auch in Ungarn mehrere Rosenkranzkapellen und eine Rosenkranz-Bruderschaft gegründet. Aus dem Jahr 1519 ist die Existenz einer der Sieben-Schmerzen-Mariens gewidmeten Bruderschaft belegt[10]. Diese Angaben verdeutlichen, dass der Marienkult bereits in vorreformatorischer Zeit in den ungarischen Städten lebendig war. Die in der Barockzeit – mit der politischen Intention eines „Regnum Marianum" – von katholischen Kreisen propagierte Marien-verehrung konnte damit auf mittelalterliche Wurzeln zurückgreifen. In vorrangig von Osmanen bedrohten Gebieten finden sich spezifische, für das Seelenheil der während der Türkenkriege gefallenen Christen gestiftete Bruderschaften: In Kronstadt erbat 1499 die vermutlich kurz zuvor gegründete Bruderschaft vom Papst einen Ablass für die Betenden bei den Bruderschaftsaltären, die dort die üblichen Gebete sprachen oder eine Spende leisteten[11].

Ein weiteres Charakteristikum der ungarischen Bruderschaften des Spätmittelalters besteht in der bürgerlichen Mitgliedschaft, adelige Mitglieder kommen dagegen in den Quellen nur sporadisch vor. Anders als in der Barockzeit wurden diese Bruderschaften bis auf wenige Ausnahmen von Diözesanpriestern gegründet und scheinen eng mit den Pfarr-kirchen verknüpft. Der Weltklerus wollte auf diese Weise den städtischen Einfluss der Bettelorden (v. a. der Dominikaner und der Franziskaner) sowie der (ursprünglich für Eremiten gegründeten) im 15. Jahrhundert in den Städten immer beliebter werdenden Pauliner zurückdrängen[12]. Die Pfarrer spielten bei der Führung der Bruderschaften keine exklusive Rolle, bei der bruderschaftlichen Entscheidungsfindung wurden alle Mitglie der miteinbezogen[13]. Wie in anderen Gebieten Europas auch finden wir in Ungarn die Mehrfachmitgliedschaft einer bestimmten Person in verschiedenen Bruderschaften. Nicht selten verfügten die Laienorganisationen außerdem über ein beachtliches Vermögen, das aus Immobilien, aus Kleinodien und aus den von den Mitgliedern gestifteten Geldsum-men bestand[14]. Wenn mehrere Bruderschaften in einer Stadt tätig waren, entwickelte sich

---

[7] József TÖRÖK, Katolikus egyház és liturgia Magyarországon (A kezdetektől a 19. század végéig) [Katholische Kirche und Liturgie in Ungarn (von den Anfängen bis zum Ende des 19. Jahrhunderts)] (A magyar műveltség 1100 éve, Budapest 2000) 75f.

[8] Lajos PÁSZTOR, A magyarság vallásos élete a Jagellók korában [Das religiöse Leben der Ungarn im Zeitalter der Jagiellonen] (Budapest 1940) 23f.

[9] KUBINYI, Társulatok (wie Anm. 1) 129f.

[10] PÁSZTOR, Jagellók (wie Anm. 8) 30f.

[11] Ebd. 36.

[12] Gábor SARBAK, Der Paulinerorden an der Schwelle der Neuzeit, in: Bettelorden in Mitteleuropa. Ge-schichte, Kunst, Spiritualität, hg. von Heidemarie SPECHT–Ralph ANDRASCHEK-HOLZER (Beiträge zur Kirchen-geschichte Niederösterreichs 15/Geschichtliche Beilagen zum St. Pöltner Diözesanblatt 32, St. Pölten 2008) 316–325.

[13] CEVINS, L'église (wie Anm. 4) 197f.

[14] PÁSZTOR, Jagellók (wie Anm. 8) 36–39.

unter den verschiedenen Gruppierungen eine gewisse Hierarchie. Im Ofen kamen die Zunftmeister der Corporis-Christi-Bruderschaft stets aus dem Kreis der wohlhabendsten deutschen Bürger. Die Bedeutung dieser Laienorganisation zeigt sich auch darin, dass die ungarischen Bürger, welche 1436 den Einfluss der deutschen Stadtbewohner brechen wollten, vehement auf die Auflösung dieser Bruderschaft und auf die Konfiskation des Bruderschaftsvermögens drangen – ohne Erfolg[15].

Auch in Pressburg/Bratislava gliederte sich die politische Elite rasch in die im Jahr 1349 gegründete Corporis-Christi-Bruderschaft („Gottsleichnamsbruderschaft") ein. Das Gründungsdatum gilt nicht nur im ungarischen, sondern auch im größeren europäischen Kontext als frühes Zeugnis des neuen Hostienkultes. In England erfolgte die Verbreitung derartiger Laienorganisationen z. B. erst in der zweiten Hälfte des 14. Jahrhunderts. Die Pressburger Bruderschaft wurde wahrscheinlich von den Chorherren des städtischen Kollegialstiftes gegründet, geriet aber bereits in der ersten Hälfte des 15. Jahrhunderts unter Aufsicht des Stadtrates und wurde einige Zeit lang auch als „bürger bruderschaft" bezeichnet. Ungefähr die Hälfte der Mitglieder bestand aus Stadträten; der Immobilienbesitz der Bruderschaft befand sich in den zentralen Lagen des Stadtgebiets. Der wichtigste Altar, der von Mitgliedern der Bruderschaft gestiftet wurde, war der Corporis-Christi-Altar in der Stadtpfarrkirche[16]. In Ödenburg firmierte die „Großbruderschaft" unter dem Titel des heiligen Georg, dort vereinte sich sowohl die weltliche als auch die geistliche Elite der Stadt. Gemäß einer Verordnung aus dem Jahr 1495 waren die Stadträte und die von der Stadt bezahlten Kleriker formal dazu verpflichtet, der Bruderschaft beizutreten. Ebenfalls seit dem späten 15. Jahrhundert wurde das kirchliche Patronatsrecht vom Stadtrat und von der Bruderschaft gemeinsam ausgeübt[17]. Andere Bruderschaften standen hingegen auch für die unteren Schichten der Stadtbevölkerung offen: Der Mitgliedsbeitrag in der Bartfelder Bruderschaft „Mutter der Barmherzigkeit" betrug jährlich zwischen fünf und neun Denar/Pfennig, was dem Tageslohn eines Tagelöhners entsprach[18].

In spätmittelalterlichen Quellen lassen sich die Zünfte von den Bruderschaften oft kaum unterscheiden, weswegen auch die ungarische Forschung die Frage erörtert hat, ob man diese Laienorganisationen überhaupt als zwei verschiedene Gruppierungen betrachten solle. Die Tätigkeit der Zünfte erstreckte sich in den Städten des Königreichs Ungarn auf ähnliche Tätigkeitsfelder wie diejenige der Bruderschaften: Die Zünfte verfügten über

---

[15] „Lassen wir euch wissen, das der Jorig dyak [ein Scholar namens Georg, der Anführer der ungarischen Bürger] ain solichen Jamer alhie mit der priesterschaft vnd besunderlich mit dem pharrer vnser liben frawen [d. h. der Liebfrauenkirche auf dem Ofner Burgberg, der Kirche der deutschen Gemeinde] gemacht hat, vnd will vnser frawen kurchen machen zu einer Capellen vnd filialen und Marie Magdalene kurchen [d. h. der Maria Magdalenenkirche, ebenfalls auf dem Burgberg, der Kirche der ungarischen Gemeinde] vnd will haben dy Claynat mit seinen anhengungen vngeren, dy früm lewt zu der obgenanten vnser frawn kurchen vor zeiten geschaft vnd geben haben vnd besunderlich das do geben ist worden in Gotzleichnams zech, vnd sind dy grösisten Claynot vnd tuet manigerley wunderliche sach vnder den lewten", zit. nach András Kubinyi, Budafelhéviz topográfiája és gazdasági fejlődése [Topographie und wirtschaftliche Entwicklung von Budafelhéviz]. *Tanulmányok Budapest múltjából* 16 (1964) 85–180.

[16] Judit Majorossy, A Krisztus Teste Konfraternitás helye a középkori pozsonyi polgárok életében [Die Stellung der Corporis-Christi-Bruderschaft im Leben der Bürger des mittelalterlichen Pressburg]. *Történelmi Szemle* 46/1–2 (2004) 69–111; dies., Late Medieval Confraternities in Pressburg, in: Pfarreien im Mittelalter. Deutschland, Polen, Tschechien und Ungarn im Vergleich, hg. von Nathalie Kruppa (Veröffentlichungen des Max-Planck-Instituts für Geschichte 238, Göttingen 2008) 339–362.

[17] Jenő Házi, Sopron középkori egyháztörténete [Mittelalterliche Kirchengeschichte Ödenburgs] (Győregyházmegye múltjából IV.1, Sopron 1939) 288–290.

[18] Cevins, L'église (wie Anm. 4) 193.

Messstipendien und Altarstiftungen, wirkten bei den liturgischen Handlungen (vor allem Prozessionen) aktiv mit und wurden unter das Patronat eines oder mehrerer Heiliger gestellt – diese Heiligen waren oft nicht mit den später bekannten Patronen ident. Umgekehrt nahmen die Bruderschaften auch politische und wirtschaftliche Funktionen wahr. Trotzdem behandelt die Literatur die zwei Organisationsformen größtenteils separat, da sich in den berufsständischen Zünften meist Mitglieder desselben Handwerks finden, während bei der Aufnahme in eine Bruderschaft vor allem die christliche Lebensführung und dagegen nicht die Zugehörigkeit zu einem bestimmten Handwerk eine Rolle spielte. Ein weiterer Unterschied bestand darin, dass die Gründung einer Bruderschaft der Zustimmung des Diözesanbischofs bedurfte, während die Zünfte dagegen vom Stadtrat genehmigt werden mussten. Anders als beispielsweise in Frankreich mischte sich der Bischof bei der Wahl der bruderschaftlichen Amtsträger oder bei der Gestaltung der Bruderschaftsregeln nicht ein[19]. Aber trotz der Unterschiede zwischen Bruderschaft und Zunft kennt die Forschung im Untersuchungszeitraum auch Mischformen[20].

Die Auflösung der mittelalterlichen Bruderschaften war entweder eine Folge der Reformation oder der osmanischen Eroberung Ungarns. Das Verschwinden dieser religiösen Gemeinschaften vollzog sich aber nur allmählich: Aus Hermannstadt/Sibiu wurden die geistlichen Orden bereits 1529 ausgewiesen, die Bruderschaften wirkten hingegen noch einige Jahre bzw. Jahrzehnte lang weiter: Über die Tätigkeit der dortigen Corporis-Christi-Bruderschaft verfügen wir noch für 1533 über Belege, die Anna-Gesellschaft wurde gar erst 1543 aufgelöst. In Leutschau/Levoča lässt sich die Corporis-Christi-Bruderschaft sogar noch für das Jahr 1560 belegen[21]. In Ödenburg ist die Existenz der beiden Corporis-Christi-Gemeinschaften und einiger anderer Bruderschaften bis 1541 belegt; eine für Priester gegründete Vereinigung wirkte noch einige Jahre länger[22]. Die Mitte des Jahrhunderts brachte aber allem Anschein nach – bis auf einige Ausnahmen – das Ende des im späteren Mittelalter entwickelten Bruderschaftswesens mit sich. Die zweite Gründungswelle erfolgte bereits im Zeichen der tridentinischen Kirchenreform des Königreichs Ungarn.

2. Die Bruderschaften des Barock

Der Barock gilt auch im ehemaligen Königreich Ungarn als die Blütezeit der religiösen Gemeinschaften. Als Folge der politischen Ereignisse verschob sich deren Hochzeit auf eine spätere Zeitspanne, als dies für Westeuropa zeittypisch ist. Die beiden ungarischen Ethnologen Éva Knapp und Gábor Tüskés kamen in ihrer umfassenden Untersuchung zum Ergebnis, dass nur vier von insgesamt mehr als 1.300 Bruderschaften vor 1600 gegründet worden waren, und deren Zahl erst später schrittweise anstieg. Die meisten Bruderschaften wurden gemäß der Quellenlage zwischen 1721 und 1770 gegründet, nach 1770 ging die Gesamtzahl der Laienorganisationen bis zur Auflösungswelle im josephinischen Jahrzehnt rasch zurück[23].

---

[19] Ebd. 196.
[20] Pásztor, Jagellók (wie Anm. 8) 40–49; Kubinyi, Társulatok (wie Anm. 1) 130f.
[21] Pásztor, Jagellók (wie Anm. 8) 38.
[22] Házi, Sopron (wie Anm. 17) 293–315.
[23] Gábor Tüskés–Éva Knapp, Religiöse Bruderschaften im 17. und 18. Jahrhundert, in: dies., Volksfrömmigkeit in Ungarn. Beiträge zur vergleichenden Literatur- und Kulturgeschichte (Quellen und Forschungen

Neben der großen Anzahl an Laienorganisationen ist ein weiteres Merkmal des Zeitalters die Einführung strenger Kontrollen der kirchlichen Behörden über das Bruderschaftswesen. Den Rahmen dieser Kontrolle bildeten bekanntlich einerseits die Beschlüsse des Reformdekrets der 22. Sitzung des Trienter Konzils, die das Aufsichtsrecht der Diözesanbischöfe bezüglich der Laienorganisationen festlegte. Andererseits war die Bulle „Quaecumque" von Papst Clemens VIII. aus dem Jahr 1604 bindend, die vorschrieb, unter welchen Bedingungen solche Bruderschaften gegründet und aufrechterhalten werden sollten[24]. Diese Bestimmungen fügen sich in die posttridentinische Reformbewegung der katholischen Kirche ein, welche die losen, selbstständigen Strukturen der mittelalterlichen Bruderschaften nunmehr in ein zentralisiertes und uniformiertes System umwandelte.

Die Forschung setzt vor der eigentlichen Entfaltung des barocken Bruderschaftstyps eine Übergangsperiode voraus, in der die mittelalterlichen Strukturen noch unter den veränderten Umständen weiterlebten und einige Laienorganisationen ihre Selbstverwaltung aufrechterhielten. Als ein derartiger Übergangstyp stellt sich die Nikolaus-Bruderschaft in Pressburg dar. Sie war eigentlich die Zunft der Pressburger Schiffer, unter den Mitgliedern fanden sich nicht nur Handwerker, sondern auch zahlreiche wohlhabende Stadtbürger. Zwischen 1558 und 1600 nahm man in diese Pressburger Bruderschaft insgesamt 140 Mitglieder auf, meist in den Tagen nach dem Nikolausfest. Die Aufgenommenen waren verpflichtet, neben der Bezahlung eines jährlichen Mitgliedsbeitrages sowohl an den Gottesdiensten als auch an Prozessionen teilzunehmen – die Nikolaus-Bruderschaft offenbart viele religiöse Elemente[25]. Auch die Zünfte der Stadt Gyöngyös (deutsch Gengeß) in Nordwestungarn zeigen, dass die religiösen Funktionen bei einigen der spätmittelalterlichen Handwerkerzünfte deutlich präsent waren und diese Zünfte die alten mittelalterlichen Praktiken auch im 16. und 17. Jahrhundert bewahren konnten. Die Zünfte in Gyöngyös waren dem heiligen Nikolaus, dem heiligen Stephanus bzw. dem heiligen Thomas gewidmet. In den Regeln der Zünfte von Gyöngyös waren die religiösen Motive deutlich stärker als bei anderen, spätmittelalterlichen Interessensvertretungen[26]. Als These scheint deshalb plausibel zu sein, dass in Regionen, wo der Katholizismus im 16. und 17. Jahrhundert seine Position halten konnte, auch die Zünfte ihren katholisch-religiösen Charakter beibehalten konnten. In Regionen, wo aber die Reformation bereits früh Fuß fasste, findet man dagegen in den Zunftregeln seltener religiöse Bestimmungen[27]. Ebenfalls ein gewisses Zeichen der Kontinuität stellt die noch im 14. Jahrhundert in Gyöngyös gegründete Corporis-Christi-Bruderschaft dar. Sie wurde zwar im Laufe des 16. Jahrhundert aufgelöst, doch 1645 von Benedikt/Benedek Kisdi, Bischof von Erlau/Eger, nach den

zur Europäischen Ethnologie 18, Dettelbach 1996) 279–321, hier 295. Tüskés und Knapp verweisen auf ihren zusammengestellten Katalog: A magyarországi barokk kori vallásos társulatok katalógusa [Katalog der barockzeitlichen religiösen Bruderschaften in Ungarn], der bedauerlicherweise nicht publiziert worden und auch als Manuskript nicht zugänglich ist; vgl. ebd. 285, Anm. 19.

[24] Die in der Literatur oft erwähnten Quellen sind abgedruckt bei: Sacrorum conciliorum nova et amplissima collectio 33, ed. Johannes Dominicus Mansi (Paris 1802) 136 bzw. in: Bullarium Romanum. Bullarum, Diplomatum et Privilegiorum Sanctorum Romanorum Pontificum 11 (Augustae Taurinorum 1867) 138–143.

[25] Majorossy, Confraternities (wie Anm. 16) 351; Mihály Ferber, Pozsonyi céhek története a XVI. századadban. Művelődéstörténeti értekezés [Pressburger Zünfte im 16. Jahrhundert. Eine bildungsgeschichtliche Abhandlung] (Budapest 1912) 20f.

[26] Antal Molnár, Mezőváros és katolicizmus. Katolikus egyház az egri püspökség hódoltsági területein a 17. században [Marktflecken und Katholizismus. Die katholische Kirche in den eroberten Territorien der Diözese Erlau im 17. Jahrhundert] (METEM Könyvek, Budapest 2005) 118–124.

[27] Ferber, Pozsonyi (wie Anm. 25) 22.

alten Regeln wiedererrichtet. Die Corporis-Christi-Bruderschaft gehörte also trotz des organisatorischen Bruches eher zum mittelalterlichen Bruderschaftstyp als in die Zeit der neu errichteten religiösen Gemeinschaften[28].

Ein ganz eigenartiges Beispiel für die Kontinuität zwischen dem Bruderschaftswesen im Spätmittelalter und in der Barockzeit bietet die Stadt Ödenburg, wo die Tätigkeit der dortigen Bruderschaften Mitte des 16. Jahrhunderts eingestellt wurde. Deren Vermögen geriet unter die Verwaltung der Stadtregierung[29] und wurde entweder für protestanti-sche kirchliche Institutionen verwendet oder als Pfründe für katholische Geistliche ver-geben, die Messdienste für die Stadtpatrone versahen[30]. Ähnlich lag der Fall auch beim Vermögen der für geistliche Mitglieder gegründeten Corporis-Christi-Bruderschaft – der katholische Stadtpfarrer Michael/Mihály Káldy erreichte 1625, dass sowohl Zunfthaus als auch Weingut der ehemaligen Bruderschaft unter die Verwaltung der katholischen Pfarrgemeinde gestellt wurde. Bereits in diesen frühen Jahren wurde die Fronleichnams-prozession in der überwiegend evangelischen Stadt eingeführt, und als 1635 die Pfründe an die in Ödenburg angesiedelten Jesuiten gelangten, wurde die Bruderschaft neu organi-siert und nach dem Muster der jesuitischen Corporis-Christi-Vereinigungen reformiert[31].

In Folge der Befreiung des Landes von der osmanischen Herrschaft beschleunigte sich dann die Verbreitung der neuen, posttridentinischen Form der religiösen Bruderschaften. In der ungarischen Fachliteratur werden die wichtigsten Merkmale dieser neuen Bruder-schaftsform im Einklang mit der europäischen Forschung folgendermaßen zusammenge-fasst: Während die mittelalterlichen Sodalitäten die unterschiedlichen Schichten der städ-tischen Gesellschaft erfassten und daraus eine geschlossene Gemeinschaft formten, sind die Bruderschaften des 17. und 18. Jahrhundert von starker Differenzierung und zugleich einer Internationalisierung gekennzeichnet. Die unterschiedlichen Gemeinschaftstypen wurden nach einheitlichen Regeln organisiert. Bruderschaften wurden von verschiedenen geistlichen Orden gegründet und sahen ihr Hauptziel in der Vermittlung eines geistlichen Programms. Die Mitglieder dieser Bruderschaften stammten nicht mehr ausschließlich aus den bürgerlichen Schichten, sondern auch die gesamte Stadtbevölkerung und auch die umliegende Bevölkerung wurden angesprochen. Einige Bruderschaften verfügten über Mitglieder aus fernen Gegenden und sogar aus dem Ausland. Das wichtigste Ziel war die Normsetzung und die Kommunikation der posttridentinischen Glaubenslehre und Verhaltensformen. Dies erklärt auch die zentrale Kontrolle der Bruderschaften durch die kirchlichen Oberbehörden[32].

---

[28] Molnár, Mezőváros (wie Anm. 26) 120.

[29] János Bán, Sopron újkori egyháztörténete [Ödenburgs Kirchengeschichte in der Neuzeit] (Győregyházmegye múltjából IV/2, Sopron 1939) 36.

[30] Péter Dominkovits, Javadalmak – javadalmasok – patrónusok (Adatok és szempontok Sopron szabad királyi város egyháztörténetének, várospolitikájának kutatásához, a 17. század első felében) [Pfründe – Pfründ-ner – Patrone (Daten und Standpunkte zur Erforschung der Kirchengeschichte und der Stadtpolitik der freien königlichen Stadt Ödenburg aus der ersten Hälfte des 17. Jahrhunderts)], in: In labore fructus. Jubileumi tanulmányok Győregyházmegye történetéből, hg. von Gábor Nemes–Ádám Vajk (A Győri Egyházmegyei Le-véltár kiadványai. Források, feldolgozások 13, Győr 2011) 77–102.

[31] Zsófia Kádár, Középkori eredetű vallásos testvérületek és barokk társulatok kapcsolata. A soproni Krisz-tus Teste konfraternitás példája [Die Beziehung zwischen Bruderschaften mittelalterlichen Ursprungs und baro-cker Gesellschaft. Das Beispiel der Corporis-Christi-Bruderschaft in Ödenburg], in: Barokk vallásos közösségek [Religiöse Gemeinschaften des Barock], hg. von Judit Bogár–Eszter Déri (Lelkiségtörténeti Tanulmányok 15, Budapest 2017) 135–144.

[32] Molnár, Mezőváros (wie Anm. 26) 124f.

Als ungarisches Charakteristikum erscheint die im europäischen Vergleich bescheidene Zahl der an ein- und demselben Ort tätigen Bruderschaft. Laut der ungarischen Forschung findet sich im 17. und 18. Jahrhundert in zwei von drei ungarischen Orten lediglich eine einzige Bruderschaft. Weniger als ein Viertel der Orte verfügten über zwei religiöse Gemeinschaften. Nur in rund 7 % der Orte waren drei bis fünf Bruderschaften tätig, nur in 3 % der Siedlungen agierten sechs bis zehn Laienorganisationen. In fünf Ortschaften lassen sich mehr als zehn Bruderschaften (0,7 % der untersuchten 765 Siedlungen) nachweisen: Ofen, Tyrnau/Trnava, Pressburg, Kaschau/Košice und Gyöngyös. Unter den Siedlungen mit sechs bis zehn Bruderschaften finden wir Bischofsitze (wie Erlau, Gran oder Zagreb), Städte mit hohem Bürgeranteil (wie Klausenburg/Cluj, Leutschau oder Ödenburg) sowie wichtige Handelszentren (wie Eperies/Prešov, Kecskemét oder Szeged). Ein enger Konnex zwischen der kirchlichen, sozialen und wirtschaftlichen Bedeutung der urbanen Zentren und der Anzahl der Bruderschaften scheint zu bestehen[33]. Dieses Phänomen bestärkt auch für das Gebiet des ehemaligen Königreichs Ungarn die These, dass die Laienorganisationen zugleich auch als Träger einer Modernisierung der frühneuzeitlichen Gesellschaften gedient haben könnten[34]. Aus der territorialen Verteilung der Bruderschaften lässt sich zudem erschließen, dass die meisten Laienorganisationen im Gebiet der Diözesen Raab/Győr, Gran, Erlau und Fünfkirchen/Pécs zu finden sind, wo die späte katholische Konfessionalisierung am stärksten ausgeprägt war[35].

3. Die jesuitischen Kongregationen

Die erste Gründungswelle der posttridentinischen Bruderschaftstypen verknüpft sich auch im Königreich Ungarn eng mit dem Jesuitenorden. Die Gesellschaft siedelte sich erstmals 1561 in Tyrnau an, wo die Jesuiten mit Unterstützung des Primas-Erzbischofs Nikolaus/Miklós Oláh ein Kolleg gründen konnten, das aber schon 1567 wieder aufgelöst wurde. Noch in der zweiten Hälfte des 16. Jahrhunderts folgten weitere Versuche, den Orden im Königreich Ungarn ansässig zu machen. Als Folge des ungarischen Bocskai-Aufstandes (1605) bzw. aufgrund der Ausweisung der Jesuiten aus dem Fürstentum Siebenbürgen (1588) war diese Bemühung nicht von Erfolg gekrönt. Nach dem Abschluss des Wiener Friedens (1606) beschleunigte sich aber dann die Ausbreitung des Ordens im Königreich: Im Jahr 1651 existierten bereits sechs Kollegien und sieben Residenzen mit insgesamt 203 Ordensmitgliedern. Im Jahr 1700 finden wir dann schon 40 ungarische Ordenshäuser mit 433 Mitgliedern. Die bedeutendsten waren Tyrnau, Pressburg, Raab, Ofen, Kaschau und Ungwar/Ужгород sowie Klausenburg im Fürstentum Siebenbürgen[36].

---

[33] Tüskés–Knapp, Bruderschaften (wie Anm. 23) 288–289.

[34] Vgl. Molnár, Mezőváros (wie Anm. 26) 125.

[35] Tüskés–Knapp, Bruderschaften (wie Anm. 23). Zur Problematik der Spätkonfessionalisierung im ehemaligen Königreich Ungarn siehe András Forgó, Formen der Spätkonfessionalisierung im Ungarn des 18. Jahrhunderts, in: Adel und Religion in der frühneuzeitlichen Habsburgermonarchie. Annäherung an ein gesamtösterreichisches Thema, hg. von Katrin Keller–Petr Maťa–Martin Scheutz (VIÖG 68, Wien–Köln–Weimar 2017) 273–287.

[36] László Velics, Vázlatok a magyar jezsuiták múltjából 3 [Aufzeichnungen über die Vergangenheit der ungarischen Jesuiten] (Budapest 1914).

Da die jesuitischen Kongregationen im Vergleich zu anderen Laienorganisationen außerordentlich gut dokumentiert sind, beschäftigt sich die ungarische Forschung seit längerem intensiv mit ihrer Geschichte. Die Kongregationen gehörten bereits ab den ersten Jahrzehnten der jesuitischen Gründung zu den wichtigsten Vermittlern der ordenseigenen Spiritualität, die mithilfe einheitlicher Regeln und der Bindung an Rom einen universellen Charakter beanspruchte. In der Österreichischen Provinz – wozu auch die ungarischen Häuser der Jesuiten gehörten – begann in der ersten Hälfte des 17. Jahrhunderts der Aufschwung der Kongregationen. Da die Österreichische Ordensprovinz bis 1623 auch die böhmischen und mährischen Häuser umfasste, erlangten die Gründungen im Königreich Ungarn neben den Wiener, Grazer, Brünner und Olmützer Niederlassungen größere Bedeutung. Als Beleg für dieses Netzwerk dient Tyrnau, weil die dortige Kongregation Mariä-Verkündigung mit der Wiener Kongregation Mariä-Himmelfahrt in enger Verbindung stand. Die Erfolge der jesuitischen Laienorganisationen zeigten sich auch bei den Agoniae-Christi-Gemeinschaften, deren Gründungen in Ungarn parallel mit den österreichischen Territorien erfolgte. Insgesamt vier Gründungswellen jesuitischer Kongregationen lassen sich im Königreich Ungarn nachzeichnen[37]:

(1) Die erste erfolgte in den 1580er Jahren in Klausenburg, Weißenburg/Alba Iulia und in Schelle/Šaľa – die Ausweisung der Jesuiten aus Siebenbürgen bedeutete das Ende dieser Kongregationen. Trotz der kurzlebigen Existenz in Siebenbürgen erregte das Auftreten dieser Kongregationen und die in diesem Kontext eingeführten liturgischen Praktiken großes Aufsehen, weil die Stadtbevölkerung großteils protestantisch war[38].

(2) Zur zweiten Gründungswelle gehören die Kongregationen in Agram/Zagreb und in Tyrnau am Anfang des 17. Jahrhunderts, die nach dem Muster der Wiener Kongregation eingerichtet wurden. In Zagreb wurde sowohl eine Kongregation für Schüler (Mariä-Verkündigung) als auch eine für Erwachsene (Mariä-Lichtmess) gegründet, obwohl für die Letzteren bereits eine eigene Corporis-Christi-Bruderschaft bestand. In Tyrnau richtete man insgesamt vier Kongregationen für Schüler und drei für Erwachsene ein. Während die Kongregationen in Zagreb nur eine regionale Strahlkraft für das kroatische Gebiet entfachten, besaßen die Kongregationen in Tyrnau nicht zuletzt als Folge der Universitätsgründung im Jahr 1635 einen bedeutsamen Einfluss auf das ganze Königreich.

(3) Ebenfalls große Wirkung übte die Kongregationsgründung in der ehemaligen Hauptstadt Pressburg aus – die dritte Gründungswelle zeichnete sich ab. Nach der Einrichtung des Kollegiums im Jahr 1627 wurde erstmals eine städtische Kongregation (Mariä-Himmelfahrt) geschaffen. Unter den Mitgliedern finden wir nicht nur den Kardinalprimas Peter/Péter Pázmány, sondern auch die Kaiser Ferdinand II. und III. sowie ihre Gattinnen. Aus dieser Vereinigung sprossen drei weitere Kongregationen hervor: eine für die überwiegend ungarischen Beamten (Maria als Landespatronin), eine weitere für die deutschen Bürger (Mariä-Himmelfahrt) und eine für Schüler (Mariä-Verkündigung). Die dortige Agoniae-Christi-Kongregation wurde 1647 von Primas-Erzbischof Georg/György Lippay eingerichtet und stand sowohl ungarischen, deutschen als auch slowakischen

---

[37] Zsófia KÁDÁR, Jezsuita vezetésű vallásos társulatok Magyarországon a 17. században (1582–1671) [Religiöse Gemeinschaften in Ungarn unter der Leitung von Jesuiten]. *Századok* 148/5 (2014) 1229–1272, hier 1233–1235. Siehe auch den Beitrag der Autorin im vorliegenden Band.

[38] Mihály BALÁZS, Kolozsvár és Vágsellye. Adalék a Mária-kongregációk korai történetéhez [Klausenburg und Schelle. Ein Beitrag zur frühen Geschichte der Marianischen Kongregationen], in: DERS., Felekezetiség és fikció. Tanulmányok 16–17. századi irodalmunkról [Konfession und Fiktion. Studien über unsere Literatur des 16./17. Jahrhunderts] (Régi Magyar Könyvtár, Tanulmányok 8, Budapest 2006) 133–143.

Bürgern gleichermaßen offen. Ebenfalls zu dieser dritten Gründungswelle können die Kongregationen in Raab (1631: Mariä-Verkündigung, 1634: Mariä-Himmelfahrt, 1634: Siegreiche Maria, 1654: Agonia-Christi), in Ödenburg (1639: Corpus-Christi bzw. Venerabilis Eucharistia, wie erwähnt in Rechtsnachfolger der mittelalterlichen Gesellschaft; 1640: Mariä-Verkündigung, 1661: Agonia-Christi) und in Homenau/Humenné (1636: Mariä-Verkündigung) gezählt werden. Letztere wurde 1639 mit dem Kolleg nach Ungwar abgesiedelt. Hier wurde 1669 ebenfalls eine Agoniae-Christi-Kongregation gegründet[39].

Der Fall des Jesuitenkollegs in Raab liefert uns übrigens ein gutes Beispiel für die widersprüchliche Aufnahme des Jesuitenordens seitens der ungarischen katholischen Kirche. Während nämlich die Niederlassung der Patres von den Prälaten – dem zuständigen Diözesanbischof Nikolaus/Miklós Dallos und dem Kardinalprimas Peter/Péter Pázmány – mit allen Mitteln unterstützt wurde, leistete das Domkapitel dagegen heftigsten Wiederstand. Hinter diesem Verhalten standen aber weniger ideologische, sondern viel mehr finanzielle Gründe, da die Intrada der Jesuiten in der Stadt den Besitzstand des Domkapitels schmälerte. Der Wiederstand des Domkapitels konnte die Niederlassung letzten Endes nur verlangsamen, aber nicht verhindern[40]. So spielten sowohl die dortigen Bildungsstätten als auch die von den Raaber Jesuiten gegründeten Kongregationen für die katholische Spätkonfessionalisierung des 17. und 18. Jahrhunderts eine wichtige Rolle[41]. Das Kolleg in Homenau und die dortige Kongregation gehören hingegen zu den weniger bekannten Kapiteln der Jesuitengeschichte im Königreich Ungarn. Da die Institutionen dort nur kurzzeitig existierten, wurde ihre Tätigkeit lange als bedeutungslos eingestuft. Einschlägige Quellenstudien belegen jedoch, dass Homenau in den Jahren der jesuitischen Existenz zu einem wichtigen Zentrum des Katholizismus aufstieg, was sich sowohl an der Anzahl der dort tätigen Ordensmänner als auch am breiten Wirkungskreis der jesuitischen Institutionen zeigt[42].

(4) Die vierte und letzte Gründungswelle der jesuitischen Kongregationen erfolgte seit den 1640er Jahren. Niederlassungen wurden nun auch in den vom Wiener Zentrum fernen Gebieten errichtet, was die vergrößerte Strahlkraft des jesuitischen Netzwerkes im Königreich Ungarn unterstreicht. Außer den Schülerkongregationen finden wir in dieser Gruppe ausschließlich Agoniae-Christi-Gemeinschaften. Abgesehen von Kaschau wurden in den Städten meist nur eine oder bestenfalls zwei Laienorganisationen gegründet. Zu dieser Gründungswelle können die Bruderschaften von Gyöngyös, Varasdin/Varaždin, Kaschau, Trentschin/Trenčín und Sárospatak gezählt werden[43]. Lediglich für Gyöngyös, Kaschau und Sárospatak liegen detaillierte Untersuchungen vor: Die erste jesuitische Kongregation (Mariä-Himmelfahrt) wurde in Gyöngyös schon im Jahr 1644 gegründet. Bereits in den ersten Jahren traten der Kongregation nicht nur

---

[39] KÁDÁR, Jezsuita (wie Anm. 37) 1234–1246.

[40] Zsófia KÁDÁR, A jezsuiták letelepedése és kollégiumalapítása Győrben [Die Niederlassung und Kollegsgründung der Jesuiten in Raab], in: In labore fructus (wie Anm. 30) 209–234.

[41] Zur sozialen Funktion der Raaber Agonia-Christi-Gemeinschaft: Rita SZULY, A győri Congregato Agoniae Christi tevékenységének és társadalmi szerepének vizsgálata az 1743 és 1753 közötti időszakban [Untersuchung der Tätigkeit und der gesellschaftlichen Rolle der Congregatio Agoniae Christi im Zeitalter zwischen 1743 und 1753]. *Egyháztörténeti Szemle* 14/4 (2014) 13–30.

[42] László LUKÁCS–Antal MOLNÁR, A homonnai jezsuita kollégium (1615–1619) [Das Jesuitenkolleg in Homenau], in: Lehetetlen küldetés? Jezsuiták Erdélyben és Felső-Magyarországon a 16–17. Században [Eine unmögliche Mission? Jesuiten in Siebenbürgen und in Oberungarn im 16. und 17. Jahrhundert], hg. von Antal MOLNÁR (TDI Könyvek 8, Budapest 2009) 95–146.

[43] KÁDÁR, Jezsuita (wie Anm. 37) 1247–1250.

Schüler, sondern auch gebildete Bürger bei, die der lateinischen Sprache mächtig waren – die jesuitische Kongregation führte also von Beginn weg Eliten zusammen. Die Mitgliederzahlen wiesen eine ständig steigende Tendenz auf: Im ersten Jahr gehörten rund 200 Mitglieder zur Kongregation, 1648 fanden sich dort bereits rund 300 Mitglieder ein. Im Jahr 1659 wurde das öffentliche Schuldbekenntnis und später auch verschiedene Formen der körperlichen Askese eingeführt. Intensiv betrieb die Kongregation die Konversion protestantischer Bürger, etwa durch die Aufnahme protestantischer Mitglieder in die Kongregation oder durch die Konfiskation und Verbrennung protestantischer Bücher. Die Frömmigkeitsbestrebungen vor Ort wurden durch eine 1670 gegründete Agoniae-Christi-Gemeinschaft verstärkt. Da auch wichtige Persönlichkeiten wie Angehörige der Magnatenfamilie Rákóczi der Gemeinschaft beitraten, stieg die Mitgliederzahl rasch auf 8.000 an, was für ungarische Verhältnisse zwar außerordentlich hoch erscheint, aber kein Einzelbeispiel ist. Diese Laienorganisation hatte einen breiten Wirkungskreis: Sogar aus der wirtschaftlich bedeutenden Siedlung Jászberény (deutsch Jaßbring) baten Kandidaten um Aufnahme. Die Wichtigkeit der Gemeinschaft zeigt sich darin, dass deren Leiter stets der Vorsteher des jesuitischen Ordenshauses war[44].

In Kaschau spielten die von den Jesuiten gegründeten Laienorganisationen in der späten katholischen Konfessionalisierung eine bedeutsame Rolle. Die in der Reformationszeit überwiegend von deutschsprachigen Lutheranern bewohnte Stadt erlangte nämlich in Folge der militärischen Auseinandersetzungen und der dadurch verursachten Migrationswelle einen sowohl ethnisch als auch konfessionell gemischten Charakter. Dies wurde durch die von der weltlichen und kirchlichen Obrigkeit initiierten, teilweise von Gewalttaten begleiteten Rekatholisierungsmaßnahmen beschleunigt[45]. Die Rekatholisierung vor Ort wurde durch die Tätigkeit der ortsansässigen Jesuiten verstärkt und unterstützt. Das Bruderschaftsleben in Kaschau blickt auf eine lange Tradition zurück, seit dem 15. Jahrhundert sind mehrere Laienorganisationen bekannt, aber von Kontinuität kann keine Rede sein: Im geänderten protestantischen Milieu des 16. Jahrhunderts wurden die mittelalterlichen Kaschauer Bruderschaften aufgelöst[46]. Die ersten frühneuzeitlichen Bruderschaften in Kaschau wurden auch von den Jesuiten in Form von marianischen Kongregationen gegründet, am Beginn standen – wie gewöhnlich – die Schüler der jesuitischen Bildungsanstalten im Zentrum des Interesses. Der 1653 errichteten Kongregation (Unbefleckte Empfängnis) folgte schon im Jahr 1665 die Agoniae-Christi-Gemeinschaft, die ebenfalls für alle männlichen und weiblichen Stadtbewohner zugänglich war. Es entwickelte sich ein reger Kontakt zwischen dieser Laienorganisation und der – unten ausführlich vorgestellten – Gürtelbruderschaft der Kaschauer Franziskaner. Auch in Kaschau führten die Jesuiten spezielle Andachtsformen zur Propagierung der posttridentinischen Spiritualität ein, etwa den sog. Marienzirkel, wo die Mitglieder der unterschiedlichen Laienorganisationen in einer bestimmten Reihenfolge beteten und Texte über die Gottesmutter Maria verlasen. Die erste Marianische Kongregation spaltete sich bald: 1715

[44] MOLNÁR, Mezőváros (wie Anm. 26) 126–128.

[45] Béla MIHALIK, Qui in foro, et e fenestris vicinarum domorum omnes patris actiones curiosius observabant. Die Rekatholisierung des städtischen Raumes in Kaschau/Košice/Kassa, Erlau/Eger und Frauenbach/Baia Mare/Nagybánya, 1670 bis 1699, in: Frühneuzeitforschung in der Habsburgermonarchie. Adel und Wiener Hof – Konfessionalisierung – Siebenbürgen, hg. von István FAZEKAS–Martin SCHEUTZ–Csaba SZABÓ–Thomas WINKELBAUER (Publikationen der Ungarischen Geschichtsforschung in Wien 7, Wien 2013) 171–183.

[46] Viliam Štefan DÓCI, Beitrag der dominikanischen Rosenkranzbruderschaft zur Intensivierung der religiösen Praxis der Laien in Kaschau, in: Barokk vallásos közösségek (wie Anm. 31) 65–78.

trennte man eine weitere Laienorganisation ab (Mariä-Heimsuchung). Die studenti-schen Mitglieder wurden zwischen den beiden Kongregationen nach ihrem Lebensalter aufgeteilt. Die Mitgliederzahlen schwankten im 18. Jahrhundert bei diesen beiden Kon-gregationen zwischen rund 40 und 240. Bei der Agoniae-Christi-Kongregation finden wir sogar einen Höchststand von bis zu 340 Mitgliedern. In den beiden Marianischen Kongregationen sind häufiger Mitglieder mit einem adeligen Hintergrund belegt, in der Agoniae-Christi-Kongregation waren hingegen vornehme Mitbrüder eindeutig seltener anzutreffen[47].

Die Magnatenfamilie Rákóczi stand hinter der jesuitischen Kongregationsgründung in Gyöngyös; auch in Sárospatak spielten die Rákóczi bei der Ansiedlung der Jesuiten eine wichtige Rolle. Die zum Katholizismus konvertierte Sophie/Zsófia Báthori – Witwe des Fürsten Georg II. Rákóczi – errichtete 1662 auf ihrem Landgut Sárospatak eine Jesui-tenmission, die wenig später den Rang einer Residenz erhielt – dort fand also bereits Ele-mentarunterricht statt. Für das Jahr 1666, ein Jahr nach der Kaschauer Gründung, ist die Errichtung einer Agoniae-Kongregation überliefert. Unter den ersten Mitgliedern finden wir natürlich die Magnatenwitwe Sophie Báthori und deren Sohn Franz, der neben der Kongregation in Sárospatak noch den religiösen Gemeinschaften in Gyöngyös, Kaschau, Ungwar und Kirchdrauf beitrat. Die Familie Rákóczi spielte auch in den späteren Jahr-zehnten eine wichtige Rolle für die Tätigkeit der jesuitischen Kongregationen, was nicht nur mit der Frömmigkeit der Familienmitglieder im Zusammenhang stand, sondern die Rákóczi wollten den umliegenden Grundherren und deren protestantischen Grundholden ein Vorbild sein. Bezüglich der Frömmigkeitsformen betont die Forschung die Wichtigkeit des Passionsmysteriums, das schon vor der Kongregationsgründung dort präsent war. Be-reits im Jahr 1664 ist für den Karfreitag ein Passionsspiel überliefert. In der Kirche wurde ein Heiliges Grab mit einem Glassarg errichtet, das angeblich selbst von den Protestanten heimlich bewundert wurde. Gleich nach der Gründung traten die Bruderschaftsmitglieder in Sárospatak mit öffentlichen Geißelungen während der Prozessionen in Erscheinung. Die Rolle der Kongregation während der Rekatholisierung der Bevölkerung wurde auch dadurch anschaulich gemacht, dass ein Kongregationsaltar innerhalb der Festungskirche errichtet wurde, die vorher von den Protestanten und für militärische Zwecke genutzt wor-den war. Kein Wunder also, dass die äußeren Zeichen des katholischen Kults (wie das öffentlich errichtete Holzkreuz mit den Leidenswerkzeugen, die „arma Christi") im Jahr 1672, während der protestantisch inspirierten Militärrevolte niedergerissen wurden[48]. In dieser Zeit mussten auch die Jesuitenpatres die Stadt verlassen, sie kehrten aber bald wieder zurück und auch die Kongregation setzte ihre Tätigkeit bis zur Vertreibung der Jesuiten aus jenem Landesgebiet, das unter der Kontrolle des Rákóczi-Aufstandes stand, fort[49].

Die von den Jesuiten gegründeten und kontrollierten Laienorganisationen lassen sich also nach den oben geschilderten Beispielen in drei Hauptarten aufteilen: die Maria-

---

[47] Éva Knapp, Vallásos társulatok, rekatolizáció és társadalmi átalakulás Kassán a 17–18. században [Reli-giöse Gemeinschaften, Rekatholisierung und gesellschaftlicher Umbruch in Kaschau im 17. und 18. Jahrhun-dert]. *Századok* 129/4 (1995) 791–814.

[48] Éva Gyulai, A jezsuiták sárospataki Agonia-kongregációja a 17. században, [Die Agoniae-Kongregation der Jesuiten in Sárospatak im 17. Jahrhundert], Teil I–II. *Egyháztörténeti Szemle* 10/1 (2009) 3–31; 10/3 (2009) 3–20.

[49] Ágnes R. Várkonyi, II. Rákóczi Ferenc és a jezsuiták [Franz II. Rákóczi und die Jesuiten], in: A magyar jezsuiták küldetése a kezdetektől napjainkig [Die Sendung der Jesuiten von den Anfängen bis zur Gegenwart], hg. von Csaba Szilágyi (Rendtörténeti konferenciák 2, Piliscsaba 2006) 163–189.

nischen Kongregationen der Schüler, die städtischen Marianischen Gemeinschaften sowie die Agoniae-Christi-Gemeinschaften. Auch im Königreich Ungarn folgten diese Organisationen dem zentralen jesuitischen Vorbild: Die Kongregationen wurden meist in die zuständige römische Gemeinschaft inkorporiert. Bei den Schülerorganisationen zeigt sich neben der allgemeinen Verbreitung der posttridentinischen religiösen Praxis auch die oft extreme körperliche Askese als wichtiges Merkmal, die von den jungen Mitgliedern als Mittel gegen die sexuellen Begierden angewandt wurde[50]. Außerdem spielten diese Gemeinschaften auch für den Priesternachwuchs eine bedeutsame Rolle. Da die Mitgliedschaft der Schülerkongregationen nicht alle Lehrenden, sondern nur die Elite umfasste, war die Mitgliederschar dementsprechend nicht sehr hoch: In den größeren Ortschaften lagen diese bei 100 und 150 Mitgliedern, in kleineren Orten bei noch weniger. Die für die erwachsene Bevölkerung gegründeten Bruderschaften – meist eine Marianische Kongregation – rekrutierten ihre Mitglieder aus den Alumni der jesuitischen Lehranstalten bzw. aus der städtischen Elite. Eine Gemeinschaft fasste nicht selten eine bestimmte Gesellschaftsgruppe zusammen und führte in mehreren Fällen den Nebentitel „Patrona Hungariae". Die Agoniae-Christi-Gemeinschaften vereinigten dagegen breite Kreise der Bevölkerung. Dies war auch an den Mitgliederzahlen ersichtlich, die nicht selten mehrere tausend Mitglieder ausmachten. In vielen Ortschaften war die Agoniae-Gemeinschaft die einzige jesuitische Laienorganisation. Ein wichtiges regionales Phänomen scheint laut der einschlägigen Forschung der starke gegenreformatorische Charakter der jesuitischen religiösen Gemeinschaften zu sein: Sie wurden nicht nur zur Förderung der posttridentinischen Frömmigkeit gegründet, sondern ihre Tätigkeit sollte die Konversion der – oft die Mehrheit bildenden – protestantischen Bevölkerung erleichtern[51].

4. Weitere Bruderschaften in der Barockzeit

Im Gegensatz zu den jesuitischen Kongregationen liegen für Ungarn zu den Laienorganisationen, die meist von Ordensgemeinschaften begründet wurden, keine systematischen Analysen vor. Anhand von Einzeluntersuchungen können trotzdem einige gemeinsame Charakteristika erschlossen werden. Unmittelbar nach der Errichtung der ersten jesuitischen Kongregationen organisierten auch die Franziskaner religiöse Gemeinschaften für die Gläubigen. Die populärste franziskanische Organisationsform stellte auch im Königreich Ungarn die Gürtelbruderschaft dar, deren frühneuzeitliche Geschichte aber bedauerlicherweise im Gegensatz zu den jesuitischen Kongregationen deutlich weniger erforscht ist, obwohl mehr als ein Viertel der im Königreich Ungarn nachweisbaren Laienorganisationen des 17. und 18. Jahrhunderts Gürtelbruderschaften waren[52]. Sie wurden nicht nur von den observanten Franziskanern, sondern auch von den Minoriten gegründet. Die erste Gürtelbruderschaft im Königreich Ungarn wurde 1630 in Pressburg errichtet; kurz danach verbreitete sich dieser Bruderschaftstyp im gesamten Gebiet des Königreiches. Während die jesuitischen Kongregationen ethnisch heterogen waren (unter den Mitgliedern finden wir sowohl ungarische als auch deutsche und slowakische Mitglieder), ist bei den Gürtelbruderschaften eine ungarische Dominanz vorherrschend. Nach dem

---

[50] MOLNÁR, Mezőváros (wie Anm. 26) 127.
[51] KÁDÁR, Jezsuita (wie Anm. 37) 1250–1266.
[52] TÜSKÉS–KNAPP, Bruderschaften (wie Anm. 23) 292.

gegenwärtigen Forschungsstand wurde die Gemeinschaft meist vom ungarischen Prediger des betreffenden Franziskanerklosters geleitet. Wie populär diese Bruderschaftsform war, zeigt die hohe Mitgliederzahl bei der Gürtelbruderschaft auch in Gyöngyös: Zwischen 1648 und 1769 findet man insgesamt über 6.000 Einträge in den Matrikeln. Ähnlich wie die Agoniae-Kongregationen umfasste die Gürtelbruderschaft weite Schichten der ständischen Gesellschaft[53]. In den Gebieten, die in den vorangehenden Jahrhunderten unter osmanischer Herrschaft gestanden hatten, spielten die Gürtelbruderschaften auch für die geistliche Betreuung der Pfarren eine wichtige Rolle. Die Mitglieder dieser Vereinigung in Szeged, im südlichen Teil der ungarischen Tiefebene, wirkten z. B. als Lizenziaten, also als Kooperatoren der lokalen Geistlichkeit[54].

Die zweite franziskanische Laienorganisationsform, der Dritte Orden, verschwand nach seiner Blütezeit im 15. Jahrhundert als Folge der osmanischen Eroberung und der Verbreitung der Reformation im Gebiet des Königreichs Ungarn ebenfalls gänzlich. Seine Neugründung erfolgte viel später als die Gründung der Gürtelbruderschaften, erst 1724 wurde die erste Gemeinschaft der Tertiarier in Komorn/Komarno errichtet. In Raab existierte seit 1745, in Steinamanger/Szombathely erst seit 1763 eine derartige Gemeinschaft. Insgesamt 63 Vereinigungen des Dritten Ordens lassen sich in Ungarn nachweisen[55]. Ähnlich den Gürtelbruderschaften finden wir auch in den Gemeinschaften des Dritten Ordens breite Schichten der Gesellschaft vertreten. Während die Gürtelbruderschaften hauptsächlich aus ungarischen Mitgliedern bestanden, rekrutierte sich die Mitgliedschaft des Dritten Ordens meist aus den deutschsprachigen Stadtbewohnern. In Siebenbürgen lässt sich hingegen eine andere Tendenz beobachten: Hier verschmolzen die Gürtelbrüderschaften mit dem Dritten Orden, obwohl gerade die Gürtelbruderschaften bekanntlich eine viel strengere Lebensform einforderte[56].

Die Rosenkranzbruderschaften der Dominikaner blicken ebenfalls auf eine lange historische Tradition zurück. Über ihre Tätigkeit in Kaschau können wir dank einiger jüngerer Studien ein detaillierteres Bild gewinnen. Wie bei den Franziskanern gehörten auch bei den Dominikanern die Gründung und der Unterhalt von Laienorganisationen zu den wichtigsten Aufgaben der Ordensgemeinschaft. Wie die Jesuiten legten auch die Dominikaner einen besonderen Wert auf die Marienverehrung, hier stand das regelmäßige Beten des Marienpsalters im Mittelpunkt, aus dem dann im späten 15. Jahrhundert das Rosenkranzgebet herauswuchs. In Kaschau wurde die 1556 mit der Absiedlung der Dominikaner aufgelöste Bruderschaft zu Beginn des 18. Jahrhunderts wieder errichtet. Das genaue Datum der Wiedererrichtung ist in der Literatur allerdings strittig. Die Tätigkeit der Rosenkranzbruderschaft wurde nicht nur von den Kaschauer Dominikanern, sondern auch vom Stadtrat materiell unterstützt. Diese Laienorganisation war v. a. von der slowakischen Stadtbevölkerung betrieben worden, deren Bruderschaftszettel waren nämlich auf Slowakisch verfasst[57]. Die Rosenkranzbruderschaft, deren Hauptanliegen der

53 Molnár, Mezőváros (wie Anm. 26) 129–136.

54 Sándor Bálint, Szeged-Alsóvárosi vallásos társulatok és egyesületek [Religiöse Gemeinschaften und Vereinigungen in Szeged], in: Paraszti társadalom és műveltség a 18.–20. században 2 [Bäuerliche Gesellschaft und Bildung vom 18. bis 20. Jahrhundert], hg. von Tamás Hofer–Eszter Kisbán–Gyula Kaposvári (A Magyar Néprajzi Társaság 1974. évi vándorgyűlése Szolnokon, Budapest–Szolnok 1974) 115–124.

55 Tüskés–Knapp, Bruderschaften (wie Anm. 23) 294.

56 Ince Takács, Assisi küldöttei. Összegyűjtött tanulmányok [Die Gesandten von Assisi. Gesammelte Studien] (Gyöngyös 1945) 256–261.

57 Viliam Štefan Dóci, Ein Dominikanerkonvent im Ambiente von Pfarrei, Stadt und Staat. Die seelsorg-

Totendienst war (das Beten eines „ewigen Rosenkranzes" für die Sterbenden), pflegte engen Kontakt mit der von den Ursulinen gegründeten Herz-Jesu-Bruderschaft[58].

Die zweite, von den Kaschauer Dominikanern begründete Laienorganisation war die Nepomuk-Bruderschaft. Im Gegensatz zu den Rosenkranzbruderschaften galten die Johannes-von-Nepomuk-Bruderschaften als junge Vereinigungen. Der Kult des böhmischen Heiligen in der Habsburgermonarchie wurde erst seit dem Anfang des 18. Jahrhunderts propagiert[59]. Dem Martyrium des Johannes von Nepomuk entsprechend propagierten die Dominikaner mittels dieser Vereinigungen den häufigen Empfang des Bußsakramentes. Landesweit führten insgesamt elf Bruderschaften den Titel des heiligen Johannes von Nepomuk, es ist aber nach gegenwärtiger Forschungslage unklar, ob alle diese Bruderschaften von den Dominikanern betrieben wurden[60].

Außer den zuvor genannten Laienorganisationen sollen noch die Skapulierbruderschaften erwähnt werden, die bekanntlich mit dem Karmelitenorden verknüpft sind. Die unbeschuhten Karmeliten kehrten im 17. Jahrhundert ins Königreich Ungarn zurück und errichteten 1654 eine Eremitensiedlung in Scharfeneck/Sárfenék sowie 1697 je ein Kloster in Raab und 1699 in Skalitz/Skalica. Im Jahr 1715 folgte dann eine Klostergründung im Ofner Burgviertel. Die beschuhten Karmeliten errichteten ihr erstes Ordenshaus nach der Vertreibung der Osmanen erst 1731 in Stuhlweißenburg/Székesfehérvár. Aber nur ein Teil der Skapulierbruderschaften wurde tatsächlich von den Karmelitern verwaltet, auch Diözesanpriester und andere geistliche Orden errichteten im Königreich derartige Vereinigungen. In Stampfen/Stupava schuf 1731 der Pressburger Kanoniker Matthias/Mátyás Uzeroczi eine Skapulierbruderschaft, in Radvány bei Neusohl/Banská Bystrica verwalteten die Jesuiten und im Heiligen Brunnen bei Dombóvár seit 1742 die Pauliner eine diesbezügliche Vereinigung. Bei den von den Karmeliten geleiteten Skapulierbruderschaften erwiesen sich die Bruderschaften in Raab und in Stuhlweißenburg als die bedeutendsten Formen[61].

Obwohl die geistlichen Orden ihre führende Position bei der Gründung und Verwaltung der Bruderschaften bis zur josephinischen Auflösungsperiode beibehielten, stieg der Anteil des Diözesanklerus (mitunter auch des Diözesanbischofs) bei der Einrichtung von Laienorganisationen zwischen 1740 und 1770 deutlich an[62]. So errichtete Martin/Márton Padányi Biró, Diözesanbischof von Wesprim, eine Dreifaltigkeitsbruderschaft für seine Diözese. Er hatte diese Organisationsform noch als Pfarrer kennengelernt: Schon bei den Dreifaltigkeitsbruderschaften, die 1725 in Ofen und Pest errichtet worden waren, wirkte er aktiv mit. Für die Bruderschaft in der Diözese Wesprim verfasste er eigenhändig eine Regel und die Meditationen, zudem nahm er öfter persönlich an den Gebetsstunden teil[63]. Sigismund/Zsigmond Berényi, Diözesanbischof von Fünfkirchen errichtete 1747

liche Tätigkeit der Kaschauer Predigerbrüder im 18. Jahrhundert (Diss. Wien 2014) 77–114; siehe jetzt DERS., Die Seelsorgetätigkeit der Kaschauer Predigerbrüder. Ein Dominikanerkonvent im Ambiente von Pfarrei, Stadt und Staat im 18. Jahrhundert (Quellen und Forschungen zur Geschichte des Dominikanerordens N. F. 23, Berlin–Boston 2018).

[58] KNAPP, Vallásos társulatok (wie Anm. 47) 794f.

[59] Siehe u. a. Thomas WINKELBAUER, Ständefreiheit und Fürstenmacht. Länder und Untertanen des Hauses Habsburg im konfessionellen Zeitalter (Österreichische Geschichte 1522–1699, Wien 2003) 208f.

[60] TÜSKÉS–KNAPP, Bruderschaften (wie Anm. 23) 293.

[61] Brunó J. MÁTÉFFY, A karmelita rend története Magyarországon [Geschichte des Karmelitenordens in Ungarn] (Székesfehérvár 1996) 83–87, 103f.

[62] TÜSKÉS–KNAPP, Bruderschaften (wie Anm. 23) 298f.

[63] József PEHM [MINDSZENTY], Padányi Biró Márton veszprémi püspök élete és kora [Das Leben und

eine Corporis-Christi-Bruderschaft für alle Pfarrkirchen seiner Diözese und stellte sie unter die Obhut der zuständigen Pfarrer. Er schrieb genau die Frömmigkeitsformen, u. a. die Prozessionen an den Neumondsonntagen vor, die auch bei den Gürtelbruderschaften eine wichtige Rolle spielten. Auch sein Amtsnachfolger Georg/György Klimo unterstützte die Verbreitung dieser Bruderschaft in seiner Diözese[64]. Franz/Ferenc Zichy, Diözesanbischof von Raab, errichtete eine Christenlehrbruderschaft, die zwar von den Jesuiten betreut, aber auf Anweisung des Bischofs von den Dekanen und Pfarrern der Diözese visitiert wurde. Während die Corporis-Christi-Bruderschaften seit dem Spätmittelalter eine populäre Organisationsform darstellten, kann die Errichtung von Christenlehrbruderschaften, deren Zahl landesweit 220 ausmachte[65], mit den veränderten pastoralen Erwartungen erklärt werden. Auch bei den Bruderschaften im Gebiet der Diözese Raab zeigen sich explizite Formen der katholischen Konfessionalisierung: Die Mitglieder waren verpflichtet, die katholische Glaubenslehre exakt zu memorieren und aufzusagen[66].

5. Fazit

Neben den bereits erwähnten Ergebnissen schenkte die Forschung auch verschiedenen Detailfragen der bruderschaftlichen Tätigkeitsfeldern Aufmerksamkeit, vor allem in ihrer Blütezeit im 18. Jahrhundert. Am häufigsten wurden bislang die zahlreichen Druckwerke der Bruderschaften untersucht[67]. Die Auflösung der einzelnen Laienorganisationen blieb bislang dagegen weitgehend unbeleuchtet. Die erste Auflösungswelle betraf die jesuitischen Kongregationen nach dem Erlass der berühmten Bulle von Papst Clemens XIV. („Dominus ac Redemptor noster") vom 21. Juli 1773. Da Maria Theresia das Vermögen der aufgelösten jesuitischen Institutionen auch weiterhin zur Unterstützung der Lehranstalten bzw. der Universität verwenden wollte, verordnete sie eine detaillierte Verzeichnung des Mobilien- und Immobilienbesitzes der Jesuitenkollegs. Den jesuitischen Institutionen in Tyrnau wurde besondere Aufmerksamkeit geschenkt, da sie auch die Universität beherbergten. Das während der Auflösung erstellte Inventar verzeichnet die Güter der

---

Wirken von Martin Padányi Biró, Diözesanbischof von Wesprim] (A veszprémi egyházmegye múltjábó 2, Zalaegerszeg 1934) 143–145.

[64] Eine deutschsprachige Übersetzung der Gründungsurkunde und des einschlägigen Rundschreibens ist gedruckt bei: Glaube und Kirche in der Schwäbischen Türkei des 18. Jahrhunderts. Aufzeichnungen von Michael Winkler in den Pfarrchroniken von Szakadát, Bonyhád und Gödre. Zusammengestellt, aus dem Lateinischen übersetzt und eingeleitet von Franz GALAMBOS (Studia Hungarica 34, München 1987) 67f.

[65] Ebd. 294.

[66] Olivér PISZKER, Barokk világ Győregyházmegyében Ziczy Ferenc gróf püspöksége idején (1743–1783) [Die barocke Welt in der Diözese Raab im Zeitalter von Bischof Ferenc Zichy] (Pannonhalmi Füzetek 13, Pannonhalma 1933) 23f.

[67] Éva KNAPP, Pietás és literatúra. Irodalomkínálat és művelődési program a barokk társulati kiadványokban [Pietas und Literatur. Literaturangebot und Bildungsprogramm in barocken Bruderschaftsdrucken] (Historia Litteraria 9, Budapest 2001); Rita BAJÁKI, Az Agonia Christi társulatok imakönyveiről [Über die Gebetsbücher der Agoniae-Christi-Gemeinschaften], in: Vallásos társulatok (wie Anm. 31) 9–17; Csilla BÍRÓ, Seneca Christianus a nagyszombati Sarlós Boldogasszony Társulat kiadványai között [Seneca Christianus unter den Drucken der Gemeinschaft Mariä-Verkündigung von Tyrnau], in: ebd. 43–53; Judit BOGÁR, A társulati kiadványok magyar nyelvű énekei [Der ungarische Gesang in den Bruderschaftsdrucken], in: ebd. 55–63; László N. SZELESTEI, A magyarországi barokk kori Oltáriszentség-társulatokról [Über die Corporis-Christi-Gemeinschaften im Ungarn der Barockzeit], in: ebd. 189–198.

in Tyrnau existierenden jesuitischen Kongregationen: Altäre, Reliquien, Kleinodien und natürlich Buchbesitz werden aufgelistet[68].

Die übrigen Bruderschaften wurden von der josephinischen Kirchenpolitik in drei Schritten eliminiert: Zuerst wurden die Gürtelbruderschaften und die Vereinigungen des Dritten Ordens der Franziskaner aufgelöst (1781/1782), später folgte die Abschaffung sämtlicher Bruderschaften (1784) und schließlich beschlagnahmte man das Vermögen der ehemaligen Bruderschaften (1787/1788). Nach den Angaben einer bereits 1944 publizierten Untersuchung betrafen diese Maßnahmen insgesamt 718 Bruderschaften, darunter 213 Gürtelbruderschaften, 181 Christenlehr- und Corporis-Christi-Bruderschaften, 80 Marienkongregationen sowie 62 Skapulier- und 48 Rosenkranzbruderschaften[69]. Aufgrund fehlender Untersuchungen und aufgrund von Quellenmangel sind aber die Einzelheiten dieser Auflösung bislang kaum bekannt.

Wenn man am Ende die Ergebnisse der ungarischen Forschung resümiert, lassen sich folgende Feststellungen treffen: Obwohl bislang nur wenige breit angelegte und zusammenfassende Analysen angestellt wurden, liefert uns die Forschungsliteratur doch wichtige Informationen über die Laienorganisationen. Ein typisch ungarisches Merkmal scheint im Vergleich zu Westeuropa die verhältnismäßig geringe Anzahl der an einem bestimmten Ort tätigen Bruderschaften und auch die insgesamt bescheidene Mitgliederzahl in den einzelnen Vereinigungen sowohl im Mittelalter als auch in der Frühen Neuzeit zu sein. Ein weiteres Charakteristikum ist die zeitlich etwas verschobene Blütezeit der Bruderschaften, deren Verzögerung sich eindeutig mit der osmanischen Besetzung erklären lässt. Drittens verfügten die Laienorganisationen Ungarns auch im 17. und 18. Jahrhundert über ein geringeres internationales Netzwerk, wobei hier die Wallfahrtsbruderschaften eine Ausnahme bildeten. Da das Königreich auch im 18. Jahrhundert als multikonfessionelles Territorium bezeichnet werden kann, spielten die ungarischen Bruderschaften, ähnlich wie in anderen gemischtkonfessionellen Gebieten Mitteleuropas[70], bei der Einübung der posttridentinischen Frömmigkeitspraktiken eine gewichtige Rolle. Sie waren auch ein wesentliches Mittel der Rekatholisierung, vor allem in den östlichen Territorien des Königreichs. Die jesuitischen Kongregationen, die im Bruderschaftsleben ganz Europas eine wichtige Rolle spielten[71], nahmen im ehemaligen Königreich Ungarn eine besonders wichtige Stelle ein. In manchen Regionen waren die jesuitischen Missionen, die Residenzen und daneben die eingerichteten religiösen Gemeinschaften die wichtigsten, nicht selten die einzigen Träger der posttridentinischen Konfessionalisierung. Das spezifisch barocke Bruderschaftswesen Ungarns wies andererseits im Großen und Ganzen ähnliche Züge wie das Bruderschaftswesen im Bereich von Mittel- und Westeuropa auf. Die Behauptung, dass die vielfältigen bruderschaftlichen Praktiken auch in Ungarn zu den wichtigsten Faktoren eines Universalitätsanspruchs des Barockkatholizismus zählen, erweist sich damit als stimmig.

---

[68] György HAIMAN–Erzsébet MUSZKA–Gedeon BORSA, A nagyszombati jezsuita kollégium és egyetemi nyomda leltára, 1773 [Das Inventar des Jesuitenkollegs und der Druckerei des Jesuitenkollegs von Tyrnau] (Fejezetek az Eötvös Loránd Tudományegyetem történetéből 16, Budapest 1997) 60–63.

[69] Miklós JUHÁSZ, Magyarországi konfraternitások a barokk korban [Ungarische Konfraternitäten in der Barockzeit]. *Katholikus Szemle* 58/6 (1944) 161–169.

[70] WINKELBAUER, Ständefreiheit (wie Anm. 59) 225f.

[71] Peter HERSCHE, Muße und Verschwendung. Europäische Gesellschaft und Kultur im Barockzeitalter 1 (Freiburg/Br.–Basel–Wien 2006) 399.

(2)
BRUDERSCHAFTEN ALS MULTIFUNKTIONALE EINRICHTUNGEN

Abb.: Ein Bruderschaftsmitglied der schwarzen Kreuzzieher-Bruderschaft von Salzburg, der mit der Rechten das Kreuz und mit der Linken einen Rosenkranz hält. Das Haupt ist von einer schwarzen Kapuze verdeckt, die Kutte ist knöchellang; Quelle: Kostüm- und Trachtenbilder der Kuenburg-Sammlung (Ende 18. Jahrhundert), Privatbesitz; Friederike Prodinger–Reinhard R. Heinisch, Gewand und Stand. Kostüm- und Trachtenbilder der Kuenburg-Sammlung (Salzburg 1983) 175 (Tafel 47).

Die vielen Bruderschaften und der Organisationstypus „Fraternität": Angebote zur Aufschlüsselung eines bedeutenden Sektors religiöser Dienstleistung

Rupert Klieber

Der Roman „Im Café der verlorenen Jugend" des französischen Schriftstellers Patrick Modiano, Nobelpreisträger für Literatur 2014, schildert ein Pariser Kaffeehaus, in dem sich allerlei Glücksritter treffen. Ein Held des Romans mit Namen Bowing entwickelt den Spleen, alle flüchtigen Gäste dieses Cafés mit Datum und Uhrzeit in einem Heft aufzuzeichnen. Eine zentrale Stelle darin lautet: „Im Grunde versucht Bowing nur, all die Schmetterlinge, die für ein paar Augenblicke um eine Lampe schwirren, vor dem Vergessen zu bewahren"[1]. Bowing träumt gar von einem riesigen Register, in dem alle Namen der Gäste aller Pariser Cafés der letzten hundert Jahre verzeichnet sind. Ein zweifellos verrückter Traum! Aber, als es das Café schon längst nicht mehr gibt und seine Gäste teilweise verschollen sind, trägt dieses Heft entscheidend zur Aufklärung eines Kriminalfalles bei. Dass wir selbst und jene, die wir lieben, nach flüchtiger Existenz nicht dem Vergessen anheimfallen, ist ein tief sitzender Wunsch, ein anthropologisches Grundbedürfnis. Heute stillt diese Sehnsucht nicht zuletzt das Internet, das bekanntlich nichts vergisst – ein zugleich verstörender Gedanke. Daran schließt sich als Präludium zum Beitrag eine erste These an: Der Eintrag in ein Verzeichnis/Buch ist vielleicht das markanteste verbindende Element für die Fraternitäten aller Zeiten und Spielarten.

Mit den vorliegenden Ausführungen kehrt der Autor zu einem Thema zurück, das seine frühen Forscherjahre bestimmt hat. In seiner publizierten Habilitationsschrift[2] entwickelte er folgende Kernthesen:

(1) Die ‚Bruderschaft' ist keine Erfindung der Neuzeit, sondern ein verbreiteter vormoderner Organisationstypus, dessen Wurzeln in die Antike zurückreichen und der in mehreren Kulturen und Religionen anzutreffen ist. Sein Fundament ist der Dienst an den Toten, d. h. die „ehrenhafte" (= rituell korrekte) Grablege der Mitglieder und ihre weitere Betreuung durch die Lebenden (Totenmähler, Memoria u. a. m.). Als „terminus technicus" dafür wird der Kunstbegriff „Fraternität" vorgeschlagen.

(2) Die Fraternität gewinnt in der lateinischen Christenheit durch die Lehre vom Fegefeuer besondere Brisanz und Attraktivität. Im Hoch- und Spätmittelalter wird sie daher ein bevorzugtes Vehikel gesellschaftlicher Vernetzung. Gleichzeitig wird der Totendienst

---

[1] Patrick MODIANO, Dans le café de la jeunesse perdue (Paris 2007) 17; deutsche Ausgabe: Im Café der verlorenen Jugend (München 2012).

[2] Rupert KLIEBER, Bruderschaften und Liebesbünde nach Trient. Ihr Totendienst, Zuspruch und Stellenwert im kirchlichen und gesellschaftlichen Leben am Beispiel Salzburg 1600–1950 (Frankfurt/Main u. a. 1999).

der Fraternitäten zunehmend mit darüber hinausgehenden Anliegen verknüpft (z. B. spezielle Devotionen, berufliche Regelungen, seltener auch karitative Anliegen).

(3) Die Katholische Reform der Frühen Neuzeit greift das vormoderne Organisationsmodell Fraternität in großem Stil auf. Dabei bleiben als Wesensmerkmale erhalten: das Fundament Totendienst, die Freiwilligkeit, der lose Organisierungsgrad und die Offenheit für Männer und Frauen. Neu hinzukommen kirchliche Kontroll-, Förderungs- und Lenkungselemente mit vielfachen Wirkungen auf das Gebaren der Fraternitäten.

(4) Nicht mehr unter Fraternitäten zu subsumieren sind die neuen Verbindungen der Jesuiten (Sodalitäten, Marianische Kongregationen etc.), auch wenn sie noch einige totendienstliche Elemente enthalten. Mit ihrer Verbindlichkeit und dem substanziell gesteigerten Formungsbemühen sprengen sie die im Kern vormoderne Organisationsform Fraternität und eröffnen den Reigen der modernen Organisationen, die ihren Siegeszug vor allem in Gestalt der Vereine des 19. Jahrhunderts erleben sollten.

Eine wichtige Folgerung aus diesen Kernthesen ist, dass nicht jede Verbindung, die in den Quellen als Bruderschaft firmiert, auch eine „Bruderschaft" im Sinne des Organisationstypus „Fraternität" darstellt. Abgesehen von den genannten jesuitischen Verbindungen werden ab dem ausgehenden 18. Jahrhundert laufend mehr Verbindungen als Bruderschaften bezeichnet, die den Typus verlassen und hinsichtlich Organisationsgrad und Zweckbestimmung Vor- oder Vollformen des modernen Organisationstypus „Verein" bilden. Umgekehrt existierten und existieren Fraternitäten nicht allein unter der Bezeichnung „Bruderschaft", sondern firmieren mit regionalen Vorlieben auch unter Bezeichnungen wie Zechen, Gilden, Kalanden, Liebesbünde etc. Zu beachten ist ferner, dass auch der Organisationstypus Fraternität Entwicklungen durchlief. Vor allem die starke kirchliche Vereinnahmung im Zuge der Katholischen Reform ab dem ausgehenden 16. Jahrhundert spaltete den Typus in mehrere Unterformen auf[3]. Welche Untertypen dabei zu unterscheiden sind und wie stark diese jeweils alltagsprägend wirkten, ist wesentlicher Inhalt der vorliegenden Abhandlung. Zwei Grundtypen von Fraternitäten sind bereits in den reichen bruderschaftlichen Traditionen des Mittelalters feststellbar.

1. Grundmodelle von Fraternitäten der lateinischen Kirche

1.1 Modell I – „Gebietsfraternität": die überregionale, versicherungsartige Verbrüderung

Einen ersten Grundtypus von Fraternität bildete die „Gebetsverbrüderung", die vor allem Klöster pflegten. Sie beruht auf dem Prinzip der geistlichen Gütergemeinschaft, mit der man den Dienst an den Toten um ein Vielfaches multiplizieren konnte. Einzelpersonen sowie geistlichen oder weltlichen Kommunitäten angebotene „confraternitas" dokumentieren vor allem die klösterliche Verbrüderungsbücher und die Nekrologe. Zu ihrer Aktualisierung wanderten zahlreiche Boten jahrein jahraus durch halb Europa, um

---

[3] Vgl. dazu auch: DERS., Neuzeitliche Bruderschaften und Liebesbünde. Entwicklungsphasen eines versunkenen religiösen Dienstleistungssektors am Beispiel Salzburg 1600–1950. *MIÖG* 108 (2000) 319–350; DERS., „Versicherungen fürs Fegefeuer" – Bruderschaften und Liebesbünde nach Trient am Beispiel Salzburg (1600–1950). *RHE* 96 (2001) 34–70; DERS., Basisbewegung oder Instrument kirchlicher Domestizierung? Charakteristika und Dimensionen des neuzeitlichen Bruderschaftswesens im süddeutschen Raum, in: Staatsmacht und Seelenheil. Gegenreformation und Geheimprotestantismus in der Habsburgermonarchie, hg. von Rudolf LEEB–Susanne Claudine PILS–Thomas WINKELBAUER (VIÖG 47, Wien 2007) 161–167.

sog. Totenroteln (respektive Totenlisten) auszutauschen[4]. Kennzeichen dieses Modells von Verbrüderung waren der überregionale Charakter sowie eine dadurch erforderte Buchführung, welche die vertraglich zugesicherte Memoria erst gewährleisten konnte. Ihr verdanken wir die meisten Personenzeugnisse des Mittelalters[5]. Der Totendienst dieses Modells war in erster Linie ritueller Natur. Er bestand konkret aus einer Kumulation des liturgischen Gedenkens an zahlreichen Orten durch viele Beteiligte. Neben Klosterbünden folgten diesem Modell auch überregionale Fraternitäten der Bettelorden oder großer Wallfahrtsorte und Hospize. Beispiele dafür sind im Alpenraum die Fraternitäten der Wallfahrtsstätte St. Leonhard im Lungau, in dessen Buch sich zwischen 1420 und 1508 ca. 5.000 Personen einschreiben ließen, sowie von St. Christoph am Arlberg mit seinem berühmten Wappenbuch[6]. Die „Handlungsreisenden" dieser Fraternitäten rekrutierten laufend neue Mitglieder, sorgten für die Einhebung von Beiträgen und vermittelten im Gegenzug die liturgischen Leistungen und Ablässe.

Einschreib- und Totenbücher, im Rahmen der Totenliturgie am Altar oder auf einer Bahre platziert, eine überregionale Verbreitung und die Vermittlung von Ablässen begegnen auch bei vielen neuzeitlichen Fraternitäten. Es waren vor allem die in der Katholischen Reform engagierten Ordensfamilien, die an diese Tradition anknüpften, im süddeutschen Raum etwa die Franziskaner, Karmeliter und Augustiner. Mit ihren Erzbruderschaften organisierten sie gleichsam weltweite „Versicherungsketten". Sie ernteten nicht zuletzt durch ihre üppigen Ablassangebote, häufig an Heilsunterpfänder wie Skapuliere, Gürtel oder Rosenkränze geknüpft, enormen Zuspruch.

1.2 Modell II – „Ortsfraternität": der lokal verankerte Totenbund

Das zweite Grundmodell von Fraternität aus mittelalterlichem Erbe ist die lokal verwurzelte Totenkult-Gemeinschaft. Sie firmierte im süddeutschen Raum lange Zeit bevorzugt unter der Bezeichnung „Zeche"[7]. Ihr Schwerpunkt lag im rituellen Bereich des Begräbnisses und der traditionellen Totenmemoria an Folgetagen (am Siebten, Dreißigsten sowie dem sog. Jahrtag). Mit diesem Angebot bedienten sie primär das religiöse Grundbedürfnis nach einem korrekten, ehrbaren Abgang (im Sinne gelungener „rites des passages")[8]. Requisiten dieses Fraternitätsmodells sind neben dem Mitgliederverzeichnis

[4] Vgl. dazu die profunde Arbeit von Gerald HIRTNER, Netzwerk der Tugendhaften. Neuzeitliche Totenroteln als historische Quelle (STMBO Ergbd. 48, St. Ottilien 2014).

[5] Der Auswertung dieser Quellengattung hat sich in besonderer Weise Joachim Wollasch in einem umfangreichen Œuvre verschrieben, verzeichnet in: Vinculum Societatis. Joachim Wollasch zum 60. Geburtstag, hg. von Franz NEISKE–Dietrich POECK–Mechthild SANDMANN (Sigmaringendorf 1991) 326–331.

[6] Vgl. Friederike ZAISBERGER, Das Bruderschaftsbuch von St. Leonhard ob Tamsweg (1465–1482), in: Salzburgs Wallfahrten in Kult und Brauch, hg. von Johannes NEUHARDT (Sonderschau des Dommuseums zu Salzburg 11, Salzburg 1986) 75–80; Hanna MOLDEN–Hans THÖNI, Arlberg. Paß, Hospiz und Bruderschaft (Wien–München 1986); Michael HARTMANN, Wappenbuch der Bruderschaft St. Christoph am Arlberg (Diss. Innsbruck 1986).

[7] Zur komplexen Diskussion um mittelalterliche Zechen/Gilden/Zünfte mit zahlreicher weiterführender Literatur sowie einem eigenen Abgrenzungsversuch siehe: KLIEBER, Bruderschaften (wie Anm. 2) 20, 27f., 55f.

[8] Vgl. mit zahlreicher weiterführender Literatur: Dictionaire de l'ethnologie et de l'anthropologie, hg. von Pierre BONTE–Michel IZARD (Paris 1991), vor allem die Beiträge: „Association", „Croyance", „Mort", „Religion", „Religions (Histoire des) et Anthropologie", „Rite de Passage". Aufschlussreich und mit weiterführenden Literaturangaben versehen sind auch die Abhandlungen „Übergangsriten", „Rites de Passage", „Totenkult, Totenritual", „Jenseitsvorstellungen", „Bestattung", „Ahnenkult" in: Neues Wörterbuch der Völkerkunde, hg. von

unter anderem eine Bruderschaftskerze, der bruderschaftliche Trunk (z. B. als Aufnahmeritual), symbolisch konstitutiv vor allem aber das sog. Jahrmahl mit den aktuell am Ort anwesenden Mitgliedern. Lokal verankerte nachtridentinische Fraternitäten erbten von diesem Modell die Ausstattung mit einer Totenbahre, die als Tumba auch bei den Fraternitätsgottesdiensten aufgestellt wurde, sowie Bahrtuch und Totenlicht. Fraternitäten dieses Modells garantierten Mitgliedern häufig die Grabbegleitung, jedenfalls aber Totengottesdienste und eine meist vierteljährlich (an den sog. Quatembern) wiederholte Memoria samt Namensnennung aller jemals eingeschriebenen Mitglieder oder wenigstens jener im zurückliegenden Jahr Verstorbenen im liturgischen Rahmen. Das Leistungsangebot am Ort, eine Grundausstattung an Ablässen sowie prestigeträchtige korporative Auftritte sicherten den lokalen Fraternitäten genügend Attraktivität, um gegen die übermächtige Konkurrenz der Ordensfraternitäten bestehen zu können.

2. Neuzeitliche Weiterungen der zwei Fraternitätsmodelle

Ungeachtet der konstatierten Kontinuität der bruderschaftlichen Standardleistung Totendienst zeigen die zahlreichen einschlägigen Studien zum Bruderschaftswesen vieler Länder und Regionen[9] Aspekte an, die das neuzeitliche vom mittelalterlichen Fraternitätswesen abheben. Zu konstatieren sind vor allem drei Fortschreibungen.

2.1 Fortschreibung I: die kirchliche Vereinnahmung

Die starke Verwurzelung im Totendienst ließ den Organisationstypus Fraternität unweigerlich ins Visier reformatorischer Maßnahmen geraten. Die Ablehnung des Jenseitselements Fegefeuer sowie die Einstufung des Totendienstes als unnütze Werkfrömmigkeit führte in protestantischen Gebieten konsequenterweise zur weitgehenden Eliminierung des Typus Fraternität oder zu dessen Überführung in verbindlichere neue Organisationsformen. In der nun ebenfalls konfessionell verdichteten katholischen Welt wurden die Fraternitäten durch die Bestimmungen des Konzils von Trient und ihre wesentlichen Fortschreibungen der Aufsicht der Ortsbischöfe unterstellt. Diese verlangten ihnen nun ab, Statuten einzureichen und sich um Ablässe zu bemühen. Ein großer Teil

---

Walter Hirschberg (Berlin 1988). Aufgrund der differenzierten Beiträge in diesem Zusammenhang ebenfalls von Interesse: Anthropologie nach dem Tode des Menschen. Vervollkommnung und Unverbesserlichkeit, hg. von Dietmar Kamper–Christoph Wulf (Frankfurt/Main 1994).

[9] Aus der schier unübersichtlichen Fülle internationaler Bruderschaftsliteratur, die sich bevorzugt der mittelalterlichen Situation widmet, ragen für die Neuzeit heraus: Alain Tallon, La Compagnie du Saint-Sacrement (1629–1667). Spiritualité et société (Paris 1990); Bernhard Schneider, Bruderschaften im Trierer Land. Ihre Geschichte und ihr Gottesdienst zwischen Tridentinum und Säkularisation (Trierer theologische Schriften 48, Trier 1989); Brian Pullan, Rich and Poor in Renaissance Venice. The Social Institutions of a Catholic State to 1620 (Oxford 1971); Tomás Antonio Mantecón Movellán, Contrareforma y religiosidad popular en Cantabria. Las cofradías religiosas (Santander 1990); Dagmar Bechtloff, Bruderschaften im kolonialen Michoacán. Religion zwischen Politik und Wirtschaft in einer interkulturellen Gesellschaft (Hamburger Beiträge zur Überseegeschichte 2, Münster 1992); Vladimír Maňas, Fromme Bruderschaften der Olmützer Diözese in der Frühen Neuzeit, in: Frühneuzeitforschung in der Habsburgermonarchie, hg. von István Fazekas–Martin Scheutz–Csaba Szabo–Thomas Winkelbauer (Publikationen der ungarischen Geschichtsforschung in Wien 7, Wien 2013) 293–308.

der Fraternitäten, aber bei Weitem nicht alle und am wenigsten jene von Berufsgruppen[10] haben sich diesen Vorgaben unterworfen. Erst recht folgten die zahlreichen Neugründungen von Fraternitäten dem nun geforderten Schema. Das bedeutete eine wesentliche Weichenstellung. Die Anerkennung der geistlichen Oberaufsicht machte aus dem vormals selbständigen einen in vielerlei Hinsicht kirchlich gestalt- und nutzbaren Sektor der Gesellschaft. Statt ihn wie in den neuen Kirchen zu eliminieren, wurde die Fraternität in der alten Kirche in den Dienst genommen. Auch der auf diese Weise vereinnahmte Organisationstypus bediente weiterhin die genannten totendienstlichen Bedürfnisse der Bevölkerung, lenkte diese aber durch eine Mischung aus Forderung und Förderung zugleich in gewünschte Richtungen.

Mit der kirchlichen Vereinnahmung erweiterte sich die Palette der Fraternitätstitel rasant. In den mittelalterlichen Fraternitäten waren vier Devotionstitel dominant gewesen: Fronleichnam, Allerseelen, Liebe Frau (= Maria) und Sebastian. Die meisten von ihnen aber hatten nur die Trägerschaft oder Begünstigte genannt (z. B. Zechen der Priester, Bürger, eines Handwerks bzw. für „Elende" = mittellos Verstorbene). Nach Trient wurde die Titelei im Sinne der Reformideale auf eine Vielzahl von Patronen, Glaubensgeheimnissen und Heilsunterpfande ausgeweitet (neben den genannten Dreifaltigkeit, Unbefleckte Empfängnis, Herz-Jesu, Todesangst Christi, Maria-Sieben-Schmerzen bzw. Rosenkranz, Gürtel, Skapulier, Hl. Kreuz u. v. a. m.). Der augenscheinlich effiziente Mix aus Eigeninitiative sowie obrigkeitlicher Forderung und Förderung bewirkte wiederum zwei andere markante Weiterungen.

2.2 Fortschreibung II: die verstärkte Öffentlichkeit

Mittelalterliche ortsgebundene Fraternitäten erscheinen in den Quellen häufig als beschauliche bürgerliche „Selbsthilfegruppen", die ihren Mitgliedern samt Ehefrauen, Kindern und Dienstboten die Grabbegleitung und das Totengedächtnis sicherten. Öffentlich präsent waren sie bestenfalls bei der städtischen Fronleichnamsprozession. Ihre Mitglieder trafen sich zum Bruderschaftstrunk am Jahresfest, auf dem sich Neue mit einer Wachs- oder Weinspende einführten und die Zechmeister gewählt wurden. Ihre Bilanzen vermerkten für dieses bescheidene Gebaren in der Regel wenige Gulden. Viele Fraternitäten der Neuzeit hingegen traten ungleich spektakulärer in Erscheinung und bildeten bald einen integralen Bestandteil der lokalen kirchlichen Festkulturen. Die nun standardisierten Ablässe waren an die Festlegung von Haupt- und Nebenfesten sowie an Beichte und Kommunion geknüpft, was den Fraternitäten einen festen Platz im örtlichen liturgischen Leben verschaffte.

Die solcherart aufgerüsteten Fraternitäten avancierten zum effizientesten Verteiler von Ablässen, deren Bindung an Beichte und Kommunion die Sakramenten-Frequenz je länger je mehr in bis dahin ungekannte Höhen steigen ließ. Vor allem bei Ordensfraternitäten sprengte das Ausmaß an Privilegien im Laufe der Zeit alles bisher Dagewesene. Hatte man im Mittelalter bestenfalls einige hundert Tage Strafablass im Jenseits erwirkt, so wurden nun mit jedem Jahrzehnt mehr Vollkommene Ablässe sowie subtile Sondergnaden gewährt. So versprachen etwa die Karmeliter den Mitgliedern ihrer Skapulier-Bruderschaften, dass sie spätestens am nächstfolgenden Samstag nach dem Tod aus dem

Fegefeuer erlöst würden[11]. Dazu kam eine stetig wachsende Zahl sog. privilegierter Altäre, an denen jede Messfeier eine Seele aus dem Purgatorium befreite. Die im 18. Jahrhundert zunehmende jansenistische Kritik, mehr noch die kirchennahe wie -kritische Aufklärung stellte diese Angebote grundsätzlich in Frage und führte in unterschiedlichen regionalen Geschwindigkeiten zur Eindämmung der inflationären Praxis[12]. Oder zugespitzt formuliert: Bei nüchterner Hochrechnung der Angebote müsste das Fegefeuer spätestens zur Mitte des 18. Jahrhunderts verwaist gewesen sein, um sich spätestens ab den aufgeklärten 1780er Jahren erneut zu füllen.

Der nach außen auffälligste Qualitätsunterschied lag jedoch im nun hochtheatralischen Auftreten etlicher lokaler Fraternitäten nach dem Vorbild romanischer Länder. Sie prunkten vor allem in Prozessionen mit farbigen Kutten, immer teurer und kunstvoller gestalteten Kreuzen, Fahnen, Stangen, Laternen und Figuren bis hin zu lebenden Bildern, mitgeführten Tieren, Böllern und Feuerwerken und beeindruckten mit Sondergruppen von Flagellanten und Büßern. Dazu kamen ein gesteigertes Gepränge bei den Begräbnissen sowie theatralische Aufbauten bei Totengottesdiensten (z. B. mit aufwendigen sog. Castra Doloris). Begüterte Bünde initiierten darüber hinaus Sonderliturgien, bevorzugt musikalisch gestaltete Litaneien oder Rosenkränze[13]. Etliche von ihnen veranstalteten jährliche Kirchfahrten, die sie zu Gnadenstätten der näheren und ferneren Umgebung führten. Mit der neuen Öffentlichkeit geht ein weiterer Quantensprung in den Größenordnungen einher.

2.3 Fortschreibung III: die gesteigerten Dimensionen

Wie sehr sich die Dimensionen des Bruderschaftswesens in Mittelalter und Neuzeit veränderten, kann nicht zuletzt am Salzburger Beispiel illustriert werden. Hier bestand das mittelalterliche Erbe laut den Visitationsprotokollen von 1613/14 für die Stadt aus vier allgemeinen Bruderschaften und 18 bruderschaftlich verbundenen Handwerken. In der gesamten Erzdiözese Salzburg bestand es aus je 29, praktisch nur in den Städten angesiedelten allgemeinen bzw. Handwerksbruderschaften. Diese Bünde besaßen kaum nennenswertes Vermögen und wiesen einen geringen Organisationsgrad auf; die höchste genannte Mitgliederzahl ist 64 für Petting[14]. Rund eineinhalb Jahrhunderte später zeigt sich ein ziemlich veränderter Bestand mit 36 Fraternitäten in der Hauptstadt sowie circa 300 in der gesamten Erzdiözese, was eine Verzehnfachung des Bestands bedeutet. Darüber hinaus hatte sich die Finanzgebarung der Fraternitäten markant verändert, von denen viele durch generöse Schenkungen nicht mehr von Mitgliederbeiträgen abhängig waren. Allein die Fraternitäten der Stadt Salzburg verfügten noch 1790 über einen Kapitelstand von fast 200.000 Gulden, was dem Sechsfachen der durchschnittlichen Jahreseinnahme der Hauptstadt entsprach.

Im Unterschied zu den romanischen Ländern wie Frankreich lag die Blütezeit der

---

[11] Siehe am Salzburger Beispiel: ebd. 314.

[12] Zur internen wie externen Kritik an Bruderschaften sowie daraus folgenden Maßnahmen siehe für den Bereich der Habsburgermonarchie: Martin Scheutz, Ein „Lutheraner" auf dem Habsburgerthron. Die josephinischen Reformen und die Klosteraufhebungen in der Habsburgermonarchie. *MIÖG* 120 (2012) 321–338; für Salzburg mit weiterführender Literatur: Klieber, Bruderschaften (wie Anm. 2) 533–541.

[13] Am Beispiel des Musikbundes der Salzburger Kreuzbruderschaft: ebd. 385–392.

[14] Entsprechende Ausführungen und Tabellen siehe: ebd. 48–58.

Fraternitäten nördlich der Alpen eindeutig im 18. Jahrhundert[15]. Eine Hochrechnung für Salzburg hat ergeben, dass in diesem Jahrhundert allein in der Stadt Salzburg sich jährlich rund 5.000 Personen in eine der Fraternitäten aufnehmen ließen, wobei die Ordensfraternitäten eindeutig dominierten. Katzinger hat aus Bürgertestamenten für Oberösterreich erhoben, dass zu Beginn des 18. Jahrhunderts dort jede/r Testierende Mitglied von durchschnittlich zwei, 1740 aber von sechs Bruderschaften war. In Niederösterreich ohne Wien kam um 1770 theoretisch auf ca. 1.500 Einwohner beiderlei Geschlechts eine Fraternität, in Wien auf 1.100, im Erzstift Salzburg ohne Hauptstadt auf 1.000, in der Stadt Salzburg aber auf 600. Das durchschnittliche Vermögen einer niederösterreichischen Fraternität (samt Wien) betrug 1.800 Gulden, einer Salzburger Fraternität jedoch 2.400 Gulden. Klar belegen ließ sich für Salzburg auch an vielen Beispielen ein markanter Überhang an Frauenbeitritten[16].

3. Das nachgebesserte Angebot einer Typologie neuzeitlicher Fraternitäten

Die Vielfalt der Quellenbegriffe für Fraternitäten sowie die teilweise Verwendung der Bezeichnung „Bruderschaft" für moderne Organisationen (v. a. Vereine im kirchlichen Bereich) bringt es mit sich, dass die umfangreiche Literatur lokaler wie akademischer Provenienz zu diesem Phänomen sich meist heillos im Dickicht des üppig vorhandenen Quellenmaterials verstrickt und damit nur eingeschränkt zur Aufschlüsselung des facettenreichen Phänomens für Interessierte beiträgt. Dabei begegnen vor allem zwei Fehlschlüsse. Zum einen verführt eine völlig gewandelte moderne Weltsicht dazu, das „bleibend Fremde" an Fraterntitäten, i. e. ihre Verankerung im Totendienst, nicht wahrzunehmen bzw. zu marginalisieren. Sie ist nach Erkenntnis des Autors jedoch kein zeitbedingtes Accessoire der Organisationsform sondern ihr zentrales und konstitutives Element, ihr Wesenskern. Es zu verkennen, führt häufig zur anachronistischen Suche nach ihren „eigentlichen" Aufgaben, zur Überbetonung ihrer Zusatzangebote (z. B. als Kredit-, Brot- und Auftraggeber), zur nichtssagenden Einebnung als Frömmigkeitsvereine oder unzeitgemäßen Überhöhung zu Standesvertretungen oder kirchlichen Basisgemeinden[17]. Zum anderen wird wenig wahrgenommen, dass die Organisationsform Fraternität, wie erwähnt, vor allem ab der Neuzeit, Verzweigungen erfahren hat, die sie essentiell voneinander abheben. Diese Gruppen von Fraternitäten unterscheiden sich nicht allein in vielfältiger Titelgebung oder Größe sondern bilden Untertypen mit sehr disparatem Organisationsgrad und höchst verschiedenen Auswirkungen auf den Alltag. Die mangelnde Unterscheidung dieser Gruppen verleitet oft dazu, dass ein bestimmter Typus von

---

[15] Michel Bée, Religion, culture et société. Les confréries en Normandie, XVIIᵉ–XXᵉ siècles. *Histoire, économie et société* 11 (1992) 277–293, hier 287.

[16] Klieber, Basisbewegung (wie Anm. 3) 161–167; Willibald Katzinger, Die Bruderschaften in den Städten Oberösterreichs als Hilfsmittel der Gegenreformation und Ausdruck barocker Frömmigkeit, in: Bürgerschaft und Kirche. 17. Arbeitstagung in Kempten 3.–5. November 1978, hg. von Jürgen Sydow (Stadt in der Geschichte 7, Sigmaringen 1980) 96–112.

[17] Zwei von vielen Beispielen: Von „freiwilligen, auf Dauer angelegten Personenvereinigungen mit primär religiösen, oft auch caritativen Aktivitäten" handelt Ludwig Remling, Bruderschaften in Franken. Kirchen- und sozialgeschichtliche Untersuchungen zum spätmittelalterlichen und frühneuzeitlichen Bruderschaftswesen (Quellen und Forschungen zur Geschichte des Bistums und Hochstifts Würzburg 35, Würzburg 1986) 49f.; von „religiösen Basisgemeinschaften" spricht Franz Ortner, Salzburger Kirchengeschichte. Von den Anfängen bis zur Gegenwart (Salzburg 1988) 128.

Fraternität (meist aktive lokale Bünde) „pars pro toto" als konstitutiv für den gesamten
Sektor genommen wird. Eine andere häufige Folgerung daraus ist, dass Fraternitätstitel zu
Gattungsbildnern überhöht werden und gewisse Regionen nach solchen Titelgruppen hin
untersucht werden (z. B. Rosenkranz-, Anna-Bruderschaften), wiewohl Fraternitäten desselben Titels unterschiedlichen Typen angehören können und Fehlinterpretationen damit
vorprogrammiert sind[18]. Zur Vermeidung dieser gängigen Fehlschlüsse hat die genannte
Studie des Autors von 1999 einen großen Anlauf zur Typenbildung genommen. Ziel des
Unterfangens war es, gangbare Schneisen durch das gewaltige Dickicht des Phänomens
zu schlagen, das durch seine große zeitliche wie räumliche Erstreckung beinahe unüber-
schaubar erscheint. Dieses Angebot bleibt nach wie vor gültig, soll hier aber an einigen
Punkten nachgebessert werden. Daran angeschlossen werden jeweils explizite Ausführungen über die recht verschiedenen Auswirkungen der konstatierten Fraternitätstypen auf
das Alltagsleben der unzähligen davon Betroffenen. Dass diese Unterscheidungen anhand
von drei Kriterien-Paaren erfolgen, mag vordergründig kompliziert wirken, erlaubt im
Gegenzug aber eine Differenzierung, die am ehesten die komplexe Wirklichkeit zu erfassen vermag.

Bereits die zwei aus mittelalterlichem Erbe stammenden Grundmodelle von Fraternität (das überregionale Netzwerk „Gebietsfraternität", der lokale Totenbund „Ortsfraternität") waren naturgemäß verschieden alltagsprägend. Sich in das Bruderschaftsbuch
am Wallfahrtsort St. Leonhard im Lungau einzutragen, den man vielleicht einmal im
Leben aufsuchte, hatte vermutlich überschaubare Auswirkungen auf das weitere Leben.
Mit sehr viel mehr Konsequenzen für die Lebensgestaltung war verbunden, Mitglied der
Weinhauer-Zeche von Grinzing zu werden, die feste Tarife für Beitritt und Jahresbeiträge
vorschrieb, bei jedem Todesfall eines Mitgliedes ausrückte, ein Jahrmahl ausrichtete und
regelmäßig ihre Funktionäre wählte. Die skizzierten Weiterungen der Neuzeit sorgten
jedoch für noch diffizilere Verästelungen und erfordern daher auch eine vertiefte Typolo-
gie. Zu eruieren waren im Wesentlichen drei typologische Kriterien-Paare, deren direkte
Auswirkungen auf die Alltagsrelevanz der betroffenen Organisationen ins Auge springen.
Die zweifellos substanziellste Unterscheidung betrifft:

3.1 „Selbständige Fraternitäten" versus „betreute Fraternitäten"

Die Selbständigkeit betraf vor allem die Kompetenz zur Regelung von Geschäften und
das Verfügen über Eigenmittel. Eigenregie in diesem Sinne wurde gewährleistet durch
bruderschaftliche Gremien und Beamte (zumeist Präfekt, Assistenten, Konsilium). Die
Betreuung wiederum bedeutete eine Verwaltung durch andere Einrichtungen (z. B. ein
Kloster, die Universität), deren Abt/Oberer/Rektor oder Ehrwürdige Mutter Äbtissin alle
organisatorischen Fragen verantwortete. Um einen modernen Vergleich zu wagen: Eine
betreute Fraternität war eine Service-Einrichtung nach Art von Vorteilskarten einer Firma
oder des Fanclubs eines Rundfunksenders; man kam in den Genuss von Vorteilen, hatte
selbst aber keinen Einfluss auf das Gebaren der Einrichtung, zu der man wohl auch nur
eine lose persönliche Bindung aufbaute. Damit eng zusammen hing das weitere Kriterien-
Paar:

---

[18] Am Beispiel einer jüngeren Studie von Maria Karg, Die St.-Anna-Bruderschaften im Bistum Freising.
Ein Beitrag zur Frömmigkeitsgeschichte Altbayerns (Studien zur altbayerischen Kirchengeschichte 14, München 2014).

3.2 „Fraternitäten mit Ausstattung" versus „Fraternitäten ohne Ausstattung"

Die Frage der Ausstattung entschied meist darüber, ob eine lokal verankerte Fraternität über Umgänge in der Kirche oder die Grabbegleitung zum Friedhof hinaus öffentlich aufgetreten ist und so auch für Außenstehende wahrnehmbar war. Sie erforderte ein erhöhtes Maß an Organisation für die Anschaffung, Aufbewahrung und für den Einsatz der bruderschaftlichen Requisiten (sog. Bruderschaftszier). Diese umfassten vor allem Trachten/Kutten sowie Kreuze, Fahnen, Laternen, Stangen, Figuren etc. Damit ausgestattete Fraternitäten waren fester Bestandteil kirchlicher und säkularer Prozessionen. Sie begleiteten ihre Toten nicht nur zur letzten Ruhe, sondern trugen sie selbst zu Grabe, waren Kondukt-bildend, ihre Kutten dienten häufig als Leichenhemden. Damit bemühten sich diese Fraternitäten am stärksten von allen auch um die diesseitigen Pflichten gegenüber Toten. Von Eigenregie und Ausstattung hingegen weitgehend unabhängig ist die Gliederung in

3.3 „Einzel-Fraternitäten" versus „Ketten-Fraternitäten"

Diese Unterscheidung entspricht im Wesentlichen der traditionellen Einteilung in „Mindere Bruderschaften" und „Erzbruderschaften". Die Vernetzung als Ketten-Fraternität konnte mit einem Orden oder einer Mutterfraternität (i. e. Erz-Bruderschaft) bestehen und war insofern von Bedeutung, als damit eine enorme Steigerung der Privilegien einherging. Zudem standen den Orden starke Mittel der Förderung und Formung durch Schriftgut zu Gebote, sodass ihre Bräuche und Spiritualitäten die ihnen affiliierten Fraternitäten merklich prägten. Diese Vernetzung bedeutete freilich nur in Ausnahmefällen auch die Verwaltung der Fraternität. Auch eine Ketten-Fraternität hatte in der Regel eigene Beamte und Konsilien und war insofern meistens „selbstständig".

Schaut man die drei genannten Kriterien-Paare zusammen, dann kann wohl idealtypisch gefolgert werden, dass die größte Relevanz für die Lebensgestaltung die Kriterien-Kombination „selbständige Ketten-Fraternität mit Ausstattung" aufwies. Sie vor allem hat die dilettantische wie akademische Forschung üblicherweise vor Augen, wenn sie von „Bruderschaft" handelt. Dieser Untertypus trat großflächig als Auftraggeber für Künstler und Handwerker in Erscheinung, mitunter sogar als Bauherr von Profan- und Kultbauten, häufig als Kreditgeber ganzer Regionen und nicht selten als Arbeitgeber etlicher Dienstnehmer inklusive Kleriker, vergleichsweise selten auch als Wohltäter in ausgesuchten Sozialfeldern. Er weist die sozial- und kulturgeschichtlich reizvollsten Einzelaspekte auf, wenn etwa in Salzburg die Müllner Monika-Bruderschaft bei Prozessionen Konfekt verteilte, die hiesige Dreifaltigkeits-Bruderschaft jeden Karfreitag einen zum Tod Verurteilten freibitten konnte, oder die Sakraments- und Kreuzbruderschaften am Ort Kompositionen beauftragten, die u. a. Vater und Sohn Mozart lieferten[19].

Die Dominanz dieser Fraternitätsgruppe in den Archiven und bei den Relikten darf jedoch nicht dazu verleiten, sie für die einzige Spielart von Fraternität zu halten. Sie war mit ziemlicher Sicherheit nicht einmal ihr verbreitetster Untertypus. Ihren Gegenpol am anderen Ende der Palette bildete die „betreute Einzel-Fraternität ohne Ausstattung", die den Alltag wohl nur gering tangierte und deshalb weniger im kollektiven Bewusstsein haften geblieben ist. Ihre Rolle für die spirituelle Identität und damit das psychische

---

[19] Siehe entsprechende Kapitel in KLIEBER, Bruderschaften (wie Anm. 2).

Wohlergehen von Abertausenden darf indes nicht geringgeschätzt werden. Die genannten beiden Enden der Bandbreite entsprechen auf weite Strecken den eingangs skizzierten Grundmodellen von Fraternität („Gebiets-, Ortsfraternität"), gehen aber deutlich über sie hinaus. Davon abgesehen ist jedoch dringend anzumerken, dass die beiden bislang genannten Kriterien-Kombinationen keineswegs die einzigen waren, die vorkamen. Erneut können am Salzburger Beispiel die vielfältigen Möglichkeiten der Kriterien-Kombination veranschaulicht werden. Anzutreffen waren dort folgende Bündelungen mit entsprechend unterschiedlicher Alltagswirkung:

Corpus-Christi-Erzbruderschaft: selbständige kettenbildende Fraternität mit Ausstattung
Monikabruderschaft Mülln: selbständige Ketten-Fraternität mit Ausstattung
Annabruderschaft: selbständige Einzel-Fraternität mit Ausstattung
Liebesbund des Bürgerspitals: selbständige Einzel-Fraternität ohne Ausstattung
Herz-Jesu-Bruderschaft der Ursulinen: betreute Ketten-Fraternität mit Ausstattung
Skapulier-Bruderschaft St. Peter: betreute Ketten-Fraternität ohne Ausstattung
Michaelsbruderschaft: betreute Einzel-Fraternität ohne Ausstattung

Das Salzburger Beispiel zeigt somit an, dass theoretisch alle Kriterien-Kombinationen möglich waren. Praktisch traf dies jedoch nur eingeschränkt zu, da betreute Ketten-Fraternitäten offensichtlich nur selten über Requisiten des öffentlichen Auftritts verfügten. Die Salzburger Ursulinen etwa zeigten nur in der Anfangszeit die Absicht, ihrer Herz-Jesu-Bruderschaft auch Beamte zu geben, die man mit Kutten und Stäben ausstatten wollte[20]. Vermutlich war es die den betreuten Fraternitäten inhärente Bevormundung, die für bruderschaftliche Beamte samt dem Bedürfnis nach repräsentativen Auftritten keinen Platz ließ. In Landgebieten wiederum war die Bandbreite an Fraternitäten naturgemäß weniger ausgeprägt als in Städten. In Ermangelung geistlicher Kommunitäten und durch das Bedürfnis nach Ausstattung, reichen Gnaden und festlichen Auftritten dominierte am Land die freie Ketten-Fraternität mit Ausstattung (z. B. Rosenkranz-Bruderschaften), verbunden mit einem naturgemäß stärkeren Einfluss der örtlichen Seelsorger.

4. Conclusio

Der vorliegende Beitrag ist ein Plädoyer dafür, sich dem großen und faszinierenden Phänomen „Bruderschaft" methodisch differenzierter zu nähern, als dies üblicherweise geschieht. Nur so erscheint es möglich, dem Wust an Quellenmaterial und der großen Bandbreite bruderschaftlicher Erscheinungsformen einigermaßen Herr zu werden und ihnen aufschlüsselnde Erkenntnisse abzugewinnen bzw. Fehlschlüsse zu vermeiden. Hilfe dafür verspricht vor allem die Wahrnehmung und interpretatorische Nutzung des aus der Fülle der konkreten Formen herausdestillierten „Organisationstypus Fraternität". Ein weiteres Angebot dazu ist die Unterscheidung und Zuordnung konkreter Fraternitäten anhand eines differenzierten Kriterienkatalogs betreffend die Art ihrer Verwaltung, ihre vorhandene oder fehlende Ausstattung sowie ihre potenzielle Vernetzung. Sie erst macht es möglich, hilfreiche Differenzierungen zu leisten und so zu einer einigermaßen realistischen Bewertung konkreter Fraternitäten hinsichtlich ihrer Wirksamkeit und Relevanz am Ort zu gelangen.

---

[20] Ebd. 428.

Bruderschaft und Wallfahrt im 17. und 18. Jahrhundert. Niederösterreichische, böhmische und mährische Beispiele für die enge Verbindung zweier Einrichtungen der katholischen Konfessionalisierung

Thomas Winkelbauer

Im Laufe des 17. Jahrhunderts fand in mehrfacher Hinsicht innerhalb des Bruderschaftswesens der römisch-katholischen Kirche ein Strukturwandel statt, der sich unter anderem in der Bildung überlokaler und überregionaler „Massenbruderschaften", in der Gründung von Erzbruderschaften – also von Bruderschaften mit dem Recht, die Gründung von Filialbruderschaften vorzunehmen – sowie im Ausgreifen der Bruderschaften von den Städten auf das „flache" Land manifestierte[1]. „Die Errichtung von Erzbruderschaften hatte eine stärkere Zentralisierung im Bruderschaftswesen zur Folge. Die Bruderschaften wurden enger an den Klerus gebunden, und die religiösen Aufgaben der Bruderschaften begannen sehr viel stärker hervorzutreten und ‚geselliges Brauchtum' zurückzudrängen"[2]. Bei der Gründung neuer Bruderschaften lag die Initiative nach dem Konzil von Trient und insbesondere seit dem Erlass der Konstitution „Quaecumque" durch Papst Clemens VIII. im Dezember 1604 „weitgehend auf Seiten des Klerus oder der Orden"[3].

Etwa gleichzeitig ist auch im Wallfahrtswesen ein starker Aufschwung zu beobachten: „Die Zahl der Wallfahrten stieg nun bedeutend an, alte Wallfahrtsorte erfreuten sich eines neuen Zustromes, und neue Wallfahrten, z. B. marianische Wallfahrten, kamen auf. Die vom Tridentinum als nützlich erachtete Bilderverehrung [...] schlug sich in Wallfahrten zu Gnadenbildern nieder"[4]. Im Prozess der lawinenartigen Ausbreitung von Wallfahrtsprozessionen „kam den Bruderschaften eine eminent wichtige Bedeutung zu"[5]. Katholische

---

[1] Vgl. z. B. Bernhard SCHNEIDER, Kirchenpolitik und Volksfrömmigkeit. Die wechselhafte Entwicklung der Bruderschaften in Deutschland vom Spätmittelalter bis zur Mitte des 19. Jahrhunderts. *Saeculum* 47 (1996) 89–119, hier 90–98.

[2] Birgit BERNARD, Die Wallfahrten der St.-Matthias-Bruderschaften zur Abtei St. Matthias in Trier. Vom 17. Jahrhundert bis zum Ende des Zweiten Weltkrieges (Heidelberg 1995) 52.

[3] Ludwig REMLING, Bruderschaften in Franken. Kirchen- und sozialgeschichtliche Untersuchungen zum spätmittelalterlichen und frühneuzeitlichen Bruderschaftswesen (Quellen und Forschungen zur Geschichte des Bistums und Hochstifts Würzburg 35, Würzburg 1986) 30.

[4] BERNARD, Wallfahrten (wie Anm. 2) 53.

[5] SCHNEIDER, Kirchenpolitik (wie Anm. 1) 114; ebd. 115: „Für die Bruderschaften selbst boten die Wallfahrtsprozessionen die Gelegenheit, ihre eigene Frömmigkeit aktiv zu praktizieren und sie auch öffentlich zu demonstrieren. Indem die Bruderschaftsfahnen und sonstige sichtbare Insignien der Bruderschaften (z. B. Heiligenstatuen) mitgeführt wurden und die Teilnehmer sich nach außen als Mitglieder einer bestimmten Bruder-

„Volksreligiosität als kollektives Ritual" manifestierte sich nicht zuletzt in Wallfahrten und Prozessionen[6].

Grundsätzlich war die eifrige Förderung des Bruderschafts- und des Wallfahrtswesens durch die gegenreformatorische Kirche („ecclesia militans") und durch die triumphierende Kirche der Barockzeit („ecclesia triumphans") sowie durch katholische Laien (vom Kaiser und dem Herzog/Kurfürsten von Bayern „abwärts") nicht zuletzt eine Folge des bekannten Umstandes, dass Martin Luthers „Kritik der guten Werke, der Heiligenverehrung, der Ablaß- und Fegefeuerlehre sowie der katholischen Messtheologie den Bruderschaften fast vollständig ihre bisherige religiöse Grundlage"[7] entzogen hatte. Wallfahrten und Bruderschaften waren besonders öffentlichkeitswirksame Instrumente einer „demonstratio catholica"[8].

Das „Rituale Romanum" Papst Pauls V. aus dem Jahr 1614 definierte kirchliche Prozessionen als „pvblicæ, sacraeq(ue) Processiones" unter der Leitung eines Priesters. Laien und Kleriker, Frauen und Männer sollten, jeweils in Zweierreihen, voneinander getrennt einherschreiten. Es sollten ein Kreuz und, wo es üblich sei, eine Fahne mit heiligen Bildern („vexillum sacris Imaginibus insignitum") vorangetragen werden. Vor dem Beginn jeder Prozession hatte feierlich eine Messe zelebriert zu werden[9]. Ob diese Vorschriften des „Rituale Romanum" auch bei ein- und mehrtägigen Wallfahrtsprozessionen eingehalten wurden, ist schwer zu beurteilen, manche Indizien scheinen aber dafür zu sprechen. Jedenfalls sind in bildlichen Darstellungen von Wallfahrtsprozessionen in den österreichischen und böhmischen Ländern in der zweiten Hälfte des 17. und der ersten Hälfte des 18. Jahrhunderts stets ein Kreuzträger an der Spitze und mehrere Fahnenträger inmitten des Wallfahrerzuges dargestellt (siehe Abb. 1 und 2).

Die Durchführung der Gruppenwallfahrten wurde tendenziell stärker reglementiert und klerikaler Leitung und Kontrolle unterworfen. Insbesondere wurden „Ausführungsformen des geregelteren Prozessionswesens" auf das Wallfahrtswesen übertragen. Die Teilnahme von Geistlichen war dringend erwünscht und wurde diesen nahegelegt. „Sie

---

schaft zu erkennen gaben, nahmen die Wallfahrtsprozessionen den Charakter einer Selbstdarstellung an." Zur maßgeblichen Beteiligung von Bruderschaften an Prozessionen im Allgemeinen und Wallfahrtsprozessionen im Besonderen sowie zu ihrer Rolle als Initiatoren und Organisatoren von Wallfahrten siehe auch (in Auswahl): Rebekka HABERMAS, Wallfahrt und Aufruhr. Zur Geschichte des Wunderglaubens in der frühen Neuzeit (Historische Studien 5, Frankfurt/Main–New York 1991) 93–98; Philip M. SOERGEL, Wondrous in His Saints: Counter-Reformation Propaganda in Bavaria (Studies on the History of Society and Culture 17, Berkeley–Los Angeles–London 1993) 159–216; Bernhard SCHNEIDER, Wandel und Beharrung. Bruderschaften und Frömmigkeit in Spätmittelalter und Früher Neuzeit, in: Volksfrömmigkeit in der frühen Neuzeit, hg. von Hansgeorg MOLITOR–Heribert SMOLINSKY (Katholisches Leben und Kirchenreform im Zeitalter der Glaubensspaltung 54, Münster 1994) 65–87, hier 79–82; Daniel DRAŠČEK, „Homo peregrinus". Der Mensch als Fremder in dieser Welt. Die Wallfahrt nach Oberelchingen (Kulturgeschichtliche Forschungen 7, München 1987) 16–23, 116–128.

    [6] Vgl. z. B. Kaspar VON GREYERZ, Religion und Kultur. Europa 1500–1800 (Göttingen 2000) 190–203.
    [7] SCHNEIDER, Wandel und Beharrung (wie Anm. 5) 67.
    [8] Vgl. jetzt insbesondere die souveräne Synthese von Andreas HOLZEM, Christentum in Deutschland 1550–1850. Konfessionalisierung – Aufklärung – Pluralisierung 1 (Paderborn 2015) 427–440, 459–469.
    [9] RITVALE ROMANVM PAVLI V. P. M. iussu editum (Romae 1617) 285f.; Wolfgang BRÜCKNER, Zur Phänomenologie und Nomenklatur des Wallfahrtswesens und seiner Erforschung. Wörter und Sachen in systematisch-semantischem Zusammenhang, in: Volkskultur und Geschichte. Festgabe für Josef Dünninger zum 65. Geburtstag, hg. von Dieter HARMENING (Berlin 1970) 384–424, hier 417: „Wallfahrt und Prozessionswesen lassen sich nicht voneinander trennen, wenn wir das, was beide verbindet, im Auge behalten wollen: das dynamische Element in der Geschichte der Volksfrömmigkeit."

Abb. 1: Ein – wohl aus Mariazell kommender, auf dem Heimweg befindlicher – Wallfahrerzug verlässt den Markt Furth bei Göttweig in Richtung Mautern; Ausschnitt aus einem vom Göttweiger Abt Gregor II. Heller den niederösterreichischen Ständen gewidmeten Kupferstich (Zeichner: Matthäus Mannagetta; Stecher: Matthäus Küsel; Wien 1668) (Stift Göttweig, Graphische Sammlung).

sollten die Gläubigen über Sinn und Zweck der Wallfahrt belehren und über die Ausführungsbestimmungen unterrichten. Auf diese Weise sollte die Wallfahrt stärker in eine kontrollierbare Kirchlichkeit eingebunden [...] werden. Die kollektive Religionsausübung sollte kanalisiert und besser kontrollier- und steuerbar werden"[10].

Der von den kirchlichen Obrigkeiten massiv geförderte Trend ging in Richtung der „formierten Wallfahrten", also der Wallfahrtsprozessionen, die häufig von Bruderschaften organisiert wurden[11]. Einzelwallfahrten waren daneben aber auch im 17. und 18. Jahrhundert weiterhin gängig – man denke nur an die vielen, zum Teil bis heute erhalten gebliebenen Votivbilder[12] und -gaben von Einzelpilgern in Wallfahrtskirchen und in

---

[10] BERNARD, Wallfahrten (wie Anm. 2) 53.

[11] So wurden beispielsweise im 17. und 18. Jahrhundert zahlreiche der jährlich wiederkehrenden Gruppenwallfahrten zum Kultort des Heiligen Blutes in Walldürn in Franken von – insbesondere marianischen – Bruderschaften unternommen bzw. ausgerichtet; vgl. Wolfgang BRÜCKNER, Die Verehrung des Heiligen Blutes in Walldürn. Volkskundlich-soziologische Untersuchungen zum Strukturwandel barocken Wallfahrtens (Veröffentlichungen des Geschichts- und Kunstvereins Aschaffenburg e.V. 3, Aschaffenburg 1958) bes. 119–122, 145–151, 175–181, 229–241; ebd. 176: „Eigene Bruderschaftsgründungen zum Zwecke der Wallfahrt sind nicht bekannt, aber frischgegründete Fraternitäten wurden häufig bald gänzlich von der Aufgabe der Wallfahrtsorganisation in Anspruch genommen [...]."

[12] Neben von einzelnen Personen gestifteten Votivbildern wurden in Wallfahrtskirchen nicht selten auch von ganzen Dorf-, Markt-, Stadt- und Pfarrgemeinden Votivbilder dargebracht. Vgl. beispielsweise Alfred ZAJICEK, Die Votivbilder der Gnadenstätte Sonntagberg in Niederösterreich, 2 Bde. (Diss. Wien 1971), und Franz ÜBERLACKER, Das Türkenjahr 1683 in Sonntagberger Votivbildern. *UH* 54 (1983) 296–304; Leopold SCHMIDT, Volkskunde von Niederösterreich 2 (Horn 1972) 363: „Mitunter waren es nicht die ganzen Gemein-

Abb. 2: Ein Wallfahrerzug erreicht
sein Ziel, das Schloss Mariastein im
Tiroler Unterland (Bezirk Kufstein) mit
der 1682 bis 1685 neu ausgestatteten
Gnadenkapelle; Federzeichnung des
Innsbrucker Malers Johann Geyer,
Federzeichnung in grau und braun,
grau laviert, um 1695 (Tiroler Landes-
museum Ferdinandeum, Innsbruck).

volkskundlichen Museen und Sammlungen sowie an die beinahe ebenso zahlreichen gedruckten und ungedruckten Gnaden- und Mirakelbücher der einzelnen Wallfahrtskirchen[13].

Das Themenfeld „Bruderschafts- und Wallfahrtswesen der Barockzeit" lässt sich in
mindestens drei Teilbereiche gliedern, nämlich erstens Bruderschaften an Wallfahrtskirchen, zweitens Wallfahrtsbruderschaften und drittens sonstige Bruderschaften als Organisatoren von und Teilnehmer an Wallfahrten[14]. Im Folgenden ist nur von Gruppen- und
Gemeinschaftswallfahrten die Rede, die auf dem Weg die Form von Wallfahrtsprozessionen annahmen, nicht hingegen von Einzelpilgern, die allerdings höchstwahrscheinlich
ebenfalls häufig Mitglieder mindestens einer Bruderschaft waren[15].

---

den, sondern einzelne Vereinigungen, vor allem Bruderschaften, die solche Gemeinschaftsvotivbilder spendeten. So hängt in Mariabrunn [in der Kirche des Klosters der Augustiner Barfüßer im heutigen 14. Wiener
Gemeindebezirk; Th.W.] ein Votivbild von 1774, das die Schutzengelbruderschaft in Wien geopfert hat"; ebd.
381: „Die kaiserlichen Jäger bildeten seit 1690 eine Eustachius-Bruderschaft und hatten ihr Hauptfest am 20.
September in Mariabrunn, wo um 1724 ein eigener Eustachiusaltar errichtet wurde." Nähere Informationen zu
der von 1690 bis 1783 existierenden Mariabrunner Eustachiusbruderschaft bei Herbert KILLIAN, Geschichte
der Eustachiusbruderschaft in der Klosterkirche zu Mariabrunn. *Augustiniana* 21 (1971) 321–337.
    [13] Zum Nebeneinander von Wallfahrtsprozessionen und (vergleichsweise wenigen) Einzelpilgern siehe am
Beispiel des Fürstbistums Münster im 17. und 18. Jahrhundert Werner FREITAG, Volks- und Elitenfrömmigkeit
in der Frühen Neuzeit. Marienwallfahrten im Fürstbistum Münster (Veröffentlichungen des Provinzialinstituts
für Westfälische Landes- und Volksforschung 29, Paderborn 1991).
    [14] Siehe das terminologische Schema bei BRÜCKNER, Zur Phänomenologie (wie Anm. 9) 418.
    [15] Die Linzer Bürger waren im 18. Jahrhunderts (bis ca. 1780) nach Ausweis ihrer Testamente im Durch-
schnitt Mitglieder von vier bis fünf Bruderschaften. Willibald KATZINGER, Die Bruderschaften in den Städten

1. Bruderschaften an Wallfahrtskirchen

Von 850 quellenmäßig nachweisbaren religiösen Bruderschaften der Barockzeit im Königreich Böhmen (im engeren Sinn) waren 109 (oder knapp 13 %) an Wallfahrtskirchen und Wallfahrtskapellen beheimatet. Diese 109 Bruderschaften wirkten bei 75 Kirchen. An ungefähr 125 Wallfahrtskirchen in Böhmen scheint es keine Bruderschaft gegeben zu haben. Je größer der Einzugsbereich und die Bedeutung eines Wallfahrtsortes waren, desto geringer war die Wahrscheinlichkeit, dass dort eine Bruderschaft agierte[16]. Im Gegensatz zu Böhmen gab es in der Diözese Olmütz/Olomouc, also in der Markgrafschaft Mähren, kaum einen bedeutenden Wallfahrtsort ohne Bruderschaft[17]. An mährischen Wallfahrtsorten „mit älterer Tradition entstanden sekundär Bruderschaften". So wurden beispielsweise in Svatý Kopeček/Heiligenberg bei Olmütz gegen Ende des 17. Jahrhunderts drei typenmäßig unterschiedliche Vereinigungen gegründet: „Für die breiten Volksschichten bestimmt war die Bruderschaft des Namens der Jungfrau Maria, gegründet im Jahr 1689. [...] Als elitäres Gegenstück zur Bruderschaft des Namens der Jungfrau Maria entstand ungefähr zur selben Zeit die Konföderation der Verehrung der Jahre Christi. Zu Ehren der 33 Jahre des irdischen Lebens Christi bestand die Bruderschaft aus derselben Zahl adeliger Mitglieder. [...] Schließlich entstand im Jahr 1697 eine Priesterkonfraternität nach dem Muster der Neun Chöre der Engel [...] aus den Reihen der Prämonstratenser des Klosters Hradisko [Hradisch] sowie des Diözesanklerus"[18].

Nur 19 der erwähnten 109 Bruderschaften an Wallfahrtskirchen und Wallfahrtskapellen in Böhmen hatten im Laufe des 17. und 18. Jahrhunderts eine „starke Bindung an den Kult am Wallfahrtsort", nachdem den Anlass für ihre Gründung, wie es scheint, „zumeist gerade der Aufbau der entsprechenden Wallfahrtsstätte"[19] gebildet hatte. Eine größere Zahl von Bruderschaften pflegte „unmittelbar den Kult des Wallfahrtsortes"[20], und zwar jene an Wallfahrtsstätten, die der Jungfrau Maria vom Berge Karmel geweiht waren. Dabei handelte es sich um Skapulierbruderschaften. Die einzige böhmische Bruderschaft an einem Wallfahrtsort von landesweiter („gesamtnationaler") Bedeutung war die Johannes-von-Nepomuk-Bruderschaft am Grab des 1729 kanonisierten Landesheiligen im Prager Veitsdom[21].

Einen weiteren Typus barocker Bruderschaften an Wallfahrtsorten in Böhmen bildeten Vereinigungen, die zwar in einer Wallfahrtskapelle tätig waren, „deren Kult jedoch nur locker mit der Wallfahrtsstätte verbunden war"[22]. Insgesamt gab es (mindestens) 40 derartige Bruderschaften im barocken Böhmen. Eine etwas größere Gruppe unter den an

---

Oberösterreichs als Hilfsmittel der Gegenreformation und Ausdruck barocker Frömmigkeit, in: Bürgerschaft und Kirche, hg. von Jürgen SYDOW (Stadt in der Geschichte 7, Sigmaringen 1980) 97–112, hier 108f.

[16] Jiří MIKULEC, Wallfahrer und Sodalen. Die barocke Wallfahrt im Leben der religiösen Bruderschaften in Böhmen, in: Wallfahrten in der europäischen Kultur, hg. von Daniel DOLEŽAL–Eva DOLEŽALOVÁ (Europäische Wallfahrtsstudien 1, Frankfurt/Main u. a. 2006) 483–494, hier 490–492.

[17] Vladimír MAŇAS, Náboženská bratrstva a poutnictví na Moravě v raném novověku [Religiöse Bruderschaften und Wallfahrtswesen in Mähren in der Frühen Neuzeit], in: Na cestě do nebeského Jeruzaléma. Poutnictví v českých zemích ve středoevropském kontextu [Auf dem Weg ins Himmlische Jerusalem. Das Wallfahrtswesen in den böhmischen Ländern im mitteleuropäischen Kontext], hg. von Jiří MIHOLA (Brno 2010) 129–136, hier 131.

[18] Ebd. [Übersetzung des Autors].

[19] MIKULEC, Wallfahrer und Sodalen (wie Anm. 16) 487.

[20] Ebd. 487f.

[21] Ebd. 488.

[22] Ebd.

Abb. 3: Bruderschaftsbild in der Pfarr- und
Wallfahrtskirche Krenstetten (heute eine
Katastralgemeinde von Aschbach-Markt im
Bezirk Amstetten). Signiert W. N. T., 1694.
In Auftrag gegeben von der 1652 von
Abt Gabriel Sauer von Seitenstetten ge-
gründeten „Ertz-Bruderschaft des Heiligen
Rosenkrantz" in Krenstetten bei dem insbesondere für Stift Seitenstetten tätigen Waid-
hofener Maler Wolf Nikolaus/Niclas Tur-
man. Das Gemälde diente als Altarbild des
Altars der Rosenkranzbruderschaft. Heute
befindet es sich über dem Sakristeiportal
(Ansichtskarte im Besitz des Autors).
Das Gemälde zeigt in der himmlischen
Sphäre Maria mit dem Kind, die den heiligen Ordensgründern Benedikt und Dominikus je einen Rosenkranz überreicht. Im
irdischen Bereich richten die männlichen
und weiblichen Mitglieder der Rosenkranzbruderschaft (einige der Männer halten Bruderschaftsstäbe in der Hand) ihre Gebete für
die – am unteren Bildrand dargestellten –
armen Seelen im Fegefeuer an die Madonna.
Die armen Seelen greifen nach den Rosenkränzen der Bruderschaftsmitglieder wie in
Seenot Geratene nach ihnen dargebotenen
Rettungsstricken.

Wallfahrtsorten bestehenden Bruderschaften bildeten „Institutionen, die sich durch den
von ihnen gepflegten Kult völlig vom Kult des Wallfahrtsortes unterschieden"[23]. Dies gilt
für knapp die Hälfte aller an Wallfahrtskirchen tätigen böhmischen Konfraternitäten (insgesamt 50). In Niederösterreich zählte man im Jahr 1771 nicht weniger als 688 Bruderschaften, davon 166 alleine in Wien[24]. Es ist allerdings unbekannt bzw. nicht untersucht,
wie viele davon an einer Wallfahrtskirche angesiedelt waren.

2. Wallfahrtsbruderschaften

Nur 23 der 850 böhmischen Bruderschaften wurden nach dem Besuch eines weit aus-
strahlenden Wallfahrtsortes als Filialbruderschaften einer dortigen Bruderschaft gegründet, darunter auch solche von Wallfahrtsorten außerhalb Böhmens wie die Mariazeller
Bruderschaft in Lischau/Lišov in Südböhmen[25]. Mindestens vier Bruderschaften, die in
der Diözese Olmütz im Laufe des 18. Jahrhunderts entstanden, hatten den Charakter von
Wallfahrtsbruderschaften. An erster Stelle zu nennen ist die 1726 gegründete Konfraternität der Jungfrau Maria von Tschenstochau/Częstochowa in Dollein/Dolany, weiters die
gleichbetitelte Bruderschaft in Proßnitz/Prostějov und die Marienbruderschaft in Grätz/

[23] Ebd. 488.
[24] KATZINGER, Bruderschaften (wie Anm. 15) 110.
[25] MIKULEC, Wallfahrer und Sodalen (wie Anm. 16) 489 (irrtümlich „des niederösterreichischen Mariazell"
statt „des steirischen Mariazell").

Hradec nad Moravicí. Proßnitz lag genau in der gedachten Mitte des Wallfahrtsweges von Tschenstochau in Polen nach Mariazell in der Steiermark. Die Proßnitzer Bruderschaft der Jungfrau Maria von Tschenstochau wurde im Jahr 1755 gegründet. Die Wallfahrtsprozession fand jedes Jahr um den fünften Sonntag nach Ostern statt. Die Mariazeller Bruderschaft dürfte etwas später entstanden sein. In diesem Fall brachen die Wallfahrer in Proßnitz am 24. August auf, und sie kamen für gewöhnlich am 31. August, nach genau einer Woche, in Mariazell an[26].

Die bedeutendsten und zahlenmäßig größten Wallfahrtsbruderschaften im süddeutsch-österreichischen Raum bzw. in den Herrschaftsgebieten der Wittelsbacher und der (österreichischen) Habsburger im 17. und 18. Jahrhundert dürften die Mariahilf-Bruderschaften gewesen sein. Ihre wichtigste Aufgabe bestand in der Propagierung und Organisierung von Wallfahrten zum Gnadenbild „Mariahilf" von Lucas Cranach d. Ä., das sich seit den frühen 1620er Jahren in Innsbruck befindet, sowie zu dessen bekanntesten Kopien in Passau (angefertigt 1611, 1627 in die neu erbaute Wallfahrtskirche Mariahilf ob Passau übertragen), in München (angefertigt 1653 und in der Pfarrkirche St. Peter zur Verehrung ausgestellt) und in Wien. Das Wiener Bild befand sich seit 1660 in der 1683 von den Osmanen niedergebrannten Friedhofskapelle der Pfarre St. Michael, die 1626 den Barnabiten übergeben worden war, im späteren Bezirk Mariahilf, und wurde um 1690 in die neuerrichtete, von den Barnabiten betreute Wallfahrtskirche Mariahilf übertragen. Eine weitere Kopie des Gnadenbildes befindet sich in der Mariahilf-Kirche im Innsbrucker Vorort Hötting, einer Kirche, deren Errichtung 1647 von den Tiroler Landständen angesichts der Bedrohung des Landes durch die Schweden gelobt wurde. In den ehemals habsburgischen und wittelsbachischen Ländern gibt es noch heute in mehr als 500 Kirchen Kopien dieses meistverehrten Gnadenbildes Mitteleuropas, die von einem der vier genannten „Archetypen" abstammen. Eine Filiale der Passauer Mariahilf-Bruderschaft wurde bereits 1633 in Amstetten im südwestlichen Niederösterreich auf Ersuchen des dortigen Pfarrers errichtet, eine weitere 1682 bei der Kirche des Klosters Suben am Inn in Bayern (im heutigen Innviertel). Bald darauf entstanden auch in Innsbruck und Wien eigene Mariahilf-Bruderschaften. Die größte und bedeutendste Mariahilf-Bruderschaft aber war und blieb die Mariahilf-Erzbruderschaft in München[27].

[26] Maňas, Náboženská bratrstva a poutnictví na Moravě (wie Anm. 17) 135. Zu Wallfahrtsprozessionen aus den böhmischen Ländern nach Mariazell und zu Filiationen Mariazells in Böhmen und Mähren im 17. und 18. Jahrhundert siehe Jan Royt, Der Marienkult von Mariazell in den böhmischen Ländern, in: Ungarn in Mariazell – Mariazell in Ungarn. Geschichte und Erinnerung. Ausstellung des Historischen Museums der Stadt Budapest im Museum Kiscell, hg. von Péter Farbaky–Szabolcs Serfőző (Budapest 2004) 194–202.

[27] Walter Hartinger, Mariahilf ob Passau. Volkskundliche Untersuchung der Passauer Wallfahrt und der Mariahilf-Verehrung im deutschsprachigen Raum (Neue Veröffentlichungen des Instituts für Ostbairische Heimatforschung der Universität Passau 43, Passau 1985) 32–38, 45–53; Hans Aurenhammer, Die Mariengnadenbilder Wiens und Niederösterreichs in der Barockzeit. Der Wandel ihrer Ikonographie und ihrer Verehrung (Veröffentlichungen des Österreichischen Museums für Volkskunde 8, Wien 1956) 124; Thomas Winkelbauer, Ständefreiheit und Fürstenmacht. Länder und Untertanen des Hauses Habsburg im konfessionellen Zeitalter, Teil 2 (Österreichische Geschichte 1522–1699, Wien 2003) 186.

3. Sonstige Bruderschaften als Organisatoren von und Teilnehmer an Wallfahrten

Sicherlich zu Recht hat Jiří Mikulec darauf hingewiesen, dass sich „[d]ie umfangreichsten Wallfahrtsaktivitäten von Bruderschaften [...] auf die ihnen nächstgelegenen Wallfahrtsorte" ausrichteten bzw. „daß für die barocken Konfraternitäten die Wallfahrtsorte, die in ihrem Blickfeld lagen, zumeist eine große Anziehungskraft besaßen"[28]. Zugleich sei jedoch „erkennbar, daß Wallfahrten innerhalb der Tätigkeiten dieser Vereinigungen eher ein Ausnahmeereignis darstellten, das die Grenzen des Alltags überschritt"[29].

In den meisten Fällen wird das Thema Wallfahrt in den Statuten und Regularien der böhmischen Bruderschaften nicht erwähnt, was im Übrigen auch für die österreichischen Bruderschaften gelten dürfte: „die Wallfahrt stellte keine verordnete Tätigkeit dar, sie verkörperte für die Konfraternität eher eine Art Überbau, eine Ergänzung zur gewöhnlichen, alltäglichen Frömmigkeit"[30].

In Mähren gab es im Jahr 1771 nach Auskunft einer „Consignatio processionum" an 461 Orten insgesamt 1.067 regelmäßig durchgeführte Gruppenwallfahrten. Ausdrücklich erwähnt wird die federführende Beteiligung von Bruderschaften an Wallfahrten nur in 24 Fällen[31]. Vladimír Maňas hat darauf aufmerksam gemacht, dass die Liste aber alles andere als vollständig ist. So fehlen in dem Verzeichnis etwa unter den traditionellen Wallfahrtszielen der Brünner Pfarre St. Jakob und der an der Pfarrkirche angesiedelten Bruderschaften sowohl Kiritein/Křtiny nordöstlich von Brünn als auch Mariazell in der Steiermark. Dieser bedeutendste Wallfahrtsort der Habsburgermonarchie war seit 1648 zum Dank für den Schutz Brünns vor der schwedischen Armee ein jährlich wiederkehrendes Wallfahrtsziel der Pfarre St. Jakob[32].

4. Niederösterreichische Beispiele

Im Folgenden sollen die Aktivitäten von „gewöhnlichen", also nicht speziell für die regelmäßige Durchführung einer bestimmten Wallfahrt oder die Betreuung einer konkreten Wallfahrtskirche gegründeten, Bruderschaften im Bereich des Wallfahrtswesens an einigen Beispielen aus Niederösterreich illustriert werden. Die spätestens im frühen 15. Jahrhundert gegründete, nach 1620 weitgehend erloschene Corporis-Christi-Bruderschaft in Spitz an der Donau wurde auf Initiative des Spitzer Pfarrers Joseph Duchinger 1675 praktisch neu errichtet und 1678 von Rom bestätigt. Die tatsächliche (Neu-)Gründung erfolgte aber mit größerer Verzögerung erst am 24. April 1692, da 1679 und 1680 in Niederösterreich eine verheerende Pestepidemie wütete[33]. Präfekt der Bruderschaft war der

[28] Mikulec, Wallfahrer und Sodalen (wie Anm. 16) 484, 486.
[29] Ebd. 486.
[30] Ebd.
[31] Maňas, Náboženská bratrstva a poutnictví na Moravě (wie Anm. 17) 130.
[32] Ebd.
[33] Anton Kerschbaumer, Beiträge zur Geschichte der Pfarre Spitz. *Geschichtliche Beilagen zu den Consistorial-Currenden der Diöcese St. Pölten* 4 (1890) 254–304, hier 268. Der in den Jahren 1679/1680 wütenden Pest fiel „fast der halbe Markt Spitz" (ebd. 269) zum Opfer. Zur Bekämpfung der Pest in den Jahren 1679 und 1680 in der Wachau siehe Otto F. Winter, Pestabwehr im Bereich der Wachau 1679/80 – Maßnahmen und deren wirtschaftliche Auswirkungen. Mit einem Exkurs: Die Wallfahrt zum Berg Calvari in der Pfarre Rossatz, gestiftet im Jahr 1689. *JbLkNÖ* 57/58 (1991/1992) 245–268, und Christine Ottner, Argumentieren mit der

Spitzer Herrschaftsbesitzer Ferdinand Joseph Graf bzw. Fürst Dietrichstein (1636–1698, seit 1682 Obersthofmeister Kaiser Leopolds I.), Vizepräfekt der herrschaftliche Pfleger und Präses der Pfarrer. Als weltliche Konsultoren fungierten der Marktrichter und ein Ratsbürger von Spitz[34]. 1692 wurden auch „die spärlichen Reste"[35] der ebenfalls im Spätmittelalter entstandenen, „mit der Zeit eingegangenen" Bruderschaft Unserer lieben Frau mit der Corporis-Christi-Bruderschaft vereinigt.

Die vereinigte Corporis-Christi- und Unserer-Lieben-Frauen-Bruderschaft in Spitz an der Donau führte im ersten Drittel des 18. Jahrhunderts jährlich am Pfingstsonntag eine Wallfahrt nach dem etwa 30 Kilometer entfernten Maria Taferl durch. Im Jahr 1720 erhielten die Türmer (Turmbläser) von Maria Taferl von der Bruderschaft *weegen ein- und ausbegleittung hiesiger procession*[36] zwei Gulden. Die zwei Fahnenträger bekamen je neun Kreuzer. Zumindest den Rückweg scheinen die wallfahrenden Bruderschaftsmitglieder ab dem unmittelbar unterhalb von Maria Taferl am Nordufer der Donau gelegenen Markt Marbach auf dem Wasser zurückgelegt zu haben, denn zwölf „Bruederschaffts-Brüeder" erhielten je vier Kreuzer *fuhrlohn von Marbach biß hieher aufm wasser*.

Von 1637 bis zu ihrer Aufhebung durch Kaiser Joseph II. 1783/84 existierte in Herzogenburg eine vergleichsweise arme, kleine und ihre Mitglieder beiderlei Geschlechts aus der näheren und weiteren Umgebung rekrutierende Barbarabruderschaft. „Als Hauptleistung der dürftig ausgestatteten Bruderschaft galt [um 1780] die jährlich, traditionell zur Vigil des Bartholomäusfestes (23. August) abgehaltene [in den Statuten der Bruderschaft nicht erwähnte; Th.W.] Wallfahrt nach Maria Langegg"[37]. Spätestens seit 1662 und bis 1771 „finanzierte die Barbarabruderschaft für alle Brüder und Schwestern unter Mitführung der Barbarastatue eine zweitägige Wallfahrt nach Maria Langegg, circa 25 Kilometer entfernt von Herzogenburg. [...] Die Bruderschaft kam finanziell für die Verpflegung der Wallfahrer an den verschiedenen Raststationen auf dem Weg von Herzogenburg nach Maria Langegg auf, wobei man in Wölbling immer zu Mittag aß. [...] Im Jahr 1765 unternahm man unter Vorantragung der Barbarastatue auch eine jubeljährige procession[38] nach Maria Taferl"[39].

Die zwei bekanntesten Wiener Wallfahrten nach Mariazell wurden von Bruderschaften organisiert. Melchior Klesl, der spätere Bischof von Wien (1598–1630), begründete noch als Dompropst von St. Stephan sowie Offizial und Generalvikar des Bischofs von Passau für Österreich unter der Enns im Jahr 1587 „den Brauch [...], jährlich eine Wallfahrt aus Wien nach Mariazell durchzuführen"[40]. 1599, im ersten Jahr nach sei-

Pestabwehr. Frühneuzeitliche Beispiele aus Perspektive der Stadtobrigkeit von Krems an der Donau. *UH* 75 (2004) 238–251; vgl. auch Ferdinand OLBORT, Die Pest in Niederösterreich von 1653 bis 1683 (Diss. Wien 1973), und Paul NEY, Die Gföhler Wallfahrt nach Maria Langegg und die Pest der Jahre 1679 und 1680. *Das Waldviertel* N.F. 44 (1995) 140–148.

[34] KERSCHBAUMER, Beiträge zur Geschichte der Pfarre Spitz (wie Anm. 33) 268.

[35] Ebd. 269.

[36] DASP, PA Spitz an der Donau, Rechnungen 2, Fasz. 1674–1735, Rechnung 1720, Ausgaben (unfoliert). Auch zum folgenden Zitat.

[37] Martin SCHEUTZ, Bruderschaften als multifunktionale Dienstleister der Frühen Neuzeit. Das Beispiel der vereinigten Barbara- und Christenlehrbruderschaft Herzogenburg (1637/1677–1784), in: 900 Jahre Stift Herzogenburg. Aufbrüche – Umbrüche – Kontinuität, hg. von Günter KATZLER–Victoria ZIMMERL-PANAGL (Innsbruck–Wien–Bozen 2013) 283–315, hier 299.

[38] Aus Anlass des Hundertjahrjubiläums der Wallfahrt nach Maria Taferl.

[39] SCHEUTZ, Bruderschaften (wie Anm. 37) 303.

[40] Johann WEISSENSTEINER, Kat.-Nr. 4.27: Zwei gedruckte Wallfahrtsbüchlein für die ab 1632 bestehende,

Abb. 4: Titelblatt eines 1755 in Wien
gedruckten Wallfahrtsbüchleins für die
jährliche Wallfahrt der Erzbruderschaft
Sanctissimi Corporis Christi bei St. Stephan
in Wien nach Mariazell. Kupferstich (Diöze-
sanbibliothek Wien).

ner Ernennung zum Bischof von Wien, zog er an der Spitze eines Zuges von angeblich
23.000 Wallfahrern in Mariazell ein. 1617 vertraute Kardinal Klesl die Organisation der
Wallfahrt den Wiener Dominikanern bzw. der bei der Wiener Dominikanerkirche behei-
mateten Erzbruderschaft des Hl. Rosenkranzes an.

Im Jahr 1632 begründete der damalige Kurpriester und spätere Wiener Domherr (ab
1647) bzw. Domkantor (ab 1672) Laurenz Habarell eine zweite Wallfahrt aus Wien nach
Mariazell. Diese war sozial exklusiver und deutlich kleiner als die von der Rosenkranzbru-
derschaft organisierte. Sie bestand vor allem aus den Mitgliedern der Corporis-Christi-
Bruderschaft bei St. Stephan, „darunter auch viele Adelige"[41]. Seit 1664 wurde diese
„Eliten-Prozession" ganz offiziell von der Corporis-Christi-Bruderschaft organisiert. Die
Wiener Wallfahrer übernachteten auf dem Weg nach Mariazell dreimal (in Altenmarkt,
Lilienfeld und Wienerbrückl) und kamen am 14. August, dem Vortag des Mariahim-
melfahrtstages, bei der Gnadenkirche an, „wo der die Wallfahrt begleitende Priester um
10 Uhr ein Hochamt sang". Am 15. August „legten die Wallfahrer von 5 bis 8 Uhr ihre
Beichte ab, um 8 Uhr war das feierliche Hochamt, um 11 Uhr versammelte man sich

jährliche Wallfahrt der Erzbruderschaft Ss. Corporis Christi nach Mariazell, in: 850 Jahre St. Stephan. Symbol
und Mitte in Wien, 1147–1997 (Katalog der 226. Sonderausstellung des Historischen Museums der Stadt
Wien, Wien 1997) 210–212, hier 210.
  [41] Ebd.

zum Mittagessen", und bereits „um halb 1 riefen die Glocken wieder zum Auszug". Auf dem Rückweg übernachteten die Wallfahrer in Annaberg, Hainfeld und Gaaden. „Am letzten Tag (18. August) war feierlicher Einzug, Predigt und Dankgottesdienst in Brunn am Gebirge, danach wurden die Wallfahrer, um nicht unter der viel größeren Mariazeller Prozession der Dominikaner, die am gleichen Tag nach Wien zurückkehrte, unterzugehen, entlassen. Erst später verlegten die Dominikaner ihre Mariazeller Wallfahrt auf den Termin 18. bis 26. August"[42].

Am 11. April 1772 wurden in den österreichischen Ländern alle mehrtägigen Wallfahrten verboten. Nur den Städten Graz und Wien war es weiterhin erlaubt, jährlich e i n e Prozession nach Mariazell zu veranstalten. Die Wallfahrt von St. Stephan nach Mariazell blieb bestehen, aber die Wallfahrtsprozessionen der Dominikaner und der Schottenpfarre nach Mariazell mussten eingestellt werden. „Mit Hofkanzleidekret vom 30. August 1783 ließ schließlich Kaiser Joseph II. alle Wallfahrten nach Mariazell, so auch die Wiener, endgültig einstellen"[43].

Im Jahr 1796 konnte die Wiener Wallfahrt nach Mariazell wieder aufgenommen werden. „Ab 1820 fand die Wallfahrt schon zum Fest Maria Heimsuchung (2. Juli) statt, um so dem Zusammentreffen mit der großen Grazer Prozession zu entgehen"[44].

Die 1653 – in dem Jahr, in dem sich der Todestag des Hl. Bernhard von Clairvaux zum 500. Mal jährte – gegründete Josephsbruderschaft bei der Kirche des an der „Via sacra" von Wien nach Mariazell gelegenen Zisterzienserklosters Lilienfeld unternahm im 18. Jahrhundert jedes Jahr mehrere Wallfahrten und zahlreiche Prozessionen. Die längste, nämlich viertägige, Wallfahrt führte jährlich um das Dreifaltigkeitsfest (der Dreifaltigkeitssonntag ist der Sonntag nach Pfingsten) nach Mariazell[45]. Dort wurde die Wallfahrtsprozession vom Abt von St. Lambrecht, von „der Mariazeller Geistlichkeit sowie der [Mariazeller] Rosenkranzbruderschaft empfangen und zog [...] in die Gnadenkirche ein"[46]. Am 21. Mai 1712, dem Samstag vor dem Dreifaltigkeitssonntag, umfasste die Lilienfelder Wallfahrtsprozession etwa 980 Personen[47].

Um 1620 zogen bereits alljährlich Wallfahrerzüge aus den Landeshauptstädten Wien und Graz nach Mariazell. Bis Ende der 1650er Jahre folgten neben anderen österreichischen und steirischen Städten Hollabrunn, Wiener Neustadt, Leoben, Krems, Steyr, Tulln

[42] Ebd. 211.

[43] Ebd. Einen nützlichen kurzen Überblick über das Bruderschaftsverbot Josephs II. in den österreichischen Ländern und seine Vorgeschichte bietet Bernhard SCHNEIDER, Bruderschaften im Trierer Land. Ihre Geschichte und ihr Gottesdienst zwischen Tridentinum und Säkularisation (Trierer theologische Studien 48, Trier 1989) 149–151; die wichtigsten normativen Quellen dazu sind ediert in: Der Josephinismus. Ausgewählte Quellen zur Geschichte der theresianisch-josephinischen Reformen, hg. von Harm KLUETING (Ausgewählte Quellen zur deutschen Geschichte der Neuzeit. Freiherr vom Stein-Gedächtnisausgabe 12a, Darmstadt 1995) insbesondere 156 (Nr. 56), 328–331 (Nr. 145 und 146). Georg Schreiber konstatierte bereits vor längerer Zeit mit Recht: „Mittelbar wurde die Wallfahrt in der Aufklärung durch die Zertrümmerung der Bruderschaften geschädigt. Damit wurde nicht bloß ein ansehnlicher Teil des Wallfahrtsvermögens vernichtet. Stets waren die Konfraternitäten der feste Rückhalt der Wallfahrt gewesen. Sie erfüllten mehr oder minder die Wirksamkeit von Pilgervereinen." Georg SCHREIBER, Strukturwandel der Wallfahrt, in: Wallfahrt und Volkstum in Geschichte und Leben, hg. von DEMS. (Forschungen zur Volkskunde 16/17, Düsseldorf 1934) 1–183, hier 70.

[44] WEISSENSTEINER, Kat.-Nr. 4.27 (wie Anm. 40) 211.

[45] Irene RABL, „Ite ad Joseph". Chrysostomus Wieser und die Lilienfelder Erzbruderschaft des Hl. Joseph (Beiträge zur Kirchengeschichte Niederösterreichs 18/Geschichtliche Beilagen zum St. Pöltner Diözesanblatt 35, St. Pölten 2015) 123, 178–182.

[46] Ebd. 179.

[47] Ebd.

Abb. 5: Bruderschaftsfahne: Die Christen-
heit huldigt dem Rosenkränze verteilenden
Hl. Joseph; Öl auf Pergament, nach 1695
(Stift Lilienfeld, Gemäldegalerie).
Vorderseite einer wohl von der 1653 gegründeten Lilienfelder Erzbruderschaft des
Hl. Joseph in Auftrag gegebenen Prozessionsfahne. Rechts im Vordergrund Kaiser
Leopold I. mit seiner dritten Gemahlin
Eleonore von Pfalz-Neuburg, dahinter der
1690 zum Römischen König gekrönte Joseph I., links Papst Innozenz XII. umgeben
von verschiedenen Vertretern des geistlichen
Standes. Am unteren Bildrand in der Mitte
das Wappen des Lilienfelder Abtes Sigismund Braun (regierte 1695–1716).

und Neunkirchen. Eine Liste aus dem Jahr 1675 verzeichnet 134 jährlich in Mariazell ankommende Wallfahrergruppen. Bis 1705 hat sich die Zahl der in einem Jahr in Mariazell
einziehenden Wallfahrerzüge auf 310 mehr als verdoppelt. Einer anderen Quelle zufolge
wurden bereits 1678 nicht weniger als 374 in Mariazell ankommende Prozessionen und
Gruppenwallfahrten gezählt. Die Zahl der Kommunikantinnen und Kommunikanten betrug im Jahr 1689 rund 61.000, 1692 waren es bereits 104.000 und 1725 sogar 188.000[48].

Wir werden wohl nie erfahren, wie viele dieser Wallfahrtsprozessionen von Bruderschaften organisiert wurden, vermutlich aber viele, vielleicht sogar die meisten. Neben
den zwei bzw. (mit jener der Schottenpfarre) drei jährlichen Wiener Wallfahrten nach Mariazell wurde beispielsweise auch die Organisation der seit 1656 alljährlich durchgeführ-
ten, acht Tage dauernden Klosterneuburger Wallfahrt nach Mariazell bereits 1657 einer
Bruderschaft anvertraut, nämlich der 1624 gegründeten Sebastiansbruderschaft. Nachdem
schon 1656 bei der Wallfahrt ein Marienbild und eine Prozessionsfahne mitgetragen worden waren, stifteten 1658 einige Mitglieder der Klosterneuburger Bruderschaft, um „dieser
prozession besseren formb zu geben"[49], zehn Röcke aus Kattun (wohl für den Kreuzträger
und die Fahnen-, Kerzen- und Stangenträger), eine tragbare Marienstatue und zwei auf
Tragstangen angebrachte Statuen der Pestheiligen Sebastian und Rochus. In einer unbekannten Zahl von Orten wurden eigene Mariazeller Bruderschaften gegründet.

Die 1585 vom damaligen Abt von Göttweig nicht zuletzt als Instrument der katholischen Reform (wieder) ins Leben gerufene Toten- und Pestbruderschaft St. Sebastian mit

---

[48] Winkelbauer, Ständefreiheit und Fürstenmacht (wie Anm. 27) 2 217, 221.
[49] Maria Habacher, Die St. Sebastiani-Bruderschaft zu Klosterneuburg 1624–1783. *JbStKlo* N. F. 15
(1994) 119–148, hier 134–139.

Abb. 6: Das „Zellerkreuz" westlich des Marktes Furth bei Göttweig, ein mit der Jahreszahl 1629 bezeichneter Pfeilerbildstock. Fotografie (https://de.wikipedia.org/wiki/Datei:Furth_bei_G%C3%B6ttweig_Zellerkreuz.jpg [8. 1. 2018]).

Sitz in der Filialkirche (heute: Pfarrkirche) St. Wolfgang in Furth bei Göttweig[50], die sich um die Mitte des 17. Jahrhunderts der 1627 zur Erzbruderschaft erhobenen Sebastiansbruderschaft an der Wiener Schottenkirche angegliedert und 1645 in Traismauer selbst eine Filialbruderschaft gegründet hatte[51], organisierte im 18. Jahrhundert eine jährliche Wallfahrt nach Mariazell.

Westlich von Furth, am Beginn des Wallfahrtsweges nach Mariazell, in der Nähe des Dorfes Steinaweg, befindet sich bis zum heutigen Tag das sog. Zellerkreuz, ein mit der Jahreszahl 1629 bezeichneter Pfeilerbildstock (Abb. 6)[52]. „An dieser Stelle schlossen sich [...] die Pilger der Pfarre Furth an andere Pilgergruppen an, die von nördlich der Donau kamen [...], um dann gemeinsam den Pilgerweg nach Mariazell zu ziehen"[53]. Wenige Kilometer südlich, am westlichen Ortsende von Paudorf, steht das sog. Urlauberkreuz, ein ebenfalls 1629 errichteter mächtiger Bildstock (Abb. 7)[54].

Im Jahr 1666 oder 1668 beschloss in der Wiener Schottenkirche eine Gruppe von 17

[50] Gerd Maroli, Die Pest- und Totenbruderschaft Sancti Sebastiani und ihre Bedeutung für die Entstehung der Pfarre Furth, in: Heimatbuch der Marktgemeinde Furth bei Göttweig, hg. von der Marktgemeinde Furth, red. von Maria Jaksch u. a. (Furth 1985) 267–334.

[51] Albert Hübl, Die Bruderschaften an der Schottenkirche in Wien. *BMWien* 50 (1918) 1–21, hier 8.

[52] Dehio-Handbuch. Die Kunstdenkmäler Österreichs, Niederösterreich südlich der Donau, Teil 1 (Horn–Wien 2003) 470.

[53] Benno Hermann Maier, Zeichen des Glaubens an unseren Verkehrswegen – gestern und heute, in: Heimatbuch der Marktgemeinde (wie Anm. 50) 342–355, hier 346f.

[54] Karl Brugger, Kapellen und Marterl in Gemeinde und Pfarre Paudorf. Bildstockwanderweg Paudorf-Göttweig (Paudorf 1994) 13; Dehio-Handbuch. Die Kunstdenkmäler Österreichs, Niederösterreich südlich der Donau, Teil 2 (Horn–Wien 2003) 1624.

Abb. 7: Das Urlauberkreuz am westlichen Ortsende von Paudorf, ein ebenfalls 1629 errichteter, mit 5,5 Metern Höhe außergewöhnlich großer Bildstock. Fotografie (http://www.marterl.at/index. php?id=23&no_cache=1&oid=14705#. WexTw7jAM3g [8. 1. 2018]).

oder 18 Wiener Bürgern, eine gemeinsame Wallfahrt auf den Sonntagberg zur bedeutendsten der Dreifaltigkeit gewidmeten Gnadenkirche in den österreichischen Ländern zu unternehmen. Mit obrigkeitlichem Konsens pilgerten sie 1670 und 1672 „mit fliegenten fahnen, trompeten und pauckhenschall"[55] vom Schottenkloster zur Basilika auf dem Sonntagberg. 1675 übersiedelten sie von der Schottenkirche in die kaiserliche Patronatskirche St. Peter am Graben und erhielten sogleich die Zustimmung des Wiener Fürstbischofs zur Gründung einer Dreifaltigkeitsbruderschaft, die noch Ende November desselben Jahres die päpstliche Erlaubnis für die Aufnahme in die römische Erzbruderschaft der Allerheiligsten Dreifaltigkeit erlangte. Schließlich nahm die Bruderschaft 1676 ihre Tätigkeit auf. Im darauffolgenden Jahr übertrug ihr der Wiener Bischof die Verwaltung der Peterskirche. Ab diesem Jahr unternahm die Bruderschaft alljährlich zwei Wallfahrten: eine mehrtägige Wallfahrt auf den Sonntagberg und eine eintägige Wallfahrt zur Dreifaltigkeitskirche in Lainz (heute Wien XIII)[56]. Allein zwischen 1676 und 1709 sollen der Wiener Dreifaltigkeitsbruderschaft mehr als 72.000 Männer und Frauen (mit

[55] Auf dem Sonntagberg selbst existierte bereits seit 1651 eine vom Seitenstettener Abt Gabriel Sauer errichtete Dreifaltigkeitsbruderschaft, die übrigens seit 1678 jedes zweite Jahr eine Wallfahrt nach Mariazell unternahm, „wo sie besonders feierlich empfangen wurde"; Franz Überlacker, Sonntagberg. Vom Hirtentraum zum Wallfahrtsort (Atzenbrugg [2014]) 86.

[56] Julian Schmidt, „Guarnison der Peters=Burg" oder doch nur „versamblung viller Mentschen"? Die Dreifaltigkeitsbruderschaft bei St. Peter in Wien (1676–1783), in: Frühneuzeitforschung in der Habsburgermonarchie. Adel und Wiener Hof – Konfessionalisierung – Siebenbürgen, hg. von István Fazekas–Martin Scheutz–Csaba Szabó–Thomas Winkelbauer (Publikationen der ungarischen Geschichtsforschung in Wien 7, Wien 2013) 359–385, hier 363–365.

Kaiser Leopold I. an der Spitze) beigetreten sein, und um 1774 zählte man rund 43.800 Mitglieder[57]. „1777 feierte die Bruderschaft in einem rauschenden neuntägigen Fest ihr hundertjähriges Jubiläum, zu dem auch Maria Theresia erschien"[58]. Kaum sechs Jahre später, im April 1783, wurde die zu einem großen Teil auf Kosten der Dreifaltigkeitsbruderschaft neu errichtete Peterskirche zur Pfarrkirche erhoben, und kurz darauf wurde die Bruderschaft, wie alle anderen Bruderschaften in der Habsburgermonarchie auch, von Joseph II. aufgehoben[59]. Die sich über neun Tage erstreckende Wallfahrt auf den Sonntagberg sollte den Bruderschaftsstatuten zufolge am Samstag vor der Kreuzwoche, d. h. am Samstag vor Christi Himmelfahrt, beginnen, sie fand aber häufig auch zu einem anderen Zeitpunkt statt[60].

Im Jahr 1673 gründete Ezechiel Ludwig Vogel, von 1668 bis 1681 Pfarrer von Altpölla im niederösterreichischen Waldviertel und seit 1665 Propst von Eisgarn, bei der Pfarrkirche Altpölla eine Jesus-, Maria- und Josephs-Bruderschaft[61]. Pfarrer Dr. Johann Ernest von Jamaigne, der Nachfolger Vogels als Pfarrer von Altpölla (1682–1711), förderte besonders die mehrtägige, von der Bruderschaft organisierte, für gewöhnlich von einem Priester begleitete und für die Jahre 1666 und 1672 und danach lückenlos bis 1759 – bis zum Amtsantritt des streitsüchtigen und seine Pflichten als Seelsorger vernachlässigenden Pfarrers Dr. Ludwig von Parquenfeld[62] – quellenmäßig belegte Wallfahrt nach dem etwa 90 Kilometer entfernten Maria Taferl.

Wallfahrten zur Gnadenstatue von Maria Taferl fanden erst seit dem Ende der 1650er Jahre statt, und nach einer kirchengerichtlichen Untersuchung im Dezember 1659 hatte der Andachtsort erst Anfang des Jahres 1660 die Messlizenz für die 1659 errichtete hölzerne Kapelle erhalten. Der Bau der barocken Wallfahrtskirche dauerte von 1661 bis etwa 1713[63].

Ihr Hauptfest feierte die Altpöllaer Bruderschaft zu den drei heiligen Namen (also Jesus, Maria und Joseph) am Tag des Hl. Joseph. 1655, 18 Jahre vor der Gründung der Bruderschaft, gehörte der Josephstag zu jenen Feiertagen, an denen bei der Kollekte in der Pfarrkirche während der Messe ein besonders bescheidenes Sammelergebnis erzielt wurde. 1762 hingegen war das an diesem Tag eingenommene Spendengeld das höchste des gesamten Kirchenjahres. Die Sammelgelder des Josephstages und jeweils eines bestimmten Sonntags im Monat sowie jener Tage, an denen die Wallfahrt nach Maria Taferl unternommen wurde, waren die wichtigsten Einnahmen der Bruderschaft. Aus dem Erlös wurden tragbare Statuen, Bruderschaftsstäbe, Fahnen, Kutten, Röcke und Kerzen bzw. Kerzenwachs angeschafft. Pfarre und Bruderschaft waren offensichtlich eng miteinander verbunden[64].

---

[57] Ebd. 368, 377.

[58] Ebd. 371.

[59] Ebd.

[60] Ebd. 380.

[61] Manfred Wohlfahrt, Die Pfarre in Barock und Aufklärung, in: Geschichte der Pfarre Altpölla 1132–1982, hg. von Friedrich B. Polleross (Altpölla 1982) 79–123, hier 85–89.

[62] Ebd. 116–118.

[63] Marlene Hawel, Der „österreichische Myrrhenberg". Maria Taferl und seine Geschichte im 17. und 18. Jahrhundert (Schriftenreihe des Waldviertler Heimatbundes 48, Horn–Waidhofen/Thaya 2008) 41–49.

[64] In einem vermutlich vergleichbaren Fall spricht Regine Puchinger von einer „Verflechtung" bzw. „Allianz" zwischen Bruderschaft und Pfarre. Regine Puchinger, Die Mitgliederstrukturen pfarrlicher Bruderschaften in der Frühen Neuzeit am Beispiel zweier Bruderschaftsbücher aus dem steirisch-niederösterreichischen Grenzgebiet (MA Wien 2014) 99–111, 125–127, 140–143.

Abb. 8: Die mit dem Jahr „1717" bezeichnete, möglicherweise von der Jesus-, Maria- und Josephs-Bruder-schaft an der Pfarrkirche Altpölla in Auftrag gegebene Maria-Taferl-Kapelle am südöstlichen Ortsausgang von Altpölla. Fotografie (https://de.wikipedia.org/wiki/Liste_der_denkmalgesch%C3%BCtzten_Objekte_in_P%C3%B6lla#/media/File:Urlaubsmarterl_bei_Altp%C3%B6lla.jpg [8. 1. 2018]).

In den 1673 vom Passauer Generalvikar für Österreich unter der Enns bewilligten Statuten der Bruderschaft ist die Wallfahrt nach Maria Taferl nicht erwähnt. 1717 wurde in der Druckerei im Schloss Wildberg das „Hand-Büchlein Der Hochlöblichen Bruder-schafft JESU, MARIÆ, Und JOSEPH. Wie selbe in der Käyserl. Pfarr zu Altenpölla auff- und eingerichtet ist" gedruckt. Mit demselben Jahr „1717" ist die möglicherweise von der Bruderschaft in Auftrag gegebene Maria-Taferl-Kapelle am südöstlichen Ortsausgang von Altpölla, das sog. Urlaubsmarterl, bezeichnet (Abb. 8). Den Namen „Urlaubsmarterl" trägt die Kapelle zweifellos deshalb, weil hier die nach Maria Taferl aufbrechende Wallfah-rerprozession von ihrer Heimatpfarre Altpölla „Urlaub" nahm.

Für die Bruderschaft war die Prozession nach Maria Taferl neben den Feierlichkeiten am Josephstag „das Hauptereignis des Jahres". Pfarrer Jamaigne, der Landgerichtsverwal-ter der Herrschaft Wildberg und der Hofrichter des Zisterzienserinnenklosters St. Bern-hard stifteten am Josephstag des Jahres 1705 700 Gulden, die beim Oberkammeramt der Stadt Wien angelegt wurden. Von den Zinsen sollte nach Möglichkeit die jährliche Wallfahrt nach Maria Taferl finanziert werden[65]. Der jährliche finanzielle Aufwand für die Wallfahrt war beträchtlich. Der Priester als Führer der Prozession, die sich alljährlich am Quatembermittwoch nach Pfingsten in Bewegung setzte, sollte acht Gulden erhalten. Am Vorabend musste er eine Bußpredigt mit anschließender Litanei, am Morgen des Abreisetages ein Hochamt mit „Urlaubs-Predigt" halten. Dem Wallfahrerzug gehörten auch Musikanten, die aus der Stiftung von 1705 für ihre Mitwirkung vier Gulden zu er-

---

[65] WOHLFAHRT, Die Pfarre in Barock und Aufklärung (wie Anm. 61) 89.

Abb. 9: Das 1733 errichtete Pöllinger Kreuz bzw. Marterl bei Artstetten – an der Stelle, an der die aus Alt- und Neupölla kommenden Wallfahrer zum ersten Mal einen Blick auf die Basilika Maria Taferl werfen konnten (und auch heute noch können). Fotografie (Sammlung Friedrich Polleross).

halten hatten, sowie ein Kreuzträger an, „außerdem waren einige Bruderschaftsmitglieder mit Fahnen, Statuen und Stäben dabei, sie selbst trugen einheitlich gefärbte Kutten und Röcke. Da die Zinsen der Stiftung nicht ganz reichten, [...] wurde ein Teil der kleinen Beträge, den die Träger erhielten, aus den Opfergeldern der Bruderschaft ergänzt. Nach der Rückkehr wurden sie – ebenso wie der [vielleicht als Vorbeter oder Vorsänger fungierende; Th.W.] Schulmeister – auf Kosten der Bruderschaft bewirtet"[66].

An jener Stelle in der Nähe von Artstetten, von der aus die Wallfahrer, von Nordosten kommend, zum ersten Mal die Wallfahrtskirche Maria Taferl zu Gesicht bekamen bzw. bekommen, ließ die Bruderschaft im Jahre 1733 eine Kapelle errichten, die noch erhalten ist und „Pöllinger Kreuz" genannt wird (Abb. 9)[67].

Zum Dank für die Förderung der Wallfahrt nach Maria Taferl stiftete der Administrator der Wallfahrtskirche Maria Taferl, Josef Augustin, 1751 eine nicht erhalten gebliebene blaue Fahne (um 144 Gulden), die in Maria Taferl verblieb und vermutlich bei der feierlichen Einholung der Pöllinger Wallfahrerprozession zum Einsatz kam. 1755 erhielt die Bruderschaft von der Schwester und Universalerbin von Dechant Dr. Bernardin Hölzl (Pfarrer von Altpölla, 1711–1754), Anna Maria Kreuzinger, nach dessen Letztem Willen 300 Gulden, die in Wien bei der Milden-Stiftungs-Hauptkassa-Administration angelegt wurden und von deren Zinsen Teile der Unkosten der Wallfahrt nach Maria Taferl gedeckt werden sollten[68].

---

[66] Ebd. 90.
[67] Ebd.
[68] Ebd.

5. Fazit

In diesem Beitrag konnte nur ein impressionistisches Bild der offenbar in vielen Fällen sehr engen Verbindung von Bruderschaft und Wallfahrt in Österreich unter der Enns, Böhmen und Mähren im „Barockzeitalter" – also etwa vom Ende des Dreißigjährigen Krieges bis zur schrittweisen Einschränkung der Wallfahrten, dem allgemeinen Verbot mehrtägiger Wallfahrten und der Aufhebung der Bruderschaften in der Habsburgermonarchie durch Kaiser Joseph II. – skizziert werden. Viele Fragen mussten unbeantwortet bleiben. Insbesondere in Niederösterreich – einschließlich der „Haupt- und Residenzstadt" Wien – steht die Erforschung der Bedeutung der Bruderschaften für das „barocke" Wallfahrtswesen erst am Anfang. Es bedürfte einer systematischen Analyse der (wohl nur sehr lückenhaft) in Pfarr- und Klosterarchiven sowie in den Diözesanarchiven (Passau, St. Pölten, Wien) verwahrten einschlägigen Archivalien. Aus der Kenntnis einzelner Fallbeispiele lassen sich nur vorläufige Schlüsse ziehen.

Sehr wahrscheinlich gilt aber auch für Österreich unter der Enns, was Jiří Mikulec für Böhmen konstatiert hat, nämlich dass (erstens) die zahlenmäßig weitaus meisten regelmäßig (für gewöhnlich jährlich) von Bruderschaften organisierten Wallfahrten zu einem nahegelegenen Wallfahrtsort führten und dass (zweitens) die Wallfahrten innerhalb der Aktivitäten der Bruderschaften seltene, ganz außeralltägliche Ausnahmen darstellten, die freilich den jährlichen Höhepunkt ihrer Tätigkeit bildeten[69]. Ganz besonders gilt Letzteres naturgemäß für mehrtägige Wallfahrten mit mehreren Übernachtungen. Am Beispiel Altpöllas konnte die enge Verbindung von Pfarre und Bruderschaft deutlich gemacht werden. Vermutlich handelte es sich bei vielen von Bruderschaften organisierten Wallfahrten de facto um Pfarrwallfahrten, deren „Logistik" einer Bruderschaft anvertraut wurde – schließlich war der Pfarrer nicht nur in Altpölla häufig in Personalunion auch Präses der Bruderschaft. Interessant wäre auch zu wissen, ob es üblich war, dass Wallfahrtsprozessionen mehrerer Pfarren und Ortschaften sich auf dem Weg zusammenschlossen.

Als „Gründer" von Bruderschaften werden in den Quellen stets Geistliche (Bischöfe, Pfarrer, Äbte etc.) genannt. Nur vertiefte Quellenstudien könnten zumindest exemplarisch die Frage beantworten, inwiefern die ursprüngliche Initiative zur Errichtung einer Bruderschaft auch von Laien ausgehen konnte und ob dabei der Wunsch, eine bestimmte Wallfahrtstradition zu begründen, eine Rolle spielen konnte. Es bleibt also noch viel zu tun.

---

[69] Siehe oben S. 124.

Bruderschaften als Bank. Italienische Beispiele des 15. und 16. Jahrhunderts

Thomas Frank

1. Problemaufriss

Wenn von spätmittelalterlichen und frühneuzeitlichen Banken die Rede ist[1], denken viele zunächst an die großen Privat- oder Familienbanken, die Florentiner Datini oder Medici, die Genuesen Grimaldi oder Sauli, die Fugger oder Welser und andere; oder an jüdische Geldhäuser wie die Bank der „da Volterra" in Italien, aber auch an die zahlreichen jüdischen Pfandleiher, die Kleinkredite gegen hohe Zinsen vergaben[2]. Dass auch nicht-profitorientierte öffentliche Institutionen und Bruderschaften Bankfunktionen wahrnahmen, ist weniger bekannt. Etwas abweichend vom Titel wird es im Folgenden nicht so sehr um Banken im vollen Wortsinn gehen als vielmehr um „Bankfunktionen" bei wohltätigen Institutionen und Bruderschaften. Unter Bankfunktionen verstehe ich in erster Linie die Vergabe von Krediten mit entsprechender Buchhaltung. Manchmal

---

[1] Der Aufsatz ist zugleich ein Beitrag zu einem italienischen Forschungsprojekt (PRIN 2015), dem ich seit Herbst 2016 assoziiert bin: „Alle origini del welfare (XIII–XVI secolo)", Sprecherin Gabriella Piccinni (Universität Siena).

[2] Familie „da Volterra": Alessandra VERONESE, Una famiglia di banchieri ebrei tra XIV e XVI secolo. I da Volterra. Reti di credito nell'Italia del Rinascimento (Pisa 1998). Beispiele für kleinere jüdische Pfandleiher in verschiedenen Regionen Italiens: Arieh TOAFF, The Jews in Medieval Assisi, 1305–1478. A Social and Economic History of a Small Jewish Community in Italy (Biblioteca dell'Archivum Romanicum 1/Storia, letteratura, paleografia 148, Firenze 1979) 37–64 (zum 15. Jahrhundert); interessante Zeugnisse zu Kleinkrediten in Assisi (1336–1366) ediert Francesco SANTUCCI, Il prestito ebraico e i Disciplinati di S. Stefano in Assisi nel secolo XIV. *Bollettino della Deputazione di Storia Patria per l'Umbria* 110 (2013) 643–654; Bologna: Antonio Ivan PINI, Famiglie, insediamenti e banchi ebraici a Bologna e nel bolognese nella seconda metà del Trecento. *Quaderni storici* 54 (1983) 783–814; Maria Giuseppina MUZZARELLI, I banchieri ebrei e la città, in: Banchi ebraici a Bologna nel XV secolo, hg. von DERS. (Bologna 1994) 89–157; Veneto: Gian Maria VARANINI, Appunti per la storia del prestito e dell'insediamento ebraico a Verona nel Quattrocento. Problemi, linee di ricerca, in: Gli Ebrei a Venezia, secoli XIV–XVIII. Atti del Convegno internazionale, Venezia 1983, hg. von Gaetano COZZI (Milano 1987) 615–628; Philippe BRAUNSTEIN, Le prêt sur gage à Padoue et dans le Padouen au milieu du XVᵉ siècle, in: ebd. 651–669; Angela MÖSCHTER, Juden im venezianischen Treviso (1389–1509) (Forschungen zur Geschichte der Juden 19, Hannover 2008) 185–196. Frühe Neuzeit: Claudio PROCACCIA, Banchieri ebrei a Roma. Il credito su pegno in età moderna (1521–1682), in: Judei de Urbe. Roma e i suoi ebrei: una storia secolare. Atti del Convegno, Roma 2005, hg. von Marina CAFFIERO–Anna ESPOSITO (Roma 2011) 155–179. Zahlreiche Hinweise auf frühneuzeitliche jüdische Pfandleiher in ganz Italien in dem Band: Monti di Pietà e presenza ebraica in Italia (secoli XV–XVIII), hg. von Daniele MONTANARI (Quaderni di Cheiron 10, Roma 1999).

richteten wohltätige Institutionen Gelddepots und Konten für Sparer ein und entwickelten sich damit zu regelrechten Banken – aber das eher selten.

Der Begriff „Bruderschaft" muss im Kontext dieses Bandes nicht ausführlich erläutert werden. Aber damit klar wird, was ich im Folgenden mit spätmittelalterlichen Bruderschaften im engeren Sinn meine und welche Gruppen und Institutionen ich nicht dazu zählen würde, sei doch so viel gesagt: Bruderschaften waren lokal agierende, auf Dauer angelegte, also institutionalisierte Vereinigungen mit überwiegend religiösen – inklusive karitativen – Funktionen; die Mitgliedschaft veränderte den Rechtsstatus eines Mitbruders (oder einer Mitschwester) nicht, egal ob er Laie oder Kleriker war. Vor allem durch das zuletzt genannte Kriterium unterscheiden sich Bruderschaften von semireligiösen Gemeinschaften oder religiösen Orden; zur anderen Seite hin markiert das überwiegend religiöse Interesse der Bruderschaften die (freilich durchlässige) Grenze zu den Zünften[3].

Die meisten der auf den folgenden Seiten diskutierten oder lediglich erwähnten Beispiele stammen aus Italien. Diese Wahl erklärt sich nicht nur aus meinem Forschungshorizont, sondern vor allem aus der dort auch im 16. Jahrhundert noch großen Zahl von Bruderschaften[4] und dem besonders hoch entwickelten italienischen Bankwesen. Wie alle Teilnehmer am Wirtschaftsleben konnten Bruderschaften als Kunden von privaten oder öffentlichen Banken auftreten, also bei ihnen Geld deponieren oder leihen. Dieser Aspekt wird hier weitgehend beiseitegelassen, da er nicht viel Neues über Bankfunktionen von Bruderschaften sagen würde. Es gab aber auch Bruderschaften, die selbst Bankaktivitäten entfalteten. Sie taten dies als Vereinigungen, die auf Grund ihres Engagements in der Armen- und Krankenfürsorge Geld (oder Güter) umverteilten.

In der wirtschaftshistorischen Forschung hat es Tradition, den profitorientierten Ansatz der Familienbanken – deren Ähnlichkeit mit modernen Banken gerne hervorgehoben wird – und die karitative Zielsetzung der Bruderschaften oder anderer wohltätiger Institutionen als Gegensatz zu interpretieren: Gewinn und Armenfürsorge galten als einander ausschließende Ziele der Geldinvestition[5]. Diese Trennung ist seit einiger Zeit kritisch hinterfragt worden[6]. Speziell an Hospitälern sowie an den Pfandleihhäusern des 15. Jahr-

---

[3] Zu den Elementen dieser Definition Thomas FRANK, Bruderschaften im spätmittelalterlichen Kirchenstaat. Viterbo, Orvieto, Assisi (Bibliothek des Deutschen Historischen Instituts in Rom 100, Tübingen 2002) 15.

[4] Christopher F. BLACK, Italian Confraternities in the Sixteenth Century (Cambridge 1989) 23–31 (Überblick), 228–230 (wenige Bemerkungen über Bruderschaften und Monti di pietà).

[5] Das gilt insbesondere für die Klassiker der Ökonomie (Thomas Robert Malthus, David Ricardo) mit ihrer Polemik gegen Subventionen für Arme sowie für die Neoklassiker (Joseph Schumpeter, Ludwig von Mises, Friedrich August von Hayek und andere), aber in gewisser Weise auch für Kritiker der neoklassischen Schule wie Karl Polanyi, der die vormodernen Ökonomien als ganze zum Gegenmodell der modernen Marktwirtschaften aufbaute. Guter Überblick über diese Debatten bei Gareth DALE, Karl Polanyi. The Limits of the Market (Cambridge–Malden 2010). Für ein fundamental anderes, marktfernes Mittelalter plädiert auch Alain GUERREAU, Avant le marché, les marchés. En Europe, XIIIe–XVIIIe siècle (note critique). *Annales HSS* 56 (2001) 1129–1175, der sich unter anderem auf Bartolomé CLAVERO, Antidora. Antropología católica de la economía moderna (Per la storia del pensiero giuridico moderno 39, Milano 1991), beruft; Clavero deutet auf der Basis von spätscholastischen Texten des 16. Jahrhunderts die vormoderne Ökonomie als Zirkulation von Geld, materiellen Gütern und immateriellen Gaben, die im Zeichen einer allumgreifenden „caritas" stand.

[6] Giacomo TODESCHINI, Credibilità, fiducia, ricchezza. Il credito caritativo come forma della modernizzazione economica europea, in: Prestare ai poveri. Il credito su pegno e i Monti di Pietà in area mediterranea (secoli XV–XIX), hg. von Paola AVALLONE (Ricerche di economia e storia 2, Napoli 2007) 17–30; Francesco BIANCHI, L'economia delle confraternite devozionali laiche. Percorsi storiografici e questioni di metodo, in: Studi confraternali. Orientamenti, problemi, testimonianze, hg. von Marina GAZZINI (Firenze 2009) 239–269;

hunderts, den sog. Monti di pietà, wurde gezeigt, dass beide Aspekte, Profit und „caritas", für das spätere Mittelalter und die Frühe Neuzeit als zwei Seiten derselben Medaille betrachtet werden können. Man hatte seit dem 14. Jahrhundert verstanden, dass Geld nur dann zu etwas nutze war, wenn es zirkulierte, wenn also Geschäfte damit gemacht wurden. Gerade dann, nur dann, konnte es auch wohltätigen Zwecken dienen. Andererseits war auch die auf Profit ausgerichtete Ökonomie in städtische Gesellschaften eingebettet, deren Märkte auf gegenseitigem Vertrauen basierten, nicht auf dem Erzwingen höchstmöglicher Preise. In diesem Rahmen entschied die Einhaltung oder der Bruch der Vertrauensbeziehungen auch über die Grenze zwischen erlaubtem Zinssatz und Wucher, eine Grenze, über die immer wieder erneut diskutiert wurde. Ziel meiner Skizze ist es, die Geschichte der Bruderschaften in diese Forschungsthese zu integrieren.

2. Hospitäler mit Bankfunktionen und Bruderschaften

Es sei vorausgeschickt, dass die wohltätigen Institutionen, die am häufigsten im Zusammenhang mit Bankaktivitäten in Erscheinung traten, nicht Bruderschaften, sondern Hospitäler waren. Dafür lassen sich zahlreiche Beispiele nicht nur in Italien, sondern auch im spätmittelalterlichen und frühneuzeitlichen Deutschland[7] finden. Die beiden schlagendsten italienischen Fälle sind die Großhospitäler Santa Maria della Scala in Siena[8] und die Annunziata in Neapel[9]. Das Sieneser Hospital wurde von einer Semireligiosen-Kommunität betrieben. Es fungierte schon im 14. Jahrhundert als Depot für verzinsbare Geldeinlagen der Bürger und durchreisender Rompilger. Diese Mittel gab es als Kredit gegen einen etwas höheren Zinssatz wieder aus: Hauptkunde war die Kommune Siena. Der Gewinn floss in die umfangreichen karitativen Aufgaben des Hospitals, von denen das Hospital ein sehr umfassendes Programm anbot – in den 1440er Jahren idealtypisch festgehalten in einem bis heute zu bewundernden Freskenzyklus im sog. Pellegrinaio (Pilgersaal) von Santa Maria della Scala[10]. Das Hospital der Annunziata in Neapel, das auf

---

Giacomo Todeschini, Credit and Debt. Patterns of Exchange in Western Christian Society, in: Europas Aufstieg. Eine Spurensuche im späten Mittelalter, hg. von Thomas Ertl (Expansion, Interaktion, Akkulturation 23, Wien 2013) 139–160; Gabriella Piccinni, Il banco dell'Ospedale di Santa Maria della Scala e il mercato del denaro nella Siena del Trecento (Ospedali medievali tra carità e servizio 5, Ospedaletto 2012); dies., Ospedali, affari e credito prima del Monte di Pietà. *Reti Medievali Rivista* 17/1 (2016) 133–154, online unter: http://www.rmoa.unina.it/3542/1/499-1714-2-PB.pdf [14.2.2018]. Siehe auch die Kritik an Polanyis Periodisierung der Wirtschaftsgeschichte bei Stephen Gudeman, Necessity or Contingency. Mutuality and Market, in: Market and Society. The Great Transformation Today, hg. von Chris Hann–Keith Hart (Cambridge 2009) 17–37.

[7] Überblick über deutsche Fälle mit Vorschlag zur Klassifizierung: Holger R. Stunz, Hospitäler im deutschsprachigen Raum im Spätmittelalter als Unternehmen für die „caritas" – Typen und Phasen der Finanzierung, in: Funktions- und Strukturwandel spätmittelalterlicher Hospitäler im europäischen Vergleich, hg. von Michael Matheus (Geschichtliche Landeskunde 56, Stuttgart 2005) 129–159. Ein instruktives Trierer Beispiel untersucht Thomas Wirtz, Hospital und Hypothek. Das kommunale St. Jakobshospital auf dem Trierer Renten- und Immobilienmarkt 1450–1600 (Trierer Historische Forschungen. Kleine Schriften 3, Trier 2013).

[8] Zahlreiche Arbeiten von G. Piccinni, unter anderem: Gabriella Piccinni–Lucia Travaini, Il Libro del Pellegrino (Siena, 1382–1446). Affari, uomini, monete nell'Ospedale di Santa Maria della Scala (Nuovo medioevo 71, Napoli 2003) besonders 1–4, 29–40, sowie das münzgeschichtliche Kapitel von L. Travaini; ferner die oben in Anm. 6 genannten Titel derselben Autorin. Zur Geschichte dieses Hospitals Michele Pellegrini, La comunità ospitaliera di Santa Maria della Scala e il suo più antico statuto (Ospedaletto 2005).

[9] Salvatore Marino, Ospedali e città nel Regno di Napoli. Le Annunziate: istituzioni, archivi e fonti (secc. XIV–XIX) (Biblioteca dell'Archivio Storico Italiano 35, Firenze 2014) 37–41.

[10] Reproduktionen zum Beispiel in Alessandro Orlandini, Gettatelli e pellegrini. Gli affreschi nella sala

Initiative einer Bruderschaft 1320 errichtet worden war, nahm seit der zweiten Hälfte des
15. Jahrhunderts Aufgaben einer regelrechten Bank wahr, die allerdings im 17. Jahrhundert wegen allerlei Betrügereien spektakulär bankrottging. Teilweise vergleichbar ist auch
das Hospital Santa Maria dei Battuti in Treviso[11] bei Venedig, das sich seit dem 15. Jahrhundert als Sparkasse für Einleger anbot. Es sei hier deshalb erwähnt, weil in diesem Fall
das Hospital nur schwer von der Flagellantenbruderschaft („Battuti") zu unterscheiden
ist, der das Hospital gehörte. Damit wird auch diese Vorbemerkung zu den als Bank arbeitenden Hospitälern besser verständlich: Sie sind als Institutionen des ‚welfare' nicht
nur in einem allgemeinen Sinn mit karitativen Bruderschaften vergleichbar, sondern waren nicht selten mit ihnen auch organisatorisch mehr oder weniger eng verbunden[12]. Das
leitet zu jenen Bruderschaften über, die als solche – auch ohne Hospital – Bankfunktionen entwickelten.

3. Bruderschaften und Bankaktivitäten im weiteren Sinn

Man kann zwei Weisen der Annäherung von Bruderschaften an Banken beschreiben:
eine lockere und eine gezieltere. Eine lockere Annäherung drückt sich zum Beispiel in
Personenbeziehungen aus: Nicht wenige italienische Bruderschaften hatten unter ihren
Mitgliedern Bankiers, und manchmal führte das dazu, dass die Bruderschaften deren Unternehmen als Hausbanken nutzten. Das konnte so weit gehen, dass eine Familienbank
eine in finanzielle Schwierigkeiten geratene Bruderschaft übernahm, wie es im späten
15. Jahrhundert in Vicenza bei der Hospitalbruderschaft von S. Marcello der Fall war[13].
Oder eine Bruderschaft diente einer Privatbank als karitatives Aushängeschild, gerne auch
um der eigenen Klientel aufzuhelfen: so die Medici-Bank und die „Buonomini di San
Martino" in Florenz, eine 1442 gegründete Bruderschaft, die sich die Unterstützung „ver-
schämter Armer" zur Aufgabe machte[14].

del Pellegrinaio dell'Ospedale di Santa Maria della Scala di Siena (Siena 1997), oder auf der Webseite des Museums von S. Maria della Scala online unter http://www.santamariadellascala.org/w2d3/v3/view/sms2/percorsi/
luoghi/l_edifici/piani/sale--17/index.html [28. 7. 2017].

[11] Giampaolo CAGNIN, Pellegrini e vie del pellegrinaggio a Treviso nel Medioevo (secoli XII–XV) (Somma-
campagna 2000) 145–147, mit Regesten 289 (1442–1443), 290 (1447, 1449) und der Volltextedition
347–350 Nr. 29 (1449–1450); weitere Beispiele für Einträge von Gelddepots in den Rechnungsbüchern des
Hospitals im Archivio di Stato Treviso, Ospedale S. Maria dei Battuti, busta 4, fol. 402ʳ–403ᵛ (1441–1442),
busta 347, fol. 48ᵛ–49ʳ (1458–1464); dazu auch David D'ANDREA, Civic Christianity in Renaissance Italy.
The Hospital of Treviso, 1400–1530 (Rochester 2007) 77–84. DERS., L'Ospedale di Santa Maria dei Battuti di
Treviso dal medioevo all'età moderna (1400–1797), in: S. Maria dei Battuti di Treviso. L'Ospedal Grando secc.
XIII–XX, 3 Bde., hg. von Ivano SARTOR (Crocetta del Montello 2010) 1 179–288, hier 209.

[12] In Treviso war die Verbindung zwischen Hospital und Bruderschaft auf Dauer eng, in Neapel war eine
Bruderschaft Gründerin des Hospitals; dagegen ist die Gemeinschaft männlicher und weiblicher Semireligio-
sen, die für den Betrieb von S. Maria della Scala in Siena verantwortlich war, nach meiner eingangs vorgeschla-
genen Definition nicht zu den Bruderschaften im engeren Sinn zu rechnen.

[13] Francesco BIANCHI, Ospedali e politiche assistenziali a Vicenza nel Quattrocento (Firenze 2014) 40f.,
http://www.rmoa.unina.it/rmebook/indexphp?mod=none_Bianchi [14.2.2018]. 1442 übernahm die Familie
da Porto das „ius patronatus" über Hospital und Bruderschaft. Vgl. auch zu Padua: BIANCHI, L'economia delle
confraternite (wie Anm. 6) 255f. Römische Beispiele für Beziehungen zwischen Bruderschaften und Bankiers
untersucht Anna ESPOSITO, Prima del Monte di pietà. La carità del credito per le confraternite romane del
tardo medioevo, in: Reti di credito. Circuiti informali, impropri, nascosti (secoli XIII–XIX), hg. von Mauro
CARBONI–Maria Giuseppina MUZZARELLI (Bologna 2016) 151–162.

[14] Dale KENT, The Buonomini di San Martino. Charity for the "Glory of God, the Honour of the City,

Eine begrenzte Spielart der Kreditvergabe ist deren interne Anwendung: wenn näm-lich in Not geratene Mitglieder einer Bruderschaft leihweise mit Geld (oder Naturalien) versorgt wurden. Allerdings handelte es sich dabei meist nicht um rückzahlungspflichtige Darlehen, sondern um Almosen, wie sich zum Beispiel an den von Brian Pullan unter-suchten Venezianer Bruderschaften des 16. Jahrhunderts zeigen lässt. Allerdings kann die Vergabe von Mitgiften an heiratswillige Mädchen – oft, wenn auch nicht immer Töchter von Mitgliedern der Bruderschaften – als eine Art Kredit gedeutet werden. Dieser war je-doch zinslos und nur unter besonderen rechtlichen oder familiären Bedingungen zurück-zuerstatten. Daher können die nicht nur in Venedig beliebten Mitgiftverleihungen nicht als bruderschaftliche Bankoperation im engeren Sinn betrachtet werden[15].

Wenn Bruderschaften über finanzielle Spielräume verfügten (das war aber sicherlich eine Minderheit), wurden sie auf den städtischen Kreditmärkten aktiv. Das kennen wir auch aus Deutschland und der (späteren) Schweiz, wo sich Beispiele für bruderschaftli-che Akteure im Rentenmarkt finden. Die Bruderschaften erwarben als Kreditgeber eine Rente, die zugleich den Zinssatz für ihr Kapital abgab, und ließen deren regelmäßige Zahlung durch eine Immobilie als Pfand absichern. Auf diesem Hypothekenmarkt kon-kurrierten Bruderschaften mit Kirchen, Hospitälern und privaten Banken, wie kürzlich in einer Studie zu Trier gezeigt wurde oder wie schon länger vom Göttinger Georgs-Kaland, einer Priesterbruderschaft, bekannt war[16]. In Italien waren die Kreditmärkte nicht so eng an Immobilienhypotheken gekoppelt. Wo italienische Bruderschaften in größerem Stil als Kreditgeber auftraten, arbeiteten sie (nolens volens) vornehmlich mit öffentlichen Schuldnern, das heißt mit den kommunalen und fürstlichen Regierungen.

4. Bruderschaften und „Monti di pietà"

Italien ist auch das Land, in dem sich eine gezielte Annäherung von Bruderschaften an Bankfunktionen beobachten lässt. Dies geschah ab der zweiten Hälfte des 15. Jahr-hunderts, als sich im ganzen Land (und auch in Südfrankreich und Spanien) die Monti di pietà ausbreiteten[17]. Diese vorwiegend, wenn auch nicht ausschließlich von Franziskaner-

---

and the Commemoration of Myself", in: Cosimo "il Vecchio" de'Medici, 1389–1464. Essays in Commemora-tion of the 600th Anniversary of Cosimo de'Medici's Birth, hg von. Francis Ames-Lewis (Oxford 1992) 49–67.

[15] Brian Pullan, Rich and Poor in Renaissance Venice. The Social Institutions of a Catholic State, to 1620 (Oxford 1971) 181–184. Zu Mitgiften ebd. 184–186, und mit viel neuem Material Gabriele Köster, Künstler und ihre Brüder. Maler, Bildhauer und Architekten in den venezianischen Scuole Grandi (bis ca. 1600) (Berlin 2008) 144–174. Mitgiftzahlungen römischer Bruderschaften: Esposito, Prima del Monte di pietà (wie Anm. 13) 157.

[16] Wirtz, Hospital und Hypothek (wie Anm. 7) 121–126; Malte Prietzel, Der Göttinger Georgs-Kaland. Eine Bruderschaft als Kreditinstitut und stiftsähnliche Pfründanstalt. *Göttinger Jahrbuch* 37 (1989) 51–70; siehe auch die Heilig-Geist-Bruderschaft in Freiburg in der Schweiz: Nicolas Morard, Une charité bien or-donnée. La confrérie du Saint-Esprit à Fribourg à la fin du Moyen Âge (XIVe–XVe siècles), in: Le mouve-ment confraternel au Moyen Âge. France, Italie, Suisse, Actes de la Table ronde organisée par l'Université de Lausanne avec le concours de l'École française de Rome, Lausanne 1985 (Collection de l'École française de Rome 97, Genève 1987) 275–296; Kathrin Utz Tremp, Barmherzigkeit und Versicherung zugleich. Die Ar-menfürsorge der Freiburger Heiliggeistbruderschaft an der Wende vom Spätmittelalter zur frühen Neuzeit, in: Von der Barmherzigkeit zur Sozialversicherung. Umbrüche und Kontinuität vom Spätmittelalter bis zum 20. Jahrhundert, hg. von Hans-Jörg Gilomen–Sébastien Guex–Brigitte Studer (Schweizerische Gesellschaft für Wirtschafts- und Sozialgeschichte 18, Zürich 2002) 183–197.

[17] Einige ausgewählte Studien, die über den lokalen Horizont hinausweisen: Giuliana Albini, Sulle origini

observanten propagierte Form der wohltätigen Institution diente dazu, in Not geratene
Menschen mit einem kleinen Kredit zu versorgen. Die Schuldner hatten dafür ein Pfand
zu hinterlegen und mussten in vielen Fällen einen Zins bezahlen (um die 5 %); es handelt
sich also nicht um völlig mittellose Empfänger, sondern um Personen in vorübergehen-
den Schwierigkeiten. Diese neue Institution – der erste Monte di pietà eröffnete 1462 in
Perugia – richtete sich gegen die jüdischen Pfandleiher, die in vielen italienischen Städten
das Geschäft mit Kleinkrediten versahen, aber in der Regel (und aus durchaus nachvoll-
ziehbaren Gründen) hohe Zinsen verlangten. Dass vor allem die Franziskaner trotz des
generellen Wucherverdachts eine Zinsforderung für notwendig hielten, stieß auf Kritik
bei anderen Orden, die sich für zinslose Kredite einsetzten. Doch wo keine Zinszahlun-
gen verlangt wurden, gerieten die Monti di pietà rasch in finanzielle Schwierigkeiten, da
sie ihre Kosten nicht decken konnten. Die im Zusammenhang mit den Monti di pietà
erneut aufflammende, teils erbitterte Debatte um die Erlaubtheit von Kreditzinsen und
die Grenze zum Wucher hier zu referieren, würde zu weit führen. Letztlich setzte sich die
franziskanische Lösung durch, denn wenn ein Monte di pietà überhaupt funktionieren
sollte, brauchte er Einnahmen. Konsequenterweise genehmigte Papst Leo X. 1515 einen
– moderaten – Zinssatz[18].

Die hunderte von Monti di pietà, die in Italien allein bis 1550 gegründet wurden,
zeigen, wie wichtig es für breite Bevölkerungskreise war, im Notfall schnell an Geld zu
kommen. Viele Monti verwandelten sich nach und nach in regelrechte Banken (noch
heute existiert die Bank „Monte dei Paschi“, die auf den Monte di pietà von Siena zurückgeht). Was die Beteiligung von Bruderschaften betrifft, ist zunächst festzuhalten, dass bei
Weitem nicht alle Monti di pietà mit einer Bruderschaft zu tun hatten[19]. Viele, vor allem
die frühen Monti wurden auf Anregung eines Mendikantenpredigers mit direkter Hilfe
und unter Leitung der Stadtregierungen oder der Fürsten gegründet. Politische Unterstützung war unumgänglich, denn es musste ja über die jüdischen Pfandhäuser entschieden
werden. Meist hieß die Lösung: Berufsverbot für die Juden, gar Vertreibung. Es gibt Fälle,
in denen Bruderschaften den zunehmend scharfen antijüdischen Ton förderten (Urbino)
oder sich als christliche Alternative zum jüdischen Wucher inszenierten (Bergamo)[20].

---

dei Monti di pietà nel Ducato di Milano. *Archivio storico lombardo* 111 (1985) 67–113, Nachdr. in: DIES.,
Carità e governo delle povertà (secoli XII–XV) (Milano 2002) 285–325; Carol B. MENNING, Charity and State
in Late Renaissance Italy. The Monte di Pietà of Florence (Ithaca–London 1993); Matteo MELCHIORRE, A un
cenno del suo dito. Fra Bernardino da Feltre (1439–1494) e gli ebrei (Early modern/studi di storia europea
protomoderna 24, Milano 2012).

    [18] Zusammenfassung der Debatte: Nicola L. BARILE, Credito, usura, prestito a interesse, in: Reti Medievali
Repertorio, 2010 http://rm.univr.it/repertorio/rm_nicola_lorenzo_barile_credito_usura_prestito.html [28. 7.
2017]. Siehe ferner ALBINI, Sulle origini (wie Anm. 17) 286–292; Maria Giuseppina MUZZARELLI, *Cande-
labrum lucem ferens*. Il prestito del Monte di pietà nel pensiero dei giuristi Benedetto Capra e Baglione dei
Montevibiani, in: Credito e usura fra teologia, diritto e amministrazione, hg. von Diego QUAGLIONI–Giacomo
TODESCHINI–Gian Maria VARANINI (Collection de l'École française de Rome 346, Roma 2005) 181–196. Neue
Forschungen zu den Monti di pietà Politiche di misericordia tra teoria e prassi: Confraternite, Ospedali e Monti
die Pietà (XIII–XVI secolo), hg. von Pietro DELCORNO (Bologna 2018).

    [19] So zum Beispiel der von dem Franziskanerobservanten Bernardino da Feltre 1493 angeregte Monte di
pietà von Pavia: Renata CROTTI, Il sistema caritativo-assistenziale nella Lombardia medievale. Il caso pavese
(Pavia 2002) 264–282, oder die von ALBINI, Sulle origini (wie Anm. 17), vorgestellten Monti von Parma (1488)
und Piacenza (1490).

    [20] Urbino: Giulietta GHELLER, I capitoli del Monte di pietà di Urbino del 1468 e le loro specificità
nell'orizzonte delle coeve fondazioni di Monti Pii, in: I Monti di pietà fra teoria e prassi. Quattro casi esemp-
lari: Urbino, Cremona, Rovigo e Messina, hg. von Mauro CARBONI–Maria Giuseppina MUZZARELLI (Bologna

Mancherorts bestanden aber beide Träger des Kleinkredits noch eine Weile nebeneinander fort.

Hin und wieder jedoch waren Bruderschaften zentral an der Gründung eines Monte di pietà beteiligt. In Terni (Umbrien)[21] zum Beispiel organisierte eine Marienbruderschaft ein Pfandleihhaus, und zwar schon 1464, also kurz nach der Gründung des ersten Monte di pietà in Perugia. Allerdings reichte das von der Bruderschaft zur Verfügung gestellte Kapital, 450 Gulden, nicht aus, so dass der Monte 1467 unter Leitung der Kommune neu errichtet werden sollte. Ein Beschluss der Kommunalregierung, eine Notarsurkunde und ein Statutenentwurf – alle zwischen 3. und 6. November 1467 – bezeugen, dass die Bruderschaft S. Maria de Nicandro erneut 450 Gulden investieren würde; weiteres Kapital sollte aus indirekten Steuern der Kommune fließen[22]. Als auch dies nicht ausreichte und die Initiative erneut wegen Kapitalmangels scheiterte, versuchte man es 1474 ein drittes Mal. Jetzt steuerte die Bruderschaft nur noch 300 Gulden bei und zog sich bald auch aus der Verwaltung zurück. Doch da die Kommune andere Zuwendungen auftrieb, hatte dieser Versuch Erfolg, auf längere Sicht jedoch ohne die nur anfangs engagierte Bruderschaft.

Der Fall Terni steht für jene Monti di pietà, in denen Bruderschaften zwar eine wichtige, aber keine dauerhafte Rolle spielten. Ihr Engagement war eine Initialzündung, vor allem zur Beschaffung des Startkapitals[23]. Es gab freilich auch andere Lösungen: neben dem Modell „Initialzündung" auch dauerhafte Förderung durch Bruderschaften. Das gilt zum Beispiel für den Monte von Cremona (gegründet 1490) und eine eigens zu seiner Unterstützung errichtete Bruderschaft, die sich „Consorzio della Pietà" nannte, sowie für den Monte von Padua (1491)[24]. In Urbino hingegen, wo die örtliche Corpus Christi-Bruderschaft 1467 bei dem Florentiner Maler Paolo Uccello eine antijüdische Altarpredella in Auftrag gegeben hatte (eine der bekanntesten Darstellungen einer angeblichen Hostienschändung, des dadurch provozierten Blutwunders und der tödlichen Folgen für den Pfandleiher und seine Familie), ist eine Verbindung dieser Bruderschaft zum 1468 gegründeten Monte di pietà erst im frühen 16. Jahrhundert nachzuweisen[25].

Das Engagement dieser Bruderschaft für den Monte erst zu diesem späteren Zeitpunkt könnte damit zusammenhängen, dass im 16. Jahrhundert die Affinität gerade von

---

2009) 1–65, hier 17–19. Zu Paolo Uccellos antijüdischer Altarpredella in Urbino siehe unten, Text vor Anm. 25; Bergamo (aber dort erst im 16. Jahrhundert): Daniele MONTANARI, Il credito e la carità, Bd. 1: Monti di pietà delle città lombarde in Età Moderna (Milano 2001) 159, 173, 178.

[21] Alberto GHINATO, I primordi del Monte di pietà di Terni (1464–1489) (Studi e documenti intorno ai primitivi Monti di pietà 2, Roma 1959) 28–68.

[22] Ebd. 116–122.

[23] Siehe für das Veneto PULLAN, Rich and Poor (wie Anm. 15) 474; Mailand (1496): ALBINI, Sulle origini (wie Anm. 17) 309–312; dort wurde die Honoratiorenbruderschaft, von der die Gründungsinitiative ausgegangen war, wenig später vom Herzog verdrängt.

[24] Cremona: nur wenige Bemerkungen in ebd. 304f.; MONTANARI, Il credito e la carità (wie Anm. 20) 1 136; Präzisierungen bei Adelaide RICCI, Cremona, il suo primo Monte e il „Consorzio de la Sancta Pietà", in: I Monti di pietà fra teoria e prassi (wie Anm. 20) 67–99, hier 84–94, 97–99; Padua: BIANCHI, L'economia delle confraternite (wie Anm. 6) 254 (mehrere Bruderschaften, von denen eine, die Scuola della Carità, langfristig an der Verwaltung des Monte teilhatte); Bologna (1473): Nicholas TERPSTRA, Apprenticeship in Social Welfare. From Confraternal Charity to Municipal Poor Relief in Early Modern Italy. *Sixteenth Century Journal* 25 (1994) 101–120.

[25] Zu dieser Bruderschaft Luigi MORANTI, La confraternita del Corpus Domini di Urbino (Ancona 1990); Giuseppe CUOCCO–Anna Rita NANNI, Oratori e confraternite di Urbino (Urbino 1995) 51–58. Zur Verbindung mit dem Monte: GHELLER, I capitoli del Monte di pietà di Urbino (wie Anm. 20) 44, 64.

Corpus Christi- oder Sakramentsbruderschaften zu den Monti di pietà generell zu wachsen begann. In seinen Studien zur Lombardei hat Daniele Montanari nicht nur die kapil-
lare Verbreitung von Monti di pietà vom 16. bis zum 18. Jahrhundert erforscht, sondern
auch gezeigt, dass viele dieser Monti auf Initiative der lokalen Sakramentsbruderschaften
entstanden sind und mit ihnen dauerhaft verbunden blieben[26]. Der in der Gegenreformation von der katholischen Kirche stark geförderte und in Italien weit verbreitete, quasi
standardisierte Typ der Parochialbruderschaft des „Santissimo Sacramento" ist im Vergleich zur Welt der spätmittelalterlichen Bruderschaften etwas Neues. Daraus mag sich
auch die nun stärker institutionalisierte Relation zwischen ihnen und den Monti erklären,
die in den ländlichen Siedlungen im Übrigen meist nicht Geld, sondern Saatgut verliehen. Im 15. Jahrhundert hingegen scheint die Liaison zwischen Bruderschaft und Monti
di pietà noch weniger häufig und nicht immer von Dauer gewesen zu sein. Außerdem ist
zu unterstreichen, dass neben Bruderschaften auch zahlreiche andere Akteure – Kommunen, Hospitäler, Kirchen – diese neuen Institutionen des Kleinkredits unterstützten.

5. Ergebnisse

Im Italien des 15. und 16. Jahrhunderts waren Bruderschaften ein wichtiger, aber
bei weitem nicht der einzige und alles in allem auch nicht der wichtigste Akteur in der
Ökonomie der Wohltätigkeit. Italien ist ein guter Beobachtungsposten, weil dort die Verflechtung von Bruderschaften, „caritas" und wirtschaftlichem Handeln besonders dicht
war: dies zum einen wegen des insgesamt starken Engagements italienischer Bruderschaften für die Armen- und Krankenfürsorge, das auch nicht durch eine Reformation blo-
ckiert oder umgelenkt wurde; zum anderen wegen der hoch entwickelten, von urbanen
Zentren geprägten Geldökonomie. Das wirtschaftliche Handeln der Bruderschaften ist
ein Aspekt, der generell noch nicht allzu intensiv erforscht wurde, deshalb sei mein Ge-
samteindruck auch nur mit Vorsicht formuliert: Dass Bruderschaften sich in regelrechte
Banken verwandelten, ist, jedenfalls vor 1600, sehr selten. Sie konnten jedoch wirtschaftliche Funktionen übernehmen, die wir heute (aber auch schon im Mittelalter) Banken
zuschreiben, insbesondere die Vergabe von Krediten oder wenigstens eine Symbiose mit
Institutionen, die Kredite vergaben. Das war in anderen Ländern nicht anders, ist aber
dort – jedenfalls im 15. Jahrhundert – noch nicht so häufig zu belegen wie zum Beispiel
bei den italienischen Monti di pietà, die nicht selten von Bruderschaften unterstützt und
manchmal auch von ihnen mitverwaltet wurden. Es sei also zugegeben, dass der Titel des
Beitrags – „Bruderschaften als Bank" – ein wenig mehr verspricht, als die (wohlgemerkt:
summarische) Überprüfung der Beispiele und Quellen tatsächlich belegen kann; aber völlig irreführend ist er nicht.

---

[26] Daniele MONTANARI, I Monti di pietà nel territorio bresciano (secoli XV–XIX), in: Per il quinto cente-
nario del Monte di Pietà di Brescia (1489–1989), hg. von DEMS. (Brescia 1989) 231–270, hier 246; Giuseppina
CALZAVACCA, Bozzolo [Provinz Mantua, ab 1567], in: Il credito e la carità, Bd. 2: Monti di pietà del territorio
lombardo in età moderna, hg. von Daniele MONTANARI (Milano 2001) 23–50, hier 23f.; Daniele BONETTI,
Rivarolo [Provinz Mantua, ab 1512], ebd. 205–241, hier 205–218; Raffaella MORETTI, Fontanella [Provinz
Bergamo, ab 1560 circa], ebd. 425–457, hier 426 (hier wurde der Monte von einer Flagellantenbruderschaft
gegründet und verwaltet).

Das hier beobachtete Wirtschaften der wohltätigen Bruderschaften im Italien des 15. und 16. Jahrhunderts passt gut zu der auf andere Institutionen gestützten Schlussfolgerung, nach der es für die Vormoderne keinen Sinn hat, profitorientierte und non profit-Unternehmen gegeneinander auszuspielen. Unter den Bedingungen der – mit Karl Polanyi[27] zu sprechen – „embeddedness" brauchten sie alle ‚Kredit' oder ‚Vertrauen'; doch zugleich mussten sie – *pace* Polanyi – durch Geldzirkulation Gewinne erwirtschaften, die das jeweilige Geschäftsmodell erst ermöglichten. Es ist wohl kein Zufall, dass die Italiener des Spätmittelalters die Bezeichnung „compagnia" sowohl für Privatunternehmen, etwa Banken, als auch für Bruderschaften verwendeten. Und Francesco di Marco Datini, der „Kaufmann von Prato", hat um 1400 Familienbanken ausdrücklich als „fratellanza" bezeichnet[28]. Für die hier vorgestellten italienischen Bruderschaften mit Bankfunktionen gilt *a fortiori* das, was Malte Prietzel 1989 über den Göttinger Georgs-Kaland geschrieben hat: Um das Vertrauen der Stifter und Testatoren zu rechtfertigen und die erwünschten liturgischen Leistungen zu erbringen, musste der Kaland das gestiftete Geld auf dem lokalen Kapitalmarkt vermehren. Die Bruderschaft „musste zur ‚Bank' werden, gerade um ihren religiösen Zweck gut zu erfüllen, nämlich für die Seelen der Stifter und aller Verstorbenen zu sorgen"[29].

---

[27] Diesen Begriff entwickelte Polanyi in seinem Hauptwerk „The Great Transformation" (1944). Ich habe die deutsche Ausgabe bei Suhrkamp verwendet: Karl POLANYI, The Great Transformation. Politische und ökonomische Ursprünge von Gesellschaften und Wirtschaftssystemen (Frankfurt/Main 1978) 104 und passim. Vgl. DALE, Karl Polanyi (wie Anm. 5) 89–135.

[28] Den Hinweis entnehme ich Jérôme HAYEZ, La gestion d'une relation épistolaire dans les milieux d'affaire toscans à la fin du Moyen Âge, in: La circulation des nouvelles au Moyen Âge, XXIVᵉ Congrès de la S.H.M.E.S., Avignon 1993, hg. von der Société des Historiens Médiévistes de l'Enseignement Supérieur (Paris–Roma 1994) 63–83, hier 76, Anm. 45. Zum „Kaufmann von Prato" siehe das bekannte Buch von Iris ORIGO, The Merchant of Prato, Francesco di Marco Datini (London 1957, mit diversen Neuauflagen und Übersetzungen).

[29] PRIETZEL, Der Göttinger Georgs-Kaland (wie Anm. 16) 68.

Geistliche Bruderschaften und ihr Musikschaffen am Beispiel des Gesangs von Laien

Vladimír Maňas

Im Nahmen Jesus seynd wir hie
und fallen nieder auff unser Knye[1].

Es wäre eine ausufernde Beschäftigung, wollte man sich um eine erschöpfende Aufzählung der verschiedenen liturgischen und paraliturgischen Aktivitäten von Bruderschaften im Bereich der Musik bemühen[2]. Ebenfalls kaum lässt sich der exakte Beitrag der
Bruderschaften in ihrer Funktion als musikalische Auftraggeber bzw. als Musikmäzene[3]
ermessen, vor allem weil die Musik einen festen Bestandteil des Bruderschaftswesens bot
und daher ein nahezu unerschöpfliches Thema offeriert[4]. Daher soll nach Art eines Deckenfreskos eine alternative Annäherung an das Thema gewagt werden, wo die institutionellen, räumlichen und praktischen Beziehungen zwischen Musik und Bruderschaften
zwar als Gesamtbild erscheinen – dieses Bild zeigt aber bei näherer Betrachtung Risse.
Gerade beim geistlichen Gesang erscheint die Darstellungsweise eines Deckenfreskos angebracht, bei einer detaillierten Ansicht werden Lücken klaffen, aber mit Abstand zum

---

[1] Ein anderer schoener Gruß: Kannach (!) der Zusammenkufft von Herrn Bruedern und Schwestern gesungen werden / etc. in Kräfftige geistliche Seelen=Nahrung, Das ist: Außerlesen schöne Andachten, Gebet
und Lobgesänge, sambt andern geistlichen Ubungen; So Zu grösserer Ehre Gottes, Lieb und Preiß deß hochwürdigsten und Zartesten Fronleichnams unsers Herrn Jesu Christi, Zu sonderbaren Trost, Nutz und Heyl
der Seelen; Vor Die hochlöbliche auffgerichte Bruderschafft Corporis CHRISTI. in der Königl. Stadt Brünn
in Mähren, in der uhralten Pfarr bey St. Jacob, durch ein Mitglied der obbemelten Bruderschafft zusammen
getragen (Brünn [Franciscus Ignatius Sinapius] 1690) 188.
[2] Dies hat allerdings unter anderem Bernhard Schneider am Beispiel der Trierer Bruderschaften minutiös
getan; Bernhard SCHNEIDER, Bruderschaften im Trierer Land. Ihre Geschichte und ihr Gottesdienst zwischen
Tridentinum und Säkularisation (Trierer theologische Studien 48, Trier 1989) 333–430.
[3] Peter HERSCHE, Muße und Verschwendung. Europäische Gesellschaft und Kultur im Barockzeitalter 1
(Freiburg/Br.–Basel–Wien 2006) 396–439; zum musikalischen Mäzenatentum am Beispiel Bologneser Bruderschaft Juliane RIEPE, Die Arciconfraternità di S. Maria della Morte in Bologna. Beiträge zur Geschichte des
italienischen Oratoriums im 17. und 18. Jahrhundert (Beiträge zur Geschichte der Kirchenmusik 5, Paderborn
u. a. 1998). Zu den musikalischen Aktivitäten und zum Mäzenatentum der Bruderschaften Vladimír MAŇAS,
Die Musiktätigkeit der frommen Bruderschaften in Mähren in der frühen Neuzeit. *Studia musicologica Academiae scientiarum Hungaricae* 46/1–2 (2005) 69–80.
[4] Rupert KLIEBER, Musikalische Implikationen einer Institution. Salzburgs Bruderschaften im Ausgang des
17. Jahrhunderts am Beispiel St. Josef und Hl. Kreuz, in: Heinrich Franz Biber. Musik und Kultur im hoch-
barocken Salzburg, hg. von Petrus EDER–Ernst HINTERMAIER (Katalog zur 3. Sonderausstellung der Johann-
Michael-Haydn-Gesellschaf, Salzburg 1994) 141–153.

Gemälde wird doch der große Raum des Themas zumindest erahnbar. Übrigens kann man unter diesen Gewölben leicht ablehnend den Kopf schütteln, ähnlich wie dies eine Reihe zeitgenössischer Betrachter der barocken Passionsprozessionen mit empörtem Blick auf die Tragbühnen[5], Kreuzträger und Flagellanten taten. Hinweise auf Namen der bekannten Aufklärer oder des Bruderschaftskritikers Joseph Richter, der mit seiner spitzen Feder auch gegen Missbräuche im Bereich der Kirchenmusik zielte, mögen hier genügen[6].

Im Folgenden versuche ich daher die enge Verbindung der Bruderschaften zur Musik im Bereich des Gesanges von Laien im Zeitalter der Frühen Neuzeit und vor allem im räumlichen Kontext Mitteleuropas vorzustellen: beginnend mit den norditalienischen, mittelalterlichen „Laudesi" bis hin zum Josephinismus und bis zur Aufhebung der Bruderschaften. Als ein Leitmotiv dafür dient der muttersprachliche, geistliche Gesang als eine der essentiellen Aktivitäten und gleichzeitig als ein Privileg der Bruderschaftsmitglieder.

Vereinfachend lässt sich sagen, dass der musikalische Aspekt eines der konstitutiven Wesensmerkmale des Bruderschaftswesens bildet, praktisch gleich nach dem Totendienst[7] – die Musik war damit zudem eng verbunden[8]: Erstens befand sich die Musik als Bestandteil der Liturgie in einer untergeordneten Rolle (hingewiesen sei an dieser Stelle auf die Wahrnehmung der Musik bzw. des Chorals als musikalische Einkleidung des liturgischen Textes), zweitens galt die Musik aber als Existenzbegründung der Bruderschaften. Obwohl die Musik neben dem Gesang im Dienste der Liturgie stand, konnte die Musik gleichzeitig als ein Privileg fungieren. Denn durch den Gesang bei der Liturgie eröffnete sich den Bruderschaftsmitgliedern eine aktive Teilnahme bei der Messe, sie erlangten ein Differenzierung gegenüber der restlichen Menge der Gläubigen, oft schloss sich an die Mitgliedschaft auch ein eigener liturgischer Raum. Somit konnte ein Bruderschaftsmitglied gewisse Vorteile erlangen, zum Beispiel indem er ein günstiges Darlehen aus dem Bruderschaftskapital erlangte.

1. Mittelalterliche Wurzeln des Bruderschaftswesens

Obwohl die Bruderschaften sowohl Geistliche als auch Laien, Gebildete und Ungebildete vereinigten, waren die Laien das treibende Element der Bruderschaften. Wahrschein-

---

[5] Nationalarchiv Prag, Handschriftensammlung A, Inv. Nr. 471, Sign. 62 A 1, pag. 1, Graf Sporck an seinem Vertrauten Herrn Grossa nach Breslau, 1. 4. 1725 (vom Prag): *Der verwichene grüne Donnerstag hat sich ebenfalls alhier gar nicht grün, sondern kahl und dabey noch kalt eingestellt, welche kälte noch zu dato dauert; dieser doch ohngeachtet haben die Altstätter P. P. Jesuiten ihren jährlichen passionsumbgang aus ihrem collegio auff den Ring mit denen gewöhnlichen zwar sinnreich erdacht, doch mehr zur lust und bewunderung derer augen als zu erweckung der andacht gezierten tragbühnen under einem grossten zulauf des volckes gehalten.*

[6] OBERMAYR [Joseph RICHTER], Bildergalerie katholischer Missbräuche (Frankfurt/Main–Leipzig 1784) 63–70.

[7] Rupert KLIEBER, Bruderschaften und Liebesbünde nach Trient. Ihr Totendienst, Zuspruch und Stellenwert im kirchlichem und gesellschaftlichen Leben am Beispiel Salzburg 1600–1950 (Frankfurt/Main u. a. 1999).

[8] Christopher F. BLACK, Italian Confraternities in the Sixteenth Century (Cambridge 1989) IX: „A study of confraternities or religious brotherhoods in the early modern period should not be a narrow exercise in ecclesiastical history, but a wide-ranging social history. Though these largely voluntary associations were designed primarily to prepare members for the afterlife, they were fully involved in the social, political and cultural life of the community." Martin Scheutz erwähnt Bruderschaften als Auftraggeber von Messen und Oratorien, gerade auch das Gesangsrepertoire sollte stärker in Betracht genommen werden; Martin SCHEUTZ, Bruderschaften als multifunktionale Dienstleister der Frühen Neuzeit – das Beispiel der vereinigten Barbara- und Christenlehrbruderschaft Herzogenburg (1637/1677–1784), in: 900 Jahre Stift Herzogenburg. Aufbrüche – Umbrüche – Kontinuitäten, hg. von Günter KATZLER–Victoria ZIMMERL-PANAGL (Wien 2013) 283–315, hier 285.

lich als überhaupt ältestes Beispiel dafür dienen die „Laudesi"-Bruderschaften, die seit den 1240er Jahren in Norditalien auftauchen. Ursprünglich waren sie dem monastischen Umfeld eng verbunden, erst nach 1300 verbanden sie sich verstärkt mit dem anwachsenden Pfarrnetz. Die frühe Ausrichtung auf geistliche Praktiken wurde später mehr und mehr durch karitative Aktivitäten ersetzt. In unserem Kontext sind besonders paraliturgische Versammlungen, bei denen marianische Lobgesänge in der Muttersprache gebetet und gesungen wurden, die sog. Laudi, von Bedeutung. Diese frommen Übungen, bei denen das Singen der „Laudi" fixer Bestandteil war, kann man als eine Art Aktivierung der Laien, für welche die lateinische Liturgie sonst unverständlich geblieben wäre, interpretieren[9]. In der frühesten Phase sang die ganze Versammlung, aber schon nach 1300 bezahlten die Bruderschaften häufig professionelle Musiker, was auch eine langsame Entwicklung eines anspruchsvollen, mehrstimmigen Repertoires bewirkte[10]. Somit löste sich die bruderschaftliche Aktivität langsam vom ursprünglichen Kontext des bruderschaftlichen Laiengesangs. Aber auch in ihrer mehrstimmigen Ausgestaltung stellen die „Laudi" sowohl kompositions- als auch aufführungspraktisch ein schlichtes Repertoire dar. Nach dieser Auffassung erscheinen die „Laudi" auch nach dem Konzil von Trient in gedruckten Sammlungen als einfache Polyphonie, die größtenteils dem einfachen Bedarf im Rahmen der Bruderschaftsversammlungen der Laien entsprach[11].

Seit dem 14. Jahrhundert ist das Phänomen der gebildeten Laien als einer Elitengruppe innerhalb frommer Bruderschaften auch im mitteleuropäischen Raum nachweisbar. Aus dem 14. Jahrhundert stammen Nachrichten über mindestens sechs Bruderschaften auf dem Gebiet des heutigen Polen (hauptsächlich in Schlesien). Der lateinische Begriff „Litteratus" ist in der Verbindung mit einer religiösen Bruderschaft und mit liturgischem Gesang in den Satzungen der Marianischen Bruderschaft – angeblich aus dem Jahr 1343 – im schlesischen Racibórz/Rattibor nachweisbar (damals Teil des böhmischen Staatsgebietes). Das „Liber Albus", „ein in rothen Sammet gebundener starker Foliant"[12], belegt die Gründung der Konfraternität schon im Jahr 1334, die Bruderschaft wurde 1606 von Papst Paul V. bestätigt[13].

---

[9] Cyrilla BAR, The Monophonic Lauda and the Lay Religious Confraternities of Tuscany and Umbria in the Late Middle Ages (Early Drama, Art, and Music Monograph Series, Michigan 1988) 17f.

[10] Wilson BLAKE, Music and Merchants. The Laudesi Companies of Republican Florence (Oxford 1992) 3.

[11] DERS., Lauda, in: *Grove Music Online. Oxford Music Online,* online unter: http://www.oxfordmusiconline.com/subscriber/article/grove/music/43313 [17. 8. 2017]. Siehe auch Lewis LOCKWOOD–Noel O'REGAN, Animuccia, Giovanni, in: ebd. online unter: http://www.oxfordmusiconline.com/subscriber/article/grove/music/00955 [17. 8. 2017].

[12] Hermann SCHAFFER, Geschichte einer Schlesischen Liebfrauengilde seit dem Jahre 1343. Ein Beitrag zu der Geschichte der Gilden und religiösen Bruderschaften. Nach Urkunden und handschriftlichen Quellen verfasst (Rattibor 1883) 138–140.

[13] Aus dem benachbarten schlesischen Hultschin/Hlučín ist eine Bruderschaftsmatrikel aus dem Jahre 1681 erhalten, welche die Gründung der dortigen Konfraternität auf das Jahr 1516 datiert, ca. 100 Namen von Mitgliedern zwischen 1508 (!) und 1681; Vladimír MAŇAS, „Jakožto zahrádka zavřená a studnice zapečetěná" – Náboženská bratrstva v Hlučíně raného novověku [„Ein geschlossener Garten und ein versiegelter Brunnen" – Religiöse Bruderschaften in Hlučín in der Frühen Neuzeit]. *Vlastivědný věstník moravský* 58/4 (2006) 371–385, hier 375. Historische Forschungen hat ein bislang unbekanntes Bruderschaftsmitglied wahrscheinlich um 1675 über die damals erneuerte Sakramentskonfraternität in Opava/Troppau untergenommen, siehe die Handschrift: „Relatio Das ist Kurtze, Auffrichtige Undt Glaubwürdige erzehlung undt bericht, vom Vrsprung, Anfang Vnterbrechung, Vnd dan wieder restituirung der Grossen Ertzbruderchafft SS. Corporis Christi Zu Troppau in der Pfarr Kirchen Vnser lieben Frauen ..." (Zentralarchiv des Deutschen Ordens Wien, Abteilung Meistertum, Sign. 155/8). Dass es sich dabei nicht um Einzelfälle, sondern um eine breite Welle historiographi-

Diese Vereinigung war für Mitglieder eines jeglichen Standes, sowohl für Frauen als auch für Männer geöffnet. Schon der erste Absatz verordnet: „ut singuli nostri socij Litterati et layci singulis diebus Sabbatinis ac maioribus festivitatibus […] officium Misse quod de gloriosa dei genitrice canitur veniant sine mora. […] Litterati pro sue vocis decantantes modulo sonoroso Layci vero nostri socij denotis eciam oracionibus insistentes […]"[14]. In einem Mitgliederverzeichnis dieser Bruderschaft aus dem Ende des 14. Jahrhunderts wird auch der Gründer einer „Matura"-Stiftung erwähnt. Zusätzlich wurde in den 1460er Jahren eine Mess-Stiftung „de Corpore Christi" mit einer Prozession an jedem Donnerstag gegründet[15], d. h. es gab zwei Arten von charakteristischen Gottesdiensten, die mit dem Bruderschaftsleben eng verbunden waren. Auch die Statuten einer marianischen Bruderschaft in Glatz/Kladsko (1487) unterscheiden zwei verschiedene Mitgliedschaftsgruppen: „layci et litterati, qui docti sunt"[16]. Im heutigen Polen entstanden die „Fraternitates litteratorum" in vergleichsweise großer Anzahl zwischen dem 14. und dem 16. Jahrhundert. Neue Bruderschaften dieser Art erschienen nach 1600 nur in Ausnahmefällen. Ein gemeinsames Kennzeichen dieser Verbrüderungen – neben der Unterscheidung der Mitgliedschaft in Lesefähige und Leseunfähige – ist hauptsächlich das marianische Patrozinium, seltener knüpft sich daran auch die lateinische Bezeichnung „Fraternitas litteratorum" – das ist eher ein sekundärer, alternativer Titel[17].

2. Literaten-Bruderschaften und andere Versammlungen während des 15. und 16. Jahrhunderts in Mitteleuropa

Die Erforschung der Literaten-Bruderschaften im spätmittelalterlichen Böhmen und in Mähren zeigt diese zum gemeinsamen Gottesdienstgesang gegründeten Fraternitäten eindeutig als Korporation, die einer Zunft zwar ähnelte, nur machten diese Bruderschaf-

---

schen Interesses im 17. Jahrhundert (mit Blick auf Hagiographie, Gnadenbilder und Wallfahrtswesen) handelt, bezeugen weitere Beispiele. Für Böhmen siehe vor allem das Bruderschaftsbuch für die vereinigten Bruderschaften (Sakramentsbruderschaft und „Fraternitas litteratorum") in Deutsch Brod/Německý Brod, Jan František BECKOVSKÝ O.Cr., Labarum Triumphale. Vítězná Korouhev Spasitele Světa; pod kterou obyvatele královského města Brodu Německého s jinými veleslavnému bratrstvu Božího Těla přivtělenými shromáždění proti všem viditelným i neviditelným nepřátelům svým mužně i vítězně bojujíce […] [Labarum Triumphale. Siegreiche Fahne des Weltheilands; unter der die Bewohner der königlichen Stadt Deutsch Brod mit den anderen der Bruderschaft inkorporierten Versammlungen gegen allen sichtbaren und unsichtbaren Feinden männlich und siegreich kämpfen] (Praha [1704]) 8–10: Darin bietet der Ordenshistoriker Beckovský eine Übersicht über die Sakramentsbruderschaften im mittelalterlichen Europa und besonders in Böhmen. Zu einem ähnlichen Dokument der Liebfrauenbruderschaft aus Brüssel (Inventar um 1685) Brecht DEWILDE–Bram VANNIEUWENHUYZE, A Tangible Past. History Writing and Property Listing by the Brussels Seven Sorrows Confraternity, c. 1685, in: The Seven Sorrows Confraternity of Brussels. Drama, Ceremony, and Art Patronage (16th–17th Centuries), hg. von Emily S. THELEN (Studies in European Urban History 37, Turnhout 2015) 3–18.

   [14] SCHAFFER, Geschichte (wie Anm. 12) 12.
   [15] Ebd. IV, XIII.
   [16] Hana PÁTKOVÁ, Bratrstva ke cti Božie. Poznámky ke kultovní činnosti bratrstev a cechů ve středověkých Čechách [Die Bruderschaft zu Ehren Gottes. Anmerkungen zu Kulthandlungen von Bruderschaften und Zünften in mittelalterlichen Böhmen] (Praha 2000) 41.
   [17] Stanislaw LITAK, Bractwa religijne w Polsce przedrozbiorowej XIII–XVIII wiek. Rozwój i problematyka [Bruderschaften in ehemaligen Polen vom 13. bis zum 18. Jahrhundert. Entwicklung und Probleme]. *Przeglad historyczny* 3–4 (1997) 499–523. Mit einer ausführlichen Beschreibung der Literatenbruderschaften in der Zips (heute Slowakei) Janka PETŐCZOVÁ, Hudba ako kultúrny fenomén v dejinách Spiša. Raný novovek [Musik als kulturelles Phänomen des Zipser Gebiets in der Frühen Neuzeit] (Bratislava 2014) 97–150.

ten das Handwerk nicht zur Aufnahmebedingung. Dies spiegelt sich noch im bekannten Ablassprivileg „Cum sicut accepimus" mit den Worten „non tamen pro hominibus unius specalis artis" wider. In vortridentinischer Zeit gewann diese Offenheit große Bedeutung hauptsächlich für diejenigen Stadtbewohner, die keiner Zunft angehörten. Dies traf vor allem auf gebildetere Schichten aus dem Umfeld der Pfarre und der Pfarrschule zu[18].

Zum Verhältnis zwischen den Bruderschaften und der Musik bzw. der Schule während des 15. und des 16. Jahrhunderts konnte Klaus Wolfgang Niemöller in seiner einschlägigen Arbeit über den Musikunterricht an deutschen Schulen viele wertvolle Angaben beibringen. In der Niederlausitzer Stadt Luckau/Łukow war schon um 1411 ein „Cantor oder Sangmeister in der kyrchen und in der Schule" tätig, der auch als ein Kaplan der dortigen Bruderschaft angestellt war. Für diese Fraternität hatte er täglich eine Frühmesse zu singen[19]. In Stettin sangen die städtischen Schulknaben, die sich in einem „Collegium viginti quatuor parvulorum iuvenum de pauperibus et honestis parentibus procreatorum" (gegr. 1491) versammelten, täglich bei der Bruderschaftsmesse die „Verkündigung Mariens", aber auch beim sonntäglichen Gottesdienst[20]. Niemöller weist nach, dass die Bruderschaft die „Scolares" für ihre Teilnahme an Bruderschaftsgottesdiensten ab dem 15. Jahrhundert entlohnt hatte[21]. Aber auch die Bürgerversammlungen, auch „Litterati" genannt, nahmen schon um 1500 an den liturgischen Gesängen teil. Als Beispiele dafür nennt Niemöller schlesische Städte wie Liegnitz/Legnica, Sagan/Żagań, Lüben/Lubin und Leobschütz/Głubczyce[22]. Die Bruderschaftsregeln für die „Cives literati" in Lüben (1510) verpflichteten ihre Mitglieder u. a. zum Singen der Frühmesse an allen Festtagen „in modum civium aliarum civitatum"[23]. Ebenfalls am Ende des 16. Jahrhunderts fanden sich in zwei kleineren Städten mehrere Bürger zusammen, um regelmäßig an der Kirchenmusik mitzuwirken (Münsterberg/Ziębic 1577, Greiffenberg/Gryfów Śląski 1600)[24]. Die angeführten Belege bezeugen schon die Existenz von

---

[18] Der Kultcharakter der Zünfte nahm allmählich im 17. und 18. Jahrhundert ab (das hängt nach meiner Ansicht mit der Ausgestaltung des Bruderschaftswesens zusammen). Während des 17. Jahrhunderts stellten die Zünfte hauptsächlich die Chorstühle im Kirchenraum, die Bruderschaften kümmerten sich dagegen um die Herstellung der Stühle für die Bruderschaft selbst (im vorderen Kirchenraum) oder für die singende Schüler (im Chor), Vladimír Maňas, Bratrstvo Nanebevzetí Panny Marie a svatého Václava [Die Bruderschaft der Jungfrau Maria und des Hl. Wenzel], in: Hulín: město na křižovatkách [Hulin. Eine Stadt an einem Kreuzungspunkt], hg. von Zdeněk Fišer (Brno 2014) 301–308, hier 302.

[19] Klaus Wolfgang Niemöller, Untersuchungen zu Musikpflege und Musikunterricht an den deutschen Lateinschulen vom ausgehenden Mittelalter bis um 1600 (Regensburg 1969) 48 (Anm. 15). Laut den Statuten aus dem Jahr 1489 sollten die „Litterati" in Jindřichův Hradec/Neuhaus bei der „Matura promiscuis cantionibus bohemicis" lateinische Psalmen, Vater-Unser und Ave Maria auf Tschechisch singen, Zikmund Winter, Život církevní v Čechách. Kulturně-historický obraz z XV. a XVI. století [Kirchliches Leben in Böhmen. Kulturhistorisches Bild aus dem 15. und 16. Jahrhunderte] (Praha 1895) 948.

[20] Niemöller, Untersuchungen (wie Anm. 17) 90, Anm. 6.

[21] Ebd. 237, 479, 486, 499, 597.

[22] Ebd. 676.

[23] Ebd. 31f. „Wahrscheinlich ist besonders das nahe Liegnitz gemeint, wo 1514 ein ‚chorus civium' nachweisbar ist, der Bruderschaftscharakter wird zunächst bestimmend gewesen sein. Es sind die ‚gelehrten' Bruderschaftsmitglieder, die 1454 in Leobschütz bei den Jahrtagsfeiern zu singen hatten, das die ‚litterarische Bruderschaft' zur Ehre Gottes und zu Ehren von Maria für die herzogliche Familie übernahm".

[24] Ebd. In Münsterberg hieß die Versammlung gemäß den Statuten (1577) „Bruderschaft des Bürgerchores", aber auch die Bezeichnung „Literati" war gebräuchlich, Emil Sehling, Die evangelischen Kirchenordnungen des XVI. Jahrhunderts 3: Brandenburg, Ober- und Niederlausitz, Schlesien (Leipzig 1909) 466–468. Ab Mitte des 16. Jahrhunderts wirkten vor allem in Sachsen und Thüringen sog. Adjuvantenchöre, Versammlungen musikalisch gebildeter Einwohner einzelner Orte oft auf dem Lande, die bei den Gottesdiensten mitwirk-

derartigen Bruderschaften mit einer breiteren Skala an musikalischen Aktivitäten bereits in der Vorreformation. Neben der gewöhnlichen Unterstützung für Geistliche und für professionelle Kirchen- wie Stadtmusiker ist in diesen Bruderschaften häufig auch eine Gruppe singender Mitglieder („Litterati") zu finden, deren aktiver Anteil an den Bruderschaftsgottesdiensten auch dadurch verdeutlicht wird, dass diese „Litterati" oft keine oder geringfügige Mitgliedergebühren zu zahlen hatten – ganz im Unterschied zu den „nichtsingenden" und zu den weiblichen Mitgliedern der Fraternität[25].

Ein charakteristisches Merkmal dieser Korporationen ist das Feiern der Frühmessen („Matura"), vor allem an Sonn- und Feiertagen[26]. Die „Matura" bot einen idealen Rahmen für Laieninitiativen im Sinne eines vorwiegend in der Muttersprache praktizierten geistlichen Gesanges – dies ist auch in der nachtridentinischen Epoche im katholischen Milieu nachweisbar. Der Aufschwung der Literatenbruderschaften in den böhmischen Ländern seit dem Ende des 15. Jahrhunderts wurde in Böhmen meist mit der utraquistischen Kirche in Zusammenhang gebracht. Im 16. Jahrhundert begegnet man diesem Typus von Bruderschaften auch im nichtkatholischen Umfeld (etwa bei den Utraquisten, aber auch bei den Protestanten). In Mähren trat dieser Bruderschaftstyp auch in den kleineren, tschechischsprachigen Städten, die dem Olmützer Bistums zugehörten, auf. In den 1660er Jahren brachte der Jesuit Bohuslav Balbín die Frühmesse in engen Zusammenhang mit den literarischen Bruderschaften[27].

Erst nach der freiwilligen „Matura", in deren Rahmen der volkssprachige Gesang seine Anwendung fand, folgte in den meisten Pfarreien die hohe Messe („summa"). Für die liturgische Musik während der hohen Messe zeichnete hauptsächlich der „professionelle" Schulchor verantwortlich. Als musikalische Begleitung des hohen Amtes erklang in erster Linie Figuralmusik in lateinischer Sprache. Damit erklärt sich auch der steigende Bedarf an tschechischen Gradualen für den nicht-katholischen Raum. Die Graduale dienten vor allem für die Frühmesse, vor allem das Rorate-, Choral- und Liedrepertoire sowie die sog. Messlieder erwiesen sich auch nach 1620 als wichtiger Bestandteil der Messen. Diese grobe und verallgemeinernde Einteilung soll erstens den Blick auf die Epoche der vokalen Polyphonie lenken, zweitens aber auch auf die wachsende Beliebtheit des neuen, konzertanten Prinzips nach 1620 hinweisen, denn gerade damals existierte ein Dualismus zwischen der mehrstimmigen (Figuralmusik) und der einstimmigen (Choral, Kirchenlied) Aufführungspraxis.

Im Fall der „Laudesi"-Bruderschaften wurde der muttersprachliche Kirchengesang neben der „Matura" meistens bei nicht-eucharistischen Gottesdiensten eingesetzt, typisch etwa während des Stundengebetes. Vermutlich hängt auch die bisher unzureichend erforschte Repertoire-Entwicklung für das „Triduum sacrum" mit dem spürbaren Aufleben des Bruderschaftswesens im 15. Jahrhundert zusammen[28]. Damit sind hauptsächlich die Klagelieder im Rahmen der sog. Karmette oder der Pumpermetten (auch „Maturas te-

---

ten. Angesichts der konfessionellen Rahmenbedingungen traten sie aber nicht in der von Luther abgelehnten Form einer Bruderschaft auf; Eberhard MÖLLER, Adjuvantenchor, in: Die Musik in Geschichte und Gegenwart 4, hg. von Ludwig FINSCHER (Kassel u. a. 1997) 1784–1786.

[25] Vladimír MAŇAS, Neue Beiträge zu den Literatengesellschaften in Mähren, in: Musical Culture of the Bohemian Lands and Central Europe before 1620, hg. von Jan BAŤA–Lenka HLÁVKOVÁ–Jiří K. KROUPA (Clavis monumentorum musicorum Regni Bohemiae, Series Subsidia 3, Praha 2011) 178–186.

[26] PÁTKOVÁ, Bratrstva (wie Anm. 14) 40.

[27] Bohuslav BALBÍN, Vita venerabilis Arnesti (Praha 1664) 133f.

[28] Dazu allgemein Robert L. KENDRICK, Singing Jeremiah. Music and Meaning in Holy Week (Music and the Early Modern Imagination, Bloomington–Indianapolis 2014).

nebrosas" genannt) gemeint. „Lamentationes" und „Responsoria" des heiligen Triduums begegnet man im böhmischen Raum schon in der ersten Hälfte des 15. Jahrhunderts auf Tschechisch (in einer frühen Umarbeitung ursprünglich lateinischer Choralgesänge) und auch mit neugeschaffenen Liedern (in Form der lateinischen und tschechischen[29] Klagelieder, ein Jahrhundert später auch in deutscher Sprache). Aufgrund vereinzelter Belege wurde festgestellt, dass um 1600 die Mitglieder der katholischen marianischen Bruderschaften in Mähren verpflichtet waren, Klagelieder oder – in großer Ausformung – eine Mette zu singen (Kremsier/Kroměříž 1605, Wischau/Vyškov 1606, Bisenz/Bzenec 1615)[30].

Im konfessionellen Zeitalter dienten die Bruderschaften zudem als ein Instrument zur Wiederherstellung älterer Traditionen: Dies trifft vor allem auf die „Matura" zu. In Mähren entstanden zwischen 1580 und 1615 mehrere neue Bruderschaften: im protestantischen Bereich die Bruderschaften der Literaten, in katholischen Pfarren oft auch Bruderschaften mit einem speziellen Patrozinium (die Mutter Gottes und der lokale Heilige)[31]. In dieser Hinsicht scheint es interessant, dass die „Matura" laut einer tschechischsprachigen, lutherischen Agende (1581) aus Gesängen, Morgengebeten und zwei Psalmen bestand. Nachdem der Priester ein Kapitel aus dem Alten Testament gelesen hatte, wurde das „Symbolum Athanasii" gesungen und der Kaplan predigte[32]. Im mährischen Ingrowitz/Jimramov wurde um 1610 die „Matura" einfach zur Morgenpredigt erklärt, während der die Literaten sangen[33]. Die katholischen und die utraquistischen Frühmessen unterschieden sich in ihrer Struktur nicht so deutlich; offenbar wich vor allem das Evangelium ab. Laut einer handschriftlichen utraquistischen Agende von Adam Táborský (1588) betete der Priester vor dem Evangelium den kleineren Kanon, las das Evangelium, danach folgte das Credo und die Morgenpredigt. In einer kleineren Prozession ging der Priester unter Glockengeläut vom kleinen zum großen Altar, wo die Gläubigen das Sakrament empfangen konnten. In einer katholischen Perspektive wurde diese Ordnung als häretisch abgelehnt, weil es hier an der Konsekration mangelte[34]. Jedoch reichen die Quellen, die diese Praxis einer verkürzten Messe auch im katholischen Bereich belegen, bis ins 18. Jahrhundert.

3. Bruderschaften nach dem Tridentinum

Durch Gründungen neuer Bruderschaften und mittels der obrigkeitlichen Aufsicht wurde die neue, posttridentinische Ordnung eingeführt[35]. Dazu brachte Zikmund

[29] Hana Vlhová-Wörner, The Jistebnice Kancionál – Its Contents and Liturgy, in: Jistebnický kancionál, kritická edice 1: Graduale [Jistebnitzer Kantionale. Kritische Edition 1: Graduale], hg. von Jaroslav Kolár–Anežka Widmanová–ders. (Praha 2005) 81–106; Eliška Baťová, A Neglected Source of Utraquist Chant from the Poděbradian Period. The Bohemian Reformation and Religious Practice 10 (2015) 197–224.

[30] Vladimír Maňas, Hudební aktivity náboženských korporací na Moravě v raném novověku [Musikalische Aktivitäten von religiösen Körperschaften im Mähren der Frühen Neuzeit] (Diss. Brno 2008).

[31] Vladimír Maňas, Confraternities of Litterati in Moravia. Funerary, Musical, Confessionalising Corporations?, in: Public Communication in European Reformation. Artistic and Other Media in Central Europe 1380–1620, hg. von Milena Bartlová–Michal Šroněk (Praha 2007) 143–158.

[32] Winter, Život církevní (wie Anm. 17) 842.

[33] Maňas, Hudební aktivity (wie Anm. 28).

[34] Winter, Život církevní (wie Anm. 17) 855.

[35] Hersche, Muße (wie Anm. 3) 410: „Bisweilen unterstützten die Souveräne oder Städte die Bruderschaften finanziell etwas und galten so ein wenig ihre Leistungen im Dienste des Gemeinwesens ab. Vermächtnisse konnten mit der Verpflichtung zu Messen oder mit Pensionen belastet sein, so dass der Nettoertrag manchmal

Winter einige Beispiele aus dem böhmischen, nicht-katholischen Umfeld, so befahl
der Stadtrat von Kuttenberg/Kutná Hora um 1595 zwanzig Personen, die in der Nähe
der Kirche wohnten, bei der „Matura" zu singen, weil es zu wenige Literaten bei der
St.-Barbara-Kirche gab, sodass es manchmal an Gesang bei der „Matura" mangelte[36]. Im
Jahr 1603 schrieb selbst Kaiser Rudolf II. an den Hauptmann in Böhmisch Krumau/
Český Krumlov, um den Literaten das Singen bei der „Matura" an den Sonn- und Feiertagen nach alter Gewohnheit anzuordnen[37].

Ähnlich bemühten sich die Olmützer Jesuiten einige Jahre später um die Neugründung der traditionellen Literatenbruderschaften, und dies nicht nur in Mähren (Bos-
kowitz/Boskovice, Holleschau/Holešov), sondern auch in Oberschlesien (Oberglogau/
Głogówek), wie z. B. die „Litterae annuae collegii Olomucensis" von 1615 berichten[38].
Nach 1622 haben sich zumindest zwei jesuitische Missionare bei ihrer Missionstätigkeit
in den mährischen Städten Leipnik/Lipník und Mährisch Weißkirchen/Hranice, die damals dem Olmützer Bischof Kardinal Fürst von Dietrichstein gehörten, gerade auf die
Literaten als die Stadtelite konzentriert, denn es war wichtig, eben diese Männer zur
Konversion zu bewegen. Sowohl die Jesuiten als auch die katholische Obrigkeit allgemein bezogen die Literatenbruderschaften oft in ihre Rekatholisierungsstrategie mit ein[39].
Während des Episkopats des Franz von Dietrichstein entstanden auch neue Bruderschaften; als ehemaliger Jesuitenzögling und Vorsteher der mährischen Kirche war sich der
Kardinal der Wichtigkeit des volkssprachigen Gesanges bewusst. Gegenüber dem Tridentinum tolerierte der Bischof das Singen passender tschechischer Lieder während der Liturgie[40]. Die Bruderschaften spielten somit eine wichtige Rolle bei der Wiederherstellung der
sozialen und religiösen Disziplin, weil sie noch auf den mittelalterlichen Elementen wie
der Selbstbestrafung (Strafen für das Versäumen von Pflichten), aber auch auf verschiedenen symbolischen und ökonomischen Vorrechten der Mitglieder beruhten. Zumindest
im Falle der Literatenbruderschaften scheint es wichtig zu sein, dass sie an vielen Orten
schon während der zweiten Hälfte des 17. Jahrhunderts ihre Aktivitäten beendet haben.
Vermutlich fielen sie den sozialen Veränderungen zum Opfer.

Der allmähliche Wandel von Form und Inhalt der religiösen Bruderschaften kann
als eine schleichende Entwicklung dieser Gemeinschaft von einem hohen Niveau der
Selbstkontrolle hin zu einer Disziplinierung einer ehemals „freien" Versammlung verstanden werden. Die Mitglieder von Bruderschaften konnten dabei aber nur gewinnen.

---

nicht so groß war." Die Literaten genossen oft das Privileg des freien Bier- oder Weinausschankes (mit einer
Limitierung der Menge), WINTER, Život církevní (wie Anm. 17) 957.

[36] Ebd. 978.

[37] Ebd.

[38] NB der Tschechischen Republik Prag, Handschriften, Sign. XXIII.C.105/1: Annuae literae provinciae
Austriae (1608–1616, 1621–1622), fol. 210ʳ: *Et per Bohemiam ac Moraviam in singulis fere honestioribus oppidis
quasi tribus quaedam sacra inter cives, quae litteratorum dicitur sodalitates pias antiquas fuisse satis constat. Haec etsi
Boscovicii non penitus extincta fuerat, propter communes quosdam proventus ac privilegia, adeo tamen a primaeva
institutione degeneraverat, ut propugnaculum Haeresos sit effecta. Quare plurimum desiderandum fuit Patr[i] nostro,
ut et sacra primo mane de Beate Virgine festis ac Dominicis diebus decantanda et alia id genus prius instituta, iuxta
more Catholicorum reduceretur*, online unter: http://www.manuscriptorium.com/ [3. 10. 2017].

[39] HERSCHE, Muße (wie Anm. 3) 397: „Bei den Neugründungen lag der Akzent zwar in der Tat stärker auf
der geistlichen Seite und sie unterlagen einer intensiveren geistlichen Kontrolle."

[40] Vladimír Maňas, Fromme Bruderschaften der Olmützer Diözese in der Frühen Neuzeit, in: Frühneuzeitforschung in der Habsburgermonarchie. Adel und Wiener Hof – Konfessionalisierung – Siebenbürgen, hg.
von István FAZEKAS–Martin SCHEUTZ–Csaba SZABÓ–Thomas WINKELBAUER (Publikationen der ungarischen
Geschichtsforschung in Wien 7, Wien 2013) 293–307.

Frühere Disziplinierungsmechanismen wie regelmäßige und rechtzeitige Teilnahme an den Bruderschaftsgottesdiensten und an den Begräbnissen (Absenzen oder Verspätungen der Mitglieder wurden bestraft, keine Begräbnisgebühren) wurden durch regelmäßige, individuelle Gebete und das Mitführen bestimmter Devotionalien (Rosenkranz, Skapulier, Gürtel) ersetzt, die zur Popularität dieser eher losen Organisationsform beigetragen haben. Für jede spirituelle Aufgabe war es möglich, eine Belohnung (etwa in Form von Ablässen) zu erlangen. Neuere Formen der Bruderschaften sind oft durch geistliche Orden verbreitet und unterstützt worden. Obwohl sie überwiegend in städtischen Pfarr-oder Ordenskirchen eingerichtet wurden, öffneten sich die Bruderschaften auch für die ländliche Bevölkerung: Typisch ist die Einschreibung in eine Bruderschaft während einer Wallfahrt oder auch des Titularfestes der Bruderschaft, das als eine wichtige lokale Feierlichkeit verstanden wurde. Seit Ende des 17. Jahrhunderts entstanden neue Bruderschaften auch in den Dorfkirchen auf dem Land. In diesem Milieu hatte der geistliche Gesang noch seinen Platz, jedoch eher als eine von mehreren Möglichkeiten. Im Zusammenhang mit der allmählichen Umwandlung liturgischer Musik seit dem 17. Jahrhundert gewann die Stellung der professionellen Kirchenmusiker, welche die Bruderschaften für die Figuralmusik anstellte, an Bedeutung[41]. Entsprechend dem allgemeinen Aufschwung gedruckter, mitunter repräsentativer Gesangbücher im 17. Jahrhundert stieg auch das gesamte Bruderschaftsdruckwesen in diesem Jahrhundert deutlich an.

Rebecca von Mallinckrodt stellte für die Kölner Bruderschaften fest, dass Bruderschaftsdrucke noch um die Mitte des 17. Jahrhunderts eher selten in der Muttersprache gedruckt wurden[42]. Diese Beobachtung lässt sich vielleicht, bei aller Vorsicht, verallgemeinern[43], doch mangelt es bislang an einer Übersicht über die Druckproduktion der Bruderschaften. Die Buchproduktion der Bruderschaften in den Ländern der böhmischen Krone und in der Markgrafschaft Mähren erscheint überhaupt in der Mehrheit nur in Einzelexemplaren in den verschiedenen Bibliotheken erhalten zu sein, die Überlieferungschancen dieses Drucktyps war stark vom Zufall abhängig[44]. Noch während des zweiten Viertels des 18. Jahrhunderts ist aus der Gesamtproduktion der Brünner Bruderschaftsdrucke nach einem Abgleich mit den Drucker-Zensurlisten nur etwa ein Viertel überliefert worden[45].

---

[41] HERSCHE, Muße (wie Anm. 3) 655: „Das wird gerade im Barock deutlich, denn damals kam es, im Gegensatz zur mehr gemeinschaftlich getragenen Musik der Renaissance, zu einer stärkeren Trennung von Ausführenden und Zuhörern, etwa mit den neuen Gattungen der Oper und des Oratoriums, der Kantate und des Konzerts."

[42] Rebekka VON MALLINCKRODT, Struktur und kollektiver Eigensinn. Kölner Laienbruderschaften im Zeitalter der Konfessionalisierung (Veröffentlichungen des Max-Planck-Instituts für Geschichte 209, Göttingen 2006) 250.

[43] Wolfgang GRANDJEAN, Das katholische Kirchenlied in den trierischen Gesangbüchern von seinen Anfängen bis heute (Quellen und Abhandlungen zur mittelrheinischen Kirchengeschichte 22, Mainz 1975); KLIEBER, Musikalische Implikationen (wie Anm. 4) 141–153; DERS. Bruderschaften und Liebesbünde (wie Anm. 7); Geraldine ROHLING, Exequial and Votive Practices of the Viennese Bruderschaften. A Study of Music and Liturgical Piety (Diss. Music Catholic University of America 1996); Tomáš MALÝ–Vladimír MAŇAS–Zdeněk ORLITA, Vnitřní krajina zmizelého města. Náboženská bratrstva barokního Brna [Die innere Landschaft einer verschwundenen Stadt. Die religiösen Bruderschaften des barocken Brünn] (Brno 2010).

[44] VON MALLINCKRODT, Struktur (wie Anm. 40) 253f.: „Der wahrscheinlich große Verlust an gedruckten Bruderschaftsbüchern ist zum einen der Tatsache zuzuschreiben, dass sie als privater Buchbesitz der historischen Wechselfällen stärker ausgesetzt waren als institutionalisierte Bibliotheken, zum anderen dem Umstand, dass diese Bruderschaftsbücher als preiswert hergestellte ‚Gebrauchsliteratur' für das private Gebet und die gemeinsamen liturgischen Feierlichkeiten zerlesen und ‚verbraucht' wurden."

[45] Vladislav DOKOUPIL, Soupis brněnských tisků. Staré tisky do roku 1800 [Verzeichnis der alten Drucke in Brünn bis 1800] (Brno 1978).

Selbst der geistliche Gesang in der Muttersprache tritt während des 18. Jahrhunderts allmählich zurück, was sich auch an den Drucken der Bruderschaftsbücher für Mitglieder zeigen lässt. Freilich gibt es Ausnahmen wie z. B. die deutschen Kirchenlieder mit Generalbassbegleitung, welche der damals berühmte Komponist Johann Joseph Ignaz Brenntner (1689–1742) der Prager Todesangst-Christi-Bruderschaft bei der St. Nikolaikirche widmete[46]. Die Mehrheit der bisher bekannten Bruderschaftsdrucke mit Liedanhang stammt aus der zweiten Hälfte des 17. Jahrhunderts.

Für die Beurteilung der Bruderschaftsdrucke als einer drucktechnischen Einheit können verschiedene Typologien angewendet werden (am besten aufgearbeitet ist die ungarische Druckproduktion der Bruderschaften[47]). Als Schlüsselquellen erscheinen die sog. Bruderschaftsbücher für die Mitglieder. Lediglich die Rosenkranzbruderschaften konnten schon auf einheitliches Schriftgut in der ersten Hälfte des 17. Jahrhunderts zurückgreifen. Mehrere Auflagen des Wiener „Himmelsschlüssels", relativ häufig auch in Mähren erhalten, beinhalten auch einen wesentlichen Bestand an Liedern[48]. Neben den Drucken der Rosenkranzbruderschaften, nachweisbar für Fraternitäten in Prag, Olmütz/Olomuc und Znaim/Znojmo, gehören zu diesem Typus auch ähnliche Druckwerke der St. Joseph-Bruderschaften aus den Zisterzienserklöstern in Lilienfeld und Grüssau/Klašter Křesobor[49]. Andere Drucke sind eher selten erhalten, wie dies die wenigen Drucke der Brünner Corporis-Christi-Bruderschaft bezeugen. In ihrem Handbüchlein vom 1607 findet man nur drei eucharistische Lieder ohne Notation, erst in einem umfangreicheren Handbuch aus dem Jahr 1690 sind auch 19 Lieder mit Noten zu finden; die späteren Drucke aus dem 18. Jahrhundert beinhalten dagegen nur Liedtexte oder überhaupt keine Lieder mehr[50]. Das oben erwähnte Liedrepertoire ist primär den gemeinsamen geistlichen Übungen ge-

---

[46] Václav Kapsa, Die Musik in der St. Nikolauskirche auf der Prager Kleinseite in der ersten Hälfte des 18. Jahrhunderts. *Musicologica Brunensia* 49/1 (2014) 189–209.

[47] Gábor Tüskés–Éva Knapp, Volksfrömmigkeit in Ungarn. Beiträge zur vergleichenden Literatur- und Kulturgeschichte (Quellen und Forschungen zur europäischen Ethnologie 18, Dettelbach 1996).

[48] Himmelsschlüssel das ist Von IESV vnd MARIÆ gnadenreicher Ertzbruderschafft des H. Rosenkrantz vnd des Süessen Namens IESV gründtlicher bericht Sambt dero vilfeltigen Privilegien, grossen gnaden, vnd Indulgenz, Beschriben durch F. Albertum Sollinger Prediger Order H. Schrifft Lectorem Superiorem vnd Ordinari Prediger in Wien. Bisher sind sieben Auflagen bekannt, gewöhnlicherweise nur als Unikate erhalten, davon einige in mährischen Bibliotheken (Olomouc, Znojmo). Dazu siehe allgemein Martin Rössler, Das 17. Jahrhundert in Kirchenlied und Gesangbuch. Quellen zu ihrer Geschichte. Ein hymnologisches Arbeitsbuch, hg. von Christian Möller (Tübingen–Basel 2000) 128–155. Mit Bezug auf die böhmischen Länder Jan Kvapill, Die böhmischen Länder, in: Geschichte des katholischen Gesangbuchs, hg. von Dominik Fugger–Andreas Scheidgen (Mainzer hymnologische Studien 21, Mainz 2008) 233–234; Vladimír Maňas, Tisky barokních náboženských bratrstev jako hymnologický pramen [Die Drucke barocker religiöser Bruderschaften als hymnologische Quelle], in: Omnibus fiebat omnia. Kontexty života a díla Fridricha Bridelia SJ (1619–1680) [Omnibus fiebat omnia. Kontext des Lebens und Werkes von Friedrich Bridelis SJ (1619–1680)], hg. von Marie Škarpová–Pavel Kosek–Tomáš Slavický–Petra Bělohlávková (Antiqua Cuthna 2010/4, Praha 2010) 160–169.

[49] Siehe dazu Irene Rabl, „Ite ad Joseph". Chrysostomus Wieser und die Lilienfelder Erzbruderschaft des Hl. Joseph (Beiträge zur Kirchengeschichte Niederösterreichs 18/Geschichtliche Beilagen zum St. Pöltner Diözesanblatt 35, St. Pölten 2015) 151–170; Geistliche Dreyfaltigkeit-Blum das ist Josephisches Hand-Buch, So zur Vermehrung der Andacht gegen die hochgelobte Erschaffene Dreyfaltigkeit, JESUS, MARIA, JOSEPH. zusammen getragen und zu sonderbahrem Gebrauch der im Fürstl: Stifft Grüssau unter ihrem allerheiligsten Drey-Nahmen Aufgerichteten Bruderschafft vorgestellet worden [...] (Glatz 1686).

[50] Maňas, Tisky (wie Anm. 46); Kräfftige geistliche Seelen=Nahrung (wie Anm. 1). Zur Analyse und Edition des Liedersatzes Magda Uhlířová, Kräfftige Geistliche SeelenNahrung. Popis, přepis, rozbor, překlad (DA Brno 2006).

widmet, wozu ein sehr einfacher Liedsatz (Melodie mit Generalbassbegleitung) genügte, manchmal offensichtlich an eine Wallfahrtsliedform angelehnt[51], wie es auch der Salzburger Domkapellmeister Heinrich Ignaz Franz von Biber in seiner Sonate à 6 „Pauernkirchfahrt Genandt" verwendet und parodiert.

Bernhard Schneider hat angedeutet, dass die Bruderschaften mit ihren Sondergottesdiensten viele Frömmigkeitsformen popularisierten, die zuvor wenig verbreitet und auf kleine Eliten beschränkt blieben[52]. Im Falle des Bruderschaftsliedgutes aus dem 17. Jahrhundert zeigt sich dieser Wandel gut. Größere katholische Lieddrucke mit Notation (wie vor allem Cornersche Gesangbücher)[53] waren lange nicht so sehr den gewöhnlichen Gläubigen, sondern eher den Kirchenmusikern gewidmet (schon ihr Format – häufig „in quarto" – und die daraus resultierenden Preise bezeugen dies). Die Bruderschaftsbücher als wirkliche Gebetsbücher zielten dagegen gewöhnlich auf die „kleinen" Mitglieder der Fraternität.

Im Rahmen der Bruderschaft wurden später allgemein angewandte Prinzipien erstmals in kleinerem Rahmen erprobt. Die Handbücher für die lateinischen marianischen Kongregationen beinhalten schon seit der Mitte des 17. Jahrhunderts sog. Hymnodiae-Kapitel, d. h. lateinische geistliche Lieder, welche die Studenten bei den gelesenen Messen am Beginn des Studientages gesungen haben. Aufgrund der großen Anzahl an Strophen konnte dieses Lied während des ganzen Amtes hindurch gesungen werden. Im 18. Jahrhundert und noch bis in die erste Hälfte des 19. Jahrhunderts findet man dieses lateinische Liedgut in vielen Gebetsbüchern für die studierende Jugend, diese Eigenart der marianischen Sodalitäten wandelte sich also zu einem allgemeinen Brauch: Es wurde üblich, lange lateinische Hymnen während der kurzen gelesenen Messen zu singen. Lediglich die Melodie wandelte sich[54].

---

[51] Als wichtigen Wallfahrtsdruck mit einem Liedabteil: Schmertzhaffter Lieb- und Creutz-Weeg, welchen auff Erden zum End seines Lebens durch Trueb- und Trangsaal [...] um der Welt Heyl willig eingangen, der Weeg, die Warheit und das Leben nehmlich der aus Lieb der Menschheit einverleibte Gott Christus Jesus, als er durch einen klaeglichen Todt [...] am Creutz erwaehlet zu sterben (Glatz 1682 und 1687); Marianische Kirchfahrt Zu dem Uralten Gnaden-Bild MARIAE von Dörnern. Abgetheilet in den Anzug, Einzug, und Abzug. Darinnen Vielerley Gesänger von den Geheimnussen deß Lebens JESU und MARIAE. Wie dann auch Gottselige Ubungen zu beichten, zu Communiciren, Meß zu hören, und andere tägliche Werck zu verrichten fürgestellet werden. JESU und MARIAE zu Lieb und Lob, deren Liebhaber aber zu Nutz und Trost eingerichtet und in Druck verfertiget von P. JOANNE DILATO, der Societät JEsu Priestern (Glatz 1682); dazu Jan Kvapil, Dilatova dilatace aneb: Pojednání o šíři a dosahu hymnografického kontextu poutní knihy „Marianische Kirchfahrt" (1682) moravského jezuity Johanna Dilata [Eine Abhandlung über den Umfang und die Rezeption der „Marianischen Kirchfahrt" (1682) des mährischen Jesuiten Johannes Dilatus], in: Jezuité a Brno: sociální a kulturní interakce koleje a města (1578–1773) [Die Jesuiten und Brünn. Soziale und kulturelle Interaktionen von Kolleg und Stadt (1578–1773)], hg. von Hana Jordánková–Vladimír Maňas (Brno 2013) 157–169.
[52] Bernhard Schneider, Kirchenpolitik und Volksfrömmigkeit. Die wechselhafte Entwicklung der Bruderschaften in Deutschland vom Spätmittelalter bis zur Mitte des 19. Jahrhunderts. Saeculum 47 (1996) 89–119, hier 109; zit. nach Thomas Winkelbauer, Ständefreiheit und Fürstenmacht. Länder und Untertanen des Hauses Habsburg im konfessionellen Zeitalter 2 (Österreichische Geschichte 1522–1699, Wien 2003) 235 (Anm. 234).
[53] Walter Lipphardt–Dorothea Schröder, Corner, David Gregor. Grove Music Online. Oxford Music Online, online unter: http://www.oxfordmusiconline.com/subscriber/article/grove/music/06508 [17. 8. 2017].
[54] Maňas, Hudební aktivity (wie Anm. 28); ders., Feriální mše na brněnském jezuitském gymnáziu a latinský písňový repertoár v 17. a 18. Století [Die Ferial-Messen im Jesuitengymnasium in Brünn und das lateinische Liedrepertoire im 17. und 18. Jahrhundert], in: Jezuité a Brno (wie Anm. 49) 199–210; Godefridus Olenius, Mariophilus peregrinus, sive viator undecunque spiritualis, non e judea deserto, vel sinai solitudine descendens, sed ex valle Kirytainensi in occursum sodalium Brunensium ascendens: Tot externarum provincia-

4. Fazit

Die frühesten Korporationen, zu denen überwiegend Laien gehörten und deren Schlüsselelemente neben dem Totendienst auch der Volksgesang (vor allem im Rahmen eigener Versammlungen und Gottesdienste) bildeten, tauchen ursprünglich im städtischen Milieu an der Wende des 12. zum 13. Jahrhundert („Laudesi") und während des 15. und 16. Jahrhunderts auf. In der Gestalt der „Fraternitas litteratorum" bildeten sie ein charakteristisches Phänomen mitteleuropäischer Städte (vornehmlich in Böhmen, Mähren, Schlesien, Polen, Ober-Ungarn). Sowohl für die geistliche als auch für die weltliche Obrigkeit, die gewöhnlich die Statuten genehmigen musste, waren derartige Korporationen ein ideales Instrument der Disziplinierung bzw. der Selbstdisziplinierung der Mitglieder: Sowohl die pünktliche Gottesdienstteilnahme als auch das tugendhafte Leben eines Christen mussten beachtet werden. In diesem Sinne wirkten die Bruderschaften besonders dort, wo die Bruderschaften die einzige Laienkorporation im Pfarrbezirk darstellte, etwa weil eine Handwerkszunft fehlte. Mit der Ausdifferenzierung des Bruderschaftswesens und der Abgrenzung zu anderen Korporationen (seit dem Spätmittelalter) schwächte sich dieser Aspekt ab. Auch das Singen der Brüder und Schwestern wurde seltener, weil man sich professionelle Musiker leisten konnte – die Musik schwenkte also verstärkt auf die Ebene der Repräsentation ein.

Zumindest im mitteleuropäischen Raum verschwanden die Bruderschaften mit dem Beginn der Reformation, dagegen wandelte sich die Bedeutung der Bruderschaft für die Gemeinden in der Frühen Neuzeit (typisch die „Fraternitas litteratorum"). Die Bruderschaften wurden sowohl durch die Integration der städtischen Elite in den Vorstand der Fraternität als auch durch die Eingliederung singender Laien und durch die Instrumentalisierung der Disziplinierung aufgrund der Privilegien zum „eigentliche[n] Kitt der Gesellschaft"[55]. Während des 17. Jahrhunderts verschwand das spätmittelalterliche Modell der Bruderschaft immer mehr, aber der Volksgesang nahm zu. Gewöhnlich wird das als ein Erbe der Reformation deklariert, doch das Repertoire und vielleicht auch die Musikpraxis wurzeln teilweise noch im Spätmittelalter. Der Gesang der geistlichen Lieder in der Volkssprache setzte sich als eines der Merkmale dieser neueren frommen Fraternitäten durch, vor allem bei den Rosenkranzbruderschaften. Dem allmählichen Niedergang der Bruderschaften um die Mitte des 18. Jahrhunderts ging schon früher der Rückgang des Volksgesangs (hauptsächlich auf Messlieder orientiert) voraus, was offensichtlich mit der flächenhaften Ausbreitung und der großen Nachfrage nach kirchlicher Figuralmusik[56] auf dem Land zusammenhing. Der Volksgesang oder genauer der Gesang der Laien beim Gottesdienst, ursprünglich hauptsächlich als ein Privileg geachtet, wurde im Gegensatz zur repräsentativen Figuralmusik als etwas Grobes und Unattraktives interpretiert. Im Rahmen der josephinischen Kirchenreformen kam es zu einer paradoxen Situation: Laut

---

rum mercimoniis auctus quot praxibus pietatis, quot electis et selectis precibus, quot denique magnam Dei matrem B. V. Mariam modis colendi instructus et expessus est, quem uti ideam et speculum magni erga deiparam cultus, almae sodalitati B. V. M. [...] (Litomislii 1668) 454f; AUCTARIUM. In gratiam Studiosae Juventutis, pro coronide Capituli hujus, placuit adjicere, per ferias totius hebdomadae, cantus, in Ecclesiis Reverendorum PatrumSociet: JESU, sub Missa Studiosorum, cantari solitos, qui etiam Mariophilo Peregrino, in quavis Peregrinatione, eunte vel redeunti, adlibitum servire poterunt. Siehe auch Exercitia religionis in usum studiosae juventutis (Prag 1795 [weitere Auflagen Prag 1805, 1808, 1813, 1821]).
[55] HERSCHE, Muße (wie Anm. 3) 416.
[56] Ebd. 660.

dem kaiserlichen Berater Abt Rautenstrauch übertrieben die Fraternitäten den Heiligen-
kult und sie lenkten die „Gläubigen vom Wesentlichen des tätigen Christentums ab"[57].
Doch gleichzeitig mit der Abschaffung der Bruderschaften wurde in die Liturgie der römisch-katholischen Kirche der Volksgesang forciert. Dies wurde als eine Rückkehr zum
Ursprung des Christentums verstanden und zielte auf die Beseitigung der Figuralmusik
und ihres repräsentativen Aspekts.

---

[57] Franz MENZEL, Abt Franz Stephan Rautenstrauch von Břevnov – Braunau. Herkunft, Umwelt und Wirkungskreis (Veröffentlichungen [Schriftenreihe] des Königsteiner Instituts für Kirchen- und Geistesgeschichte
der Sudetenländer 5, Königstein 1969) 233f., zit. nach Rudolf ZUBER, Osudy moravské církve v 18. století 2
[Das Schicksal der mährischen Kirche im 18. Jahrhundert] (Olomouc 2003) 304.

Bruderschaften als Auftraggeber von Druckerzeugnissen am Beispiel von Salzburger Bruderschaftsbriefen. Mit einem Verzeichnis von Bruderschaftsbriefen der Erzabtei St. Peter

Gerald Hirtner

Bruderschaftsdrucke haben eine verhältnismäßig kurze, aber vielseitige Forschungsgeschichte aufzuweisen: Waren sie in den späten 1970er Jahren Gegenstand volkskundlicher Abhandlungen[1], interessieren sich seit dem *cultural turn* auch Kirchen-, Kunst- und Kulturgeschichte für diese Objekte. Die in den vergangenen Jahren erstarkte Ordensgeschichte hat diese mediengeschichtlichen Zeugnisse ebenfalls für sich entdeckt[2]. Nicht zuletzt sind Bruderschaftsdrucke auf das Interesse von Linguisten gestoßen und in die Mühlen der Digital Humanities geraten[3].

Vor diesem forschungsgeschichtlichen Hintergrund soll ein quellenkundlicher Beitrag zu den Bruderschaftsdrucken geleistet werden. Als primäre Quellenbasis dienen die Bruderschaftsarchivalien im Archiv der Erzabtei St. Peter, die zu einem Teil bereits eine umfassende Auswertung durch Rupert Klieber erfahren haben[4]. In die vorliegende Untersuchung fließen neueste Erkenntnisse zu klösterlichen Drucken, insbesondere den gedruckten Totenroteln ein[5]. Letztere entstanden im Rahmen monastischer Gebetsverbrüderungen. Durch die gemeinsame totenkultische Basis von Bruderschaften und monastischen Gebetsverbrüderungen liegt ein Vergleich ihrer Druckmedien nahe[6]. Gerade bei den von Orden geleiteten Bruderschaften kommt einer erweiterten Sicht auf die Produktion von Druckschriften eine zentrale Rolle zu. Es gilt also zusammenzuführen, was in einem gemeinsamen Kontext entstanden ist.

Doch ist die Bedeutung der Drucke nicht bescheiden, wenn sogar bei der größten und

---

[1] Hans Hochenegg, Meraner Bruderschaftszettel. *Der Schlern* 53/2 (1979) 607–609, hier 607; Ludwig Remling, Bruderschaften als Forschungsgegenstand. *JbVk* 3 (1980) 89–112, hier 107f., betont die Bedeutung der „Erweiterung der Quellenbasis" sowie der interdisziplinären und epochenübergreifenden Arbeitsweise.

[2] Irene Rabl, „Ite ad Joseph". Chrysostomus Wieser und die Lilienfelder Erzbruderschaft des Hl. Joseph (Beiträge zur Kirchengeschichte Niederösterreichs 18/Geschichtliche Beilagen zum St. Pöltner Diözesanblatt 35, St. Pölten 2015) 151.

[3] ABaC:us – Austrian Baroque Corpus, online unter: https://acdh.oeaw.ac.at/abacus/ [30. 7. 2017]; Bruderschaftsdrucke digital, online unter: https://www.oeaw.ac.at/acdh/projects/confraternity-prints-digital/ [31. 8. 2017].

[4] Rupert Klieber, Bruderschaften und Liebesbünde nach Trient. Ihr Totendienst, Zuspruch und Stellenwert im kirchlichen und gesellschaftlichen Leben am Beispiel Salzburg 1600–1950 (Frankfurt/Main u. a. 1999).

[5] Gerald Hirtner, Netzwerk der Tugendhaften. Totenroteln als historische Quelle (STMBO Ergbd. 48, St. Ottilien 2014).

[6] Ebd. 254f.

wichtigsten Salzburger Bruderschaft, der Skapulierbruderschaft, der Anteil der Ausgaben
für Drucke nur 1,34 % der Gesamtausgaben betrug[7]? Oder wenn man die Bruderschaftszettel nach der postmortalen Einhändigung letztlich als Makulatur betrachtete[8]? An dieser
Stelle berufe ich mich auf Rupert Klieber, der über die Bruderschaften festhielt: „Ihre
Präsenz im Leben unserer Vorvorderen verhält sich umgekehrt proportional zum heutigen
Wissen um sie"[9]. Das ist ein klarer Auftrag an die historische Forschung und er bezieht
auch die Drucke als Bestandteil des Bruderschaftswesens mit ein. Nach einer Übersicht
über bruderschaftliche Druckerzeugnisse wird anschließend auf die Bruderschaften bei
St. Peter in Salzburg eingegangen und es werden ihre Bruderschaftsbriefe analysiert. Ein
Verzeichnis der in St. Peter erhaltenen Bruderschaftsbriefe rundet diesen Beitrag ab.

1. Arten von Druckerzeugnissen

Grundsätzlich wird zwischen gebundenen und ungebundenen Druckerzeugnissen
unterschieden. Im Bereich der gebundenen Drucke begegnen uns Bruderschaftsbücher,
Geschenkbücher und Andachtsbücher[10]. Erstere enthalten Informationen zur Geschichte,
den Statuten, den Aufgaben etc. der betreffenden Bruderschaft. Mit den handschriftlichen Einschreibbüchern (Mitgliederverzeichnissen) dürfen sie nicht verwechselt werden[11]. Übersetzungen und regelmäßige Neuauflagen geben Hinweise auf Bedeutung und
Verbreitung des bruderschaftlichen Wirkens. Gut beobachten lässt sich dies am Beispiel
des Bruderschaftsbuchs *Gründlicher Unterricht* der Lilienfelder Erzbruderschaft des hl. Joseph[12]. Bei den Geschenkbüchern war das Werk *Fasti Mariani* des Jesuiten Andreas Brunner wegweisend. Es enthält für jeden Tag des Jahres eine oder mehrere Heiligenviten. Im
Fall der ersten Ausgabe von 1630 sind Embleme beigegeben[13]. Die Blätter dieser Serien
wurden auch einzeln verbreitet[14]. Andachtsbücher enthalten – wie der Name bereits verrät
– ausschließlich Andachts- und Gebettexte[15]. Auch Psalter wurden im Kontext der Bruderschaften herausgegeben[16]. Schließlich ist mit Gelegenheitsveröffentlichungen (Kasual-
literatur), beispielsweise Predigtdrucken, zu rechnen. Exemplarisch sei die Festpredigt des
späteren Abtes von St. Peter, Beda Seeauer, anlässlich der Installierung der St. Michaels-

---

[7] Berechnet nach Klieber, Bruderschaften (wie Anm. 4) 319f.

[8] Edgar Krausen, Die Bruderschaftsbriefe der Sammlung Dr. Anton Roth. *JbVk* 3 (1980) 137–155, hier
138: „zur Polsterung bei Meßgewändern verwendet".

[9] Rupert Klieber, Mit der „Betschnur" aus dem Fegefeuer ins Paradies gezogen werden ... Die Salzburger
Rosenkranz-Bruderschaften des 17. und 18. Jahrhunderts, in: Edelsteine, Himmelsschnüre, Rosenkränze &
Gebetsketten. Katalog zur 33. Sonderschau des Dommuseums zu Salzburg, 9. Mai bis 26. Oktober 2008. Ka-
talog des Bestandes der Edith-Haberland-Wagner-Stiftung im Dommuseum zu Salzburg, hg. von Peter Keller
(Sonderschau des Dommuseums zu Salzburg 33, Salzburg 2008) 33–48, hier 33.

[10] Gábor Tüskés–Éva Knapp, Graphische Darstellungen in den Publikationen barockzeitlicher Bruderschaften. *Zeitschrift für Kunstgeschichte* 52/3 (1989) 353–372, hier 354; Rabl, Erzbruderschaft (wie Anm. 2) 151–156.

[11] Vgl. z. B. Klieber, Bruderschaften (wie Anm. 4) 312; nach Tüskés–Knapp, Darstellungen (wie Anm.
10) 354, sind hier die meisten Illustrationen enthalten.

[12] Rabl, Erzbruderschaft (wie Anm. 2) 152.

[13] Andreas Brunner, Fasti Mariani. Cum Illustrium Divorum Imaginib. & Elogiis prope DC. in singulos
Anni Menses Diesq[ue] SS. Natales Distributis; Ser.mo Electori Maximiliano Utr. Boiar. Duci a Sodalitate
Mariana Monacensi Civica consecrati (München 1630).

[14] Tüskés–Knapp, Darstellungen (wie Anm. 10) 362.

[15] Rabl, Erzbruderschaft (wie Anm. 2) 152f.

[16] Ebd. 156.

Bruderschaft in Salzburg am 12. März 1743 angeführt[17]. Die genannten gebundenen Drucke sind meist in Bibliotheken überliefert.

Bei den ungebundenen Drucken oder Einblattdrucken lassen sich unterscheiden: Andachtsbilder, jährliche Rundschreiben und Bruderschaftsbriefe. Die kleinformatigen Andachtsbilder dienen der persönlichen Erbauung. Sie sind begehrte Sammlungsobjekte[18] und ihre Erforschung begann bereits im frühen 20. Jahrhundert[19]. Jährliche Rundschreiben sind hingegen selten und wurden wohl nur von einigen herausragenden, weitvernetzten Bruderschaften ausgesandt. Ein Beispiel aus Lilienfeld enthält eine Predigt und ein Nekrologium und wurde in der Auflagenhöhe von jährlich 1.500 Stück hergestellt[20].

Für die Aufnahmeurkunden der Bruderschaftsmitglieder hat sich die Bezeichnung „Bruderschaftsbriefe" (Bruderschaftszettel) eingebürgert[21]. Bruderschaftsbriefe sind Rechtsdokumente[22]. Sie enthalten den Namen des Mitglieds und das Aufnahmedatum sowie als Mittel der Beglaubigung häufig die Unterschrift des Präfekten und ein Siegel der Bruderschaft. Die gedruckten Illustrationen mit Darstellung des oder der namengebenden Heiligen gaben auch illiteraten Rezipienten eindeutige Hinweise auf Zuordnung und Inhalte der Bruderschaftsbriefe[23]. Der Großteil des Textes diente zur Mitteilung des Zwecks der Bruderschaft, der Aufgaben der Mitglieder, des geistlichen Nutzens (Ablässe) für Lebende und Verstorbene sowie Gebete und Gebetsanweisungen[24]. Weitere Elemente können eine kurze Bruderschaftsgeschichte und der Hinweis auf die päpstliche Approbation der Bruderschaft sein[25].

Die Funktion dieser Dokumente ging aber über die Bescheinigung der Mitgliedschaft hinaus. Beim Eintritt eines Todesfalls wurde der betreffende Brief eingehändigt und es konnten daraufhin – ähnlich wie bei einer Versicherung[26] – die geistlichen Leistungen erbracht werden. Darüber hinaus scheint mir die Interpretation von Hans Hochenegg, der die Bruderschaftsbriefe als „eine Art Reisepaß" betrachtet, nicht unbegründet zu sein[27]. In der Frühen Neuzeit war das Vorweisen von Empfehlungsschreiben allgemein wichtig. Ein Dokument, das „religiöses und sittliches Wohlverhalten" bezeugte, konnte deshalb auf Reisen nur von Vorteil sein. Die Bruderschaftsbriefe sind meist in archivischem Kontext überliefert, daher gilt ihnen im Folgenden mein Hauptaugenmerk[28].

---

[17] ASP, Hs. A 334; KLIEBER, Bruderschaften (wie Anm. 4) 438.

[18] Die Andachtsbildchensammlung des P. Gregor Reitlechner OSB ist eine der größten Privatsammlungen dieser Art in Österreich und befindet sich in den Kunstsammlungen der Erzabtei St. Peter, online unter: http://www.erzabtei.at/de/wissenschaft/index.asp?dat=Kunstsammlung [31. 8. 2017].

[19] KRAUSEN, Bruderschaftsbriefe (wie Anm. 8) 137, mit Hinweisen auf die Forschungsgeschichte bei Andachtsbildern; Christine AKA, Tot und vergessen? Sterbebilder als Zeugnis katholischen Totengedenkens (Detmold 1993); RABL, Erzbruderschaft (wie Anm. 2) 169.

[20] RABL, Erzbruderschaft (wie Anm. 2) 157–161. Im Archiv der Erzabtei St. Peter ist unter der Signatur Hs. A 614, 46 ein Rundschreiben der Marianischen Bruderschaft in München aus dem Jahr 1710 überliefert, das die verstorbenen Mitglieder des Jahres 1709 anführt.

[21] RABL, Erzbruderschaft (wie Anm. 2) 160; vgl. TÜSKÉS–KNAPP, Darstellungen (wie Anm. 10): „Aufnahmeformulare"; HOCHENEGG, Bruderschaftszettel (wie Anm. 1) 607: „Mitgliederdiplome".

[22] KRAUSEN, Bruderschaftsbriefe (wie Anm. 8) 138; RABL, Erzbruderschaft (wie Anm. 2) 165.

[23] Zu den verschiedenen Darstellungen siehe TÜSKÉS–KNAPP, Darstellungen (wie Anm. 10).

[24] RABL, Erzbruderschaft (wie Anm. 2) 166.

[25] KRAUSEN, Bruderschaftsbriefe (wie Anm. 8) 138.

[26] KLIEBER, Betschnur (wie Anm. 9) 33.

[27] HOCHENEGG, Bruderschaftszettel (wie Anm. 1) 283.

[28] Eine Reihe von Abbildungen ist zu finden bei: ebd.; KRAUSEN, Bruderschaftsbriefe (wie Anm. 8); KLIEBER, Betschnur (wie Anm. 9).

2. Bruderschaften bei St. Peter

In Salzburg dominierten die selbständigen Bruderschaften[29], doch wurden einige wichtige von Orden betreut[30], unter anderem durch die Benediktiner von St. Peter. Das Kloster St. Peter hatte zwar keine bruderschaftliche Tradition, doch sicherte es sich „die Privilegien und Heilszeichen anderer Ordensfamilien"[31] und betreute daher in der Frühneuzeit folgende fünf Konfraternitäten:

(1) Die größte und bedeutendste Bruderschaft Salzburgs war die 1630 gegründete Skapulier- oder Karmeliterbruderschaft mit rund 150.000 Mitgliedern in gut 300 Jahren ihres Bestehens. Im 17. Jahrhundert betrugen ihre Ausgaben durchschnittlich 120 Gulden pro Jahr[32].

(2) 1632 wurde die Rosenkranz-Bruderschaft errichtet, die mit der Stundbruderschaft an der Universität zu einer Doppelbruderschaft zusammengeschlossen war. Mit über 7.800 Mitgliedern im ersten Jahrhundert ihres Bestehens war sie die zweitgrößte der von St. Peter betreuten Bruderschaften.

(3–5) In einer zweiten Gründungswelle wurden drei weitere Bruderschaften errichtet: 1732 die Liebsvereinigung der St. Petrischen Bedienten (1732–1928: 6.064 Mitglieder) und wenig später die Trinitarier-Bruderschaft (1735–1918: 2.834 Mitglieder) sowie die Michaelsbruderschaft (1743–1850: 4.500 Mitglieder). Gerade die Trinitarier-Bruderschaft war ganz stark an das Kloster gebunden, hatte sie doch nicht einmal eigene Bruderschaftsorgane[33]. Ein kausaler Zusammenhang zwischen der Gründung der Liebesvereinigung und der Protestantenvertreibung 1731/32 ist aufgrund der zeitlichen Nähe zu vermuten[34]. Erwähnung finden möge noch eine im späten 19. Jahrhundert errichtete Allerseelenbruderschaft ebenso wie die Tatsache, dass in einigen inkorporierten Pfarren St. Peters Bruderschaften betreut wurden. In Anif bestand seit 1750 eine Trinitarier- und eine Herz-Jesu Bruderschaft sowie seit 1746 eine Corpus-Christi Bruderschaft in Grödig. In der Pfarre Abtenau wirkte ein halbes Dutzend Bruderschaften[35]. Die Betreuung übernahm der jeweilige Prior des Klosters, wobei er u. a. die Rechnungen führte oder überprüfte. Durch diese zentrale Stellung kommt er auch als Autor oder Auftraggeber der Bruderschaftsbriefe in Frage.

Gedruckt wurden die Bruderschaftsbriefe in der Stadt Salzburg. Der erste Salzburger Drucker, Hans Baumann, lässt sich 1557 nachweisen. Konrad Kürner begründete 1590 die Reihe der Hofbuchdrucker (später auch als Universitätsbuchdrucker bezeichnet). 1666 wurde durch Melchior Hahn (auch: Haan) aus Straubing die Landschafts- und Stadtbuchdruckerei gegründet. Eine dritte Lizenz wurde schließlich 1801 an Kaspar Zaunrith erteilt. Zwischen den Druckereien bestand besonders in den Anfangsphasen ein erheblicher Konkurrenzkampf[36]. Es lässt sich beobachten, dass St. Peter bei den

---

[29] Klieber, Betschnur (wie Anm. 9) 34.

[30] Zur Bedeutung der Unterstützung durch die Orden siehe Tüskés–Knapp, Darstellungen (wie Anm. 10) 354.

[31] Klieber, Betschnur (wie Anm. 9) 38.

[32] Ders., Bruderschaften (wie Anm. 4) 319: Von 1631 bis 1694 betrugen die Ausgaben 7.615 fl., doch wurden „einige Posten von vornherein über die Klosterbuchhaltung verrechnet".

[33] Ebd. 338.

[34] Ebd. 476.

[35] Ebd. 556–559.

[36] Hans Glaser, Salzburgs Buchdrucker. *MGSLk* 98 (1958) 149–198, hier 154f.

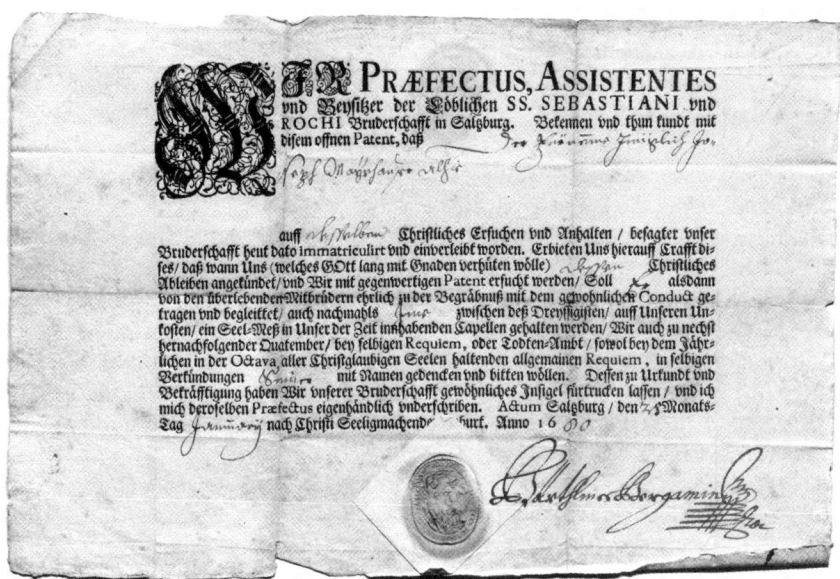

Abb. 1: Bruderschaftsbrief der Sebastians- und Rochusbruderschaft in Salzburg für Joseph Mayrhauser, nachmals Abt Placidus von St. Peter, 1680 (ASP).

klösterlichen Druckaufträgen keine der Druckereien bevorzugte, sondern die Aufträge abwechselnd vergab[37].

3. Bruderschaftsbriefe der Bruderschaften bei St. Peter

Der älteste bislang bekannte Bruderschaftsbrief einer von St. Peter betreuten Fraternität stammt von der Rosenkranzbruderschaft und datiert aus dem späten 17. Jahrhundert[38]. Im Fall der Skapulier- oder Karmeliterbruderschaft setzt die Überlieferung verhältnismäßig spät ein, etwa 120 Jahre nach ihrer Errichtung. Im Vergleich dazu sind die ältesten gedruckten Roteln des süddeutschen Raums aus der Mitte des 16. Jahrhunderts bekannt[39]. Für das Kloster St. Peter lässt sich die erste gedruckte Rotel immerhin für das Jahr 1623 nachweisen[40]. Das Entstehen und die Überlieferung der gedruckten katholischen Leichenpredigten setzte von Salzburg ausgehend in der zweiten Hälfte des 17. Jahrhunderts ein[41]. Das Beispiel der Skapulierbruderschaft zeigt, dass hier eine riesige Überlieferungslücke klafft: In den 117 Jahren bis zum Druck des ersten bekannten Bruderschaftszettels (1747[42]) traten mehr als 100.000 Personen der Bruderschaft bei, das sind

---

[37] HIRTNER, Netzwerk (wie Anm. 5) 191.

[38] KLIEBER, Bruderschaften (wie Anm. 4); zur späten Überlieferung in Ungarn siehe TÜSKÉS-KNAPP, Darstellungen (wie Anm. 10) 355. Siehe den Beitrag von Christine TROPPER in diesem Band.

[39] Edgar KRAUSEN, Totenrotel-Sammlungen bayerischer Klöster und Stifte. AZ 60 (1964) 11–36, hier 31, nennt eine Zwiefaltener Rotel aus dem Jahr 1546 als ältestes Beispiel; HIRTNER, Netzwerk (wie Anm. 5) 38.

[40] HIRTNER, Netzwerk (wie Anm. 5) 267.

[41] Georg SCHROTT, Leichenpredigten für bayerische Prälaten der Barock- und Aufklärungszeit (München 2012) 8–9 und 24–27.

[42] KLIEBER, Bruderschaften (wie Anm. 4) 311.

mehr als zwei Drittel des gesamten historischen Mitgliederstandes. Es ist kaum denkbar,
dass diese Bruderschaftmitglieder nicht mit Drucken versorgt worden wären. Ein Blick
in die Rechnungsbücher bestätigt die Annahme: Der Anteil der Druckausgaben erreichte
in den größten Wachstumsjahren der Bruderschaft bis zu 11 % und lag durchschnittlich
bei 1,9 %. Prior P. Edmund Sinhuber ließ mehrmals *khüpferl* […] *überstöchen* oder *zue
Augspurg* […] *renoviern*. Von den Augsburger Stechern lassen sich in St. Peter in anderem Zusammenhang die Werkstätten Klauber und Pfeffel nachweisen[43]. Beim Salzburger Kupferstecher Paul Seel gab Sinhuber 1671 um drei Gulden *ein newes khüpferl* in
Auftrag. Damit nahm er zweifelsohne die Dienste anerkannter Künstler in Anspruch.
Schließlich wurden die Ministranten und *Custorey bueben*, die *daß ganz iahr die biltl ge-
druckht* hatten, mit neuen Schuhen bedacht[44]. St. Peter gab – anders gesagt – als betreu-
ende Institution der mitgliederstärksten Salzburger Bruderschaft Andachtsbildchen in der
günstigsten Form, nämlich in Eigenregie, heraus. Ob für die Skapulierbruderschaft im
17. Jahrhundert auch Bruderschaftsbriefe durch Druckereien hergestellt und eventuell
über die Klosterkasse abgerechnet wurden, kann derzeit nur vermutet, aber nicht belegt
werden[45]. Zu dieser Zeit wurden in Salzburg Bruderschaftsbriefe von weit weniger bedeutenden Bruderschaften hergestellt, so beispielsweise ein Druck der Maria-Magdalena-
Bruderschaft der Lustgärtner aus dem Jahr 1667[46]. Insbesondere die frühe Geschichte
einiger Salzburger Bruderschaften ist quellenmäßig unterbelichtet. Im Zuge der Vorbereitungen zu diesem Beitrag sind mehrere Erstbelege aufgetaucht, wie anhand der fehlenden
Literaturverweise im folgenden Quellenverzeichnis ersichtlich wird. Die darin genannten
Drucke sind nicht an einem Ort gesammelt, sondern auf die Handschriften und Akten
des Altbestandes verteilt. Insbesondere bei den Nachlässen konnten einige überraschende
Funde gemacht werden. Allein im Nachlass des Abtes Placidus Mayrhauser von St. Peter
befinden sich 15 Bruderschaftsbriefe aus der ersten Hälfte des 18. Jahrhunderts.

Ein besonderer Umstand ermöglicht uns einen Blick in die Lagerbestände der Bruderschaften. Im Jänner 1789 forderte das Salzburger Konsistorium von den Bruderschaften
bzw. den betreuenden Institutionen Auskunft über die Vorräte an Büchern und Zetteln
und den jährlichen Bedarf[47]. Aufgrund dieser Anfrage führte Prior P. Marian Kaserer eine
Erhebung durch: Bei allen Bruderschaften außer der Michaelsbruderschaft waren noch
nennenswerte Restbestände an Druckerzeugnissen vorhanden. Aber einzig die Skapulierbruderschaft verzeichnete einen jährlichen Verbrauch, der dem Vorrat annähernd entsprach. Für die anderen Bruderschaften lässt sich ein Vorrat von bis zu 80 Jahren errechnen. Dieses Ergebnis entspricht empirischen Beobachtungen, dass manche Formulare eine
annähernd so lange Verwendungsdauer aufweisen[48]. Zwischen Druck und Eintrag lagen

43 Vgl. beispielsweise ASP, Hs. A 551; bei dem von TÜSKÉS-KNAPP, Darstellungen (wie Anm. 10) 360, genannten Augsburger Monogrammisten I.A.P., der 1733 für die Hl.-Josef-Bruderschaft in der Zips einen Auftrag
ausführte, dürfte es sich um Pfeffel handeln; vgl. HIRTNER, Netzwerk (wie Anm. 5) 167, wo Johann Andreas
Pfeffel bei den Vignetten 7c und 5a genannt ist.
44 ASP, Akt 568.
45 Die Auswertung der Kastoreirechnungen ist ein Desiderat. Vgl. ASP, Hs. A 945, Bd. 9–20; Hs. A 771–
781; Akt 2287.
46 KLIEBER, Bruderschaften (wie Anm. 4) 346.
47 ASP, Akt 567 und Akt 569, *Currenda über die zu stellende Anzeigen der Bruderschaften ihrer Namen, Ze-
deln, Bücheln, und deren Vorraths und iährlichen Bedarfs.* Nach KLIEBER, Bruderschaften (wie Anm. 4) 554 gab es
in Salzburg vom 18. bis zum 20. Jahrhundert mehrere derartige Erhebungen, für die sich aber – ausgenommen
1789 – im Archiv der Erzabtei St. Peter kein schriftlicher Niederschlag nachweisen ließ.
48 KRAUSEN, Bruderschaftsbriefe (wie Anm. 8) 141.

oft viele Jahrzehnte, wie das folgende Verzeichnis der Bruderschaftsbriefe in St. Peter verdeutlicht.

Dieselbe langfristige Verwendung findet sich auch bei den Kupferplatten und Druckstöcken, die in manchen Fällen über hundert Jahre lang Verwendung fanden. Die Resistenz von Bildmotiven ist dahingegen noch höher einzuschätzen[49]. Auch für Druckstöcke und Bildmotive anderer klösterlicher Druckgattungen lässt sich diese Feststellung machen[50]. Die Bildmotive befriedigen das Bedürfnis nach „Vertrautheit"[51], Innovation ist hingegen kaum gefragt. Manche Motive wechseln die Gattung, wie beispielsweise eine Totenkopf-Vignette[52], die sowohl auf den klösterlichen Roteln als auch für Sodalenkataloge der Lilienfelder Josephsbruderschaft Verwendung fand. Diesen sog. Vignetten kommt ein besonders hoher Stellenwert zu, wenn es um die Zuordnung von impressenlosen Drucken geht.

4. Ausblick: Erweiterung der Quellenkenntnis

Bei der Salzburger Bruderschaftagung von 1979 wurde eine „Erweiterung der Quellenbasis" gefordert[53]. Diese kann noch längst nicht als abgeschlossen betrachtet werden. Gerade bei den von Orden geleiteten Bruderschaften ist eine erweiterte, möglichst umfassende Sicht auf die Schriftproduktion entscheidend. Bislang wissen wir wenig über Drucke, die außerhalb der etablierten Typologien stehen. Vier Beispiele aus der klösterlichen Eigenproduktion seien an dieser Stelle angeführt: Abt Beda Seeauer, dessen Amtszeit mit einer Verwaltungsreform begann, ließ 1767 ein neues Verbrüderungsverzeichnis erstellen. Dieses wurde gedruckt und an alle 111 betroffenen Ordenshäuser gesandt[54]. Bei jedem noch so geringen Bedarf wurden offenbar Drucke erstellt: Im 18. Jahrhundert kamen für die Professerneuerung Vordrucke zum Einsatz. Der Bedarf kann nicht viel größer als zwei Dutzend Stück gewesen sein[55]. Ab 1700 druckte St. Peter auch seine deutschsprachigen Roteln oder Totenbriefe. Als Abnehmer kam in etwa ein Dutzend Frauenklöster in Frage[56]. Und um zu einem Bruderschaftsbeispiel zurückzukehren: Selbst für eine knappe Aufstellung der jährlich von der Liebsvereinigung der St. Petrischen Bediensteten absolvierten Messen brauchte es offenbar einen Vordruck[57].

---

[49] Ebd.

[50] Hirtner, Netzwerk (wie Anm. 5) 144, 153, 160, 319.

[51] Georg Schrott, Der Tod im Setzkasten – Beobachtungen zum typographischen Schmuck in katholischen Leichenpredigten. L'Art macabre 6 (2005) 227–242, hier 236.

[52] Hirtner, Netzwerk (wie Anm. 5) 149.

[53] Remling, Bruderschaften (wie Anm. 1) 107; dazu auch Klieber, Bruderschaften (wie Anm. 4) 23.

[54] Friedrich Hermann, Confraternitas Sanpetrensis. Die Geschichte der Gebetsverbrüderungen in St. Peter zu Salzburg. STMBO 79 (1968) 26–53, hier 47; ASP, Hs. A 245; ASP, Akt 561.

[55] Von 140 St. Petrischen Professen im 18. Jahrhundert haben lediglich 26 den 50. Professtag gefeiert (= 18,6 %). Der Bedarf könnte auch etwas höher gewesen sein, da die zweite Profess möglicherweise bereits nach 30 Jahren gefeiert wurde; siehe dazu Alkuin Volker Schachenmayr, Die benediktinische Professurkunde und ihre Akten vom 16. bis zum 20. Jahrhundert am Beispiel österreichischer Stifte. AfD 62 (2016) 407–431, hier 427.

[56] Hirtner, Netzwerk (wie Anm. 5) 268.

[57] ASP, Hs. A 332: 1766; siehe auch ASP, Akt 568, Bb 10 (Quellenverzeichnis, Nr. 56).

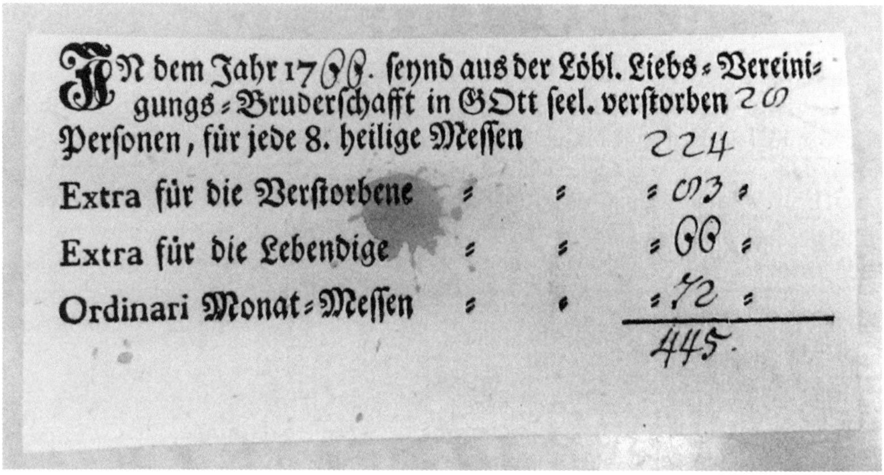

IN dem Jahr 17 seynd aus der Löbl. Liebs-Vereinigungs-Bruderschafft in GOtt seel. verstorben
Personen, für jede 8. heilige Messen 224
Extra für die Verstorbene
Extra für die Lebendige 66
Ordinari Monat-Messen 72
445.

Abb. 2: Vordruck für absolvierte Messen (ASP).

Alles nur eitles, unnützes Spiel? Die Frage nach der Existenzberechtigung stellt sich aber nicht nur bei Vordrucken in Visitkartengröße oder bei Nachrichten mit einem Bedarf im untersten zweistelligen Bereich. Sie stellt sich auch bei den Bruderschaftsbriefen. Die totendienstliche Funktion erfüllten bereits die Einschreibbücher[58]. Volle Rechtsgültigkeit hatten die Bruderschaftsbriefe nur in einigen Fällen, denn lediglich ein kleiner Teil von ihnen wurde beglaubigt[59]. Meistens erfolgte nur eine kritzelige Eintragung durch die Empfänger selbst. Der Zweck der Belehrung und Unterweisung kam angesichts der teilweise illiteraten Empfänger nicht uneingeschränkt zum Tragen. Und dennoch hielt man in den Bruderschaften diese Dokumente offenbar für notwendig, nicht zuletzt als sichtbares Zeichen der Aufnahme und „Vergesellschaftung"[60] sowie als „Gutschein" für ein würdiges Gedenken nach dem Tod.

Die formalen Gestaltungselemente der Bruderschaftsbriefe sind mannigfaltig. Die Briefe unterscheiden sich in Größe und Umfang, Satz und Ausstattung, Technik und Qualität oft erheblich voneinander. Es wäre ein Desiderat, druckgeschichtliche Fragestellungen mit verschiedenen bruderschaftlichen Kontexten in Verbindung zu setzen. Dabei wird wegen der vielen Druckvarianten immer eine exakte Unterscheidung und Wiedergabe der Drucke von Bedeutung sein. In zukünftigen Arbeiten sollte den Textinhalten verstärkt Aufmerksamkeit geschenkt werden, wobei etwa die unterschiedlichen Gewichtungen von Pflichten und Leistungen in den einzelnen Bruderschaften untersucht werden könnten. Neben den Fragen nach Existenz, Form und Inhalten der Bruderschaftsbriefe sind Fragen nach der Überlieferung relevant.

Die Überlieferung ist im Falle der St. Petrischen Bruderschaftsbriefe als zufällig und

[58] Klieber, Bruderschaften (wie Anm. 4) 579.

[59] Im vorliegenden Verzeichnis sind elf gesiegelte Bruderschaftsbriefe enthalten, zumindest vier wurden vom Präfekten oder Sekretär unterzeichnet (Nrn. 14, 21, 41, 82).

[60] Peter Hersche, Muße und Verschwendung. Europäische Gesellschaft und Kultur um Barockzeitalter Bd. 1 (Freiburg/Br.–Basel–Wien 2006) 416.

unstrukturiert zu bezeichnen. Einer größeren Anzahl an erhaltenen Blanko-Exemplaren (Nr. 60) stehen – wie im erwähnten Fall der Skapulier- oder Karmeliterbruderschaft – größere mutmaßliche Überlieferungslücken gegenüber. Warum legten die Verantwortlichen keine eigenen Bruderschaftsarchive an, in denen sie die Drucke ablegen hätten können? Wie ist es zu erklären, dass im nachfolgenden Verzeichnis ebenso viele Bruderschaftsbriefe für weibliche Bruderschaftsmitglieder enthalten sind wie für Benediktiner, während kaum Briefe von weltlichen Männern überliefert sind[61]? Ist die hohe Überlieferungsdichte in einzelnen Nachlässen gleichsam zufällig oder lässt sie auf besonders intensive Frömmigkeit der jeweiligen Personen schließen? Was sagen die vorhandenen oder nicht-vorhandenen Gebrauchsspuren über die bruderschaftliche Praxis aus? Vielleicht ermöglichen Vergleiche mit anderen Ordenshäusern Antworten auf diese oder ähnliche Fragen. Vermutlich sind die persönlichen Nachlässe von Ordensleuten die heuristischen Schlüssel zu Bruderschaftsbriefen in Ordensarchiven. Dabei ist es wichtig, die Bruderschaftsbriefe nicht isoliert, sondern im Verbund mit anderen Einblattdrucken und Gelegenheitsschriften zu untersuchen.

In den vergangenen Jahren wurden hier und da relevante Bestände digitalisiert und online gestellt[62]. Reproduktion ist ein wichtiger Schritt, aber er darf nicht der letzte bleiben. Eine Digitalisierungsmaßnahme für sich allein ist genauso wirkungsvoll wie ein Buch unter ein Kopfkissen zu legen. Es braucht in jedem Fall weitere effektive quellenkundliche Untersuchungen. Insofern sollte nicht nur von einer „Erweiterung der Quellenbasis", als vielmehr von einer Erweiterung der Quellenkenntnis die Rede sein. Der vorliegende Beitrag mit dem nachfolgenden Quellenverzeichnis möge seinen Teil zu einer „Mediologie der frühneuzeitlichen Stifte"[63] beitragen.

---

[61] Mehrere der betreffenden weltlichen Männer befanden sich zudem im Umfeld des Klosters als Angestellte oder Ministrant (Nrn. 43, 62, 65). Bei den anderen besteht kein erkennbarer direkter Bezug zum Kloster (Nrn. 11, 84, 89).

[62] MDZ, Einblattdrucke, online unter: https://www.digitale-sammlungen.de/index.html?c=sammlung&projekt=1046961503&l=de [28. 10. 2017].

[63] SCHROTT, Leichenpredigten (wie Anm. 41) 198; HIRTNER, Netzwerk (wie Anm. 5) 323.

5. Anmerkungen zum Quellenverzeichnis

Bruderschaftsbriefe werden in St. Peter in verschiedenen Abteilungen und Beständen aufbewahrt, ein zentrales Verzeichnis existierte bis dato nicht. Die Bruderschaftsbriefe wurden in ihren Überlieferungszusammenhängen belassen und für eine bessere Übersichtlichkeit das vorliegende Gesamtverzeichnis erstellt. Hierfür wurden auch die in der Stiftsbibliothek und den Kunstsammlungen der Erzabtei St. Peter vorhandenen Objekte herangezogen[64]. Die Objekte sind im Folgenden nach Orten, Bruderschaften und Chronologie geordnet. Die Art der Beschreibung orientiert sich an Vorbildern in der Fachliteratur[65].

Der jeweilige Titel oder ein alternatives Incipit sind zeichengetreu wiedergegeben und kursiv gesetzt, Zeilenumbrüche werden mit /// markiert. Sofern sich Drucker, Druckort und -jahr ermitteln ließen, sind diese unter „Druck" angeführt. Bei Fehlen einer Datierung wurde anhand der Fachliteratur ein möglicher Druckzeitraum ermittelt und in eckigen Klammern angegeben[66]. Die Kategorie „Text" nennt die hauptsächlichen Inhalte, während unter „Bild" die gedruckten Illustrationen (Vignetten) nach Inhalten, Technik, Autor und Maßen erfasst sind. „Maße" nennt die Dimensionen des Gesamtblattes (Höhe x Breite) und gegebenenfalls die Seitenanzahl sowie das Vorhandensein eines gedruckten Zierrahmens. Bei „Person" sind gegebenenfalls Informationen zu Personalisierungen zeichengetreu erfasst[67]. Informationen zum Erhaltungszustand und Verweise sind unter „Anmerkung" zu finden, bestehende Nennungen in der Forschungsliteratur – soweit sie sich ermitteln ließen – unter „Literatur"[68]. Mit „Signatur" ist der Standort des jeweiligen Originals bezeichnet. Zur besseren Übersichtlichkeit sind die einzelnen Kategorien durch Gedankenstriche voneinander getrennt.

Für den vorliegenden Beitrag wurden die Datenbanken von St. Peter umfassend ausgewertet. Die Nachlässe der für die Bruderschaften ex officio zuständigen Prioren wurden systematisch überprüft[69]. Von weiteren, zufällig ausgewählten Nachlässen wurden Stichproben gezogen. Es ist nicht auszuschließen, dass bei zukünftigen Recherchen in St. Peter weitere Bruderschaftsbriefe zum Vorschein kommen.

Eine geografische Einschränkung wurde bewusst vermieden, um Querverbindungen zu anderen Orten sichtbar zu machen. Zur Materialbewältigung musste aber eine zeitliche Grenze gezogen werden. Der Schwerpunkt der Erfassung liegt auf der Zeit zwischen 1670 und 1820[70]. Weitere Drucke bis etwa zur Mitte des 19. Jahrhunderts wurden aufgenommen, um die Langlebigkeit einzelner Vorlagen und Motive zu verdeutlichen.

Der drucktechnische Schwerpunkt liegt auf Einblattdrucken. Es wurden aber auch gebundene und ungebundene Kleindrucke aufgenommen, wenn der Zweck der Einschreibung von Personen klar ersichtlich ist[71].

---

[64] Der Autor dankt an dieser Stelle Mag. Sonja Führer, Leiterin der Stiftsbibliothek, Mag. Wolfgang Wanko, Kustos der Kunstsammlungen, und Prof. Dr. Adolf Hahnl, Konsulent der Stiftsbibliothek, für die freundliche Unterstützung.
[65] KRAUSEN, Bruderschaftsbriefe (wie Anm. 8) 142–155.
[66] GLASER, Buchdrucker (wie Anm. 36).
[67] Auf die Wiedergabe von Zeilenumbrüchen wurde hier verzichtet.
[68] Siehe vor allem KLIEBER, Bruderschaften (wie Anm. 4).
[69] Siehe die Priorenliste bei Pirmin LINDNER, Professbuch der Benediktiner-Abtei St. Peter in Salzburg (1419–1856). MGSLk 46 (1906) 3–328, hier 284.
[70] Siehe die Periodisierung bei KLIEBER, Bruderschaften (wie Anm. 4) 525–541.
[71] In dieser Hinsicht wurden jene 80 Bruderschaftsdrucke, die von der Stiftsbibliothek bislang in den

Abb. 3: Prager Bruderschaftsbrief von
P. Placidus Mayrhauser OSB, vor 1704
(ASP).

Im Folgenden werden 94 Bruderschaftsbriefe bzw. Kleindrucke von 34 verschiedenen Bruderschaften beschrieben, die an 22 verschiedenen Orten angesiedelt waren. 30
Exemplare sind blanko überliefert, die restlichen wurden in irgendeiner Form personalisiert. Bei den Bruderschaftsbriefen aus Götzens lässt sich sogar eine doppelte Verwendung
feststellen, d. h. sie wurden nach der posthumen Einhändigung noch einmal ausgegeben.
Es ist naheliegend, dass die Bruderschaften der Stadt Salzburg und ihrer unmittelbaren
Umgebung dominieren. Und es überrascht genauso wenig, dass von den von St. Peter
geleiteten Bruderschaften die meisten Drucke überliefert sind. Die Skapulierbruderschaft
und ihr Jungfrauenbund (16), die Liebsvereinigung der St. Petrischen Bedienten (14) und
die Trinitarierbruderschaft (7) stellen zusammen etwa 40 % des Selekts. Umso unerwarte-
ter sind die Herkunftsorte anderer Bruderschaftsbriefe, wobei ihre Erwerbungsgeschichte
manchmal offen bleibt.

österreichischen Verbundkatalog eingepflegt wurden, stichprobenartig überprüft und bei Vorliegen einer Perso-
nalisierung in das Verzeichnis übernommen.

6. Verzeichnis der Bruderschaftsbriefe in St. Peter

Abtenau, Trinitarierbruderschaft (Nr. 1–2); Altötting, Skapulierbruderschaft (Nr. 3); Annaberg, Annabruderschaft (Nr. 4–5); Ebbs, Skapulierbruderschaft (Nr. 6–7); Eggendorf,
Sebastiansbruderschaft (Nr. 8); Götzens, Franz Xaver Bruderschaft (Nr. 9–12); Innsbruck, Marianische Bruderschaft (Nr. 13); Laufen, Corpus-Christi-Bruderschaft (Nr.
14); Laufen, Skapulierbruderschaft (Nr. 15); Maria Plain, Maria Trost Bruderschaft (Nr.
16–20); Mattsee, Maria Trost und Monika Bruderschaft (Nr. 21); München, Marianische
Bruderschaft (Nr. 22); Niederalm, Allerseelenbruderschaft (Nr. 23–24); Padua, Marianische Bruderschaft (Nr. 25); Prag, Jesus-Maria-Joseph Bruderschaft (Nr. 26); Salzburg,
Annabruderschaft (Nr. 27); Salzburg, Corpus-Christi-Bruderschaft (Nr. 28–30); Salzburg, Dreifaltigkeitsbruderschaft (Nr. 31); Salzburg, Herz Jesu Bruderschaft (Nr. 32–34);
Salzburg, Bruderschaft der Lustgärtner (Nr. 35–37); Salzburg, Rosenkranzbruderschaft
(Nr. 38–40); Salzburg, Sebastian und Rochus Bruderschaft (Nr. 41); Salzburg, Skapulier-
bruderschaft (Nr. 42–55); Salzburg, Jungfrauenbund bei der Skapulierbruderschaft (Nr.
56–57); Salzburg, Liebsvereinigung der St. Petrischen Bedienten (Nr. 58–71); Salzburg,
Trinitarierbruderschaft (Nr. 72–78); Salzburg, Bruderschaft der Leibeigenen Jesu Chri-
sti (Nr. 79); Salzburg-Gnigl, Maria und Michael Bruderschaft (Nr. 80); Salzburg-Mülln,
Maria Trost und Monika Bruderschaft (Nr. 81–85); St. Wolfgang, Wolfgang Bruderschaft
(Nr. 86–87); Straßwalchen, Hl. Kreuz Bruderschaft (88); Werfen, Rosenkranzbruder-
schaft (Nr. 89); Wessobrunn, Marianische Bruderschaft (Nr. 90–93); Wolfpassing, Jesus-
Maria-Joseph Bruderschaft (Nr. 94).

(1) Abtenau, Trinitarierbruderschaft, blanko, 1835.
Titel: *Im Namen der allerheiligsten Dreyfaltigkeit. [/] Denkzettel für die Mitglieder der löblichen, der englischen Erzbruderschaft des heiligen Skapuliers der [/] wohlerwürdigen P. P.
Trinitarier einverleibten, Bruderschaft der allerheiligsten Dreifaltigkeit von Erlösung gefangener [/] Christen bey dem lobwürdigen, dem Kloster St. Peter inkorporirten Pfarr Gotteshause
zum heiligen Blasius in Abtenau = Erzbisthums Salzburg.* – Text: 3-spaltig, Ziel, Ablassbestimmungen. – Druck: Joseph Oberer, Salzburg, 1835. – Bild: Trinität mit den Heiligen
S. Joannes de Matha, S. Felix de Valois [/] Fundatores Ord. SSS: Trinitatis Redempt. [/] Cap.,
11 x 7,5 cm. – Maße: 44,7 x 35,7 cm, Rahmen. – Anmerkung: Stockflecken. – Signatur:
BSP, GS 46, Blatt 15.

(2) Abtenau, Trinitarierbruderschaft, Katharina Klabacher, 1835/1859.
Titel/Text/Druck/Bild: wie Nr. 1. – Maße: 39,8 x 34,7 cm, Rahmen. – Person: *Katharina
Klabacher* (25. 4. 1859). – Anmerkung: Stockflecken, Ränder beschnitten. – Signatur:
BSP, GS 46, Blatt 16.

(3) Altötting, Skapulierbruderschaft, Maria Dallingerin, 1793/1795.
Titel: *Marianische Erzbruderschaft [/] des [/] gnadenreichen wunderwirkenden hochheiligen
Scapuliers der [/] allerseligsten Jungfrau, und übergebenedeyten [/] Mutter Gottes Mariae von
Berg Carmelo.* – Text: 3-spaltig, Unterrichtung, Bruderschaftsformel. – Druck: Jakob Lut-
zenbergers Erbinnen, Burghausen, 1793. – Bild: Darstellung des Gnadenbildes von Altötting in einem ovalen Medaillon mit einem Skapulier, umrahmt von floralem Rankenwerk
mit Putti, von denen die unteren je ein Skapulier in Händen halten, darunter Spruchband

ECCE SIGNUM SALUTIS, Kupferstich. – Maße: 31,4 x 19,4 cm, Rahmen. – Person: *Maria Dallingerin Betterskirchner bfar* (bei Tacherting; 4. 4. 1795). – Anmerkungen: Stockflecken, Risse, Fehlstellen am Falz. – Signatur: KSP, G 3774.

(4) Annaberg, Annabruderschaft, Maria Anna von Berhandsky, 1758/1761.
Titel: *Kurze Verzeichnuß [/] Aller Gnaden und Abläß der Löblichen [/] St. Annä=Bruderschaft [/] In dem, einem Uralten Closter zu St. Peter in Salzburg [/] Ord. S. Bened. incorporirten Vicariats Gottes=Haus [/] zu St. Anna in der Zimmerau Abbtenauer=Pfarr, [/] Welche [/] Ihro Päpstl. Heiligkeit BENEDICTUS XIV. dieses Na= [/] mens sub dato Rom den 10. December 1757. Allergnädigst [/] ertheilet, und ewig verliehen : [/] Auch von Ihro Hochfürstl. Gnaden Unserem Gnädigsten Erz=Bi=[/] schoffen und Ordinario SIGISMUNDO CHRISTOPHORO, aus dem Hoch= [/] gräfl. Haus von Schrattenbach etc. etc. unterm dato Salzburg den 16. [/] Januar 1758. gnädigst approbiret worden.* – Druck: Johann Joseph Mayrs Erbin, Salzburg, 1758. – Text: 2-spaltig, Pflichten, Ablassbestimmungen. – Maße: 31,4 x 19,6 cm, Rahmen. – Person: *WohlEdlgebohrne Jungfrau Maria Anna v. Perhantzkin den 25. July [1]761.* – Anmerkung: Risse am Blattrand. – Signatur: ASP, Akt 570, Bb 1.

(5) Annaberg, Annabruderschaft, P. Alois Stubhahn OSB, 1781/1814.
Titel: *Kurze Verzeichnuß [/] Aller Gnaden und Abläß der Löblichen [/] Heiligen Annä=Bruderschaft [/] In dem , einem uralten Kloster zu St. Peter in Salzburg [/] Ord. S. Bened. Incorporirten Vicariats=Gotteshaus zu [/] St. Anna in der Zimmerau Abbtenauer=Pfarr / [/] welche [/] Seine päpstl. Heiligkeit BENEDICTUS XIV. dieß Namens [/] sub dato Rom den 10 Decemb. 1757. Allergnädigst ertheilet, und [/] ewig verliehen: [/] Auch von Seiner hoch= fürstl. Gnaden unsern Gnädigsten Erzbischofen und [/] Ordinario SIGISMUNDO CHRI= STOPHORO, aus dem Hochreichsgräfl. Haus [/] von Schrattenbach etc. etc. unterm Dato Salzburg den 16 Januarii 1758. [/] gnädigst approbiret worden.* – Druck: Franz Prodinger, Salzburg, 1781. – Text: 2-spaltig, Pflichten, Ablassbestimmungen. – Maße: 31,6 x 20 cm, Rahmen. – Person: *P. Aloys Stubhahn, Benediktiner von St. Peter in Salzburg, d.Z. Vikar allda. 1814.* – Anmerkung: Risse am Blattrand, Stockflecken. – Signatur: ASP, Akt 241, Bb 4.

(6) Ebbs, Skapulier- oder Karmeliterbruderschaft, blanko, 1831.
Titel: *Denkzettel [/] der lobwürdigen Erzbruderschaft des heil. Skapuliers in dem Gotteshause [/] des uralten Klosters St. Peter zu Salzburg für die Mitglieder, welche derselben [/] in der U.L. Frauen Pfarrkirche zu Ebbs [/] einverleibt werden.* – Druck: Joseph Oberer, Salzburg, 1831. – Text: 2-spaltig, Ziel, Gebet, Lebensregeln, Satzungen, Ablassbestimmungen. – Bild: Gnadenbild über der Pfarrkirche zu Ebbs im Unterinntal, Kupferstich, 10,7 x 7,6 cm. – Maße: 41,6 x 33 cm, Rahmen. – Literatur: Klieber, Bruderschaften (wie Anm. 4) 563. – Signatur: ASP, Akt 568, Bb 1 (Sonderstandort).

(7) Ebbs, Skapulier- oder Karmeliterbruderschaft, blanko, 1831.
Titel/Druck/Text/Bild: wie Nr. 6. – Maße: 41,6 x 33,3 cm. – Literatur: Klieber, Bruderschaften (wie Anm. 4) 563. – Signatur: BSP, GS 46, Blatt 5.

(8) Eggendorf, St. Sebastiansbruderschaft, blanko, 1666.
Titel: *Bruederschafft St. Sebastiani/ [/] in der Pfarr Eggendorff 1666.* – Druck: Witwe

Susanna Rickesin, Wien, 1666. – Text: 3-spaltig, Einverleibung, Gebet. – Bild: Darstellung des an einen Baum gefesselten hl. Sebastian, zu dessen Füßen ein Engel kniet, der einen Pfeil aus der Wade des Heiligen zieht, darüber ein Putto mit Märtyrerkrone und Palmzweig, im Hintergrund die Erschlagung des Heiligen durch drei Soldaten vor einem Zeltlager, Kupferstich. – Maße: 14,6 x 19,2 cm, Rahmen. – Signatur: KSP, H 273.

(9) Götzens, Franz Xaver Bruderschaft, Anna Zogllin/Notburga Pitlin, 1748/1762/1834.
Titel: *Kurtze Verzeichnuß [/] Der Ordnung, und Reglen, auch Abläß, Gebräuch, und Andachten [/] Der Löblichen Bruderschafft, [/] Welche unter dem Titul und Patrocinio des Heil. Indianer-Apostels [/] FRANCISCI XAVERII [/] In dem würdigen St. St. Peter und Paul Gottshauß zu Götzens in Tyrol/ der löblichen Pfarr [/] Axämbs mit Genehmhaltung Hoch-Geistlicher Obrigkeit zu Brixen den 15. Decembris 1733. neu aufgericht / und [/] von Ihro Päbstl. Heiligkeit CLEMENTE dem XII. mit unterschidlich= auch hernach beschribenen Geistlichen Ablaß=Schätzen [/] mild=Vätterlich begnadet worden.* – Druck: Christoph Mayr, München, 1748. – Text: 3-spaltig, Regeln, Gebet, Ablassbestimmungen. – Bild: Die Madonna erscheint dem sterbenden hl. Franz Xaver SJ, Untertitel *S. Franciscus Xaverius S.I. Indian: [/] Apostolus.*, sign. *Iungwierth Sc. M.*, Kupferstich, 14,5 x 10 cm. – Maße: 44,3 x 35,4 cm. – Person: ~~Anna Zogllin~~ (12. 12. 1762), *Nothburg Pitlin v. Christen* (17. 9. 1834). – Anmerkung: Doppelte Verwendung, Fehlstellen am Falz, Stockflecken. – Signatur: BSP, GS 46, Blatt 1.

(10) Götzens, Franz Xaver Bruderschaft, Gertraud Tremlin/Anna Kirchmeirin, 1748/1826.
Titel/Druck/Text/Bild: wie Nr. 9. – Maße: 44 x 35 cm. – Person: ~~Gerdraut Tremlin von Finsteräns~~ (o. J.), *Ana Kirchmeirin zu Birgitz* (1826). – Anmerkung: Doppelte Verwendung, Beschädigungen am Falz. – Signatur: BSP, GS 46, Blatt 3.

(11) Götzens, Franz Xaver Bruderschaft, Georg Millbacher/Maria Herzleirin, 1748/1769.
Titel/Druck/Text/Bild: wie Nr. 9. – Maße: 40 x 30 cm. – Person: ~~Georg Millbacher v Notmeß~~ [?] (3. 12. 1769), *Maria Herzleirin [?] v. Mutters* [o.J.]. – Anmerkung: Doppelte Verwendung, Beschädigungen am Falz, Blattrand beschnitten, Textverlust in der linken unteren Ecke. – Signatur: BSP, GS 46, Blatt 4.

(12) Götzens, Franz Xaver Bruderschaft, Katharina Kreitin/Maria Weissiger, 1780/1790/1809.
Titel: *Kurzes Verzeichniß [/] der Ordnung, und Regeln, auch Abläße, Gebräuche und Andachten [/] der löblichen Bruderschaft, [/] welche [/] unter dem Titel und Patrocinio des heiligen Indianerapostels [/] Franciscus Xaverius [/] In dem würdigen St. Peter und Paul Gotteshaus zu Götzens in Tyrol, der löblichen Pfarr Axams mit Genehmhaltung Hochgeistlicher [/] Obrigkeit zu Brixen den 15. December im Jahre 1733 neu aufgerichtet, und von Ihro päpstl. Heiligkeit Clemens dem XII mit unterschiedlichen [/] auch hernach beschriebenen geistlichen Ablaß-schätzen väterlich begnadet worden.* – Druck: k.k. Hofbuchdruckerei, Innsbruck, 1780. – Text: 3-spaltig, Regeln, Gebet, Ablassbestimmungen. – Bild: Die Madonna erscheint dem sterbenen hl. Franz Xaver SJ, Untertitel *S. Franciscus Xaverius S.I. Indian: [/] Apostolus.*, sign. *Iungwierth Sc. M.*, Kupferstich, 14,5 x 10 cm. – Maße: 42,5 x 33,5 cm. – Person:

~~Catharina Kraitin von Pfaffenhofen~~ (16. 5. 1790), *Maria Weissiger [?] v Axams* (1809). –
Anmerkung: Doppelte Verwendung, Beschädigungen am Falz, Blattränder beschnitten.
– Signatur: Signatur: BSP, GS 46, Blatt 2.

(13) Innsbruck, Marianische Bruderschaft, [Abt Placidus Mayrhauser OSB],
1716.
Titel: *Bericht von der Bruderschafft Unser Lieben Frauen [/] Hülff / oder von denen 2 Messen
genannt / zu Ynsprugg im Tyrol in der [/] Kirchen der H.H. Dreyfaltigkeit der Gesellschafft
JEsu.* – Druck: Innsbruck, 1716. – Text: Blocksatz, Bruderschaftsgeschichte, Satzungen,
Ablassbestimmungen. – Bild: Ovales Gnadenbild Mariahilf mit Überschriftband *Totus
mundus diligat Te*, Kupferstich, 5,7 x 4,5 cm. – Maße: 17,1 x 10,5 cm. – Person: Personalakt Abt Placidus Mayrhauser OSB. – Anmerkung: beidseitig bedruckt, Stockflecken, kl.
Fehlstellen oben und unten Mitte (Reißnägel). – Signatur: ASP, Akt 13, Bb 8.

(14) Laufen, Corpus-Christi-Bruderschaft, Peter (P. Alois) Stubhahn, 1792.
Titel: *Im Namen der allerheiligsten untheilbaren [/] Dreyfaltigkeit Gottes, Amen.* – Druck:
Salzburg (?), o. J. (vermutlich 1. H. 18. Jh.) – Text: Blocksatz, Aufnahmebestätigung. –
Bild: W-Initiale, aufgedrücktes Siegel. – Maße: 20 x 29,8 cm. – Anmerkung: vgl. Nr. 30,
eigenhändige Unterschrift des Bruderschaftssekretärs Johann Anton Börschl. – Person:
Peter Fidel Stubaan (16. 12. 1792). – Signatur: ASP, Akt 241, Bb 2 (Sonderstandort).

(15) Laufen, Skapulier- oder Karmeliterbruderschaft, Peter (P. Alois) Stub-
hahn, 1781/1782.
Titel: *Unterrichtung von der Gnadenreichen Erzbruderschaft des [/] heiligen
Karmeliter=Scapuliers, so in der hochfürstlichen salzburgischen [/] Stadt Laufen / der löbli-
chen unser lieben Frauen Collegiat=Stift=Kirchen [/] allda aufgerichtet, und wie man sich
zu verhalten hat.* – Druck: Franz Prodinger, Salzburg, 1781. – Text: 2-spaltig, Gnaden,
Aufgaben. – Bild: Skapuliermadonna mit segnendem Jesuskind in ovalem Rahmen von
Blumenkranz eingefasst, Holzschnitt, 5 x 5 cm. – Maße: 31,5 x 19,8 cm. – Anmerkung:
Stockflecken, Dorsalvermerk *Briefe u. Zeugniße des P. Alois Stubhahn.* – Person: *Petter Vi-
telli Stubhan Lauffner Pfar, den 21. July 1782.* – Signatur: ASP, Akt 241, Bb 1 (Sonderstandort).

(16) Maria Plain, Maria Trost Bruderschaft, P. Placidus Mayrhauser OSB,
1696.
Titel: *Bruderschafft für Lebendige und Todte / unter dem [/] Titul / Maria Trost am Plain
/ nechst Saltzburg.* – Druck: Johann Baptist Mayr, Salzburg, o. J. [1655–1696]. – Text:
Blocksatz, Bruderschaftsgeschichte, Statuten, Pflichten, Ablassbestimmungen. – Bild:
Plainer Gnadenbild mit Bildunterschrift *Maria Trost auf dem Plain / [/] negst Saltzburg.*,
Kupferstich, 4,8 x 3,9 cm. – Maße: 20,3 x 16 cm, Rahmen. – Person: *Adm. R.P. Placidus
Mayrhauser* (4. 11. 1696). – Anmerkung: beidseitig bedruckt, Stockflecken, unterzeichnet
von P. Virgil Faber OSB von Garsten bei Steyr. – Signatur: ASP, Akt 13, Bb 13.

(17) Maria Plain, Maria Trost Bruderschaft, blanko, o. J.
Titel: *Kurtzer Begriff [/] Grosser Gnaden und Ablassen/ mit welchen Ihro Päbstl. [/] Heiligkeit CLEMENS XI. Anno 1720. den 3. Februarii die sieben Altär in dem Gotts= [/] hauß
zu Maria=Trost auf dem Plain/ ausser Saltzburg/ bey denen PP. [/] Benedictinern bereichet.*

– Druck: Johann Joseph Mayr, Salzburg, o. J. [nach 1720]. – Text: 2-spaltig, Geschichte, Ablassbestimmungen. – Bild: E-Initiale. – Maße: 41,2 x 34,5 cm, Rahmen. – Anmerkung: Stockflecken, Risse am Falz. – Signatur: BSP, GS 46, Blatt 11.

(18) Maria Plain, Maria Trost Bruderschaft in Maria Plain, blanko, 1835.
Titel: *Denkzettel [!] für die Mitglieder der löblichen Bruderschaft [!] Maria Trost [!] am Plain nächst Salzburg.* – Druck: Joseph Oberer, Salzburg, 1835. – Text: 2-spaltig, Satzungen, Ablassbestimmungen. – Bild: Plainer Gnadenbild umgeben von Putti, Kupferstich, 9,6 x 8,1 cm, Rahmen. – Maße: 43,7 x 33,2 cm, Rahmen. – Anmerkung: fleckig, Dorsalvermerk *PP.u.23* (olim-Signatur). – Literatur: KLIEBER, Bruderschaften (wie Anm. 4) 557. – Signatur: ASP, Akt 1158 (Sonderstandort).

(19) Maria Plain, Maria Trost Bruderschaft in Maria Plain, Prior P. Alois Stubhahn OSB, 1835/1836.
Titel/Druck/Text/Bild/Maße: wie Nr. 18. – Person: *der Hochwürdige Herr P. Alois Stubhahn Prior zu St. Peter in Salzburg* (19. 4. 1836). – Anmerkung: fleckig, Eintragung durch P. Benedikt Egger OSB. – Literatur: KLIEBER, Bruderschaften (wie Anm. 4) 557. – Signatur: ASP, Akt 241, Bb 6 (Sonderstandort).

(20) Maria Plain, Maria Trost Bruderschaft, Antonia Rockenstein, 1835/1890.
Titel/Druck/Text/Bild: wie Nr. 18. – Maße: 43 x 33 cm, Rahmen. – Person: *Antonia Rokenstein von Salzburg* (8. 7. 1890). – Literatur: KLIEBER, Bruderschaften (wie Anm. 4) 557. – Anmerkung: aus dem Nachlass von P. Gregor Reitlechner OSB. – Signatur: BSP, GS 46, Blatt 10.

(21) Mattsee, Maria Trost und Monika Bruderschaft, Othilia Lechnerin, 1804/1848.
Titel: *Kurzer Unterricht [!] von dem Ursprunge, Satzungen und Abläßen der lobwürdigen Erzbruderschaft Maria von Trost [!] und Mutter Monika in dem uralt löbl. Collegiatstift zu Mattsee.* – Druck: Franz Xaver Duyle, Salzburg, 1804. – Text: 3-spaltig, Bruderschaftsgeschichte, Satzungen, Ablassbestimmungen, Pflichten. – Bild: Skapuliermadonna, Bruderschaftsheilige und -mitglieder bei der Rettung Armer Seelen aus dem Fegefeuer, signiert von *C.G. du Trenoy sculp. Salzburg*, Kupferstich, 10,8 x 7,3 cm. – Maße: 42,5 x 33,7 cm. – Person: *Othilia Lechnerin von Saulach der Pfarre Mattsee, den 15ten August 1848.* – Anmerkung: eigenhändige Unterschrift des Stiftsdechanten *Joh. P. Moser*, Ausgabenummer und Sterbevermerk, aus dem Nachlass von P. Gregor Reitlechner OSB. – Signatur: BSP, GS 46, Blatt 8.

(22) München, Marianische Bruderschaft bei St. Peter in München, (Abt) Placidus Mayrhauser OSB, 1689.
Titel: *... vnder dem Schutz Mariä Hülff in S. Peters Pfarr=Kirchen der [!] Chur=Fürstl. Residenz=Statt München / so Ihro Päbstl. Heyligkeit Innocentius der Ailffte diß Namens / den 18. August [!] 1684. verwilligt / mit Ablassen begabt / vnd Ihr Hochf. Drl. Albertus Sigismundus Bischoffe zu Freysing / etc. approb. haben.* – Druck: Lucas Straub, München, 28. 4. 1689. – Text: 3-spaltig, Ziel, Nutzen. – Bild: Gnadenbild Mariahilf in floralem Rahmen mit Bildunterschrift *Mit deiner Hülff sihe uns an/ [!] Hunger und Pest wende hindan/ [!]*

Vorm Feind beschütze uns fortan/ [/] In Todtsnoth nimb dich unser an, Kupferstich, 9,8 x 6,4 cm. – Maße: 14,5 x 19,8 cm. – Person: *F[rater] Placidus Mayrhauser Salisburgi ad S. Petrum SSmi P[at]ris Benedicti Ordine Professus* (25. 12. 1689). – Anmerkung: rückseitig zwei Lacksiegel, Stockflecken, Risse, Teile der Blattränder fehlen. – Signatur: ASP, Akt 13, Bb 9.

(23) Niederalm, Allerseelenbruderschaft, blanko, 1831.
Titel: *Denkzettel [/] der lobwürdigen Bruderschaft aller christgläubigen Seelen [/] in dem löbl. Filial=Gotteshause der heiligen Johann Bapt. und Johann Evang. [/] zu Niederalben.* – Druck: Joseph Oberer, Salzburg 1831. – Text: 2-spaltig/Blocksatz, Zweck, Statuten, Pflichten, Ablassbestimmungen. – Bild: hl. Wandel über Armen Seelen im Fegefeuer, 6 x 5 cm. – Maße: 34,4 x 21,2 cm, Rahmen. – Anmerkung: mehrere Dubletten in ASP, Akt 1363 erhalten. – Signatur: BSP, GS 46, Blatt 13.

(24) Niederalm, Allerseelenbruderschaft, Gertraud Schallmoser, 1831/1889.
Titel/Druck/Text/Bild/Maße: wie Nr. 23. – Person: *Gertraud Schallmoser* (7. 4. 1889). – Anmerkung: Beschädigungen an den Blatträndern. – Signatur: ASP, Akt 1363.

(25) Padua, Marianische Bruderschaft, [Abt Placidus Mayrhauser OSB], 1685.
Titel: *INNOCENTIO XI. PON. MAX. [/] AD FVTVRAM REI MEMORIAM. [/] Breve Sommario dell' Indulgenze Perpetue.* – Druck: Pietro Maria Frambotto, Padua, 1685. – Text: Blocksatz, Ablassbestimmungen. – Bild: G-Initiale, Wappen Innozenz' XI. flankiert von den Hll. Petrus und Paulus. – Maße: 43,5 x 32,2 cm. – Anmerkung: Italienisch, Stockflecken. – Signatur: ASP, Akt 13, Bb 10 (Sonderstandort).

(26) Prag, Jesus, Maria, Joseph Bruderschaft, P. Placidus Mayrhauser OSB, o. J. [1687–1704].
Titel: *Bruderschaft [/] JESU, MARIAE, JOSEPH, [/] Zur Erlösung der lieben Seelen deß [/] Fegfeurs zu Prag bey Loreto / mit Verwil-[/]ligung hoher Geistl. Obrigkeit eingesetzt/ und [/] von Ihro Päbstl. Heil: Innocentio XII. [/] bekräfftiget.* – Druck: Prag (?), o. J. – Text: Blocksatz, Ziel, Regeln, Nutzen. – Bild: Maria mit Jesus und Joseph bei der Errettung der Seelen aus dem Fegefeuer, Kupferstich, 5,5 x 5,1 cm. – Maße: 13,2 x 7,8 cm, [4] S. – Person: *P. Placidus Mayrhauser z. S.P.* [1687–1704]. – Anmerkung: Risse an den Rändern. – Signatur: ASP, Akt 13, Bb 7.

(27) Salzburg, Annabruderschaft, Abt Placidus Mayrhauser OSB, 1720.
Titel: *WIR Praefectus, Assistentes, und Consultores der Löbl. St. [/] Annä=Bruderschafft in Saltzburg / bekennen hiemit öffentlich / daß [...].* – Druck: Salzburg (?), o. J. – Text: Blocksatz, Gesetz, Pflichten, Ablassbestimmungen, Altarprivileg. – Maße: 30,6 x 19,2 cm, Rahmen. – Person: *der Hochwürdige in Gott vnd HochEdlgeborne Herr, Herr Placidus Abbt des uhralten Closters St: Peter alhier /: Titl etc. :/* (2. 7. 1720). – Anmerkung: mit Siegel, Stockflecken. – Literatur: Kⁱᴱᴮᴱᴿ, Bruderschaften (wie Anm. 4) 189. – Signatur: ASP, Akt 13, Bb 3.

(28) Salzburg, Corpus-Christi-Bruderschaft, Abt Placidus Mayrhauser OSB, 1678/[nach 1704].

Titel: *Der stäts immerwehrenden Anbetung des Allerheiligisten Altar=Sacraments Brue-derschafft= und Stundt Zetl zu Saltzburg. Ao 1678.* – Druck: Salzburg (?), 1678. – Text: 3-spaltig, *Verrichtungen, Ziel und mainung, Merckpünctlein.* – Bild: Zwei Engel halten eine Monstranz mit der Umschrift *Belobt seye allezeit das Allerheiligste Sacrament.*, darunter das Wappen des Erzbischofs Max Gandolph von Kuenburg (reg. 1668–1687), Textteile links und rechts flankierend, Kupferstich, signiert *P. Seel f:*[ecit], 12,4 x 20 cm. – Maße: 18,3 x 26,8 cm. – Person: *Placidus Abbas S Petri manu propria ist eingeschrieben worden auf die stundt 9 bis 10 Uhr Vormittag, den 14. Jenner % [1678].* – Anmerkung: gesamter Text- und Bildinhalt auf Kupferplatte, Stockflecken, Fehlstelle oben Mitte (Reißnagel). – Signatur: ASP, Akt 13, Bb 1.

(29) Salzburg, Corpus-Christi-Bruderschaft, Abt Placidus Mayrhauser OSB, o. J. [1668–1687/nach 1704].
Titel: *Der stäts immerwährenden Anbetung des Allerheiligsten Altar= [/] Sacrament / Bruder-schafft= und Stund= Zetl zu Saltzburg.* – Druck: Salzburg (?), o. J. – Text: 2-spaltig/Block-satz, *Verrichtungen, Zihl und Mainung, Merckpünctlein, Eyffriges Vornehmen seine Stund fleissigst zu verrichten.* – Bild: Zwei Engel halten eine Monstranz, Überschrift *LAUDETUR S.mum SACRAMENTUM*, Unterschrift *Gelobt sey das Allerheiligiste Sacrament*, darunter das Wappen des Erzbischofs Max Gandolph von Kuenburg (reg. 1668–1687), Holzschnitt, 12,7 x 6,3 cm. – Maße: 26,3 x 18,7 cm. – Person: *Placidus Abbt zu St. Peter* (14. 1. o. J., nach 1704). – Anmerkung: Stockflecken, zahlreiche Risse. – Signatur: ASP, Akt 13, Bb 2.

(30) Salzburg, Corpus-Christi-Bruderschaft, Abt Placidus Mayrhauser, 1713.
Titel: *Im Namen der Allerheiligsten untheilbaren Dreyfal-[/]tigkeit Gottes / Amen.* – Druck: Salzburg (?), o. J. – Text: Blocksatz, Aufnahmebestätigung – Bild: W-Initiale. – Maße: 20,8 x 33 cm. – Person: *Ihro Hochwürdeten Vnd Gnadn Herr Herr Placido Abbt Deß Hoch-lobl: Vnd Vralten Stifft Sanct Peter & Closter alhir in Salzburg etc.* (2. 6. 1713). – Anmer-kung: vgl. Nr. 14, mit Siegel, Stockflecken. – Signatur: ASP, Akt 13, Bb 6.

(31) Salzburg, Dreifaltigkeitsbruderschaft, blanko, 1819.
Titel: *Denkzeichen [/] für die [/] Mitglieder [/] der [/] löblichen Bruderschaft [/] von der [/] allerheiligsten Dreyfaltigkeit.* – Druck: Franz Xaver Oberer, Salzburg, 1819. – Text: Block-satz, Ziel, Gebet, Ablassbestimmungen, Sonntagsandacht, Litaneien. – Bild: Auge-Got-tes-Vignette, Holzschnitt, 3,8 x 4,7 cm. – Maße: 16,1 x 10,1 cm, [4], 32 S. – Literatur: KLIEBER, Bruderschaften (wie Anm. 4) 394. – Signatur: BSP, 31.381.

(32) Salzburg, Herz-Jesu-Bruderschaft, [Abt Placidus Mayrhauser OSB], 1706.
Titel: *Verzeichnuß [/] Der [/] Ablaß / und Andach= [/] ten/ der Löbl. Bruderschafft [/] des allerheiligsten Göttl. [/] Hertzens JEsu. [/] Aufgericht [/] In der St. Marci Ehr neu-erbau= [/] ten Kirchen deren Wohl=Ehrwürdi [/] gen Closter=Jungfrauen der Ge= [/] sellschaft St. Ursulae [/] in Saltzburg / [/] Anno 1706.* – Druck: Johann Bapt. Mayrs Witwe und Erbe, Salzburg, 1706. – Text: Blocksatz, Ablassbestimmungen, Andacht, Gebet. – Bild: zwei Schlussvignetten (Putto; zwei gekreuzte Blumen mit Jesus und Maria-Monogrammen). – Maße: 15,4 x 9,8 cm, 8 S. – Person: Personalakt Abt Placidus Mayrhauser OSB. – Signatur: ASP, Akt 13, Bb 5.

(33) Salzburg, Herz-Jesu-Bruderschaft, P. Franz Esterl OSB, 1817.
Incipit: *ANNO 18* [...] *bin ich* [...] *in die löbliche Versammlung des göttlichen Herzens [/] Jesu in dem würdigen Gotteshaus der Ursulinne= [/] rinnen bey St. Marcus in Salzburg einge-schrieben [/] worden,* [...]. – Text (verso): Blocksatz, Einschreibung, Feste und Anbetungs-zeiten. – Bild (recto): Darstellung des Herzens Jesu in einer Nische umgeben von geflü-gelten Puttenköpfchen und Flammen, darüber IHS-Monogramm, darunter *O Jesu Hertz ich liebe dich, [/] Dan du zuvor geliebt hast mich.*, Kupferstich. – Maße: 15,8 x 9,2 cm, Rahmen (verso). – Person: *P. Franz Esterl Benedictiner zu St. Peter in Salzburg* (13. 6. 1817). – Signatur: KSP, H 3249.

(34) Salzburg, Herz-Jesu-Bruderschaft, Anna Deutinger, 1820.
Incipit/Text/Bild: wie Nr. 33. – Maße: 15,6 x 9,3 cm, Rahmen (verso). – Person: *Anna Deutinger* (9. 6. 1820). – Signatur: KSP, H 3250.

(35) Salzburg, Bruderschaft der Lustgärtner (hl. Maria Magdalena), blanko, 1667.
Titel: *Gnaden vnd Ablaß/ [/] So Alexander der Sibende diß Namens Römischer Papst/ in Zweyen/ [/] Vnder dem dato deß Fünfften Mertzens dises 1667. Jahrs/ Seines Papstthums im Zwölfften Jahr/ [/] Außgefertigten Bullen/ [/] Einer Löblichen Bruderschafft allhie zu Saltz-burg/ von den Lust=Gartnern/ [/] Vnder dem Titul der H. Büsserin Maria Magdalena/ [/] Neulich auffgericht / Genädigist verlyhen haben.* – Druck: Melchior Haan, Salzburg, 1667. – Text: 2-spaltig, Ablassbestimmungen. – Maße: 32,5 x 42,8 cm, Rahmen. – Anmerkung: Flecken, Risse. – Signatur: ASP, Akt 567, Bb 1.

(36) Salzburg, Bruderschaft der Lustgärtner (hl. Maria Magdalena), blanko, 1685.
Titel: *Gnaden und Ablaß / [/] So Innocentius der Aillfte diß Namens Römischer Pabst / in zweyen /vnder den dato deß fünfften [/] Mertzens dises 1685. Jahrs / seines Pabstthumbs im neundten Jahr / [/] Außgefertigten Bullen / [/] Einer Löblichen Bruderschafft allhie zu Saltz-burg / von den Lust=Gartnern / vnder dem Titul der H. Büsserin [/] MARIA MAGDALENA, [/] Neulich auffgerichtet / Gnädigist verlyhen haben.* – Druck: Melchior Haan, Salzburg, 1685. – Text: 2-spaltig, Ablassbestimmungen. – Maße: 31 x 41 cm, Rahmen. – Anmer-kung: für P. Franz Mezger OSB (?); gefaltet und in Hs. eingebunden. – Signatur: ASP, Hs. A 614, 2.

(37) Salzburg, Bruderschaft der Lustgärtner (hl. Maria Magdalena), [Abt Placidus Mayrhauser OSB], 1707.
Titel: *Gnaden und Ablaß / [/] So Clemens der Eilffte diß Nahmens Römischer Pabst / in zweyen / unter den dato [/] deß dreyssigsten Mertzens dises 1707. Jahrs / seines Pabstthumbs im sibenden Jahr / [/] Außgefertigten Bulla / [/] Einer Löblichen Bruderschafft allhier zu Saltz-burg / von den Lust-Gartner / unter dem Titul der H. Büsserin [/] MARIA MAGDALENA, [/]Neulich auffgerichtet / gnädigst verliehen haben.* – Druck: Johann Baptist Mayrs Witwe und Sohn, Salzburg, 1707. – Text: 2-spaltig, Ablassbestimmungen. – Maße: 32 x 42 cm, Rahmen. – Person: Personalakt Abt Placidus Mayrhauser OSB. – Anmerkung: Stockflek-ken – Literatur: KLIEBER, Bruderschaften (wie Anm. 4) 346. – Signatur: ASP, Akt 13, Bb 12 (Sonderstandort).

(38) Salzburg, Rosenkranzbruderschaft, Joseph (P. Placidus) Mayrhauser, o. J. (vor 1687).
Titel: *Bericht/Uhrkund/Gedenckzeichen des ewigen Ro=[/]senkranz=Gebetts/von der H. Ertzbruederschafft ROSARII für die Sterbende auffgericht/ [/] vnd einverleibt.* – Druck: Johann Baptist Mayr, Salzburg, o. J. [1655–1687]. – Text: Blocksatz, Pflichten, Betvorschrift, Gebet, Gelöbnis. – Bild: Herrscher am Sterbebett, davor knieender Mönch und fliehender Drache, darüber in Wolken Maria mit Kind flankiert von zwei Heiligen, Künstlermonogramm *JH* (?), Holzschnitt, 4,3 x 6,1 cm. – Maße: 15,5 x 9,5 cm. – Person: *Josephus Mayrhauser* (1. 9. o. J.). – Anmerkung: beidseitig bedruckt, Beschädigung am Falz. – Signatur: ASP, Akt 13, Bb 15a.

(39) Salzburg, Rosenkranzbruderschaft, Abt Placidus Mayrhauser, o. J. (nach 1704).
Titel/Druck/Text: wie Nr. 38. – Bild: Variante zu Nr. 38, Künstlermonogramm *JH* (?), 4,1 x 7,1 cm. – Maße: 15,5 x 9,5 cm. – Person: *Placidus Abbas S. Petri* (1. 9. o. J.). – Anmerkung: beidseitig bedruckt, Stockflecken. – Signatur: ASP, Akt 13, Bb 15b.

(40) Salzburg, Rosenkranzbruderschaft, Abt Placidus Mayrhauser, o. J. (nach 1704).
Titel/Druck/Text: wie Nr. 38. – Bild: Variante zu Nr. 38, Künstlermonogramm *IGS*, 4,3 x 7,1 cm. – Maße: 14,5 x 9,5 cm. – Person: *P. Placidus Mayrhauser Abbas S. Petri* (1. 9. o. J.). – Anmerkung: beidseitig bedruckt, Stockflecken, unleserliche Notizen. – Signatur: ASP, Akt 13, Bb 15c.

(41) Salzburg, St. Sebastians- und Rochusbruderschaft, Joseph (P. Placidus) Mayrhauser, 1680.
Titel: *WIR PRAEFECTUS, ASSISTENTES [/] vnd Beysitzer der Löblichen SS. SEBASTIANI vnd [/] ROCHI Bruderschafft in Saltzburg.* – Druck: Salzburg (?), vor 1680. – Text: Blocksatz, Aufnahmebestätigung. – Bild: W-Initiale. – Maße: 21 x 31,7 cm. – Person: *Der Fürneme … Joseph Mayrhauser alhie* (25. 1. 1680). – Anmerkung: mit Siegel und eigenhändiger Unterschrift des Präfekten, Dorsalvermerk *Josephus Mayrhauser.* – Signatur: ASP, Akt 13, Bb 16.

(42) Salzburg, Skapulier- oder Karmeliterbruderschaft, Anna Wierlin, 1765.
Titel: *Unterrichtung von der Gnadenreichen Ertz=Bruderschafft [/] des Heil. Carmeliter=Scapuliers, so in Saltzburg der Ertz=Bischöfflichen [/] Haubt=Stadt in dem uralten St. Peters=Closter aufgericht, [/] und wie man sich zu verhalten habe.* – Druck: Salzburg (?), vor 1765. – Text: 2-spaltig, Privilegien, Pflichten. – Bild: Skapuliermadonna und Jesuskind mit Segensgeste in ovalem Rahmen, von floralen Motiven eingefasst, Holzschnitt, 5 x 5 cm. – Maße: 30,2 x 19,1 cm, Rahmen. – Person: *den 16. July 1765 Anna Wierlin.* – Anmerkung: zahlreiche kalendarische Notizen (um 1818) auf der Rückseite. – Literatur: Klieber, Bruderschaften (wie Anm. 4) 311. – Signatur: ASP, Akt 568, Bb 5.

(43) Salzburg, Skapulier- oder Karmeliterbruderschaft, Franz Weichenberger, 1776.
Titel: *Unterricht von der Gnadenreichen Erz=Bruderschaft des [/] heiligen Carmeliter=Skapuliers, so zu Salzburg der Erz=Bischöflichen [/] Haupt=Stadt in dem Uralten*

St. Peters Closter aufgericht, [!] und wie man sich zu verhalten hat. – Druck: Franz Prodinger, Salzburg, o. J. [1769–1776]. –Text: 2-spaltig, Aufgaben, Pflichten. – Darstellung: wie Nr. 42. – Maße: 30,4 x 19,4 cm. – Person: *Franciscus de Paula Weichenberger. den 16: Juni. Ao: 1776:* – Anmerkung: Franz de Paula Weichenberger war 1786–1795 Oberschreiber in Diensten des Klosters St. Peter. – Signatur: ASP, Akt 274, Bb 1.

(44) Salzburg, Skapulier- oder Karmeliterbruderschaft, Magdalena Gitznerin, 1782.
Titel: *Unterricht von der gnadenreichen Erzbruderschaft des heiligen [!] Karmeliter=Scapulier, so in Salzburg der Erzbischöflichen Hauptstadt in [!] dem uralten St. Peters Kloster aufgericht, und wie man sich zu verhalten hat.* – Druck: Franz Prodinger, Salzburg, o. J. [1769–1782]. – Text: 2-spaltig, Privilegien, Pflichten. – Bild: Skapuliermadonna und Jesuskind mit Segensgeste in ovalem Rahmen, von floralen Motiven eingefasst, Holzschnitt, 5,2 x 5,2 cm. – Maße: 31 x 20 cm, Rahmen. – Person: *Magdalena Gitznerinn den 8ten December 1782.* – Anmerkung: Tintenfraß, zahlreiche kalendarische Notizen (um 1818) auf der Rückseite. – Signatur: ASP, Akt 568, Bb 6.

(45) Salzburg, Skapulier- oder Karmeliterbruderschaft, Genofeva Traxlerin, 1783.
Titel/Druck/Text/Bild/Maße: wie Nr. 44. – Person: *Genofeva Träxlerinn, den 23ten März ao 1783.* – Anmerkung: zahlreiche kalendarische Notizen (um 1818) auf der Rückseite. – Signatur: ASP, Akt 568, Bb 7.

(46) Salzburg, Skapulier- oder Karmeliterbruderschaft, Barbara Poschin, 1783.
Titel/Druck/Text/Bild/Maße: wie Nr. 44. – Person: *Barbara Poschinn den 22ten July 1783.* – Anmerkung: zahlreiche kalendarische Notizen (um 1818) auf der Rückseite. – Signatur: ASP, Akt 568, Bb 8.

(47) Salzburg, Skapulier- oder Karmeliterbruderschaft, blanko, 1789.
Titel: *Unterrichts= [!] Andachts= und Ablaß= [!] Büchlein [!] der [!] löblichen Erzbruderschaft [!] des [!] Marianischen Scapuliers.* – Druck: Franz Xaver Oberer, Salzburg, 1789. – Text: Sittenlehre, Gebete. – Bild: Skapuliermadonna und Jesuskind mit Segensgeste, von floralen Ornamenten eingefasst, Holzschnitt, 5,3 x 5,3 cm. – Maße: 15,2 x 10,3 cm (geb.), 40 S. – Anmerkung: Am Schmutztitel ist ein gedruckter Einschreibevermerk eingeklebt (blanko), auf der Rückseite des Schmutztitels von unbekannter Hand: *Der Verfasser dieses neuen Büchgens ist, der hochw. Herr Matthäus Reiter, jenseitiger Stadtkapellan, und hat von Seite der Herren Dechante und Pfarrern auf dem Lande sich wegen mancher nicht wohl klingender Ausdrücke sich [sic] viele Kritiken zugezogen.* – Literatur: KLIEBER, Bruderschaften (wie Anm. 4) 311. – Signatur: ASP, Akt 568, Bb 11.

(48) Salzburg, Skapulier- oder Karmeliterbruderschaft, blanko, 1789.
Titel/Druck/Text/Bild: wie Nr. 47. – Maße: 15 x 10 cm (brosch.), 40 S. – Anmerkung: Stockflecken. – Literatur: KLIEBER, Bruderschaften (wie Anm. 4) 311. – Signatur: ASP, Akt 568, Bb 12.

(49) Salzburg, Skapulier- oder Karmeliterbruderschaft, blanko, o. J. [um 1800].
Titel: *Unterricht von der gnadenreichen Erzbruderschaft des heiligen [/] Karmeliter=Skapuliers, die zu Salzburg in der Erzbischöflichen Hauptstadt [/] in dem uralten Kloster zu St. Peter aufgerichtet, und wie man sich zu verhalten hat.* – Druck: Franz Xaver Oberer, Salzburg, o. J. [1785–1826]. – Text: 2-spaltig, Privilegien, Pflichten. – Darstellung: wie Nr. 44. – Maße: 30,5 x 19,8 cm. – Anmerkung: Dorsalvermerk (*Litt. A.*), Stockflecken. – Signatur: ASP, Akt 568, Bb 9.

(50) Salzburg, Skapulier- oder Karmeliterbruderschaft, blanko, o. J. [um 1800].
Titel/Druck/Text/Maße: wie Nr. 49. – Anmerkung: Dorsalvermerke (*Skapulierbruderschaftzettel, Litt. A.*). – Signatur: ASP, Akt 569, Bb 12.

(51) Salzburg, Skapulier- oder Karmeliterbruderschaft, blanko, o. J.
Titel: *Denkzeichen [/] für die Mitglieder [/] der löblichen Erzbruderschaft [/] des [/] Marianischen Scapuliers.* – Druck: Salzburg (?), o. J. – Text: Pflichten, Satzungen, Ablassbestimmungen, Gebete. – Bild: Skapuliermadonna und Jesuskind in ovalem, floral verziertem Rahmen, Holzschnitt, 5,1 x 5,1 cm. – Maße: 15,5 x 9,5 cm (geb.), [20 S.]. – Literatur: KLIEBER, Bruderschaften (wie Anm. 4) 311. – Signatur: ASP, Akt 568, Bb 13.

(52) Salzburg, Skapulier- oder Karmeliterbruderschaft, blanko, o. J.
Titel: wie Nr. 51. – Druck: Mayrische Buchdruckerei, Salzburg, o. J. [1802 –1818] – Text: Pflichten, Gebete, *Gute Lehren und Gebethe [/] für [/] Jünglinge und Jungfrauen [/] besonders [/] Dienstbothen. [/] Mit einer kurzgefaßten christlichen Sittenlehre.* – Bild: wie Nr. 51. – Maße: 16,3 x 9,9 cm (geb.), [20 S.]. – Literatur: KLIEBER, Bruderschaften (wie Anm. 4) 311. – Signatur: ASP, Akt 568, Bb 14.

(53) Salzburg, Skapulier- oder Karmeliterbruderschaft, Josepha Prötzner, 1828.
Titel: wie Nr. 51. – Druck: Franz Xaver Oberer, Salzburg, o. J. [1785–1826]. – Text: Pflichten, Gebet. – Bild: Skapuliermadonna und Jesuskind mit Segensgeste, von floralen Ornamenten eingefasst, Holzschnitt, 5 x 5 cm. – Maße: 15,8 x 9,4 cm, [4 S.]. – Person: *Josepha Prötzner. zu St. Peter in Salzburg; den 20. July 1828.* – Literatur: KLIEBER, Bruderschaften (wie Anm. 4) 311. – Signatur: ASP, Akt 568, Bb 3.

(54) Salzburg, Skapulier- oder Karmeliterbruderschaft, blanko, 1830.
Titel: wie Nr. 51. – Druck: Joseph Oberer, Salzburg, 1830. – Text: Pflichten, Gebet. – Bild: Variante zu Nr. 53. – Maße: 15,4 x 9,6 cm, [4 S.]. – Anmerkung: Rundstempel *Bibliothek St. Peter Salzburg.* – Literatur: KLIEBER, Bruderschaften (wie Anm. 4) 311. – Signatur: ASP, Akt 568, Bb 4.

(55) Salzburg, Skapulier- oder Karmeliterbruderschaft, blanko, 1847.
Titel: *Denkzettel [/] der lobwürdigen Erzbruderschaft des [/] heiligen Skapuliers [/] in dem Gotteshause des uralten Klosters St. Peter zu Salzburg.* – Druck: Joseph Oberers Witwe, Salzburg, 1847. – Text: 2-spaltig, Ziel, Gebet, Lebensregeln, Satzungen, Ablassbestimmungen. – Bild: Empfang des Skapuliers von Maria mit Kind, Lithographie von Carl

Czichna, 9,1 x 6,4 cm. – Maße: 39,4 x 29,9 cm, Rahmen. – Signatur: ASP, Akt 568, Bb 2 (Sonderstandort).

(56) Salzburg, Jungfrauenbund bei der Skapulier- oder Karmeliterbruderschaft, blanko, o. J.
Titel: *Bericht und Innhalt [/] des Jungfräulichen Bundes unter [/] dem Schutz der seligsten Jungfrau Mariä [/] vom Berg Carmelo in dem Gotteshaus [/] St. Peter in Salzburg.* – Druck: Salzburg (?), o. J. [1. H. 19. Jh.]. – Text: Vorrede, Pflichten, Meßübersicht, Eintrittsformel. – Maße: 15,3 x 9,8 cm, [4 S.]. – Anmerkung: mit Dublette, handschr. Vermerk (*Litt. D.*), beiliegend Formular für die Jahresübersicht der Messen, 12,5 x 7 cm, blanko. – Signatur: ASP, Akt 568, Bb 10.

(57) Salzburg, Jungfrauenbund bei der Skapulier- oder Karmeliterbruderschaft, blanko, o. J.
Titel/Druck/Text: wie Nr. 56. – Maße: 15,3 x 10 cm, [4 S.]. – Anmerkung: Vermerk *Litt. D.* – Signatur: ASP, Akt 569, Bb 13.

(58) Salzburg, Liebsvereinigung der St. Petrischen Bedienten, blanko, 1776.
Titel: *Geistliche Liebs=Vereinigung [/] Der Löbl. Kloster=Petrischen Bedienten, und anderer guten [/] Freunden ohne Ausnahm des Mindest: oder Schlechtesten [/] derselben.* – Druck: Franz Prodinger, Salzburg, 1776. – Text: 2-spaltig, Vorschriften. – Maße: 32 x 21,2 cm, Rahmen. – Anmerkung: mit Dublette, Dorsalvermerke (*Liebsbund, und Jungfern-Versammlung, Litt. C.*). – Literatur: Klieber, Bruderschaften (wie Anm. 4) 475. – Signatur: ASP, Akt 569, Bb 14.

(59) Salzburg, Liebsvereinigung der St. Petrischen Bedienten, Prior P. Alois Stubhahn OSB, 1822.
Titel: *Geistliche Liebs=Vereinigung [/] der Lobl. Kloster=Petrischen Bedienten und anderer guten Freunde [/] ohne Ausnahme des Mindesten oder Schlechtesten derselben.* – Druck: Mayrische Buchdruckerei, Salzburg, o. J. [1802 –1818]. – Text: 2-spaltig, Vorschriften. – Maße: 32,7 x 20,3 cm, Rahmen. – Person: *P. Aloys Stubhahn manu propria d.Z. Prior zu St. Peter, den 1ten Septemb. 1822.* – Literatur: Klieber, Bruderschaften (wie Anm. 4) 475. – Signatur: ASP, Akt 241, Bb 5.

(60) Salzburg, Liebsvereinigung der St. Petrischen Bedienten, blanko, 1804.
Titel: *Denkzeichen [/] der [/] Kloster St. Peter'schen Bedienten [/] Liebsvereinigung.* – Druck: Kaspar Zaunrith, Salzburg, 1804. – Text: Zitate aus Apostelg. 4,32 und Ps 132, rückseitig Platz für Aufnahmeeintrag. – Darstellung: Drei Herzen mit Maria-, Jesus-, Joseph-Monogrammen, umgeben von einem ovalen Wolkenkranz und drei Putti, Kupferstich, 5 x 7 cm. – Maße: 19,5 x 12 cm. – Anmerkung: wird auch als Titelblatt zu gebundenen Drucken verwendet; 8 blanko Ex. – Literatur: Klieber, Bruderschaften (wie Anm. 4) 475. – Signatur: ASP, Akt 569, Bb 10.

(61) Salzburg, Liebsvereinigung der St. Petrischen Bedienten, blanko, 1804/1834.
Titel: wie Nr. 60. – Druck Titelblatt: Kaspar Zaunrith, Salzburg, 1804 (Impressum überklebt). – Text Titelblatt: Zitate aus Apostelg. 4,32 und Ps 132, rückseitig Platz für

Aufnahmeeintrag. – Druck Haupttext: Joseph Oberer, Salzburg, 1834. – Text Haupt-
text: Zweck und Ursprung, Verfassung, Gebete, Grundsätze. – Darstellung: wie Nr. 60.
– Maße: 16 x 10,1 cm, [2], 31 S. (brosch.). – Anmerkung: Stockflecken. – Literatur:
KLIEBER, Bruderschaften (wie Anm. 4) 475. – Signatur: ASP, Akt 569, Bb 15.

(62) Salzburg, Liebsvereinigung der St. Petrischen Bedienten, Joseph Kienzl,
1804/1834/1860.
Titel/Druck/Text/Darstellung: wie Nr. 61. – Maße: 16,7 x 10,4 cm, [2], 31 S. (geb.).
– Person: *Joseph Kienzl, Ministranten an der Benediktiner* [sic] *Stiftskirche St. Peter; am
9ten März 1860.* – Literatur: KLIEBER, Bruderschaften (wie Anm. 4) 475. – Anmerkung:
Stockflecken. – Signatur: ASP, Akt 569, Bb 16.

(63) Salzburg, Liebsvereinigung der St. Petrischen Bedienten, M. Filomena
Fokesato OSB, 1804/1834/1884.
Titel/Druck/Text/Darstellung: wie Nr. 61. – Maße: 16,4 x 10,3 cm, [2], 31 S. (brosch.)
– Person: *Wohlehrw. M. Filomena Fokesato Chorfrau im Benediktiner Frauenstift Nonnberg
den 6. Jänner 1884.* – Anmerkung: Stockflecken. – Literatur: KLIEBER, Bruderschaften
(wie Anm. 4) 475. – Signatur: ASP, Akt 569, Bb 17.

(64) Salzburg, Liebsvereinigung der St. Petrischen Bedienten, blanko, 1804.
Titel: wie Nr. 60. – Druck Titelblatt: Kaspar Zaunrith, Salzburg, 1804. – Text Titelblatt:
Zitate aus Apostelg. 4,32 und Ps 132, rückseitig Platz für Aufnahmeeintrag (blanko). –
Druck Haupttext: Salzburg (?), o. J. – Text Haupttext: Zweck und Ursprung, Verfassung,
Gebete, Grundsätze. – Bild: wie Nr. 60. – Maße: 16 x 10,1 cm, [2], 28 S. (brosch.) – An-
merkung: Stockflecken. – Literatur: KLIEBER, Bruderschaften (wie Anm. 4) 475. – Signa-
tur: ASP, Akt 569, Bb 18.

(65) Salzburg, Liebsvereinigung der St. Petrischen Bedienten, Johann Westfahl, 1834/1870.
Titel: *Denkzeichen [/] der [/] Kloster St. Peter'schen Bedienten=[/] Liebsvereinigung.* – Druck:
Joseph Oberer, Salzburg, 1834. – Text: 2-spaltig, Zweck und Ursprung, Verfassung, Gebete. – Bild: wie Nr. 60. – Maße: 38,6 x 29,7 cm, Rahmen. – Person: *Johann Westfahl,
Schneidergesell in St. Peter* (Einschreibung 1. 11. 1870, gest. 5. 8. 1919), *Derselbe hat fleißig bezahlt.* – Literatur: KLIEBER, Bruderschaften (wie Anm. 4) 475. – Signatur: ASP, Akt
569, Bb 1 (Sonderstandort).

(66) Salzburg, Liebsvereinigung der St. Petrischen Bedienten, Gertraud
Hierl, 1834/1877.
Titel/Druck/Text/Bild/Maße: wie Nr. 65. – Person: *Jungf. Gertraud Hierl* (Einschreibung
2. 4. 1877, gest. 6. 4. 1931). – Anmerkung: Dorsalvermerk *Ich bitte diesen Zettel sogleich
[/] nach meinen [sic] Tode im Sankt [/] Peter Kloster abzugeben [/] Am Montag nach dem St.
Peter Stundgebete werden die 6 Hl Messen [/] für die lebenden Mitglieder gelesen zwischen 5 u
7 Uhr wenn keine [/] hl. Seelenmessen treffen sonst Dienstag.* – Literatur: KLIEBER, Bruderschaften (wie Anm. 4) 475. – Signatur: ASP, Akt 569, Bb 2 (Sonderstandort).

(67) Salzburg, Liebsvereinigung der St. Petrischen Bedienten, Ernestine Haretsberger, 1834/1877.

Titel/Druck/Text/Bild/Maße: wie Nr. 65. – Person: *Jungf. Ernestine Haretsberger* (Einschreibung 2. 4. 1877). – Anmerkung: Dorsalvermerk *Ich bitte diesen Zettel sogleich [/] nach meinen* [sic] *Tode im Sankt [/] Peter Kloster abzugeben* [dies. Handschrift wie Nr. 66]. – Literatur: Kᴌɪᴇʙᴇʀ, Bruderschaften (wie Anm. 4) 475. – Signatur: ASP, Akt 569, Bb 3 (Sonderstandort).

(68) Salzburg, Liebsvereinigung der St. Petrischen Bedienten, Maria Haidinger, 1834/1884.
Titel/Druck/Text/Bild: wie Nr. 65. – Maße: 39 x 29,7 cm, Rahmen. – Person: *Maria Haidinger* (Einschreibung 20. 2. 1884, gest. 5. 8. 1921), *Dieselbe hat fleißig und viel bezahlt.* – Literatur: Kᴌɪᴇʙᴇʀ, Bruderschaften (wie Anm. 4) 475. – Signatur: ASP, Akt 569, Bb 4 (Sonderstandort).

(69) Salzburg, Liebsvereinigung der St. Petrischen Bedienten, Martha Geißler, 1834/1894.
Titel/Druck/Text/Bild: wie Nr. 65. – Maße: 39 x 29,7 cm, Rahmen. – Person: *Martha Geißler, gewesene Mairin* (Einschreibung 21. 6. 1894). – Literatur: Kᴌɪᴇʙᴇʀ, Bruderschaften (wie Anm. 4) 475. – Signatur: ASP, Akt 569, Bb 5 (Sonderstandort).

(70) Salzburg, Liebsvereinigung der St. Petrischen Bedienten, Ehrentraud Hierl, 1834/1901.
Titel/Druck/Text/Bild: wie Nr. 65. – Maße: 39 x 29,7 cm, Rahmen. – Person: *Hierl Ehrentraud* (Einschreibung 28. 10. 1901 durch Prior P. Pius Greinz OSB, gest. 6. 4. 1921), *Dieselbe hat nur 1 mal 1 K[rone] bezahlt.* – Literatur: Kᴌɪᴇʙᴇʀ, Bruderschaften (wie Anm. 4) 475. – Signatur: ASP, Akt 569, Bb 6 (Sonderstandort).

(71) Salzburg, Liebsvereinigung der St. Petrischen Bedienten, blanko, o. J.
Titel: *Denkzeichen [/] des [/] Kloster St. Peter'schen [/] Liebesbundes.* – Druck: Joseph Oellacher, Salzburg, o. J. [1883–1887] – Text: Zweck und Ursprung, Verfassung, Gebete. – Maße: 12,5 x 8 cm, [4 S.]. – Anmerkung: 8 blanko Ex. – Signatur: ASP, Akt 569, Bb 11.

(72) Salzburg, Trinitarierbruderschaft, Abt Placidus Mayrhauser OSB, o. J.
Titel: *Anmerck= und Satzungen [/] Der Todten=Verbündnuß in der Allerheiligsten Dreyfaltigkeit=Bruderschafft [/] zu Salzburg.* – Druck: Salzburg (?), o. J. – Text: Blocksatz, Satzungen, Pflichten, Gebet. – Bild: Zierleisten, E- und O-Initiale, Schlussvignette (Putto). – Maße: 30,4 x 20,4 cm (gefaltet). – Person: *Placidus Abbas S Petri Salisburgi* – Anmerkung: Stockflecken. – Signatur: ASP, Akt 13, Bb 4a.

(73) Salzburg, Trinitarierbruderschaft, Abt Placidus Mayrhauser OSB, o. J.
Titel/Druck/Text/Bild/Maße: wie Nr. 72. – Person: *Placidus Abbt zu St Peter in Salzburg.* – Anmerkung: Stockflecken, stark zerknittert. – Signatur: ASP, Akt 13, Bb 4b.

(74) Salzburg, Trinitarierbruderschaft, blanko, o. J.
Titel: *Kurzer Innhalt [/] Von dem Ursprung, Ablässen und geistlichen Gnaden des Ordens, und englischen Erzbruderschaft der [/] allerheiligsten Dreyfaltigkeit von Erlösung gefangener Christen mit dem heil. dreyfärbigen Schulterkleid.* – Druck: Salzburg (?), [vor 1782]. – Text: 3-spaltig, Geschichte, Ablassbestimmungen, Pflichten. – Bild: Trinität mit den Heiligen

S. Ioannes de Matha, S. Felix de Valois [/] Fundatores Ord. SSS: Trinitatis Redempt: Capt:, ein Engel hält schützend seine Hände über zwei Gefangene, Kupferstich, 12 x 7,5 cm. – Maße: 47,5 x 34,4 cm. – Anmerkung: Stockflecken. – Signatur: ASP, Akt 569, Bb 7 (Sonderstandort).

(75) Salzburg, Trinitarierbruderschaft, Catharina Haslauerin, 1782.
Titel/Druck/Text/Bild: wie Nr. 74. – Maße: 47,5 x 35,9 cm. – Person: *Catharina Haslauerin, den 25: Novemb: 1782:.* – Anmerkung: Stockflecken, Dorsalvermerk *Lit. B.*– Signatur: ASP, Akt 569, Bb 8 (Sonderstandort).

(76) Salzburg, Trinitarierbruderschaft, Anna Maria Dumbergerin, 1782.
Titel/Druck/Text/Bild: wie Nr. 74. – Maße: 47,5 x 35,9 cm. – Person: *Anna Maria Dumbergerin. [/] den 25. Merzen. 1785:.* – Anmerkung: Stockflecken, Dorsalvermerk *Lit. B.* – Signatur: ASP, Akt 569, Bb 9 (Sonderstandort).

(77) Salzburg, Trinitarierbruderschaft, P. Alois Stubhahn OSB, 15. 4. 1802.
Titel/Druck/Text/Bild: wie Nr. 74. – Maße: 47,3 x 36 cm. – Person: *der hochwürdige Herr P. Aloys Stubhahn zu S. Peter in Salzburg Profeß, den 15ten April 1802.* – Anmerkung: Beschädigung in der Blattmitte. – Signatur: ASP, Akt 241, Bb 3.

(78) Salzburg, Trinitarierbruderschaft, blanko, 1835.
Titel: *Uebung vollkommener Reue und Leid vor der General=Absolution, welche den einverleibten Mitgliedern der löbl. Erzbruderschaft des weißen Skapuliers unter dem Titel: der hochheiligsten Dreyfaltigkeit von Erlösung der gefangenen Christen siebenmahl das Jahr hindurch ertheilt werden.* – Druck: Joseph Oberer, Salzburg, 1835. – Text: Ablassbestimmungen, Gebet. – Umfang: 16,5 x 9,8 cm, [4 S.]. – Anmerkung: 2 Ex. – Literatur: KLIEBER, Bruderschaften (wie Anm. 4) 335. – Anmerkung: Flecken, gebräuntes Papier. – Signatur: ASP, Akt 570, Bb 2.

(79) Salzburg/Rom, Bruderschaft der Leibeigenen Jesu Christi (?), P. Franz Mezger OSB, 1672.
Titel: *Die Heerde deß guten Hirtens/ [/]Vnd [/] Die Geistliche Dienstbarkeit vnd Leib=Eigenschafft [/] IESU CHRISTI, [/] In dem allerheiligsten Sacrament deß Altars / der vnbefleckten Jungfräulichen Mutter [/] GOttes MARIAE, vnd deß Heil. gerechten Patriarchen JOSEPHI.* – Druck: Johann Baptist Mayr, Salzburg, 1672; Angelo Barnabo, Rom. – Text: 2-spaltig, Pflichten, Regeln. – Bild: Zierinitialen. – Maße: 39 x 29 cm. – Person: *Pr: Franciscus Mözger* [1657–1701]. – Anmerkung: gefaltet und in Hs. eingebunden. – Signatur: ASP, Hs. A 614, 5.

(80) Salzburg-Gnigl, Maria und Michael Bruderschaft, blanko, o. J.
Titel: *Im Namen der allerheiligsten Dreyfaltigkeit [/] wird hiemit den Mitgliedern der lobwürdigen, unter dem Titel und Schutze der allerseligsten Jungfrau und Mutter Gottes Maria, und des heil. Erzengels Michael im Pfarrgotteshause in der Gnigl, mit gnädigster oberhirtlicher Genehmigung am [/] 15. August 1748 feyerlich eingeführten Bruderschaft zur öftern Beherzigung dieser Bruderschafts=Denkzettel übergeben.* – Druck: Salzburg, o. J. [nach 1800]. – Text: 3-spaltig, Ziel, Satzungen, Feste, Ablassbestimmungen, Gebet. – Bild: Stich des Hochaltarbildes in der Gnigler Kirche von Jakob Zanusi, *Jacob Zanusi pinx: Franc: Schaur*

Sc: Salisburg:, Kupferstich, 16 x 10,5 cm. – Maße: 45 x 36 cm. – Anmerkung: aus dem Nachlass von P. Gregor Reitlechner OSB. – Signatur: BSP, GS 46, Blatt 9.

(81) Salzburg-Mülln, Maria von Trost und Monika-Bruderschaft, Fr. Placidus Mayrhauser OSB, 1682/1691.
Titel: *Kurtzer Begriff / [/] Grosser Gnaden / Ablassen vnd Privilegien der von vnterschiedlichen Päbsten häuffig bereichten uhralten Ertz=Bruderschaft Mariae von Trost / vnd der Heiligen Mutter Monicae / welche Gnaden / Ablassen vnd Privilegien von Clemente X. vnd der H. Congregation de Indulg: & Reliq: Anno 1657 auff ein neues bestättiget / vnd vermehret worden.* – Druck: Johann Baptist Mayr, Salzburg, 1682. – Text: 3-spaltig, Geschichte, Ablassbestimmungen, Pflichten, Leistungen. – Bild: Skapuliermadonna mit Jesuskind bei der Austeilung der Bruderschaftsgürtel an den hl. Augustinus und die hl. Monika, Stecher *P. Kilian* nach Vorlage von Justus van den *Nypo[o]rt*, Kupferstich, 11,2 x 7,2 cm. – Maße: 43 x 33 cm, Rahmen. – Person: *Rdus ac Religiosus Fr: Placidus Mayrhauser Ord. P. Benedicti ad S. Petrum professus* (3. 5. 1691). – Anmerkung: mit Siegel, Stockflecken und Risse. – Signatur: ASP, Akt 13, Bb 14a (Sonderstandort).

(82) Salzburg-Mülln, Maria von Trost und Monika-Bruderschaft, P. Placidus Mayrhauser OSB, 1691.
Titel/Text: wie Nr. 81. – Bild: unsignierte Variante zur Nr. 81, Kupferstich, 11 x 7,2 cm. – Maße: 41,7 x 31,4 cm, Rahmen. – Person: *R.P. Placidus Mayrhauser Ord. S. Benedicti ad S. Petrum* (4. 5. 1691). – Anmerkung: mit Siegel und Unterschrift des Präses, Stockflecken und Fehlstelle am unteren Blattrand. – Signatur: ASP, Akt 13, Bb 14b (Sonderstandort).

(83) Salzburg-Mülln, Maria Trost und Monika Bruderschaft, Elisabeth Köchin, 1795/1840.
Titel: *Kurzer Begriff [/] großer Gnaden, Ablässen, und Privilegien der von unterschiedlichen Päpsten häufig bereichten uralten Erzbruderschaft [/] Mariä vom Trost, und der heiligen Mutter Monica, welche Gnaden, Ablässen, und Privilegien von CLEMENTE X. [/] und der heiligen Congregation de Indulg. & Reliq. Anno 1675. auf ein neues bestättiget, und vermehret worden.* – Druck: Johann Bapt. Rösl, Augsburg, 1795. – Text: 3-spaltig, Geschichte, Ablassbestimmungen, Pflichten. – Bild: Skapuliermadonna mit Jesuskind, gerahmt mit Titelkartusche *CONSOLATRIX [/] AFFLICTORUM* und Unterschrift *Heilige Maria du Trost der Betrübten [/] bitte vor uns.*, *Ios. Erasm. Belling Cath. Sc. et exc. A.V.*, Kupferstich, 9,5 x 6,7 cm. – Maße: 42,7 x 31,2 cm. – Person: *Elisabeth Köchin v. Lermos* (1840). – Anmerkung: Namenseintrag ursprünglich überklebt, gesiegelt. – Signatur: BSP, GS 46, Blatt 7.

(84) Salzburg-Mülln, Maria Trost und Monika Bruderschaft, personalisiert, 1797.
Titel: *Der beßte Trost [/] im Leben und Tod, [/] für die Mitglieder der löbl. Erzbruderschaft [/] Mariä vom Trost.* – Druck: Salzburg (?), o. J. [vor 1797]. – Text: Regeln, Gebet, Sittenlehre. – Bild: Gnadenbild-Vignette, Holzschnitt, 4,1 x 4,2 cm. – Maße: 16,5 x 9,5 cm, [20 S.]. – Person: *Johannes ...* (Name und Herkunftsbezeichnung unleserlich, 5. 11. 1797). – Anmerkung: Tintenfraß, Stockflecken, Risse. – Signatur: BSP, 31.229.

(85) Salzburg-Mülln, Maria Trost und Monika Bruderschaft, Maria Möller, 1863/1873.
Titel: *Kurzer Begriff großer Gnaden, Ablässe und Privilegien der von unterschiedlichen Päpsten häufig bereicherten uralten [/] Erzbruderschaft Maria vom Trost und der heiligen Mutter Monika, [/] welche Gnaden, Ablässe und Privilegien von Clemente X. und der heiligen Congregation de Indulg. Et Reliq. [/] Anno 1675 auf ein neues bestätiget, und vermehret worden.* – Druck: Oberer (Endl & Penker), Salzburg, 1863. – Text: 3-spaltig, Geschichte, Ablassbestimmungen, Pflichten. – Bild: Skapuliermadonna mit Armen Seelen im Fegefeuer, 10 x 6,9 cm. – Maße: 48 x 38,2 cm. – Person: *29. August 1873 Maria Möller v. St. Ulrich.* – Anmerkung: aus dem Nachlass von P. Gregor Reitlechner OSB, Stockflecken, Dorsalvermerk *An Hern Bünwünkler Thalgau Gutsbesitzer zu Keische letzte Post.* – Signatur: BSP, GS 46, Blatt 6.

(86) St. Wolfgang, Wolfgangsbruderschaft, Abt Placidus Mayrhauser OSB, 20. 7. 1721.
Titel: *Kurtzer Bericht [/] Für die Jenige / welche der Löbl. Bru= [/] derschaft unter dem Titul / und Anruffung deß [/] Wunderthätigen heiligen Bischoffs und Beichtigers [/] Wolffgangi / bey dessen uralten Gotts=Hauß / und Gnaden= [/] reichen Capellen im Aberseeischen Gebürg einverleibt seynd / ins [/] gesambt / und besonders / doch unter einer Sünd nicht ver= [/] bunden / Lebens=Zeit von GOtt zu erbitten haben [/] zu folgenden [/] Zihl und End.* – Druck: unbekannt. – Text: 3-spaltig, Ziel, Satzungen, Ablassbestimmungen. – Bild: Hl. Wolfgang in der Glorie über dem Wolfgangsee bei Sturm, flankiert von vier Putti mit Emblemen (Spruchbänder: *Rott auß Ketzerey, Gib fridsammes Gmüeth, Im Todt steh unß bey, Vor Schauer behüeth*), darunter sieben kniende Bruderschaftsmitglieder verschiedener Stände, Kupferstich, Johann Andreas Pfeffel in Augsburg, 14,8 x 10,1 cm. – Maße: 21 x 31,7 cm, Rahmen. – Person: *Placidus Abbas S Petri Salisburgi manu propria.* – Anmerkung: Stockflecken. – Signatur: ASP, Akt 13, Bb 18.

(87) St. Wolfgang, Wolfgangsbruderschaft, P. Johann Baptist Stainhauser, 17. 11. 1723.
Titel/Druck/Text/Bild/Maße: wie Nr. 86. – Person: *P. Joan. Baptista Stainhauser prof. ad S. Petrum Salisburgi.* – Anmerkung: Stockflecken. – Signatur: ASP, Akt 237, Bb 2.

(88) Straßwalchen, Hl. Kreuz Bruderschaft, Maria Döblin, 1779.
Titel: *Regeln und Satzungen [/] der alten Bruderschaft zu [/] Straßwalchen. [/] Welche erstlich [/] vor mehr dann 300 Jahren [/] allda aufgericht, Anno 1491 mit [/] neuen Statuten versehen: [/] Anjezo aber [...] Unter dem Titel: [/] Der alten heil. Kreuzbruderschaft [/] Anno 1732 bestättiget; [...].* – Druck: Franz Prodinger, Salzburg, 1779. – Text: Blocksatz. – Maße: 16 x 10,5 cm, [4 S.]. – Person: *Maria Döblin* – Anmerkung: aus dem Nachlass von P. Pirmin Lindner OSB. – Literatur: KLIEBER, Bruderschaften (wie Anm. 4) 558. – Signatur: BSP, 23.391.

(89) Werfen, Rosenkranzbruderschaft, N.N. Hirscher, 1742.
Titel: *In dem Nahmen der Allerheiligisten Dreyfaltigkeit / ... [/] Jungfrau MARIA der Mutter GOTTES / ... .* – Druck: Salzburg (?), vor 1742. – Text: Blocksatz. – Bild: W-Initiale. – Maße: 21,2 x 31,8 cm. – Person: *... Hürscher Baur zu Einberg diß G[eric]hts.* – Anmerkung: Stockflecken, Teile des Bruderschaftsbriefs und das Siegel fehlen. – Signatur: ASP, Akt 570, Bb 2.

(90) Wessobrunn, Bruderschaft der Unbefleckten Empfängnis Mariae, blanko, o. J.
Titel: *Sancta MARIA Mater Dei et Virgo.* – Druck: unbekannt. – Text: Blocksatz, Gelöbnis. – Bild: Gelöbnisformel im Rahmen umgeben von allegorischen Figuren, darüber das Wessobrunner Gnadenbild mit Spruchband (*Formula votiva Marianae Wessofontanae Militiae*) sowie an den oberen Ecken Embleme mit Spruchbändern (*Fac ut ardeat* und *haec Requies mea*), Kupferstich, 18,1 x 27,7 cm. – Maße: 25,2 x 41,2 cm. – Anmerkung: Stockflecken. – Signatur: ASP, Akt 13, Bb 11a (Sonderstandort).

(91) Wessobrunn, Bruderschaft der Unbefleckten Empfängnis Mariae, Abt Placidus Mayrhauser OSB, o. J.
Titel/Druck/Text/Bild/Maße: wie Nr. 90. – Person: *Placidus Abbas S Petri Salisburgi.* – Anmerkung: Stockflecken, mit Siegel. – Signatur: ASP, Akt 13, Bb 11b (Sonderstandort).

(92) Wessobrunn, Bruderschaft der Unbefleckten Empfängnis Mariae in Wessobrunn, Abt Placidus Mayrhauser, 1723.
Titel: *Kurtzer Bericht und Innhalt der Hochlöblichen Bruderschafft / [/] Unter der Anruffung Unbefleckter Empfängnus der allzeit gebenedeytisten Jungfrauen und [/] Mutter Gottes MARIAE. [/] Welche Ihro Päbstliche Heiligkeit CLEMENS der Eilfte auß besonderen Gnaden dem Hoch=Löblichen Exempten Stüfft und Closter Wessobrunn deß Ordens deß heiligen Benedicti in Ober=Land Bayrn unmittelbar und frey für alle Christglaubig beyderley Geschlechts den 25. October 1710. verlyhen/ [/] und von Ihro Hoch=Fürstlichen Durchleucht ALEXANDRO SIGISMUNDO, Bischoffen zu Augspurg / approbirt / dan mit gewöhnlicher Solennität [/] den 17. May/ Anno 1711, in dem Closter Wessobrunn aufgericht und eingesetzt ist worden.* – Druck: Johann Michael Labhart, Augsburg, 1723. – Text: 2-spaltig, Ziel, Satzungen, Ablassbestimmungen. – Bild: Wessobrunner Madonna im Strahlenkranz mit Putti, darunter eine Ansicht des Klosters Wessobrunn mit Umschrift *Trost Reiches Gnaden Bildt der Mutter-Gottes Mariae zu Wessobrunn*, Kupferstich, 18 x 12,3 cm. – Maße: 40,5 x 23,7 cm, Rahmen. – Person: *Placidus Abbas S Petri Salisburgi* (6. 4. 1723). – Signatur: ASP, Akt 13, Bb 17.

(93) Wessobrunn, Bruderschaft der Unbefleckten Empfängnis Mariae in Wessobrunn, P. Johann Baptist Stainhauser, 1723.
Titel/Druck/Text/Bild/Maße: wie Nr. 92. – Person: *P. Joannes Baptista Stainhauser prof. ad S. Petrum Salisburgi susceptus 29. Juny 1723.* – Signatur: ASP, Akt 237, Bb 1.

(94) Wolfpassing, Jesus, Maria und Joseph Bruderschaft, blanko, nach 1699.
Titel: *Ablaß und gute Werck / [/] Einer hochlöblichen andächtigen Bruderschafft deß heiligen Wandels [/] JESU, MARIAE, [/] Und [/] JOSEPH, [/] Welche in dem Uhralten GOtts=Hauß des Heiligen Nicolai / in der Kayserl. Pfarr [/] zu Wolffpassing mit Päbstlichen Indulgenzen, und Gutheisen der Geistlichen Obrigkeit durch [/] den Wohl=Ehrwürdigen Geistlichen Herrn Matthiam Wenceslaum Klampffel / Prothonotarium Apostolicum, und [/] dazumal regierenden Pfarr=Herrn und Seel=Sorgern / ist auffgerichtet worden am 1. Sonntag nach der H. Drey König / [/] den 11. Januarij, Anno 1682.* – Druck: Susanna Christina Cosmerovin, Wien, 1699. – Text: 2-spaltig, Ziel, Ablassbestimmung, Aufgaben. – Bild: Heiliger Wandel in Kartusche mit Unterschrift *IESVS.MARIA.IOSEPH.*, Kupferstich, 11,2 x 7,3 cm. – Maße: 43,4 x 32,4 cm. – Anmerkung: für P. Franz Mezger OSB (?); gefaltet und in Hs. eingebunden; zahlreiche Flecken und ältere Klebespuren. – Signatur: ASP, Hs. A 614, 6.

Spätmittelalterliche und frühneuzeitliche Bruderschaften und ihr Totendienst

Elisabeth Lobenwein

In seiner monumentalen Studie zur „Geschichte des Todes"[1] legte der französische Historiker Philippe Ariès (1914–1984) eine umfassende „Historiographie der menschlichen *Beziehungen zum Tod*"[2] vor und zeigte verschiedene Tendenzen und Entwicklungen im Umgang mit dem Tod auf. So sei im Mittelalter bis in die Frühe Neuzeit hinein das Idealbild des „guten Todes" vorherrschend gewesen, bestehend aus der gemeinschaftlichen, wohl vorbereiteten Sterbebegleitung durch Familie und Freunde sowie der „sozioreligiös unumgänglichen Beichte und Absolution durch den Priester"[3]. In seinem Werk widmet sich Ariès auch den Bruderschaften[4], die er als „Gesellschaften, die auf dem freiwilligen Zusammenschluß von Laien beruhen", denen eine „wachsende Bedeutung für alle Aspekte des Umgangs mit dem Tode"[5] zukam, definiert. Bruderschaften hätten sich vorrangig den Werken der Barmherzigkeit – basierend auf der Gleichnisrede vom Jüngsten Gericht im 25. Kapitel des Matthäus-Evangeliums (Mt 25, 34–46) – gewidmet. Die eigentlich sechs Werke der Barmherzigkeit – Hungrige speisen, Durstige erquicken, Frierende kleiden, Fremde beherbergen, Kranke und Gefangene besuchen – seien

---

[1] Philippe Ariès, Geschichte des Todes (Hanser Anthropologie, München–Wien 1980).

[2] Thomas Macho, Tod, in: Vom Menschen. Handbuch Historische Anthropologie, hg. von Christoph Wulf (Weinheim–Basel 1997) 939–954, hier 939. „Tatsächlich darf ein kulturelles Verhältnis zum Tod […] nicht als ‚anthropologische Konstante' definiert werden. […] Daß Menschen ein kollektiv reguliertes Verhältnis zum bevorstehenden Tod unterhalten, ist in historischer Perspektive keineswegs selbstverständlich."

[3] Martina Kessel, Sterben/Tod, Neuzeit, in: Europäische Mentalitätsgeschichte, hg. von Peter Dinzelbacher (Kröners Taschenausgabe 469, Stuttgart 1993) 260–274, hier 261. Vgl. zum Umgang mit dem Tod im Mittelalter ferner Peter Dinzelbacher, Sterben/Tod, Mittelalter, in: ebd. 244–260.

[4] Die Charakteristika spätmittelalterlicher und frühneuzeitlicher Bruderschaften und der von ihnen angebotenen multifunktionalen Dienstleistungen wurden bereits in unzähligen Studien, auf die hier nicht näher eingegangen werden kann, herausgearbeitet. Nähere Informationen dazu sind der Einleitung sowie den Beiträgen von Rupert Klieber und Martin Scheutz des vorliegenden Bandes zu entnehmen. Auf folgende Publikationen sei dennoch verwiesen: Mittelalterliche Bruderschaften in europäischen Städten. Funktionen, Formen, Akteure, hg. von Monika Escher-Apsner (Inklusion/Exklusion. Studien zu Fremdheit und Armut von der Antike bis zur Gegenwart 12, Frankfurt/Main 2009); Early Modern Confraternities in Europe and the America. International and Interdisciplinary Perspectives, hg. von Christopher Black–Pamela Gravestock (Aldershot 2006); Alfred Haverkamp, Bruderschaften und Gemeinden im 12. und 13. Jahrhundert, in: Ordnungskonfigurationen im hohen Mittelalter, hg. von Bernd Schneidmüller–Stefan Weinfurter (Vorträge und Forschungen 64, Stuttgart 2006) 153–192, hier 163–164; Bernhard Schneider, Bruderschaften im Trierer Land. Ihre Geschichte und ihr Gottesdienst zwischen Tridentinum und Säkularisation (Trierer theologische Studien 48, Trier 1989) 75–89.

[5] Ariès, Geschichte (wie Anm. 1) 236.

von mittelalterlichen Autoren um das siebte Werk „Tote begraben" erweitert worden[6]. In der Ikonografie sei das Motiv „mortuus sepelitur" ab dem 15. Jahrhundert alltäglich geworden, „und zwar deshalb, weil die Fürsorge für die Toten von allen Werken der Barmherzigkeit das vorrangige für die Bruderschaften"[7] geworden sei. Schließlich schildert Ariès die Bedeutung der Bruderschaften im Umfeld des Totendienstes: „Die Bruderschaft steht für drei Bedürfnisse ein. Zum ersten für das nach Garantien fürs Jenseits: Die Verstorbenen dürfen der Gebete ihrer Mitbrüder sicher sein […]. Die Bruderschaft sorgt sich künftig um die Gottesdienste und Gebete, die Kirchenvorsteher und Klöster zu vernachlässigen oder zu vergessen beargwöhnt werden. Das zweite Bedürfnis ist das des Beistands für die Armen, die ihre Mittellosigkeit aller Möglichkeiten beraubt, sich geistliche Fürsprecher gewogen zu machen. […] Das dritte Bedürfnis schließlich, dem die Bruderschaften ihre Daseinsberechtigung verdankte, war das Bedürfnis nach Ausrichtung der Leichenbegängnisse der Pfarre"[8].

1. Forschungslage – Fragestellung

Dass der Totendienst ein wesentliches Strukturmerkmal aller, meist sowohl Männern als auch Frauen offenstehenden, bruderschaftlichen Zusammenschlüsse war, egal wie facettenreich und denkbar vielfältig auch ihre weiteren Funktionen gewesen sein mögen, darüber sind sich Forscherinnen und Forscher einig. Mitunter wird der Totendienst sogar als zentral für die Entstehung der Bruderschaften angesehen[9]; verstärkt wird dieser Eindruck durch die Tatsache, dass einzelne Bruderschaften keine anderen erkennbaren Agenden aufwiesen außer der Fürsorge für das Seelenheil Verstorbener. In einer umfassenden Untersuchung der Laienbruderschaften des spätmittelalterlichen italienischen Dorfes San Sepolcro konnte nachgewiesen werden, dass alleinig die Unterstützung und Begleitung bei der Beerdigung und die gemeinschaftliche Memoria die weite Verbreitung der Bruderschaften und deren ersten großen Aufschwung im 15. Jahrhundert erklären

---

[6] Die Reihenfolge und Zählweise der Barmherzigkeitswerke (von sechs bis neun) schwankte zu allen Zeiten. Bereits seit dem 12. und 13. Jahrhundert verarbeiteten Künstler diesen Themenkomplex in ihren Arbeiten. Vgl. dazu besonders Ralf van Bühren, Die Werke der Barmherzigkeit in der Kunst des 12.–18. Jahrhunderts. Zum Wandel eines Bildmotivs vor dem Hintergrund neuzeitlicher Rhetorikrezeption (Studien zur Kunstgeschichte 115, Hildesheim–Zürich–New York 1998).

[7] Ariès, Geschichte (wie Anm. 1) 238.

[8] Ebd. 238f.

[9] „The services which confraternities provided for members during their lives were, however, only part of their appeal; their acitivities in relation to death were also of considerable importance. This subject is central to the origins of the concept of confraternity." John Henderson, Religious Confraternities and Death in Early Renaissance Florence, in: Florence and Italy. Renaissance Studies in Honour of Nicolai Rubinstein, hg. von Peter Denley–Caroline Elam (Westfield Publications in Medieval Studies 2, London 1988) 383–394, hier 384. Auch Rupert Klieber fiel in seiner umfassenden Studie zum nachtridentinischen Bruderschaftswesen Salzburgs ein Aspekt besonders ins Auge, nämlich „ihre Trägerschaft von totendienstlichen Handlungen", weshalb er „alle mittelalterlichen und neuzeitlichen ‚Organisationen' (= freiwillige, zielgerichtete Zusammenschlüsse) mit eindeutig totenkultischem Schwer[k]punkt" als Fraternitäten bezeichnet. Rupert Klieber, Bruderschaften und Liebesbünde nach Trient. Ihr Totendienst, Zuspruch und Stellenwert im kirchlichen und gesellschaftlichen Leben am Beispiel Salzburg 1600–1950 (Frankfurt/Main u. a. 1999) 26–28. Vgl. auch Joseph Duhr, La confrérie dans la vie de l'église. Revue d'Histoire ecclesiastique 35 (1939) 439–478, hier 443f.; Ludwig Remling, Bruderschaften in Franken. Kirchen- und sozialgeschichtliche Untersuchungen zum spätmittelalterlichen und frühneuzeitlichen Bruderschaftswesen (Quellen und Forschungen zur Geschichte des Bistums und Hochstifts Würzburg 35, Würzburg 1986) 104.

könne[10]. Ferner erscheint eine direkte kausale Verbindung zwischen den besonders vom 13. bis zum 15. Jahrhundert europaweit verbreiteten Epidemien, dem damit verbundenen Bevölkerungsschwund besonders in den Städten und dem Aufkommen religiöser-karitativer Zusammenschlüsse wie den Bruderschaften durchaus als einleuchtend. Beispielsweise konnte eine Studie der spätmittelalterlichen Londoner Bruderschaften zeigen, dass die Zunahme der bruderschaftlichen Vereinigungen nach den Pestepidemien parallel einherging mit dem wachsenden Wunsch nach Memoria und dem menschlichen Urbedürfnis eines ehrbaren „Ablebens" – im christlichen Kontext wurde dies gleichgesetzt mit einem ordentlichen („decent") Begräbnis[11]. Ähnliche Ergebnisse liegen für Avignon in Frankreich vor: Das rapide Ansteigen von bruderschaftsähnlichen Verbindungen sei besonders im 15. Jahrhundert mit der Krise der Gemeinden und Familien, ausgelöst durch die Urbanisierung und die demographischen Veränderungen durch die Pest, einhergegangen. Die schwindende familiäre Solidarität – diese war vor allem beim Trauerzug und den Messen der Verstorbenen sichtbar – sei durch eine „künstliche" Solidarität zwischen Männern und Frauen ersetzt worden[12]. Auch für Florenz ist der gleiche Trend erkennbar: Von den 156 Bruderschaften, die zwischen 1250 und 1500 aktiv waren, wurden 17 bis 1300, 51 im 14. Jahrhundert und 87 im 15. Jahrhundert gegründet. Im Vergleich dazu sank die Bevölkerung der Stadt von 100.000 auf weniger als 40.000 nach der Pestepidemie Anfang des 15. Jahrhunderts[13].

Zu Recht sollte eine gewisse Vorsicht geboten sein, die eklatante Zunahme der Bruderschaften gerade im 15. Jahrhundert allein auf das Auftreten der Pest zurückführen zu wollen. Nichtsdestotrotz scheint aber die Annahme berechtigt, dass die Epidemien gewiss einen nicht unerheblichen Einfluss auf die Einstellungen zum und den Umgang mit dem Tod und den damit verbundenen Ritualen gehabt haben. Des Weiteren darf nicht außer Acht gelassen werden, dass Konzepte wie das in der zweiten Hälfte des 12. Jahrhunderts als Reinigungsort konzipierte Fegefeuer[14], „um die Idee vom Zwischenzustand, von der Passage, in den Rang einer eschatologisch relevanten Spekulation zu erheben"[15], immer stärker auch von den unteren Bevölkerungsschichten rezipiert wurden. Durch eine Reihe von Gnadenmitteln wie gute Werke – dazu zählten neben den Werken der Barmherzigkeit testamentarisch festgelegte Vermächtnisse für Kirchen, soziale Einrichtungen oder Bruderschaften sowie Messstiftungen etc. –, Buße, Ablässe oder Sühneverpflichtungen konnte der Aufenthalt in diesem Zwischenstadium zwischen Himmel und Hölle verkürzt,

---

[10] James R. BANKER, Death in the Community. Memorialization and Confraternities in an Italian Commune in the Late Middle Ages (Athen–London 1988) 174.

[11] C. M. BARRON, The Parish Fraternities of Medieval London, in: The Church in Pre-Reformation Society. Essays in Honour of F. R. H. Du Boulay, hg. von DEMS.–C. HARPER-BILL (Woodbridge 1985) 13–37, hier 18–32.

[12] Jacques CHIFFOLEAU, La comptabilité de l'au-delà. Les hommes, la mort et la religion dans la région d'Avignon à la fin du moyen age (Rom 1980) 281–287; DERS., Les confréries, la mort et la religion en Comtat Venaissin à la fin du Moyen Âge. *Mélanges de l'Ecole française de Rome. Moyen-Age, Temps modernes* 91/2 (1979) 785–825, hier 810f.

[13] HENDERSON, Confraternities (wie Anm. 9) 384; ausführlicher DERS., Piety and Charity in Late Medieval Florence (Oxford 1994).

[14] Dazu Jacques LE GOFF, Die Geburt des Fegefeuers. Vom Wandel des Weltbildes im Mittelalter (München ²1991); Andreas MERKT, Das Fegefeuer. Entstehung und Funktion einer Idee (Darmstadt 2005); Peter JEZLER, Jenseitsmodelle und Jenseitsvorsorge – Eine Einführung, in: Himmel – Hölle – Fegefeuer. Das Jenseits im Mittelalter, hg. von DEMS. (Zürich 1994) 13–26.

[15] MACHO, Tod (wie Anm. 2) 947.

ja die drohenden Qualen gänzlich vermieden werden. Schließlich wurde die Lehre vom Fegefeuer in der letzten Sitzung des Trienter Konzils am 3. Dezember 1563 dogmatisch bestätigt[16]. Sie fungierte nach der „Krisenzeit" des 16. Jahrhunderts „neben der Marien- und der Heiligenverehrung, dem Ablass und der Beichte sowie den Wallfahrten und Bruderschaften als wichtiges konfessionelles Unterscheidungsmerkmal"[17] und prägte die katholische Frömmigkeitskultur von der Barockzeit bis ins 21. Jahrhundert – trotz aller vorgebrachten Kritik während der Aufklärungszeit[18]. Die Leistungsangebote für ihre lebenden und verstorbenen Mitglieder, besonders ihre Grundausstattung mit Ablässen und ihre korporativen und prächtigen Auftritte sorgten dafür, dass die Bruderschaften auch im nachtridentinischen Zeitalter im Zuge der katholischen Reform bzw. der „Gegenreformation" bis in die zweite Hälfte des 18. Jahrhunderts einen starken Aufschwung erfuhren bzw. auch bewusst gegen die Reformation eingesetzt wurden[19].

Mit welchen konkreten Dienstleistungen konnten nun die Mitglieder einer Bruderschaft rechnen, wenn sich ihr irdisches Leben dem Ende zuneigte? Welche Prozesse setzte der Tod eines Bruderschaftsmitgliedes in Gang? Wie sah die rituelle Ausgestaltung eines Begräbnisses einer Person, die Mitglied in einer Bruderschaft gewesen war, aus? In welcher Form kamen memoriale Handlungen zum Ausdruck? Diesen Fragestellungen soll im Folgenden auf Grundlage verschiedener Untersuchungen zum spätmittelalterlichen und frühneuzeitlichen Bruderschaftswesen nachgegangen werden. Wenngleich in den letzten fünfzig Jahren eine unüberblickbare Menge an Publikationen, meist zu einzelnen Bruderschaften, erschienen ist, steht eine gesamteuropäische Synthese, speziell zu dem hier zu untersuchenden Gegenstand, bisher noch aus. Schwerpunkte der allgemeinen Bruderschaftsforschung sind in den südeuropäischen Ländern (besonders Italien, Spanien und Frankreich) festzumachen, also vor allem in jenen Gebieten, in denen die Bruderschaften eine bis heute andauernde Tradition aufweisen und ihnen noch eine gewisse Bedeutung zukommt[20]. Die folgenden Ausführungen stellen verständlicherweise bloß einen schlaglichtartigen Befund dar, denn den Totendienst als eine „Konstante" bruderschaftlicher Aktivitäten zu bezeichnen ist nicht gleichbedeutend damit, dass die tatsächliche Form, die Qualität, die Intensität und der Umfang des Totendienstes überall gleich gewesen wären. Bevor nun die unterschiedlichen Formen des bruderschaftlichen Totendienstes anhand verschiedener Beispiele erläutert werden, soll noch ein kurzer, nicht unwesentlicher Exkurs über die Namenswahl der Bruderschaften erfolgen.

---

[16] Kurze Zusammenfassung der wichtigsten Eckdaten bei KLIEBER, Bruderschaften (wie Anm. 9) 36–37.

[17] Martin SCHEUTZ, Ein unbequemer Gast? Tod, Begräbnis und Friedhof in der Neuzeit, in: Freund Hein? Tod und Ritual in der Geschichte, hg. von Wolfgang HAMETER–Meta NIEDERKORN-BRUCK–dems. (Querschnitte 22, Innsbruck–Wien–Bozen 2007) 100–134, hier 104.

[18] Vgl. dazu Michael N. EBERTZ, Fegefeuer. *EdN* 3 (2006) Sp. 864–866.

[19] Robert R. HARDING, Mobilization of Confraternities against the Reformation in France. *The Sixteenth Century Journal* 11/2 (1980) 85–107.

[20] Einen kommentierten Literaturüberblick bietet Peter HERSCHE, Muße und Verschwendung. Europäische Gesellschaft und Kultur im Barockzeitalter 1 (Freiburg/Br.–Basel–Wien 2006) 403–405.

2. Exkurs: Namenswahl der Bruderschaften

Dass der Totendienst eine Kernfunktion der bruderschaftlichen Agenden darstellte, ist bereits in vielen Fällen bei der Auswahl der Titelheiligen bzw. der Namen der Bruderschaften ersichtlich[21]. Häufig rekrutierten sich ihre Namenspatrone aus der Schar der Schutzheiligen, der Sterbepatrone, der Beschirmer vor Pest und Seuchen, der Fürsprecher für einen guten Tod oder für eine gute Sterbestunde[22]: Beliebt waren vor allem Sebastian und Rochus, Barbara, Benedikt, Josef und Michael u. a. m.[23]. Die durch ein Martyrium oder ein heiligmäßiges oder wundertätiges Leben Heiliggesprochenen fungierten als Mittler zwischen den Gläubigen und Gott. Im bayerischen Unterigling mussten sich beispielsweise die Mitglieder der Sebastiansbruderschaft mit einem Weihegebet dem Heiligen verschreiben und dieses alljährlich am Titularfest bekräftigen[24]. Auch die den Skapulieren und Gürteln zugeschriebenen Wirkweisen, die häufigen Titel „Allerseelen" oder „Arme-Seelen" und selbst bei „den mehrfach konnotierbaren Fraternitätstiteln wie Corpus-Christi (als letzte Wegzehrung), Todesangst Christ, Maria-Sieben-Schmerzen etc"[25]. war immer eine direkte Referenz zum Totendienst gegeben. So bekannte sich etwa die Bruderschaft *Aller Christgläubigen Seelen*, Anfang des 15. Jahrhunderts in der Stadt Salzburg gegründet, schon im Namen zu ihrem Wesenskern, nämlich zur Sorge um das jenseitige Schicksal der Toten. In ihren Statuten ist diesbezüglich Folgendes verzeichnet: *Die lieb unsers nechsten […] erhaischet, das sich dieselbe nicht zu den lebendigen allain, sonder zu denen in Christo abgeleibten auch erstrecke; das wir nemblich denjenigen, so alhie auf diser Erden Ihr Sünden nit völliglich gebüsset, sonder derentwegen in dem Fegfeur noch enthalten werden und darinn abzubuessen schuldig sein, mit unsern Gebet, Opfer, Almuesen, fasten, Casteyung des Leibs und dergleichen Gott angenemen werckhen, in sollich Irer Pein zu hilf und Trost erscheinen*[26]. In Rom verfolgte die im Jahr 1560 gegründete „Compagnia della Orazione e della Morte" das explizite Ziel, die aus dem Tiber gezogenen Wasser- oder auf freiem Feld entdeckten Leichen auf dem Friedhof ihrer Kapelle zu bestatten[27].
Zur Namensgebung bzw. den Patrozinien der Bruderschaften liegen einige statistische Auswertungen vor, die das bereits angedeutete Bild unterstreichen[28]. Die post-

---

[21] KLIEBER, Bruderschaften (wie Anm. 9) 572.

[22] ARIÈS, Geschichte (wie Anm. 1) 238. In den letzten zwei Jahrzehnten sind nun vermehrt auch Studien über Bruderschaften im mittel- und osteuropäischen Raum erschienen. Vgl. hierzu die Forschungsüberblicke von Martin SCHEUTZ, András FORGÓ und Zdeněk ORLITA.

[23] Für ausführliche Beschreibungen zu den jeweiligen Schutzheiligen vgl. Hiltgart Leu KELLER, Lexikon der Heiligen und biblischen Gestalten. Legende und Darstellung in der bildenden Kunst (Stuttgart [10]2005). Zur Auswahl der Titelheiligen der Bruderschaften vgl. auch Gerhard HÖLZLE, Der guete Tod. Vom Sterben und Tod in Bruderschaften der Diözese Augsburg und Altbaierns (Jahrbuch des Vereins für Augsburger Bistumsgeschichte 4, Augsburg 1999) 157–183.

[24] Folgendes Gebet sollte alljährlich am Titularfest bekräftigt werden, ebd. 159: *Allmaechtiger ewiger Gott, ich erwaehle heutiges Tags neben deiner gebendeyten Mutter, und allzeit Unbefleckten Junfgrau Maria den Heiligen Sebastian fuer meinen sonderbaren Patron und Fuersprecher in allen meinen Noethen, und nehme mir festiglich vor, mein Leben hinfuer also anzustellen, damit es dir, meinem Gott gefaellig, den Nebenmenschen auferbaulich und zu allen guten Sitten, und Tugenden befoerderlich sey.*

[25] KLIEBER, Bruderschaften (wie Anm. 9) 572.

[26] AT-AES 1.2, 1/103, I. Teil: Einleitung des Johann Stainhauser zu den Statuten der Allerseelenbruderschaft, zit. nach KLIEBER, Bruderschaften (wie Anm. 9) 152f.

[27] ARIÈS, Geschichte (wie Anm. 1) 239.

[28] Die Zahlen sind nur bedingt vergleichbar, da keine einheitliche Kategorisierung der Typen von Bruderschaften in den einzelnen Studien vorgenommen wurde. So wurden beispielsweise die Rosenkranz- und

tridentinische Forcierung der Marien-, Heiligen- und Eucharistie-Kulte zur Abgrenzung des Katholizismus gegenüber nicht-katholischen Glaubensbekenntnissen sticht ins Auge und nimmt dabei den größten Raum der Benennungen der Bruderschaften ein. Im Gebiet der Steiermark wurden zum Zeitpunkt der Aufhebung der Bruderschaften im Jahr 1784 insgesamt 483 an der Zahl erfasst. Rosenkranz- und Skapulierbruderschaften sowie Corpus-Christi- bzw. Fronleichnams-Bruderschaften[29] machten rund 40 % der Zusammenschlüsse aus. Auch die Heiligenverehrung spielte eine wichtige Rolle (ca. ein Drittel der Nennungen), wobei sich besonders der Sterbepatron Sebastian mit 47 Nennungen besonderer Beliebtheit erfreute[30]. Ähnlich gestaltete sich die Situation in Böhmen. Bei den 878 in der Barockzeit existenten Bruderschaften dominierten Marienpatrozinien (40 %), gefolgt von Heiligenpatrozinien (27 %)[31]. Die 325, durch mehrfache Erhebungen der Bruderschaften der Erzdiözese Salzburg im Zeitraum von 1760 und 1939 namentlich bekannten Zusammenschlüsse zeichnen ein ähnliches Bild[32]. In Oberungarn bzw. im westlichen Ungarn stellte sich auf Grund der historischen Entwicklung des Landes die Situation etwas anders dar: Da den Ordensinstituten eine besondere Bedeutung zukam, pflegten die Bruderschaften hauptsächlich mit Christus verbundene Kulte[33]. Wenngleich für Europa im Hinblick auf die Betitelung der Bruderschaften breiteres Untersuchungsmaterial systematischer ausgewertet werden sollte, ist die Beobachtung, dass „nationale" Heilige im Gegensatz zu den Sterbepatronen Sebastian, Joseph oder Barbara etc. bei den Bezeichnungen der Bruderschaften eine marginale Bedeutung hatten, bezeichnend für das Hauptanliegen der Bruderschaften, nämlich den Totendienst[34].

3. Formen, Umfang und Infrastruktur des bruderschaftlichen Totendienstes

3.1 Allgemeine Systematisierung

Der Tod bzw. das herannahende Sterben eines Menschen brachte in allen Kulturen verschiedene soziale, kulturelle und konfessionelle Mechanismen in Gang. Gerade in katholisch geprägten Gebieten eröffnete der Passageritus des Todes den Gläubigen die Möglichkeit, ihre Konfessionskultur öffentlich zur Schau zu stellen[35] – besonders im

---

Skapulierbruderschaften manchmal als eigene Kategorie angesehen, andere wiederum subsumieren diese unter die Marien-Kulte und wieder andere weisen diese der Kategorie „Verehrung einer Heiligen" zu.

[29] Zu den Rosenkranz- und Corpus-Christi-Bruderschaften siehe besonders: Lance LAZAR, Belief, Devotion, and Memory in Early Modern Italian Confraternities. *Confraternitas* 15/1 (2004) 3–33.

[30] Johann SEPPERER, Die kirchlichen Bruderschaften in der Steiermark. Aufhebung und Wiedererrichtung (Diss. Graz 1969) IV/1–19.

[31] Es ist anzunehmen, dass die 89 Rosenkranzbruderschaften zu den 343 Marienpatrozinien hinzugerechnet wurden. Vgl. Jiří MIKULEC, Die religiösen Bruderschaften der Barockzeit und die Rekatholisierung Böhmens. *Bohemia* 48/1 (2008) 91–115, hier 104f. Zur Rosenkranzbruderschaft siehe den Beitrag von Christine TROPPER in diesem Band.

[32] KLIEBER, Bruderschaften (wie Anm. 9) 556–567. Zahlen zu den Bruderschaften in Bayern sind unter anderem genannt in: Josef KRETTNER–Thomas FINKENSTAEDT, Erster Katalog von Bruderschaften in Bayern (München–Würzburg 1980).

[33] Gábor TÜSKÉS–Éva KNAPP, Religiöse Bruderschaften im 17. und 18. Jahrhundert, in: Volksfrömmigkeit in Ungarn. Beiträge zur vergleichenden Literatur- und Kulturgeschichte, hg. von DEMS.–DERS.–Dieter HARMENING (Dettelbach 1996) 280–321, hier 291.

[34] MIKULEC, Bruderschaften (wie Anm. 31) 108.

[35] SCHEUTZ, Gast (wie Anm. 17) 108.

Barockzeitalter spricht man vom sog. Funeralpomp[36]. Dabei nahmen die Bruderschaften in diesem Gefüge einen zentralen Platz ein. Der Totendienst der Bruderschaften erstreckte sich von der Sterbebegleitung bis hin zu den späteren Seelenmessen und konnte in Form und Umfang verschiedene Ausmaße annehmen.

Zwei in der Forschung vertretene aufschlussreiche Ansätze einer Systematisierung seien an dieser Stelle kurz erwähnt. Rupert Klieber unterscheidet im Wesentlichen zwischen zwei Bereichen bzw. Formen des ritualisierten bruderschaftlichen Totendienstes: einerseits dem „körperlichen", andererseits dem „geistlichen" Dienst, der den Verstorbenen zugutekam. Unter dem körperlichen Dienst versteht Klieber die Begleitung des/der Verstorbenen zum Friedhof und die Grablege, wobei sicherlich hierzu auch die Sterbebegleitung gezählt werden könnte; unter dem Begriff des „geistlichen" Dienstes subsumiert er individuelle/kumulative Memoria sowie Gebete, Messen, Ablässe und Altarprivilegien[37]. Kliebers gewählte Terminologie erinnert an die Unterscheidung der „leiblichen" und der „geistlichen" Werken der Barmherzigkeit.

Thomas Frank schlägt eine alternative Kategorisierung vor. Er teilt die Form der bruderschaftlichen Praxis der Memoria für einen verstorbenen Mitbruder oder eine -schwester in drei Phasen ein, wobei er diesen Phasen einen „Prolog" am Krankenbett voranstellt. Frank beschränkt den Begriff der Memoria bewusst auf seine religiöse bzw. sozio-religiöse Dimension[38] und versteht darunter die performative Erinnerung, die gemeinschaftlich im liturgischen Rahmen realisiert wird. (1) Als erste Phase sieht Frank die Vorbereitung und die Durchführung des Begräbnisses eines verstorbenen Mitglieds. Das Begräbnisritual fand in Anwesenheit der Bruderschaft bzw. ausgewählter Mitglieder und teilweise auch auf Kosten der Bruderschaft statt. Die kollektive Teilnahme am Begräbnis war sowohl für die eigene Identität als auch für die öffentliche Wahrnehmung und Position der Bruderschaft von besonderer Bedeutung. (2) Als zweite Phase folgte die Kurzzeit-Memoria. In dieser Phase wurde eine gewisse Anzahl an Begräbnismessen gefeiert und Gebete speziell für die Seele des/der Verstorbenen gesprochen. (3) Schließlich folgte die Langzeit-Memoria. Ein- oder mehrmals pro Jahr wurden Messen für die Gesamtheit der verstorbenen Mitgeschwister abgehalten[39].

Welche Form der Systematisierung man auch immer bevorzugt, im Prinzip enthalten alle drei Grundelemente: (1) die Sterbebegleitung, (2) das Begräbnis und (3) die anschließende mehr oder weniger lang andauernde Memoria. Diese drei Aspekte konstituieren die Eckpfeiler des bruderschaftlichen Totendienstes.

3.2 Sterbebegleitung

Die Sorge vieler Bruderschaften galt nicht nur ihren verstorbenen, sondern bereits den sterbenden Mitgliedern. Als Anschauungsbeispiel für eine idealtypische Sterbe-

---

[36] Hersche, Muße (wie Anm. 20) 573.

[37] Klieber, Bruderschaften (wie Anm. 9) 578.

[38] Thomas Frank grenzt sich dabei von Otto Gerhard Oexels breit formuliertem Konzept der Memoria ab, der darunter alle möglichen Aspekte des Lebens inkludiert; Otto Gerhard Oexle, Memoria als Kultur, in: Memoria als Kultur, hg. von dems. (Veröffentlichungen des Max-Planck-Instituts für Geschichte 121, Göttingen 1995) 9–78, hier 39.

[39] Thomas Frank, Confraternities, *Memoria*, and Law in Late Medieval Italy. *Confraternitas* 17/1 (2006) 2–19, hier 2–4; vgl. auch ders., Bruderschaften im spätmittelalterlichen Kirchenstaat. Viterbo, Orvieto, Assisi (Bibliothek des Deutschen Historischen Instituts in Rom 100, Tübingen 2002).

begleitung[40] sollen hier die Statuten[41] der 1613 in der Stadt Salzburg von Erzbischof Markus Sittikus gegründeten Corpus-Christi Bruderschaft dienen[42]. Das achte Kapitel der Statuten[43] widmet sich ausführlich dem Amt des Krankenpflegers, den Voraussetzungen, die die mit diesem Amt betraute Person mitbringen sollte, und Anweisungen zu den vorgesehenen rituellen Handlungen. Die der letzten eucharistischen Wegzehrung Bedürftigen[44] sollten durch den Krankenpfleger Beistand erfahren; ihren sowohl körperlichen als auch spirituellen Bedürfnissen sollte Sorge getragen werden. Da die Aufgabe des Krankenpflegers als sehr anspruchsvoll eingestuft wurde, musste der Amtsinhaber folgende Anforderungen erfüllen: *Dieweil ir ambt etwas müehesamb und beschwerlich, were rathsamb das darzue handtwerchsleüth, doch die fürnembste der statt, die es guetwillig verrichten theten, erwöhlt wurden. Dann inen gebürt wachtsamb und aufmerckhig zu sein, ob sich in der statt khranckhe personen der bruderschafft, einverleibt oder nit, befünden. […] Sollen demnach den khranckhen nachfragen, wo sie ligen, oder sich aufhalten, damit sie solche nachmals besuchen khönnen.* Nach der Auskundschaftung des Aufenthaltsortes des/der Kranken bestand die Aufgabe des Krankenpflegers darin, *sowol arme als reiche, ohne allen underschidt,* [zu] *besuechen* und die folgende Vorgehensweise genau beachten. Am Krankenbett sollten sie vermelden, *das sie von der bruederschafft gesandt, und inen, in deroselben namen zu dienen, willig sein.* Zunächst sollte nach der Art der Erkrankung gefragt werden – sicherlich um den Ernst der Lage besser einschätzen zu können – um anschließend herauszufinden, ob die erkrankte Person bereits die Beichte abgelegt habe oder solches tun wolle. Falls diese bereits gebeichtet habe, *soll sy befragt werden, ob sy auch des zarten fronleichnambs Christy begere.* Bei Weigerung war der Krankenpfleger dazu angehalten zu erklären, *das dises H. H. Sacrament ein viaticum, zehrpfennig, und gleichsamb mitgefehrt seie, auß disem zu dem ewigen leben.* Schließlich sollte der Präfect der Bruderschaft informiert werden, falls der Widerstand des Kranken nicht „gebrochen" werden könne. War der Empfang der heili-

[40] Wenngleich diese Beschreibung der Kranken- und Sterbebegleitung doch sehr idealtypisch erscheinen mag, kann festgehalten werden, dass – Claudia Resch zeigt dies an mittelalterlichen Quellen – sich der in absehbarer Zeit Sterbende von mehr oder weniger zahlreichen *Vmstehenden* umringt sah und dass im Begriff der *Vmstehenden* nicht nur Personen, die dem Sterbenden durch Verwandtschaft oder Freundschaft, sondern auch durch die Gemeinschaft einer Bruderschaft verbunden waren, subsumiert gewesen sein müssen; Claudia RESCH, Verwandtschaft oder Freundschaft im Angesicht des Todes. *Vmbstender* am Kranken- und Sterbebett, in: Verwandtschaft, Freundschaft, Bruderschaft. Soziale Lebens- und Kommunikationsformen im Mittelalter, hg. von Gerhard KRIEGER (München 2009) 189–208. Siehe auch den Beitrag von Claudia RESCH in diesem Band.
[41] Zur Analyse von Bruderschaftsstatuten hat Thomas Frank klar herausgearbeitet, dass Historikerinnen und Historiker sich weder „darauf beschränken [können], die Aussagen von Bruderschaftsstatuten wörtlich zu nehmen, noch sollten sie sich mit der Frage aufreiben, wie im Falle dieser Textsorte das Verhältnis von Norm und Wirklichkeit zu beurteilen sei. […] Wer Statuten von Bruderschaften auswertet, kann zwar nicht sicher sein, dass […] tatsächlich durch ihre Statuten die Eigenart ihrer inneren Verfassung deklariert wird. Aber er darf erwarten, dass Bruderschaftsstatuten, indem sie ihre eigene Machart offenlegen, etwas über die Produktion statutarischer Texte überhaupt aussagen"; Thomas FRANK, Rechtsgeschichtliche Anmerkungen zu spätmittelalterlichen Bruderschaftsstatuten in Deutschland und Italien, in: Von der Ordnung zur Norm. Statuten in Mittelalter und Früher Neuzeit, hg. von Gisela DROSSBACH (Paderborn u. a. 2010) 311–325, hier 324f.
[42] KLIEBER, Bruderschaften (wie Anm. 9) 63–150.
[43] AT-AES 1.2, 11/100, Protokoll der Christifronleichnamsbruderschaft 1613–1732. Alle folgenden Zitate aus der Quelle stammen aus dem achten Kapitel der Statuten, pag. 26–29.
[44] Besonders die Corpus-Christi-Bruderschaften spiegelten die große Bedeutung des Eucharistie-Kultes in der post-tridentinischen katholischen Kirche wider. Die Trienter Konzilsväter hatten in Reaktion auf die Verneinung der realen Präsenz Christi in der Hostie durch die Protestanten diesen Kult auch als Unterscheidungsmerkmal gestärkt.

gen Kommunion gewünscht, musste der Krankenpfleger die entsprechenden Vorkehrungen treffen: Der Stadtkaplan sollte informiert, das Zimmer sauber gereinigt, ein Tisch, um das Sakrament darauf zu stellen, herbeigeschafft, die Glocken drei Mal geläutet und die zum Kranken hingetragene Eucharistie *ehrlich begleitet, und aufs wenigist 12 brinende torzen oder kherzen mitgetragen werden.* Diese im „Rituale Romanum" 1614 ausführlich beschriebenen Versehgänge[45] bestanden aus mehreren Teilen: Das feierliche Hintragen der Eucharistie zu den Kranken oder Sterbenden konnte durch die Eskorte von Fackel- und Kerzenträgern, Mesner und Vorbeter sowie durch Bruderschaftsmitglieder oder Passanten, die sich dem Zug anschlossen, da zuweilen auch Ablässe dafür gewährt wurden, große Aufmerksamkeit erregen und zu einer „beträchtlichen konfessionellen Demonstration"[46] geraten[47].

3.3 Tod und Begräbnis

Nach Eintritt des Todes sollte der Krankenpfleger veranlassen, *das gleiche drey zaichen, mit der gloggen gegeben werden, damit alle der bruederschafft zuegethane, für des verstorbnen seel ein andechtiges vatter unser und englischen grues zu betten wissen khönnen*[48], d. h. durch das Geläut der Glocken wurde der Tod eines Menschen akustisch öffentlich gemacht. Durch diese Handlung wurden die Bruderschaftsmitglieder an ihren Eid, den sie bei Eintritt in die Bruderschaft abgelegt hatten, erinnert[49]. Sie hatten des verstorbenen Mitglieds in persönlichen Gebeten zu gedenken und sich dem späteren Leichenzug anzuschließen. Die „Compagnia di S. Zanobi" aus Florenz ließ die Glocke in Giottos Campanile sogar für die Dauer von zwölf Pater Noster und Ave Maria läuten[50]. Mittels Boten oder „Umsagern"[51] wurden die Nachbarn, Freunde, Verwandte und Bruderschaftsangehörige

---

[45] Der Versehgang hat noch keine umfassende Darstellung erfahren. Einschlägige Literaturhinweise finden sich bei HERSCHE, Muße (wie Anm. 20) 575–577.

[46] SCHEUTZ, Gast (wie Anm. 17) 108; vgl. auch Robert EBNER, Charakteristika des fränkischen Bruderschaftswesens im Barock, in: Barock in Franken, hg. von Dieter J. WEISS (Bayreuther Historische Kolloquien 17, Dettelbach 2004) 255–270, hier 261.

[47] Solche und ähnliche Beschreibungen finden sich in verschiedenen Untersuchungen zu Bruderschaften quer durch Europa, so beispielsweise in Nicholas Terpstras Mikrostudie zu Bolognas Bruderschaften der Renaissancezeit. Die Passageriturale, die dem 1531 in Bologna verstorbenen Notar Eliseo Mamelini zuteil wurden, sind in der Familienchronik verzeichnet und ähneln sehr stark den bereits gemachten Beschreibungen. Er war Mitglied in fünf Bruderschaften und wurde in seinen letzten Lebenstagen nicht nur von seiner Familie, sondern auch von seinen Mitbrüdern betreut. Siehe dazu die ausführliche Beschreibung in Nicholas Terpstra, Lay Confraternities and Civic Religion in Renaissance Bologna (Cambridge Studies in Italian History and Culture, Cambridge 1995) 68–82 und DERS., Death and Dying in Renaissance Confraternities, in: Crossing the Boundaries. Christian Piety and the Arts in Italian Medieval and Renaissance Confraternities, hg. von Konrad EISENBICHLER (Early Drama, Art, and Music 15, Michigan 1991) 179–200.

[48] AT-AES 1.2, 11/100, Protokoll der Christifronleichnamsbruderschaft 1613–1732, pag. 28.

[49] Es ist eine Vielzahl an vor allem regionalgeschichtlichen Studien zur Geschichte der Glocken und ihrer verschiedenen Funktionen erschienen. Vgl. allgemein dazu Kurt KRAMER, Klänge der Unendlichkeit. Eine Reise durch die Kulturgeschichte der Glocke (Kevelaer 2015); Alfred HAVERKAMP, Ohne Glocke keine Gemeinde – kommunale Organisationsformen im Europa des Mittelalters. *Wirtschaft und Wissenschaft* 3/4 (1995) 21–29.

[50] HENDERSON, Confraternities (wie Anm. 9) 385.

[51] „Kaum zu überschätzen in ihrer Bedeutung sowohl für das Organisieren der Kondukte oder der Grabbegleitung durch möglichst viele Mitbrüder und -schwestern als auch für eine hohe Beteiligung an den bruderschaftlichen Gottesdiensten ist die Rolle der Um- oder Ansager." KLIEBER, Bruderschaften (wie Anm. 9) 580. Vgl. ausführlich auch Peter LÖFFLER, Studien zum Totenbrauchtum in den Gilden, Bruderschaften und Nachbarschaften Westfalens vom Ende des 15. bis zum Ende des 19. Jahrhunderts (Forschungen zur Volkskunde 47, Münster 1975) 31–57.

informiert und zur Grabfolge aufgefordert. Schließlich traf man die Vorkehrungen für das Begräbnis, dazu zählten auch die materiellen und finanziellen Leistungen, die von Bruderschaften gegenüber dem Verstorbenen oder dessen Erben geltend gemacht werden konnten. So verlangte die Sakramentsbruderschaft von Wettelsdorf/Schönecken (Rheinland-Pfalz) den „Rock" des Verstorbenen zurück oder einen in den Statuten festgesetzten Geldbetrag (bis 1677 vier, ab 1677 zwei Gulden)[52]. Arme Mitglieder wurden mitunter auch auf Kosten der Bruderschaft beerdigt.

Man kleidete den Toten neu an; vielen Verstorbenen diente dabei die Kutte der Bruderschaft als Leichenhemd. Im Anschluss an die bis zu drei Tage dauernde, von betenden Angehörigen, Freunden sowie Bruderschaftsmitgliedern abgehaltene Totenwache[53] folgten die Exequien. Während der Begräbnisliturgie wurden in den meisten Fällen insgesamt drei verschiedene „Orte" genutzt: das Sterbehaus, die Kirche sowie der Friedhof bzw. das Grab. Ferner darf nicht außer Acht gelassen werden, dass durch die Bewegung zwischen den drei Orten im Rahmen der öffentlich inszenierten Prozessionshandlungen auch Raum kreiert und bespielt wurde[54]. Besonders das Sterbehaus erfuhr in dieser Phase eine ephemere Änderung seiner raumbezogenen gesellschaftlichen Strukturierung, da der vormals „private" und profane Ort kurzzeitig zu einem öffentlichen und durch die Anwesenheit eines Abwesenden eine sakrale Nuance erhielt.

War der/die Verstorbene Mitglied einer Bruderschaft gewesen, wurde der Sarg meist von Bruderschaftsangehörigen getragen[55] oder zur Kirche bzw. zum Friedhof begleitet. Die Leichenfolge zählte zur Ehrenpflicht der Mitglieder, der man nur in Ausnahmefällen fernbleiben konnte[56]. Ein unentschuldigtes Fehlen konnte dabei auch mit Strafen geahndet werden. Das geschlossene Auftreten der Bruderschaft – häufig auch einheitlich bekleidet mit ihren Mänteln oder Kapuzen – mit Kerzen, Fackeln, Kreuzen oder Fahnen verlieh dem Trauerzug eine imponierende Wirkung. Die Länge des Leichenzuges stand meist in unmittelbarem Zusammenhang mit dem sozialen Rang der verstorbenen Person, wobei die Mitgliedschaft in mehreren Bruderschaften oder Zünften die Anzahl der Personen, die an der streng hierarchisch gegliederten Prozession zur Kirche oder zum Friedhof teilnahmen, deutlich erhöhen konnte. Es war durchaus keine Seltenheit, dass sich vermögende Personen in mehr als zehn verschiedene Bruderschaften einschreiben ließen und die Leichenprozessionen im Falle ihres Ablebens „überlaufen" sein konnten[57]. Dabei konnte das Überlappen von Zuständigkeiten konkurrierender sozialer Netze deutlich zu Tage treten. Solche „Rangstreitigkeiten" zwischen den genossenschaftlich organisierten Institutionen fanden durchaus auch ihren schriftlichen Niederschlag und zeigen deut-

---

[52] SCHNEIDER, Bruderschaften (wie Anm. 4) 436. Ein weiteres Beispiel, allerdings aus dem 14. Jahrhundert, wird genannt bei BANKER, Death (wie Anm. 10) 95–100.

[53] In manchen Regionen waren Totenwachen durchaus auch sehr gesellige Anlässe. SCHEUTZ, Gast (wie Anm. 17) 110; vgl. ferner LÖFFLER, Studien (wie Anm. 51) 58–74.

[54] Zur Ort-Raum-Unterscheidung siehe Susanne RAU, Räume. Konzepte, Wahrnehmungen, Nutzungen (Historische Einführungen 14, Frankfurt am Main–New York 2013) 64. Im Rahmen der Begräbnisliturgie traten klare raumbezogene Dichotomien oder gesellschaftliche Strukturierungen zu Tage, die auch ihre übliche Funktion ändern konnten bspw. innen–außen, offen–geschlossen, öffentlich–privat, sakral–profan; ebd. 145–149.

[55] Zur Regelung des Leichentragens im Westfalen der Frühen Neuzeit SCHNEIDER, Bruderschaften (wie Anm. 4) 108–151.

[56] Ebd. 75–108.

[57] Z. B. wird dieses Phänomen erwähnt bei CHIFFOLEAU, Confréries (wie Anm. 12) 809; B. PULLAN, Rich and Poor in Renaissance Venice. The Social Institutions of a Catholic State, to 1620 (Oxford 1971) 39f.

lich, welch sensiblen Punkt Prozessionsordnungen berührten; Prozessionen boten Bruderschaften eine Bühne für ihre öffentliche Macht- und Prestigedemonstration. Einige Fälle aus Bologna, Rom, Venedig und Genua sind überliefert, in denen Bruderschaften unerbittlich dafür kämpften, der Eucharistie, dem strategischen Zentrum der Prozession, näher zu kommen[58]. Ein diesbezüglicher Hinweis findet sich auch im Protokollbuch der Corpus-Christi-Bruderschaft der Stadt Salzburg. Am 7. Jänner 1615 wurde darin Folgendes verzeichnet: Der verstorbene Arzt Fabian Santyr war nicht nur ein Mitglied der Corpus-Christi-Bruderschaft, sondern auch der Bruderschaft Maria von Trost und der heiligen Mutter Monika zu Mülln gewesen[59]. Acht Mitglieder der letztgenannten Bruderschaft – diese hatte den Vorrang beansprucht, da Santyr dieser Bruderschaft zuerst beigetreten war – hatten den Leichnam zum Friedhof nach St. Peter getragen. *Es sein aber dennoch die weißßn brieder in irer ordnung vor unß her gegangen, haben gleichwol daß tragen disputirn wellen, jedoch ist wie auch schon vor disen beschloßßen, daß wans der abgestorbne bej seinen leben oder aber deßßen befreindte nit absunderlich, in ain oder der andern bruderschafft getragen zuwerden, begeren wurde, daß alzeit die, in welcher der oder die abgestorben eher eingeschriben worden mit dem tragen den vorzug haben sollen, sunst miessen sie alzeit sie tragen oder nit den unserigen in der ordnung vorgen[60].*

Dass die Begleitung einer Leichenprozession für die Außendarstellung und öffentliche Repräsentation[61] der Bruderschaft, insbesondere bei Exequien höher gestellter Personen, von besonderer Wichtigkeit war, wird deutlich, wenn man sich die vom zeitgenössischen Chronisten Johannes Stainhauser verfasste Beschreibung der *LeichConducts* Ordnung des im Oktober 1619 verstorbenen Salzburger Fürsterzbischofs Markus Sittikus[62] näher ansieht. Die Reihenfolge war genau vorgegeben: Voran gingen beispielsweise die Vertreter der Zünfte und Bruderschaften, und da der verstorbene Landesherr und Bischof ein großer Förderer der Bruderschaften gewesen war, nahmen allein mehrere hundert Bruderschaftsmitglieder an der Prozession teil. Auch die Aufstellung und Ausstattung der Corpus-Christi-Bruderschaft fand ihre Erwähnung: *Voran gingen drei Brüder in roten Säcken mit Rundelstäben. Darauf wurde der große und köstliche Fahn der Bruederschaft getragen. Neben deme wiederumb zween in schwarzen Röcken Bekleidte und doppelte Windlichter mit vorbemelten Wappen Tragunde gegangen. So wurde auch ebenmäßig ihr zierlich bedecktes Kreuz, zehen schön= und köstliche Laternen mitgetragen, und haben sich der gesambten Brüeder in roten Säcken mit brinnunden Wachskerzen und teils Rundelstäben 104 darbei befunden, denen auch ihr Herr Kapellan im Chorrock und Stolen nachgangen.* Die Allerseelen-Bruderschaft hatte zum selben Anlass erstmals ihre neue Fahne getragen, *in welchem auf der einen Seiten der Tod, natürlich in Mannsgröß, darunter Kronen, Zepter, Infel, Bischofsstäb, und allerlei Ständ Kennzeichen künstlich gestickt zu sehen, damit anzudeu-*

---

[58] Beispiele von Präzedenzstreitigkeiten zwischen Bruderschaften, insbesondere die Position innerhalb einer Prozession betreffend, finden sich bei Christopher F. Black, Italian Confraternities in the Sixteenth Century (Cambridge 2003) 110f.; Terpstra, Confraternities (wie Anm. 47) 220f. Vgl. dazu auch Miri Rubin, Corpus Christi. The Eucharist in Late Medieval Culture (Cambridge 1992) 265–271.

[59] Zur Erzbruderschaft Maria von Trost und der heiligen Mutter Monika siehe Klieber, Bruderschaften (wie Anm. 9) 260–309.

[60] AT-AES 1.2, 11/100, Protokoll der Christi-Fronleichnamsbruderschaft 1613–1732, pag. 96.

[61] Vgl. Christopher F. Black, The Public Face of Post-Tridentine Italian Confraternities. *The Journal of Religious History* 28/1 (2004) 87–101, hier 91.

[62] Vgl. Erzbischof Marcus Sitticus von Hohenems 1612–1619. Kirche, Kunst und Hof in Salzburg zur Zeit der Gegenreformation. Beiträge der wissenschaftlichen Tagung in Salzburg vom 15.–16. Juni 2012, hg. von Gerhard Ammerer–Ingonda Hannesschläger–Peter Keller (Salzburg 2012).

ten, daß alle Ständ der Welt des Tods Gewalt unterworfen seien[63]. Aus den Beschreibungen ist ersichtlich, dass die Bruderschaften, sofern es sich um gezierte handelte, über eine gewisse Grundausstattung etlicher für die Leichenbegleitung notwendigen Requisiten verfügten. „Dazu gehörten in der Regel eine Bahre […], Bahrtücher mehrerer Qualitätsstufen, […] ferner das Konduktkreuz samt Leuchtern oder Laternen und nicht selten eine separate Totenfahne. So vorhanden, wurde die Grabbegleitung selbstverständlich in den eigenen Kutten geleistet"[64]. Die Utensilien mussten gewartet und verstaut werden; diese Aufgabe übernahm meist ein dafür bezahlter Mesner. Der Aufwand, der oft dabei betrieben wurde, zeigte – wie bereits angedeutet – den Wunsch und das Bedürfnis nach „öffentlicher Prachtentfaltung, Befriedigung von Unterhaltungsbedürfnissen, Demonstration des Sozialstatus, Prestigestreben und Übertrumpfen der lokalen bruderschaftlichen Konkurrenz, schließlich auch eine Werbung für neue Mitglieder"[65].

In der Kirche angelangt, wurde der Sarg zentral, für alle sichtbar aufgebahrt. Die Totenmesse selbst stellte innerhalb der katholischen Kirche den wichtigsten Dienst dar, den man der verstorbenen Seele zukommen lassen konnte. Die Spende der Eucharistie war „gleichermaßen als Sühne- und Bittopfer wie auch als Lob- und Dankopfer angelegt"[66]. Auch hier wurde eine soziale Differenzierung deutlich, sei es durch die Länge des Trauergottesdienstes, die verwendeten Dekorationen[67], die gesprochenen Gebete oder die gespielte Musik[68]. Nach der Absolution führte man den Sarg von der Kirche zum Friedhof, wo die Besprengung und Inzensierung des Sarges und des Grabes erfolgte[69]. Einige Bruderschaften verfügten auch über eigene Gräber/Grüfte, die mitunter innerhalb der Kirche situiert waren. So konnten sich beispielsweise auch weniger reiche Personen eine Ruhestätte innerhalb der Kirche sichern, die sich ansonsten nur Wohlhabende leisten konnten[70].

Ob nun ein verstorbenes Bruderschaftsmitglied tatsächlich auch in „den Genuss" eines hier idealtypisch beschriebenen Begräbniszeremoniells (und die anschließende Totenmemoria) gelangte, war von mehreren Faktoren abhängig. Bei Missachtung der Statuten wie beispielsweise durch moralische Verfehlungen, Ungehorsam, Nichtbezahlung von Beiträgen oder Nichtteilnahme an den gemeinschaftlichen Aktivitäten konnten die Mitglieder aus der Vereinigung ausgeschlossen werden. So war lediglich die Hälfte der Personen, die sich der San Bartolomeo Bruderschaft des italienischen Dorfes San Sepolcro in einem Zeitraum von vierzig Jahren angeschlossen hatten, auch mit bruderschaftlicher

---

[63] Werner RAINER, Marcus Sitticus. Die Regierung des Fürsterzbischofs nach der Chronik von Johannes Stainhauser (Salzburg 2012) 356f. Die Beschreibung im Protokollbuch der Corpus-Christi-Bruderschaft findet sich im AT-AES 1.2, 11/100, Protokoll der Christi-Fronleichnamsbruderschaft 1613–1732, pag. 218.

[64] KLIEBER, Bruderschaften (wie Anm. 9) 578f.

[65] HERSCHE, Muße (wie Anm. 20) 410.

[66] SCHEUTZ, Gast (wie Anm. 17) 111.

[67] Dazu zählte z. B. auch das Castrum Doloris. Vgl. Liselotte POPELKA, Castrum Doloris oder „Trauriger Schauplatz". Untersuchungen zu Entstehung und Wesen ephemerer Architektur (ÖAW, Veröffentlichungen der Kommission für Kunstgeschichte 2, Wien 1994); Michael BRIX, Trauergerüste für die Habsburger in Wien. *Wiener Jahrbuch für Kunstgeschichte* 26 (1973) 208–265.

[68] Vgl. SCHNEIDER, Bruderschaften (wie Anm. 4) 432–435.

[69] Auf die Geschichte der Friedhöfe kann hier nicht näher eingegangen werden. Siehe dazu allgemein Nekropolis. Der Friedhof als Ort der Toten und der Lebenden, hg. von Norbert FISCHER–Markwart HERZOG (Stuttgart 2006); The Place of the Dead. Death and Remembrance in Late Medieval and Early Modern Europe, hg. von Bruce GORDON–Peter MARSHALL (Cambridge 2000).

[70] HENDERSON, Confraternities (wie Anm. 9) 387.

Begleitung beerdigt worden[71]. Auch für Bolognas Bruderschaften des 15. und 16. Jahrhunderts ist eine Ausschlussrate zwischen 16 und 53 % feststellbar[72]. Prinzipiell ist davon auszugehen, dass die doch sehr aufwändige Form der Sterbe- und Begräbnisbegleitung lediglich von jenen Bruderschaften auch als Dienstleistung angeboten werden konnte, die über eine überschaubare Anzahl an Mitgliedern, die in einem lokal begrenzen Raum ansässig waren, verfügten. Große Bruderschaften, mit oft mehreren zehntausend Mitgliedern[73], konnten meist im Rahmen des Totendienstes nur Ablässe und die kollektive Totenmemoria anbieten und häufig auch nur dann, wenn die Bruderschaftsverwaltung durch das Zurückschicken der Aufnahmebescheinigungen über den Tod der weit verstreut lebenden Mitglieder informiert wurde[74].

3.4 Memoria – Ablass – Testamente

Mit der Beerdigung war die Sorge um das Seelenheil des Bruderschaftsmitgliedes noch nicht beendet. Ultimatives Ziel eines jeden Christen war es, in den Himmel zu gelangen. Den Gläubigen stand bereits zu Lebzeiten eine große Auswahl an Gnadenmittel zur Verfügung, um ihre Zeit im Fegefeuer zu reduzieren oder gänzlich zu umgehen. Man konnte sich einen gewissen Bonus „erarbeiten", sei es durch Gebete, Werke der Barmherzigkeit oder Ablässe. Genau mit solchen Dienstleistungen war unter anderem auch eine Mitgliedschaft in einer Bruderschaft verbunden. Besonders Ablässe spielten bei den nachtridentinischen Bruderschaften eine wichtige Rolle, denn im Unterschied zur vorreformatorischen Zeit musste der Ablass nicht mehr käuflich erworben werden, sondern jedem Mitglied stand nach der Bezahlung einer häufig sehr geringen Eintrittsgebühr der große Schatz der Bruderschaft an verschiedensten Ablassprivilegien offen. Peter Hersche vermutet sogar, dass das geistliche Hauptmotiv, einer Bruderschaft beizutreten „primär nicht das Streben nach individueller spiritueller Vervollkommnung gewesen sei, sondern die reichen Ablässe, die man als Mitglied gewinnen konnte und die von geistlicher Seite auch als probates Lockmittel benutzt wurden"[75]. Durch den Ablass konnte man sich von Sündenstrafen im Fegefeuer „loskaufen", der Nachlass der Sünden selbst erfolgte allerdings nur in der Beichte. Neben den vollkommenen gab es auch die unvollkommenen Ablässe,

---

[71] Banker, Death (wie Anm. 10) 64.

[72] Terpstra, Confraternities (wie Anm. 47) 108–112. Weitere Beispiele zu Ausschlussraten sind genannt bei Joelle Rollo-Koster, Death and the Fraternity. A Short Study on the Dead in Late Medieval Confraternities. *Confraternitas* 9/1 (1998) 3–12, hier 4–6; Chiffoleau, Confréries (wie Anm. 12) 814; Gerhard Hölzle, „damit och unser gedechtnus […] nit mit dem glocken ton zergang". Totengedenken in Bruderschaften Bayerisch Schwabens und Altbaierns anhand literarischer und liturgischer Quellen, in: Totengedenken und Trauerkultur. Geschichte und Zukunft des Umgangs mit Verstorbenen, hg. von Markwart Herzog (Irseer Dialoge 6, Stuttgart–Berlin–Köln 2001) 87–110, hier 94f.

[73] Zu den Mitgliederzahlen bzw. der Anzahl der Bruderschaften pro Einwohner/-innen siehe den Beitrag von Martin Scheutz in diesem Band. In die Lilienfelder Josephsbruderschaft traten zwischen 1698 und 1777 beinahe 300.000 Personen ein. Siehe dazu den Beitrag von Irene Rabl in diesem Band sowie dies., „Ite ad Joseph". Chrysostomus Wieser und die Lilienfelder Erzbruderschaft des Hl. Joseph (Beiträge zur Kirchengeschichte 18/Geschichtliche Beilage zum St. Pöltener Diözesanblatt 35, St. Pölten 2015). Der 1474 in Köln gegründeten Rosenkranzbruderschaft waren innerhalb der ersten sieben Jahre bereits 100.000 Laien und Geistliche beigetreten. Vgl. Gislind Ritz, Der Rosenkranz, in: 500 Jahre Rosenkranz. Köln 1475–1975. Erzbischöfliches Diözesan-Museum Köln 25. Oktober 1975–15. Januar 1976 (Köln 1975) 51–101.

[74] Vgl. z. B. Edgar Krausen, Die Bruderschaftsbriefe der Sammlung Dr. Anton Rot. *JbVk* 3 (1980) 137–155.

[75] Hersche, Muße (wie Anm. 20) 412.

welche der armen Seele eine bestimmte Anzahl Tage im Fegefeuer ersparen konnte. Ihre Zahl vermehrte sich im Barock explosionsartig[76]. Der Ablass war trotz scharfer Kritik im Zuge der Reformation nicht abgeschafft worden, sondern dessen direkte Bezahlung durch die Aufforderung einer freiwilligen Spende ersetzt worden. Wie Hersche zurecht hervorhebt „wurde der Ablass nun einfach indirekt geldlich ermöglicht [, indem] die ihn vermittelnden Institutionen finanziell unterstützt wurden. Denn die Mitgliedschaft in einer Bruderschaft war ja nicht gratis"[77]. Des Weiteren zählten Bruderschaften neben den Pfarrkirchen, Klöstern oder anderen karitativen Einrichtungen zu den häufigsten Empfängern testamentarischer Stiftungen[78] für kirchliche Zwecke. Aus eigenem Antrieb bot keine Bruderschaft individuelle Jahrtage mit Totenamt für verstorbene Mitglieder an, dafür mussten die an Bruderschaften adressierten testamentarischen Stiftungen sorgen. Diese setzten europaweit enorme Geldsummen um. Besonders die Seelen- und Jahrtagmessen, welche zu Gunsten eines bestimmten Verstorbenen gelesen wurden und die den Zugang zum Jenseits erleichtern sollten, waren sehr beliebt und weit verbreitet[79].

Eine weitere grundlegende Aufgabe der Bruderschaften im Rahmen ihrer Totendienstaktivitäten war die Pflege der Memoria. Unter dem Begriff der „Memoria" ist – laut Thomas Franks Definition – die performative Erinnerung, die gemeinschaftlich im liturgischen Rahmen realisiert wird, zu verstehen[80]. Diese Dienstleistung zur Rettung der Seele in Form von gemeinschaftlichem Gebet, der Feier von heiligen Messen etc. kamen abgesehen von den Bruderschaftsmitgliedern auch in Ausnahmefällen externen Wohltätern oder Armen zugute. In der Liturgie der katholischen Kirche hatten sich fünf Tage zur Totenmemoria herausgebildet, die sich auch die Bruderschaften zum Vorbild nahmen: Begräbnistag, dritter, siebter und dreißigster Tag sowie als Abschluss des Trauerjahres der Jahrtag[81]. Alljährlich feierten die Bruderschaften für die Gesamtheit ihrer verstorbenen Mitglieder eine heilige Messe. Die Bruderschaftsmitglieder hatten dabei den Vorteil, dass ihrer theoretisch bei der kollektiven Jahrtagsmesse auf „ewig" gedacht wurde, wohingegen sich die nächste Generation der Familie eventuell nicht mehr dazu veranlasst sehen konnte, Messstipendien zu bezahlen[82].

In diesem Zusammenhang erhielten die Einschreibebücher oder Mitgliederbücher zusätzlich zu ihrer administrativen Funktion eine weitere wichtige Rolle im Rahmen der liturgischen Agenden der Bruderschaft. Es gab verschiedene Möglichkeiten, sich der verstorbenen Mitglieder der Gemeinschaft „auf dem Papier" zu erinnern. So wurde im Einschreibebuch neben dem Namen der verstorbenen Person ein Kreuzsymbol (†) oder die Phrase „mortus est" oder der Vermerk „obiit" notiert. Gewisse Bruderschaften verfügten zusätzlich zum Einschreibebuch sogar über ein eigenes Totenbuch, in das die Namen der verstorbenen Mitglieder übertragen wurden. Im Rahmen der gemeinsamen Gottesdienste

[76] Ebd. 524.

[77] Ebd. 526.

[78] Michael BORGOLTE, Stiftung und Memoria, hg. von Tillmann LOHSE (StiftungsGeschichten 10, Berlin 2012).

[79] Zu den Seelenmessen HERSCHE, Muße (wie Anm. 20) 514–523.

[80] Zur liturgischen „Memoria" im Mittelalter Arnold ANGENENDT, Die liturgische *Memoria*. Hilfe für das Fortleben im Jenseits, in: Wider das Vergessen und für das Seelenheil. Memoria und Totengedenken im Mittelalter, hg. von Rainer BERNDT (Erudiri Sapientia, Studien zum Mittelalter und zur Rezeptionsgeschichte 9, Münster 2013) 199–226.

[81] SCHNEIDER, Bruderschaften (wie Anm. 4) 442; siehe auch ARIÈS, Geschichte (wie Anm. 1) 222–232.

[82] HÖLZLE, Tod (wie Anm. 23) 218–224. Siehe dazu detaillierter Klaus MILITZER, Totengedenken in den Statuten der Kölner Bruderschaften, in: Wider das Vergessen und für das Seelenheil (wie Anm. 80) 187–196.

wurden die Bücher auf den Altar gelegt und repräsentierten in dinglicher Form die Bruderschaft. Dies erklärt die prachtvolle Ausstattung der Bücher. Forscherinnen und Forscher sind sich allerdings darüber uneins, ob die Namen der verstorbenen Mitglieder im Rahmen der Liturgie vorgelesen wurden oder nicht[83]. Vermutlich wurden, wie beispielsweise für die Monikabruderschaft der Stadt Salzburg festgestellt worden ist, anfänglich alle Namen der Verstorbenen, und später, nachdem deren Anzahl zu groß geworden war, nur mehr die Namen der im letzten Quartal Verstorbenen und die Namen herausragender Stifter im Rahmen des Gottesdienstes laut verlesen[84]. Des Weiteren wird auch vermutet, dass unter dem Begriff des „Vorlesens" auch der Akt des Buchhinlegens auf dem Altar gemeint sein könnte[85]. Fraglos kam den Mitgliederlisten eine wichtige Rolle zu, da diese in gewisser Weise die Erinnerung bzw. die Vergangenheit einer Bruderschaft symbolisierten, die lebenden mit den verstorbenen Mitgliedern verband und die verstorbenen Mitglieder in rituellen Handlungen präsent machte. Allerdings weist Jean-Claude Schmitt in Bezug auf das mittelalterliche Totengedächtnis auf einen interessanten Aspekt hin. Er argumentiert dabei in die entgegengesetzte Richtung, nämlich dass die Memoria im Grunde genommen ein zwiespältiges Phänomen sei, denn sie stelle „einerseits eine Form des kollektiven Gedenkens dar und andererseits eine soziale Technik des Vergessens"[86]. Er geht davon aus, dass das Ziel der Memoria darin bestand, die Lebenden von den Toten zu trennen, deren Qualen im Fegefeuer so rasch wie möglich zu verkürzen, damit sie einen endgültigen Platz im Himmel fänden, um damit den Hinterbliebenen die Möglichkeit zu eröffnen, sie zu vergessen. Die Eintragung eines Namens in ein Totenbuch dränge die Verstorbenen „rasch in die Anonymität verblichener Generationen"[87] und erlaube es, die Toten auf ihren Platz zu verweisen. Wenn man Schmitts Argumentation folgt, würden auch die Totenbücher der Bruderschaften mehr dem Zweck des Vergessens denn des Erinnerns der verstorbenen Mitglieder gedient haben bzw. kann man dies als ein Vergessen durch den Einzelnen, aber ein ritualisiertes Erinnern durch das Kollektiv interpretieren.

3.5 Entwicklungen im 19. und 20. Jahrhundert

Die hier exemplarisch aufgezeigten Totendienste waren über Jahrhunderte hindurch zentral für das Selbstverständnis spätmittelalterlicher und frühneuzeitlicher Bruderschaften. Wenngleich es immer wieder Spannungen zwischen den Bruderschaften und der Amtskirche gegeben hat, so stellten diese keine Existenzbedrohung dar. Erst im Zeitalter der Aufklärung sollte sich der Druck sowohl von staatlicher als auch von kirchlicher Seite wieder erhöhen. So ließ Joseph II. im Jahr 1783 sämtliche Bruderschaften auflösen. Gleichzeitig setzte eine Art „Privatisierung" des Sterbebereiches und eine Distanzierung gegenüber dem Tod ein, die sich im Laufe des 19. Jahrhunderts immer stärker durchzusetzen vermochte. Die zuvor von der Kirche, von Priestern und/oder von Bruderschaften übernommenen Funktionen im Rahmen des Totendienstes gingen sukzessive als Folge

---

[83] ROLLO-KOSTER, Death (wie Anm. 72) 6–10; TERPSTRA, Confraternities (wie Anm. 47) 112.
[84] KLIEBER, Bruderschaften (wie Anm. 9) 579.
[85] Jean-Loup LEMAÎTRE, Les documents nécrologiques (Turnhout 1985) 13f.
[86] Jean-Claude SCHMITT, Die Wiederkehr der Toten. Geistergeschichten im Mittelalter (Stuttgart 1995) 17.
[87] Ebd.

der Medikalisierung und Bürokratisierung des 19. Jahrhunderts auf Staat und die Ärzteschaft über[88]. Die Bruderschaften konnten im 19. und 20. Jahrhundert auf Grund der genannten Entwicklungen nicht mehr an ihre Beliebtheit und ihre Erfolge der vorhergehenden Jahrhunderte anknüpfen.

4. Fazit

Spätmittelalterliche und frühneuzeitliche Bruderschaften waren nicht nur multifunktionale Dienstleister gewesen, sondern auch „institutions multiséculaires"[89], die religiöse, kultische, sozial-karitative, wirtschaftliche und politische Ziele konstant über viele Jahrhunderte hindurch verfolgten. Durch den Eintritt in eine Bruderschaft verpflichtete man sich dazu, nicht nur an den regelmäßigen Treffen, Jahrmählern, Prozessionen und Kirchenbesuchen teilzunehmen, sondern auch für sein eigenes Seelenheil, wie auch für das der anderen Mitglieder Sorge zu tragen. Man erklärte sich also dazu bereit, in die Gemeinschaft der lebenden und verstorbenen Bruderschaftsmitglieder zu investieren, in der Voraussicht, dass einem alles, das man zeitlebens Gutes für andere getan hatte, eines Tages im Jenseits um ein Vielfaches rückerstattet werden würde[90]. Gerade in katholisch geprägten Gebieten nahmen die Bruderschaften innerhalb der Passageriten des Todes einen wichtigen und zentralen Platz ein. Ihr primäres Ziel bestand darin, ihre Mitglieder zu unterstützen, Krankheit und Tod zu bewältigen. Abhängig von verschiedenen Faktoren (Anzahl der Mitglieder, finanzielle Ressourcen etc.) konnten die Bruderschaften einen oder mehrere der drei Eckpfeiler (Sterbebegleitung, Begräbnis, Memoria) des bruderschaftlichen Totendienstes anbieten.

Verstarb ein Bruderschaftsmitglied, setzte dies verschiedene Prozesse in Gange, die einem meist strengen, ritualisierten Schema folgten. Durch das Geläut der Glocken oder durch Boten wurden die Mitglieder der Bruderschaft dazu aufgefordert, des verstorbenen Mitglieds in persönlichen Gebeten zu gedenken und sich dem späteren Leichenzug anzuschließen. Die Leichenfolge zählte zur Ehrenpflicht der Mitglieder. Das geschlossene Auftreten einer Bruderschaft mit Kerzen, Fackeln, Kreuzen oder Fahnen verlieh dem Trauerzug eine imponierende Wirkung und bot somit eine Bühne für öffentliche Macht- und Prestigedemonstrationen. Die Pflege der Memoria war eine weitere grundlegende Aufgabe der Bruderschaften im Rahmen ihrer Totendienstaktivitäten. In Form von gemeinschaftlichem Gebet, der Feier von heiligen Messen sowie Ablässen u. v. m. kamen den verstorbenen Mitgliedern verschiedene Dienstleistungen zur Rettung ihrer Seelen zugute. Die hier überblicksartig dargelegten Totendienste waren über Jahrhunderte hinweg für das Selbstverständnis spätmittelalterlicher und frühneuzeitlicher Bruderschaften von zentraler Bedeutung und somit ein wesentliches Strukturmerkmal, eine unumstößliche Konstante aller bruderschaftlichen Zusammenschlüsse. Dies bedeutete allerdings nicht, dass die tatsächliche Form, die Qualität, die Intensität und der Umfang des Totendienstes überall genau gleich gewesen wären. Nicht nur von Region zu Region, sondern auch zwischen den bruderschaftlichen Zusammenschlüssen selbst konnte es diesbezüglich große Unterschiede und/oder Spezifika geben, beeinflusst beispielsweise durch die ungleiche

[88] KESSEL, Sterben (wie Anm. 3) 266f.
[89] CHIFFOLEAU, Confréries (wie Anm. 12) 786.
[90] Vgl. den Beitrag von Claudia RESCH in diesem Band.

Verteilung von materiellen Ressourcen oder weil sich die Ansichten über Heilswirkungen gewisser Rituale mit der Zeit verändert haben.

Viele Fragen bleiben noch offen. So müssten die genauen Korrelationen zwischen den Mitgliederzahlen und den finanziellen Ressourcen einer Bruderschaft und den damit verbundenen Einfluss auf die angebotenen Totendienste detaillierter untersucht werden. Ferner wäre ein Blick über die Konfessions- und Religionsgrenzen hinweg von Interesse, denn auch in kulturell und religiös anders geprägten Gemeinschaften gab es Vereinigungen, die von ihrer Struktur und Organisationsform her als Pendant zu den in den katholisch geprägten Gebieten weit verbreiteten Bruderschaften angesehen werden können[91]. Hier wäre eine vergleichende Studie der jeweils angebotenen Dienstleistungen mit Fokus auf den Totendienst sicherlich ein lohnendes Unterfangen. Schließlich bleibt zu fragen, inwieweit spezifische, den Totendienst betreffende Rituale auch heute noch in den meist in den südeuropäischen Ländern aktiven Bruderschaften immer noch ihre Anwendung finden.

---

[91] Vgl. dazu die Beiträge von Stefan SARACINO und Sylvie Anne GOLDBERG in diesem Band. Vgl. auch Sylvie Anne GOLDBERG, Crossing the Jabbok. Illness and Death in Ashkenazi Judaism in Sixteenth through Nineteenth Century Prague (Berkeley–Los Angeles 1996) 103–165.

(3)
SPEZIELLE TYPEN VON BRUDERSCHAFTEN

Abb.: Zwei Bruderschaftsmitglieder der Monika-Bruderschaft in Salzburg: Die beiden, weiß-
gekleidete Figuren in einer geknöpften Bruderschaftskutte führen Prozessionsstangen, eine
Kapuze bedeckt das Haupt wie ein Tuch; Quelle: Kostüm- und Trachtenbilder der Kuenburg-
Sammlung (Ende 18. Jahrhundert), Privatbesitz; Friederike PRODINGER–Reinhard R. HEINISCH,
Gewand und Stand. Kostüm- und Trachtenbilder der Kuenburg-Sammlung (Salzburg–Wien
1983) Tafel 46, zur Beschreibung S. 175, Nr. 90.

Die Rosenkranzbruderschaften in Kärnten in der Frühen Neuzeit

Christine Tropper

1. Zur Quellenlage

Rupert Klieber hat festgehalten, dass zu keinem Zeitpunkt eine kirchliche oder weltliche Behörde einen vollständigen Überblick über die bestehenden Fraternitäten besaß[1]. Für Kärnten ist diese Aussage zu bestätigen und hinzuzufügen, dass es auch für Historikerinnen und Historiker kaum möglich sein wird, je diesen vollständigen Überblick zu gewinnen. Gesicherte Erkenntnisse sind schwer zu erarbeiten, da die Quellenüberlieferung im Land mehr als dürftig ist[2]. Verantwortlich für die schmale Quellenbasis ist zumindest teilweise die hier sehr rigoros umgesetzte Aufhebung der Bruderschaften in josephinischer Zeit[3]. Älteres bruderschaftliches Schriftgut der Pfarren (wie Statuten und Gewohnheiten, Rechnungen, Bruderschaftsbücher etc.) hatten nach der Aufhebung keinen aktuellen Zweck und Nutzen mehr, dementsprechend zufällig ist die Überlieferung. Hinzu kommt, dass gleichzeitig mit der Aufhebung der Bruderschaften die Diözesanregulierung ins Werk gesetzt wurde. Das auf fünf bzw. sechs Diözangebiete aufgeteilte Land Kärnten[4] wurde nun den zwei Diözesen Gurk und Lavant zugewiesen. Eine Aktenablieferung der früher zuständigen Ordinariate an die neuen, vergrößerten Landesbistümer erfolgte nur sehr unvollständig, sodass das Schriftgut der geistlichen Obrigkeiten zu den Bruderschaften in Kärnten nur in geringem Maß vorhanden ist. Zudem verlor Kärnten zu Ende der theresianischen Zeit seine Selbständigkeit als Land und wurde der Verwaltung des Grazer Guberniums unterstellt. Das Aktenmaterial der Landeshauptmannschaft bzw.

---

[1] Rupert KLIEBER, Basisbewegung oder Instrument kirchlicher Domestizierung? Charakteristika und Dimensionen des neuzeitlichen Bruderschaftswesens im süddeutschen Raum, in: Staatsmacht und Seelenheil. Gegenreformation und Geheimprotestantismus in der Habsburgermonarchie, hg. von Rudolf LEEB–Susanne Cl. PILS–Thomas WINKELBAUER (VIÖG 47, Wien–München 2007) 161–167, hier 166.

[2] Kärnten ist aber keine Ausnahmeerscheinung. Willibald KATZINGER, Die Bruderschaften in den Städten Oberösterreichs als Hilfsmittel der Gegenreformation und Ausdruck barocker Frömmigkeit, in: Bürgerschaft und Kirche, hg. von Jürgen SYDOW (Stadt in der Geschichte 7, Sigmaringen 1980) 97–112, hier 98, stellt für Oberösterreich einen ganz ähnlichen Befund fest.

[3] Siegfried KRISTÖFL, Katholischer Pöbel und plattes Land. Zur Durchführung josephinischer Reformen in der Diözese Gurk 1780–1790 (Dipl. Salzburg 1989) 128, verweist darauf, dass es im Gegensatz zu anderen josephinischen Maßnahmen bei der Aufhebung der Bruderschaften keinen Widerstand der Bevölkerung gab.

[4] Erzdiözese Görz, Diözese Gurk, Diözese Laibach, Diözese Lavant, Erzdiözese Salzburg; für ihren Millstätter Distrikt beanspruchten die Jesuiten ebenfalls Ordinariatsrechte. Vgl. Peter G. TROPPER, Vom Missionsgebiet zum Landesbistum. Organisation und Administration der katholischen Kirche in Kärnten von Chorbischof Modestus bis zu Bischof Köstner (Klagenfurt 1996) 212f., 229–231.

der Repräsentation und Kammer musste nach Graz abgeliefert werden und kehrte erst nach 1848 auf dem Umweg über Laibach wieder nach Klagenfurt zurück[5]. Das hat zu Überlieferungsverlusten bzw. zur Zerstreuung des Materials geführt.

Ergebnis der dargelegten Überlieferungsgeschichte ist, dass bis jetzt in Kärnten keine frühneuzeitliche Bruderschaft bekannt ist, für die sich von der Gründung bis zur Auflösung – oder zumindest über einen längeren Zeitraum – Quellen zu Organisation, geistlichem Leben, Finanzen, Mitgliedern etc. einigermaßen vollständig erhalten hätten[6]. Ebenso fehlen die sonst zahlreichen Druckwerke, also Andachts-, Gebet- und Gesangbücher, aber auch Statuten, Bruderschaftszettel usw., fast vollständig. Alle folgenden Angaben sind daher vorläufig.

2. Übersicht über die Bruderschaften in Kärnten

Im Jahr 1784 hat Christoph Straub, Registratursadjunkt des Grazer Guberniums, im Zug der Ordnung der Kärntner Stiftungsakten – nach der Aufhebung der Klagenfurter Landeshauptmannschaft waren alle Stiftungsakten ungeordnet und ohne zugehörige Indices von Klagenfurt nach Graz verbracht worden – ein Verzeichnis der in Kärnten bestehenden Pfarrkirchen, Filialen, Vikariate, Benefizien und Bruderschaften, sowie Stifte und Klöster geordnet nach den Vogteiherrschaften angelegt[7]. Dieses Verzeichnis führt 307 Bruderschaften für Kärnten namentlich an, davon 90 Christenlehrbruderschaften[8]. Nicht eindeutig angegeben ist, an welchen Kirchen innerhalb der Pfarre sich die genannten Bruderschaften befanden. Im Verzeichnis sind 239 Pfarren genannt[9], d. h. in Kärnten existierten pro Pfarre 1,29 Bruderschaften (einschließlich Christenlehrbruderschaften) bzw. 0,91 Bruderschaften (ohne Christenlehrbruderschaften) (Tabelle 1)[10]. Konkret gab es aber immerhin 76 Pfarren (also fast ein Drittel) ohne Bruderschaft, bei Weglassung der Christenlehrbruderschaften waren es sogar 104 Pfarren ohne Bruderschaft[11]. 88 Pfarren

---

[5] Jože Žontar, Die Verwaltung der Steiermark, Kärntens, Krains und des Küstenlandes 1747/48 bis 1848, in: Handbücher und Karten zur Verwaltungsstruktur in den Ländern Kärnten, Krain, Küstenland und Steiermark bis zum Jahre 1918. Ein historisch-bibliographischer Führer, hg. von dems. (Veröffentlichungen des Steiermärkischen Landesarchives 15, Graz u. a. 1988) 31–49, bes. 34f.; ders., Die Verwaltung der Steiermark, Kärntens, Krains und des Küstenlandes 1848–1918, in: ebd. 50–63, bes. 50–53.

[6] Dieser Befund bezieht sich auf die in Kärnten bzw. Wien vorhandenen Quellen. Forschungen in Salzburg, Marburg (Diözese Lavant) und Udine (Patriarchat Aquileia bzw. Erzdiözese Görz) bzw. in Graz und Laibach waren aus zeitlichen Gründen nicht möglich.

[7] KLA, Milde Stiftungen I, Fasz. 106, unfoliiert. Die Angaben über die Entstehung des Verzeichnisses finden sich in der Vorrede des Registratursadjunkten Straub. Nicht klar ist, warum das Verzeichnis, das mit 1784 datiert ist, bereits die neue Diözesaneinteilung verwendet, obwohl die Abtretung der Pfarren erst 1786 erfolgte.

[8] Ebd. Das Verzeichnis führt für Bruderschaften zwar nur 297 Nummern auf, doch wurden etliche Nummern irrtümlich doppelt bzw. sogar dreifach vergeben. Christenlehrbruderschaften wurden hauptsächlich auf Initiative der Bischöfe zur Hebung des Glaubenswissens ihrer Diözesanen gegründet und müssten gesondert behandelt werden.

[9] Ebd. Das Verzeichnis führt für die Pfarren 238 Nummern auf, doch wurde die Nr. 29 doppelt vergeben (das zweite Mal als 29 ½).

[10] Höhere Zahlen führt Peter Hersche, Muße und Verschwendung. Europäische Gesellschaft und Kultur im Barockzeitalter 1 (Freiburg/Br.–Basel–Wien 2006) 400, für Bayern und Breslau an.

[11] Bernhard Schneider, Die Frömmigkeitspraxis im frühneuzeitlichen Erzbistum Trier – Das Beispiel der Bruderschaften und Wallfahrten, in: Glaubensformen zwischen Volk und Eliten. Frühneuzeitliche Praktiken und Diskurse zwischen Frankreich und dem Heiligen Römischen Reich, hg. von Thomas Nicklas (Halle an der Saale 2012) 61–84, hier 69, kommt im 18. Jahrhundert für das Trierer Gebiet (einschließlich der Christenlehrbruderschaften) zu ganz ähnlichen Zahlen. Ein Drittel der Pfarren hatte keine Bruderschaft. Allerdings weist er

verfügten über eine Bruderschaft, 40 Pfarren über zwei, 19 Pfarren über drei, neun Pfarren über vier, zwei Pfarren über fünf, drei Pfarren über sechs und zwei Pfarren über sieben Bruderschaften. Das Maximum von sieben Bruderschaften pro Pfarre wurde in Guttaring (Diözese Gurk, alt: Diözese Salzburg) und Bleiburg (Diözese Lavant, alt: Diözese Görz) erreicht. Auf die Bevölkerungszahl gerechnet – im Jahr 1795 hatte Kärnten 294.981 Einwohnerinnen und Einwohner[12] – kam in Kärnten eine Fraternität auf 961 bzw. 1.359 Einwohnerinnen und Einwohner (einschließlich bzw. ohne Christenlehrbruderschaften), was im Vergleich (Salzburg-Land 1:1.000, Wien 1:1.150, Niederösterreich 1:1.533)[13] eine durchschnittliche Dichte des Instituts Bruderschaft darstellt. Allerdings existieren erhebliche Unterschiede bezüglich der einzelnen Diözesangebiete.

Tabelle 1: Bruderschaften in Kärnten laut Verzeichnis 1784.

Raum	Bruderschaften pro Pfarre (einschl. Christenlehrb.)	Bruderschaften pro Pfarre (ohne Christenlehrb.)
Kärnten gesamt	1,3	0,9
Erzdiözese Görz	1,7	1,3
Diözese Gurk	0,6	0,5[14]
Diözese Laibach	1	1
Diözese Lavant	1,3	1
Millstätter Distrikt	1	0,8
Erzdiözese Salzburg	1	0,7

Über das genannte Verzeichnis hinaus konnten bis jetzt für die Zeit nach der Reformation weitere 100 Bruderschaften, davon 28 Christenlehrbruderschaften, nachgewiesen werden (Tabelle 2). Zum Teil ist bei diesen Einrichtungen allerdings fraglich, ob sie überhaupt ins Leben traten, bzw. wie lange sie aktiv waren[15].

---

auf große regionale Unterschiede hin.

[12] Karl Wilhelm MAYER, Statistik und Topographie des Herzogthums Kärnten (Klagenfurt 1796) 46.

[13] Die Zahlen bei KLIEBER, Basisbewegung (wie Anm. 1) 163f. Leider ist nicht angegeben, ob die Zahlen die Christenlehrbruderschaften beinhalten oder nicht. Siehe auch den Forschungsüberblick von Martin SCHEUTZ in diesem Band.

[14] Die auffällig niedrige Zahl an Bruderschaften in der Diözese Gurk ist den Reformen des Gurker Bischofs Joseph Franz Anton von Auersperg (1773–1784) geschuldet, der in seinem Diözesansprengel viele der josephinischen Reformen, so auch die Abschaffung bzw. Reduzierung der Bruderschaften, vorwegnahm. Vgl. August LEIDL, Auersperg, Joseph Franz Anton Reichsgraf von, in: Die Bischöfe des Heiligen Römischen Reiches 1648 bis 1803. Ein biographisches Lexikon, hg. von Erwin GATZ (Berlin 1990) 19–21, hier 19.

[15] Erfasst wurden sämtliche Nennungen von Bruderschaften in den Archivinformationssystemen des Kärntner Landesarchivs und des Archivs der Diözese Gurk, die in ÖStA, AVA, StHB, Kart. 258, 259 genannten Bruderschaften sowie die anlässlich der Salzburger Visitation 1615/16 (AT-AES 1.2, 11/90) beschriebenen, nicht handwerklich bestimmten Fraternitäten in Kärnten und die bei der Visitation vom Görzer Erzbischof Carl Michael von Attems 1762 untersuchten Bruderschaften in seinem Kärntner Diözesansprengel. Vgl. Peter G. TROPPER, Die Berichte der Pastoralvisitationen des Görzer Erzbischofs Karl Michael von Attems in Kärnten von 1751 bis 1762 (FRA II/87, Wien 1993) 307–551. Vor allem zahlreiche, von Erzbischof Attems begründete Christenlehrbruderschaften, dürften nie wirksam geworden sein bzw. keine lange Lebensdauer besessen haben, da sie im Verzeichnis von 1784 fehlen.

Tabelle 2: Nachweisbare frühneuzeitliche Bruderschaften in Kärnten (Forschungsstand 2017).

Raum	Bruderschaften pro Pfarre (einschl. Christenlehrb.)	Bruderschaften pro Pfarre (ohne Christenlehrb.)
Kärnten gesamt	1,7	1,2
Erzdiözese Görz	2,5	1,6
Diözese Gurk	1	0,9
Diözese Laibach	1	1
Diözese Lavant	1,6	1,5
Millstätter Distrikt	1	0,8
Erzdiözese Salzburg	1,2	0,85

Abgesehen von den Christenlehrbruderschaften (96) stand an der Spitze der Beliebtheits- bzw. Verbreitungsskala in Kärnten eindeutig die Rosenkranzbruderschaft mit einem Vorkommen an 55 Kirchen[16], gefolgt von der Fronleichnamsbruderschaft (49), Marienbruderschaften der unterschiedlichsten Titel (33) und der Skapulierbruderschaft, schon weit abgeschlagen, mit 20 Einrichtungen. Die weiteren Plätze belegen die Armeseelenbruderschaft (19), die Todesangst-Christi-Bruderschaft (17), Bruderschaften zu Ehren der Hlst. Dreifaltigkeit (9), der hl. Barbara (9), des hl. Michael (8), des hl. Sebastian (und Rochus) (10), der hl. Familie (7), der hl. Anna (7) sowie Bruderschaften unter dem Titel weiterer Heiliger, besonderer Glaubensgeheimnisse oder Andachtsformen[17].

Für die seit der Gegenreformation belegten Bruderschaften konnte bis dato nur bei 29 eine Kontinuität seit dem Mittelalter nachgewiesen werden[18]. Am häufigsten, nämlich in 17 Fällen, ist die Kontinuität bei den Fronleichnamsbruderschaften gegeben. In vier Fällen wurden alte Marienbruderschaften unterschiedlicher Titel weitergeführt. Je ein Beispiel gibt es für die Kontinuität einer Annabruderschaft (Keutschach, St. Anna), einer Dreifaltigkeitsbruderschaft (Maria Saal, im Mittelalter auch als Arme-Leut- oder Bettlerbruderschaft bezeichnet), einer Florian- (Stein bei Viktring), einer Leonhard- (Metnitz), einer Michaels- (im Verzeichnis dann Maria und Michael, Malborgeth) und einer Skapulierbruderschaft (Keutschach). In einem Fall wurde gesichert, in drei weiteren Fällen

---

[16] Ähnliche Ergebnisse bei Stefan Jäggi, Rosenkranzbruderschaft. Vom Spätmittelalter zur Konfessionalisierung, in: Der Rosenkranz. Andacht, Geschichte, Kunst, hg. von Urs-Beat Frei–Fredy Bühler (Bern 2003) 91–105, hier 95, für die Zentralschweiz, bei Schneider, Frömmigkeitspraxis (wie Anm. 11) 69, für das Trierer Land (allerdings mit großen regionalen Unterschieden), bei Johannes Neuhardt, Der Rosenkranz verändert das Leben. Am Beispiel der Stadt Kitzbühel 1620–1785, in: Edelsteine, Himmelsschnüre, Rosenkränze und Gebetsketten, hg. von Peter Keller (Katalog zur Sonderschau des Dommuseums zu Salzburg 33, Salzburg 2010) 49–55, hier 50, bzw. Hans Hochenegg, Bruderschaften und ähnliche religiöse Vereinigungen in Deutschtirol bis zum Beginn des zwanzigsten Jahrhunderts (Schlern-Schriften 272, Innsbruck 1984) 39f., für Tirol. Für die Diözese Brixen nennt Markus Klammer, Das religiöse Bruderschaftswesen in der Diözese Brixen vom Konzil von Trient bis zur Aufhebung 1783 (Diss. Innsbruck 1983) 443 Bruderschaften, davon 56 Rosenkranzbruderschaften; für die Steiermark führt Johann Sepperer, Die kirchlichen Bruderschaften in der Steiermark. Aufhebung und Wiedererrichtung (Diss. Graz 1969) Anhang IV/6, insgesamt 483 Bruderschaften an, davon 111 Rosenkranzbruderschaften.

[17] Jede der letztgenannten Bruderschaften kam höchstens fünf Mal oder seltener in Kärnten vor.

[18] Mitgezählt wurden die Bruderschaften (ausgenommen Handwerkerbruderschaften), die in der Salzburger Visitation 1615/16 (AT-AES 1.2, 11/90, Visitationsprotokoll) angeführt sind. Für diese ist eine mittelalterliche bzw. vorreformatorische Gründung anzunehmen, da neuerliche Bruderschaftsgründungen in Kärnten nach der Gegenreformation erst spät einsetzten.

mit einiger Wahrscheinlichkeit eine alte Marienbruderschaft als Rosenkranzbruderschaft erneuert oder wiederbelebt bzw. weitergeführt. In einigen Fällen existieren Belege für eine nicht näher bezeichnete Bruderschaft des Mittelalters an Orten, wo auch später eine Bruderschaft aufscheint und eine Überführung vermutet werden könnte.

Die überwiegende Zahl der bislang seit vor der Reformation kontinuierlich nachzuweisenden Bruderschaften findet sich in den Diözesen Salzburg und Gurk. Dies ist aber wohl weniger als reale Situation zu interpretieren, sondern als ein Überlieferungs- bzw. Quellenproblem. Für Salzburg liegt mit dem Protokoll der Visitation von 1615/16 eine Quelle vor, welche die Erfassung zumindest jener mittelalterlichen Bruderschaften im Kärntner Anteil der Diözese erlaubt, die während der Reformationszeit nicht gänzlich abgekommen waren. Außerdem konnte für Salzburg und Gurk die urkundliche Überlieferung ausgewertet werden. Für die übrigen Diözesen (Patriarchat Aquileia/Erzdiözese Görz, Diözesen Lavant und Laibach) sind die Quellenfunde eher zufälliger Natur.

Trotz der problematischen Quellengrundlage wird man auf Grund der bisherigen Ergebnisse annehmen dürfen, dass das Bruderschaftswesen in Kärnten durch einen starken Neuansatz nach dem Tridentinum bzw. nach der Gegenreformation gekennzeichnet ist[19]. Dieser Neuansatz brachte neben den vom Konzil geforderten Neuerungen nach dem derzeitigen Eindruck eine starke Angleichung der Bruderschaften, sowohl in ihren Satzungen als auch in ihrem Auftreten[20].

3. Zur Geschichte der Rosenkranzbruderschaften

Von den in Kärnten bestehenden Rosenkranzbruderschaften reicht keine in das Mittelalter zurück[21]. Die Rosenkranzbruderschaften haben allerdings grundsätzlich keine lange mittelalterliche Tradition, sondern sind erst im späteren 15. Jahrhundert entstanden. Die Legende führt das Rosenkranzgebet und die -bruderschaft auf den hl. Do-

---

[19] Auch Rupert KLIEBER, Neuzeitliche Bruderschaften und Liebesbünde. Entwicklungsphasen eines versunkenen religiösen Dienstleistungssektors am Beispiel Salzburg 1600–1950. *MIÖG* 108 (2000) 319–350, hier 324, sieht bei den Salzburger Bruderschaften wenig Tradition vom Mittelalter zur Neuzeit. Zu untersuchen bleibt, inwieweit die neu gegründeten Bruderschaften dem tridentinischen Reformmodell entsprachen. Rebekka VON MALLINCKRODT, Unsichtbare Mächte – Repräsentative Machtlosigkeit? Ein Vergleich politischer Einflussmöglichkeiten und architektonischer Repräsentation frühneuzeitlicher Bruderschaften in Venedig und Köln, in: Machträume der frühneuzeitlichen Stadt, hg. von Christian HOCHMUTH (Konflikte und Kultur – Historische Perspektiven 13, Konstanz 2006) 333–353, hier 345, kommt für Köln zu dem Ergebnis, dass nur ca. ein Drittel der Bruderschaften dem nachtridentinischen Reformmodell entsprach, also nach der Gegenreformation gegründet worden war, über eine Bestätigung durch den Bischof verfügte und dessen Visitationsbefugnis unterlag sowie von einem Geistlichen geleitet wurde.

[20] Ähnlich Martin SCHEUTZ, Bruderschaften als multifunktionale Dienstleister der Frühen Neuzeit. Das Beispiel der vereinigten Barbara- und Christenlehrbruderschaft Herzogenburg (1637/1677–1784), in: 900 Jahre Stift Herzogenburg. Aufbrüche – Umbrüche – Kontinuität, hg. von Günter KATZLER–Victoria ZIMMERL-PANAGL (Sonderpublikation des Vereins für Landeskunde von Niederösterreich, Innsbruck 2013) 283–315, hier 284. Der Grazer Jesuitenrektor erließ 1666 für alle Bruderschaften an den den Jesuiten unterstehenden Kirchen in Kärnten einheitliche Statuten. KLA, Millstatt, Kart. 7, Nr. 7.1, fol. 56ʳ–57ʳ.

[21] Auch in Salzburg hatte laut Rupert KLIEBER, Mit der „Betschnur“ aus dem Fegefeuer ins Paradies gezogen werden … Die Salzburger Rosenkranz-Bruderschaften des 17. und 18. Jahrhunderts, in: Edelsteine (wie Anm. 16) 33–48 keine Rosenkranzbruderschaft mittelalterliche Wurzeln. Die Gründung einer Rosenkranzbruderschaft in Mariapfarr im Lungau durch Friesacher Dominikaner im Jahr 1548 erscheint nicht gesichert, ebd. 46. In der Diözese Brixen wurde die älteste Rosenkranzbruderschaft laut KLAMMER, Bruderschaftswesen (wie Anm. 16) 27, Anm. 10, im Jahr 1554 gegründet.

minikus zurück. In seiner heutigen Form hat sich das Gebet aber erst im Spätmittelalter herausgebildet[22]. Seine größte Förderung erfuhr es durch den Dominikanerorden. Die Verbreitung ist wesentlich mit den Rosenkranzbruderschaften verknüpft, deren erste im heutigen Belgien (Douai, 1468), deren wichtigste für die weitere Entwicklung 1475 in Köln von Jakob Sprenger gegründet wurde[23]. Die Mitglieder der Kölner Fraternität – unter ihnen Kaiser Friedrich III. und seine Familie – verpflichteten sich zum Beten von 150 Ave Maria wöchentlich. Erstmals in einer Schrift der Ulmer Rosenkranzbruderschaft aus dem Jahr 1483 ist als Verpflichtung der Mitglieder das Beten des Marianischen Psalters mit den 15 Geheimnissen (gemäß dem heutigen freudenreichen, schmerzhaften und glorreichen Rosenkranz) erwähnt, wie er künftig für alle Mitglieder von Rosenkranzbruderschaften und das Rosenkranzgebet allgemein verpflichtend bzw. üblich werden sollte[24]. Besondere Förderung erfuhr das Rosenkranzgebet durch den Dominikanerpapst Pius V., der den Sieg über die Türken in der Seeschlacht von Lepanto diesem Gebet zuschrieb und 1571 das Fest „Maria della Victoria" oder „Rosenkranzfest" einführte (1. Sonntag im Oktober, seit 1913 fix 7. Oktober), das zum Hauptfest aller Rosenkranzbruderschaften wurde. Bereits 1569 erhielt der Dominikanerorden die ausdrückliche päpstliche Erlaubnis, Rosenkranzbruderschaften aufzurichten und Ablässe zu erteilen[25]. Papst Pius V. hat dem Ave Maria auch erst den Bittteil hinzugefügt und im von ihm 1568 eingeführten und zum allgemeinen Gebrauch vorgeschriebenen römischen Brevier den Wortlaut verbindlich festgelegt. In dieser päpstlich empfohlenen Form ist das Ave Maria dann auch beim Rosenkranzgebet übernommen worden. In der deutschsprachigen Form wird das jeweilige Mysterium relativisch in der Mitte des Gebetes an den Namen Jesu angefügt, d. h. zehnmal wiederholt, in den romanischen Ländern wird das jeweilige „Gesätz" nur einmal am Beginn jeder Zehnergruppe genannt. Das Rosenkranzgebet ist zwar stark marianisch gefärbt, durch die Nennung der Mysterien aus dem Leben und Wirken Jesu jedoch in seinem Kern christologisch ausgerichtet[26]. Die marianische Färbung garantierte große Volkstümlichkeit, der christologische Kern machte es zu einem wichtigen Mittel katechetischer Bemühungen der Gegenreformationszeit.

---

[22] Zur Geschichte des Rosenkranzgebetes und der Rosenkranzbruderschaften vgl. Médard BARTH, Die Rosenkranzbruderschaften des Elsass, geschichtlich gewürdigt. *Archives de l'église d'Alsace* 32 (1967/68) 53–108, hier 56–62; Wolfgang KLIEM, Die spätmittelalterliche Frankfurter Rosenkranzbruderschaft als volkstümliche Form der Gebetsverbrüderung (Diss. Frankfurt/Main 1963); Andreas HEINZ, Die Entstehung des Leben-Jesu-Rosenkranzes, in: Der Rosenkranz (wie Anm. 16) 23–47, bes. 38f.; Moritz JÄGER, Mit Bildern beten. Bildrosenkränze, Wundenringe, Stundengebetsanhänger (1413–1600). Andachtsschmuck im Kontext spätmittelalterlicher und frühneuzeitlicher Frömmigkeit (Diss. Gießen 2012) 100–103.
[23] HEINZ, Entstehung (wie Anm. 22) 38f. Die älteste Rosenkranzbruderschaft auf heute österreichischem Gebiet dürfte in St. Pölten im Jahr 1496 gegründet worden sein; BARTH, Rosenkranzbruderschaften (wie Anm. 22) 60.
[24] HEINZ, Entstehung (wie Anm. 22) 38f.; JÄGGI, Rosenkranzbruderschaft (wie Anm. 16) 92; KLIEM, Frankfurter Rosenkranzbruderschaft (wie Anm. 22) 59.
[25] KLAMMER, Bruderschaftswesen (wie Anm. 16) 57: Bulle „Consueverunt Romani Pontifices" von Pius V. vom 17. September 1569.
[26] HEINZ, Entstehung (wie Anm. 22) 41f.

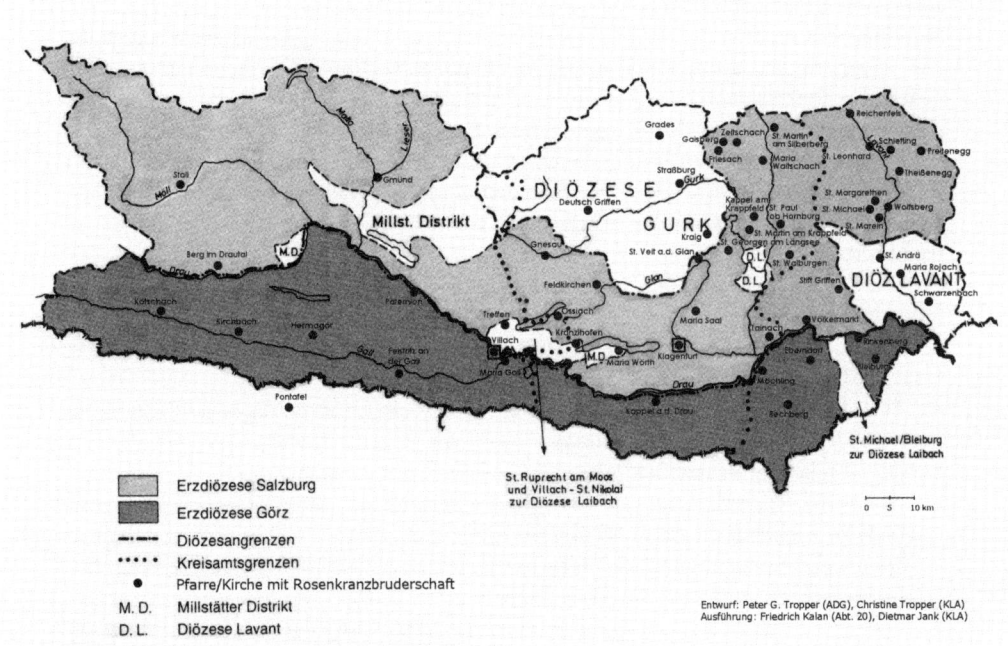

Abb. 1: Rosenkranzbruderschaften in Kärnten

4. Rosenkranzbruderschaften in Kärnten

4.1 Quellen, Regeln, Satzungen

Von den in Kärnten eindeutig nachweisbaren 56 Rosenkranzbruderschaften (siehe den Anhang) konnte bis jetzt für zehn kein Aktenmaterial außer dem Eintrag im 1784 angelegten Verzeichnis[27] (und den zugehörigen Gubernialprotokollen) aufgefunden werden[28]. Umgekehrt sind 17 Rosenkranzbruderschaften durch Quellen belegt, die nicht im Stiftungsverzeichnis vorkommen.

Für Kärnten sind keine gedruckten Regeln/Statuten einer Rosenkranzbruderschaft überliefert, ebenso fehlen Einschreibzettel, die häufig die grundlegenden Satzungen wiedergaben. In Maria Saal dürften Drucke, die über die Rosenkranzbruderschaft, ihre Regel und die zu gewinnenden Ablässe informierten, nur von einzelnen Mitgliedern erworben worden sein[29]. Den meisten genügte zur Information ein Exemplar der Regel, das gerahmt in der Kirche von Maria Saal aufgehängt war[30]. Zumindest ab einem gewissen Zeitpunkt bekam jedes Mitglied ein sog. Stundbüchel. Wann diese Praxis eingeführt wurde, wissen wir nicht,

---

[27] KLA, Milde Stiftungen I, Fasz. 106.

[28] Das könnte allerdings zum Teil auch daran liegen, dass das Aktenmaterial der Pfarrarchive, das in Kärnten im Archiv der Diözese Gurk zentralisiert wurde, erst zum Teil aufgearbeitet ist und eine Einsichtnahme in ungeordnetes Material nicht möglich war.

[29] Im Rechnungsjahr 1646/47 verkaufte die Bruderschaft z. B. 32, im folgenden Jahr zehn Exemplare von *Bericht, Regel und Indulgenzen* der Bruderschaft; ADG, PA Maria Saal, Hs. 330, 331.

[30] Ebd. Hs. 330.

aber schon im Jahr 1663 erhielt der Klagenfurter Buchdrucker Georg Khramer für 2.000 Stundbüchl immerhin 20 fl.[31]. Im Umfang waren diese Unterlagen bescheiden[32], aber die Zahl spricht für eine große Mitgliederzahl der Bruderschaft, vor allem, da im Jahr 1665/66 neuerlich 1.000 Exemplare angeschafft werden mussten[33]. Selbst von diesen kleinen, aber ehemals in großer Zahl vorhanden gewesenen Druckwerken ist kaum etwas erhalten[34].

Da aber alle Rosenkranzbruderschaften Glieder der dominikanischen Erzbruderschaft waren und auch das überlieferte Quellenmaterial in diese Richtung weist, ist mit keinen großen Abweichungen von den allgemeinen Vorschriften zu rechnen[35]. Diese sahen (in nachtridentinischer Zeit) vor:

- Die Bruderschaft sollte ihr Zentrum an einem Rosenkranzaltar in der Kirche, wo sie errichtet war, haben[36].
- Bei der Aufnahme durfte es keinerlei Beschränkungen hinsichtlich Geschlecht, Alter und Stand geben.
- Aufnahme und Mitgliedschaft hatten grundsätzlich gebührenfrei zu sein, allerdings waren freiwillige Beiträge erwünscht.
- Die Mitglieder mussten in ein Bruderschaftsbuch eingetragen werden.
- Die einzige Verpflichtung der Mitglieder bestand im Beten eines Marianischen Psalters wöchentlich. Zeit und Ort für dieses Gebet waren nicht vorgeschrieben, es konnte allein oder zusammen mit anderen, zu Hause, in der Kirche, in der freien Natur etc. gebetet und sogar von einer Ersatzperson verrichtet werden.
- Auch Verstorbene konnten in die Bruderschaft eingeschrieben werden, falls Lebende für sie das Beten des Psalters übernahmen.
- Die Nichterfüllung der bescheidenen Verpflichtung bedeutete keinerlei Sünde und zog keine Strafe nach sich.

---

[31] Ebd. Hs. 341.

[32] Das aus dem späten 18. Jahrhundert erhaltene Exemplar (ADG, Alte Pfarrakten, Maria Saal V) umfasst nur acht Seiten im Format 13 x 7 cm.

[33] ADG, PA Maria Saal, Hs. 342.

[34] Ein einziges Exemplar eines Stundbüchels aus dem Jahr 1776 findet sich in ADG, Alte Pfarrakten, Maria Saal V.

[35] Im Jahr 1782 konnte der Propst von Kraig keine Statuten für die an seiner Kirche bestehende Rosenkranzbruderschaft finden. Er berichtet, dass den Mitgliedern auch nie welche übermittelt wurden; ADG, Alphabetische Ablage, Vereine, Kart. 8, Bericht des Propstes von Kraig über die Rosenkranzbruderschaft, 4. Februar 1782. Der Pfarrer von Deutsch Griffen antwortete auf die Frage nach den Statuten nur, dass wöchentlich ein ganzer Psalter vorgeschrieben und außerdem das sog. Stundgebet eingeführt sei; ebd. Bericht des Pfarrers von Deutsch Griffen über die Rosenkranzbruderschaft, 13. Februar 1782. Auch hier dürften die Mitglieder nie gedruckte Satzungen erhalten haben. Das Fehlen von Statuten in Kärnten ist umso bedauerlicher, da Klieber in den Satzungen der Zeit von Erzbischof Max Gandolph deutliche Veränderungen feststellt, die den Willen zur Umsetzung der katholischen Reform zeigen; KLIEBER, Betschnur (wie Anm. 21) 43.

[36] Dieser Bestimmung scheint in Kärnten nicht durchgängig entsprochen worden zu sein. Laut Ernst BACHER–Gabriele RUSSWURM-BIRÓ–Paul GLEIRSCHER, Kärnten (Dehio-Handbuch. Die Kunstdenkmäler Österreichs. Topographisches Denkmälerinventar, Wien ³2001) gibt es nur an folgenden Kirchen, an denen Rosenkranzbruderschaften existierten, heute noch einen Rosenkranzaltar: Deutsch Griffen, Kötschach, St. Marein im Lavanttal, Straßburg und Völkermarkt; in Bad St. Leonhard im Lavanttal hat die Pfarrkirche keinen Rosenkranzaltar, es befindet sich aber einer in der Filialkirche St. Kunigunde. In der Pfarrkirche Kamp ist ein Rosenkranzaltar von ca. 1700 erhalten, obwohl sich dort keine Rosenkranzbruderschaft nachweisen lässt. Natürlich sind die zahlreichen, weitgehend nicht bekannten Veränderungen in der Ausstattung der Kirchen, zu beachten, trotzdem erscheint die Zahl der vorhandenen Rosenkranzaltäre im Vergleich zur Zahl der Bruderschaften äußerst gering. Laut TROPPER, Berichte der Pastoralvisitationen (wie Anm. 15) verfügten folgende Kirchen, an denen Rosenkranzbruderschaften belegt sind, auch über einen Rosenkranzaltar: Kappel an der Drau (32), Maria Gail (64), Paternion (223), Kötschach (292), Möchling (506). In Hermagor (272) und Villach-St. Jakob (316) nennt die Visitation die Rosenkranzbruderschaft aber keinen Rosenkranz-, sondern nur allgemein einen Marienaltar.

Abb. 2: Rosenkranzaltar in der Pfarrkirche
Völkermarkt (Foto: Peter G. Tropper).

Erwartet wurde von den Mitgliedern die Teilnahme an den Bruderschaftsgottesdiensten (jeweils am ersten Monatssonntag, an Marienfesten und am Rosenkranzfest),
an Predigten und Prozessionen an den Monatssonntagen, an den Seelämtern für die Bruderschaftsmitglieder (viermal jährlich oder monatlich) sowie an den Begräbnissen von
verstorbenen Mitgliedern. Erwünscht waren Beichte und Kommunion vor der Aufnahme
sowie öfters das Jahr hindurch. Jedes Mitglied sollte den geweihten (vorschriftsmäßigen,
für 15 bzw. fünf Gesätze geeigneten) Rosenkranz ständig bei sich tragen. Garantiert waren
den Mitgliedern zahllose Ablässe und alle Gnaden, die durch die Mitglieder der Bruderschaft, aber auch durch sämtliche Mitglieder des Predigerordens erworben wurden,
ebenso das Begräbnis durch die Bruderschaft und das Totengedenken sowie die entsprechenden Seelenmessen[37].

---

[37] Die Satzungen wurden wiedergegeben gemäß Liborius GROS, Marianisches Lust-Gärtlein […] (Kon-
stanz u. a. 1754) 4–9, *Deß Heiligen Rosenkrantz Ertz-Bruderschafft Einverleib-Regel und Gnadentestimonium*
(Beilage zu ADG, PA Paternion, Hs. 53: Einschreibzettel für Lorenz Gauner aus Tröpolach in Kärnten in die
Rosenkranzbruderschaft zu Stuhlfelden) und *Kurzer Bericht von der gnadenreichen Erzbruderschaft Jesu, Mariae
des heiligen Rosenkranzes* […] (ADG, Alphabetische Ablage, Vereine, Kart. 1). Rebekka VON MALLINCKRODT,
Struktur und kollektiver Eigensinn. Kölner Laienbruderschaften im Zeitalter der Konfessionalisierung (Veröf-
fentlichungen des Max-Planck-Instituts für Geschichte 209, Göttingen 2005) 225, betont die neue Gestalt der
Rosenkranzbruderschaften nach dem Tridentinum, da nun häufige Beichte und Kommunion, gemeinschaftlicher Vollzug des Rosenkranzgebetes etc. gefordert wurden.

4.2 Zur Gründung: Zeithorizont, Stifter, Gründungsvorgang

Ein (ungefähres) Gründungsdatum konnte nur für 17 Rosenkranzbruderschaften in Kärnten eruiert werden, die näheren Gründungsumstände zumindest sehr rudimentär für neun Bruderschaften.

Tabelle 3: Gründungszeit der Kärntner Rosenkranzbruderschaften

Ort	Gründungsdatum	Gründungsinitiative
Maria Saal	1627 bzw. 1644	Lokale Geistlichkeit (Dechant des Kollegiatkapitels)
Kötschach	1636	Pfarrer?
St. Veit an der Glan	1639[38]	Carl Heller
Stift Griffen	1643	Unbekannt
Straßburg	vor 1648[39]	Unbekannt
Maria Gail	1655	Pfarrer Johann Baptist Bleditsch, Kirchenkämmerer Michael Jonach
Tainach	1663	Erzpriester und Propst von Völkermarkt mit Sitz in Tainach
Deutsch Griffen	1664	Pfarrgemeinde
Gmünd	1671	Anna Theresia Gräfin von Lodron
Kraig	1674[40]	Unbekannt
St. Margarethen bei Wolfsberg	1705	Unklar (ev. Andre Ludwig Freiherr von Kulmer)
Feldkirchen	1711/1721	Bürger Mathias Cramer, Erzpriester von Friesach
Paternion	1713	Johann Heinrich Ainether von Aineth, Pfleger der Herrschaft Paternion
Maria Wörth[41]	1713	Unklar (ev. Joseph Kollitsch, Pfleger von Moosburg, Ursula Singer, Frau des Landrichters zu Pörtschach)
St. Leonhard im Lavanttal	1720–1735	Unklar
Ossiach	1725–1737	Abt Virgil Gleißenberger
Stall	1781[42]	Unbekannt

---

[38] Der Generalprokurator der Dominikaner erlaubte die Errichtung der Bruderschaft mit Schreiben vom 26. März 1639. ADG, PA Maria Saal, Kart. 36, 19/2 Rosenkranzbruderschaft.

[39] Da der Rosenkranzaltar in der Pfarrkirche Straßburg mit 1648 datiert ist, dürfte die Gründung der Rosenkranzbruderschaft vor diesem Jahr anzusetzen sein.

[40] ADG, Alphabetische Ablage, Vereine, Kart. 8. Bericht des Propstes von Kraig über die Rosenkranzbruderschaft, 4. Februar 1782.

[41] Die Bruderschaft wird ihr Zentrum wohl in der sog. Winter- oder Rosenkranzkirche in Maria Wörth gehabt haben, obwohl hier kein Rosenkranzaltar vorhanden ist; vgl. BACHER–RUSSWURM-BIRÓ–GLEIRSCHER, Kärnten (wie Anm. 36) 523.

[42] ÖStA, AVA, StHB, Kart. 258, Stiftungsausweise der Bruderschaften in Kärnten, Salzburger Diözese, Oberer Kreis Nr. 23. Belege für die Gründungsdaten und Gründer wurden in der Tabelle nur angeführt, wenn die Bruderschaften in der Folge nicht genauer besprochen werden.

Abb. 3: Rosenkranzaltar in der Propsteikirche Straßburg, Detail (Foto: Peter G. Tropper).

Die konkrete Einführung der Rosenkranzbruderschaften erfolgte überall durch einen Dominikanerpater, meist aus dem Ordenshaus in Friesach. Eine Bestätigung durch den Ortsordinarius liegt nur für Gmünd, Maria Gail und Paternion vor[43].

Die erste Gründung einer Rosenkranzbruderschaft in Kärnten erfolgte gemäß einer späten Quelle in Maria Saal im Jahr 1627. Tatsächlich ins Leben getreten, und zwar in gesellschaftlich relevanter Form, scheint diese Bruderschaft erst im Jahr 1644 zu sein. Für dieses Jahr ist die älteste Rechnung überliefert. Sie gibt darüber Auskunft, dass die Bruderschaft am 4. September dieses Jahres – in festlicher Form – neu begründet (*renoviert*) wurde, mit Gottesdienst, Glockengeläute und Gewehrschüssen während eines Te Deums. Diese Erneuerung der Bruderschaft erfolgte durch den Pater Prior der Dominikaner in Friesach, Andreas Junckher. An die Feierlichkeit in der Kirche schloss sich eine Geselligkeit in der Dechantei an. Dieses Fest markiert den Abschluss eines Gründungsvorganges, der sich schon über viele Monate, wenn nicht Jahre hingezogen hatte und der in der ersten Jahresrechnung gut dokumentiert ist. Schon vor Einsetzten der schriftlichen Aufzeichnungen sind wichtige, vor allem personelle Entscheidungen getroffen worden. Ein eigentlicher Stifter ist für die Rosenkranzbruderschaft in Maria Saal nicht überliefert und auch nicht wahrscheinlich. Die Errichtung der Bruderschaft war hier wesentlich von der örtlichen Geistlichkeit getragen[44].

---

[43] Möglicherweise wurden die päpstlich vorgeschriebenen Bestätigungen häufig nicht eingeholt; VON MALLINCKRODT, Struktur (wie Anm. 37) 80, verweist darauf, wie langsam die konziliaren bzw. päpstlichen Anordnungen in das lokale Kirchenrecht integriert wurden und wie sehr an ihrer Umsetzung auf Grund fehlender Kontrollmöglichkeiten gezweifelt werden darf.

[44] Christine TROPPER, Die frühneuzeitliche Rosenkranzbruderschaft zu Maria Saal, in: Kärntner Landes-

Auch in Maria Gail war der Ortspfarrer die treibende Kraft hinter der Einführung der Rosenkranzbruderschaft[45]. Das gleiche dürfte für die Rosenkranzbruderschaften in Kötschach[46] und Tainach[47] gelten[48]. Im Stift Ossiach erscheint Abt Virgil Gleißenberger (1725–1737)[49] zumindest in finanzieller Hinsicht als der Begründer der Rosenkranzbruderschaft[50]. In Gmünd, Paternion und Feldkirchen stehen hingegen eindeutig engagierte Laien als Gründer der Rosenkranzbruderschaften fest. In Gmünd entsprang die Gründung der Rosenkranzbruderschaft der Initiative der „Stadtherrin" Anna Theresia Gräfin von Lodron, geb. Gräfin von Dietrichstein. Sie bemühte sich zunächst um das Einverständnis des Priors der deutschen Provinz des Dominikanerordens[51], dann um die Approbation durch den Erzbischof von Salzburg, Maximilian Gandolph von Kuenburg[52], dem zuvor der Stiftbriefentwurf eingeschickt wurde[53]. Ihren Sitz sollte die Bruderschaft an einem Rosenkranzaltar in einer Kapelle der Pfarrkirche Gmünd finden, deren Bau die Stifterin beabsichtigte[54]. In Paternion war die treibende Kraft der Einführung der Rosenkranzbruderschaft im Jahr 1713 der herrschaftliche Pfleger Johann Heinrich Ainether von

geschichte und Archivwissenschaft. Festschrift für Alfred Ogris zum 60. Geburtstag, hg. von Wilhelm WADL (AVGT 84, Klagenfurt 2001) 271–291, hier 272–274.

[45] ADG, PA Maria Gail, Hs. 25.1; Mirko HOFER, Die Marien- und Rosenkranz-Bruderschaft in Maria Gail. *Bulletin des Geschichtsvereines für Kärnten* 2/2016 (2016) 17–22, hier 18. Laut Wortlaut der Bestätigungsurkunde des Patriarchen wurde eine alte Marienbruderschaft, die in der Reformationszeit unterdrückt worden war, wiederbelebt.

[46] ADG, PA Kötschach, Kart. 2, V Bruderschaften und Vereine: Laut einem Ausweis vom 25. Jänner 1772 wurde die Rosenkranzbruderschaft im Jahr 1636 auf Kosten der Kirche zur Beförderung der christlichen Andacht errichtet.

[47] In Tainach wurde die Rosenkranzbruderschaft auf Bitten des Propstes und Erzpriesters Georg Marco im Jahr 1663 eingeführt, ADG, PA Tainach, Kart. 58, Klerus Vc4. Allerdings scheint ihre Entwicklung nicht kontinuierlich positiv verlaufen zu sein, denn erst 1704 erbat Erzpriester Dreer vom Salzburger Konsistorium die Erwirkung der üblichen Ablassbreven und Altarprivilegien, woraufhin ein Prozess in Gang kam, der 1708 zur erzbischöflichen Erneuerung der Bruderschaft, ebd. Kart. 39, Klerus IV/2, und 1711 schließlich zur Erteilung der Ablassprivilegien führte, ebd. Kart. 39, Klerus IV/1.

[48] Auch Regine PUCHINGER, Frühneuzeitliche Pfarrbruderschaften im steirisch-niederösterreichischen Grenzgebiet. Organisation, Aufgaben, Mitgliederstrukturen. *ZHVSt* 106 (2015) 11–47, hier 23 betont die Aktivität der Ortsgeistlichkeit bei der Gründung von Bruderschaften vor allem seit der zweiten Hälfte des 17. Jahrhunderts; ebenso verweist BARTH, Rosenkranzbruderschaften (wie Anm. 22) 64, auf die häufige Initiative von Geistlichen zur Einführung der Rosenkranzbruderschaften.

[49] Peter G. TROPPER, Ossiach, in: Die benediktinischen Mönchs- und Nonnenklöster in Österreich und Südtirol, hg. von Ulrich FAUST OSB–Waltraud KRASSNIG (Germania Benedictina III/3, München 2002) 38–73, hier 50f.

[50] ÖStA, AVA, StHB, Kart. 258, Stiftungsausweise der Bruderschaften in Kärnten, Salzburger Diözese, Oberer Kreis Nr. 19. Als Stifter genannt ist das Kloster, das Stiftungskapital von 300 fl. stellte Abt Gleißenberger zur Verfügung.

[51] Schon am 20. März 1670 bestätigte Fridericus Adrianus, Prior der Deutschen Provinz des Dominikanerordens, die am 20. Mai 1668 durch einen delegierten Priester seines Ordens errichtete Rosenkranzbruderschaft; KLA, Lodron, 34/341–345.

[52] Er war ein besonderer Förderer des Bruderschaftswesens. Vgl. Rupert KLIEBER, Bruderschaften und Liebesbünde nach Trient. Ihr Totendienst, Zuspruch und Stellenwert im kirchlichen und gesellschaftlichen Leben am Beispiel Salzburg 1600–1950 (Frankfurt/Main u. a. 1999) 525f. und öfter.

[53] Nach Prüfung des Stiftbriefentwurfes durch das Salzburger Konsistorium und der Bitte um die erzbischöfliche Approbation konnte der Stiftbrief mit Datum 15. Oktober 1671, Gmünd ausgefertigt werden und die Bruderschaft ins Leben treten. KLA, Lodron, Urk. Nr. 254; ebd. 34/341–345. Die erste Rechnung ist für das Geschäftsjahr 1673/74 überliefert. Ebd. 35/346 (Rechnungen 1674–1729).

[54] Der Kapellenbau dürfte nicht zustande gekommen sein, ein Rosenkranzaltar ist heute nicht vorhanden. BACHER–RUSSWURM-BIRÓ–GLEIRSCHER, Kärnten (wie Anm. 36) 202–205.

Aineth[55], der die Bruderschaft zu *aufnembung und ersprieslichkeit des wahren, allein seelig machendten christlichen catholischen glaubens, auch zu hayl, mehrer andacht und erbewylikheit der christlichen seellen nebst mein undt meiner freindtschaft seellen nutz* stiftete[56]. Bei Kenntnis der Person und des geheimprotestantischen Umfeldes darf man in diesem Fall durchaus späte, gegenreformatorische Absichten bei der Gründung der Bruderschaft annehmen[57]. Für Paternion erging die Erlaubnis des Dominikanergenerals Antonius Cloche am 22. August 1712, auf der gleichen Urkunde erfolgte ohne eigene Datierung die Zustimmung des Ortsordinarius für Paternion, Dionysius Delphin, Patriarch von Aquileia. Am 1. Oktober 1713 stiftete Ainether ein Kapital von 300 fl. zugunsten der Bruderschaft und schließlich wurde diese am 15. Oktober 1713 vom Prior des Friesacher Dominikanerklosters feierlich installiert[58]. In Feldkirchen findet sich ebenso ein gegenreformatorischer Aspekt bei der Gründung der Rosenkranzbruderschaft. Der Bürger Mathias Cramer führt neben der Sorge um das eigene Seelenheil die Stärkung der katholischen Frömmigkeit in der *von der häresie* infizierten Pfarre als Motiv für seine Bemühungen um die Einführung der Bruderschaft an[59].

Für St. Margarethen bei Wolfsberg ist die Beteiligung von Andre Ludwig Freiherr von Kulmer, dem ersten Rektor der Bruderschaft[60], an der Gründung im Jahr 1705 nicht belegt, man darf sie aber vermuten, ebenso in Maria Wörth die Involvierung des Pflegers von Moosburg Joseph Kollitsch und der Frau des Landrichters zu Pörtschach Ursula Singer, die als geistlicher Vater bzw. geistliche Mutter zur Gründungszeit im Bruderschaftsbuch genannt sind[61]. In Stift Griffen versuchte der Laie Simon Say mit der Übereignung einer Hube an den Propst zumindest die materielle Basis der Rosenkranzbruderschaft zu legen[62].

Einen Einzelfall stellt die – allerdings erst in einer späten Quelle überlieferte – Gründung der Rosenkranzbruderschaft in Deutsch Griffen in der Diözese Gurk dar. Angeblich wurde sie dort auf Bitten der Pfarrgemeinde wegen vieler Notjahre, die durch Seuchen von Mensch und Tier geprägt waren, im Jahr 1664 von den Friesacher Dominikanern eingeführt[63].

Das einzige Beispiel für die (belegbare) Überführung einer alten Marienbruderschaft in eine Rosenkranzbruderschaft findet sich für Karnten in St. Leonhard im Lavanttal. Bei der Visitation 1616 wurden alle Bürger als Mitglieder der Marienbruderschaft bezeichnet. Sie ließen jede Woche am Samstag im örtlichen Spital eine Messe lesen, eine weitere zu Fronleichnam und beteiligten sich auch an der Fronleichnamsprozession. Offenbar hatte es schon Kontakte zum Erzbischof und Bemühungen um eine Bestätigung der Bruderschaft gegeben, da sie den Auftrag erhielt, vom Ordinarius die Privilegien zu erbitten

55 Zur Familie Ainether und zu Johann Heinrich Ainether vgl. Stephan STEINER, Reisen ohne Wiederkehr. Die Deportation von Protestanten aus Kärnten 1734–1736 (VIÖG 46, Wien–München 2007) 58–67.

56 Abschrift des Stiftbriefes in ADG, PA Paternion, Hs. 53.

57 Vgl. STEINER, Reisen ohne Wiederkehr (wie Anm. 55) 58–67, 90f.

58 Urkundenabschriften sowie Schilderung der Gründung in ADG, PA Paternion, Hs. 53; vgl. auch Schatz-Kammer des H. Rosenkrantz. Das ist Sattsammer gründtlicher Bericht von der hochlöblichen Ertz-Bruderschaft des H. Rosenkrantzes [...] (Kempten 1690), ebd. Bücher 49.

59 ADG, Alte Salzburger Akten, Kart. 96.

60 ADG, PA St. Margarethen bei Wolfsberg, Hs. 56.

61 ADG, PA Maria Wörth, Hs. 23.

62 Beda SCHROLL, Das Prämonstratenser-Stift St. Maria zu Grifenthal in Unterkärnten (AVGT 16, Klagenfurt 1886) 113.

63 ADG, Alphabetische Ablage, Vereine, Kart. 8, Bericht des Pfarrers Johann Schwarz, 13. Februar 1782.

Abb. 4: Rosenkranzaltar in der Pfarrkirche
Deutsch Griffen (Foto: Peter G. Tropper).

(bzw. deren Bestätigung), die sie vom Papst erhalten hatte[64]. Wann die Überleitung in eine Rosenkranzbruderschaft, auf wessen Initiative etc. erfolgte, ist unklar. Für das Jahr 1719/20 existiert eine Rechnung der *alten Frauen-Bruderschaft*, für 1735/36 eine *Rosencrantz Bruederschaftsraitung*, für 1770 eine Rechnung der *alten Unser Lieben Frauen und Rosencranz Bruderschaft*[65]. In allen drei Fällen handelt es sich um ein- und dieselbe einstige Marien- und nun Rosenkranzbruderschaft. Möglicherweise erfolgte die Umwandlung wegen hinhaltenden Widerstands der Bürger tatsächlich erst zwischen 1720 und 1735[66]. Die Bruderschaft blieb jedenfalls auch als Rosenkranzbruderschaft eine stark städtisch geprägte Vereinigung, was in Kärnten ungewöhnlich ist.

In den anderen dokumentierten Fällen ist schon bei der Gründung der geistliche Einfluss – auch dort, wo Laien die Initiative ergriffen – deutlich und er scheint während des Bestehens der Bruderschaften dominierend geblieben zu sein[67]. Allerdings war auch ein geistlicher Stifter kein Garant für das Florieren einer Bruderschaft. In Tainach richtete

---

[64] Visitationsprotokoll 1615/16 (AT-AES 1.2, 11/90), fol. 297ʳ.

[65] KLA, St. Leonhard im Lavanttal, Stadt, Hs. 48–50.

[66] Da Stadtratsprotokolle erst ab 1757 vorhanden sind, lässt sich der Zeitpunkt der Umwandlung derzeit nicht bestimmen.

[67] Zu ähnlichen Ergebnissen kommen Pierre ARDAILLOU, Les Confréries Viennoises aux 17ᵉ et 18ᵉ Siècles. *RHE* 87 (1992) 745–758, hier 750f.; JÄGGI, Rosenkranzbruderschaft (wie Anm. 16) 94, 96. Parallelen zu der von KLIEBER, Betschnur (wie Anm. 21) 43, in Salzburg festgestellten Förderung des Rosenkranzgebetes und der Bruderschaften durch Erzbischof Max Gandolph von Kuenburg in zum Protestantismus neigenden Orten können in Kärnten nicht festgestellt werden, weder für Max Gandolph selbst, der für große Teile Kärntens Ordinarius war, noch für andere zuständige Bischöfe.

Abb. 5: Rosenkranzaltar in der Filialkirche
St. Kunigunde in Bad St. Leonhard im
Lavanttal (Foto: Peter G. Tropper).

Georg Marco, Propst und Erzpriester, die Rosenkranzbruderschaft 1663 ein. 1708 wurde
sie vom Salzburger Erzbischof erneuert. Es ist nicht klar, ob die Fraternität eingeschlafen
war, oder ob der Erzbischof die *renovatio* vornahm, weil es zuvor keine erzbischöfliche
Bestätigung gegeben hatte[68].

Aus den vorliegenden Gründungsdaten darf vorsichtig geschlossen werden, dass der
Schwerpunkt der Gründungen der Rosenkranzbruderschaften in Kärnten in der zweiten
Hälfte des 17. Jahrhunderts bzw. erst im 18. Jahrhundert liegt. Das fällt mit Ergebnissen
zu Bruderschaften in anderen Gegenden ebenso zusammen wie mit Erkenntnissen von
Untersuchungen, die ein spätes Wirksamwerden der katholischen Reformbestrebungen
und damit der katholischen Konfessionalisierung für Kärnten gezeigt haben[69].

---

[68] ADG, PA Tainach, Kart. 58, Klerus Vc4, Revers des Georg Marco, 14. Okt. 1663; ebd. Kart. 39, Klerus
IV/2: Schreiben des Salzburger Konsistoriums, 23. Juli 1708.

[69] Zu ähnlichen Ergebnissen für Wien (Schwerpunkt der Gründungen in der Stadt im 17. Jahrhundert, in
den Vorstädten im 18. Jahrhundert) kommen ARDAILLOU, Les Confréries Viennoises (wie Anm. 67) bes. 747,
und für Niederösterreich einschließlich Wien Joseph Ritter VON BAUER, Das Bruderschaftswesen in Niederösterreich. Ein Beitrag zur Rechts- und Culturgeschichte Nieder-Österreichs (Separatdruck *BlVLkNÖ* 19, Wien
1885) 7. In der Zentralschweiz setzen hingegen die Gründungen deutlich früher ein. Vgl. JÄGGI, Rosenkranzbruderschaft (wie Anm. 16) 95. In Salzburg hingegen fiel außerhalb der Stadt die Mehrzahl der Gründungen
sogar erst in die Zeit zwischen 1730 und 1780; siehe KLIEBER, Neuzeitliche Bruderschaften (wie Anm. 19) 330.

4.3 Organisation

In Maria Saal fungierte als erster Präses der Rosenkranzbruderschaft Gregor Zwainziger, Dechant des Kollegiatkapitels und Pfarrer von Maria Saal. Er übte dieses Amt vom Einsetzen der Überlieferung (1644) zumindest bis zum Jahr 1656 aus. Seine Nachfolger als Dechanten und Pfarrer übernahmen ebenfalls das Präses-Amt der Bruderschaft. Als Prior konnte sowohl ein Geistlicher als auch ein weltlicher Herr bestellt werden[70]. Über die Aufgaben der Amtsinhaber der Bruderschaft sind wir im Detail nicht unterrichtet. Der Präses erhielt als jährliches Salär von der Bruderschaft 16 fl., der Prior empfing kein Gehalt von der Fraternität. An „Beamten" besoldete die Bruderschaft weiters zwei Kanoniker des Kollegiatstiftes als Beichtväter der Bruderschaft (je 9 fl. jährlich), einen Sekretär, einen Kassier und einen Sakristan (je 4 fl. jährlich). Ständige Besoldungen erhielten auch der Organist und der Schulmeister von Maria Saal (je 4 fl. jährlich), mehrere Sänger (zusammen 4 fl.) und der Mesner der Maria Saaler Kirche (4 fl.). Zur Erledigung der organisatorischen Erfordernisse trafen sich die leitenden Personen der Rosenkranzbruderschaft ein- oder zweimal jährlich in Maria Saal. Beim ersten Termin wurde die Rechnung gelegt sowie geprüft und es erfolgte die Wahl der Beamten. Beim zweiten Zusammentreffen wurde in der Kirche die Installation der Beamten feierlich vorgenommen. Man feierte einen Gottesdienst mit Glockengeläute, Gewehrsalven und einem Te Deum. Die Repräsentanten der Bruderschaft ministrierten in Uniform. Die Honoratioren wurden durch Boten und *ladschreiben* zu diesen Veranstaltungen, denen jeweils eine gemeinsame Mahlzeit folgte, gebeten. Man erwartete, dass die Geladenen zum Festmahl finanziell beitrugen. In manchen Jahren legte man beide Termine zusammen und in späteren Jahren erfolgte die Neuwahl der Beamten nur alle drei Jahre[71].

Für keine der anderen dokumentierten Rosenkranzbruderschaften in Kärnten gibt es ähnliche Hinweise auf selbständige organisatorische Unternehmungen. Zum Teil wird dies aus den fehlenden Quellen zu erklären sein, zum Teil dürften die notwendigen Entscheidungen aber einfach in Abstimmung zwischen lokaler Geistlichkeit (Präses) und Vertretung der weltlichen Obrigkeit/Vogteiherrschaft getroffen worden sein[72].

In Gmünd sah schon der Stiftbrief der Gräfin Lodron als „Beamten" der Rosenkranzbruderschaft nur zwei Zechpröpste oder Verwalter der Bruderschaft vor, die alle drei Jahre aus den eingeschriebenen Brüdern durch die Vogteiherrschaft der Pfarrkirche Gmünd und den Stadtpfarrer (= Erzpriester) ausgewählt werden sollten. Sie hatten die Einnahmen und Ausgaben zu verwalten und waren zur jährlichen Rechnungslegung verpflichtet. Die Rechnungen mussten von der Vogteiherrschaft und vom Stadtpfarrer ratifiziert werden. In der Praxis bürgerte sich die Verwaltung der Bruderschaft durch den jeweiligen Lodronschen Kastner, Pfleger bzw. Herrschaftsverwalter von Gmünd ein, dem – zumindest zeitweise – ein zweiter Zechpropst pro forma zur Seite stand. Eine Besoldung kommt in den Rechnungen nur für den dann sog. Bruderschaftsverwalter vor. Die Ratifizierung der Rechnungen erfolgte bis zu ihrem Tod im Jahr 1704 durch die Stifterin mit ihrer eigenhändigen Unterschrift, danach lag die Rechnungskontrolle

[70] Ersichtlich ist dies aus den Rechnungen der Bruderschaft. ADG, PA Maria Saal, Hs. 329–346 und ebd. Kart. 36, 19/2.

[71] Tropper, Rosenkranzbruderschaft Maria Saal (wie Anm. 44) 274f., 288.

[72] Diesen Eindruck vermittelt zumindest das in ÖStA, AVA, StHB, Kart. 258–259, vorhandene Aktenmaterial. Es finden sich keine Hinweise auf Ausgaben im Zusammenhang mit Zusammenkünften von Mitgliedern bzw. Amtsträgern zu Wahlen oder Installationen.

dauerhaft beim Gmündner Stadtpfarrer und Erzpriester und bei einem Vertreter der Vogteiherrschaft[73].

Ähnlich ist in der vom Servitenorden betreuten Pfarre Kötschach nur ein Brudermeister bzw. Kassier der Rosenkranzbruderschaft namens Christoph Fresacher belegt, der 1659 und 1662–1668 die Rechnungen erstellte. Die Rechnungskontrolle erfolgte auf Provinzkapiteln der Serviten[74].

In Paternion werden in der Urkunde über die Einführung der Rosenkranzbruderschaft als Amtsträger der Pfarrer als Präses, der Marktrichter als Rektor und der Marktgerichtsschreiber als Sekretär genannt. Ein Bruderschaftsrat ist nicht erwähnt, wie die Auswahl der Amtsträger erfolgte, wird nicht deutlich[75]. Ähnlich finden sich in St. Margarethen bei Wolfsberg als „Beamte" nur der Rektor Andre Ludwig von Kulmer und der Ortspfarrer ist als Präses anlässlich der Gründung belegt. Es ist zwar auch von *auf öffentlicher Kanzel instituierten Offizialen* der Bruderschaft die Rede. Da ihre angekündigte Unterschrift auf dem Revers der Pfarrgemeinde fehlt, darf man vermuten, dass die Ämter nie wirklich besetzt wurden[76].

In Maria Wörth ist anlässlich der Gründung ein illustres Honoratioren- bzw. Beamtenkollegium verzeichnet: Protektor der Bruderschaft war der Jesuit Franciscus Antonius Zerzoni, Pfarrer von Maria Wörth und Komtur von Rechberg, Rektor der Pfarrer von Keutschach, Präses der Vikar von Maria Wörth, Sekretär der emeritierte Pfleger der Herrschaft Keutschach. Weiters gab es vier Assistenten (drei Geistliche und den Landrichter zu Pörtschach), einen geistlichen Vater und eine geistliche Mutter sowie zwölf Ratsväter[77]. Da zur Bruderschaft außer dem Einschreibbuch kein Material existiert, sind wir weder über die Aufgaben der einzelnen Amtsträger noch über die weitere Entwicklung in der Praxis unterrichtet.

In Deutsch Griffen existierte ein aus 15 Männern bestehender Bruderschaftsrat, über dessen Beschickung und Funktion aber nichts bekannt ist[78]. In Kraig führte der Propst persönlich die Rechnungen, hier waren Laien in die Leitung anscheinend überhaupt nicht eingebunden[79]. Ähnlich scheint die Situation in Friesach an der Dominikanerkirche gewesen zu sein, wo der Prior des Dominikanerklosters und ein weiteres Konventmitglied, der sog. *Rosarianus*, die Verantwortung für die Bruderschaft trugen[80].

Eine Ausnahme bildet die Rosenkranzbruderschaft in St. Leonhard. Diese städtische Fraternität wurde immer von zwei Bürgern (häufig war einer von ihnen der Stadtrichter) als sog. Kustoden verwaltet. Der Stadtpfarrer war – zumindest seit 1757 – Präses und erhielt von der Bruderschaft einen regelmäßigen Lohn für seine geistlichen Verrichtungen. Das Einschreiben der Mitglieder – statutengemäß normalerweise Aufgabe des Präses – nahm hier ein wohl weltlicher *einschreiber* vor. Die von den Kustoden gelegte Rechnung wurde vom Stadtschreiber schriftlich ausgefertigt und dem Magistrat zur Re-

---

[73] KLA, Lodron, 35/346: Rechnungen der Rosenkranzbruderschaft zu Gmünd 1674–1729; ebd. 33/340: Rechnungen über die 1784 aufgehobene Rosenkranzbruderschaft zu Gmünd 1730–1783.

[74] ADG, PA Kötschach, Kart. 2, V.

[75] ADG, PA Paternion, Hs. 53.

[76] ADG, PA St. Margarethen bei Wolfsberg, Hs. 56.

[77] ADG, PA Maria Wörth, Hs. 23.

[78] ADG, Alphabetische Ablage, Vereine, Kart. 8, Bericht des Pfarrers von Deutsch Griffen über die Rosenkranzbruderschaft, 13. Februar 1782.

[79] ADG, PA Kraig, Kart. 1, V Rosenkranzbruderschaft.

[80] ÖStA, AVA, StHB, Kart. 258, 2/31.

vision vorgelegt. Bei der Rechnungsprüfung erschien in der Regel auch der Stadtpfarrer im Stadtrat[81].

Insgesamt zeigen die Beispiele und das bearbeitete Quellenmaterial für Kärnten eine sehr schwache Ausprägung des kollegialen Elementes in der Bruderschaftsverwaltung, eine sehr eingeschränkte Einbindung der Mitglieder in die Organisation und ein starkes Überwiegen geistlicher bzw. herrschaftlicher Elemente.

4.4 Mitglieder

Aussagen zu Mitgliederzahlen der Kärntner Rosenkranzbruderschaften und zur Mitgliederbewegung sind schwer möglich. Bislang sind nur für vier Bruderschaften Mitgliederverzeichnisse vorhanden[82].

Tabelle 4: Mitgliederzahlen Kärntner Rosenkranzbruderschaften

Ort	Zeitraum	Mitglieder gesamt	davon Männer	davon Frauen	Beitritte pro Jahr im Durchschnitt	durchschnittliche Zahl der lebenden Mitglieder[83]
Maria Gail	1656–1782	8.560	2.918 (34 %)	5.642 (66 %)	68	1.980
St. Margarethen bei Wolfsberg	1705–1782	1.530	697 (46 %)	833 (54 %)	20	536
Maria Wörth	1713–1783	4.017	1.773 (44 %)	2.244 (56 %)	57	1.391
Paternion	1713–1783	1.767	795 (45 %)	972 (55 %)	25	709

Deutlich wird aus den Zahlen der hohe Frauenanteil in den Kärntner Rosenkranzbruderschaften. Er lag laut Beitrittszahlen zwischen 55 und 66 %[84]. Die Eintrittszahlen

---

[81] KLA, St. Leonhard, Stadt, Hs. 1, 48, 49, 50.

[82] ADG, PA Maria Gail, Hs. 25.1; ADG, PA Paternion, Hs. 53; ADG, PA Maria Wörth, Hs. 23; ADG, PA St. Margarethen bei Wolfsberg, Hs. 56. Für Deutsch Griffen war im Jahr 1782 noch eine „Bruderschaftsmatrikel" vorhanden, die heute verschollen ist. ADG, Alphabetische Ablage, Vereine, Kart. 8, Bericht des Pfarrers von Deutsch Griffen über die Rosenkranzbruderschaft, 13. Februar 1782.

[83] Der Berechnung wurden die jährlichen Beitrittszahlen der überlieferten Bruderschaftsbücher und eine angenommene Mortalitätsrate von 25 % zugrunde gelegt. Vgl. Walter G. RÖDEL, Die demographische Entwicklung in Deutschland 1770–1820, online unter: http://www.regionalgeschichte.net/bibliothek/texte/aufsaetze/roedel-entwicklung.html [28. 8. 2017].

[84] Eine ausgesprochen weibliche Zentrierung der Rosenkranzbruderschaften, wie sie Christopher F. BLACK, Italian Confraternities in the Sixteenth Century (Cambridge 1989) 103, für Italien und Frankreich feststellt, ist allerdings im untersuchten Raum nicht gegeben. Der Frauenanteil ist auch niedriger als in den Salzburger Bruderschaften. KLIEBER, Bruderschaften und Liebesbünde (wie Anm. 52) 202, weist für die Annabruderschaft einen Frauenanteil von 79 % aus. Ähnliche Angaben wie in Kärnten bei Roswitha STIPPERGER, Die Bruderschaften in der Pfarre Haus im Ennstal. Religiöses Gemeinschaftsleben in der Barockzeit und seine Einflüsse auf kirchliche Vereine des 19. und 20. Jahrhunderts (Diss. Graz 1980) 57. Interessant ist die Erkenntnis von PUCHINGER, Pfarrbruderschaften (wie Anm. 48) 40, dass Frauen schon in sehr jugendlichem Alter (11–20

dürften überall in den Jahren nach der Gründung am stärksten gewesen sein und sich dann auf einem bescheidenen Niveau eingependelt haben. Eine durchgängige Entwicklung lässt sich aus dem vorhandenen Material nicht ablesen[85]. Auffällig ist, dass die Mitgliederzahlen unmittelbar vor der Auflösung der Bruderschaften, also Ende der 1770er und zu Beginn der 1780er Jahre insgesamt nicht weiter sanken, sondern dass hier eher ein nochmaliger Anstieg zu beobachten ist. Man wird zumindest fragen dürfen, ob sich in dieser Tatsache ein Widerstand der Bevölkerung gegen obrigkeitlich angeordnete Maßnahmen dokumentiert. Da in keinem der überlieferten Bruderschaftsalben Todesdaten der Mitglieder nachgetragen sind und auch keine eigenen Verzeichnisse der verstorbenen Mitglieder vorliegen, ist es nur sehr theoretisch möglich, absolute Mitgliederzahlen für bestimmte Stichjahre zu errechnen[86]. In Kraig betrug die Mitgliederzahl im Jahr 1782 laut Aussage des Propstes knapp 50 Personen. Dabei wird es sich wohl um die aktuell lebenden Mitglieder vor Ort gehandelt haben. Ob es ein Bruderschaftsbuch gab, ob dort auch auswärtige Mitglieder verzeichnet waren und die Gesamtmitgliederzahl daher höher war, ist nicht bekannt[87].

Statutengemäß waren in den Kärntner Rosenkranzbruderschaften alle gesellschaftlichen Schichten vertreten. Auf Grund der Bedeutung von Maria Saal – es handelt sich bei dieser Kirche um eines der ältesten kirchlichen Zentren Kärntens, das als solches im Landesbewusstsein auch fest verankert war, und um einen wichtigen überregionalen Wallfahrtsort –, auch auf Grund der Nähe zur Landeshauptstadt, dürften hier die Mitgliederzahlen insgesamt, aber auch die Beteiligung des Adels und der Beamtenschaft höher und der Einzugsradius größer als bei den Rosenkranzbruderschaften an anderen Orten gewesen sein. Sowohl in Maria Wörth als auch in Paternion erscheinen die Rosenkranzbruderschaften zwar nicht auf die jeweilige Pfarrgemeinde beschränkt, aber doch recht kleinräumig strukturiert. In Paternion blieben immer die Bewohnerinnen und Bewohner des Marktes (von Bürgern bis zu Inwohnern) und der umliegenden Bergbau- und Industriegebiete die Hauptklientel der Rosenkranzbruderschaft[88]. Ähnliche Kleinräumigkeit wird man auch für Maria Gail und St. Margarethen vermuten dürfen, obwohl in den Mitgliederverzeichnissen kaum die Herkunftsorte und der soziale Stand der Mitglieder angegeben sind. In Maria Wörth waren zum Zeitpunkt der Gründung, aber auch später, die Geistlichen, v. a. der Umgebung, aber auch entfernterer Pfarren stark vertreten[89].

Jahre), Männer hingegen erst in fortgeschrittenem Alter den Bruderschaften beitraten. Diese Tatsache hat den realen Frauenanteil natürlich nochmals deutlich verstärkt.

[85] In Paternion gab es z. B. in den 1740er Jahren geringe Beitrittszahlen, in Maria Wörth in den 1760er Jahren, in St. Margarethen bei Wolfsberg von 1760 bis zur Aufhebung. Vereinzelt hohe Beitrittszahlen in sonst schwachen Perioden sind derzeit nicht erklärbar.

[86] Vgl. Anm. 83.

[87] Bericht des Propstes von Kraig über die Rosenkranzbruderschaft, 4. Februar 1782, ADG, Alphabetische Ablage, Vereine, Kart. 8.

[88] Auf die Kleinräumigkeit der Bruderschaften verweisen auch Barth, Rosenkranzbruderschaften (wie Anm. 22) 67; Helmut Kögel, Die Rosenkranzbruderschaft Frankenhofen. Eine fast 300-jährige wechselvolle Geschichte. *Kaufbeurer Geschichtsblätter* 19 (2013) 424–433, hier 425; Bernhard Schneider, Bruderschaften im Trierer Land. Ihre Geschichte und ihr Gottesdienst zwischen Tridentinum und Säkularisation (Trierer theologische Studien, Trier 1989) 222; Puchinger, Pfarrbruderschaften (wie Anm. 48) 42. In Oberösterreich waren Linzer z. B. auch in der Rosenkranzbruderschaft in Steyr eingeschrieben, was zwar auf einen etwas größeren Radius der Bruderschaften verweist, aber auch nicht wirklich als überregional bezeichnet werden kann; Katzinger, Bruderschaften (wie Anm. 2) 110.

[89] ADG, PA Maria Wörth, Hs. 23.

4.5 Finanzen

Im Vergleich z. B. zu den großen städtischen Salzburger Bruderschaften, aber auch zu den Tiroler Fraternitäten[90] bewegten sich die Kärntner Rosenkranzbruderschaften in einem sehr bescheidenen finanziellen Rahmen[91]. In Gmünd betrug das Stiftungskapital, das Anna Theresia Gräfin Lodron, geb. Gräfin von Dietrichstein, der von ihr begründeten Rosenkranzbruderschaft zur Verfügung stellte immerhin 1.000 fl. Das war ein Viertel des ihr zustehenden väterlichen Erbes, das ihr ihr Bruder Siegmund Helfried von Dietrichstein, Landeshauptmann von Kärnten, noch schuldete. Dieser hatte der Bruderschaft die Zinsen (6 %, also jährlich die fixe Summe von 60 fl.) zu zahlen. Zu dieser Fixeinnahme kamen als Einkünfte für die Gmündner Bruderschaft nur die bescheidenen Opfergelder, die die Mitglieder bei den monatlichen Bruderschaftsprozessionen spendeten. Fiel ein Bruderschaftstermin mit einem allgemeinen Kirchenfest zusammen, wurde das Opfer für die Pfarrkirche gesammelt und die Bruderschaft hatte keine Einkünfte[92]. In Maria Saal betrug das „Startgeld" für die Bruderschaft nur 24 fl., allerdings bezahlten hier die Mitglieder – entgegen den allgemeinen Statuten der Rosenkranzbruderschaften – Eintritts- und Einschreibgeld und auch aus dem Totendienst bezog die Fraternität Einkünfte, wobei nicht klar wird, ob die Gebühren nur für Nicht-Mitglieder oder auch für Bruderschaftsangehörige fällig wurden[93]. Freiwillige Opfergaben wurden auch in Maria Saal bei den gottesdienstlichen Bruderschaftsveranstaltungen gesammelt. Während der Gottesdienste gingen die Mitglieder zum Altar zum Opfer, es wurde aber auch in die Bruderschaftsbüchse (später Bruderschaftstruhe) in der Sakristei oder direkt zu einem vor der Kirchentür ausgestellten Marienbild geopfert. In St. Georgen am Sandhof und in St. Thomas am Zeiselberg beteten Mitglieder der Bruderschaft gemeinsam den Rosenkranz. Auch das dabei gesammelte Opfer wurde für die Bruderschaft verrechnet[94]. Insgesamt blieb das Aufkommen an Opfergeldern aber überall gering[95].

Die Maria Saaler Bruderschaft erhielt allerdings zahlreiche Spenden von Wohltätern ohne besonderen Anlass und ohne besondere Auflage. Häufig wurden Golddukaten, Silberkronen oder Reichstaler gegeben. Öfters tätigten Kranke Legate für die Bruderschaft auf dem Totenbett und knüpften an die Legate Bestimmungen über zu lesende Seelenmessen, welche die Reineinnahme für die Bruderschaft schmälerten, weil die Priester, Ministranten etc. bezahlt werden mussten. Nicht immer waren die Erben mit den Bestimmungen ihrer Vorfahren zugunsten der Bruderschaft einverstanden. In einem Fall musste

---

[90] KLIEBER, Bruderschaften und Liebesbünde (wie Anm. 52); HOCHENEGG, Bruderschaften (wie Anm. 16) bes. 25–27.

[91] Ähnlich hingegen die Lambacher Rosenkranzbruderschaft, siehe Elisabeth LOBENWEIN, Die Erzbruderschaft des hl. Rosenkranzes zu Lambach, in: Stift Lambach in der Frühen Neuzeit. Frömmigkeit, Wissenschaft, Kunst und Verwaltung am Fluss, hg. von Klaus LANDA–Christoph STÖTTINGER–Jakob WÜHRER (Linz 2012) 455–472, hier 459–465, und die Herzogenburger Barbarabruderschaft, siehe SCHEUTZ, Bruderschaften (wie Anm. 20) 294.

[92] Vgl. den Stiftbrief der Bruderschaft vom 26. November 1671, Salzburg (KLA, Lodron, Urk. 255), die zugehörigen Akten in ebd. 34/341–345 und z. B. die Rechnung für 1676 in ebd. 35/346.

[93] Für Begräbnisse wurde üblicherweise pro Bruderschaftsrepräsentant in Livree 1 Kreuzer erlegt (ADG, PA Maria Saal, Hs. 330); im September 1656 wurden z. B. für das Begräbnis des Hans Bosnitsch 16 den. gegeben, im Februar 1657 für das Begräbnis der Ephrasina von Öth hingegen 2 fl. (ebd. Hs. 340). Es gibt aber auch Einträge wie *von vilen armen begrebnussen 1 fl. 1 ß 4 den.* (ebd. Hs. 334).

[94] Ebd. Hs. 330, 331, 333, 334.

[95] Ähnlich SCHNEIDER, Bruderschaften (wie Anm. 88) 362f.

Abb. 6: Altarbild des Rosenkranzaltares in
der Pfarrkirche St. Marein im Lavanttal
(Foto: Peter G. Tropper).

man mit Klage und Exekution ein Legat von Valentin Terlacher bei Philipp Terlacher ein-
treiben[96]. Als Positiva für die Bruderschaft schlugen auch Leistungen von Handwerkern
und sonstigen Personen, die von diesen nicht in Rechnung gestellt wurden, zu Buche.

In Gmünd waren größere Spenden und Legate viel seltener als in Maria Saal und es
waren hier nur die Bruderschaftsverwalter, die zeitweise auf ihr Salär von der Bruderschaft
verzichteten. Trotzdem konnte die Bruderschaft, da sie auch die Ausgaben niedrig hielt,
ständig einen jährlichen Überschuss erzielen, der dann immer wieder als Kapital angelegt
wurde[97].

Nach derzeitigem Wissensstand erhielten die Kärntner Rosenkranzbruderschaften
kaum Grund und Boden, Untertanen oder Zehenteinkünfte. Von den Rosenkranzbruderschaften besaßen nur jene in Treffen, Kappel am Krappfeld, St. Georgen am Gaisberg,
St. Leonhard im Lavanttal, St. Marein im Lavanttal und St. Walburgen Immobilien in
bescheidenem Umfang[98]. Die Dotation bestand überwiegend, in einer – meist geringen
– Kapitalsumme. Zum eigenen Erwerb liegender Güter oder Gülten war der Geschäfts-
umfang der Fraternitäten zu gering.

Die jährlichen Einnahmen der Maria Saaler Bruderschaft erreichten in dem Zeitraum,
für den Quellen überliefert sind, einen Umfang von Minimum 179 fl. 1 ß 18 den. im

---

[96] ADG, PA Maria Saal, Hs. 337.
[97] Vgl. die Rechnungen in KLA, Lodron, 35/346 (1674–1729) und 33/340 (1730–1783).
[98] Einen Überblick geben die Stiftungsausweise in ÖStA, AVA, StHB, Kart. 258, 259.

Rechnungsjahr 1655/56[99] und Maximum 446 fl. 21 den. im Rechnungsjahr 1662/63[100], die Ausgaben hingegen nur Minimum 86 fl. 3 ß 16 den. im Rechnungsjahr 1647/48[101] bzw. Maximum 254 fl. 3 ß 4 den. im Rechnungsjahr 1653/54[102]. Alle Rechnungen wurden positiv geschlossen, der größte in einem Jahr verbleibende Überschuss betrug zu Ende des Rechnungsjahres 1666/67 322 fl. 3 ß 28 den.[103], der geringste mit Schluss der Jahresrechnung 1654/55 7 fl. 1 den.[104]. Zunächst verblieben die Überschüsse einfach als Barerlag in der Bruderschaftskasse, es wurden nur ganz vereinzelt geringe Darlehen kurzfristig gegeben, z. B. dem Sakristan Andreas Jämnig 8 fl. im Jahr 1649, die dieser schon im nächsten Jahr wieder zurückzahlte[105]. Später – bei Anwachsen des Überschusses – erhielten Einzelpersonen kleinere[106], das Kapitel Maria Saal als einzige Institution größere und längerfristige Darlehen[107]. Zinseinkünfte aus diesen Darlehen sind nicht vermerkt. In Gmünd wurden Darlehen an Privatpersonen nur in sehr geringem Umfang und kurzfristig gegen Zinsen zur Verfügung gestellt[108].

Als durchschnittliches Beispiel sei das Vermögen der Rosenkranzbruderschaft in Kraig angeführt. Es bestand 1782 in 200 fl., von denen die Bruderschaft jährlich 8 fl. Zinsen erhielt. Von den Mitgliedern wurde kein Beitrag eingehoben, sie gingen allerdings an den Festtagen während des Hochamtes zum Opfer. Das jährliche Opfer betrug aber nicht mehr als 11 bis 12 fl.[109]. Häufig verfügten die Bruderschaften nicht einmal über Kapitalien, sondern hatten als Einkünfte ausschließlich die Gaben der Mitglieder. Trotzdem war die wirtschaftliche Entwicklung der Bruderschaften überwiegend positiv[110], die Gmündner Fraternität verfügte vor der Aufhebung immerhin über ein Kapitalvermögen von mehr als 3.500 fl.[111]. Insgesamt war allein in der kleinen Diözese Gurk bei der Aufhebung der Bruderschaften ein Kapitalvermögen von über 13.000 fl. vorhanden[112].

4.6 Das Erscheinungsbild der Rosenkranzbruderschaften

Aus den überlieferten Quellen geht hervor, dass alle dokumentierten Rosenkranzbruderschaften in Kärnten – trotz der Einbindung in die dominikanische Erzbruderschaft – vor Ort korporativ auftretende Personenverbände mit eigenen Zeichen waren[113]. Sie

---

[99] ADG, PA Maria Saal, Hs. 339.
[100] Ebd. Hs. 341.
[101] Ebd. Hs. 331.
[102] Ebd. Hs. 337.
[103] Ebd. Hs. 345.
[104] Ebd. Hs. 338.
[105] Ebd. Hs. 333, 334.
[106] Ebd. Hs. 340: Der Überschuss des Rechnungsjahres 1661/62 von 139 fl. 5 ß 6 den. befand sich in der Kassa in der Form von 2 Schuldscheinen und Bargeld im Ausmaß von 94 fl. 5 ß 6 den.
[107] Ebd. Hs. 342, 343, 344, 345 vermerken jeweils ein dem Kollegiatkapitel Maria Saal gewährtes Darlehen in der Höhe von 150 fl.
[108] Vgl. die Rechnungen in KLA, Lodron, Lade 35/346 (1674–1729) und Lade 33/340 (1730–1783).
[109] ADG, Alphabetische Ablage, Vereine, Kart. 8, Bericht des Propstes von Kraig über die Rosenkranzbruderschaft, 4. Februar 1782.
[110] Die anlässlich der Aufhebung erstellten Ausweise (ÖStA, AVA, StHB, Kart. 258, 259) vermerken nur ganz vereinzelt bescheidene Abgänge bei den Kärntner Rosenkranzbruderschaften.
[111] Vgl. die Rechnung für das Jahr 1782 in KLA, Lodron, 33/340.
[112] ADG, Alphabetische Ablage, Vereine, Kart. 1, Übersicht über das Vermögen der Bruderschaften der Gurker Diözese in Kärnten.
[113] KLIEBER, Bruderschaften und Liebesbünde (wie Anm. 52) 61, scheint zwischen den beiden Typen ein

verfügten über Uniformen der Amtsträger, Kutten der Mitglieder, Kultbilder, Stäbe, Leuchten etc. In Kraig trugen die männlichen Mitglieder bei den Prozessionen graue leinene Kutten mit schwarzem Ledergürtel, auf dem Haupt einen Blechkranz und in der Hand einen Stab, an dessen Spitze sich ein Schildchen mit einem Muttergottesbild befand[114]. In Deutsch Griffen hingegen verfügten die 15 sog. Ratsverwandten über eine Uniform, die aus je fünf blauen, roten und weißen langen Mänteln bestand. An den hohen Bruderschaftsfesten legten sie zu den Mänteln Krägen um, ließen aber das Haupt unbedeckt. In den Händen trugen sie Kirchfahrtsstäbe[115]. Diese Grundausstattung, Uniformmäntel (in Maria Saal Livree genannt) für Amtsträger, Kutten für Mitglieder, Stäbe (mit mehr oder weniger kunstvoll gestalteten Scheinen), Leuchten (z. T. an den Stäben), Windlichter u. Ä. wird überall vorhanden gewesen sein. Ebenso zählten tragbare Kultbilder (Muttergottesstatuen samt Kleidung, Heiligenfiguren, plastische szenische Darstellungen), Fahnen und Himmel zu den Ausstattungsstücken der Bruderschaften. Zumindest in den Anfangszeiten traten die Rosenkranzbruderschaften auf Grund ihrer marianischen Prägung vor Ort als „blaue Bruderschaften" in Erscheinung, im Lauf der Entwicklung konnten aber auch weitere Farben für die Ausstattung verwendet werden[116]. Insgesamt scheint sich das Erscheinungsbild der Bruderschaften nach der Gegenreformation sehr vereinheitlicht zu haben. So trugen Funktionäre der Rosenkranzbruderschaft in Kötschach Skapuliere und die Bruderschaft verkaufte neben Rosenkränzen auch Skapuliere für Laien[117].

4.7 Das Wirken der Rosenkranzbruderschaften im Rahmen der Ortspfarren am Beispiel von Maria Saal

In Maria Saal wurden mehrmals jährlich pfarrliche Großveranstaltungen von der Rosenkranzbruderschaft wesentlich mitgestaltet[118]: Am Weißen Sonntag zogen die Maria Saaler in Prozession nach St. Veit, die Bruderschaft beteiligte sich mit ihren Repräsentanten in Uniform und mit Bruderschaftsfahnen. Am fünften Sonntag nach Ostern, zur dritten Maria Saaler Kirchweihe, kam u a. die Prozession von St. Veit nach Maria Saal, die vom Dechanten mit vier Kanonikern, dem Triumphwagen der Bruderschaft und den Bruder-

entweder/oder zu sehen, was aus dem Kärntner Material nicht ableitbar ist. Zum Erscheinungsbild und zur materiellen Ausstattung der Bruderschaften, auch der Rosenkranzbruderschaften, vgl. Helene FINKENSTAEDT–Thomas FINKENSTAEDT, Stanglsitzerheilige und große Kerzen. Stäbe, Kerzen und Stangen der Bruderschaften und Zünfte in Bayern (Weißenhorn 1968) bes. 18, 24, 44f.

[114] ADG, Alphabetische Ablage, Vereine, Kart. 8, Bericht des Propstes von Kraig über die Rosenkranzbruderschaft, 4. Februar 1782.

[115] Ebd. Bericht des Pfarrers von Deutsch Griffen über die Rosenkranzbruderschaft, 13. Februar 1782.

[116] Vgl. die Beschreibung der Ausstattung der Maria Saaler Rosenkranzbruderschaft bei TROPPER, Rosenkranzbruderschaft Maria Saal (wie Anm. 44) 275–279. Insgesamt scheint der Umfang der Ausstattung der in Kärnten bekannten Bruderschaften im Vergleich z. B. zu Tirol bescheiden gewesen zu sein. Zu vgl. sind z. B. die Inventare der Maria Hilf-Bruderschaft am Innsbrucker Dom. Gerald PERFLER, Transkription dreier Inventare der Maria Hilf Bruderschaft im Dom zu St. Jakob in Innsbruck aus den Jahren 1741, 1758 und 1782 (Dipl. Innsbruck 2004). Der Umfang der Ausstattung scheint den viel größeren Aktivitäten der Tiroler Bruderschaften, wie sie z. B. NEUHARDT, Rosenkranz (wie Anm. 16), schildert, zu entsprechen.

[117] Vgl. die Rechnungen der Rosenkranzbruderschaft in ADG, PA Kötschach, Kart. 2, V.

[118] Auskunft darüber gibt ein Agendarium der Kirche Maria Saal (ADG, PA Maria Saal, Hs. 393: *Verzeichnuss deren Chor- und Altars-Verrichtungen im (!) dem uralten Collegiat- und Pfarrgotteshaus Maria Saall. [...] 1760.* Vgl. zu Bruderschaften an Wallfahrtsorten Jiří MIKULEC, Wallfahrer und Sodalen. Die barocke Wallfahrt im Leben der religiösen Bruderschaften in Böhmen, in: Wallfahrten in der europäischen Kultur, hg. von Hartmut KÜHNE–Daniel DOLEŽAL (Europäische Wallfahrtsstudien 1, Frankfurt/Main 2006) 483–505, hier 487–489.

schaftsfahnen beim Gasser-Tor empfangen wurde. Am sechsten Sonntag nach Ostern fand die große Maria Saaler Prozession nach Klagenfurt statt. Für das Jahr 1650 sind die für die Bruderschaft teilnehmenden Personen genau aufgeführt: Der Sakristan und sein Adjunkt, der Hauptfahnenträger, vier Träger der Zutragstangen, je ein Träger der freudenreichen und schmerzhaften Geheimnisse des Rosenkranzes und des Jesuskindes, vier Personen, die das Bildnis Unserer Lieben Frau im Triumphwagen trugen, zwei „Anmahner", 15 Geheimnisträger sowie vier Knaben, die je zwei Fahnen und zwei Windlichter trugen, insgesamt immerhin 35 Personen[119]. Jährliche Großereignisse waren die drei Maria Saaler Kirchweihen (jeweils am dritten, vierten und fünften Sonntag nach Ostern), die große Menschenmengen im Wallfahrtsort zusammenführten. Bei den diesbezüglichen Gottesdiensten ministrierten die bruderschaftlichen Livree- und Bildnisträger und erhielten dafür zusammen jeweils einen Gulden[120]. Keine Hinweise gibt es in Kärnten auf die Beteiligung der Rosenkranzbruderschaften an Karwochenprozessionen[121] und theatralischen Aufführungen[122].

4.8 Eigene geistliche Verrichtungen der Bruderschaften

An eigenen geistlichen Verrichtungen war in Maria Saal wie für die Rosenkranzbruderschaften an allen Orten eine Messe mit Abhaltung einer Prozession mit dem Allerheiligsten und dem Marienbildnis am jeweils ersten Monatssonntag, an den Marienfesten und am 4. August (Fest des hl. Dominikus) verpflichtend[123]. Eine nähere Beschreibung dieser Feiern gibt es leider weder für Maria Saal noch eine andere Kirche. Ein Seelamt oder zumindest eine Seelenmesse samt einem Rosenkranzgebet für alle verstorbenen Brüder und Schwestern war an den großen Marienfesten, nämlich Mariae Verkündigung (8. März), Mariae Geburt (8. September), Mariae Reinigung (Maria Lichtmess, 2. Februar) und Mariae Himmelfahrt (15. August) zu halten[124]. In Maria Saal wurden diese Bruderschaftsgottesdienste nicht an den Marienfesttagen selbst, sondern jeweils am nächstfolgenden, nicht durch eine größere Festlichkeit belegten Tag mit Vigil und einem gesungenen Requiem gehalten, und zwar nach Maria Lichtmess, Maria Verkündigung und Maria Himmelfahrt. Die Gottesdienste feierte der Maria Saaler Dechant als Präses der Bruderschaft und es wurde dabei in der Mitte der Kirche das bruderschaftliche Castrum Doloris aufgerichtet. Am Rosenkranzfest wurde eine größere Prozession gehalten, die ursprünglich denselben Weg führte wie die Fronleichnamsprozession, aus Grün-

---

[119] ADG, PA Maria Saal, Hs. 333.

[120] Ebd. Hs. 329–345.

[121] Vgl. Neuhardt, Rosenkranz (wie Anm. 16) 50, wo die Beteiligung der Kitzbühler Rosenkranzbruderschaft an sehr theatralischen Bußprozession geschildert wird. Auch Scheutz, Bruderschaften (wie Anm. 20) 310, berichtet von Geißelungen der Mitglieder der Herzogenburger Barbarabruderschaft bei der Karfreitagsprozession.

[122] Solche dargestellt u. a. bei Lobenwein, Erzbruderschaft (wie Anm. 91) 460.

[123] ADG, PA Paternion, Hs. 53. Offen bleiben muss auf Grund mangelnder Quellen derzeit die Frage nach dem Zusammenhang von sog. Rosenkranzwegen und den Rosenkranzbruderschaften. Walpurga Oppeker, Rosenkranzwege in Niederösterreich. *JbLkNÖ* N. F. 81 (2015) 199–265, hier 209, schreibt zwar, dass die Errichtung des Rosenkranzweges zwischen Grafenegg und Straß durch die Einführung einer Rosenkranzbruderschaft bekräftigt wurde, geht aber dann weiter auf die Zusammenhänge nicht ein, erläutert also z. B. nicht, ob die Rosenkranzwege von den Bruderschaften für ihre Prozessionen genützt wurden. Für Kärnten gibt es überhaupt keine Forschungen zu Rosenkranzwegen.

[124] ADG, PA Paternion, Hs. 53.

den der schlechten Begehbarkeit der Wege im Herbst aber verlegt werden musste[125]. Am Vorabend des Festes wurde der freudenreiche, bei der Frühmesse der schmerzhafte, nach der Predigt der glorreiche Rosenkranz gebetet. Auf die großen Feste der Bruderschaft, aber z. B. auch zur Generalkommunion, wurden die Honoratioren und Mitglieder durch Verkündzettel, die durch Boten ausgetragen wurden, hingewiesen[126]. Auch in Feldkirchen führte die monatliche Prozession mit dem Allerheiligsten und zwei Marienstatuen, an der Mitglieder in den *gehaimniskhleidern* mit brennenden Kerzen teilnahmen, nur rund um die Kirche. Am Hauptfest der Bruderschaft jedoch *per plateas oppidi*[127], was deutlich die Bedeutung der Besetzung des öffentlichen Raumes durch die Bruderschaften zeigt. Hingewiesen wurde in der Literatur auf den Unterschied zwischen normalen Pfarr- und Bruderschaftsgottesdiensten. Letztere boten durch gemeinsames Singen und Beten in der Muttersprache die Möglichkeit einer wirklich aktiven Teilnahme der Bevölkerung[128]. In Kärnten finden sich bislang keine konkreten Belege für diese Behauptung.

Allerdings zeugen in Maria Saal zahlreiche von der Bruderschaft angeschaffte Rosenkränze, die wohl den Mitgliedern weitergegeben wurden, und Ablasspfennige von der Praktizierung des Rosenzkranzgebetes, auch zur Gewinnung von Ablässen[129]. Zumindest zum Teil wurde das Rosenkranzgebet sicher gemeinschaftlich, sowohl in der Maria Saaler Kirche, wo der Mesner zum Vorbeten verpflichtet war, als auch in St. Georgen am Sandhof und in St. Thomas am Zeiselberg gehalten[130].

Zum gemeinschaftlichen Rosenkranzgebet an allen Sonn- und Feiertagen verpflichtete sich auch die Pfarrgemeinde von St. Margarethen im Lavanttal anlässlich der Einführung der Bruderschaft[131], ebenso war für die Feldkirchner Rosenkranzbruderschaft das allsonntägliche gemeinschaftliche Gebet vorgesehen[132].

Eigene Gebets- und Andachtsbücher scheinen von den Kärntner Rosenkranzbruderschaften nicht in großem Umfang angeschafft oder gar produziert worden zu sein[133]. Bekannt sind derzeit überhaupt keine Exemplare. Hinweise auf Ausgaben für solche Werke finden sich immerhin in den Rechnungen der Fraternitäten von Maria Saal und Kötschach[134].

Neben dem geistlichen Totendienst (Gebete, Messen, Ablässe für die Verstorbenen) konnte eine kleinere Zahl von Mitgliedern den konkreten Totendienst der Bruderschaft in Anspruch nehmen[135]. Schon beim Versehgang zu einem Bruderschaftsmitglied stand in Maria Saal ein eigener Himmel zur Verfügung. Und vor allem erhielt man als Mitglied

---

[125] ADG, PA Maria Saal, Hs. 393.

[126] Ebd. Hs. 342, 343. Wann und in welcher Form der Speiswein, für den die Bruderschaft jährlich der Kirche Maria Saal zunächst 5 fl., dann 10 fl. bezahlte, den Bruderschaftsmitgliedern verabreicht wurde, wird aus den überlieferten Quellen nicht klar; ebd. Hs. 332 verzeichnet erklärend *Speiswein für die Communicanten*.

[127] ADG, Alte Salzburger Akten, Kart. 96, Statutenentwürfe für die Rosenkranzbruderschaft vom 14. September 1712 und vom Juni 1721.

[128] SCHNEIDER, Bruderschaften (wie Anm. 88) 350.

[129] ADG, PA Maria Saal, Hs. 329, 346.

[130] Ebd. Hs. 393, 333.

[131] ADG, PA St. Margarethen bei Wolfsberg, Hs. 56.

[132] ADG, Alte Salzburger Akten, Kart. 96.

[133] SCHNEIDER, Bruderschaften (wie Anm. 88) 314, verweist für die Trierer Bruderschaften auf die große Zahl der von den Bruderschaften herausgegebenen Gebets- und Andachtsbücher, ebenso SCHEUTZ, Bruderschaften (wie Anm. 20) 304.

[134] ADG, PA Maria Saal, Hs. 329–346; ADG, PA Kötschach, Kart. 2, V.

[135] Vgl. zum Totendienst der Bruderschaften allgemein, bes. aber zur materiellen Seite Peter LÖFFLER, Studien zum Totenbrauchtum in den Gilden, Bruderschaften und Nachbarschaften Westfalens vom Ende des 15. bis zum Ende des 19. Jahrhunderts (Forschungen zur Volkskunde 47, Münster 1975).

der Bruderschaft ein würdiges Begräbnis. Es wurden die Totenbahre der Bruderschaft bzw. das Castrum Doloris und ein kostbares bruderschaftliches Bahrtuch verwendet, das Konduktkreuz wurde vorangetragen, es folgten die Bruderschaftsrepräsentanten in Uniform mit Kerzen und Windlichtern. Grundsätzlich dürfte ein solches bruderschaftliches Begräbnis jedem Mitglied zugestanden sein. Abgesehen davon, dass es nur in der Umgebung Verstorbene in Anspruch nehmen konnten, wurde auch eine gewisse finanzielle Gegenleistung erwartet, deren Höhe sich an der Anzahl der teilnehmenden uniformierten Bruderschaftsrepräsentanten, aber auch an den finanziellen Möglichkeiten des verstorbenen Bruderschaftsmitgliedes bzw. seiner Hinterbliebenen orientiert haben dürfte[136]. Bei allen bruderschaftlichen Veranstaltungen kam der musikalischen Gestaltung[137] und der Beleuchtung[138] eine ganz wichtige Rolle zu[139].

Ein ganz ähnliches Wirken – in abgestuft bescheidenerem Umfang als in Maria Saal – ist für die anderen in Kärnten belegten Rosenkranzbruderschaften zu erschließen. Auffällig ist, dass es auf eigentlich karitative Initiativen der Rosenkranzbruderschaften, also auf die Unterstützung von lebenden Armen, keinerlei Hinweise gibt[140]. Größere Wallfahrtsunternehmungen, vor allem an entferntere Orte, als eigentliche Bruderschaftsveranstaltungen sind nicht belegt[141]. Auch als lokale Bankinstitute bzw. Kreditgeber traten die Bruderschaften nur in ganz geringem Umfang in Erscheinung[142]. Trotzdem müssen sie als Faktor für die lokale Wirtschaft, als Arbeitgeber für bestimmte Berufsgruppen, denen durch ihr Wirken ein regelmäßiges (Zusatz-)Einkommen gesichert war, beachtet werden. Der Nutzen, den die Kirchengebäude und ihre Ausstattung von den Bruderschaften hatten, sollte nicht unterschätzt werden[143].

---

[136] TROPPER, Rosenkranzbruderschaft Maria Saal (wie Anm. 44) 279, Anm. 54. Einnahmen der Rosenkranzbruderschaften aus dem Totendienst sind z. B. auch vermerkt für Reichenfels (ÖStA, AVA, StHB, Kart. 258, Nr. 3.14), St. Margarethen bei Wolfsberg (ebd. Nr. 3.18), Paternion (ebd. Kart. 259, Nr. 1.9).

[137] Gering waren hingegen die Ausgaben für musikalische Gestaltung der bruderschaftlichen Veranstaltungen in Lambach, siehe LOBENWEIN, Erzbruderschaft (wie Anm. 91) 461.

[138] Auch bei der Herzogenburger Barbarabruderschaft fielen jährlich die größten Ausgaben für Musik und Licht an; siehe SCHEUTZ, Bruderschaften (wie Anm. 20) 306.

[139] In allen vorhandenen Rechnungen sind die Ausgaben für Organisten, weitere Musiker und Sänger sowie für Wachs und die Herstellung von Kerzen immer bedeutende Posten.

[140] BARTH, Rosenkranzbruderschaften (wie Anm. 22) 75, verweist zwar auf den sozial-karitativen Charakter der Elsässer Rosenkranzbruderschaften, bringt aber keine konkreten Beispiele, außer der Weitergabe von Traubenkränzen, die als Altarschmuck dienten, an Arme. Für die mittelalterlichen Bruderschaften sehen hingegen Monika ESCHER-APSNER–Philine HELAS, Bruderschaften. Selbstverständnis und Selbstinszenierung, in: Armut. Perspektiven in Kunst und Gesellschaft, hg. von Herbert UERLINGS (Darmstadt 2011) 178–185, hier 178, die sozialen neben den religiösen Funktionen als konstitutiv an.

[141] Zu ganz ähnlichen Ergebnissen kommt MIKULEC, Wallfahrer (wie Anm. 118) 484–486. Auch die jährliche Prozession der Lambacher Rosenkranzbruderschaft führte nur ins zwölf Kilometer entfernte Vorchdorf. LOBENWEIN, Erzbruderschaft (wie Anm. 91) 463. Die Herzogenburger Barbarabruderschaft wallfahrtete jährlich immerhin zweitägig ins ca. 25 Kilometer entfernte Langegg; SCHEUTZ, Bruderschaften (wie Anm. 20) 303. Für Maria Saal ist nur im Jahr 1644 eine Wallfahrt auf den nahegelegenen Ulrichsberg belegt, die eventuell als bruderschaftliche Veranstaltung gedeutet werden kann; ADG, PA Maria Saal, Hs. 329.

[142] Ganz anders war die Situation anscheinend in Tirol. HOCHENEGG, Bruderschaften (wie Anm. 16) 29–33, führt aus, dass ein großer Teil der Passaier Familien Schuldner der Rosenkranzbruderschaft von St. Leonhard im Passaier waren. Auch LOBENWEIN, Erzbruderschaft (wie Anm. 91) 464f., erwähnt für Lambach beträchtliche Kreditsummen, ebenso SCHEUTZ, Bruderschaften (wie Anm. 20) 305, für die Herzogenburger Barbarabruderschaft.

[143] Besonders deutlich wird dies z. B. in Eberndorfer Rechnungen; ADG, PA Eberndorf, Hs. 159. Hier übernahm die Bruderschaft in den Jahren ab 1737 die Hälfte der Kirchenausgaben, zusätzlich aber auch Kosten für die Dachreparatur u. a. m. In Wolfsberg bat der Pfarrer anlässlich der Aufhebung der Rosenkranzbruder-

5. Resüme

Insgesamt erscheinen die Rosenkranzbruderschaften in Kärnten überwiegend stark eingebunden in die Seelsorge der örtlichen Pfarre/Kirche, auch dort, wo Laieninitiativen für die Gründung der Fraternitäten verantwortlich waren[144]. Möglicherweise standen für die Mitglieder der gesellige Charakter der Bruderschaftsveranstaltungen[145] und der Totendienst der Bruderschaft (in geistlicher Form als Gebet für die Sterbenden und Toten, in Form von Seelenmessen, mit der Gewinnung von Ablässen[146] und in materieller Form als Erhalt eines würdigen Begräbnisses) im Vordergrund[147]. Es wird aber deutlich, dass durch das Wirken der Bruderschaften, die vielen Gottesdienste, Andachten, das gemeinschaftliche Gebet, das spezifisch katholische Leben an Intensität und an Öffentlichkeitswirksamkeit gewann. Zudem sollte bei den Rosenkranzbruderschaften bzw. beim Rosenkranzgebet das katechetische Element, das sich in der wiederholten Nennung der Mysterien aus dem Leben und Wirken Jesu findet, nicht unterschätzt werden. Unter diesen Blickwinkeln erscheinen die Rosenkranzbruderschaften in Kärnten doch als wichtiger Faktor der katholischen Reform, und zwar sowohl im Sinne einer Festigung der Lehrinhalte des Glaubens als auch einer Hinwendung der Bevölkerung zu katholischer Frömmigkeit und deren gemeinschaftlicher und öffentlicher Praktizierung[148].

---

schaft um deren Belassung, da die Pfarrkirche allein die Kosten für die Beleuchtung der Kirche und die musikalische Gestaltung der Gottesdienste nicht bestreiten könne; ÖStA, AVA, StHB, Kart. 258, Nr. 3.20.

[144] Die bei Benjamin Leven, Bruderschaften in Kirchenraum und Öffentlichkeit. Beispiele aus dem Bistum Würzburg. *Würzburger Diözesangeschichtsblätter* 79 (2016) 127–141 vorgenommene scharfe Differenzierung zwischen mittelalterlichen Bruderschaften, die kein Mittel der Pastoral in den Händen der Geistlichkeit, sondern eher eine Form der geistlichen Selbsthilfe ihrer Mitglieder und Ausdruck einer selbstbewussten Laienfrömmigkeit, die nicht darauf wartete, versorgt zu werden, sondern ihr religiöses Leben selbst in die Hand nahm, waren, und nachtridentinischen Fraternitäten, die als Träger gegenreformatorischer Bekenntnisfrömmigkeit zurück ins Leben gerufen wurden, erscheint etwas zu scharf, aber doch im Wesentlichen richtig; von Mallinckrodt, Struktur (wie Anm. 37) 132 versucht eine typologische Unterscheidung der Bruderschaften anhand von Satzungen, Gründungsinitiative und Leitung zwischen multifunktionalen Zusammenschlüssen in spätmittelalterlicher Tradition unter der Leitung von Laien und solchen unter der Leitung von Geistlichen mit ausschließlich religiösen Zielen, die versuchten, die Frömmigkeit der Mitglieder im Sinn der katholischen Reform zu intensivieren und anderweitige Zwecke geradezu auszuschließen. Diese Trennung zeigt sich in Kärnten nicht so scharf, da auch bei den Bruderschaften unter geistlicher Leitung die würdige Gestaltung des Begräbnisses, die nicht als rein religiöses Ziel bezeichnet werden kann, immer als wichtige Aufgabe bestehen blieb.

[145] V. a. Hersche, Muße und Verschwendung (wie Anm. 10) 396, 426, 433, fordert eine Relativierung der Ansicht, dass Bruderschaften nur eine religiöse Angelegenheit und deren Mitglieder gehorsame Instrumente in der Hand des gegenreformatorischen Klerus waren. Er verweist besonders auf die Umfunktionierung von religiösen Veranstaltungen zu geselligen Ereignissen, auch in Bezug auf das Rosenkranzgebet. Sicher völlig überzogen ist aber die Aussage von Sepperer, dass in der ersten Hälfte des 18. Jahrhunderts bei den meisten kirchlichen Bruderschaften der fromme Zweck völlig aus den Augen verloren worden wäre und nur mehr Feste und Trinkgelage im Vordergrund standen. Sepperer, Die kirchlichen Bruderschaften (wie Anm. 16) 29.

[146] Den Beweggrund der Ablassgewinnung für den Eintritt in eine Bruderschaft betont Wolfgang Hardtwig, Christliche Bruderschaften. *EdN* 2 (2005) Sp. 460–464, hier Sp. 461.

[147] So auch Ardaillou, Les Confréries Viennoises (wie Anm. 67) 747; Black, Italian Confraternities (wie Anm. 84) 104. Die Beibehaltung des geistlichen Totendienstes und v. a. des Begräbnisdienstes in den Rosenkranzbruderschaften, die ihren Schwerpunkt doch auf die Intensivierung der Frömmigkeitspraxis legten, spricht für den bestehenden Bedarf. In Kärnten kann man sie durchaus zu den Totenbruderschaften rechnen, denn die erbrachten Dienste unterscheiden sich kaum von denen der Armeseelenbruderschaften. Zu diesen vgl. Harald Johannes Mann, Die barocken Totenbruderschaften. *ZBLG* 39 (1976) 127–151, der auch Beispiele für eine stark marianische Färbung der Totenbruderschaften (mit Forderung nach Rosenkranzgebet) bringt.

[148] So auch Schneider, Frömmigkeitspraxis (wie Anm. 11) 72; Barth, Rosenkranzbruderschaften (wie

Anhang: Rosenkranzbruderschaften in Kärnten (alphabetisch nach Pfarrkirchen, mit Quellenbelegen)

Berg, Pfarrkirche, Diözese Salzburg: ADG, ASA, Kart. 138.

Bleiburg, Pfarrkirche, Diözese Laibach: ÖStA, AVA, StHB 259; ADG, Vereinsakten, Kart. 1; KLA, Milde Stiftungen I/106.

Deutsch Griffen, Pfarrkirche, Diözese Gurk: ADG, Urk. 1325 ddo 1723 April 7, Rom (und weitere Urkunden); ADG, Alphabetische Ablage, Vereine, Kart. 1, 8; ÖStA, AVA, StHB, Kart. 259.

Eberndorf, Pfarrkirche, Diözese Görz: ADG, PA Eberndorf, Hs. 159.

Feistritz an der Gail, Pfarrkirche, Diözese Görz: ÖStA, AVA, StHB, Kart. 259; KLA, Milde Stiftungen I/106.

Feldkirchen, Pfarrkirche, Diözese Salzburg: ADG, ASA, Kart. 96 (sowie Urkunden in ADG); ÖStA, AVA, StHB, Kart. 258; KLA, Milde Stiftungen I/106.

Friesach, Dominikanerkirche, Diözese Salzburg: ADG, PA Friesach, Kart. 165; ÖStA, AVA, StHB, Kart. 258; KLA, Milde Stiftungen I/106.

Gaisberg, Pfarrkirche, Diözese Salzburg: ÖStA, AVA, StHB, Kart. 258.

Gmünd, Pfarrkirche, Diözese Salzburg: KLA, Lodron, Urk. Nr. 254; KLA, Lodron, 34/341–345, 35/346; KLA, Milde Stiftungen I/106; ADG, PA Gmünd, Kart. 13; ÖStA, AVA, StHB Kart. 258.

Gnesau, Pfarrkirche, Diözese Salzburg: ADG, Urk. P 2038 ddo 1730 Nov. 15, Rom (und weitere Urkunden).

Grades, Pfarrkirche, Diözese Gurk: ADG, PA Grades, Kart. 2.

Hermagor, Pfarrkirche, Diözese Görz: KLA, Arnoldstein, Kloster und Herrschaft 9.9.2.9.5; Peter G. TROPPER, Die Berichte der Pastoralvisitationen des Görzer Erzbischofs Karl Michael von Attems in Kärnten von 1751 bis 1762 (FRA II 87, Wien 1993) 417; ÖStA, AVA, StHB, Kart. 259; KLA, Milde Stiftungen I/106.

Kappel am Krappfeld, Pfarrkirche, Diözese Salzburg: ÖStA, AVA, StHB, Kart. 258.

Kappel an der Drau, Pfarrkirche, Diözese Görz: KLA, AHS 1013; Peter G. TROPPER, Die Berichte der Pastoralvisitationen des Görzer Erzbischofs Karl Michael von Attems in Kärnten von 1751 bis 1762 (FRA II 87, Wien 1993) 500; ÖStA, AVA, StHB, Kart. 259; KLA, Milde Stiftungen I/106.

Anm. 22) 71 für die Elsässer Rosenkranzbruderschaften; Karl BLASEL, Geschichte der Rosenkranzbruderschaft bei St. Adalbert in Breslau (Breslau 1912) 75–77 sieht die frühneuzeitliche Rosenkranzbruderschaft in Breslau ganz im Dienst der Gegenreformation; KLAMMER, Bruderschaftswesen (wie Anm. 16) 60, 107, überschätzt das disziplinierende Wirken (Zeiteinteilung, Dressur des Verhaltens), da die Bevölkerung das Zusammentreffen bei den Andachtsübungen immer auch in geselliger Weise nutzen konnte. SCHEUTZ, Bruderschaften (wie Anm. 20) 290–304, schreibt allen nachtridentinischen Bruderschaften das Ziel zu, eine Verinnerlichung der Frömmigkeit und der ethischen Maximen zu fördern. Die Rosenkranzbruderschaften in Kärnten unterschieden sich aber deutlich von der von Scheutz beschriebenen Barbarabruderschaft. Bei dieser gab es geistliche Ermahnungen, die fast vertragliche Verpflichtung, in Gedanken, Worten und Werken zu helfen, der Rektor ermahnte die Mitglieder bei Verstößen persönlich und konnte sie ausschließen. Eine derartige Verbindlichkeit und Kontrolle ist bei den Rosenkranzbruderschaften in keiner Weise ersichtlich. Ebenso fehlen bei ihnen die zahlreichen Druckschriften zur Förderung der häuslichen Andacht. Nach Thomas WINKELBAUER, Volkstümliche Reisebüros oder Werkzeuge obrigkeitlicher Disziplinierung? Die Laienbruderschaften der Barockzeit in den böhmischen und österreichischen Ländern, in: Staatsmacht und Seelenheil (wie Anm. 1) 141–160, hier 147, waren Bruderschaften „von den geistlichen und weltlichen Obrigkeiten geförderte Instrumente der katholischen Propaganda, Disziplinierung und Konfessionalisierung". Er relativiert (149, 157) die Aussage allerdings durch den Hinweis auf die rechtlich-moralische Unverbindlichkeit der statutenmäßigen Verpflichtungen.

Kirchbach, Pfarrkirche, Diözese Görz: KLA, Milde Stiftungen I/106.

Klagenfurt, Pfarrkirche St. Egid, Diözese Salzburg: KLA, Milde Stiftungen I, Kart. 41 Nr. 550; KLA, Milde Stiftungen I/106.

Kötschach, Pfarrkirche, Diözese Görz: ADG, PA Kötschach Kart. 2; Peter G. Tropper, Die Berichte der Pastoralvisitationen des Görzer Erzbischofs Karl Michael von Attems in Kärnten von 1751 bis 1762 (FRA II 87, Wien 1993) 388; ÖStA, AVA, StHB, Kart. 259.

Kraig, Pfarrkirche, Diözese Gurk: ADG, Alphabetische Ablage, Vereine, Kart. 1, 8 (und Urkunden in der Urkundenreihe); ÖStA, AVA, StHB, Kart. 259; KLA, Milde Stiftungen I/106.

Kranzelhofen, Pfarrkirche, Diözese Laibach: ÖStA, AVA, StHB, Kart. 259; KLA, Milde Stiftungen I/106.

Maria Gail, Pfarrkirche, Diözese Görz: Peter G. Tropper, Die Berichte der Pastoralvisitationen des Görzer Erzbischofs Karl Michael von Attems in Kärnten von 1751 bis 1762 (FRA II 87, Wien 1993) 469; ADG, PA Maria Gail, Hs. 25.1; ÖStA, AVA, StHB, Kart. 259; KLA, Milde Stiftungen I/106.

Maria Rojach, Pfarrkirche, Diözese Lavant: KLA, Graz, Gubernium, Hs. 36 zu 1791; ADG, Urkundenreihe, Urk. Nr. 1121 ddo 1642 Nov. 30; ÖStA, AVA, StHB, Kart. 259; KLA, Milde Stiftungen I/106.

Maria Saal, Pfarrkirche, Diözese Salzburg: ADG, PA Maria Saal, Hs. 329–346, 393, Kart. 19, 36; ÖStA, AVA, StHB, Kart. 258; KLA, Milde Stiftungen I/106.

Maria Waitschach, Pfarrkirche, Diözese Salzburg: ADG, PA Maria Waitschach, Kart. 1; ÖStA, AVA, StHB, Kart. 258; KLA, Milde Stiftungen I/106 (hier bei Pfarre Guttaring angeführt!).

Maria Wörth, Pfarrkirche, Diözese Millstatt: ADG, PA Maria Wörth, Hs. 23; ADG, Vereinsakten, Kart. 1; ÖStA, AVA, StHB, Kart. 259; KLA, Milde Stiftungen I/106.

Möchling, Pfarrkirche, Diözese Görz: Peter G. Tropper, Die Berichte der Pastoralvisitationen des Görzer Erzbischofs Karl Michael von Attems in Kärnten von 1751 bis 1762 (FRA II 87, Wien 1993) 507.

Ossiach, Pfarrkirche, Diözese Salzburg: ÖStA, AVA, StHB, Kart. 258.

Paternion, Pfarrkirche, Diözese Görz: ADG, PA Paternion, Hs. 52, 53; PA Paternion Kart. 2; Peter G. Tropper, Die Berichte der Pastoralvisitationen des Görzer Erzbischofs Karl Michael von Attems in Kärnten von 1751 bis 1762 (FRA II 87, Wien 1993) 333; ÖStA, AVA, StHB, Kart. 259; KLA, Milde Stiftungen I/106.

Pontafel (heute Pontebba, IT), Pfarrkirche, Diözese Görz: ÖStA, AVA, StHB, Kart. 259; KLA, Milde Stiftungen I/106.

Preitenegg, Pfarrkirche, Diözese Salzburg: KLA, Milde Stiftungen I/106.

Rechberg, Pfarrkirche, Diözese Görz: ÖStA, AVA, StHB, Kart. 259; KLA, Milde Stiftungen I/106.

Reichenfels, Pfarrkirche, Diözese Salzburg: KLA, Graz, Gubernium, Hs. 36 zu 1786; ÖStA, AVA, StHB, Kart. 258; KLA, Milde Stiftungen I/106.

Rinkenberg, Pfarrkirche, Diözese Laibach: KLA, Milde Stiftungen I/106.

Schiefling, Pfarrkirche, Diözese Salzburg: ÖStA, AVA, StHB, Kart. 258; ADG, Vereinsakten 1; KLA, Milde Stiftungen I/106.

Schwarzenbach (heute: Črna na Koroškem, SI) Pfarrkirche, Diözese Görz: ÖStA, AVA, StHB, Kart. 259; KLA, Milde Stiftungen I/106.

St. Andrä im Lavanttal, Pfarrkirche, Diözese Lavant: KLA, Milde Stiftungen I/106.

St. Georgen am Längsee, Pfarrkirche, Diözese Salzburg: KLA, St. Georgen I Fasz. 4; ÖStA, AVA, StHB, Kart. 258.

St. Leonhard im Lavanttal, Pfarrkirche, Diözese Salzburg: KLA, St. Leonhard, Stadt, Hs. 48–50;

ADG, PA St. Leonhard im Lav., Kart. 28; ÖStA, AVA, StHB Kart. 258; KLA, Milde Stiftungen I/106.

St. Marein im Lavanttal, Pfarrkirche, Diözese Salzburg: ÖStA, AVA, StHB, Kart. 258; KLA, Milde Stiftungen I/106.

St. Margarethen bei Wolfsberg, Pfarrkirche, Diözese Salzburg: ADG, PA St. Margarethen/Wolfsberg Hs. 46, 48; ÖStA, AVA, StHB, Kart. 258; KLA, Milde Stiftungen I/106.

St. Martin am Krappfeld, Pfarrkirche, Diözese Salzburg: KLA, Milde Stiftungen I/106.

St. Martin am Silberberg, Pfarrkirche, Diözese Salzburg: ADG, PA St. Martin am Silberberg, Kart. 1; KLA, Milde Stiftungen I/106.

St. Michael bei Wolfsberg, Pfarrkirche, Diözese Salzburg: ÖStA, AVA, StHB, Kart. 258; KLA, Milde Stiftungen I/106.

St. Paul ob Hornburg, Pfarrkirche, Diözese Salzburg: ÖStA, AVA, StHB, Kart. 258; KLA, Milde Stiftungen I/106.

St. Veit an der Glan, Pfarrkirche, Diözese Salzburg: ÖStA, AVA, StHB, Kart. 258; ADG, PA Maria Saal, Kart. 36, 19/2; KLA, Milde Stiftungen I/106.

St. Walburgen, Pfarrkirche, Diözese Salzburg: ÖStA, AVA, StHB, Kart. 258; KLA, Milde Stiftungen I, Sch. 97 Nr. 1159; KLA, Milde Stiftungen I/106.

Stall, Pfarrkirche, Diözese Salzburg: ÖStA, AVA, StHB, Kart. 258.

Stift Griffen, Pfarrkirche, Diözese Salzburg: Beda SCHROLL, Das Prämonstratenser-Stift St. Maria zu Grifenthal in Unterkärnten (AVGT 16, Klagenfurt 1886) 113; ÖStA, AVA, StHB, Kart. 258; KLA, Milde Stiftungen I/106.

Straßburg, Pfarrkirche, Diözese Gurk: ADG, Urkundenreihe o. Sig. ddo 1648 Juni 17 (und weitere Urkunden); ÖStA, AVA, StHB, Kart. 259; KLA, Milde Stiftungen I/106.

Tainach, Pfarrkirche, Diözese Salzburg: ADG, PA Tainach, Kart. 39, Klerus IV/1,2; Kart. 58, Klerus Vc4; ÖStA, AVA, StHB, Kart. 258; KLA, Milde Stiftungen I/106.

Theißenegg, Pfarrkirche, Diözese Salzburg: KLA, Graz, Gubernium, Hs. 36 zu 1786; ÖStA, AVA, StHB, Kart. 258.

Treffen, Pfarrkirche, Diözese Salzburg: ÖStA, AVA, StHB, Kart. 258; KLA, Milde Stiftungen I/106.

Villach, Pfarrkirche St. Jakob, Diözese Görz: Peter G. TROPPER, Die Berichte der Pastoralvisitationen des Görzer Erzbischofs Karl Michael von Attems in Kärnten von 1751 bis 1762 (FRA II 87, Wien 1993) 316.

Völkermarkt, Pfarrkirche, Diözese Salzburg: ADG, Urkundenreihe Nr. 2224 ddo 1724 Juli 8, Rom (und weitere Urkunden); ÖStA, AVA, StHB, Kart. 258; KLA, Milde Stiftungen I/106.

Wolfsberg, Pfarrkirche, Diözese Salzburg: ÖStA, AVA, StHB, Kart. 258; KLA, Bambergische Herrschaften in Kärnten, Kart. 85; KLA, Milde Stiftungen I/106.

Zeltschach, Pfarrkirche, Diözese Salzburg: ADG, Urkundenreihe Nr. 3317 ddo 1685 Oktober 27, Rom.

Die jesuitischen Kongregationen der österreichischen Ordensprovinz (von ihren Anfängen bis 1671). Typen und Tätigkeitsfelder (ein Forschungsbericht)

Zsófia Kádár

„Nicht zu den Bruderschaften rechnen kann man die Marianischen Kongregationen der Jesuiten, die zwar ähnliche geistliche Ziele anstrebten, aber in ihren Anforderungen weitergingen, die individuelle Lebensführung mehr zu reglementieren suchten, stärker unter geistlicher Kontrolle der Patres standen und prinzipiell nach Ständen und Geschlechtern getrennt waren. […] vor allem die Elite erfassten und bei weitem nicht so große Popularität wie die ‚gewöhnlichen‘ Bruderschaften genossen."[1] Die Unterscheidung zwischen den von den Jesuiten geleiteten Kongregationen und den „alten" Bruderschaften wurde bereits in der älteren Fachliteratur thematisiert, die Charakteristika der Kongregationen „neuen Typs" wurden schon vom Ordenshistoriker Bernhard Duhr herausgearbeitet[2]. Eine weitere wichtige Monographie zum Thema legte der unlängst verstorbene französische Religionshistoriker Louis Châtellier vor[3], worin er die jesuitischen Kongregationen als Mittel gesellschaftlicher Erneuerung interpretiert, vor allem betont er deren Rolle mit Blick auf die weber'sche protestantische Ethik.

Die Feststellungen von Hersche und Châtellier über die jesuitischen Kongregationen sind trotz der Nichtbeachtung von Forschungsergebnissen zur österreichischen Jesuitenprovinz sachdienlich und fördern neue Perspektiven zu Tage. Die jesuitischen Kongregationen waren ein bedeutender Faktor des in den letzten Jahren vermehrt erforschten barocken Bruderschaftswesens. Internationale, vergleichende Forschungen zum Bruderschaftswesen sind rar, lokale und regionale Einzelfalluntersuchungen überwiegen bisher[4]. Die Geschichte der gesamten österreichischen Jesuitenprovinz (inkl. der Länder der

---

* Die Autorin ist wissenschaftliche Mitarbeiterin im Projekt „Katholische Bildung in Ungarn während der Frühen Neuzeit", NKFIH [National Research, Development and Innovation Office, Hungary], K 116116. Ich bin für die Unterstützung durch István Fazekas, Eszter Kovács, Ágnes Mihálykó, Antal Molnár, Martin Scheutz und Katalin Toma dankbar.

[1] Peter Hersche, Muße und Verschwendung. Europäische Gesellschaft und Kultur im Barockzeitalter I (Freiburg/Br.–Basel–Wien 2006) 399.

[2] Bernhard Duhr, Geschichte der Jesuiten in den Ländern deutscher Zunge II/1: In der ersten Hälfte des XVII. Jahrhunderts (Freiburg/Br. 1913) 89.

[3] Louis Châtellier, The Europe of the Devout (Cambridge ²1991).

[4] Für diese findet man viele Beispiele im Anhang dieses Aufsatzes. Als interessantes, neues Beispiel der „Halbierung" der österreichischen Ordensprovinz Michael Müller, Die Jesuiten (SJ), in: Orden und Klöster im Zeitalter von Reformation und katholischer Reform 1500–1700 2, hg. von Friedhelm Jürgensmeier–Regina Elisabeth Schwerdtfeger (Katholisches Leben und Kirchenreform im Zeitalter der Glaubensspaltung 66,

böhmischen Krone sowie des Königreichs Ungarn) wurde selbst von Bernhard Duhr in seinem monumentalen Werk teilweise ausgeblendet, weil er lediglich die deutschsprachigen Gebiete analysierte[5]. Die Untersuchung der ganzen Jesuitenprovinz ist aber vor dem Hintergrund der zeitgenössischen gesamtheitlichen Verfasstheit der Provinz unabdingbar – der vorliegende Beitrag versteht sich als Schritt in diese Richtung.

Am Beginn der folgenden Ausführungen steht ein Überblick über die in der österreichischen Jesuitenprovinz bis 1671 auftretenden Kongregationen. Die „Provincia Austria" trennte sich 1563 von der süddeutschen Provinz, sie inkludierte aber bis 1623 auch die Länder der böhmischen Krone[6]. Später umschloss sie die österreichischen Erbländer (ohne Tirol) und das Königreich Ungarn bis zur Auflösung der Gesellschaft Jesu 1773. Auf Grund dessen werden in der vorliegenden Darstellung bis 1623 auch die Ordenshäuser der böhmischen, mährischen und schlesischen Gebiete mitberücksichtigt – allerdings mit der zeitlichen Grenze 1671. Danach veränderten die beginnende Herrschaftsverdichtung, die anwachsende Gegenreformation und die Türkenkriege die Gestaltungsmöglichkeiten der Jesuiten auf radikale Weise. In weiterer Folge werden die einzelnen Kongregationen näher vorgestellt und ihre Tätigkeit skizzenhaft dargelegt. Mit einem Schwerpunkt auf die bereits besser erforschten jesuitischen Ordenshäuser des Königreichs Ungarn werden auch charakteristische Kongregationstypen des heutigen Österreich parallel dargestellt. Der Anhang des Aufsatzes bietet ein Verzeichnis der Sodalitäten, die in der österreichischen Ordensprovinz bis 1671 unter jesuitischer Leitung gegründet wurden – die beigefügten Zahlen zu den einzelnen Kongregationen werden im Anhang ausgewiesen[7].

1. Die speziellen Kongregationstypen der Jesuiten: Vorgeschichte und Entwicklung

Für die Tätigkeit des Jesuitenordens erlangte Unterricht und Mission innerhalb Europas zunehmend größere Bedeutung. Die bruderschaftliche Organisationsform war in

Münster 2006) 193–214. Über das ungarische jesuitische Kongregationsleben zusammenfassend (aber veraltet) Antal Mohl, A Mária-kongregácziók története különös tekintettel hazánkra [Die Geschichte der Marianischen Kongregationen, besonders in unserem Vaterland] (Győr 1898).

[5] Über die Kongregationen des deutschen Sprachgebietes, darunter die österreichische Jesuitenprovinz, gibt es eine gute Zusammenfassung bei Bernhard Duhr, Geschichte der Jesuiten in den Ländern deutscher Zunge I: Im XVI. Jahrhundert (Freiburg/Br. 1907) 357–371, 478–481, 502–503; ders., Geschichte der Jesuiten in den Ländern deutscher Zunge II/2: In der ersten Hälfte des XVII. Jahrhunderts (Freiburg/Br. 1913) 81–122; ders., Geschichte der Jesuiten in den Ländern deutscher Zunge III: In der zweiten Hälfte des XVII. Jahrhunderts (München–Regensburg 1921) 642–659; neuerdings: Thomas Winkelbauer, Volkstümliche Reisebüros oder Werkzeuge obrigkeitlicher Disziplinierung? Die Laienbruderschaften der Barockzeit in den böhmischen und österreichischen Ländern, in: Staatsmacht und Seelenheil. Gegenreformation und Geheimprotestantismus in der Habsburgermonarchie, hg. von Rudolf Leeb–Susanne Claudine Pils–dems. (VIÖG 47, Wien–München 2007) 141–160, hier 153–156.

[6] Ladislaus Lukács, Introductio generalis. Caput primum – De provincia Austriae Societatis Iesu, in: Catalogi personarum et officiorum Provinciae Austriae S. J., Bd. 1 (1551–1600) (Monumenta Historica Societatis Iesu 117, Rom 1978) 1*–10*; ders., Introductio generalis. Caput primum – Nonnulla historica de provincia Austriae (1601–1640), in: Catalogi personarum et officiorum Provinciae Austriae S. J., Bd. 2 (1601–1640) (Monumenta Historica Societatis Iesu 125, Rom 1982) 1*–16*.

[7] Darüber habe ich bereits ausführlich publiziert: Zsófia Kádár, Jezsuita vezetésű vallásos társulatok Magyarországon a 17. században (1582–1671) [Religiöse Kongregationen unter jesuitischer Führung in Ungarn im 17. Jahrhundert (1582–1671)]. *Századok* 148 (2014) 1229–1272, hier 1230–1234.

der Gesellschaft Jesu von Beginn an wichtig, sie wurde 1564 institutionalisiert[8]. Damals erhielt die von Pater Jean Leunis zwei Jahre vorher organisierte Mariä-Verkündigungskongregation des Collegium Romanum sein erstes Reglement[9]. Die Regel, Grundlage aller späteren Sodalitätsregeln, bestimmte sowohl das Hauptziel, nämlich den Fortschritt der Mitglieder (sechs- bis 16-jährige Schüler) im Glaube und im Studium, als auch die Mittel: wöchentliche Beichte, regelmäßige Meditation und tägliche Selbstprüfung, strukturierte Versammlungen, und Taten der Barmherzigkeit (Sorge für Arme und Kranke). Der Seelsorger der Sodalität war immer ein Jesuit, der mit Hilfe des von älteren Mitgliedern gewählten weltlichen Präfekten und des Rates von zwölf Konsultanten agierte.

Das römische Muster veranlasste François Coster in der Region Douai und in Köln neben den Kollegien auch Kongregationen zu gründen[10]. Im süddeutschen Gebiet spielte Jakob Rem eine ähnliche Rolle. Er organisierte Kongregationen in Dillingen (1574) und in Ingolstadt (1595)[11]. Auf dem Gebiet des heutigen Österreich spielte Petrus Canisius eine Schlüsselrolle, weil er mehrere Mariensodalitäten errichtete[12]. Diese Gründungen wurden auch vom Ordensgeneral Everard Mercurian (1573–1580) unterstützt. Die neuen Kongregationen sollten als Filialen der ursprünglichen Kongregation im Collegium Romanum gegründet werden – so die Idee François Costers. Die römische Kongregation galt schon den Zeitgenossen als Modell der anderen Sodalitäten[13]. Auf diese Weise verbreitete sich der erste Kongregationstyp, den man als „Schülerkongregation" bezeichnet.

Die Zahl der Kongregationen stieg deutlich an, sodass General Claudio Aquaviva (1581–1615) diese Frage auf höchster Ebene reguliert wissen wollte. Er erkannte, dass die Marianischen Kongregationen bei der Erneuerung der Katholischen Kirche eine Schlüsselrolle spielen könnten, deshalb erwirkte er päpstliche Privilegien für sie. Die von Papst Gregor XIII. 1584 ausgestellte Bulle „Omnipotentis Dei" nannte die Kongregation des Collegium Romanum „Prima Primaria" und gewährleistete, dass ihre Privilegien (Ablässe) auch für alle angeschlossenen Sodalitäten Geltung haben sollten. Er gab dem Ordensgeneral und seinen Vertretern das Recht, die Gründung der mit den jesuitischen Institutionen verbundenen Kongregationen zu bewilligen. Der Kompetenz des Generals oblag es auch, die Kongregationsregeln anzunehmen oder zu ändern. Diese Privilegien wurden

---

[8] Über das jesuitische Kongregationsleben und die italienische Entwicklung, zusammenfassend Lance Gabriel Lazar, Working in the Vineyard of the Lord. Jesuit Confraternities in Early Modern Italy (Toronto–Buffalo–London 2005) 24–29, 125–152.

[9] P. O'Sullivan, Art. Congregationes Marianas (= CC.MM.). Diccionario 914–918; ders., Art. Prima Primaria. Diccionario 3232; vgl. Heribert Rasch, Die Geschichte der Marianischen Kongregation, ihre Anfänge, ihre Verbreitung in Deutschland und Österreich, inbesondere in Hall in Tirol, in: 400 Jahre Marianische Kongregation in Österreich. Festschrift. Herausgegeben aus Anlaß der Jubiläumsfeier in Hall/Tirol, hg. von dems. (Hall 1978) 21–117, hier 27f.

[10] O'Sullivan, Congregationes Marianas (wie Anm. 9) 915f.; J. Andriessen, Art. Costerus (De Costere) Franciscus. Diccionario 982; Duhr, Geschichte der Jesuiten (wie Anm. 5) I 357–359. Über die Wirkung des von Coster geschriebenen Handbüchleins „Libellus sodalitatis" Danilo Zardin, La „pia institutio" dei gesuiti. Congregazioni, libri di regole, manuali, in: I gesuiti e la Ratio Studiorum, hg. von Manfred Hinz–Roberto Righi–dems. (Biblioteca del Cinquecento 113, Rom 2004) 97–137.

[11] F. Wulf, Art. Rem, Jakob. Diccionario 3330; Duhr, Geschichte der Jesuiten (wie Anm. 5) I 363–364; Rasch, Die Geschichte (wie Anm. 9) 31f.

[12] Vgl. Rudolf Leeb, Die Anfänge der katholischen Gegenbewegung, in: ders.–Maximilian Liebmann–Peter G. Tropper–Georg Scheibelreiter, Geschichte des Christentums in Österreich von der Spätantike bis zur Gegenwart (Österreichische Geschichte, Wien 2003) 242; Anna Coreth, Die ersten Sodalitäten der Jesuiten in Österreich. Geistigkeit und Entwicklung. Jahrbuch für Mystische Theologie 11 (1965) 7–65, hier 27–31.

[13] O'Sullivan, Congregationes Marianas (wie Anm. 9) 915; Châtellier, Europe (wie Anm. 3) 33.

von Papst Sixtus V. mit den Bullen „Superna dispositione" und „Romanum decet Pontificem" (1587) bestätigt und erweitert. Gleichzeitig gab Aquaviva die erste allgemeine Regel für die Marianischen Kongregationen heraus, die ohne wesentliche Veränderung bis zur Aufhebung des Jesuitenordens befolgt wurde[14].

Die Institutionalisierung der Kongregationen entwickelte sich rasch. Anfangs betätigten sich diese Kongregationen grundsätzlich in größeren Städten; verschiedene Gesellschaftsschichten nahmen an diesen Sodalitäten kollektiv teil. Seit den 1590er Jahren unterschied man zwischen verschiedenen Altersstufen, zwischen unterschiedlichen gesellschaftlichen Gruppen sowie zwischen Berufs- und sprachlichen Gruppen[15]. So verselbständigten sich die „städtischen" Kongregationen. Diese wurden parallel zu den ersten Schülerkongregationen nicht für Studierende, sondern für Erwachsene organisiert.

Die Sodalitäten waren Ende des 16. Jahrhunderts noch ungleichmäßig in Europa verteilt. Die Gründer konzentrierten sich vor allem auf die rheinländischen, flandrischen und süddeutschen Gebiete. In Frankreich oder in der Habsburgermonarchie schien das Netzwerk von Kongregationen noch nicht besonders ausgeprägt. Dies änderte sich in der ersten Hälfte des 17. Jahrhunderts, als auch in der österreichischen Jesuitenprovinz ein schnelles räumliches und zahlenmäßiges Anwachsen beobachtet werden konnte[16].

Dieses Profil wurde noch durch einen dritten Kongregationstyp ergänzt – die Sodalitäten „Agonia Christi" (Todesangst-Sodalitäten)[17]. Ihr Hauptziel bestand darin, dass ihre Mitglieder den Tod im Zustand der Gnade erleben wollten. Die Entwicklungsgeschichte dieses Kongregationstyps geht auf ca. 1600 zurück, als die Jesuiten in Venedig fünfstündige Anbetungen des heiligen Sakraments an den Freitagen der Fastenzeit abhielten, um über die Leiden und den Foltertod Christi zu meditieren. Diese Devotionsform breitete sich rasch aus. Später ergänzte man die Andachten mit monatlichen Beichten und der Kommunion, ähnlich wie bei anderen Kongregationen. Im Jahr 1648 wurde dieser neue Kongregationstyp institutionalisiert, in diesem Jahr errichtete General Vincenzo Carafa (1645–1649) die erste Todesangst-[„Buona Morte"-]Sodalität in der Kirche Il Gesù in Rom. Die Mitglieder verbrachten monatlich je einen Tag im gemeinsamen Gebet und hörten eine Predigt. Die Sodalitäten erhielten von Papst Alexander VII. und seinen Nachfolgern ähnliche Ablässe wie die Marianischen Kongregationen. Zudem machte es Papst Benedikt XIII. mit seiner Bulle „Redemptoris nostri" (1729) möglich, dass der Ordensgeneral andere Sodalitäten in die Todesangst-Kongregation des römischen Profeshauses, die zur Hauptkongregation „Primaria" ernannt worden war, inkorporieren konnte. Dieser Kongregationstyp wurde den Marianischen Kongregationen grundlegend angeglichen, öffnete sich aber für viel breitere Gesellschaftsschichten – auch Frauen konnten Sodalen werden.

---

[14] Châtellier, Europe (wie Anm. 3) 9; O'Sullivan, Congregationes Marianas (wie Anm. 9) 915f.; Duhr, Geschichte der Jesuiten (wie Anm. 5) I 365–368; Elder Mullan, Die Marianische Kongregation dargestellt nach den Dokumenten (Wien ⁴1913) 11–13, 26–29, 31–33. Die vollständigen Texte der Bullen ebd. 231–253.

[15] Châtellier, Europe (wie Anm. 3) 14–19; anfangs – bis zur Anordnung Aquavivas (1587) – hatten die jesuitischen Kongregationen auch Frauen als Mitglieder; O'Sullivan, Congregationes Marianas (wie Anm. 9) 915; vgl. Duhr, Geschichte der Jesuiten (wie Anm. 5) I 478–481.

[16] Châtellier, Europe (wie Anm. 3) 25–32, 50f.

[17] J. Wicki, Art. Buena Muerte. *Diccionario* 566f.

2. Jesuitische Kongregationstypen und ihre Verbreitung in der österreichischen Jesuitenprovinz

Eine Übersicht über die Sodalitäten der österreichischen Jesuitenprovinz kann mithilfe der jährlich zusammengestellten Provinzkataloge erhoben werden[18]. Im Rahmen des gut und zentral geregelten Informationssystems der Gesellschaft Jesu wurden jährlich sowohl die Namen als auch die Einteilungen der Ordensmitglieder nach Ordenshäusern aufgeschrieben. In diesen Listen wurde (besonders nach der Wende vom 16. auf das 17. Jahrhundert) fast immer angeführt, welche Ordensmitglieder die einzelnen Kongregationen leiteten und wer die Funktion des Präses innehatte. Weil sich die Dokumente der Kongregationen (und Ordenshäuser) nach der Aufhebung der Gesellschaft Jesu (1773) beziehungsweise nach der josephinischen Aufhebung der Sodalitäten und Bruderschaften (1784) zum größten Teil verloren haben oder zerstreut wurden, muss man auf einen anderen Quellentyp, nämlich auf die Jahresberichte („litterae annuae") des Ordens zurückgreifen, um die Tätigkeit der Kongregationen rekonstruieren zu können[19]. Die Provinzkataloge enthalten Informationen über die Kongregationsgründungen, über deren Anzahl, deren Titel bzw. deren chronologische und geographische Trennung. Die Tätigkeiten und das innere Leben der Kongregationen ist aus den Jahresberichten gut eruierbar. Die

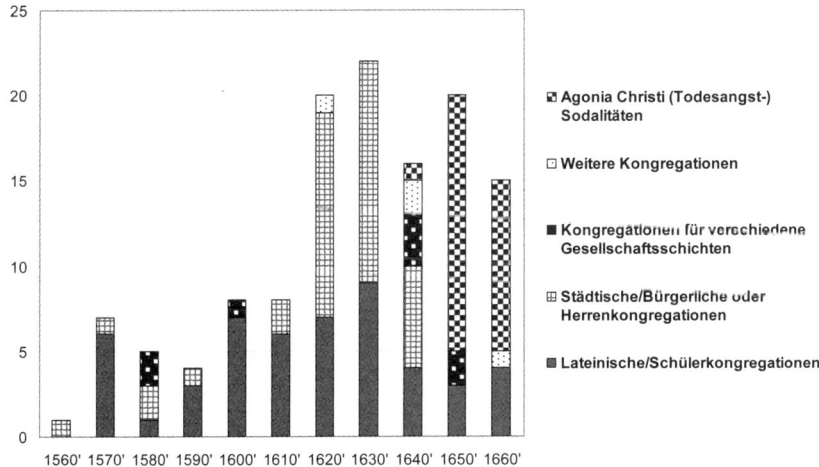

Grafik 1: Die Verteilung der verschiedenen jesuitischen Kongregationsgründungen (1560–1660)

---

[18] Die Provinzkataloge wurden von László LUKÁCS publiziert: Catalogi personarum et officiorum Provinciae Austriae S. I. I (1551–1600), II (1601–1640), III (1641–1665), IV (1666–1683), V (1684–1699). (Monumenta Historica Societatis Iesu 117, 125, Rom 1978/1982/1990).

[19] Zur Charakteristik und zum Quellenwert der Jahresberichte Markus FRIEDRICH, Circulating and Compiling the Litterae Annuae. Towards a History of the Jesuit System of Communication. *Archivum Historicum Societatis Iesu* 77 (2008) 3–39; Gernot HEISS, Die „Litterae Annuae" und die „Historiae" der Jesuiten, in: Quellenkunde der Habsburgermonarchie (16.–18. Jahrhundert). Ein exemplarisches Handbuch, hg. von Josef PAUSER–Martin SCHEUTZ–Thomas WINKELBAUER (MIÖG Ergbd. 44, Wien–München 2004) 663–674. Die Jahresberichte konnten teilweise in Rom und teilweise in Wien eingesehen werden. Daneben benutzte ich die Mikrofilm-Kopien in Budapest, in der Bibliothek der Ungarischen Akademie der Wissenschaften. Diese Quelle zitiere ich in den Fußnoten abgekürzt, die Auflösungen wurden am Anfang des Anhanges geboten.

folgenden Untersuchungen beruhen hauptsächlich auf dieser Quellengrundlage. Vor 1671 konnten (auf der Grundlage der Provinzkataloge) insgesamt 126 Kongregationen in der österreichischen Jesuitenprovinz erschlossen werden[20]: darunter 50 Schülerkongregationen, weitere 38 „städtische" (bürgerliche oder adelige) Sodalitäten, acht „gemischte" Kongregationen mit Schülern und Erwachsenen, 26 Todesangst-Sodalitäten und schließlich vier Kongregationen anderen Typs. Die erwähnte Entwicklung der Kongregationstypen erklärt auch die zeitliche Verteilung: Anfangs wurden Schülerkongregationen gegründet, deren Mitglieder sich aus den lokalen weltlichen und kirchlichen Eliten rekrutierten.

3. Zeitliche Verteilung der jesuitischen Kongregationsgründungen 1580–1671

Die oben angeführte Graphik verdeutlicht die zeitliche Verteilung der Kongregationsgründungen nach Jahrzehnten: Anfänglich kam es zu einer langsamen Ausbreitung der Kollegien und Residenzen. Vor 1623 spielte das böhmische Gebiet eine führende Rolle, weil die jesuitischen Kongregationen ausgehend von Westen in diese Region vordrangen[21]. Es ist aber besonders wichtig zu betonen, dass die vorliegende Untersuchung die Kongregationsentwicklung der böhmisch-mährischen Gebiete nach der österreichisch-böhmischen Provinzteilung nicht mehr berücksichtigt, weshalb hier nur auf die Anfänge des Prozesses verwiesen werden kann. Trotzdem war dieser gemeinsame Anfang, vor allem die beispielgebende Funktion der böhmischen Kongregationen für die österreichisch-ungarischen Gebiete, sehr bedeutend.

Die Anzahl der Gründungen stieg dann in den 1620er/1630er Jahren stark an, in dem Zeitraum lassen sich schon 42 Kongregationen nachweisen. Dies steht in Zusammenhang mit der schnellen Ausbreitung des Institutionsnetzwerkes der österreichischen Jesuitenprovinz unter der Regierung Ferdinands II. In diesen Jahrzehnten öffnete sich für die Gesellschaft Jesu der Weg ins Königreich Ungarn: Während der Amtszeit des früheren Jesuiten und Erzbischofs von Gran Péter Pázmány (1616–1637) wurden die Tyrnauer Universität, die Pressburger und Raaber Kollegien, die Residenz von Ödenburg bzw. die Residenz von Gyöngyös im Bereich der osmanischen Herrschaft gegründet. Während dieser zwei Jahrzehnte überwogen die städtischen Kongregationen, was eine „gesellschaftliche Öffnung" der jesuitischen Seelsorge mit Blick auf die breite Bevölkerung widerspiegelt. Die Einbeziehung der städtischen Eliten und der Mittelschichten ermöglichte eine soziale Differenzierung des Kongregationslebens.

Doch verlangsamte sich dieser Prozess in den 1640er Jahren: Nur wenige der neu gegründeten Ordenshäuser waren groß genug, um Sodalitäten leiten zu können. Gleichzeitig wurden ab 1648 die ersten Todesangst-Sodalitäten errichtet. In den 1650er/1660er Jahren verlieh dieser Typ dem jesuitischen Kongregationswesen neuen Schwung, weil

---

[20] Vgl. mit den Angaben von LUKÁCS, Catalogi (wie Anm. 18) I–V und den Anhang des Aufsatzes.

[21] Zur jesuitischen Geschichte der böhmisch-mährischen Gebiete siehe Geschichte der Böhmischen Provinz der Gesellschaft Jesu I–III. Nach den Quellen bearbeitet von Alois KROESS (Wien 1910–1938); Zdeněk ORLITA, Gemeinschaft der Frommen im Wandel. Marianische Kongregationen in Mähren zwischen dem Tridentinum und der Aufklärung, in: Frühneuzeitforschung in der Habsburgermonarchie. Adel und Wiener Hof – Konfessionalisierung – Siebenbürgen, hg. von István FAZEKAS–Martin SCHEUTZ–Csaba SZABÓ–Thomas WINKELBAUER (Publikationen der Ungarischen Geschichtsforschung in Wien 7, Wien 2013) 309–333; DERS., Náboženská bratrstva v Olomoucké diecézi v letech 1620–1740 [Religiöse Bruderschaften in der Diözese Olmütz in den Jahren 1620–1740] (Diss. Opava 2010) 73–83, 89–97 (Brno, Olmütz).

die Expansion der Schüler- und Bürgerkongregationen zu stocken begonnen hatte. Die räumliche Ausdehnung des Kollegiennetzwerkes der Jesuitenprovinz vermittelt hier einen Erklärungsansatz: Das Ziel war es nun, nicht mehr neue Städte, sondern neue Gesellschaftsschichten zu erreichen.

Die Ausbreitung der Kongregationstypen lässt sich gut und anschaulich auf Karten darstellen[22]. Im Folgenden werden die Verbreitung der Kongregationstypen und die Differenzierung des Kongregationslebens innerhalb der einzelnen Städte mithilfe dieser Karten vorgeführt.

Die Karte um 1600 stellt die Anfänge dar (Karte 1): Die meisten Sodalitäten wurden im böhmisch-mährischen Gebiet gegründet. Die führende Rolle Wiens erscheint wegen der hohen Zahl an Mitgliedern und der beispielgebenden Funktion ihrer Sodalitäten unbestritten. Im Königreich Ungarn besaßen die Jesuiten noch keine stabilen Ordenshäuser, am Beginn der Ausbreitungsgeschichte der Jesuiten in Ungarn stand aber Siebenbürgen.

Auf österreichischem Gebiet stellten Wien und Graz Zentren des jesuitischen Institutionsnetzwerkes dar, das sich später – im 17. Jahrhundert – stark erweiterte. In Wien (parallel zu Prag und Brünn) wurde die erste Sodalität für die örtlichen Italiener unter dem Titel „Caritas" und unter der Leitung von Michael Spesius gegründet. Er übergab die geistliche Führung der Sodalität dem bedeutenden Wiener Rektor Lorenzo Maggio (Nr. 114). Die Sodalität hatte eine starke Verbindung zum Wiener Hof, insbesondere zu Königin Maria (Maria von Spanien, die Ehefrau Maximilians II.): Nach Marias Rückkehr nach Spanien (also nach dem Tod ihres Ehemannes) zerfiel die Sodalität.

Die erste dauerhafte Sodalität ist ein spezielles Beispiel für eine Studentenkongregation: Die Gründung wurde von vier Theologiestudenten des Wiener Kollegs im Jahr 1573 veranlasst (Nr. 109). Der Name der Sodalität lehnte sich an der Patronin der Bruderschaftskapelle S. Barbara an und folgte damit dem römischen Muster. Konviktmitglieder bzw. Seminaristen zählten zu den Mitgliedern (im Jahr 1574 waren schon 30 Mitglieder verzeichnet). Aufgrund der päpstlichen Bestätigung bzw. der Ablässe sowie des starken Selbstbewusstseins der Sodalen (mit einer starken Bindung zur Weltpriesterschaft) scheiterte der Versuch der Kollegsleitung, die Barbara-Sodalität mit der Himmelfahrt-Studentenkongregation (der späteren Akademischen Kongregation) zu vereinen. Obwohl die Barbara-Sodalität schließlich mit der Himmelfahrt-Kongregation 1581 vereinigt wurde, wirkten sie ab 1585 wieder getrennt. Die Barbara-Sodalität wurde von der römischen Mutterkongregation 1587 formell (und ohne Beachtung des Widerstandes der Mitglieder) aggregiert. Jedoch war es für Maggio, der inzwischen Provinzial geworden war, 1594 eine große Herausforderung, die Vereinheitlichung der Sodalitäten zu erreichen.

Die erste Grazer Kongregation wurde 1579 ebenfalls in einem Konvikt gegründet. Sie bekam den Namen „Heiliger Geist" in Anlehnung an die Kollegskapelle (Nr. 20). Diese nach der Universitätsgründung formell als Studentenkongregation anerkannte Sodalität wies eine gewisse Affinität zur Wiener Caritas-Sodalität der Italiener auf: Die Mitglieder waren eifrig bei der Kranken- und Armenfürsorge tätig.

Für die Marianischen Schülerkongregationen, die sich im 17. Jahrhundert im österreichischen Gebiet ausbreiteten, diente die Wiener Himmelfahrt-Kongregation, die

---

[22] Die Karten zeigen nur die Ausbreitung der verschiedenen Kongregationstypen (und nicht die Zahl der Kongregationen). Die Quellenbasis wird im Anhang angegeben. In den Karten wurden die neugegründeten Kongregationstypen mit schwarzen Zeichen, die früheren Gründungen mit grauen Zeichen markiert. Die Karten wurden von der Autorin konzipiert und von Béla Nagy ausgeführt.

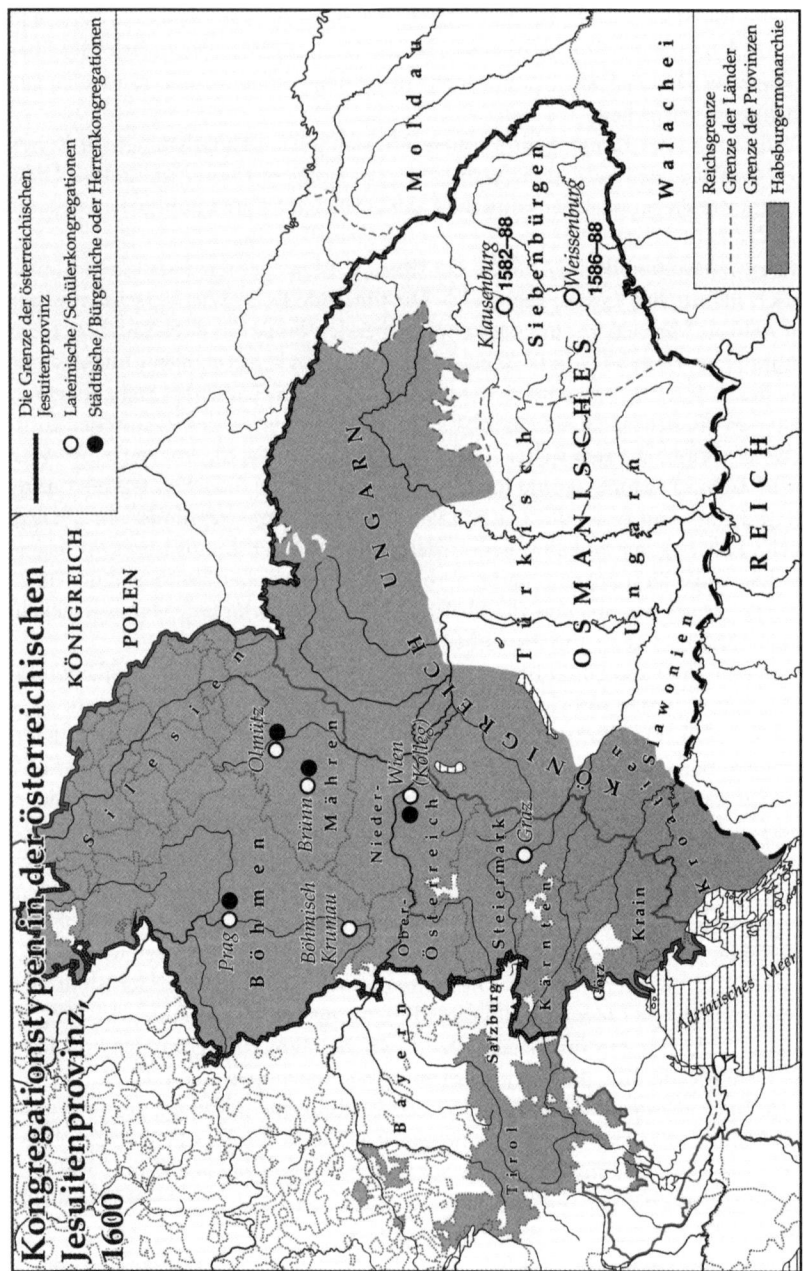

Karte 1: Kongregationstypen in der österreichischen Jesuitenprovinz, 1600.

während der Wiener Konfessionskämpfen 1579 mit 22 Mitgliedern errichtet worden war (Nr. 110), als Vorbild. Die Mitglieder dieser unter der Schirmherrschaft des Wiener Bischofs Johann Caspar Neubeck gegründeten Sodalität waren von Anfang an neben den Schülern auch vornehme Externisten z. B. 1580 der Bürgermeister Hans von Thaw, die Mitglieder des inneren Rates und der Reichskanzlei-Sekretär. Eine größere Gruppe von Wiener Bürgern trat 1581 bei. Die damaligen Jesuiten interpretierten diesen Akt als die Gründung einer neuen Bürgersodalität, die später unter dem Titel „Verkündigung Mariä" tätig war. Zu den Mitgliedern zählten schon 1581 viele vornehme Herren und Damen, unter anderen die drei aufeinander folgenden apostolischen Nuntien von Wien, Orazio Malaspina, Ottavio Santacroce, Bischof von Cervia, und Giovanni Francesco Bonomi (Bonhomini), Bischof von San Severo, weiters die Kaiserinwitwe Maria von Spanien und ihre Tochter Elisabeth, die verwitwete Königin von Frankreich (Nr. 116). Die Mitgliedschaft von Frauen wurde nach der römischen Anerkennung 1591 durch General Aquaviva untersagt. Diese deutsche Bürgersodalität wurde die erste Kongregation des 1625 gegründeten Wiener Profeßhauses.

Eine andere Entwicklungsrichtung repräsentiert eine ab 1597 unter dem Titel „Unbefleckte Empfängnis" gegründete „klassische" Schülerkongregation, welche die Schülerschaft des Wiener Jesuitenkollegs versammelte (Nr. 111). Fast gleichzeitig und gemäß der neuen, einheitlichen römischen Kongregationsregelung wurde die Grazer Mariä-Verkündigungskongregation der Schüler von Erzherzog Ferdinand (der diesen Kongregationstyp bereits aus Ingolstadt kannte) initiiert – sie hatte 1603 schon 90 Mitglieder (Nr. 21).

In den Ländern der böhmischen Krone wurde das jesuitische Institutionsnetzwerk sehr früh, ab den 1550er Jahren, ausgebaut. In der Altstadt von Prag entstand ein Jesuitenkolleg mit Gymnasium, adeligem Konvikt, päpstlichem Seminar und akademischer Bildung. In Olmütz wurden neben dem Kolleg auch ein Gymnasium und eine Akademie errichtet. Das ursprünglich im Prager Kolleg angesiedelte Noviziat kam 1573 nach Brünn, wo neben dem Kolleg auch ein Gymnasium und ein Seminar existierten.

In den früh gegründeten Prager und Olmützer Kollegien starteten gleichzeitig zwei Studentenkongregationen: Sie wurden von Papst Gregor XIII. am 15. Oktober 1575 bestätigt und für die (internen) Konviktmitglieder eingerichtet, von denen die jesuitischen Präsides eine kleine Elitegruppe auswählten (Nr. 58, 68). Das Muster ähnelt der oben genannten S. Barbara-Kongregation des Wiener Konvikts.

Die ersten städtischen Kongregationen der Länder der böhmischen Krone wurden auch in diesen beiden Kollegien gegründet. Statt der Gründung einer neuen Kongregation wurde in Olmütz die seit 1501 wirksame (damals nach deutschem Muster organisierte) Bruderschaft der heiligen Anna neu begründet, gerade in der Zeit, als die Jesuiten in der Stadt wegen ihrer Predigten in der Pfarrkirche Bekanntheit erlangt hatten (Nr. 61). Die Kongregation hatte eine gesonderte bürgerliche und adelige Abteilung. Die Jesuiten förderten durch diese Kongregation den Kult der S. Anna-Wallfahrtskirche in Altwasser bei Olmütz.

In Prag und Brünn steht die Organisation der ersten städtischen Sodalitäten in engem Zusammenhang mit den dort aktiven und auf italienisch predigenden Jesuiten – in Prag Blasius Montagnini, Emmanuel Vega und Marcus Antonius Soldanus, in Brünn Octavianus Navarola. Die Jesuiten gründeten die Kongregation in Prag für katholische bei Hof dienende gebürtige Italiener, die für diese Frömmigkeitsformen offen waren (Nr. 71). Obwohl die jesuitischen Leiter Bereitschaft zeigten, die Kongregation für andere gesellschaftliche Schichten zu öffnen und auch die deutschsprachigen und böhmischen Einwohner (Bürger, Adel) zu integrieren, erwies sich dieses Konzept nicht als erfolgversprechend, weil der stärker werdende protestantische Einfluss dem hinderlich wurde. In ähnlicher Weise bildeten die gebürtigen Italiener den Kern der beinahe zwei Jahrzehnte später nach dem Muster der Prager Kongregation gegründeten städtischen Kongregation in Brünn (Nr. 9). In diese traten auch Prälaten, deutsch- und böhmischsprachige Bürger und Herren beziehungsweise der örtliche Dominikanerprior mit seinen Mönchen ein. In den 1590er Jahren bildeten sich unterschiedliche sprachliche und intellektuelle Zirkel: Es kam allerdings zu Konflikten mit den jesuitischen Präsides rund um das Vermögen der Kongregation, weshalb die Jesuiten 1604 diese Kongregation selbst auflösten – ein beispielloser Vorgang innerhalb der jesuitischen Kongregationen.

In den böhmisch-mährischen Gebieten konzentrierten sich die Jesuiten in einer frühen Periode auf die Organisation neuer Schülerkongregationen: Startete in einem Gymnasium eine Rhetorikklasse, versuchte man gleichzeitig auch eine Schülerkongregation zu organisieren. Diese wandten sich neben den Konviktmitgliedern auch an die externen Studenten an den Akademien und Gymnasien. Zuerst wurden in Olmütz und Prag selbstständige Kongregationen für die Studenten der Akademie (Nr. 58, 69) gegründet. Die Schüler der oberen Klassen des Gymnasiums wurden in Brünn und Böhmisch Krumau als selbstständige Maria-Kongregationen organisiert (Nr. 8, 6).

Ende des 16. Jahrhunderts gab es nur kurzlebige Kongregationen im Königreich Ungarn, nämlich in den siebenbürgischen Ordenshäusern von Klausenburg und Weißenburg. Die Jesuiten errichteten ab 1579 mit der Unterstützung des siebenbürgischen Fürsten István Báthory (1571–1586) ein Kolleg in Klausenburg und eine Residenz in Weißenburg, die bis zur Vertreibung der Gesellschaft aus Siebenbürgen 1588 Bestand hatten. In Klausenburg entstand ab 1582 eine Mariä-Verkündigungskongregation, deren Leiter 1584 der italienische Hieronymus Fanfonius, und nach dessen Tod der aus Prag schon bekannte Emmanuel Vega bis zur Vertreibung 1588 war (Nr. 38). Die Tatsache, dass die 1595 nach Siebenbürgen zurückgekehrten Ordensmitglieder die Neugründung der Marienkongregation in Klausenburg nicht betrieben, ist wahrscheinlich mit dem ehemaligen „Übereifer" Vegas zu erklären. In der Weißenburger Residenz wirkte die Sodalität „Mariä Verkündigung" nur zwei bis drei Jahre lang (Nr. 108).

Die zweite Karte stellt die Kongregationen zum Zeitpunkt der Provinzteilung (1623) dar. Es wird deutlich, dass die Kongregationen zu dieser Zeit die am frühesten begründeten und größten Kollegien in Österreich eroberten. Neue Kongregationen entstanden neben Graz auch in Laibach, Klagenfurt, Passau, Linz, Krems, Görz und Triest. Im Wiener Kolleg fand in diesem Zeitraum keine weitere Kongregationsgründung statt (Karte 2).

Ab 1605 war im Laibacher Kolleg eine Himmelfahrt-Sodalität überwiegend für die Schüler tätig (Nr. 45). Im Klagenfurter Kolleg wurde 1609 eine Schülerkongregation gegründet, in die man bis 1623 – aus Mangel einer bürgerlich-adeligen Sodalität – auch vornehme Herren aufnahm (Nr. 34). Eine selbstständige Bürgerkongregation war erst ab 1623 tätig (Nr. 36). Im Passauer Kolleg nahm die Himmelfahrt-Sodalität der Schüler ab 1613 ihre Tätigkeit auf, anfangs wurden auch Externisten aufgenommen (Nr. 65). Eine ähnliche Rolle spielte die Mariä-Geburt-Sodalität des Linzer Kollegs ab 1622 (Nr. 52). Im Grazer Kolleg erschien die „bürgerliche und adelige deutsche" Mariä-Lichtmess-Kongregation ab 1618 als neuer Kongregationstyp (Nr. 24), neben den beiden, für die Gymnasisten geschaffenen neuen Schülerkongregationen (Nr. 22, 23). Im Kremser Kolleg wurde die Himmelfahrt-Sodalität als gemischte Kongregation eingerichtet, dann entwickelte sie sich – atypisch – allerdings nicht als Schüler-, sondern als Bürgerkongregation weiter (Nr. 43). Das Görzer Ordenshaus erlangte 1623 den Rang eines Kollegs, aber schon aus

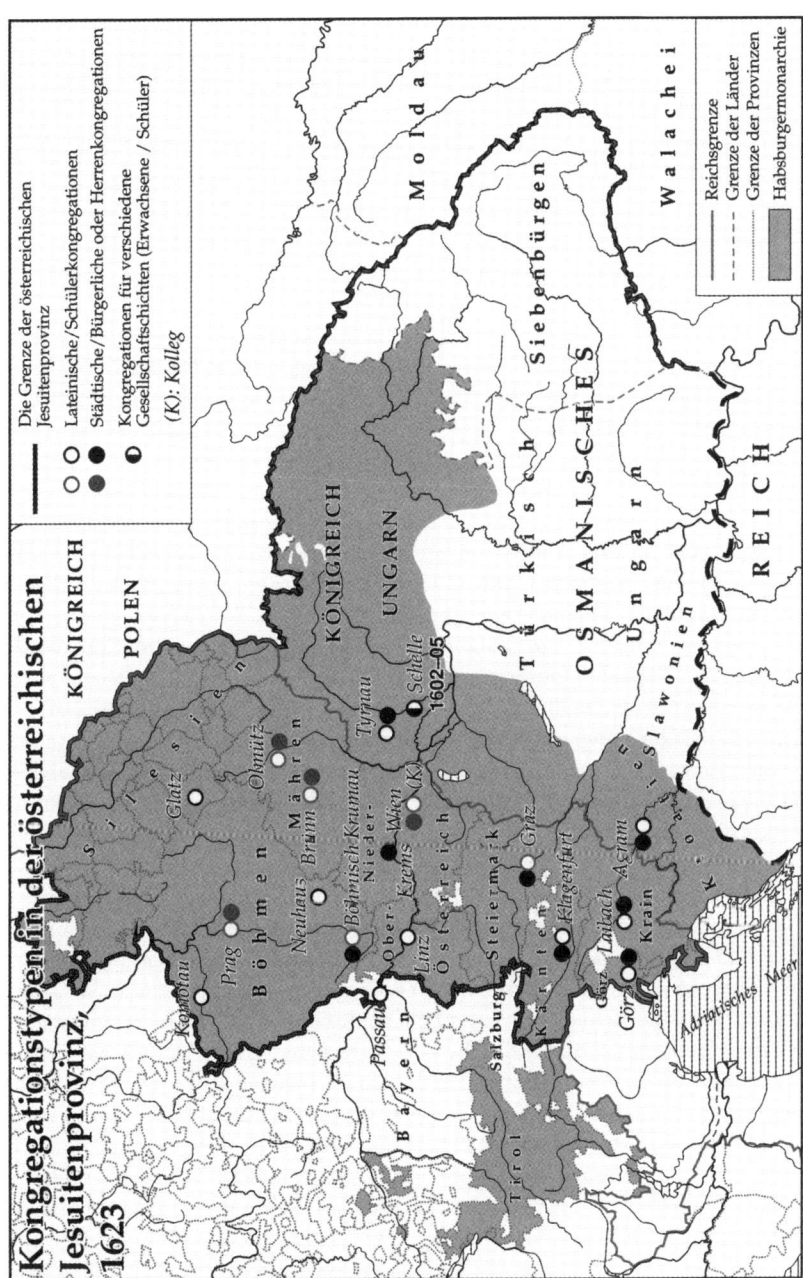

Karte 2: Kongregationstypen in der österreichischen Jesuitenprovinz, 1623.

dem Jahr 1620 ist die Gründung der Mariä-Lichtmess-Kongregation bekannt (Nr. 14).
Daneben wurden 1623 getrennte Sodalitäten für italienische Bürger und Herren gegründet (Nr. 16, 17). In dem neu gegründeten Triester Kolleg war die Mariä-Verkündigungskongregation der Schüler ab 1623 tätig (Nr. 94).

Im Königreich Ungarn erscheint die Geschichte der Himmelfahrt-Kongregation im
Kolleg zu Schelle (Nr. 82) den oben besprochenen siebenbürgischen Anfängen am ähn-
lichsten. Neben dem Gründer, dem Bischof von Neutra, Ferenc Forgách (1596–1607),
waren die Mitglieder Prälaten, Geistliche, örtliche Funktionseliten, adelige Herren und
die Schüler des Gymnasiums. Die Kongregation löste sich wegen des Feldzugs des Fürsten
István Bocskai 1605 auf.

Die frühesten, dauerhaft gegründeten Kollegien im Königreich Ungarn treten auch
Anfang des 17. Jahrhunderts in Erscheinung, nämlich in Agram und Tyrnau. Im Agramer
Ordenshaus, das 1612 die Stellung eines Kollegs erreichte, agierte ab 1614 die Mariä-Verkündigungskongregation der Schüler (Nr. 1). Die städtische Mariä-Lichtmess-Sodalität
wurde hauptsächlich für das örtliche Bürgertum mit kroatischer Muttersprache im Jahr
1623 gegründet (Nr. 3). In Tyrnau wurde 1561 vom Graner Erzbischof Miklós Oláh
(1553–1568) ein jesuitisches Ordenshaus mit Gymnasium gegründet, das sich 1567 wegen des Mangels einer entsprechenden Fundationssumme, der ungünstigen gesellschaftlichen Verhältnissen und eines Stadtbrands auflöste. Die Neugründung des Kollegs erfolgte
1615 durch den Graner Erzbischof Ferenc Forgách (1607–1615). Hier war ab 1617 die
Mariä-Heimsuchung-Schülerkongregation tätig (Nr. 97). Zur Zeit der Gründung waren
70 der 600 Schüler Mitglieder. Die erste städtische Kongregation als Heilig-Kreuz-Soda-
lität wurde im Jahr 1622, anfänglich für die Ungarische Nation, konstituiert (Nr. 101).

Die Entwicklung der Kongregationsbewegung zwischen 1600 und 1623 wurde in den
böhmisch-mährischen Gebieten 1618 vom böhmischen Aufstand unterbrochen, als alle
Kongregationen aufgelöst wurden. Anfang der 1600er Jahre ist eine weitere Verbreitung
der Schülerkongregationen belegt: Neue Sodalitäten wurden in den Gymnasien von Neuhaus (Nr. 57), Komotau (Nr. 41), Olmütz (getrennt für die höheren Klassen des Gymnasiums und für die Konviktmitglieder, Nr. 59, 60) und in Glatz (Nr. 12) eingerichtet.

Der Neustart nach dem Aufstand wurde von der Gründung der städtischen Kongregation des Krumauer Kollegs 1622 begleitet – nachdem die Jesuiten nach dem Sieg der
kaiserlichen Truppen schon im August 1619 in die Stadt zurückkehren konnten[23]. Man
gründete zuerst eine städtisch-adelige deutsche Kongregation (Nr. 7). In der unabhängi-
gen böhmischen Jesuitenprovinz entwickelte sich die Kongregationsbewegung parallel zur
österreichischen Provinz: In den 1620er/1630er Jahren richtete man mehrere deutsche
und wenige böhmische, städtische Kongregationen und zusätzlich zu den neuen Ordenshäusern auch mehrere Studentenkongregationen ein. Eine lokale Eigenheit stellt die Verbreitung von Bauernkongregationen dar, die in Olmütz, Neuhaus und Prag schon sehr
früh auftraten, wodurch die Einwohner der umliegenden Dörfer ins Kongregationsleben
miteinbezogen wurden. Neben Maria führten diese Kongregationen auch den Heiligen
Isidor im Titel[24]. Eine Entwicklung, die auch in anderen österreichischen Erbländern

---

[23] KROESS, Geschichte (wie in Anm. 21) II/2 20f.

[24] Vgl. Olmütz: Anna FECHTNEROVÁ, Rektoři kolejí Tovaryšstva Ježíšova v Čechách, na Moravě a ve Slezsku
do roku 1773. Sv. I. Čechy. Sv. II. Morava, Slezsko. Rectores collegiorum Societatis Iesu in Bohemia, Moravia ac
Silesia usque ad annum MDCCLXXIII iacentum. Pars I. Bohemia. Pars II. Moravia, Silesia. (Národné knihova v
Praze – Miscellanea monographia 4, Prag 1993) II 321; ORLITA, Náboženská bratrstva (wie Anm. 21) 96f.; KRO-
ESS, Geschichte (wie Anm. 21) II/2 809f.; Neuhaus: FECHTNEROVÁ, Rektoři kolejí, I 113; Prag, Altstadt: ebd. I 37.

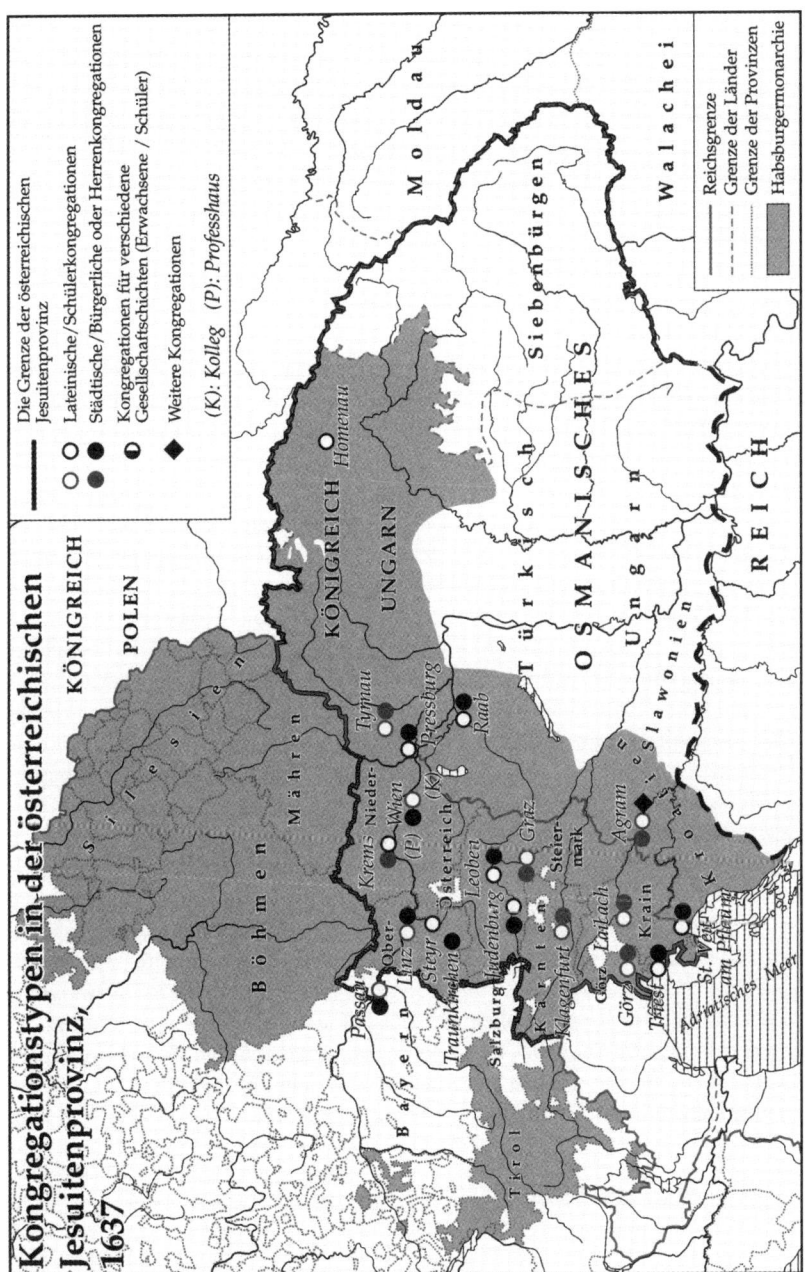

Karte 3: Kongregationstypen in der österreichischen Jesuitenprovinz, 1637.

Parallelen hat, ist die Gründung von Gesellenkongregationen in Städten mit bedeutenden Handwerkssparten – etwa in Olmütz, Brünn und Glatz (1630, 1635, 1649)[25] – beziehungsweise der Versuch, in Olmütz auch eine Lehrlingskongregation zu starten (1640)[26]. Wegen der Beliebtheit dieses Kongregationstyps verbreiteten sich die Todesangst-Sodalitäten später als in der österreichischen Jesuitenprovinz[27].

Die folgenden Karten stellen die österreichische Jesuitenprovinz nach dem Jahr 1623 dar. Die dritte Karte zeigt den Zustand von 1637 – also zum Zeitpunkt des Todes der beiden, für die Ordensgeschichte der Jesuiten so bedeutsamen Personen, Ferdinand II. und Erzbischof Pázmány. In Österreich kamen bis zu diesem Zeitpunkt auch die Kollegien von Leoben, St. Veit am Flaum, Judenburg und Steyr und die Residenz Traunkirchen im oberösterreichischen Salzkammergut hinzu (Karte 3).

Im Ordenshaus von Leoben wirkte ab 1615 ein Noviziat, daneben wurde das Gymnasium zwischen 1622 bis 1640 langsam ausgebaut. So traten die städtische Sodalität (Nr. 51) und die Schülerkongregation (Nr. 50) fast gleichzeitig zusammen. Im Kolleg von St. Veit am Flaum existierte schon 1631 die städtische italienische Sodalität, die den ungewöhnlichen Titel „Maria Dolorosa" führte (Nr. 87). Die Mariä-Heimsuchung-Schülerkongregation war ab 1629 tätig (Nr. 86). Nach mehreren Jahrzehnten erreichte das Judenburger Ordenshaus im Jahr 1627 den Rang eines Kollegs. Daneben existierte ab 1643 auch ein Terziatshaus mit eigener Stiftung[28]. Deshalb ging der Gründung der bürgerlichen Kongregation (Nr. 30) die Verselbstständigung der Maria-Lichtmess-Schülerkongregation (Nr. 29) voraus. Obwohl sich die Jesuiten schon während der Regierung Ferdinands I. in Steyr angesiedelt hatten, wurde ihr Ordenshaus erst 1634 als Kolleg angenommen; die Himmelfahrt-Schülerkongregation war hier ab 1635 tätig (Nr. 89). Die Residenz von Traunkirchen im Salzkammergut betätigte sich in Abhängigkeit von dem Passauer Jesuitenkolleg ab 1623[29]. Hier haben wir Angaben zu einer Himmelfahrt-Kongregation spätestens ab 1637 (Nr. 92).

In Ungarn wurden in Raab, Pressburg und Homenau neue Sodalitäten gegründet. 1629 wurde in dem von Erzbischof Péter Pázmány gegründeten Pressburger Kolleg die städtische Himmelfahrt-Sodalität organisiert, deren Mitglieder anfänglich auch Schüler waren (Nr. 73). Davon spaltete sich die ungarische Herrenkongregation – die hauptsächlich die Amtsträger der in Pressburg amtierenden Zentralstellen versammelte – vorübergehend ab (Nr. 74). Die Mariä-Verkündigungskongregation der Schüler verselbstständigte sich ab 1632 (Nr. 72). Im Raaber Kolleg wurde 1631 auch eine Maria-Verkündigung-Schülerkongregation gegründet (Nr. 76). In der Festungstadt agierten ab 1634 getrennte Sodalitäten, einerseits für die ungarischen Adeligen mit dem Titel „Patrona Hungariae" (Nr. 77) und andererseits für die deutschen Soldaten mit dem Titel „Maria de Victo-

[25] Olmütz: FECHTNEROVÁ, Rektoři kolejí (wie Anm. 24) II 321; ORLITA, Náboženská bratrstva (wie Anm. 21) 95f., KROESS, Geschichte (wie Anm. 21) II/2 807. Brünn: FECHTNEROVÁ, Rektoři kolejí (wie Anm. 24) II 347; ORLITA, Náboženská bratrstva (wie Anm. 21) 82f. Glatz: FECHTNEROVÁ, Rektoři kolejí (wie Anm. 24) I 133; DUHR, Geschichte der Jesuiten (wie Anm. 2) II/1 356.
[26] KROESS, Geschichte (wie in Anm. 21) II/2 808.
[27] Gründungsjahre zwischen 1673 und 1722 sind aus den Städten Jičín, Prag/Kleinseite, Leitmeritz, Eger, Brünn, Iglau, Naise und Sagen bekannt, FECHTNEROVÁ, Rektoři kolejí (wie Anm. 24) 151, 171, 251, 283, 347, 373, 443, 489.
[28] DUHR, Geschichte der Jesuiten (wie Anm. 2) II/1 339; Stephanie SCHAFFER, Das Gymnasium der Jesuiten in Judenburg (1621–1773) (Dipl. Graz 1989) 11–13.
[29] LUKÁCS, Catalogi (wie Anm. 18) II 270.

ria" (Nr. 78). Die Mariä-Verkündigungskongregation des krisengeplagten Kollegs von Homenau-Ungwar begann ihre Tätigkeit 1636, ihr Album wurde ab dieser Zeit geführt (Nr. 104). Ihre Mitglieder bestanden neben den Schülern auch aus vornehmen Herren. Die Tätigkeit der Sodalität stabilisierte sich nach der Neugründung des Kollegs in Ungwar ab 1651.

Neue Kongregationstypen zeigen sich bis 1637 auch bei den schon in der zweiten Karte erwähnten Ordenshäusern in Laibach, Passau, Triest, Wien, Krems, Linz und Agram. Deutsche städtische Sodalitäten wurden in Laibach (Nr. 48), Passau (Nr. 67) und Linz (Nr. 54) eingerichtet. Die städtische, italienische Marianische Kongregation des Triester Kollegs begann ihre Tätigkeit 1632. Hier erfolgte – atypisch – keine weitere Abspaltung, sondern eine innere Differenzierung (Nr. 95). Neue Herrenkongregationen entstanden im Wiener Professhaus sowohl für deutschsprachige als auch für italienische Herren (Nr. 117, 118). Eine ähnliche Entwicklung beobachtet man auch im Linzer Kolleg (Nr. 53). Im Wiener Professhaus erschienen die deutschen und italienischen Gesellenkongregationen (Nr. 119, 121) bzw. die deutsche Lehrlingskongregation (Nr. 120) als ein besonderer Kongregationstyp, gleichzeitig mit den oben genannten Olmützer, Brünner und Glatzer Stiftungen. In Krems spaltete sich die Schülerkongregation 1631 von der früheren städtischen Sodalität ab (Nr. 42). In Agram – ähnlich wie in Olmütz, Neuhaus und Prag – war neben der bürgerlichen Marianischen Kongregation schon ab 1625 eine Sankt-Isidor-Bruderschaft („fraternitas") für das gemeine Volk tätig, doch bekam diese lange Zeit keine Bestätigung vom Ordensgeneral (Nr. 4). Ihre jesuitischen Präsides werden in den Provinzkatalogen ab 1664 angeführt[30]. In den größeren Ordenshäusern zeichnen sich weitere Ausdifferenzierungen der schon bestehenden Studentenkongregationen ab: Neue Studentenkongregationen nahmen sowohl in Passau (Nr. 66) als auch in Wien (Nr. 112) ihre Tätigkeit auf.

Die vierte Karte zeigt den Zustand der österreichischen Jesuitenprovinz im Todesjahr Ferdinands III. Es ist gut ersichtlich, dass sich in den bereits früher angeführten Ordenshäusern neue Kongregationstypen ausformten und daneben neue Standorte auf der Karte auftauchen. Im Wiener Professhaus scheint 1653 die Maria-Heimsuchung-Schülerkongregation als neuer Kongregationstyp auf (Nr. 115). Im Wiener Kolleg (Nr. 113), in Görz (Nr. 15), in Laibach (Nr. 46) und in Klagenfurt (Nr. 35) zeigen sich weitere Differenzierungen bei den Studentenkongregationen (Karte 4). In Tyrnau trennten sich die neuen Kongregationen sowohl von der Studentenkongregation (Nr. 99) als auch von der städtischen Kongregation (Nr. 102, deutsche Bürgersodalität).

In einigen Städten finden wir Beispiele für das Auftreten neuer Kongregationstypen. In Steyr wurde 1647 eine getrennte Bürgersodalität (Nr. 90) gegründet, während in Graz schon von 1643 an eine deutsche Gesellenkongregation (Nr. 25) wirkte. In Görz ist ein früheres Beispiel des später sehr beliebten Kongregationstyps belegt: die als Katechismussodalität anzusprechende „Congregatio S. Conversatio", auch bekannt als die „Kongregation von Jesus, der Jungfrau Maria und des heiligen Joseph", die schon in demselben Jahr 1.000 Mitglieder aufweisen konnte (Nr. 18). Ihre Präsides waren ident mit der lokalen Todesangst-Sodalität oder der städtischen Bürgerkongregation.

---

[30] Die Angaben von ebd. III 845 (und für die folgenden Jahre). Dieser Kongregationstyp war in der oberdeutschen Ordensprovinz häufiger als in der österreichischen Provinz verbreitet, vgl. DUHR, Geschichte der Jesuiten (wie Anm. 5) II/2 89f.

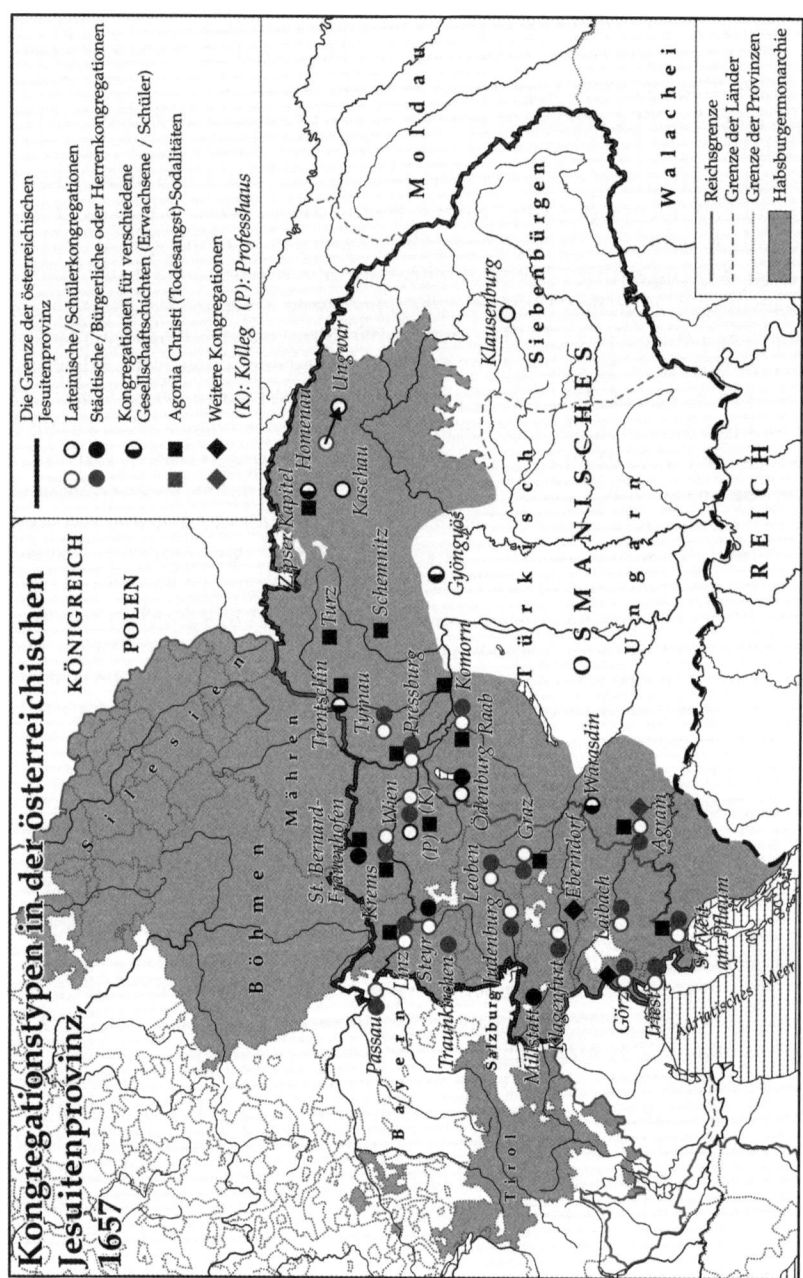

Karte 4: Kongregationstypen in der österreichischen Jesuitenprovinz, 1657.

Andere Ordenshäuser schlossen sich ganz neu an die jesuitische Kongregationsbewegung an. In der Residenz Millstatt (eine Unterabteilung des Grazer Kollegs) war eine (städtische) Himmelfahrt-Kongregation (Nr. 56) schon 1642 aktiv. Die Residenz Sankt-Bernhard-Frauenhofen war abhängig vom Wiener Kolleg, hier sind die Präsides einer Himmelfahrt-Sodalität (Nr. 84) von 1649 an belegt. In der Residenz von Eberndorf (eine Unterabteilung des Klagenfurter Kollegs) wirkte die Joseph-Sodalität als Katechismussodalität (Nr. 10), deren Wirksamkeitskreis der oben genannten Sodalität in Görz ähnlich war.

Im Königreich Ungarn entstanden mehrere neue Ordenshäuser, weil sich das institutionelle Netzwerk der österreichischen Ordensprovinz in diesen Jahrzehnten vor allem in Richtung Ungarn ausbreitete und Gründungen von Kongregationen eine Folge dieses Wachstums waren. Diese neuen Kongregationen wurden typischerweise als lateinische (Schüler-)Kongregation gegründet, aber sie nahmen mangels selbständiger städtischer Kongregationen auch Externisten auf. In der Ödenburger Residenz (gegründet 1636, Kolleg ab 1650) wurden die Studentenkongregation und die städtische Sodalität gleichzeitig begründet, Letztere als „Rechtsnachfolger" einer mittelalterlichen Kongregation (Nr. 62, 63). Im neugegründeten Ordenshaus in Klausenburg in Siebenbürgen nahm die Schülerkongregation von 1641 an ihre Tätigkeit auf, die mangels einer städtischen Kongregation auch erwachsene Mitglieder akzeptierte (Nr. 39). Im osmanischen Herrschaftsbereich war eine stabile Residenz in der Marktstadt Gyöngyös vorhanden, wo im Jahr 1644 eine gemeinsame lateinische Kongregation der Schüler und der externen Adeligen gegründet wurde (Nr. 27). In der seit 1635 errichteten Residenz Warasdin lässt sich eine Schülerkongregation zuerst für 1644 belegen, die aber auch erwachsene Externisten unter ihre Mitgliedern aufnahm (Nr. 106). Beim Kaschauer Kolleg und der dortigen Akademie war die Studentenkongregation seit 1653 wirksam (Nr. 31), von der sich eine Kongregation jüngerer Schüler 1669 trennte (Nr. 32). Ab 1651 war an der Residenz des Zipser Kapitels eine lateinische Kongregation für Schüler und für externe Herren tätig (Nr. 125). Am Kolleg in Trentschin, wo es seit 1649 ein Gymnasium und seit 1655 (mit einer eigenen Stiftung) ein jesuitisches Noviziat gab, wurde 1655 eine Kongregation zur „Unbefleckten Empfängnis" errichtet (Nr. 93). Diese zählte neben den Schülern und der örtlichen Bürgerschaft auch Soldaten und die Einwohner der umgebenden Dörfer zu ihren Mitgliedern – als ehrenamtliche Rektoren fungierten die Erbobergespane der Komitate Trentschin und Liptau, die Mitglieder der Grafenfamilie Illésházy.

Die Ausbreitung der Todesangst-Sodalitäten nahm zu dieser Zeit ihren Schwung auf. Im Gegensatz zu den Schüler- und Bürgerkongregationen zeigt sich keine zeitliche Verzögerung bei diesem Typ in der östlichen Hälfte der Ordensprovinz – dieser Kongregationstyp war im Königreich Ungarn sogar deutlich stärker verbreitet. Diese Sodalitäten wurden in den konfessionell stark gemischten, größtenteils protestantischen Regionen von der Bevölkerung als neutraler und offener, im Gegensatz zu den Marianischen Kongregationen wahrgenommen.

Die neuen Todesangst-Sodalitäten wurden im österreichischen Gebiet vorwiegend in den größeren Kollegien gegründet – in Graz 1650 (Nr. 26), in Linz 1652 (Nr. 55), im Wiener Professhaus 1654 (Nr. 122), daneben auch im Kremser Kolleg (Nr. 44) und in der Residenz von Sankt-Bernhard-Frauenhofen (Nr. 85) 1655. Eine ähnliche Rolle hatten die in Agram 1653 gegründete Todesangst-Sodalität (Nr. 5) und die in Raab 1654 als getrennte deutsche und ungarische Kongregationen parallel gestarteten Todesangst-Sodalitäten (Nr. 79, 80). In diesen Städten waren die Präsides der Todesangst-Sodalitäten und die Leiter der städtischen Kongregationen oft die gleichen Jesuiten. Die Mitglieder waren teilweise auch in beiden Kongregationen eingeschieben. Diese Überschneidung der Mitgliederstruktur ist damit zu erklären, dass die von den Todesangst-Sodalitäten vermittelten neuen Frömmigkeitsformen auch für Sodalen der älteren (städtischen) Kongregationen attraktiv waren. Deswegen ist der neue Kongregationstyp „Agonia Christi" rasch beliebt geworden. Im Zipser Kapitel fungierte von 1652 an die Todesangst-Sodalität quasi als städtische Kongregation (Nr. 126).

In anderen Städten vermittelten die Todesangst-Sodalitäten nicht nur eine neue Form der Frömmigkeit, aber sie lockten auch neue gesellschaftliche und sprachliche Gruppen in die jesuitische Kongregationsbewegung. Einige Beispiele dafür sollen kurz erwähnt werden: Die Todesangst-Sodalität des Pressburger Kollegs wurde als Alternative zur deutschen städtischen Himmelfahrt-Kongregation (Nr. 73) 1647 gegründet, und hatte ungarische und slowakische (später auch deutsche) Abteilungen und eigene Präsides für beide Nationen (Nr. 75). In St. Veit am Pflaum kam neben der städtischen Maria Dolorosa-Kongregation der Italiener (Nr. 87) eine eigene Todesangst-Sodalität der kroatischen Nation („illyrici") (Nr. 88) zustande.

An manchen kleineren Residenzen in Ungarn, an denen mangels einer ausreichenden Schüleranzahl und mangels gesellschaftlicher Unterstützung keine selbstständige Schülerkongregation oder Bürgersodalität gegründet wurde, bestand das jesuitische Kongregationsleben lediglich aus den Todesangst-Sodalitäten. Dazu zählten vor 1657 die Residenzen von Turz (Nr. 96), Schemnitz (Nr. 83) und Komorn (Nr. 40) sowie die schon nach 1657 aber unter ähnlichen Umständen gegründete Todesangst-Sodalität von Sárospatak (Nr. 81). Bei diesen Gründungen ist besonders die gemischte konfessionelle Umgebung zu berücksichtigen: In diesen Gebieten war ein Name wie Todesangst annehmbarer als eine städtische Kongregation mit einem Maria-Titel.

In der fünften und letzten Karte ist das Ende der Untersuchungsperiode dargestellt. Diese Karte zeigt schon die Schlussphase eines Prozesses: Die Zeit der Neugründung von städtischen Kongregationen war vorbei. Neben der einzigen neu gegründeten Schülerkongregation von Wiener Neustadt (Nr. 123) haben wir nur für drei Kollegien weitere Angaben über zusätzliche Differenzierungen der lateinischen Sodalitäten: Agram (Nr. 2), Tyrnau (Nr. 100) und Kaschau (Nr. 32). Die Maria-Lichtmess-Kongregation in Tyrnau ist ein Sonderfall, weil sie als eigene Studentenkongregation des vom Graner Erzbischof György Lippay 1648 gegründeten Priesterseminars (Collegium Generale) eingerichtet wurde und deshalb mit anderen westeuropäischen Priestersodalitäten verwandt ist (Karte 5). Man könnte diese Einrichtung als Seminaristenkongregation bezeichnen. Aus der Residenz von Eberndorf (in Anbindung an das Klagenfurter Kolleg) ist auch die Gründung einer Priestersodalität mit dem Titel „S. Ignaz" bekannt (Nr. 11)[31].

Am bemerkenswertesten ist die Verbreitung von Todesangst-Sodalitäten, die sowohl auf dem Gebiet von Österreich als auch im Königreich Ungarn gleich häufig auftraten. Solche wurden schon vor 1657 als „Alternativen" zu den städtischen Kongregationen gegründet, vor allem in den kleineren Städten: in Warasdin (Nr. 107), in Ungwar (Nr. 105), in Gyöngyös (Nr. 28), in Kaschau (Nr. 33) und in Wiener Neustadt (Nr. 124). Todesangst-Sodalitäten wurden, vor allem in größeren Ordenshäusern wie Görz (Nr. 19), Steyr (Nr. 91) und Klagenfurt (Nr. 37) beziehungsweise in Ödenburg (Nr. 64) sowie als ein

---

[31] Frühere deutsche Beispiele für Marianische Kongregationen der Priester und Ordensleute: Duhr, Geschichte der Jesuiten (wie Anm. 5) I 502–503. Eine ähnliche Heilige-Ignatius-Sodalität für Priester wurde 1671 in Eichstätt gegründet, ebd. III 651.

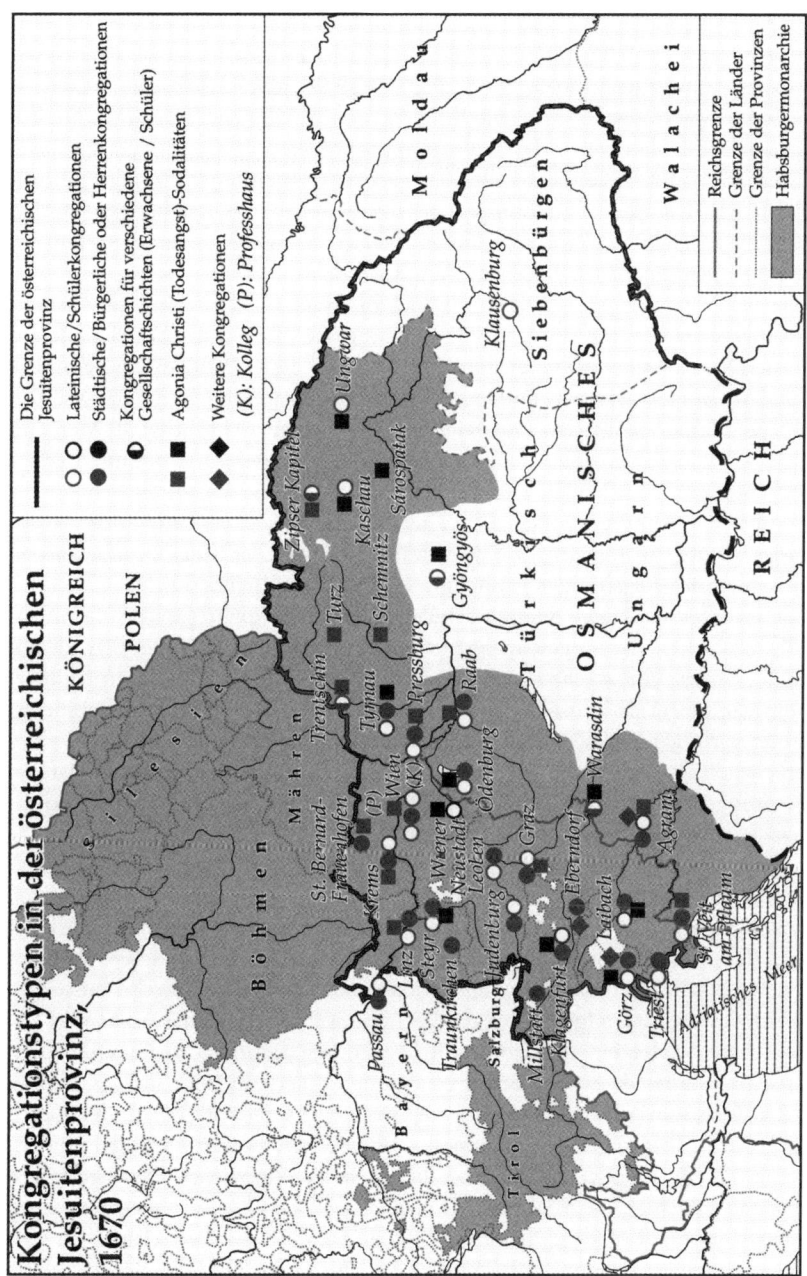

Karte 5: Kongregationstypen in der österreichischen Jesuitenprovinz, 1670.

neues Element des schon existierenden und differenzierten Kongregationslebens gegründet, das neue Formen der Frömmigkeit vermittelte. Auch für die schon in der Periode vor 1657 sichtbaren „ethnischen" Todesangst-Sodalitäten gibt es weitere Beispiele: In Laibach wurde die Todesangst-Sodalität als eigene Kongregation der Krainer („carnioli", Nr. 49) und in Tyrnau die der Slowaken („slavi", Nr. 103) gegründet.

Nach der Übersicht der zeitlichen und räumlichen Verbreitung der Kongregationstypen möchte ich zwei weitere Richtungen der (statistischen) Analyse besprechen. Ich werde zuerst die Charakteristika der gewählten Titel der Kongregationen, danach deren Differenziertheit je nach lokalen Gegebenheiten behandeln.

Mithilfe der Provinzkataloge können wir auch die Namensgebung und die Ausrichtung der Kongregationen untersuchen. Die Literatur setzt die jesuitischen Sodalitäten häufig mit den Marianischen Kongregationen gleich, weil dieses Patrozinium besonders für die Schüler-, Bürger-, Herren- und gemischten Kongregationen vorrangig war. Von den (ohne Todesangst-Sodalitäten) insgesamt 100 Kongregationen führten 90 Maria im Titel. Davon waren die Patrozinien der „Annuntiatio" (25) und der „Assumptio Mariae" (22) am beliebtesten. Diese beiden Titel benutzten vorzugsweise sowohl die Schüler- als auch die städtischen Kongregationen. Der Titel „Immaculata Conceptio" (oder „Conceptio Mariae") wurde auch häufig als Titel gewählt (15), weil der Kult der unbefleckten Empfängnis unter den Regierungen Ferdinands II. und III. verbreitet war.

Dennoch wurden in einigen Städten Schüler- oder Bürgerkongregationen in Anlehnung an die mittelalterliche Vorgeschichte oder aus anderen Gründen unter divergierenden Titeln gegründet. Eine solche neugegründete, auf mittelalterliche Wurzeln rekurrierende Kongregation war die Anna-Sodalität in Olmütz (Nr. 61). Ein weiteres Beispiel ist das Ödenburger Kolleg (Nr. 63). Weil die Jesuiten hier das Haus und das Benefiz einer mittelalterlichen, bürgerlichen Bruderschaft erhielten, waren sie dazu verpflichtet worden, auch die Leitung der Corporis-Christi-Sodalität zu übernehmen. Die Wiener Caritas-Sodalität wich vom Marientitel (Nr. 114) italienischen Musters ab, während der gleiche Kongregationstyp in Prag Maria als Patronin führte (Nr. 71). Nach dem Muster des „Collegium Romanum" wählten die in Wien und in Graz zuerst im Konvikt gegründeten Studentenkongregationen nicht Maria als Patronin, sondern die Kapellenheilige jener Kapellen, in denen die Versammlungen abgehalten wurden (Nr. 109 und 20). Das vom Marien-Titel abweichende Isidor-Patrozinium war ein Sondertyp der Katechismussodalitäten, wie sich das auch beim Ignaz-Titel der Ebendorfer Priestersodalität zeigt (Nr. 11).

Sowohl für die Studenten- als auch für die Bürgerkongregationen war eine Differenzierung typisch. Die neuen Studentenkongregationen innerhalb eines Kollegs wurden aufgrund des Wachstums der Studentenzahl oder wegen der Einleitung der akademischen Bildung gegründet. In den größten Kollegien – Wien, Graz, Tyrnau – wurden Studentenkongregationen für jüngere, mittlere und ältere Schüler eingerichtet. Daneben hatten einige Sodalitäten auch eigene Konvikte. Die Trennung nach Gesellschaftsschichten innerhalb der städtischen Kongregationen verwirklichte man in der österreichischen Provinz am deutlichsten im Wiener Professhaus. Zuerst wurde eine deutsche Bürgerkongregation und dann eine deutsche Kongregation für Adelige etabliert (Nr. 116, 117). Von der deutschen Herrenkongregation trennte sich eine italienische Herrenkongregation für zwanzig Jahre ab (Nr. 118). Durch die Differenzierung der deutschen städtischen Kongregation entstanden eine deutsche Gesellenkongregation („kleinere deutsche Kongregation", Nr. 119), eine deutsche Lehrlingskongregation („kleinste deutsche Kongregation", Nr. 120) und eine italienische Gesellenkongregation (Nr. 121).

4. Die Tätigkeitsfelder der Kongregationen

Grundlegendes Charakteristikum der untersuchten Jesuitenkongregationen war deren Universalität. Die Gesellschaft Jesu errichtete überall in der Welt gleich strukturierte Schulen; der Orden war von einer hierarchischen Organisation und von der Idee der Einheitlichkeit bestimmt. Daneben erkannten die Jesuiten von Anfang an, dass ihre missionarische und apostolische Tätigkeit ohne genaue Reaktion auf die lokalen Verhältnisse nicht erfolgreich sein würde. Anhand dieser zwei Prinzipien haben sie ihre Kollegien und die darin errichteten Kongregationen auch in der österreichischen Jesuitenprovinz gestaltet. Die Charakteristika und die Tätigkeit der oben angeführten Kongregationen stelle ich im Folgenden hauptsächlich auf der Grundlage von ungarischen Sodalitäten vor. Mit den Kongregationen des Heiligen Römischen Reich ergibt sich dadurch ein guter Vergleich.

4.1 Gründung, Leiter, Amtsträger, Mitgliedschaft

Die Gründungsphase wurde vom Superior des Ordenshauses und von den lokalen geistlichen oder weltlichen Grundherren eingeleitet. Die Schüler- und die Bürgerkongregationen wurden nach der Vorschrift des Ordens in die römische „Prima Primaria"-Kongregation inkorporiert. Gleichzeitig fanden auch die ersten Mitgliederaufnahmen und die Funktionärswahlen statt. Der weltliche Leiter, der Rektor („rector") der Schülerkongregationen, trat oft als Schirmherr auf, meist war dies ein Grundherr oder ein Bischof[32]. Er blieb der repräsentative Vorsteher, mit der tatsächlichen Leitung wurde häufig ein von den Schülern gewählter Vizerektor („vicerector") beauftragt. Deshalb konnten die Rektoren sogar über Jahrzehnte einer Sodalität vorstehen[33]. Die Rektoren der Bürgerkongregationen gehörten meist der sozial führenden Schicht des Ortes an, der erste Rektor der Raaber Himmelfahrts-Sodalität war Pál Zichy, der Raaber Vicekapitän. Der Rektor der nach einer Pestepidemie neugegründeten Pressburger Himmelfahrts-Kongregation war Gáspár Lippay, Präsident der Ungarischen Kammer[34]. Ein jesuitischer Seelsorger wurde vom Rektor oder vom Superior des Ordenshauses ernannt. Der Präses („praeses") oder der Präfekt („praefectus") war in den Schülerkongregationen in der Regel ein Magister

---

[32] In Tyrnau war Erzbischof Péter Pázmány der erste Rektor (1617): Franciscus Kazy, Historia Universitatis Tyrnaviensis Societatis Jesu (Tyrnau 1737) 45, 201; 1644 leitete der Graner Erzbischof und der Bischof von Neutra zwei Schülerkongregationen: LAW 1644 (ÖNB Cod. 12219), fol. 212ᵛ. In Agram führte der Kustos Petar Zelnicaja 1619 und Bischof Petar Domitrović 1624 die Kongregation; später fungierten auch weitere Domherren als Rektoren: Miroslav Vanino, Isusovci i hrvatski narod. I. Rad u XVI stoljeću Zagrebački kolegij [Die Jesuiten und die kroatische Nation 1: Die Tätigkeit im 16. Jahrhundert am Kolleg von Agram/Zagreb] (Biblioteka Vrela i prinosi za povijest isusovačkog reda u hrvatskom narodu 1/1, Zagreb 1969) 291, 295.

[33] In Trentschin war György Illésházy bis zu seinem Tod 32 Jahre lang (1657–1689) Rektor; alle seine Nachfolger als Rektoren stammen auch aus der Familie Illésházy, Emil Vlahovics, A trencséni kir. kath. főgymnasium története 1649–1895 [Die Geschichte des königlich-katholischen Hauptgymnasiums von Trentschin/Trenčín/Trencsén 1649–1895], in: A trencséni kir. kath. főgymnasium értesítője az 1894–95. tanévről [Der Jahresbericht des königlich-katholischen Hauptgymnasiums von Trentschin/Trenčín/Trencsén aus dem Schuljahr 1894/95] (Trencsén 1895) 127f.

[34] Historia et Acta Sodalitatis Dominorum Ungarorum sub Titulo B. V. Mariae Patronae Ungariae Erectae in Collegio Patrum Societatis Iesu Iaurini. Anno MDCXXXIV. Magyar Tudományos Akadémia Könyvtár és Információs Központ [Bibliothek und Informationszentrum der Ungarischen Akademie der Wissenschaften] (Budapest), Handschriftensammlung, Egyház és bölcselet, 2rét 17. sz. fol. 7ʳ (1634), LAW 1647 (ÖNB Cod. 12220), fol. 50ᵛ.

oder der Direktor des Gymnasiums. Der Posten des Präses war mit dem Arbeitsfeld der in den Gymnasien häufig wechselnden Lehrer verbunden, deshalb veränderte sich häufig die Person des Würdenträgers. Im Gegensatz dazu erscheint die personelle Kontinuität bei den Bürgersodalitäten viel höher, weil sich deren Mitgliedschaft nur langsam wandelte, dort spielte also die persönliche Komponente eine bedeutsame Rolle. An der Spitze der Agramer Kongregation stand der aus einem Domherr zu einem Jesuiten gewordenen Nikola Krajačević/Sartorius – mit zwei Unterbrechungen – sieben Jahre lang (Nr. 3); auch Ambrus Heigl leitete die Ödenburger Sodalität ab der Gründung sieben Jahre lang (Nr. 63). Der Rekordhalter als Präses im Untersuchungszeitraum war aber Pater Abel Gattermayr, der 31 Jahre lang an der Spitze der Judenburger Bürgersodalität stand (Nr. 30).

Die Schülerkongregationen wählten ihre Amtsträger einmal jährlich, meistens in Verbindung mit dem Titularfest; in Pressburg wählte man bis Mitte der 1650er Jahre zwischen den Festen Mariä Lichtmess (23. Februar) und Mariä Verkündigung (25. März). Später verschob sich die Funktionärswahl auf den Beginn des Schuljahres, aber die Bestätigung des neuen Magistrats der Kongegration geschah meist erst am Titularfest[35]. Von der Mitgliederzahl der Sodalitäten hing auch die Zahl der gewählten Amtsträger ab, diese betrug bei den größeren Kollegien mehr als zehn Personen, sogar zwischen 30 und 40 Personen lassen sich nachweisen[36]. Die am häufigsten nachgewiesenen Ämter waren die beiden Assistenzen („assistentes"), der Sekretär („secretarius"), der Schatzmeister („thesaurarius") und die „Consultores"[37]. Die Beamtenerneuerung ging mit glanzvollen Äußerlichkeiten einher und war mit anderen Feierlichkeiten des Titularfestes, z. B. Theateraufführungen, verknüpft[38].

Die Mitglieder der Studentenkongregationen bestanden aus Schülern und Studenten der Gymnasien, Akademien und Universitäten. In Ungarn wurden überwiegend die adelige Jugend, aus dem nichtadeligen Bereich vor allem die Glaubenseifrigsten und die für das Priestertum bestimmten Personen ausgewählt. Der Großteil der Mitglieder besuchte die zweiten bis vierten Klassen der fünfklassigen Gymnasien. Neben den Studenten wissen wir auch von externen, erwachsenen, unterstützenden Sodalen. In den Städten, wo keine gesonderten Bürgerkongregationen errichtet worden waren, schlossen sich die Erwachsenen den Schülerkongregationen an[39]. Nach den erwähnten Daten über die Mitgliederzahlen versammelten sich in diesen Sodalitäten anfänglich nur zwölf bis 16 % der

---

[35] Vgl. die Angaben der betreffenden Jahre, z. B. Album Sodalium Marianorum Congregationis Annunciatae Beatae Virginis Mariae in Collegio Societatis Iesu Posoniensi A. 1637–1745. Országos Széchényi Könyvtár [Ungarische Nationalbibliothek] (Budapest), Handschriftensammlung, Fol. Lat. 3392, fol. 77ʳ–78ʳ (1669). Die Wahl der Vorreden bezeichnete die Jesuitenkongregationen: Eine Kongregationswahlurne ist für Deutschland aus der Stadt Landsberg am Lech erhalten, Theodor Rolle–Christoph Bachmann, Art. Wahlurne, in: Die Jesuiten in Bayern 1549–1773. Ausstellung des Bayerischen Hauptstaatsarchivs und der Oberdeutschen Provinz der Gesellschaft Jesu, hg. von Joachim Wild–Andrea Schwartz–Julius Oswald (Ausstellungskataloge der Staatlichen Archive Bayerns 29, Weißenhorn 1991) 148–151.

[36] Die Namensregister von Pressburg zeigen eine langsame Differenzierung. Im Jahr 1637 versahen 14 Amtsträger sieben, 1647 43 Personen 14 Ämter. Album Sodalium Marianorum (wie Anm. 35) fol. 6ʳ–8ʳ, 18ᵛ–20ᵛ. Nach 1650 haben sich 25 bis 30 Mitglieder jährlich 13 bis 18 Ämter aufgeteilt.

[37] Z. B. Agram: Vanino, Isusovci (wie Anm. 32) I 302; Pressburg: Album Sodalium Marianorum (wie Anm. 35).

[38] Z. B. Agram (1618): Vanino, Isusovci (wie Anm. 32) I 290. Als Parallele im Magistrat der Marianischen Kongregationen (auf deutschem Gebiet) Duhr, Geschichte der Jesuiten (wie Anm. 5) II/2 93f.

[39] Z. B. Gyöngyös: Antal Molnár, Mezőváros és katolicizmus. Katolikus egyház az egri püspökség hódoltsági területein a 17. században [Marktflecken und Katholizismus. Katholische Kirche im Bistum von Erlau/Eger unter der Türkenherrschaft im 17. Jahrhundert] (METEM könyvek 49, Budapest 2005) 126.

Schüler[40]. Diese Proportion wuchs im 17. Jahrhundert an, aber sie sind – aufgrund ihres Elitecharakters – keine Masseninstitutionen geworden. Wir können in den größeren Kollegs in der Mitte des Jahrhunderts 150 als durchschnittliche Mitgliederzahl voraussetzen. Die Neulinge („tyrones") wurden nach einer Probezeit von einigen Monaten oder einem Jahr aufgenommen, innerhalb der Kongregation waren besondere Amtsträger für ihren Unterricht zuständig. Vor der Aufnahme legten sie eine (General-)Beichte ab, dann legten sie ein feierliches Gelöbnis und Glaubensbekenntnis vor dem Kongregationsaltar ab; schließlich nahm sie der Rektor in die Sodalität auf und ihre Namen wurden im Album vermerkt[41]. Die Zahl der Neulinge lag z. B. in Pressburg anfangs jährlich bei 20 bis 70 Personen, aber nach einem intensiveren Beginn (1662: 185) fiel die jährliche Aufnahmerate auf 30 Personen pro Jahr zurück. Die Erklärung für diese Entwicklung lag sicherlich in den Kriegen der 1670er/1680er Jahre begründet[42].

Auch im Fall der Bürgerkongregationen lag die Mitgliederanzahl bei der Gründung der Kongregationen nicht sehr hoch, in Raab waren zwölf, in Ödenburg 30, in Tyrnau 56, in Graz 90, in Passau etwa 150 Mitglieder verzeichnet (Nr. 77, 63, 102, 24, 67). Die Gründerväter legten den Titel der Sodalität fest und wählten die ersten Amtsträger. Neben dem Rektor bestimmten sie – in Anlehnung an die Schülerkongregationen – zwei Assistenten und sechs „Consultores"[43]. Besonders begehrt waren Hochadelige und Mitglieder der Herrscherfamilie. Doch lag die Mitgliederzahl der Bürgerkongregationen in Ungarn selten bei mehr als 200 Personen. In den größeren Städten auf österreichischem Gebiet konnte die Mitgliederzahl sogar 300 bis 500 Personen übersteigen (Wien, Professhaus, Graz). Die städtischen Kongregationen spielten als Kooperationsforum der lokalen Eliten eine wichtige Rolle. In Pressburg umfasste die ungarische Abteilung der Bürgersodalität besonders die Amtsträger der Ungarischen Kammer, in Raab inkludierte die ungarische Herrenkongregation die lokale städtische, militärische und Komitatselite, die deutsche Sodalität umfasste dagegen die deutschen Soldaten[44]. Interessant ist auch die programmatische Titelwahl dieser Kongregationen. Es ist anzunehmen, dass die Wahl des Nebentitels die Ansprüche der Mitgliedschaft ausdrückte. In Pressburg und Raab trugen die Herrenkongregationen den Nebentitel „Patrona Hungariae". Die gleiche patriotistische Titelwahl war wahrscheinlich bei anderen städtischen Sodalitäten in Ungarn auch verbreitet[45].

Die größte Gesellschaftsbreite erreichten die Jesuiten mit den Agonia-Christi-Kongregationen. Städte, welche Todesangst-Sodalitäten aufwiesen, waren einerseits größere jesuitische Zentren und andererseits kleinere, von Wien weit entfernt liegende Ortschaften, in denen keine Bürgerkongregationen existierten. Eine breite gesellschaftliche Basis

---

[40] Zur Gründungszeit wurden in Agram aus 330 Schülern 40 Mitglieder, in Tyrnau aus 600 rund 70, in Raab aus 400 nur 67; in Laibach traten von 200 Schülern nur 30 als Mitglieder ein (Nr. 1, 97, 76, 45). In Linz war die Proportion größer: Im Jahr 1649 können aus mehr als 300 Schüler 112 Mitglieder nachgewiesen werden (Nr. 52). Die Angaben der Kollegien von Köln (30 %) und Fulda (27,5 %) sind ein bischen größer, von Münster (4,7 %) dagegen deutlich weniger. Der Charakter einer elitären Gruppe wurde also bewusst gewahrt, DUHR, Geschichte der Jesuiten (wie Anm. 5) I 369f.

[41] Z. B. Album Sodalium Marianorum (wie Anm. 35) fol. 72ʳ–73ʳ (1667/68).

[42] Ebd. fol. 49ʳ–53ʳ (1662) und 81ᵛ (mit mehreren Belegen in der Folge).

[43] Vgl. z. B. Raab: Historia et Acta Sodalitatis Dominorum (wie Anm. 34) fol. 7ʳ–8ᵛ (1636).

[44] Vgl. Raab: LAR 1635 (ARSI Austr. 136) pag. 386.

[45] Vgl. Pressburg (Congregatio Divae Virginis S. Stephani regis patriae Patroni): LUKÁCS, Catalogi (wie Anm. 18) II 354 (1631) und LAW 1647 (ÖNB Cod. 12220) fol. 50ᵛ; Raab (Sodalitas dominorum ungarorum sub titulo Beatae Virginis Mariae Patronae Ungariae): Historia et Acta Sodalitatis Dominorum (wie Anm. 34) fol. 6ʳ.

war in diesen Kongregationen vertreten. Der Agramer Agonia-Kongregation gehörten 1658 1.200 und 1665 3.680 Sodalen an[46]. In die Raaber Sodalität ließen sich etwa 700 Menschen in den der Gründung folgenden Wochen einschreiben[47]. In die Kongregation von Gyöngyös nahm man nach der Gründung insgesamt 8.000 Sodalen binnen weniger Tage auf[48]. Die Todesangst-Sodalität von Graz hatte schon nach ihrer Gründung 5.000 Mitglieder[49]. Neben der lokalen Bürgerschaft und dem Adel zogen diese Kongregationen große Mengen des Volkes an; auch Frauen konnten dort Mitglieder werden. Ihre Organisation und Tätigkeit folgte dem Muster der Marianischen Schüler- und Bürgerkongregationen, jedoch waren sie einfacher strukturiert. Der jesuitische Präses war ein als Prediger oder Beichtvater wirkender Priester, der die Muttersprache der Zielgruppe gut kannte und der einige Zeit an der Spitze der Sodalität stand. Die Sodalitäten wurden in einigen Städten, z. B. in Pressburg, Raab oder Ödenburg, gemäß den Nationalitäten aufgegliedert. Der Eintritt der Mitglieder gestaltete sich einfacher als in anderen Sodalitäten. Der Kandidat bat den Vorgesetzten um seine Aufnahme, gab ein Gelübde ab und wurde schließlich namentlich in das Kongregationsalbum eingeschrieben. Nach der Beichte und der Kommunion wurden sie vollberechtigte Mitglieder. Die Aufnahme von Mitgliedern fand hauptsächlich anlässlich der Titularfeste statt[50].

4.2 Ordentliche Tätigkeit: Versammlungen, Devotion, Bekehrung, soziale Tätigkeit, Verehrung der Toten, priesterliche Berufe

Das Hauptziel der Kongregation stellte die Förderung des sakramentalen Lebens, der regelmäßigen Beichte, der Kommunion und der Tugenden dar[51]. Die Mitglieder trafen sich zu den wöchentlichen Versammlungen, wo sie die Predigt ihrer Präsides hörten und gemeinsam beteten[52]. Die sog. bona opera waren ein feststehender Teil der jesuitischen Berichte, worin über die Bußen und über die barmherzigen Taten der Sodalen referiert wurde. Diese für ganz Europa nachweisbaren Inhalte waren auch in der österreichischen Ordensprovinz üblich. In Pressburg sollten sich die Schüler von allzu weltlichen Gesprächen und Büchern fernhalten, statt dessen über das Wesen der Seele diskutieren und andere zum Empfang der Sakramente[53] ermuntern, Litaneien wie Psalmen singen und öffentlich ihre Sünden bekennen[54]. In Tyrnau trugen sie Büßergürtel („cilicium") zu Ehren Mariens und fasteten bei Wasser und Brot[55]. Die Mitglieder der Rabber Kongregation

[46] Vanino, Isusovci (wie Anm. 32) I 396f.

[47] Zwischen 22. Februar und 3. April 1654 (Karfreitag): LAW 1654 (ÖNB Cod. 12051) pag. 30.

[48] Molnár, Mezőváros (wie Anm. 39) 128.

[49] Duhr, Geschichte der Jesuiten (wie Anm. 2) II/1 336.

[50] Vgl. z. B. Éva Gyulai, A jezsuiták sárospataki Agonia-kongregációja a 17. században [Die Agonia-Sodalität der Jesuiten von Sárospatak im 17. Jahrhundert]. Teil I–II Egyháztörténeti Szemle 10/1 (2009) 3–31 und 10/3 (2009) 3–20, hier I 20–22.

[51] In Tyrnau und Pressburg beichteten einige Sodalen wöchentlich: LAW 1648 (ÖNB Cod. 12220) fol. 97ʳ, 129ʳ.

[52] Z. B. städtische Kongregationen: Raab: LAR 1635 (ARSI Austr.) pag. 136, 386; LAW 1638, 1639 (ÖNB Cod. 12218) fol. 313ᵛ, 390ʳ; Historia et Acta Sodalitatis Dominorum (wie Anm. 34) fol. 10ᵛ (1646); Ödenburg: LAW 1648, 1649 (ÖNB Cod. 12220) fol. 147ʳ, 260ᵛ.

[53] LAW 1650 (ÖNB Cod. 12220) fol. 322ᵛ.

[54] Z. B. LAW 1648 (ÖNB Cod. 12220) fol. 129ᵛ; Album Sodalium Marianorum (wie Anm. 35) fol. 80ᵛ–81ᵛ (1669).

[55] LAW 1645 (ÖNB Cod. 12219) fol. 394ʳ; LAW 1648 (ÖNB Cod. 12220) fol. 96ᵛ.

fasteten, demütigten sich öffentlich und beteten täglich mehrmals den Rosenkranz[56]. Eine wichtige moralische Zielsetzung war die Bekämpfung sexueller Begierden. Die Jungen besaßen deshalb Bußgürtel und trugen mit Stacheln besetzte Eisenbänder, um sich zu kasteien. Zudem geißelte man sich oder trug spitze Kiesel in den Schuhen, peitschte sich mit Brennesseln aus, wälzte sich im Schnee oder trug stechende Hagebuttenzweige[57].

Neben dieser überfordernden Askese – dagegen erhoben sogar die jesuitischen Vorgesetzten ab Ende des 17. Jahrhunderts Einspruch[58] – brachten sich die Sodalen in die Bekehrungs- und Unterrichtstätigkeit der Jesuiten ein. Sie vermittelten „Unwissenden" und Kindern christliche Grundkenntnisse und Gebete[59], ihrem Beispiel folgend gab es viele Konversionen[60]. Die Verehrung von Verstorbenen konnte auch ein Mittel zur Bekehrung sein. In Ödenburg begrub die Bürgerkongregation ihre Verstorbenen mit derartigem Pomp, dass dies die Aufmerksamkeit der Protestanten hervorrief[61]. In Raab wissen wir von Prozessionen der Katechisten, die sie erstmals 1639 „mit großem Wohlgefallen" organisiert hatten. In diesem Jahr wurden auch drei osmanische Gefangene getauft, einer davon erhielt als Taufpaten den Raaber Obersthauptmann Maximilian Fürst von Liechtenstein[62].

Die Sodalen ermutigten die an ihrem Glauben zweifelnden Menschen und organisierten eucharistische Gebete, um das sakramentale Leben zu stärken[63]. Die Sodalen zeigten auch soziales Engagement. In Pressburg wählte man für die Straßenkinder Beschützer aus dem Kreis der adeligen Mitglieder aus[64]. Die Schüler und die erwachsenen Sodalen übernahmen auch die Betreuung der Kranken und Armen und verteilten Almosen[65].

Im Leben der Kongregationen nahm das Gebet für die verstorbenen Mitglieder einen wichtigen Platz ein. Die Mitglieder hielten oft Offizien und gesungene Messen für die Toten der Kongregation ab. Verstarb ein Sodale, wurde dies im Album vermerkt; die wohlhabenderen Kongregationen ließen jährlich Totenkataloge drucken, damit für die Verstorbenen auch namentlich gebetet werden konnte[66]. In Tyrnau wurden die Patrone

---

[56] Ferenc ACSAY, A Győri Katholikus Főgimnázium története 1626–1900 [Die Geschichte des katholischen Hauptgymnasiums von Raab/Győr 1626–1900] (Győr 1901) 160, ferner z. B. LAW 1640 (ÖNB Cod. 12218) fol. 450ᵛ.

[57] Z. B. Pressburg: LAW 1648 (ÖNB Cod. 12220) fol. 129ʳ⁻ᵛ; Gyöngyös: MOLNÁR, Mezőváros (wie Anm. 39) pag. 127 (1667, 1677).

[58] Z. B. MOLNÁR, Mezőváros (wie Anm. 39) 127; ACSAY, A Győri (wie Anm. 56) 160f.

[59] Z. B. Agram (1687): VANINO, Isusovci (wie Anm. 32) I 292; Tyrnau: LAW 1650 (ÖNB Cod. 12220) fol. 331ʳ.

[60] Z. B. Pressburg: LAW 1649 (ÖNB Cod. 12220) fol. 228ʳ; Raab: LAW 1642 (ÖNB Cod. 12219) fol. 136ʳ⁻ᵛ; Ödenburg: LAW 1644 (ÖNB Cod. 12219) fol. 292ᵛ.

[61] LAW 1642 (ÖNB Cod. 12219) fol. 142ᵛ.

[62] LAW 1639 (ÖNB Cod. 12218) fol. 356ʳ, 359ʳ.

[63] Z. B. Tyrnau: LAW 1648 (ÖNB Cod. 12220) fol. 96ᵛ.

[64] LAW 1646 (ÖNB Cod. 12219) fol. 415ᵛ.

[65] Z. B. Agram (1633): VANINO, Isusovci (wie Anm. 32) I 291; Tyrnau: Pressburg, LAW 1648 (ÖNB Cod. 12220) fol. 97ʳ, 129ʳ.

[66] Dies geschah oft zusammen mit einer Einladung zum Titularfest, vgl. Éva KNAPP, Pietás és literatúra. Irodalomkínálat és művelődési program a barokk kori társulati kiadványokban [Pietät und Literatur. Literarisches Angebot und kulturelles Programm in den barocken Bruderschaftsbüchern] (Budapest 2001) 154; Noémi VISKOLCZ, 17. századi ismeretlen hazai kisnyomtatványok a Magyar Országos Levéltárból [Unbekannte inländische kleine Druckwerke aus dem 17. Jahrhundert aus dem Ungarischen Nationalarchiv]. Magyar Könyvszemle 123/2 (2007) 185–199; Zsófia KÁDÁR, Két ismeretlen társulati kisnyomtatvány a Jézus Társasága Magyarországi Rendtartományának Levéltárából. Pótlás az RMNy-hez [Zwei unbekannte Kongregationsdruckwerke aus dem Archiv der ungarischen Jesuitenprovinz]. Magyar Könyvszemle 129/3 (2013) 372–380.

der Sterbenden – die Schutzengel sowie der heilige Joseph und die heilige Barbara – besonders verehrt. Am achten Tag des Titularfests wurde normalerweise für die verstorbenen Mitglieder eine Messe gelesen und eine Prozession gehalten. In der Messe wurden das Album und die Totenkataloge öffentlich ausgelegt und die Kerzen gemäß der Zahl der Verstorbenen des Jahres angezündet. In der Prozession des Titularfests wurden zwei Ehrenfahnen der Sodalität; eine für die lebenden, eine für die verstorbenen Mitglieder mitgetragen[67]. Die Sodalen nahmen an den Begräbnissen ihrer Verstorbenen und Wohltäter regelmäßig teil. Die Begräbniskosten der ärmeren Sodalen übernahm die Kongregation[68].

Die Agonia-Kongregationen hielten wegen ihrer umfangreichen Mitgliederschaft seltener Versammlungen ab. Ständige Verpflichtungen waren neben dem täglichen individuellen Gebet vor allem das gemeinsame Gebet, der Messbesuch, die monatliche gemeinsame Kommunion – nur so konnten die Sodalen vollen Ablass erwerben. Aufgrund ihres Profils waren die Mitglieder besonders zum Gebet für die Sterbenden und die Verstorbenen verpflichtet; falls jemand im Sterben lag war es die Pflicht der Mitglieder, einen Priester zur Spendung der Sakramente zu rufen[69]. Ähnlich dem Tätigkeitsprofil anderer Kongregationen nahmen die Sodalen an der Betreuung der Kranken und Armen, an der Aussöhnung der Feinde und an der Bekehrung aktiv und durch Gebete teil[70].

Die Schülerkongregationen – auf Grundlage ihres speziellen Status – spielten bei der Ausbildung zukünftiger Priester und Mönche eine bedeutende Rolle. Interessant erscheint dabei, dass die Mehrzahl der Jesuitenschüler nicht der Gesellschaft Jesu beitrat. Auf der Grundlage der frühesten Hinweise aus den 1640er Jahren traten einige (jährlich ein bis zwei Dutzend) der Schüler in Tyrnau in den Franziskaner-, Jesuiten- und Paulinerorden, in Pressburg in den Franziskaner- und Jesuitenorden, in Raab in den Franziskaner-, Jesuiten-, Benediktiner- und Zisterzienserorden ein, aber auch zahlreiche Weltpriester gingen aus den Jesuitenschülern hervor[71]. Es ist erwähnenswert, dass die Raaber Jesuiten 1639 zwölf ihrer Schüler in den Benediktinerorden schickten, um einen Neubeginn der Benediktinergemeinschaft von Martinsberg/Pannonhalma zu ermöglichen[72].

4.3 Titularfest, Prozessionen und Wallfahrten

Die wichtigsten Feste der Kongregationen waren die Titularfeste, während dieser die Mitgliederaufnahme und die Neuwahl der Funktionsträger stattfanden. Diese Feste wurden immer mit großem Aufwand begangen, zu denen die kirchlichen und weltlichen Schirmherren der Kongregationen eingeladen wurden. Die Mitglieder der Pressburger Mariä-Verkündigungskongregation bereiteten sich mit einer gemeinsamen Beichte auf das Titularfest vor. Vom Oratorium im Kolleg zogen sie mit ihren Labaren, d. h. Ehrenfahnen, und mit Fackeln zum Kongregationsaltar in der Pfarrkirche. Das Kollegiatstift, hohe kirchliche und weltliche Würdenträger und die Mitglieder der Pressburger Kammer

---

[67] LAW 1650 (ÖNB Cod. 12220) fol. 331ᵛ.
[68] Vgl. z. B. Pressburg (1689): Album Sodalium Marianorum (wie Anm. 35) fol. 114ᵛ.
[69] GYULAI, A jezsuiták (wie Anm. 50) I 24–27.
[70] Vgl. ebd. I 30.
[71] Tyrnau: LAW 1643, 1643, 1646, 1648, 1650 (ÖNB Cod. 12219) fol. 191ᵛ, 213ʳ, 394ʳ, (ÖNB Cod. 12220) fol. 96ᵛ, 331ʳ; Pressburg: LAW 1639, 1641 (ÖNB Cod. 12218) fol. 355ᵛ, (ÖNB Cod. 12219) fol. 68ʳ; Raab: LAW 1639, 1641, 1647, 1648, 1649 (ÖNB Cod. 12218) fol. 359ᵛ, (ÖNB Cod. 12219) fol. 71ʳ, (ÖNB Cod. 12220) fol. 39ʳ, 113ʳ, 204ʳ.
[72] Vgl. LAW 1639 (ÖNB Cod. 12218) fol. 359ᵛ.

wurden zu der mit Musik und Gesang ausgestalteten Messe eingeladen, der Hauptzelebrant war häufig der Erzbischof von Gran selbst[73]. Nach der Messe fand ein gemeinsames Mittagessen und die Lobpreisung Mariens im Marianischen Oratorium statt[74]. Das Titularfest der deutschen Kongregation in Raab fand am „Frauentag Conceptionis" (Conceptio Mariae, 8. Dezember)[75] statt. Neben den Marienfesten scheint auch das mittelalterlichen Vorbildern folgende Titularfest der Ödenburger Sodalität „Corporis Christi" von Interesse. Zu Fronleichnam wurde die Anbetung der Eucharistie im gegenreformatorischen Sinne inszeniert. Auf den Straßen der Innenstadt, unter Einbindung des Hauptplatzes, wurde eine große Prozession mit ungarischen und deutschsprachigen Szenen, meist kleine Aufführungen der Gymnasiasten organisiert[76]. Teil des Titularfestes konnte auch die Erneuerung des Gelübdes der Sodalen sein, zudem machte man den Zuschauern kleinere Geschenke (z. B. Rosenkränze) und teilte Totenkataloge aus[77]. In einigen Fällen wurden auch Flagellanten-Prozessionen zur Vorbereitung des Festes organisiert[78].

Unter den Prozessionen nahm die Fronleichnamsprozession eine einzigartige Rolle ein. Sowohl in Ödenburg als auch in anderen Städten zeigte diese Prozession deutliche gegenreformatorische Züge. Die Prozessionen wurden durch Musik bzw. Gesang begleitet, szenische und dramatische Aufführungen konnten auch Teil dieser Inszenierung sein[79]. In Raab bereiteten die verschiedenen Kongregationen vier Prozessionsaltäre auf dem Hauptplatz vor[80].

Es kam durchaus auch vor, dass Überlebende außergewöhnlicher Ereignisse, wie z. B. nach Kriegszügen und nach Epidemien, durch Prozessionen ihren Dank abstatteten. Die Pest, die auf den Feldzug von György Rákóczi I. (1645/46) folgte, war für den Verfall des Raaber Kollegs verantwortlich. Viele aus der Stadt nahmen 1646 in Lébény mit den neu in Raab eingetroffenen Ordensmitgliedern an einer Wallfahrt teil[81]. Das Ende der Pest wurde in Pressburg mit einer dreimaligen Prozession gefeiert; zum Gedenken an die Toten wurde ein Trauergerüst (Castrum Doloris) aufgestellt. Im Jahr 1647 nach der Pest pilgerte man mit dem Graner Erzbischof nach Marienthal[82].

Die städtischen Prozessionen fanden normalerweise unter Partizipation mehrerer Kongregationen oder sogar mehrerer Orden statt – ein Anlassfall für Präzedenzstreitigkeiten, die schon für das 17. Jahrhundert überliefert sind. Im Jahr 1689 erwähnt das Pressburger Album der Schülerkongregation einen Fall, der sich einige Jahre zuvor zugetragen hatte, als die Franziskaner ihre Bruderschaft zwischen der Marianischen Schülerkongre-

---

[73] Z. B. Album Sodalium Marianorum (wie Anm. 35) fol. 88ᵛ, 93ʳ (1675, 1677).

[74] Z. B. ebd. fol. 109ʳ (1688).

[75] LAW 1647 (ÖNB Cod. 12220) fol. 40ʳ.

[76] Vgl. z. B. LAW 1642, 1644, 1645 (ÖNB Cod. 12219) fol. 142ʳ, 292ʳ, 371ʳ, LAW 1647, 1648, 1649, 1650 (ÖNB Cod. 12220) fol. 59ᵛ, 147ʳ, 260ᵛ, 347ʳ.

[77] Z. B. Agram (1641, 1643): Vanino, Isusovci (wie Anm. 32) I 296; Tyrnau: LAW 1650 (ÖNB Cod. 12220) fol. 331ᵛ.

[78] Z. B. Tyrnau: LAW 1648 (ÖNB Cod. 12220) fol. 96ʳ; Pressburg: LAW 1650 (ÖNB Cod. 12220) fol. 322ᵛ.

[79] Z. B. Tyrnau: LAW 1643 (ÖNB Cod. 12219) fol. 393ᵛ; Pressburg: LAR 1631 (ARSI Austr. 136) 42; Raab, LAW 1641 (ÖNB Cod. 12219) fol. 69ᵛ; Ödenburg: LAW 1640, 1641, 1647 (ÖNB Cod. 12218) fol. 379ᵛ, (ÖNB Cod. 12219) fol. 81ʳ, (ÖNB Cod. 12220) fol. 59ᵛ.

[80] Raab: z. B. LAW 1646 (ÖNB Cod. 12219) fol. 404ʳ; Acsay, A Győri (wie Anm. 56) 162.

[81] LAW 1646 (ÖNB Cod. 12219) fol. 403ᵛ.

[82] LAW 1647 (ÖNB Cod. 12220) fol. 50ᵛ.

gation und der Bürgersodalität – erfolgslos – einzureihen suchten[83]. Eine ähnliche Streitigkeit ist auch aus Raab für das Jahr 1637 bekannt, als dort die jesuitische Kongregation ebenfalls mit der franziskanischen Bruderschaft in Streit geriet[84].

Die Jesuiten organisierten für die Kongregationen regelmäßig Wallfahrten, meistens wurde ein naher Mariengnadenort als Ziel für die teils spektakulären Umzüge, wo die Teilnehmer Messen und Predigten hörten, ausgewählt. Auffällig ist die Verbindung der Jesuiten zu den Pauliner-Gnadenorten. Die Jesuiten pilgerten mit ihren Kongregationen von Agram nach Remete, von Pressburg nach Marienthal, von Ödenburg nach Wandorf[85]. In Pressburg wurden mehrere Jahre hindurch auch die Wallfahrten nach Kaltenbrunn (Dúbravka, Pozsonyhidegkút) abgehalten[86]. Von Raab aus besuchte man das mittelalterliche Benediktinerkloster, den jesuitischen Landsitz Lébény[87]. Dieser Gnadenort war besonders bei deutschen Soldaten populär, Verwundete legten häufig dort Fürbitten beim Apostel Jakob ein oder machten Gelöbnisse. Im Jahr 1649 gab István Zichy, der Raaber ungarische Vicekapitän, einen eigenen Gelöbnisaltar in Auftrag[88]. Der Gnadenort wurde auch in Ausnahmesituationen aufgesucht, im Jahr 1640 suchte man die Fürsprache des Apostels bei einer Überschwemmung[89]. Als Beispiel von Wallfahrten können wir auch später gegründete Kollegs erwähnen, das Zipser Kapitel pilgerte etwa in die Sankt Anna-Kapelle in Klukenau/Kluknava, Kluknó[90].

4.4 Fastenzeit und Osterfest

Die Aktivitäten der Kongregationen waren in der Fastenzeit besonders intensiv. Schon mit dem Ende des Faschings begannen die Vorbereitungen mit der vierzigstündigen Anbetung des heiligen Sakraments[91]. Während der Fastenzeit unternahmen die Sodalen neben persönlichen Bußen und anderer Kasteiungen gemeinsam einen Kreuzweg und beteten das Offizium des Heiligen Kreuzes, Selbstgeißelungen waren auch an der Tagesordnung[92]. Höhepunkt der Vorbereitungen auf Ostern waren die Geißler- oder die

[83] Zudem haben die Franziskaner an der Prozession nicht teilgenommen: Album Sodalium Marianorum (wie Anm. 35) fol. 114v.

[84] ACSAY, A Győri (wie Anm. 56) 151.

[85] Agram: VANINO, Isusovci (wie Anm. 32) I 294. – Pressburg, die Schülerkongregation besonders beim Fest Mariä Geburt (8. Sept.): LAW 1641, 1647, 1649, 1650 (ÖNB Cod. 12219) fol. 65v, (ÖNB Cod. 12220) fol. 50v, 228r, 322v, die Bürgerkongregation beim Fest des Königs Sankt Stephan (20. Aug. 1631): Bertalan SCHÖNVITZKY, A pozsonyi kir. kath. főgymnasium története [Geschichte des königlichen katholischen Hauptgymnasiums von Pressburg/Bratislava] (Pozsony 1896) 90f., weiters auch LAW 1648, 1650 (ÖNB Cod. 12220) fol. 128v, 322v, 324r; Ödenburg: Robert SCHWARTZ VON MEGYES, Die Geschichte des Kollegs der Gesellschaft Jesu in der königlichen Freistadt Sopron (Ödenburg) 1636–1773 (Veszprém 1935) 79.

[86] Z. B. Album Sodalium Marianorum (wie Anm. 35) fol. 97v, 108r (1678, 1687).

[87] Ödenburg: SCHWARTZ, Die Geschichte (wie Anm 85) 79; Raab: LAW 1639, 1647, 1649 (ÖNB Cod. 12218) fol. 359r–v, (ÖNB Cod. 12220) fol. 40r, 202v.

[88] LAW 1649 (ÖNB Cod. 12220) fol. 202v.

[89] LAW 1640 (ÖNB Cod. 12218) fol. 450v.

[90] Győző BRUCKNER, A reformáció és ellenreformáció története a Szepességben I [Die Geschichte der Reformation und der Gegenreformation in der Zips] (Budapest 1922) 256 (1665).

[91] Z. B. Raab: LAR 1634 (ARSI Austr. 136) pag. 344; LAW 1648 (ÖNB Cod. 12220) fol. 112v; Pressburg, Tyrnau: LAW 1643 (ÖNB Cod. 12219) fol. 393r.

[92] Z. B. Pressburg: LAW 1647 (ÖNB Cod. 12220) fol. 50v; Album Sodalium Marianorum (wie Anm. 35) fol. 142v (1719).

kreuztragenden Prozessionen, die am Karfreitag durch die städtischen Straßen zogen[93]. Die Symbole des Leidens Christi wurden umhergetragen, die Schüler stellten szenisch auch biblische Szenen dar[94]. Als Teil der Gründonnerstagsliturgie wuschen Mitglieder der Schüler- oder Bürgerkongregationen die Füße von zwölf Armen und bewirteten sie reichlich[95]. Der Besuch des Heiligen Grabes[96], die Teilnahme am Osterfest sowie an den Auferstehungsprozessionen war üblich.

Für die Agonia-Kongregationen war vor allem die Fastenzeit wichtig. Als Titularfest dieser Sodalitäten wird der fünfte Sonntag der Fastenzeit („Iudica me") gefeiert. Als Beispiel ist die Tyrnauer Agonia-Kongregation anzuführen: Die Mitglieder kamen zusätzlich zu ihrem Titularfest jährlich noch an drei Sonntagen zusammen, um Messe mit Gesang sowie Predigten zu hören und an Prozessionen teilzunehmen[97]. Bei den Geißlerprozessionen nahmen die Sodalen der Agonia-Kongregationen mit besonderer Begeisterung und in großer Anzahl teil. Zu diesem Zweck trugen sie eigene Uniformen und begleiteten die Prozession, ähnlich den anderen Sodalitäten, mit eigenen Symbolen[98].

4.5 Die Publikationen der Kongregationen: Heiligenbilder und Bücher

Schon die westeuropäische Forschung machte auf die Verteilung von Heiligenbildern („sanctorum menstruorum distributio") und Andachtsbüchern (die sog. Xenien) aufmerksam. Bei den ungarischen Schülerkongregationen des 17. Jahrhunderts waren diese Publikationen nur bei den größeren und wohlhabenderen Sodalitäten gängig. Jedes Monat wurde ein Heiliger den Schüler beispielgebend vorgestellt; diese Praxis wurde in Tyrnau 1648, also nach dem Krieg, wieder eingeführt[99]. Den Einsatz dieser Medien können wir auch für Pressburg ab der Mitte des 17. Jahrhunderts annehmen[100]. Die wohlhabenderen Kongregationen verteilten als Neujahrsgeschenk Andachtsbücher an ihre Förderer[101]. Auf Grundlage einer umfassenden Untersuchung der Pressburger Mariä-Verkündigungskongregation lassen sich zwischen 1677 und 1734 62 Verteilungen von Xenien, nämlich insgesamt 47 Ausgaben von 34 verschiedenen Werken identifizieren[102]. Die Xenienausgabe dieser Kongregation stand damit der Praxis der Linzer Marianischen

---

[93] In Agram wurde es zwischen 1624 und 1735 jedes Jahr erwähnt, Vanino, Isusovci (wie Anm. 32) I 291, 296f. In Tyrnau: LAW 1643, 1644, 1646, 1648, 1650 (ÖNB Cod. 12219) fol. 191ᵛ, 212ᵛ, 393ʳ (ÖNB Cod. 12220) fol. 96ʳ, 331ᵛ; in Pressburg: Album Sodalium Marianorum (wie Anm. 35) fol. 114ʳ (1689).

[94] Pressburg: LAW 1643 (ÖNB Cod. 12219) fol. 181ʳ; Agram: Vanino, Isusovci (wie Anm. 32) I 295, 298; Raab: LAW 1641 (ÖNB Cod. 12219) fol. 69ᵛ.

[95] In Pressburg nahmen adelige Schüler die Fußwaschung vor, LAW 1642, 1643, 1644, 1646 (ÖNB Cod. 12219) fol. 135ᵛ, 181ʳ, 238ᵛ, 415ʳ.

[96] Z. B. Tyrnau: LAW 1648 (ÖNB Cod. 12220) fol. 97ʳ; Pressburg, Album Sodalium Marianorum (wie Anm. 35) fol. 138ʳ (1708).

[97] Gyulai, A jezsuiták (wie Anm. 50) I 26–27.

[98] Z. B. Sárospatak: ebd. I 15.

[99] LAW 1648, 1650 (ÖNB Cod. 12220) fol. 97ʳ, 331ʳ.

[100] Leider lassen sich nur spätere Angaben nachweisen: Die Bilder ließ man aus Wien holen, Album Sodalium Marianorum (wie Anm. 35) 132ᵛ (1710). In Tyrnau wurden einfachere, auch aus Wien erhaltene Blätter und Bilder ausgeteilt, ebd. 141ᵛ (1721).

[101] Über diesen Publikationstyp Knapp, Pietás (wie Anm. 66) 146–153.

[102] Zsófia Kádár, A pozsonyi jezsuita kollégium Mária-társulatának könyvkiadása és könyvterjesztése. [Die Publikationen und die Verteilung von Büchern in der Marianischen Kongregation des Jesuitenkollegs von Pressburg]. *Egyháztörténeti Szemle* 14/1 (2013) 5–45, hier 11.

Kongregationen, für die mehr als 100 Xenien bekannt sind, nicht nach[103]. Die Intention
der Pressburger Jesuiten bestand darin, dass sie für die Schüler gemäß ihrer Altersgruppen
und daneben für die lokalen Eliten und die Domherren zeitgemäße und anspruchsvolle
geistliche Literatur zur Verfügung stellen wollten. Sie verschafften sich deshalb die neu-
esten publizierten Devotionsbücher und verteilten diese in einer Auflage von mehr als
100 Exemplaren auf eigene Kosten. Materielle Grundlage dieser Praxis waren Spenden,
aber im Jahr 1734 musste diese Verteilung von Druckwerken aus finanziellen Gründen
eingestellt werden. Schenkungen von Xenien lassen sich auch für andere Städte, z. B. für
Agram, Tyrnau und Raab, nachweisen[104]. Ab dem zweiten Drittel des 18. Jahrhunderts
nahm die Bedeutung der Kongregationsbibliotheken zu, teilweise auch weil die Xenien-
schenkungen geendet hatten. Die Gründung selbstständiger Bibliotheken im Rahmen der
Sodalitäten ist aber schon für die Gründungsphase zu vermuten, um den Sodalen Zugang
zu Andachtsbüchern zu sichern[105].

Die Nutzung von Druckmedien gestaltete sich bei den Bürger- und Agonia-Soda-
litäten etwas anders. Praktische Gesichtspunkte – Information der Mitglieder über den
Ursprung, die Regeln, die Ablässe und die Gebete der Kongregation – scheinen dort vorrangig gewesen zu sein. Demgemäß waren die Handbücher („manualia") anstelle der Devotionsbücher in der Überzahl, zudem überwogen die muttersprachlichen – deutschen,
ungarischen, „slawischen" (slowakischen, kroatischen, tschechischen) – Publikationen
anstelle der lateinischen Ausgaben[106].

4.6 Räume, Altäre und Kongregationsvermögen

Die gegenständliche Umgebung bestimmte auch die Tätigkeit der Kongregationen.
Sie verfügten in den Gebäuden der Kollegs und in den Kirchen über eigene Räume, Oratorien und Kapellen, bzw. Altäre[107]. Der Rektor der Pressburger Sodalität, Gáspár Lippay,
Kammerpräsident, ließ im Jahr 1648 das Oratorium dekorieren[108]. In Raab ließ die deutsche Kongregation in der Jesuitenkirche 1642/1646 einen eigenen Marienaltar ausschmü-
cken[109]. Die Sodalitäten verwahrten ihre eigenen Realien bzw. Wertgegenstände und

---

[103] Die Mitteilungen über das Wirken der PP. Jesuiten und der Marianischen Kongregationen in Linz während des 17. und 18. Jahrhunderts. Aus alten Berichten gesammelt von Georg Kolb, Mit dem Überblick der
Xenia oder Jahresdenken der Kongregationen in Linz, vom Jahre 1678–1783 (Linz 1908).

[104] Z. B. Agram: Vanino, Isusovci (wie Anm. 32) I 304 (1666); Tyrnau: LAW 1643, 1653, 1654 (ÖNB
Cod. 12219) fol. 191ᵛ–192ʳ, (ÖNB Cod. 12050) pag. 22, (ÖNB Cod. 12051) pag. 32; Raab: Acsay, A Győri
(wie Anm. 56) 159f.

[105] Z. B. in Pressburg bekam die Kongregationsbibliothek 22 Bände, LAW 1650 (ÖNB Cod. 12220) fol.
322ᵛ.

[106] Vgl. Knapp, Pietás (wie Anm. 66) 156–168 und z. B. Ödenburg, LAW 1642 (ÖNB Cod. 12219) fol.
142ʳ. Zu den Handbüchern der Agonia-Kongregationen siehe noch Gyulai, A jezsuiták (wie Anm. 50) I 19.

[107] Z. B. in Pressburg wurde die „historia congregationis" im Marianischen Oratorium geschrieben, Album
Sodalium Marianorum (wie Anm. 35) fol. 108ᵛ (1678).

[108] LAW 1648 (ÖNB Cod. 12220) fol. 128ᵛ.

[109] Zum Altar: Géza Galavics, A győri jezsuita templom 17. századi művészeti koncepciója és az abban
megjelenő társadalomkép. [Das architektonische und bildkünstlerische Konzept der Hl. Ignatiuskirche zu
Raab/Győr und das dadurch vermittelte Gesellschaftsbild], in: Jezsuita jelenlét Győrben a 17–18. században.
Tanulmányok a 375 éves Szent Ignác-templom történetéhez [Die Präsenz der Jesuiten in Raab/Győr im 17.
und 18. Jahrhundert. Studien zur 375jährigen Geschichte der Ignatius-Kirche hg. von István Fazekas–Zsófia
Kádár–Zolt Kökényesi (Győr 2017) 171–239, hier 184–188.

Archivalien (Bulle, Album, „historia congregationis", Rechnungsbücher, Totenkataloge) in separaten Schränken[110]. Auch in Ungarn war die Ehrenfahne ihr wichtigstes Symbol, das sog. labarum. Die reicheren Kongregationen verfügten über zwei (oder mehrere) Labare: ein purpurnes Exemplar für die festlichen und eine dunkelfärbige Ausfertigung für die traurigen Anlässe[111].

Das Vermögen der Kongregationen war von jenem der Jesuitenkollegs getrennt, sie besaßen eigene Kassen, die sich aus freiwilligen Gaben und testamentarischen Nachlässen speisten[112]. Über die Spenden für die Pressburger Schülerkongregation vom Ende des 17. Jahrhunderts wissen wir folgendes: Man schenkte Devotionalien, Stoffe, Möbel, Kerzen, Ikonen, Bücher und Bargeld[113]. Die Bürgerkongregationen besaßen ein noch bedeutenderes Vermögen. In Tyrnau erhielt die Heiliges-Kreuz-Sodalität im Kriegsjahr 1645 sogar 100 Gulden, die deutsche Kongregation erlangte 1652 Realien in der Höhe von 170 Gulden[114]. Die Einnahmen der Pressburger deutschen Sodalität beliefen sich im Jahr 1650 auf 359 Gulden, im Jahr 1646 verliehen sie 100 Gulden an das Kolleg[115]. In Raab schenkte man der deutschen Sodalität 1637 eine silberne Marienstatue im Wert von 300 Gulden und bekam noch 35 Gulden, des Weiteren 1639 50 Gulden, 1650 weitere 130 Gulden sowie Fackeln und Kerzen[116]. Ebenfalls in Raab erhielt die ungarische Herrenkongregation 1639 Geräte bzw. Instrumente („supellectiles") im Wert von 150 Gulden[117]. In Ödenburg war die Frau von Graf Ferenc Nádasdy, Anna Julianna Esterházy, eine wichtige Unterstützerin der deutschen Kongregation, sie schenkte 1650 für Flagellantenkleider 70 Ellen Stoff an die Kongregation[118].

Die Agonia-Kongregationen verfügten ebenfalls über eigene Alben, Gerätschaften, Altäre[119] und Prozessionsfahnen[120]. Die Mitglieder, von den Aristokraten bis zu den unteren Schichten, konnten der Sodalität Spenden in Form von Sachmitteln und Geld geben[121], doch darüber finden sich für das 17. Jahrhundert deutlich weniger Quellen als bei den anderen Kongregationstypen. Das Beispiel der Raaber Agonia-Kongregation beweist aber, dass diese auch größere Spenden erhielten: Kurz nach deren Gründung im Jahr 1654 spendete Philipp Graf von Mansfeld, der Raaber Oberisthauptmann, 800 Gulden sowie ein mit Gold durchwobenes, veilchenblaues Antipendium und gedruckte Handbücher[122].

---

[110] Über die Gegenstände, den Besitzstand und die Räume der Tyrnauer Sodalitäten gibt das Inventar von 1773 ein ausführliches Bild: Erzsébet MUSZKA, A nagyszombati jezsuita kollégium leltára, 1773 [Das Inventar des Jesuitenkollegs von Tyrnau, 1773] in: György HAIMAN–DIES.–Gedeon BORSA, A nagyszombati jezsuita kollégium és az egyetemi nyomda leltára, 1773 [Das Inventar des Jesuitenkollegs und die Universitätsdruckerei von Tyrnau, 1773] (Budapest 1997) 5–112, hier 60–63.
[111] Z. B. Tyrnau: LAW 1648 (ÖNB Cod. 12220) fol. 97ᵉ; Agram: VANINO, Isusovci (wie Anm. 32) I 307; Raab: ACSAY, A Győri (wie Anm. 56) 158–159; Trentschin: VLAHOVICS, A trencséni (wie Anm. 33) 129.
[112] Z. B. Agram: VANINO, Isusovci (wie Anm. 32) I 306 (1644).
[113] Album Sodalium Marianorum (wie Anm. 35) fol. 79ᵛ–80ᵉ, 97ᵛ–98ᵉ, 102ᵉ, 103ᵛ (1669–1684).
[114] LAW 1645, 1652 (ÖNB Cod. 12219) fol. 323ᵛ, (ÖNB Cod. 12220) fol. 406ᵉ.
[115] LAW 1650 (ÖNB Cod. 12220) fol. 324ᵉ; SCHÖNVITZKY, A pozsonyi (wie Anm. 85) 92.
[116] LAW 1637, 1639, 1646, 1650 (ÖNB Cod. 12218) fol. 245ᵛ, 360ᵉ, (ÖNB Cod. 12220) fol. 308ᵉ.
[117] LAW 1639 (ÖNB Cod. 12218) fol. 360ᵉ.
[118] LAW 1650 (ÖNB Cod. 12220) fol. 347ᵉ.
[119] Z. B. GYULAI, A jezsuiták (wie Anm. 50) I 14, II 4; Pressburg: SCHÖNVITZKY, A pozsonyi (wie Anm. 85) 91f. (1674).
[120] Z. B. Sárospatak: GYULAI, A jezsuiták (wie Anm. 50) II 4.
[121] Z. B. ebd. 14 (1666); Pressburg: SCHÖNVITZKY, A pozsonyi (wie Anm. 85) 93 (1662).
[122] LAW 1654 (ÖNB Cod. 12051) pag. 30.

5. Fazit

Wenn wir das erste Jahrhundert der Kongregationsbewegung in der österreichischen Jesuitenprovinz betrachten, können wir die erfolgreiche Adaptation des Bruderschaftsmodells durch die Jesuiten betrachten. Das Kongregationsleben, das hauptsächlich dem italienischen und dem süddeutschen Muster folgte, genoss den Schutz der katholischen Herrscher und der lokalen katholischen kirchlichen und weltlichen Elite. Anfänglich spielten die ersten jesuitischen Kongregationsleiter – z. B. der im Zusammenhang von Prag und Klausenburg erwähnte Emmanuel Vega – bei der Propagierung von Formen und Praktiken der Frömmigkeit eine (noch weiter zu erforschende) Schlüsselrolle. Bis zur Mitte des 17. Jahrhunderts und nach der Ausbreitung der jesuitischen Institutionen in der österreichischen Provinz wurden die Marianischen Kongregationen für die Schüler und für die Studenten der Jesuitenschulen, daneben für die katholischen Mittelschichten und für die Eliten (Bürgertum, Nobilität) gegründet. Ab der zweiten Hälfte des 17. Jahrhunderts erschloss man sich vor allem durch die Todesangst-Sodalitäten breitere Gesellschaftsschichten. Diese Sodalitäten kümmerten sich auch um die materielle Basis ihrer Tätigkeit: Sie besaßen eigene Altäre, Kapellen, Oratorien, einschlägige Repräsentationswerkzeuge für eine Repräsentation bei Prozessionen und Wallfahrten, eigene Kassen, Publikationen und Bibliotheken.

In den Berichten des 17. Jahrhunderts, als sich das jesuitische Organisationsgeflecht im Vergleich zu anderen Mönchsorden deutlich verbreiterte und auch der Personalstand der Gesellschaft Jesu schnell anwuchs, lässt sich der jesuitische Einfluss auf die gesellschaftliche Entwicklung kaum unterschätzen. Deshalb muss am Beispiel der österreichischen Jesuitenprovinz stark hinterfragt werden, ob diese Kongregationen wirklich deutlich weniger populär waren als andere barocke Bruderschaften – wie Peter Hersche behauptet. Um diese und ähnliche Fragen angemessen beantworten zu können, müssten weitere Untersuchungen angestellt werden, welche die gesamte österreichische Ordensprovinz umfassen, die im Anhang befindliche Kongregationsliste stellt einen ersten Versuch dazu dar.

Anhang

Katalog der Kongregationen der österreichischen Jesuitenprovinz (1565–1671)

Zuerst werden die Studentenkongregationen, dann die städtischen Sodalitäten und zuletzt die Agonia-Christi- und andere Kongregationen Stadt für Stadt in der Reihenfolge ihrer Gründung aufgezählt. Die Ortschaften werden mit ihren deutschen Namen (mit den heutigen Namen bzw. mit dem Namen in anderen Sprachen) aufgeführt. Weiterhin sind auch die damalige Verwaltungszugehörigkeit bzw. die lateinische Bezeichnung des jesuitischen Instituts (coll. = collegium, res. = residentia) und sein Gründungsjahr angegeben. Die Ortschaften sind nach ihren deutschen Namen alphabetisch geordnet. Um die einzelnen Kongregationen leichter identifizieren zu können, habe ich sie durchnummeriert. Auf den „Datenblättern" der einzelnen Kongregationen gebe ich folgende Angaben an:

[nr.] **Titel**
typische Nennung(en) (auf Latein) (BVM = Beatae Virginis Mariae, BV = Beatae Virginis, congr. = congregatio, sod. = sodalitas)
Gründungsjahr – Eingliederungsjahr[123] – erste Erwähnung im Provinzkatalog (Lukács I–V)
T. Typ, Mitgliedschaft
Pr. Präses (Amtszeit meist fünf Jahre)
Lit. Literatur (die erste Erwähnung von Lukács I–VII., die wichtigsten Erwähnungen in den Jahresberichten, weitere Literatur)
* Anmerkungen

Folgende Siglen fanden Verwendung für den Anhang:

LAW + Jahr (ÖNB Cod. ...) folio/pagina = Litterae Annuae Provinciae Austriae Viennenses, ÖNB (Wien), Handschriftensammlung, Codices 12038–12041, 12044, 12049–12055, 12057–12063, 12066, 12218–12220, 13561–13564.

LAR + Jahr (ARSI Austr. ...) folio = Litterae Annuae Provinciae Austriae Romanae, Archivum Romanum Societatis Iesu (Roma), Austr. 133, 135, 136.

Die Jahresberichte konnte ich teilweise in Rom und teilweise in Wien einsehen. Daneben benutzte ich die Mikrofilm-Kopien in Budapest, in der Bibliothek der Ungarischen Akademie der Wissenschaften: Die Mikrofilme mit Signatur B 6990–6993, B 7014 und B 7016.

Die Auflösungen der bibliographischen Abkürzungen (Siglen) des Kataloges lauten folgendermaßen:

---

[123] Falls ich in Zusammenhang mit derselben Kongregation mehrere Zeitpunkte (z. B. der Zeitpunkt der Bittschrift, der Aggregationsbulle oder der Veröffentlichung der Aggregation im Kreis der Sodalen) in Erfahrung gebracht habe, wurden diese Zeitpunkte mit „ / " getrennt. Falls mehrere „Aggregationen" bekannt sind, wurden diese Zeitpunkte mit „ , " getrennt. Die Zeitpunkte, die aus LCA stammen, wurden mit den Nummern (in dieser Form: „(LCA Nr. ...)" angegeben. Die Bestätigungen von Päpsten und Bischöfen (weil sie keine rechte Aggregationen von Ordensgenerälen sind) wurden in Form von „ [ ] " angegeben.

Acsay 1901 = Ferenc Acsay, A Győri Katholikus Főgimnázium története 1626–1900 [Die Geschichte des katholisches Hauptgymnasiums von Raab/Győr 1626–1900] (Győr 1901).

Balázs 2006 = Mihály Balázs, Kolozsvár és Vágsellye. Adalék a Mária-kongregációk korai történetéhez [Klausenburg/Cluj und Schelle/Šaľa. Ein Beitrag zu der frühen Geschichte der Marianischen Kongregationen], in: ders., Felekezetiség és fikció. Tanulmányok 16–17. századi irodalmunkról [Konfessionsbildung und Fiktion. Studien zu unserer Literatur des 16. und 17. Jahrhunderts] (Régi magyar könyvtár. Tanulmányok 8, Budapest 2006) 133–137.

Barysz 1934 = Kornelius Barysz, Die Akademische Kongregation in Wien in der Zeit von 1679 bis 1783. *Präsides-Korrespondenz* 28 (1934) 194–197, 278–281.

Blanár 1913 = Ödön Blanár, Az ungvári kir. katholikus főgimnázium háromszázados története 1613–1913 [Die dreihundertjährige Geschichte des katholischen Hauptgymnasiums von Ungwar/Užhorod 1613–1913] (Ungvár 1913).

Bruckner 1922 = Győző Bruckner, A reformáció és ellenreformáció története a Szepességben [Die Geschichte der Reformation und der Gegenreformation in der Zips] (Budapest 1922).

Commenda 1961 = Hans Commenda, Die Litterae annuae des Linzer Jesuitenkollegs als Quelle der Volkskunde. *HJbStL* 1961 (1961) 119–138.

Coreth 1965 = Anna Coreth, Die ersten Sodalitäten der Jesuiten in Österreich. Geistigkeit und Entwicklung. *Jahrbuch für Mystische Theologie* 11 (1965) 7–65.

Cunja Rossi 2005 = Vesna Cunja Rossi, I gesuiti, Trieste e gli Asburgo nel seicento (Triest 2005).

Dolinar 2006 = France M. Dolinar, Die Rolle und die Bedeutung der Jesuiten während des 17. und 18. Jahrhunderts im slowenischen Raum, in: Die Jesuiten in Innerösterreich. Die kulturelle und geistige Prägung einer Region im 17. und 18. Jahrhundert, hg. von Werner Drobesch–Peter G. Tropper (Ljubljana–Wien 2006) 215–221.

Duhr I = Bernhard Duhr, Geschichte der Jesuiten in den Ländern deutscher Zunge im XVI. Jahrhundert I (Freiburg im Breisgau 1907).

Duhr II/1–2 = Bernhard Duhr, Geschichte der Jesuiten in den Ländern deutscher Zunge in der ersten Hälfte des XVII. Jahrhunderts II/Erster Teil; Geschichte der Jesuiten in den Ländern deutscher Zunge in der ersten Hälfte des XVII. Jahrhunderts II/Zweiter Teil (Freiburg im Breisgau 1913).

Duhr III = Bernhard Duhr, Geschichte der Jesuiten in den Ländern deutscher Zunge in der zweiten Hälfte des XVII. Jahrhunderts/Dritter Teil (München–Regensburg 1921).

Fancev 1934 = Franjo Fancev, Građa za povijest školskog i književnog rada isusovačkog kolegija u Zagrebu (1606–1772) [Quellen zur Geschichte der schulischen und literarischen Tätigkeit des Jesuitenkollegs in Agram/Zagreb (1606–1772)]. *Starine* 37 (1934) 1–176; 38 (1937) 181–304.

Fechtnerová 1993 I–II = Anna Fechtnerová, Rektoři kolejí Tovarystva Ježišova v Čechách, na Moravě a ve Slezsku do roku 1773. Sv. I. Čehy. Sv. II. Morava, Slezsko. Rectores collegiorum Societatis Iesu in Bohemia, Moravia ac Silesia usque ad annum MDCCLXXIII iacentum. Pars I. Bohemia. Pars II. Moravia, Silesia (Národné knihova v Praze – Miscellanea monographia 4, Prag 1993).

Ferlan 2007 = Claudio Ferlan, Il collegio gesuita. Un baluardo contro la diffusione della Riforma nell'Austria interna tra XVI e XVII secolo? Il caso di Gorizia (Diss. Triest 2007).

Fröhler 1981 = Josef Fröhler, Regesten betreffend das Collegium SJ in Steyr nach den Litterae annuae provinciae Austriae Societatis Jesu 1: 1632–1700 (Linz 1981).

Gyulai 2009 = Éva Gyulai, A jezsuiták sárospataki Agonia-kongregációja a 17. században, 1–2

[Die Agonia-Sodalität der Jesuiten von Sárospatak im 17. Jahrhundert]. *Egyháztörténeti Szemle* 10/1 (2009) 3–31; 10/3 (2009) 3–20.

GYULAI 2017 = Éva GYULAI, A sárospataki jezsuiták Agonia Christi Társulata a 17. század második felében [Die Agonia-Kongregation der Jesuiten von Sárospatak in der zweiten Hälfte des 17. Jahrhunderts], in: Barokk vallásos közösségek [Barocke Religionsgemeinschaften], hg. von Judit DÉRI–Eszter BOGÁR (Pázmány Irodalmi Műhely, Lelkiségtörténeti tanulmányok 15, Budapest 2017) 89–98.

HORVÁTH 1895 = Zoltán HORVÁTH, A nagyszombati katolikus Érseki Főgimnázium története [Die Geschichte des erzbischöfliches Hauptgymnasiums von Tyrnau/Trnava] (Nagyszombat 1895).

HÖFER 2006 = Rudolf K. HÖFER, Jesuitische Schule und Seelsorge in der Steiermark, in: Die Jesuiten in Innerösterreich. Die kulturelle und geistige Prägung einer Region im 17. und 18. Jahrhundert, hg. von Werner DROBESCH–Peter G. TROPPER (Ljubljana–Wien 2006) 194–214.

Jezsuita okmánytár I/1. = Jezsuita okmánytár I/1. Erdélyt és Magyarországot érintő iratok 1601–1606. [Jesuitische Urkundensammlung I/1: Die Quellen betreffend Siebenbürgen und Ungarn], hg. von Mihály BALÁZS u. a. (Szeged 1995).

KÁDÁR 2014 = Zsófia KÁDÁR, Saeculum Marianum. Angaben zu der Marianischen Kongregation des jesuitischen akademischen Kollegs in Wien und zu seinen ungarischen Beziehungen (1579–1678), in: Wiener Archivforschungen. Festschrift für den ungarischen Archivdelegierten in Wien, István Fazekas, hg. von Zsuzsanna CZIRÁKI u. a. (Publikationen der Ungarischen Geschichtsforschung in Wien 10, Wien 2014) 205–213.

KÁDÁR 2016 = Zsófia KÁDÁR, A pozsonyi jezsuita kollégium Mária-társulatának első évszázada (1637–1745) [Das erste Jahrhundert der Marienkongregation im Jesuitenkolleg von Pressburg/Bratislava (1637–1745)], in: Bécstől Brassóig. A II. KoraújkorÁSZ konferencia tanulmányai [Von Wien nach Kronstadt/Brașov. Studien der zweiten Tagung der jungen Geschichtsforscher der frühen Neuzeit], hg. von M. János BARTA u. a. (KoraújkorÁSZ tanulmánykötetek 2, Budapest 2016) 9–40.

KÁDÁR 2017a = Zsófia KÁDÁR, Az urak Patrona Hungariae-társulata a 17. században [Die „Patrona Hungariae" Kongregation der Herren im 17. Jahrhundert], in: Jezsuita jelenlét Győrben a 17–18. században. Tanulmányok a 375 éves Szent Ignác-templom történetéhez [Die Präsenz der Jesuiten in Raab/Győr im 17. und 18. Jahrhundert. Studien zur 375jährigen Geschichte der Ignatius-Kirche], hg. von István FAZEKAS–DERS.–Zsolt KÖKÉNYESI (Győr 2017) 307–333.

KÁDÁR 2017b = Zsófia KÁDÁR, Középkori eredetű vallásos testvérületek és barokk társulatok kapcsolata: a soproni Krisztus Teste-konfraternitás példája [Die Verbindungen zwischen mittelalterlichen und barocken Bruderschaften. Das Beispiel der Konfraternität „Corporis Christi" aus Ödenburg/Sopron], in: Barokk vallásos közösségek [Barocke Religionsgemeinschaften], hg. von Judit BOGÁR–Eszter DÉRI (Pázmány Irodalmi Műhely, Lelkiségtörténeti tanulmányok 15, Budapest 2017) 135–144.

KASTNER 1987 = Jörger KASTNER, Geistliche Rüstkammer. Wissenschaften im Spiegel der Passauer Jesuitenbibliothek. Ausstellung zur 375-Jahr-Feier der Staatl. Bibliothek Passau, Michaeligasse 11, Altstadt vom 17. Juli bis 14. August 1987, in: Die Jesuiten in Passau. Schule und Bibliothek 1612–1773. 375 Jahre Gymnasium Leopoldinum und Staatliche Bibliothek in Passau (Passau 1987) 229–447.

KAZY 1737 = Franciscus KAZY, Historia Universitatis Tyrnaviensis Societatis Jesu (Tyrnaviae 1737).

Knapp 1995 = Éva Knapp, Vallásos társulatok, rekatolizáció és társadalmi átalakulás Kassán a 17–18. században [Religiöse Bruderschaften, Rekatholisierung und gesellschaftliche Umwandlung in Kaschau/Košice im 17. und 18. Jahrhundert]. *Századok* 129 (1995) 791–814.

Knapp 2001 = Éva Knapp, Pietás és literatúra. Irodalomkínálat és művelődési program a barokk kori társulati kiadványokban [Pietät und Literatur. Literarisches Angebot und kulturelles Programm in den barocken Bruderschaftsbüchern] (Budapest 2001).

Kolb 1908 = Mitteilungen über das Wirken der PP. Jesuiten und der Marianischen Kongregationen in Linz während des 17. und 18. Jahrhunderts. Aus alten Berichten gesammelt von Georg Kolb, Mit dem Überblick der Xenia oder Jahresdenken der Kongregationen in Linz, vom Jahre 1678–1783 (Linz a. D. 1908).

Krasznyánszky 1906 = Károly Krasznyánszky, A trencséni Mária Kongregáció története [Die Geschichte der Marienkongregation von Trentschin/Trenčín]. *A trencséni piarista gimnázium Értesítője* (1906) 3–16.

Kroess I = Geschichte der Böhmischen Provinz der Gesellschaft Jesu I: Geschichte der ersten Kollegien in Böhmen, Mähren und Glatz von ihrer Gründung bis zu ihrer Auflösung durch die böhmischen Stände 1556–1619. Nach den Quellen bearbeitet von Alois Kroess (Wien 1910).

Kroess II/1–2 = Geschichte der Böhmischen Provinz der Gesellschaft Jesu II/1: Beginn der Provinz, des Universitätsstreites und der katholischen Generalreformation. Bis zum Frieden von Prag 1635 [1618–1635]; II/2: Die böhmische Provinz des Gesellschaft Jesu unter Ferdinand III. (1637–1657). Nach den Quellen bearbeitet von Alois Kroess (Wien 1927, 1938).

Kurz 1891 = Gedenkbuch der l.-f. Stadtpfarre zu den neun Chören der Engel am Hof. Mit sechs Abbildungen, hg. von Joseph Kurz (Wien 1891).

LCA = Liber congregationum aggregatarum 1587–1829, ed. Rufus Mendizábal (Romae [1957]).

Löber 1705 = Joannes Fridericus Wolffgangus Löber, Rosa centifolia, sive primum saeculum archiducalis et academici S. J. gymnasii Clagenfurtensis, historica synopsi effigiatum (Klagenfurt 1705).

Lukács I–VII = Catalogi personarum et officiorum Provinciae Austriae S. I. I: (1551–1600); II: (1601–1640); III: (1641–1665); IV: (1666–1683), V: (1684–1699), VI: (1700–1717), VII: (1718–1733), coll. et ed. Ladislaus Lukács (Monumenta Historica Societatis Iesu 117, 125, Rom 1978, 1982, 1990, 1993).

Molnár 1997 = Antal Molnár, Sándor Dobokay's autobiographische Aufzeichnungen (1620). *Archivum Historicum Societatis Iesu* 66 (1997) 75–88.

Molnár 2005 = Antal Molnár, Mezőváros és katolicizmus. Katolikus egyház az egri püspökség hódoltsági területein a 17. században [Marktflecken und Katholizismus. Katholische Kirche im Bistum von Erlau/Eger unter der Türkenherrschaft im 17. Jahrhundert] (METEM könyvek 49, Budapest 2005).

Morelli 1885 = Carlo Morelli di Schönfeld, Istoria della Contea di Gorizia. II. che abbraccia l'epoca dall'anno 1600 all'anno 1700 (Gorizia 1855).

Oer 1902 = Franz von Oer, Geschichte der St. Pauluskirche in Graz sowie der Grazer Marianischen Congregationen (Graz 1902).

Orlita 2010 = Zdeněk Orlita, Náboženská bratrstva v Olomoucké diecézi v letech 1620–1740 [Religiöse Bruderschaften in der Diözese Olmütz in den Jahren 1620–1740] (Diss. Opava 2010).

Rasch 1978 = Heribert Rasch, Die Geschichte der Marianischen Kongregation, ihre Anfänge, ihre Verbreitung in Deutschland und Österreich, insbesondere in Hall in Tirol, in: 400 Jahre

Marianische Kongregation in Österreich. Festschrift. Herausgegeben aus Anlaß der Jubiläumsfeier in Hall/Tirol (Hall 1978) 21–117.

RILL 1954 = Gerhard RILL, Das Linzer Jesuitenkolleg im Spiegel der Litterae annuae S. I., 1600–1650. *HJbStL* 1954 (1954) 405–453.

RMNY III. = Régi magyarországi nyomtatványok III. 1636–1655 [Alte Drucke aus Ungarn], hg. von János HELTAI (Budapest 2000).

SCHAFFER 1989 = Stephanie SCHAFFER, Das Gymnasium der Jesuiten in Judenburg (1621–1773) (Dipl. Graz 1989).

SCHÖNFELLNER 1985 = Franz SCHÖNFELLNER, Krems zwischen Reformation und Gegenreformation (Forschungen zur Landeskunde von Niederösterreich 24, Wien 1985).

SCHÖNVITZKY 1896 = Bertalan SCHÖNVITZKY, A pozsonyi kir. kath. főgymnasium története. [Geschichte des königlich-katholischen Hauptgymnasiums von Pressburg/Bratislava] (Pozsony 1896).

SCHWARTZ 1935 = Robert SCHWARTZ VON MEGYES, Die Geschichte des Kollegs der Gesellschaft Jesu in der königlichen Freistadt Sopron (Ödenburg) 1636–1773 (Veszprém 1935).

SOCHER 1740 = Antonius SOCHER, Historia provinciae Austriae Societatis Jesu. Pars prima ab exordio Societatis eiusdem ad annum Christi MDXC (Viennae 1740).

SUSSITZ 2004 = Franziska SUSSITZ, Die Finanzliquidation des Klagenfurter Jesuitenkollegs 1773 (Dipl. Klagenfurt 2004).

SZÉKELY 2017 = Zoltán SZÉKELY, A győri németek Győzedelmes Mária-kongregációja és annak albuma – Kutatási beszámoló [Sodalität „Maria de Victoria" der Deutschen von Raab/Győr und dessen Album – Ein Forschungsbericht], in: Jezsuita jelenlét Győrben a 17–18. században. Tanulmányok a 375 éves Szent Ignác-templom történetéhez [Die Präsenz der Jesuiten in Raab/Győr im 17. und 18. Jahrhundert. Studien zur 375jährigen Geschichte der Ignatius-Kirche], hg. von István FAZEKAS–Zsófia KÁDÁR–Zsolt KÖKÉNYESI (Győr 2017) 335–363.

SZELESTEI 2013 = László SZELESTEI N., A győri Magyarok Nagyasszonya Társulat a 17. században [Die „Patrona Hungariae" Kongregation von Raab/Győr im 17. Jahrhundert], in: Az áhítat nem hivatalos alkalmai és formái az 1800 előtti Magyarországon [Informelle Anlässe und Formen der Devotion in Ungarn vor 1800], hg. von Judit BOGÁR (Pázmány Irodalmi Műhely, Lelkiségtörténeti tanulmányok 4, Piliscsaba 2013) 203–218.

TERDIK 2017 = Szilveszter TERDIK, Az ungvári jezsuiták Mária-kongregációjának albuma. (Részleges) forrásközlés [Das Album der Marianischen Kongregation der Jesuiten von Ungwar/Užhorod. Teiledition], in: Barokk vallásos közösségek [Barocke Religionsgemeinschaften], hg. von Judit BOGÁR–Eszter DÉRI (Pázmány Irodalmi Műhely, Lelkiségtörténeti tanulmányok 15, Budapest 2017) 211–238.

TULIĆ 2011 = Damir TULIĆ, Katedrala Svetog Vida [Der St. Veits-Dom] (Biblioteka turizam i baština 79, Zagreb 2011).

VANINO 1969 = Miroslav VANINO, Isusovci i hrvatski narod. I. Rad u XVI stoljeću Zagrebački kolegij [Die Jesuiten und die kroatische Nation 1: Die Tätigkeit im 16. Jahrhundert am Kolleg von Agram/Zagreb] (Biblioteka Vrela i prinosi za povijest isusovačkog reda u hrvatskom narodu 1/1, Zagreb 1969).

VANINO 1987 = Miroslav VANINO, Isusovci i hrvatski narod. II. Kolegiji dubrovački, riječki, varaždinski i požeški [Die Jesuiten und die kroatische Nation 2: Die Kollegien von Ragusa/Dubrovnik, St. Veit am Pflaum/Rijeka, Warasdin/Varaždin und Poschega/Požega] (Biblioteka Vrela i prinosi za povijest isusovačkog reda u hrvatskom narodu 1/2, Zagreb 1987).

VARGA 2007 = Júlia VARGA, A kolozsvári jezsuita gimnázium és akadémia hallgatósága 1641–
    1773 (1784) [Die Studenten des Jesuitengymnasiums und der Akademie von Klausenburg/
    Cluj 1641–1773 (1784)] (Felsőoktatástörténeti kiadványok 6, Budapest 2007).

VLAHOVICS 1895 = Emil VLAHOVICS, A trencséni kir. kath. főgymnasium története 1649–1895
    [Die Geschichte des königlich-katholischen Hauptgymnasiums von Trentschin/Trenčín
    1649–1895], in: A trencséni kir. kath. főgymnasium értesítője az 1894–95. tanévről [Der
    Jahresbericht des königlich-katholischen Hauptgymnasiums von Trentschin/Trenčín aus
    dem Schuljahr 1894/95] (Trencsén 1895) 3–160.

ZAK 1966 = Edmund ZAK, Beiträge zur 300-jährigen Geschichte des Wiener Neustädter Gym-
    nasiums. Erste Zeitperiode: 107 Jahre Jesuitengymnasium, in: Festschrift des Bundesgym-
    nasiums in Wiener Neustadt anläßlich des 300-jährigen Bestandes (Wiener Neustadt 1966)
    30–37.

Agram (Zagreb, Zágráb), Königreich Ungarn, Kroatien und Slavonien (Komitat Agram) Coll. Zagrabiense (1612)

(1) Annunciatio Mariae
congr. BV Annunciatae (studiosorum maiorum)
1614 – 1614 – 1615
T. lateinische, Studenten, ab 1633: die Studenten der Rhetorik und der Philosophie
Pr. –
Lit. Lukács II. 170; LAW 1615 (ÖNB Cod. 13561) pag. 119; Fancev 1934, 34, 38–40; Vanino
    1969, 290f., 309f.
* Zur Zeit der Gründung waren 40 der insgesamt 330 Studenten Mitglieder. Zunächst waren
    auch Geistliche (z. B. der Bischof von Zagreb Petar Domitrović und örtliche Kanoniker)
    und weltliche Gutsherren Mitglieder.

(2) Assumptio Mariae
congr. BVM Assumptae (studiosorum minorum)
1663 – 15. 5. 1663 (LCA Nr. 1515.) – 1664
T. lateinische, Studenten der Grammatik, der Syntax und der Poetik
Pr. –
Lit. Lukács III 800; LAW 1663 (ÖNB Cod. 12060) pag. 58; Vanino 1969, 309f.
* Die philosophische Ausbildung, die ab 1662 eingerichtet wurde, bewirkte auch die
    Organisation der jüngeren Studenten in einer eigenen Kongregation. Sie hatte 1665 170
    Mitglieder und im Jahr 1695 177.

(3) Purificatio Mariae
congr. BV Purificatae civicae
2. 2. 1623 – 1623 – 1625
T. städtische, kroatische Bürgerschaft, Kaufleute
Pr. P. Nicolaus Sartor 1625–1628, 1630, 1633–1634; P. Petrus Ljubich 1638–1641 (1643);
    P. Casparus Radich 1649, 1652–1653, 1656–1657; P. Georgius Habdelich 1658, 1660–
    1663, 1669–1670
Lit. Lukács II 289; Fancev 1934, 49f., 54; Vanino 1969, 360–369.

*   Zur Zeit ihrer Gründung war schon eine von den Jesuiten unabhängige städtische Sodalität mit dem Titel „Corpus Christi" tätig. Atypisch war diese Gründung, weil sie eine unmittelbare Folge von politischen Ereignissen war – ein Aufstand, geleitet vom ehemaligen Bürgermeister Grga Tepečić, und dessen Niederschlagung. Die Jesuiten wollten unter anderem den Frieden der Stadt wiederherstellen. Die Kongregation hatte 1623 80, 1642 120, 1649 140 und 1665 190 Mitglieder. Die Veröffentlichungen der Sodalität in kajkavischem Dialekt der kroatischen Sprache haben auch sprachgeschichtliche Bedeutsamkeit.

(4) S. Isidor
sod. (fraternitas) S. Isidori plebeorum
1625 – 3. 1672 (LCA Nr. 1599) – 1664
T. kroatische Bauernkongregation, gemeines Volk
Pr. –
Lit. Lukács III 845; LAW 1625 (ÖNB Cod. 13563) fol. 82ʳ; LAW 1659 (ÖNB Cod. 12056) pag. 58–59; Fancev 1934, 51; Vanino 1969, 370–389.
*   Laut der „historia domus" von Zagreb besteht die Sodalität seit 1625 (sodalitas S. Isidori plebeorum erecta, sed non confirmata), aber sie stand erst später unter jesuitischer Leitung. Im Jahr 1672 schloss sie sich mit Genehmingung des Generals Paolo Oliva der städtischen Marianischen Kongregation an.

(5) Agonia Christi
congr. Agonizantium
1653 – [12. 1653 päpstliche Bestätigung] – 1656
T. Todesangst-Sodalität
Pr. P. Balthasar Millovez 1656–1662, 1670
Lit. Lukács III 508; LAW 1653 (ÖNB Cod. 12050) pag. 23; LAW 1654 (ÖNB Cod. 12051) pag. 29; Fancev 1934, 81; Vanino 1969, 390–412.
*   Die Gründung der Kongregation wurde vom Zagreber Bischof Petar Petretić initiiert und von Papst Innozenz X. bewilligt. Sie hatte im Jahr 1658 1.200 und 1665 3.680 Mitglieder.

Alba Iulia siehe Weissenburg

Banská Štiavnica siehe Schemnitz

Böhmisch Krumau (Český Krumlov), Königreich Böhmen
Coll. S. Viti Crumlovinense (1584)

(6) Annunciatio Mariae
congr. BMV [studiosorum], sod. BV ab Angelo Salutatae
1592 – 23. 7. 1592 (LCA Nr. 95.) – 1593
T. lateinische, Studenten
Pr. P. Thomas Dormannus 1606–1610
Lit. Lukács I 525; Fechtnerová 1993 I 71; Kroess I 657, 665; Kroess II/2 731, 736.

(7) Assumptio Mariae
sod. BV in coelos Assumptae

27. 11. 1622 – 3. 2. 1623 (LCA Nr. 751) – [keine Erwähnung]
T. städtische, (deutsche) Bürger, Herren
Pr. –
Lit. Fechtnerová 1993 I 71; Kroess II/2 796.
* Im Jahr 1649 wurde auch eine selbstständige böhmische Kongregation gegründet (Kroess II/2 797).

Bratislava siehe Pressburg

Brünn (Brno), Markgrafschaft Mähren
Domus Probationis Novitiatusque Brunense (1592)

(8) Assumptio Mariae
sod. Latina maior BV Assumptae, sod. scholasticae (studiosorum)
1581 – 1595 – 1596
T. lateinische, Studenten
Pr. –
Lit. Lukács I 558; Fechtnerová II 347; Kroess I 439, 550; Kroess II/2 731, 736; Orlita 2010, 75–79.
* In Brünn wurde eine kleinere Studentenkongregation 1636 gegründet, aber zu dieser Zeit bestand schon eine städtische Kongregation (1627) und eine Gesellenkongregation (1635), später wurde auch eine Todesangst-Sodalität gegründet (1673) (Kroess II/2 731, 801, 807; Orlita 2010, 79–83).

(9) Annunciatio Mariae
sod. civica BV Purificantis sub titulo BV Annunciatae, cong. civium, congr. externorum, congr. Italorum
9. 1592 – 20. 11. 1592 (LCA Nr. 99) / 14. 3. 1593 – 1595 (Auflösung 1604)
T. städtische, italienische (daneben böhmische und deutsche) Bürger und Herren
Pr. P. Hieronymus Lötsch 1599–1603
Lit. Lukács I 543; Fechtnerová II 347; Kroess I 453, 571–574; Orlita 2010, 74f.
* Sie ähnelte der Prager „italienischen" Stadtkongregation und war die erste Kongregation dieses Typs in der Markgrafschaft Mähren. Neben den italienischen Handwerkern sind auch einheimische (deutsche und böhmische) Bürger Mitglieder. In den 1590er Jahren trat der Dominikanerprior mit seinem ganzen Konvent bei. Wegen sprachlicher und weltanschaulicher Differenzen und wegen der ständigen Debatten mit den jesuitischen Leitern (teils um das Vermögen der Kongregation) lösten die Jesuiten selbst 1604 diese Kongregation auf!

Český Krumlov siehe Böhmisch Krumau

Cluj-Napoca siehe Klausenburg

Eberndorf, Herzogtum Kärnten
Res. Eberndorffensis (Coll. Clagenfurtense) (1606)

(10) S. Iosephus (Iesus, Maria, Ioseph)
congr. S. Iosephi

1647 – [keine Erwähnung] – 1650

T. Katechismussodalität, Männer und Frauen (aus dem gemeinen Volk)

Pr. P. Mathias Madrian 1665–1670

Lit. Lukács III 255; LAW 1647 (ÖNB Cod. 12044) pag. 63; Duhr II/1 344.

* Zu ihrer Gründung steht im Jahrersbericht von 1647: „Nec minorem speramus profectum ex promulganda propediem superiorum authoritate congregatione sub titulo Iesu, Mariae, Ioseph; non equidem toto est audire districtu hominem, qui non ultro huic caetui cupiat adnumerari, etenim cum primum e suggestu ad populum summa brevis fuit exposita, illico in hos patronos ferebantur animo, ut parochorum nonnullus mille circiter confestim recensuerit, qui nomina sua huic sodalitati inscribi rogarint."

(11) S. Ignatius

congr. ecclesiasticorum S. Ignatii Eberndorffii

1661 – [1661: päpstliche Bestätigung] – 1664

T. Priester, Ordensleute

Pr. P. Bartholomaeus Podl 1664–1670

Lit. Lukács III 770; LAW 1661 (ÖNB Cod. 12058) pag. 49; Löber 1705, 89; Duhr III 642; Sussitz 2004, 34.

* Nach einer langen Vorgeschichte wurde die Kongregation im Jahr 1661 institutionalisiert. Ihre Mitglieder waren Pfarrer, Mönche und Geistliche. Im Jahr 1665 hatte sie circa 50 Mitglieder. Das vielleicht wichtigste Merkmal der Kongregation waren die jährlich für die Mitglieder organisierten, achttägigen ignatianischen Exerzitien.

Fiume siehe St. Veit am Pflaum

Glatz (Kłodzko), Schlesien
Coll. Glacense (1597)

(12) Annunciatio Mariae

congr. maiorum, sod. BV Annunciatae Latina maior

1613, Neugründung: 1624 – 1. 11. 1613 (LCA Nr. 513) – 1615

T. lateinische, Studenten (der Poetik und der Rhetorik)

Pr. –

Lit. Lukács II 169; Fechtnerová 1993 I 133; Kroess I 786–787; Kroess II/2 731; Duhr II/1 355.

* Nach der Provinztrennung wurde in Glatz eine städtische Kongregation (1628) und eine Gesellenkongregation (1646) gegründet.

(13) Nativitas Mariae

congr. minorum, sod. BV Natae Latina minor

1616, Neugründung: 1648 – [keine Erwähnung] – 1616

T. lateinische, Studenten (der Grammatika und der Syntax)

Pr. –

Lit. Lukács II 183; Fechtnerová 1993 I 133; Kroess II/2 731; Duhr II/1 356.

* Der Provinzkatalog belegt die kleinere Studentenkongregation vor 1623 nur im Jahr 1616. Wahrscheinlich wurde sie nach der Auflösung im Jahr 1618 erst 1646 neu begründet.

Görz (Gorizia), Grafschaft Görz
Coll. Goritiense (1623)

(14) Purificatio Mariae
congr. studiosorum maiorum BVM Purificatae
1620 – 10. 10. 1622 (LCA Nr. 744)[124], 22. 5. 1634 (LCA Nr. 1158) – 1623
T. lateinische, Studenten, ab 1646 die Studenten der Moraltheologie, Rhetorik und Poetik
Pr. –
Lit. Lukács II 270; Duhr II/1 349; Duhr II/2 85; Ferlan 2007, 258–265.
* Zur Zeit der Gründung wurden 50 Schüler als Mitglieder aufgenommen. Im Jahr 1640 schied man die „kleinere" Schülerkongregation aus. Die Regeln der Sodalität sind erhalten (und publiziert).

(15) Nativitas Mariae
congr. BVM Natae minorum
1646 – 27. 1. 1646 (LCA Nr. 1359) – 1647
T. lateinische, Studenten der Grammatikklassen
Pr. –
Lit. Lukács II 518; Duhr II/1 349; Ferlan 2007, 261–265.

(16) Annunciatio Mariae
congr. Italica BVM Annunciatae, congr. civium
1623 – 25. 3. 1627 / 9. 6. 1627 (LCA Nr. 920)[125] – 1628
T. italienische Bürgerkongregation
Pr. P. Hieronymus Zunko (1623)1627–1631; P. Paulus Morettus 1660–1664; P. Laurentius Capuanus 1666–1670
Lit. Lukács II 315; LAW 1629 (ÖNB Cod. 13564) pag. 69; Morelli 1885, 269–270; Duhr II/1 349; Duhr II/2 85; Ferlan 2007, 259.
* Die Regeln der Kongregation wurden 1698 veröffentlicht.

(17) Assumptio Mariae
congr. nobilium (dominorum) BVM Assumptae
1623 – 7. 8. 1627 (LCA Nr. 926) / 14. 8. 1627 – 1628
T. italienische Herrenkongregation
Pr. P. Thomas Politius (1623)1627–1631; P. Ioannes Zanoni 1661–1664, 1667–1670
Lit. Lukács II 315; LAW 1629 (ÖNB Cod. 13564) pag. 69; Duhr II/1 349; Duhr II/2 85; Morelli 1885, 269f.; Ferlan 2007, 259.
* Zwischen 1659 und 1663 hatte sie dieselben Präsides wie die Katechismussodalität (S. Conversatio) und die Todesangst-Sodalität. Die Regeln der Kongregation wurden 1669 in Udine veröffentlicht.

(18) S. Conversatio (Iesus, Maria, Ioseph)
congr. Sanctae Conversationis
3. 12. 1643 – [1643: päpstliche Bestätigung] – 1656

---
[124] Eine Vermutung.
[125] Eine Vermutung.

T. Katechismussodalität, Männer und Frauen
Pr. P. Laurentius Capuanus 1666–1670
Lit. Lukács III 447; LAW 1643 (ÖNB Cod. 12040) pag. 58; LAW 1644 (ÖNB Cod. 12041)
    pag. 31; Duhr II/1 349; Ferlan 2007, 260.
* Sie hatte jährlich drei Festtage (mit Ablässen): Dreikönigstag (Epiphania Domini), Festtag
    des heiligen Joseph und Maria-Geburt. Im Jahr 1644 hatte sie schon 1.000 Mitglieder.
    Zwischen 1659 und 1663 wies sie den gleichen Präses wie die Herrenkongregation und die
    Todesangst-Sodalität auf. Zwischen 1665 und 1670 hatte sie denselben Vorsteher wie die
    Bürgerkongregation.

(19) Agonia Christi

congr. Agoniae Christi
1659/1684 – [keine Erwähnung] – 1659
T. Todesangst-Sodalität
Pr. –
Lit. Lukács III 559; Duhr III 656; Ferlan 2007, 261.
* Im Provinzkatalog erscheint die Kongregation 1656 mit eigenem Präses. Danach hatte
    sie zwischen 1659 und 1663 dieselben Präsides wie die Herrenkongregation und die
    Katechismussodalität (S. Conversatio). Zwischen 1664 und 1665 hatte sie dieselben
    Präsides wie die Herrenkongregation. Nach 1665 kommt die Sodalität im Provinzkatalog
    nicht mehr vor. In der Fachliteratur ist 1684 als Gründungsjahr ausgewiesen (keine
    Angaben über ihre Tätigkeit zwischen 1665 und 1684).

Graz, Herzogtum Steiermark
Coll. Graecense (1573)

(20) S. Spiritus

congr. S. Spiritus
1579 – [3. 6. 1582, bischöfliche Bestätigung], 1. 12. 1589 (LCA Nr. 60) – 1608
T. lateinische, Konviktoren
P. Antonius Reding 1612–1618; P. Vitalis Pellizeroli 1619–1630; P. Andreas Mikez 1646–1652
Lit. Lukács II 81; Socher I 238f.; Duhr I 367; Duhr II/1 336; Coreth 1965, 40; Höfer 2006,
    206.
* Auf Initiative von vier Konviktmitgliedern wurde die Kongregation gegründet, ihr Titel
    wurde vom Patronat der neu geweihten Kollegskapelle übernommen. Nach der Gründung
    der Universität wurde 1582 die Sodalität vom Bischof feierlich als Studentenkongregation
    anerkannt. Ihre jesuitischen Leiter waren die Regenten des Konviktes („regentes convictus").
    Als Charakteristika gelten folgende karitative Tätigkeiten: Versorgung der Kranken und
    Armen, Bekehrung und starke Bindung an das Leiden Christi.

(21) Annunciatio Mariae

congr. maiorum studiosorum sub titulo BMV Annunciatae
1595 – [keine Erwähnung] – 1598
T. lateinische, „akademische", Studenten (der Universität), Externisten
Pr. P. Guilihelmus Wrichtus 1597–1603, 1606
Lit. Lukács I 575; LAW 1619 (ÖNB Cod. 13562) fol. 70ᵛ; Duhr I 336; Duhr II/1 336; Duhr
    II/2 85; Duhr III 643; Oer 1902, 11f.; Coreth 1965, 43f., 48; Höfer 2006, 206.

* Es war Erzherzog Ferdinand (der spätere Kaiser Ferdinand II.), der die Gründung nach
   seinen Erfahrungen in Ingolstadt veranlasste. Er wurde auch der weltliche Präses 1595. Im
   Jahr 1600 hatte Erzherzog Maximilian dieses Amt inne. Im Jahr 1621 war Fürstbischof
   Jakob Eberlein von Rotterbach der Rektor. Die Rektoren waren (zumeist) Bischöfe. Neben
   den vornehmen externen Mitgliedern sind auch Priester Mitglieder, z. B. baten 1627 die
   Stifte von Neuberg (an der Mürz) und Sankt Paul um Aufnahme. Ihre jesuitischen Leiter
   wurden aus den Professoren der Universität ausgewählt. In den Provinzkatalogen sind von
   1603 an für mehrere Jahre eigene Beichtväter belegt. Von 1656 an half ein jesuitischer
   Theologiestudent dem Präses. Im Jahr 1620 hatte sie 210 Mitglieder, 1644 500 und 1692
   ebenfalls 500.

(22) Assumptio Mariae

congr. minoris (minimae, infimae), congr. BV Assumptae
1602 – 20. 6. 1633 (LCA Nr. 1116) – **1603**
T. lateinische, Schüler des Gymnasiums, ab 1621: Schüler (der Poetik und) der
   Grammatikklassen
Pr. P. Ioannes Feudenus 1603–1607
Lit. Lukács II 27; LAW 1619 (ÖNB Cod. 13562) fol. 70^v; Duhr II/1 336; Duhr II/2 85; Duhr
   III 643; Oer 1902, 11; Hofer 2006, 206.
* Im Jahr 1620 hatte sie 135 Mitglieder, 1649 200, 1665 223. Im Jahr 1660 war Erzherzog
   Leopold Wilhelm unter den Mitgliedern.

(23) Nativitas Mariae

congr. mediae sub titulo BV Natae
1621 – 15. 5. 1621 (LCA Nr. 708) – **1622**
T. lateinische, Studenten der Logik und Rhetorik (oder: Rhetorik und Poetik)
Pr. P. Ioannes Seymondt 1634, 1636–1639
Lit. Lukács II 247; LAW 1621 (ÖNB Cod. 13563) fol. 34^r; Duhr II/1 336; Duhr II/2 85; Duhr
   II 643; Oer 1902, 11; Höfer 2006, 206.
* Im Jahr 1649 hatte sie 210 Mitglieder und 1665 208.

(24) Purificatio Mariae

congr. civicae sub titulo BVM Purificatae, congr. civium uxoratorum, congr. Germanica
1618 – 15. 5. 1621 (LCA Nr. 709) – **1619**
T. deutsche Bürgerkongregation, Bürger und Herren
Pr. P. Ioannes Gans 1625–1631; P. Paulus Tafferner 1644–1647, 1651–1652; P. Ioachimus
   Mechtler 1666–1670
Lit. Lukács II 215; LAW 1618 (ÖNB Cod. 13562) pag. 8; LAW 1619 (ÖNB Cod. 13562) fol.
   70^v; Duhr II/1 336; Duhr II/2 85; Duhr III 643; Oer 1902, 11f.; Höfer 2006, 206.
* In den Provinzkatalogen ist die getrennte Herrenkongregation mit einem eigenen Präses nur
   zwischen 1622 und 1624 belegt. Im Jahr 1619 hatte sie 90, 1640 dann schon 500 und 1649
   600 Mitglieder, 1657 750 und 1669 800 Mitglieder. Die Verteilung von Xenien ist belegt.
   Der Ausbau des Kalvarienbergs (Stationen und Heiliges Grab) im Jahr 1653 ist mit dieser
   Kongregation verknüpft.

(25) Praesentatio Mariae

congr. BVM Praesentatae Germanica, congr. caelibum opificum (mechanicorum coelibum)

1643 – 14. 4. 1643 (LCA Nr. 1336) – 1644
T. „kleinere" städtische Kongregation, Gesellenkongregation
Pr. P. Christophorus Papat 1658–1664
Lit. Lukács III 94; LAW 1643 (ÖNB Cod. 12040) pag. 21; Duhr II/1 336; Duhr II/2 85.
*   Im Jahr 1649 hatte sie 180 Mitglieder.

(26) Agonia Christi
congr. Agoniae Christi
26. 8. 1650 – [1655: päpstliche Bestätigung] – 1652
T. Todesangst-Sodalität
Pr. P. Carolus Teübl 1658–1670
Lit. Lukács III 316; LAW 1655 (ÖNB Cod. 12052) pag. 46; Duhr II/1 336; Duhr III 655.
*   In der Fachliteratur ist sie als die am frühesten belegte Todesangst-Sodalität der
      österreichischen Ordensprovinz bekannt, obwohl ihr die Pressburger Todesangst-Sodalität
      (1647, siehe Nr. 75) vorausging. Am Anfang hatte sie circa 5.000 Mitglieder, ganze Klöster
      traten ein, im Jahr 1652 sind schon 7.000 Mitglieder belegt. Im Jahr 1653 veröffentlichte
      die Sodalität ein deutsches Gebetbuch in einer Auflage von 19.000 Exemplaren.

Gyöngyös, Königreich Ungarn, Türkische Herrschaft (Komitat Hewesch)
Res. Gyöngyösiensis (1635)

(27) Assumptio Mariae
congr. (studiosorum) BVM Assumptae
1644 – 16. 9. 1644 (LCA Nr. 1347) / 22. 10. 1644 – 1651
T. lateinische, Studenten und Externisten (ungarische Bürger, Herren)
Pr. –
Lit. Lukács III 302; Molnár 2005, 126f.
*   Die Kongregation der Studenten des 1634/35 gegrundeten Gymnasiums: Während der
      osmanischen Herrschaft waren jesuitische Kongregationen nur in Gyöngyös tätig und
      diese war die erste. Schon 1644 zählte sie aufgrund der zahlreichen externen Mitglieder 200
      Personen.

(28) Agonia Christi
congr. Agonizantium
14. 9. 1670 – [1670: bischöfliche und päpstliche Bestätigung] – 1671
T. Todesangst-Sodalität
Pr. –
Lit. Lukács IV 278; Molnár 2005, 127–129.
*   Die Gründung wurde von Superior des Ordenshauses János Ordódi veranlasst und vom
      Bischof von Erlau/Eger gebilligt. Die Präsides der Sodalität waren die Superioren der
      Residenz. Neben Zsófia Báthory und Ferenc Rákóczi I. trugen sich zirka 8.000 Mitglieder
      nach der Gründung ein. Die Mitglieder kamen aus einem Umkreis von 15 Meilen und vor
      allem aus den Märkten Gyöngyös und Jászberény.

Győr siehe Raab

Gyulafehérvár siehe Weissenburg

Homenau (Humenné, Homonna) siehe Ungwar

Jindřichův Hradec siehe Neuhaus

Judenburg, Herzogtum Steiermark
Coll. Judenburgense (1627)

(29) Purificatio Mariae
congr. BVM Purificatae studiorum
1635 – [keine Erwähnung] – **1636**
T. lateinische, Studenten
Lit. Lukács II 452; LAW 1635 (ÖNB Cod. 12218) pag. 31; LAW 1636 (ÖNB Cod. 12218)
    pag. 85; Duhr II/1 340; Schaffer 1989, 56f.
*   Die Sodalen waren die Schüler, die Hauptpatrone waren die Äbte von St. Lambrecht. Der
     Versammlungsort der Sodalität war die Schutzengelkapelle der Jesuitenkirche. Im Jahr 1665
     hatte sie 58 Mitglieder.

(30) Immaculata Conceptio
congr. BVM sine labe Conceptae, congr. civica (Germanica)
1632 – **1633** – **1633**
T. deutsche Bürgerkongregation
Pr. P. Abel Gattermayr 1633–1663(1664)
Lit. Lukács II 395; LAW 1633 (ÖNB Cod. 12218) pag. 114; Duhr II/1 340; Schaffer 1989, 55f.
*   Die Kongregation versammelte sich in der Martinskirche. Im Jahr 1665 hatte sie 150
     Mitglieder. Von 1644 an ist eine abgetrennte Herrenkongregation mit dem Namen
     „Sodalitas Corporis Christi" bekannt, deren Wohltäter die Familien Heinrichsperg, Saurau,
     Herberstein und andere wohlhabende Familien waren. Ihre eigenen jesuitischen Präsides
     sind nicht bekannt (nicht belegt in den Provinzkatalogen). Sie wurde vielleicht von den
     Jesuiten initiiert, aber nicht geleitet. Zur Herrenkongregation siehe Schaffer 1989, 57.

Kaschau (Košice, Kassa), Königreich Ungarn (Komitat Abaujwar)
Coll. Cassoviense (1657)

(31) Immaculata Conceptio
congr. studiosorum (maiorum), congr. BVM sine labe Conceptae
1653 – 16. 3. 1653 (LCA Nr. 1435) – **1653**
T. lateinische, Studenten, ab 1669: Studenten der Akademie (und der Rhetorik?)
Pr. –
Lit. Lukács III 371; LAW 1654 (ÖNB Cod. 12051) pag. 32; Knapp 1995, 794, 798–799.
*   Es gibt keine Mitgliederzahlen für das 17. Jahrhundert, im 18. Jahrhundert sind
     zwischen 44 und 236 Mitglieder aus den verschiedenen Jahren bekannt. Die Präsides der
     Kongregation sind zunächst die Lehrer der Rhetorik oder die Präfekten des Gymnasiums,
     nach 1669 Professoren der Akademie.

(32) Annunciatio Mariae
congr. studiosorum (minorum) BVM Annunciatae
1669 – [keine Erwähnung] – **1669**

T. lateinische, Studenten des Gymnasiums

Pr. –

Lit. Lukács IV 142.

* Ihre Präsides sind die Lehrer der Rhetorik oder die Präfekten des Gymnasiums. Die Kongregation ist bei Knapp 1995 nicht genannt.

(33) Agonia Christi

congr. Agoniae

31. 5. 1665 – [1665: bischöfliche und päpstliche Bestätigung] – 1666

T. Todesangst-Sodalität

Pr. –

Lit. Lukács IV 1; Knapp 1995, 794–799.

* Die Kongregation wurde vom Papst Alexander VII. bestätigt und ihre Wirksamkeit vom Bischof von Erlau/Eger Tamás Pálffy bewilligt. Die Mitglieder waren Bewohner von Kaschau und der Umgebung aus verschiedenen ethnischen und gesellschaftlichen Gruppen.

Klagenfurt, Herzogtum Kärnten
Coll. Clagenfurtense (1605)

(34) Annunciatio Mariae

congr. studiosorum (et procerum), congr. latina maior, congr. BVM Annunciatae

1609 – 23. 5. 1609 (LCA Nr. 396)[126] / 27. 7. 1609 – 1609

T. lateinische, Studenten (der Rhetorik und der Akademie), Externisten

Pr. P. Hermannus Volmari 1614–1618

Lit. Lukács II 96; Löber 1705, 14; Duhr II/1 341; Sussitz 2004, 34; Chronik Klagenfurt 2014, 49–50.

* Vor allem am Anfang waren (mangels einer städtischen Kongregation) vornehme Geistliche und Laien sowie Bürger unter den Mitgliedern. Ihre jesuitischen Präsides waren meist Professoren der Akademie.

(35) Immaculata Conceptio

congr. BMV minoris sine labe Conceptae

1644 – 1644 – 1645

T. lateinische, Schüler der Poetik, Syntax, Grammatik

Pr. –

Lit. Lukács III 130; LAW 1644 (ÖNB Cod. 12041) pag. 45; Löber 1705, 69; Duhr II/1 341; Chronik Klagenfurt 2014, 334–335.

* Die Separierung einer „congregatio mediae" mit eigenen Präsides ist nur zwischen 1656 und 1660 belegt (Lukács III 444, 480, 518, 557, 597).

(36) Assumptio Mariae

congr. civica, congr. Germanica BVM Assumptae

1623 – 15. 6. 1623 (LCA Nr. 768) – 1624

T. deutsche Bürgerkongregation

Pr. P. Henricus Söldner 1665–1670

---

[126] Eine Vermutung.

Lit. Lukács II 277; Löber 1705, 40; Duhr II/1 341; Chronik Klagenfurt 2014, 172.
* Am Anfang hatte die Kongregation 70 Bürger als Mitglieder. Die Wiederbelebung der städtischen Fronleichnams-Bruderschaft wurde 1644 von einem Jesuit initiiert, aber diese Bruderschaft stand nicht unter jesuitischer Leitung (Chronik Klagenfurt 2014, 331).

(37) Agonia Christi
congr. Agoniae Christi
13. 3. 1661 – [keine Erwähnung] – 1664
T. Todensangst-Sodalität
Lit. Lukács III 770; LAW 1661 (ÖNB Cod. 12058) pag. 48; Löber 1705, 89; Sussitz 2004, 34.
* Die Sodalität wurde am Festtag der Dominica secunda quadragesima (Dominica Reminiscere) gegründet. In der Stadt wurde 1757 auch eine Katechismussodalität (Christenlehrbruderschaft) gegründet.

Kláštor pod Zniovom siehe Turz

Klausenburg (Cluj-Napoca, Kolozsvár), Fürstentum Siebenbürgen (Komitat Klausenburg)
Coll. Claudiopolitanum (1580)

(38) Annuntiatio Mariae
congr. BVM
1582 – 27. 8. 1588 (LCA Nr. 30) – 1584 (Auflösung 1588)
T. lateinische, Studenten (und Externisten)
Pr. –
Lit. Lukács I 427; Molnár 1997, 81f.; Balázs 2006, 134–138.
* Präses 1584 Hieronymus Fanfonius aus Italien, dann 1587 Emmanuel Vega. Weil dieser übereifrig war, wurde die Marianische Kongregation nach der Vertreibung der Jesuiten aus Siebenbürgen nicht wiederhergestellt, obwohl die Jesuiten 1595 zurückgekehrt waren.

(39) Nativitas Reginae Angelorum
sod. Natae Reginae Angelorum, congr. studiosorum
1641 – [keine Erwähnung] – 1680
T. lateinische, Studenten (und Externisten)
Pr. –
Lit. Lukács IV 684; Varga 2007, 11f.
* Weil die siebenbürgischen Bischöfe dort nicht residieren konnten, fungierten katholische siebenbürgische Magnaten als ehrenamtliche Rektoren der Sodalität. Die Namensliste der Studenten des Gymnasiums wurde anhand des Albums der Sodalität für die ersten Jahrzehnte teilweise rekonstruiert. Die Sodalität wurde nach der Aufhebung des Jesuitenordens unter den Piaristen, die auch das Gymnasium übernahm, bis zu Jahr 1848 weitergeführt.

Kłodzko siehe Glatz

Komorn (Komárno, Komárom), Königreich Ungarn (Komitat Komorn)
Res. Comaromiensis (1636)

(40) Agonia Christi
congr. germanica, congr. Agoniae
1657 – [keine Erwähnung] – 1693
T. Todesangst-Sodalität
Pr. –
Lit. Lukács V 495; LAW 1657 (ÖNB Cod. 12054) pag. 62; LAW 1658 (ÖNB Cod. 12055) pag. 48; LAW 1664 (ÖNB Cod. 12061) pag. 102.
* Sie wurde unter dem Patronat der Hauptkapitäne von Komorn vor allem für die deutschen Soldaten gegründet. Sie war in der von der jesuitischen Residenz bedienten Pfarrkirche der Festung wirksam. Im Jahr 1664 ist Adolph Ehrenreich Graf von Puchheim als großer Wohltäter der Kongregation genannt.

Komotau (Chomutov), Königreich Böhmen
Coll. Commotoviense / Chomutoviense (1591)

(41) Assumptio Mariae
sod. Latina (maior) BV in coelos Assumptae
1602 – 10. 7. 1602 (LCA Nr. 225)[127] / 3. 11. 1602 – 1605
T. lateinische, Studenten, Konviktoren, vornehme Prälaten, adelige Herren
Pr. P. Ioannes Fridericus Speer 1606–1618
Lit. Lukács II 52; Fechtnerová 1993, I 93; Kroess I 741; Kroess II/2 731.
* Mangels einer städtischen Kongregation wurden auch vornehme Prälaten und Magnaten, die die Kongregation unterstützten, Mitglieder. Die städtische Kongregation wurde 1631 gegründet (Kroess II/2 802).

Krems, Österreich unter der Enns
Coll. Cremsense (1617)

(42) Nativitas Mariae
congr. studiosorum BV Natae
1631 – 6. 6. 1642 (LCA Nr. 1328) – 1632
T. lateinische, Schüler des Gymnasiums
Pr. P. Ludovicus Seymont 1641–1645
Lit. Lukács II 374; LAW 1631 (ÖNB Cod. 13564) pag. 95; Duhr II/1 324.

(43) Assumptio Mariae
congr. Germanica, congr. civica BVM Assumptae
15. 8. 1619 – 1. 3. 1619 (LCA Nr. 650.) – 1619
T. städtische, Bürger (und bis 1631 auch Schüler)
Pr. –
Lit. Lukács II 222; LAW 1619 (ÖNB Cod. 13562) fol. 82ᵛ; LAW 1631 (ÖNB Cod. 13564) pag. 95; Duhr II/1 324; Schönfellner 1985, 289.

---

[127] Eine Vermutung.

* Ihre Präsides sind die Prediger und Beichtväter. Zur Zeit der Gründung wurden mehr als 30 Bürger, Herren und zwei Barone Mitglieder. Im Jahr 1631 waren mehrere Bürger der Städte Krems und Stein und deren Magistrate Mitglieder. Im Jahr 1632 wurde wegen der hohen Zahl der Mitglieder eine getrennte bürgerliche und adelige Abteilung gegründet.

(44) Agonia Christi

congr. Agoniae Christi
1655 – [keine Erwähnung] – **1657**
T. Todesangst-Sodalität
Pr. –
Lit. Lukács III 480; LAW 1655 (ÖNB Cod. 12052) pag. 46.
* Zwischen 1659 und 1666 hatte sie denselben jesuitischen Präses wie die städtische Kongregation.

Laibach (Ljubljana), Herzogtum Krain
Coll. Labacense (1597)

(45) Assumptio Mariae

congr. BVM Assumptae studiosorum maiorum
1605 – 6. 8. 1606 (LCA Nr. 337) – **1606**
T. lateinische, Studenten (und Externisten)
Pr. P. Fridericus Hunnecken 1607–1611, P. Valentinus Cochius 1615–1620
Lit. Lukács II 64; Duhr II/1 347; Dolinar 2006, 220f.
* Am Anfang hatte die Kongregation neben den Studenten auch vornehme externe Mitglieder. Ihre Gründung wurde vom Laibacher Reformbischof Tomaž Hren unterstützt, der zum ersten Mitglied der Kongregation wurde. Im Jahr 1606 hatte sie 30 und 1649 108 Mitglieder. Das Mitgliederbuch der Kongregation (1605–1782) ist erhalten.

(46) Nativitas Reginae Angelorum

congr. BVM Natae (Reginae Angelorum) minoris
1640 – 3. 11. 1640 (LCA Nr. 1308) – **1641**
T. lateinische, Schüler der unteren Klassen
Pr. –
Lit. Lukács III 16; LAW 1641 (ÖNB Cod. 12038) pag. 73; Duhr II/1 347; Dolinar 2006, 221.
* Sie wurde 1641 mit 90 Mitgliedern gegründet, 1649 hatte sie schon 152 Mitglieder.

(47) Christus Salvator

sod. sub titulo Christi triumphantis, congr. Christi Salvatoris, congr. procerum
1620 – 2. 8. 1628 (LCA Nr. 924) – **1629**
T. Herrenkongregation (des Landes Krain)
Pr. –
Lit. Lukács II 324; LAW 1629 (ÖNB Cod. 13564) pag. 37; LAW 1630 (ÖNB Cod. 13564) fol. 58ʳ; Dolinar 2006, 221.
* Die Kongregation ist mit einem eigenen Präses nur im Provinzkatalog von 1642 belegt. Ihre spirituellen Leiter waren wahrscheinlich dieselben wie bei der städtischen Kongregation. Bruchstücke ihres Mitgliederbuches sind erhalten.

(48) Immaculata Conceptio

congr. Germanica (civica), congr. externorum, congr. dominorum et civium, congr. BVM sine
  labe Conceptae
1624 – 12. 8. 1624 (LCA Nr. 806) – **1625**
T. deutsche, städtische, Bürger (und Herren)
Pr. P. Matthias Klimka 1627–1631; P. Thomas Mayerle 1634–1636, 1642–1643;
  P. Christophorus Wilpenhofer 1640, 1645–1648
Lit. Lukács II 288; LAW 1629 (ÖNB Cod. 13564) pag. 34; LAW 1630 (ÖNB Cod. 13564)
  fol. 58ʳ; Duhr II/1 347; Dolinar 2006, 221.
*   Im Jahr 1629 hatte sie mehr als 100 Mitglieder. Das Mitgliederbuch der Kongregation
    (1624–1783) ist erhalten.

(49) Agonia Christi

congr. Agoniae Christi
1662 – [keine Erwähnung] – **1662**
T. slowenische Todesangst-Sodalität
P. Iacobus Skerl 1662–1670
Lit. Lukács III 692; LAW 1662 (ÖNB Cod. 12059) fol. 63ʳ.
*   Ihre Mitglieder waren wahrscheinlich „carnioli", der neue Kongregationstyp wurde nach
    der Gründung der deutschen städtischen und adeligen Kongregationen für die slawonische
    Nation ins Leben gerufen.

Leoben, Herzogtum Steiermark
Coll. et Domus Probationis Leobensis (1624)

(50) Immaculata Conceptio

congr. BVM sine labe Conceptae studiosorum
1627 – [1629] – **1637**
T. lateinische, Schüler des Gymnasiums
Pr. P. Iacobus de Dunker (Dedunker) 1640, 1644–1648
Lit. Lukács II 472; LAW 1630 (ÖNB Cod. 13564) fol. 73ʳ; Duhr II/1 338; Höfer 2006, 203.
*   Sie hatte 1649 62 Mitglieder. Ihr Mitgliederbuch ist erhalten, in dem die Namen von
    insgesamt 3.663 Mitgliedern eingetragen wurden.

(51) Annunciatio Mariae

congr. Germanica (civica)
15. 12. 1628 – 23. 7. 1629 – **1630**
T. deutsche Bürgerkongregation
Pr. P. Carolus Schiel 1643–1647
Lit. Lukács II 343; LAW 1629 (ÖNB Cod. 13564) pag. 82–83; LAW 1630 (ÖNB Cod. 13564)
  fol. 73ʳ; Duhr II/1 338.
*   Zur Zeit der Gründung hatte sie 39 Mitglieder. Im Jahr 1649 hatte sie 276 Mitglieder, aber
    nur 60 frequentierten die Veranstaltungen der Kongregation.

Linz, Österreich ob der Enns
Coll. Lincense (1612)

(52) Annuntiatio Mariae, Nativitas Mariae
congr. BVM Natae studiosorum
1622 – 27. 6. 1622 (LCA Nr. 735) – 1622
T. lateinische, Studenten (und Externisten)
Pr. P. Martinus Leonardi 1625–1633
Lit. Lukács II 255; Duhr II/1 330; Duhr II/2 82–83; Kolb 1908, 41f., 56f.; Rill 1954, 432;
     Commenda 1961, 127.
*   Zunächst hatte sie wahrscheinlich einen Mariä-Verkündigungs-Titel, den später die von
      dieser Kongregation ausscheidende Herrenkongregation weiterführte. Im Jahr 1649 waren
      112 der mehr als 300 Studenten Mitglieder.

(53) Annunciatio Mariae
congr. BVM Annunciatae externorum dominorum
1634 – 28. 7. 1636 – 1634
T. Herrenkongregation
Pr. P. Martinus Leonardi 1634–1640; P. Thomas Dueller 1655–1656, 1658–1669
Lit. Lukács II 411; LAW 1629 (ÖNB Cod. 13564) pag. 53; LAW 1634 (ÖNB Cod. 12218)
     pag. 98; Duhr II/1 330; Duhr II/2 82–83; Kolb 1908, 56; Rill 1954, 421, 432; Commenda
     1961, 127.
*   1649 hatte die Kongregation 70 Mitglieder. Spätestens ab 1678 gaben sie jährlich
      Xenienbücher heraus.

(54) Assumptio Mariae
congr. civica BVM Assumptae
1636 – 28. 6. 1636 (LCA Nr. 1223) / 15. 8. 1636 – 1637
T. Bürgerkongregation
Lit. Lukács II 465; LAW 1636 (ÖNB Cod. 12218) pag. 62f.; Duhr II/1 330; Duhr II/2 82f.;
     Kolb 1908, 55–56; Rill 1954, 433; Commenda 1961, 127.
*   Die Aggregationsbulle wurde 1636 am Titularfest in Anwesenheit von Mitgliedern der
      kaiserlichen Familie (Ferdinand II. und seine Frau, bzw. ihre Tochter, die Erzherzogin
      Cecilia Renata) verkündigt. Im Jahr 1649 hatte die Kongregation 267 Mitglieder.

(55) Agonia Christi
congr. Agoniae Christi
1652 – [keine Erwähnung] – 1653
T. Todesangst-Sodalität
Lit. Lukács III 354; LAW 1652 (ÖNB Cod. 12049) pag. 18; Duhr III 655; Kolb 1908, 67; Rill
     1954, 432; Commenda 1961, 127.
*   Die Tätigkeit der Sodalität folgte der Wiener Todesangst-Sodalität. Von Anfang an ist der
      Besuch der Kreuzwegstationen der Mitglieder bekannt. Später wurden auch die jesuitischen
      Leiter (als „curator Montis Calvariae") mit der Pflege des Kreuzweges beauftragt.

Ljubljana siehe Laibach

Millstatt, Herzogtum Kärnten
Res. Milstadiensis (Coll. Graecense) (1600)

(56) Assumptio Mariae
sod. Virginis Assumptae
1642 – 1643 – 1642
T. „städtische", gemeines Volk
Pr. P. Ioannes Baptista Merschek 1645–1649; P. Gulielmus Neühofer 1660–1663(1669)
Lit. Lukács III 35; LAW 1642 (ÖNB Cod. 12039) fol. 17ᵛ; LAW 1643 (ÖNB Cod. 12040) pag. 21; LAW 1644 (ÖNB Cod. 12041) pag. 27.
* Bzgl. ihrer Gründung steht Folgendes im Jahresbericht: „Sodalitas Deiparae adhuc in cunabulis ostendit, quo affectu adultior facta divum tunc cultura sit, cum hoc anno insigni processione eius festo et pergante numerosis luminaribus tenebras inter collucente excitato sibi nomen peperit, aliis vero suo exemplo calcar ad devotionem festivius promovendam adiecit."

Neuhaus (Jindřichův Hradec), Königreich Böhmen
Coll. Novodomense (1594)

(57) Annunciatio Mariae
congr. Latina BV Annunciatae (ab Angelo salutatae) scholasticorum
1602 – 2. 7. 1602 / 10. 7. 1602 (LCA Nr. 226) – 1603
T. lateinische, Studenten
Pr. P. Theodorus Busaeus 1603–1608
Lit. Lukács II 31; Fechtnerová 1993 I 113; Kroess II/2 731, 736.
* Nach ihrer Auflösung 1618 wurde die Studentenkongregation 1625 neugegründet. In der Stadt war auch eine selbständige deutsche (1625) und böhmische (1639) Stadt- und eine Bauernkongregation gegründet (1640, mit dem Titel S. Isidor/Maria in Aegyptum fugiens).

Olmütz (Olomouc), Markgrafschaft Mähren
Coll. S. Mariae Nivis Olomucense (1566)

(58) Assumptio Mariae
congregatio BMV Assumptae studiosorum maiorum, sodalitas Latina maior BV in coelos Assumptae
1575/1580 – 28. 1. 1581, 28. 2. 1591 (LCA Nr. 75 und 76) – 1583
T. lateinische, Studenten der Philosophie und der Theologie, daneben Externisten (Hochadelige, Domherren, Staatsbeamter, Ordensleute von mährischen Klöstern usw.)
Pr. P. Ioannes Grasserus (1594)1595–1596, 1599–1600; P. Christophorus Dombrinus 1602–1608; P. Bartholomaeus Posarelli 1614–1618
Lit. Lukács I 394; Fechtnerová 1993 II 321; Kroess I 548–550, 874; Kroess II/2 731, 733, 736, 742; Orlita 2010, 92f.
* Im Jahr 1575 im Konvikt mit dem Titel Mariä Heimsuchung gegründet; die Studentenkongregation vereinigte sich nach 1580 mit dieser „großen" Studentenkongregation.

(59) Annunciatio Mariae / Regina Angelorum
congr. Latina minor BV Annunciatae, cong. BMV Reginae Angelorum studiosorum minorum
1607 – 2. 9. 1611 (LCA Nr. 459) / 11. 11. 1611 – 1609
T. lateinische, Studenten der Poetik und der Rhetorik
Pr. –
Lit. Lukács II 92; Fechtnerová 1993 II 321; Kroess I 874f.; Kroess II/2 731; Orlita 2010, 94.
* Im Provinzkatalog wurde sie von 1609 als die kleinere Studentenkongregation mit
  dem Titel „Königin der Engel" angeführt, in der Fachliteratur steht der Titel „Mariä
  Verkündigung". Sie wurde wahrscheinlich nicht vor 1618 mit der Studentenkongregation
  im Konvikt (siehe Nr. 60) vereinigt, beide Kongregationen hatten 1617 einen
  eigenen Präses (Lukács II 190). Nach der Provinztrennung wurde eine kleinere
  Studentenkongregation für die Klassen der Grammatika gegründet (1635) (Orlita 2010,
  94f.; Kroess II/2 731).

(60) Visitatio Mariae / Regina Angelorum
congr. BMV Visitantis, congregatio Latina minor BV Visitantis alumnorum in convictu
  (Reginae Angelorum)
1608 – 4. 11. 1611 (LCA Nr. 466) / 11. 11. 1611 – 1617
T. lateinische, Konviktoren
Pr. –
Lit. Lukács II 190; Kroess I 874f.; Kroess II/2 731.
* Obwohl separat gegründet, wurde sie am gleichen Tag wie die Studentenkongregation des
  Gymnasiums bekräftigt. Wahrscheinlich wurde sie vor 1618 mit dieser Kongregation (siehe
  Nr. 59) nicht vereinigt, beide Kongregationen hatten 1617 einen Präses für sich (Lukács II
  190).

(61) S. Anna
congregatio S. Annae, coetus Aviae Christi S. Annae
1580 – [1580/1581: päpstliche Bestätigung], 19. 10. 1590 (LCA Nr. 70) – 1583
T. städtische, (deutsche) Bürger, Herren, adelige Damen
Pr. P. Petrus Ederus 1583, 1596–1602(1603); P. Christophorus Schlegelius 1610–1617
Lit. Lukács I 394; Socher I 269; Fechtnerová 1993 II 321; Kroess I 568–571; Kroess II/2 810;
  Orlita 2010, 90–92.
* Ihr Vorgänger im Mittelalter war die 1501 (nach deutschem Vorbild) organisierte Bruder-
  schaft der heiligen Anna, deren Mitglieder Bürger und Adelige waren und die in der Mariä-
  Himmelfahrt-Pfarrkirche einen eigenen Annenaltar unterhielten. Diese Kongregation erneu-
  erten die Jesuiten auf Initiative des Landeshauptmanns Johann Haugwitz und des Bischofs
  Stanislav Pawlowsky mit einer getrennten adeligen und einer bürgerlichen Abteilung. In der
  Stadt wurde nach 1623 auch eine getrennte deutsche Gesellenkongregation (1630), eine Bauernkongregation (1635, S. Isidor/Visitatio Mariae) und eine kurzlebige Lehrlingskongregation (1640) gegründet (Orlita 2010, 95–97; Kroess II/2 807–810).

Ödenburg (Sopron), Königreich Ungarn (Komitat Ödenburg)
Res. Soproniense (1636), Coll. Soproniense (1650)

(62) Annunciatio Mariae
congr. studiosorum BV Annunciatae

1640 – 22. 6. 1640 (LCA Nr. 1300) – 1643
T. lateinische, Studenten
Pr. –
Lit. Lukács III 72; LAW 1640 (ÖNB Cod. 12218) fol. 379ᵛ; Schwartz 1935, 78.
* Von ihrer Wirksamkeit (mangels eigener Quellen) weiß man nur aus der „historia domus": *Historia Collegii Soproniensis I. [1636–1694]*, ÖNB (Wien), Handschriftensammlung, Cod. 14002 (zu ihrer Gründung hier pag. 111).

(63) Corpus Christi

congr. Germanica, congr. Corporis Christi
1640 – 10. 7. 1640 (LCA Nr. 1320) – 1643
T. städtische, deutsche (und ungarische) Bewohner
Pr. P. Ambrosius Heigl 1639–1646; P. Ioannes Gross 1648–1650, 1652–1655
Lit. Lukács III 72; LAW 1641 (ÖNB Cod. 12219) fol. 81ʳ; Schwartz 1935, 89–92; Kádár 2017b.
* Für die Gründung des jesuitischen Collegiums wurde das Haus der mittelalterlichen Confraternitas Corporis Christi verwendet, deswegen wurden die Jesuiten vom Fundatoren des Ordenshauses, dem Raaber Bischof György Draskovich, dazu verpflichtet, die Kongregation weiterzuführen. Der Ödenburger Pfarrer Mihály Káldy erwarb 1625 die Güter der Kongregation von der evangelischen Stadtleitung zurück und begründete die Kongregation neu. Sie hatte 1640 30 Mitglieder, die lokale Katholiken (Handwerker, Weinhauer) waren. Ihre Patronen waren die einheimischen ungarischen Magnaten (1669 der Landrichter Graf Ferenc Nádasdy). Zur Wirkgeschichte der Kongregation: historia domus – *Historia Collegii Soproniensis I. [1636–1694]*, ÖNB (Wien), Handschriftensammlung, Cod. 14002, zur Gründung siehe hier pag. 34, 111. Zum Album, das Ende des 17. Jahrhunderts startet: *Album Congregationis SS. Corporis Christi Sopronii S. I. 1698.* Győri Egyházmegyei Könyvtár [Bibliothek der Raaber Diözese] (Győr), Ms. I. 51.

(64) Agonia Christi

congr. (Germanica / Hungarica) Agoniae Christi
1661 – [1661: päpstliche Bestätigung] – 1662
T. Todesangst-Sodalität
Pr. –
Lit. Lukács III 698; LAW 1661 (ÖNB Cod. 12058) pag. 48; Schwartz 1935, 92.
* Die Kongregation hatte bis 1666 eine abgetrennte ungarische und deutsche Abteilung, danach wurde sie von deutschen Predigern geleitet. Das Album stammt aus dem 18. Jahrhundert, das auch Daten für die frühere Periode beinhaltet: *Album oder Nahmen-Buch einer hoch-löblichen Bruderschafft der Bitteren Todt-Angst Iesu Christi an dem Creutz … aufgerichtet in der Kirchen deß H. Georgii Societatis Iesu zu Oedenburg.* Győri Egyházmegyei Könyvtár [Bibliothek der Raaber Diözese] (Győr), Ms. I. 50.

Passau, Heiliges Römisches Reich Deutscher Nation, Bistum Passau
Coll. Passaviense (1612)

(65) Assumptio Mariae

congr. BVM Assumptae studiosorum maiorum (et externorum dominorum)
1613 – 1615 – 1613

T. lateinische, Studenten der oberen Klassen, Externisten (vornehme Herren)
Pr. –
Lit. Lukács II 146; LAW 1615 (ÖNB Cod. 13561) pag. 115; Duhr II/1 326f.

(66) Nativitas Mariae
congr. minorum studiosorum BVM Natae
1625 – [keine Erwähnung] – 1625
T. lateinische, Schüler der unteren Klassen
Pr. –
Lit. Lukács II 290; Duhr II/1 326f.
* Die Sodalität trennte sich von der „größeren" Studentenkongregation (Nr. 65), aber zwischen 1662 und 1671 sind eigene Präsides nicht belegt.

(67) Annunciatio Mariae
congr. civica (Germanica) BVM Annunciatae
1624 – 30. 8. 1624 (LCA Nr. 807)[128] – 1625
T. städtische, Bürger
Pr. –
Lit. Lukács II 290; LAW 1629 (ÖNB Cod. 13564) pag. 54; Duhr II/1 327; Kastner 1987, 263–265 (Nr. 11–12).
* Im Jahr 1625 hatte sie mehr als 150 Mitglieder. Zwei Mitgliederbücher der Kongregation (1624–1665, 1650–1852) sind mit den Listen der Mitglieder, Präsides und Wohltäter erhalten. Eine Todesangst-Sodalität wurde in der Stadt erst 1684 gegründet, deren Album ist auch aufbewahrt (Kastner 1987, 265, Nr. 13).

Prag, Altstadt (Praha), Königreich Böhmen
Coll. Clementinum Pragense (1556)

(68) Annunciatio Mariae
confraternitas sub invocatione BVM canonicae instituta
8. 12. 1574 – [keine Erwähnung] – [keine Erwähnung] (bis 1581 als selbständige Sodalität)
T. lateinische, Konviktoren des St.-Bartholomäus-Konviktes
Pr. –
Lit. Kroess I 544–546; Kroess II/2 731; Coreth 1965, 19.
* Die Sodalität hatte ihre erste Versammlung am 8. Dezember 1574, die ersten Mitglieder wurden am 16. Januar 1575 aufgenommen, zu dieser Zeit nahmen die Präsides zehn Konviktmitglieder auf. Am 15. Oktober 1575 bekam die Sodalität von Papst Gregorius XIII. Bewilligung und Ablässe. Die Kongregation wuchs nicht nach den Erwartungen der Jesuiten, 1580 hatte sie nur 16 Mitglieder, deswegen wurde sie 1581 in die größere Studentenkongregation (Nr. 69) integriert.

(69) Annunciatio Mariae
congr. BMV Annuntiatae (ab Angelo salutatae) studiosorum maiorum, congr. Latina maior BV Annunciatae alumnorum convictus S. Bartholomaei

---
[128] Eine frühere Verbindung von vielleicht derselbe Kongregation ist auch bekannt: 1. 9. 1622 (LCA Nr. 741).

15. 10. 1578 – 7. 12. 1589 (LCA Nr. 61) – 1583
T. lateinische, Studenten der Philosophie, Theologie, Rhetorik, Konviktoren, Seminaristen, vornehme Herren, Prälaten
Pr. P. Ioannes Vivarius 1583(–1587), 1592–1600; P. Iacobus Colens (1603–1608)
Lit. Lukács I 390; Fechtnerová 1993 I 37; Kroess I 546f.; Kroess II/2 732f., 735.
*   Die Sodalität im Konvikt (siehe Nr. 68) wurde 1581 in diese Studentenkongregation (als eine eigenständige Abteilung) integriert. Von 1593 an fungieren ihre vornehmen geistlichen und weltlichen Mitglieder als gewählte Rektoren. Mangels einer städtischen Kongregation waren auch die Fürsterzbischöfe, die Oberstlandesbeamten und viele Magnaten der Stadt unter ihren Mitgliedern. 1648 wurde sie in drei Abteilungen geteilt: 1. Abteilung: Theologen, Juristen, Mediziner; 2. Abteilung: Philosophen; 3. Abteilung: Konviktmitglieder des Bartholomäus-Konviktes. Zu dieser Zeit hatte die Sodalität insgesamt 300 Mitglieder, 1650 stieg die Mitgliederzahl auf über 700.

(70) Nativitas Mariae
congr. BMV Nascentis studiosorum minorum, sodalitas BV Natae Latina minor
18. 11. 1611 – 8. 10. 1611 (LCA Nr. 465)[129] – 1612
T. lateinische, Studenten der Klassen Grammatik, Syntax und Poetik
Pr. –
Lit. Lukács II 127; Fechtnerová 1993 I 37; Kroess II/2 732.

(71) Assumptio Mariae
cong. BMV Assumptae, congr. Italica
1575 – 5. 6. 1600 (LCA Nr. 194) / 5. 7. 1600 – 1596
T. städtische, italienische Herren und Bürger
Pr. P. Marcus Antonius Soldanus 1596–1613
Lit. Lukács I 554; Fechtnerová 1993 I 37; Kroess I 564–567.
*   Diese Kongregation, obwohl sie theoretisch für alle geöffnet war, blieb eine Kongregation der Italiener, sie sammelte die sich in der Stadt und bei Hof aufhaltenden vornehmen Italiener. Bis 1600 wurde eine neue Kongregationskapelle gebaut. Ab 1602 errichtete und pflegte diese Kongregation das italienische Spital Carlo Borromaeo. Nach der Trennung der Provinzen wurden im Rahmen des Prager Klemenskollegs selbstständige deutsche (1624) und böhmische (1636) städtische Kongregationen und eine Bauernkongregation (1665, S. Isidor/Maria ad Praesepe) gegründet.

Pressburg (Bratislava, Pozsony), Königreich Ungarn (Komitat Pressburg)
Coll. Posoniense (1628)

(72) Annunciatio Mariae
congr. studiosorum BV Annunciatae
11. 1632 – 4. 2. 1637 (LCA Nr. 1239) – 1634
T. lateinische, Studenten der Grammatik, der Syntax, der Poetik und der Rhetorik
Pr. –
Lit. Lukács II 409; LAR 1633 (ARSI Austr. 136) pag. 170; Schönvitzky 1896, 89; Kádár 2016.
*   Zwischen 1637 und 1670 wurde jährlich die Aufnahme von 14 bis 185 neuer Mitglieder

---

[129] Eine Vermutung.

registriert. Das Album der Kongregation aus dem 17. Jahrhundert: *Album Sodalium Marianorum Congregationis Annunciatae Beatae Virginis Mariae in Collegio Societatis Iesu Posoniensi A. 1637–1745.* Országos Széchényi Könyvtár [Ungarische Nationalbibliothek] (Budapest), Handschriftensammlung, Fol. Lat. 3392.

(73) Assumptio Mariae

congr. BVM Assumptae Germanica, congr. civica
1629 – 15. 5. 1630 (LCA Nr. 1015.) – 1631
T. städtische, deutsche und ungarische Bürger und Herren
Pr. P. Fridericus Percovits 1668–1673
Lit. Lukács II 354; LAR 1630 (ARSI Austr. 135) pag. 680; LAW 1648 (ÖNB Cod. 12220) fol. 128ᵛ; Schönvitzky 1896, 90f.
*   Von dieser städtischen (deutschen) Kongregation trennte sich die ungarische Herrenkongregation nur vorübergehend (siehe Nr. 74).

(74) Patrona Hungariae (Assumptio Mariae)

congregatio nobilium Ungarorum, congr. dominorum, congr. divae Virginis, Sancti Stephani regis patriae Patroni
1631 – 4. 12. 1630 (LCA Nr. 1042.)[130] – 1637
T. ungarische Herrenkongregation
Pr. –
Lit. Lukács II 469; LAR 1631 (ARSI Austr. 136) pag. 42; LAW 1637 (ÖNB Cod. 12218) fol. 244ʳ; LAW 1640 (ÖNB Cod. 12218) fol. 448ʳ; LAW 1642 (ÖNB Cod. 12219) fol. 135ᵛ.
*   Sie trennte sich von der deutschen Kongregation (Nr. 73) wahrscheinlich nur zwischen 1631 und 1645, eigene Präsides (ungarische Prediger) sind aus den Jahren 1637 und 1643/1645 bekannt.

(75) Agonia Christi

congr. BVM sub titulo Agonizantium
1647 – [27. 7. 1647] – 1649
T. Todesangst-Sodalität
Pr. –
Lit. Lukács III 239; Schönvitzky 1896, 92f.
*   Ihre Gründung war vom Graner Bischof György Lippay initiiert und von Papst Innozenz X. am 13. April 1647 bewilligt worden. Auf Bitte des Erzbischofs gewährleistete der General Vincenzo Carafa die jesuitische Seelsorge. Die Gründung der Kongregation ging formell der Institutionalisierung des Kongregationstyps Todesangst-Sodalität und der Gründung der bisher als die erste Todesangst-Sodalität bekannten Grazer Kongregation (1650) voran. Ihre jesuitischen Präsides waren zunächst ungarische oder slawische Prediger. 1651/1653 trennten sich die ungarisch-deutschen und die slowakischen Abteilungen und 1666/1671 auch die ungarische und die deutsche. Im Jahr 1671 hatte sie schon drei selbständige Abteilungen. Die Kongregation stellte schon 1647 einen eigenen Schmerzensjungfrau-Altar in der Sankt-Martin-Pfarrkirche auf. Über die Gründung der Kongregation siehe: Magyar Nemzeti Levéltár Országos Levéltára [Ungarisches Nationalarchiv Zentralarchiv], E 152, Coll. Posoniense, Reg., fasc. 13. nr. 4. fol. 86.

---

[130] Eine Vermutung.

Raab (Győr), Königreich Ungarn (Komitat Raab)
Coll. Iaurinense (1629)

(76) Annunciatio Mariae (Patrona Hungariae)
congr. BVM Annuntiatae studiosorum
25. 3. 1631 – 20. 6. 1633 (LCA Nr. 1113) / 7. 8. 1633 – 1635
T. lateinische, Studenten
Pr. –
Lit. Lukács II 433; LAR 1631 (ARSI Austr. 136) pag. 42; Acsay 1901, 151–166.
*   Zur Zeit der Gründung wurden 67 der 440 Studenten Mitglieder. Nur für 1639 ist das Ausscheiden der „minderen", jüngeren Studenten in eine eigene Kongregation bekannt. Das Album der Kongregation aus dem 17. Jahrhundert: *Liber Sodalitatis Beatissimae Hungariae Patronae sub titulo Annuntiationis anno 1631 Iaurini ... in Gymnasio Societatis Iesu erectae.* [1631–1756]. Pannonhalmi Főapátsági Könyvtár [Bibliothek der Erzabtei von Pannonhalma] (Pannonhalma), Handschriftensammlung, 120b. A. 17.

(77) Patrona Hungariae (Assumptio Mariae)
congr. (Hungarica) BVM Patronae Hungariae in coelos assumptae
24. 2. 1634 – 1634 – 1636
T. ungarische, städtische Herrenkongregation, ungarische Bürger und Adel
Pr. P. Paulus Bekets 1652, (1654) 1655–1657; P. Franciscus Galgoczy 1663–1667
Lit. Lukács II 452; LAR 1634 (ARSI Austr. 136) pag. 344; Acsay 1901, 151; Szelestei 2013; Kádár 2017a.
*   Die eine Hälfte der zwölf Gründungsmitglieder waren militärische Leiter, der andere Teil städtische Patrizier und Bürger. 1638 hatte sie 52 Mitglieder und 1640 124. Die Historie der Kongregation aus dem 17. Jahrhundert: *Historia et Acta Sodalitatis Dominorum Ungarorum sub Titulo B. V. Mariae Patronae Ungariae Erectae in Collegio Patrum Societatis Iesu Iaurini. Anno MDCXXXIV.* Magyar Tudományos Akadémia Könyvtár és Információs Központ [Bibliothek und Informationszentrum der Ungarischen Akademie der Wissenschaften] (Budapest), Handschriftensammlung, Egyház és bölcselet, 2rét 17. sz.

(78) Maria de Victoria (Immaculata Conceptio)
congregatio BVM de Victoria
1634 – 22. 5. 1634 (LCA Nr. 1155)[131] – 1636
T. städtische, deutsche Soldaten, Bürger, Herren
Pr. P. Carolus Teübl 1649, (1650)1651–1652(1653), 1655, 1657
Lit. Lukács II 452; LAR 1634 (ARSI Austr. 136) pag. 344; LAW 1643 (ÖNB Cod. 12219) fol. 186ᵛ; Acsay 1901, 151; Szelestei 2013, 204f.; Székely 2017.
*   Sie wurde speziell für die deutschen Soldaten der Festung von Raab gegründet. 1643 hatte sie 200 Mitglieder. Ihr Album aus dem 17. Jahrhundert wurde erst unlängst bekannt: *[Das Album der Sodalität von Maria de Victoria]*, Hansági Múzeum [Museum der Waasen] (Mosonmagyaróvár), Helytörténeti Gyűjtemény [Ortsgeschichtliche Sammlung] Sign. 91.65.1.

(79) Agonia Christi
congr. Hungarica Agoniae Christi

---

[131] Eine Vermutung, der Ortsname („Javiae") wurde korrigiert (wahrscheinlich: Jaurini).

22. 2. 1654 – [keine Erwähnung] – 1654
T. ungarische Todesangst-Sodalität
Pr. P. Ignatius Kaldy 1663–1667
Lit. Lukács III 382; LAW 1654 (ÖNB Cod. 12051) pag. 30; Acsay 1901, 151.
*   Die Agonia-Kongregation wurde mit der Stütze und Spende des Raaber Hauptkapitäns
    Philipp Graf von Mansfeld gegründet. Zur Zeit der Gründung hatte sie (wahrscheinlich
    mit der anderen Agonia-Kongregation) 700 Mitglieder. Die Präsides der ungarischen
    Todesangst-Sodalität sprachen sich oft mit den Leitern der ungarischen städtischen
    Kongregation (Nr. 77) ab.

(80) Agonia Christi
congr. Germanica Agoniae Christi
22. 2. 1654 – 1661 – 1654
T. deutsche Todesangst-Sodalität
Pr. –
Lit. Lukács III 382; LAW 1654 (ÖNB Cod. 12051) pag. 30; Acsay 1901, 151.
*   Zu ihrer Gründung siehe Nr. 79. Der Präses der deutschen Todesangst-Sodalität sprach sich
    oft mit den Leitern der deutschen städtischen Kongregation (Nr. 78) ab.

Rijeka siehe St. Veit am Pflaum

Šaľa siehe Schelle

Sárospatak, Königreich Ungarn (Komitat Semplin)
Res. Patakinensis (1666)

(81) Agonia Christi
congr. Agoniae
1666 – [keine Erwähnung] – 1669
T. Todesangst-Sodalität
Pr. –
Lit. Lukács IV 180; LAW 1666 (ÖNB Cod. 12063) pag. 49; Gyulai 2009; Gyulai 2017.
*   Ihre Präsides waren ungarische Prediger und Katecheten. In der größtenteils
    protestantischen Marktstadt wurde die Todesangst-Sodalität als Alternative zu einer
    städtischen Marien-Kongregation gegründet. Ihre Hauptpatrone waren Zsófia Báthory, die
    auch die Jesuiten in die Stadt gerufen hatte, und ihr Sohn Ferenc Rákóczy I. Die kleine
    Sodalität sammelte die einheimischen Katholiken (Bürger, Soldaten usw.) und nahm auch
    Konvertiten an.

Schelle (Šaľa, Vágsellye), Königreich Ungarn (Komitat Neutra)
Coll. Selliense (1591)

(82) Assumptio Mariae
congr. Deiparae Virginis Assumptae
1602 – 27. 8. 1604 (LCA Nr. 299) / 29. 8. 1604 – 1605 (aufgelöst 1605)
T. lateinische, Studenten und Externisten: Herren und Geistliche
Pr. –

Lit. Lukács II 51; Balázs 2006, 139f.; Jezsuita okmánytár I/1, 313–324 (Nr. 247–257).
* Die Kongregation wurde vom Bischof von Neutra, Ferenc Forgách, für Studenten, Geistliche (Bischöfe, Kanoniker, Priester) und einheimische Gutsherren gegründet. Die Jesuiten wurden 1605 vom siebenbürgischen Fürst István Bocskai vertrieben, deswegen wurde die Kongregation aufgelöst.

Schemnitz (Banská Štiavnica, Selmecbánya), Königreich Ungarn (Komitat Hont)
Res. (Missio) Schemniciensis (1653)

(83) Agonia Christi
congr. Agoniae
1. 11. 1657 – [keine Erwähnung] – 1669
T. Todesangst-Sodalität
Pr. P. Raymundus Deker 1669–1673
Lit. Lukács IV 184; LAW 1657 (ÖNB Cod. 12054) pag. 67f.
* Zur Zeit der Gründung der Sodalität wurde ihr neues Album für 60 fl. hergestellt und sie bekam auch zwei Kruzifixe und mehrere Leuchter. Von 1669 an sind ihre Präsides immer die Vicesuperiore der Mission.

Sopron siehe Ödenburg

Spišská Kapitula siehe Zipser Kapitel

St. Bernhard-Frauenhofen, Österreich unter der Enns
Res. S. Bernardi (Coll. Viennense) (1600)

(84) Assumptio Mariae
congr. BVM
1640 – 21. 4. 1640 (LCA Nr. 1296) – 1649
T. städtische, Erwachsene
Pr. P. Andreas Gutterolf 1654–1659
Lit. Lukács III 249.
* Von 1659 an hatte sie die gleichen Leiter wie die Todesangst-Sodalität (Nr. 85).

(85) Agonia Christi
sod. Agoniae Christi
1655 – [keine Erwähnung] – 1659
T. Todesangst-Sodalität
Pr. –
Lit. Lukács III 587; LAW 1655 (ÖNB Cod. 12052) pag. 46; LAW 1656 (ÖNB Cod. 12053) pag. 16.
* Nach ihrer Gründung 1656 hatte sie mehr als 500 Mitglieder.

St. Veit am Pflaum (Rijeka, Fiume), Markgrafschaft Istrien
Coll. Fluminense (1632)

(86) Visitatio Mariae
congr. BVM Visitantis, congr. studiosorum
1629 – 5. 6. 1630 (LCA Nr. 1019) – 1633
T. lateinische, Studenten
Pr. –
Lit. Lukács II 396; LAW 1629 (ÖNB Cod. 13564) pag. 77; LAW 1630 (ÖNB Cod. 13564)
    fol. 72ᵛ; Duhr II/1 353; Vanino 1988, 168–176.
* Sie wurde in der Rochus-Kirche mit 30 Mitgliedern gegründet. 1649 hatte sie 62, 1665
    65 Mitglieder. Die „größere" Studentenkongregation der Studenten der Philosophie
    und Theologie mit dem Titel Mariä Lichtmess schied aus dieser Kongregation aus. Die
    Kongregation organisierte regelmäßige Wallfahrten zum Maria-Schrein von Tersatto nächst
    der Stadt (heute Trsat, Teil von Rijeka).

(87) Maria Dolorosa
congr. BVM Dolorosae, congr. civica (Italica)
4. 5. 1631 – 8. 8. 1631 (LCA Nr. 1067) / 21. 11. 1631 – 1633
T. italienische Bürgerkongregation
Pr. P. Nicolaus Persig 1661–1667
Lit. Lukács II 359; LAW 1632 (Cod. 13564) fol. 152ʳ⁻ᵛ; Duhr II/1 353; Vanino 1988, 239–
    245; Tulić 2011, 65.
* Ihre Gründung wurde vom Visitator der österreichischen Provinz Florenzo Montmorency
    initiiert und vom Superior des Ordenshauses gefördert. Ihr erster jesuitischer Präses war Le-
    onhard Bagni, der das Handbuch der Sodalität („manuale Sodalitatis") 1643 veröffentlichen
    ließ: Dieses war die Neuveröffentlichung des Handbuchs der Wiener italienischen Herren-
    kongregation (Nr. 118). Die Mitglieder der Kongregation waren einheimische italienische
    Herren, Mitglieder der Mittelklasse, lokale Intellektuelle und Handwerker. Sie versammelten
    sich zunächst in der Dreikönigskirche, danach in der Rochus-Kirche des jesuitischen Kol-
    legs, und von 1683 an in der Maria-Dolorosa-Kapelle der S. Vitus-Kirche. Ihr Titularfest
    war die Praesentatio Mariae (21. Nov.) und von 1644 an Maria-Namenstag (15. Sept.). Im
    Jahr 1649 hatte sie 82 und 1660 circa 180 Mitglieder.

(88) Agonia Christi
congr. S. Crucis seu Agoniae Christi, congr. Crucifixi Agoniae
1653 – [1656: päpstliche Bestätigung] – 1653
T. kroatische Todesangst-Sodalität
Pr. P. Ioannes Baptista Ivich 1659–1664
Lit. Lukács III 345; Vanino 1988, 225–238; Tulić 2011, 8, 64–66.
* Ihr erster jesuitischer Präses ist für das Jahr 1653 bekannt (P. Casparus Merniavchich),
    laut Nikola Hermon war die Sodalität von 1656 an tätig, welches wahrscheinlich das
    Jahr der päpstlichen Bestätigung ist. Ihre jesuitischen Leiter waren die kroatischen
    Prediger, Katecheten und Beichtväter (concionatores, catechistae, confessarii illyrici). Die
    Kongregation versammelte sich zunächst in der Rochus-Kirche des jesuitischen Kollegs,
    und von 1659 in der neuen jesuitischen S. Vitus-Kirche. Die Kongregation war mit dem
    ursprünglich mittelalterlichen Heiligen-Kreuz-Altar dieser Kirche eng verbunden (siehe

Tulić 2011, 8). Die Kongregation hatte 1665 ca. 1.000 Mitglieder. Im Jahr 1693 erschien ein von ihrem Präses P. Nikola Hermon signiertes Handbuch mit dem Titel „Brašno duhovno" („Geistesnahrung") (Titelblatt bei Tulić 2011, 64). Im Jahr 1675 ließ die Kongregation einen Kreuzweg mit einer Heiligen-Grab-Kapelle am Goljak-Berg neben der Stadt bauen. Das seit 1656 geführte Mitgliedbuch der Kongregation ist erhalten.

Steyr, Österreich ob der Enns
Coll. Styrense (1634)

(89) Assumptio Mariae
congr. BVM Assumptae studiosorum
21. 11. 1635 – 15. 7. 1636 (LCA Nr. 1224) – 1636
T. lateinische, Studenten
Pr. P. Ioannes Baptista Kölnig 1659–1661, 1664–1666
Lit. Lukács II 453; LAW 1635 (ÖNB Cod. 12218) pag. 48; LAW 1636 (ÖNB Cod. 12218) pag. 95; Duhr II/1 333; Kolb 1908, 56; Fröhler 1981, 6 (Nr. 24), 8 (Nr. 29i), 11 (Nr. 37h), 17–18 (Nr. 58), 25 (Nr. 77), 26 (Nr. 80f.), 36 (Nr. 102n–o) usw.
* Im Jahr 1649 hatte sie 52 Mitglieder. Die Mitglieder hielten Bußprozessionen in der Heiligen Woche ab. Die priesterlichen oder mönchischen Anrufungen waren in der Sodalität häufig.

(90) Immaculata Conceptio
congr. BVM Immaculatae Conceptae, congr. Germanica
8. 12. 1647 – 19. 4. 1647 – 1648
T. deutsche Bürgerkongregation
Pr. P. Georgius Agricola 1658–1670
Lit. Lukács III 212, 139; LAW 1647 (ÖNB Cod. 12044) pag. 115; Duhr II/1 333; Kolb 1908, 56; Fröhler 1981, 40 (Nr. 116), 41 (Nr. 120), 44 (Nr. 121q–u), 56 (Nr. 139t), 61 (Nr. 150), 65 (Nr. 152o), 67 (Nr. 159) usw.
* Sie wurde 1647 mit ca. 50 Mitgliedern gegründet, die Sodalen waren Bürger und Eliten der Stadt. Im Jahr 1649 hatte sie 60 Mitglieder. In diesem Jahr wurde auch der Landeshauptmann Graf Ludwig von Kuefstein aufgenommen. Im Jahr 1650 hatte sie mehr als 200 Mitglieder.

(91) Agonia Christi
congr. Agoniae Christi
27. 1. 1658 – 1658 – 1661
T. Todesangst-Sodalität
Pr. –
Lit. Lukács III 656; LAW 1658 (ÖNB Cod. 12055) pag. 17; Fröhler 1981, 86 (Nr. 190), 96 (Nr. 210, 211).
* Am Festtag ihrer Gründung wurden Szenen für das Volk vorgeführt. Auch die Feste der Sodalität in der Heiligen Woche und ihre Andachten im Kreuzwegberg waren beliebt.

Szepeshely siehe Zipser Kapitel

Traunkirchen, Österreich ob der Enns
Res. Traunkirchana (Coll. Passaviense) (1623)

(92) Assumptio Mariae
congr. Germanica BVM
vor 1637 – 30. 6. 1639 (LCA Nr. 1281) – 1637
T. „städtische", Männer (und Frauen)
P. Mathias Wolffgangi 1647–1651
Lit. Lukács II 466; LAW 1637 (ÖNB Cod. 12218) pag. 93; LAW 1638 (ÖNB Cod. 12218)
    pag. 74.
* Über die Kongregation steht im Jahresbericht von 1638: „Coetus is, qui aliquot abhinc
    annis tam virorum quam mulierorum coaluit, sub titulo Assumptae Virginis specimen
    quotannis saepius sui in Deiparam affectus edidit."

Trentschin (Trenčín, Trencsén), Königreich Ungarn (Komitat Trentschin)
Coll. Trinchiniense (1651)

(93) Immaculata Conceptio
congr. BV Immaculatae
1655 – 30. 4. 1656 (LCA Nr. 1470) – 1657
T. lateinische, Studenten und Externisten
Pr. –
Lit. Lukács III 496; LAW 1657 (ÖNB Cod. 12054) pag. 62; Krasznyánszky 1906; Vlahovics
    1895, 126f.
* In Trencsén war von 1647 an eine Residenz, von 1649 an ein Gymnasium. Neben dem
    Ordenshaus, das 1651 den Rang eines Kollegs erhielt, gab es ab 1655 auch ein jesuitisches
    Noviziat. Die ehrenamtlichen Rektoren der Kongregation waren die Mitglieder der
    Grafenfamilie Illésházy (ewiger Obergespan der Komitate Trentschin und Liptau). Mangels
    einer städtischen Kongregation waren auch die Bürger, die einheimischen Soldaten und die
    Einwohner der umgebenden Dörfer Mitglieder. Zur Zeit ihrer Neugründung nach dem
    Krieg im Jahr 1681 hatte sie 80 Mitglieder.

Triest (Trieste), Markgrafschaft Istrien
Coll. Tergestinum (1624)

(94) Annunciatio Mariae
congr. BVM Annunciatae studiosorum
1623 – 5. 10. 1623 (LCA Nr. 782) – 1627
T. lateinische, Studenten
Pr. –
Lit. Lukács II 303; LAW 1633 (ÖNB Cod. 12218) pag. 123; Duhr II/1 351; Cunja Rossi 2005,
    125.
* Weil das Gymnasium wenige Studenten hatte, weist auch diese Kongregation wenige
    Mitglieder auf, im Jahr 1649 nur 40.

(95) Immaculata Conceptio
congr. BVM Immaculatae Conceptae, congr. Italica, congr. nobilium et civium

4. 1. 1632 – 10. 5. 1632 – 1633

T. italienische, städtische, Herren, Bürger, gemeines Volk

Pr. P. Iacobus de Putis (Deputis) 1645–1646, 1649–1651, 1653–1656, 1668–1670; P. Ioannes
  Baptista Antonelli 1660–1667

Lit. Lukács II 395; Duhr II/1 351; Cunja Rossi 2005, 131–145.

* Ihre 15 Gründermitglieder waren vornehme Herren der Stadt, ihr erster Präfekt war der
  Statthalter („vicario") der Stadt, Antonio Marenzi. Im Jahr 1634 wurde das Handbuch der
  Kongregation („manuale") auf seine Kosten in mehr als 180 Exemplaren in Laibach gedruckt. Weil es wenige Adelige in der Stadt gab, wurden auch Handwerker und unterbür-
  gerliche Schichten aufgenommen. Am Ende des ersten Jahres hatte die Kongregation 68
  Mitglieder. Aus dieser Kongregation differenzierten sich (atypisch!) keine neuen Kongrega-
  tionen aus, sondern ihre innere Organisation wurde ausdifferenziert. Im Jahr 1637 wurde
  die Sodalität in sieben „Decuriones" eingeteilt, die nach den sieben Schmerzen Mariens benannt wurden. Im Jahr 1647 wurden drei Abteilungen organisiert: 1. Abteilung: Herren und
  Bürger; 2. Abteilung: Seemänner, Fischer, Salzarbeiter (salinari) und Künstler; 3. Abteilung:
  Bauern. Die Kongregation spiegelte die gesellschaftliche Struktur der Stadt deutlich wider.
  Unter ihren Wohltätern finden wir mehrere vornehme Frauen. Im Jahr 1679 hatte die Kongregation schon 440 Mitglieder. Die Historie und andere Dokumente der Kongregation
  sind erhalten.

Turz (Kloster-Kühhorn; Kláštor pod Znievom, Znióváralja), Königreich Ungarn (Komitat Turz)
Residentia Thurociensis (1599)

(96) **Agonia Christi**
cong. Agonizantium Matris
1656 – [keine Erwähnung] – **1721**
T. Todesangst-Sodalität
Pr. –
Lit. Lukács VII 201; LAW 1656 (ÖNB Cod. 12053) pag. 51.
* Die jesuitischen Präsides waren wahrscheinlich die Superiores der Residenz.

Tyrnau (Trnava, Nagyszombat), Königreich Ungarn (Komitat Pressburg)
Coll. Tyrnaviense (1615)

(97) **Visitatio Mariae**
congr. BV Visitantis
1617 – 22. 2. 1618 (LCA Nr. 621)[132] – **1619**
T. lateinische, Studenten, ab 1636 Studenten der Rhetorik und die Universitätshörer, ab 1651
  nur die Universitätshörer
Pr. P. Adamus Holovitius 1619, 1627–1631, (1623[–1625]: confessarius congregationis);
  P. Martinus Palkovich 1637–1641
Lit. Lukács II 221; LAR 1617 (ARSI Austr. 133) pag. 516; Kazy 1737, 45, 201; Horváth 1895,
  46.
* Die Gründung der Studentenkongregation wurde vom Erzbischof von Gran Péter Pázmány

---

[132] Eine Vermutung.

initiiert, er war auch ihr erster Rektor. Zur Zeit der Gründung waren 70 der 600 Studenten Mitglieder. Ihr Unterstützerkreis, der aus vornehmen Geistlichen und Laien bestand, ist von Anfang an bekannt.

(98) Immaculata Conceptio (Patrona Hungariae)

congr. BV Immaculatae studiosorum minorum (mediorum)

1636 – 1636 – 1637

T. lateinische, Studenten der Grammatik, der Syntax und der Poetik, ab 1651 die Studenten der Poetik und der Rhetorik

Pr. –

Lit. Lukács II 463; LAR 1636 (ARSI Austr. 136) 555; Kazy 1737, 201 (1636); Horváth 1895, 46; RMNY III. Nr. 1744 (Handbuch der Kongregation).

*   Die Gründung der Kongregation wurde vom Erzbischof von Gran, Péter Pázmány, initiiert und wurde wegen der Gründung der Universität notwendig.

(99) Nativitas Reginae Angelorum

congr. Natae Reginae Angelorum minimae studiosorum

1651 – 19. 4. 1651 (LCA Nr. 1410) – 1652

T. lateinische, Studenten der Grammatik und der Syntax

Pr. –

Lit. Lukács III 330; LAW 1648 (ÖNB Cod. 12220) fol. 96^r–97^v; LAW 1651 (ÖNB Cod. 12220) fol. 381^v; Kazy 1737, 201f.; Horváth 1895, 46.

*   Schon 1648 kann man Spuren der Separierung der „mittleren" Studentenkongregation finden.

(100) Purificatio Mariae

congr. BV Purificatae in Collegio Generali cleri Hungarici

[1667] – [keine Erwähnung] – 1667

T. lateinische, „Seminaristenkongregation", die Seminaristen des Collegium Generale

Pr. –

Lit. Lukács IV 72; Kazy 1737, 202; Horváth 1895, 46; Knapp 2001, 213–216 (über den Publikationen der Kongregation).

*   Die Kongregation der Studenten des vom Graner Erzbischof György Lippay 1648 gegründeten Collegiums Generale kann als ein Sondertyp der Priesterkongregation, als Seminaristenkongregation, bezeichnet werden. Im Gegensatz zu den anderen jesuitischen Kongregationen waren ihre Präsides die im Institut studierenden Theologiestudenten in ihrem zweiten, dritten oder vierten Jahr.

(101) S. Crucis

congr. S. Crucis

1622 – [keine Erwähnung] – 1623

T. städtische, ungarische Bürger

Pr. P. Martinus Duboczy 1642–1647; P. Petrus Agoston 1661–1669

Lit. Lukács II 268; LAW 1624 (ÖNB Cod. 13563) fol. 60^v; Kazy 1737, 202; Knapp 2001, 211.

*   Die älteste der für die drei Nationen der Stadt gegründeten Stadtkongregationen. Ihre Präsides (ungarische Prediger) und ihre vier bekannten Veröffentlichungen beweisen, dass die Kongregation ungarischsprachig war.

(102) Annunciatio Mariae
congr. BV Annunciatae Germanica
19. 12. 1649 – 11. 7. 1649 (LCA Nr. 1396) – **1650**
T. städtische, deutsche Bürger
Pr. –
Lit. Lukács III 272; LAW 1649 (ÖNB Cod. 12220) fol. 188ʳ; Kazy 1737, 202 (1649).
* Bei der Gründungssitzung wurden 56 Mitglieder aufgenommen.

(103) Agonia Christi
congr. Slavonica Agoniae Christi
1660 – [keine Erwähnung] – **1661**
T. Todesangst-Sodalität, slowakische Bewohner
Pr. –
Lit. Lukács III 659; LAW 1660 (ÖNB Cod. 12057) pag. 28f.; Kazy 1737, 202.
* Sie wurde zum hundertjährigen Jubiläum der Etablierung der Gesellschaft Jesu mit großen
Festlichkeiten gegründet. Der Graner Erzbischof György Lippay war der Erste, der seinen
Namen in das neue Sodalitätsalbum eintrug. Die Anzahl der Mitglieder erreichte bald
4.000. Die Kongregation führte eine jährliche Pilgerfahrt zur „Loreto"-Mariakapelle von
Moderdorf/Modarka/Magyarád, jetzt Teil von Tyrnau, durch.

Ungwar (Ужгород, Ungvár), Königreich Ungarn (Komitat Ung)
Coll. Ungvariense, olim Homonnense (1615/1636)

(104) Annunciatio Mariae
congr. studiosorum BVM Annunciatae
1636 – [keine Erwähnung] – **1639**
T. lateinische, Studenten (und Externisten)
Pr. –
Lit. Lukács II 503; LAW 1653 (ÖNB Cod. 12050) pag. 28; Blanár 1913, 75f.; Terdik 2017.
* Bruchstücke ihres Albums wurden zuletzt von Szilveszter Terdik entdeckt. Laut diesen
Angaben waren unter den externen Mitgliedern Magnaten, Herren, staatliche Beamte
(Postmeister, Salzkammerbeamte), Obergespane, Bischöfe und Geistliche (auch Mönche)
aus Oberungarn.

(105) Agonia Christi
congr. Agoniae
1669 – [1669: päpstliche Bestätigung] – **1674**
T. Todesangst-Sodalität
Pr. –
Lit. Lukács IV 376; Gyulai 2009, I 31.

Vágsellye siehe Schelle

Warasdin (Varaždin, Varasd), Königreich Ungarn, Kroatien und Slavonien (Komitat Warasdin)
Res. Varasdinensis (1635)

(106) Annunciatio Mariae
congr. studiosorum BVM Annunciatae
1644 – 1644 – 1651
T. lateinische, Studenten und Externisten (Bürger, Herren)
Pr. –
Lit. Lukács III 302; Vanino 1987, 428–441.
* Das Ordenshaus, das seit 1632 wirksam war, erteilte Gymnasiumunterricht ab 1636. Unter den säkularen Leitern und Patronen der Studentenkongregation haben die Hauptpatrone des Ordenshauses, die Mitglieder der Familie Draskovich, eine besondere Bedeutung.

(107) Agonia Christi
congr. Agoniae
20. 8. 1662 – [keine Erwähnung] – 1663
T. Todesangst-Sodalität
Pr. P. Dominicus Porta 1664–1673
Lit. Lukács III 763; LAW 1662 (ÖNB Cod. 12059) fol. 63ʳ; Vanino 1987, 447–454.
* Die Kongregation wurde für die erwachsene, vor allem kroatische Bewohnerschaft gegründet, nach der Gründung hatte sie 2.000 Mitglieder. Ihre Leiter waren „slawische" Prediger. Die Kongregation nahm 1689 123 neue Mitglieder auf. In der Stadt wurde auch eine deutsche Bürgerkongregation ab 1732 organisiert (Vanino 1987, 442).

Weissenburg (Alba Iulia, Gyulafehérvár), Fürstentum Siebenbürgen (Komitat Weissenburg)
Res. Albensis (1581)

(108) Annuntiatio Mariae
[congr. studiosorum]
1586/1587 – 27. 8. 1588 (LCA Nr. 29) – [keine Erwähnung] (aufgelöst 1588)
T. lateinische, Studenten
Pr. –
Lit. Balázs 2006, 135, 138.
* Die Kongregation agierte vermutlich nur zwei bis drei Jahre; als die Jesuiten 1588 aus Siebenbürgen vertrieben wurden, wurde sie aufgelöst.

Wien, Österreich unter der Enns
Coll. Viennense (1551)

(109) S. Barbara
congr. S. Barbarae partheno-martyris in convictu
1. 1. 1573 – 1587, 27. 7. 1591 (LCA Nr. 79), 15. 4. 1592 (LCA Nr. 89) – 1582
T. lateinische, Konviktoren (Seminaristen)
Pr. P. Ioannes Baptista Merschek 1628–1633; P. Michael Hermannus 1643–1647
Lit. Lukács I 385; LAW 1616 (ÖNB Cod. 13561) pag. 4; Socher I 269; Duhr I 366f.; Duhr

II/1 321; Duhr II/2 85; Kroess I 543; Coreth 1965, 14–18.
* Ihre Gründung wurde von vier Theologiestudenten nach italienischem Muster mit der Genehmigung des Rektors des Kollegs initiiert. Die Kongregation erhielt ihren Titel von der
S. Barbara-Kapelle des Kolleggebäudes, die für Versammlungen von der Kongregation bestimmt wurde. Im Jahr 1574 waren 30 der 120 Konviktbewohner Mitglieder: Seminaristen
und Novizen. Die Mitglieder hatten enge Verbindungen zu den Reformklerikern. Im Jahr
1581 wurde sie nach Konflikten mit den jesuitischen Leitern als eine eigenständige Abteilung in die Mariä Himmelfahrt-Kongregation (Nr. 110) integriert, aber schon 1585 operiert
sie wieder als eine selbstständige Kongregation. 1587 wurde sie von der römischen Mutterkongregation aufgenommen, aber dagegen hatten die Mitglieder zwischen 1591 und 1594
Vorbehalte. Ihre jesuitischen Leiter waren die Regentes des Konvikts („regentes convictus").
Für mehrere Jahre (zwischen 1615 und 1643) ist die Separierung einer „minderen" Abteilung mit eigenem Präses belegt. Im 17. Jahrhundert operierte sie mit eigenen Regeln, aber
ähnlich der Marianischen Studentenkongregation. Im Jahr 1649 hatte sie 86 Mitglieder.

(110) Assumptio Mariae

congr. BMV Assumptae studiosorum maiorum
15. 8. 1579 – [keine Erwähnung] – 1582
T. lateinische, „akademische" Kongregation, Studenten (der Universität), Externisten
Pr. P. Thomas Politius 1611–1615; P. Carolus Musart 1632–1645, 1651; P. Georgius Plazer
1652–1656
Lit. Lukács I 385; LAW 1656 (ÖNB Cod. 12053) pag. 16; Socher I 240, 269; Duhr I 367;
Duhr II/1 321; Duhr II/2 85, 97–98; Duhr III 643; Barysz 1934; Coreth 1965, 37–40;
Kádár 2014.
* Sie wurde zur Zeit der Wiener konfessionellen Konflikte unter dem Patronat des Wiener
Bischofs Kaspar Neubeck mit einem programmatischen Titel gegründet. Zwischen
1581–1585 wurde sie mit der S. Barbara-Kongregation (Nr. 109) vereinigt. Aus dieser
Kongregation schieden die deutsche Bürgerkongregation (Nr. 116) und kleinere
Studentenkongregationen (Nr. 111–112) aus. Ihre jesuitischen Leiter wurden von den
Professoren der Universität gewählt. Mehrere ihrer Gründermitglieder und gewählte
Rektoren kamen aus Ungarn. Ihre Mitglieder reflektierten den „zusammengesetzten Staat"
der Habsburger. Im Jahr 1643 hatte sie 400 Mitglieder und 1656 623. Im Jahr 1656 wurde
eine Bibliothek mit circa 200 Bänden nachgewiesen. Grundlegend für die Geschichte
der Sodalität im 16./17. Jahrhundert ist die für das 100-jährige Jubiläum veröffentlichte
Kongregationsgeschichte: *Saeculum Marianum Sodalitatis B. Mariae Virginis in Coelum
Assumptae, In Caesareo et Academico Soc. Jesu Collegio Viennae Austriae, Authoritate Apostolicà
erectae, et confirmatae, Exhibens Compendium Operum per Eam piè laudabiliterque gestorum
ab annis Centum. Dicatum pro Xenio DD. Sodalibus memoratae Sodalitatis ex quatuor
Academicis Facultatibus sub Deiparae Clientela jam olim, et nunc Congregatis.* Viennae 1628.
Eine weitere (handschriftliche) Historie der Sodalität: *Historia Congregationis B. V. M. in
Coelos Assumptae.* [1679–1783.] Archivum Provinciae Austriae Societatis Iesu (Wien), Sign.
2 11 15 16.

(111) Immaculata Conceptio

congr. BVM sine macula (sine labe) Conceptae, congr. Reginae Angelorum Purificatae mediae
1597 – [keine Erwähnung] – 1597

T. lateinische, Schüler des Gymnasiums, ab 1632 Schüler der Rhetorik und Poetik
Lit. Lukács I 563; Duhr II/1 321; Duhr II/2 85.
* Im Jahr 1649 hatte sie 150 Mitglieder.

(112) Purificatio Mariae (Regina Angelorum)
congr. BVM Purificatae (Immaculatae Conceptionis) Reginae Angelorum minimae
1632 – 1632 – 1632
T. lateinische, Studenten der unteren Grammatikklassen
Pr. –
Lit. Lukács II 364; LAW 1632 (Cod. 13564) fol. 120^v; Duhr II/1 321; Duhr II/2 85; Duhr III
  643.
* Im Jahr 1649 hatte sie 230 Mitglieder.

(113) Visitatio Mariae
congr. BVM Visitantis
1637 – 1639 – 1640
T. lateinische, Seminaristen des Konviktes S. Pancratii (et Ignatii)
Pr. P. Ioannes Baptista Dolar 1663–1670
Lit. Lukács II 528; LAW 1637 (ÖNB Cod. 12218) pag. 21; LAW 1639 (ÖNB Cod. 12218)
  pag. 12; Duhr II/2 85.
* Im Jahr 1649 hatte sie 36 Mitglieder. Über ihre Anfänge steht im Jahresbericht von 1637
  vermerkt: „Seminarium Divi Pancratii martyris connexo literarum virtutisque studio suas
  etiam habet partes. Doluit ea iuventus hactenus, ordinariis et sodalium congressibus privari.
  Quocirca coepit hoc anno domestico in sacello convenire, eaque agere, quae aliis in sodalitiis
  pius usus obtinuit."

(114) Caritas
sodalitas Italorum sub titulo Charitatis
1565 – [1573: päpstliche Bestätigung] – [keine Erwähnung] (Auflösung nach 1573)
T. italienische städtische, Herren (Adeligen, Mitglieder des Hofes) und Damen
Pr. [P. Michael Spesius; P. Lorenzo Maggio (Magius)]
Lit. Socher I 127; Duhr I 478; Coreth 1965, 13f.
* Michael Spesius gründete sie nach italienischem Muster für die Italiener in Wien.
  Danach wurde die Sodalität von Lorenzo Maggio (dem Rektor des Kollegs) geleitet, der
  die Bestätigung vom Papst Klemens VII. erwarb. Die Sodalität hatte einen eigenen Raum
  („sacellum Italorum") neben dem Refektorium des Kollegs. Ihre Mitglieder und Patrone
  verbanden sie eng mit dem Wiener Hof, eine ihrer Hauptpatrone war die Kaiserin Maria.
  Nachdem sie nach dem Tod ihres Mannes nach Spanien zurückkehrte, wurde die Sodalität
  anschließend aufgelöst. Die Sodalität hatte bedeutsame Wohltätigkeitstätigsbereiche: Sie
  finanzierte ein Armenhaus und versorgte diejenigen, die wegen der Türkenkriege nach Wien
  geflüchtet waren.

Wien, Österreich unter der Enns
Domus Professa Viennense (1625)

(115) Visitatio Mariae
congr. BVM Natae studiosorum

1653 – 16. 3. 1653 (LCA Nr. 1436) – 1654
T. lateinische, Schüler des Gymnasiums
Pr. –
Lit. Lukács III 396; LAW 1654 (ÖNB Cod. 12051) pag. 27; Kurz 1891, 58.

(116) Annunciatio Mariae

congr. BVM Annunciatae, congr. Germanica nobilium et civium
2. 1581 – 9. 9. 1589 (LCA Nr. 64), 15. 12. 1623 (LCA Nr. 790) – 1623
T. deutsche Bürgerkongregation, (anfänglich auch vornehme Herren und Damen)
Pr. P. Daniel Bastelius 1627–1631; P. Vincentius Amigon 1633–1637; P. Ioannes Frey 1638–
    1640, 1665–1666; P. Ioannes Maurer 1648–1652; P. Christophorus Pottenhoffer 1653–
    1664
Lit. Lukács II 258; Socher 1740 269f.; Duhr I 480f.; Duhr II/1 321; Duhr II/2 85; Duhr III
    642f.; Coreth 1965, 40–41.
*   Bis 1625 gehörte sie zum Collegium Viennense. Zunächst hatte sie viele vornehme
    Mitglieder: Schon zu Beginn 1581 die drei, aufeinander folgende apostolische Nuntien von
    Wien: Orazio Malaspina (apostolischer Nuntius 1578–1581), Ottavio Santacroce, Bischof
    von Cervia (apostolischer Nuntius 1581) und Giovanni Francesco Bonomi (Bonhomini),
    Bischof von San Severo (apostolischer Nuntius 1581–1584), daneben die Kaiserinwitwe
    Maria von Spanien und seine Tochter, Elisabeth, die werwitwete Königin von Frankreich.
    Der General Claudio Aquaviva verbot 1591 die Annahme von Frauen. Im Jahr 1649 hatte
    sie 300 und 1700 mehr als 560 Mitglieder.

(117) Assumptio Mariae

congr. Germanica nobilium, congr. dominorum sub titulo BV Assumptae
1627 – 26. 4. 1628 (LCA Nr. 948)[133] – 1627
T. deutsche Herrenkongregation
Pr. P. Ioannes Frey 1644–1651, 1664–1666; P. Everardus Erthal 1657–1663
Lit. Lukács II 294, LAW 1629 (ÖNB Cod. 13564) fol. 9r; Kurz 1891, 56f.; Duhr II/1 321.
*   Ihre Mitglieder waren Herren, hohe Beamte, Mitglieder der kaiserlichen Familie, Herzöge,
    Fürsterzbischöfe usw. Ihr zweiter Festtag war der Tag der Unbefleckten Empfängnis. Ihre
    jesuitischen Leiter waren oft die jesuitischen Prediger der Stephanskirche („concionatores ad
    S. Stephanum").

(118) Conceptio Mariae

congr. Italica nobilium BV Conceptae (divi Francisci Indiarum apostoli)
1632 – 3. 10. 1633 (LCA Nr. 1132), 1. 5. 1699 (LCA Nr. 1879.) – 1635
T. italienische Herrenkongregation, vornehme Herren und Damen
Pr. –
Lit. Lukács II 418; LAW 1632 (Cod. 13564) fol. 117r; LAW 1633 (ÖNB Cod. 12218) pag. 5;
    Duhr II/1 321; Duhr II/2 84f.; Duhr III 643f.
*   Sie wurde als italienische Sodalität für die Herren des Hofes gegründet. Eigene jesuitische
    Präsides sind zwischen 1656 und 1671 nicht belegt. In der Mitte des 17. Jahrhunderts
    nahm sie auch vornehme Frauen auf, aber diese Praxis wurde von den jesuitischen Leitern
    mehrmals verboten. Wegen dieser Debatte wurde die Sodalität 1698 formell aufgelöst. Im

---

[133] Eine Vermutung.

Jahr 1699 wurde sie mit einer neuen Aggregationsbulle neu begründet, danach konnten Frauen nur mehr an den Morgenpredigten teilnehmen.

(119) Purificatio Mariae
congr. iuvenum (coelibum) mechanicorum Germanorum, congr. opificum
1632 – [keine Erwähnung] – **1633**
T. „kleinere" deutsche städtische Kongregation, Gesellenkongregation
Pr. P. Ioannes Gelenus 1637–1643; P. Georgius Maurus 1649–1656
Lit. Lukács II 380; LAW 1632 (Cod. 13564) fol. 117ʳ; Kurz 1891, 57; Duhr II/1 321; Duhr II/2 84–85; Duhr III 642.
*   Am Anfang hatte sie 300, 1641 600 und 1700 mehr als 500 Mitglieder.

(120) Nativitas Mariae
congr. BVM Natae, congr. tyronum mechanicorum (puerorum opificium)
1633 – 4. 3. 1634 (LCA Nr. 1146) – **1635**
T. „kleinste" deutsche städtische Kongregation, Lehrlingskongregation
Pr. P. Burchardus Hoffmann 1639–1643
Lit. Lukács II 418; LAW 1633 (ÖNB Cod. 12218) pag. 5; LAW 1634 (ÖNB Cod. 12218) pag. 2; Kurz 1891, 58; Duhr II/1 321; Duhr II/2 84f.; Duhr III 642.
*   Sie wurde als eine Sodalität für Handwerkslehrlinge gegründet, nachdem sie sich von der Gesellenkongregation (Nr. 119) getrennt hatte. Im Jahr 1649 hatte sie 40 Mitglieder.

(121) Praesentatio Mariae
congr. BVM Praesentatae, congr. Italicae mechanicorum
1635 – 2. 11. 1635 (LCA Nr. 1199) – **1636**
T. italienische Gesellenkongregation
Pr. P. Ioannes Baptista Faber 1636–1647, 1652–1654
Lit. Lukács II 437; LAW 1635 (ÖNB Cod. 12218) pag. 5; LAW 1636 (ÖNB Cod. 12218) pag. 6; Duhr II/1 321; Duhr II/2 84.

(122) Agonia Christi
sod. Agoniae Christi
1654 – [keine Erwähnung] – **1654**
T. Todesangst-Sodalität
Pr. P. Thomas Meyrl 1654–1667
Lit. Lukács III 395; LAW 1654 (ÖNB Cod. 12051) pag. 27; LAW 1656 (ÖNB Cod. 12053) pag. 9; Kurz 1891, 57; Duhr III 655.
*   Sie hatte wahrscheinlich vom Anfang an mehrere tausend Mitglieder, nach ihrer Gründung wurde das Handbuch der Sodalität („manuale") in einer Auflage von 4.000 Exemplaren gedruckt. Unter ihren Mitgliedern befanden sich Männer und Frauen, Laien und Geistliche. Im Jahr 1654 wurde die Königin von Spanien (Maria Anna von Habsburg) und ihr Bruder Erzherzog Leopold Ignaz (der spätere Kaiser) aufgenommen. Ihr Hauptfest war Dominica Passionis.

Wiener Neustadt, Österreich unter der Enns
Res. [Coll.] Neostadiensis (Domus Professa Viennense) 1667 [1674]

(123) Purificatio Mariae (Immaculata Conceptio)
congr. BVM studiosorum
1667 – 15. 8. 1669 (LCA Nr. 1582)[134] – **1668**
T. lateinische, Schüler
Pr. –
Lit. Lukács IV 133; LAW 1669 (ÖNB Cod. 12066) pag. 91; Zak 1966, 35.
* Die Sodalität hatte 1669 70 Mitglieder.

(124) Agonia Christi
sod. Agoniae Christi
1667 – [keine Erwähnung] – **1668**
T. Todesangst-Sodalität
Pr. –
Lit. Lukács IV 133.; LAW 1667 (ÖNB Cod. 12064) pag. 59.
* Ihre jesuitischen Leiter waren die Superioren, Spirituale („praefectus spiritus") und Beichtväter der Residenz.

Zagreb (Zágráb) siehe Agram

Zipser Kapitel (Spišská Kapitula, Szepeshely), Königreich Ungarn (Komitat Zips)
Res. Scepusiense (1649)

(125) Assumptio Mariae
congr. studiosorum
1651 – [keine Erwähnung] – **1653**
T. lateinische, Studenten und Externisten
Pr. –
Lit. Lukács III 358; LAW 1651 (ÖNB Cod. 12048) pag. 18; LAW 1663 (ÖNB Cod. 12060) pag. 58; LAW 1665 (ÖNB Cod. 12062) pag. 34.
* Ohne eine ausreichende gesellschaftliche Basis wurde neben der Studentenkongregation keine städtische, sondern nur eine Agonia-Sodalität gegründet. In dieser Umgebung mit gemischt-konfessioneller Bevölkerung nahm die Kongregation den Kampf gegen die „Häresie" auf (z. B. Konfiskation „häretischer" Bücher).

(126) Agonia Christi
congr. morientium
1651 – [keine Erwähnung] – **1653**
T. Todesangst-Sodalität
Pr. –
Lit. Lukács III 357; LAW 1651 (ÖNB Cod. 12048) pag. 18; LAW 1652 (ÖNB Cod. 12049) pag. 18.
* Ihre Präsides waren slowakische Prediger.

Znióváralja siehe Turz

---

[134] Der Ortsname („Neostadii - Neustadt a. d. Hardt") wurde korrigiert (Wiener Neustadt).

Die Lukasbruderschaften als Auftraggeber von Kunstwerken

Marina Beck

Die Künstler waren im Heiligen Römischen Reich Deutscher Nation als Handwerker dem Zunftsystem unterworfen[1]. Um ihren Beruf ausüben zu dürfen, mussten sie entweder einer Zunft beitreten oder als Hofkünstler eine Anstellung erhalten, dank derer sie vom Zunftzwang befreit wurden[2]. Einzige Alternative waren temporär beschränkte Arbeitsverträge, die von der Obrigkeit erteilt wurden, der es möglich war, das Zunftsystem mit seinen strikten Aufnahmebestimmungen und rigiden Vorgaben hinsichtlich der Auftragsvergabe zumindest kurzzeitig außer Kraft zu setzen.

Die Lukasbruderschaften, in denen vornehmlich die künstlerischen Berufe, wie die Maler, Glaser, Glasmaler, Kupferstecher, Bildhauer, Goldschmiede etc. vertreten waren, entstanden entweder parallel oder anstelle der Zünfte und verfügten zum Teil auch über gewerberechtliche Aspekte in ihren Ordnungen. In Städten wie Mainz, Würzburg oder Wien, in denen die Zünfte vollständig oder zeitweise verboten worden waren, gründeten sich religiös ausgerichtete Bruderschaften, deren Mitglieder meist deckungsgleich zu denen der verbotenen Zünfte waren[3]. Sie hielten als religiöse Institution nach wie vor an ihren gewerblichen Bestimmungen fest, die im Laufe der Zeit auch wieder Eingang in die Ordnungen der Bruderschaften fanden. Diese enge Verquickung zwischen den Zünften und den Bruderschaften sowie der Umstand, dass die Bezeichnungen „Bruderschaft" und „Zunft" neben vielen weiteren in den Quellen synonym verwendet werden, erschwert eine eindeutige Trennung der beiden Gemeinschaftsformen.

---

[1] Der Aufsatz entstand im Zusammenhang mit dem DFG-Projekt „Edition der Zunftordnungen für Maler bis um 1800: Quellen zur Künstlersozialgeschichte aus den Archiven der Bundesrepublik Deutschland, Österreichs und der Schweiz", das an der Universität Trier an der Trierer Arbeitsstelle der Künstlersozialgeschichte (Leitung Prof. DDr. Andreas Tacke) angesiedelt war. Besonders bedanken möchte ich mich bei meiner Kollegin Dr. Ursula Timann für das kritische Gegenlesen und die Zurverfügungstellung ihrer Forschungsergebnisse.

[2] Zum Hofkünstler siehe Martin WARNKE, Hofkünstler. Zur Vorgeschichte des modernen Künstlers (Köln ²1996); Jens FACHBACH, Scheinriesen – der Hofkünstler. Plädoyer für einen neuen Blick auf einen vermeintlich vertrauten Begriff, in: Residenzstädte der Vormoderne. Umrisse eines europäischen Phänomens, hg. von Gerhard FOUQUET–Jan HIRSCHBIEGEL–Sven RABELER (Residenzforschung N. F. 2, Ostfildern 2016) 453–468; DERS., Hofkünstler und Hofhandwerker am kurtrierischen Hof in Koblenz/Ehrenbreitstein 1629–1794 (Petersberg 2017); Hofkünstler und Hofhandwerker in deutschsprachigen Residenzstädten der Vormoderne, hg. von Andreas TACKE–Jens FACHBACH–Matthias MÜLLER (Petersberg 2017); Ursula TIMANN, Hofmaler und Zunftmaler. Künstlerschicksale aus dem 16. und 17. Jahrhundert im deutschen Sprachraum, in: The Artist between Court and City (1300–1600). L'artiste entre la cour et la ville. Der Künstler zwischen Hof und Stadt, hg. von Dagmar EICHBERGER–Philippe LORENTZ–Andreas TACKE (Petersberg 2017) 365–375.

[3] Vgl. Marina BECK, Mainz, in: Statuta pictorum. Kommentierte Edition der Maler(zunft)ordnungen im deutschsprachigen Raum des Alten Reiches, 5 Bde., hier Bd. 3, hg. von Andreas TACKE u. a. (Petersberg 2018) 504–521, bes. 509f.; DIES., Würzburg, in: ebd. Bd. 5, 810–839, bes. 815; DIES., Wien, in: ebd. Bd. 5, 584–608, bes. 586f.

Eine solche ist allerdings laut Klieber auch nicht nötig, der davon ausgeht, dass alle Bruderschaften in ihrem Kern „Totenbünde" bzw. „Jenseitsversicherungen" waren. Er schlägt als Arbeitsbegriff den Begriff „Fraternität" für alle mittelalterlichen und neuzeitlichen freiwilligen, zielgerichteten Zusammenschlüsse mit eindeutig totenkultischem Schwerpunkt vor. Damit werden die Abgrenzungsversuche zwischen „Zünften", „Zechen", „Gilden" und „religiösen Bruderschaften" obsolet, da diese in ihrem Ursprung und Wesenskern möglicherweise alle „Bruderschaften" im Sinne von versicherungsartigen „Totenbünden" waren. Demnach konnte eine Handwerkszunft auch gleichzeitig eine „Bruderschaft" haben oder selbst sein und neben den Familienmitgliedern und Angestellten der inkorporierten Handwerker auch Außenstehende darin aufnehmen[4].

Das Totengedächtnis und die Fürbitte für die Verstorbenen und die Lebenden war das Hauptanliegen der Bruderschaften. Hierzu stifteten sie Messen und vermehrten die Kirchenausstattung. Der Bruderschaft oblag hierbei die Auswahl der Kirche sowie die Einstellung des Priesters, der die Messen las. War die Bruderschaft mit dem Lebenswandel des Priesters nicht zufrieden oder hatte Vorbehalte, die Messe weiterhin in der ausgewählten Kirche lesen zu lassen, stand es ihr frei, selbige zu verlassen und ihre Zuwendungen einem anderen Gotteshaus zukommen zu lassen[5].

Eine Identifizierung von bruderschaftlichen Stiftungen im Kirchenraum ist häufig schwierig, da die Bruderschaften in den seltensten Fällen über Wappen oder Siegel verfügten, die sie an den Kunstgegenständen anbrachten, um selbige als Stiftungen zu kennzeichnen. Auch die schriftlichen Überlieferungen zu dieser Thematik sind recht spärlich. An Gegenständen umfassten die Stiftungen in der Kirche Erbbegräbnisse, die Beleuchtung im Kirchenschiff (u. a. durch Kerzenbalken), Opferstöcke, Bahrtücher, Bekleidung für Skulpturen sowie liturgisches Gerät (Kelche, Patenen, Altartücher, Messgewänder, -bücher, Altarretabel, Glasmalerei). Für die gemeinsam stattfindenden Mahlzeiten schafften die Bruderschaften zudem eine Vielzahl von Schüsseln und Tellern sowie weiteres Geschirr an[6].

Die Kunstpatronage der Bruderschaften wurde hierbei von einer Vielzahl von Faktoren beeinflusst, die von Rebekka von Mallinckrodt in ihrem Aufsatz ausgeführt werden. Nach der Vorstellung von vier Beispielen für bruderschaftliche Kunstpatronage formuliert sie wichtige Leitfragen für die künftige Forschung, die sich mit Bruderschaften als Auftraggeber von Kunstwerken auseinandersetzt. Hierzu zählte zum Ersten die soziale Struktur der Bruderschaften, die unmittelbar den zweiten Punkt, ihre finanzielle Ressourcen, betraf. Zum Dritten ist nach den Formen der bruderschaftlichen Kunstpatronage zu fragen. Hierbei gilt es beispielsweise zu klären, ob die Organisation primär in die Inszenierung ephemerer Ereignisse (wie Prozessionen und Andachten) oder in bleibende Werke wie Altarstiftungen investierte, wobei zu unterscheiden ist zwischen der Stiftung einer Altar- oder Messpfründe und der Stiftung eines Altarretabels. Die Bruderschaft konnte

---

[4] Vgl. Rupert KLIEBER, Bruderschaften und Liebesbünde nach Trient. Ihr Totendienst, Zuspruch und Stellenwert im kirchlichen und gesellschaftlichen Leben am Beispiel Salzburg 1600–1950 (Frankfurt/Main u. a. 1999) 27f.

[5] Vgl. Klaus MILITZER, Bruderschaften als Auftraggeber für Kunsthandwerker, in: Der Niederrhein und die Alten Niederlande. Kunst und Kultur im späten Mittelalter. Referate des Kolloquiums zur Ausstellung „Gegen den Strom. Meisterwerke niederrheinischer Bildschnitzkunst in Zeiten der Reformation (1500–1550)", hg. von Barbara ROMMÉ (Schriften der Heresbach-Stiftung 9, Bielefeld 1999) 35–52, hier 42f.

[6] Vgl. ebd. 43–50. Zahlreiche Beispiele für Laienbruderschaften aus dem Kölner Raum finden sich bei DEMS., Quellen zur Geschichte der Kölner Laienbruderschaften vom 12. Jahrhundert bis 1562/63, 4 Bde. (Publikationen der Gesellschaft für Rheinische Geschichtskunde 71/1–4, Düsseldorf 1997–2000), aufgelistet.

sich bei der Altarretabelstiftung entweder an einer größeren Unternehmung beteiligen oder sich selbst ein Denkmal durch eine klar abgrenzbare Stiftung schaffen. In diesem Zusammenhang ist zum Vierten die Frage zu stellen, inwiefern die Bruderschaft überhaupt Einfluss auf die Gestaltung der Stiftungen nehmen konnte und wie sich die Repräsentation der Bruderschaften im Zusammenhang mit der Stiftung ausdrückte. So betont von Mallinckrodt, dass die Anbringung von sichtbaren Zeichen an den Stiftungen nicht nötig war, da an diesen regelmäßig die Bruderschaften ihre Rituale vollzogen, womit sie ständig präsent waren und der Bezug zur Institution hergestellt wurde. Als letzten Punkt nennt sie die Spiritualität und die Frage nach der Vermittlung religiöser Inhalte durch die Stiftungen, die innerhalb eines religiösen Programms oder mit Bezug auf lokale Traditionen umgesetzt werden konnten[7].

Im Folgenden sollen die Fragen von Rebekka von Mallinckrodt aufgegriffen und drei Schwerpunkte näher untersucht werden: die soziale Struktur und die finanziellen Ressourcen der Bruderschaften, die Kunststiftungen im Kirchenraum (mit Fokus auf den Altären) sowie die Repräsentation der Bruderschaften durch Zeremonien und Stiftungen. Untersucht werden diese Aspekte am Beispiel der Bruderschaften, in denen die Maler inkorporiert waren. Hierbei handelte es sich zumeist um Lukasbruderschaften, gelegentlich aber auch um andere Bruderschaften, in denen die Maler aufgrund ihrer Zunftzugehörigkeit Mitglied wurden.

1. Die soziale Struktur und finanziellen Ressourcen der Lukasbruderschaften

Ein wesentliches Kriterium für die bruderschaftliche Kunstpatronage stellt das Vorhandensein entsprechender finanzieller Ressourcen dar[8]. Diese wurden bei Handwerksbruderschaften, wie den Lukasbruderschaften, wesentlich durch ihre Mitglieder aufgebracht. Der Eintritt in die Handwerksbruderschaft war in den seltensten Fällen freiwillig, sondern meist obligatorisch, um das Handwerk in einer bestimmten Stadt ausüben zu dürfen[9]. Dies galt sowohl wenn die Bruderschaft neben der Zunft bestand als auch wenn die Bruderschaft die Aufgaben der Zunft vor Ort übernahm. Damit verfügte sie im Gegensatz zu anderen religiösen Bruderschaften ohne Bindung an ein oder mehrere Handwerke über einen fest definierten Mitgliederstamm, der sich an der Finanzierung derselben zu beteiligen hatte.

Nur in wenigen Städten in Deutschland, Österreich und der Schweiz galt die Malerei als freie Kunst, die ohne Eintritt in eine Zunft vor Ort ausgeübt werden konnte. In solchen Fällen war dann auch die Mitgliedschaft in der Bruderschaft nicht verbindlich. Als Beispiele seien Bern und Innsbruck genannt, wo die Maler als freie Künstler galten, womit sie unabhängig von einer Zunftmitgliedschaft in der Stadt arbeiten durften[10]. Ob hier eine Eintrittspflicht in die Bruderschaft bestand, ist unbekannt.

---

[7] Vgl. Rebekka von Mallinckrodt, Bruderschaften als Auftraggeber von Kunst und Architektur im süddeutsch-österreichischen Raum. Prolegomena zu einem neuen Forschungsfeld, in: „Himmel auf Erden oder Teufelsbauwurm". Wirtschaftliche und soziale Bedingungen des süddeutschen Klosterbarock, hg. von Markwart Herzog–Rolf Kiessling–Bernd Roeck (Irseer Schriften N. F. 1, Konstanz 2002) 136–140.

[8] Vgl. ebd. 136–139.

[9] So lässt sich beispielsweise für Greifswald nachweisen, dass die Mitgliedschaft in der Bruderschaft unabhängig von der Mitgliedschaft in der Zunft war, vgl. Luise Schaefer, Greifswald, in: Statuta pictorum (wie Anm. 3), Bd. 2, 280.

[10] Vgl. Marina Beck, Bern, in: Statuta pictorum (wie Anm. 3), Bd. 1, 301f.; dies.–Ursula Timann, Innsbruck, in: ebd. Bd. 2, 486.

Die Finanzierung der Bruderschaft erfolgte durch die Aufnahmegebühren, die Gebühren bei der Einschreibung von Lehrlingen, die Mitgliedsbeiträge, die Erhebung von Strafgebühren und gelegentlich durch Stiftungen[11]. Die Höhe der Aufnahmegebühr unterschied sich nach dem Geschlecht und der Position, welche die entsprechende Person innerhalb des Handwerks einnahm. Meister hatten einen höheren Beitrag zu zahlen als Gesellen oder Lehrlinge. Auch ihre Frauen – um den Meistertitel erwerben zu können, hatten die Handwerker in den meisten Städten zu heiraten – mussten in die Bruderschaft aufgenommen werden. Differenziert wurde an manchen Orten aber auch zwischen Mitgliedern, deren Eltern Bürger der Stadt waren, in der die Bruderschaft ansässig war, und solchen, die von auswärts kamen. So zahlten in Freiburg im Üechtland (i. Ü.) und Innsbruck die auswärtigen Mitglieder eine höhere Aufnahmegebühr als die Ortsansässigen[12]. In Wien brauchten die Meister, die Ehefrauen der Meister und deren Kinder nur eine Aufnahmegebühr von drei Schilling zu zahlen, während alle anderen ein halbes Pfund zu entrichten hatten[13]. In Innsbruck war es zudem möglich, Verstorbene in die Barbarabruderschaft einzukaufen. Für diese musste ein Betrag von zwei Gulden gezahlt werden, während die lebenden Mitglieder ein Pfund Wachs oder zwölf Kreuzer, später ein Pfund Wachs oder ein Pfund bernisch zu zahlen hatten[14].

Die Mitgliedsbeiträge wurden meist halb- oder vierteljährlich entrichtet[15]. In Würzburg gab es ab 1652 die Möglichkeit, entweder sechs Kreuzer vierteljährlich zu entrichten oder alternativ einmal jährlich am St. Lukastag sechs Batzen als Mitgliedsbeitrag zu zahlen[16]. Die wandernden Gesellen, die sich nur für einen bestimmten Zeitraum in einer Stadt aufhielten, zahlten ihre Beiträge häufig in kleineren zeitlichen Abständen, wie beispielsweise in Freiburg i. Ü., wo sie wöchentlich ihren Mitgliedsbeitrag entrichteten[17]. In Baden im Aargau hatten zunächst alle Mitglieder einen Mitgliedsbeitrag von vier Schil-

---

[11] So stiftete der Priester Nikolaus Sartoris zur Finanzierung einer Priesterpfründe für die Hamburger Lukasbruderschaft 300 Mark Lübische Pfennige, die so angelegt wurden, dass damit eine jährliche Ewigrente von 20 Mark erwirtschaftet wurde. Das Amt der Maler legte zusätzlich Geld für weitere sechs Mark Rente in Immobilien an. Der erste Pfründner, der die 26 Mark Rente erhielt, war der Priester Nikolaus Sartoris (Vertrag vom 10. April 1469), vgl. Johann Martin LAPPENBERG, Beiträge zur älteren Kunstgeschichte Hamburgs. *Zeitschrift des Vereins für hamburgische Geschichte* 5 (1866) 225–365, hier 331–333.

[12] In Freiburg i. Ü. zahlten die Meister in der Stadt fünf Pfund, Meister auf dem Land drei Pfund, vgl. StAF, Ratserkanntnussbuch 2, fol. 74ᵛ–75ᵛ, 17. September 1505; in Kraft gesetzt: 19. September 1505, vgl. Ursula TIMANN, Transkription, in: Statuta pictorum (wie Anm. 3) Bd. 2, 223–226. Im Jahr 1620 wurde die Gebühr auf 15 Pfund für einheimische und 20 Pfund für externe Meister erhöht; vgl. ebd. Corporations 26, fol. 8ʳ, Abschrift um 1620, vgl. Ursula TIMANN, Transkription, in: Statuta pictorum (wie Anm. 3) Bd. 2, 227–235. Siehe auch Marina BECK, Freiburg im Üechtland, in: Statuta pictorum (wie Anm. 3) Bd. 2, 221. In Innsbruck zahlten auswärtige Meister sechs Gulden, einheimische Meister vier Gulden, vgl. StA Innsbruck, Akt. 502, Fasz. 1, 2. Juni 1633, siehe auch BECK–TIMANN, Innsbruck (wie Anm. 10) 486.

[13] Vgl. StA Wien, Akten A 1, Sch. 1, Nr. 68, fol. 4ʳ, 31. Januar 1468, Abschrift: 17. Jahrhundert, vgl. Ursula TIMANN, Transkription, in: Statuta pictorum (wie Anm. 3) Bd. 5, 616–620.

[14] Vgl. StA Innsbruck, Cod. 86, fol. 26ᵛ, 1507–1513, vgl. Ursula TIMANN, Transkription, in: Statuta pictorum (wie Anm. 3) Bd. 2, 498–512.

[15] In Heilbronn wurde der Mitgliedsbeitrag von einem Weißpfennig jährlich fällig, vgl. Moriz VON RAUCH (Bearb.), Urkundenbuch der Stadt Heilbronn, Bd. 3: 1501–1524 (Württembergische Geschichtsquellen 19, Stuttgart 1916) 139.

[16] Vgl. Paulus WEISSENBERGER, Die Künstlergilde St. Lukas in Würzburg. *Archiv des Historischen Vereins von Unterfranken und Aschaffenburg* 70 (1935/36) 174–242, hier 204.

[17] Vgl. StAF, Corporations 26, fol. 2ᵛ, 17. September 1505, vgl. Ursula TIMANN, Transkription, in: Statuta pictorum (wie Anm. 3) Bd. 2, 227–235.

ling zu zahlen. Dieser wurde allerdings später für Ledige auf zwei Schilling reduziert[18]. In Augsburg zahlten die Meister vierteljährlich acht Kreuzer, Ehefrauen vier Kreuzer, Gesellen und unverheiratete Frauen je zwei Kreuzer[19]. In Flensburg hatten die Meister halbjährlich sechs Pfennig, die Gesellen drei Pfennig zu zahlen. Neben dem Mitgliedsbeitrag wurden die Kosten für die zweimal im Jahr am St. Walburgis- und St. Lukastag stattfindenden gemeinsamen Mahlzeiten auf alle Mitglieder umgelegt. Acht Tage vor dem Essen suchten die Schaffer alle Mitglieder auf, um sie über selbiges zu informieren. Nur wer sich nicht in Flensburg aufhielt und auch nicht bis zum Festessen wieder in die Stadt zurückkehrte, oder nachweislich krank war und daher nicht teilnehmen konnte, war von der Umlage der Kosten der gemeinsamen Mahlzeit befreit[20]. Die gemeinsamen Essen bei den regelmäßig abzuhaltenden Treffen der Bruderschaft waren ein wesentlicher Bereich, für den die Einnahmen teilweise ausgegeben wurden.

Des Weiteren dienten die Beiträge der Finanzierung zum Unterhalt des Bruderschaftsaltares. In Bern zahlten die Mitglieder halbjährlich am St. Eligius- und St. Lukastag zwei Kreuzer, die anscheinend genutzt wurden, um die Priester, die regelmäßig die Messen am Altar lasen, zu entlohnen[21]. In Lüneburg wurde ein Altarretabel aus freiwilligen Spenden finanziert[22]. In Freiburg i. Ü. durften die Gebühren für das Meisterrecht nicht vertrunken, sondern sollten entweder der Bruderschaft zugutekommen oder für den Bau von St. Nikolaus verwendet werden[23].

Eine weitere Einnahmequelle der Bruderschaften stellten die Bußgelder dar, die von den Mitgliedern bei unterschiedlichen Vergehen gezahlt werden mussten. Diese wurden u. a. fällig, wenn ein Mitglied zu spät oder nicht zu den regelmäßig stattfindenden Sitzungen der Bruderschaft erschien, auf selbigen Streit anfing oder Interna, die auf den Sitzungen besprochen wurden, nach außen trug. Des Weiteren wurde die Abwesenheit bei Beerdigungen, die Weigerung, den Sarg zu tragen, und das Fehlen bei Fronleichnamsprozessionen sowie anderen wichtigen kirchlichen Feiertagen (wie dem Namenstag des Zunftpatrons) mit Strafzahlungen belegt. Zudem umfasste der Bußgeldkatalog umfangreiche Bestimmungen, wenn die Bruderschaft auch gewerberechtliche Aspekte abdeckte. In solchen Fällen wurden beispielsweise Strafen für das Arbeiten an Feiertagen oder für das Abwerben von Aufträgen und Personal verhängt[24]. Aber auch das Tragen einer Waffe

---

[18] Vgl. StA Baden im Aargau, A 54.3, 16. Oktober 1639; Nachträge: 28. Oktober 1657, 18. Oktober 1660, 18. Oktober 1662, vgl. Ursula TIMANN, Transkription, in: Statuta pictorum (wie Anm. 3) Bd. 1, 203–208.

[19] Vgl. Bistumsarchiv Augsburg, Hs. 168, 21. Dezember 1603, vgl. Ursula TIMANN, Transkription, in: Statuta pictorum (wie Anm. 3) Bd. 1, 172–176.

[20] Vgl. StA Flensburg, Stb-00007, pag. 209, 1497; vgl. Ursula TIMANN, Transkription, in: Statuta pictorum (wie Anm. 3) Bd. 2, 55–62; Landesarchiv Schleswig-Holstein, Schleswig, Abt. 400.1, Nr. 204, fol. 16ᵛ–17ʳ, vgl. Ursula TIMANN, Transkription, in: Statuta pictorum (wie Anm. 3) Bd. 2, 63–71.

[21] Vgl. StaatsA Bern, A I 321, pag. 737, 7. Dezember 1504; vgl. Ursula TIMANN, Transkription, in: Statuta pictorum (wie Anm. 3) Bd. 1, 310–313.

[22] Finanziert wurde der Altar durch freiwillige Zahlungen der Meister (vier Schillinge bis ein Gulden) und Gesellen (zwei bis vier Schillinge), vgl. Willi MEYNE, Das St. Lukas-Büssenbuch des Lüneburger Museums. *Lüneburger Blätter* 5 (1954) 32–61, hier 50.

[23] Vgl. StAF, Ratserkanntnussbuch 2, fol. 74ᵛ–75ᵛ, 19. September 1505, vgl. Ursula TIMANN, Transkription, in: Statuta pictorum (wie Anm. 3) Bd. 2, 223–226.

[24] Für Flensburg ist beispielsweise ein umfangreicher Katalog an Strafzahlungen zu zahlreichen gewerblichen Aspekten belegt, vgl. Landesarchiv Schleswig-Holstein, Schleswig, Abt. 400.1, Nr. 204, fol. 2ʳ–18ʳ, 27. Februar 1497; Nachträge: 16. Jahrhundert, 17. Jahrhundert, vgl. Ursula TIMANN, Transkription, in: Statuta pictorum (wie Anm. 3) Bd. 2, 63–71.

oder das Verleumden von anderen Mitgliedern wurde unter Strafe gestellt[25]. Häufig erfolgten die Strafzahlungen bereits in Form von Wachs, das zur Ausstattung der Beleuchtung von Altären genutzt wurde. Zudem diente das Geld der finanziellen Unterstützung kranker oder verarmter Mitglieder. Ein wichtiger Aspekt war die Bezahlung einer angemessenen Beerdigung, wenn die Familie des Verstorbenen hierzu nicht in der Lage war. Damit übernahm die handwerkliche Bruderschaft wichtige Aspekte der sozialen und religiösen Versorgung ihrer Mitglieder. Diese soziale und religiöse Funktion war in zahlreichen Städten von den Zünften auf die angegliederten Bruderschaften übergegangen[26].

Neben den obligatorisch eintretenden Handwerkern standen die Lukasbruderschaften prinzipiell ebenso anderen Personen offen, die in selbiger Mitglied werden wollten. Somit war es oft auch möglich, der Bruderschaft beizutreten, ohne das entsprechende Handwerk auszuüben. Gelegentlich griffen dann andere Kriterien bei der Aufnahme. So wurde in der Bruderschaftsordnung in Burghausen festgehalten, dass jeder, der nicht aus den entsprechenden Handwerken stammte und in die Bruderschaft aufgenommen werden wollte, sich bei dieser melden sollte, um mitgeteilt zu bekommen, was er für das Wohl der Bruderschaft als Mitglied beitragen könne[27]. In Basel durften die Mitglieder darüber abstimmen, ob ein neues Mitglied aufgenommen werden sollte, wenn dieses nicht aus dem Handwerk stammte[28].

Ein wichtiger Aspekt, um in die Bruderschaft aufgenommen zu werden, war in nachreformatorischer Zeit das katholische Religionsbekenntnis, das beispielsweise in Wien nachgewiesen werden musste, während in Erfurt und in Augsburg die Teilnahme an der Beichte obligatorisch war[29]. In Wien wurde 1676 festgeschrieben, dass ausschließlich katholische Künstler in die Bruderschaft aufgenommen werden durften[30]. 1719 wurde in der neuerlich ausgestellten Ordnung der St. Lukasbruderschaft allerdings eine Ausnahmeregelung formuliert. Laut dieser war es der Niederösterreichischen Regierung möglich, Künstlern mit anderer Religionszugehörigkeit, die keinen längeren Aufenthalt planten, eine temporäre Arbeitserlaubnis zu erteilen. Hierfür zahlten die Künstler einen Obolus an die Bruderschaft, der jedoch zwei Gulden nicht überschreiten durfte[31]. Zudem hatten sich die Mitglieder der Lukasbruderschaft in Wien laut einem Dekret aus dem Jahr 1580

---

[25] Vgl. StLA, A. Graz, Stadt, K. 58, H. 430, 4. Jänner 1622; Abschrift: 16. April 1715, vgl. Ursula Timann, Transkription, in: Statuta pictorum (wie Anm. 3) Bd. 2, 265–276.

[26] Vgl. Sabine von Heusinger, „Von antwerk bis zunft". Methodische Überlegungen zu den Zünften im Mittelalter. ZHF 37/1 (2010) 37–72, hier 39f., 44–48.

[27] Vgl. ABP, PA Burghausen St. Jakob, Urkunden, U 226, 18. Jänner 1638, vgl. Ursula Timann, Transkription, in: Statuta pictorum (wie Anm. 3) Bd. 1, 601–605.

[28] Vgl. StaatsA Basel, Zunftarchive Himmel, Urkunde 11, 21. September 1437, vgl. Ursula Timann, Transkription, in: Statuta pictorum (wie Anm. 3) Bd. 1, 244–247.

[29] Vgl. WStLA, Innungen und Handelsgremien, Maler (76), Sch. 46, Nr. 9, fol. 2ʳ, 12. Juni 1676, vgl. Ursula Timann, Transkription, in: Statuta pictorum (wie Anm. 3) Bd. 5, 624–635; StA Erfurt, 1-1 VIII Aa, 110, fol. 6ᵛ, um 1390; Nachträge: 1417, 1489; Abschrift: 16. Jahrhundert, vgl. Ursula Timann, Transkription, in: Statuta pictorum (wie Anm. 3) Bd. 1, 882–887. Als Strafzahlung für das Zuspätkommen oder Nichterscheinen zur Beichte wurden drei Pfennig festgelegt, die 1512 bei Nichterscheinen auf neun Pfennig erhöht wurden, vgl. StA Erfurt, 1-1 VIII Aa, 110, fol. 19ᵛ, 15. Dezember 1512, vgl. Ursula Timann, Transkription, in: Statuta pictorum (wie Anm. 3) Bd. 1, 887–893; Augsburg, Bistumsarchiv Augsburg, Hs. 168, 21. Dezember 1603, vgl. Ursula Timann, Transkription, in: Statuta pictorum (wie Anm. 3) Bd. 1, 172–176.

[30] Vgl. Beck, Wien (wie Anm. 3) 602; WStLA, Innungen und Handelsgremien, Maler (76), Sch. 46, Nr. 9, fol. 2ʳ, 12. Juni 1676, vgl. Ursula Timann, Transkription, in: Statuta pictorum (wie Anm. 3) Bd. 5, 624–635.

[31] Vgl. WStLA, Innungen und Handelsgremien, Maler (76), Sch. 46, Nr. 10, 3. Jänner 1719, vgl. Ursula Timann, Transkription, in: Statuta pictorum (wie Anm. 3) Bd. 5, 635–652.

zu verpflichten, keine Kunstwerke anzufertigen, die gegen das katholische Wertesystem verstießen[32].

In Augsburg lässt sich spätestens ab 1578 eine dezidiert konfessionelle Ausrichtung hinsichtlich der Auswahl der zu beauftragenden Künstler und Handwerker nachweisen. Nach Möglichkeit sollten am Augsburger Dom nur mehr katholische Maler beschäftigt werden. Insbesondere seit den 1580er Jahren und vollends nach 1600 wurde auf die Auswahl geeigneter Künstler und Handwerker bei der Auftragsvergabe geachtet, wobei eine zentrale Behörde zur Instruktion und Kontrolle allerdings fehlte. Die Durchsetzung dieser neuen Vorstellungen einer konfessionellen kirchlichen Kunst dürfte aus Sicht der kirchlichen Institution wohl eine der Funktionen der neubegründeten Lukasbruderschaft gewesen sein[33]. Sie sollte die vorherige Praxis der gegenseitigen Empfehlung zuverlässiger Handwerker und Künstler ergänzen und wohl teilweise ersetzen[34].

2. Die Altarstiftungen

Die Altarstiftungen der Malerbruderschaften erfolgten bevorzugt in den Ordenskirchen der Augustiner, Franziskaner, Prämonstratenser und Dominikaner, zuweilen aber auch in den Pfarrkirchen oder im Dom. In Basel und Zürich stiftete die ortsansässige Bruderschaft einen Altar in der Augustinerkirche. In Lübeck, Luzern und Flensburg erfolgte die Stiftung in der Franziskanerkirche. In Lüneburg befand sich der Altar in der Prämonstratenserkirche, in Rostock, Bern und Erfurt in der Dominikanerkirche. In Freiburg i. Ü. war die Bruderschaft in St. Nikolaus (früher Kollegiatskirche, seit 1924 Kathedrale), in Innsbruck in St. Jakob (früher Pfarrkirche, seit 1964 Dom), in Augsburg im Dom Mariä Heimsuchung und in Hamburg im Alten Mariendom ansässig. In Greifswald befand sich die Lukasbruderschaft in der Pfarrkirche Unserer Lieben Frau. Die Altarstiftung der Lukasbruderschaft in Stralsund erfolgte in der Kirche Unserer Lieben Frau. Für die meisten Städte lässt sich nur die Kirche, in der die Altarstiftung erfolgte, benennen, ohne dass das Patrozinium der Kapelle bekannt ist.

Die Altarstiftungen der untersuchten Lukasbruderschaften fanden vornehmlich im Mittelalter statt. Obwohl Lukasbruderschaften auch in der Frühen Neuzeit aktiv waren, lassen sich aus dieser Zeit kaum Altarstiftungen nachweisen. Die Ausstattung der Altäre konnte mit Altartüchern, Vorhängen, Leuchtern, Kelch und Messbuch erfolgen. Des Weiteren wurden Messgewänder und Patenen gespendet, Pfründen für die Messpriester finanziert und Altarbilder gestiftet. Dabei befand sich die Lukasbruderschaft in der besonderen Situation, dass sie aufgrund der beruflichen Tätigkeit ihrer Mitglieder die Möglichkeit hatte, das Altarbild selbst anzufertigen und die Kapelle künstlerisch auszugestalten. So finanzierte die Lukasbruderschaft in Stralsund den Bau der St. Lukaskapelle, und ihre Mitglieder verpflichteten sich, die Glasfenster auszuführen und die Ausstattung der

---

[32] Vgl. Friedrich POLLEROSS, Renaissance und Barock, in: Wien. Geschichte einer Stadt, Bd. 2: Die frühneuzeitliche Residenz (16. bis 18. Jahrhundert), hg. von Karl VOCELKA–Anita TRANINGER (Wien–Köln–Weimar 2003) 453–500, hier 462.

[33] Die in Reimform abgefasste Gründungsgeschichte der Bruderschaft vermittelt das ausgesprochen antiprotestantische Selbstverständnis der Bruderschaft, vgl. Freya STRECKER, Augsburger Altäre zwischen Reformation (1537) und 1635. Bildkritik, Repräsentation und Konfessionalisierung (Kunstgeschichte 61, Münster 1998) 236.

[34] Vgl. ebd. 234–237.

Kapelle zu übernehmen[35]. In Ulm stiftete die Kramerzunft, in der die Maler inkorporiert waren, 1480/1481 das sog. Kramerfenster an der nördlichen Chorseite des Ulmer Münsters[36]. In Freiburg im Breisgau besaß die Malerzunft ein eigenes Fenster im Münster, das sog. Malerfenster, welches erstmals im Jahr 1537 erwähnt wurde[37].

Ob die Lukasbruderschaften aufgrund der künstlerischen Befähigung ihrer Mitglieder mehr Altarstiftungen vorzuweisen hatten als andere handwerkliche Bruderschaften, lässt sich wegen der fehlenden vergleichenden Forschungen zu anderen Handwerksbruderschaften nicht unmittelbar beantworten.

In Landshut mussten die Maler mit der Aufnahme in die Zunft auch der Hämmerlbruderschaft beitreten. In der Hämmerlbruderschaft, auch Hammerler- oder Dreiviertelhammelzunft genannt, waren die Angehörigen aller mit dem Hammer arbeitenden Gewerbe, aber auch Maler, Glaser, Goldschmiede, Steinmetze, Maurer, Zinngießer, Palierer, Riemer, Schmiede, Sporer, Salwürcker, Bogner, Wagner, Sattler, Gürtler, Seiler, Seidenweber, Schlosser, Schwertfeger und Plattner vertreten[38].

Die Mitglieder der Bruderschaft gedachten der Verstorbenen in einem feierlichen Gottesdienst am Hauptjahrestag. Sie besaß einen Altar in der Stephanskapelle in der Pfarrkirche St. Martin und unterhielt einen eigenen Kaplan, der hier täglich die Messe zu lesen hatte. Der Altar ist bereits 1430 nachweisbar[39]. Neben der Hämmerlbruderschaft verfügten auch die Schneider- (Erhardikapelle) und die Fischerzunft (Andreaskapelle) über Kapellen in St. Martin.

Die meisten Altäre waren allerdings wie in Zürich, Innsbruck, Augsburg, Flensburg, Ulm, Hamburg, Lübeck, Lüneburg, Rostock und Stralsund dem Schutzpatron der Maler, dem Heiligen Lukas geweiht. Das bevorzugte Altarbildmotiv war die Darstellung des Heiligen Lukas, der die Madonna mit Kind malt. Ein Beispiel ist der Altar der Lukasbruderschaft in der Hansestadt Lübeck. Dort verfügte die Bruderschaft über eine Kapelle in der Katharinenkirche. Das Altarretabel war 1484 von Hermen Rode ausgeführt worden[40]. Auf den bemalten Flügeln der Sonntagsseite nach der ersten Wandlung des Altares ist das Leben des Heiligen Lukas in acht Szenen dargestellt (Abb. 1)[41]. Die Festtagsseite besteht

---

[35] Dem Amt der Maler und Glaser wird von den Vorstehern der Marienkirche erlaubt, im Gotteshaus eine Kapelle zwischen den beiden Pfeilern unter dem Turm an der Nordseite neben der Tür, die zum neuen Markt führt, einzurichten. Die Kirchenvorsteher wollten die Maler und Glaser mit Ziegeln, Steinen, Kalk und anderem Baumaterial unterstützen. Die Glasfenster und die sonstige Ausstattung der Kapelle wurde von den Malern und Glasern übernommen, vgl. Stralsund, Archiv der Hansestadt, Hs. 67, fol. 133ʳ⁻ᵛ, 1. Februar 1502; Abschrift: 19. Jahrhundert. Die Vormünder der Kinder des verstorbenen Hinrick Vogeler stifteten für die Kapelle der Maler und Glaser einen silbervergoldeten Kelch mit Patene, vgl. ebd. Urk. St. Marien 51, 23. April 1503.

[36] Hersteller war eine Straßburger Werkstatt, um 1480, vgl. Hartmut SCHOLZ, Die mittelalterlichen Glasmalereien in Ulm (Corpus Vitrearum Medii Aevi, Deutschland, Bd. I: Schwaben 3, Berlin 1994) 84–96, 110–125.

[37] Vgl. Rüdiger BECKSMANN, Die mittelalterlichen Glasmalereien in Freiburg im Breisgau (Corpus Vitrearum Medii Aevi, Deutschland, Bd. II: Baden und Pfalz 2/2, Berlin 2010) 228–245.

[38] Vgl. Volker LIEDKE, Landshuter Tafelmalerei und Schnitzkunst der Spätgotik (Ars Bavarica 11/12, München 1979) 16; Heinz HUTHER, Die unbekannten Landshuter Messerer. Ein Beitrag zur Landshuter Handwerksgeschichte. *Verhandlungen des Historischen Vereins für Niederbayern* 132 (2006) 111–142, hier 125.

[39] Vgl. Hans-Dieter BECHER, Landshut. Die Stadt Landshut und das Landgericht Rottenburg (Historischer Atlas von Bayern, Teil Altbayern 1/43, München 1978) 377.

[40] Zu Hermen Rode und dem Lukasretabel siehe ausführlich Anja RASCHE, Studien zu Hermen Rode (Petersberg 2013) 50–96. Das Lukasretabel befindet sich heute in Lübeck, St. Annen-Museum.

[41] Es handelt sich hierbei um: 1. Lukas schreibt das Evangelium, 2. Begegnung in Emmaus, 3. die Jünger berichten von ihrer Begegnung in Emmaus, 4. Christus erscheint den Jüngern, 5. Tod des Heiligen Lukas, 6. Beisetzung des Heiligen Lukas, 7. Translation des Lukasschreins, 8. Aufstellung des Lukasschreins.

Abb. 1: Hermen Rode: Lukasaltar nach der ersten Wandlung: Acht Szenen aus der Lukaslegende, Tempera und Öl auf Kreidegrund/Eichenholz, Flügel: 117 x 57,5 cm, 1484 (Bildnachweis: Hansestadt Lübeck, Museumsquartier).

aus Skulpturen und zeigt in der Mitteltafel den Heiligen Lukas bei der Anfertigung des Gemäldes von Maria mit dem Kind (Abb. 2). Im Inneren sind identisch zu den Außenflügeln links die Heilige Katharina und rechts die Heilige Barbara dargestellt. Mit der Figur der Heiligen Katharina wird auf das Patrozinium der Kirche verwiesen. Während die Figuren auf den Außenflügeln gemalt sind, sind sie im Schrein als Skulpturen ausgeführt. In der Predella sind in fünf Spitzbogenfeldern die vier Kirchenväter mit Christus in ihrer Mitte angeordnet.

In den Altären wurden neben dem Heiligen Lukas auch weitere Heilige dargestellt, bei denen es sich meist um die Schutzpatrone weiterer inkorporierter Handwerke in der Bruderschaft handelte. Die Berner „Gesellschaft zu Affen" vereinte seit 1431 die Steinmetzgesellschaft (Gründung 1421) und die ursprüngliche „Gesellschaft zu Affen", die sich dann als gemeinsame Korporation den Namen der „Gesellschaft zu Affen" gaben[42]. Die „Gesellschaft zu Affen" besaß Pfründen im Spital und stiftete einen Altar für die vier Gekrönten. Die Maler gründeten am 7. Dezember 1504 gemeinsam mit den Goldschmieden, Münzern, Bildhauern, Glasern und Seidenstickern eine Bruderschaft, deren Patrone die Heiligen Anna, Lukas und Eligius waren[43]. An den Hauptfeiertagen St. Lukas und St. Eligius wurde der Mitgliedsbeitrag von zwei Kreuzern eingesammelt, der für die

---

[42] Vgl. François DE CAPITANI, Adel, Bürger und Zünfte im Bern des 15. Jahrhunderts (Bern 1982) 66.

[43] Vgl. StaatsA Bern, A I 321, pag. 736–738, 7. Dezember 1504, vgl. Ursula TIMANN, Transkription, in: Statuta pictorum (wie Anm. 3) Bd. 1, 310–313.

Abb. 2: Hermen Rode: Lukasaltar, Innenschrein: Lukas malt die Madonna, 174 x 115 x 22 cm, Innenflügel
links: Heilige Katharina, Innenflügel rechts: Heilige Barbara, 117 x 57,5 cm, Eichenholz, 1484 (Bildnachweis:
Hansestadt Lübeck, Museumsquartier).

Bestückung des Altares mit Kerzen verwendet wurde. Das Altarretabel wurde von Nikolaus Manuel Deutsch angefertigt und war 1515 vollendet. Zwei Flügel befinden sich
heute im Kunstmuseum Bern. Auf den Außenflügeln sind die Heiligen Lukas und Eligius
in ihren Werkstätten dargestellt (Abb. 3, 4). Auf den Innenflügeln sind zwei Szenen aus
dem Leben der Heiligen Anna, die Begegnung an der Goldenen Pforte und die Geburt
Mariens abgebildet. Der zugehörige Schrein mit Skulpturen ist heute verloren.

In Hamburg gründeten die Maler gemeinsam mit den Glasern eine Lukasbruderschaft. Sie stifteten in den 1460er Jahren einen Lukasaltar in der Kapelle im Dom südlich
des Turms[44]. Das Triptychon verfügt über einen geschnitzten Mittelschrein und beidseitig bemalte Flügel ohne Predella und Bekrönung. Auf dem rechten Außenflügel ist der
Heilige Lukas dargestellt, der im Begriff ist, die auf dem linken Außenflügel abgebildete
Madonna mit Kind zu malen (Abb. 5). Die Innenseite des linken Altarflügels thematisiert das Emmausmahl. Oberhalb des Rundbogens, der einen Einblick in das Haus, in
dem das Mahl stattfindet, gewährt, befindet sich ein Wappen mit neun Schilden, welches
das Haus als Gebäude der Malerzunft kennzeichnet. Der anwesende Heilige Lukas wird
durch den Stier als Attribut und ein Inschriftenband gekennzeichnet. In einer weiteren
Szene im Hintergrund verfasst Lukas das Evangelium. Auf der rechten Seitentafel ist der

---

[44] Zum Hamburger Lukasaltar und dessen Hauptmeister Hinrik Borneman siehe ausführlich Manya
BRUNZEMA, Der Lukasaltar des Hinrik Bornemann und sein Werkstattkreis. Untersuchungen zur Hamburger
Malerei um 1500 (Vestigia Bibliae 17, Bern u. a. 1997).

Abb. 3: Nikolaus Manuel (Deutsch): Altar der Heiligen Anna, Außenflügel: Der Heilige Lukas malt die Madonna, Mischtechnik auf Fichtenholz, links 121,2 cm, rechts 121,9 x oben 84,5 cm, unten 83,8 cm, 1515, Kunstmuseum, Staat Bern, Inv. Nr. G 0324 (Bildnachweis: Kunstmuseum Bern).

Evangelist auf dem Sterbelager dargestellt, während im Hintergrund der Leichenzug und die Beerdigung zu erkennen ist. Im Mittelschrein ist links die mystische Vermählung der Heiligen Katharina mit Jesus Christus, der auf dem Schoß seiner Mutter sitzt, abgebildet. Der Heilige Lukas sitzt auf der rechten Seite und ist im Begriff, die Mutter Gottes zu malen[45]. Im Hintergrund befinden sich von links nach rechts die vier Kirchenväter Ambrosius, Hieronymus, Gregor und Augustinus sowie der Heilige Cyriakus von Rom. Neben Maria kniet die Heilige Lucia, neben Lukas ist ein Lehrling zu sehen, der im Begriff ist, auf einem Tisch Farben in einer Schüssel zu reiben (Abb. 6).

Der Altar wurde mit Kirchenornat, Messgewändern und Kerzen ausgestattet. Außerdem wurde eine ewige Pfründe gestiftet, über die am 10. April 1469 ein Vertrag ausgefertigt wurde und die zur Finanzierung der Priesterstelle diente[46]. Der erste von der Bruderschaft eingestellte Priester war Nikolaus Sartoris, der einen Kelch und ein Messbuch für die Ausstattung der Kapelle spendete. Neben dem Priester konnte ein Offiziant eingestellt werden, der jede Woche drei Messen zu halten und für die Lebenden und Toten der Bruderschaft zu beten hatte. Die Besetzung der Priesterstelle erfolgte durch die Werkmeister des Amtes. Nach Möglichkeit sollte der Sohn eines Mitglieds, der Priester geworden

---

[45] Das Bild auf der Staffelei ist nachweislich eine neuzeitliche Ergänzung. Ob ursprünglich Lukas die Vermählung Katharinas auf dem Gemälde auf der Staffelei dargestellt hat, ist ungewiss, vgl. ebd. 60.

[46] Das Original ist heute verloren, der Text jedoch abgedruckt bei LAPPENBERG, Beiträge (wie Anm. 11) 331–333.

Abb. 4: Nikolaus Manuel (Deutsch):
Altar der Heiligen Anna, Außenflügel:
Der Heilige Eligius in der Werkstatt
eines Goldschmieds, Mischtechnik auf
Fichtenholz, 120,5 x 83,3 cm, 1515,
Kunstmuseum Bern, Burgergemeinde
Bern, Bern, Inv. Nr. G 2020b (Bild-
nachweis: Kunstmuseum Bern).

war oder binnen eines Jahres Priester wurde, die Stelle erhalten. War kein entsprechender Kandidat vorhanden, sollte ein armer Priester oder Schüler eingestellt werden. Ab
1514 oblag die Besetzung des Priesteramts nicht mehr ausschließlich der Bruderschaft.
Sie wechselte sich nun diesbezüglich mit dem Domkapitel ab. Am 11. Jänner 1805 wurde
der Altar in der St. Jakobskirche aufgestellt, nachdem der Hamburger Dom von 1804 bis
1807 abgerissen und seine Ausstattung veräußert worden war[47]. Am 21. März 1844 löste
sich die Bruderschaft auf.

Für die Verlegung von Altartafeln lassen sich weitere Beispiele benennen. In Flensburg schlossen am 26. November 1490 das Amt der Maler, Goldschmiede, Schreiner und
Glasmaler einen Vertrag mit dem Vorsteher des Franziskanerklosters, um eine Lux- und
Loyenbruderschaft am Kloster zu gründen[48]. Die Bruderschaft schenkte den Mönchen
eine schöne Tafel, die im Kloster vor der Tür zum Kirchenchor dicht beim Sakraments-
haus aufgehängt wurde, und überließen ihnen alle während der Messen von den Mitgliedern des Amtes gestifteten Opfergaben, wobei das Opfern für alle Mitglieder verpflichtend war. Hierfür hatten die Mönche regelmäßig für die verstorbenen Mitglieder
des Amtes zu beten und zweimal im Jahr am Tag nach St. Lukas (19. Oktober) und am
St. Loyentag (25. Juli) die Vigilien und die Messen für die Verstorbenen zu lesen. Waren die Nachfolger des Vorstehers oder die Mönche mit dem Arrangement nicht mehr

---

[47] Vgl. Brunzema, Lukasaltar (wie Anm. 44) 69f.
[48] Vgl. StA Flensburg, Urk./Ver. 586, 26. November 1490.

Abb. 5: Hinrik Bornemann und Werkstatt: Lukasaltar des Hamburger Maleramts, Außenseite links: Marientafel, Tempera/Kreidegrund, 180 x 73 cm, Außenseite rechts: Lukas malt die Madonna, Tempera/Kreidegrund, 180 x 74,5 cm, um 1499, St. Jakob, Hamburg (Bildnachweis: Hauptkirche St. Jacobi).

Abb. 6: Hinrik Bornemann und Werkstatt: Lukasaltar des Hamburger Maleramts, Mittelschrein: Vermählung der Heiligen Katharina von Alexandria mit Christus, Lukas malt die Madonna, Heiliger Ambrosius, Heiliger Hieronymus, Heiliger Gregor, Heiliger Augustinus, Heiliger Cyriakus von Rom, Altarschrein: 180 x 148 cm, Eichenholz, Innenseite links: Emmausgeschichte, 180 x 73 cm, Tempera/Kreidegrund, Innenseite rechts: Tod und Begräbnis des Heiligen Lukas, 180 x 74,5 cm, Tempera/Kreidegrund, um 1499, St. Jakob, Hamburg (Bildnachweis: Hauptkirche St. Jacobi).

einverstanden, stand es der Bruderschaft zu, die gestiftete Tafel wieder aus dem Kloster entfernen und in eine andere Kirche bringen zu dürfen. Dieser Fall trat bereits acht Jahre später ein[49]. Am 12. Dezember 1498 schloss das Amt einen Vertrag mit der Marienkirche zur Errichtung einer ewigen Vikarie am Frauenaltar[50]. Der Vikar, der mit der Abhaltung

---

[49] Vgl. Gerhard Kraack, Das Gildewesen der Stadt Flensburg (Kiel 1969) 35.
[50] Vgl. Flensburg, Landeskirchliches Archiv, FLMarien Nr. 352, 12. Dezember 1498.

der Toten- und Seelenmessen und den Gottesdiensten betraut war, wurde von der Bruderschaft bestimmt[51]. Das Amt errichtete in der Marienkirche den St. Lukas- und Loyen-Altar, der 1505 bei seiner Einweihung durch den Bischof von Schleswig einen vierzigtägigen Ablass erhielt[52].

In der Reichsstadt Ulm schloss die Lukasbruderschaft am 21. Oktober 1473 einen Vertrag mit dem Augustinerchorherrenstift zu den Wengen ab, in dem die Abhaltung von Messen am Lukasaltar und deren Bezahlung geregelt wurde. Der Vertrag wurde am 20. August 1499 erneuert und ist in mehreren Abschriften überliefert[53]. Die Lukasbruderschaft bezahlte aus ihrer Bruderschaftskasse die vertraglich vereinbarten Messen und Predigten. Zu ihnen zählten die alljährliche Messe am Tag des Heiligen Lukas (18. Oktober). Am darauffolgenden Sonntag fand eine fürbittende Seelenmesse für die verstorbenen Mitglieder der Bruderschaft statt. Weitere Seelenmessen für die verstorbenen Mitglieder wurden ebenfalls von der Bruderschaft gezahlt. Propst und Konvent bestimmten den Prediger. Die Bruderschaft besaß nicht das Recht, selbst einen Priester dafür auszusuchen. Der von ihr gestiftete Altar und dessen Schmuck, der aus einer Altartafel, -tüchern, Vorhängen und Leuchtern bestand, sollten im Fall der Auflösung des Vertrages in den Besitz des Wengenklosters übergehen. Das Altargerät, zu dem die Messbücher und -gewänder gezählt wurden, war im Fall der Auflösung des Vertrags allerdings an die Bruderschaft zurückzugeben. Solange sie sich im Besitz des Wengenklosters befanden, konnten die Klosterbrüder die Gegenstände aber auch anderweitig nutzen[54]. Dieser interessante Passus vermittelt eine Wertigkeit der gestifteten Gegenstände, von denen die Messbücher und -gewänder als wesentlich höher gegenüber der Altartafel, den Altartüchern, Vorhängen und Leuchtern eingestuft und somit nach Beendigung des Vertrags zurückgefordert wurden.

Die Maler waren bereits vor Vertragsabschluss seit knapp einem Jahrhundert mit dem Augustinerchorherrenstift zu Wengen verbunden gewesen. 1402, drei Jahre nach der Grundsteinlegung der Kirche im Jahr 1399, stifteten die drei Meister Eberhard, Lucas und Martin ein Ewiges Licht auf dem Lukasaltar. Dafür versprachen Propst und Konvent, dort jährlich am Lukastag eine Messe lesen zu lassen[55].

Somit scheint ein eigener Altar, der dem Heiligen Lukas geweiht war, bereits 1402 bestanden zu haben. In einem Verzeichnis der Wengenkirche, das kurz nach 1647 entstand, wird der Altar unter dem Namen des zweiten Patrons, des Heiligen Johannes, aufgeführt und als Johannesaltar bezeichnet. Als weitere Patrone des Altares werden 1766 der Heilige Lukas, Johannes der Täufer und Johannes der Evangelist genannt[56]. Die Bruderschaft

---

[51] Zum Vorschlagsrecht der Bruderschaft bzgl. des Vikars siehe KRAACK, Gildewesen (wie Anm. 49) 60.

[52] Vgl. ebd. 35, 63.

[53] Von dem Vertrag haben sich insgesamt vier bekannte Abschriften überliefert. Das Original ist nicht mehr erhalten, vgl. Marina BECK–Ursula TIMANN, Ulm, in: Statuta pictorum (wie Anm. 3) Bd. 5, 449, Anm. 63.

[54] Vgl. auch Daniela GRÄFIN VON PFEIL–Gerhard WEILANDT, Die Künstlerbruderschaft in der Kirche zu den Wengen in Ulm und ihr Altarretabel, in: Meisterwerke massenhaft. Die Bildhauerwerkstatt des Niklaus Weckmann und die Malerei in Ulm um 1500, hg. von DENS. (Stuttgart 1993) 389.

[55] Vgl. Hans ROTT, Quellen und Forschungen zur südwestdeutschen und schweizerischen Kunstgeschichte im XV. und XVI. Jahrhundert, Bd. 2: Alt-Schwaben und die Reichsstädte (Stuttgart 1934) 4. Als Quelle nennt Rott die Chronik des Pfarrers Marcus Wollaib, „Paradysus Ulmensis, Ulmischer Paradies-Garten, 1714"; StA Ulm, Handschriften, G 1 / 1714, 293.

[56] 1766 wurden in der Geschichte des Klosters, die der Wengenmönch Michael Kuen verfasst hatte, die Altarpatrone bestätigt. Während der Amtszeit des Propstes Michael II. erfolgte eine neuerliche Weihe des Altares anlässlich derer als weitere Heilige der Märtyrer Sebastian und der Benner Rochus neben Johannes dem

hatte sich zwischenzeitlich aufgelöst und der Altar war entsprechend den Bestimmungen des Vertrages an das Kloster gefallen. Vermutlich wurde der Altar 1803, als das Augustinerchorherrenkloster säkularisiert wurde, verkauft[57].

In der Forschung kursieren mehrere Varianten einer möglichen Rekonstruktion des Altares. Daniela Gräfin von Pfeil und Gerhard Weilandt nehmen an, dass es sich bei dem Lukasaltar um das sog. Wengenretabel handelt, das als Fragment erhalten ist und ursprünglich aus dem Augustinerchorherrenstift stammt[58]. Das Werk wird Bartholomäus Zeitblom und Jörg Stocker sowie weiteren, namentlich nicht bekannten Künstlern zugeschrieben und um 1500 bzw. 1510 datiert[59]. Dietlinde Bosch vermutet hingegen, dass mit der Ausstellung des neuen Vertrags 1499 auch ein neuer Altar für die Bruderschaft angefertigt worden sein könnte. Sie schlägt daher zwei andere Altäre von Bartholomäus Zeitblom, die nach Vertragsabschluss entstanden sind, als mögliche Altäre der Lukasbruderschaft vor. Der erste Altar stellt die Beweinung Christi dar. Er entstand um 1500 bis 1505 und befindet sich heute im Germanischen Nationalmuseum in Nürnberg[60]. Die zweite Option wäre der Fronleichnams- oder Sakramentsaltar, der sich heute z. T. in Kempten in der Alpenländischen Galerie und z. T. in der Staatsgalerie Füssen befindet und zwischen 1500 und 1506 angefertigt worden sein soll[61].

Neben dem Altar sind auch Privatstiftungen der Maler bekannt, die wahrscheinlich der Ausstattung der Lukaskapelle dienen sollten. So stiftete Hans Lindenmayer 1495 der Wengenkirche einen scharlachroten Kirchenornat[62]. Neben dem Altar der Lukasbruderschaft befand sich in der Wengenkirche auch ein Altar der Elogiusbruderschaft, in welche die Schmiede inkorporiert waren. Weitere Bruderschaftsaltäre lassen sich in anderen Kirchen in Ulm nachweisen. Die Schützenbruderschaft stiftete 1463 eine Kapelle auf dem Michaelsberg[63]. Die Bruderschaft der Grautucher, Wollschlager und Hutmacher unterhielt einen Altar in der Barfüßerkirche. Das heute verlorene Retabel war 1510 von Daniel Mauch und Martin Schaffner angefertigt worden[64].

Täufer, dem Evangelisten Johannes und dem Heiligen Lukas genannt werden. Damit war die ursprüngliche Anzahl der Patrone um weitere ergänzt worden, vgl. GRÄFIN VON PFEIL–WEILANDT, Künstlerbruderschaft (wie Anm. 54) 391f.

[57] Vgl. ebd.

[58] Vgl. ebd. 392–394.

[59] Zu den unterschiedlichen Datierungen und Zuschreibungen des Altars siehe ebd. 396; Eva LEISTENSCHNEIDER, Katalog, Beitrag Kat. Nr. 1–26, in: Ausst. Kat. Jerusalem in Ulm. Der Flügelaltar aus St. Michael zu den Wengen, hg. vom Ulmer Museum (8. März–12. Juli 2015, Ulmer Museum) (Ulm 2015) 114–149. Das Wengenretabel befindet sich heute im Ulmer Museum als Dauerleihgabe des St. Annen-Museums in Lübeck.

[60] Bartholomäus Zeitblom und Mitarbeiter, Die Beweinung Christi, um 1500/1505, GNM, vgl. Dietlinde BOSCH, Die Geschichte der Wengenkirche und ihrer mittelalterlichen Ausstattung, in: Ausst. Kat. Jerusalem in Ulm (wie Anm. 59) 33, Abb. 25, 34f. Der Altar fungierte ab 1613 als Hochaltar der Kirche, vgl. ebd. 30; GRÄFIN VON PFEIL–WEILANDT, Künstlerbruderschaft (wie Anm. 54) 393.

[61] Vgl. BOSCH, Geschichte (wie Anm. 60) 31f., Abb. 23–24. Gräfin von Pfeil und Weilandt vermuten, dass es sich bei diesem Altar um den Hauptaltar der Laienkirche im Augustinerkloster, der vor bzw. unter dem Lettner in der Wengenkirche aufgestellt worden war, gehandelt haben könnte, vgl. GRÄFIN VON PFEIL–WEILANDT, Künstlerbruderschaft (wie Anm. 54) 393f.

[62] Vgl. ebd. 390, Anm. 17: „Joannis Lindenmayer dedit ornatum pretiosum rubeum coccineum cum suis attinentijs 1495", zitiert nach StA Ulm, A Ulmensien 5086-87, fol. 18ʳ.

[63] Vgl. GRÄFIN VON PFEIL–WEILANDT, Künstlerbruderschaft (wie Anm. 54) 389, Anm. 7.

[64] Vgl. GNM, Archiv, Hs. 28604, Artikelbuch der Grautucher, 28604, neue Paginierung: fol. 42ʳ⁻ᵛ, alte Paginierung fol. 46ʳ⁻ᵛ.

In Augsburg verfügten diverse Bruderschaften über Kapellen im Dom, die im Chorumgang lagen. Dort waren die Antoniuskapelle der Kistler, die Annakapelle der Bäcker und Müller und die Augustinerkapelle der Kornmesser, Bierbrauer und Metzger untergebracht. Die Kapelle der Lukasbruderschaft befand sich an der südlichen Langchorabseite und grenzte unmittelbar an die Chorumgangskapellen an[65]. Ab 1376 werden sowohl die Kapelle als auch die Stiftung der Nachlassverwalter des Augsburger Patriziers Johann Dachs erwähnt, wobei sich jedoch nicht feststellen lässt, wann die Stiftung des dem Heiligen Jakobus geweihten Altares erfolgte. Den Namen Jakobskapelle behielt die Kapelle auch nach ihrer Übergabe an die Lukasbruderschaft im Jahr 1600 bei. 1681 wurden die Goldschmiede in die Bruderschaft aufgenommen und die Kapelle nun gelegentlich Goldschmiedekapelle genannt[66]. Die Lukasbruderschaft hatte sich in Augsburg zu Beginn des 17. Jahrhunderts begründet und umfasste die katholischen Maler, Bildhauer, Reißer, Kupferstecher, Goldschmiede (seit 1681), Steinmetze, Kistler und Kompassmacher. Ihre Gründung erfolgte auf Anregung von Octavian Fugger[67]. Ihre Patrone waren die Jungfrau Maria und der Heilige Lukas. Die erste Versammlung fand am 24. Februar 1600 im Haus des Malers Hans Kastner statt. Am 2. März wurde die Bruderschaft vom Rat genehmigt. Als geistlicher Vater bzw. Direktor wurde der Chorvikar und Zeremonienmeister am Dom, Cleophas Distelmayr (um 1548–1628), gewählt[68]. Dieser hatte die Position eines Direktors inne, dem bezüglich der Finanzen Rechenschaft abgelegt werden musste. Die Zahl der Vollmitglieder war auf zwölf beschränkt, von denen je zwei am St. Lukastag zu Verwaltern und vier zu Beiständen neu gewählt wurden. Nur wenn ein Mitglied ausschied, konnte ein neues Mitglied gewählt werden. Allerdings gab es auch die Möglichkeit, sich in die Bruderschaft einzukaufen, ohne Vollmitglied zu werden, wobei diese Mitglieder von der regelmäßigen Beitragszahlung befreit waren. Vor dem Eintritt musste sich jedes Mitglied an den geistlichen Vater oder die Präfekten wenden, die Beichte ablegen, die Kommunion entgegennehmen und gegebenenfalls den katholischen Glauben bekennen.

Der Bruderschaft wurde im Dom die Jakobskapelle für ihre Gottesdienste zur Verfügung gestellt mit der Auflage, in der Kapelle nichts ohne Rücksprache mit dem Kustos zu verändern[69]. In Augsburg beriet generell das Kapitel über Renovierungen und Baumaßnahmen am Dom und den zugehörigen Kapellen und beschloss entsprechende Maßnahmen. In Einzelfällen konnte die Entscheidung allerdings auch an den Kustos und ein bis zwei Domherren oder an den Dekan delegiert werden. Nur umfangreiche Baumaßnahmen, an denen auch der Bischof finanziell beteiligt war, mussten mit diesem abgesprochen werden. In die Entscheidungsgewalt des Domkapitels fiel die Anschaffung, Renovierung oder Veräußerung von liturgischem Gerät, Büchern, Paramenten und sonstigen Ausstattungsgegenständen sowie die Aufstellung von Epitaphien, Altartafeln und Heiligenfiguren durch Kleriker und Laien im Dom, im Kreuzgang, in der Johanneskirche und allen zugehörigen Kapellen. Hierbei oblag ihnen die Kontrolle über Aufstellungsort, Aussehen und Größe vor allem der Epitaphien und Altäre sowie alle sie betreffenden Veränderungen. Das Kapitel achtete darauf, dass an den genannten Gegenständen keine

---

[65] Die Anbringung von Sonderkapellen in den äußeren Seitenschiffen des Langchors entspricht dem Grundrisstypus und lässt sich auch in Köln finden, wo an diesen Stellen die Kreuz- und die Marienkapelle liegen, vgl. Denis A. CHEVALLEY, Der Dom zu Augsburg (München 1995) 74.

[66] Vgl. ebd. 70, 217.

[67] Vgl. Marina BECK–Ursula TIMANN, Augsburg, in: Statuta pictorum (wie Anm. 3) Bd. 1, 98.

[68] Vgl. Augsburg, Bistumsarchiv, Hs. 168, 1600–1603.

[69] Vgl. STRECKER, Altäre (wie Anm. 33) 234.

Kennzeichnung der Laienstifter durch Wappen oder Inschriften erfolgte, mit denen sie ihre Eigentumsansprüche dokumentieren konnten. Durch die Nichtanbringung eines Wappens verzichtete der Stifter auf sein Eigentum und damit auf jeden weiteren Anspruch[70].

Auch im Fall der St. Lukaskapelle sollte mit der genannten Auflage einer möglichen Einflussnahme der Laien zuvorgekommen werden. Die Ausstattungsgeschichte des Augsburger Domes zwischen 1548 und der schwedischen Besatzung (1632–1635) dokumentiert den Prozess der Entflechtung von städtischem und kirchlichem Raum, der in der gemischtkonfessionellen Reichsstadt eine besondere soziale und politische Dimension erfuhr[71].

In der Lukaskapelle befand sich ein Altar, der 1597 von Fürstbischof Johann Otto von Gemmingen errichtet worden war, der die Kapelle zu seiner Grablege erkoren hatte[72]. Der aus Rotmarmor gefertigte Altar zeigt in seinem Hauptrelief einen Gnadenstuhl, links und rechts sind in Nischen die Heiligen Petrus und Paulus dargestellt. Ober- und unterhalb der Nischen befindet sich je ein Medaillon, in denen die Evangelistensymbole abgebildet sind. Petrus wird gerahmt von dem Matthäus-Engel und dem Lukas-Stier, Paulus wird gerahmt von dem Markus-Löwen und dem Johannes-Adler. In der Predella sind in zwei Reliefs links die Opferung Isaaks sowie rechts Moses und die eherne Schlange dargestellt. In der Ädikula wird in einem Simultanrelief die Auferstehung und Christus in der Vorhölle thematisiert. Über dem Auszug steht eine Figur der Mutter Gottes mit Kind, zwei Engel halten eine Krone über ihr Haupt. Links und rechts neben der Ädikula befinden sich Ausnischungen in der Altarwand, in denen Figuren stehen, links der Heilige Jakob, rechts der Heilige Heinrich[73].

Mit Ausnahme der Umbenennung der Kapelle und der damit einhergehenden Weihung der Kapelle an Lukas hielt sich die Lukasbruderschaft somit an die Vorgabe, an der Kapelle nichts zu verändern. Gestattet war ihnen, die Kapelle mit Ornaten und Kirchenzierde auszustatten, wozu sie die in die Bruderschaftskasse eingezahlten Gelder verwendeten. Bestand kein Bedarf mehr an weiteren Ausschmückungsgegenständen, sollte das übrige Geld armen und kranken Mitgliedern zugutekommen[74].

Ein Vergleich mit den anderen im Dom befindlichen Bruderschaftskapellen zeigt, dass die Bruderschaften insgesamt wenig Einflussmöglichkeiten auf die Gestaltung ihrer Kapellen hatten. 1682 wurde die vormalige Martinskapelle zur Bruderschaftskapelle der Kistler, die sie dem Heiligen Antonius weihten. Allerdings stiftete 1685 der Domkapitular Martin Miller in dieser einen Altar mit dem Bild des Heiligen Hieronymus von Johann Heinrich Schönfeld[75]. Die ursprüngliche Siebenschläferkapelle wurde Ende des 16. Jahrhunderts der Bäckerzunft überlassen, die darin einen Altar zu Ehren der Heiligen

---

[70] Vgl. ebd. 110–112.

[71] Vgl. ebd. 234f.

[72] Johann Otto von Gemmingen war 1598 verstorben. Zu seiner Grabplatte siehe Chevalley, Dom (wie Anm. 65) 298.

[73] Vgl. ebd. 216–220, Abb. 342, 343, 344. Bei dem Altar handelt es sich um das einzige Objekt, das noch von der Ausstattung aus der Spätrenaissance stammt.

[74] Vgl. Beck–Timann, Augsburg (wie Anm. 67) 100.

[75] Johann Heinrich Schönfeld: Der Heilige Hieronymus vernimmt die Posaune des Jüngsten Gerichts, um 1683/84, Ö/L, 182 x 141 cm, Ordinariatsgebäude Dom. Das Gemälde entstand wohl um 1683/84 und wurde von der Werkstatt zu Ende gemalt, die auch die Signatur von Schönfeld posthum auf selbigem anbrachten. Der Künstler verstarb vermutlich 1684, vgl. Chevalley, Dom (wie Anm. 65) 525f.; Herbert Pée, Johann Heinrich Schönfeld (Berlin 1971) 67, 204f.

Anna errichtete. 1681 wurde der Altar aber entfernt und an seiner Stelle der frühbarocke Ostchoraltar aufgestellt, der seinen vormaligen Platz verlassen musste, um im Hochchor einem neuen Aufbau Platz zu machen[76]. Die ehemalige, dem Heiligen Vital und Martin geweihte Kapelle verfügte ursprünglich über ein Altarbild mit einer Gnadenstuhldarstellung[77]. Dieser Altar blieb vermutlich auch bestehen, nachdem 1593 die Kornmesser die Kapelle übernahmen und dem Heiligen Augustinus weihen ließen. 1692 wurde hier ein neuer Barockaltar aufgestellt, der vom Dompropst Johann Martin von Eyb gestiftet worden war und dessen Aussehen unbekannt ist[78].

Die Bruderschaft der Maler in Prag umfasste die Mitglieder der drei Malerzünfte in den drei Prager Städten Altstadt, Neustadt sowie Kleinseite und wird erstmals in einem Eintrag vom 25. Dezember 1347 erwähnt[79]. Sie war zunächst in der sog. Liebfrauenkirche auf der Hül ansässig, die sich in der Prager Altstadt befand, und im Zehntregister von 1384 als „Ecclesia S. Mariae in Lacu Majoris civitatis" (Prager Altstadt) bezeichnet wird[80]. Dort opferten sie am Abend vor dem St. Lukastag (17. Oktober) eine Wandelkerze im Gewicht von neun Pfund, die mit den Farben Gold und Silber verziert war. Vor 1533 wechselte die Bruderschaft ihren Standort und zelebrierte nun ihre Gottesdienste in der Teynkirche[81] in der Prager Altstadt. Dort verfügte die Bruderschaft laut einem am 4. April 1452 ausgestellten Privileg von Ferdinand I. über einen Lukasaltar. Rudolf II. bestätigte diesen Erlass in einem Brief vom 27. April 1595. Der Altar befand sich unter einem spätgotischen Baldachin, der 1493 über dem Grab des utraquistischen Bischofs Augustinus Lucianus von Santorin errichtet worden war[82]. Dessen Leichnam war 1620 nach der Schlacht am Weißen Berg im Zuge der Rekatholisierung Böhmens ausgegraben und öffentlich verbrannt worden. Seit 1650 erfolgten wiederholt Versuche, den Baldachin, der die Erinnerung an den Bischof wachhielt, entfernen zu lassen. Die Maler stellten sich jedoch diesen Ambitionen 1651 entgegen und verwiesen auf die Absicht, einen neuen Altar errichten zu wollen[83].

---

[76] Der frühbarocke Ostchoraltar von 1681 hat sich nur in einer schematischen Ansicht des Ostchores überliefert, vgl. CHEVALLEY, Dom (wie Anm. 65) 146, Abb. 252. Zur Beschreibung des Barockaltars, vgl. ebd. 199. Es handelte sich um ein Altarbild von Johann Heinrich Schönfeld, auf dem die Himmelfahrt Mariens dargestellt war. Das Gemälde war von den Figuren des Heiligen Ulrich und der Heiligen Afra gerahmt worden.

[77] Dieses hat sich möglicherweise in der Chorsakristei erhalten, vgl. ebd. 229.

[78] Der heute hier befindliche Altar gehört zur neugotischen Ausstattung, vgl. ebd. 229f.

[79] Vgl. Prag, Archiv der Nationalgalerie in Prag, AA 1207, 25. Dezember 1347, vgl. Susan TIPTON–Ursula TIMANN–Hana PÁTKOVÁ, Transkription, in: Statuta pictorum (wie Anm. 3) Bd. 4, 251–261. Als Datum ist Neujahr 1348 angegeben, nach damaliger Zeitrechnung Weihnachten 1347, vgl. Das Buch der Malerzeche in Prag, hg. von Matthias PANGERL (Quellenschriften zur Kunstgeschichte und Kunsttechnik des Mittelalters und der Renaissance 13, Wien 1878 [Nachdr. Osnabrück 1970]) 101, Anm. 2.

[80] Vgl. ebd. 101, Anm. 6.

[81] Der Wechsel der Kirche war mit Sicherheit vor 1533 vollzogen worden, denn in diesem Jahr verfügte Paul aus Melnik (Pavel Mělnický), ein bedeutendes Mitglied der Malerzunft, testamentarisch, dass Meister Michael aus Kuttenberg, der ihm noch 33 Schock Groschen schuldete, den Ölberg in der Kapelle der Malerbruderschaft in der Teynkirche und ein Muttergottesbild auf der Teynschule renovieren sollte. Ein Teil des Geldes war zudem für ein Ewiges Licht in der Bruderschaftskapelle bestimmt worden, vgl. Karel CHYTIL, Die Junker von Prag. Auszug aus der Abhandlung „O Junkerech pražských", in: O Junkerech pražských, hg. von DEMS. (Rozpravy České Akademie císaře Františka Josefa pro vědy, slovesnost a umění XI/I/2, Prag 1903) 92.

[82] Die Vereinigung der Maler ließ gemeinsam mit anderen Handwerken an dem Baldachin 1604 eine tschechische Inschrift anbringen, die später um das gemeinsame Wappen der Maler der Prager Altstadt und der Kleinseite sowie um eine lateinische Inschrift ergänzt wurde, vgl. Radka HEISSLEROVA–Ursula TIMANN–Marina BECK–Sarah WILHELM, Prag, in: Statuta pictorum (wie Anm. 3) Bd. 4, 242.

[83] Vgl. Pavel PREISS, Die Malerei des Frühbarock, in: Prager Barock, hg. von Zdeněk MÍKA–Gottfried

Am 10. Februar 1652 versprach Franz Paling, der in diesem Jahr seine siebenjährige Lehre bei Karel Škréta beenden sollte, anstelle der üblichen Wachs- und Geldzahlungen zum Abschluss seiner Lehre, ein Altarbild für den Maleraltar in der Teynkirche zu malen. Ob dies jemals geschehen ist, ist unbekannt[84]. 1661 fertigte sein vormaliger Meister, Karel Škréta, den Altar für die Lukasgilde an[85]. Den Unterhalt hatten alle drei Malergilden gemeinsam zu finanzieren. 1847 wurde das Gemälde von Škréta durch die Altartafel des Malers Josef Vojtěch Hellich ersetzt[86].

Am 30. Mai 1669 erhielt die Neustädter Malerzunft eine neue Zunftordnung und löste sich aus dem bruderschaftlichen Verbund mit den anderen Malerzünften. Sie zelebrierte nun ihren Gottesdienst in der Kirche St. Heinrich in der Neustadt, wo sie einen eigenen Altar errichten ließ. Das Gemälde von Škréta wurde zum Vorbild für den Lukasaltar in dieser Kirche[87]. 1674 sagten sich auch die Maler von der Kleinseite von den Altstädter Malern los und wollten einen neuen Zunftaltar in der Pfarrkirche St. Wenzel anlegen.

Besaßen die Bruderschaften Reliquien, wurden selbige in kostbaren Reliquiaren präsentiert, die mitunter während der Prozessionen mitgeführt wurden. In Freiburg i. Brsg. hatte Pater Raphael Schächtelin, Guardian des Freiburger Kapuzinerklosters, in Rom Reliquien erworben, die er an den Magistrat, die Priesterschaft des Freiburger Münsters und die Zünfte verschenkte. Das Maleramt erhielt 1653 Reliquien des Heiligen Innozenz. Um selbige während der Fronleichnamsprozession zu präsentieren, wurden auf Wunsch des Paters Brustbilder von Heiligen zur Aufbewahrung der Reliquien angefertigt. Seit dem 18. Jahrhundert wurde die Reliquie des Heiligen Innozenz in einer neu angefertigten Büste des Heiligen Lukas verwahrt. Sie befindet sich heute im Augustinermuseum Freiburg i. Brsg.[88].

Ein wichtiger Aspekt war die Stiftung von Gegenständen, die bei den Prozessionen zum Einsatz kamen. Hierzu zählten Stangen, an denen die Wappen der Bruderschaft präsentiert oder auf denen die Kerzen getragen wurden, sowie die bei den Prozessionen mitgeführten Fahnen. Insbesondere die Kerzen stellten hierbei wichtige Requisiten dar. 1515

STANGLER (Ausstellung in der Schallaburg 22. April–1. November 1989, Katalog des NÖ. Landesmuseums N. F. 227, Wien 1989) 120, Kat. Nr. 6.13.

[84] Vgl. Gustav Edmund PAZAUREK, Carl Screta (1610–1674). Ein Beitrag zur Kunstgeschichte des XVII. Jahrhunderts (Prag 1889) 52.

[85] Vgl. PREISS, Malerei (wie Anm. 83) 120.

[86] Es handelt sich um ein Retabel mit mehreren Szenen, in der Mitte ist eine Verkündigung Mariens dargestellt.

[87] „Sichtlich unter dem Einflusse dieses Gemäldes [gemeint ist ‚Lukas malt die Madonna', das frühere Altarbild der Malerbruderschaft, gemalt von Karel Škréta 1661] entstand ein Altarbild der S[t]. Heinrichskirche. Prag II. Ev. S. Seitencapelle. – Der Kopf des Heiligen ist verändert, die Madonna etwas bewegter. Die Engeln [sic!] in anderer Stellung", PAZAUREK, Screta (wie Anm. 84) 79, Anm. 1. Es soll sich nach Hammerschmid um eine Kopie eines Bildes der St. Stephanskirche handeln, das zur Zeit Pazaureks bereits verloren war. Hammerschmid lokalisiert das Bild in die Lukaskapelle der Heinrichskirche, gestiftet 1696 vom Ratsherrn Johann Lucas Crocin von Drahobeyl, der die Kapelle zu seiner Grabstätte wählte, vgl. Johann Florian Hammerschmid, Prodromus Gloriae Pragenae (Prag 1723) 237. Diese Kapelle dürften die Neustädter Maler für ihre Gottesdienste genutzt haben.

[88] Vgl. Fritz GEIGES, Der alte Fensterschmuck des Freiburger Münsters. Ein Beitrag zu dessen Kenntniß und Würdigung (Fortsetzung). 2. Künstler, Kunst und Kunsttechnik der Frühzeit. *Schau-ins-Land* 29 (1902) 87 Anm. 34; Lore NOACK-HEUCK, Die Reliquienbüsten der Freiburger Zünfte. *Badische Heimat* (1951) 132–137, hier 132–134, Abb. 2, 133.

wurde Hans Baldung Grien für die Bemalung der Zunftkerzen mit Schilden entlohnt[89]. Die Beauftragung eines derart bekannten Künstlers mit einer solchen Tätigkeit zeigt die hohe Wertigkeit, welche die Kerzen einnahmen. In zahlreichen Städten wurden die Mitgliedsbeiträge und Strafzahlungen, die den Mitgliedern bei unterschiedlichen Vergehen auferlegt wurden, zur Finanzierung der Kerzen vor dem Altar genutzt. Häufig erfolgte die Zahlung der Gebühr bereits in Wachs, das für die Kerzen verwendet wurde.

3. Repräsentation der Bruderschaften durch Zeremonien und Stiftungen

Ein wesentlicher Aspekt hinsichtlich der Inszenierung und Präsentation der Bruderschaften war die Teilnahme an den Fronleichnamsprozessionen. Hierbei galt: Je näher die Bruderschaft am Allerheiligsten im Zug positioniert war, desto höher ihr Ansehen. Da das Allerheiligste am Ende des Zuges präsentiert wurde, war somit ein Platz möglichst am Schluss sehr begehrt. Wie wichtig die Positionierung der Bruderschaft während der Prozession war, zeigt das Beispiel Innsbruck.

In Innsbruck begründeten die Maler eine Bruderschaft, die bald um die Goldschmiede, die Hufschmiede, die Trompetergesellschaft und die Metzger ergänzt wurde. Mit der Inkorporation neuer Handwerke änderten sich auch die Patrone und der Name der Bruderschaft. Aus der Malerbruderschaft mit den Patronen Maria und Lukas wurde mit Aufnahme der Goldschmiede die Maler- und Goldschmiedebruderschaft, die später als St. Barbarabruderschaft bezeichnet wurde und auch die Heiligen Lukas und Eligius als Patrone führte. Nachdem die Trompetergesellschaft und die Metzger 1510 der Bruderschaft beigetreten waren, wurde der Name in Unsere Lieben Frau und St. Barbarabruderschaft umbenannt, wird aber im Folgenden der Einfachheit halber als Barbarabruderschaft bezeichnet.

Die Niederschrift der Privilegien und Statuten der Barbarabruderschaft setzte 1507 ein und wurde bis 1513 fortgesetzt[90]. Die Ordnung umfasste Bestimmungen für die Begehung der Messen an den zahlreichen religiösen Feiertagen, die von der Bruderschaft gefeiert wurden, die Beerdigung von Mitgliedern, die Seelenmessen für die verstorbenen Mitglieder sowie die Verwaltung und Aufnahme in die Bruderschaft. Parallel zur Bruderschaft existierte eine Zunft der Maler und Goldschmiede, über deren Ordnungen nichts Näheres bekannt ist. Interessanterweise fungierte die religiöse Bruderschaft für die gewerbliche Korporation als Verwalterin der Kasse, so dass die individuell im Handwerk geregelten Aufnahmegebühren und Strafgelder der Religionsausübung (Beerdigungen, Seelenmessen, Messen an hohen Feiertagen) zugutekamen. Als letzten Punkt thematisiert die Ordnung der Barbarabruderschaft die Festlegung des Platzes der Bruderschaft bei der Fronleichnamsprozession.

Kaiser Maximilian I., unter dem die Barbarabruderschaft eingeführt worden war, war selbst Mitglied und als oberster Brudermeister an der Spitze der Mitglieder in das Bruderschaftsbuch eingetragen worden. Er ordnete gegenüber dem Bürgermeister, Richter und Rat zu Innsbruck am 14. Februar 1508 an, dass die Mitglieder der Barbarabruderschaft

---

[89] Vgl. Freiburg im Breisgau, Erzbischöfliches Archiv, Freiburger Münsterarchiv, Fabrikrechnungen 1537 II, fol. 12ᵛ, um 29. Dezember 1537; Sabine Söll-Tauchert, Hans Baldung Grien (1484/85–1545). Selbstbildnis und Selbstinszenierung (Atlas 8, Köln–Weimar–Wien 2010) 220, Anm. 725.

[90] Vgl. StA Innsbruck, Cod. 86, fol. 1ʳ–38ʳ, 1507–1513, vgl. Ursula Timann, Transkription, in: Statuta pictorum (wie Anm. 3) Bd. 2, 498–512.

im Fronleichnamsumzug den Platz unmittelbar vor dem Allerheiligsten erhalten sollten[91]. Damit hätte die Barbarabruderschaft den Platz vor den Priestern im Zug eingenommen und wäre an äußerst exponierter Stelle gewesen. Bürgermeister, Richter und Rat zu Innsbruck kamen der Anweisung des Kaisers jedoch nicht nach. Daraufhin befahl Maximilian I. am 19. Mai 1509 der Regierung von Tirol, selbiges umzusetzen mit der Begründung, dass zuvor die mittlerweile in die Bruderschaft einverleibten Trompeter Herzog Sigismunds diesen Platz einst innegehabt hatten[92]. Dagegen legten die Bruderschaften der Bäcker, Metzger, Schuster und Schneider jedoch Widerspruch ein, denen dieser Platz möglicherweise zuvor vorbehalten gewesen war. Am 1. Juni 1509 entschied daher Maximilian I., dass sich die Bäckerbruderschaft und die Barbarabruderschaft künftig jährlich abwechseln sollten, um dem Allerheiligsten voranzugehen[93]. Doch auch dieser Entschluss wurde nicht angenommen, so dass schließlich am 28. Mai 1510 vom Kaiser endgültig bestimmt wurde, dass die „Unsere Frauen Gesellschaft" den Platz unmittelbar vor dem Allerheiligsten erhalten sollte. Die Bäcker, Metzger, Schneider, Schuhmacher und die Barbarabruderschaft sollten folgen[94]. 1587 wird eine Bruderschaft der Maler, Bildhauer und Goldschmiede separat von der Barbarabruderschaft erwähnt[95].

Die Reihenfolge der Bruderschaften beim Umgang während der Fronleichnamsprozession wurde auf einem in die Ratsprotokolle eingebunden Blatt in Schmalfolio, festgehalten. Das Blatt trägt die Überschrift *Verzaichnus der bruederschafften auf dem umbgang am tag Corporis Cristi, 1587*[96]. Der zugehörige Entscheid zum Umgang ist auf den 10. Mai 1587 datiert und besagte, dass die Prozession in der gleichen Ordnung wie im vorigen Jahr stattfinden sollte[97]. Am Rand befindet sich ein teilweise durch die Bindung beschnittener Nachtrag, der das Umtragen der Bilder betrifft. Die Reihenfolge der Bruderschaften lautet: Wirte – Goldschmiede, Maler, Bildhauer – Schlosser – Apotheker, Barbiere, Bader – Sattler und Kürschner – Fischer und Hafner – Maurer und Steinmetze – Zimmerleute – Tischler – Sebastianibruderschaft – Barbarabruderschaft – Schuhmacher – Schneider – Metzger – Bäcker. Die gleiche Reihenfolge wurde auch in einem Entscheid am 10. Juni 1588 festgelegt, in dem eine fleißige Teilnahme an der Prozession angemahnt wurde, die von den Bruderschaften beaufsichtigt werden sollte[98].

Die Prozessionsordnung entspricht der von 1510. Neu sind seitdem an Bruderschaften die der Sattler und Kürschner, der Apotheker, Barbiere und Bader, der Goldschmiede, Maler und Schlosser sowie der Wirte hinzugekommen. Die neu aufgenommenen Bruderschaften wurden an den ungünstigsten Plätzen positioniert und waren am weitesten vom Allerheiligsten entfernt. Die Bäcker hatten nach wie vor den besten Platz[99].

---

[91] Dieser Fall wurde in der Ordnung selbst geschildert, vgl. StA Innsbruck, Cod. 86, fol. 36ʳ–38ʳ, 1507–1513. Darüber wurde auch eine Urkunde ausgestellt, die ebenfalls erhalten ist, vgl. ebd. U-630, 14. Februar 1508.

[92] Vgl. ebd. Cod. 86, fol. 36ᵛ–37ʳ, 1507–1513. Das entsprechende Schreiben ist erhalten, vgl. ebd. U-641, 19. Mai 1509.

[93] Vgl. ebd. Cod. 86, fol. 37ᵛ–38ʳ. Auch zu dem in der Ordnung beschriebenen Punkt hat sich ein separates Schreiben erhalten, ebd. U-642, 1. Juni 1509.

[94] Vgl. BECK–TIMANN, Innsbruck (wie Anm. 10) 484.

[95] Vgl. Christoph HAIDACHER, Zur Bevölkerungsgeschichte von Innsbruck im Mittelalter und in der beginnenden Neuzeit (Veröffentlichungen des Innsbrucker Stadtarchivs N. F. 15, Innsbruck 1984) 144, Anm. 178.

[96] StA Innsbruck, RP (1585–1597), fol. 47ʳ, 1587.

[97] Vgl. ebd. fol. 49ʳ⁻ᵛ.

[98] Vgl. ebd. RP (1585–1597), Schmalfoliozettel eingebunden zwischen fol. 103ᵛ–104ᵛ, 1588.

[99] Vgl. ebd. Cod. 86, fol. 38ʳ, 1507–1513, vgl. Ursula TIMANN, Transkription, in: Statuta pictorum (wie Anm. 3) Bd. 2, 498–512.

Ein erstmaliges separates Auftreten der Maler, Bildhauer und Goldschmiede von der Barbarabruderschaft erfolgte vor 1586[100]. Definitiv wurde die Trennung der Maler, Bildhauer und Goldschmiede von der Barbarabruderschaft aber erst 1633 vollzogen. Nachdem es anscheinend zu Streitigkeiten gekommen war, gründeten die Maler am 2. Juni 1633 gemeinsam mit den Goldschmieden, Bildhauern, Bildschnitzern, Glasmalern, Glasern, Siegel- und Wappensteinschneidern, Hutmachern und Federschmuckern eine eigene Bruderschaft und erhielten eine eigene Ordnung ausgestellt[101].

Diese umfasste vornehmlich religiöse Bestimmungen und wie ihre Vorgängerordnung in der Barbarabruderschaft nur allgemeinverbindliche Regelungen, die das Handwerk selbst betrafen. Bei den Prozessionen waren die Kirchenfahne der Bruderschaft und die Kerzen mitzutragen. Die Ordnung mussten Bürgermeister und Rat der Stadt Innsbruck genehmigen. Während der Prozessionen hatte einer der jüngsten Meister die Bruderschaftsfahne zu tragen. Der Träger wurde jedes Jahr zu Fronleichnam abgelöst.

Zu den religiösen Aufgaben der Bruderschaft gehörte auch die Abhaltung von Begräbnissen und Seelenmessen. Starb ein Mitglied, dessen Frau oder Kind, mussten sich alle Meister zum Begräbnis einfinden. War der Verstorbene älter als zwölf Jahre, trugen ihn die vier jüngsten Meister zu Grabe. Ein Seelenamt wurde in der St. Jakobskirche abgehalten. Die bisher mit der Barbarabruderschaft gefeierten Seelämter an den St. Lukas- und Eligiustagen wollte die Bruderschaft fortan selbst durchführen lassen und dafür 36 Kreuzer beisteuern, weitere Beträge wurden von den Meistern der Hufschmiede gezahlt, die sich offensichtlich ebenfalls der neuen Bruderschaft angeschlossen hatten.

In Augsburg wurden die regelmäßig zu zelebrierenden Gottesdienste in der St. Lukaskapelle abgehalten, zu denen die viermal jährlich gesungenen Lobämter an den Tagen der Heiligen Matthias, Jakob, Lukas und Maria Heimsuchung sowie zwei gesprochene Messen zählten. Vierteljährlich fand mittwochs ein Seelenamt für die Verstorbenen mit zwei gesprochenen Messen statt. Die Teilnahme an den Gottesdiensten war bei Strafe von einem Viertelpfund Wachs oder dem Gegenwert in bar obligatorisch. Dies galt auch für Beerdigungen. Die Kosten für die Beerdigung der Mitglieder übernahmen die Erben. Waren sie dazu nicht in der Lage, zahlte die Bruderschaft. Für die auswärtig verstorbenen Mitglieder wurden ebenfalls Seelenmessen gelesen.

Neben den gemeinsamen Gottesdiensten war jedes Mitglied verpflichtet, auch privat Frömmigkeitsübungen zu absolvieren. Dazu zählte das tägliche Gebet von drei Vaterunser, ferner drei Ave Maria, das Glaubensbekenntnis, das Singen einer Salve Regina und eine Kollekte am St. Lukastag. Wer nicht lesen konnte, sollte stattdessen sieben weitere Ave Maria beten. Zusätzliche Gebete waren beim Tod eines Mitglieds vorgeschrieben. Zudem sollte jedes Mitglied mindestens viermal im Jahr an Ostern, Mariä Heimsuchung, am St. Lukastag und zu Weihnachten zur Beichte und zur Kommunion gehen.

Interessant ist, dass die Mitglieder nicht selbst während der Prozessionen die Fahnen und Kerzen trugen. Stattdessen bezahlten sie Personen, die an ihrer statt während der Prozessionen an Karfreitag, Christi Himmelfahrt und Fronleichnam sowie bei anderen Gelegenheiten die Fahnen, Kerzen und Stangen inner- und außerhalb der Stadt präsentierten.

In Burghausen begründeten die Maler keine eigene Lukasbruderschaft, sondern waren

[100] Vgl. BECK–TIMANN, Innsbruck (wie Anm. 10) 485.
[101] Vgl. StA Innsbruck, Akt. 502, Fasz. 1, 2. Juni 1633, Ursula TIMANN, Transkription, in: Statuta pictorum (wie Anm. 3) Bd. 2, 523–529. Die Ordnung ist nur als spätere Abschrift als Fasz. 1 in einem aus zehn Faszikeln bestehenden Akt überliefert.

Mitglied in der Sebastianibruderschaft. Die Sebastianibruderschaft bestand 1581 aus den Handwerken der Schreiner, Schlosser, Binder, Drechsler und Sieber. Wann die Uhrmacher, Maler, Bildhauer und Glaser hinzukamen, ist unbekannt. Sie wurden allerdings noch in der Bruderschaftsordnung von 1683 nachträglich eingefügt, was auf einen relativ späten Eintritt der genannten Berufsgruppen schließen lässt. Die Mitgliedschaft in der Bruderschaft war für die genannten Handwerke obligatorisch, wenn sie in Burghausen ihrem Beruf nachgehen wollten[102]. Neben den Zunftmitgliedern stand die Bruderschaft auch für in- und ausländische Mitglieder offen.

Im Jahr 1466 wird erstmals eine Kapelle der Bruderschaft in St. Jakob erwähnt, die am 6. Mai geweiht worden war[103]. In der Pfarrkirche standen 15 Altäre, von denen acht von Handwerken gestiftet worden waren. Hierbei handelte es sich um den Sebastianialtar der Sebastianibruderschaft, den Johann-Nepomukaltar der Metzger, den Nikolaialtar der Schiffleute, den Wolfgangaltar der Maurer, den Florianialtar der Bäcker, den Annaaltar der Müller, den Rupertialtar der Schmiede und Wagner sowie den Michaelialtar der Schuhmacher[104]. 1512 werden anlässlich der Weihe der Jakobskirche und der Spitalkirche eine Reihe von Bruderschaften genannt, die die Kosten für diese Feierlichkeiten zu tragen hatten. Zu ihnen zählten die Bruderschaften der Schiffleute, Metzger, Aufleger, Hutmacher, Lederer, Schuster, Schneider, Scherer, Kürschner, Loderer, Weber, Bäcker und die Sebastianibruderschaft. Mitte des 16. Jahrhunderts werden auch Bruderschaften der Tuchmacher, der Steinmetze und der Salzzwicker genannt[105].

Bereits wenige Jahre nach dem Erlass einer Ordnung von 1601[106] wurde im Jahr 1638 eine neuerliche Ordnung für die Bruderschaft ausgestellt. Als Grund wurde genannt, dass die Teilnahme an den Gottesdiensten und Begräbnissen sowie an den Prozessionen an Fronleichnam und Karfreitag vernachlässigt worden war, und sich die Mitglieder häufig von ihren Buben, gemeint sind wohl die Lehrlinge, hatten vertreten lassen. Daher sollte nun die Ordnung verbessert werden. Genau erläutert wurde die Teilnahme an den Prozessionen an Fronleichnam und Karfreitag, bei denen die Kerzen und Stangen von den beiden jüngsten Meistern getragen wurden. Diese durften stattdessen nicht ihre Lehrlinge schicken. Waren sie verhindert, mussten sie andere Meister bitten, ihre Funktion zu erfüllen. Strafen wurden für alle ausgesprochen, die ohne ausreichende Entschuldigung nicht an den Gottesdiensten, Beerdigungen oder Seelenmessen teilnahmen.

4. Fazit

Auch wenn die Lukasbruderschaften meist allen offen standen, die in der Lage waren, die Aufnahmegebühr und die Mitgliedsbeiträge zu zahlen, umfasste ihre soziale Struktur vornehmlich die Handwerker, die obligatorisch in die Bruderschaft einzu-

---

[102] Vgl. ABP, PA Burghausen St. Jakob, Urkunden, U 226, 18. Jänner 1638, Abschrift: 17. Jahrhundert, vgl. Ursula TIMANN, Transkription, in: Statuta pictorum (wie Anm. 3) Bd. 1, 601–605.

[103] Die Stadtpfarrkirche St. Jakob war 1140 zum ersten Mal geweiht und nach dem Brand 1353 wieder aufgebaut worden, vgl. Johann Georg Bonifaz HUBER, Geschichte der Stadt Burghausen in Oberbayern (Burghausen 1862) 153; Georg FRANZ-WILLING, Burghausen, in: Bayerisches Städtebuch, hg. von Erich KEYSER–Heinz STOOB (Deutsches Städtebuch, Bayern 5.2, Stuttgart 1974) 118.

[104] Vgl. HUBER, Geschichte (wie Anm. 103) 332f.

[105] Vgl. Claudia SCHWAAB, Altötting. Das Landgericht Neuötting, das Stadtgericht Burghausen und die Gerichte Wald und Leonberg-Marktl (Historischer Atlas von Bayern, Teil Altbayern 1/63, München 2005) 337.

[106] Die Ordnung von 1601 hat sich nicht erhalten.

treten hatten, um ihren Beruf ausüben zu dürfen. Neben den Meistern waren auch deren Ehefrauen und Mitarbeiter Mitglieder der Bruderschaft. Hinsichtlich der Höhe der Gebührenzahlungen lassen sich bei zahlreichen Bruderschaften Differenzierungen nach Berufsabschluss, Geschlecht und Herkunftsort nachweisen. Sie dienten zum einen der Unterhaltung der Altäre, deren Ausstattung mit Kunstgegenständen und der Bezahlung des Priesters, zum andern machten sie sich die Unterstützung kranker Mitglieder und die Finanzierung der Beerdigungen zur Aufgabe. Ein weiterer wichtiger Aspekt war die Ausrichtung der sozialen Zusammenkünfte in Form der gemeinsamen Essen bei den Versammlungen. Die finanziellen Ressourcen, die einer Bruderschaft zur Verfügung standen, um Kunststiftungen zu tätigen, waren somit von verschiedenen Faktoren abhängig und lassen sich jeweils nur im Individualfall bei der Untersuchung von Einzelbeispielen nachvollziehen.

Bezüglich der Altarstiftungen lassen sich dementsprechend sehr unterschiedliche Varianten hinsichtlich ihrer Umsetzung feststellen. Während in Hamburg, Lübeck und Bern die Lukasbruderschaften ihre Kapellen individuell ausstatten konnten, wurde in Augsburg der Bruderschaft untersagt, die Kapelle wesentlich zu verändern. Im Ulm tätigten die Maler umfangreiche Stiftungen zur Ausstattung der Kapelle, behielten sich allerdings vor, gewisse Ausstattungsgegenstände bei einem möglichen Wechsel der Kirche wieder zurückzuerhalten. Hierzu zählte allerdings nicht das Altarbild, das im Augustinerchorherrenstift belassen werden sollte. Die Flensburger Maler legten hingegen in ihren Verträgen fest, dass die Altartafel bei einem Kirchenwechsel zurückgegeben wurde. Sie übertrugen die Tafel aus der Franziskaner- in die Marienkirche. In Hamburg wurde die Altartafel vom Dom nach St. Jakob transferiert, nachdem der Abriss des Domes beschlossen worden war. In Prag verfügten die verschiedenen Malerzünfte zunächst gemeinsam über eine Bruderschaft und einen Altar, bevor sich diese im 17. Jahrhundert aufspaltete und jede Malerzunft einen eigenen Altar erhielt, wobei das Altargemälde der Neustädter Zunft interessanterweise eine deutliche Abhängigkeit von dem Gemälde des ursprünglichen Bruderschaftsaltars verrät.

Auch die Regelungen hinsichtlich des zu beauftragenden Priesters, der die regelmäßig stattfindenden Messen zu lesen hatte, wurde unterschiedlich gehandhabt. Während in Ulm den Malern ein Mitspracherecht an der Besetzung dieses Postens untersagt wurde, konnten in Flensburg die Bruderschaftsmitglieder hierauf entsprechenden Einfluss nehmen. In Hamburg oblag die Besetzung des Priesters zunächst der Bruderschaft, später erfolgte die Neubenennung im Wechsel mit dem Domkapitel. Hier wird explizit erwähnt, dass nach Möglichkeit ein Sohn eines Mitglieds der Bruderschaft, der Priester war oder wurde, in dieses Amt berufen werden sollte.

Auch hinsichtlich der Teilnahme an den Fronleichnamsprozessionen lassen sich zwischen den Bruderschaften Unterschiede in der Umsetzung feststellen. Während sich in Innsbruck sogar Kaiser Maximilian I. dafür einsetzte, dass die Barbarabruderschaft einen exponierten Platz innerhalb des Zuges einnahm, mussten in Burghausen die Mitglieder durch das neuerliche Ausstellen einer Ordnung zur Teilnahme ermahnt werden. In Augsburg verzichteten die Mitglieder der Bruderschaft hingegen auf ein persönliches Erscheinen und bezahlten stattdessen Personen, um sie bei dieser Aufgabe zu vertreten.

Die genannten Beispiele zeigen die weitgefächerte Heterogenität, die den Kunststiftungen der Bruderschaften zugrunde lag. Schlussendlich waren die individuellen Verhandlungen verbindlich, so dass sich kaum allgemeingültige Aussagen treffen lassen. Damit lässt sich abschließend konstatieren, dass die Untersuchung der Bruderschaften als

Auftraggeber von Kunstwerken selbst bei der Konzentration auf eine Berufsgruppe, wie die der Maler, ein äußerst heterogenes Bild aufzeigt, das stark von den individuellen Begebenheiten vor Ort geprägt wurde und sich mit diesen jederzeit verändern konnte.

Nationale Bruderschaften in Rom (14.–17. Jahrhundert)

Tobias Daniels

Eine nationale Bruderschaft in Rom nahm vorwiegend Mitglieder einer als eigen verstandenen „natio" auf, verwaltete meist Hospize und kümmerte sich um die Angelegenheiten einer sog. Nationalkirche[1]. So eindeutig die obige Kurzdefinition erscheinen mag, so schwierig ist es, die so bezeichneten Institutionen in ihren historischen Realitäten zu charakterisieren, denn sie haben lange wie teils wechselvolle Geschichten und manche von ihnen bestehen bis heute fort[2]. Auch ließe sich überspitzt formulieren, dass die Forschung zum Thema zwar fast so alt wie ihr Gegenstand ist, dass sich aber bei näherem Hinsehen ein immenser Forschungsbedarf offenbart. Erstens sind die verschiedenen Konfraternitäten in höchst unterschiedlicher Weise aufgearbeitet und selbst bei vermeintlich sehr gut erschlossenen Fällen klaffen große Lücken[3]. Zweitens erfordert das Feld insgesamt eine weite Übersicht und interdisziplinäre Herangehensweise. Drittens ist kaum einmal eine Zusammenschau geleistet worden. Der Grund dafür liegt in der Natur der Sache: Das Thema betrifft sowohl Rom als auch die verschiedenen Herkunftsländer und ihr Verhältnis zum Papsttum. Daher ist seine Erforschung mit beträchtlichem Rechercheaufwand verbunden, insbesondere bei einer Untersuchung von Phänomenen der „longue durée".

1. Der Begriff der Nation und die „nationes"

Nimmt man – wie es das Projekt „Roma communis patria. Die Nationalkirchen in Rom zwischen Mittelalter und Neuzeit" der Bibliotheca Hertziana, Max-Planck-Institut für Kunstgeschichte tut – den Zeitraum von ca. 1350 bis 1650 in den Blick[4], so ist es von

---

[1] Siehe zuletzt die Bände: Identità e rappresentazione. Le chiese nazionali a Roma, 1450–1650, hg. von Alexander KOLLER–Susanne KUBERSKY-PIREDDA–Tobias DANIELS (Rom 2016); Chiese e *nationes* a Roma. Dalla Scandinavia ai Balcani. Secoli XV–XVIII, hg. von Antal MOLNÁR–Giovanni PIZZORUSSO–Matteo SANFILIPPO (Studia, Bibliotheca Academiae Hungariae – Roma 6, Rom 2017).

[2] Siehe etwa die Seite des *Vicariatus Urbis* der *Diocesi di Roma* zu *Chiese nazionali*, online unter: http://www.vicariatusurbis.org/?page_id=190&TipoEnte=110 [17. 8. 2017].

[3] Vgl. beispielsweise zu dem sehr gut aufgearbeiteten Fall der „Deutschen" Irene FOSI, A proposito di una lacuna storiografica. La nazione tedesca a Roma nei primi secoli dell'età moderna. *Roma moderna e contemporanea* 1 (1993) 45–56.

[4] Susanne KUBERSKY-PIREDDA–Tobias DANIELS, Roma communis patria. Die Nationalkirchen in Rom zwischen Mittelalter und Neuzeit, online unter: https://www.mpg.de/8909674/BH_JB_2015 [17. 8. 2017]; Identità e rappresentazione (wie Anm. 1). Der Verfasser des vorliegenden Aufsatzes war von 2012 bis 2016 wissenschaftlicher Mitarbeiter des genannten Forschungsprojekts. Die hier vorgetragenen Überlegungen basieren auf den Forschungen des genannten Projekts.

fundamentaler Bedeutung, dass die in den Quellen der Bruderschaften auftauchende Bezeichnung „national"[5] nicht die heutige Bedeutung hatte, die im 19. Jahrhundert geprägt wurde. Sie ist hingegen mit der vormodernen Valenz des lateinischen Begriffes „natio" verbunden, welcher von „nasci" herrührt und somit auf die gemeinsame Herkunft abzielte[6]. Spätestens seit den soziologischen und begriffsgeschichtlichen Studien der 1990er Jahre ist bekannt, dass der Begriff der Nation als Produkt einer mentalen Fabrikation dem historischen Wandel unterworfen ist[7]. Anthony Smith hat in jüngerer Zeit die vormoderne Nation mit den folgenden Worten definiert: „eine historische Gemeinschaft, die sich durch eine kulturelle und/oder politische Identität auszeichnet, die von einem Kollektiv getragen wird, das Mythen, Erinnerungen, Symbole, Werte und Traditionen teilt, sich mit einem historischen Territorium identifiziert, über eine öffentliche Kultur verfügt und dieselben Gebräuche und Gesetze teilt"[8]. In der Forschung werden „nationes" oft als Landsmannschaften bezeichnet. Knut Schulz machte neben dem Aspekt der Herkunft insbesondere den der sprachlichen Gemeinsamkeit stark und betonte, dass der Begriff der Nation vom Mittelalter zur Neuzeit insbesondere im merkantilen und universitären Bereich sowie auf Kirchenkonzilien eine Rolle spielte und durch sie geprägt wurde[9]. Ferner müssen die Konkordate mit den sich formierenden Landeskirchen bedacht werden (Bourges 1438, Wien 1448)[10]. Die Humanismusforschung hat zudem herausgestellt, dass das agonale Element des Wettkampfes und der Wettkampfrhetorik zur Ausbildung nationaler Gedankenmuster im Laufe der Vormoderne beigetragen hat[11].

Auf der Grundlage des Gesagten ist es von grundsätzlicher Bedeutung, die historischen „nationes" nicht unter einer teleologisch-genetischen Perspektive anzusehen und zu

---

[5] Beispielsweise im Falle von Santa Maria dell'Anima. Christiane SCHUCHARD, Das päpstliche Exemtionsprivileg für das Anima-Hospital vom 21. Mai 1406. Beobachtungen zur Geschichte der Anima im 15. Jahrhundert, in: S. Maria dell'Anima. Zur Geschichte einer „deutschen" Stiftung in Rom, hg. von Michael MATHEUS (Bibliothek des Deutschen Historischen Instituts in Rom 121, Berlin–New York 2010) 1–20; Tobias DANIELS, La chiesa di Santa Maria dell'Anima tra Papato e Impero, in: Chiese e nationes (wie Anm. 1) 77–94, hier 95 (Anhang).

[6] Siehe einführend Reinhart KOSELLECK, Volk, Nation, Masse, in: Geschichtliche Grundbegriffe. Historisches Lexikon zur politisch-sozialen Sprache in Deutschland 7, hg. von Otto BRUNNER–Werner CONZE– dems. (Stuttgart 1992) 141–431.

[7] Eric J. HOBSBAWM, Nations and Nationalism since 1780. Programme, Myth, Reality (Cambridge–New York 1990); Ernest GELLNER, Nations and Nationalism (Oxford 1983); Benedict ANDERSON, Imagined Communities (New York–London 1991).

[8] Nach Anthony D. SMITH, The Cultural Foundations of Nations. Hierarchy, Covenant, and Republic (Malden–Oxford 2008) 184.

[9] Knut SCHULZ, Was ist deutsch? Zum Selbstverständnis deutscher Bruderschaften im Rom der Renaissance, in: Päpste, Pilger, Pönitentiarie. FS für Ludwig Schmugge zum 65. Geburtstag, hg. von Andreas MEYER–Constanze RENDTEL–Maria WITTMER-BUTSCH (Tübingen 2004) 135–167; siehe auch Paul BERBÉE, Von deutscher Nationalgeschichte zu römischer Lokalgeschichte. Der Topos vom „nationalen Pilgerheim" am Beispiel des deutschen Frauenhospizes St. Andreas in Rom (1372–1431). RQ 86 (1991) 23–52; Andreas REHBERG, Le comunità „nazionali" e le loro chiese nella documentazione dei notai stranieri (1507–1527), in: Identità e rappresentazione (wie Anm. 1) 211–231.

[10] François-Charles UGINET, L'idée de nation gallicana et la fin de la présence savoisienne dans l'église nationale de Saint-Louis à Rome, in: Les fondations nationales dans la Rome pontificale. Actes du colloque de Rome (16–19 mai 1978) (Publications de l'École française de Rome 52, Paris–Rom 1981) 83–99; Götz-Rüdiger TEWES, Die römische Kurie und die europäischen Länder am Vorabend der Reformation (Bibliothek des Deutschen Historischen Instituts in Rom 95, Tübingen 2001).

[11] Zusammenfassend Caspar HIRSCHI, Wettkampf der Nationen. Konstruktionen einer deutschen Ehrgemeinschaft an der Wende vom Mittelalter zur Neuzeit (Göttingen 2005); DERS., The Origins of Nationalism. An Alternative History from Ancient Rome to Early Modern Germany (Cambridge 2012).

untersuchen. Damit wird zweitens verständlich, warum eine Analyse nationaler Bruderschaften nicht lediglich auf die heute bestehenden Nationalstaaten wie etwa Frankreich oder England abzielt, sondern auch auf weitere politische, kulturelle oder sprachliche Einheiten, die mit dem Terminus „natio" bezeichnet wurden[12]. Ausdrücklich sind damit auch italienische „nationes" gemeint[13].

2. Rom

Rom ist nicht der einzige Ort, an dem in der Vormoderne Menschen in bruderschaftlichen „nationes" organisiert waren. Man denke etwa an Paris oder London, Brügge oder Lyon, Barcelona oder Lissabon, an Livorno oder Venedig oder schließlich auch Wien[14]. Diese Präsenzen waren meist als „merchant communities" konfiguriert[15]. Die ewige Stadt eignet sich indes in besonderer Weise für die Untersuchung nationaler Bruderschaften,

---

[12] Aufgezählt wird nach heute bestehenden historisch gewachsenen Nationalkirchen: Aragoneser (S. Maria in Monserrato) und Katalanen (S. Giacomo degli Spagnoli), Armenier (S. Maria Egiziaca), aus Böhmen, Mähren und Schlesien Stammende (S. Lucia del Gonfalone), Bretonen (S. Ivo), Burgunder (S. Claudio dei Borgognoni), Engländer (S. Tommaso di Canterbury), Flamen (S. Giuliano dei Fiamminghi), Friesen (S. Michele e Magno), Franzosen (S. Luigi dei Francesi), Griechen (S. Atanasio), aus dem Gebiet des Heiligen Römischen Reichs Deutscher Nation Stammende (Campo Santo Teutonico, S. Maria dell'Anima), Iren (S. Isidoro), Kroaten/Illyrer (S. Girolamo), Libanesen (S. Giovanni della Ficozza), Lothringer (S. Nicola dei Lorenesi), Malteser (S. Maria del Priorato), Polen (S. Stanislao), Portugiesen (S. Antonio), Schotten (S. Andrea delle Fratte), Schweden (S. Brigida), Schweizer (S. Pellegrino in Vaticano, SS. Martino e Sebastiano della Guardia Svizzera) und Ungarn (S. Stefano Rotondo).

[13] Es sind die der Bergamasken (SS. Bartolomeo e Alessandro, S. Macuto), Bolognesen (SS. Giovanni Evangelista e Petronio), Brescianer (SS. Faustino e Giovita, abgerissen), der aus Camerino Stammenden (SS. Venanzio e Ansuino), der Florentiner (S. Giovanni Battista dei Fiorentini, S. Giovanni Decollato), Genuesen (S. Giovanni Battista dei Genovesi), Kalabresen (S. Francesco di Paola), Lombarden (SS. Ambrogio e Carlo), Lucchesen (S. Croce e Bonaventura), der aus den Marken Stammenden (S. Salvatore in Lauro), der Neapolitaner (Spirito Santo), der aus Norcia Stammenden (SS. Benedetto e Scolastica), der Piemontesen, Savoiarden und aus Nizza Stammenden (S. Sudario), der Sarden und Korsen (S. Crisogono), Sienesen (S. Caterina da Siena), Sizilianer (S. Maria d'Itria) und Venezianer (S. Marco Evangelista).

[14] Hier nur in Auswahl: Christopher F. Black, Italian Confraternities in the Sixteenth Century (Cambridge 1989) 43–45; Dentro la città. Stranieri e realtà urbane nell'Europa dei secoli XII–XVI, hg. von Gabriella Rossetti (Europea Mediterranea 2, Neapel 1989); La città italiana e i luoghi degli stranieri XIV–XVIII secolo, hg. von Donatella Calabi–Paola Lanaro (Biblioteca di cultura moderna 1141, Rom–Bari 1998); Comunità forestiere e „nationes" nell'Europa dei secoli XIII–XVI, hg. von Giovanna Petti Balbi (Neapel 2001); Nikolas Jaspert, Ein Leben in der Fremde. Deutsche Handwerker und Kaufleute im Barcelona des 15. Jahrhunderts, in: Ein gefüllter Willkomm. FS für Knut Schulz zum 65. Geburtstag, hg. von Franz J. Felten–Stephanie Irrgang–Kurt Wesoly (Aachen 2002) 435–462; Uwe Israel, Fremde aus dem Norden. Transalpine Zuwanderer im spätmittelalterlichen Italien (Bibliothek des Deutschen Historischen Instituts in Rom 111, Tübingen 2005); Nikolas Jaspert, Dem Reich verbunden. Gemeinschaftsbildung und Frömmigkeit deutscher Kaufleute und Handwerker in Lyon (um 1500), in: Von Nowgorod bis London. Studien zu Handel, Wirtschaft und Gesellschaft im mittelalterlichen Europa. FS für Stuart Jenks zum 60. Geburtstag, hg. von Marie-Luise Heckmann–Jens Röhrkasten (Nova mediaevalia 4, Göttingen 2008) 489–511; La città delle nazioni. Livorno e i limiti del cosmopolitismo (1566–1834). Studi dedicati a Lucia Frattarelli Fischer, hg. von Andrea Addobbati–Marcella Aglietti (Pisa 2016); Philippe Braunstein, Les Allemands à Venise (1380–1520) (Saggi e studi, Rom 2016). Zu Wien, allerdings für den Zeitraum des 18.–19. Jahrhunderts, siehe das Forschungsprojekt, online unter: http://www.byzneo.univie.ac.at/forschung/soziales-engagement-in-den-wiener-griechischen-gemeinden-18-20-jh/ [17. 8. 2017] sowie den Beitrag von Stefano Saracino in dem vorliegenden Band.

[15] Für einen Überblick mit weiteren Verweisen, siehe etwa Maria Fusaro, Gli uomini d'affari stranieri in Italia, in: Il Rinascimento italiano e l'Europa 4: Commercio e cultura mercantile, hg. von Franco Franceschi–Richard A. Goldthwaite–Reinhold C. Mueller (Treviso–Costabissara 2007) 365–395.

erstens, weil dort Fremde in einer sonst kaum anzutreffenden Dichte wohnten und auf-
einandertrafen, und zweitens, weil sie dies im Angesicht und in Bezug auf den Papsthof
taten[16]. Als Stichworte seien hier genannt: das Aufkommen des Pilgerwesens, die Heiligen Jahre, die Handwerkermigrationen nach der großen Pest, die definitive Rückkehr
der Kurie von Avignon nach Rom in der ersten Hälfte des 15. Jahrhunderts, die Ban-
kiersaktivitäten, das sich ausbildende feste Gesandtschaftswesen (später auch die Künst-
ler- und Adelsreisen im Kontext der „Grand Tour" und die Konversionen)[17]. Der starke
Bevölkerungsanstieg und die damit verbundene Zunahme an Zuwanderern hatten nicht
nur demographische Signifikanz[18]. Schon im Jahr 1453 behauptete Leon Battista Alberti,
in der Stadt treffe man kaum einen Römer an („Urbem civibus factam vacuam, nullos
videri per Urbem, nisi barbaros") und assoziierte die urbanistischen Entwicklungen im
Pontifikat Nikolaus' V. mit den Franzosen, Spaniern und Deutschen („exterarum natio-
num homines nobilissimi et ornatissimi, Galli, Hispani, Germani")[19]. Fast hundertfünfzig
Jahre später beschrieb Michel de Montaigne in seinem Reisetagebuch von 1580/81 Rom
als „la plus commune ville du monde, et où l'étrangeté et différence de nation se considère
le moins; car de sa nature c'est une ville rapiécée d'étrangers; chacun y est comme chez
soi"[20].

3. Entstehung, Organisation und Funktionen der Bruderschaften

Die landsmannschaftlich geprägten Fraternitäten, die meist einen Stadt- oder Landesheiligen im Titel führten, entstanden, wenn sie nicht auf Gründungen im Kontext der
früh- und hochmittelalterlichen „scholae peregrinorum" um Sankt Peter zurückgingen,
größtenteils im 14. oder 15. Jahrhundert[21]. Nicht immer ist die Gründungsgeschichte
klar nachvollziehbar. Oft ist sie aus den Statuten der Bruderschaften oder päpstlichen

---

[16] Fundamental für die Frühe Neuzeit sind hier die Arbeiten von Irene Fosi. Ich verweise auf: dies., Non
solo pellegrini. Francesi a Roma nella prima età moderna. Qualche esempio e osservazione. *Anabases* 5 (2007)
137–148; dies., Roma patria comune? Foreigners in Early Modern Rome, in: Art and Identity in Early Modern
Rome, hg. von Jill Burke–Michael Bury (Studies in Medieval and Reformation Thought 67, Cornwall 2008)
27–43; dies., Convertire lo straniero. Forestieri e Inquisizione a Roma in età moderna (Rom 2011).

[17] Siehe zusammenfassend Arnold Esch, Rom. Vom Mittelalter zur Renaissance (München 2016).

[18] Die Daten in: Egmont Lee, Habitatores in Urbe. The Population of Renaissance Rome. La popolazione
di Roma nel Rinascimento (Rom 2006) mit weiteren Verweisen.

[19] Anna Modigliani, Congiurare all'antica. Stefano Porcari, Niccolò V, Roma 1452. Con l'edizione delle
fonti (Rom 2013) 52 und 159–160. Siehe weiterführend: Anna Esposito, „… La minor parte di questo popolo
sono i romani". Considerazioni sulla presenza dei *forenses* nella Roma del Rinascimento, in: Romababilonia
(Rom 1993) 41–60.

[20] Michel de Montaigne, Journal de voyage en Italie par l'allemagne et la Suisse en 1580 et 1581 …,
hg. von André Fraigneau (Paris 1957) 157. Übergreifend zur Immigration Matteo Sanfilippo, Roma nel
Rinascimento. Una città di immigrati, in: Le forme del testo e l'immaginario della metropoli, hg. von Benedetta
Bini–Valerio Viviani (Viterbo–Sette Città 2009) 73–85.

[21] Überblick bei Anna Esposito, Von der Gastfreundschaft zur Krankenaufnahme. Zur Entwicklung und
Organisation des Hospitalswesens in Rom im Mittelalter und der Renaissance, in: Funktions- und Strukturwandel spätmittelalterlicher Hospitäler im europäischen Vergleich, hg. von Michael Matheus (Geschichtliche Landeskunde 56, Stuttgart 2005) 15–28. Zu den frühen Gründungen, Sible De Blaauw, The Medieval
Church of San Michele dei Frisoni. *Mededelingen van het Nederlands Instituut te Rome/Papers of the Netherlands
Institute in Rome* 51/52 (1992/1993) 151–165; Rudolf Schieffer, Karl der Große, die schola Francorum und
die Kirchen der Fremden in Rom. *RQ* 93 (1998) 20–37; Johan Ickx, San Giuliano dei Fiamminghi a Roma,
in: Chiese e *nationes* (wie Anm. 1) 66f.

Approbationen und Privilegierungen zu rekonstruieren. Die meisten Fraternitäten entwickelten sich aus kleinen privaten Gründungen von Pilgerhospizen für Landsmänner[22]. Durch die beschriebenen Entwicklungen erhielten sie im Zeitraum vom 15. zum 17. Jahrhundert großen Zulauf und eine neue Dynamik.

Mitglied einer nationalen Bruderschaft wurde man durch Inskription in ein Bruderschaftsbuch und durch Entrichtung einer Gebühr. Die Mitgliedschaft hatte egalisierenden und elitären Charakter. Dennoch gab es innerhalb der Fraternitäten Untergruppen, die eigene Ziele verfolgten und teilweise miteinander in einer gewissen Konkurrenz standen[23]. Beitrittsmodalitäten, Organisation und Zusammenleben wurden durch Statuten geregelt. Diese waren in der Regel in lateinischer Sprache verfasst und wurden in dieser Form der Kurie zur päpstlichen Approbation vorgelegt[24]. Daneben sind (insbesondere in späterer Zeit) auch volkssprachliche Versionen nachgewiesen[25]. Im Falle von Santa Maria dell'Anima wurden die Statuten wohl um 1405 herum verschriftlicht und blieben bis ins 17. Jahrhundert gültig. Die sie auszeichnende große Offenheit im Hinblick auf die Rekrutierung weicht erst mit den Statuten von 1698 einer engeren Definition von Zugangsbeschränkungen[26]. Die Statuten anderer Gemeinschaften waren restriktiver, insbesondere, wenn sie auf die Zeit seit der Mitte des 15. Jahrhunderts zurückgingen[27].

In den Statuten wurden Vorgänge wie Modalitäten des Zugangs zur Bruderschaft, Mitgliedsbeiträge, Verpflichtung zur Teilnahme am Gottesdienst, die Praxis der Aufnahme von Pilgern, die Organisation von Feierlichkeiten sowie die Wahl von (meist kollegialen) Rektoren bzw. Provisoren geregelt. Bei eher merkantil geprägten Zusammenschlüssen konnten auch Faktoren wie Ausbildung oder Aspekte von Wirtschaftsführung und Gerichtsbarkeit eine Rolle spielen, insbesondere wenn der Bruderschaft ein Konsulat an die Seite gestellt war[28]. Wie in anderen Zusammenhängen auch, waren die wichtigsten Aufgaben der nationalen Bruderschaften in Rom karitativer, seelsorgerischer, soziabler und memorialer Natur. Sie unterhielten daher Pilgerhospize, Oratorien, Kirchen und Friedhöfe, fungierten aber auch als personelle Netzwerke, die kontinuierlichen brieflichen Austausch mit den Heimatregionen pflegten.

Die konkrete Zusammensetzung und soziale Realität der Bruderschaften ist (auch aufgrund der teils unscharfen Bestimmungen in den Statuten) ihren Bruderschaftsbüchern

---

[22] Ein Überblick bei Andreas REHBERG, Die Römer und ihre Hospitäler. Beobachtungen zu den Trägergruppen der Spitalsgründungen in Rom (13.–15. Jahrhundert), in: Hospitäler in Mittelalter und Früher Neuzeit. Frankreich, Deutschland und Italien. Eine vergleichende Geschichte–Hôpitaux au Moyen Âge et aux Temps modernes. France, Allemagne et Italie. Une histoire comparée, hg. von Gisela DROSSBACH (Pariser Historische Studien 75, München 2007) 225–260.

[23] Methodisch wichtig Arnold ESCH, Viele Loyalitäten, eine Identität. Italienische Kaufmannskolonien im spätmittelalterlichen Europa. HZ 254 (1992) 581–608.

[24] Siehe allgemein Von der Ordnung zur Norm. Statuten in Mittelalter und früher Neuzeit, hg. von Gisela DROSSBACH (Paderborn u. a. 2010).

[25] Tobias DANIELS, Vita communis in der Fremde, Mobilität und Wissenstransfer. Deutsche Handwerkerbruderschaften und ihre Statuten in Italien vom 14. bis zum 17. Jahrhundert. RQ 108 (2013) 207–219.

[26] SCHULZ, Was ist deutsch (wie Anm. 9); SCHUCHARD, Das päpstliche Exemtionsprivileg (wie Anm. 5); Josef SCHMIDLIN, Geschichte der deutschen Nationalkirche in Rom S. Maria dell'Anima (Freiburg/Br. 1906) 71–76; ASMA, A V 4, fol. 66ʳ–73ᵛ, Statuten, eigenes Heft, mit Listen der Aufzunehmenden.

[27] ESPOSITO, Gastfreundschaft (wie Anm. 21) 22.

[28] Knut SCHULZ–Christiane SCHUCHARD, Handwerker deutscher Herkunft und ihre Bruderschaften im Rom der Renaissance. Darstellung und ausgewählte Quellen (RQ Supplbd. 57, Rom–Freiburg/Br.–Wien 2005); Irene FOSI, Il consolato fiorentino a Roma e il progetto per la chiesa nazionale. Studi Romani 37/1 (1989) 50–70.

und Mitgliederlisten zu entnehmen. Die römischen Fraternitäten zeichnete aus, dass sie sich vorwiegend aus Hofpersonal rekrutierten, seien es kuriale Beamte (Prokuratoren, Schreiber, Auditoren usw.), Bankiers (insbesondere die Italiener: Florentiner, Sienesen, Genueser, aber auch Deutsche wie die Fugger, Welser und andere) oder Handwerker, die dem städtisch-kurialen Betrieb verbunden waren, wie etwa Bäcker, Bader, Schuster, aber auch Buchdrucker und -händler usw.[29]. Die Bruderschaften waren meist mit den Rotaauditoren oder Kardinälen an der Kurie verbunden, die nicht nur Interessensvertretung für Herrscher und Landsmänner allgemein betrieben, sondern auch den Fraternitäten selbst konkreten Beistand leisteten, etwa als Kardinalsprotektoren[30].

Unter anderem durch die „Descriptio Urbis" oder Häuserverzeichnisse ist man darüber informiert, dass die meisten Mitglieder um den zentralen Ort des geschäftlichen, sozialen und religiösen Miteinanders herum wohnten[31]. Dadurch waren gewisse Straßenzüge oder -viertel im Umfeld der jeweiligen Nationalkirchen durch die unterschiedlichen Landsmannschaften geprägt. Vor allem zu Reichtum und Einfluss gekommene, aber auch weniger vermögende Personen vermachten den Bruderschaften Geld, Besitztümer und Häuser. Daher akkumulierten die Konfraternitäten oft einen großen Immobilienbesitz, den sie verpachteten[32]. Neben Archiven entstanden mit der Zeit auch Bibliotheken, die allerdings noch kaum untersucht sind[33].

Die genannten Basisfunktionen zeichneten prinzipiell so gut wie alle Bruderschaften

---

[29] Schulz–Schuchard, Handwerker deutscher Herkunft (wie Anm. 28); Arnold Esch, Der Fremde in der italienischen Stadt des späten Mittelalters, in: Fremde in der Stadt. Ordnungen, Repräsentationen und soziale Praktiken (13.–15. Jahrhundert), hg. von Peter Bell (Inklusion, Exklusion 16, Frankfurt/Main 2010) 35–62. Zu den Buchdruckern zuletzt: Tobias Daniels, Sozialgeschichte des frühen Buchdrucks in Rom. Eucharius Silber (†1509) im Licht neuer Quellen. *Gutenberg-Jahrbuch* 92 (2017) 71–96.

[30] Hier besteht Forschungsbedarf. Zu den Rotaauditoren Richard Blaas, Das kaiserliche Auditoriat bei der Sacra Rota Romana. *MÖStA* 11 (1958) 37–152; Alessandro Gnavi, Carriere e curia romana. L'uditorato di Roma (1472–1870). *MEFR. Italie et Méditerranée* 106 (1994) 161–202. Zu den Kardinalprotektoren: Josef Wodka, Das Kardinalprotektorat deutscher Nation und die Protektorate der deutschen nationalen Stiftungen in Rom. *ZRG KA* 33 (1944) 301–322; Josef Lenzenweger, Der geistliche Protektor der deutschen Nationalkirche und des Priesterkollegs Sta. Maria dell'Anima in Rom. *MÖStA* 13 (1960) 380–391; Winfried Stelzer, Zum Kardinalprotektorat der deutschen Nation am Beginn des 16. Jahrhunderts. *ZRG KA* 55 (1969) 461–466; Martin Faber, Scipione Borghese als Kardinalprotektor. Studien zur römischen Mikropolitik in der Frühen Neuzeit (Veröffentlichungen des Instituts für Europäische Geschichte Mainz 204, Mainz 2005); Fosi, Roma patria comune (wie Anm. 16) 34f.

[31] Manuel Vaquero Piñeiro, La renta y las casas. El patrimonio inmobiliario de Santiago de los Españoles en Roma entre los siglos XV y XVII (Biblioteca Italica, Monografias de la Escuela Espanola [...] en Roma 23, Rom 1999); Luciano Palermo, Il patrimonio immobiliare, la rendita e le finanze di S. Maria dell'Anima nel Rinascimento, in: S. Maria dell'Anima (wie Anm. 5) 279–325; Silvia Puteo, Le *domus* nell'isola di S. Maria dell'Anima. Politica dell'espansione immobiliare teutonica a Roma, in: ebd. 327–368.

[32] Vgl. Anm. 31.

[33] Beispielhaft sei hier wieder Santa Maria dell'Anima herangezogen. Zum Archiv: Hans Spatzenegger, Das Archiv von Santa Maria dell'Anima in Rom. *RHM* 25 (1983) 109–163. Einige Beobachtungen zu Büchern von San Giacomo degli Spagnoli und Santa Maria dell'Anima in Anna Modigliani, Cittadini romani e libri a stampa, in: Roma di fronte all'Europa al tempo di Alessandro VI 2, hg. von Myriam Chiabò–Silvia Maddalò (Pubblicazioni degli archivi di Stato Saggi 68, Rom 2002) 469–494, hier 479f. Bücherschenkungen für Santa Maria dell'Anima sind in den Einnahmen- und Ausgabenbüchern (*liber receptorum* und *liber expositorum*) dokumentiert. Noch unedierte Inventare von 1469, 1470, 1473, 1484, 1491, 1507, 1509, 1528 und 1592 finden sich in ASMA, A V 2, 3, wobei es sich zunächst um Inventare der Sakristei handelt, die auch Paramente auflisten, während der Katalog von 1592 ein *catalogus librorum* im eigentlichen Sinne ist. Siehe auch Schmidlin, Geschichte (wie Anm. 26) 371 und 523. Daneben sind selbstredend die Inventare von Individuen in den Blick zu nehmen.

aus. Das Besondere am Standort Rom war im Vergleich die unmittelbare Nähe und Be-
züglichkeit zum Papsthof. Dieser erhob einerseits Anspruch auf die universale theologische Gewalt und durchdrang in kapillarer Weise das Leben des gesamten vormodernen
Europas. Andererseits war er zugleich ein italienischer und internationaler Herrscherhof,
der in der Vormoderne immer wieder als „gran teatro del mondo"[34] beschrieben wurde.
Dies hatte nicht nur Einfluss auf die Zusammensetzung von Mitgliedern, sondern es
brachte auch spezifische Konfigurationen von Assistenz, Interessensvertretung (etwa im
kirchlichen Pfründenwesen und der kurialen Gerichtsbarkeit) und Repräsentation mit
sich. Neben die interne Sozialität und Ausübung des Kultes traten im Rahmen eines
immer stärker elaborierten Hofzeremoniells[35] vielfältige Anlässe zur Außendarstellung:
innerhalb des Kirchenjahres, im Kontext des Pilgerwesens, bei Großereignissen wie Heiligen Jahren, Kanonisierungen oder auch Konversionen, immer mehr auch bei politisch
bedeutsamen Ereignissen wie Herrscherfuneralien oder militärischen Siegen. Sowohl im
Bereich der individuellen Memoria als auch bei kollektiven Feierlichkeiten wurde oft erheblicher Aufwand betrieben. Hauptsächliche Ausdrucksformen waren neben der Messe
selbst die Errichtung, künstlerische Ausstattung und Instandhaltung der Kirchen, karitativer Einrichtungen und Gebäude im Besitz der Bruderschaften durch Architektur, Malerei
und Skulptur, ferner die Abhaltung von Prozessionen und Festen mit musikalischer und
oratorischer Begleitung. Sowohl im Bereich der Interessenvertretung und Patronage als
auch jenem der Auftraggeberschaft und der Repräsentation stellten die Bruderschaften
allerdings nur einen Akteur in einem Spektrum vieler weiterer dar. Dieses umfasste die
Päpste selbst, Kardinäle und hochrangige Kuriale, Botschafter, weitere Einzelpersonen
verschiedenster Couleur, oder aber informelle und formelle Personenverbünde und Institutionen wie Orden, Kollegien und Akademien. Mit all diesen Akteuren konnten die
nationalen Bruderschaften verbunden sein, gemeinsam operieren oder auch in gewisser
Konkurrenz stehen.

4. Homogenität vs. Heterogenität

Nicht jeder Zuwanderer, der nach Rom kam, trat einer nationalen oder einer professionellen Bruderschaft bei[36]. Auch musste der Beitritt nicht unbedingt ein längerfristi-
ges Engagement innerhalb der Fraternität mit sich bringen. Dies zeigt etwa das Bruderschaftsbuch der Heiliggeistbruderschaft von Santo Spirito in Sassia, in das sich besonders
viele Durchreisende einschrieben oder einschreiben ließen[37]. Wie auch andernorts, waren

[34] Alexander KOLLER–Susanne KUBERSKY-PIREDDA, Introduzione, in: Identità e rappresentazione (wie
Anm. 1) 7–15, hier 8.

[35] Maria Antonietta VISCEGLIA, La città rituale. Roma e le sue cerimonie in età moderna (La Corte dei Papi
8, Rom 2002); Nikolaus STAUBACH, Zwischen Basel und Trient. Das Papstzeremoniell als Reformprojekt, in:
Nach dem Basler Konzil. Die Neuordnung der Kirche zwischen Konziliarismus und monarchischem Papat, hg.
von Jürgen DENDORFER–Claudia MÄRTL (Pluralisierung & Autorität 13, Berlin u. a. 2008) 385–416.

[36] Siehe auch ESCH, Viele Loyalitäten (wie Anm. 23).

[37] Das Original des *Liber fraternitatis* (Rom, Biblioteca Lancisiana, Ms. 328) ist mit einigen Ungenauigkei-
ten teilediert von Pietro EGIDI, in: Necrologi e libri affini della provincia Romana 2 (Rom 1914) 107–446 (erfasst sind nur die Einträge bis zum Jahr 1500). Zum Hospital von Santo Spirito in Sassia siehe die Forschungen
von Andreas REHBERG, hier stellvertretend: Die fratres von jenseits der Alpen im römischen Hospital S. Spirito
in Sassia. Mit einem Ausblick auf die Attraktivität Roms für den europäischen Ordensklerus im Spätmittelalter,
in: Vita communis und ethnische Vielfalt. Multinational zusammengesetzte Klöster im Mittelalter, Akten des

die Zuwanderer in der Ewigen Stadt insbesondere bei längerer Verweildauer auf unterschiedliche Weise in soziale und institutionelle Strukturen eingebunden. Man lebte in gemeinsamen Haushalten oder bei einem Gönner, studierte am „Studium Urbis", bei einem Ordensstudium oder in einem „Collegium", wurde Mitglied eines Schreiberkollegiums, einer Kardinalsfamilia, in späterer Zeit etwa einer Akademie. Die Bruderschaften zeigen also nur einen spezifischen Ausschnitt der Gesamtheit der Zuwanderer. Die Masse von Suppliken, die an die Provisoren der Anima-Bruderschaft im 16. und 17. Jahrhundert von Menschen gerichtet wurden, die in Rom verschiedene Arten der Unterstützung erbaten, zeigen zumindest für diese Fraternität ihre Bedeutung bei kurzfristiger Assistenz, Interessensvertretung und Vermittlung[38]. Im 17. Jahrhundert sollen die nationalen Bruderschaften im Vergleich mit anderen Institutionen an Integrationskraft verloren haben[39].

Studien zur Mitgliederzusammensetzung der nationalen Bruderschaften zeigen ferner, dass ihr landsmannschaftlicher Charakter eine gewisse Fluidität aufwies und dass die Bruderschaften untereinander deutlich differenziert waren. Konfraternitäten wie jene um die Kirche SS. Ambrogio e Carlo dei Lombardi gingen auf die Initiative weniger Kurialer zurück und hatten einen Einzugsbereich, der kaum mit den Grenzen der heutigen Lombardei übereinstimmte[40]. Die Sarden, Korsen und Albaner offenbaren ein durch Armut und Marginalität geprägtes Milieu[41], ähnlich wie die sog. Illyrer um San Girolamo degli Schiavoni, die noch weniger als andere über eine ausgeprägte landsmannschaftliche Bindung verfügten[42].

Bei großen Gruppen gab es oft eine Pluralität von Institutionen: So waren etwa die Franzosen seit den 1470er Jahren in einer Bruderschaft um die Kirche San Luigi dei Francesi versammelt, die sich vorwiegend aus Kurialen rekrutierte[43]. Allerdings gab es seit 1473 auch eine Bruderschaft, die als „Confraternita dei transalpini delle quattro nazioni" bezeichnet wurde. Sie war offen für Mitglieder aus Frankreich, Burgund, Lothringen und Savoyen (anfänglich auch für Personen aus dem Reich, namentlich auch Flamen) und ihre Mitglieder stammten eher aus weniger vermögenden gesellschaftlichen Gruppen[44]. Ähnliche Phänomene sind für die katalanische und aragonische Bruderschaft beobachtet worden. Sie waren untereinander nicht nur national differenziert, sondern auch professionell[45]. Bei den florentinischen Bruderschaften sind nicht nur solcherlei Binnendifferen-

---

Internationalen Studientags vom 26. Januar 2005 im Deutschen Historischen Institut in Rom, hg. von Uwe ISRAEL (Vita regularis, Abhandlungen 29, Berlin 2006) 97–155.

[38] ASMA, E I 2, 3, 4 und 5.

[39] Dazu FOSI, Roma patria comune (wie Anm. 16) 41f.

[40] Anna ESPOSITO, La comunità dei Lombardi a Roma e le sue istituzioni (secc. XV–XVI), in: Identità e rappresentazione (wie Anm. 1) 397–406.

[41] DIES., Le minoranze indesiderate (corsi, slavi e albanesi) e il processo di integrazione nella società romana nel corso del Quattrocento, in: Cittadinanza e mestieri. Radicamento urbano e integrazione nelle città bassomedievali (secc. XIII–XVI), hg. von Beatrice DEL BO (Rom 2004) 283–298; DIES., Le *nationes* difficili. Albanesi e corsi a Roma nel primo XVI secolo e le loro chiese nazionali, in: Chiese e *nationes* (wie Anm. 1) 161–174.

[42] Jasenka GUDELJ, San Girolamo dei Croati a Roma. Gli Schiavoni e il cantiere sistino, in: Identità e rappresentazione (wie Anm. 1) 297–325; Jadranka NERALIĆ, Il ruolo delle istituzioni illiriche di Roma nella formazione della nazione croata, in: Chiese e *nationes* (wie Anm. 1) 161–174.

[43] UGINET, L'idée de nation gallicana (wie Anm. 10).

[44] Le confraternite romane nelle loro chiese, hg. von Matizia MARONI LUMBROSO–Antonio MARTINI (Rom 1963) 335f.; REHBERG, Le comunità „nazionali" (wie Anm. 9) 214f.

[45] Manuel VAQUERO PIÑEIRO, Una realtà nazionale composita. Comunità e chiese „spagnole" a Roma, in: Roma capitale (1447–1527). Atti del IV convegno di studio del centro studi sulla civiltà del tardo medioevo. San Miniato 27–31 ottobre 1992, hg. von Sergio GENSINI (Pisa 1994) 473–491.

zierungen zu beobachten, sondern es spielte auch die politische Adhärenz zu den Medici eine Rolle[46].

Die Bruderschaft von Santa Maria dell'Anima war anfänglich durch einen großen Anteil von Handwerkern aus dem Gebiet des Heiligen Römischen Reichs geprägt. Im Laufe des 15. Jahrhunderts wurden jedoch die Kurialen innerhalb der Fraternität immer dominanter. Die Handwerker, insbesondere die deutschen Bäcker und Schuster, verfügten über eigene landsmannschaftlich-professionelle Bruderschaften und unterhielten Kapellen in der Anima-Kirche. Mit der Zeit wanderten sie zu der Bruderschaft am Campo Santo Teutonico ab oder gründeten gar ihre eigenen Kirchen[47]. Am Campo Santo waren von jeher auch die Flamen präsent. Diese waren ihrerseits auch in der – wiederum vorwiegend durch Handwerker geprägten – Bruderschaft um San Giuliano dei Fiamminghi organisiert[48]. Ein interessanter Fall an der Wende vom 15. zum 16. Jahrhundert ist jener der noch wenig untersuchten Erzbruderschaft „Arciconfraternita della Santissima Concezione"[49]. Diese war in der am Campo de' Fiori gelegenen, später dem Palazzo della Cancelleria inkorporierten Kirche San Lorenzo in Damaso ansässig und kümmerte sich vorwiegend um Dotenstiftungen (Morgengabe). In ihr waren eine ganze Reihe von Fremden vertreten, unter anderem auch Mitglieder aus dem Reichsgebiet, von Handwerkern bis zu Prokuratoren, die auch Mitglieder von Santa Maria dell'Anima waren und hier u. a. Geldtransaktionen über die Fuggerbank abwickelten[50].

Bei dem großen Angebot an Bruderschaften für Zuwanderer aus dem Reichsgebiet kam es nicht selten vor, dass man in mehreren Fraternitäten Mitglied wurde. Waren die Gruppen hingegen klein, so konnte es sein, dass keine landsmannschaftliche Bruderschaft entstand. Die schwedische Nationalkirche Santa Brigida direkt neben dem Palazzo Farnese war über Jahrhunderte hinweg vorwiegend um den Kult der Heiligen Brigitta von Schweden zentriert und wurde vom Mutterkloster in Vadstena verwaltet, während nur wenige Skandinavier nach Rom kamen oder gar dort ansässig wurden. Diese orientierten sich wohl aufgrund von praktisch-linguistischen Gründen eher zur deutschen Nationalkirche Santa Maria dell'Anima hin[51]. Die Schweizer verfügten seit dem Pontifikat Julius' II. über eigene Strukturen im Vatikan, doch orientierten auch sie sich zur Anima hin, mit der sie ebenso wie mit dem Campo Santo Begräbnisrecht aushandelten[52]. Solcherlei

[46] Irene FOSI, I Fiorentini a Roma nel Cinquecento. Storia di una presenza, in: Roma Capitale (wie Anm. 45) 389–414; Maurizia CICCONI, Costruire l'identità. La fabbrica di San Giovanni dei Fiorentini tra il 1508 e gli anni del pontificato di Leone X, in: Identità e rappresentazione (wie Anm. 1) 327–355.

[47] Christiane SCHUCHARD, Die deutschen Kurialen und die Anima-Bruderschaft in der zweiten Hälfte des 15. Jahrhunderts, in: Deutsche Handwerker, Künstler und Gelehrte im Rom der Renaissance. Akten des interdisziplinären Symposiums vom 27. und 28. Mai 1999 im Deutschen Historischen Institut in Rom, hg. von Stephan FÜSSEL–Klaus Anselm VOGEL (Pirckheimer-Jahrbuch für Renaissance- und Humanismusforschung 15–16, Wiesbaden 2001) 26–45; DIES., Die Anima-Bruderschaft und die deutschen Handwerker in Rom im 15. und frühen 16. Jahrhundert, in: Handwerk in Europa. Vom Spätmittelalter bis zur Frühen Neuzeit, hg. von Knut SCHULZ (Schriften des Historischen Kollegs, Kolloquien 41, München 1999) 1–25.

[48] Johan ICKX, San Giuliano dei Fiamminghi a Roma, in: Chiese e *nationes* (wie Anm. 1) 65–75.

[49] SCHULZ–SCHUCHARD, Handwerker deutscher Herkunft (wie Anm. 28) 32; Christiane SCHUCHARD–Knut SCHULZ, Thomas Giese aus Lübeck und sein römisches Notizbuch der Jahre 1507–1526 (Lübeck 2003) 53f.

[50] Siehe das Material in Rom, Archivio storico del Vicariato, palchetto 166, vor allem tom. 83 und 105.

[51] REHBERG, Le comunità „nazionali" (wie Anm. 9) 216.

[52] ASMA, A VI 1, fol. 22ʳ (*Concordia provisorum cum Helvetiis in Campo Sancto*; in der Kongregationssitzung vom Februar 1549). Siehe allgemein: Hirtenstab und Hellebarde. Die päpstliche Schweizergarde in Rom 1506–2006, hg. von Urban FINK–Hervé DE WECK–Christian SCHWEIZER (Zürich 2006); Giulio VIVIANI, La cappella di San Pellegrino nella Città del Vaticano (Vatikanstadt 2010).

Beobachtungen deuten darauf hin, dass die Realität der nationalen Bruderschaften durch eine vergleichsweise große Differenzierung, aber auch durch eine gewisse Fluidität geprägt war. Dabei stellt sich nicht nur die Frage nach der Rekrutierung der einzelnen Bruderschaften und ihrem Verhältnis zueinander, sondern auch nach ihrer Verortung in dem Mosaik der vielen römischen Bruderschaften[53].

5. Integration, Zusammenleben vs. Konkurrenz

Die Frage, zu welchem Grad oder in welcher Weise die Zugewanderten in Rom sich als Fremde ansahen, ist – wie alle auf individuelle oder kollektive autoreferentielle Kognition und Emotion abzielenden Fragen – schwierig zu beantworten. Als Indikatoren für Integration wurden in der Forschung externe Faktoren wie statutarische Gesetzgebung und Bürgerschaftsverleihungen[54] oder das Heiratsverhalten[55] untersucht oder es wurden Selbstaussagen vor Gericht analysiert[56]. Dadurch sind inzwischen viele neue Daten und Erkenntnisse beigebracht worden, doch letztlich ist auch diese Evidenz nur bedingt aussagekräftig, insofern sie speziellen Segmenten des gesellschaftlichen Panoramas entstammt und durch institutionelle Faktoren geprägt ist. Aufs Ganze betrachtet, ist zu bedenken, dass Menschen mit unterschiedlichen Anliegen und Verweildauer nach Rom gelangten. Viele kamen nicht mit dem Gesetz in Konflikt, viele strebten eine tiefere gesellschaftliche Integration gar nicht an, und selbst jene, die länger in Rom verblieben, mochten ihre Lebenspläne überregional ausrichten[57]. Häufig überlieferte derbe Kritiken an der römischen Kurie lassen ausgeprägte Alteritätserfahrungen erahnen, welche auch die Wahrnehmung des Nordens durch die Kurie charakterisierten[58]. Die Forschung hat für die Themen der Integration und Perzeption herausgestellt, dass sie letztlich von individuellen sozioökonomischen und anderen lebensweltlichen Faktoren abhingen[59].

---

[53] Le confraternite romane nelle loro chiese (wie Anm. 44); Le confraternite romane. Arte, storia, committenza, hg. von Claudio Crescentini–Antonio Martini (Rom 2000); Alessandro Serra, Le confraternite nazionali „italiane" a Roma (secoli XVII–XVIII). Territori, devozioni, identità, in: Italia sacra. Le raccolte di vite dei santi e l'inventio delle regioni (secc. XV–XVIII), hg. von Tommaso Caliò–Maria Duranti–Raimondo Michetti (Studi e ricerche 31, Rom 2013) 25–54; ders., La mosaïque des dévotions. Confréries, cultes et société à Rome (XVIᵉ–XVIIIᵉ siècles) (Louvain-la-Neuve 2016).

[54] Siehe beispielsweise Atti del II Seminario Internazionale di Studi Storici Da Roma alla Terza Roma, La nozione di romano tra cittadinanza e universalità (Neapel 1984); Claudio De Dominicis, Repertorio delle creazioni cittadinanza romana (secoli XIV–XIX) (Rom 2007).

[55] Siehe etwa I processi matrimoniali degli archivi ecclesiastici italiani. 4. I tribunali del matrimonio (secoli XV–XVIII). Atti del convegno di chiusura del progetto di ricerca. I processi matrimoniali degli archivi ecclesiastici italiani, Trento 24–27 ottobre 2001, hg. von Silvana Seidel Menchi–Diego Quaglioni (Bologna 2006).

[56] Statt vieler genüge hier ein Hinweis auf: Fosi, Convertire lo straniero (wie Anm. 16).

[57] Arnold Esch, Deutsche im Rom der Renaissance. Indizien für Verweildauer, Fluktuation, Kontakte zur alten Heimat, in: Kurie und Region. FS für Brigide Schwarz zum 65. Geburtstag, hg. von Brigitte Flug–Michael Matheus–Andreas Rehberg (Geschichtliche Landeskunde 59, Stuttgart 2005) 263–276. Vgl. hier auch Jaspert, Ein Leben in der Fremde (wie Anm. 14) 453f.

[58] Siehe zusammenfassend zur Romkritik Michael Matheus, Papst- und Romkritik in der Renaissance, in: Die Päpste der Renaissance. Politik, Kunst und Musik, hg. von dems.–Bernd Schneidmüller–Stefan Weinfurter–Alfried Wieczorek (Die Päpste 2, Regensburg 2017) 301–352. Zur Wahrnehmung des Reichs: Guido Braun, Imagines imperii. Die Wahrnehmung des Reiches und der Deutschen durch die römische Kurie im Reformationsjahrhundert (1523–1585) (Schriftenreihe der Vereinigung zur Erforschung der Neueren Geschichte 37, Münster 2014).

[59] Siehe dazu Fosi, Convertire lo straniero (wie Anm. 16).

Schaut man auf die Mitglieder von nationalen Bruderschaften wie jenen des Campo Santo, von Santa Maria dell'Anima, San Luigi dei Francesi, San Giacomo degli Spagnoli, San Giovanni dei Fiorentini und so weiter, so findet man Menschen und Personengruppen vor, die über Jahrzehnte in teils höchsten Positionen an der Kurie tätig waren, ihre Geschicke prägten oder mit ihr Geschäfte machten, ihr somit aufs Engste verbunden waren und nicht selten in Rom bestattet wurden. Dabei sind auch die national geprägten Netzwerke und Faktionen zu bedenken, die sich während der wechselnden Pontifikate bildeten: „spanische" Netzwerke in den Pontifikaten Calixts III. und Alexanders VI., florentinische Netzwerke während der Medici-Pontifikate Leos X. und Clemens' VII. und so weiter. Diese konnten auch auf die nationalen Bruderschaften rückwirken, wie etwa im Pontifikat Hadrians VI. auf Santa Maria dell'Anima[60]. Schließlich hat die Forschung seit langem herausgestellt, dass Rom in der Frühen Neuzeit zuerst durch spanischen, später durch französischen Einfluss stark geprägt wurde[61].

Neben solchen übergreifenden Aspekten sind hier jene des praktischen Zusammenlebens zu berücksichtigen. Die noch wenig ausgewerteten Notariatsprotokolle mit ihren Zeugenlisten, Sitzungsprotokollen[62] und Rechnungslegungen der Bruderschaften enthalten vielerlei Anhaltspunkte für eine häufig kooperative Einbindung der Fremden in die personellen und institutionellen Gegebenheiten der Stadt sowie eine teils nachhaltige Verwurzelung der Bruderschaften und ihrer Mitglieder in der Stadt Rom. Auch römische Quellen (wie etwa Pilgerführer oder apostolische Visitationen) deuten darauf hin, dass die Institutionen der Fremden mit der Zeit immer mehr als Teil der Stadt der Päpste angesehen wurden.

Bei der Betrachtung der nationalen Bruderschaften muss unterdessen klar gesehen werden, dass sie im Kern landsmannschaftliche Vereinigungen waren, deren inkludierendem Zusammenschluss eine exkludierende Tendenz innewohnte, und dass in ihrer Lebenswelt gesetzliche Integrationshürden und Ressentiments Fremden gegenüber vielfach verbürgt sind[63]. In der Konvergenz von nationalen Bruderschaften, Botschafterresidenzen und der sich entwickelnden Territorialität bildeten die bruderschaftlichen Distrikte teils juristische und physisch markierte Enklaven innerhalb der Stadt[64]. Wie oben schon an-

---

[60] Siehe etwa Michiel VERWEIJ, Papst Hadrian VI. († 1523), Kardinal Willem van Enckenvoirt († 1534) und Santa Maria dell'Anima. Nicht nur epigraphische Aspekte einer intensiven Beziehung. *AfD* 60 (2014) 405–420.

[61] Für Spanien zuletzt Maria Antonietta VISCEGLIA, Roma papale e Spagna. Diplomatici, nobili e religiosi tra due corti (Biblioteca del Cinquecento 149, Rom 2010); Alessandra ANSELMI, Le chiese spagnole nella Roma del Seicento e del Settecento (Rom 2016); Pablo GONZÁLEZ TORNEL, Roma hispánica. Cultura festiva española en la capital del Barroco (Madrid 2017). Für Frankreich siehe Les fondations nationales dans la Rome pontificale (wie Anm. 10) sowie die Anm. 64 genannte Literatur.

[62] Rom, Archivio Capitolino, Sezione I, vol. 131.4 (Notar: Johannes Branalis) ist beispielsweise ein dicker Band, der ausschließlich Kongregationssitzungen von San Luigi dei Francesi für die Jahre 1545–1552 enthält.

[63] So schon Egmont LEE, Foreigners in Quattrocento Rome. *Renaissance and Reformation* 7 (1983) 135–146; DERS., Changing Views of Foreigners in Rome at the End of the Middle Ages, in: Cultura e società nell'Italia medievale. Studi per Paolo Brezzi (Rom 1988) 459–477; Tobias DANIELS, Giovanni Burckardo e l'immagine dei curiali tedeschi nel primo Rinascimento (secc. XV–XVI). *Archivio della Società Romana di Storia Patria* 136 (2013) 37–59.

[64] Giuseppe BONACCORSO, I veneziani a Roma da Paolo II alla caduta della Serenissima. L'ambasciata, le fabbriche, il quartiere, in: La città italiana e i luoghi degli stranieri (wie Anm. 14) 192–205; Elena NAPOLITANO, Prospects of Statecraft. Diplomacy, Territoriality, and the Vision of French Nationhood in Rome 1660–1700 (Diss. University of Toronto 2012); DIES., The Lily and the Lion. Caterina de' Medici and the Architecture of Diplomacy, in: Identità e rappresentazione (wie Anm. 1) 155–177; DIES., Erasing Papal Presence. The Minims

gedeutet, sollte dennoch nicht der Eindruck von monolithischen, hermetisch abgeschlossenen Klubs entstehen, in denen sich „die" Deutschen, „die" Franzosen, „die" Engländer usw. als Kollektive wie in Festungen gleichsam bis an die Zähne bewaffnet gegenüberstanden. In der Tat enthalten die römischen Notariatsprotokolle vielerlei Anhaltspunkte für Zusammenarbeit und übergreifenden Gemeinschaftssinn unter den „nationes"[65], was sich naturgemäß etwa auch zwischen Angehörigen der Kurie oder in professioneller Hinsicht unter den Handwerkern ergab. Mit Blick auf das abundante, bisher größtenteils noch unbearbeitete notarielle Material[66] ist für die Zeit ab dem 16. Jahrhundert auch die Vorstellung zu prüfen, dass gewisse Notare ausschließlich für die Mitglieder einer „natio" zuständig waren: Dies zeigen beispielsweise die „filze" des deutschen Notars Johann Jakob Appenzeller/Apocellus (1484–1550)[67]. Er war Mitglied der Bruderschaft von Santa Maria dell'Anima, und so verwundert es nicht, dass sich die Fraternität in ihren Angelegenheiten an ihn wandte. Bekannt ist Apocellus außerdem als Notar der Fugger[68]. Seine Klientel bestand allerdings bei näherem Hinsehen zu gleichen Teilen aus Italienern und Fremden. Insbesondere arbeitete er auch für Florentiner Kaufmannbankiers. Im Laufe des 16. und 17. Jahrhunderts wandte sich die Anima selbst nicht mehr nur an deutsche, sondern auch an italienische Notare. Das notarielle Material zu Verpachtungen durch die Bruderschaft zeigt ferner, dass die Häuser aus ihrem Besitz in jener Zeit nicht nur an Landsmänner vergeben wurden, sondern verstärkt auch etwa an Italiener[69].

Elemente der Konkurrenz der „nationes" untereinander werden hingegen insbesondere in repräsentativen Bereichen wie dem Zeremoniell, der Literatur oder der Kunst deutlich. 1499 kam es in der Anima zu dem berühmten Baubeschluss, in dem eine Gruppe von Kurialen festhielt, das „Hospital unser Nation ist sehr alt, und andere Nationen, die nach uns hierherkamen, haben für ihre Pilger ihre Nationalhospitäler gegründet, sie haben bei diesen Hospitälern neue und schöne Kirchen gebaut, die durch moderne und schöne Gebäude geziert werden, und so scheint es uns, dass wir gegenüber den anderen Nationen zurückstehen", weshalb man ein „opus laudabile Alemannico more compositum"[70] erbaute, dessen Gesamtweihe 1542 erfolgte. In der Tat kam es im Laufe

---

and the Marking of French Territory on the Pincio, 1662–1670, in: La chiesa e il convento della Trinità dei Monti. Ricerche, nuove letture, restauri, hg. von Colette DI MATTEO–Sebastiano ROBERTO (Rom 2016) 44–56.

[65] LEE, Foreigners (wie Anm. 63) 142ff.; REHBERG, Le comunità „nazionali" (wie Anm. 9) 215–217.

[66] Überblicke in dem Band Il notaio e la città, hg. von Vito PIERGIOVANNI (Mailand 2009) 93–112. Auf die Verfahrensweise zielt Laurie NUSSDORFER, Brokers of Public Trust. Notaries in Early Modern Rome (Baltimore 2009) ab.

[67] Archivio di Stato di Roma, Notai AC, Ufficio 2, vol. 404–429.

[68] Philippe BRAUNSTEIN, Du nouveau sur l'activité du Fugger à Rome entre 1517 et 1527, in: Wirtschaftskräfte und Wirtschaftswege. FS für Hermann Kellenbenz 1, hg. von Jürgen SCHNEIDER (Stuttgart 1978) 657–676.

[69] Neben den „filze" des Apocellus siehe für die zweite Hälfte des 16. Jahrhunderts insbesondere jene des Ludovicus Reydettus. Dazu vorerst Tobias DANIELS, A New Organ for S. Maria dell'Anima. The Notarial Contract of 1546 and the History of the „German National Church" in Rome in the Middle of the Sixteenth Century, in: Music and the Identity Process. The National Churches in Rome in the Early Modern Period, hg. von Emilie CORSWAREM–Michela BERTI–Jorge MORALES (Leiden u. a. 2018) (im Druck).

[70] Aus dem Lateinischen nach Franz NAGL, Urkundliches zur Geschichte der Anima in Rom. I. Theil der Festgabe zu deren 500-jährigem Bestehen. Mittheilungen aus dem Archiv des deutschen Nationalhospizes S. Maria dell'Anima in Rom. Als Festgabe zu dessen 500jährigem Jubiläum, hg. von DEMS.–Alois LANG (RQ Supplbd. 12, Rom 1899) 65; Tobias DANIELS, Von landsmannschaftlicher Repräsentation zu konfessioneller Propaganda. Die St.-Benno-Kapelle in Santa Maria dell'Anima (15.–17. Jahrhundert), in: Identità e rappresentazione (wie Anm. 1) 203 (Anm. 39).

des 16. Jahrhunderts zu einer gewissen künstlerischen Konkurrenz zwischen den an der Piazza Navona ansässigen nationalen Bruderschaften von San Giacomo degli Spagnoli, Santa Maria dell'Anima und San Luigi dei Francesi[71].

Am Beginn des *liber confraternitatis* der Anima-Bruderschaft schrieb im Jahr 1574 der Frankfurter Johannes Latomus ein Gedicht, in dem er die deutsche Nation mit den Worten pries: *quo melius nullum forsitan orbis habet / et quibus invideant omnes*[72]. Derartige Vorstellungen findet man auch in den vielen, im Anima-Archiv erhaltenen Bittschriften von Pilgern seit dem 16. Jahrhundert, etwa in einer Komposition eines Christophorus Nenningius vom 7. Mai 1587, die beginnt: *Teutonicae, saluete Patres, sacra sydera gentis / Qua levat augustum Roma suprema caput*[73]. Nimmt man hingegen einen Konflikt der Anima mit den ebenso an der Piazza Navona angesiedelten Lothringern aus dem Beginn des 17. Jahrhunderts in Augenschein, so wird deutlich, dass „nationale" Motivationen auch lediglich ein Vehikel sein konnten: Die Anima beschwerte sich damals wortreich bei dem Papst und dem Kardinalprotektor über diese *natio*, weil sie ihre Kirche San Nicola dei Lorenesi übernehmen wollte, die ihnen den freien Zugang zur Piazza Navona versperrte[74]. Von einer gewissen Kooperation auch in diesem Bereich zeugt wiederum der Umstand, dass die Anima am Beginn des 16. Jahrhunderts die alte Orgel von San Giacomo degli Spagnoli übernahm[75].

Insgesamt gilt es bei der Repräsentation zwischen gemeinschaftlich getragenen Projekten wie den Kirchenbauten[76] und einer Vielzahl von Einzelaufträgen innerhalb der Kirchen, wie etwa durch einzelne Stifter, Familien, Landsmannschaften oder gar kleinere Bruderschaften zu unterscheiden[77]. Auch stellten die bruderschaftlichen Kirchen und zugehörenden Gebäude beileibe nicht die einzigen Orte der Repräsentation dar.

6. Politisierung im 16. Jahrhundert

Parallel zur künstlerischen Konkurrenz ist eine verstärkte Politisierung seit dem 16. Jahrhundert zu beobachten. Selbstredend waren die landsmannschaftlichen Gruppie-

---

[71] Zuletzt dazu Susanne Kubersky-Piredda, Chiese nazionali fra rappresentanza politica e Riforma cattolica. Spagna, Francia e Impero a fine Cinquecento, in: Identità e rappresentazione (wie Anm. 1) 17–64. Zur Bedeutung der Piazza Navona siehe den Band: Piazza Navona, ou Place Navone, la plus belle et la plus grande. Du Stade de Domitien à la place moderne. Histoire d'une évolution urbain, hg. von Jean-François Bernard (Collection de l'École française de Rome 493, Rom 2014).

[72] ASMA, *Liber confraternitatis*. Editionen: Liber Confraternitatis B. Marie de Anima Teutonicorum de urbe …, hg. von Carl Jaenig (Rom 1875); sowie durch Pietro Egidi in: Necrologi e libri affini della provincia Romana 2 (Rom 1914) 3–105.

[73] Einige von ihnen finden sich in ASMA, E I 2, 3 (das zitierte Gedicht auf fol. 206ʳ–209ʳ), 4 und 5. Eine Publikation dazu bereitet Andrea Pagano (Rom) vor.

[74] Rom, Biblioteca Corsiniana, Fondo Faber 424, fol. 240ʳ–254ᵛ. Ich werde an anderer Stelle ausführlicher auf dieses Material eingehen.

[75] Dazu Daniels, A New Organ (wie Anm. 69).

[76] Sebastiano Roberto, L'eloquenza dell'architettura. Affermazione politica e pratica religiosa nella chiesa di San Luigi dei Francesi tra '500 e '600, in: Identità e rappresentazione (wie Anm. 1) 113–137.

[77] Sílvia Canalda i Llobet, L'iconografia della Santa Immagine in Santa Maria in Monserrato a Roma. Un incontro tra l'identità catalana e castigliana tra il XVI e il XVII secolo, in: Identità e rappresentazione (wie Anm. 1) 65–92; Jasmin Mersmann, Una galleria dell'arte fiorentina. La cappella Mancini in San Giovanni dei Fiorentini a Roma, in: ebd. 357–383; Benedetta Gianfranchi, L'„esprimentata pietà" di Agostino Chigi. La chiesa cinquecentesca di Santa Caterina da Siena, in: ebd. 385–396.

rungen bei aller Ausdifferenzierung intern und untereinander schon seit ihrer Entstehung politisch relevante Einflussgruppen an der Kurie. Allerdings waren sie nicht direkt mit den Regenten ihrer Heimatländer verbunden und wurden auch nicht durch sie finanziert. In den meisten Fällen wurden die römischen Institutionen im 16. Jahrhundert von den Herrscherhäusern entdeckt, die auf sie verstärkt Zugriff nehmen wollten. So wurde etwa in San Giacomo degli Spagnoli, das im Kontext des Heiligen Jahres 1450 als privates Pilgerhospiz entstanden war, im Laufe des 16. Jahrhunderts versucht, die Residenz des Botschafters mit der Kirche zu verbinden und zugleich die spanischen Monarchen als Gründer des Hauses darzustellen[78]. Ähnliche Vorgänge sind für San Luigi dei Francesi verbürgt, wobei es hier zu einer Verschiebung der königlichen Patronage kam, die zunächst das von den Minimiten verwaltete Kloster Santissima Trinità dei Monti auf dem Pincio favorisiert hatte[79].

Santa Maria dell'Anima, gegen Ende des 14. Jahrhunderts als Pilgerhospiz gegründet durch den Flamen Johanne Petri aus Dordrecht, am Beginn des 15. Jahrhunderts durch den Kurialen Dietrich von Niem aus dem westfälischen Brakel mit einer Bruderschaft ausgestattet und schließlich Anziehungspunkt von Kurialen aus dem gesamten Reichsgebiet, hatte im Jahr 1483 ihre Besitztümer mit dem Habsburgerwappen ausstatten lassen. Im Heiligen Jahr 1500 legte der kaiserliche Gesandte in Rom, Matthias Scheidt (1440–1512), Bischof von Seckau, den Grundstein für den Kirchenneubau, 1518 verlieh Kaiser Maximilian I. der Anima-Bruderschaft auf dem Augsburger Reichstag die Reichsunmittelbarkeit[80] und 1523 wurde neben dem Wappen Papst Hadrians VI. auch das Kaiserwappen an der Fassade angebracht[81]. Auch eine neue Orgel, die die Anima im Jahr 1546 vom Hospital Santo Spirito in Sassia übernahm, wurde sogleich mit dem Kaiserwappen geschmückt[82]. Doch die Habsburger wurden effektiv erst an der Wende vom 16. zum 17. Jahrhundert in der Anima präsenter, als sie die Kirche zu einer Art externer Hofkapelle machten[83]. Sicher nicht zufällig ging dies mit einer Neubesetzung der kaiserlichen Gesandtschaft in Rom im Jahr 1634 einher[84]. Wenn Leopold I. mit einer sowohl im Archiv der Anima als auch im Wiener Haus-, Hof und Staatsarchiv überlieferten Urkunde des Jahres 1699 behauptete, die Anima sei *ab Augustissimis Caesaribus*, also durch die Habsburgerkaiser gegründet worden, dann war auch dies historisch unzutreffend, denn die Anima zeichnete sich durch eine Konvergenz verschiedener Interessensgruppierungen und kollektiver Identitäten aus und spiegelte gewissermaßen die dynamische Entwicklung des vielgestaltigen Heiligen Römischen Reichs deutscher Nation wider[85]. Im Falle der Piemontesen kam es noch später, aber auch nachhaltiger, zu einer klaren Vereinnahmung der „natio" durch das Haus Savoyen[86]. Insgesamt ist auch hier zu bedenken, dass die

---

[78] KUBERSKY-PIREDDA, Chiese nazionali fra rappresentanza politica e Riforma cattolica (wie Anm. 71).

[79] Siehe dazu NAPOLITANO, Prospects (wie Anm. 64).

[80] NAGL, Urkundliches (wie Anm. 70) 73–75. Siehe auch HHStA, Urkundenreihe 1518, Insert in ORG 1697 März 14.

[81] Kathleen WEIL-GARRIS POSNER, Notes on S. Maria dell'Anima. *Storia dell'arte* 6 (1970) 121–138.

[82] DANIELS, A New Organ (wie Anm. 69).

[83] Rainer HEYINK, Fest und Musik als Mittel kaiserlicher Machtpolitik. Das Haus Habsburg und die deutsche Nationalkirche in Rom S. Maria dell'Anima (Wiener Veröffentlichungen zur Musikwissenschaft 44, Tutzing 2010).

[84] Rotraud BECKER, Die Neubesetzung der kaiserlichen Gesandtschaft in Rom im Jahr 1634. Italienische Fürsten als Gesandte des Heiligen Römischen Reiches. *QFIAB* 94 (2014) 219–251.

[85] NAGL, Urkundliches (wie Anm. 70) 75–78, hier 76.

[86] Paolo COZZO, Il Santo Sudario dei Piemontesi. La chiesa di una „nazione" plurale, in: Identità e rap-

nationalen Bruderschaften mit ihren Kirchen in politischer Hinsicht nur einen unter vielen möglichen Orten in Rom darstellten, an denen Diplomatie und Herrschaftsrepräsentation betrieben werden konnten[87].

7. Religiöse Identität

Ein besonders wirkmächtiger und vielschichtiger Faktor in Bezug auf die nationalen Bruderschaften in Rom war jener der religiösen Identität[88]. In San Giacomo degli Spagnoli finanzierte beispielsweise ein aus Portugal stammender Bankier, der vom Judentum zum Christentum konvertiert war, die Ausstattung einer Kapelle, um damit seiner neuen religiösen Identität Ausdruck zu verleihen[89]. Im Falle der Griechen wurde im Bestreben, das byzantinisch-orthodoxe Christentum und die Wiege der klassischen Kultur gegen die osmanische Bedrohung zu verteidigen und die griechische Ostkirche in die Kirche von Rom zu integrieren, auf päpstliche Initiative hin ein Kolleg gegründet[90]. Seit dem 16. Jahrhundert trat selbstredend die Frage des Protestantismus immer stärker in den Vordergrund. Die alteingesessene Gemeinschaft der Engländer war seit dem 14. Jahrhundert mit einer Fraternität in der Nähe des Palazzo Farnese vertreten. Nach dem Bruch der englischen Kirche mit dem Papst unter Heinrich VIII. wurde die Bruderschaft zu einem „College" umfunktioniert, das zu einem Ort der katholischen Emigranten wurde. Später wurde es von den Jesuiten geleitet, und in einem Freskenzyklus von Niccolò Circignani wurde dort ein ikonographisches Programm inszeniert, das auf den Weg der katholischen Märtyrer und auf den Katholizismus in England anspielte[91]. In San Luigi dei Francesi wurden Feierlichkeiten anlässlich der Bartholomäusnacht abgehalten[92].

Besonders brisant war die konfessionelle Frage mit Blick auf das Reich. Für die Anima-Bruderschaft brachte sie seit dem 16. Jahrhundert Veränderungen ihrer Mitgliederstruktur mit sich: Nach der lutherischen Reformation kam es laut Forschungsstand zu einem signifikanten Rückgang von Personen aus dem Reich an der Kurie, und damit auch

---

presentazione (wie Anm. 1) 495–510; Casa Savoia e Curia romana dal Cinquecento al Risorgimento, hg. von Jean-François CHAUVARD–Andrea MERLOTTI–Maria Antonietta VISCEGLIA (Rom 2015).

[87] Vgl. beispielsweise: Margaret A. KUNTZ, Celebrating the Surrender of La Rochelle in Rome. Urban VIII, the French National Churches and Bernini's Barcaccia Fountain, in: Trinità dei Monti (wie Anm. 64) 44–56; Pablo GONZÁLEZ TORNEL, La iglesia de los santos Ildefonso y Tomás de Villanueva en Roma. Un monumento barroco a la „pietas hispanica". Archivo Español de arte 88, 349 (2015) 69–84.

[88] Wolfgang REINHARD, Religione e identità – Identità e religione. Un'introduzione, in: Identità collettive tra Medioevo ed Età Moderna, hg. von DEMS.–Paolo PRODI (Bologna 2002) 87–124; FOSI, Roma patria comune (wie Anm. 16) 36–41.

[89] James W. NELSON-NOVOA, Roman Exile and Iberian Identity. António da Fonseca between Churches and Identities in Sixteenth-Century Rome, in: Identità e rappresentazione (wie Anm. 1) 93–111; DERS., Being the Nação in the Eternal City. New Christian Lives in Sixteenth-Century Rome (Toronto–Peterborough 2014).

[90] Als Stipendiatin der Bibliotheca Hertziana (2015–2017) forscht Camilla S. FIORE dazu unter dem Projekttitel: „Sant'Atanasio dei Greci a Roma. La koinè universale della chiesa tra XVI e XVII secolo", online unter: http://www.biblhertz.it/forschung/forschungsprojekte-des-instituts/roma-communis-patria/ [17. 8. 2017]. Siehe zuletzt auch: Cesare SANTUS, Tra la chiesa di Sant'Atanasio e il Sant'Uffizio. Note sulla presenza greca a Roma in età moderna, in: Chiese e nationes (wie Anm. 1) 193–223.

[91] Andrea BACCIOLO, Identità e autorità nel Ciclo dei Martiri del Collegio Inglese di Roma, in: Identità e rappresentazione (wie Anm. 1) 249–270. Siehe auch Matteo BINASCO, Le comunità anglo-celtiche nella Roma del XVI e XVII secolo, in: Chiese e nationes (wie Anm. 1) 38–48.

[92] Regine SCHALLERT, Alcune considerazioni sulla iconografia della facciata di San Luigi dei Francesi, ovvero. La „regia" di Caterina de' Medici, in: Identità e rappresentazione (wie Anm. 1) 139–154.

in der Bruderschaft von Santa Maria dell'Anima[93]. Die weiterhin in der Anima wirkenden Personen aus dem Kernreich bildeten somit eine nochmals reduzierte katholische Elite. Ihre Verbindungen etwa zu den Nuntiaturen (etwa anhand der Familie Gropper) zu erforschen, wäre ein Desiderat[94]. Zudem versuchten insbesondere Mitglieder aus Flandern, aus den Niederlanden und aus dem Fürstbistum Lüttich, ihre Tradition in der Anima stark zu machen, was zu tiefen Konflikten um die Deutungshoheit in Bezug auf die Gründungsgeschichte und damit verbunden um den Zugang zur Bruderschaft führte[95]. Eine andere Frage lautete: Durfte man Landsmänner aufnehmen oder gar bestatten, die Protestanten waren? Der protestantische Botaniker Valerius Cordus (1515–1544) etwa fand 1544 in der Anima seine letzte Ruhe und es wurde ihm ein Gedenkstein errichtet, der allerdings später abgetragen wurde[96].

Wie oben ausgeführt, waren die nationalen Bruderschaften durch päpstliche Approbation und Privilegierung, durch apostolische Visitationen, aber auch durch Figuren wie Rotaauditoren, Kardinalprotektoren und weiteres kuriales Personal den Päpsten eng verbunden und wurden durch sie reguliert. Im Zeitalter der nachtridentinischen Kirche lassen sich zudem päpstliche Initiativen nachweisen, auf die nationalen Bruderschaften und ihre Kirchen stärker Einfluss zu nehmen, um sie zu konfessionspolitischen Zwecken zu nutzen. Besonders deutlich wird dies bei Santa Maria dell'Anima etwa am Beispiel des Erbprinzen Karl Friedrich von Jülich-Kleve-Berg (1555–1575). Nachdem dieser im Jahr 1575 auf einer Kavalierstour in Neapel an den Blattern verstorben war, wurde er – veranlasst und teilfinanziert durch Gregor XIII. – in der Anima-Kirche begraben und es wurde ihm dort ein eindrückliches Grabmal direkt im Chor gesetzt. Das Grab des Kardinals Willem van Enckenvoirt (1464–1534), das bereits an dieser Stelle errichtet worden war, musste deshalb weichen. Der Papst, dem *singularem erga Germanos nunc deploratissimos charitatem, sollicitudinem ac vigilantiam*[97] nachgesagt wurde, hatte bei dem Fall des Erbprinzen deutlich vor Augen, dass das Herzogtum durch einen möglichen Übertritt zum Protestantismus bedroht war[98]. Der Bruderschaft seiner eigenen „natio", der Bologneser, ließ der Boncompagni-Papst hingegen keine besondere Patronage zuteilwerden[99].

---

[93] Tewes, Die römische Kurie (wie Anm. 10); Daniels, La chiesa di Santa Maria dell'anima tra Papato e Impero (wie Anm. 5).

[94] Alexander Koller, La rappresentanza imperiale a Roma intorno a 1600. Una panoramica, in: Papato e impero nel Pontificato di Urbano VIII (1623–1644), hg. von dems.–Irene Fosi (Vatikanstadt 2013) 105–126; Kaiserhof – Papsthof (16.–18. Jahrhundert), hg. von Richard Bösel–Grete Klingenstein–Alexander Koller (Publikationen des Historischen Instituts beim Österreichischen Kulturforum in Rom, Abhandlungen 12, Wien 2006); ders., Imperator und Pontifex. Forschungen zum Verhältnis von Kaiserhof und römischer Kurie im Zeitalter der Konfessionalisierung (1555–1648) (Geschichte in der Epoche Karls V. 13, Münster 2012).

[95] Daniels, La chiesa di Santa Maria dell'anima tra Papato e Impero (wie Anm. 5).

[96] Eberhart Nikitsch, Das Begräbnis eines Lutheraners in der römischen Kirche S. Maria dell'Anima. *Lutherjahrbuch* 82 (2015) 225–239.

[97] Dies schrieb Henricus Blissenius an die *Societas Jesu* in Rom, 5. Mai 1575, siehe Rom, Archivum Societatis Jesu, Germ. 136 I (alt: 106), fol. 203ʳ. Der im Rheinland geborene Blissenius war in Rom den Jesuiten beigetreten, und hatte u. a. 1570 an der Einrichtung des Jesuitenkollegs in Graz mitgewirkt, dessen erster Rektor er wurde. Siehe *DBE* 1 (²2005) 714.

[98] Zuletzt dazu Kubersky-Piredda, Chiese nazionali fra rappresentanza politica e Riforma cattolica (wie Anm. 71) 46–50.

[99] Siehe dazu Micaela Antonucci, I luoghi della „nazione" bolognese a Roma e la chiesa dei Santi Giovanni Evangelista e Petronio, in: Identità e rappresentazione (wie Anm. 1) 473–493; Daniele Pascale–Maurzio Ricci–Augusto Roca De Amicis, Ottaviano Mascarino e le chiese nazionali dei Bolognesi e Napoletani in Roma, in: ebd. 447–471, sowie die aktuellen Forschungen von Giulia Iseppi (Stipendiatin der Bibliotheca

Auch die Fraternitäten selbst bemühten sich um die Umsetzung der nachtridentinischen kirchenpolitischen Agenda. Ein weiteres Beispiel mit Bezug auf das Reich stellt die Kapelle des Heiligen Benno von Meißen dar. Er war am Beginn des 16. Jahrhunderts – von sächsischen Einflussgruppen an der Kurie befördert – heiliggesprochen worden. Nach Einführung der Reformation in Sachsen erblühte in Bayern ein katholischer Benno-Kult. Am Beginn des 17. Jahrhunderts wurde durch einen aus Bamberg stammenden konvertierten Arzt namens Johannes Faber und einen reichspolitischen Gesandten des katholischen Bundes, Peter Mander, aufgrund einer testamentarischen Stiftung des Innsbrucker Fugger-Faktors Johannes Lambacher eine dem Heiligen Benno geweihte Kapelle in der Anima künstlerisch ausgestaltet. Die Aufzeichnungen der Testamentsvollstrecker lassen dabei sehr deutlich werden, dass das durch den venezianischen Caravaggio-Schüler Carlo Saraceni gemalte Bild des Heiligen Benno, welches in der Kapelle aufgestellt wurde, konversionspolitische Ziele hatte[100].

8. Zusammenfassung

Dieser Beitrag sollte in das weite Panorama der nationalen Bruderschaften in Rom einführen. Ausgehend von einer Klärung des vormodernen Begriffs „natio" wurden einige Besonderheiten des Standortes Rom aufgezeigt. Es wurden Entstehung, Organisation und Funktion dieser römischen Institutionen skizziert, ihre Zusammensetzung und lebensweltliche Interaktion ebenso dargestellt wie eine gesteigerte Politisierung und repräsentative Aktivität im Laufe des 16. Jahrhunderts, die auch mit Implikationen der religiösen Frage einhergingen. Die neuere Forschung hat viel zu einer besseren dokumentarischen Kenntnis und einem geschärften Blick auf die römischen Institutionen beigetragen. Ein Gesamtpanorama der nationalen Bruderschaften in Rom bleibt jedoch weiterhin eine Aufgabe für zukünftige größere Forschungsverbünde.

Hertziana 2016–2017), online unter: http://www.biblhertz.it/forschung/forschungsprojekte-des-instituts/roma-communis-patria/ [17. 8. 2017].
    [100] DANIELS, St.-Benno-Kapelle (wie Anm. 70); DERS., Ein sächsischer Heiliger für Rom. Die Benno-Kapelle in Santa Maria dell'Anima in Rom, in: Ein Schatz nicht von Gold. Benno von Meissen. Sachsens erster Heiliger. Katalog zur Sonderausstellung Albrechtsburg Meissen, 12. Mai bis 5. November 2017, hg. von Claudia KUNDE–André THIEME (Augsburg 2017) 440–447. Bei Redaktionsschluss waren folgende Beiträge im Druck für das Römische Jahrbuch der *Bibliotheca Hertziana* 42 (2015/16): Camilla S. FIORE, Gregorio XIII e i greci die Sant'Atanasio a Roma tra fine Cinque e inizio Seicento; Giulia ISEPPI, Costruire l'identità fra chiesa e nazione. Il caso dei Bolognesi a Roma.

Musikerbruderschaften als Karrierenetzwerke für Stadt und Hof in Wien

Elisabeth Hilscher

Bruderschaften spielten in mehrfacher Weise eine wichtige Rolle für die Karriere und Netzwerke von Wiener Musikern: Bis in die Frühe Neuzeit hinein im Rahmen des Sozialverbandes einer angesehenen Zeche, die als „Berufsverband" agierte und nicht nur ein Ausbildungsmonopol hatte, sondern auch wichtige Kontrollfunktionen im öffentlichen Raum der Stadt wahrnehmen durfte, dienten diese Bruderschaften auch als Begegnungsraum von höfischer und städtischer Sphäre. Für diese Netzwerke und den künstlerischen Austausch durch gemeinsame kirchenmusikalische Aktivitäten erwiesen sich die Bruderschaften als wichtige Plattformen und dienten vielen Musikerfamilien als Broterwerb bzw. ermöglichten einen lukrativen Zuverdienst. Demnach können die Funktionen, die Bruderschaften für Musiker hatten, grob in zwei Bereiche geteilt werden: (1) Bruderschaften als Solidargemeinschaften und „Berufsverbände" und (2) Bruderschaften als Arbeitgeber für Musiker.

1. Wiener „Musiker-Bruderschaften"

1.1 Nikolaibruderschaft

Die Nikolaibruderschaft, die wahrscheinlich schon um die Mitte des 13. Jahrhunderts gegründet wurde[1], seit 1354/1377 urkundlich nachweisbar ist und ihren Altar in St. Michael hatte („fabrica vistulatorum, que pertinet ad altare sancti Nicolay circa Sanctum Michaelem")[2], war eine ausschließlich Berufsmusikern vorbehaltene Bruderschaft. Mehr

---

[1] Richard PERGER, Organisation und soziale Stellung der Wiener Musiker, in: Musik im mittelalterlichen Wien (Katalog der 103. Sonderausstellung des Historischen Museums der Stadt Wien, 18. Dezember 1986–8. März 1987, Wien 1986) 120–122, hier 121: Der Nikolaus-Altar in St. Michael als Bruderschaftsaltar der Musiker-Zeche wird 1288 anlässlich einer Transferierung erwähnt. Wann er – und somit die Bruderschaft – jedoch errichtet worden ist, kann derzeit nicht eindeutig geklärt werden. In der Literatur findet sich immer wieder die Jahreszahl 1228 als Gründungsdatum der Musiker-Zeche, z. B. bei Adolph KOCZIRZ, Die St. Nikolai-Zeche der Spielleut zu St. Michael in Wien. *Musica Divina* 8 (1920) 59–62, ebenso bei Henry-Louis DE LA GRANGE, Wien – Eine Musikgeschichte (Frankfurt/Main 1997) 15. Hingegen warnt Perger vor voreiligen Schlüssen: „Der Altar wird schon 1288 erwähnt, doch ist die angebliche Entstehung der Spielleutebruderschaft in diesem Jahr in keiner Weise verbürgt"; PERGER, Organisation, 121.

[2] Die ebenfalls in der Literatur immer wieder zitierte erste schriftliche Erwähnung der Nikolaibruderschaft konnte Perger nicht auffinden – dieses Dokument muss derzeit als verschollen gelten –, sodass aktuell die erste schriftliche Nennung auf 1377 zu datieren ist; PERGER, Organisation (wie Anm. 1) 121.

Handwerkszunft als religiös-geistliche Bruderschaft fungierte sie im Mittelalter und der Frühen Neuzeit nicht nur als Bewahrerin musikalischer Traditionen und als Gemeinschaft der städtischen Musiker, sondern regelte auch Musik und Vergnügungen im öffentlichen Raum der Stadt gemeinsam mit dem Spielgrafen bzw. im Auftrag des Obersten Spielgrafen[3]. Der Spielgraf von Wien, einer von insgesamt acht Spielgrafen des Landes, leitete die Nikolaibruderschaft gemeinsam mit dem Zechmeister. Wer in Wien als Musiker sesshaft war und sein Gewerbe ausüben wollte, musste sowohl um Aufnahme in diese Bruderschaft/Zunft ansuchen als auch regelmäßig Mitgliedsbeiträge leisten und an den religiösen wie sozialen Aktivitäten der Bruderschaft teilnehmen. Der Zunftcharakter dieser Bruderschaft drückt sich auch in den unterschiedlichen Bezeichnungen, unter denen die Nikolaibruderschaft in diversen Quellen zu finden ist, aus: 1387 als Niklaszeche bzw. Bruderschaft der Spielleute, 1434 als Pfeiferbruderschaft, 1440 als Trompeterzeche (bis gegen Ende des 15. Jahrhunderts) und 1498 als Lautenschlagerzeche[4]. Eine systematische Auswertung der Wiener Grundbücher und der Rechnungsbücher sowie des Gültbuches der Schottenabtei konnte die Prominenz wie Verwobenheit der städtischen Musiker sowohl untereinander als auch mit Stadt, Adel und Landesfürsten dokumentieren[5]. Die Eintragungen zeigen die städtischen Musiker als wohlhabende Gewerbetreibende und als Hausbesitzer; interessant ist, dass sich viele Musiker um das Widmertor (Fudlucke, Neulucke, Laimgrube, „Trompetergasse") ansiedelten – wiederum ein Indiz für den engen Zusammenhalt und die Geschlossenheit dieser Gruppe. Als hierarchisch strukturierte Gruppe trat die Bruderschaft beim jährlichen Gottesdienst, der sog. Pfeifermesse, auf, doch auch im öffentlichen Raum der Stadt war die Nikolaibruderschaft bei wichtigen Ereignissen als Gruppe präsent[6]: beim Adventus (Trompeter und Pauker), an der Festtafel des Bürgermeisters (Pfeifer), bei allen großen Festen und Märkten in der Stadt und als Türmer mit wichtiger Signal- und Wachfunktion[7]. Die Ausbildung erfolgte ebenfalls innerhalb der Zunft. Signale und Fanfaren der Stadt wurden – in Handwerkstradition – mündlich vom Meister an Gesellen und Lehrbuben tradiert[8].

---

[3] Der Spielgraf war eine hoheitlich eingesetzte Aufsichtsbehörde zwischen Herrschaft und Spielleuten und verfügte über die niedere Gerichtsbarkeit. Im Stadtrechts- und Weichbildbuch von 1278/1296, Artikel 26, wurde dieses Amt für Wien erstmals erwähnt und war von Beginn an eng mit der Nikolaibruderschaft verbunden. 1354 wurde das Amt des „obersten Spielgrafen" geschaffen, ein Erbamt, das mit dem des Obersten Kämmerers in Österreich vereint war und von den Familien Ebersdorf (1354–1556), Eitzing (1557–1619) und Breuner (1620–1781) ausgeübt wurde. 1782 wurde das Spielgrafenamt von Joseph II. abgeschafft und Musik zu einem freien Gewerbe erklärt, sodass sich auch die Nikolaibruderschaft mit ihrer strengen Zunftordnung überlebt hatte. Vgl. dazu: den Artikel „Spielgrafenamt" online unter: https://www.wien.gv.at/wiki/ [12. 7. 2017].

[4] PERGER, Organisation (wie Anm. 1) 121.

[5] Vgl. dazu die Musiker-Listen bei Martin CZERNIN, Mittelalter, in: Wien. Musikgeschichte. Von der Prähistorie zur Gegenwart, hg. von Elisabeth Th. FRITZ-HILSCHER–Helmut KRETSCHMER (Geschichte der Stadt Wien 7, Wien–Berlin 2011) 35–112, hier 72–74, 97–103.

[6] Vgl. dazu ebd. 104f.

[7] In vielen anderen Kommunen wurden die städtischen Musiker daher als „Turner" (Turn/Turm) bezeichnet, in Wien hingegen war diese Bezeichnung vergleichsweise wenig gebräuchlich, hier wurde eher von Pfeifern, Trompetern und Paukern oder den Spielleuten allgemein gesprochen.

[8] Die Erforschung des Ausbildungsweges eines städtischen Musikers am Ende des Mittelalters und dem Beginn der Frühneuzeit wurde jedoch noch nicht systematisch untersucht, sodass man sich derzeit nur auf punktuelles Wissen und Vergleiche mit dem ebenfalls handwerklichen Ausbildungsweg der Heertrompeter und -pauker stützen kann (dazu vgl. Andreas LINDNER, Die kaiserlichen Hoftrompeter und Hofpauker im 18. und 19. Jahrhundert [Wiener Veröffentlichungen zur Musikwissenschaft 36, Tutzing 1999]).

Bereits gegen Ende des 15. Jahrhunderts begann aufgrund der politischen Lage, durch Naturkatastrophen und eines Niedergangs der wirtschaftlichen Situation der Stadt eine Abwanderung der städtischen Musiker – auch die Nachrichten über die Nikolaibruderschaft werden spärlicher. 1516 war sogar die Kaplanei am Nikolausaltar in St. Michael unbesetzt[9]. Die Reformation, aber auch die Errichtung der immerwährenden Residenz des Kaiserhofes in Wien zu Beginn des 17. Jahrhunderts und die Konkurrenz durch die Musiker des Hofes reduzierten sukzessive die Bedeutung der alten Musikerzunft. Die Ausbildungskompetenz für den städtischen (oft auch kirchenmusikalischen) Nachwuchs, das Turmblasen, Repräsentationsaufgaben für die Stadt sowie – gemeinsam mit dem Spielgrafenamt – die Regulierung der öffentlichen Auftritte nicht-sesshafter und nicht der Nikolaibruderschaft angehörender Musiker verblieben aber vorerst noch in der Hand der Bruderschaft. Eine Erhöhung des Prestiges der Nikolaibruderschaft brachte um die Wende vom 16. zum 17. Jahrhundert die Beauftragung mit der Aufsicht über die „Glückshäfen" (Lotterien)[10]. Dies verdeutlicht, dass die Mitglieder der Nikolaibruderschaft durchaus „als Elite innerhalb der Musiker und Schausteller der Stadt angesehen werden"[11], also gleichsam als „verlängerter Arm" der Herrschaft fungieren durfte. Doch die 1707 eingeführte „Musikimpost" (eine Abgabe auf Musik), durch welche die traditionell an das Spielgrafenamt zu entrichtende „Auftrittsgebühr" nun vom Landesherrn eingehoben wurde, sowie die Übernahme der Lotterien durch den Hof bzw. Landesfürsten 1720 trugen massiv zum Bedeutungs- und somit auch Imageverlust der Nikolaibruderschaft bei. Obwohl die städtischen Musiker (oft im Verband mit den Kirchenmusikern) auch weiterhin als dicht vernetzte Gruppen auftraten, wurden sie im 18. Jahrhundert von der Öffentlichkeit offenbar kaum mehr als geschlossene Gruppe bzw. Zunft unter dem Namen „Nikolaibruderschaft" wahrgenommen[12]. Dennoch scheint der enge Zusammenhalt der städtischen Musiker auch weiterhin sowohl im Bereich Kirchenmusik wie Tanz- und Tafelmusik bis zum Ende der Bruderschaften und darüberhinausgehend in der 1771 gegründeten „Tonkünstler Societat" bestanden zu haben, wobei die Kirchen St. Stephan, St. Michael, St. Augustin und das Schottenkloster auch als Nahtstellen zur Hofmusik fungierten[13].

Aufgrund der dürftigen Quellenlage zur Nikolaibruderschaft fehlen heute ein Großteil der Mitgliederlisten wie Akten; auch sind jene Dokumente, die laut Inventar in Lade 18 des alten Barnabitenarchives verwahrt sein sollten – die Lade ist leer –, nicht

---

[9] PERGER, Organisation (wie Anm. 1) 122.

[10] Vgl. dazu Josef PAUSER, „Weil nun der Reichthum so Zuckersüß …". Glückshäfen in der frühneuzeitlichen Jahrmarkts- und Festkultur Österreichs, in: Wien und seine WienerInnen. Ein historischer Streifzug durch Wien über die Jahrhunderte. Festschrift für Karl Vocelka zum 60. Geburtstag, hg. von Martin SCHEUTZ–Vlasta VALEŠ (Wien–Köln–Weimar 2008) 65–98.

[11] Elisabeth FRITZ-HILSCHER, Frühneuzeit, in: Wien. Musikgeschichte (wie Anm. 5) 113–142, hier 139.

[12] Eine grobgerasterte Suche im „Wienerischen Diarium" zwischen 1720 und 1760 mittels der Freitext-Suchfunktion in ANNO (http://www.anno.onb.ac.at/anno.htm [27.2.2018]) zeigt zwar eine gewisse Präsenz der Wiener Bruderschaften/Konfraternitäten in den Berichten, die Nikolaibruderschaft fehlt dabei jedoch. Der Begriff „Bruderschaft" wurde 1720–1727 84 Mal, 1728–1735 94 Mal, 1736–1743 48 Mal, 1744–1751 66 Mal und 1752–1760 25 Mal vom System gefunden, auch das ein Indiz für die schwindende Bedeutung im Laufe des 18. Jahrhunderts.

[13] Siehe dazu weiter unten bzw. vgl. die Karrierewege von Johann Heinrich Schmelzer, Johann Joseph Fux und Georg Reutter d. Jüngeren bei Elisabeth FRITZ-HILSCHER, Wie man Hofkapellmeister wird. Akquisition und Karrieremodelle für musikalische Spitzenkräfte am Kaiserhof, in: Präzedenz, Netzwerke und Transfers. Kommunikationsstrukturen von Herrscherhöfen und Adelsresidenzen in der Frühen Neuzeit, hg. von Gerhard AMMERER–Ingonda HANNESSCHLÄGER–Milan HLAVAČKA–Martin HOLÝ (Leipzig 2016) 134–148, hier 142–148.

mehr auffindbar; die 1652 von der niederösterreichischen Regierung angeforderten Akten der Nikolaibruderschaft wurden offenbar nicht rückerstattet, waren aber auch im Niederösterreichischen Landesarchiv bis dato nicht auffindbar[14].

1.2 Corpus-Christi-Bruderschaft

Die zweitälteste Bruderschaft an St. Michael, die Corpus-Christi-Bruderschaft, war zwar aufgrund ihrer hohen Kirchenmusikausgaben für die Wiener Musiker von großer Bedeutung[15], aber dennoch kein Sammelbecken für Musiker bzw. Künstler allgemein. Ihr deutscher Zweig wurde wahrscheinlich um 1334 gegründet (ähnlich wie bei der Nikolaibruderschaft ist kein konkretes Gründungsdatum nachweisbar); 1631 wurde der spanische Zweig der Corpus-Christi-Bruderschaft durch die erste Frau Kaiser Ferdinands III., Maria Anna, gegründet. Dem spanischen Zweig gehörten prominente Mitglieder des Hofstaates an, u. a. die kaiserlichen Hofpoeten Nicolo Minato und Pietro Metastasio[16].

Ausgesprochene Musiker-Bruderschaften waren hingegen die 1691 errichtete Divina-Gratias-Bruderschaft und in deren Nachfolge die 1725 gegründete Cäcilienbruderschaft der Tonkünstler. Sie sind beide (wie auch die spanische Corpus-Christi-Bruderschaft) ganz vom Geist der Gegenreformation geprägte barocke Bruderschaften. Im Gegensatz zur Nikolaibruderschaft, die sich in erster Linie als Zeche verstand, präsentieren sich diese neuen Bruderschaften als geistig-religiöse Vereinigungen, in denen spirituelle Einkehr, die Sicherung eines christlichen Begräbnisses wie einer Begräbnisstätte und die Memoria im Vordergrund standen, was sich in einer Vielzahl an Andachten, Vespern, Prozessionen, Requien etc. niederschlug[17].

1.3 Divina-Gratias-Bruderschaft

Die Divina-Gratias-Bruderschaft stand von der Gründung 1691 an unter der Protektion des Hofes. Sie war in zwei „nationes" gegliedert – eine deutsche und eine italienische – und spiegelte so auch die Hauptgruppierungen bei Hof wider, aus deren Personenpool sie auch vorwiegend ihre Mitglieder bezog. Die eigenen musikalischen Aktivitäten der Bruderschaft waren deutlich geringer als jene der beiden Zweige der Corpus-Christi-Bruderschaft, doch fungierte diese Bruderschaft in erster Linie als Vereinigung von Höflingen und Personen, die dem Hof nahestanden. Von einer Künstler- oder Musikerbruderschaft

---

[14] Karl Sᴄʜüᴛᴢ, Musikpflege an St. Michael in Wien (Veröffentlichungen der Kommission für Musikforschung 20/ÖAW, SB der phil.-hist. Klasse 369, Wien 1980) 50 bzw. 54. Recherchen nach diesen Akten über das Informationssystem des Niederösterreichischen Landesarchivs, St. Pölten blieben ergebnislos.

[15] Vgl. dazu die Auflistung der Kosten für die pro Jahr abgehaltenen Feste und Andachten der deutschen Corpus-Christi-Bruderschaft, Stand: Jänner 1783; Sᴄʜüᴛᴢ, Musikpflege (wie Anm. 14) 61–64. Demnach entfielen auf Trompeter und Musik 485 fl. 15 xr. – das wäre deutlich mehr als in der weiter unten angeführten Tabelle.

[16] Vgl. dazu ebd. 54–66, bei dem auch die in St. Michael, im alten Barnabitenarchiv noch vorhandenen Dokumente wiedergegeben werden.

[17] Dazu auch Geraldine M. Rᴏʜʟɪɴɢ, Exequial and Votive Practices of the Viennese Bruderschaften. A Study of Music and Liturgical Piety (Diss. Music Catholic University of America 1996) v. a. 147–201 (The „Music" Bruderschaften of Vienna). Rohling fasste in ihrer Arbeit im Wesentlichen die vorhandene Literatur zusammen, scheiterte jedoch auch an der dürftigen Quellenlage. Sie nennt als Musikerbruderschaften ausschließlich die Nikolaibruderschaft und die Cäcilienbruderschaft.

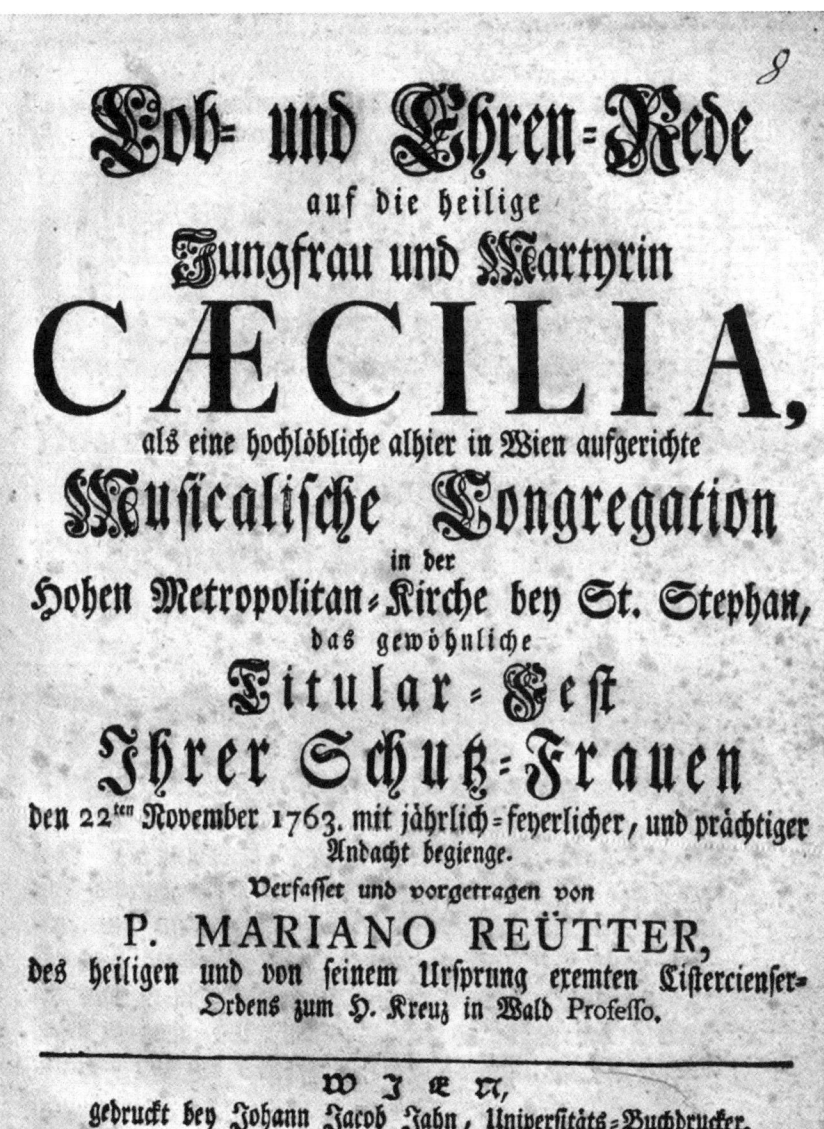

Abb. 1: Marianus Reutter, Lob- und Ehren-Rede auf die heilige Jungfrau und Martyrin Caecilia, als eine hochlöbliche alhier in Wien aufgerichte Musicalische Congregation […] den 22ten November 1763. mit jährlich-feyerlicher, und prächtiger Andacht begienge. Verfasset und vorgetragen von P. Mariano Reütter […] (Wien [Johann Jacob Jahn] 1763) (© ÖNB, 221.795-B.Adl.7). Marianus Reutter war Zisterzenser in Heiligenkreuz und der Bruder von Hof- und Domkapellmeister Georg Reutter d. J.

kann jedoch keine Rede sein[18], wie die bei Karl Schütz wiedergegebenen Mitgliederverzeichnisse aus der Gründungszeit und aus dem Jahr 1717 belegen: Von den 80 Personen
der älteren Liste (italienische Nation) waren keine zehn Mitglieder der Hofmusikkapelle
bzw. stammten aus deren näheren Umkreis; kein einziges Mitglied der Hofmusikkapelle
findet sich in der Liste der deutschen Nation aus dem Jahr 1717 wieder. Diese Listen
bieten freilich nur Momentaufnahmen und lassen nur bedingt Rückschlüsse auf die Zusammensetzung in den folgenden Jahrzehnten zu[19]. Interessant wäre vor allem, ob sich
die Zusammensetzung der Divina-Gratias-Bruderschaft nach Gründung der dezidiert als
Musikerbruderschaft apostrophierten Cäcilienbruderschaft änderte, doch kann dem aufgrund fehlender Quellen nicht nachgegangen werden.

Dass (nur) Musiker der Hofmusikkapelle die Musik zu den Vespern, zur Feier der
Titularfeste und zu den feierlichen Requien für verstorbene Mitglieder gestaltet hätten[20],
widerlegen Rechnungen und Aufstellungen aus der Zeit um 1720 durch den damaligen Regens Chori von St. Michael, Johann Michael Spazierer/Proházka (1680–1729, seit
1703 Regens Chori). Die Musik wurde demnach durch die Kirchenmusiker an St. Michael bestritten, eventuell ergänzt durch Musiker aus anderen Wiener Kirchen, doch nur
ausnahmsweise durch Musiker bzw. Sänger des Hofes[21].

An musikalisch-liturgischen Aktivitäten dieser Bruderschaft verzeichnete Johann Michael Spazierer folgende[22]: „Jeden sontag des gantzen Jahrs wird nach geendigter Vesper
das Miserere mit 9 stimen 2 violinen, 1 violon, Organisten, Regens Chori gehalten davor
wurden bezahlt vor alle 150 fl.; Die Procession am char freytag der gräber besuchung wird
mit 6 stimen begleitet, deren jedem 1 fl. in allen 6 fl.; Daß Seel. Ambt in der Seelen octav
mit oben genannten stimen und Instrumenten, sambt dem nachmittägigen Miserere wird
vor beyde dienst mit 9 fl. bezahlt id est 9 fl.; Summa der gantzjährigen Außgaab 165 fl."

1.4 Cäcilienbruderschaft/Bruderschaft der Tonkünstler

Ausdrücklich als Bruderschaft der Hofmusiker sowie der (hoch)adeligen Dilettan-
ten[23] apostrophiert, wurde mit 22. November 1725 die Cäcilienbruderschaft in Wien

---

[18] Karl Schütz bezeichnet sie als „eine Art Vorläufer der Cäcilienkongregation" und führt dafür die Mit-
glieder Carlo Agostina Badia (Hofkomponist), Gaetano Orsini (Altist, Mitglied der Hofmusikkapelle), Marc
Antonio Ziani (Vizehofkapellmeister), aber auch den Maler Peter von Strudl an; SCHÜTZ, Musikpflege (wie
Anm. 14) 66.

[19] Ebd. 72–75. Die immer wieder angemerkte starke Abschottung der „Italiener" am Hof, die ansonsten
von keiner anderen Gruppe in dieser Deutlichkeit gelebt wurde, setzte sich also auch außerhalb des eigentlichen
Hofbereiches fort.

[20] Vgl. Geraldine M. ROHLING, First Vespers of the Titular Fest of the Saint Cäciliabruderschaft in the
Domkirche of Saint Stephan in 1726, in: Sakralmusik im Habsburgerreich. 1570–1770, hg. von Tassilo ER-
HARDT (ÖAW, SB der phil.-hist. Klasse 824/Veröffentlichungen der Kommission für Musikforschung 29, Wien
2013) 253–263, hier 254.

[21] Beispielsweise wurden dem „Hof- und Kammermusikus Cajetan [der Altist Gaetano Orsini?] für die
Mitwirkung beim Requiem des Herrn Orasini und weiteren 30 Messen" 1726 21 fl. bezahlt, allerdings erwähnt
Karl Schütz nicht, ob dieses Requiem in Zusammenhang mit einer der Bruderschaften an St. Michael gestanden
ist. SCHÜTZ, Musikpflege (wie Anm. 14) 38.

[22] Ebd. 67.

[23] U. a. war Johann Adam Graf Questenberg Mitglied der Cäcilienbruderschaft wie auch der „Mährischen
Landsmannschaft" an St. Michael; vgl. Jana PERUTKOVÁ, Der Glorreiche Nahmen Adami. Johann Adam Graf
von Questenberg (1678–1752) als Förderer der italienischen Oper in Mähren (Specula spectacula 4, Wien
2015) 139 (Mährische Landsmannschaft) und 225 (Cäcilienbruderschaft).

gegründet. Unter dem Schutz Karls VI., dem Präsidium des Cavagliere della Musica/Hof-musikgrafen Luigi Pio di Savoya und bestätigt vom Wiener Fürsterzbischof Sigismund Graf Kollonitz war sie von Anfang an zwar eine Vereinigung der Hofmusiker, wie dies auch Don Paulo Greipl in seiner festlichen Predigt anlässlich der Gründung der Bru-derschaft an St. Michael festhielt[24]. Sie verstand sich jedoch in erster Linie als religiöse Bruderschaft, nicht als „Berufsverband" oder gar als Zunft im traditionellen Sinn und un-terschied sich daher in ihrem Zweck deutlich von der dezidiert als Berufsvereinigung und als Vorsorgeinstitution ohne geistlich-religiösen Hintergrund 1771 gegründeten „Ton-künstler Societät", als deren Vorläufer und Erbe die Cäcilienbruderschaft immer wieder (und nicht ganz korrekt) erwähnt wird[25]. So standen neben dem Cäcilien-Hochamt am bzw. um den 22. November vor allem das Gebet für die Verstorbenen und die Memoria im Vordergrund – und dies in einer um 1730 bereits kritisch von den Anhängern der ita-lienischen Aufklärung beäugten, ausufernd prunkvollen Üppigkeit[26].

Eine „Convention" mit der genauen Beschreibung der Aktivitäten vom 2. September 1725 findet sich in Schublade 18 des Barnabitenarchivs, versehen mit der (leider nicht da-tierten) Anmerkung: „Scripta oder Convention der ehemahls in St. Michaels Pfarrkirchen gewestenen, aber wegen ihrer grossen praedomination nicht mehr behaltenen S. Caeciliae Congregation derer Hof Musicorum"[27].

Diese Statuten machen deutlich, dass der Fokus der Bruderschaft ursprünglich weni-ger auf dem aufwändigen Hochamt zu Ehren der Heiligen Cäcilia, sondern vielmehr auf Totengedenken an und Memoria für verstorbene Mitglieder der Bruderschaft lag. Der Hinweis, dass es der „Congregation" erlaubt sei, zum Cäcilienfest einen „Music-Chor auf-zurichten", kann in zwei Richtungen gedeutet werden: als Errichtung einer (temporären) Musikergalerie in der Kirche oder als Zusammenstellung einer Musikergruppe. Letzteres bedeutet jedoch nicht zwangsläufig, dass diese durch die Mitglieder der Bruderschaft, d. h. Mitglieder der Hofmusikkapelle, gestellt wurde[28]. Die gemachten Vorgaben weisen

---

[24] Vgl. SCHÜTZ, Musikpflege (wie Anm. 14) 77: „Ich billige diesen Eifer / in Erwegung / daß Innocentius der XI. heilige Kirchen-Vatter im Jahre Christi 1684 zu Rom die erste Musicalische Congregation zu Ehren der H. Jungfrauen und Martyrin Caeciliae den 8. May in 8. Jahr seines Papstum mit Päpstlicher Bulla zu ewiger Gedächtnus bestättigt / mit Päpstlichen Segen und Kirchen-Schatz versehen / welche Jährliche Fest-Begängnus in der Kirche meiner Heil. Congregation bey S. Carlo a Cattinari feyerlichst begangen wird: Gleichermassen will auch eine Virtuose Kaiserliche Music in alhiesiger Residentz-Stadt Wien / nicht allein vor sich / sondern auch vor alle respective hoch- und niederen Stand Liebhaber ihres schon erklärten Intent, ein dergleichen Brü-derliche Versammlung anstellen: in welcher Jährlich zu Lob Gottes und Ehren ihrer heiligen Patronin Caeciliae ein solennes Hoch-Amt / mit erst- und anderer Vesper / und vielen Heil. Messen solle gehalten werden: Zu Heil und Nutze der armen Seelen aber in deren Octav mit vorgehender Vigil ein gesungenes Requiem, in Besonder-heit aber vor jeden verstorbenen Einverleibten dieser Musicalischen Congregation dreyssig Heil. Seelen-Messen samt einen Amt bald möglichst vollzogen werden: Ferneres Absehen dieser Lieb-vollen Versammlung in Nach-richt zu bringen / verleite ich sie A.A. auf die im Druck schon gegebene Statuta: welche von Ihro Hochfürstl. Gnaden Herrn / Herrn Sigmund Ertz-Bischofen zu Wien approbiret / confirmiret / und bestättiget worden."

[25] ROHLING, Exequial and Votive Practices (wie Anm. 17) 201.

[26] Ludovico Antonio Muratori war ein enger Freund des kaiserlichen Hofdichters Apostolo Zeno. Mu-ratoris „Delle regolata divozion de'cristiani trattato" (Venedig 1747) wurde in Wien intensiv rezipiert; bereits 1759 erschien das Buch in deutscher Übersetzung bei Hofbuchdrucker Trattner („Die wahre Andacht Des Christen").

[27] SCHÜTZ, Musikpflege (wie Anm. 14) 77–80. Im Gegensatz zur „Tonkünstler Societät", die eine aktive Beteiligung ihrer Mitglieder bei den Benefiz-Akademien forderte, wird dies bei der „Cäcilienkongregation" mit keinem Wort erwähnt

[28] Vgl. ROHLING, First Vespers (wie Anm. 20) 253–263 (mehrmals) bzw. DIES., Exequial and Votive Practi-ces (wie Anm. 17), beispielsweise 180–182.

auf ein solennes Amt mit entsprechender Spalierung der Kirche und einer aufwändigen musikalischen Gestaltung mit Pauken und Trompeten („in stile solenne") hin; ebenso prunkvoll waren die Requien zu Allerseelen und die Totenmessen verstorbener Bruderschaftsmitglieder zu zelebrieren.

Wurde die feierliche Installierung der Bruderschaft am 22. November 1725 in St. Michael gefeiert[29], beging man bereits im Folgejahr das Cäcilien-Fest in St. Stephan[30]. Bei den Cäcilien-Hochämtern scheint der liturgisch-religiöse Aspekt zunehmend in den Hintergrund gedrängt worden zu sein – alle Aufmerksamkeit gehörte den eigens dafür komponierten „Missae solemnes"[31] und den ausführenden Künstlern, wie aus einem Bericht des „Wienerischen Diariums" vom 25. November 1767 hervorgeht: „Diesen Abend hat eine löbl. Bruderschaft der Tonkunst in Folge des am Sonntag eingefallenen Fest ihrer Patronin die H. Cäcilia die Vesper gehalten; Montagvormittag aber diese Fest mit einem feyerlichen Hochamt begangen, dabey sich verschiedene vortrefliche Tonkünstler mit Arien und Concerten hören ließen. Der Vordere Theil der Kirche, und der Hochaltar waren mit kostbaren Tapeten bekleidet, und mit vielen Wachslichtern beleuchtet"[32]. In welcher Kirche das Hochamt stattfand, wird leider nicht erwähnt. Da St. Stephan aber aufgrund der hohen Festdichte um den 20. November herum (Leopoldi-Oktav, Katharinenfest der Universität) offenbar nicht immer zur Verfügung stand, scheint man sich jährlich pragmatisch für eine große, zur Verfügung stehende Wiener Kirche entschieden zu haben, was in der Forschung zu erheblichen Verwirrungen hinsichtlich der Verortung der Cäcilienbruderschaft geführt hat: St. Michael, St. Peter, St. Augustin und St. Stephan werden genannt; Karl Schütz[33] lässt diese Frage offen, in Melitta Ebenbauers umfangreicher Arbeit zur Dommusikkapelle an St. Stephan fehlt ein Hinweis auf die Cäcilienbruderschaft[34], Constantin Schneider und Daniel Heartz nennen St. Augustin und St. Peter[35], Geraldine M. Rohling geht von einem Transfer Ende 1725/Anfang 1726 aus, kann dies jedoch auch nicht durch konkrete Quellen belegen[36].

Es scheint, dass der Erfolg dieser Vereinigung auf zwei Faktoren beruhte: Einerseits

---

[29] Vgl. dazu den Bericht im „Wienerischen Diarium" Nr. 94 (24. November 1725) unpag. [pag. 7–8]: „Nachdeme mit Bewilligung Ihrer Hochfürstlichen Gnaden / des Herrn Ertz-Bischofens und Ordinarii zu Wienn / aufgerichtet worden / eine Virtuos-Musicalische Congregation, zu Lob GOttes / und Ehr der Heiligen Jungfrauen und Martyrin Caeciliae, […] / als hat gedachte Hochlöbl. Congregation, in der Kaiserl. Pfarr-Kirchen deren WW. EE. PP. Cler. Regul. S. Pauli [= Barnabiten], vergangenen Donnerstag / als den 22. dieses mit höchst-feyerlicher Solennität das Fest ihrer Heiligen Patronin begangen / als nemlichen unter fürtreflicher Music, und dreyfachen Trompetten-Chor/ mit zweyen Vespern / Hoch-Amt / vor-Mittägiger Teutscher- und nach-Mittägiger Welcher Predigt" ebd. 8.

[30] Vgl. dazu ROHLING, First Vespers (wie Anm. 20) 257f.

[31] U. a. sollte auf Initiative von Johann Adam Graf Questenberg Johann Sebastian Bachs Messe in h-moll für die Wiener Cäcilienkongregation und das Cäcilien-Hochamt am 22. November 1749 fertiggestellt werden. Michael MAUL, „Die große catholische Messe". Bach, Graf Questenberg und die „Musicalische Congregation" in Wien. *Bach-Jahrbuch* 95 (2009) 153–176; zusammenfassend bei PERUTKOVÁ, Der Glorreiche Nahme (wie Anm. 23) 224–225.

[32] Wienerisches Diarium Nr. 94 (25. November 1767) unpag. [pag. 7].

[33] SCHÜTZ, Musikpflege (wie Anm. 14).

[34] Melitta EBENBAUER, Die Dommusikkapelle St. Stephan im Wien des 19. Jahrhunderts. Mit einem Abriss ihrer Geschichte vom 12.–20. Jahrhundert (Dipl. Wien 2002).

[35] Constantin SCHNEIDER, Die Kirchenmusik im St. Stephans Dom zu Wien. *Musica Divina* 21 (1933) 67–77, hier: 76; übernommen durch Bruce MAC INTYRE, The Viennese Concerted Mass of the Early Classic Periode (Studies in Musicology 89, Ann Arbor 1989) 16; Daniel HEARTZ, Haydn, Mozart and the Viennese School 1740–1780 (New York 1995) 296.

[36] ROHLING, First Vespers (wie Anm. 20) 256.

hatten die großen musikalischen Produktionen zum Cäcilienfest eine starke Außenwirkung, andererseits bestand offenbar ein starkes Gefühl der Zusammengehörigkeit der Musiker untereinander, wie mit den Spitzenkräften der Wiener Kirchenmusik, mit denen man auch außerhalb der Bruderschaft eng vernetzt war. Die Cäcilienbruderschaft, die auch unter Namen wie „Vereinigung der Tonkünstler", „Musikalische Bruderschaft"/ „Congregation" auftrat, wandelte sich selbst 1771 (noch vor der Aufhebung der Bruderschaften) in die moderne Form eines Vereins, in die „Tonkünstler Societät". Die alte Cäcilienbruderschaft war – abgesehen von ihren religiös-liturgischen Inhalten – als Musiker-Solidargemeinschaft durch die Neugründung der eigenen Mitglieder obsolet geworden[37].

2. Bruderschaften als Arbeitgeber für Wiener Musiker

Bruderschaften waren für die Musiker als Arbeitgeber von besonderer Wichtigkeit und dienten auch als Bindeglied der Wiener Kirchenmusiker untereinander. Die Bruderschaften waren ein bedeutender „Wirtschaftsfaktor" in Wien. Dies wurde den Landesbehörden durch die Aufhebung der Bruderschaften 1783 und die gleichzeitige Erhebung der Pfarr- und Gottesdienstverordnungen deutlich vor Augen geführt, wie ein im Niederösterreichischen Landesarchiv überlieferter Faszikel aus dem Jahr 1784 dokumentiert[38], der von Otto Biba 1971 publiziert wurde[39]. Diese Akten, die bislang vorwiegend in Hinblick auf die Reduktion der Kirchenmusik an den Wiener Kirchen zwischen 1780 und 1790 ausgewertet wurden, bieten durch eine genaue Bestandsaufnahme des Musikpersonals an den Wiener Kirchen vor und nach 1783 auch Überblicksmaterial zu den Aktivitäten der Bruderschaften in den letzten Jahren ihres Bestehens („A. Verzeichniß Über sämtliches Musick-Personal samt ihrer vorhin und dermaligen bezohenen Besoldung"). Durch die Genauigkeit der Datenerhebung beleuchten sie jedoch auch bislang unbeachtete Aspekte dieser Umbruchsphase, die im Detail offenbar für den Bereich der Bruderschaften keineswegs so radikal verlief, wie dies die erwähnte Verordnung vom 27. November 1783 vermuten lassen würde.

Ausgangspunkt dieser genauen Erhebung war eine am 21. Mai 1783 verfasste Bittschrift der Wiener Kirchenmusiker an Kaiser Joseph II.; Autor dieses Dokumentes war offenbar Carl Friberth, Regens Chori der beiden Wiener Jesuitenkirchen und 1783 auch Sekretär der „Tonkünstler Societät"[40]. Friberth trat als Sprecher der Wiener Kirchen-

---

[37] Claudia PETE, Geschichte der Wiener Tonkünstler-Societät (Diss. Wien 1996); zusammengefasst bei: Elisabeth FRITZ-HILSCHER, Die großen Oratorien-Produktionen der „Tonkünstler-Societät" in Wien – Kontrapunkt oder Nachfolger der höfischen Oratorienpflege des Barock? *Musicologica Brunensia* 49/1 (2014) 211–234, hier 212–215.

[38] NÖLA, NÖ, Reg. C-Normalien, K 4296a (C-Normalien in Kultus- und Religionssachen 1784), Fasz. 4-477.

[39] Otto BIBA, Die Wiener Kirchenmusik um 1783. *Jahrbuch für österreichische Kulturgeschichte* I/2 [Beiträge zur Musikgeschichte des 18. Jahrhunderts] (1971) 7–79 (umfangreicher Dokumentenanhang aus dem genannten Faszikel auf den Seiten 19–63).

[40] Otto Biba sieht im Stil der Eingabe eindeutig die Handschrift Friberths, „der sich mit dieser Eingabe aber nicht nur zum Sprecher der von ihm in der Kirche am Hof, in der Universitätskirche, in der italienischen Nationalkapelle, in der Trattnerischen Kapelle, in der St.-Ivo-Kapelle der Juristenschule, in der Kapelle im Kölnerhof und im Johann-Nepomuk-Spital beschäftigten Musiker machte, sondern aller Wiener Kirchenmusiker. Es muß demnach eine organisierte Interessensgemeinschaft der Kirchenmusiker bestanden haben, auch wenn wir darüber nichts Näheres wissen"; ebd. 12f.

musiker auf und präsentierte diese als eine – wie auch immer organisierte[41] – geschlossene Interessensgemeinschaft. Durch die neuen Verordnungen würde ein Großteil der Wiener Kirchenmusiker (einschließlich ihrer Familien) ihres Unterhalts beraubt und somit dem Staat zur Last fallen; um dies zu verhindern, forderten „sämtliche Tonkünstler der Kirchenmusik"[42], wenigstens die Gelder der „würklichen Musikstiftungen"[43] auszuschütten, um die ärgste Not zu lindern.

Obwohl die Bruderschaften zum Zeitpunkt der Abfassung dieses Bittgesuches offiziell noch existierten, wurden sie vom Verfasser nicht dezidiert erwähnt, sondern lediglich von für den Musikdienst gestifteten Geldern gesprochen. Erwähnung findet hingegen der moderne Pensionsverein der Musiker, die „Tonkünstler Societät", an deren finanzieller Eintrittshürde (weniger die Jahresbeiträge) jedoch viele der im Bittgesuch angesprochenen Musiker mit mittlerem oder unterem Einkommen scheiterten.

Bereits mit 14. Jänner 1783 war eine Regierungsverordnung erlassen worden, aufgrund derer alle Pfarren, Klöster und sonstige Kirchen über ihre jährlichen Ausgaben für die Kirchenmusik eine Aufstellung abliefern mussten. Man wollte abschätzen, wie viel Geld künftig vom Religionsfond für die Kirchenmusik zur Verfügung gestellt werden sollte. Nach Eintreffen der Bittschrift der Tonkünstler wurde neuerlich mit 21. Juni 1783 ein nun detaillierteres Verzeichnis unter genauer Nennung von Musiker und Funktion und unter Angabe der Bezüge jeweils vor bzw. nach der neuen Gottesdienstverordnung angefordert. Der daraus resultierende Quellenbestand dokumentiert selten genau und lückenlos Umfang, Kosten und Personal der Musiker an Wiener Kirchen und Kapellen aus den Jahren 1782/1783 und gibt somit auch Auskunft über die Wirtschaftskraft der Bruderschaften gegen Ende des 18. Jahrhunderts[44]. Dies ist umso wertvoller, da die eigentlichen Bruderschaftsarchive heutzutage nicht mehr greifbar bzw. nur noch in Bruchstücken vorhanden sind[45]; viele Dokumente dieser fragmentarischen Beständen finden sich in

---

[41] Neben den Musikern der Hofmusikkapelle konnten auch in Wien sesshafte Musiker mit gutem Leumund Mitglied der „Tonkünstler Societät" werden. Viele Musiker scheiterten jedoch an dem relativ hohen Ersterlag, den man bei der Aufnahme entrichten musste und blieben so mit ihren Familien von einer sozialen Absicherung ausgeschlossen; vgl. dazu Fritz-Hilscher, Die großen Oratorien-Produktionen (wie Anm. 37) 214f.

[42] NÖLA, NÖ, Reg. C-Normalien, K 4296a (C-Normalien in Kultus- und Religionssachen 1784), Fasz. 4-477, Bittschrift sämtlicher Tonkünstler der Kirchenmusik an Kaiser Joseph II., 21. Mai 1783, im vollständigen Wortlaut wiedergegeben bei Biba, Die Wiener Kirchenmusik (wie Anm. 39) 11f.

[43] Ebd. 11. Der Text der Supplik ist vollständig bei ebd. 11f. wiedergegeben.

[44] Ebd. 13. Dieser Faszikel (K 4296a) wird durch drei weitere Faszikel derselben Reihe aus 1784 wie aus 1783 im Niederösterreichische Landesarchiv in St. Pölten ergänzt (1784: NÖLA, Reg, C-Normalien, K 4297, K 4298, K 4299; 1783: ebd. K 4296), deren Auswertung in Hinblick auf Kirchenmusik und Bruderschaften zu einem späteren Zeitpunkt erfolgen soll. Weitere Materialien gibt es im ÖStA, HHStA, Kabinettsarchiv, Studienhofkommission 14-5-5: *Ausweis Der bei Aufhebung der Bruderschaften in gesamten deutschen Erblanden eingezogenen Kapitalien, welche an den Schul- und Armenfonds hätten verteilt werden sollen, welche der Schulfonds bereits erhalte, und demselben noch nachgetragen werden müssen*; ÖStA, AVA Inneres, Hofkanzlei, Allgemein A 1482: Aufhebung der Bruderschaften in Mähren und Schlesien, Niederösterreich.

[45] Schütz, Musikpflege (wie Anm. 14) 5: „[das Barnabitenarchiv an St. Michael] ist beileibe nicht als vollständig erhalten anzusehen; schon zur Entstehungszeit die Archivalien der Vorgänger nur bruchstückhaft übernehmend, birgt es heute zu den einzelnen Epochen seit der Gründung wechselvoll mehr oder weniger erhaltenes Aktenmaterial. Im Laufe der Zeit von Benützern und Verantwortlichen nicht immer sachgerecht behandelt, gibt es leider viele Dokumente, die in der Literatur der Vergangenheit zitiert, heute aber nicht mehr an dem ihnen zustehenden Platz zu finden sind. Ob sie nur falsch eingereiht oder aber überhaupt entwendet sind, läßt sich nicht feststellen. So fehlen, um ein eklatantes Beispiel anzuführen, die Dokumente der Nicolai-Zeche, die laut Literatur noch vorhanden sein sollten. Ebenso ist die Lade, die das Archivmaterial der Mährischen Landgenossenschaft enthalten soll, heute [1980] leer."; zu Aufbau und Ordnungssystematik ebd. 6f.

den Arbeiten von Karl Schütz[46] und Geraldine M. Rohling[47], teils zitiert, teils vollständig übertragen, doch bleibt das Bild dennoch viel zu lückenhaft, um Musizierpraxis und
finanzielle Gegebenheiten über einen längeren Zeitraum auch nur annähernd rekonstruieren zu können.

Da auch die Kostenbeteiligung der Bruderschaften in den Verzeichnissen in Faszikel
K 4296a detailliert angegeben wurde, existiert wenigstens für den finalen Status der Bruderschaften eine Gesamtübersicht über deren Kirchenmusikausgaben. Insgesamt werden
25 Bruderschaften explizit angeführt[48]. Die alte Vereinigung der städtischen Musiker, die
Nikolaibruderschaft an St. Michael, fehlt in der Liste, die Divina-Gratias-Bruderschaft ist
als „Gnaden Bruderschaft bei St. Michael", die Cäcilienbruderschaft der Hofmusiker als
„Congregatione Sanctae Caeciliae" an St. Stephan angeführt. Geht man davon aus, dass
in der Aufzählung nur jene Bruderschaften angeführt wurden, die an Wiener Kirchen
regelmäßig für die Kosten der Kirchenmusik aufkamen, stellt die Auflistung wohl nur die
„Spitze eines Eisberges" des „Wirtschaftsfaktors Bruderschaften" dar.

Greift man auf das „Verzeichniß Über sämtliches Musick-Personal samt ihrer vorhin
und dermaligen bezohenen Besoldung" zurück, ergibt sich für die wichtigsten Wiener
Kirchen folgendes Bild[49]: (1) Für St. Stephan, deren Finanzierung der Stadt oblag, werden weder Namen noch eine Summe genannt. (2) Bei den Schotten wurden die Verluste
durch Wegfall der Bruderschaften von den Musikern auf 532 fl. 48 xr. hochgerechnet,
eine offizielle Berechnung fehlt jedoch. (3) Beim großen Musikensemble St. Peters wurden überhaupt keine Reduktionen in der Bezahlung der Musiker vorgenommen, ebenso
an der Kirche Am Hof. Allerdings hatten die Musiker der Kirche Am Hof (oder zusätzliche Substituten) bislang ein erkleckliches Zusatzeinkommen durch zahlreiche „Bruder-
schafts-", „Congregation-", „Nation- und andere Festtäge" von insgesamt 581 fl. 20 xr.,
das aufgrund der neuen Situation nun wegbrach.

Wie viel die Bruderschaften zur Bezahlung der Kirchenmusik beisteuerten, zeigen die
detaillierten Listen der beiden großen Stadtpfarren St. Augustin und St. Michael. Bei
St. Augustin zahlte die Totenbruderschaft insgesamt 514 fl. 40 xr., d. h. ein Musiker hatte
bis zur Aufhebung der Bruderschaften durchschnittlich ca. 30 bis 40 fl. jährlich dazu-
verdient; der Betrag für „Ordinari Dienst und Extra Dienst" wurde hingegen nicht her-
abgesetzt. An St. Michael, welche mit 20 Mitglieder eine sehr großes Kapelle unterhielt,
wurden den Musikern auch nach der offiziellen Aufhebung der Bruderschaften Bezüge

---

[46] Ebd.

[47] Rohling, Exequial and Votive Practices (wie Anm. 17).

[48] NÖLA, Reg. C-Normalien, K 4296a (C-Normalien in Kultus- und Religionssachen 1784), Fasz. 4-477, *Verzeichniße derjenigen, die ihre ausweise über die musikunkösten eingereicht haben* (14. Jänner 1783 und Nach-träge mit 5. März 1783); vgl. dazu Biba, Die Wiener Kirchenmusik (wie Anm. 39) 19–21. Folgende Bru-derschaften werden namentlich erwähnt: *S. Sebastian Bruderschaft bei den Schotten, Sieben Schmerzen Maria Bruderschaft bei den Schotten, Marianische Bruderschaft bei den Schotten, Gnaden Bruderschaft bei St. Michael, Corporis Christi Bruderschaft bei St. Michael, Erzengel Michael Bruderschaft bei St. Michael, Allerheiligen Bru-derschaft* [ohne konkrete Anbindung], *Nepomuk Bruderschaft bey St. Stephan, Congregatione Sanctae Caeciliae alda, Todtenbruderschaft alda* [bei den Augustinern], *Dreyfaltigkeitsbruderschaft bey St. Peter, Bruderschaft bey St. Ruprecht, Corpus Christi Bruderschaft in der Kirche am Hofe, Erasmus Bruderschaft bei St. Anna, Johann Nepomuk Bruderschaft bey St. Ivo, Welsche Erzbruderschaft in der italienischen Natzionalkirche, Peter und Paul Bruderschaft bey St. Ulrich, Nothelfer Bruderschaft bey St. Lorenz, Josephinische Bruderschaft bey St. Dorothee, Todesangst Bru-derschaft zu St. Ulrich, Spanische Bruderschaft zu St. Michael, Philippi Neri Bruderschaft, Barbara Kongregation zu St. Anna, Nikolai Bruderschaft auf der Landstrasse, Christenlehrbruderschaft bey der Gottesackerkirche auf der Landstrasse.*

[49] Die Daten dazu wurden der Übertragung bei ebd. 24–51 entnommen.

durch die deutsche wie die spanische Corpus-Christi Bruderschaft, die Divina-Gratias-Bruderschaft (als „von der Gnade Gottes Bruderschaft" bezeichnet) und die St. Michaels-Bruderschaft ausbezahlt, jedoch reduzierte – im Gegensatz zu St. Augustin – die Pfarre selbst, d. h. der Barnabiten-Orden, deutlich die Zahlungen für die „Ordinari Dienst" an die Musiker. Doch auch die Bezüge durch die Bruderschaften wurden, offenbar wegen der nun reduzierten Dienste, ab 1783 gekürzt, jedoch prozentuell deutlich geringer als das „Grundgehalt" bzw. in seltenen Fällen sogar gleichbelassen. Rechnet man aus der Liste[50] nun die Finanzleistungen der vier angeführten Bruderschaften heraus, ergibt sich folgendes Bild für St. Michael.

Tabelle 1: Bezahlung der Musiker durch die Bruderschaften bei St. Michael vor und nach 1783.

Bruderschaft	vor 1783	nach 1783	Differenz
Deutsche Corpus-Christi-Bruderschaft	309 fl. 45 xr.	89 fl. 45 xr.	- 220 fl.
Divina-Gratias-Bruderschaft	118 fl. 46 xr.	30 fl. 16 xr.	- 88 fl. 30 xr.
Spanische Corpus-Christi Bruderschaft	107 fl. 30 xr.	95 fl.	-12 fl. 30 xr.
St. Michael-Bruderschaft	105 fl. 3 xr.	46 fl. 53 xr.	-58 fl. 10 xr.
Nikolai-Bruderschaft	40 fl.	–	- 40 fl.
Mährisches Nationalfest	52 fl.	–	- 52 fl.
Gesamtverlust der Musiker			- 471 fl. 10 xr.

Diese Aufstellung zeigt einerseits die hohe Finanzkraft dieser prominenten Bruderschaften, andererseits den Verlust, der durch die Reduktion der Gottesdienste mit (solenner) musikalischer Ausgestaltung für die Wiener Kirchenmusiker alleine an dieser einzigen Kirche pro Jahr entstand. Während die Bruderschaften an St. Michael auch nach 1783 weiterhin eine gewisse Aktivität entfalten konnten bzw. durften (in welcher Weise, konnte jedoch noch nicht geklärt werden), fielen die Beiträge der Bruderschaften an den meisten anderen Wiener Kirchen ersatzlos weg. Diese Entwicklung soll anhand folgender Auflistung näher erläutert werden:

- Pfarre bei den Augustinern auf der Landstraße: Da die Bruderschaften, die bislang die Kosten „in festis maioribus" bestritten hatten, vollständig ausfielen, übernahm diese Kosten nun die Gemeinde.
- Pfarrkirche der Paulaner: Hier hatten sich bisher der Orden und die Bruderschaften, die an der Kirche ansässig waren, die Kosten der Kirchenmusik geteilt; mit der Aufhebung von Orden und Bruderschaft sank das Kirchenmusikbudget auf null. Ähnliches ist für die Bürgerspitalkirche zu vermerken: Deren Regens Chori hatte (neben freiem Quartier) für die gesamte Kirchenmusik einen Etat von 700 fl. 39 xr. pro Jahr (davon 130 fl. 4 xr. von der „Allerheiligen Bruderschaft") zur Verfügung, der ebenfalls auf null reduziert wurde. An der Annakirche wurde ebenfalls die Kirchenmusik, die mit dem Beitrag der dort ansässigen Bruderschaften (explizit angeführt wurden die *Erasmus Bruderschaft* und die *Barbara Kongregation*) ein ungewöhnlich

---

[50] Zu den Details der Bezahlung, der Zusammensetzung der Kapelle wie der Bezahlung des Einzelnen siehe ebd. 27–32.

hohes Budget von 1.171 fl. 16 xr. besessen hatte, ersatzlos gestrichen[51]. Da auch an der Ruperti-Kapelle die Kirchenmusik gänzlich eingestellt wurde, verloren die Musiker nicht nur ihre Grundgehälter, sondern auch die in Summe höheren zusätzlichen Zahlungen durch die Armen-Seelen-Bruderschaft, die Corpus-Christi-Bruderschaft und die Nepomuk-Bruderschaft[52].

• Pfarre zu Gumpendorf: Zwar erhielten die vier Musiker der Kapelle das gleiche Gehalt weiterbezahlt, die von den Bruderschaften für ihre Feierlichkeiten zusätzlich engagierten Musiker wurden nach Aufhebung der Bruderschaften nicht mehr engagiert[53]. Ähnlich hart traf es auch die Musiker an St. Dorothea, von denen ebenfalls nur vier Musiker weiterhin – jedoch reduziert – bezahlt, alle andern entlassen wurden. Auch die in Summe lukrativen Zusatzeinkommen durch die Joseph- bzw. Barbara-Bruderschaft sowie die sog. Fränkische Nation entfielen[54].

• Pfarre zu Maria Hilf: Die Musiker dieser bedeutenden Wallfahrtskirche (wie St. Michael durch den Orden der Barnabiten betreut) konnten sich zu den wenigen Glücklichen zählen, die rein finanziell keine Einbußen zu verzeichnen hatten, denn: „Von der Kirche haben die Tonkünstler nach dem jetzigen Antrage das nämliche zu beziehen, wie auch von den Bruderschaften, in so lange selbe bestehen, und ihre Einkünfte solches gestatten"[55]. Der Beitrag der nicht näher genannten Bruderschaften betrug 577 fl. 37 xr. und lag um 46 fl. höher als die vom Orden geleisteten Zahlungen[56]. Ähnliches ist auch für die „Wälsche National Kapelle" (nun Pfarrkirche Maria Schnee) feststellbar, deren Musiker unter der Führung von Carl Friberth nun in Summe sogar 26 fl. mehr verdienten als vor der Regulierung der Kirchenmusik: „In hinkunft für die ganze musik wegen 4 aemtern jährlich 60 fl. Dann wegen den sonn- und feuertäglichen wälschen normalmeß gesang für die 4 vokalisten und den organisten 80 fl. id est: 140 fl. Die [italienische] bruderschaft wenn sie die allerhöchste erlaubniß, wie ehevor, erhält bezahlt für die musik 200 fl. Das sind zusammen 340 fl. in gegenhalt die vorigen pro anno 314 fl. mehr um 26 fl."[57].

3. Ausgewählte Wiener Kirchenmusiker

Da die Wiener Kirchenmusiker traditionell eng vernetzt und viele auch miteinander verwandtschaftlich verbunden waren, trafen die Reduktionen bzw. Streichungen der

---

[51] Ebd. 46f. bzw. 20f. (Liste der Kirchen, Kapellen und Bruderschaften).

[52] Ebd. 48f.

[53] Die Anmerkung am Ende der Musikerliste entbehrt nicht eines gewissen Zynismus, zumal es sich bei diesen Kräften ohnehin um „musikalische Taglöhner" an der Grenze zur Verelendung handelte: „Nach dem Auftrage, was jedem der dermaligen Andachtspflege bezahlt werden wolle, ist in der Faßion die Erinnerung gemacht worden, daß so lange oberwähnte Tonkünstler freywillig und ohnentgeltlich die Musick abhalten wollen, man auch nach der dermaligen Andachtspflege nichts bezahlen wolle, widrigens der Gottesdienst mit 4 Stimmen und der Orgel abgehalten würde"; zit. nach ebd. 35.

[54] Ebd. 43f. Was unter „Fränkischer Nation" zu verstehen ist, kann vorerst nicht geklärt werden; eventuell handelte es sich um eine Landsmannschaft, eher nicht um die universitäre „Natio Rhenensium". St. Dorothea war 1782 mit Stift Klosterneuburg vereinigt worden, weniger als zwei Monate später aufgehoben und der Administration von Klosterneuburg unterstellt, 1786 endgültig aufgehoben und 1787 profaniert worden. Dazu: Dorotheerkirche, Historisches Lexikon Wien 2, hg. von Felix CZEIKE (Wien 1993) 84f.

[55] BIBA, Die Wiener Kirchenmusik (wie Anm. 39) 36.

[56] Ebd. 35f.

[57] Ebd. 39.

Zahlungen meist nicht nur ein Familienmitglied, sondern häufig mehrere und manche Mitglieder mehrfach – Verschwägerungen potenzierten die Reduktion des Einkommens in nicht selten existenzbedrohender Weise[58]. Zwei prominente und innerhalb der Wiener Kirchenmusik beruflich wie familiär eng vernetzte Familien seien als Fallbeispiele exemplarisch herangezogen: die Familien Friberth und Spangler.

3.1 Friberth[59]

Von den drei Brüdern Franz Carl, Johann Joseph und Thomas (alle drei Musiker und Komponisten) wirkten nur die beiden ersten in Wien. Carl, der auch als Initiator und Verfasser der eingangs zitierten Bittschrift gilt, hatte mehrere prominente Positionen in der Stadt inne. Er war mit Maria Magdalena Spangler, der Tochter von Johann Michael bzw. Schwester von Johann Georg Spangler, beide Chorregenten an St. Michael, verheiratet.

Tabelle 2: Familie Friberth und deren Verdienst vor und nach der Aufhebung der Bruderschaften 1783.

Name	Kirche	Verdienst vor 1783	Verdienst nach 1783
Carl Friberth	Am Hof (Kapellmeister)	411 fl. 48 xr.	411 fl. 48 xr.
	Italienische Nationalkirche (Kapellmeister)	98 fl. 12 xr	98 fl. 12 xr.
	Trattnerische Kapelle (Kapellmeister)	35 fl. 10 xr.	–
	Kirche Juristenschule (Kapellmeister)	42 fl. 27 xr.	–
	Kirche Kölner Hof (Kapellmeister)	78 fl. 9 xr.	–
	St. Johann Nep. Spital (Kapellmeister)	57 fl. 6 xr.	–
	Akademische Kirche (Choralist)	278 fl. 20 xr.	117 fl. 25 xr.
Joseph Friberth (Sopranist)	Italienische Nationalkirche	12 fl. 24 xr.	12 fl. 24 xr.
	Trattnerische Kapelle	2 fl. 5 xr.	–
	Kirche Juristenschule	3 fl. 5 xr.	–
	Kirche Kölner Hof	11 fl. 24 xr.	–
	Akademische Kirche	39 fl. 50 xr.	10 xr.

---

[58] Auch hier erweisen sich die Listen von NÖLA, NÖ, Reg., C-Normalien, K 4296a, als hilfreich, da darin die Musiker namentlich mit ihren jeweiligen Bezügen vor und nach der Regulierung angeführt werden.

[59] Vgl. Elisabeth Hilscher, „Frieberth (Friberth, Friebert, Freidberg), Brüder, online unter: oeml-online http://www.musiklexikon.ac.at [3. 2. 2017].

3.2 Spangler

Die Familie Spangler bildete einen der wichtigsten Knotenpunkte im Netz der Wiener Kirchenmusiker an der Wende vom 18. zum 19. Jahrhundert[60]: (Johann) Michael war nicht nur ab 1749 an St. Michael tätig und seit 1775 Regens Chori, er zählte auch zu den Gründungsmitgliedern der „Tonkünstler Societät" und nahm darin wichtige Ämter ein. Seine Tochter Maria Magdalena kam wahrscheinlich über Vermittlung Joseph Haydns (den Spangler nach dem Hinauswurf aus St. Stephan aufgenommen hatte) an die Esterhazysche Kapelle und heiratete den dort tätigen Carl Friberth. Michael Spanglers Sohn (Johann) Georg trat in die Fußstapfen seines Vater und war zuerst Sänger an St. Michael, nach dem Tod des Vaters 1794 Regens Chori; 1793 bis 1799 wirkte er auch an der Hofmusikkapelle und wurde 1796 zum Kapellmeister-Substituten ernannt. Wie sein Vater war er Mitglied der „Tonkünstler Societät" und ebenfalls dort in mehreren Funktionen tätig. Auch die anderen Kinder Michael Spanglers wurden Musiker: Ignaz Tenorist an St. Michael und der Hofkapelle, die Töchter Barbara (verheiratete Steiner) und Margarethe (verheiratete Flamm) Sängerinnen.

Tabelle 3: Familie Spangler und deren Verdienst vor und nach der Aufhebung der Bruderschaften 1783.

Name	Kirche	Verdienst vor 1783	Verdienst nach 1783
Michael Spangler	St. Michael (Regens Chori)	412 fl. 32 xr.	326 fl. 15 xr.
Georg Spangler (Tenorist)	St. Michael	215 fl. 3 xr.	116 fl. 9 xr.
	Kirche Kölner Hof	12 fl. 48 xr.	–
	Minoriten	7 fl. 45 xr.	–
	St. Anna	54 fl. 15 xr.	–
Ignaz Spangler (Tenorist)	St. Michael	92 fl. 54 xr.	57 fl. 49 xr.
	Italienische National-kirche	15 fl. 20 xr.	15 fl. 20 xr.
	Trattnerische Kapelle	2 fl. 40 xr.	–
	Kirche Juristenschule	3 fl. 21 xr.	–
	Kirche Kölner Hof	9 fl. 44 xr.	–
	Akademische Kirche	40 fl. 35 xr.	7 fl. 10 xr.
Barbara Spangler (Sopran)	Kirche Kölner Hof	12 fl. 48 xr.	–
	Minoriten (?)	5 fl. 6 xr.	–
Margarethe Flamm (geb. Spangler/Alt)	Kirche Kölner Hof	12 fl. 48 xr.	–

Schon an diesen beiden Beispiele zeigt sich, wie gravierend der Wegfall der Kirchenmusik an den kleinen Kapellen, die durch Stiftungen und Bruderschaften finanziert worden waren, in die ökonomischen Verhältnisse einzelner Kirchenmusikerfamilien eingriff.

---

[60] Vgl. dazu Barbara Boisits, „Spangler, Familie", in: oeml-online, online unter: http://www.musiklexikon. ac.at [15. 2. 2017].

Während Spitzenkräfte an den Hauptkirchen kaum Reduktionen hinnehmen mussten, wurde an den weniger bedeutenden Pfarrkirchen auf Minimalensembles reduziert. Gerade die aufgrund dieser Maßnahmen freigesetzten Musiker waren aber ohnehin meist jene, die sich auch bisher nur durch Zusatzgeschäfte in kleinen Kapellen mühsam „über Wasser" gehalten hatten[61]. Doch selbst für den prominenten Carl Friberth war die schlagartige Reduktion des Einkommens um ein Drittel (373 fl. 47 xr.) auf 627 fl. 25 xr. wohl keine Kleinigkeit und nicht einfach zu verkraften.

4. Fazit

Als mit einem einzigen kaiserlichen Federstrich am 27. November 1783 alle Bruderschaften für aufgehoben erklärt und ihr Vermögen in den Religionsfonds eingezogen wurde, endeten im Falle der Wiener Musikerbruderschaften alte (im Fall der Nikolai-Bruderschaft mittelalterliche) Traditionen der Organisation von „Berufsverbänden" und Solidargemeinschaften unter dem Schutz und Schirm der Kirche. Zumindest für die Musiker des Hofes und die Spitzenkräfte des übrigen Wiener Musiklebens war mit der 1771 gegründeten „Tonkünstler Societät" jedoch bereits eine neue Form der Solidargemeinschaft entstanden, nämlich ein moderner Pensionsverein, basierend auf Statuten und juristischen Regeln. Für die Bruderschaften als Wirtschaftsfaktor jedoch gab es vorerst keinen Ersatz, was nicht wenige Wiener Musikerfamilien in ernste Existenznöte stürzte. Erst mit der Gründung der Kirchenmusikvereine (deren erster wurde 1823 in der Pfarre Schottenfeld gegründet) entstand in Wien eine neue Form der Finanzierung von Kirchenmusik, die jedoch in Ziel, Umfang und Wirtschaftskraft keineswegs an die prominenten Bruderschaften heranreichte.

---

[61] Biba, Die Wiener Kirchenmusik (wie Anm. 39) 1, 11f.

Die Totenbruderschaft von St. Augustin und ihre Totenkapelle(n) – geziert, gemalt und gedruckt für die Ewigkeit

Claudia Resch

In der Frühen Neuzeit waren Menschen aller Altersklassen und sozialen Schichten in einem heute ungeahnten Maß um das Heil ihrer Seele besorgt. Das verbreitete Unbehagen in Bezug auf das Seelenheil hatte auch etwas Verbindendes: Gerade in der Zeit der Gegenreformation schlossen sich Frauen und Männer zu sog. Totenbruderschaften[1] zusammen. Innerhalb einer solchen Gemeinschaft verpflichtete man sich dazu, sowohl für sein eigenes Seelenheil als auch für das der anderen Vorsorge zu treffen. Die überständisch organisierten Laiengemeinschaften kümmerten sich des Weiteren darum, dass ihre (auch weniger vermögenden) Mitglieder angemessen bestattet wurden, dass eine Totenmesse für sie gehalten wurde und man ihrer Seelen regelmäßig solidarisch im Fürbittengebet gedachte. Der Wille, füreinander zu beten, stand im Vordergrund und hob in Zeiten strenger gesellschaftlicher Trennung ständische Ungleichheiten auf. Durch das Gebet wollte man den im Fegefeuer büßenden Seelen, die im vormodernen Gemeinschaftsdenken inkludiert waren, zu Hilfe kommen und deren Leiden verkürzen. Mit dem Eintritt in eine Totenbruderschaft erklärte man sich bereit, in die Gemeinschaft der Lebenden und Toten zu investieren – umgekehrt hatte man die Sicherheit, dass das, was man zeitlebens für andere getan hatte, eines Tages um ein Vielfaches rückerstattet und letztlich auch der eigenen Seele zum Vorteil gereichen würde.

Die Totenbruderschaften positionierten sich zwischen den zahlreichen „Guten Tod-Bruderschaften"[2], die auf die Gnade eines seligen Todes hofften, einerseits und den Begräbnis- oder Beerdigungsbruderschaften[3] andererseits. In der oftmaligen Konfrontation mit dem Tod paarte sich die Vorbereitung auf die (eigene) selige Sterbestunde mit der Sorge um die anderen, deren Beerdigung als Werk der Barmherzigkeit gewertet wurde. Der Bund, den die Lebenden mit den Toten durch die Verbrüderung zu beiderseitigem Nutzen schlossen, reichte bis über den Tod hinaus, ebenso wie die gegenseitige Hilfeleistung, die einander alle einverleibten Seelen versprachen.

---

[1] Vgl. Christoph Daxelmüller, Totenbräuche. *LThK* 10 (2001) 124; weiters Peter Löffler, Studien zum Totenbrauchtum in den Gilden, Bruderschaften und Nachbarschaften Westfalens vom Ende des 15. bis zum Ende des 19. Jahrhunderts (Forschungen zur Volkskunde 47, Münster 1975); Gerhard Hölzle, Der guete Tod. Vom Sterben und Tod in den Bruderschaften der Diözese Augsburg und Altbaierns (Jahrbuch des Vereins für Augsburger Bistumsgeschichte 4, Augsburg 1999); Harald Johannes Mann, Die barocken Totenbruderschaften. *ZBLG* 39 (1976) 127–151.

[2] Jan Kopiec, Bruderschaften als Ausdruck barocker Frömmigkeit. *ASK* 44 (1987) 81–91, hier 86.

[3] Löffler, Totenbrauchtum (wie Anm. 1) 141.

Die Mitglieder solcher Totenbruderschaften konnten sich ihre frommen Werke zu Lebzeiten in Ablässen vergelten lassen – woraus sich der starke Zulauf erklärt, der diesen Bruderschaften gerade in der Barockzeit beschieden war. Neuere Forschungsarbeiten bezeichnen Totenbünde daher als versicherungsartige Zusammenschlüsse, deren Hauptzweck der Dienst an den Toten war: „Diese konkrete ‚Dienstleistung' kam jedem Mitglied in einer Art Umlagesystem absehbar selbst zugute und bildete deshalb das ausschlaggebende Motiv der Beitritte bzw. Beteiligung"[4].

In gewisser Weise mag jede barocke Bruderschaft zugleich auch Totenbund gewesen sein, weil der verstorbenen Mitglieder rituell gedacht wurde: „Im Kern der bruderschaftlichen, von vielen weltlichen, religiösen, materiellen, spirituellen, persönlichen und kommunikativen Faktoren bestimmten Soziabilität stand der frei gewählte Zusammenschluss von Gleichgesinnten, in dessen genossenschaftlichem Zentrum sich die sieben Werke der Barmherzigkeit, aber vor allem Totengedenken, Totendienst und der Erwerb von Ablässen im Sinne des Seelenheils befanden"[5]. Der Aspekt des kollektiven Gedenkens an die Verstorbenen spielte neben anderen Aufgaben eine essentielle Rolle: „Als Hauptintentionen von barocken Bruderschaften in der Zeit der katholischen Reform galten die Verteidigung des katholischen Glaubens gegen die Protestanten, karitative Tätigkeiten sowie das Totengedenken"[6]. Obwohl der Dienst der Lebenden an den Toten in all diesen Vereinigungen erwartet wurde und die Bruderschaften im Todesfall pflichtbewusst geschlossen auftraten, hatten sich doch auch spezielle Bruderschaften formiert, deren vordringlichstes Anliegen es war, sich um die Rettung der Seelen im Fegefeuer zu bemühen[7] – die sog. Arme Seelen-Bruderschaften oder auch Totenbruderschaften führten diesen Aspekt der Heilsabsicherung daher meist schon programmatisch im Titel.

Insbesondere bei der Erforschung dieser barocken oder nachtridentinischen Totenbruderschaften, über die bislang kaum publiziert wurde, wäre seit Langem eine von Harald Johannes Mann bereits 1976 angeregte weitere „Pionierarbeit in Gestalt eines gründlichen Studiums der Quellen und deren Auswertungen zu leisten, da bislang keine umfassende wissenschaftliche Darstellung des religiös-gesellschaftlichen Phänomens der Totenkonfraternitäten existiert"[8]. In vorliegendem Beitrag soll beispielhaft eine solche Totenbruderschaft zumindest in Grundzügen vorgestellt werden, wobei insbesondere der über die Jahrhunderte sich verändernde Ort[9] ihres Zusammentreffens und Wirkens näher beleuchtet wird.

---

[4] Rupert KLIEBER, Bruderschaften und Liebesbünde nach Trient. Ihr Totendienst, Zuspruch und Stellenwert im kirchlichen und gesellschaftlichen Leben am Beispiel Salzburg 1600–1950 (Frankfurt/Main u. a. 1999) 571–581.

[5] Martin SCHEUTZ, Bruderschaften als multifunktionale Dienstleister der Frühen Neuzeit. Das Beispiel der vereinigten Barbara- und Christenlehrbruderschaft Herzogenburg (1637/1677–1784), in: 900 Jahre Stift Herzogenburg. Aufbrüche – Umbrüche – Kontinuität. Tagungsband zum wissenschaftlichen Symposium vom 22.–24. September 2011, hg. von Günter KATZLER–Victoria ZIMMERL-PANAGL (Innsbruck–Wien–Bozen 2013) 283–311, hier 283.

[6] Irene RABL, „Ite ad Joseph". Chrysostomus Wieser und die Lilienfelder Erzbruderschaft des Hl. Joseph (Beiträge zur Kirchengeschichte 18/Geschichtliche Beilage zum St. Pöltener Diözesanblatt 35, St. Pölten 2015) 104.

[7] Vgl. Willibald KATZINGER, Die Bruderschaften in den Städten Oberösterreichs als Hilfsmittel der Gegenreformation und Ausdruck barocker Frömmigkeit, in: Bürgerschaft und Kirche. 17. Arbeitstagung in Kempten 3.–5. November 1978, hg. von Jürgen SYDOW (Stadt in der Geschichte 7, Sigmaringen 1980) 97–112, hier 111.

[8] MANN, Die barocken Totenbruderschaften (wie Anm. 1) 127.

[9] In Bezug auf die noch wenig erforschten Zusammenhänge zwischen bruderschaftlichen Praktiken und städtischem Raum ist kürzlich ein Sammelband erschienen: Space, Place, and Motion. Locating Confraternities

1. Die Totenbruderschaft zu St. Augustin in Wien (1638–1783)

Der Beitrag behandelt jene „vnter dem Nahmen vnd Titul der Abgestorbenen auffgerichte Confraternitet, vnd in gemain die Todten Bruderschafft genandt"[10], die von 1638 bis zu ihrer Auflösung in der ehemaligen Hofkirche bei den Augustiner Barfüßern in Wien ansässig war und sich regelmäßig in der dortigen „Toten(bruderschafts)kapelle" versammelte. Obwohl die Bruderschaft in Abraham a Sancta Clara (1644–1709) zumindest zeitweilig einen sehr prominenten Prediger und Vorstand („Director in Spiritualibus") hatte, blieb sie vergleichsweise wenig erforscht: Über ihre Aktivitäten und Mitglieder ist nicht allzu viel bekannt: Während die Totenbruderschaft in der älteren Sekundärliteratur als „gar seltsame Gesellschaft" oder „sonderbare Vereinigung"[11] bezeichnet war, wurde sie später zwar mehrfach[12] erwähnt, allerdings in ganz unterschiedlichen, nämlich literatur-, kultur- oder musikwissenschaftlichen beziehungsweise kunst- und bauhistorischen Kontexten: Forschende wie Johann Anselm Steiger, Geraldine Rohling oder Uli Wunderlich haben zwar auf die Totenbruderschaft verwiesen, mit ihren Studien aber letztlich andere Ziele verfolgt als deren Quellen im Kontext zu erschließen.

Obwohl wir heute über kein Bruderschaftsarchiv verfügen, sondern auf die Zufälligkeit der Überlieferung angewiesen sind, und wichtige Dokumente wie etwa Bruderschaftsalben, Einschreibbücher, Bestätigungszettel, Aufzeichnungen über Ein- und Ausgaben oder die Besitzungen der Totenbruderschaft als verloren gelten[13], dürfen wir uns doch auf eine solide Quellengrundlage stützen: Es sind dies einerseits handschriftliche Dokumente der Totenbruderschaft wie Verträge und Aufzeichnungen zu begleiteten Bestattungen sowie Einträge im alten Klosterprotokoll der Augustiner Barfüßer. Andererseits haben sich gedruckte, zum Teil mehrsprachige Publikationen erhalten, die von der Vereinigung selbst verantwortet und mehrfach aufgelegt worden sind, wie etwa ihre

---

in the Late Medieval and Early Modern City, hg. von Diana Bullen Presciutti (Art and Material Culture in Medieval and Renaissance Europe 8, Leiden 2017).

   [10] Vgl. Regulen Vnd andächtige Vbungen / Der in der Stadt Wienn [...] der Ertzbruderschafft deß Todts vnd Gebetss zu Rom einverleibter [...] Todten Bruderschafft. In dem Gotts Hauß der Ehrwürdigen PP: Augustinern Barfüssern (Wienn [Matthaeus Cosmerovius] 1650) 38f.

   [11] Karl Bertsche, Die Totenkapelle von Abraham a Sancta Clara (Mönchengladbach 1921) 24.

   [12] Vgl. (in chronologischer Reihenfolge) etwa: Johann Evangelist Schlager, Wiener Skizzen aus dem Mittelalter. N. F. 2 (Wien [1842]) 141–146; Ernst Tomek, Das kirchliche Leben und die christliche Charitas, in: Geschichte der Stadt Wien 5, hg. von Anton Mayer (Wien 1914) 305; Heinz Riedel, Die Totenbruderschaft. Der österreichische Bestatter 32 (1990) 147–149; Geraldine M. Rohling, Exequial and Votive Practices of the Viennese Bruderschaften. A Study of Music and Liturgical Piety (Diss. Music Catholic University of America Washington 1996); Klare und Warhaffte Entwerffung Menschlicher Gestalt und Wesenheit oder Dessen Auffgang und Untergang, hg. und mit einem Nachwort versehen von Johann Anselm Steiger (Heidelberg 2000); Uli Wunderlich, Abraham a Sancta Claras ‚Besonders meublirt und gezierte Todten-Capelle'. Der erfolgreichste Totentanz des Barock und seine Rezeptionsgeschichte, in: L'art macabre. Jahrbuch der Europäischen Totentanz-Vereinigung [1] (2000) 191–210; Anton Lang, Hochgericht und Räderkreuz. Die Hinrichtungsstätten am Wienerberg (Wien 2002) 7; Felix Czeike, Historisches Lexikon Wiens bzw. darauf basierend: Wien Geschichte Wiki, online unter: https://www.wien.gv.at/wiki/index.php?title=Totenbruderschaft [30. 6. 2017]; Am Puls der Stadt. 2000 Jahre Karlsplatz, hg. von Elke Doppler–Christian Rapp–Sándor Békési (Sonderausstellung des Wien Museum 348, Wien 2008) 302–305; Uli Wunderlich, Überall Abraham – Totentänze von und nach Abraham a Sancta Clara vom 17. Jahrhundert bis heute, in: Unterhaltender Prediger und gelehrter Stofflieferant. Abraham a Sancta Clara (1644–1709), hg. von Anton Philipp Knittel (Eggingen 2012) 122–184.

   [13] Die zum Teil verstreute Aufbewahrung von Quellenmaterial und die ungünstige Archivsituation, die der Forschung oftmals Grenzen setzt, beklagt auch Christopher Black, Italian Confraternities in the Sixteenth Century (Cambridge 1989) 17–22.

Neujahrsgaben, Memento mori-Schriften sowie Regel-, Andachts- und Gebetsbücher. In letztgenannten sind die 1638 verfasste päpstliche Erhebungsbulle von Papst Urban VIII., die im selben Jahr bestätigte Protektion durch Kaiser Ferdinand III. wie auch die 1646 unterzeichnete bischöfliche Konfirmation und Ratifikation der Statuten und Satzungen wiederholt für das Lesepublikum abgedruckt. Ebenfalls in mehreren Ausgaben erhalten ist eine Festschrift, die 1738 anlässlich des hundertjährigen Bestehens der Totenbruderschaft veröffentlicht worden ist. Sie verzeichnet hochrangige Mitglieder und beschreibt das mehrtägige feierliche Programm.

Als für die Forschung besonders wertvoll erweisen sich die Paratexte der Bruderschaftsbücher wie Approbationen, Danksagungen, Vorreden, Widmungen oder Listen von verstorbenen Mitgliedern, weil sie nicht nur die Rezeptionsbedingungen dieser Druckwerke erhellen, sondern uns Einblicke in die personelle Struktur der Totenbruderschaft gewähren und damit zumindest schlaglichtartig eine Rekonstruktion des prominent besetzten Vorstandes erlauben. Diese Paratexte liegen zum Teil auch in lateinischer und italienischer Sprache[14] vor, was sich daraus erklären lässt, dass die Totenbruderschaft nachweislich „der Ertzbruderschafft deß Todts vnd Gebetts zu Rom" einverleibt worden war und nach deren Vorbild verwaltet und geführt wurde[15]. Im Fall der Totenbruderschaft in Wien zeichnen sich Vergleichsmöglichkeiten vor allem mit den italienischen Bruderschaften in Bologna, Florenz, Padua, Rom, Siena, Verona und Vicenza ab[16]. Das reichhaltige Quellenmaterial, welches von einer besonders aktiven, medienpräsenten und -bewussten Bruderschaft zeugt, ist zum Teil bereits in einer digitalen Edition erschlossen und wird derzeit intensiv beforscht[17]. Im vorliegenden Beitrag werden Teilergebnisse dieses umfangreicheren Forschungsvorhabens näher ausgeführt.

2. Versammlungsorte der Totenbruderschaft

Die Totenbruderschaft, für deren Errichtung Ferdinand II. und seine zweite Gemahlin Eleonore von Mantua bereits 1634 erste Schritte eingeleitet hatten, wurde 1638, nach dem üblichen päpstlichen und bischöflichen Genehmigungsverfahren, durch Ferdinand III. in Stand gesetzt sowie mit Privilegien und Freiheiten ausgestattet. Dass die Bruderschaft an der Hofkirche in bester Lage, nämlich in unmittelbarer Nähe zum Hof ansässig sein würde, war als unübersehbares Zeichen der kaiserlichen Unterstützung zu werten. Erst 1630, wenige Jahre zuvor, hatte Kaiser Ferdinand II. die Hofkirche samt

---

Vicentius a Sancta Eleonora, Des Fegfewers Probier Teuch So Zwischen Oesterreichischen Gebürgen liegt [...] (Wien [Matthaeus Formica] 1638); ders., Probatica piscina del purgatorio situata fra li sacri monti Austriaci [...] (Wien [Rittia Vedoua] 1638).

[15] Vgl. Regulen (wie Anm. 10) am Titelblatt und 8–20.

[16] Vgl. Black, Italian Confraternities (wie Anm. 13); Pamela Gravestock, Comforting the Condemned and the Role of the Laude in Early Modern Italy, in: Early Modern Confraternities in Europe and the Americas. International and Interdisciplinary Perspectives, hg. von Christopher Black–ders. (Aldershot 2006) 129–150; Nicholas Terpstra, Theory into Practice. Executions, Comforting, and Comforters in Renaissance Italy, in: The Art of Executing Well. Rituals of Execution in Renaissance Italy, hg. von dems. (Early Modern Studies 1, Kirksville 2008) 118–158.

[17] Das von der Stadt Wien 2014–2018 geförderte Projekt „Totenkult und Jenseitsvorsorge in Wien: Barocke Bruderschaftsdrucke als Forschungsgegenstand der digitalen Geisteswissenschaften" (LW10240 I-III, Leitung: Claudia Resch) ist am Austrian Centre for Digital Humanities an der Österreichischen Akademie der Wissenschaften angesiedelt; online unter: https://www.oeaw.ac.at/acdh/projects/confraternity-prints-digital/ [30. 6. 2017].

Kloster den unbeschuhten (reformierten) Augustinern „in argem baulichen Zustande"[18] überlassen; dort sollte auch die Totenbruderschaft ihren Platz finden.

Was ganz im Allgemeinen zu den Versammlungsorten der Totenbruderschaften beobachtet wurde, galt auch für diese Vereinigung in Wien: „Vielfach standen den Totenbruderschaften für ihre religiösen Zusammenkünfte eigene Gotteshäuser zur Verfügung, die anstatt ‚Totenbruderschaftskapellen' gewöhnlich kurzweg ‚Totenkapellen' genannt wurden"[19]. Auch in der Wiener Hofkirche gab es eine derartige Kapelle, die bislang der Rittergemeinschaft des Heiligen Georg als Versammlungsraum und der Klostergemeinschaft als Sakralraum gedient hatte und nun der Totenbruderschaft zur Verfügung stehen sollte: „Als Versammlungsort wies er [Ferdinand II.] ihr die alte Georgikapelle neben dem Augustinerkloster zu, nachdem der St.-Georgs-Ritterorden doch eingegangen war. So hieß denn die Kapelle von jetzt ab Totenbruderschaftskapelle oder kurz Totenkapelle, zumal unter ihr die Bruderschaftsgruft und die ‚Geistliche Gruft' der Barfüßer angelegt wurde"[20].

3. Die Totenkapelle in St. Augustin – eine Lagebestimmung

Obwohl die Bau- und Funktionsgeschichte der Hofkirche sehr komplex ist beziehungsweise Datierungen und Angaben, wie sie das alte Klosterprotokoll der Augustiner oder – darauf basierend – Cölestin Wolfsgruber in seinen Publikationen[21] machen, missinterpretiert werden könnten, zumal das heutige Erscheinungsbild der Kirche nach vielen Umgestaltungen[22] wenig mit dem damaligen zu tun hat, lassen sich in Ansichten und Plänen doch einige Anhaltspunkte zur erwähnten Totenkapelle finden. Sie lässt sich im Grunde dort lokalisieren, wo sich die heutige Loretokapelle seit ihrer Versetzung aus der Hauptkirche befindet. Am verlässlichsten erscheint eine neuere bauhistorische Untersuchung, weil darin Baubefunde mit archivalischen Quellen abgeglichen werden: An besagter Stelle vermuten Forscherinnen und Forscher eine Kapelle, die zunächst als Vorraum für die Ritterkapelle diente und schon länger als Mortuarium genutzt wurde. Nach der Gründung der Totenbruderschaft wäre dieser Raum „als untere Kapelle mit dem Allerheiligenaltar mit der Ritterkapelle baulich vereinigt"[23] worden.

Auf dem detaillierten Stadtplan von Werner Arnold Steinhausen 1710, der sowohl die Säulenanordnung als auch Altäre darstellt, ist deutlich zu erkennen, wie die ehemalige Georgikapelle und ihr Vorraum zu einem großen, seit dem 17. Jahrhundert als „Totenkapelle" bezeichneten Raum zusammengefasst wurden.

---

[18] Cölestin WOLFSGRUBER, Geschichte der Loretokapelle bei St. Augustin (Wien 1886) 5.

[19] MANN, Totenbruderschaften (wie Anm. 1) 141.

[20] BERTSCHE, Die Totenkapelle (wie Anm. 11) 24f.

[21] Vgl. WOLFSGRUBER, Geschichte der Loretokapelle (wie Anm. 18); DERS., Die Hofkirche zu S. Augustin in Wien (Augsburg 1888).

[22] Die Versetzung der Lorettokapelle von der Mitte der Kirche an die heutige Stelle ist dabei als besonders gravierend zu nennen.

[23] Günther BUCHINGER–Doris SCHÖN, „… jene, die ihre hände hilfreich zum bau erheben …". Zur zeitlichen Konkordanz von Weihe und Bauvollendung am Beispiel der Wiener Augustinerkirche und Georgskapelle, online unter: http://www.riha-journal.org/articles/2011/2011-apr-jun/buchinger-schoen-wiener-augustinerkirche/ [30. 6. 2017].

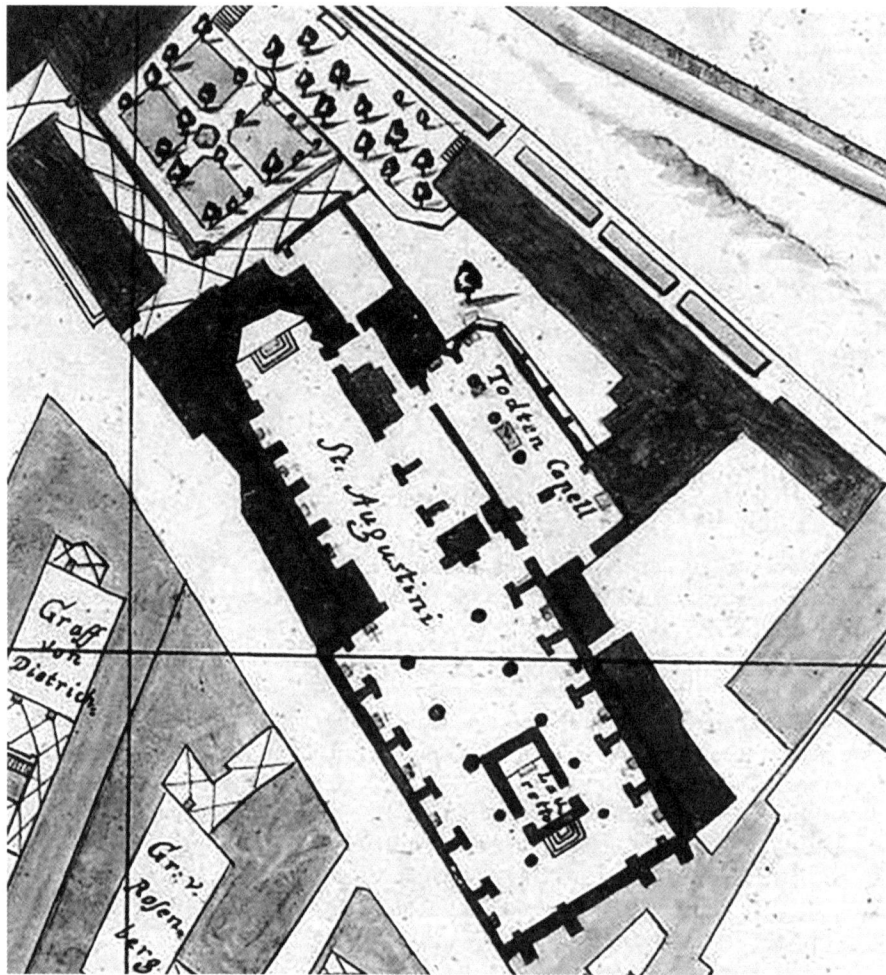

Abb. 1: Ausschnitt aus dem Stadtplan von Werner Arnold Steinhausen 1710; WStLA, Kartensammlung (aus:
ÖZKD 64/1–2 [2010] Abb. 57). Zu sehen ist die Anlage St. Augustin mit der Benennung der seitlich gelege-
nen, kleineren, zweischiffigen „Todten Capell". Der Plan zeigt, wo sich ihre Eingänge befunden haben und gibt
Anhaltspunkte, wie man sich die Säulenanordnung und die innere Ausgestaltung mit Altären vorzustellen hat.

Die im Plan als „Todten Capell" bezeichnete Halle war zweischiffig, dreijochig und
kreuzrippengewölbt und bestand aus zwei Bereichen, die zwar zueinander geöffnet, aber
in den Quellen doch weiterhin getrennt bezeichnet wurden: Sie sprechen zum einen von
der „Vor-Kapelle", „vorderen" oder „unteren Kapelle" und zum anderen von der größeren „Hauptkapelle", der ehemaligen Georgikapelle[24]. Die kleinere, vordere Kapelle
diente als Atrium und war mit einem Allerheiligenaltar ausgestattet. Wie auch am Plan

---

[24] Die Bezeichnung dieser Räumlichkeiten durch die Jahrhunderte ist keineswegs einheitlich geblieben: So
kommt es vor, dass vereinzelt auch von „der unteren Totenkapelle und der oberen Totenkapelle, der Georgskapelle" gesprochen wird. Vgl. etwa Mark HENGERER, Adelsgräber im Wien des 18. Jahrhunderts. Beobachtungen
zu einer Archäologie des adeligen Gedächtnisses, in: Macht und Memoria. Begräbniskultur europäischer Oberschichten in der Frühen Neuzeit, hg. von DEMS. (Köln 2005) 381–420, hier 387.

Abb. 2: Detail aus: Das
florierende vermehrte Wien.
4. Teil, 1737 (wie Anm. 26).
Ähnlich wie im Plan von
Steinhausen lassen sich auch
hier zwei Zugänge aus der
Hauptkirche in die seitlich
gelegene Totenkapelle aus-
machen, ebenso lokalisierbar
ist die Lage der Säulen und
Altäre.

ersichtlich, war das jener Raum, den man, von der Hauptkirche kommend, zuerst betrat.
Der Zugang führte zunächst „über wenig Staffeln in die allen lieben Heiligen GOttes zu
Ehren geweyhte vor= und sodann weiters in die grössere Haubt= insgemein genannte
Todten=Capellen", schreibt der Autor der Festschrift, die anlässlich der 100 Jahr-Feier
der Bruderschaft veröffentlicht wurde. Der zweite in der Kapelle vorhandene Altar wurde
aufgrund seiner Lage als der „mittere oder Cruzifix-Altar" bezeichnet[25]. Wie die Raum-
aufteilung, Größenverhältnisse und die Anbindung an die Hauptkirche dargestellt und
bezeichnet worden sind, zeigen die oben- und untenstehenden Ausschnitte aus dem Kupferstich Salomon Kleiners[26] und jene aus dem „Uebersichts Plan", der anlässlich der neu
hergerichteten Herzgruft erstellt wurde.

---

[25] Hoch=feyerliches SÆCULUM, Oder Erstes Jahr=Hundert Einer Hochlöblichen [...] Todten=-
Bruderschafft Bey denen WW. EE. PP. Augustinern Baarfüssern allhier [...] (Wienn [Maria Theresia Voigtin,
Witwe] 1738) [B4ᵛ]; vgl. auch WOLFSGRUBER, Geschichte der Loretokapelle (wie Anm. 18) 53.
[26] Salomon KLEINER, Florentys et neo auctae Viennae Austriae continuatio [...] Des florirenden vermehr-
ten Wiens / Fernere Befolgung […] Nun aber verlegt und an Tag gegeben worden, 4. Teil (Augsburg [Johann
Andreas Pfeffel] 1737).

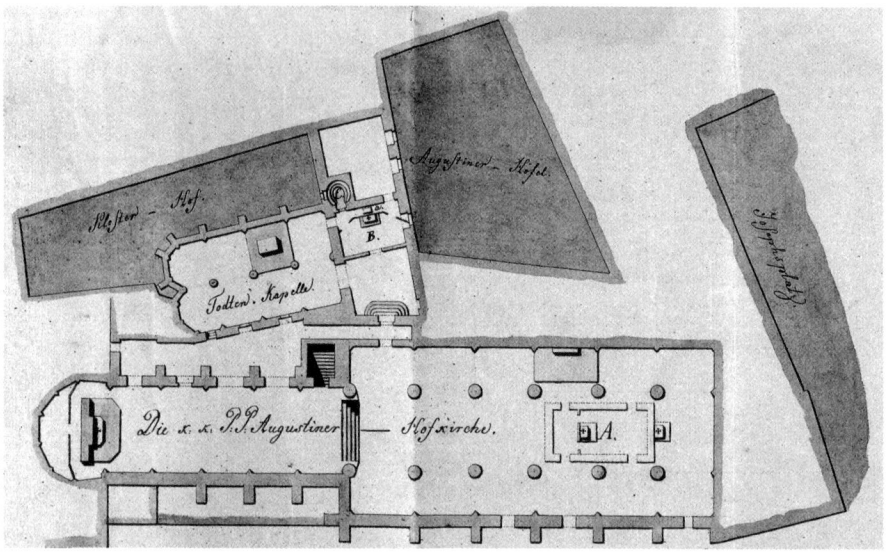

Abb. 3: Detail aus: *Uebersichts Plan der neu herichteten k. k. Hofgruft* (HHStA, Obersthofmeisterakten, Sonderreihe, Kart. 284). Dieser sorgfältig beschriftete Plan zeigt, dass der Grundriss der „Todten Kapelle" nicht parallel, sondern etwas schräg zur Hauptkirche verläuft. Die Anordnung der Altäre weicht von den übrigen Darstellungen ab, wobei auffällt, dass der Cruzifix-Altar von der Mitte näher an die Seitenwand gerückt ist.

4. Geschenkt oder doch nur geliehen? – Eine geteilte Totenkapelle

Während eine räumliche Teilung der Totenkapelle in einen „vorderen und hinteren Bereich" oder in einen „Eingangs- und Hauptbereich" aufgrund der Gegebenheiten gewissermaßen vorgegeben schien, mussten hingegen die Nutzungsszenarien der geräumigen Kapelle erst ausverhandelt werden. Schon in den ersten Jahren nach der Umwidmung der ehemaligen Georgikapelle in die „insgemein genannte Todten=Capellen" war das Verhältnis zwischen den Augustiner Barfüßern und dem Vorstand der Totenbruderschaft höchst angespannt[27]: Es ist anzunehmen, dass es in der Kontroverse um die Sakralräume teils um Geld und teils um die Geltendmachung von Besitzansprüchen ging. Die Herren von Harrach sollen die „Haubt Capelle, anietzo die Todten Capelle genannt", der verwitweten Kaiserin Eleonore für die Totenbruderschaft geschenkt haben – die Patres hingegen weigerten sich, diese Donation anzuerkennen. In Folge dessen wurde ein mehrseitiges Dokument aufgesetzt, das vertragliche Regelungen für die finanzielle Abgeltung und die Nutzung der Totenkapelle enthielt. Um endgültig klare Verhältnisse zu schaffen, wurde schließlich dieser unwiderrufliche „Vergleich", der – so heisst es in der Abschrift – doch „ungezwungen und ungetrungen" zustande gekommen war, im Jahr 1646 am 1. März

---

[27] Die Spannungen ergaben sich einerseits aus der angestrebten Autonomie der Bruderschaften und der Notwendigkeit ihrer Kontrolle durch die Kirche andererseits. Dass diese Art der klerikalen Supervision bei den Laienvereinigungen wenig willkommen war und zu Auseinandersetzungen führen musste, ist auch bei den italienischen Bruderschaften zu beobachten. Vgl. etwa Christopher BLACK, Confraternities and the Parish in the Context of Italian Catholic Reform, in: Confraternities & Catholic Reform in Italy, France, & Spain, hg. von John Patrick DONNELLY–Michael M. MAHRER (Sixteenth Century Essays & Studies 44, Kirksville 1999) 1–26, hier 22.

von beiden konkurrierenden Parteien, den Patres und dem Vorstand der Totenbruderschaft, unterzeichnet.

Damit *künfftig alle besorgende Mißverständt und Unainigkeiten gantzlichen und auf
ein Endt aufgehebt und bederwegen verbleiben*[28], enthält das Dokument zwölf Punkte, von
denen die beiden erstgenannten besonderes Gewicht haben: Erstens wurde festgehalten,
dass die Totenkapelle, unabhängig von der Tatsache, ob diese nun das Eigentum der Bruderschaft darstellte oder nicht, von dieser benützt werden durfte – auf ewig beziehungsweise so lange, wie die Bruderschaft in St. Augustin ansässig war. Des Weiteren konnten
die Totenbrüder die Kapelle *zu ihrer Andacht schmücken und zieren ohne ainige Verhin-
derung der Herrn Patern*[29]; für den Fall, dass die Barfüßer Bauliches verändern wollten,
bedurfte es der beiderseitigen Einwilligung der *Herrn Contrahenten*. Zweitens sollte die
vordere Kapelle nicht verändert werden; ihre Schlüssel sollten beim Pater Prior verbleiben,
der allerdings verpflichtet war, der Totenbruderschaft zu öffnen. In weiterer Folge ging
es auch um die Zuteilung von Grüften, Oratorien und Gewölben, um liturgische Feiern
und um Begräbniseinnahmen[30], die für Nicht-Einverleibte höher waren und zum Teil
dem Konvent zufallen sollten. Das *Einschreib-, Opfer-, Täfl- und Regul- oder Gebettbuechl
Geldt*[31], die Kassa und den Opferstock durfte die Bruderschaft jedoch selbst verwalten.

Aus dem Kompromissdokument geht einerseits hervor, dass die Augustiner Barfüßer
ihre „Totenkapelle", die vom Vorstand der Bruderschaft vermutlich gerne zu einer ex-
klusiven „Totenbruderschaftskapelle" erklärt worden wäre, nicht gänzlich zu überlassen
bereit waren. Andererseits wird in diesem Abkommen ganz offensichtlich, welch materielle und immaterielle Bedeutung dieser Raum (letztlich für beide Parteien) hatte. Anhand der von der Bruderschaft veröffentlichten Druckschriften lässt sich zeigen, dass diese
weiterhin daran arbeitete, den Raum für sich einzunehmen – auch in Bezug auf seine
Benennung. Es zeigt sich, dass die häufig erwähnte „Totenbruderschaftskapelle" selten
zur „Totenkapelle", öfter aber zur „Bruderschaftskapelle"[32] verkürzt wird, sodass die Bruderschaft selbst – trotz Verknappung – das Determinans und damit das die Komposition
bestimmende Element blieb.

---

[28] Zitiert aus dem „Alten Klosterprotokoll", das im Klosterarchiv St. Augustin verwahrt wird: Vnßer
Wiennerischen Closters Erstes, vnd Altes Prothocoll, in welchem all vnßere Actiones, Jura, Consuetudines,
Sprüch vnd Behaubtungen sich befinden und erwiesen werden, Von vnser Jntroduction in dißes Closter [16]30
den 15. May. Vergleich 479.

[29] Ebd. 479 und 480.

[30] Die Streitigkeiten um genau diese Einnahmequellen dürften keine Ausnahme gewesen sein: Auch Christopher Black berichtet von „long running battles between parish priests and confraternities, particularly over
funerals and burials: who organized and conducted what, who got paid for what"; BLACK, Confraternities and
the Parish (wie Anm. 27) 23.

[31] Vnßer Wiennerischen Closters Erstes, vnd Altes Prothocoll (wie Anm. 28) 483.

[32] Als etwa 1738 die Festschrift zum hundertjährigen Bestehen publizirt wurde, waren die Besitzverhält-
nisse längst geklärt; die „Todten=Bruderschaffts=Capellen" wird in den unterschiedlichsten Schreibvarianten zur
„Bruederschafft Capellen, Bruderschaffts Capellen, Bruderschaffts=Capellen oder Bruderschaffts=Capellen",
nach mehrmaliger Erwähnung auch nur noch zur „Capellen", jedoch äußerst selten zur „Todten=Capellen".
Vgl. Hoch=feyerliches SÆCULUM [1738] (wie Anm. 25).

5. Zur Nutzung der Totenkapelle durch die Bruderschaft

In Wien ließen sich mehrere Orte, an denen die Totenbruderschaft in großer oder kleiner Zahl öffentlich in Erscheinung trat, identifizieren. Als Versammlungsort, an dem sich Mitglieder regelmäßig einzufinden pflegten, war die (ehemals umstrittene) Kapelle zentral: Wer die Totenkapelle an bestimmten Tagen besuchte, erhielt dafür Ablass. Die wichtigsten Termine im Kirchenjahr waren Allerseelen und die Ämter zur Allerseelenoktav – der Eifer, mit dem man dieses Fest beging, war ohnegleichen, wie die von der Bruderschaft herausgegebene anlassbezogene Jubiläumsschrift betonte: „Die gantze Octav, so an dem Gedächtnus=Tag deren im Fegfeuer leydenden Seelen anfanget / wird gewiß in gantz Oesterreich nicht so feyerlich / eyferig / und andächtig wie in dieser Capellen begangen; dann am Vorabend wird die Vigil, oder das gantze Todten=Officium, wie dann auch den ersten Tag die Predig und das Hoch=Amt in höchster Gegenwart unseres grossen Monarchen / des Römischen Kaysers / gehalten / welcher all=jährlich bey dieser Andacht sich würdiget gnädigst zu erscheinen. Die übrige Täg dieser Octav haben / nebst vor- und nachmittägiger Predig / auch ihre beständige Seel=Messen / Hoch=Aemter / und Litaneyen / endlich wird diese jährliche Andacht in allergnädigster Beywohnung Römisch=Catholischer Majestät / und dessen gesambter hoher Hof=Staat mit sowohl prächtigst= als auferbaulichsten Umgang beschlossen"[33]. Von den Besuchen des Kaisers, der diese Feierlichkeit mit seiner Anwesenheit auszeichnete, berichtet in regelmäßigen Abständen auch das „Wiennerische Diarium". Ablässe wurden jedoch auch zum Tag des Hl. Georg, am Fest der jährlichen Kirchweih, am Weihnachtstag, Karfreitag, zur Oktav des Hl. Fronleichnams, zu Mariä Reinigung und Mariä Verkündigung etc. gewährt[34]. Erwünscht war die Anwesenheit der „Einverleibten" natürlich auch bei Messen und allen „andern Gottsdiensten / welche in gedachter Bruderschafft Capellen celebrirt vnd gehalten werden"[35]. Insbesondere die Montage[36] boten sich dafür an: „Alle Montag des Jahrs […] wird in der hierzu verordneten Todten=Capellen von 8. Uhr früh biß 11. Uhr mittags das Hochwürdigste Altars=Sacrament ausgesetzt / und unter dieser Zeit eine heilige Seel=Meß nach der anderen gelesen / endlich auch das musicalische Hoch=Amt vor die verstorbene Mit=Brüder und Schwestern andächtigst abgesungen; an eben diesen Tägen werden auch nachmittag vor mehrmal zur öffentlichen Anbettung ausgestellten Hochwürdigsten Gut die Lauretanische Litaney / mit denen besonders gewöhnlichen Gebettern abgesungen / und so dann der Umgang in Begleitung vieler Fackeln und Liechtern aus der Todten=Capellen in die grosse Kirchen zu dem Hoch=Altar des heiligen Vatters Augustini gehalten"[37].

Die Dichte an liturgischen Feiern wurden hier freilich auch als eine Art der Leistungsbilanzierung erwähnt, um damit neue Mitglieder für die Gemeinschaft zu werben. „Die Enge des Blats gestattete es dem Verfasser der Schrift nicht, jene fast zahllose Menge deren heiligen Meß=Opffern / Exequien / Leich=Besingnussen / und anderer Andachten zu

---

[33] Ebd. B3ᵛ.

[34] Vgl. Regulen (wie Anm. 10) 23.

[35] Ebd. 24.

[36] Dass die Wahl auf den Montag fiel, wäre, wie Harald Johannes Mann erklärt, kein Zufall, „da nach Auffassung des frommen Volkes die armen Seelen nach der Sonntagsruhe beim erneuten Aufflammen des Fegfeuers am Montag besonders gräßliche Schmerzen zu leiden hätten und daher wieder dringend wirksamer Suffragien bedürften". MANN, Totenbruderschaften (wie Anm. 1) 146.

[37] Hoch=feyerliches SÆCULUM (wie Anm. 25) B3ʳ und B3ᵛ.

verzeichnen / welche in diesem Orth von unserer Löblichsten Bruderschafft das Jahr hindurch zum Trost und Erlösung deren betrangten Seelen im Fegfeuer / insonderheit aber vor unsere abgelebte Brüder / und Schwestern verrichtet werden". Für die (künftigen) Mitglieder der Bruderschaft ließ sich daraus ableiten, dass sie im Fall ihres Ablebens ebenfalls dieser „Leistungen" versichert wären und ebendiese Anstrengungen auch „zur Beförderung ihrer ewigen Glückseeligkeit [nämlich jener der neuen Mitglieder] angewendet werden"[38].

6. Die Bedeutung der Totenkapelle für den Einzelnen und die Gemeinschaft

In den zitierten Quellen wird die Totenkapelle als ein zu bestimmten Zeiten stark frequentierter Ort beschrieben. Die Bruderschaft hatte sich insbesondere im ersten Jahrzehnt ihrer Gründung vehement dafür eingesetzt, diesen gemeinschaftsstiftenden Raum in Besitz nehmen, nach eigenen Vorstellungen „bespielen" und verändern zu dürfen. An diesem Ort wurden Kontakte hergestellt, Bündnisse besiegelt, Verträge unterzeichnet und Gläubige der Bruderschaft einverleibt. Ab diesem Zeitpunkt sollten Mitglieder möglichst oft an diesen Ort zurückkehren, um an liturgischen Feiern teilzunehmen, Ermahnungen und Predigten zu hören und der Verstorbenen zu gedenken. Die Totenkapelle war dadurch nicht nur ein Raum der Trauer, sondern auch ein Raum des Trostes und der Gnade: Der Besuch der Totenkapelle war unmittelbar mit der Gewährung von Ablässen verbunden und sollte für Mitglieder über das irdische Leben hinaus jene „Begegnungszone" werden, in der die Gemeinschaft zwischen Lebenden und Verstorbenen regelmäßig bestätigt und gestärkt werden sollte.

Die Kapelle war jedoch nicht nur ein spirituelles Zentrum, sondern ebenso ein der Bruderschaft überlassener oder zugewiesener Ort der Inszenierung, den sie ausgestalten, verschönern und nach eigenen Vorstellungen mit wertvollem Inventar dekorieren wollte – auch, um damit ihrer Frömmigkeit Ausdruck zu verleihen. Wie diese repräsentative Ausgestaltung konkret ausgesehen hat, lässt sich heute kaum mehr nachvollziehen. Es ist anzunehmen, dass die Bruderschaft von der Erlaubnis, die Kapelle „zu ihrer Andacht schmücken und zieren" zu dürfen, intensiv Gebrauch machte, indem sie Altäre, Paramente und Totengerüste gestalten ließ, Kerzenleuchter, Teppiche und Vorhänge stiftete, aber vielleicht noch mehr[39] bewegliches Mobiliar. Die Totenkapelle trug zur gemeinsamen Identität des Unternehmens bei, mindestens so sehr wie ihr Wappen, ihr Habit, ihre Begräbnisausstattung, ihre gemeinsamen Auftritte, ihre Rituale und die von ihr verantworteten Publikationen.

Ein besonderer Anlass zur Selbstdarstellung und zur eindrucksvollen Inszenierung der Totenkapelle bot sich anlässlich der Feier ihres hundertjährigen Bestehens. Das als Festschrift veröffentlichte „Hoch=feyerliche SÆCULUM" beschreibt eine veränderte „Todten=Capellen / in welcher das sonst traurige Todten=Gerüst dermahlen nach bester

---

[38] Vgl. ebd. [B4r].

[39] Noch heute in Italien existierende Totenbruderschaften stellen ihre historischen Requisiten, wie Bahrtücher, Beichtstühle und Bruderschaftskanzeln bzw. -pulte fallweise aus. Eine Quelle, von der später noch ausführlich die Rede sein wird, berichtet ebenfalls von einer „Bruderschaffts=Cantzel", die Abraham a Sancta Clara in Gegenwart der kaiserlichen Majestäten bestiegen hätte – es könnte daher durchaus sein, dass sich in der Kapelle eine besondere Bruderschaftskanzel befand.

Möglichkeit in eine frölich= und glorreiche Vorstellung verändert anzusehen"[40] war. Im Mittelpunkt stand auf einem mit Teppich bespannten Tisch das Bruderschaftsbuch, in welchem die Namen aller Mitglieder angeführt waren. Die Sinnschrift „Scripti sunt in libro vitæ. Apoc. 21. c. 27. v". war dahingehend zu deuten, dass dieses Verbrüderungs-buch dem biblischen Buch des Lebens gleichkam, in dem alle Namen eingeschrieben waren. Die Herausforderung bestand vor allem darin, die Totenkapelle in besonderem Glanz erstrahlen zu lassen, denn sie sollte „bey diesem Jubilæo, oder hundert=jähriger Fest=Begängnus die Vorbildung glückseliger Ewigkeit / oder des Wohnplatzes seelig Auserwählter Christglaubigen mit Tappezerey / und Beleuchtungen nach Vermögen an-deuten". Da die Veranstalter offenbar fürchteten, den Erwartungen nicht gerecht werden zu können – wie sie selbst etwas apologetisch vorwegnehmen – und „nur den mindes-ten Schatten solcher Herrlichkeit zu ereichen schwer / ja unmöglich ist", so müsste „die innerliche Gemüths=Vorstellung" ersetzen, was „an äusserlich scheinbaren Ausschmu-ckung" fehlte[41]. Dennoch darf man davon ausgehen, dass die Ausschmückung des Rau-mes nicht nur zu diesem Anlass, sondern auch sonst einen bleibenden Eindruck auf die Gläubigen hinterlassen haben mag, auch und vor allem auf jene, die (noch) nicht bruder-schaftlich organisiert waren.

7. Die literarische Totenkapelle: „Besonders meublirt und geziert"

Mit der Herausgabe einer gleichnamigen Druckschrift im Jahr 1710 sollte die Toten-kapelle mit ihrem Innendekor auch über die lokale Bedeutung hinaus bekannt gemacht werden. Die „Besonders meublirt- und gezierte Todten=Capelle" oder „Gemahlte Toden-Capell"[42], wie sie auf dem aufklappbaren Frontispiz alternativ benannt wurde, war ein repräsentatives Emblembuch in deutscher Sprache, das nicht in Wien, sondern bei Chris-toph Weigel in Nürnberg verlegt wurde.

Dass das umfangreiche Werk ursprünglich dem Vorstand der Totenbruderschaft ge-widmet war und mit einer Würdigung ihres langjährigen Präfekten beginnt, ist heute weitgehend unbekannt: Viel zu prominent prangte auf dem Titelkupfer das Portrait Ab-raham a Sancta Claras[43], mit dessen Namen das Werk daher hauptsächlich in Verbindung gebracht wurde. Als ehemaliger Prior der Augustiner Barfüßer war er zeitweise auch „geist-licher Vater" der Totenbruderschaft und hatte in dieser Zeit mehrere Publikationen ver-antwortet. Abraham war im Dezember 1709 verstorben – die literarische „Totenkapelle" wurde im Jahr darauf als sein angeblich letztes Werk veröffentlicht. Die Widmung, die sich auf den langjährigen Präfekten der Totenbruderschaft, Adam Anton von Grunde-mann von Falckenberg, bezog, hatte Weigel schon in der zweiten Auflage beiseite gelassen.

---

[40] Vgl. Hoch=feyerliches SÆCULUM (wie Anm. 25) [C4ᵛ]–D.
[41] Vgl. ebd. Dᵛ–[D2ʳ].
[42] REV. P. ABRAHAM à S. CLARA, Augustiner=Barfüsser=Ordens / weyland Kayserl. Predigers und De-finitoris Provinciæ, Besonders meublirt- und gezierte Todten=Capelle / Oder Allgemeiner Todten=Spiegel / Darinnen Alle Menschen / wes Standes sie sind / sich beschauen / an denen mannigfältigen Sinn=reichen Ge-mählden das MEMENTO MORI zu studiren / und die Nichtigkeit und Eitelkeit dieses Lebens Democricè oder Heraclicicè, Das ist: Mit lachendem Mund / oder thränenden Augen / wie es beliebt / können betrachten und verachten lernen. Nürnberg / Bey Christoph Weigel / Kupfferstecher und Kunsthändlern gegen der Kay-serl. Reichs-Post / über zu finden (Würzburg [Martin Franz Hertz] 1710).
[43] Vgl. Wilhelm Friedrich Bautz, Abraham a Sancta Clara. BBK 1 (1990) 10f.; Franz M. Eybl, Abraham a Sancta Clara. Killy Literaturlexikon 1 (2008) 10–14.

Abb. 4: „Gemahlte Toden-Capell" (wie Anm. 42), aufklappbares Frontispiz. Der Kupferstich zeigt den von einem Sternenkranz bestrahlten Abraham a Sancta Clara. Der Prediger und Schriftsteller war im Jahr vor Erscheinen dieses Buches verstorben, allerdings verweist die Bildkomposition auf die Unsterblichkeit seines Œuvres und drängt den als Skelett dargestellten Tod demonstrativ in den Hintergrund.

Möglicherweise war sie zu anlass-, personen- und ortsspezifisch für Weigels Kundenkreis. Sie fehlt jedenfalls in den meisten heute noch erhaltenen Exemplaren. Bedauerlicherweise haben auch die Herausgeber des Nachdrucks[44] auf eine Ausgabe ohne Widmungsrede zurückgegriffen, wodurch Leserinnen und Lesern Wesentliches entgeht. Eines der sehr seltenen Exemplare, worin dieser Text noch eingebunden ist, wird heute in der Emblembuchsammlung der Universitätsbibliothek in Illinois aufbewahrt. Auf dessen Grundlage hat die Autorin daher die erste digital verfügbare Edition der „Todten=Capelle"[45] erstellt.

[44] Abraham a Sancta Clara Todten-Capell oder Allgemeiner Todten-Spiegel, hg. von Wolfgang HARMS–Michael SCHILLING (Emblematisches Cabinet, Hildesheim u. a. 2003).

[45] Besonders meubliert- und gezierte Todten-Capelle (1710), digital ediert in: ABaC:us – Austrian Baroque Corpus, hg. von Claudia RESCH–Ulrike CZEITSCHNER 2015, online unter: http://acdh.oeaw.ac.at/abacus/ [30. 6. 2017]. Begleitende Publikationen zur Edition: Claudia RESCH, „Etwas für alle" – Ausgewählte Texte von und mit Abraham a Sancta Clara digital. *Zeitschrift für digitale Geisteswissenschaften* (2017), online unter: http://www.zfdg.de/2016_005 [30. 6. 2017]; Ulrike CZEITSCHNER–Claudia RESCH, Repräsentation von | in barocken Buch-Totentänzen im digitalen Medium, in: Repräsentation(en). Interdisziplinäre Annäherungen an einen umstrittenen Begriff, hg. von Gernot GRUBER–Monika MOKRE (Kulturforschungen 2, Denkschriften der philosophisch-historischen Klasse 485, Wien 2016) 35–49.

Über das Werk ist von Seiten der Kunstgeschichte und der Germanistik manches publiziert[46] worden – abseits des Textes haben vor allem die emblematischen 68 unsignierten Totentanzmotive und ihre Rezeption das Interesse der Forschung geweckt[47]. Auf die Widmung hat aus oben erwähnten Gründen kaum jemand Bezug genommen. Gerade deswegen soll im Folgenden der wesentliche Zusammenhang zwischen Werk und Widmungsempfänger (wieder-)hergestellt werden – zur Erforschung der Totenbruderschaft ist die ausführliche Zueignung nämlich von besonderer Relevanz.

Der Empfänger Adam Anton Grundemann von Falckenberg (1624–1711) war zum Zeitpunkt des Erscheinens des Buches Präfekt der Totenbruderschaft und bereits hochbetagt. Im Jahr 1710 war dem 86-Jährigen durch die Ernennung zum wirklich k. k. Geheimen Rat durch Kaiser Joseph I. eine späte Ehre zuteil geworden. Das „Wiennerische Diarium" vermerkt 1710 dazu Folgendes: „Dito hat Titl. Herr Adam Anton / Grundemann von Falckenberg / auf Waldenfelß und Egereck / Herr der Herrschafft / Siessenbrunn / Engelstein / Wielands und Heindorff etc. (Nachdeme Ihro Röm. Kayserl. Majest. Ihme [...] ein würcklich geheime Raths=Stell / mit Stimm und Rang / wie auch übrigen Vorzügen / Ehren und Würden / als andere dero würcklich geheime Räthe haben und geniesen / allergnädigst verliehen) zufolg dessen in der Kays. Geheimen Raths=Versammlung / im 86. Jahr seines Alters / den Eyd abgelegt"[48]. Den Grundstein zu seiner politischen Karriere hatte Adam Anton Grundemann von Falckenberg mit einem Rechtsstudium in Bologna, Wien und Ingolstadt[49] gelegt; im Jahr 1656 wurde er Niederösterreichischer Regimentsrat, 1661 auch Klosterrat und 1667 Landuntermarschall. „Im Jahr 1683 zur Zeit der Türkischen Belagerung der Stadt Wien machte er sich durch die im Lande herum getroffenen geschwinden und vorsichtigen Anstalten ganz besonders verdient, erlangte auch darauf ein kaiserliches Geschenk von 6.000 Gulden", vermerkt Franz Karl Wißgrill[50].

Von seinem damaligen Wohnhaus[51] in der Kärntnerstraße Nr. 41 am Eck zur heutigen Annagasse, dem ehemaligen „Grundemannpalais", hatte man es nicht weit zur Hofkirche. Die adelige Familie[52] wohnte also in unmittelbarer Gehdistanz zu St. Augustin, wo Adam Anton Grundemann von Falkenberg über die Jahre mehrere wertvolle Stiftungen[53]

---

[46] Etwa von Catherine HOLLERICH, Abraham a Sancta Claras „Totenkapelle" von 1710. Ein Totentanz in Wort und Bild im Kontext der Totentanztradition, der Emblematik, der Ständelehre und des Sterbebrauchtums (Luxemburg 1998).

[47] Mit den Druckgraphiken und ihrer Rezeptionsgeschichte hat sich auch die Totentanzforscherin Uli Wunderlich mehrfach beschäftigt. Vgl. WUNDERLICH, Abraham (wie Anm. 12) 210; DIES., Überall Abraham (wie Anm. 12).

[48] Wiennerisches Diarium Nr. 479 (4. Oktober 1710) 1–2; siehe Ausgabe online unter: anno.onb.ac.at [30. 6. 2017].

[49] Vgl. Klaus BIRNGRUBER, Waldenfels im Mühlviertel. Untersuchungen zur Geschichte der Herrschaft und ihrer Besitzer. *MOÖLA* 21 (2008) 249–424, hier 395. Vgl. auch das von Georg GRÜLL erstellte Verzeichnis zum Herrschaftsarchiv Waldenfels (Urkunden 1549–1835) im OÖLA, wo sich ein Studienzeugnis, ausgestellt vom Dekan der juridischen Fakultät der Universität Ingolstadt (29. 10. 1644), und ein Zeugnis über Studien in Ingolstadt und Bologna (1. 5. 1645) befinden.

[50] Franz Karl WISSGRILL, Schauplatz des landsässigen Nieder=Oesterreichischen Adels vom Herren= und Ritterstande von dem XI. Jahrhundert an, bis auf jetzige Zeiten 3 (Wien 1997) 430f.

[51] BIRNGRUBER, Waldenfels (wie Anm. 49) 395.

[52] Adam Anton Grundemann von Falckenberg vermählte sich am 25. Mai 1652 mit Rebekka Rosimunde von Ranzau; nur zwei ihrer acht gemeinsamen Kinder erreichten das Erwachsenenalter, Maria Magdalena und Ernst Konstantin. Vgl. OÖLA, Verzeichnis Herrschaftsarchiv Waldenfels (Urkunden 1549–1835), das den Trauschein beherbergt.

[53] Vgl. OÖLA, Schloss Waldenfels, Hauptstiftbuch 1631–1767, Hs. Nr. 332, wo die Nummern Nr. 13–16 die Grundemannschen Stiftungen betreffen.

Abb. 5: ÖNB, Codex series nova 365, fol. 205ʳ, Inv. Nummer NB 9.858-C (http://www.bildarchivaustria.at/Preview/10130496.jpg, [30. 6. 2017]). Die Ansicht zeigt das ehemalige „Grundemannpalais" (später: Esterházypalais, heute Casino Austria AG) in der Kärntner Straße an der Ecke zur Annagasse im ersten Wiener Gemeindebezirk.

eingebracht hatte: Zum einen ließ er den großen St. Josephs Seitenaltar[54] nächst der Totenkapelle errichten, den er mit monatlichen Seelenmessen und einem jährlichen Seelenamt ausstatten ließ, und zum anderen sicherte er sich und seiner Familie am 9. April 1689 ein Erbbegräbnis: Nachdem er 300 Gulden sofort in bar zu bezahlen versprach, überließ ihm das Konvent des Augustiner Barfüßerordens für *allezeit unwiderruflich* eine ganz neu erbaute Gruft, wobei ihm auch erlaubt wurde, sein Wappen in den über der Familiengruft befindlichen Stein meißeln und am nächsten Pfeiler ein Epitaph errichten zu dürfen[55]. Von seiner Krypta aus war es ihm zudem erlaubt, auf eigene Kosten eine Tür zur großen Gruft durchzubrechen und den Schlüssel zu selbiger zu behalten.

In der Widmung der „Besonders meublirt- und gezierte[n] Todten=Capelle", die einer Würdigungsrede gleichkommt, wünscht man dem 86-jährigen Adam Anton Grundemann von Falckenberg noch weitere zweimal sieben Jahre, sodass das Saeculum voll würde, allerdings hat er dieses Alter nicht mehr erreicht, sondern verstarb 1711, im Jahr nach Erscheinen des ihm gewidmeten Werks. Wie Wißgrill bestätigt, wurde er „in erstgesagter Hofkirche der P. P. Augustiner in die Gruft versenket"[56], die er schon Jahre zuvor zu seiner letzten Ruhestätte bestimmt hatte. Im Buch der Verstorbenen des Ordens findet

---

[54] Der Josephsaltar hat laut Wolfsgruber mit allem Zubehör 1.000 fl. gekostet; vgl. WOLFSGRUBER, Die Hofkirche (wie Anm. 21) 9. Zur Verehrung des Hl. Josephs und Josephskult vgl. Barbara MIKUDA, Josephskult und Josephsikonographie im österreichisch-schlesischen Gebiet. *ASK* 44 (1986) 93–106; vgl. RABL, Ite ad Joseph (wie Anm. 6) 102–106. Die Stiftung ist ein Beispiel dafür, dass Mitglieder und inbesondere der Vorstand von Bruderschaften, häufig als Auftraggeber und Mäzene in Erscheinung getreten sind, auch bei der Gestaltung von Altären; vgl. SCHEUTZ, Bruderschaften (wie Anm. 5) 286, 308.

[55] Die Begräbnisstiftung ist ebenfalls im Hauptstiftbuch als Nr. 13 vermerkt, vgl. OÖLA, Schloss Waldenfels, Hauptstiftbuch 1631–1767, Hs. Nr. 332.

[56] WISSGRILL, Schauplatz (wie Anm. 50) 431; BIRNGRUBER, Waldenfels (wie Anm. 49) 396.

sich ebenfalls eine Eintragung über sein Ableben[57]. Noch in seinem Todesjahr wurden alle Bücher des adeligen Diplomaten handschriftlich katalogisiert. Dieses Inventar listet die ihm zugeeignete „Todten=Capelle" unter den „theologischen Büchern" im Quart-Format unmittelbar nach Abraham a Sancta Claras „Alles Freud und Fried, Fried und Freud, Mercks Wienn" und „Auff auff ihr Christen" an 779. Stelle[58] auf und bezeugt, dass sich das Buch tatsächlich in Grundemann von Falckenbergs Besitz befunden hat. Dass es unter den anderen Schriften Abraham a Sancta Claras aufscheint, spricht für eine starke Referenzierung an den (kürzlich verstorbenen) Autor. Dieser wird den Widmungsempfänger Grundemann von Falckenberg mit Sicherheit persönlich gekannt und geschätzt haben.

Adam Anton Grundemann von Falckenberg selbst war jahrelang Mitglied der Totenbruderschaft und hatte so gut wie alle wichtigen Ämter durchlaufen. Im großen Bruderschaftsalbum, das in der Zueignung zitiert wird, heute aber leider als verschollen gelten muss, wäre folgendes Einschreibdatum vermerkt: „Anno 1659. den 21. Tag Novembris: Adam Antoni Grundeman". In den mehr als fünfzig Jahren seiner Mitgliedschaft hatten die Offizialen der Bruderschaft ihn „erstlichen als einen Assistenten / nachmahls Vice-Præfecten, nun aber als best=erkießnestes Ober=Haubt und Præfecten der Hoch=Löblichen Todten=Bruderschafft" erwählt, wobei das Amt des Präfekten als besonders verantwortungs- und ehrenvoll galt. Die Statuten von 1650 sahen vor, dass der Präfekt jährlich acht Tage vor Allerseelen eine Versammlung im Oratorium einberufen und dabei sein Amt „auffsagen" (d. h. niederlegen) und zur Wahl stellen sollte. Dann erfolgte die Wahl auf Zetteln, wobei jener mit den meisten Stimmen zum nächsten Präfekt bestimmt war – bei der gleichen Anzahl von Stimmen „solt der jenige erwöhlt seyn / der vorhero im höchern Ambt in der Bruderschafft gewesen / oder […] der älter in der Bruderschafft / erwöhlt seyn vnd verbleiben"[59], wodurch Dienstältere und -erfahrene, wie Adam Anton Grundemann von Falckenberg es zu dieser Zeit bereits gewesen sein muss, vermutlich mehrmals hintereinander gewählt wurden beziehungsweise nur einer Bestätigung bedurften.

Der Präfekt agierte, wie die Bruderschaftsstatuten[60] festhalten, als „das Haupt der gantzen Bruderschafft" und achtete auf die Einhaltung ihrer Regeln. Er hatte alles zu tun, was der Bruderschaft „dienlich vnd nutzlich" war – gleichzeitig wusste er über alles Bescheid und es gab „kein Kasten / Truhen / Cammer / Zimmer / Gewölb oder Orth der Bruderschafft sein / zu dem er nicht ein absonderlichen Schlüssel habe". Alle Geldangelegenheiten mussten mit seiner Unterschrift bestätigt werden, auch durfte ohne sein Wissen und Einverständnis niemand in den Grüften begraben und auch „nichts sonderlichs in der Bruderschafft Orthen gebawet oder verändert" werden. Die Statuten betonen, dass der Präfekt anderen zum Beispiel dienen sollte, indem er nach Möglichkeit bei allen Ämtern und Devotionen der Bruderschaft anwesend war. Dieses Bemühen um die Gemeinschaft wird in der Widmungsrede in mehrfachen Anspielungen gewürdigt: Grundemann von Falckenberg wäre in seiner Tätigkeit „Grund=Hertzig", „Grund=Eyffrig" und vor allem recht freigiebig und guttätig gewesen (siehe die oben erwähnten Stiftungen!), sodass die Totenbruderschaft letztlich „zu solchem Flor und Auffnehmen / in welchem Sie heunt

---

[57] Vgl. INDEX super librum Mortuorum ab Anno M.D.C.XL.

[58] Vgl. Catalogus über die Bibliothek des Baron Grundeman Herrn von Falckenberg a. 1711; ÖNB, Cod. 16.444, pag. 4.

[59] Regulen (wie Anm. 10) 56.

[60] Ebd. 57f.

zu Tag zu sehen / gelanget" wäre. Anschließend an diese vom „Capell-Diner" gezeichnete Widmung fanden auch alle weiteren Mitglieder des damaligen Vorstandes ausführliche Erwähnung, wie es auch schon in der anderen erhaltenen Neujahrsgabe – der „Grossen Todtenbruderschaft" (1681)[61] – Tradition gewesen war. Im unmittelbaren Vergleich zeigt sich, dass Grundemann von Falckenberg schon damals, 1681 als Präfekt genannt wird und in dem sonst sich über die Jahre hindurch veränderndem Vorstand tatsächlich eine wichtige (vielleicht sogar durchgehende?) Konstante gewesen sein muss.

8. „Geist-volle Sinn-Bilder" in den Totenkapellen

Sowohl diese Vorrede an den Leser als auch das Titelblatt der literarischen „Todten=-Capelle", auf dem der Tod des bekannten Predigers ganz deutlich verdrängt wird, insinuieren, dass niemand anderer als Abraham a Sancta Clara der Autor dieses „zum Vorscheine"[62] gekommenen, letzten Vermächtnisses sein kann – dennoch steht sein Anteil am Text heute in Frage[63]. Gleiches gilt für die 68 unsignierten „Sinnbilder" im Buch, von denen nach wie vor unklar ist, wer sie tatsächlich verantwortet hat. Die Widmungsrede lässt das Lesepublikum jedenfalls wissen, dass der Präfekt – als „bey herzunahenden grauen Alter / und dero begleitenden Unpäßlichkeiten" Abraham a Sancta Claras Stimme und Feder „mercklich zu ermieden [ermüden] begunten – den künstlichen Mahler=Pemsel zu Hülff geruffen" hätte, „umb jene Geist=volle Sinn=Bilder und merck=würdige Sprüche Göttlicher Schrifft der annoch= und künfftig=hin lebenden Nach=Welt zum Denck=Zeichen und Vale in der Todten=Bruderschaffts=Capellen zu hinterlassen".

Wie man sich das konkret vorzustellen hat – ob der Präfekt tatsächlich Malereien in der Kapelle in Auftrag gegeben hat, wie sich die Zusammenarbeit mit Abraham a Sancta Clara gestaltete und vor allem wie das Ergebnis ausgesehen haben könnte, darüber kann man heute nur mutmaßen. Die Vorrede an die Leser des Buches berichtet zudem, dass Abraham sich intensiv auf den Tod vorbereitete: „[…] weil er nun bey der Todes=Arbeit nicht müssig gehen wollte / sondern verlangte / daß auch die Welt seine letzte Todes=Gedancken nuzbar anwenden möchte / zielte er die Toden=Capell zu Loretto in Wien mit Sinn=Bildern über alle Stände / sehr nachdencklich aus / welche auch daselbst durch den Pensel der Ewigkeit einverleibet worden / doch damit sie nicht weniger ausser Wien dem Leser zu Theil werden / sind sie demselben hiemit unter dem Namen der gemahlten Toden=Capelle als Pater Abrahams letzte Arbeit überlieffert". Das Buch mit den Sinnbildern wäre also eine Art Katalog zu jenen, die es in der Kapelle der Bruderschaft tatsächlich gegeben hätte.

[61] [Abraham a Sancta Clara], Grosse Todten Bruderschaft / Das ist Ein kurtzer Entwurff Deß Sterblichen Lebens / Mit beygefügten CATALOGO […] (Wien 1681).

[62] Besonders meublirt- und gezierte Todten=Capelle (wie Anm. 42) 2.

[63] Die Frage nach dem „Echtheits-" oder „Authentizitätsgrad" drängt sich in der Barockzeit und speziell bei erfolgreichen Autoren immer wieder auf – im Fall von Abraham A Sancta Clara haben sich mehrere Forschende mit unterschiedlichen Ergebnissen mit dem Problem beschäftigt, vgl. etwa Ambros HORBER, Echtheitsfragen bei Abraham a Sancta Clara (Weimar 1929); Franz M. EYBL, Wissenslücken um Abraham a Sancta Clara. Zur Problematik populärer Autorschaft, in: Abraham a Sancta Clara. Vom barocken Kanzelstar zum populären Schriftsteller. Beiträge des Kreenheinstetter Symposions anlässlich seines 300. Todestages, hg. von Anton Philipp KNITTEL (Eggingen 2012) 104–121; insbesondere im Zusammenhang mit der „Todten-Capelle" BERT-SCHE, Die Totenkapelle (wie Anm. 11) Vorwort; Aloys WANNENMACHER, Johann Valentin Neiner. Ein satirischer Volksschriftsteller des barocken Wien (Bühl 1938); HOLLERICH, „Totenkapelle" (wie Anm. 46) 24–27.

Von eben diesen Sinnbildern wissen auch die beiden Nachrufe, die Valentin Neiner unmittelbar nach Abrahams Tod verfasste: Der Prediger hätte den Tod noch „mit
herrlichsten Sinn=Bildern bestochen / in welchen er seine Gewalt über alle Menschen entbildete"[64] beziehungsweise hätte er dem Tod „zum letzten Abschied in der
Todten=Capellen Zu Loretto in Wienn / Die Sinnbilder außgefertiget Uber alle Ständ"[65],
heißt es darin. Der dritte Nachruf, der diesbezüglich noch Auskunft geben könnte,
erwähnt lediglich, dass Abraham den Tod „in der Todten=Capellen / auff wunderliche Manieren" vorgestellt hätte, ebenso wie die Verse im Buch selbst, die davon sprechen, dass Abraham viele Menschen „[d]urch Schrifften und Gemähl / zum duncklen
Todten=Haus" geführt und dadurch zum Nachdenken gebracht hätte[66].

Wie also soll man den in der Widmungsrede der „Todten=Capelle" beworbenen
„Simbolischen P. Abraham" verstehen? Catharine Hollerich geht davon aus, dass er an
der Entstehung der Sinnbilder großen Anteil hatte: „Daß Abraham selbst mehrere Male
solche Sinnbilder komponierte und ausführen ließ – als Malerei oder Druck –, konnte
anhand von entsprechenden Quellen nachgewiesen werden. Eine solche Arbeit gehörte
nämlich zu seinem Tätigkeitsbereich"[67]. Ohne eine weitere Quelle zu nennen, macht
Hollerich auch Angaben zur Verortung der Sinnbilder in der Totenkapelle (heute: Loretokapelle): „Dabei waren die Emblemata selbst auf Anregung des Predigers entstanden,
und zwar als gemalte Totensinnbilder an der Decke der Wiener Loreto-Kapelle in der
ehemaligen Kirche der Wiener Totenbruderschaft. Abraham ließ die Abbildungen später
von dem Nürnberger Christoph Weigel als Kupferstiche kopieren, um sie so – von seinen
Abhandlungen begleitet – in Buchform einer größeren Öffentlichkeit zugänglich machen
zu können"[68]. Abraham selbst hätte demnach Weigel beauftragt, die dortigen Sinnbilder
zu kopieren.

Auch die Totentanzforscherin Uli Wunderlich geht davon aus, „dass Pater Abraham
die Sinnbilder, also die makabren Emblemata in der Kapelle der Totenbruderschaft, am
Ende seines Lebens schuf. Aus gesundheitlichen Gründen bemalte der 65-jährige Ordensmann zahlreiche Quadratmeter sicher nicht alleine. Er entwarf die makabre Figurenfolge
und überließ die Ausführung sehr wahrschenlich anderen. Grundsätzlich steht jedoch
fest, dass er sich künstlerisch betätigte"[69]. Obwohl Wunderlich vorsichtiger argumentiert
als Hollerich, hegt sie in ihrer diesbezüglich aktuellsten Publikation keinen Zweifel an der
„makabren Bildfolge in der Kapelle der Totenbruderschaft bei St. Augustin", die sie durch
den Druck bestätigt sieht: „Von deren Existenz zeugt heute insbesondere die unmittelbar
nach dem Tod Abraham a Sancta Claras zusammengestellte Buchausgabe"[70].

Außer dieser Buchausgabe der „Todten=Capelle", die an eine bildliche Ausstattung
erinnert, sie ersetzt oder uns auch nur glauben lässt, dass es sie einst gegeben hat, liegen

[64] Johann Neiner, Ehr= und Lehrreiche Grab= Und Sinn=Schrifft Deß Wohl=Ehrwürdigen PATRIS AB
RAHAM à S. CLARA […] (Wien [Christoph Lercher] 1710) B2.
[65] ders., Wohl=verdientes Grabmahl / Uber den […] Wohl=ehrwürdigen P. ABRAHAM à S. CLARA […]
(Wien [Andreas Heyinger] 1709) unpag.
[66] Vgl. ABRAHAM ist gestorben […] Das ist: Ein schuldiger und wohlverdienter Nachklang. […] Johann
Carl Megerle / Universitets Buchhandler / im Gundlhoff / allwo dieses auch zu finden […] (Wien [Christoph
Lercher] [1710]) unpaginiert, und die Versdichtung in der Todten=Capelle (unpaginiert).
[67] Hollerich, „Totenkapelle" (wie Anm. 46) 32.
[68] Ebd. 38.
[69] Wunderlich, Überall Abraham (wie Anm. 12) 133.
[70] Ebd. 131.

bislang keine weiteren Evidenzquellen vor, die für die Existenz einer monumentalen Folge von Sinnbildern sprechen. Es stellt sich die Frage, ob in der Totenkapelle jemals tatsächlich ein Zyklus von Sinnbildern zu sehen war oder ob es nicht einzelne, bewegliche Sinnbilder gewesen sein könnten, die anlassbezogen gezeigt und dann wieder entfernt werden konnten. Eine weitere Möglichkeit wäre, dass man – ähnlich wie in der Festbeschreibung des „Saeculum" – auf die ergänzende Phantasie der Leserschaft vertraute und die Emblemata niemals einem größeren Publikum gezeigt, sondern von Beginn an ausschließlich für die Illustration der Buchausgabe entworfen und konzipiert wurden.

9. Was von der „Besonders meubliert- und gezierten Todten=Capelle" bleibt

Solange die Suche nach einer Vorlage für die nachweislich gedruckten Sinnbilder noch andauert, können Besucherinnen und Besucher der Augustinerkirche am Eingang der heutigen Loretokapelle zumindest gemalte, restaurierte Überreste einer makaberen Wanddekoration entdecken, die auf eine ursprünglich (früh-)barocke Ausgestaltung der Totenkapelle schließen lässt.

Der 1997 verfasste Restaurierungsbericht, welcher der Autorin freundlicherweise zur Verfügung gestellt wurde, beschreibt die freigelegten Entdeckungen im „Durchgangszimmer" zur Kapelle folgendermaßen: „An den beiden Seiten waren zwei lebensgroße

Abb. 6: Bevor man die heutige Loretokapelle betritt, zeigen sich – neben Girlanden und kleineren Schädel-Motiven – zu rechter Hand die hier abgebildeten, zum Teil massiv übermalten Überreste einer Skelettgestalt mit Sichel (Foto: Claudia Resch).

Skelette in Goldauflage gefertigt, die wie zwei Wächter seitlich vom Eingang zur Loretto-kapelle stehen. Das rechte Skelett ist teilweise noch erkennbar erhalten (Becken – Ober-schenkelknochen), die anderen Teile sind aus den noch erhaltenen Umrissen rekonstruiert (Kopf, Hals und Füße) worden"[71]. Auch im „Dehio" findet die „Freilegung der frühbar. Wanddekoration der zur Kirche rundbogig geöffneten ehem. Seitenkapelle von 1633 mit Portal zur Totenkapelle" eigens Erwähnung ebenso wie die „Ohrenfelder mit Eckrosetten, dazwischen gemalten Totenköpfe"[72]. Das Kapellenportal, das inzwischen nur noch von einem Totengerippe umgeben wird, ist nur deshalb rudimentär erhalten geblieben, weil die Malereien vor der Abmauerung übertüncht worden waren und dadurch vor Verände-rungen unter Joseph II. verborgen geblieben sind.

10. Botschaften und Bücher für die Ewigkeit – ein Fazit

Wie gezeigt werden konnte, war die Totenkapelle als Versammlungsort für die Toten-bruderschaft in St. Augustin von besonderer Bedeutung. Nicht anders verhält es sich mit deren literarischer Repräsentation. Die Vereinigung hat nicht nur für sich selbst, sondern vor allem zum Vorteil der ihr einverleibten Mitglieder fast 150 Jahre daran gearbeitet, das gemeinsame Andenken an die Verstorbenen vereinbarungsgemäß wachzuhalten und die Gemeinschaft der füreinander Betenden zu vergrößern. Durch die mediale Verbrei-tung ihrer Aufgaben und Aktivitäten wollte die Bruderschaft über ihre lokale Bedeutung hinauswirken und geographisch entfernte Mitglieder inkludieren oder neue Mitglieder werben[73]. Mit der Produktion der aufwändig gestalteten literarischen „Todten=Capelle", die den verstorbenen Abraham a Sancta Clara als „Aushängeschild" noch ein letztes Mal in Stellung brachte, legte die Bruderschaft ein ausgesprochenes „Premium-Medium" vor: Die beigegebene Widmung zur Würdigung des langjährigen adeligen Präfekten war ein Geschenk, das der eigenen Reputation nützte. Das Werk hatte den Charakter des Exklu-siven und steigerte damit die Glaubwürdigkeit der publizierenden Gemeinschaft, deren Botschaften mit größerer Aufmerksamkeit bedacht wurden.

Die Druckerzeugnisse der Totenbruderschaft, zu denen unter anderen die „Todten=Capelle" zählt, lassen auf eine geschäftstüchtige, publizistisch tätige Gemein-schaft mit hoher Medienkompetenz schließen, die ihre Träger und Tätigkeiten, in sehr gutem (vielleicht sogar in besserem) Lichte dargestellt hat. Die Zusammenarbeit mit re-nommierten Künstlern und Verlegern der damaligen Zeit erweist sich bei mehreren Wer-ken als verkaufsförderlich und auflagensteigernd. Alle Publikationsbemühungen sprechen dafür, die Totenbrüder als höchst professionelle Medienproduzenten[74] zu sehen. Wenn die Bruderschaft auf ihre „Besonders meubliert- und gezierte Todten=Kapelle" referenziert,

---

[71] Mauritius SPURNY, Dokumentation. Augustinerkirche Durchgang (1997), unpublizierter Restaurie-rungsbericht.

[72] Dehio-Handbuch. Die Kunstdenkmäler Österreichs. Wien 1. Bezirk – Innere Stadt (Horn–Wien 2003) 31.

[73] Vgl. Rebekka VON MALLINCKRODT, Struktur und kollektiver Eigensinn. Kölner Laienbruderschaften im Zeitalter der Konfessionalisierung (Veröffentlichungen des Max-Plack-Instituts für Geschichte 209, Göttingen 2005) 259–267.

[74] Matija OGRIN, Confraternities and Sparks of Spirit. Books of Baroque Confraternities in Slovenian Lands. *AHAS* 21/2 (2016) 55–88. Mit Sicherheit haben sie von Pater Abraham, ihrem prominenten, schrift-stellerisch tätigen Prediger profitiert – aber auch vor und nach seiner Zeit hat die Bruderschaft publiziert, was ihre Mitglieder verfasst, kompiliert oder übersetzt haben.

verschwimmen die Grenzen zwischen dem lokalisierbaren Raum und den entworfenen Sinnbildern, die dort möglicherweise gemalt und der Gemeinschaft erläutert worden sind. Durch eine – fast möchte man sagen – weitsichtige „Crossmedia"-Strategie ist es der Totenbruderschaft letztlich gelungen, ihre Botschaften der Nachwelt zu erhalten: Selbst wenn die monumentalen Reste am Mauerwerk nach mehr als 300 Jahren verblassen, so bleibt die „Todten=Capelle" doch in gedruckter, neuestens sogar in digitaler Form lesbar. Sie ist damit auch virtuell zugänglich – jederzeit, meistenorts und für so viele Besucherinnen und Besucher, wie es sich Abraham a Sancta Clara und Adam Anton von Grundemann von Falckenberg gemeinsam gar nicht besser hätten ausmalen können.

(4)
ORGANISATIONSFORMEN
VON BRUDERSCHAFTEN

Ein heil: Creutz Bruderschaftler im Bürgerspitaln.

Abb.: Eine Bruderschaft aus dem Salzburger Bürgerspital – die Heilig-Kreuz-Bruderschaft. Das in eine Bruderschaftskutte gekleidete, mit einem Kropf versehene Bruderschaftsmitglied hält einen Kreuzstab in der Rechten und einen Rosenkranz in der Linken. Die Bruderschaftskutte ist rotbraun, mit roten Knöpfen und hellroten Ärmelaufschlägen; Quelle: Kostüm- und Trachtenbilder der Kuenburg-Sammlung (Ende 18. Jahrhundert), Privatbesitz; Friederike PRODINGER–Reinhard R. HEINISCH, Gewand und Stand. Kostüm- und Trachtenbilder der Kuenburg-Sammlung (Salzburg–Wien 1983) Tafel 44, zur Beschreibung S. 173, Nr. 82.

Kloster und Bruderschaft – Leitung und Mitglieder.
Die Lilienfelder Josephsbruderschaft im Vergleich mit einer jesuitischen Sodalität und drei marianischen Kongregationen in Wien und Graz

Irene Rabl

In österreichischen Archiven und Bibliotheken sind unterschiedliche Drucke und Drucksorten überliefert, die von barocken Laienbruderschaften sowie von jesuitischen Sodalitäten und Kongregationen[1] in Auftrag gegeben wurden. Neben Bruderschaftsbüchern mit Statuten, Gebeten und Gesängen, Andachtsbüchern und Bruderschaftsbriefen, welche die Aufnahme in eine Bruderschaft bestätigten, finden sich in den betreffenden Beständen auch gedruckte, jährlich versandte Rundschreiben. Rundschreiben der Lilienfelder Erzbruderschaft des Hl. Joseph, einer jesuitischen Sodalität (Patronat: Hl. Barbara) und zweier marianischer Kongregationen in Wien (Patronate: Maria Himmelfahrt und Mariä Heimsuchung) sowie einer marianischen Kongregation in Graz (Patronat: Maria) werden an dieser Stelle nun – neben Bruderschaftsdrucken und der handgeschriebenen „Historia congregationis beatae Mariae virginis coelos assumptae"[2] – teilweise erstmals ausgewertet[3] und hinsichtlich Leitung und Mitglieder verglichen[4]. Im Aufbau folgen

---

[1] Die Autorin unterscheidet zwischen „Bruderschaft" (nicht-jesuitisch), „Sodalität" (jesuitisch; z. B. Hl. Barbara) und „Kongregation" (jesuitisch-marianisch), um Verweise auf bereits erschienene Publikationen nachvollziehbarer zu machen, weist aber gleichzeitig auf die Problematik dieser Begrifflichkeiten hin. In der Forschung hat sich „Bruderschaft" als Überbegriff durchgesetzt, „Sodalität" und „Kongregation" werden meist synonym verwendet. Ein Beispiel: Die jesuitische Barbara-Sodalität in Wien wird in den frühesten Quellen als „sodalitas"/Sodalität und später (auch von Jesuiten selbst) als „congregatio"/Kongregation bezeichnet. Die Autorin dankt ihren Kolleginnen und Kollegen Martin Enne (UA Wien), Reinhard Gruber (Domarchiv St. Stephan Wien), Zsófia Kádár (Eötvös Loránd Universität Budapest), Katharina Kaska (ÖNB Wien), Angelika Kölbl (StiA Göttweig), Martina Lehner (Jesuitenarchiv Wien), P. Franz Schuster (Göttweig) und Thomas Wallnig (Wien) ganz herzlich für Input, Hilfestellungen, Diskussionen und Abdruckerlaubnis.

[2] AASI, Sign. 2,111.516.

[3] Die Rundschreiben der Lilienfelder Erzbruderschaft des Hl. Joseph sind hier beschrieben und ausgewertet: Irene RABL, „Ite ad Joseph". Chrysostomus Wieser und die Lilienfelder Erzbruderschaft des Hl. Joseph (Beiträge zur Kirchengeschichte Niederösterreichs 18/Geschichtliche Beilagen zum St. Pöltner Diözesanblatt 35, St. Pölten 2015) 125–150 [Auswertung], 157–165 [Beschreibung samt Abbildung], 239–268 [Personenkatalog des Vorstands].

[4] Die meisten Lilienfelder Rundschreiben sind in den StiA Göttweig und Rein überliefert, weitere liegen im römischen Vikariatsarchiv und im ÖStA (Privatarchiv Harrach). Allerdings gibt es Lücken in der Überlieferung: 1658–1661, 1663–1674, 1676–1678, 1680, 1683–1688, 1692–1695, 1700, 1719, 1745, 1753. Die hier (neu) ausgewerteten Rundschreiben haben sich in folgenden Archiven bzw. Beständen erhalten: StiA Göttweig, Hss. J/I–III (= Rotelsammlung; darin: Lilienfelder Josephsbruderschaft, Wiener Barbara-Sodalität und marianische

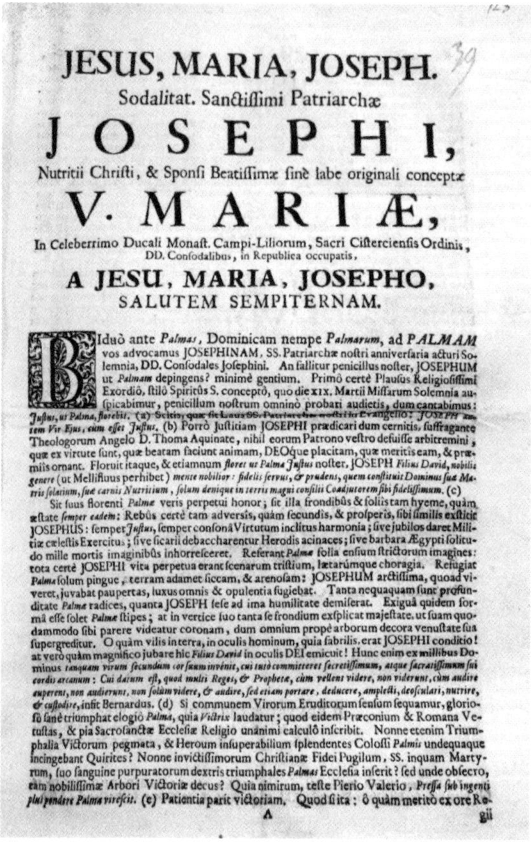

JESUS, MARIA, JOSEPH.

Sodalitat. Sanctissimi Patriarchæ

JOSEPHI,

Nutritii Christi, & Sponsi Beatissimæ sinè labe originali conceptæ

V. MARIÆ,

In Celeberrimo Ducali Monast. Campi-Liliorum, Sacri Cisterciensis Ordinis, DD. Consodalibus, in Republica occupatis,

A JESU, MARIA, JOSEPHO, SALUTEM SEMPITERNAM.

Biduò ante *Palmas*, Dominicam nempe *Palmarum*, ad *PALMAM* vos advocamus JOSEPHINAM, SS. Patriarchæ nostri anniversaria acturi Solemnia, DD. Consodales Josephini. An fallitur penicillus noster, JOSEPHUM ut *Palmam* depingens? minimè gentium. Primò certè Plausus Religiosissimi Exordiô, stilô Spiritûs S. conceptô, quo die XIX. Martii Missarum Solemnia auspicabimur, penicillum nostrum omninò probari audietis, dum cantabimus: *Justus, ut Palma, florebit.* (a) Scitis, quæ sit Laus SS. Patriarchæ nostri in Evangelio: *JOSEPH autem Vir Ejus, cùm esset Justus.* (b) Porrò Justitiam JOSEPHI prædicari dum cernitis, suffragante Theologorum Angelo D. Thoma Aquinate, nihil eorum Patrono vestro defuisse arbitremini, quæ ex virtute sunt, quæ beatam faciunt animam, DEOque placitam, quæ meritis eam, & præmiîs ornant. Floruit itaque, & etiamnum *floret ut Palma Justus* noster, JOSEPH *Filius David, nobilis genere* (ut Mellifluus perhibet) *mente nobilior: fidelis servus, & prudens, quem constituit Dominus suæ Matris solatium, suæ carnis Nutritium, solum denique in terris magni consilii Coadjutorem sibi fidelissimum.* (c)

Sit suus florenti *Palmæ* veris perpetui honor; sit illa frondibûs & foliîs tam hyeme, quàm æstate *semper eadem*: Rebûs certè tam adversîs, quàm secundîs, & prosperîs, sibi similis exstitit JOSEPHUS: semper *Justus*, semper consonâ Virtutum inclitus harmonia; sive jubilos daret Militiæ cælestis Exercitus; sive sicarii debaccharentur Herodis acinaces; sive barbara Ægypti solitudo mille mortis imaginibûs inhorresceret. Referant *Palmæ* folia ensium strictorum imagines: tota certè JOSEPHI vita perpetua erant scenarum tristium, lætarúmque choragia. Refugiat *Palma* solum pingue, terram adamet siccam, & arenosam: JOSEPHUM arctissima, quoad viveret, juvabat paupertas, luxus omnis & opulentia fugiebat. Tanta nequaquam sunt profunditate *Palmæ* radices, quanta JOSEPH sese ad ima humilitate demiserat. Exiguâ quidem formâ esse solet *Palmæ* stipes; at in vertice suo tanta se frondium exsplicat majestate, ut suam quodammodo sibi parere videatur coronam, dum omnium propè arborum decora venustate sua supergreditur. O quàm vilis in terra, in oculis hominum, quia fabrilis, erat JOSEPHI conditio! at verò quàm magnifico jubare hic *Filius David* in oculis DEI emicuit! Hunc enim ex millibus Dominus *tanquam virum secundum cor suum invénit, cui tutò committeret secretissimum, atque sacratissimum sui cordis arcanum: Cui datum est, quod multi Reges, & Prophetæ, cùm vellent videre, non viderunt, cùm audire cuperent, non audierunt, non solùm videre, & audire, sed etiam portare, deducere, amplecti, deosculari, nutrire, & custodire*, infit Bernardus. (d) Si communem Virorum Eruditorum sensum sequamur, gloriosô sanè triumphat elogiô *Palma*, quia *Victrix* laudatur; quod eidem Præconium & Romana Vetustas, & pia Sacrosanctæ Ecclesiæ Religio unanimi calculô inscribit. Nonne etenim Triumphalia Victorum pegmata, & Heroum insuperabilium splendentes Colossi *Palmis* undequaque incingebant Quirites? Nonne invictissimorum Christianæ Fidei Pugilum, SS. inquam Martyrum, suo sanguine purpuratorum dextris triumphales *Palmas* Ecclesia inserit? sed unde obsecro, tam nobilissimæ Arbori Victoriæ decus? Quia nimirum, teste Pierio Valerio, *Pressa sub ingenti plus pondere Palma virescit.* (e) Patientia parit victoriam. Quod si ita; ô quàm meritò ex ore Re-

A gii

Abb. 1: Rundschreiben der Josephsbruderschaft von 1728 (StiA Göttweig, Bd. J-III-9, Nr. 39) (Foto: Irene Rabl).

die Rundschreiben alle demselben Muster: Nach einer kurzen Predigt (in lateinischer oder deutscher Sprache) samt Datierung, die zusätzlich oft mit Zählung der Jahre nach der Gründung und der Approbation versehen ist, schließen die Namen des jährlich neu zu wählenden Vorstands und der Nekrolog mit den Namen der verstorbenen Mitglieder (samt Sterbeort und -tag) an. Barocke Laienbruderschaften nahmen in der Regel Männer und Frauen aus jeder Gesellschaftsschicht auf. Die primäre Zielgruppe jesuitischer Sodalitäten und Kongregationen waren hingegen zunächst die frommsten und fleißigsten Schüler bzw. Studenten der von Jesuiten geleiteten Lehranstalten[5]. Diese Sodalitäten

Kongregationen; vgl. Abb. 1–4); StiA Rein, Hs. 313, Tom. I–V = Hs. F 584, Tom. I–V (darin: Lilienfelder Josephsbruderschaft, Grazer Sodalitäten und Kongregationen); UA Wien, Bibliothek B-2532 (darin: Kongregation Maria Himmelfahrt Wien, 1763). Sie erlauben ob ihrer überschaubaren Menge nur einen kleinen Einblick in die Leitungs- und Mitgliederstruktur von Bruderschaften bzw. Sodalitäten und Kongregationen. Eine flächendeckende Suche und vollständige Auswertung von gedruckten Rundschreiben und Bruderschaftsdrucken – die im Rahmen dieses Aufsatzes nicht geleistet werden kann – wird unter anderem dadurch behindert, dass diese Drucke in Bibliothekskatalogen und Archivinformationssystemen oft schwer auffindbar sind. Diese Problematik rührt auch daher, dass es keinen einheitlichen und grenzübergreifenden Thesaurus zum Thema „Bruderschaften" gibt.

[5] Thomas Winkelbauer, Volkstümliche Reisebüros oder Werkzeuge obrigkeitlicher Disziplinierung? Die Laienbruderschaften der Barockzeit in den böhmischen und österreichischen Ländern, in: Staatsmacht und Seelenheil. Gegenreformation und Geheimprotestantismus in der Habsburgermonarchie, hg. von Rudolf Leeb–Susanne Claudine Pils–dems. (VIÖG 47, Wien–München 2007) 141–160, hier 154.

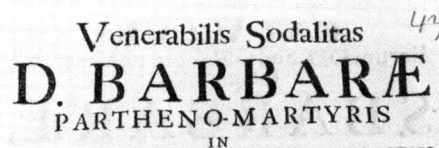

Abb. 2: Rundschreiben der Barbara-Sodalität von 1729 (StiA Göttweig, Bd. J-III-9, Nr. 43) (Foto: Irene Rabl).

und Kongregationen galten als Elitebruderschaften, sie waren meist kleiner und straffer organisiert als Laienbruderschaften und dienten der Ausformung einer neuen katholischen Elite. In Wien gab es um die Mitte des 17. Jahrhunderts insgesamt elf von Jesuiten geleitete Sodalitäten und Kongregationen, wobei die marianischen Kongregationen ausschließlich Männer aufnahmen[6].

Die folgenden Ausführungen umfassen eine kurze Geschichte der zu vergleichenden barocken Laienbruderschaft, jesuitischen Sodalität und marianischen Kongregationen, Abschnitte über die Leitung und die Mitglieder dieser barocken Vereinigungen, eine Zusammenfassung sowie einen umfassenden Anhang, der die bislang erforschten Namen der Leitungsgremien mit einer knappen biographischen Einordnung enthält[7].

---

[6] Zu marianischen Sodalitäten und Kongregationen vgl. ebd. 153–156; DERS., Ständefreiheit und Fürstenmacht. Länder und Untertanen des Hauses Habsburg im konfessionellen Zeitalter 2 (Österreichische Geschichte, Wien 2003) 233f.

[7] Diese biographische Einordnung beruht ausschließlich auf den Angaben in der Quelle; weiterführende Recherchen zu den betreffenden Personen wurden nicht durchgeführt.

1. Die Gründung der hier vorgestellten Bruderschaft/Sodalität/Kongregationen

Im niederösterreichischen Zisterzienserkloster Lilienfeld wurde 1653 eine Bruderschaft zu Ehren des Hl. Joseph gegründet[8]. Als offizieller Gründer trat zwar der damalige Lilienfelder Abt Matthäus Kolweiss (reg. 1650–1695)[9] in Erscheinung, aber eigentlich wurde die Bruderschaft von Schülern und Studenten der Lilienfelder Stiftsschule unter ihrem Präfekten Pater Alberich Burghoff[10] ins Leben gerufen. Als Zweck wurde im Bruderschaftsbuch mit dem aussagekräftigen Titel „Gründlicher Unterricht"[11] die Tugendpflege der Lilienfelder Jugend definiert. Zwei Jahre nach der Gründung erfolgte die Approbation durch Papst Alexander VII. und der Zusammenschluss mit der römischen Arciconfraternita di San Giuseppe dei Falegnami. Ab diesem Zeitpunkt war die Lilienfelder Josephsbruderschaft ebenfalls eine Erzbruderschaft, konnte Tochtergründungen ins Leben rufen und ihre Ablässe waren nicht mehr ortsgebunden. Abt Matthäus Kolweiss war 1652 zum Reformationskommissär ernannt worden und als solcher zuständig für die „Bekehrung der Protestanten". Seit 1653 fungierte Kolweiss auch als Dekan der theologischen Fakultät in Wien. Diese Funktion verlieh ihm großen Einfluss, was unter anderem zur Blüte seiner Bruderschaft führte. Die Lilienfelder Josephsbruderschaft wurde sehr bald – durch geschickte Besetzung der Leitungsämter – in der gesamten Habsburgermonarchie bekannt und ihre Mitglieder kamen aus dem ganzen Reich. Bis zu ihrer Aufhebung 1783 traten über 300.000 Frauen und Männer in die Lilienfelder Erzbruderschaft des Hl. Joseph ein[12].

Die Barbara-Sodalität („Venerabilis sodalitas D. Barbarae partheno-martyris") wurde 1573[13] und die Maria Himmelfahrt-Kongregation („Sodalitas beatae Mariae virginis in coelum assumptae") 1579[14] beim Wiener Kollegium gegründet; die Gründung der Mariä

[8] Zu Geschichte, Organisation und Drucken der Lilienfelder Erzbruderschaft des Hl. Joseph vgl. RABL, Ite ad Joseph (wie Anm. 3) 102–170. Zur Geschichte des Stiftes Lilienfeld vgl. Campililiensia. Geschichte, Kunst und Kultur des Zisterzienserstiftes Lilienfeld, hg. von Pius MAURER–Irene RABL–Harald SCHMID (Lilienfeld 2015).

[9] Geb. 1620 in Judenburg (Steiermark), Profess 1640, Abt 1650, gest. 1695; zu ihm vgl. Eugen MÜLLER, Profeßbuch des Zisterzienserstiftes Lilienfeld (StMBO Ergbd. 38, St. Ottilien 1996) 212–215.

[10] Geb. 1614 in Aachen, Profess 1631, Priesterweihe 1638, gest. 1685; zu ihm vgl. ebd. 198.

[11] Zu diesem Druck vgl. RABL, Ite ad Joseph (wie Anm. 3) 152f. [inkl. Abbildung des Titelblatts].

[12] Zu den Mitgliedern der Lilienfelder Josephsbruderschaft vgl. ebd. 144–150.

[13] Zur Barbara-Sodalität vgl. Anna CORETH, Die ersten Sodalitäten der Jesuiten in Österreich – Geistigkeit und Entwicklung. Jahrbuch für mystische Theologie 11 (1965) 7–65, hier 15 sowie (am Rande) Zsófia KÁDÁR, „Saeculum Marianum". Angaben zur Marianischen Kongregation des jesuitischen akademischen Kollegs in Wien und zu seinen ungarischen Beziehungen (1579–1678), in: Wiener Archivforschungen. Festschrift für den ungarischen Archivdelegierten in Wien, István Fazekas, hg. von Zsuzsanna CZIRÁKI–Anna FUNDÁRKOVÁ–Orsolya MANHERCZ–Zsuzsanna PERES–Márta VAJNÁGI (Publikationen der ungarischen Geschichtsforschung in Wien 10, Wien 2014) 205–213, 419 [Abb.], hier 205. Die Wiener Barbara-Sodalität vereinigte sich 1581 vorübergehend mit der Maria Himmelfahrt-Kongregation (gegr. 1579), die im Augustiner Chorherrenstift Herzogenburg gegründete Barbarabruderschaft gliederte sich ihr 1677 an; vgl. dazu Martin SCHEUTZ, Bruderschaften als multifunktionale Dienstleister der Frühen Neuzeit – das Beispiel der vereinigten Barbara- und Christenlehrbruderschaft Herzogenburg (1637/1677–1784), in: 900 Jahre Stift Herzogenburg. Aufbrüche – Umbrüche – Kontinuitäten, hg. von Günter KATZLER–Victoria ZIMMERL-PANAGL (Wien 2013) 283–315, hier 287, 292.

[14] Zur Gründung der Maria Himmelfahrt-Kongregation vgl. KÁDÁR, „Saeculum Marianum" (wie Anm. 13) 205f. Der Druck „Brevis notitia de sodalitate beatae Mariae virginis in coelos assumptae" (Wien 1779; überliefert in: AASI, Sign. 2,101.112), der anlässlich des 200-jährigen Bestehens der Kongregation herausgegeben wurde, erwähnt am Titelblatt zusätzlich zum Gründungsdatum 1579 noch die Bestätigung der Gründung durch Papst Gregor XIII. (allerdings ohne Datum).

Heimsuchung-Kongregation („Sodalitas beatissimae virginis Mariae Elisabetham visitantis" alias Mariä Heimsuchung-Kongregation) hingegen erfolgte erst 1638[15] beim Wiener Seminar St. Ignaz und Pankraz. Die Grazer Marien-Kongregation („Sodalitas maior Beatae Virginis Mariae ab angelo salutatae" alias Marien-Kongregation) wurde 1595[16] beim Grazer Jesuitenkollegium ins Leben gerufen. Im Stiftsarchiv Rein finden sich darüber hinaus noch einzelne Rundschreiben der „Alma sanctissimi Spiritus"-Sodalität beim Jesuitenkonvikt in Graz (gegr. 1579)[17], der Barbarabruderschaft bei der Pfarrkirche St. Georg in Kirchdorf an der Krems in Oberösterreich sowie der Annabruderschaft im Zisterzienserstift Schlierbach, die allerdings für diese Untersuchung ausgeklammert werden.

2. Die Leitung der hier vorgestellten Bruderschaft/Sodalität/Kongregationen

Die Leitung einer barocken Laienbruderschaft hatte der Rektor inne; ihm zur Seite gestellt waren Sekretäre und Vizesekretäre, Assistenten und andere Funktionäre wie Schatzmeister oder Consultores. Die geistliche Leitung lag beim Präses. In Bruderschaften, die bei einem Kloster gegründet wurden, hatte meist ein Mitglied des jeweiligen Konvents das Präsesamt inne[18]. Der jährlich neu zu wählende Vorstand einer jesuitischen Sodalität oder Kongregation bestand aus Rektor oder Präfekt, Assistenten und Sekretären; als geistlicher Leiter wurde – wie auch in barocken Laienbruderschaften – ein Präses (samt Socius) vom Orden gestellt[19]. In der Leitung der Lilienfelder Josephsbruderschaft wechselten sich die Rektoren ab – ein Jahr wurde die Stelle von einem hohen Geistlichen (Abt, Propst, Bischof) besetzt und ein Jahr von einem hohen Adeligen (meist Grafen). Die gesellschaftlich angesehenen Rektoren waren in der Regel Großgrundbesitzer und ihre Untertanen traten ebenfalls in die Lilienfelder Josephsbruderschaft ein; so fungierten die Rektoren als Multiplikatoren bzw. als Werbeträger. Als Sekretäre standen ihnen

---

[15] Das Gründungsdatum 1638 ist beispielsweise auf dem Titelblatt dieses Xeniums (= Neujahrsgeschenkbuch) genannt: „Theophilus marianus" ([Wien] 1/4/; AASI, Sign. 2,090.319). Die jesuitischen Kongregationen in der österreichischen Jesuitenprovinz übergaben ihren Schüler- und Erwachsenen-Sodalen regelmäßig derlei Xenien; vgl. dazu Kádár, „Saeculum Marianum" (wie Anm. 13) 206–211, 419 [inkl. Auswertung des Xeniums, Anhang und Abdruck des Titelblatts]. In der Provinzbibliothek der Jesuiten in Wien sind zahlreiche Drucke, die von jesuitischen Sodalitäten und marianischen Kongregationen in Auftrag gegeben wurden, überliefert.

[16] Die Jahreszahl der Gründung ist das erste Mal im Rundschreiben von 1682 mit folgendem Wortlaut enthalten (Anm: Buchstabenbestand wurde beibehalten, allerdings auf Kleinschreibung außer bei Eigennamen formalisiert): *Dabam Graeci in mausoleo caesareo, oratorio nostro Mariano, pridie calendas Decembris, anno ab partu virgineo MDCLXXXII ab erecta sodalitate nostra LXXXVIII*; vgl. StiA Rein, Hs. 313. Vgl. zur Gründung auch Franz von Krones, Geschichte der Karl Franzens-Universität in Graz. Festgabe zur Feier ihres dreihundertjährigen Bestandes (Graz 1886) 10.

[17] Ebd. 5.

[18] Mehrere in den letzten Jahren publizierte Arbeiten zu Bruderschaften beschäftigen sich auch mit den Leitungsämtern, z. B. Scheutz, Bruderschaften (wie Anm. 13) oder Julian Schmidt, „Guarnison der Peters=Burg" oder doch nur „versamblung viller Menschen"? Die Dreifaltigkeitsbruderschaft bei St. Peter in Wien (1676–1783), in: Frühneuzeitforschung in der Habsburgermonarchie. Adel und Wiener Hof – Konfessionalisierung – Siebenbürgen, hg. von István Fazekas–Martin Scheutz–Csaba Szabó–Thomas Winkelbauer (Publikationen der ungarischen Geschichtsforschung in Wien 7, Wien 2013) 359–385.

[19] Vgl. dazu Rebekka von Mallinckrodt, Struktur und kollektiver Eigensinn. Kölner Laienbruderschaften im Zeitalter der Konfessionalisierung (Veröffentlichungen des Max-Planck-Instituts für Geschichte 209, Göttingen 2005) 154f.

ebenso jährlich wechselnde Mönche (meist Prioren), Weltgeistliche oder höhergestellte Laien (z. B. Herrschaftsverwalter, niedrige Adelige, Mediziner, Juristen) zur Seite. Oft bestand eine persönliche Beziehung zwischen Rektor und Sekretär, da sie Äbte und Prioren von denselben Klöstern oder Grafen als Grundbesitzer und ihre Verwalter waren. Die Rektoren wurden jedes Jahr im Dezember neu gewählt und im darauffolgenden Januar in Lilienfeld präsentiert. Die Namen des Vorstands der Lilienfelder Josephsbruderschaft sind heute aus den jährlich versandten Rundschreiben bekannt, welche die neu gewählten Vorstandsmitglieder verkündeten. Nach Auswertung der Rundschreiben von 1658 bis 1782 sind derzeit 93 von insgesamt 125 Rektoren und 91 von 125 Bruderschaftssekretären namentlich erfasst; die übrigen konnten aufgrund fehlender Quellen noch nicht ermittelt werden[20].

Betrachtet man die Vorstände der Wiener Barbara-Sodalität, dann ist oft keine weitere biographische Einordnung der Sekretäre möglich, da die Namen ohne zusätzliche Informationen abgedruckt wurden. Dieser Umstand macht es schwierig, die für die Lilienfelder Josephsbruderschaft oft sichtbaren Verbindungen zwischen Rektoren und Sekretären für die Barbara-Sodalität nachzuweisen. Es ist im Gegensatz zur Lilienfelder Bruderschaft auch kein jährlicher Rektorenwechsel zwischen Geistlichen und Weltlichen zu beobachten. Die Rektoren der Wiener Barbara-Sodalität waren ähnlich gesellschaftlich hoch gestellte Persönlichkeiten wie jene der Lilienfelder Bruderschaft, einige Personen überschneiden sich auch: Otto Ferdinand Felix Graf Hohenfeld wurde 1723 Rektor der jesuitischen Sodalität und 1725 Rektor der Lilienfelder Josephsbruderschaft; Sigismund Graf Kollonitz, 1722 Erzbischof von Wien, scheint im selben Jahr als Rektor bei den Jesuiten und 1730 als Rektor der Lilienfelder Bruderschaft auf und Abt Placidus Much von Altenburg (reg. 1715–1756) war 1728 Rektor bei den Jesuiten und 1736 in Lilienfeld. Ab 1755 ist für die Barbara-Sodalität eine über mehrere Jahre gehende Amtsherrschaft zu beobachten – was für die Lilienfelder Josephsbruderschaft nicht zutrifft. Propst Frigdian Knecht von Herzogenburg war 1755, 1756, 1757 und 1759 Rektor und alle ihm nachfolgenden Rektoren scheinen ebenfalls für mehrere Jahre hindurch in dieser Position auf. Im Nekrolog der Rundschreiben finden sich neben Rektoren zusätzlich noch Vize-Rektoren der Barbara-Sodalität, die aber aufgrund der Tatsache, dass sie ohne Amtsjahr aufscheinen, im Anhang nur in den Fußnoten erwähnt werden. Wohltäter der Sodalität, die im Nekrolog ebenfalls häufig begegnen, bleiben hingegen unerwähnt.

In den Leitungsämtern beider Wiener Kongregationen (Maria Himmelfahrt und Mariä Heimsuchung) finden sich zahlreiche Domkapitulare und Universitäts-Rektoren, was eine enge Verbindung zwischen Domkapitel von St. Stephan und Universität Wien belegt. Alle Rektoren der Maria Himmelfahrt-Kongregation, die anhand der im Stiftsarchiv Göttweig überlieferten Rundschreiben identifiziert werden konnten, waren gleichzeitig Rektoren der Universität Wien. Ebenso waren alle Rektoren bzw. Präfekten ab ca. 1700, die dem „Catalogus rectorum et praefectorum congregationis" der Handschrift „Historia congregationis beatae Mariae virginis in coelos assumptae" entnommen und im Anhang dementsprechend gekennzeichnet sind, Rektoren der Universität Wien und in vielen Fällen Domherren von St. Stephan in Wien. Jene Rektoren vor 1700 waren ebenfalls zum überwiegenden Teil Akademiker und Geistliche (darunter viele Domherren von

---

[20] Vgl. zu den Namen der Rektoren und Sekretäre der Lilienfelder Josephsbruderschaft den Personenkatalog des Bruderschaftsvorstands (= Anhang 1) in: Rabl, Ite ad Joseph (wie Anm. 3) 239–270. Da neben den Rundschreiben noch andere Quellen herangezogen wurden, sind mehr Rektoren als Sekretäre bekannt.

St. Stephan in Wien und Professen aus Klöstern der alten Orden). Die bisher bekannten drei Rektoren der Wiener Mariä Heimsuchung-Kongregation hingegen waren alle entweder Propst oder Abt einer österreichischen Niederlassung der alten Orden (St. Pölten, Altenburg, Melk). Ob auch weltliche Rektoren eingesetzt waren und ob es einen regelmäßigen Wechsel zwischen weltlichen und geistlichen Rektoren gab, ist nicht bekannt.

Die Leitung der Grazer Marien-Kongregation fällt durch ihre weniger hochstehenden Rektoren sowie durch den Überhang an Stiftsgeistlichen und Akademikern auf; alle aufeinanderfolgenden fünf (Vize-)Rektoren zwischen 1681 und 1685 waren einfache Chorherren (und keine Pröpste!) aus den Klöstern Vorau und Gurk. Unter ihren Vorgängern finden sich Adelige und Professen anderer Klöster. Es ist im Gegensatz zur Lilienfelder Josephsbruderschaft ebenfalls kein jährlicher oder regelmäßiger Wechsel zwischen geistlichen und weltlichen Rektoren erkennbar.

3. Die Mitglieder der hier vorgestellten Bruderschaft/Sodalität/Kongregationen

Mehr als die Hälfte der Mitglieder der Lilienfelder Josephsbruderschaft waren Frauen und der Laienanteil war gegenüber den Geistlichen ebenfalls immer deutlich höher[21]. Da es sich um keine marianische Kongregation handelte, durften Frauen in die Wiener Barbara-Sodalität eintreten und das Geschlechterverhältnis stellte sich ähnlich dar wie bei der Lilienfelder Josephsbruderschaft. In den Rundschreiben dieser jesuitischen Sodalität finden sich im Nekrolog neben Frauen auch zahlreiche Mönche der alten Orden, aber ohne niederösterreichischen Überhang. Häufiger begegnen als Sterbeorte hingegen Orte, in denen Niederlassungen der Jesuiten bestanden, beispielsweise Vordernberg, Tragöss, Trofaiach, Wien, Weitra. Diese Rundschreiben enthalten im Gegensatz zu den Lilienfelder Rundschreiben keine Angaben über Mitgliederzahlen, aber ab 1742 die Summe der Verstorbenen. 1740 begegnet ein besonderer Eintrag im Nekrolog. Auf der zweiten Seite dieses Rundschreibens – abgesetzt von den anderen verstorbenen Mitgliedern, deren Todesmeldungen erst ab der dritten Seite gesammelt abgedruckt sind – ist ein kurzer Nachruf auf Kaiser Karl VI. abgedruckt. Neben den wichtigsten Titeln des Verstorbenen nennt dieser Nachruf sein Geburtsjahr (1685), seinen Eintritt in die Wiener Barbara-Sodalität (1694 – im Alter von erst neun Jahren!) und seinen Todestag (20. Oktober 1740). Weitere „kaiserliche" Todesfälle finden sich in diesen Nekrologen (ebenfalls abgesetzt): 1742: Tod von Amalia Wilhelmina, Witwe von Kaiser Joseph I., am 10. April 1742; 1743: Tod von Erzherzogin Maria Magdalena, Tochter von Kaiser Leopold I., am 1. Mai 1743; 1751: Tod von Elisabeth Christine, Witwe von Kaiser Karl VI., am 21. Dezember 1750. Und in den Rundschreiben von 1746, 1751 und 1752 trifft man – ebenfalls abgesetzt – auf die Todesmeldungen von Bischof Imre II. Graf Esterházy von Galántha, gestorben am 6. Dezember 1745 in Bratislava, Erzbischof Sigismund Graf von Kollonitz, gestorben am 12. April 1751 in Wien, und Bischof Johann Joseph Blatter, gestorben am 19. Januar 1752 in Sitten.

---

[21] Zu den Mitgliedern der Lilienfelder Josephsbruderschaft vgl. ebd. 144–150. Zu den Frauen in der Lilienfelder Bruderschaft vgl. diesen Aufsatz, der 2019 in der Zeitschrift *SOFIE. Schriftenreihe zur Geschlechterforschung* (Sammelband mit den Vorträgen des Workshops „Bibelfrömmigkeit und Christusnähe. Katholische Laienreligiosität in der Frühen Neuzeit. Workshop zur historischen Geschlechterforschung", Saarbrücken, 3./4. Februar 2017) erscheinen wird: DIES., Frauen in barocken Laienbruderschaften – dargestellt anhand der Lilienfelder Josephsbruderschaft.

725
29

Abb. 3: Rundschreiben der Maria
Himmelfahrt-Kongretation 1725 (StiA
Göttweig, Bd. J-III-9, Nr. 29) (Foto:
Irene Rabl).

Im Gegensatz zur Barbara-Sodalität begegnen in den Rundschreiben der beiden
untersuchten marianischen Kongregationen in Wien keine Frauen. Die Männer waren
mehrheitlich Akademiker oder Geistliche und stammten zumeist aus Wien. Auffällig ist,
dass die Nekrologe beider Kongregationen bedeutend kürzer ausfallen als jene der Barbara-Sodalität, was auf insgesamt weniger Mitglieder schließen lässt.

Überraschenderweise finden sich unter den Mitgliedern der Grazer Marien-Kongregation Männer wie Frauen, meist aus höhergestellten gesellschaftlichen Schichten oder
aus dem geistlichen Stand. Leider haben sich im Stiftsarchiv Rein nicht sehr viele Nekrologe erhalten, was eine breite Untersuchung der Mitglieder dieser Bruderschaft, ohne die
Quellenbasis auszuweiten, erschwert. Die Todesmeldungen sind in den ersten Jahrgängen
durchnummeriert und umfassen pro Rundschreiben ca. 30 bis 40 Personen, aber keines
der erhaltenen Rundschreiben weist Mitgliederzahlen auf. Auch hier begegnen verstorbene Mitglieder aus dem Kaiserhaus, beispielsweise 1656: Tod von Eleonora Gonzaga,
Witwe von Kaiser Ferdinand II., am 27. Juni 1655. In diesem Fall wurde der Eintrag
nicht abgesetzt gedruckt, sondern im Text hervorgehoben.

Abb. 4: Rundschreiben der Mariä Heim-
suchung-Kongregation von 1735 (StiA
Göttweig, Bd. J-III-10, Nr. 83) (Foto:
Irene Rabl).

4. Zusammenfassung

Abschließend ist festzuhalten, dass sich die Leitungs- und Mitgliederstruktur der Lilienfelder Erzbruderschaft des Hl. Joseph und der Wiener Barbara-Sodalität ähnlich sind. Beiden Vereinigungen standen gesellschaftlich angesehene, weltliche und geistliche Rektoren vor: Die weltlichen Vorsteher waren meist Grafen und die geistlichen Äbte und Pröpste oder Bischöfe. Der für die Lilienfelder Josephsbruderschaft festgestellte regelmäßige jährliche Wechsel zwischen weltlichen und geistlichen Rektoren ist für die Barbara-Sodalität allerdings nicht erkennbar und die Lilienfelder Josephsbruderschaft umfasste insgesamt mehr Mitglieder. Die Wiener Maria Himmelfahrt-Kongregation unterscheidet sich von diesen beiden Vereinigungen deutlich hinsichtlich Leitung und Mitglieder, da Rektoren und Sekretäre mehrheitlich einen akademischen Hintergrund aufwiesen oder in Verbindung mit dem Domkapitel von St. Stephan standen und sie insgesamt weniger (und ausschließlich männliche) Mitglieder hatte. Für die Mariä Heimsuchung-Kongregation sind viel weniger Rektoren und Sekretäre bekannt, weshalb ein Vergleich ihrer Leitung ohne Ausweitung der Quellenbasis nicht zielführend ist. Die Grazer Marien-Kongregation unterscheidet sich von ihren Wiener Pendants hinsichtlich gesellschaftlicher Stellung ihrer Rektoren, da hier keine hohen Geistlichen oder Adeligen zu finden sind; hingegen waren die Sekretäre mehrheitlich aus dem (niederen) Adelsstand.

Der vorwiegend akademische Hintergrund der untersuchten Leitungspersonen der jesuitischen Sodalität und der marianischen Kongregationen sowohl in Wien als auch Graz ist ein prägnanter Unterschied zur Lilienfelder Josephsbruderschaft, wo die Verbindung zu den Universitäten weit weniger auffällig ist. Ein weiterer Unterschied besteht in der Verortung der Mitglieder. Die wenigsten Mitglieder der Lilienfelder Josephsbruderschaft kamen aus stiftlichen Pfarren, Besitzungen oder aus dem Bezirk Lilienfeld, was in der überaus weiten Verbreitung der Bruderschaft begründet liegt. Die Mitglieder der beiden Wiener Kongregationen hingegen stammten überwiegend aus Wien.

Anhang

a) Rektoren und Sekretäre der Wiener Barbara-Sodalität

R = Rektoren, S = Sekretär

1714[22]: R: Jakob Greyssing, Doktor der Rechte;

1717: R: Johann Herbald Füllgraf, Hofkammerrat; S: Jakob Felder;

1718: R: Johann Nikolaus Franz Graf von Huyn, Domherr in Pécs; S: Andreas Friedrich S[ch]uppanzigh;

1721: R: Wolfgang Wilhelm Andreas [Schreyer] von Blumenthal, kaiserlicher Rat; S: Bartholomäus Joseph Trillsam;

1722: R: Sigismund Graf von Kollonitz, Fürsterzbischof von Wien; S: Franz Joseph Wagegg;

1723: R: Otto Ferdinand Felix Graf von Hohenfeld, kaiserlicher Rat; S: Theophilus Joseph Schlechtleithner;

1724: R: Hieronymus Grimaldi, päpstlicher Nuntius am Wiener Hof; S: Laurenz Schmid;

1725: R: Johann Anton Ernst Graf von Gurland, niederösterreichischer Regimentsrat; S: Peter Joseph Bogner;

1728: R: Abt Placidus Much, Stift Altenburg (reg. 1715–1756)[23]; S: Johann Philipp Preux;

1729: R: Abt Chrysostomus Wieser, Stift Lilienfeld (reg. 1716–1747); S: Franz Joseph von Marburg;

1730: R: Johann Georg Kampmüller von Metzburg, k.k. Regierungs- und Klosterrat; S: Franz Heinrich Brunner;

1731: R: Joseph Benedikt Fürst von Fürstenberg, Kurienbischof; S: Gerhard Höcken;

1732[24]: R: Leopold Herzog von Schleswig-Holstein[25]; S: Andreas Haas, Magister der Philosophie und Bakkalaureus der Theologie;

---

[22] Der Rektor für das Jahr 1714, Jakob Greyssing, konnte anhand dieses Xeniums der Wiener Barbara-Sodalität ermittelt werden, da es ihm gewidmet ist: „Dies beatae aeternitatis auspices et felicis anni circulum complectentes" (Wien 1714; AASI, Sign. 2,061.023). Ein Rundschreiben von 1714 ist nicht bekannt.

[23] Er war 1736 Rektor der Lilienfelder Josephsbruderschaft; vgl. Rabl, Ite ad Joseph (wie Anm. 3) 255.

[24] Unter den verstorbenen Mitgliedern finden sich Theophil Joseph Schlechtleitner (einst Vizerektor; gestorben am 2. Januar 1732) und Philipp Preux (Vizerektor und 1728 Sekretär; gestorben am 10. April 1732).

[25] Er war 1721 und 1743 Rektor der Lilienfelder Josephsbruderschaft; vgl. Rabl, Ite ad Joseph (wie Anm. 3) 251, 257.

1733[26]: R: Gabriel Anton Graf von Erdödy de Monyorókerék, Bischof von Eger; S: Franz Xaver Krumplitsch, Magister der Philosophie;

1734[27]: R: Karl Joseph von Waffenberg, Mödling; S: Karl König, Magister der Philosophie und Bakkalaureus der Theologie;

1736: R: Peter Anton Freiherr von Hillebrand, Hofkammerrat; S: Mathias Kintscher, Magister der Philosophie und Bakkalaureus der Theologie;

1737: R: Franz Xaver Nepomuk Baron Klobusiczky von Zettény, Titularbischof von Nemesi (Zypern); S: Johann Joseph Daniel, Magister der Philosophie und Bakkalaureus der Theologie; Summa: 125;

1740: R: Johann Jakob Wöber, niederösterreichischer Regimentsrat; S: Johann Michael Streicher, Magister der Philosophie und Bakkalaureus der Theologie;

1742: R: Johann Bernhard von Löwenegg, kaiserlicher Hofkriegsrat; S: Tobias Pachmayr, Magister der Philosophie und Bakkalaureus der Theologie; Summa: 272;

1743: R: Abt Edmund Tam, Stift Mariazell in Österreich (reg. 1739–1744); S: Franz Hauer, Magister der Philosophie und Bakkalaureus der Theologie; Summa: 145;

1744[28]: R: Raymund von Albrechtsburg, kaiserlicher Rat; S: Franz de Paula Krenner, Magister der Philosophie und Bakkalaureus der Theologie; Summa: 103;

1745[29]: R: Paul Stephan Graf Forgach de Ghymes, Abt und Domherr von Oradea/Großwardein[30]; S: Johann Joseph Biberhofer, Magister der Philosophie und Bakkalaureus der Theologie; Summa: 139;

1746: R: Johann Hütner, kaiserlicher Rat; S: Joseph Zizelsberger, Magister der Philosophie und Bakkalaureus der Theologie; Summa: 149;

1748: R: Propst Ignaz von Ammann, St. Nikolaus-Kloster in Freiburg (Schweiz); S: Ambros Los, Magister der Philosophie und Bakkalaureus der Theologie; Summa: 119;

1749: R: Franz Anton Xaver de Marxer, Weihbischof von Wien[31]; S: Ludwig Georg von Lazar(in), Magister der Philosophie und Auditor der Theologie; Summa: 128;

1750: R: Sigismund Graf von Kollonitz, Erzbischof von Wien[32]; S: Johann Michael Bauer, Magister der Philosophie und Bakkalaureus der Theologie; Summa: 127;

1751: R: Bartholomäus Trillsam, Theologe, Benefiziat von St. Stephan[33]; S: Ignaz Staininger, Magister der Philosophie und Bakkalaureus der Theologie;

---

[26] Unter den verstorbenen Mitgliedern findet sich der Theologe Johann Georg Brunner (einst Sekretär; gestorben am 16. März 1733).

[27] Unter den verstorbenen Mitgliedern finden sich Hieronymus Grimaldi (1724 Rektor; gestorben am 18. November 1733), Johann Georg Kampmüller von Metzburg (1730 Rektor; gestorben am 24. Januar 1734) und Propst Ferdinand Adler aus dem Augustiner Chorherrenstift St. Dorothea in Wien (einst Rektor; gestorben am 9. Juli 1734).

[28] Unter den verstorbenen Mitgliedern finden sich Leopold Herzog von Schleswig-Holstein (1732 Rektor; gestorben am 4. März 1744; sein Eintrag – und der seiner Frau Elisabetha, geb. Liechtenstein; gestorben am 7. Mai 1744 – sind abgesetzt von den anderen Todesmeldungen gedruckt) und Abt Edmund Tam aus dem Stift Mariazell in Österreich (1743 Rektor; gestorben im Mai 1744).

[29] Unter den verstorbenen Mitgliedern findet sich Pfarrer Joseph Schmid (einst Präses; gestorben am 19. Januar 1745).

[30] Er war 1744 Rektor der Lilienfelder Josephsbruderschaft; vgl. RABL, Ite ad Joseph (wie Anm. 3) 257.

[31] Er war 1753 (?) Rektor der Lilienfelder Josephsbruderschaft; vgl. ebd. 260.

[32] Er war 1722 schon einmal Rektor der Barbara-Sodalität.

[33] Bartholomäus Trillsam war 1721 schon Sekretär der Barbara-Sodalität. Nach Auskunft von Reinhard Gruber (Domarchiv St. Stephan Wien) lasen Benefiziaten mindestens einmal am Tag eine gestiftete Messe. Diese Stelle war grundsätzlich gut besoldet (ca. 2.000 fl. pro Jahr), die Priester waren selbständig und bewohnten eine eigene Wohnung.

1752: R: Johann Leonhard Liebl, Bischof von Passau; S: Ludwig Benno von Riederauer, Magister der Philosophie und Bakkalaureus der Theologie; Summa: 139;

1755: R: Propst Frigdian Knecht, Stift Herzogenburg (reg. 1740–1775)[34]; S: Johann Joseph Zechetner; Summa: 119;

1756: R: Propst Frigdian Knecht, Stift Herzogenburg (reg. 1740–1775); S: Johann Joseph Zechetner; Summa: 115;

1757: R: Propst Frigdian Knecht, Stift Herzogenburg (reg. 1740–1775); S: Anton Singer; Summa: 116;

1758: R: Nikolaus Ernst von Gruber, Passauer Konsistorialdirektor in Wien; S: Joseph Anton Allertshammer;

1759: R: Propst Frigdian Knecht, Stift Herzogenburg (reg. 1740–1775); S: Johann Michael Lengfehlner; Summa: 282;

1764: R: Abt Willibald Palt, Stift Altenburg (reg. 1762–1768); S: Joseph Anton Allertshammer; Summa: 211;

1765: R: Abt Willibald Palt, Stift Altenburg (reg. 1762–1768); S: Karl Tschabrunn; Summa: 202;

1766: R: Abt Willibald Palt, Stift Altenburg (reg. 1762–1768); Vize-Sekretär: Michael Gerner; Summa: 200;

1767[35]: R: Propst Gottfried von Rollemann, Stift Klosterneuburg (reg. 1766–1772); Vize-Sekretär: Franz Charvet; Summa: 190;

1768[36]: R: Propst Gottfried von Rollemann, Stift Klosterneuburg (reg. 1766–1772); S: Andreas Adam Ulrich, Auditor der Theologie; Summa: 170;

1769: R: Propst Gottfried von Rollemann, Stift Klosterneuburg (reg. 1766–1772); S: Andreas Adam Ulrich, Auditor der Theologie; Summa: 228;

1771: R: Stephan Andreas Hillebrand, kaiserlicher Rat; S: Johann Michael Schneider, Auditor der Theologie; Summa: 238;

1773: R: Stephan Andreas Hillebrand, kaiserlicher Rat; Vize-Rektor: Emanuel Ignaz von Riedmatten, Auditor der Theologie; S: Michael Schneider, Auditor der Theologie; Summa: 141;

1774: R: Stephan Andreas Hillebrand, kaiserlicher Rat; Vize-Rektor: Michael Schneider, Auditor der Theologie; S: Matthäus Warnung, Auditor der Theologie; Summa: 92;

1776[37]: R: Edmund Maria Graf von Arzt und Vasegg, Dompropst von St. Stephan in Wien; S: nicht genannt; Summa: 69;

1777[38]: R: Edmund Maria Graf von Arzt und Vasegg, Dompropst von St. Stephan in Wien; S: nicht genannt; Summa: 50;

1778: R: Edmund Maria Graf von Arzt und Vasegg, Dompropst von St. Stephan in Wien; S: nicht genannt; Summa: 71;

1781: R: Edmund Maria Graf von Arzt und Vasegg, Dompropst von St. Stephan in Wien; S: nicht genannt; Summa: 60.

---

[34] Er war 1746 Rektor der Lilienfelder Josephsbruderschaft; vgl. Rabl, Ite ad Joseph (wie Anm. 3) 258.

[35] Unter den verstorbenen Mitgliedern findet sich der Jesuit Joseph Steininger (einst Präses; gestorben am 17. Oktober 1766).

[36] Unter den verstorbenen Mitgliedern findet sich der Jesuit Franz Molindes (einst Präses; gestorben am 28. Mai 1768).

[37] Seit 1776 befindet sich die Barbara-Sodalität bei der Wiener Kirche zur Hl. Anna, was im Zusammenhang mit der Aufhebung des Jesuitenordens steht. Bereits 1773 fehlt der Hinweis auf das Jesuitenkollegium im Titel des Rundschreibens.

[38] Das Rundschreiben von 1777 ist auch in deutscher Sprache überliefert.

b) Rektoren und Sekretäre der Maria Himmelfahrt-Kongregation[39]

1579: Michael Novvaky (Novacki; Kanoniker von Esztergom);

1580: Johann Carbo, Michael Novvaky (Novacki), Matthäus Fleischmann;

1581: Matthias „praepositus alumnus pontificius", Adam Latom („alumnus pontificius ex collegium S. Barbara");

1582: Michael Pindar, Matthias Eittner (Magister der Philosophie);

1583: Georg Sprenger („alumnus pontificius ex collegium S. Barbara"), Stephan Szuhay (später Bischof von Eger);

1584: Sebastian Paal;

1585: Stephan Berthold (Professor in Wien), Demetrius Napragy (später Bischof von Eger);

1586: Georg *Tyrnaviensis*, Stephan Berthold;

1587: Ernfrid Graf von Ortenburg, Franz Pochroncius Szelepchenii (Magister der Philosophie, Auditor der Theologie, später Kanoniker von Esztergom);

1588: Andreas Weissenstein (Doktor der Theologie und der Rechte, später Propst von Klosterneuburg);

1589: Arnold Bornmann (später Doktor der Rechte), Stephan Berthold, Gaspar Tertius (aus Italien, Bakkalaureus und Magister der Philosophie);

1590: Georg Szuetinovich („illyricus"), Georg Dubousky (später Bischof von Csanád), Andreas Weissenstein, Gaspar Tertius;

1591: Johann Rottner („palatinus"), Kaspar Velikay;

1592: Johann Rottner, Andreas Chudauchich („illyricus");

1593: Arnold Bornmann, Balthasar Boldi, Michael Monoslay („praepositus" von Pressburg);

1594: Christoph von Hornberg (Student der Rechte), Johann Altabak (später Erzabt von St. Martin)], Georg Kaldi (später Jesuit);

1595: Thomas Rueff (Doktor der Rechte und der Theologie; später Propst von Klosterneuburg), Paul Kraus („exc. [?] regiminis consiliarius"), Georg Kaldi, Johann Altabak;

1596: Thomas Rueff, Wenzel Jakob Rulandin (Auditor der Theologie);

1597: Johann Mallinger („excel. [?] regiminis secretarius"), Vinzenz Mislenovicz (Auditor der Theologie);

1598: Stephan Schlachter (Doktor der Philosophie und der Rechte), Kaspar Verbanoviz (Kanoniker von Zagreb);

1599: Johann Rupert Hegemüller (kaiserlicher „consiliarius"), Wenzel Jakob Rulandin

---

[39] Die Namen der Rektoren bzw. Präfekten der Wiener Maria Himmelfahrt-Kongregation stammen aus der eingangs erwähnten Handschrift „Historia congregationis beatae Mariae virginis coelos assumptae" = AASI, Sign. 2,111.516, pag. 1–12, wobei sich die ersten Namen teilweise mit dieser Liste überschneiden: KÁDÁR, „Saeculum Marianum" (wie Anm. 13) 211. Die Rektoren bzw. Präfekten bis 1678 sind (gedruckt) in diesem Xenium zu finden: „Saeculum marianum sodalitatis beatae Mariae virginis in coelum assumptae" (Wien 1678; AASI, Sign. 2,060.113) 197–212. Ab 1721 überschneiden sich die Rektoren teilweise, da neben der „Historia congregationis beatae Mariae virginis coelos assumptae" auch gedruckte Rundschreiben ausgewertet wurden, die zusätzlich Sekretäre und Vize-Rektoren nennen. Lateinische Namen werden in deutscher Version und bei Unsicherheit kursiv übernommen, alternative Schreibweisen in runde Klammern gesetzt und lateinische Abkürzungen stillschweigend aufgelöst; Originalzitate sind in Kleinschreibung (außer Eigennamen) wiedergegeben. Die der Handschrift entnommenen biographischen Daten finden sich in runden Klammern. Bei doppelter oder dreifacher Nennung der Personen entfallen (bei gleichem Inhalt) die biographischen Daten. In den ersten Jahren nach der Gründung scheinen für ein Jahr oft mehrere Personen auf.

(Theologe), Johann Sey (ungarischer physicus), Johann Ramkopf („physicus", später Franziskaner);

1600: Vinzenz Muschinger (kaiserlicher Rat);

1601: Michael Pidler (*Püdler*; Sekretär im Kriegsrat), Heinrich Volgeroth („metaphysicus"), Bartholomäus Jacominius (Kanoniker von Eger);

1602: Michael Pidler (*Püdler*), Matthias Götze (später Doktor der Philosophie und Medizin), Stanislaus Sziliszowsky (polnischer Adel, „physicus");

1603: Georg Krell („metaphysicus"), Anton Huebner („metaphysicus"), Abraham Pichlmayer („physicus");

1604: Christoph Faber (Doktor und Professor der Rechte), Philipp Jakob Fuerth (Ritter);

1605: Adam *Capreolus*, Andreas Tudovicius;

1606: Matthias Szenquitius (Theologe), Thomas Rueff (Propst von Klosterneuburg), Martin Coronideso („lusatius"), Georg Vasuary;

1607: Christoph von Haym (kaiserlicher Rat), Georg Vasuary, Adam Olitorius (später Doktor der Philosophie und Medizin);

1608: Wolfgang Pittler (Doktor der Rechte), Tobias Gerdinger (geheimer Rat);

1609: Lukas *Bonannus* (später Doktor und Professor der Rechte sowie Rektor der Universität Wien), Johann Augustin Krebs (später Dominikaner), Martin Javorsky (Theologe);

1610: Kaspar Hoffmann (Abt von Melk), Nikolaus Walter (Magister der Philosophie), Johann *Maternus* (Doktor der Philosophie und der Rechte);

1611: Kaspar Hoffmann (Abt von Melk), Christoph Weinmann (Bakkalaureus der Rechte);

1612: Georg Teufl (Freiherr), Peter Schulz (Theologe);

1613: Martin Coronides, Athanasius *Georgicaeus* (Student der Rechte);

1614: Kaspar Müller (Theologe);

1615: Athanasius *Georgicaeus*, Johann Kőszegi (Theologe, später „praepositus" von Esztergom);

1616: Athanasius *Georgicaeus*, David Widmer (Student der Rechte);

1617: Michael Sartorius (aus Schlesien, Student der Rechte);

1618: Theodorus *Everdingh* (Student der Medizin), Michael Sartorius;

1619: Melchior Ulrich Buchalter (Theologe), Johann Ottho (Theologe);

1620: Georg Hannen (Kandidat der Rechte), Matth(äus?) Senger (Magister der Philosophie und Bakkalaureus der Rechte);

1621: Johann Pisky (Magister der Philosophie, später Bischof von Nitra);

1622: Johann Pisky, Johann Wilhelm Junker (später Doktor der Medizin), Johann Rudolf Graf von Puchheim („metaphysicus");

1623: Stephan *Jauriensis* (Abt von Szekszárd), Wolfgang Westholzer (Bakkalaureus der Philosophie und Student der Rechte);

1624: Matth(äus?) Emrich (Bakkalaureus der Philosophie und Student der Medizin), Georg Weinzierl (Magister der Philosophie und Student der Rechte, später Doktor der Rechte und Rektor der Universität Wien);

1625: Georg Primus (Bakkalaureus der Rechte);

1626: Johann Baptist Pinell (Magister der Philosophie und Doktor der Rechte), Georg Weinzierl;

1627: Georg Weinzierl, Martin Mayer (Magister der Philosophie und Student der Rechte);

1628: Johann Corditz (Magister der Philosophie und Bakkalaureus der Rechte), Johann Drugeth Graf von Homonna;

1629: Martin Baritsch (Magister der Philosophie und Kandidat der Theologie), Johann Widmayr (Magister der Philosophie und Auditor der Theologie);

1630: Martin Friedrich Blascude (Magister der Philosophie und Student der Rechte, später Doktor);

1631: Martin Friedrich Blascude, Markus Senkuiczi (Magister der Philosophie und Student der Theologie, später Kanoniker von Esztergom);

1632: Johann Löckel (Magister der Philosophie und Student der Rechte), Johann Peter Mariani (Magister der Philosophie und Auditor der Theologie);

1633: Gabriel Ignaz Graf Erdödy von Monyorókerék (kaiserlicher Rat), Johann Peter Mariani;

1634: Georg *Wsetetzi* (Priester, Magister der Philosophie und Theologie), Johann Melmeken (Kandidat der Rechte);

1635: Johann Franz Grebini (Magister der Philosophie und Theologie);

1636: Georg Opitius (Magister der Philosophie und Kandidat der Rechte), Georg *Wsetetzi*;

1637: Viktor Habbaeus (Bakkalaureus der Rechte, später Doktor und Professor), Andreas Nikolaus Dianesevich (Kandidat der Theologie und später „praepositus" in Zagreb);

1638: Johann Fischer (Magister der Philosophie und Student der Medizin), Michael Deix (Magister der Philosophie und Bakkalaureus der Rechte, später Doktor);

1639: Kaspar Johann Piribach (Magister der Philosophie und Student der Rechte, später Rektor der Universität Wien), Georg Frey (Magister der Philosophie und Kandidat der Rechte, später Doktor);

1640: Georg Rodek (Magister der Philosophie und Bakkalaureus der Theologie);

1641: Georg Miksich (aus Ungarn; später Kartäuser), Georg Miksich[40];

1642: Georg Ratkay (Freiherr von Nagy Thabor), Franz Szentgiorgi (Magister der Philosophie und Bakkalaureus der Theologie (später Bischof von Vác);

1643: Tobias Augustin Schmidt (Magister der Philosophie und Bakkalaureus der Rechte, später Doktor), Tobias Schmidt[41];

1644: Franz Ganser (Magister der Philosophie und Kandidat der Medizin, später Doktor und Rektor der Universität Wien);

1645: Paul Hustzy (Priester, Magister der Philosophie und Theologie);

1646: Johann Georg Franz Wisendo von Wisenburg (Magister der Philosophie und Kandidat der Rechte), Elias Kraus (Priester, Auditor der Theologie);

1647: Ferdinand Graf von Slavata (Slawata; Student der Rechte);

1648: Peter Vauthier (Magister der Philosophie und Kandidat der Theologie, später Doktor);

1649: Peter Vauthier;

1650: Johann Jakob Meisberger (Magister der Philosophie und Student der Rechte);

1651: Johann Jakob Meisberger;

1652: Paul Zhernich (Priester, Magister der Philosophie und Bakkalaureus der Theologie, später Rektor der Universität Wien);

1653: Georg Bársony von Lovas-Berényi (Auditor der Theologie, Bischof von Eger, kaiserlicher Rat);

---

[40] Irrige doppelte Nennung?
[41] Irrige doppelte Nennung?

1654: Paul Mayer (Magister der Philosophie und Auditor der Theologie, Bischof von Brixen);

1655: Stephan Vaskovich (Priester, Magister der Philosophie und Bakkalaureus der Theologie, später Kanoniker in Esztergom);

1656: Matthias Jenner (Priester, Magister der Philosophie und Bakkalaureus der Theologie);

1657: Matthias Jenner;

1658: Franz Joseph Garzarolli (Priester, Bakkalaureus der Theologie, später Doktor);

1659: Hermann Michaelis (Magister der Philosophie und Kandidat der Rechte);

1660: Christoph Mayer (Magister der Philosophie und Bakkalaureus der Theologie);

1661: Franz Georg Justus (Magister der Philosophie und Auditor der Theologie);

1662: Johann Dollinar (Priester, Magister der Theologie und Auditor der Theologie);

1663: Michael Graf von Turri (Theologe);

1664: Johann Franz Franzini (Priester, Theologe);

1665: Johann Walter Paur (Bauer; Magister der Philosophie und Kandidat der Rechte);

1666: Karl Sigismund Graf von Herberstein („metaphysicus");

1667: Ferdinand Leopold Herzog von Schleswig Holstein;

1668: Ladislaus Graf Chiaky;

1669: Peter Formassi (Magister der Philosophie und Theologie, Abt von Kaporna);

1670: Eusebius Georg Strasser (Doktor der Philosophie und der Rechte);

1671: Johann Jakob Rudolphi (Doktor der Philosophie und Medizin);

1672: Stephan Tolmaczi (Magister der Philosophie und Bakkalaureus der Theologie);

1673: Ferdinand Friedrich Pock (Doktor der Philosophie und Medizin);

1674: Nikolaus Graf Esterházy von Galantha („metaphysicus");

1675: Karl Joseph Ignaz Graf von Puchheim („metaphysicus");

1676: Bartholomäus Schwartzmann (Doktor der Philosophie und der Rechte);

1677: Johann Peter Bachmayr (Doktor der Philosophie und der Medizin);

1678: Johann Graf Drugeth von Homonna;

1679: Matthias Unger (Doktor der Philosophie und Medizin), Johann Silezita (Theologe), Johann Szenderey (Priester, Theologe), Franz Joseph Krapff (Doktor der Rechte);

1680: Franz Joseph Krapff;

1681: Johann Franz Deimbl (Doktor der Philosophie und Medizin);

1682: Walter Xaver Graf von Dietrichstein (Auditor der Physik);

1683: Ladislaus Graf Esterházy;

1684: Melchior Scheibelauer (Doktor der Rechte);

1685: Johann Franz Deimbl;

1686: Johann Adam Illmer (Magister der Philosophie);

1687: Adam Göry (Magister der Philosophie und Auditor der Theologie);

1688: Johann Jakob Greyssing (Doktor der Rechte);

1689: Johann Franz Deimbl (Doktor der Philosophie und Medizin);

1690: Fabian Anton von Colloredo (Bakkalaureus der Philosophie);

1691: Johann Georg Krässtl (Gressel?; Priester, Magister der Philosophie und Theologie);

1692: Enricus Graf Csáky (Bakkalaureus der Philosophie)[42];

1693: Wolfgang Plöckner (Doktor der Philosophie und Medizin, Rektor der Universität Wien);

---

[42] Unklar, ob die Rektoren von 1691 und 1692 nicht umgedreht werden sollten, da die erste Jahreszahl wohl von 1691 auf 1692 korrigiert wurde.

1694: Ignaz Theodor von Bonnano (Doktor der Philosophie);

1695: Franz Joseph Garzerol von Garzerolhoffen (Doktor der Philosophie, Abt von St. Georg in Csanád);

1696: Franz Joseph von Krapff;

1697: Martin Anton van Drahn (Doktor der Philosophie und Medizin);

1698: Johann Franz von Olbern (Doktor der Philosophie);

1699: Johann Franz Habermann (Doktor der Theologie, Domherr von St. Stephan in Wien, Rektor der Universität Wien);

1700: Hermann Claudius Klöcker (Doktor der Rechte, „praepositus" von St. Stephan in Wien, Universitätskanzler);

1701: Franz Stockhammer (Doktor der Philosophie und Medizin, Rektor der Universität Wien);

1702: Johann Georg Kräfftl (Doktor der Philosophie und der Rechte, Bakkalaureus der Theologie, Domherr von St. Stephan in Wien);

1703: Adam Reinhard Pistorius (Doktor der Theologie, Domherr von St. Stephan in Wien, Rektor der Universität Wien);

1704: Jakob Greyssing (Doktor der Rechte, Rektor der Universität Wien);

1705: Martin Anton von Drohn (Doktor der Philosophie und Medizin, Rektor der Universität Wien);

1706: Franz Adolph Ernst von Braitenbüch (Braitenbücher; Doktor der Philosophie, kaiserlicher Rat); 1707: Ernst [Johann Perger] (Propst von Klosterneuburg);

1708: Joseph Anton von Öttl (kaiserlicher Kriegsrat, Rektor der Universität Wien);

1709: Johann Franz Deimbl;

1710: Franz Adolph Ernst von Braitenbüch (Braitenbücher); 1711: Berthold [Dietmayr] (Abt von Melk, Rektor der Universität Wien);

1712: Paul Christoph von Schlittern (niederösterreichischer Regimentsrat, Rektor der Universität Wien);

1713: Karl Wolfgang Lebzelter (Doktor der Philosophie und Medizin, Rektor der Universität Wien);

1714: Johann Georg Kräfftl (Doktor der Philosophie, Rektor der Universität Wien);

1715: Georg Heinrich von Lamprecht (Doktor der Philosophie und Theologie, Pro-Rektor [und später Rektor] der Universität Wien);

1716: Georg Christoph Meieditsch (Doktor der Rechte, Rektor der Universität Wien);

1717: Heinrich Angelus von Blöhmer (Blümer; Doktor der Philosophie und Medizin, kaiserlicher Rat, Rektor der medizinischen Fakultät der Universität Wien);

1718: Franz Georg Beier von Binnen (Baier; Doktor der Philosophie, Rektor der Universität Wien);

1719: Georg Heinrich von Lamprecht;

1720: Johann Bertrand [Mayer] von Mayern (Mayersfeld; Doktor der Rechte, kaiserlicher Rat, Rektor der Universität Wien);

1721: Jakob Ignaz von Focky;

1722: Edmund Schlecht (Doktor der Philosophie, Rektor der Universität Wien);

1723: Franz Anton Gusmann (Doktor der Theologie, Dompropst von St. Stephan in Wien, Rektor der Universität Wien);

1724: Johann Konrad von Kramern (Doktor der Rechte, Hofkriegsrat und Rektor der Universität Wien);

1725: Johann Wolfgang Preiser (Doktor der Philosophie und Medizin, Rektor der Universität Wien);

1726: Franz Georg Beier von Binnen (Baier; Doktor der Philosophie und Rektor der Universität Wien);

1727: Gottfried [Bessel] (Abt von Göttweig und Rektor der Universität Wien);

1728: Johann Georg Kees (Doktor der Rechte und Rektor der Universität Wien);

1729: Joseph Paul Pock (Doktor der Philosophie und Medizin, Rektor der Universität Wien), [Johann] Baptist Ritter [von Reddersthall] (Doktor der Philosophie und Medizin, Rektor der Universität Wien);

1730: Johann Joseph Teiner (Doktor der Philosophie, Domherr von St. Stephan in Wien, Rektor der Universität Wien);

1731: Peter Savoy (Doktor der Theologie, Domherr von St. Stephan in Wien, Rektor der Universität Wien);

1732: Johann Adam Nettekoven (Nettinghofen; Doktor der Rechte, niederösterreichischer Regierungsrat und Rektor der Universität Wien);

1733: Christoph Ruck (Doktor der Philosophie und Medizin, Rektor der Universität Wien);

1734: Johann Urban Möller (Doktor der Philosophie, Rektor der Universität Wien);

1735: Joseph [Rosner] (Propst von St. Dorothea in Wien, Doktor der Theologie, kaiserlicher Rat und Rektor der Universität Wien);

1736: Johann Friedrich Maderer von Ehrenreichscron (Doktor der Rechte und Rektor der Universität Wien);

1737: Maximilian Anton Tammen von Oldendorf (Doktor der Philosophie und Rektor der Universität Wien);

1738: Bartholomäus Joseph Trilsam (Doktor der Philosophie und Rektor der Universität Wien);

1739: Johann Friedrich Söhnlein (Doktor der Philosophie und Theologie, Domherr von St. Stephan in Wien und Rektor der Universität Wien);

1740: Franz Anton von Spaun (Doktor der Rechte, niederösterreichischer Regierungsrat und Rektor der Universität Wien);

1741: Johann Adam von Gerstorff (Doktor der Philosophie und Medizin und Rektor der Universität Wien);

1742: Sebastian Sollar (Solar; Doktor der Philosophie, Domherr von St. Stephan in Wien und Rektor der Universität Wien);

1743: Adrian [Plieml] (Abt von Melk und Rektor der Universität Wien);

1744: Johann Joseph Fraisl (Doktor der Rechte, niederösterreichischer Regierungsrat und Rektor der Universität Wien);

1745: Kaspar Leopold Kirchschlager (Doktor der Philosophie und Medizin, Rektor der Universität Wien);

1746: Joseph Joachim von Concin (Doktor der Philosophie und Rektor der Universität Wien);

1747: Simon Ambros von Stock (Doktor der Philosophie und Theologie, Rektor der Universität Wien);

1748: Thomas Ignaz von Böck (Doktor der Rechte und Rektor der Universität Wien);

1749: Johann Thaddäus Pauminger (Bauminger; Doktor der Philosophie und Medizin, Rektor der Universität Wien);

1750: Franz Anton von Zeissler (Zeisler; Doktor der Philosophie, Domherr von St. Stephan in Wien und Rektor der Universität Wien);

1751: Joseph Anton von Hack (Doktor der Philosophie und Theologie, Domkustos von St. Stephan in Wien und Rektor der Universität Wien);

1752: Joseph Ferdinand von Holger (Doktor der Rechte und Rektor der Universität Wien);

1753: Maximilian Joseph von Damm (Doktor der Philosophie und Medizin, Rektor der Universität Wien);

1754: Franz Xaver Kasper von Seeger in Sagburg (Doktor der Philosophie, Domherr von St. Stephan in Wien und Rektor der Universität Wien);

1755: Bernhard Muneretti von Rettenfeld (Doktor der Philosophie und Theologie, Domherr von St. Stephan in Wien und Rektor der Universität Wien);

1756: Johann Adam Penz (Doktor der Rechte, Regierungsrat und Rektor der Universität Wien);

1757: Philipp Jakob Ignaz Anderler von Hochenwald (Hohenwald; Doktor der Medizin und Rektor der Universität Wien);

1758: Georg Ignaz Ruschko (Doktor der Philosophie und Theologie, Domherr von St. Stephan in Wien und Rektor der Universität Wien);

1759: Adam Dvertitsch (Doktor der Philosophie und Theologie, Domherr von St. Stephan in Wien und Rektor der Universität Wien);

1760: Ignaz Xaver Stöckl (Doktor der Rechte und Rektor der Universität Wien);

1761: Karl Johann von Fetzer (Doktor der Medizin und Rektor der Universität Wien);

1762: Joseph Christoph von Zorn (Doktor der Rechte und Rektor der Universität Wien);

1763: Anton Karl Serdagnia (Serdagna; Doktor der Philosophie und Theologie, Domherr von St. Stephan in Wien und Rektor der Universität Wien);

1764: Karl von Ehrenthal (Doktor der Rechte und Rektor der Universität Wien);

1765: Johann Maximilian Joseph Dietmann (Doktor der Philosophie und Medizin, Rektor der Universität Wien);

1766: Dominik Benedino (Doktor der Philosophie und Rektor der Universität Wien);

1767: Johann Peter Simen (Doktor der Philosophie und Theologie, Domherr von St. Stephan in Wien und Rektor der Universität Wien);

1768: Johann Nepomuk Ertl (Doktor der Rechte und Rektor der Universität Wien);

1769: Anton [von] Störck (Doktor der Philosophie und Medizin, Rektor der Universität Wien);

1770: Dominik Benedino;

1771: Werner Joseph Praitenacher von Praitenau (Breitenau; Doktor der Philosophie und Theologie, Domherr von St. Stephan in Wien und Rektor der Universität Wien);

1772: Johann Nepomuk Ertl (Doktor der Rechte und Rektor der Universität Wien);

1773: Johann Anton von Bernhard (Doktor der Philosophie und Medizin und Rektor der Universität Wien);

1774: Melchior Planz (Doktor der Philosophie, Domherr von St. Stephan in Wien und Rektor der Universität Wien);

1775: Joseph von Hillmayr (Doktor der Philosophie und Theologie, Domherr von St. Stephan in Wien und Rektor der Universität Wien);

1776: Joachim Karl von Ziegler (Doktor der Rechte und Rektor der Universität Wien);

1777: Joseph [von] Habermann (Doktor der Philosophie und Medizin, Rektor der Universität Wien);

1778: Leopold Joseph Schobinger (Doktor der Philosophie, Domherr von St. Stephan in Wien und Rektor der Universität Wien);

1779: Ignaz Staininger (Doktor der Philosophie und Theologie, Domkurat bei St. Stephan in Wien und Rektor der Universität Wien);

1780: Franz Ferdinand von Schrötter (Doktor der Rechte und Rektor der Universität Wien);

1781: Johann Baptist Le Fevre von Rechtenburg (Doktor der Rechte und Rektor der Universität Wien);

1782: Benedikt Leopold Rhein (Doktor der Philosophie und Medizin, Rektor der Universität Wien);

1783: Ignaz Parhammer (Parhamer; Doktor der Philosophie und Theologie, Rektor der Universität Wien);

1784: Quodvultdeus [Wasgottwill] von Rollemann [(Doktor der Philosophie und Theologie, Domherr von St. Stephan in Wien und Rektor der Universität Wien)].

1721[43]: R: Jakob Ignaz von Focky, Doktor der Philosophie und Medizin, Rektor der Universität Wien; Vize-Rektor: Franz Vogl, Magister der Philosophie und Bakkalaureus der Medizin; S: Franz Karl Joseph Graf von Lichtenberg, Auditor der Physik;

1725: R: Johann Wolfgang Preiser, Doktor der Medizin, Rektor der Universität Wien Vize-Rektor: Franz Xaver Breuner, Auditor der Medizin; S: Karl von Gerbrandt, Bakkalaureus der Philosophie;

1726: R: Franz Georg Beier von Binnen, Domdechant Stephansdom Wien, Rektor der Universität Wien; Vize-Rektor: Franz Joseph Klobusiczky von Zettény, Abt von St. Jakob, Bakkalaureus der Philosophie; S: Joseph Anton von Luidl, Bakkalaureus der Philosophie und Auditor der Physik;

1734: R: Johann Urban Möller, Doktor der Philosophie, Domherr von St. Stephan in Wien, Rektor der Universität Wien; Vize-Rektor: Joseph Andreas Ruck, Magister der Philosophie; S: Franz de Paula, Graf von Mikosch, Auditor der Logik;

1763[44]: R: Anton Karl Serdagna, Doktor der Philosophie und Theologie, Domherr von St. Stephan in Wien, Rektor der Universität Wien; Pro-Rektor: Joseph Franz Spingaroli, Magister der Philosophie und Bakkalaureus der Theologie; „Pro-Secretarius": Karl von Leporini, Auditor der Philosophie.

c) Rektoren und Sekretär der Mariä Heimsuchung-Kongregation

1735[45]: R: Propst Johann Michael Führer, Stift St. Pölten (reg. 1715–1739); Vize-Rektor: P. Joseph Mayer, Stift St. Pölten, Magister der Philosophie und Auditor der Theologie;

---

[43] Ab 1721 überschneiden sich die Rektoren teilweise (hier deshalb nachgestellt), da neben der „Historia congregationis beatae Mariae virginis coelos assumptae" auch gedruckte Rundschreiben ausgewertet wurden, die zusätzlich Sekretäre und Vize-Rektoren nennen.

[44] Dieses Rundschreiben (mit drei Seiten Nekrolog) ist hier überliefert: UA Wien, Bibliothek B-2532. Unter den verstorbenen Mitgliedern finden sich Thaddäus Pauminger (einst Rektor; gestorben am 24. Juni 1763) und der Benediktiner Koloman Konrad (einst Vize-Präses, gestorben am 13. Juli 1763).

[45] Im StiA Göttweig hat sich nur dieses eine Rundschreiben der Mariä Heimsuchung-Kongregation erhalten. Unter den Verstorbenen findet sich der Jesuit Joseph Thoman (einst Vize-Präses; gestorben am 17. Dezember 1734).

S: P. Matthäus Voggenhuber, Stift Lilienfeld[46], Magister der Philosophie und Auditor der Theologie;

1738[47]: R: Abt Placidus Much, Stift Altenburg (reg. 1715–1756);

1749[48]: R: Abt Thomas Pauer, Stift Melk (reg. 1746–1762).

d) Rektoren und Sekretäre der Marien-Kongregation in Graz

1656: Präfekt[49]: P. Laurenz Civitall, Stift Vorau; S: Otto Sigfried Graf von Kollonitsch;

1667: R: Kaspar Graf Szechy de Rima-Szez, Auditor der Theologie; S: Bartholomäus Rosenberger, Doktor der Philosophie und Auditor der Theologie;

1672[50]: R: H. Sigismund Laurenz Paar, Stift Pöllau, Magister der Philosophie und Theologie; S: Andreas von Gallenfels, Magister der Philosophie und Theologie;

1675: R: Andreas von Gallenfels, Magister der Philosophie und Theologie; S: Franz Karl Graf von Herberstein, Auditor der Physik;

1677[51]: R: H. Johann Augustin Henricus (?), Stift Pöllau, Magister der Philosophie und Auditor der Theologie; S: Georg Friedrich Graf von Gleispach; Präses: Ferdinand Krimer SJ;

1679[52]: R: P. Wolfgang Bermeittinger, Stift Rein, Magister der Philosophie und Bakkalaureus der Theologie; S: Adam Graf Batthány; Präses: Ferdinand Krimer SJ[53];

1681[54]: R: H. Matthias Nost, Stift Vorau, Magister der Philosophie und „laurea candidatus approbatus" der Theologie; S: P. Johann Sigismund Graf Galler, Stift Seckau, Student der Metaphysik;

1682[55]: R: H. Augustin Schickhofer, Stift Vorau, Magister der Philosophie, Bakkalaureus der Theologie; S: Karl Waichard Graf Breuner, Student der Physik;

1683[56]: Vize-Rektor[57]: H. Balthasar von Schlangenberg, Stift Gurk, Magister der Philosophie, Auditor der Theologie; S: Michael Waichard Graf Vetter von der Lilie, Auditor der Physik;

---

[46] Geb. 1709, Profess 1732, 1735 Student in Wien, Primiz 1/36, gest. 1759; vgl. MÜLLER, Profeßbuch (wie Anm. 9) 274f.

[47] Der Rektor für das Jahr 1738, Abt Placidus Much, konnte anhand dieses Drucks der Wiener Mariä Heimsuchung-Kongregation ermittelt werden, da er ihm gewidmet ist: „Panegyricus almae sodalitati beatae virginis Mariae Elisabeth visitantis in caesario Viennensi Societas Jesu seminario SS. Ignatii et Pancratii" (Wien 1738; Österreichische Nationalbibliothek [ÖNB], Sign. 220.266-C Alt Mag). Ein Rundschreiben von 1738 ist nicht bekannt.

[48] Der Rektor für das Jahr 1749, Abt Thomas Pauer, konnte anhand dieses Xeniums der Wiener Mariä Heimsuchung-Kongregation ermittelt werden, da es ihm gewidmet ist: „Memoriale confessariorum sive De sacramento et ministro poenitentiae" (Wien 1749; ÖNB, Sign. 307.081-A Alt Mag). Ein Rundschreiben von 1749 ist nicht bekannt.

[49] 1656 leitete ein Präfekt die Grazer Marien-Kongregation, 1667 hatte die Leitung ein Rektor inne. Wann diese Umbenennung stattgefunden hat, kann nur anhand der Rundschreiben nicht rekonstruiert werden.

[50] Nekrolog fehlt.

[51] Namen und Titel wurden in diesem Rundschreiben mit der Hand eingetragen; vorgedruckt sind lediglich die Bezeichnungen „Rector" und „Secretarius"; Nekrolog fehlt.

[52] Nekrolog fehlt.

[53] Name und Funktion des Präses wurden mit der Hand eingetragen.

[54] Nekrolog fehlt.

[55] Nekrolog fehlt.

[56] Nekrolog fehlt.

[57] Das Titelblatt weist keinen Rektor auf.

1684[58]: R: H. Adam Balthasar Schlangenberg, Stift Gurk, Magister der Philosophie, Auditor der Theologie; Vize-Sekretär[59]: Johann Christian Baron von Gloyach, Auditor der Metaphysik;

1685: R: P. Johann Georg Tentius, Stift Vorau, Magister der Philosophie und Auditor der Theologie; Vize-Sekretär[60]: Johann Joseph Graf von Wildenstein, Auditor der Physik;

1699: R: P. Anton Viktor Xaver von Schurian, Stift Seckau, Magister der Philosophie und Auditor der Theologie; S: Ferdinand Anton Freiherr von Rovere, Auditor der Physik.

---

[58] Nekrolog fehlt.
[59] Das Titelblatt weist keinen Sekretär auf.
[60] Das Titelblatt weist keinen Sekretär auf.

Bruderschaft und Pfarrorganisation – eine Verbindung zum gegenseitigen Nutzen?

Regine Puchinger

Das Wort Bruderschaft erweist sich als ein weitgefächerter Begriff, die religiöse Laienbruderschaft im Sinne des Tridentinums als eine Einrichtung mit vielfältigen Aufgaben und in unterschiedlichen Ausformungen. Einige Bruderschaften waren eng mit einem Kloster und seiner Gemeinschaft verwoben, wie das Beispiel der Josefsbruderschaft in Stift Lilienfeld bezeugt[1]. Andere Bruderschaften wiederum verfügten über eigene Kirchen, eigenes Personal etc., agierten und funktionierten eigenständig und losgelöst von bereits existierenden Organisationsstrukturen.

Der vorliegende Artikel widmet sich dem Verhältnis zwischen der nachtridentinischen Bruderschaft und der Pfarre als organisatorischem, geographischem, identitätsstiftendem Komplex. Eine Analyse der Beziehung Bruderschaft-Pfarre zu jedem einzelnen Bruderschaftstypus würde den Rahmen des Aufsatzes sprengen. Daher basieren die folgenden Ausführungen auf einem Vergleich: einerseits Bruderschaften in einem ländlichen, agrarisch dominierten, bergigen Gebiet (Typus A)[2] und andererseits die Beziehung städtischer Bruderschaft zur Stadtpfarre und dem innerstädtischen religiösen Leben (Typus B). Als Beispiele für den Typus A wurden mehrere Pfarren des sog. Wechselgebiets, einer Region, die an der Grenze zwischen der nordöstlichen Steiermark und dem südlichen Niederösterreich gelegen ist und nach dem als natürliche Grenze dienendem Mittelgebirge benannt wurde, ausgewählt. Vor allem die Bruderschaften der Pfarren des Dekanats Vorau sowie der Pfarre Mönichkirchen am Wechsel wurden analysiert. Stellvertretend für Bruderschaften des Typus B wurden die Bruderschaften der Stadt Krems an der Donau – allen voran die Fronleichnamsbruderschaft – herangezogen.

1. Typus A – die Pfarren des Dekanats Vorau

Im Dekanat Vorau wurden nach dem Konzil von Trient bis zur Auflösung 1783 insgesamt vierzehn Bruderschaften gegründet oder erneuert. Rechnerisch ergäbe das, verteilt auf die damals sieben Pfarren, zwei Bruderschaften pro Pfarre. Diese Rechnung entsprach

---

[1] Siehe den Beitrag von Irene RABL im vorliegenden Band.

[2] Zu ersten Untersuchungen der Bruderschaften des Dekanats Vorau Regine PUCHINGER, Die Mitgliederstrukturen pfarrlicher Bruderschaften in der Frühen Neuzeit. Am Beispiel zweier Bruderschafsbücher aus dem steirisch-niederösterreichischen Grenzgebiet (MA Wien 2014); darauf aufbauend DIES., Frühneuzeitliche Pfarrbruderschaften im steirisch-niederösterreichischen Grenzgebiet. Organisation, Aufgaben und Mitgliederstrukturen. *ZHVSt* 106 (2015) 11–48.

aber nicht der Realität. In den meisten Pfarren gab es nur eine Bruderschaft, in der Pfarre Vorau bzw. rund um das religiöse Zentrum des Dekanats, das Stift Vorau, insgesamt fünf Vereinigungen. Laut einer Erhebung der Familien und Seelen von 1782 lebten in diesen Pfarren zwischen 706 und 1.443 Seelen. Im Durchschnitt lebten im Dekanat also etwa 1.099 Seelen in einer Pfarre. Das ergäbe eine Bruderschaft pro 79 Menschen – die Dichte an Bruderschaften pro Kopf erscheint daher hoch. Doch die ungleiche Verteilung der Bruderschaften, die große geografische Distanzen zwischen den Pfarren und dem Dekanat und das überwiegend bergige Gelände korrigiert diese Annahme. Die Mitgliederzahlen einer Bruderschaft wie der Mariae-Verkündigungsbruderschaft in St. Lorenzen am Wechsel lagen in der ersten Hälfte des 17. Jahrhunderts zwischen 30 und 100 und stiegen kontinuierlich. Durchschnittlich die Hälfe der Pfarrmenge von St. Lorenzen am Wechsel waren Mitglieder in der „pfarreigenen" Bruderschaft[3].

Der Organisationsgrad dieser Bruderschaften wurde auf einem Minimum gehalten – neben dem Pfarrer als Präses gab es in den meisten Bruderschaften noch einen Zechmeister und in einigen darüber hinaus einen Bruderschaftsvater. Die Dienste gegenüber den Sterbenden und den Toten, d. h. Versehgänge, die Ausgestaltung von Begräbnissen und die Memoria waren die Haupttätigkeitsfelder. Die Vermögensstände waren ebenso gering und liegen in der zweiten Hälfte des 18. Jahrhunderts zwischen keinem Vermögen bis maximal 140 Gulden[4].

2. Typus B – die Bruderschaften der Pfarre Krems an der Donau

Die ehemalige Pfarre Krems an der Donau umfasste die heutige Gemeinde Krems an der Donau, des Weiteren Weinzierl bei Krems, Egelsee und Rehberg. Im Jahr 1608 notierte die Pfarre 700 Kommunikanten – eine Zahl, die vermutlich sowohl Männer als auch Frauen umfasst; Zählungen ergaben für 1652/54 2.432 erwachsene Bewohner/-innen (ab zwölf Jahren). Für das Jahr 1751 wurden 1.518 angegeben, im Jahr 1785 4.096 erwachsene Stadtbewohner gezählt und zwei Jahre danach 617 Kommunikanten eruiert[5]. Die Stadt Krems an der Donau verfügte nicht nur über die Pfarrkirche St. Veit im Zentrum. In unmittelbarer Nähe befanden sich auch die Liebfrauen-/Frauenbergkirche bzw. Jesuiten- und ab 1776 Piaristenkirche und die Dominikanerkirche sowie die Spitalskirche oder auch die Katharinenkapelle. Im folgenden Artikel werden neun unterschiedliche Bruderschaften der Stadt Krems an der Donau genannt, darunter vier jesuitische Sodalitäten. Von den Zechen wird lediglich eine genannt, die sich selbst als Bruderschaft bezeichnete, dennoch die Züge einer Zeche trägt. Die Simandl-Bruderschaft als Männerbund sei nur hier vermerkt.

---

[3] DIES., Mitgliederstrukturen (wie Anm. 2) 108–111.
[4] StiA Vorau, Sch. 16/72, Fasz. 1735–1797, Bruderschaftsrechnungen; ebd. Sch. 3/35, Fasz. 1771–1877, Sign. 20/12 Tabellen 1772; PA Mönichkirchen, Bruderschaftsrechnung für Menigkirchen 1762.
[5] Historisches Ortslexikon. Statistische Dokumentation zur Bevölkerungs- und Siedlungsgeschichte, Niederösterreich Teil 1, online unter: https://www.oeaw.ac.at/fileadmin/subsites/Institute/VID/PDF/Publications/diverse_Publications/Historisches_Ortslexikon/Ortslexikon_Niederoesterreich_Teil_1.pdf [2. 6. 2017].

3. (Wieder-)Errichtung frühneuzeitlicher religiöser Bruderschaften – der Anteil der Pfarrbevölkerung und die Rolle des Klerus

Das Tridentinum veränderte nicht nur die Institution Bruderschaft, sondern auch das Amtsverständnis, die Interpretation der Rolle und der Person eines Pfarrers. Zentral für diese Veränderung war vor allem das biblische, aber auch der Tierwelt entlehnte Bild des guten Hirten. In Predigten des 17. Jahrhunderts wurde die eigene Rolle als Priester reflektiert – hierin verwendete man etwa Metaphern wie die des Vaters, der Bärenmutter oder des Fischers. Der Pfarrer sollte Seelsorger, Lehrer, Administrator, Vermittler zwischen den hierarchisch über und unter ihm stehenden geistlichen wie weltlichen Ebenen und der Pfarrmenge sein, er war Streitschlichter, Vorbild, moralisches Leitbild und Lehrer. In seinem Auftreten, in Gesten und Mimik sollte er würdevoll sein und christliche Güte ausdrücken sowie die Charakterzüge Demut, Leutseligkeit, Zurückhaltung, Humor, Freundlichkeit aufweisen und natürlich seinen Verpflichtungen nachkommen[6].

Die Visitation des Bischofs Eberlein in der Diözese Seckau bzw. im Dekanat Vorau im Jahr 1607 zeigt, dass diese strengen Regelungen für das Amt des Pfarrers notwendig waren. St. Lorenzen am Wechsel beispielsweise wurde von einem weltlichen Pfarrer betreut, der sich wegen seines Alters in den baufälligen Pfarrhof „zurückgezogen" hatte und nur mehr gelegentlich Messen hielt. Auch in anderen Pfarren herrschte seelsorgliche Unterversorgung. Das Augustiner Chorherrenstift Vorau wie auch andere Chorherrenstifte setzten daher in Folge die eigenen Chorherren als Pfarrer in den Landpfarren ein – so überhaupt genügend „Personal" vorhanden war. Diese waren besser ausgebildet, wie das Tridentinum verlangte, und unterstanden der unmittelbaren Kontrolle des Stifts. Visitationen, Kontrolle und Umstrukturierung zeigten Wirkung, wie schon das Visitationsprotokoll zehn Jahre später verdeutlicht[7].

Von Pfarrern verfasste Verzeichnisse über ihre Pflichten, über variable Stolgebühren, über die Versorgung von Heurechern oder Kornschneidern mit Mahlzeiten, über die zu erbringenden Robotleistungen, über jährliche Sammlungen, über Schulmeister-, Mesnerpflichten, über die Anforderungen an die Gläubigen der Pfarre etc. aus dem 17. und 18. Jahrhundert aus dem Vorauer Dekanatsgebiet geben Aufschluss darüber, wie der Pfarrer selbst seine Stellung und Aufgaben in der Pfarre sah. Der Pfarrer notierte für seinen Nachfolger zuallererst nicht die liturgischen Tätigkeiten, sondern die Besitzungen und die Pflichten (wie die traditionelle Verköstigung der Hausleute und die Verpflegung der Arbeiter). Erst dem weltlichen Teil schließen sich die geistlichen Aufgaben an, die Stolgebühren listete man auf; die Pflichten, die aus Stiftungen und Bruderschaften erwachsen, wurden aufgeführt[8]. Der Pfarrer wies darin seine enge Vertrautheit mit dem Pfarrgebiet und den Bewohnerinnen und Bewohnern aus, indem er die Berechnung der Versehgang-Gebühren nach Vierteln vornahm und jedes Haus bei seinem umgangssprachlichen Hausnamen zu nennen im Stande war, selbiges bei den Abgaben. Trotz Vorschrift, nicht

---

[6] Peter Hersche, Muße und Verschwendung. Europäische Gesellschaft und Kultur im Barockzeitalter (Freiburg/Br.–Basel–Wien 2006) 247–294; Luise Schorn-Schütte, Priest, Preacher, Pastor. Research on Clerical Office in Early Modern Europe. *Central European History* 33/1 (2008) 1–40; Renate Dürr, Images of the Priesthood. An Analysis of Catholic Sermons from the Late Seventeenth Century. Ebd. 87–107.

[7] Ferdinand Hutz, Reformation und Gegenreformation in den inkorporierten Pfarren des Stiftes Vorau. *ZHVSt* 78 (1987) 133–149.

[8] StiA Vorau, Sch. 16/72 Fassion 1768; ebd. Sch. 20/74, Fasz. 1695–1907, *Ordentliches Vernaichnuß, was der Herr Vicarius [...] 1695.*

landwirtschaftlich tätig zu sein, hielt er sich nebst der Kuh des Schulmeisters auch eigenes Vieh. Bei der Frage nach dem Unterhalt des Schulmeisters traf er mit jeder Herrschaft, aber auch mit einzelnen Untertanen, eine extra Vereinbarung basierend auf den jeweiligen Lebensumständen. Der Pfarrer fügte sich also in die Pfarrmenge ein. Er bevormundete nicht, sah sich nicht nur als Empfänger von Leistungen, sondern im Sinne des Hirten auch als Versorger und diente als Vermittler und Organisator.

In ihrer Rolle als gute Hirten und der im Konzil von Trient definierten Rolle in der rechtlichen Anerkennung und Verwaltung der Bruderschaften bemühten sich die Pfarrer auch um die Gründung und Wiedererrichtung von Bruderschaften – zumindest in den ländlichen Pfarren des Wechselgebiets mit großem Eifer.

Noch im 16. Jahrhundert werden im Dekanatsgebiet die ersten nachtridentinischen Bruderschaften gegründet, allesamt Sebastianibruderschaften. Über die Gründung der Sebastianibruderschaft in St. Jakob wird berichtet, dass sie wegen *öfters geäußerten ansteckenden krankheiten auf ansuchen der pfarrmenge*[9] erfolgte. Die Florianibruderschaft in Waldbach, deren Gründung nur wenig später stattfand, wurde wiederum wegen der häufigen Feuersbrünste ins Leben gerufen[10]. Es wird bei diesen Beschreibungen deutlich, dass die ersten Bruderschaften zur Linderung des Leidensdrucks angelegt waren; es wurden keine Stifter angeführt. Diese frühen Bruderschaften wurden aus einer Andachtspraxis heraus ohne Regelwerk oder Bestätigung errichtet – die Bewohner/-innen und deren Nöte legten den Grundstein. Die rechtliche Komponente wurde erst im 17. Jahrhundert durch den Pfarrer erwirkt. Die ersten neuzeitlichen religiösen Bruderschaften wurden im 16. Jahrhundert in ebenjenen Pfarren gegründet, die unter „seelsorglichem Notstand" litten. In St. Jakob im Walde wie auch in Waldbach wurden damals nur unregelmäßig Messen zelebriert. Während die Institution Pfarre das religiöse Leben der Bevölkerung nicht mehr strukturierte, schuf sich die Bevölkerung selbst eine Alternative durch die Errichtung von Bruderschaften, die allerdings im nachtridentinischen Sinne noch keine Anerkennung und kirchenrechtliche Bestätigung durch die katholische Kirche erhalten hatten.

Ab dem 17. Jahrhundert begann schließlich der Klerus selbst aktiv zu werden und sich in die Gründungen von Bruderschaften im Dekanatsgebiet einzumischen. Die hierbei geschaffenen Vereinigungen koexistierten neben den Handwerkszechen bzw. die Zechen wurden zur Basis religiöser Bruderschaften und gingen darin auf. Die Regelungen für die Bruderschaften durch das Konzil von Trient hatten den Einfluss des Klerus hervorgehoben, so auch die Rolle des Bischofs und des Pfarrers als Kontrollorgane. Der zuvor genannte Bischof Eberlein hielt über seine Visitation 1617 schriftlich fest bzw. forderte die Pfarrer dazu auf, Bruderschaften zu gründen, wo es noch keine gab, und schloss sich dabei den vor Ort üblichen Gebräuchen an: In Dechantskirchen sollte man eine Barbarabruderschaft einsetzen, da diese Heilige hier ohnehin traditionell, begründet durch die Siebmacherzunft, verehrt würde[11]. Es sollte durch den Pfarrer ein normiertes Konstrukt über bestehende Frömmigkeitspraktiken gestülpt werden – dies machte natürlich die Etablierung der Bruderschaft und die Vermittlerposition des Pfarrers zwischen Bischof und Pfarrmenge einfacher. Der Pfarrer kümmerte sich in seiner Rolle als ausführendes Organ

---

[9] Ebd. Sch. 3/35, Fasz. 1771–1877, Sign. 20/12 Tabellen 1772; Anton Leopold Schuller, Das Dekanat Vorau. Die Entwicklung seiner Pfarren von ihren Anfängen im 12. bis zum Beginn des 19. Jahrhunderts (Diss. Graz 1971) 193f.

[10] StiA Vorau, Sch. 3/35, Fasz. 1771–1877, Sign. 20/12 Tabellen 1772.

[11] Hutz, Reformation und Gegenreformation (wie Anm. 7) 137–149; ders., Das Augustinerstift Vorau zur Zeit der Reformation und Gegenreformation (Graz 1978).

bischöflicher Vorschriften darum, alles rechtlich abzusichern und anerkennen zu lassen. Die zunächst inoffizielle, kaum belebte Liebfrauenbruderschaft entstand zwischen 1607 und 1617; sie wurde beispielsweise auf die Initiative des Pfarrers unter neuem Titel – als Mariae-Verkündigungsbruderschaft – offiziell mitsamt Ablässen und Regelwerk durch den Papst bestätigt, woraufhin sie einen enormen Zuwachs an Mitgliedern verzeichnete[12].

Das Engagement des Pfarrers bei Bruderschaftsgründungen in ländlichen Pfarren entsprach der Rolle des guten Hirten, der seine Herde bewacht und beschützt. Er sorgte für das Pfarrvolk auf diese Weise sowohl zu Lebzeiten, z. B. durch die intensivierte Anbetung des Heiligen Patrick, der als Helfer gegen Viehkrankheiten gerade im ländlichen Bereich wertgeschätzt wurde, und trug auch für die Seelen im Fegefeuer Sorge, indem er Bruderschaften stiftete und sie mit Ablässen ausstattete.

Und die Bruderschaftsgründungen in Krems? Im Gegensatz zu den Bruderschaften des Dekanats Vorau, die durch die Zäsur des 16. Jahrhunderts nicht in direktem Zusammenhang mit den mittelalterlichen Bruderschaften standen, fanden sich die Vorläufer der Kremser Corpus Christi-Bruderschaft beispielsweise – so Kerschbaumer, Kinzl und Unterberger[13] – bereits im 14. Jahrhundert. Trotz unterschiedlicher Benennungen der Vereinigung bestand Kontinuität: 1323 bis 1347 lässt sich bereits eine „Bruderschaft für die Verstorbenen" identifizieren, 1330 stiftete Dechant Ludolf schließlich die Priester- und Laienbruderschaft, welche im Juni desselben Jahres durch Bischof Albert von Passau zu Wien bestätigt wurde, wobei der Geistliche anmerkte, dass eigennützige Zwecke oder politisches Handeln sowie religiöser Separatismus zu unterbleiben hätten[14]. Die Bezeichnung der Priester- und Laienbruderschaft wurde mit den Jahren abgewandelt, die Bruderschaft als Herrenzeche oder Herrenbruderschaft tituliert. Besagte Herrenbruderschaft ersuchte am 24. März 1515 den Bischof von Passau, ihnen zu gewähren, jeden Donnerstag in der Pfarrkirche ein Fronleichnamsamt zu begehen und vollzog damit die Umbenennung in eine Fronleichnamsbruderschaft. Eine päpstliche Bulle fixierte dieses Recht sowie den neuen Namen ein Jahr später: Auf Bitten von Thomas Resch, Kanonikus in Wien und Baccelaureus Formatus der Theologie, auch Poeta Laureatus, des Vitus Chayinninger, Kleriker in Wien, des Wolfgang Windtperger, Magister der Künste und der Medizin, und des Leonhard Hochsteter, beide Laien und wohnhaft in der Stadt Krems, bestätigt Leo X., „quarto kalendas Martii 1516"[15] in Rom bei St. Peter, die Errichtung der Fronleichnamsbruderschaft.

Mit dem Einzug des Protestantismus in die Stadt Krems erfuhr auch die Tradition der Fronleichnamsbruderschaft einen Einschnitt, blieb allerdings im Gegensatz zu den Vorläufern der Vorauer Bruderschaften bestehen. Die Verbreitung der neuen Glaubenslehre war im Gegensatz zum Vorauer Dekanatsgebiet wesentlich intensiver. In den Gebieten des steiermärkischen Dekanats galten die Herrschaftszentren Burg Thalberg und Festenburg bis in die ersten Jahre des 17. Jahrhunderts als protestantisch. In der Umgebung der beiden Burgen war einzig in der Pfarre Dechantskirchen ein Prädikant tätig. Der neue Glaube verschwand mit den beiden Herrschaftsgeschlechtern der Freiherren von Saurau

---

[12] StiA Vorau, Hs. 257, Bruderschaftsbuch der Mariae Verkündigungs-Bruderschaft.

[13] Ruth Luise UNTERBERGER, Die Pfarre Krems. Von ihren Anfängen bis zum Jahre 1785 (Diss. Wien 1948) 105–110; Anton KERSCHBAUMER, Geschichte der Stadt Krems (Krems 1885); Josef KINZL, Chronik der Städte Krems, Stein und deren nächster Umgegend (Krems 1869).

[14] Beiden Bruderschaften liegt eine identische Satzung zu Grunde, weshalb Kerschbaumer davon ausging, dass sie in den Anfängen übereinstimmten.

[15] Zitiert nach UNTERBERGER, Die Pfarre Krems (wie Anm. 13) 106.

und der Familie Rauber, die ihre Burgen und Grundherrschaften 1616 bzw. 1610 aus Geldmangel verkaufen mussten. Beide Burgen gingen in den Besitz katholischer Orden über – Thalberg an die Jesuiten in Graz, die Festenburg an die Augustiner Chorherren des Stifts Vorau[16]. Im Gegensatz zu der Situation in der Oststeiermark „eroberte" der Protestantismus die Stadt Krems, der Stadtrat war in der zweiten Hälfte des 16. Jahrhunderts protestantisch dominiert. Die Frauenbergkirche wurde seit 1574 offiziell von den Protestanten genutzt, ebenso die Spitalskirche. Die St. Katharinenkapelle am Hohen Markt gehörte dem protestantischen Ratsherrn Johann Huetstocker. Nicht nur die religiösen und politischen Zentren, sondern auch die Schulbildung unterstand den Protestanten: Die lateinische Schule wurde 1559 übernommen, der Prädikant Dr. Johannes Matthäus errichtete eine Landschaftliche Schule. In den 1580ern versuchte Herzog Ernst dem Stadtrat eine katholische Schulordnung aufzuoktroyieren, um die Rekatholisierung voranzutreiben. Er konnte sich nicht durchsetzten, waren doch die meisten Bürger bereits Protestanten in zweiter Generation[17]. Auch die Fronleichnamsbruderschaft wollte ihren Platz zurückgewinnen und startete 1574 einen ersten Versuch, indem sie ein neues, attraktives Bruderschaftsbuch, dessen Buchdeckel mit rotem Samt und Silber verziert bzw. beschlagen war, anlegte. Die Zahl der Katholiken in Krems stieg trotz der Bemühungen von kaiserlicher Seite sowie von Seite der verbliebenen Katholiken und jenen der katholischen Kirche nur zögerlich. 1603 gab es rund 300 Katholiken in der Stadt[18]. Ein nächster Schritt wurde 1608 gesetzt: Dechant Lambert erneuerte die Statuten der Bruderschaft. Kardinal Khlesl sowie Kaiser Mathias, beides aktive Förderer der Rekatholisierung der Stadt Krems, trugen sich als Mitglieder in das Bruderschaftsbuch ein. Kardinal Khlesl hatte Krems bereits mehrmals besucht, trug häufig den kaiserlichen Befehl vor, zum alten Glauben umzukehren, und vertrat die Idee, die Jesuiten nach Krems zu holen, um über die Bildung die Stadt für den Katholizismus zurückzuerobern, was schließlich im Jahr 1616 durch die Stiftung von Graf Michael Adolf von Althan umgesetzt wurde. Die Bruderschaft kämpfte ebenso weiter um ihren Platz im religiösen Leben der Stadt – die allwöchentlichen Prozessionen wurden 1626 wiederaufgenommen. Der Prozess der Neuerrichtung der Fronleichnamsbruderschaft fand 1629 seinen Abschluss: Neue Statuten, angepasst an die Statuten der Bruderschaften bei St. Stephan in Wien, wurden dem Bischof zur Genehmigung überreicht.

Das Neben- und Miteinander von Protestanten und Katholiken, auch innerhalb der katholisch begründeten und ausgerichteten Einrichtungen, war, wie bereits erwähnt, gängig, von katholischer Seite sogar erwünscht: Sowohl im Jesuitengymnasium waren protestantische Schüler bürgerlicher Schichten willkommen – wobei die Eltern ersuchten, die Kinder nicht zu katholisieren –, als auch in der Fronleichnamsbruderschaft[19]. Im neuen Bruderschaftsbuch von 1574 finden sich Bürger, sowohl katholischen als auch protestantischen Glaubens, mitsamt ihren gemalten Wappen wieder. Exkommunizierte wurden in der Bulle von 1516 für die Bruderschaft dezidiert angesprochen: „Exkommunizierte sollen gleichfalls an dieser Prozession teilnehmen und in der Kirche ohne Präjudiz des Pfarrers und ausser dem Ostersonntag die Sakramente empfangen dürfen"[20].

---

[16] Hutz, Reformation und Gegenreformation (wie Anm. 7) 137–149.

[17] Gottlinde Stanke, Die Geschichte des Kremser Jesuitenkollegs 1616–1773 (Diss. Wien 1964).

[18] Theodor Wiedemann, Geschichte der Reformation und Gegenreformation im Lande unter der Enns 3 (Prag 1882) 65.

[19] Stanke, Geschichte (wie Anm. 17) 150.

[20] Zitiert nach Unterberger, Die Pfarre Krems (wie Anm. 13) 107.

4. Weitere Bruderschaften der Stadt Krems

Ähnlich der Fronleichnamsbruderschaft nahm auch die Priesterbruderschaft ihre Anfänge im Mittelalter. Finanziell überstand die 1448 durch den Pfarrer gestiftete Bruderschaft die Jahre der Reformation auf Grund ihrer zahlreichen Besitzungen. Doch auch sie erfuhr personelle Nöte und wurde erst 1689 mit Ordinariatsbewilligung wiedererrichtet. Des Weiteren existierte in der Stadt die sog. Unser Frauenzeche, die sowohl an der Frauenbergkirche Gebete abhielt als auch am Frauenaltar in der Pfarrkirche St. Veit. Sie erhielt am 26. Oktober 1517, abgefasst durch die Mitglieder unter Leitung der Zechmeister, neue Statuten verliehen[21].

Die bereits erwähnten Jesuiten, die als Instrument der Gegenreformation nach Krems gerufen worden waren, gründeten ebenfalls laikale Vereinigungen in ihrem Gymnasium, wobei hier vielmehr die Intensivierung des geistlichen Lebens der Schüler, ihres tugendhaften Lebens und ihrer religiösen Bildung Leitmotiv der Einrichtung dieser Verbindungen waren. Die Marianische Kongregation wurde bereits zwei Jahre nach Unterrichtsbeginn ins Leben gerufen und 1619 durch den Ordensgeneral bestätigt. 1641 wurde die Vereinigung in die studentische Kongregation einerseits und die Bruderschaft „Sodalitas Natae Angelorum Reginae" für die zivile Bevölkerung andererseits gespalten. Schließlich entstand 1655 eine dritte Bruderschaft an der Jesuitenkirche: die „Bruderschaft des sterbenden Heilands", zur Erlösung der Seelen verstorbener Mitglieder. Diese erhielt durch päpstliche Zustimmung einen eigenen privilegierten Altar in der Jesuitenkirche und bekam neben den Festtagen Mariae Reinigung und Mariae Geburt einen weiteren Patron, den Heiligen Joseph, zugestanden. Die Schüler durften an den Seelenmessen dieser Vereinigung teilnehmen und traten zahlreich bei. Auch eine Christenlehrbruderschaft fehlte nicht[22].

Vergleichend zeigt sich zunächst, dass den Bruderschaften der ländlichen Pfarren des Wechselgebiets handwerkliche Zünfte als Vorbilder dienten, deren Verehrungstraditionen nach dem Tridentinum durch die Pfarrer bewusst aufgenommen wurden, um die Bruderschaften tief in der Bevölkerung zu verwurzeln und sie als effektive Instrumente der Rekatholisierung nutzen zu können, während die Kremser Bruderschaften wie die Fronleichnamsbruderschaft bereits im Mittelalter als religiöse Organisationen angelegt worden waren. Neugründungen wurden vor allem durch die Jesuiten getätigt, die bewusst als Mittel der Gegenreformation in Krems eingesetzt wurden und in diesem Auftrag handelten.

Pfarrer des Wechselgebietes sowie der Seckauer Bischof als Vertreter der katholischen Kirche traten nach dem Tridentinum besonders aktiv als Gründer in Erscheinung, manchmal, wie am Beispiel der Mariae-Namen-Bruderschaft in Mönichkirchen, gemeinsam mit einem Vertreter des adeligen Standes. Im 17. Jahrhundert goss der Klerus bereits seit Langem praktizierte Andachtsformen, die in der Bevölkerung entstanden waren, in die kirchenrechtliche Form „Bruderschaft", so wie sie im Tridentinum gedacht und geschaffen worden war.

Anders als die Bruderschaften des Wechselgebietes, folgten die Bruderschaften aus Krems an der Donau nicht streng den Vorschriften des Konzils von Trient bezüglich der Beschaffenheit, des Wesens, der Verwaltung und Zuständigkeiten einer religiösen Bruder-

---

[21] Ebd. 110–113.
[22] Anton Baran, Geschichte der alten lateinischen Stadtschule und des Gymnasiums in Krems. *Jahres-Bericht des k.k. Staats-Gymnasiums in Krems am Schlusse des Schuljahres 1894/5* (Krems 1895) V–192, hier 97–100; Stanke, Geschichte (wie Anm. 17) 155.

schaft. Auch die sog. Hauerbruderschaft wurde in der Frühen Neuzeit unter dem Titel der Bruderschaft geführt, wobei sie einer Ordnung von 1625 folgend geistliche und weltliche Aufgaben einte und vielmehr der Zeche entsprach. Zum einen wurde das Totenbrauchtum gepflegt, Bahre und Bahrtücher an Begräbnissen zur Verfügung gestellt und Mitglieder zu Grabe getragen, an der Fronleichnamsprozession nahm man mit Stäben teil und der Jahrestag Pauli-Bekehrung wurde mit einer Messe begangen, aber es wurde auch die Dauer der Lehrzeit geregelt[23].

Auch wenn der Klerus als Stifter der Kremser Bruderschaften hervortritt, so war das Engagement der Kremser Bevölkerung bei der Erhaltung der Bruderschaften ausschlaggebend. Bürgerliche Mitglieder der Herrenzeche waren es, die den Bischof am 24. Mai 1515 um die Abhaltung von allwöchentlichen Fronleichnamsämtern ersuchten. In der Bulle von 1516 an die Fronleichnamsbruderschaft tritt dies abermals deutlich hervor: Zwei Laien der Stadt Krems suchten mit Hilfe zweier Wiener Kleriker beim Papst um die Errichtung der Fronleichnamsbruderschaft und um die Bestätigung der Statuten an – weder der Stadtpfarrer noch ein anderer geistlicher Vertreter der Stadt oder der näheren Umgebung wird genannt[24]. Doch auch in Krems ist das Bemühen der katholischen Kirche und seiner Vertreter, besonders in Form der Jesuiten, um eine Instrumentalisierung der Bruderschaften zur Rekatholisierung keineswegs von der Hand zu weisen.

5. Personelle Ressourcen der Pfarre und ihre Doppelnutzung

Während Bruderschaften ländlicher Pfarren (wie beispielsweise die steirische Liebfrauen-Bruderschaft, die 1674 zur Mariae-Verkündigungsbruderschaft wurde) über keine eigenen Ämter verfügten und dem Pfarrer sowohl der Rang des Präses als auch die Aufgaben der Rechnungsführung – gegen Entgelt – sowie das Führen des Bruderschaftsbuches zufielen, spricht beispielsweise das Rechnungsbuch der Corpus Christi-Bruderschaft in Krems Mitte des 18. Jahrhunderts bereits von einem eigenen Direktorium[25]. Der folgende Abschnitt soll die Funktionsträger der Bruderschaften näher beleuchten und die Verknüpfungen zwischen Pfarre und Bruderschaft erörtern. Die ländlichen Bruderschaften des Wechselgebiets pflegten eine enge personelle Verquickung im Bereich der Verwaltung. Präses aller untersuchten nachtridentinischen Bruderschaften dieses Gebiets war der jeweilige Pfarrer – ganz den Vorgaben des Konzils von Trient folgend. Als Vorstand der Bruderschaft und als Vorstand der Pfarre einte er die beiden Einrichtungen in seiner Person.

Von den Bruderschaften besagten Gebiets sind nur wenige Funktionsträger bekannt, die ausschließlich der Vereinigung dienten: Die Mariae-Namen-Bruderschaft in Mönichkirchen verfügte über einen Bruderschaftszechmeister, der gemeinsam mit dem Pfarrer für die Kassa zuständig war[26]. Auch aus der Pfarre St. Jakob im Walde ist ein Bruderschaftszechmeister bekannt, der beiden Bruderschaften dieser Pfarre zugleich diente[27].

---

[23] Leopold SCHMIDT, Volkstümliches Geistesleben der Stadt Krems im Zeitalter der Reformation und Gegenreformation, in: Krems und Stein. Festschrift zum 950-Jährigen Stadtjubiläum, hg. von Otto BRUNNER (Krems 1948) 135–177, hier 147.

[24] Zitiert nach UNTERBERGER, Die Pfarre Krems (wie Anm. 13) 106.

[25] StA Krems, Regal 10, Finanzen Varia, F1, Brudermeisteramtsrechnungen (Corporis-Christi-Bruderschaft) 1746.

[26] PA Mönichkirchen, Bruderschaftsrechnung für Menigkirchen.

[27] StiA Vorau, Sch. 16/72, Fasz. 1735–1797, Bruderschaftsrechnungen.

Den Vorgaben des Tridentinums folgend war der Pfarrer und Präses im Vorauer Dekanat für die Überwachung der Finanzen zuständig, aber es blieb nicht bei der reinen Prüfung. Ab Mitte des 18. Jahrhunderts wurden immer mehr Bruderschaftskassen im Dekanatsgebiet mit den Pfarrkassen vereint, was den Bruderschaftszechmeister überflüssig machte. Seine Aufgaben wurden durch Pfarrer und Kirchenzechmeister übernommen. Die Einnahmen und Ausgaben der Bruderschaften wurden zwar getrennt von der Kirchenfabrik verzeichnet, der Überschuss jedoch floss alljährlich unter dem Buchungsvermerk *Kirchennotwendigkeiten* in die Kirchenkassa. Durch diese Praxis war bei der Auflösung der Bruderschaften durch Joseph II. kein nennenswert aufzulösendes Bruderschaftskapital existent[28]. In der Pfarre Mönichkirchen wurde Bargeld nachweislich im Beisein von Pfarrer, Bruderschafts- und Kirchenzechmeister in die Bruderschaftslade eingelegt bzw. entnommen, während der Pfarrer allein für das Schreiben der Rechnungen verantwortlich war. Zu diesem Triumvirat stießen in den 1770er Jahren auch Vertreter der Dorfgemeinde als Kontrollorgane der weltlichen Instanz. Neben den Zechmeistern waren mancherorts sog. Bruderschaftsväter tätig[29]. Die untersuchten ländlichen Bruderschaften zeichneten sich durch ihren kleinen Verwaltungsapparat mit höchstens drei Bruderschaftsämtern und durch ihre enge Verbindung zur Person des Pfarrers als Vorstand bzw. Präses aus.

Die Kremser Bruderschaften pflegten ebenfalls ein Verhältnis zum Pfarrer, jedoch in einer weitaus schwächeren Ausprägung und nicht mit der gleichen Hörigkeit gegenüber den Trienter Konzilsbeschlüssen. Die Fronleichnamsbruderschaft unterstand einem selbstgewählten Vorsteher bzw. Brudermeister. Dieser hatte unter anderem die Aufgabe, Mitglieder zu rügen, so sie nicht tugendhaft und regelkonform handelten. Mit der Neuauflage der Statuten 1629 wurde beispielsweise der Apotheker Konrad Lager, äußerer Rat der Stadt Krems, zum Brudermeister gewählt. Er war für die Kassaführung verantwortlich, tätige Einnahmen und Ausgaben[30]. Im Hinblick auf die Vermögensgebarung jedoch unterstand er dem Pfarrer. Der Pfarrer stand eine Stufe über ihm. Mitte des 18. Jahrhunderts ist der Titel des Brudermeisters mit dem des *consultor* – dem Berater der Bruderschaft – verbunden. Brudermeister und Consultores waren Laien, vor allem Bürger und Räte des innern oder äußeren Rates, die per Dekret vom Direktorium beauftragt wurden. Der Brudermeister stand für die Einnahmen und Ausgaben gerade – das Amt besaß Pachtcharakter. Verstarb der Brudermeister, wurden seine Schulden durch seine Nachfolger beglichen: *Gewester bruedermaister zeitlichen todts verfahren, ist mir solches ambt vermög beyliegenden decret nummero 1 aufgetragen, der rest auch, welchen er erstbemelt einer löblichen bruederschafft in seiner gelaisten 1683-jährigen brudermaister ambtsraittung mit fünfhundert und vier gulden zwai schilling neun und zwainzig pfening über alle ausgaben in paaren gelt herauf schuldig verblieben, von den Jacob Praunischen successorn herrn Johann Baptista Lasser [...], den 19. Martii anno 1688, par zuegestölt und angehendiget worden, welchen rest ich dan hiemit in empfang nehmen thue*[31]. Die Ausstände betrafen nicht nur Bargeld, sondern auch mehrere Eimer Wein. Im Vergleich mit den Bruderschaften des Wechselgebietes war die Aufgabe der Kassenführung in Krems wesentlich anspruchsvol-

---

[28] Ebd. Sch. 3/53, Fasz. 1771–1877, Tabellen.

[29] Dass man sich durchaus auch Vertretern und Bediensteten der Dorf- oder Stadtverwaltung bediente, zeigt auch das Beispiel der Fronleichnamsbruderschaft. Der Stadtschreiber wird für das Schreiben, nicht aber das Führen des Rechnungsbuches bezahlt; PA Mönichkirchen, Bruderschaftsrechnung für Menigkirchen.

[30] UNTERBERGER, Die Pfarre Krems (wie Anm. 13) 107.

[31] StA Krems, Regal 10 Finanzen Varia, F1, Cod. 3: Brudermeisteramtsrechnung von Stephan Hölzl [...] 1684–1695, fol. 1ʳ.

ler. Die Fronleichnamsbruderschaft verfügte, anders als die Vorauer Verbindungen, über Grundbesitz bzw. über Weingärten, deren Pacht alljährlich eingehoben werden musste. Zudem wurden alljährlich Zinsen größerer Summen verbucht, die bei Bürgern, aber auch staatlichen Einrichtungen angelegt worden waren. Die Abrechnung über die Ein- und Ausgaben der Fronleichnamsbruderschaft des Jahres 1746 ergab einen Überschuss von 9.683 fl. 8 xr.[32]. Die Mariae-Verkündigungsbruderschaft gab zum Vergleich im Jahr 1770 105 fl. 15 xr. und die Sebastianibruderschaft in St. Jakob 32 fl. 9½ xr. an erwirtschaftetem Überschuss an[33]. Außer dem Amt des Brudermeisters wird ein Direktorium in den Rechnungen der Fronleichnamsbruderschaft um die Mitte des 17. Jahrhunderts aufgeführt sowie ein eigener Bruderschafts-Ansager[34]. Die Frauenzeche wies 1517 zwei Laien als Zechmeister auf. Die Vereinigung zeichnete sich auch dadurch aus, dass die Statuten durch die Mitglieder selbst verfasst wurden. Eine organisatorische Verbindung zum Klerus der Stadt lässt sich in diesem Zusammenhang nicht nachweisen[35].

Eine weitere Kremser Bruderschaft, die Priesterbruderschaft, war natürlicherweise enger mit diesem verbunden und wies den Dechant als Präses aus. Der Stadtdechant und Pfarrer nahm noch in weiteren Bruderschaften Rollen ein. So war er beispielsweise der erste Rektor der von den Jesuiten ins Leben gerufenen „Sodalis Assumptae in Caelum Virginis" im Jahr 1619 und trat als Förderer dieser Verbindung auf. Jedoch musste der Rektor selbst in dieser den jesuitischen Bruderschaften zugehörigen Vereinigung keineswegs ein Geistlicher sein. Jede Persönlichkeit der Stadt, die sich durch Frömmigkeit hervortat, konnte diese Funktion ausüben[36].

Bruderschaften der Frühen Neuzeit konnten auf die Infrastruktur der Pfarren, auf Altäre und auf Kirchen, aber auch auf personelle Ressourcen zurückgreifen. Die Fronleichnamsbruderschaft in Krems bezahlte dem Stadtpfarrer für das Verrichten des Gottesdienstes 1732 beispielsweise acht Gulden und drei Eimer Wein[37]. Die Joachim und Anna-Bruderschaft in St. Jakob im Walde führte im Jahr 1770 in ihren Rechnungen auf: *Herrn vicario vor 2 mahlzeiten an den festtägen und 4 Quatember gottesdienst 15 fl. 30 xr.*[38]. Neben dem Pfarrer zog man auch weitere Personen, die Dienst in der Pfarre leisteten, für die Bruderschaften heran. So wurde beispielsweise der Mesner auch bei Bruderschaftsmessen eingesetzt und für seine Dienste besoldet. Im Jahr 1732 erhielt der Pfarrmesner Johann Siezenhamber zwölf Gulden und drei Eimer Wein für seine Dienste als Pfarrmesner, die er im Auftrag der Bruderschaft verrichtet hatte. Der Totengräber bezog einen Eimer Wein[39].

6. Kirche, Kapelle, Altar – religiöses Zentrum

Von den untersuchten Bruderschaften im Wechselgebiet, an der Grenze im südlichen Niederösterreich zur Oststeiermark befindlich, verfügte nur die Bruderschaft mit dem Titel „des leidenden Heilands, der schmerzhaften Mutter Gottes und Augustinus" – nach

---

[32] Ebd. Cod. 2: Brudermeisteramtsrechnung 1746.
[33] StiA Vorau, Sch. 16/72, Fasz. 1735–1797, Bruderschaftsrechnungen.
[34] StA Krems, Regal 10, Finanzen, Varia, F1, Cod. 2: Brudermeisteramtsrechnung 1746, pag. 24–26.
[35] Unterberger, Die Pfarre Krems (wie Anm. 13) 112.
[36] Baran, Geschichte (wie Anm. 22) 97–100.
[37] StA Krems, Regal 10, Finanzen Varia, F1, Cod. 1: Brudermeisterrechnung 1632, fol. 3ᵛ, 7ᵛ.
[38] StiA Vorau, Sch. 16/72, Fasz. 1735–1797, Bruderschaftsrechnungen.
[39] StA Krems, Regal 10, Finanzen Varia, F1, Cod. 1: Brudermeisterrechnung 1632, fol. 3ᵛ, 7ᵛ.

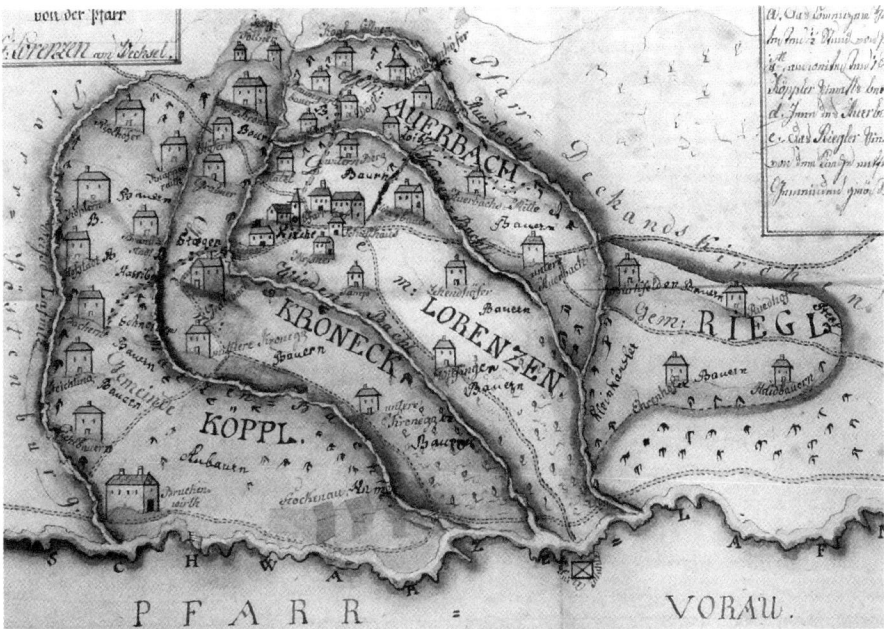

Abb. 1: Landkarte der Pfarre St. Lorenzen am Wechsel (1. Hälfte 19. Jhdt.); StiA Vorau, Dekanatsarchiv, Sch. 20/74, Fasz. 1770–1938, Landkarte Pfarre St. Lorenzen von Johann Eder.

1702 auch Kreuzbruderschaft genannt – über eine eigene Kapelle am Friedhof Vorau. Für die übrigen Bruderschaften stellte ein Seitenaltar der Pfarrkirche das religiöse Zentrum dar. Die Mariae-Namen-Bruderschaft der ländlichen Pfarre Mönichkirchen besaß keinen eigenen Altar – man nützte den Hauptaltar der Pfarrkirche mit und finanzierte einen Teil seiner Ausstattung.

Während der Kremser Fronleichnamsbruderschaft ein Seitenaltar in der Pfarrkirche St. Veit zur Verfügung stand, nutzte die Frauenzeche sowohl die Pfarrkirche als auch die Frauenbergkirche. So heißt es in den Statuten „alle Samstag Abends sollten beim Salve sieben Kerzen am unser Frauenaltar in der St. Veitspfarrkirche brennen", oder auch, dass das ihnen durch „Tanreitter" vermachte Haus zu Krems zu verkaufen sei und davon die „Tafel auf unser lieben Frauenaltar in Sand Veitspfarrkirchen zu Khrembs" bezahlt werden sollte; und „weiters ist an allen Samstagen abends in Unser Frauenkirche auf dem Berge nach der Vesper das Salve Regina mit der Sequenz Ave Praeclara"[40] zu singen.

Ebenso wie die anderen Vorauer Bruderschaften konnte die Patriziusbruderschaft der Landpfarre Wenigzell über einen Altar in der Pfarrkirche verfügen. Diese Vereinigung war eng mit der Nahwallfahrt der Pfarre verwoben: Der Lebensunterhalt der bäuerlichen Bevölkerung war von der Natur abhängig – oder eben auch vom Gesundheitszustand des Viehs. Deshalb wurde gerade die Bruderschaft des Heiligen Patrick, Schutzheiliger des Viehs, und sein Hochfest gut besucht, nicht nur von der eigenen Pfarrmenge. 1716 wurde laut Chronik ein Wallfahrer auf Grund des Gedränges in der Pfarrkirche am Hochfest der Bruderschaft erdrückt, woraufhin die Kirche ausgebaut und ein zweiter Kaplan

---

[40] Zitiert nach Unterberger, Die Pfarre Krems (wie Anm. 13) 113.

angestellt wurde[41]. Die Patriziusbruderschaft zeigt auf, wie eng die beiden Institutionen im Hinblick auf das religiöse Leben zusammenarbeiteten, und dass die Bruderschaft auch bewusst als Träger einer Sonderandachtsform erwählt werden konnte, um der Pfarre finanziell und personell, gerade an Hochfesten der Nahwallfahrt unter die Arme zu greifen. Die Bruderschaft erhöhte durch die ihr verliehenen Ablässen die Popularität ebendieser Feierlichkeiten. Bruderschaft und Pfarre agierten in diesem Fall Hand in Hand – die Pfarrkirche wurde für das Bruderschaftsfest zu klein, also finanzierte die Pfarre den Ausbau der Kirche.

7. Zentralität der Pfarrkirche – begünstigender Faktor für Pfarre und Bruderschaft

Die Pfarrkirche der Pfarre St. Lorenzen am Wechsel lag, wie auf der Karte (Abb. 1) zu sehen, zentral und an einem Knotenpunkt von Haupt- und Seitenstraßen, welche das Pfarrgebiet durchzogen, sowie an einer jener Hauptrouten, die aus dem Gebiet hinausführten. Gräben und Wälder prägten die bergige Umgebung. Die Erläuterung zur grafischen Darstellung des Pfarrgebietes aus der ersten Hälfte des 19. Jahrhunderts besagte: „B Kronegg ist zunächst ¼, am weitesten 1 Stunde oder das Rieglerviertl ist zunächst ½, und weitestens 1¼ St[unde] von der Kirche“[42] entfernt. In Kilometer dargestellt: Das Viertel Kronegg liegt etwa 750 Meter, das sog. Rieglerviertel mindestens 2,7 Kilometer von der Pfarrkirche entfernt. Der Ortskern, jener Teil mit der dichtesten Bebauung, befindet sich rund um die Kirche. Die Rotten Köppl, Auerbach und Riegl haben keine Zentren, sondern weisen eine Streusiedlung auf. Die Kirche fungierte in diesem zerstreuten Gebiet als zentraler Ort der Zusammenkunft, die dort zumindest einmal pro Woche stattfinden konnte, und Austausch, Geselligkeit sowie Kommunikation ermöglichte. Zusätzliche „Angebote“ wie Prozessionen mit dem Allerheiligsten in die Nachbarspfarren oder Nahwallfahrten, die von der Bruderschaft mitgestaltet oder begleitet wurden, erfreuten sich großer Beliebtheit, wobei die Abgeschiedenheit der Häuser durchaus ihren Anteil gehabt haben mochte[43].

Die Bruderschaft konnte, wenn sie sich an der Pfarrkirche angesiedelt hatte, von deren Zentralität profitieren. Die Pfarrmenge kam früher oder später vorbei und nahm, so sie sich an diesem zentralen Ort sammeln wollte, zwangsläufig an den Bruderschaftsfesten teil und erfuhr vom Vorteil und von den „Zusatzangeboten“ der Bruderschaft. Die Bruderschaft bot neben der konstruierten Gemeinschaft als Pfarrmitglieder eine Vertiefung dieser Verbindung, nicht nur im geistigen Sinne, an.

Zur geografischen Zentralität der Pfarrkirche gesellte sich ihre Bedeutung für die Pfarrgemeinschaft. Sie sahen sie als ihnen gehörig an. Stifter bzw. Pfarrmitglieder erbauten und finanzierten sie. Zudem war sie ein schützender, offen stehender Versammlungsort für die ganze Gemeinde oder auch für Einzelne. Die Pfarrkirchen fungierten als multifunktionale Orte des Sozialen, daneben waren sie aber auch Orte der staatlichen Verwaltung – der Pfarrer predigte neben religiösen Inhalten auch weltliche Erlässe etc.

---

[41] Ferdinand Hutz, Wallfahrten und Prozessionen im Wechselgau. *Vorauer Heimatblätter* 16 (1994) 21–27.

[42] Ebd.

[43] Die Pfarre St. Jakob im Walde pflegte beispielsweise um 1760 etwa 18 Ausgänge pro Jahr. Die Pfarrgemeinschaft zog mit dem Kreuz zu Festen wie am Festtag des heiligen Florian nach Waldbach, wo sich eine Floriani-Bruderschaft befunden hat; ebd. Dekanatsarchiv, Sch. 16/72, Fasz. 1735–1797, *Specificatio* ca. 1760.

Abb. 2: Bruderschaftszettel der Joachim- und Anna-Bruderschaft, St. Jakob im Walde (StiA Vorau, Bestand Andachtszettel).

„von der Kanzel". Die Kirche als zentraler Ort bot somit auch dem Staat einen guten Ort, um in regelmäßigen Abständen den Großteil der Bevölkerung zu erreichen[44].

Die Bruderschaften schafften es, durch physische Zusammenkünfte und durch das Mitstrukturieren des religiösen Lebens in der Pfarrmenge auch auf das religiöse Leben im Privaten einzuwirken: z. B. durch die jedem Mitglieder der Rosenkranzbruderschaft zugewiesenen Gebetsstunden im immerwährenden Rosenkranz[45] oder durch gedruckte Bruderschaftsbilder, -gebetszettel und -büchlein, die Satzungen oder etwa Ablassgebete beinhalteten (Abb. 2). Sie drang in Bereiche ein, die der Pfarre selbst nur schwer zugänglich waren. Die Pfarre galt als starres Konstrukt, gebunden an den Ort der Pfarrkirche, während die Bruderschaften sich Zutritt zu den Häusern der Pfarrbewohner verschaffte. Diese zu verfolgende These würde Anlass zu einer näheren Untersuchung hinsichtlich der individuellen Religiosität in der Frühen Neuzeit geben.

---

[44] HERSCHE, Muße und Verschwendung (wie Anm. 6) 702–706.
[45] StiA Vorau, Dekanatsarchiv, Sch. 3/53, Fasz. 1771–1877, Stundzettel des ewigen Rosenkranz.

8. Bruderschaftsfeste

Nicht von der Hand zu weisen ist, dass Bruderschaften das religiöse Leben innerhalb der Pfarre bereicherten und aufwerteten. Sie schufen ein Mehrangebot an Messen, Sonderriten, Ablässen und Memoria. Bruderschaften mehrten die Anlässe, an denen man gemeinschaftlich feiern konnte, und werteten diejenigen Feiern auf, welche in der Pfarre alljährlich begangen wurden, indem man sie finanziell unterstützte, mit Kerzen, Laternen, Stäben, Fahnen, Bäumchen, Musik etc. attraktiver machte. Die Fronleichnamsbruderschaft in Krems beging als Beispiel jeden Donnerstag ein Fronleichnamsamt in der Pfarrkirche St. Veit sowie eine Prozession in der Kirche oder am Friedhof. Dabei wurde ein durchsichtiger Tabernakel mit dem allerheiligsten Sakrament herumgetragen. Die Teilnahme an der Prozession war mit einem Ablass verbunden. Bei jedem Umzug wurden Tabernakel und Stäbe mitgeführt und die Träger besoldet. Gemeinsam mit den Jahrtagen, dem Hauptfest und den Wallfahrten ergaben sich im Jahr 1746 insgesamt 15 Prozessionen, die von der Bruderschaft veranstaltet und finanziell mitgetragen wurden[46].

Das Hauptfest der Bruderschaft fand jedoch am Gründonnerstag statt: In der Pfarrkirche wurde zunächst eine Andacht gehalten, an die sich eine Prozession anschloss. Bei der Prozession wurden Windlichter und ein Himmel mitgetragen, Bäumchen wurden aufgestellt, Stäbe, eine Orgel sowie der Tabernakel mit dem Allerheiligsten mitgeführt. Der Predigt und dem Hochamt folgte die rituelle Fußwaschung an zwölf Armen und deren Speisung im Dechantshof. Zur abendlichen Messe waren alle Mitglieder geladen und aufgefordert, ihre weißen Kerzen mitzubringen. Die Inszenierung, die Imitation der zwölf Apostel und die dem Evangelium nachgespielten Szenen des Abendmahls verliehen dem Bruderschaftsfest höhere Attraktivität[47].

Das Fest kam der Bruderschaft durchaus teuer: Der Dechant und Stadtpfarrer wurde für seine liturgischen Dienste bezahlt (Abb. 3). Die üblichen Kirchen- und Stadtmusiker mussten besoldet werden, ebenso der Bruderschaftsansager, zwei Bürger für das Glockengeläut und das Ziehen der Orgel, mehrere Ministranten, ferner die Träger der Laternen und des Himmels, die Träger der Stäbe und des Tabernakels sowie der Förster, der die Bäumchen angeliefert hatte. Die gemeinsame Mahlzeit wurde prächtig angerichtet – zwei Tafeldecker erhielten vier Schilling für ihre Dienste[48]. Der Aufwand, der um diese Feste betrieben wurde, machte die Feierlichkeiten nicht nur kostenintensiv, sondern auch attraktiv. Diese Feste hoben sie vom grauen Alltag ab und erhöhten den festlichen Charakter, was wiederum die Bevölkerung anzog.

Deutlich unterschieden sich die Bruderschaftsfeste in Krems von jenen in den ländlichen Pfarren durch die musikalische Ausgestaltung. 1746 wurde der Regens Chori Georg Zechner mit zwölf Gulden besoldet, derselbe erhielt für das Spielen der Orgel weitere zwölf Gulden, zwei Diskantisten je drei Gulden, ein Bassist, ein Alt-Sänger sowie ein Tenor je zwölf Gulden und der Turnermeister Joseph Neumann 24 Gulden[49]. Musik war in Krems zentraler Bestandteil des religiösen Lebens, während die Kirchenmusik

---

[46] Die Zahl der Begräbnisse im Auftrag der Bruderschaft ist hier noch nicht mitgerechnet; StA Krems, Regal 10, Finanzen, Varia, F1, Brudermeisteramtsrechnungen (Corporis-Christi-Bruderschaft).

[47] Das Zeremoniell wurde 1746 auf Direktoral-Veranlassung verändert. Die „zwölf Jünger" wurden nur noch zum Mahl in den Dechantshof geladen; ebd. Regal 10, Finanzen Varia, F1, Cod. 2: Brudermeisteramtsrechnung 1746, pag. 26.

[48] Ebd. Regal 10, Finanzen Varia, F1, Brudermeisteramtsrechnungen (Corporis Christi).

[49] Ebd. F1, Cod. 2: Brudermeisteramtsrechnung 1746, pag. 23f.

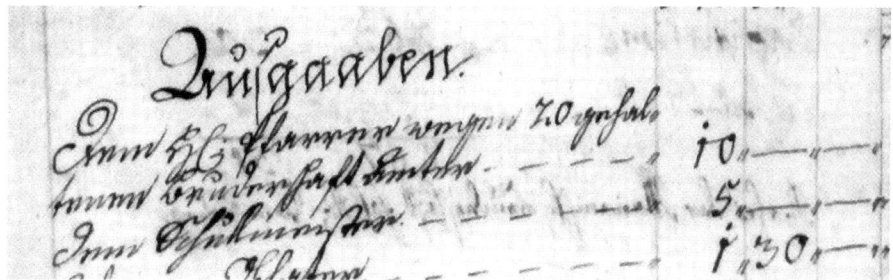

Abb. 3: Auszug aus dem Rechnungsbuch der Mariae-Namen-Bruderschaft (PA Mönichkirchen, Bruderschafts-rechnung für Menigkirchen 1762).

in den ländlichen Pfarren des Wechselgebiets zwar auch existierte, zumeist aber nur in einer minimalen Ausformung. Der Schulmeister übernahm die Aufgabe der Besorgung der alltäglichen Kirchenmusik – er spielte die Orgel. Er besorgte auch die musikalische Umrahmung bei den Bruderschaftsfesten. Nur in Ausnahmefällen wurden mehrere Musiker bezahlt. Die Wichtigkeit der Kirchenmusik belegt auch die Stiftung eines Chorknabenseminars 1631. In diesem Jahr legte der Stifter des Jesuitenkollegiums Graf Althan den Grundstein für ein Seminar, nach der großzügigen Hinterlassenschaft Maria Eustachia von Althan „Seminarium Sancti Eustachii" genannt, das musikbegabte Knaben aus ärmlichen Familien beherbergen sollte, um das Fronleichnamsfest, den Michaelstag, die Messen und Andachten in der Frauenbergkirche musikalisch zu gestalten. Im Gegenzug erhielten sie Kost und Quartier und konnten das Jesuitengymnasium besuchen[50].

Die Mariae-Namen-Bruderschaft der Landpfarre Mönichkirchen stand der städtischen Bruderschaft in Hinblick auf die Anzahl der ausgerichteten Ämter in Nichts nach: Über das Jahr richtete man Mitte des 18. Jahrhunderts 20 Ämter aus. Im Gegenzug für die finanzielle und organisatorische Verantwortung erhielt die Mariae-Namen-Bruderschaft die Spenden, die an den Quatembertagen, dem Pfingstdienstag sowie am Maria-Namenfest im Opferstock zusammengekommen waren[51].

9. Bruderschaft und Totendienst

Religiöse Bruderschaften und Totengedenken können üblicherweise in einem Atemzug genannt werden, stellte doch die Memoria in den meisten Fällen die zentrale Aufgabe der Bruderschaften dar. Die Bruderschaften des Dekanats Vorau (wie beispielsweise die Mariae-Verkündigungs-Bruderschaft) bedachten ihre Mitglieder, die Versehgänge und Begräbnisse begleiteten, mit Ablässen. Die Johannis-Enthauptungs-Bruderschaft in Thalberg machte es sich zur Aufgabe, die zum Tode Verurteilten auf ihrem letzten Gang zu begleiten und später für die Hingerichteten zu beten. Die Rosenkranzbruderschaft in Friedberg wiederum verpflichtete jedes Mitglied, Teil des immerwährenden Rosenkran-

---

[50] Ebd. Krems und Stein Allgemein, Varia, Geistliche Institutionen, Regal 4/Fach 11, Kopialbuch Kloster Reichersberg betr. das Seminar St. Eustachius zu Krems, fol. 3ʳ–7ᵛ; Otto Biba, Musik in der Kremser Piaristenkirche, in: 200 Jahre Piaristen in Krems, hg. vom Piaristenkollegium Krems (Krems 1976) 17–25; Stanke, Geschichte (wie Anm. 17) 52.

[51] PA Mönichkirchen, Bruderschaftsrechnung Menigkirchen.

zes zu werden – jedem Mitglied wurde eine Stunde im Jahr zugeteilt, in welcher es für die Seelen der Sterbenden zu beten hatte[52]. Die Bruderschaften der ländlichen Pfarren im Wechselgebiet verzeichneten in ihren Rechnungen keinerlei Gebühren für Begräbnisse von Mitgliedern. Der Großteil der Bruderschaften (wie die Joachim- und Anna-Bruderschaft in St. Jakob im Walde) bezahlten zwar nicht direkt für die Seelenmessen zu den Begräbnissen ihrer Mitglieder, sondern kamen quatemberweise für Seelenmessen auf[53]. Diejenigen, die der Bruderschaft beitraten, gingen sozusagen eine Versicherung des ewigen Gedenkens, eine Art Absicherung für „ihr" Leben nach dem Tod ein. So erklärt sich auch, dass Eltern pflichtbewusst ihre verstorbenen Kinder in das Buch der Mariae-Verkündigungsbruderschaft, gekennzeichnet mit einem Kreuz, aufnehmen ließen.

Bruderschaften profitierten aber auch finanziell vom Tod eines Mitglieds – ein großer Teil vermachte der Bruderschaft Geld in Form von Legaten. Überhaupt stellten Legate die größte Einnahmequelle der ländlichen Pfarrbruderschaften im untersuchten Gebiet dar. Die Spender wurden, wie im Falle der Mariae-Verkündigungsbruderschaft, während einer der Quatembermessen verlesen, um ihre „gute Tat" vor den versammelten Mitgliedern zu unterstreichen. Von den 123 Verstorbenen der Jahre 1651 bis 1700 in der Pfarre St. Lorenzen am Wechsel, die der Pfarre Geld hinterließen, bedachten 107 die Bruderschaft mit einem Legat[54]. Darunter finden sich auch Personen, die keine Mitglieder der Bruderschaft waren. Das lässt vermuten, dass eine tiefe Verbindung mit der Pfarre mit einer tiefen Beziehung zur Bruderschaft Hand in Hand ging.

Im Gegensatz zu den Vorauer Bruderschaften bezog die Kremser Fronleichnamsbruderschaft als Beispiel über die üblichen testamentarischen Hinterlassenschaften hinaus Kapital aus Todesfällen bzw. Begräbnissen. Den Mitgliedern bezahlte man zwar die Seelenmesse anlässlich des Begräbnisses[55], die Bruderschaft verfügte aber auch – anders als die kleineren Bruderschaften der Landpfarren des Wechselgebietes – über eine eigene Ausstattung für Begräbnisse (Bahrtücher, Mäntel bzw. Stützenträger-Röcke und Bruderschaftsinsignien, die auf den Sarg aufgesetzt werden konnten) und verlieh diese gegen einen Unkostenbeitrag. Im Jahr 1632 verlangte man beispielsweise für die Verleihung von vier Mänteln drei Kreuzer und sechs Pfennig, für das neue Bahrtuch zwei Gulden, für das *schlechte partuch* dagegen nur sechs Kreuzer[56]. Im Jahr 1746 bezog die Bruderschaften aus dem Verleih des *mittleren bahrtuch*, des neuen Bahrtuchs, der Insignien und der Stützenträger-Röcke gesamt 41 fl. 18 xr. aufgeteilt auf 45 Verleihungen, 21 Begräbnisse und zwei Jahrtage. Man verlieh Gegenstände auch an Personen, die keine Mitglieder der Bruderschaft waren. So heißt es in den Rechnungen: *Den 23. einem studenten, welcher ertrunkhen, daß newe partuch 1 gulden 4 schilling* oder auch *den ersten Maii einen soldaten, so bey herrn proviantmaister gestorben, daß newe partuch dergleichen 2 gulden*[57]. Die totendienstlichen Aufgaben der Bruderschaften gingen noch darüber hinaus – man verfügte über einen eigenen Teil der

[52] StiA Vorau, Hs. 257, Bruderschaftsbuch; ebd. Dekanatsarchiv, Sch. 3/53, Fasz. 1771–1877, Stundzettel des ewigen Rosenkranz; ebd. Hs. 925/2, Geschichte des Chorherrenstiftes Vorau und des geistlichen Sprengls II, verfasst von Augustin Rathofer, 1884.

[53] Ebd. Sch. 16/72, Fasz. 1735–1797, Bruderschaftsrechnungen.

[54] PUCHINGER, Mitgliederstrukturen (wie Anm. 2) 54–56.

[55] Im Jahr 1746 waren dies z. B. 15 Seelenmessen. Der Stadtpfarrer erhielt für die Liturgie anlässlich der Seelenmessen insgesamt 7 fl. 30 xr.; StA Krems, Regal 10, Finanzen Varia, F1, Cod. 2: Brudermeisteramtsrechnung 1746.

[56] Ebd. F1, Cod. 1: Brudermeisterrechnung 1632, fol 5^r.

[57] Ebd. fol. 5^r, 6^r.

Totenkammer am Friedhof – also auch hier wurde wieder auf die bauliche Ausstattung der Pfarre zurückgegriffen – und bezahlte dem Stadtzimmermeister 1732 für *einen außzug am todtenpar cämerl am freithoff* 11 fl. und dem Schlosser 6 ß für die Beschläge[58].

10. Die „Sogwirkung" von Bruderschaften – Nutzen für die Pfarre?

Es ist fraglich, ob Bruderschaften und ihre Feste den Anlass gaben, eine andere Pfarre mit einer Prozession aufzusuchen oder ob die zu erwartenden Ablässe den Besuch des Bruderschaftsfestes förderten. Mancherorts scheinen die Verehrungstraditionen bereits zuvor bestanden zu haben, die Bruderschaften wurden nachträglich als Träger und Förderer dieser Verehrung und der dazugehörigen Feste gewählt. Festzustellen ist jedenfalls, dass Bruderschaftsfeste in der Frühen Neuzeit Anziehungskraft auf Pfarren der Umgebung hatten. Die Gottesdienstordnung der Pfarre Dechantskirchen aus dem Jahr 1751 teilt z. B. mit: *Am fest Mariae verkündigung wird zunächst um sechs uhr früh eine messe in der pfarrkirche gelesen, danach geht der pfarrer nach St. Lorenzen zum bruderschaftsfest.* [...] *Am Ostermontag findet das bruderschaftsfest der Barbara bruderschaft in Dechantskirchen statt, dazu kommen die pfarrer aus Friedberg und St. Lorenzen und auch ein fremder prediger wird eingeladen*[59].

Um die Frage – was kam zuerst, die Andachtstradition oder die Bruderschaft – zu vertiefen, ein weiteres Beispiel: Die Pfarrkirche Mönichkirchen war 1662 als Kirche *unser lieben Frau auf der Heide* und noch 1708 als *pfarrkhürchen Unßer Lieben Frauen* geführt worden. Im selben Jahr 1708 wird die Mariae-Namen-Bruderschaft bzw. die Bruderschaft unter dem Titel *der andächtigen anrufung des heiligen namen Mariae, um ein glückseelige sterbstund zu erlangen*, eingesetzt[60]. Die Bruderschaft wurde in der Folge als Mariae-Namen-Bruderschaft, die Pfarrkirche als Pfarrkirche „Mariae Namen" geführt. Die Bruderschaft nutzte den Hauptaltar als religiöses Zentrum. Sie übernahm die Bezahlung größerer Anschaffungen zur Ausstattung der Pfarrkirche wie den Ankauf eines neuen Himmels und eines Frauenbildes im Jahr 1777 um 102 fl.[61]. Zum Fest Mariae Namen, das wie alle Marienfeste durch die Bruderschaft ausgestaltet wurde (der Schulmeister wurde für das Schmücken des Altars bezahlt, die Kerzen wurden an diesen Tagen von Bruderschaft zur Verfügung gestellt etc.), kamen im Jahr 1777 gesamt sechs Pfarren im Zuge von Prozessionen nach Mönichkirchen und nahmen an den Feierlichkeiten teil. Mitverantwortlich für die Popularität, Marienfeiertage in Mönichkirchen mit zu zelebrieren, mag auch eine Ablassbulle gewesen sein, die der Mariae-Namen-Bruderschaft am 19. September 1759 ausgestellt wurde und ihren Weg ins Bruderschaftsalbum fand. Sie gesteht allen Christgläubigen, die am Fest Mariae-Heimsuchung beichten, kommunizieren und das Ablassgebet sprechen, vollkommenen Ablass zu. Der Hochaltar der Pfarrkirche wurde in einer weiteren Bulle der Bruderschaft privilegiert und die Erlangung der Ablässe keineswegs auf Bruderschaftsmitglieder eingeengt[62]. Die Ausrichtung der Feiertage hatte zwar finanziellen Nachteil für die Bruderschaft, dass sie an diesem Tag den Pfarrer für das Zelebrieren

[58] Ebd. fol. 9ʳ.

[59] StiA Vorau, Dekanatsarchiv, Sch. 20/74, Fasz. 1695–1907, *Ordentliches verzaichnuß, was der herr vicarius* [...] 1695.

[60] PA Mönichkirchen, Gedenkbuch der Pfarre Mönichkirchen Bd. 1.

[61] Ebd. Bruderschaftsrechnung für Menigkirchen 1762, fol. 21ᵛ.

[62] Ebd. Hs. 11/4, Bruderschaftsbuch der Mariae Namen Bruderschaft, fol. 4ʳ–6ʳ.

der Messen und Andachten bezahlten musste, brachte aber Bargeld in die Bruderschaftskasse.

11. Fazit

Die vorangegangenen Ausführungen sollten belegen, welche Vorteile die Errichtung
einer Bruderschaft in der Frühen Neuzeit einerseits der Pfarre bringen konnte und wie die
Bruderschaft andererseits von den Strukturen der Pfarre – Infrastruktur, Personal, Identifizierung der Bevölkerung mit der Pfarre, Gemeinschaftsgefüge – profitieren konnte. Die
Bruderschaften der ländlichen Regionen hätten sich ohne eine Einbindung in die Pfarre
weder einen Raum als religiöses Zentrum noch eine Person, um diesen Ort liturgisch
auch auszufüllen, finanziell leisten können. Sie wären ohne die Initiative eines Klerikers,
zumeist des Pfarrers, nicht den Richtlinien der katholischen Kirche gemäß kirchenrecht-
lich begründet gewesen. In einigen Fällen hätten sie aber dennoch existiert, da die Bevölkerung bereits über jahrelang überlieferte Andachtstraditionen verfügte, die durch den
Klerus lediglich institutionalisiert wurden. Das Aufsetzen auf Traditionen ermöglichte es
der Bruderschaft, sich in seiner institutionalisierten Form in der Pfarrgemeinschaft einzu-
nisten. War vorher die Verehrungstradition Teil des gesellschaftlichen, religiösen Lebens,
wurde diese nun durch die Bruderschaft intensiviert und erweitert. Die Bruderschaften
drangen in die privaten Sphären der Pfarrbevölkerung ein und prägten die individuelle
Religiosität mit. Sie wurde Teil des religiösen Lebens in der Pfarre und des Alltags der
Pfarrmitglieder.

Die Bruderschaft schuf ein Mehrangebot an Andachten. Kirchenfeste wurden durch
zahlreiche Attribute attraktiver gestaltet und konnten durch ihre finanzielle und personelle Unterstützung prunkvoller begangen werden. Das wachsende Angebot an Ablässen für Bruderschaftsmitglieder oder die Teilnahme an Bruderschaftsfesten motivierte die
Gläubigen beizutreten und den Festen beizuwohnen. Der Anreiz für das Bruderschaftsmitglied, bis in den Tod hinein Teil einer Gemeinschaft zu sein, am Totenbett die Gebete
der Mitbrüder und -schwestern bei sich zu wissen, eine bezahlte Seelenmesse, ein Geleit
und eine Art Inszenierung bei den eigenen Begräbnisfeierlichkeiten zu erhalten und im
Tod die Vorzüge der ständigen Fürsprache zu genießen, schlug nicht fehl – weder am
Land noch in der Stadt. Die Bruderschaft als – modern gesprochen – Marketingkonstrukt
oder -strategie der katholischen Kirche zu bezeichnen, wäre nicht gänzlich falsch, würde
dem Bruderschaftswesens aber nicht gerecht werden. Nicht allein der Rahmen der Institution, sondern auch das ihn ausfüllende Leben und Handeln der Mitglieder müssen berücksichtigt werden. Bruderschaften dienten der Gemeinschaft in einem auf das Jenseits
ausgerichteten Leben, nahmen Ängste, schufen ein Sicherheitsgefühl. Darüber hinaus erfüllten sie karitative Aufgaben und fungierte beispielsweise als Arbeitgeber.

Die Bruderschaften konnten die bereits vorhandene Infrastruktur der Pfarre mitbe-
nutzen – den Altar, die Kirche bis hin zum Opferstock. Selbst auf die personellen Ressourcen der Pfarre konnte die Bruderschaft zurückgreifen. Dies galt für den Pfarrer, der
die Gottesdienste der Bruderschaft gegen Besoldung verrichtete, ebenso wie für den Mesner, den Schullehrer, der in ländlichen Pfarren die Orgel spielte und Glocken läutete, die
Kirchen- und Stadtmusiker, die sowohl der Pfarre als auch der Bruderschaft zur Verfügung standen, Ministranten und Totengräber. Keiner dieser Personen musste sich kos-
tenlos in den Dienst der Bruderschaft stellen – jeder von ihnen enthielt eine Aufwands-

entschädigung bzw. eine Bezahlung. Neben den Beschäftigten der Pfarre wurden noch weitere Personen der Stadt bezahlt – von Tafeldeckern und Bruderschaftsansagern bis hin zu Stabträgern. Die Bruderschaft diente der Bevölkerung als zusätzliche Einnahmequelle.

Der Pfarrer selbst war nicht nur zeitweise „Angestellter" der Bruderschaft, er stand ihr auch, zumindest in den ländlichen Pfarren, als Präses vor und war neben dem Bruderschaftszechmeister oftmals der einzige Funktionär der Bruderschaft. In den kleineren Pfarren im ländlichen Raum nahm er auch die Rolle des Kassenbuchführers ein und führte das Bruderschaftsbuch. Im Sinne des Tridentinums kontrollierte er die Bruderschaftslade. Selbst in einer Stadt wie Krems, in der das Bruderschaftswesen der Neuzeit nur zum Teil den Vorschriften des Tridentinums folgte, erfüllte der Pfarrer in den „pfarreigenen" Bruderschaften die Funktion als Oberaufseher und oberster Kassenprüfer und konnte sich auch anderen Bruderschaften gegenüber als Förderer andienen. Die vorangehenden Kapitel beschreiben ein eher symbiotisches Verhältnis zwischen Landpfarre und Bruderschaft, legen aber auch nahe, dass die Verwobenheit Pfarre-Bruderschaft in den Städten weniger engmaschig war. Dennoch gleichen sie sich in grundlegenden Punkten wie der Aufwertung des religiösen Lebens, der parallelen Nutzung geistiger und baulicher Infrastruktur sowie der personellen Ressourcen, wenn auch in unterschiedlicher Intensität.

BRUDERSCHAFTEN IN UNTERSCHIEDLICHEN RELIGIONSKULTUREN

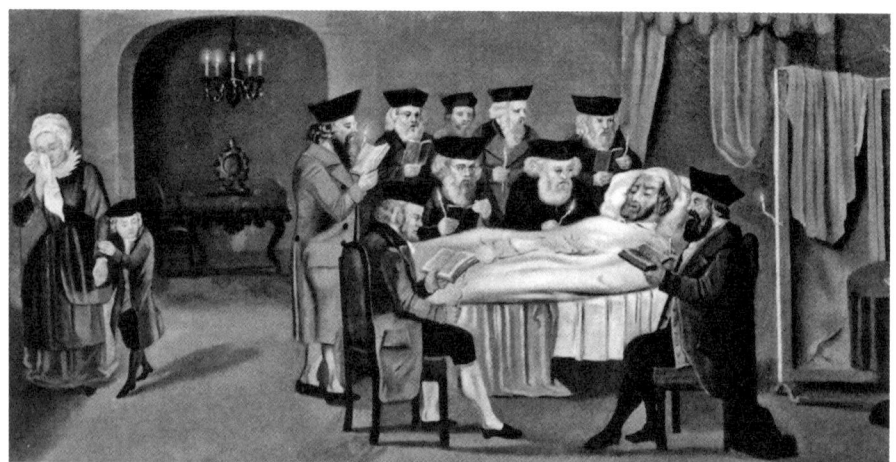

Abb.: Die Prager Totenbruderschaft/Chewra Kadisch versammelt sich um den Leichnam eines verstorbenen Bruderschaftsmitgliedes zum Totengebet, Abbildungen aus der zweiten Hälfte des 18. Jahrhunderts (Teil einer Serie von insgesamt 19 Bildern zur Tätigkeit der Bruderschaft); unbekannter Künstler, Öl auf Leinwand, 54 x 110 cm; Jüdisches Museum, Prag, Inventarnr.: 012.843 (mit freundlicher Genehmigung des Museums, Dank an Eduard Feuereis, Prag).

The Fate and Uses of Medieval Confraternities in the Kingdom of Hungary during the Age of Reformation

Judit Majorossy

Laycalis vero populus utriusque sexus oraciones suas duplicando, similiter eciam peragendo, si quis fratrum vel sororum per mortem decederet, et omni modo et forma cum vigilys missis et omnibus per agi debebit, triginta eciam missas pro anima ipsius defuncti [...]. Item singulis ebdomadis in predicta ecclesya parochiali Sancti Egidy in Barthfa una missa pro animabus defunctorum in eadem confraternitate decendencium devocius cantatur. Habentes insuper totius intencionis affectum, singulis sabbatis diebus maturam missam de Beata Virgine sollenniori qua poterimus officio peragendo decantare altari in predicto [...][1]. (6 May 1449, Mater Misericordie Confraternity, Bartfeld).*

Darnach ist gesetzt, das chain pruder dem ander schull veint sein, sew schullen ez sagen den prudern, so schullen die pruder frewntleich darzu gedenkchen und schullen si rechten, war awer yemant dem andern veint ain gantz iar an nöt daz die pruder erkanten, er sol von yn sein aus der pruderschafft, ez sol auch ein ygleich pruder für den andern piten in seinem gepet. [...] Wir wellen auch, das man niemant in die prüderschafft nem, da den prudern unlant oder krieg auf ste unnd der in keinem offenn unlanten sey [...][2]. (1349, Corpus Christi Confraternity, Pressburg).*

Brotherhoods are corporate groups that can be found in various religious traditions and organised the devotional and charitable life of lay believers around the model of ritual kinship[3]. As Nicholas Terpstra summarises in his article on medieval and early modern confraternities, voluntary kinship groups were already active in the early church, but confraternities *per se* only expanded rapidly with the mendicant urban missions of the thirteenth century, when they began to emphasise mutual support (among others, especially

---

* This article was written within the framework of the Special Research Programme (SFB 42) Visions of Community (VISCOM), P06: Social and Cultural Communities across Medieval Monastic, Urban, and Courtly Cultures in High and Late Medieval Central Europe (https://viscom.ac.at/projects/late-medieval-central-europe/project/), funded by the Austrian Science Fund (FWF).

[1] From the confirmation charter of the rules of the Mater Misericordie Confraternity of Bartfeld/Bártfa (Bardejov, Slovakia), issued in Eger, 6 May 1449; Budapest, MNL OL, DF 213218.

[2] From the foundation charter of the Corpus Christi Confraternity of Pressburg/Pozsony (Bratislava, Slovakia), issued in 1349 and copied into the confraternity register: Bratislava, AMB, E.L.3. Gotsleichnams Bruderschaft Register (a photocopy is also available: Budapest, MNL OL, DF 277990), fol. 2r.

[3] See the summary (with an extensive bibliography) of Nicholas TERPSTRA, Confraternities, in: Europe 1450 to 1789: Encyclopedia of the Early Modern World 2, ed. Jonathan DEWALD (New York 2004), online: http://www.encyclopedia.com [20. 9. 2017].

in preserving the memory of the brethren) and egalitarian brotherhood. Their individual and collective religious exercises adapted „mendicant models" to lay life[4] and included praise singing, processions, funerary and requiem services, and charity for members and the urban poor[5]. Their (daily and financial) administration basically followed the guild models, and most of them guarded their autonomy from the clergy (even if one of the main activities was attending several masses, the brethren chose the performing chaplain or chaplains). They were the lay face of the church, and in many towns, most of what passed for social welfare was organised and run by the brotherhoods[6]. There was no canon law governing these medieval confraternities, which is why several regional and local institutions could develop in a rather „uncontrolled" manner. Still, from the late fifteenth century onwards, lay and clerical reformers advocated a renewal of the church all over Europe based on works of physical and spiritual charity and expanded devotional exercises centred on prayer and the sacraments, and they saw confraternities as vehicles for organising and spreading this activity among the laity and built many aspects of their reform programmes around the brotherhoods[7]. Generally, and in particular in the region under scrutiny, this is also the period (from the mid-fifteenth century until the spread of the Reformation) when the number of confraternities in several towns rose significantly and their active role in performative urban culture became central[8]. At the same time, some

---

[4] For Italian confraternities in general: Nicholas TERPSTRA, Confraternities and Mendicant Orders: The Dynamics of Lay and Clerical Brotherhoods in Renaissance Bologna. The Catholic Historical Review 82/1 (1996) 1–22. For the role of mendicant orders in lay devotion in Transylvanian towns in particular: Carmen FLOREA, The Third Path: Charity and Devotion in Late Medieval Transylvanian Towns, in: Communities of Devotion. Religious Orders and Society in East Central Europe, 1450–1800, ed. Maria CRĂCIUN–Elaine FULTON (Catholic Christendom, 1300–1700, Farnham 2011) 91–120.

[5] Maureen FLYNN, The Charitable Activities of Confraternities, in: Early Modern Europe: Issues and Interpretation, ed. James B. COLLINS–Karen L. TAYLOR (Oxford 2005) 101–120.

[6] Without intending to list the abundant literature on medieval confraternities in its entirety, one can refer to one of the classical articles and a recently published volume on the place of confraternities in a late medieval urban context. Miri RUBIN, Fraternities and Lay Piety in the Later Middle Ages, in: Einungen und Bruderschaften in der spätmittelalterlichen Stadt, ed. Peter JOHANEK (Städteforschung A/32, Köln–Wien–Weimar 1993) 185–198; Space, Place and Motion: Locating Confraternities in Late Medieval and Early Modern Towns, ed. Diana Bullen PRESCIUTTI (Art and Material Culture in Medieval and Renaissance Europe 8, Leiden 2017).

[7] See for example the fourteenth-century foundation by Geert de Groote in the Netherlands, the Brethren of the Common Life as a forerunner of the Protestant Reformation; Ernst GILLIAT-SMITH, Brethren of the Common Life, in: The Catholic Encyclopedia 4 (New York 1908), online: http://www.newadvent.org/cathen/04166b.htm [25. 9. 2017]. With regard to Italian confraternities, see: Nicholas TERPSTRA, Lay Confraternities and Civic Religion in Renaissance Bologna (Cambridge Studies in Italian History and Culture, CUP, Cambridge 1995) 49–68. For the region involved here, where the devotio moderna was reflected in new trends in monasticism but not in these new brotherhoods: László MEZEI, Die Devotio moderna der Donauländer, Böhmen, Österreich und Ungarn. Acta Litteraria 12/1–2 (1970) 37–51.

[8] For an overview of the foundations of confraternities in the Kingdom of Hungary, see: Lajos PÁSZTOR, A vallásos társulatok és a céhek [The Religious Confraternities and the Guilds], in: IDEM, A magyarság vallásos élete a Jagellók korában (Királyi Magyar Egyetemi Nyomda, Budapest 1940) 22–49. In Transylvania: Lidia GROSS, Confreriile medievale în Transylvania: secolele XIV–XVI. [Confraternities in Transylvania: 14th–16th Century] (Grinta, Cluj-Napoca 2004), for the dates see 291s. For a summary of the Corpus Christi festivities, see: Károly GODA, „Ecce panis angelorum". A középkori bécsi és budai úrnapok és körmenetek közép-európai kitekintésben [„Ecce panis angelorum". Medieval Corpus Christi Festivities and Processions in Vienna and Buda from a Central European Perspective]. Történelmi Szemle 57/2 (2015) 193–218, especially 204–215. For the role of the Corpus Christi Confraternity in the performative culture of late medieval Pressburg, see: Judit MAJOROSSY, A Krisztus Teste konfraternitás helye a középkori pozsonyi polgárok életében [The Role of the Corpus Christi Confraternity in the Life of the Medieval Burghers of Pressburg/Bratislava]. Történelmi Szemle 46/1–2 (2004) 69–111, especially 85–92.

clerical reformers believed that the confraternities' traditional emphasis on lay autonomy left them vulnerable to heresies and undermined the authority of priests and bishops. Thus, they advocated a closer clerical supervision of the groups[9].

This twofold attitude towards confraternities – that were regarded to provide a good institutional framework for organising charity but were also seen as possible sites of „evil practices" – emerges in the writings of Martin Luther. In his sermon „The Blessed Sacrament of the Holy and True Body of Christ and the Brotherhoods", he condemns the bad practices of the brotherhoods and talks about the original idea behind such confraternal institutions: *One of these* [evil practices] *is their gluttony and drunkenness, one or more masses are held, afterward the entire day and night, and other days besides, are given over to the devil.* […] *Saints' days should be kept and hallowed with good works* […] *instead it has become a treasure of beer money.* Furthermore, he criticises: *What have the names of Our Lady, of St Anne, St Sebastian, or other saints to do with your brotherhoods, in which you have nothing but gluttony, drunkenness, squandering of money, howling, yelling, chattering, dancing and wasting of time?* In the second paragraph of this part of his treatise, he states the only reason for the existence of such brotherhoods: *If men desire to maintain a brotherhood, they should gather provisions, and feed and serve a tableful or two of poor people, for the sake of God, the day previous they should fast, and on the feast-day remain sober, and pass the time in prayer and other good works.* […] *Or they should gather the money which they intended to squander for drink and form a common treasury, each trade by itself, so that needy fellow-workmen might be assisted, or be lent money* […]. He adds that if the brethren are unwilling to change the character of their brotherhood, they should at least organise feasts and drinking without (mis)using the names of the saints. Finally, another *evil feature of the brotherhoods is of a spiritual nature* […]. *They learn to seek their own good, to love themselves* […] *to despise others, to think themselves better than others* […][10]. Luther describes the „shameful practices" of the confraternities (he knew) in more detail, including gluttony, drunkenness, and an evil „spiritual nature". According to him, only charitable activities – caring for the poor as well as for fellows in the same guild and profession – were worthy to be continued.

Protestant polemics aside, introducing the Protestant Reformation in a territory did not necessarily lead to immediate large-scale changes in the traditional late medieval religious activities in general, and in the local confraternities in particular[11]. In addition,

---

[9] For the Italian confraternities, see: TERPSTRA, Lay Confraternities (see note 7) 49–68. However, the general idea of the closer clerical supervision comes forth during the Council of Trent.

[10] Martin LUTHER, A Treatise Concerning the Blessed Sacrament of the Holy and True Body of Christ and Concerning the Brotherhoods (Sermon von dem hochwürdigen Sakrament des heiligen wahren Leichnams Christi und von den Bruderschaften, 1519), transl. by J. J. SCHINDEL, in: Works of Martin Luther (1483–1546) with Introduction and Notes 2 (Philadelphia 1916) 7–31, here 26–28. For the original German text, see: D. Martin Luthers Werke. Kritische Gesamtausgabe 2 (Weimar 1884) 738–758.

[11] This is a wide-ranging topic, but it is interesting to see how the late medieval institutional framework endured in certain case studies, for example, in a few analyses of northern German towns and their monasteries during the Reformation: Claudia HOFFMANN, Stralsund und die Reformation – Auswirkungen auf die Klöster der Stadt, in: Klöster und monastische Kultur in Hansestädten, ed. Claudia KIMMINUS-SCHNEIDER–Manfred SCHNEIDER (Stralsunder Beiträge zur Archäologie, Geschichte, Kunst und Volkskunde in Vorpommern 4, Stralsund 2003) 103–120; Maciej PTASZYŃSKI, Lutherisches Kirchenregiment im Kreuzfeuer interner Kritik? Konfliktsituation zwischen dem Stralsunder Superintendenten und dem pommerschen Generalsuperintendenten in der zweiten Hälfte des 16. Jahrhunderts, in: Zwischen Ekklesiologie und Administration. Modelle territorialer Kirchenleitung und Religionsverwaltung im Jahrhundert der europäischen Reformationen, ed. Johannes WISCHMEYER (Veröffentlichungen des Instituts für Europäische Geschichte Mainz 100, Göttingen 2013) 155–192.

confraternal administrative changes and an increased centralisation often occurred before Protestantism was introduced, also in non-Protestant areas, as has been clearly established by earlier scholarship on Western Europe (especially in the cases of Italian confraternities). Similarly, it has already been widely discussed that in this period, the role of charity (caring for the poor) was placed in the foreground of lay religious activity[12]. Certain analyses also highlight the survival of religious brotherhoods for several decades after the introduction of Protestantism[13].

The Protestant accusations against medieval confraternities and their various secular practices finally led to a more general ecclesiastical reform and increased canonical control over them within the Western Church (the Roman Catholic faith). Consequently, the decrees and canons issued (on 17 September 1562) in Session 22 of the *Consilium Tridentinum* (1545–1563) empowered bishops to review their statutes, supervise worship (the holy masses and communion), and inspect accounts during regular visitations[14]. However, the process of reception (through preaching and reform activities of Jesuit and Franciscan popular missionaries) developed rather slowly; many „old" medieval confraternities resisted or were not effected at all. Therefore, Pope Clement VIII issued another bull in 1604 which required the episcopal approval for all new foundations and further promoted control and the necessity of issuing similar statutes for all the existing ones[15]. Thus, the regulatory process slowly took on a standard form with a specific function and uniform statutes and had control over the financial means (and properties). On the one hand, medieval confraternities were used in confessional „fights" in certain regions after they were reformed[16]. On the other hand, in Europe in general, at the parish and

---

[12] Maureen FLYNN, Sacred Charity: Confraternities and Social Welfare in Spain, 1400–1700 (Ithaca, N.Y. 1989); Andrew BARNES, The Social Dimension of Piety: Associative Life and Devotional Change in the Penitential Confraternities of Marseilles, 1499–1792 (New York 1994); Christopher BLACK, Italian Confraternities in the Sixteenth Century (Cambridge 1989); Nicholas ECKSTEIN, 'Con buona affectione': Confraternities, Charity, and the Poor in Early Cinquecento Florence, in: The Reformation of Charity: The Secular and the Religious in Early Modern Poor Relief, ed. Thomas Max SAFLEY (Leiden 2003) 47–62; Ronald F. E. WEISSMAN, From Brotherhood to Congregation: Confraternal Ritual between Renaissance and Catholic Reformation, in: Riti e rituali nelle società medievali, ed. Jacques CHIFFOLEAU–Lauro MARTINES–Agostino PARAVICINI BAGLIANI (Centro Italiano di Studi sull'Alto Medioevo, Spoleto 1994) 77–94; Brian S. PULLAN, Catholics and the Poor in Early Modern Europe. *Royal Historical Society Transactions* 26 (1976) 15–34; IDEM, Rich and Poor in Renaissance Venice: The Social Institutions of a Catholic State, to 1620 (Oxford 1971); The Politics of Ritual Kinship: Confraternities and Social Order in Early Modern Italy, ed. Nicholas TERPSTRA (Cambridge 2000); TERPSTRA, Lay Confraternities (see note 7).

[13] Just to mention one example, Timothy Fehler stated in his analysis of the practices in Emden that for three decades, the brotherhoods functioned without interruption. Only when the city faced extreme social and economic strains in the middle of the sixteenth century – brought about by the effects of the revolt in the neighbouring Netherlands – did the confraternities lose their spiritual functions and turn into solely charitable brotherhoods. Timothy G. FEHLER, Refashioning Poor Relief in Early Modern Emden (Chapter 6), in: The Reformation of Charity: The Secular and the Religious in Early Modern Poor Relief, ed. Thomas Max SAFLEY (Studies in Central European Histories, Leiden 2003) 92–106, here 97. Concerning the Viennese *Fronleichnam-Bruderschaft*, one can see a similar continuation: Károly GODA, Metamorphoses of Corpus Christi: Eucharistic Processions and Clashes in Fifteenth- and Sixteenth-Century Vienna. *Theatrum Historiae* 15 (2014) 1–42. In addition, see the article by Arend MINDERMANN on Stade in the present volume.

[14] The Twenty-Second Session of the Council of Trent, in: The Canons and Decrees of the Sacred and Oecumenical Council of Trent, ed. and transl. J. WATERWORTH (London 1848) 152–170.

[15] Pope CLEMENT VIII, *Quaecumque*, 7 December 1604, in: Codicis Iuris Canonici Fontes 1: Concilia Generalia – Romani Pontifices usque ad anno 1745, ed. P. GASPARRI (Roma 1947) No. 192, 366–370.

[16] See for example Robert R. HARDING, The Mobilization of Confraternities against the Reformation in France. *Sixteenth Century Journal* 11/2 (1980) 85–107.

diocesan level, two early sixteenth-century innovations that significantly increased in number after the Council of Trent were the confraternities dedicated to Eucharistic adoration (*Corpus Christi*, Holy Sacrament, *Corpus Domini* fraternities) and those dedicated to catechetical instruction (Christian doctrine confraternities, Marian congregations, Rosary brotherhoods)[17].

While these different types of new (or renewed) early modern confraternities are widely discussed in this volume, this article chiefly focuses on the fate and uses of (late) medieval urban confraternities in the early and mid-sixteenth century during the spread and advancing of the Reformation. The investigated area is the Kingdom of Hungary, where Luther's ideas were quickly disseminated, especially in the urban milieu (of the more „independent", so-called free royal towns). These towns played an important role in propagating the new confession – in addition to the missionary role of the members of the Hungarian high nobility that has been highlighted by earlier scholarship[18]. In addition, as certain newly revealed sporadic sources suggest, with the further spread of the Reformation in the late sixteenth century, not only preachers took an active part, but also the members of certain guilds („confraternities") of craftsmen and merchants as being the most mobile elements of these urban communities[19].

My main concern is to reveal what happened to late medieval confraternities during the decades of transition in the sixteenth century, even though, as we shall see, it is quite difficult to obtain sufficient source information on the activities of medieval brotherhoods and to estimate the genuine influence of the early Reformation in some urban communities. In spite of the serious lack of comprehensive medieval sources (registers, membership lists, accounts, and regulations) on several confraternities whose existence has been testified for as well as the sporadic availability of case studies (profound analyses), my intention here is twofold. First, I aim to investigate whether an overall and general decline of the confraternities can be observed in urban communities where the Reformation quickly made headway (on an institutional level with different degrees of faith or on a personal level with a significant number of sympathisers). Second, this contribution will highlight whether certain other phenomena such as the further usage of the institutional framework or the co-brethrenship of different confessions can also be seen as signs of a rather slow transitional process.

Due to Martin Luther's attitude towards late medieval lay religiosity in general and confraternities in particular in his theses, in many regions – including the main subject

---

[17] TERPSTRA, Confraternities (see note 3).

[18] In a recent study within the framework of a research project („Reformation 500") conducted at the MNL OL on collecting and revising the sources available on the Reformation in the Kingdom of Hungary, the author also provided a general overview of previous research on the topic. István H. NÉMETH, Felekezetváltás vagy együttélés. A szabad királyi városok egyházainak sorsa [Change of Confession or Cohabitation. The Fate of the Churches in the Free Royal Towns], in: Egyházi társadalom a Magyar Királyságban a 16. században, ed. Szabolcs VARGA–Lázár VÉRTESI (Seria Historiae Dioecesis Quinqueecclesiensis 17, Pécsi Püspöki Hittudományi Főiskola/Pécsi Egyháztörténeti Intézet, Pécs 2010) 157–174.

[19] A pamphlet written in 1587 for the members of the soap-makers' guild of Debrecen (one of the main centres of Reformation in the Kingdom of Hungary, the so-called „Calvinist Rome") discusses the arguments to be used concerning masses, communion, and processions as main parts of confraternal life against the Roman Catholics („romano chatolicu"). Debrecen, MNL HBML, IX.30.2.d. A debreceni szappanos céh iratai: A debreceni szappanos céh részére 1587-ben írt vitairat a búcsújárások és processziók ellenében [A Pamphlet against Pilgrimages and Processions Written in 1587 for the Soap-Makers' Guild of Debrecen]. The text was transcribed by Erzsébet SZENDINÉ ORVOS and is available: http://reformacio.mnl.gov.hu/a_debreceni_szappanos_ceh_reszere_1587_ben_irt_vitairat_a_bucsujarasok_es_processziok_elleneben [22. 8. 2017].

area of this study, the Kingdom of Hungary – research on fraternities has mostly inter-
preted the Reformation period (the 1520s) as a sharp caesura. Hungarian scholarship so
far has tended to concentrate either on the medieval period or on the period after the
„Catholic Reformation" (the Council of Trent and the bull of 1604), and especially on the
Baroque (Jesuit) revival[20], rarely discussing the decades between the 1520s and the 1600s
in detail. Thus, aiming to provide a general picture of transition and transformation processes during this time, one can only rely on a small body of in-depth analyses and even
fewer wide-scale case studies[21]. Even some of these few are outdated and have a biased
approach, do not truely concentrate on the transitional period of the sixteenth century, or
do not supply us with a full-scale analysis on the basis of which one could highlight possible changes as a result of the Reformation. On the one hand, this is surely due to the lack
of source material (very few confraternity registers, membership lists, and accounts survived, if ever existed) that is relevant for such analysis[22]. On the other hand, however, the
attitude of older research that tended to separate medieval and early modern phenomena
and uses the year 1526 (the lost battle of Mohács that paved the way for the Ottoman oc-
cupation of the middle territory of the medieval kingdom) as a sharp dividing line[23] also
played a role in discussions of issues of religious life and mentality. This „old" approach

---

[20] Zsófia KÁDÁR, Jezsuita vezetésű vallásos társulatok Magyarországon a 17. században, 1582–1671 [Re-
ligious Confraternities Led by Jesuits in Hungary in the Seventeenth Century, 1582–1671]. *Századok* 148/4
(2014) 1264–1307; EADEM, Jezsuita kollégium és helyi társadalom a 17. századi Nyugat-Magyarországon (Győr,
Pozsony, Sopron) [Jesuit College and Local Society in Seventeenth-Century Western Hungary (Raab, Pressburg,
Ödenburg) (Diss. Budapest 2016). See also her article in the present volume.

[21] For the historiography, see the article by András FORGÓ in the present volume.

[22] If there are such surviving confraternity registers at all. In many cases, however, the existence of medieval
confraternities is only known due to the appearance of their priests in different charters. If other types of confraternity sources are available, they are either only dedicated to one confraternity from a particular town (for
example, Pressburg – Corpus Christi; Bartfeld – Mater Misericordie; Leutschau – Corpus Christi; Kaschau –
Merchants' Brotherhood; Käsmark – Visitatio Marie; Hermannstadt – Corpus Christi) or only cover a few years
(for example, Hermannstadt – Corpus Christi, accounts only for 1525–1527; Pressburg – Mater Misericordie,
a membership list only from around the 1470s; Ödenburg – Gross Bruderschaft, 1491–1499; Kaschau – Saint
Michael, late 15th century). See the following literature (or archival source material) on the mentioned examples, respectively: Judit MAJOROSSY, A Krisztus Teste (see note 8); Marie-Madeleine DE CEVINS, Les confréries
en Hongrie à la fin du Moyen Âge: l'exemple de la confrérie „Mère de Miséricorde" de Bardejov (1449–1525),
2 parts. *Le Moyen Age: Revue l'Histoire et de Philologie* 106/2 (2000) 347–368; 106/3–4 (2000) 495–511; Béla
IVÁNYI, A lőcsei „Krisztus Teste" testvérület jegyzőkönyve, 1431–1584 [The Register of the Corpus Christi
Confraternity of Leutscha/Levoča, 1431–1584], 2 parts. *Közlemények Szepes vármegye múltjából* 3/3–4 (1911)
193–201, 193–201; György KEREKES, A kassai kereskedő-céh (Bruderschaft) könyve, 1446–1553 [The Register of the Merchants' Guild (Bruderschaft) in Kaschau/Košice]. *Magyar Gazdaságtörténeti Szemle* 10 (1903)
342–352; Virgínia ROZLOŽNÍKOVÁ, Eine mittelalterliche Bruderschaft in Käsmark, in: Städtisches Alltagsleben
in Mitteleuropa vom Mittelalter bis zum Ende des 19. Jahrhunderts, ed. Viliam ČIČAJ–Othmar PICKL (Veröffentlichungen der Kommission für Wirtschafts-, Sozial- und Stadtgeschichte 6, Bratislava 1998) 63–71; Gustav
SEIWERT, Die Bruderschaft des heiligen Leichnams in Hermannstadt. *Archiv des Vereines für siebenbürgische
Landeskunde* N. F. 10/3 (1872) 314–360; Judit MAJOROSSY, Church in Town: Urban Religious Life in Late
Medieval Pressburg in the Mirror of Last Wills (Diss. Central European University, Budapest 2006) 420–421;
Ödenburg (Gross Bruderschaft): Sopron, MNL GyMSM SL, XV.76. Dl.3368 (also in a photo: Budapest, MNL
OL, DF 204705); Kaschau (St Michael): Budapest, MNL OL, DF 210754.

[23] Of course, this also stands in relation to the general periodisation of Hungarian political history, since
historiography usually discusses the medieval period as the age of the Hungarian dynasty (until 1301) and that
of the mixed dynasties (between 1301–1526). Pál ENGEL, The Realm of St Stephen: A History of Medieval
Hungary, 895–1526 (London–New York 2001). And the rule of Habsburg Ferdinand I (1526–1564) is taken
as the beginning of a new era. Consequently, there is a general tendency to use the given date as an end point to
several investigations which has consequences with regard to the analysed phenomenon.

tended to describe late medieval religiosity and church as a phenomenon of decline, while it was claimed that everything became different and changed for the better after the arrival of the Reformation[24]. Thus, nineteenth-century and early twentieth-century historians regarded the Reformation as a step in an evolutionary history, and, consequently, a similar approach was taken regarding several elements of late medieval religiosity (such as confraternities). Recent historiography is gradually moving away from these older paradigms and has started to investigate issues of religious continuity and change in a wider perspective. One of the questions raised, for instance, was how different late medieval religious frameworks and institutions received new contents. Most of the questions mentioned that are relevant to our topic, however, are only starting to be answered. Therefore, this paper serves as a modest attempt to revisit both (old and recent) scholarly literature and a few of the available sources (confraternity registers) and to make steps towards bridging the gap between the late medieval and the early modern period with regard to the above-mentioned question about the fate(s) of medieval confraternities.

1. Starting Point: Late Medieval Religiosity

As a starting point for examining late medieval religious urban life, one should recall the statement by Katalin Péter[25] that the relationship of believers and the church was quite intense, operable, vivid, and that faith manifested itself in actual deeds (religious bequests, donations, charity activity, financing altarpieces, liturgical vessels, masses, and so on) at the dawn of the Reformation[26]. By the late fifteenth and early sixteenth centuries, urban ecclesiastical structures were usually sufficiently differentiated to meet the religious needs of a variety of urban groups, as the church institutions, the ecclesiastical communities in a town, tried to adapt to the demands of their members. Simultaneously, due to the mutual character of such processes, the burghers actively took part in the formation of certain practices such as the establishment of new institutions or new practices through their donations, and they invested in creating the conditions for accomplishing their religious and liturgical needs. Apparently, burghers managed to find those forms of religious

---

[24] This was usually the attitude of earlier works on the Reformation in individual towns written in the late nineteenth to early twentieth centuries from a Lutheran point of view, partially referred to in the upcoming footnotes and partially listed in the above-mentioned summary article by István H. Németh. NÉMETH, Felekezetváltás (see note 18).

[25] As was proven in several works by Katalin Péter on the *Konfessionalisierung*-process in the everyday life of average people in a Hungarian context: Katalin PÉTER, A reformáció [The Reformation], in: Magyarország története, 1526–1686, ed. Ágnes R. VÁRKONYI (Magyarország története tíz kötetben 3/1, Akadémia Kiadó, Budapest 1987) 543–593; EADEM, Die Reformation in Ungarn, in: European Intellectual Trends and Hungary, ed. Ferenc GLATZ (Budapest 1990) 39–52; EADEM, The Way from the Church of the Priest to the Church of the Congregation, in: Frontiers of Faith. Religious Exchange and the Constitution of Religious Identities 1400–1750, ed. Eszter ANDOR–István György TÓTH (Cultural Exchange in Europe, 1400–1750 1, Budapest 2001) 9–35; EADEM, A reformáció: kényszer vagy választás? [Reformation: Force or Choice?] (Európai Iskola, Nemzeti Tankönyvkiadó, Budapest 2004).

[26] The same idea was discussed in case of Vienna within the framework of a recent exhibition and in the related catalogue: Johann WEISSENSTEINER, Zwischen Luther und Canisius. Wiener Bischöfe und Wiener Pfarren in der Reformationszeit, in: Brennen für den Glauben. Wien nach Luther, ed. Rudolf LEEB–Walter ÖHLINGER–Karl VOCELKA (Ausstellungskatalog 143, Wien Museum, Wien 2017) 218–231. More generally on this issue, see also, for example, John VAN ENGEN, Multiple Options: The World of the Fifteenth-Century Church. *Church History* 77/2 (2008) 257–284.

practices within the available ecclesiastical institutions or those institutions and organisations within the ecclesiastical network that best served their religious needs[27]. Partially due to their active and intensive participation in religious life, people tended to be rather open for new ideas, new ways of „practicing faith"[28]. Against this background, Luther's concept of salvation *sola fide* and the importance of direct actions (without the intermediation of saints or indulgences) intensified certain elements of late medieval religiosity – such as charity, fraternal love, and caring for „brothers", especially on their last journeys, their funerals – and generally strengthened communal acts and support[29].

In addition, one also has to keep in mind a few particular features of the spread of the Reformation during the sixteenth century within the Kingdom of Hungary. The role of free royal towns and royal mining towns in this process, their tight relations to several German towns of the Holy Roman Empire, and their own German burghers played an important role in spreading new religious ideas. And these Hungarian royal towns had ecclesiastical autonomy, in this case exercised *ius patronatus* over their own parishes, meaning that they had the right to freely elect their own parish priests[30]. As opposed to Austria, for example, no man of the king („Eidkommissar") was present to control their choice[31]. Consequently, with the selection of a new parish priest influenced by the new ideas of the Reformation, the town councils could shift religious preferences in the given urban

---

[27] I myself have tried to demonstrate this with the example of medieval Pressburg: MAJOROSSY, Church in Town (see note 22); EADEM, Late Medieval Confraternities in Pressburg, in: Pfarreien in Mitteleuropa im Mittelalter. Deutschland, Polen, Tschechien und Ungarn im Vergleich, ed. Nathalie KRUPPA–Leszek ZYGNER (Veröffentlichungen des Max-Planck-Instituts für Geschichte 238, Göttingen 2008) 339–362.

[28] The ideas of the „Volksreformation" and the „Ratsreformation" both suppose an active participation of the civic urban community. Regarding the first view: Peter BLICKLE, Gemeindereformation. Die Menschen des 16. Jahrhunderts auf dem Weg zum Heil (München 1987) 76–109; EADEM, Die Reformation im Reich (Kohlhammer–Urban–Taschenbücher 747, Stuttgart 2015) 87–112. For the role of the council: Olaf MÖRKE, Rat und Bürger in der Reformation: soziale Gruppen und kirchlicher Wandel in den welfischen Hansestädten Lüneburg, Braunschweig und Göttingen (Veröffentlichungen des Instituts für Historische Landesforschung der Universität Göttingen 19, Hildesheim 1983). See also: Rudolf SCHLÖGL, The Town and the Reformation as an Urban Event, in: A Companion to the Reformation in Central Europe, ed. Howard LOUTHAN–Graeme MURDOCK (Leiden 2015) 281–315.

[29] For example, last wills in Western Hungary before the 1520s generally show that pious considerations were dominant. Supports for several types of masses, priests, altars as well as brotherhoods or pilgrimages are characteristic of many testaments, together with helping the poor, endowing hospitals, and articulating wishes concerning one's own funeral. However, between the 1530s and the 1550s, the support of clerics and churches decreased, masses and bequests for pilgrimages disappeared, and donations to the poor and especially to hospitals as well as concerns about the funeral became overwhelming. For Ödenburg, see: Jenő HÁZI, Sopron szabad királyi város története II/1–2 [The History of the Free Royal Town of Sopron/Ödenburg] (Sopron 1930–1931), the last wills between 1390–1541; IDEM, Sopron középkori egyháztörténete [The Ecclesiastical History of Sopron/Ödenburg] (Győregyházmegye múltjából IV/1, Sopron 1939). For Pressburg: Bratislava, AMB, 4.n.1. Protocollum Testamentorum I, 1424–1529. For its analysis: MAJOROSSY, Church in Town (see note 22). Bratislava, AMB, 4.n.2. Protocollum Testamentorum II, 1529–1557. For its analysis: Attila TÓZSA RIGÓ, Kegyesség és hitújítás: a reformáció megjelenésének első nyomai az 1529–1557 közötti pozsonyi végrendeletekben [Piety and Neology: The First Traces of Reformation in the Last Wills of Pressburg/Bratislava in 1529–1557]. *Publicationes Universitatis Miskolcinensis, Sectio Philosophica* 11/1 (2006–2007) 113–159. On using last wills for estimating the influence of Protestantism in Vienna, see Richard MATT, Die Wiener protestantischen Bürgertestamente von 1578–1627. *MVGStW* 17 (1938) 1–51; Astrid SCHWEIGHOFER, Ein zweites Wittenberg? Wie evangelisch war Wien im 16. Jahrhundert? in: Brennen für den Glauben (wie Anm. 26) 198–207.

[30] András KUBINYI, Plébánosválasztás és egyházközségi önkormányzat a középkori Magyarországon [The Election of Parish Priests and Congregational Autonomy in Medieval Hungary]. *Aetas* 6/1–2 (1991) 26–46.

[31] NÉMETH, Felekezetváltás (see note 18) 164, with further references to Austrian and Hungarian practices.

communities rather smoothly. In addition, the growing civic control over and/or the administration of the several organisations of late medieval religious life could also further a confessional turn. The control of secular church wardens over the budget of the parish churches, the practice of the secular altar patronage exercised by individual burghers of the community, the civic control of the town council over hospitals, altar beneficiaries, and other religious intitutions, and also the common practice that town councillors often became the confraternity masters of the most important urban confraternities are all examples of such practices of the late fifteenth century that could be utilised in cases of a communal change of confession[32].

Although the role of these main towns (especially free royal and royal mining towns) of the Kingdom of Hungary is highly important and well known, the early „Konfessionalisierung", the process of changing religion, has still not been fully investigated in many of them. Thus, a new project for the jubilee of the Reformation was launched in the Hungarian National Archives in order to collect sources for this early period, for example, the correspondence of towns with the pastors of the new confession[33]. With the help of its preliminary results and on the basis of recent research conducted by Zoltán Csepregi[34],

---

[32] Regarding the example of Pressburg, see: MAJOROSSY, Church in Town (see note 22). For the civic control over hospitals, see: Judit MAJOROSSY–Katalin SZENDE, Hospitals in Medieval and Early Modern Hungary, in: Europäisches Spitalwesen. Institutionelle Fürsorge in Mittelalter und Früher Neuzeit, ed. Andrea SOMMERLECHNER Martin SCHEUTZ–Herwig WEIGL–Alfred Stefan WEISS (MIÖG. Ergbd. 51, Wien–München 2008) 409–454. For the council's control over the beneficiaries (in Ödenburg) Károly GODA–Judit MAJOROSSY, Städtische Selbstverwaltung und Schriftproduktion im spätmittelalterlichen Königreich Ungarn – Eine Quellenkunde für Odenburg und Pressburg. *Pro Civitate Austriae, Informationen zur Stadtgeschichtsforschung in Österreich* N. F. 13 (2008) 62–100, especially 85–86.

[33] István H. NÉMETH, A reformáció a magyarországi szabad királyi városokban [Reformation in the Free Royal Towns of the Kingdom of Hungary], online publication, Budapest, MNL OL: http://reformacio.mnl.gov.hu/reformacio_a_magyarorszagi_szabad_kiralyi_varosokban [15. 8. 2017]. For the previous source editions: IDEM, Felekezetváltás (see note 18) 157s.

[34] He has written several publications on different aspects of the Reformation, though only those are included here that were extensively used as a background for this article: Zoltán CSEPREGI, Courtly Priests in the Entourage of Queen Mary of Hungary, in: Mary of Hungary: The Queen and Her Court 1521–1531, ed. Orsolya RÉTHELYI–Beatrix F. ROMHÁNYI–Enikő SPEKNER–András VÉGH (Budapesti Történeti Múzeum, Budapest 2005) 49–61; IDEM, Die Anfänge der Reformation im Königreich Ungarn bis 1548, in: Die Reformation in Mitteleuropa. International wissenschaftliches Symposium anlässlich des 500. Geburtstages von Primus Truber, ed. Christian GASTGEBER–Vincenc RAJSP–Boguslaw DYBAS–Karl SCHWARZ (Srednjeevropska znanstvena knjižnica 4, Ljubljana 2011) 127–147; IDEM, A bártfai reformáció Stöckel fellépése előtt [Reformation in Bártfa/Bardejov before the Appearance of Stöckel], in: Leonard Stöckel a reformácia v strednej Európe, ed. Peter KÓNYA (Acta Collegii Evangelici Prešoviensis 11, Prešov 2011) 169–186; IDEM, Közösségi kultúra a magyarországi reformációban. Szövetség, kölcsönös eskü, életre szóló elköteleződés gyülekezet és lelkész között [Communal Culture in the Hungarian Reformation. Covenant, Mutual Oath, and Life-Long Commitment between Congregation and Pastor], in: Teológia és kultúra (Luther Kiadó, Budapest 2014) 9–22; IDEM, Die Rezeption der deutschen Reformation in ungarländischen Städten und Herrschaften, in: Exportgut Reformation. Ihr Transfer in Kontaktzonen des 16. Jahrhunderts und die Gegenwart evangelischer Kirchen in Europa, ed. Ulrich A. WIEN–Mihai D. GRIGORE (Veröffentlichungen des Instituts für Europäische Geschichte Mainz, Beihefte 113, Göttingen 2017) 161–189.

Barnabás Guitman[35], András Péter Szabó[36], Gabriella Erdélyi[37], or Katalin Péter[38], it becomes visible that the change of confession was a rather slow and very careful process.
During the sixteenth century, there were a series of manoeuvres and counter-manoeuvres
of those towns where Protestantism spread quickly, against the Catholic „royal wind"
of the Habsburgs, who gained the crown of Hungary after the death of the Jagiellonian
Louis II in the battle of Mohács and against the relevant territorial bishops. Towns could
partially be on the reformed side – with a greater number of Protestant burghers – without the full visibility of this confessional turn on the level of its urban religious institutions and without „direct" sources clearly referring to an open break with the old church
(for example, in the cases of Ödenburg or Pressburg)[39]. Concerning the early Reformation, it was also revealed that the institutional framework remained the same for both
confessions, the first reformers were employed as parish priests in urban parish churches.
This was the case, for example, in Bartfeld, Kaschau, and Leutschau[40]. Later, believers
of the old and the new confession would use the same churches in some cases (Ödenburg, Pressburg)[41]. This could also happen due to the fact that the less radical branch of
Protestantism, that of Philipp Melanchthon (1497–1560), spread in most towns in the
Kingdom of Hungary[42]. Thus, in certain urban communities, the two confessions used
the same ecclesiastical space for their liturgies, and in other cases, a few of the churches
in the Protestant communities were able to preserve their medieval altars, for example
in Kaschau or Bartfeld. As a reformer, Melanchthon was characterised by moderation,
caution, and a love of peace. For the welfare of the community and the development of
the church, he favoured conciliation and never completely abandoned the possibility of
reconciliating with the Roman Catholic Church[43]. Although it would be interesting to
discuss the entire process of changing confession and the usage and transformation of the
late medieval monasteries and churches, the following is dedicated to examining what
happened to one of the institutional frameworks of medieval religiosity, the confraternities and the so-called *fratres calendarum* in main towns during the process of their chang-

---

[35] Barnabás GUITMAN, A bártfai reformáció első évtizedei és kapcsolatrendszere [The First Decades and the
Networks of Reformation in Bártfa/Bardejov (Diss. Pázmány Péter Katolikus Egyetem, Piliscsaba 2009); IDEM,
Hit, hatalom, humanizmus. Bártfa reformációja és művelődése Leonhard Stöckel korában [Faith, Power, Hu-
manism: Reformation and Cultural History of Bártfa/Bardejov in Leonhard Stöckel' Time] (Budapest 2017).

[36] András Péter SZABÓ, Die Reformation in Nordostungarn, in: Die Reformation in Mitteleuropa. Internationales wissenschaftliches Symposium anlässlich des 500. Geburtstages von Primus Truber, ed. Christian GAST-
GEBER–Vincenc RAJSP–Boguslaw DYBAS–Karl SCHWARZ (Srednjeevropska znanstvena knjižnica 4, Ljubljana
2011) 107–114.

[37] Her research is conducted from the perspective of the communities (and the role of mendicants with
their special role in the late medieval religious market): Gabriella ERDÉLYI, Szökött szerzetesek. Erőszak és fiata-
lok a késő középkorban [Escaped Monks. Violence and Youth in the Late Middle Ages] (Budapest 2011). On
Körmend: EADEM, The Consumption of the Sacred: Popular Piety in a Late Medieval Hungarian Town. *Journal
of Ecclesiastical History* 63/1 (2012) 31–59.

[38] See note 25.

[39] NÉMETH, Felekezetváltás (see note 18) 164–165.

[40] CSEPREGI, Die Anfänge der Reformation (see note 34); IDEM, Közösségi kultúra (see note 34); IDEM, Die
Rezeption (see note 34); GUITMAN, Hit, hatalom (see note 35).

[41] NÉMETH, A reformáció (see note 33).

[42] CSEPREGI, Die Rezeption (see note 34) 176–180.

[43] Martin LOHRMANN, Melanchthon, Philip, 1497–1560, in: T&T Clark Companion to Reformation
Theology, ed. David M. Whitford (London 2014) 432–433; Günter FRANK, Melanchton als größte ökumeni-
sche Gestalt der Reformationszeit, in: Philipp Melanchthon. Der Reformator zwischen Glauben und Wissen.
Ein Handbuch, ed. Günter FRANK (Berlin 2017) 767–771.

ing (or already changed) confession and examining cases when confessional change did not happen, although there was a dominant number of Protestant-thinking burghers.

2. Framework: Medieval Brotherhoods – General Overview

In his general summary on medieval confraternities, András Kubinyi demonstrated that around the turn of the fifteenth century, either around six to eight or around ten to twelve confraternities („cecha", „confraternitas", „fraternitas", „bruderschaft", „zeche") existed in most of the significant towns of the Kingdom of Hungary[44]. They were established more frequently in royal towns and less often in bishoprics (so far, data are only available for Eger/Erlau and Pécs/Fünfkirchen) or in significant market towns (see Fig. 1). Since foundation charters and confraternity registers rarely survived, information about the existence of such brotherhoods is usually known from other types of charters (such as donations, indulgences, last wills, and charters to confraternity priests). Therefore, only general trends of their establishment can be sketched. The congregation of clerics that later developed into brotherhoods („fratres calendarum") was created first (a few also having secular members)[45], the other clerical foundations – that were already founded for the general public – came into existence from the early fourteenth century onwards, and the pure civic foundations were first established at the end of the fourteenth century and became more dominant in the fifteenth century. Concerning the different types of these „civic" confraternities, the earliest ones that are known are the Corpus Christi brotherhoods (in the 1340s/1370s), while several Marian confraternities were established between the 1420s and 1440s. However, the majority were founded (or information on them is available) in the second half of the fifteenth century, and a few new ones emerged in the sixteenth century[46].

---

[44] András KUBINYI, Vallásos társulatok a késő-középkori magyarországi városokban [Religious Confraternities in the Late Medieval Towns of the Kingdom of Hungary], in: IDEM, Főpapok, egyházi intézmények és vallásosság a középkori Magyarországon [High Priests, Church Instiutions and Religiosity in Medieval Hungary] (Metem-könyvek 22, Budapest 1999) 341–352. Not many were founded before the 1480s (2/3–5/6), but in the last decades of the fifteenth century and the early sixteenth century, new confraternities were established, a few of them outside parishes (e.g. in the cloister walk of Franciscan friaries or at Dominican friaries). See also PÁSZTOR, A vallásos társulatok (see note 8) 23–39. It must be noted that these general summaries were not entirely based on a systematic collection of all the available material and information of each included medieval settlement. However, there are some case studies (with extensive analysis) on a few towns that are available: HÁZI, Sopron középkori egyháztörténete (see note 29) 287–305; MAJOROSSY, Late Medieval Confraternities (see note 27) 348; GROSS, Confreriile medievale (see note 8) 291s.; FLOREA, The Third Path (see note 4) 99.

[45] Earliest mentions are certain legal regulations concerning priests' congregations in the eleventh century, but more information is available on „proper" fraternities from the thirteenth century onwards; KUBINYI, Vallásos társulatok (see note 44) 124–125; Andor CSIZMADIA, Városi társadalomszervezésünk kezdete [The Beginning of Urban Organisations]. *Városi Szemle* 30 (1944/1) 248–266, especially 239–241. See also Vilmos FRAKNÓI, A kalandosok [„Kaland" Fraternities]. *Századok* 10/4 (1876) 343–344; Béla MAJLÁTH, A „kalandos" társúlatok [Die „Kalandbruderschaften"]. *Századok* 19/7 (1885) 570–585; IDEM, A Liptó-vármegyei kalandosokrúl [The „Kaland" of Liptó County]. *Századok* 13/4 (1879) 344–352; Lidia GROSS, Clerical Fraternities in Medieval Transylvania, in: Church and Society in Central and Eastern Europe, ed. Maria CRĂCIUN–Ovidia GHITTA (Cluj Napoca 1998) 22–33.

[46] PÁSZTOR, A vallásos társulatok (see note 8) 23–35; CSIZMADIA, Városi társadalomszervezésünk (see note 45) 245–248; KUBINYI, Vallásos társulatok (see note 44).

Fig. 1: The distribution of the identified medieval confraternities in the medieval Kingdom of Hungary[47]

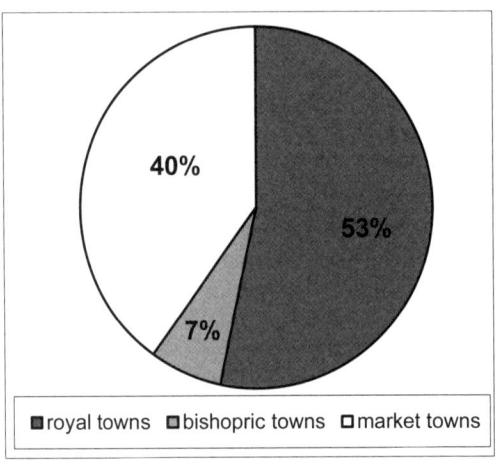

A few general conclusions of previous scholarship on confraternities are briefly high-lighted here, as they are important as „semi-secular" framework institutions for exercis-ing religion for the lay society at the dawn of the Reformation. As opposed to certain European (especially Italian) confraternities with several hundreds of members, as far as one can conclude from the few extant membership lists, most of which were produced to administer the due fees and wax donations and not as registers of members or the dead to be remembered, even if they must have also been used for such purposes, the Hungarian equivalents were on average middle-sized, with around 40–60 members. Dur-ing certain periods, some of them had around 20–30 brethren (for example Ödenburg/ Sopron, Gross Bruderschaft 1495: 23, 1496: 21; Hermannstadt, Corpus Christi 1372: 30; Leutschau, Corpus Christi 1480–1500: 30–50), while others counted around 70– 90 or sometimes even 100–140 (Kaschau, St Michael in the late fifteenth century: 99, 74; Bartfeld, Mater Misericordie fluctuated between 30/40 and 120; Pressburg, Corpus Christi during the fifteenth century also fluctuated between 30 and 110; Erlau/Eger, Cor-pus Christi 1386: 50; Pressburg, Mater Misericordie in the 1470s: 141; Käsmark, Maria Heimsuchung 1475: 50). However, a general comparison is rather difficult due to the temporal differences and the fact that some lists included wives and widows, while others only mentioned male members[48].

---

[47] The diagram was prepared on the basis of the data published in: PÁSZTOR, A vallásos társulatok (see note 8); KUBINYI, Vallásos társulatok (see note 44); GROSS, Confreriile medievale (see note 8) 291s.; MAJOROSSY, Late Medieval Confraternities (see note 27) 348.

[48] There are a few cases where the number of members is known either for a particular year or for an en-tire period. For Kaschau (merchants), see: KEREKES, A kassai kereskedő-céh (see note 22) 346. For Kaschau (St Michael): Budapest, MNL OL, DF 210754 Registrum defunctorum ex eiadem fraternitate Sancti Mi-chaelis archangeli. For Ödenburg (*Gross Bruderschaft*): HÁZI, Sopron középkori egyháztörténete (see note 29) 289; for two lists: Sopron, MNL GyMSM SL, XV.76. Dl.3368 9–10, 11–12. For Käsmark (Visitatio Marie):

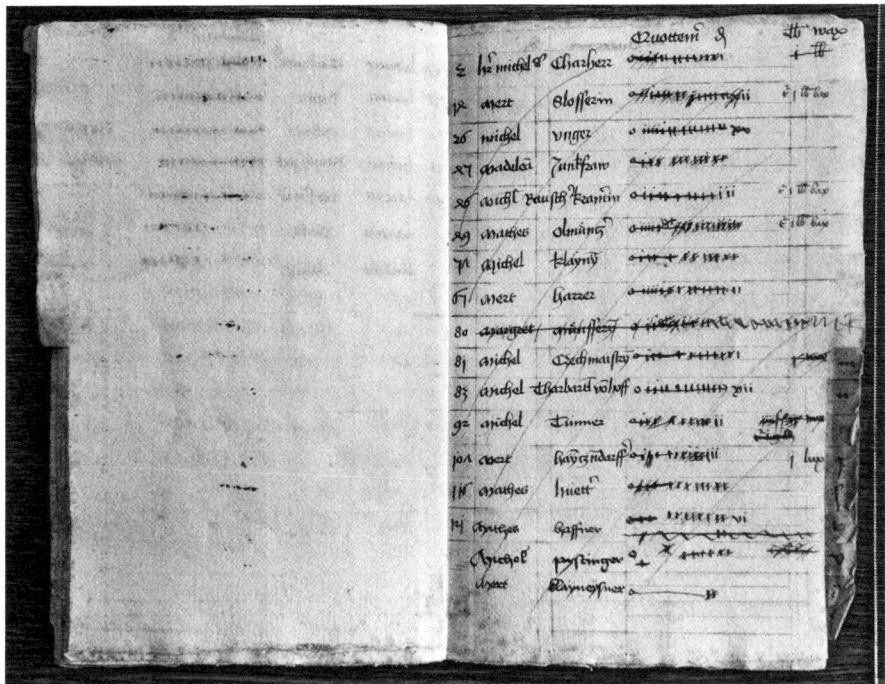

Pic. 1: A Name Register of the Mater Misericordie Confraternity in Pressburg, around 1470 (Bratislava, Archív mesta Bratislavy, No. 3571, fol. 11^v–12^r).

At European level, the renewal of confraternity regulations was usually performed by the bishops, though occasionally the *Corpus Christi* confraternities were exceptions to the rule. Otherwise, the role of the bishops was basically limited to issuing indulgences and they did not intervene in the selection of the confraternity master(s) and/or the chaplain(s). In addition, it is also important that most of the religious confraternities had a rather close relationship to the parish church (or to the church where the given confraternity had its altar foundation) and in most cases, the parish priests were members of certain confraternities, but they had no control over confraternal decisions. This kind of independence reflects on economic as well as spiritual matters, too (self-governance and independence)[49]. The parish priest connected the confraternity to the church and the prebendaries elected by the brethren served as personnel for exercising

---

Rozložníková, Eine mittelalterliche Bruderschaft (see note 22) 66. For Bartfeld (Mater Misericordie): DE CE-VINS, Les confréries (see note 22) 1: 356. For Pressburg (Corpus Christi): MAJOROSSY, A Krisztus Teste (see note 8) 78; EADEM, Church in Town (see note 22) Appendix 5, No. 1. For Pressburg (Mater Misericordie): Bratislava, AMB, No. 3571 Registrum Confraternitatis Mater Misericordie, around 1470, published in: EADEM, Church in Town (see note 22) Appendix 5, No. 2. For Leutscha (Corpus Christi): Budapest, MTA, KTRKGy, MS 1678; for another list from 1426 see: Budapest, MNL OL, DF 275853, published in: Zsigmondkori Oklevéltár XIII (1426) [The Cartulary of the Sigismund Period 13 (1426)], ed. Norbert C. Tóth–Bálint LAKATOS–Gábor MIKÓ (A Magyar Nemzeti Levéltár Országos Levéltárának kiadványai II. Forráskiadványok 55, MNL OL, Budapest 2017) (henceforth: ZsO XIII) No. 1554. For Hermannstadt (Corpus Christi): SEIWERT, Die Bruderschaft des heiligen Leichnams (see note 22) 316–318.
    [49] KUBINYI, Vallásos társulatok (see note 44) 128.

the numerous masses requested[50]. This „relative independence" also applies to priestly confraternities („fratres calendarum", „collegium", „kalandus", „congregatio") which were founded for the veneration of the holy sacrament and held their congregations (with sung masses, prayers, hymns, agape feasts, and processions) on the first day of each month („calendae")[51]. They only admitted ordained priests as members (or monks in those brotherhoods who were established in monasteries), but laymen could also join the prayers. However, these *kalandus* sodalities/associations could make decisions „independently" of the bishops.

It is also notable that after the 1490s, the mendicant orders (especially that of the Franciscans, but in Transylvanian towns also the Dominicans) played a more prominent role, newly founded confraternities no longer established their altars in parish churches (previously, one third of the known brotherhoods were in parishes) and began to use the cloister walk of friars for their altars (Pressburg, Kronstadt, Klausenburg)[52]. This is an important change, since it has already been noted by recent research that the role of Franciscan friars (wandering or guest preachers) was rather significant in certain places such as Ödenburg or Pressburg in the early years of the Reformation in the Kingdom of Hungary[53]. In addition, it should also be mentioned that hospital confraternities were almost missing in the Hungarian late medieval context as opposed to other European territories[54], and this is noteworthy if we keep in mind that charity for the poor (and especially the institutional care for the poor) is one of the elements of late medieval religiosity that was intensified during the Reformation[55].

One last element that needs to be highlighted is the distribution of the different types of confraternities (see Fig. 2). The provided chart includes all of the known medieval patronage of confraternities and craft guilds in the towns of the Kingdom of Hungary (excluding the „Kaland" brotherhoods). Although further research should be conducted in this area with regard to the individual towns, since no systematic investigation has been carried out to identify all the medieval sources concerning confraternities, the proportion of the distribution is already visible. One can see several brotherhoods dedicated to different saints (the most popular appear to be Anne, Barbara, Catherine, Michael, and Sebastian), to the apostles (also in combination), or to certain feasts (Holy Trinity, Passion of Christ, Holy Spirit, and Holy Cross) and practices (Rosary).

---

[50] For information on the lower clergy and prebendaries, see also: Elemér Mályusz, Egyházi társadalom a középkori Magyarországon [Ecclesiastical Society in Medieval Hungary] (Műszaki kiadó, Budapest ²2007) 33–196, especially 140–162.

[51] Kubinyi, Vallásos társulatok (see note 44) 124s.; Csizmadia, Városi társadalomszervezésünk (see note 44) 240s.; Majláth, A „kalandos" társúlatok (see note 45) 566.

[52] Kubinyi, Vallásos társulatok (see note 44) 125–128; Pásztor, A vallásos társulatok (see note 8) 37; Majorossy, Late Medieval Confraternities (see note 27) 339–362; Florea, The Third Path (see note 4) 91–120.

[53] Egyháztörténeti emlékek a magyarországi hitújítás korából [Church Historical Records From the Age of Reformation in Hungary], ed. Vince Bunyitai–Raymond Rapaics–János Karácsonyi (sine loco 1904–1912) I 159–160 (Nr. 63), I 187 (Nr. 178), II 24–25 (Nr. 26); Sándor Payr, A soproni evangelikus egyházközség története, I. kötet: A reformáció kezdetétől az 1681-ik évi soproni országgyűlésig [History of the Lutheran Church of Ödenburg/Sopron 1: From the Beginning of the Reformation until the Diet of 1681] (Sopron 1917) 33–61; József Schrödl, A pozsonyi ág. hitv. ev. egyházközség története [The History of the Confessionist Congregation of Pressburg/Bratislava] (Pozsony 1906) 39–41; Németh, Felekezetváltás (see note 18) 157s. See also note 101.

[54] Majorossy–Szende, Hospitals (see note 32) 290s.

[55] See the articles and books mentioned above in note 12.

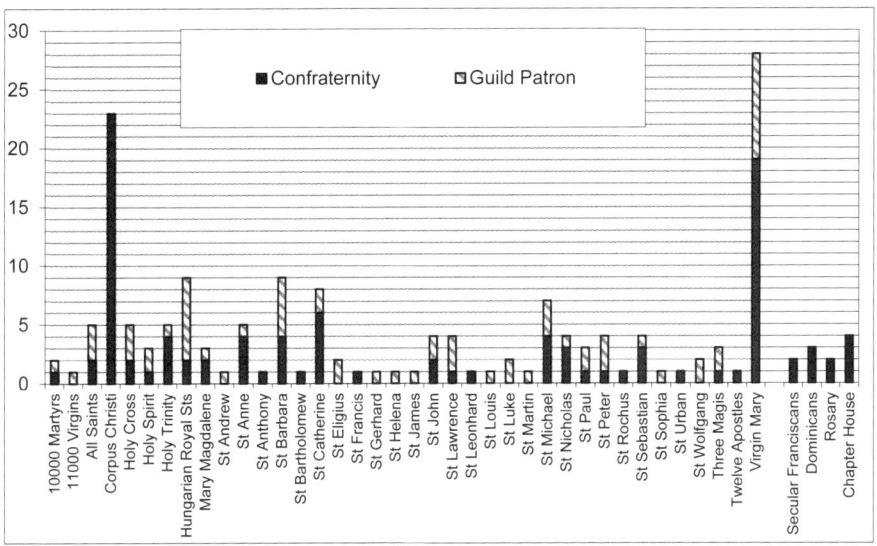

Fig. 2: The distribution of confraternity (and guild) patronage in the medieval Kingdom of Hungary[56].

However, the majority of brotherhoods were dedicated to *Corpus Christi* or to the Virgin Mary (to her different feasts). This considerably high number of *Corpus Christi* confraternities is also interesting because their proven elite character[57] (in most of the towns of the kingdom where they existed) was one element that seemingly helped them survive and preserve their properties, as will be demonstrated in the examples of Ödenburg and Pressburg. However, the accumulation of money (and also wealth in the form of property) and the separatism of the brethren (the elitism of certain brotherhoods) were severely criticised by Luther. In addition, the so-called *Corpus Christi* processions („Fronleichnamsprozession") – that were organised and headed by these confraternities in most of the towns – as one of the most important, all inclusive and widest range civic rituals known in the medieval urban context, provided guilds and confraternities with the opportunity to demonstrate their status within the community. According to Luther's view, these were the occasions when they were no longer pious and religious, but more „self-conscious" and „selfish" and „thought themselves better than others"[58].

---

[56] The graph includes the known patronage of confraternities (and additionally those guilds) whose altar saint and patron had been identified in the literature so far. It was prepared on the basis of the data published in: Pásztor, A vallásos társulatok (see note 8) 22–49; Kubinyi, Vallásos társulatok (see note 44) 341–352; Gross, Confreriile medievale (see note 8) 291s.; Majorossy, Late Medieval Confraternities (see note 27) 339–362.

[57] Kálmán Tímár, Legrégibb szentségi társulataink [The Oldest Holy Confraternities of Hungary]. *Örökimádás* (1908) 337; idem, A budai Krisztus Teste Társulat [The Corpus Christi Confraternity of Ofen/Buda]. *Örökimádás* (1913) 13; Majorossy, A Krisztus Teste (see note 8) 78; Gross, Confreriile medievale (see note 8) 199–244; Kubinyi, Vallásos társulatok (see note 43) 132.

[58] Luther, A Treatise (see note 10) 28 (German edition: II 754s.).

3. Content: Brotherhoods in the Sixteenth Century – A Selection of Examples

In the following, a few examples of the different royal towns and territories that were affected by the Reformation to a varying extent (such as in Upper Hungary Bartfeld, Leutschau, the mining towns and the Zips region; in Transylvania Hermannstadt and Klausenburg; and in Western Hungary Ödenburg and Pressburg) are presented. In addition, some changed their confession earlier than others, and some never openly did so, despite the considerable dominance of „Lutheran-thinking" burghers at a certain point during the sixteenth century. Including only a few background facts, this paper does not intend to provide details of the confessionalisation process in each of these towns. The selection was based first and foremost on the availability of sources and their analysis in secondary literature, in order to also be able to provide a general overview of the state of research with regard to confraternities. Only in a few cases, the archival materials that were used in the previously cited literature were revisited. The case study on Pressburg at the end constitutes the only exception where the archival material was investigated and the result of the analysis is presented in this article for the first time. In addition, the aim was also to choose towns from different parts of the kingdom and to use examples from communities with differing levels of Protestantism. Presenting these examples serves to demonstrate a few alternative ways of what could have happened to the significant con-

Pic. 2: The Confraternity Book of the *Fraternitatis Maria Virginis Misericordie* in Bartfeld, 1483–1525 (Bardejov, Štátny archív v Prešove, pobočka Bardejov/Štátny okresný archív v Bardejove, Nr. 2306, fol. 70ᵛ).

fraternities of the selected places and what can or cannot be observed in certain cases. Generally, the changing attitude towards confraternities, their wealth and possible social influence as well as their priests are part of a complex (and most probably slow) social process, even if one can only find evidence regarding a few of its elements.

Upon trying to investigate the fate or uses of the above late medieval confraternities, one immediately comes across the already mentioned problem that many of them did not leave behind registers (they did not necessarily produce written documents), and if they did, they are not necessarily „usable" for our purposes. The reason why can be aptly demonstrated by the example of the royal town of Bartfeld/Bártfa/Bardejov (Slovakia). This small town would be otherwise an ideal case for investigating the fate of its confraternities in the Reformation, since research has already revealed a lot about the first Lutherans and the reactions against and in support of them. For example, studies have been written on several parish priests: Wolfgang Schustel (1526–1530), Esaias Lang (1531–1535), and Michael Radaschin (1544–1566); or on a few school rectors: Valentius Eck (1517–1530) and Leonhard Stöckel (1540–1560) – who influenced the process of change[59]. The confessional turn happened at a rather early point in time; Stöckel (who was born in Bartfeld) reached an agreement with the five most important towns in Upper Hungary – Kaschau/Kassa/Košice, Eperies/Eperjes/Prešov, Bartfeld/Bártfa/Bardejov, Leutschau/Lőcse/Levoča and Zeben/Kisszeben/Sabinov – and won them for the Reformation. Based on the Augsburg Confession (*Confessio Augustana*) by Philipp Melanchthon (1530), he wrote the *Confessio Pentapolitana*, which was adopted by these towns in 1549 and recognised in the same year by Emperor Ferdinand I (before being recognised again in 1558). Moreover, it was the only creed that was also recognised by the primate of Gran/Esztergom, Nicolaus Olahus (Miklós Oláh) in 1560[60].

The first intensive Protestant wave, however, had already reached the town in the early 1520s. The sources that have been revealed until now prove the medieval existence of a *Corpus Christi*, a Saint Barbara, and a Marian confraternity. The latter appears to be a fortunate case, since the *Bruderschaftbuch* of the *Mater Misericordie* confraternity founded in 1449[61] is available for the years between 1483 and 1525[62]. Nevertheless, the membership lists are only recorded until 1511 (see Fig. 3), which means that, despite the existence of the register, it is not relevant for our analysis, since nothing can be revealed about a possible (decline or other) change of membership[63].

---

[59] Csepregi, A bártfai reformáció (see note 34) 169–186; Dénes Dienes, Egy újhelyi és egy pataki prédikátor Bártfán [A Preacher from Újhely/Sátoraljaújhely and Another from Patak/Sárospatak in Bártfa/Bardejov], in: Leonard Stöckel a reformácia v strednej Európe, ed. Peter Kónya (Acta Collegii Evangelici Prešoviensis 11, Prešov 2011) 217–221; Guitman, Hit, hatalom (see note 35).

[60] Zoltán Csepregi, Die Confessio Pentapolitana. Fragen nach Autorschaft und Datierung, in: „Nezameniteľné je dedičstvo otcov…": Štúdie k dejinám a súčasnosti protestantizmu v strednej Európe k osemdesiatym narodeninám biskupa Jána Midriaka [„Unchanging is the Father's Heritage ...": Studies on the History and Present of Protestantism in Central Europe on the Eighteenth Birthday of Bishop Ján Midriak], ed. Peter Kónya (Acta Collegii Evangelici Prešoviensis 10, Prešov 2009) 73–85 (with further literature).

[61] The founding rules of the *Mater Misericordie* confraternity were confirmed by László/Ladislas Hédervári, bishop of Erlau/Eger in a charter dated 6 May 1449: Budapest, MNL OL, DF 213218.

[62] The original manuscript can be found at: Bardejov, Štátny archív v Prešove, pobočka Bardejov/Štátny okresný archív v Bardejove (earlier: Bártfa Szabad Királyi Város Levéltára/The Archives of the Free Royal Town of Bartfeld/Bardejov, Nr. 2306 Registrum Fraternitatis Maria Virginis Misericordie, 1483–1525. And a microfilm copy is also available: Budapest, MNL OL, DF 215060.

[63] This was fully analysed by de Cevins, Les confréries (see note 22).

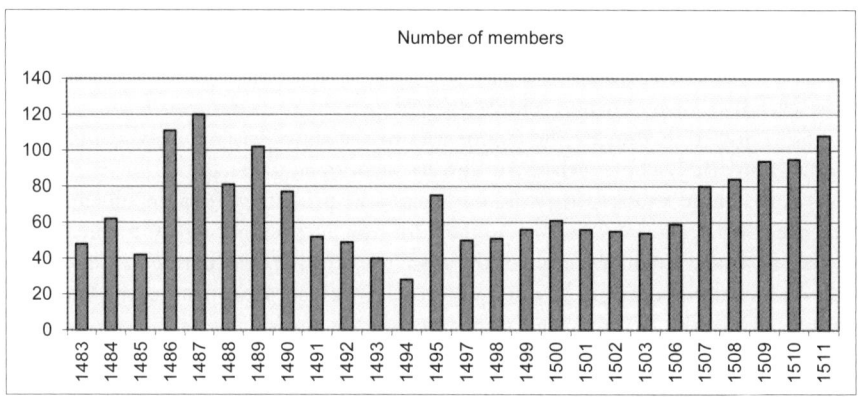

Fig. 3: The membership lists of the Mater Misericordie Confraternity of Bartfeld, 1483–1511[64].

The fate of the confraternity is rather unclear: at least no thorough archival research has been conducted in this respect. In the summer of 1517, the rules set forth by the foundation were reaffirmed at the request of the parish priest by the suffragan bishop of Erlau/Eger[65], and according to the entries of the register, the brethren were quite active until 1525. After this time, the register was not continued, even though a new one would have been needed since the older one was full. Consequently, it is not yet known whether the seemingly most important confraternity of the town, the Mater Misericordie completely ceased to exist in Bartfeld in 1525 – which would be the earliest such case so far known in literature – or something similar happened to it, as was the case with the „neighbouring" mining towns in the same year: it moved further away from the church (where they usually kept the registers and the confraternity chest) and the confraternal life of the remaining members took a turn (and was not documented). According to the entries in the register, the parish priest Kristóf/Christopher was still active in the confraternity in 1525. Nevertheless, other sources show that he was removed from his office by the town in 1525 (and dismissed together with the Augustinian friars)[66]. At the same time, the other two priests following him (Wolfgang Schustel serving as an administrative parish priest for a while, and later Matthias Binder) did not appear in the register at all. Thus, the fate of the confraternity could also be somehow related to the dismissal of the parish priest.

The intertwining religious and secular, pious and self-administrative interests of the significant brotherhoods could also have led them in other directions. In Neusohl/Besztercebánya/Banská Bistrica (Slovakia), in Kremnitz/Körmöcbánya/Kremnica (Slovakia), and in Schemnitz/Selmecbánya/Banská Stiavnica (Slovakia) the most significant confraternity was dedicated to the Corpus Christi, while sources also testify to the existence of similar associations in honour to the Virgin Mary in the latter two settlements[67]. The

---

[64] Based on the article and graph by DE CEVINS, Les confréries (see note 22) 1 356.

[65] At the request of the parish priest and subdeacon Péter/Peter Czipser by the suffragan bishop of Erlau/Eger, Achacius on 22 July 1517: Budapest, MNL OL, DF 217631.

[66] CSEPREGI, A bártfai reformáció (see note 34) 169, with reference to: Egyháztörténeti emlékek (see note 53) I 353, 355, 358, 378, 382.

[67] PÁSZTOR, A vallásos társulatok (see note 8) 23, 28; CSEPREGI, Közösségi kultúra (see note 34) 12s.

Reformation took hold in these important mining towns rather early (due to more intensive contact with German towns, miners, and techniques). Already in the first years of the 1520s, the town councils hired several guest (Lutheran) preachers on their own expenses[68]. In the days of the upheaval in 1525/1526, which broke out for economic reasons and due to the continuous devaluation of money and minted coins, the miners removed their confraternity chests in each town from their medieval depositories (in chapels and churches) and simply used the money for their own (political and/or ecclesiastical) purposes. Nevertheless, after the uprising, these chests must have been returned to the churches and their control over confraternity wealth was confined. From the royal judgement perspective (by Stephan/István Werbőczy), it was thievish and sacrilegious, but from the reformers' perspective, this already indicated the rolling back of the sacral character of these confraternities and suggests a new content or, in this case, a new form of these „old" institutions. As Zoltán Csepregi, who analysed the event in detail from the viewpoint of the Reformation, put it: „The medieval world of the confraternities was broadened with a new element. Namely, in these years a transurban confraternal organisation appeared, one could also experience the cooperation between these confraternities, the offensive alliance between them (*mit leib, guett und leben*), and the 'Bruder' title was extended from the individual confraternities to the other confraternities in the league." In the corresponding sources, the apostolic greeting forms could also be found: „Fryd undt ainige libe in Christo Iesu zuvoran"[69].

With reference to the new content and cooperation, another example should be mentioned at this point from the Zips/Szepesség/Spiš (Slovakia) region[70]. The „Kalandsbruderschaften" of the lower clergy, parish priests, and learned ecclesiasticals (*litterati*) played an important role[71]. There were eight such foundations, and the most significant one was the confraternity of priests from twenty-four royal places („confraternitas viginti quat-

---

[68] For a general overview, see: János BREZNYIK, A selmecbányai ágostonos hitvallású evangélikus egyház és líceum története [The History of the Lutheran Church and Lyceum of Selmecbánya/Banská Stiavnica], 2 vols (Selmeczbánya 1883–1889).

[69] CSEPREGI, Közösségi kultúra (see note 34) 9–22.

[70] Regarding the Reformation in this region, see: Etele THURY, Adatok a szepességi reformáció történetéhez: Moller György lőcsei plébános naplójából, 1542–1543 [Contributions to the History of Reformation in the Zips/Spiš Region: From the Diary of György Moller, Parish Priest of Leutschau/Levoča]. *Magyar Történelmi Szemle* 6/3 (1905) 377–417; Miklós CZENTHE, A szepesi reformáció a 16–17. században [Reformation in the Szepes Region in the Sixteenth–Seventeenth Century], in: A reformáció kincsei I [The Treasures of Reformation I], eds. István KOLLEGA TARSOLY–Eleonóra KOVÁCS (Budapest 2016) 96–99.

[71] József HRADSZKY, A XXIV. Királyi plébános testvérülete (XXIV. regalium plebanorum fraternitas) és a reformáció a Szepességen [The Fraternity of the Twenty-Four Royal Parish Priests and the Reformation in the Zips Region] (Wesselényi Géza könyvnyomdája, Miskolc 1895); Dénes DIENES, A papi fraternitások szerepe a felső-magyarországi reformációban [The Role of Priests' Confraternities in the Reformation of Upper Hungary], in: Od reformácie po založenie cirkvi: k 400. výročiu synody v Spišskom Podhradí [From the Reformation to the Establishment of the Chruch: The 400th Anniversary of the Synod of Kirchdrauf/Szepesváralja/Spišské Podhradie], ed. Peter KÓNYA–Annamária KÓNYOVÁ (Vydavateľstvo Prešovskej Univerzity Prešov 2015) 130–135; Klára RENNERNÉ VÁRHIDI, Adatok a szepesi huszonnégy királyi város XVI–XVII. századi zenei életéhez [Contributions to the Sixteenth–Seventeenth-Century Music Life of the Twenty Four Royal Towns of the Zips/Spiš Region]. *Zenetudományi Dolgozatok* 30 (1983) 92–103; Janka PETŐCZOVÁ, Hudba akko kultúrny fenomén v dejinách Spiša [Music as a Cultural Phenomenon in the History of the Zips/Spiš Region] (Rany novověk, Bratislava 2014); András Péter SZABÓ, Stephan Xylander és a szepességi testvérület jegyzőkönyvek [Stephan Xylander and the Register Offices in Zips/Spiš Fraternity], in: Od reformácie po založenie cirkvi: k 400. výročiu synody v Spišskom Podhradí [From the Reformation to the Establishment of the Church: The 400th Anniversary of the Synod 165–175.

uor plebanorum Scepusiensium") founded around 1248 with its centre in Leutschau/
Lőcse/Levoča (Slovakia), where its library was preserved in the Saint James parish church
(Fig. 4)[72]. However, there were other, similar fraternities in the regions: the *fraternitas
litteratorum* in Zipser Neudorf/Igló/Spišská Nová Ves (Slovakia) as well as the fraternities of smaller mining places around the River Felsőhernád/Ober Kundert, Alsóhernád/
Nieder Kundert, Felsőpoprád/Ober Deutschendorf, Dunajec/Dunajecz, around Lubló/
Lublau and in the so-called „Montanus" region[73]. During the 1540s, 1550s, and 1560s,
these confraternities essentially operated as the first „Lutheran synods": the decrees of the
later synods of Eperies/Eperjes/Prešov (Slovakia) in 1546 and that of Gönc (Hungary) in
1566 were first discussed within these confraternal communities. They concluded their
own decisions independently from the bishop of Erlau/Eger and the first Protestant districts were based on these congregations[74]. The sixteenth and seventeenth-century statutes
(„matricula") of the confraternity with its centre in Leutschau were preserved[75].

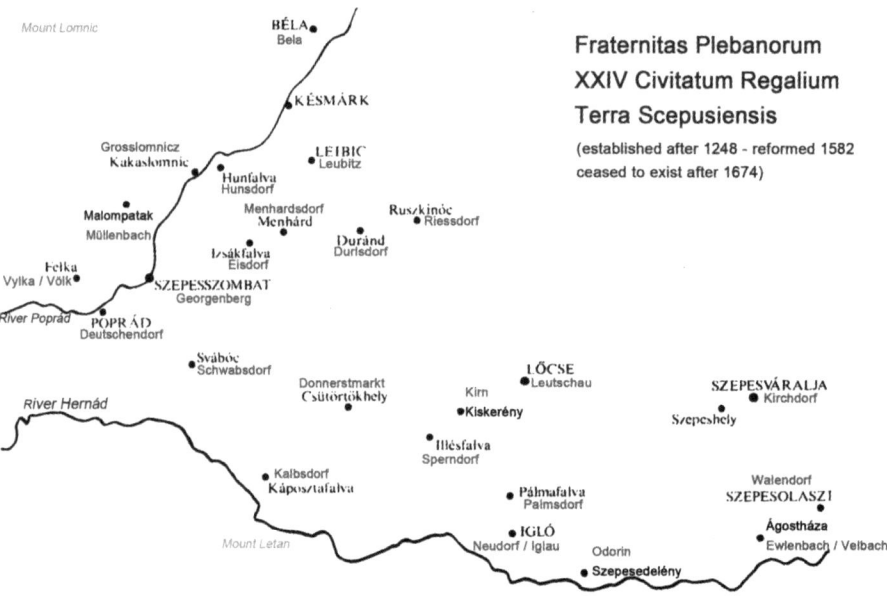

Fig. 4: The member settlements of the *Fraternitas Plebanorum* in the Zips/Spiš Region[76].

[72] Eva SELECKÁ MÂRZA, A középkori lőcsei könyvtár [The Medieval Library of Leutschau/Levoča] (Olvas-
mánytörténeti dolgozatok 7, Szeged 1997) 27–31.

[73] In addition, there were similar ones in the neighbouring Sáros (1312) and Liptó counties (1340):
FRAKNÓI, A kalandosok (see note 45); MAJLÁTH, A „kalandos" társúlatok (see note 45) 572s.; Georg FEJÉR,
Codex diplomaticus Hungariae ecclesiasticus ac civilis VIII/1 (Buda 1844) 459s.

[74] DIENES, A papi fraternitások (see note 71) 132s.

[75] Levoča, Štátny archív v Levoči, Microfilm Collection A, Roll 3, 85; Matricula Molleriana vetus, 1520–
1606. For the source itself and its discussion: SZABÓ, Stephan Xylander (see note 70) 169s.

[76] The map was based on: RENNERNÉ VÁRHIDI, Adatok (see note 71) 102.

These statutes testify that the *fraternitas* survived and continued to meet twice a year, but while in the medieval period it mainly focused on obituary singing and praying as well as other liturgical acts (three sung masses, among them a *requiem*), conference meetings had become more important during these times. Nevertheless, the liturgical framework with music, the divine office and a common meal were still part of the programme. The new regulation of 1606 was the only one which reduced the number of liturgical feast days (eliminating the *Corpus Christi*, several Mary feasts and all the saints, leaving only the feast days of the apostles)[77]. The confessional turn in the region of Zips happened with the Lutheran conversion of Christopher Thurzó in 1582, which was inspired by Stephan (Holzmann) Xylander[78], one of the senior members of the fraternity. The day after Thurzó's ritual conversion in the presence of several canons, Xylander ordered the twenty-four pastors to celebrate a divine service with the Ambrosian *Te Deum*. At the end of the entire process – after winning the „comes" (*Gespan*) – the superintendent was elected instead of the Catholic bishop in 1614 at the Synod of Kirchdrauf/Szepesváralja/Spišské Podhradie (Slovakia). The fraternity itself ceased to exist only much later, in 1674.

Similar priestly brotherhoods were organised around several chapter houses in Transylvania[79], whose history during the confession-changing period would also be worth examining. Nevertheless, the discussed example of Klausenburg/Kolozsvár/Cluj Napoca (Romania) represents a civic version of the „Kalandsbruderschaften", which is an interesting case of the Protestant renewal (or revival) of an old (medieval) confraternity[80]. In the older historiography, one finds the supposition that the renewed sixteenth-century confraternity of the so-called suburb between the two waters („kétvízközi") might have been a continuation of the medieval Saint Catherine altar brotherhood (that first appeared in 1386)[81]. Although it cannot be proven which medieval antecedent was meant, it is apparent from the sources that the members of the *Bruderschafft in der forstatt auf den Neystift die gegen der Statt wonend* decided to correct the old rules of their gathering in 1587[82], when the town had long changed its confession (already in the 1550s)[83]: *Diweill Friden und Einigkeit in dieser Weldt unter den Meschen, durch die Gebott Gottes und aüserliche guette satzungen verhalten künnen werden, auf das nicht die Menschen aus grosser Sicherheit und Freihaitt übermüttig vnd frech werden, vnd gleich als dasz vnfertig Tyer durch einander lauffen und sich blefleissigen [!] einer den andern Untertzudrücken oder wie die Wölff gantz und gar einander tzu reissen und freszen: Sundern dasz sie (wie Christus befihlett) vnter einander Göttliche Liebe üben und der der Grösseste were, seye wie der Kleineste vnd der kleinest*

[77] Rennerné Várhidi, Adatok (see note 71) 94.

[78] Szabó, Stephan Xylander (see note 71).

[79] Fraternitas capituli Bistriciensis, Fraternitas sedis Cibiniensis, and also around the chapters in Schäßburg/Segesvár and Mühlbach/Szászsebes): Gross, Clerical Fraternities (see note 45) 29–31.

[80] For the medieval confraternities in the town: Pásztor, A vallásos társulatok (see note 8); Kubinyi, Vallásos társulatok (see note 44); Gross, Confreriile medievale (see note 8) 291.

[81] Csizmadia, Városi társadalomszervezésünk (see note 45) 250–251.

[82] Gusztáv Lindner, A kolozsvári Kalandos-társúlatok [The „Kalandbruderschaft" of Klausenburg/Cluj Napoca], 4 parts. *Erdélyi Múzeum* 11/2–5 (1894) 65–83, 140–152, 215–226, 373–383.

[83] Edit Szegedi, A reformáció Kolozsváron [The Reformation in Klasenburg/Cluj Napoca]. *Keresztény Magvető* 113/1 (2007) 39–51; eadem, Konfessionsbildung und Konfessionalisierung im städtischen Kontext. Eine Fallstudie am Beispiel von Kronstadt in Siebenbürgen (ca. 1550–1680), in: Konfessionelle Formierungsprozesse im frühneuzeitlichen Ostmitteleuropa: Vorträge und Studien, ed. Jörg Deventer (Berichte und Beiträge des Geisteswissenschaftlichen Zentrums Geschichte und Kultur Ostmitteleuropas 2, Leipzig 2006) 126–297.

wie der Gröste. Auf dasz wir alle in der Furcht Gottes, Brüder in dem Herren sein mügen und in Czucht und Erbarkeit, einer dem andern Christliche Treü vnd freündschaft ertzeigen möchte, damitt also die Ehre Göttesz gefüdertt vnd der gemeine friden erhalten werde. Dieser Ursachen halben haben die Erbare Herren, die Bruderschafft in der forstatt auf den Naystift die gegen der Statt wonend, aus wolbedachtem Muett vnd Sin Ire alte vnd Löbliche Ordnungen auf ein Neüwesz gebessertt[84].

Unfortunately, one cannot compare the old rules to this new reformed version, but the thirteen articles make it clear that the main purpose of the new congregation was *göttliche Liebe üben* and to be present at the funerals of the brothers, whereby the obligations concerning the funerals were described in detail: *Ein jeder Christlicher Brueder, der eintretten will in unsere Bruederschaft, der soll Ehrbar und Frome sein [...] Wen dasz grosse Leichtzeichen umgeschikt wirdt, wer nicht gegenwertig ist bei dem Grab, der soll gestraft werden denar 12. [...] Wen Man ein Leich begraben soll und ob die Jüngsten nicht forhanden sein, dasz sie den Todten Cörper tragen künnen, so sollen die selbigen, welchen die Fiermeister gebieten, den Cörper tragen [...]. Die Jungen Brüder sollen tzu dem Grab machen forhanden sein, welcher nicht forhanden sein wirtt, soll tzallen denar 6. [...] Wen die Bruderschaft sich fersamlet und wer nicht forhan den ist in der fersammlung, der soll gestraft werden denar 12*[85].

The Kaland father, a pious and honourable burgher, led the community together with two deans whose task was basically to organise the funeral of any member or even any outsider paying a fee. The young members dug the grave and carried the body, while the elderly (after having served their time as deans) accompanied the coffin in the funerary procession. Following a similar pattern, four additional fraternities were „established" in the different suburbs of Klausenburg (the older „Hidelvei", the younger „Hidelvei", the Middle street, and the Hungarian street in the outskirts) until 1613. Consequently, these congregations became typical (antique) funerary confraternities (whose character becomes even more clear in the later modifications of the regulations in 1623 and 1780)[86] – whereby actually one (main) element of the medieval confraternities was brought back within a „new" context, since besides commemorational masses, common feasts, and processions, almost all medieval confraternities (and guilds) had this obligation[87]. An important aspect is the dominance of economising, well-regulated and practical charity acts towards the brethren to help bury them properly instead of common feasting and prayers for their souls in purgatory.

Returning to the Upper Hungarian region, the civic confraternal foundation of Leutschau/Lőcse/Levoča (Slovakia), that of the *Corpus Christi* (the most important one besides the documented Saint Michael Archangel and the Holy Trinity brotherhoods) should be discussed for two additional aspects[88]. This *Sacrissimus Corpus Christi Sodaliti*

---

[84] LINDNER, A kolozsvári Kalandos (see note 82) 3 215.

[85] Ibid. 3 216–217.

[86] Ibid. 3 223–226.

[87] As the antique type of confraternity was the one basically founded for funerary services. See the article by Rupert KLIEBER in the present volume.

[88] IVÁNYI, A lőcsei „Krisztus Teste" (see note 22) 1 129–142, and although he did not edit the entire register, he published several parts from it: IDEM, A lőcsei „Krisztus Teste" (see note 22) 1 143–145, 2 193–198, and compiled the list of the confraternity masters (*eldisters*): IDEM, A lőcsei „Krisztus Teste" (see note 22) 2 199–201. At the end of his publication, Béla Iványi also noted that from 1549 onwards, the register was no longer systematically led (for example, there are no entries for the periods between 1549–1554 and 1562–1569). However, it was also earlier the case that only new members were noted down and not all members were listed. Thus, it is not possible to produce a chart comparable to that of the confraternities of Bartfeld (Fig. 3) or Pressburg

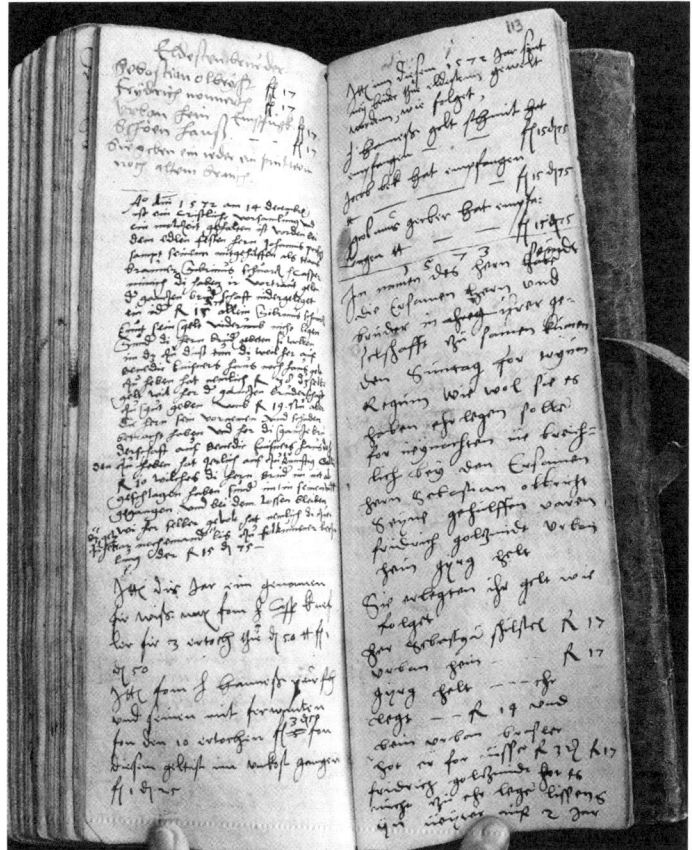

Pic. 3: Entries for 1572 in the *Corpus Christi* Confraternity Book of Leutschau, 1431–1584 (Budapest, Magyar Tudományos Akadémia, Kézirattár és Régi Könyvek Gyüjteménye, MS 1678, fol. 112ᵛ 113ʳ).

was founded in 1402[89], and as a membership list from 1426 reveals, similar to other medieval Corpus Christi confraternities of the kingdom, it was an elite gathering that even included King Sigismund and his wife Barbara among his members[90]. The confraternity register was preserved for the period between 1431 and 1584[91]. Thus, as opposed to

---

(Fig. 5), though this register provides a better insight into the life of the confraternity between the 1480s and 1540s.

[89] Sources on its beginnings (foundation and rules): Leges Confraternitatis SS. Corporis Christi Leutsoviae anno MCCCCII erectae, in: Leges Ecclesiasticae Regni Hungariae et Provinciarum Adiacentium, III, ed. Ignác BATTHYÁNY (Albae-Carolinae 1827) 382–385; Georgius FEJÉR, Codex diplomaticus Hungariae ecclesiasticus ac civilis, 11 vols (Buda 1829–1844), X/4 155–157; Carolus WAGNER, Analecta Scepusii sacri et profani, I–IV (Viennae–Posonii–Cassoviae 1774–1778) I 100s. See also: Zsigmondkori Oklevéltár, I–XIII [The Cartulary of the Sigismund Period, 13 vols], ed. Elemér MÁLYUSZ–Iván BORSA–Norbert C. TÓTH–Bálint LAKATOS–Gábor MIKÓ (Budapest 1951–1958, 1993–2017) II 2091 (3 December 1402).

[90] A list of members (53 mentioned persons including wives) was compiled in 1426 before the opening of the confraternity register (see below): Budapest, MNL OL, DF 275853; ZsO XIII (see note 48) 1554.

[91] The manuscript was transported from Leutschau to Budapest in 1868 and was donated to the Hunga-

Bartfeld, it is easier to investigate at least a few aspects of the influence of the Reformation in this case. For instance, it is known that the parish priest and later also the *verweser* Johannes Henckel – who later became the Humanist court priest of Queen Habsburg Mary in Ofen/Buda – was a member until 1524[92]. According to the last entry in the register, the confraternity meeting was held in the house of Andrew, the goldsmith, in 1584 in order to elect the new altar warden. It is not known when and how it ceased to exist (since other registers are not existent), but it must have been sometime before the above-discussed priestly confraternity did so in 1674[93].

Aside from the annual meetings, the prayers, carrying the *viaticum* to the sick and dying, and the holy sacrament processions, the common confraternity meal (*molczeit/malzeit*) was a common medieval character and an important element of the *Corpus Christi* confraternities. What changed with the new regulations of 1544 noted down on the pages of the register (that is, already in the era of a Lutheran-dominated urban community) was that the members had decided that these common meals should not be lucrative any more. Instead of spending the money on feasting together on *Corpus Christi* day, they should use the collected sum to give food to the poor at six tables per year. As the *renovatio fraternitatis* states: [...] *eintrechtiglichen beschlossen worden durch dy brueder, sunder diss elwigen brieder, di das gelt entffangen, sollen auff dem sontag gotsleuchnams tag jerlich 6 tissch arme leute halden, unnd inen nicht mehr czwe gericht geben als nemlich rindfleisch und krawt, unnd sol ine kaufen ein kuff pyr und khain wein nicht geben dorczu. Item ein ieder armer mensch der czum mol geladen wirt, soll dem selwigen tag got czu lob und czu ehren unnd der bruedern czur selen seligkhait entfangen das lobwirdig sacrament, den achten tag aber noch der mol czeit, soll ein eingang sein der brueder, doselbst soll ieder vor ein pffundt wax nit mehr den 6 pffennig geben, wer doselbst oder sonst auch wo das czechen umbgehet, nit einer khumbt in di czech, oder czu der pegrebnus, so soll er, also offt, als er nit khumbt, ein halb wein verffallen und schuldig sein, unnd off das sollen di brueder, di das gelt entfangen haben, sorge tragen, der auff dem land oder kranck ist, ist alein ausgerett [...]*[94].

In addition to these obligations, the candles for the funerals of the brothers were also to be financed with the confraternity chest. Similarly, as a change concerning the confraternity's inner life and „independence", the new regulations clearly stated that all the money collected from wax and confraternity fees (6 pfenig) should be handed over to the town council, and in a later addition, it became clear that all payments were also administered from the town hall[95]. Thus, the confraternity operated even in a „reformed" context, though it was controlled much more – not by the church, as one can see later with the unified confraternity regulations of the seventeenth century on the Catholic side, but by the reformed urban community.

---

rian Academy of Sciences, thus, it can be found in: Budapest, MTA KTRKGy, MS 1678: Das buch der heilig leichnam erb, 1431–1584.

[92] CSEPREGI, Courtly Priests (see note 34) 50; IVÁNYI, A lőcsei „Krisztus Teste" (see note 22) 132–133; Budapest, MTA KTRKGy, MS 1678, fol. 79ʳ–84ᵛ.

[93] IVÁNYI, A lőcsei „Krisztus Teste" (see note 22) 1 142.

[94] Budapest, MTA KTRKGy, MS 1678, fol. 98ʳ. See also IVÁNYI, A lőcsei „Krisztus Teste" (see note 22) 2 197. This act corresponded with Luther's idea of the best function of such brotherhoods: *If men desire to maintain a brotherhood, they should gather provisions, and feed and serve a tableful or two of poor people, for the sake of God*; LUTHER, A Treatise (see note 10) 27.

[95] Budapest, MTA KTRKGy, MS 1678, fol. 100ʳ. See also IVÁNYI, A lőcsei „Krisztus Teste" (see note 22) 2 198.

The last two examples are from the Western border of the Kingdom of Hungary, the towns of Ödenburg/Sopron[96] and Pressburg/Pozsony/Bratislava (Slovakia)[97], that did not have the same possibilities to openly accept the Reformation and change their confession. Even though in both towns (due to their dominant German burghers and leadership, their intense trade relationship with Vienna and several German towns such as Nürnberg or Regensburg, and after 1526 also due to the presence of Habsburg Queen Mary and her Humanist and Lutheran circle – including Simon Gryneus, Stephan Pempflinger, Georg of Brandenburg, and others[98] – that was already rather open to reforming the old church in the 1520s) it can be only indirectly detected that these urban communities were most probably similarly affected by the reform ideas as our previously discussed examples of Upper Hungary or the Transylvanian Saxon towns. However, on the source level[99] and on the surface, that is on the political level as demonstrated towards Emperor Ferdinand I (King of Hungary 1526–1564), these urban communities seemed to remain more faithful to the papal church. The closeness of the Habsburg rulers (in Vienna and Wiener Neustadt), and in addition, after the fall of Ofen/Buda (1541) and the lost of the middle territory of the kingdom to the Ottomans, the physical presence of the archbishop of Gran/Esztergom, Nicholas/Miklós Oláh (1493–1568) in Pressburg (1553–1568), and the active influence and activity of the bishops of Raab/Győr – John/János Gosztonyi of Felsőszeleste (1510–1525), Blasius/Balázs Paksy (1525–1526), and Francis/Ferenc Újlaki (1535–1554) – in Ödenburg seemingly contributed to the lasting dominance of the old faith[100]. However, certain events in the 1520s[101] and even more so in

---

[96] Jenő ZOVÁNYI, A reformáczió Magyarországon 1565-ig [History of the Lutheran Church in Hungary until 1565] (Budapest 1921); PAYR, A soproni evangelikus egyházközség (see note 53).

[97] ZOVÁNYI, A reformáczió Magyarországon (see note 96); SCHRÖDL, A pozsonyi ág. hitv. ev. egyházközség (see note 52).

[98] CSEPREGI, Courtly Priests (see note 34); Tivadar/Theodor ORTVAY, Mária, II. Lajos magyar király neje (1505–1558) [Habsburg Mary, the Wife of the Hungarian King Louis II] (Budapest 1914) Chapter 14.

[99] For example, no intensive correspondence with Lutheran preachers can be found and no proven Lutheran parish priests were present in the early decades. Egyháztörténeti emlékek a magyarországi hitújítás korából [Church Historical Records from the Age of Reformation in Hungary], 5 vols, ed. Vince BUNYITAI–Raymond RAPAICS–János KARÁCSONYI (sine loco 1904–1912). Kútfők a pozsonyi evangelikus egyház történetéhez. Pozsonyi Líceum 1902. évi értesítője [Sources on the History of the Confessionist Congregation in Pressburg/Bratislava] (Pozsony 1902).

[100] Due to the lack of intensive correspondence between the town council and Lutheran preachers, it is rather difficult to judge the influence of the early Reformation. As indicated earlier, the profound analysis of last wills can point towards the influence of reform ideas on individual burghers in both towns (see note 29). Nevertheless, the lack of pious donations and endowments does not necessarily mean a change of confession, since such texts can also be found among fifteenth-century material – MAJOROSSY, Church in Town (see note 22). The formulas and dedications might help, but the proportion of such texts does not help judge the proportion of Lutheranism in the whole community.

[101] The execution of guest German Franciscan friars accused of spreading Lutheranism in 1528 and earlier of a book trader disseminating Lutheran books in Pressburg; similarly, burning the books of the merchant Paul Kramer in Ödenburg in 1524 after accusing a Franciscan called Christopher of preaching in the spirit of Reformation; the burning of Luther's writings in 1525 ordered by the *comes* of Pressburg (John/János Bornemissza) and also in Ödenburg ordered by the bishop of Raab/Győr, the investigations of Doctor Andrea – *wegen der lutterischen sachn* (Bratislava, AMB Kammerrechnungen 77, 60) – in 1526 in both towns; SCHRÖDL, A pozsonyi ág. hitv. ev. egyházközség (see note 53) 20–64; PAYR, A soproni evangelikus egyházközség (see note 53) 33–61, 67–68; József SCHRÖDL, A kompromissz-katolicismus Magyarországon [The Compromise Catholicism in Hungary]. *Theologiai szaklap* 1/1–4 (1902/1903) 101–108, 186–203, especially 187–188, 194–197. See also Jenő SZŰCS, Ferences ellenzéki áramlat a magyar parasztháború és reformáció hátterében [Franciscan Oppositional Trends in the Background of the Hungarian Peasant War (1514) and the Reformation]. *Irodalomtörténeti Közlemények* 78 (1974) 409–435.

the 1540s[102] already indicate a similar influence of the Reformation in these towns. Neverthe-less, the playground was different at the Western border of the kingdom.

A closer analysis of the individual testaments of burghers and their bequests (albeit this is part of another topic and analysis) indirectly testifies to the gradually changing confessional attitude in both towns – more frequent donations for the poor and hospitals, from the end of the 1520s almost no bequests for parish and/or altar priests, the chang-ing language of the introductory formula (the disappearance of saints and also in most cases the Virgin Mary). The same analysis also showed that this was not necessarily true for all testators (we still find late medieval bequesting patterns as well) but a phenomenon among the members of the urban governing elite. Consequently, in both towns, the ques-tion was how high the proportion of burghers was who kept the old faith and thus contin-ued to support certain confraternities. Furthermore, it would also be interesting to reveal what happened to the elite confraternities when the elite became dominantly Lutheran.

In Ödenburg/Sopron, the secular control of the town council (*Rat*) and the *Gemain* over the ecclesiastical foundations and wealth was already present from the 1490s on-ward. One sign of this process was the appearance of a new type of urban book – the *Priesterbuch* – between 1493 and 1580 in which the strong financial control over several ecclesiastical institutions was exercised by the town[103]. The *Gross Bruderschaft* or *Bürger-bruderschaft* (established in the fourteenth century) in the Saint Georg chapel in the inner town already exercised the urban *ius patronus* together with the town council from 1471 onwards, and with the new rules of 1495, the entry (membership) was compulsory for each member of the council and for all the priests receiving benefits from the town[104]. The control over the parish school as well as the invitation and inauguration of the school rector was in the hands of this confraternity. In 1517, the council decided to collect taxes from the priests as well, and a few years later, in 1523, the general assembly of the burgh-ers ordered that, in the future, the value of all landed properties bequested to any priests and/or confraternities should be estimated and afterwards sold to the burghers. Among others, these two actions resulted in the fact that by the 1530s and 1540s, certain confra-ternities declined (their membership and support became rather weak) and a few ceased to exist (e.g. the confraternity of the priests), while others were dominated by Lutheran burghers. One of these was the *Corpus Christi* (first established in 1422, also as a „priestly guild – *zecha*", but later became a lay – elite – confraternity), which was one of the few in late medieval Ödenburg with its own „guild hall" (built in 1510)[105]. We know noth-ing about the activity of the confraternity itself in the Protestant dominated period – no written documentation survived – probably also due to the fact that this was not an open

[102] The presence of a married – and most probably „Lutheran" – „predikant" chosen and paid for by the town council serving next to the (canon) parish priest in Pressburg in 1542, expelling the Franciscans for a while from Ödenburg in 1541, a Lutheran parish priest named Wolfgang Fochter/Vochter (born in Pressburg) between 1553 and 1566 in Ödenburg, the presence of Leopold Kophart/Kophert and Michael Radaschin (the *totus evangelicus* preacher of Bartfeld) in Pressburg in 1540, the presence of Adam Szalathay/Szerdahelyi(?) as the Lutheran preacher of the Hungarians in 1565 in both towns, an order made by the town leaders of Pressburg in 1542 to buy books about the Reformation in Nürnberg; SCHRÖDL, A pozsonyi ág. hitv. ev. egyházközség (see note 54) 20–64; PAYR, A soproni evangelikus egyházközség (see note 54) 33–61.
[103] GODA–MAJOROSSY, Städtische Selbstverwaltung (see note 32) 86.
[104] HÁZI, Sopron középkori egyháztörténete (see note 29) 288–300; KUBINYI, Vallásos társulatok (see note 44) 132; Sopron, MNL GyMSM SL, XV.76. Dl.3368 Gross Bruderschaft, 1491–1499.
[105] Sopron/Ödenburg, ed. Ferenc JANKÓ–József KÜCSÁN–Katalin SZENDE (Hungarian Atlas of Historic Towns 1, Sopron 2010) 76 (Fövényverem u. 5. – *fraternitas sacerdotum*).

move and change of confession or an open redefinition of the confraternity. And it was not until 1625 that Michael/Mihály Káldy, the parish priest of the Saint Michael church (where its altar was found), could achieve that the properties (vineyards, houses and the guild hall) of the *Corpus Christi* were returned to Catholic hands before the bishop of Raab/Győr finally gave them to the Jesuits in 1636 who had just arrived in town[106]. It was not only this type of confraternity that was „taken over" by the Lutheran urban leadership in Ödenburg, since there were a few – such as the „fraternitas exulorum" („ellendzech") helping those in prison as well as donating food and clothes to the poor or the newly (in 1521) founded Saint Elisabeth confraternity of the hospital – which corresponded to the general philanthropic tendencies, quite visible also in testaments[107]. The burghers' („Gross") confraternity, on the other hand, continued to play a clearly political role and served as a forum for exercising control over the church within the community, which could not change its confession openly as the towns of Upper Hungary or Transylvania had done, but its leadership (the inner council) was already Protestant by the 1550s, and due to the compromising policy of Maximilian II (who also permitted in 1564 for Pressburg and Ödenburg that in certain churches, burghers could have communion under both kinds) until 1581, they were able to exercise their new confession without drastically stepping out of the old church (which did not happened until 1606)[108].

The basis of compromise Catholicism was the permission issued by Maximilian II in 1564 that also affected the fate of confraternities both in Pressburg and in Ödenburg: *Erstlichen, das wir unsern waren heiligen christlichen glauben und religion ganz und unversehrt erhalten und fürnehmlich von der warheit dieses heiligen hochwürdigen sacrament, das da unter der gestalt des brots und weins der war leib und blut Christi und unter jeder gestalt insunderhait der ganz Christus und unter beiden gestalten nit mer, und unter einer nicht weniger sei, ganz nit zweiffel. […] Zum dritten, das wir unns disz hochwirdigsten sacraments anderst nit, denn in christlicher lieb und ainigkhait gebrauchen, die so es bisher unter ainer gestalt gebraucht, nit ob solicher zuegebung sich ergern oder die andern verdammen, hergegen die, so es in baider gestallt gebrauchen, die in ainer gestalt nit urteiln, sondern sich in friedt lieb und christlicher ainigkheit der christlichen freihait gebrauchen […]. Zum vierten, das sich die so diesz hochwirdigen sacraments unter beider gestallt brauchen wollen, sich zeitlich bei dem briester angeben, damit sich die briester mit der consecration darnach zu richten wissen. […] Lestlich, ob vielleicht nit ainem ieden bei der thumkirchen zu communicieren anmuetig, sondern etwan in ainer andern kirchen sein andacht zu verrichten gesinnt, sollen dieselben auf inr begern versehen werden*[109].

---

[106] Péter DOMINKOVICS, Javadalmak – javadalmasok – patrónusok. Adatok és szempontok Sopron szabad királyi város egyháztörténetének, várospolitikájának a kutatásához, a 17. század első feléből [Beneficia – Beneficiaries – Patrons. Data and Considerations for Studying the Church History and City Policy of the Free Royal City of Sopron from the First Half of the 17th Century], in: In labor fructus. Jubileumi tanulmányok Győregyházmegye történetéből, ed. Gábor NEMES–Ádám VAJK (Győr 2011) 77–102; Zsófia KÁDÁR, A soproni jezsuita kollégium kezdetei (1636–1640): Dobronoki György SJ superiorsága [The Beginning of the Jesuit College in Sopron (1636–1640): The Superiority of György Dobronoki SJ], 2 parts. *Soproni Szemle* 65/4 (2011) 387–410; KÁDÁR, Jezsuita kollégium és helyi társadalom (see note 20) 101–105.

[107] HÁZI, Sopron szabad királyi város története II/1–2 (see note 29) the last wills between 1390–1541.

[108] SCHRÖDL, A kompromissz-katolicizmus (see note 101) 86–203.

[109] Zuegebung des hochwürdigen sacraments unter beiden gestallt mit anghangenen articln beschehen und publiciert worden zu Pressburg den 15. tag Octobris anno 1564. The text is transcribed and quoted in: SCHRÖDL, A pozsonyi ág. hitv. ev. egyházközség (see note 53) 201s.

There were similar tendencies in Pressburg/Pozsony/Bratislava. As opposed to Öden-burg, where we basically have non-confraternal sources for the process, in this free royal town and from 1541 onwards the capital of the Kingdom of Hungary (and for a while the residence of the bishop of Gran/Esztergom before his move to Tyrnau/Nagyszombat/Trnava), we have a source for a „longue durée" analysis (1424–1606), the register of the Corpus Christi confraternity established as the earliest one in the kingdom in 1349 – that opens a window for us through which we can get a small insight into the battlefield of the town's leadership balancing between the old and (their) new confession.

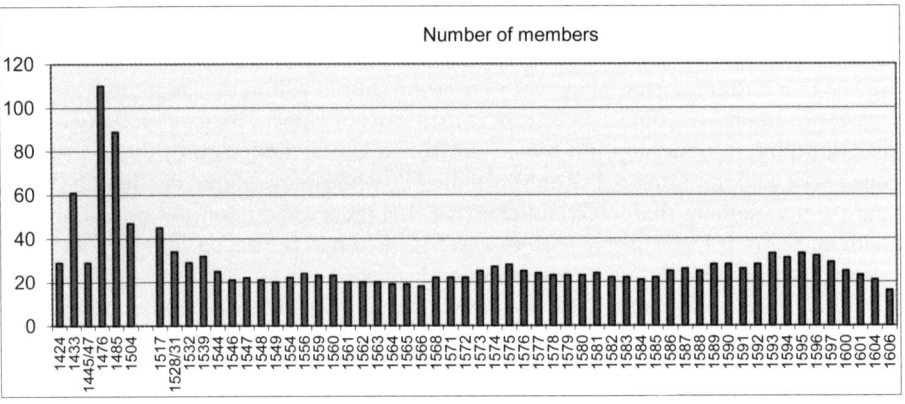

Fig. 5: The fluctuation of the Corpus Christi Confraternity membership in Pressburg, 1424–1606[110].

A first look at the support (the number of endowments) to the late medieval confra-ternities until the 1520s[111] seemingly reveals that the Corpus Christi brotherhood was not necessarily the most popular one concerning testamentary donations. This partially reflects its elite character. However, it is interesting to see that all three confraternities that were established at the Franciscan friary (Unsere Liebe Frau, Saint Sebastian and Saint Anne) were rather popular in the early decades of the sixteenth century – and paral-lel to that, it is also worth recalling the role of some Franciscan friars (preachers) in the early 1520s in spreading the new confession[112]. Furthermore, it can be observed that the Corpus Christi was the richest confraternity of all. It was not only the amount of money the brethren received in wills[113], but that this confraternity also conducted a rather wide-spread „banking" activity, had several good vineyards and shambles, and was the only one with a separate chapel in the town centre together with three additional prebend houses around the Saint Martin parish church of the centre, with altars in all the three parish churches. In addition, it became the „secular" patron of several other altar foundations during the late medieval period (before the 1520s/1530s)[114].

---

[110] Based on the author's analysis of the confraternity registers (1379–1606), namely altogether 57 mem-bership lists. Bratislava, AMB, 3.a.1. Stadtbuch, fol. 5ʳ (1476), fol. 8ʳ (1485); Bratislava, AMB, E.L.3. Gots-leichnams Bruderschaft Register, 1424–1606 (Budapest, MNL OL, DF 277990).

[111] The results of the analysis based on 900 last wills from the period between 1340 and 1529 was publis-hed: MAJOROSSY, Late Medieval Confraternities (see note 27) 352–355, especially 353, Fig. 6.

[112] See notes 101 and 102.

[113] MAJOROSSY, Late Medieval Confraternities (see note 27) 357, Fig. 10.

[114] For a complete analysis of this particular brotherhood, see: MAJOROSSY, A Krisztus Teste (see note 8).

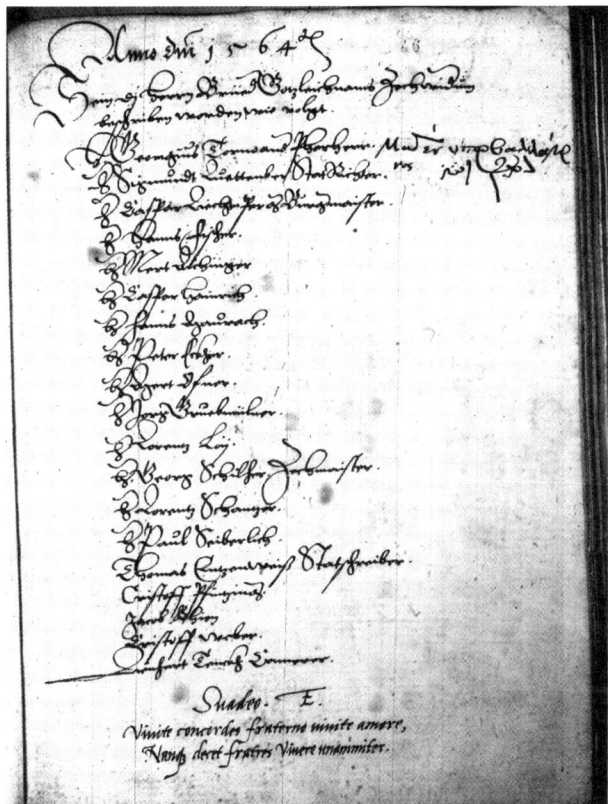

Pic. 4: Membership List from 1564, the *Gotsleichnamsbruderschaft* Register of Pressburg, 1349–1606 (Bratislava, Archív mesta Bratislavy, E.L.3, fol. 46ʳ).

Comparing the results of the analyses of the membership lists with the neighbouring Vienna extant between 1505 and 1530 (where the character and the entire history of the same type of Fronleichnamsbruderschaft was rather different), where the turning away from the confraternity is quite visible[115], one can see a different „tendency" in Pressburg (see Fig. 5). In the latter town, there was never a numerous gathering (which, of course, is also related to the significant size difference of the settlements themselves, not to mention other influencing factors), with the only exception between the years of 1476 and 1485[116]. The membership of the Pressburg Corpus Christi confraternity remained on average around twenty to thirty and it operated „peacefully" until 1606 – the year when the Lutherans officially established their separate congregation in the town and their church next to the town hall on the main square by the Franciscan friary in the so-called Armbruster house[117]. A closer look at these members can reveal several things. The first and most important one is that from the 1520s onwards, the confraternity was basically „confiscated" by the town council, which was also explicitly stated from 1564 onwards

---

[115] WEISSENSTEINER, Zwischen Luther und Canisius (see note 26) 220.

[116] In these years, the influence of King Matthias Corvinus, his presence and his attitude towards the processions organised by the brotherhood might have had an impact similar to that of the short-lived Academia Istropolitana (1465/1467–1490) established in the town by the Saint Martin parish church next to the prebendary houses of the confraternity.

[117] SCHRÖDL, A pozsonyi ág. hitv. ev. egyházközség (see note 53) 101–119.

(by mentioning that the *herren brüdern* or *die herrn und brüeder* – the councillors – are listed)[118]. Aside from the whole inner council (judge, mayor and the eleven councillors), the town scribe was always among the brothers as well as the town chamberlain and a few members from the inner circle of the outer council (see Fig. 6). In the 1530s and 1540s, only the parish priest (of Saint Martin's) and the prebendary priest were part of the confraternal community in addition to these brothers. The additional canon or canons who appeared in the membership lists might have also been prebendary priests (as the confraternity had three main prebends anyway).

Fig. 6: The composition of the members of the Corpus Christi Confraternity of Pressburg, 1424–1606.

Year	Members	Male	Female	Judge / Mayor	Ratsherr	Genannt	Scribe	Other	Churchmen	Parish Priest	Other Ecclesiastical Personalities	Noble
1424	29	21	8	1	1/3 (?)	9/11 (?)	no	3	5	yes	4 canons	0
1433	61	49	12	1	4/9 (?)	21/26 (?)	no	17	1	yes	0	0
1445/47	29	25	4	2	7/8 (?)	8/9 (?)	yes	5	0	no	0	1
1476	110	94	16	1	8 (?)	21 (?)	yes	48	3	yes	1 canon, 1 prebend	14
1485	89	46	43	1	3/6 (?)	12/15 (?)	yes	18	3	no	2 canons, 1 prebend	10
1504	47	32	15	2	8/9 (?)	8/9 (?)	yes	10	0	no	0	2
1517	45	36	9	2	11	15	no	5	2	yes	1 prebend	1
1528/31	34	32	2	2	11	15	yes	0	3	yes	1 prebend, 1 priest	0
1532	29	27	2	2	10	12	yes	0	2	yes	1 prebend	0
1539	32	26	6	2	11	9	yes	0	3	yes	2 canons	0
1544	25	23	2	2	11	5	yes	1	3	yes	2 canons	0
1546	21	21	0	2	11	6	yes	0	1	yes	0	0
1547	22	22	0	2	11	7	yes	0	1	yes	0	0
1548	21	21	0	2	10	7	yes	0	1	yes	0	0
1549	20	20	0	1	9	6	yes	0	3	yes	2 canons	0

[118] Bratislava, AMB, E.L.3. Gotsleichnamsbruderschaft Register, 1424–1606 (Budapest, MNL OL, DF 277990), fol. 46ʳ–78ʳ. From 1556 onwards, only the brothers were addressed in the title of each list, whereas before (for the last time in 1554), both brothers and sisters were included (even though after 1546 not a single female name appeared).

1554	22	22	0	2	11	6	yes	0	2	yes	1 canon	0
1556	24	24	0	2	11	8	yes	0	2	yes	1 canon	0
1559	23	23	0	2	11	7	yes	0	2	yes	1 canon	0
1560	23	23	0	2	11	7	yes	0	2	yes	1 canon	0
1561	20	20	0	2	11	4	yes	0	2	yes	1 canon	0
1562	20	20	0	2	11	4	yes	0	2	yes	1 canon	0
1563	20	20	0	2	11	4	yes	0	2	yes	1 canon	0
1564	19	19	0	2	11	4	yes	0	1	yes	0	0
1565	19	19	0	2	11	4	yes	0	1	yes	0	0
1566	18	18	0	1	9	5	yes	0	2	yes	1 Jesuit preacher	0
1568	22	22	0	2	11	6	yes	0	2	yes	1 Jesuit preacher	0
1571	22	22	0	2	11	7	yes	0	1	yes	0 (Pp=Jesuit pr)	0
1572	22	22	0	2	11	6	yes	0	2	yes	1 Jesuit preacher	0
1573	25	25	0	2	11	9	yes	0	2	yes	1 Jesuit preacher	0
1574	27	27	0	2	11	10	yes	0	3	yes	1 canon, 1 Jesuit preacher	0
1575	28	28	0	2	11	11	yes	0	3	yes	1 canon, 1 preacher	0
1576	25	25	0	2	12 (?)	9	yes	0	1	no	1 canon	0
1577	24	24	0	2	11	9	yes	0	1	yes	0	0
1578	23	23	0	2	10	10	yes	0	0	no	0	0
1579	23	23	0	2	11	8	yes	0	1	yes	0	0
1580	23	23	0	2	11	8	yes	0	1	yes	0	0
1581	24	24	0	2	11	8	yes	0	2	yes	1 preacher	0
1582	22	22	0	2	11	7	yes	0	1	yes	0	0
1583	22	22	0	2	11	7	yes	0	1	yes	0	0
1584	21	21	0	2	10	6	yes	0	2	yes	1 preacher	0
1585	22	22	0	2	11	6	yes	0	2	yes	1 preacher	0
1586	25	25	0	2	11	8	yes	0	2	yes	1 preacher	1
1587	26	26	0	2	11	8	yes	0	2	no	2 canons	2
1588	25	25	0	2	10	7	yes	0	3	yes	2 canons	2
1589	28	28	0	2	11	8	yes	0	3	yes	2 canons	3
1590	28	28	0	2	11	8	yes	0	3	yes	2 canons	3
1591	26	26	0	2	9	8	yes	0	4	yes	1 bishop, 2 canons	2
1592	28	28	0	2	11	7	yes	0	4	no	1 bishop, 3 canons	3
1593	33	33	0	2	11	9	yes	0	4	yes	1 bishop, 2 canons	6

1594	31	31	0	2	10	9		yes	0	4	yes	1 bishop, 2 canons	5
1595	33	33	0	2	10	9		yes	0	5	yes	1 bishop, 3 canons	6
1596	32	32	0	2	10	8		yes	0	5	yes	1 bishop, 3 canons	6
1597	29	29	0	2	10/11 (?)	6/7 (?)		yes	0	4	yes	1 bishop, 2 canons	5
1600	25	25	0	2	10	4		yes	0	4	yes	1 bishop, 2 canons	4
1601	23	23	0	2	9 (?)	5		no	0	4	yes	1 bishop, 2 canons	3
1604	21	21	0	2	10 (?)	5		no	0	3	yes	2 canons	1
1606	16	16	0	2	10 (?)	4		no	0	0	no	0	0

Fig. 7: The noble and ecclesiastical members of the Corpus Christi Confraternity of Pressburg, 1528–1606

Parish priests of Saint Martin's among the members	year
Hans/Johannes (Schmid) Niethamer	1513–1536
Gregorius Maitz	1536–1539
Michael Judich/Judicis/Richter	1539–1548
Simon Jacet	1549
Emmeram Niess	1554
Bartholomeus Zabolitsch – 1st time	1556
Arnoldus (Laurencianus) Flander, poeta laureatus et canonicus	1559–1562
Georgius Torwander canonicus	1563–1564
Wilhelm N.	1565
Bartholome Zabolitsch – 2nd time	1566–1568
Hans/Johannes Seidl/Seydelius (Jesuit preacher)	1571
Stefan/Steffanus Joachim canonicus	1572–1575
Narcissus Strobal	1577
Georgius Retzer/Reitzer	1579–1591
Hans/Johannes Ludwig/Ludovicus Kaskius/Caskius doctor canonicus	1593–(1604)
Other ecclesiasticals (canons and preachers) among the members	year
Mattheus de Bews canonicus	1544
herr doctor Georgius Purkhiricher/Pürkircher	1574–1575
herr Ciriacus Hossman prendicant(!)	1575
Georgius Reizer canonicus	1580
Joannes Hyppodimander predicant	1581
herr (magister) Matheus Flaischman/Fleischman predicant	1584–1586
Paulus Fulcitius philosophiae et medicina doctor etc	1587–1604
Joannes Baptista Goineus/Goynaeus doctor	1592–1604
herr Stephanus Feyrkewy episcopus Nittriensis	1591–1596

Andreas Monozloi praepositus/episcopus Wesprimiensis	1591–1596/1597–1601
Nobles among the members	year
Michael Wunderlich camerer	1586
Valentinus Ernnleutner camer hung. sa. civ. nttis et consiliarius / camerherr	1587–1601
Paul Armpruster	1587–1600
Joseph Stötzl/Stüzl/Stozzll	1588–1596
Valentinus Baranyay/Baranay	1593
Stephanus Baranyay	1593–1597
Gallus Bakichs	1593
Christophorus Kubiny/Cubiny de Felseö Cubin	1593–1601
Nicolaus Istwanffy vicepalatinus/propalatinus	1595–1604

The situation slightly changed at the end of the 1550s with the entry of the Flamand Arnoldus Laurentianus Flander[119], „poeta laureatus", and Georgius Torwander (see Fig. 7) who both might have belonged to the humanist circle around Archbishop Nicholas/Miklós Oláh. Their arrival might be connected to the archbishop's presence in the town (1553–1568) and his influence on its ecclesiastical life. In addition, after the end of the Council of Trent, the first Jesuit preacher in town, Johannes Seydelius, appeared among the members[120] between 1566 and 1574. This is connected to the renewed action of the archbishop of Gran/Esztergom who in 1564 once again ordered that all books that were owned as private property were to be taken to the parish for investigation. The town council, however, turned to Maximilian II with a petition formulated in a rather Lutheran style by Christoph Pfinzinger, member of the inner council and thus the *Corpus Christi* confraternity, and together with the lord mayor Martin Aichinger, he took it to Vienna. As a result, the inquisition was cancelled and the already mentioned right to have the communion under both kinds in churches in Pressburg was issued (see the quotation above). Most probably as a reaction to the petition, the archbishop might have used his men to exercise control over the confraternity, which might not have worked out due to

[119] On his person: Gábor Farkas Kiss, A róka és a nyúl a Dunán. A flamand Arnoldus Gerardus Laurentius Oláh Miklósnak ajánlott meséje, mint születésnapi iocus [The Fox and the Rabbit on the Danube. A Tale of the Flamand Arnoldus Gerardus Laurentius Dedicated to Nicholas Oláh as a Birthday Joke], in: „Nem sűlyed az emberiség!" … Album amicorum. Szörényi László LX. születésnapjára [„Humanity does not sink!" … Album amicorum for the Sixtieth Birthday of László Szörényi], ed. István Csörsz Rumen–Zoltán G. Szabó (Budapest 2007) 299–308.

[120] He was a controversal figure. Born in Olomouc, entered the Jesuit order in Rome in 1556 and finished his studies there (ordained in 1560). He was in Vienna when he became the first rector of the newly founded University of Tyrnau/Nagyszombat/Trnava (Slovakia) in 1561. Between 1566 and 1570, he was a Jesuit preacher in Pressburg, but due to his attitude (not being severe enough against religious „misbehaviour") and his „liberalism", he was sent away from the order. Nevertheless, he remained in the town as a canon (and was the parish priest for a year) there. On his person: http://jezsuita.hu/nevtar/seidel-jan/ [20. 6. 2017]; Catalogi personarum et officiorum Provinciae Austriae S. I., I: (1551–1600), ed. Ladislaus Lukács (Monumenta historica Societatis Iesu 117, Rom 1978) 784; László Velics, Vázlatok a magyar jezsuiták múltjából, I. füzet (1560–1610) [Sketches from the Past of the Hungarian Jesuits, Part 1 (1560–1610)] (Budapest 1912) 55–65; János Péteri, Az első jezsuiták Magyarországon (1561–1567) [The First Jesuits in Hungary (1561–1567)] (Rom 1963) 251–268.

the persons involved. In 1575, it is even more obvious that the confraternity had Lutherans among its members, since the Humanist and Lutheran cleric Georgius Purkircher (a student of Stöckel in Bartfeld who also studied in Wittenberg) shows up among the members of the *Corpus Christi* confraternity[121]. An even more interesting period was brought about by the rule of King Rudolf I (Emperor Rudolf II, 1576–1608), who as part of his policy in 1581 withdrew the above right to receive communion under both kinds for Ödenburg and Pressburg (and thus ended the period of compromise Catholicism). This paved the way for a „royal" attack on the Lutherans and parallel to that, it is detectable that more ecclesiastical (and noble) members appeared in the confraternity (see Fig. 6–7). However, it cannot be excluded that at least a few of them might have been (crypto-)Lutherans. For example, from a trial case against a Lutheran school teacher (Petrus Simiginus/Somogyi from Vágsellye/Schelle/Šaľa) in 1557, it is known that one of the councillors who helped him throughout the procedure was Christopher Armbruster[122], whose relative later was also among the brethren. Paul Ambruster (*bey der ungrischen kamer buchhalter*) entered the confraternity on 13 June 1586 and died as a member in 1600[123]. Several other members of the same family were already among the Lutherans in the neighbouring Sankt Georgen/Szentgyörgy/Svätý Jur (Slovakia)[124]. And it is likely that is was not by chance that the Armbruster house on the main square became the first church of the Lutherans in 1606.

Consequently, the *Corpus Christi* confraternity in Pressburg apparently had a similar function to that of the *Gross Bruderschaft* in Ödenburg concerning control over ecclesiastical life – although with the presence of the archbishop in town, it must have been a challenge at times. Furthermore, the above short summary of the analysis illustrates that it was neither a pure „Catholic" nor a pure „Protestant" confraternity during the transition period in the sixteenth century.

4. Epilogue

Hopefully, it was aptly demonstrated that the influence of the Reformation as a process of confessionalisation – its channels, visibility, and acts – requests a case study for each individual town. Similarly, the fate and uses of its confraternities should also be investigated on an individual level and compared to each other. This fate took on various forms in the sixteenth-century Reformation era in the Kingdom of Hungary: 1.) No sources can be found for its activity, which is why it is supposed that it ceased to exist (this

---

[121] Georgius Purkircher, Opera quae Supersunt Omnia, ed. Miloslaus Okál (Bibliotheca scriptorum medii recentisque aevorum, ser. nova 10, Akadémiai Kiadó, Budapest 1988); Mária Kneifel, Purkircher György [Georg Purkircher] (Budapest 1942). In his foreword to the drama on Susanna by Stöckel, Purkircher stated that the Pope and the Turks were the main enemies of the church; Guitman, A bártfai reformáció (see note 35) 102.

[122] Schrödl, A pozsonyi ág. hitv. ev. egyházközség (see note 53) 55–57.

[123] His name is among the members until 1600 (when a cross at his name indicates his death). Bratislava, AMB, E.L.3. Gotsleichnamsbruderschaft Register, 1424–1606 (Budapest, MNL OL, DF 277990), fol. 60ᵛ–75ʳ.

[124] In the Lutheran community of the neighbouring Sankt Georgen several members of the Armbruster family were listed among 1599 and 1654; Alexander Grósz, Geschichte der Stadt und der evangelischen Kirchengemeinde A. C. der königl. Freistadt Sct. Georgen nach archival. Quellen (Galanta ²1926). The „Namensliste" is online available: http://www.gschweng.de/NamenslisteStGeorgen.htm [10. 9. 2017].

might not be the case but there is no proof of the opposite). 2.) It continued its operation with modified rules. 3.) It continued in its old form but with different content. 4.) It was regenerated/revived with a Protestant accent. 5.) It continued its operation with a co-existence of a membership of both confessions. 6.) Its existence was terminated, property and money were confiscated (usually not earlier than the 1550s). 7.) It continued its limited operation (although not much written material is available) and its property was later given to the Jesuits. 8.) both the medieval and the later fate are almost unknown (due to missing sources), solely its existence is occasionally documented. 9.) And one should also take into account the settlements where the Ottoman conquest influenced the entire picture (and resulted in a complete loss of documents), and where after the recovery of the kingdom and its re-Catholicisation (after 1686/1699), a rather confused (if any) memory of medieval confraternities was preserved. In addition, as the churches might have been used by both confessions in these years (until the foundation of the independent Lutheran churches primarily after 1606), other institutional frameworks of religion, including confraternities, might have been similarly used as well. Certain confraternities definitely declined and ceased to exist during this period, but in other cases, they took on charity activities (poor care) or redefined their main purpose (becoming exclusively funeral brotherhoods). However, at least during the sixteenth century, they seemingly kept their old frameworks. It must also be noted that during the late medieval period, the confraternities and guilds in certain towns were rather difficult to separate from one another, even sources mix up whether an institution was, for example, named the Saint Catherine confraternity or the skinners' guild of Eperies, the Saint Stephen confraternity or the tanners' guild of Pest, the Saint Anne confraternity or the tailors' guild of Ödenburg, the Holy Cross confraternity or the butchers' guild of Schemnitz, or the Saint Paul confraternity or the vinegrowers' guild of Pressburg (just to name a few). And the guilds as occupational organisations survived, they were controlled and got new rules but represented a kind of continuity, the survival of confraternity pratices. Finally, as the examples of the *Bürgerbruderschaft* or the *Corpus Christi* confraternities demonstrated, some were used to exercise more secular/urban control over the wealth, property, and confraternity fees (incomes) of the church and probably also covered up the confessional diversity of the town leadership. Naturally, with the appearance of the first waves of new Catholic-controlled confraternities (such as the urban types of the Jesuit order[125]), the situation definitely changed, and consequently, the seventeenth and eighteenth centuries already represent another era in the history of the confraternities[126].

---

[125] See the contribution by Zsófia KÁDÁR in this volume.

[126] Gábor TÜSKÉS–Éva KNAPP, Bruderschaften in Ungarn im 17. und 18. Jahrhundert. *BayJVk* 1992 (1992) 1–25; IDEM, Literaturangebot und Bildungsprogramm in den barockzeitlichen Bruderschaftpublikationen in Ungarn. *Internationales Archiv für Sozialgeschichte der deutschen Literatur* 17 (1992) 1–42.

Katholisch-protestantische Bruderschaften?
Die Stader Bruderschaften im 16. und 17. Jahrhundert

Arend Mindermann

Wie in wohl jeder spätmittelalterlichen deutschen Stadt hat es auch im spätmittelalterlichen Stade eine Vielzahl von Bruderschaften gegeben. Diese Bruderschaften bzw.
Brüderschaften, wie sie in Stade bis heute genannt werden[1], waren den verschiedenen,
damals in Stade bestehenden Kirchen und Kapellen zugeordnet (Abb. 1)[2]. Zu einigen
der Stader Brüderschaften gibt es allerdings nur noch sehr wenige Quellen. Hierzu zählen
die beiden Brüderschaften in dem 1527 aufgelösten Franziskanerkloster St. Johannis: eine
Heiligkreuzbrüderschaft am gleichnamigen Altar, die nur 1460 bezeugt ist, und eine Brüderschaft der Schustergesellen am Altar der Heiligen Franziskus und Maria Magdalena,
die nur im Jahr 1500 bezeugt ist[3]. Hierzu zählt aber auch eine nur 1435 erwähnte *kum-
peni der jungen lude up dem schafferhuse*[4], die immerhin zwei Häuser in der Sattelma-
cherstraße besaß und vermutlich in der St. Antonii-Brüderschaft aufgegangen sein dürfte,
die uns im Folgenden noch häufiger begegnen wird. Da diese Brüderschaften schon zu
Beginn des 16. Jahrhunderts nicht mehr nachzuweisen sind, ist ihre Geschichte für unser
Thema ohne Relevanz.

---

[1] Statt des ansonsten häufig vorkommenden Terminus „Bruderschaften" wird hier und im Folgenden der
damit synonyme, in Stade allgemein übliche Terminus „Brüderschaften" benutzt. Der im Folgenden gebotene
Text wurde (mit leichten Veränderungen) auch auf einer Tagung zum Thema „Die Reformation im Elbe-Weser-
Raum – Voraussetzungen, Verlauf, Veränderungen" vorgetragen, die am 6. und 7. November 2015 im Ev. Bil-
dungszentrum Bad Bederkesa (bei Bremerhaven) stattfand. Druckfassung jenes Vortrags: Arend MINDERMANN,
Die Stader Brüderschaften in der Reformationszeit, in: Die Reformation im Elbe-Weser-Raum. Voraussetzungen, Verlauf, Veränderungen, hg. v. Hans-Eckhard DANNENBERG–Hans OTTE (Schriftenreihe des Landschaftsverbandes der ehemaligen Herzogtümer Bremen und Verden 50, Stade 2017), 249–266.
[2] Der in Abb. 1 wiedergegebene, wohl um 1585 entstandene Kupferstich von Braun/Hogenberg, die
wohl bekannteste Ansicht der Stadt Stade (hier in einem Druck aus dem Jahr 1598) ist ungemein häufig repro-
duziert worden, so dass hier unmöglich sämtliche gedruckten Reproduktionen aufgeführt werden können; vgl.
beispielsweise: Blick auf Stade. Ansichten und Pläne aus sieben Jahrhunderten, zusammengestellt von Bernhard
WIRTGEN, aus dem Nachlaß überarbeitet von Jürgen BOHMBACH (Stade 1974) Abb. 13; Beate Christine FIED-
LER, Stade, Kat.-Nr. 194, in: Historische Stadtansichten aus Niedersachsen und Bremen 1450–1850, hg. von
Klaus NIEHR (Veröffentlichungen der Historischen Kommission für Niedersachsen und Bremen 268, Göttingen 2014) 292.
[3] Arend MINDERMANN–Ida-Christine RIGGERT-MINDERMANN, Stade – Franziskaner, in: Niedersächsisches
Klosterbuch 3, hg. von Josef DOLLE–Dennis KNOCHENHAUER (Veröffentlichungen des Instituts für Historische
Landesforschung der Universität Göttingen 56/3, Bielefeld 2012) 1377–1381, hier 1377.
[4] Vgl. hierzu zuletzt Arend MINDERMANN, Adel in der Stadt des Spätmittelalters. Göttingen und Stade
1300 bis 1600 (Veröffentlichungen des Instituts für Historische Landesforschung der Universität Göttingen
35, Bielefeld 1996) 317.

Abb. 1: Stade um 1585 mit den damals vorhandenen Kirchen St. Nikolai (Nr. 13), St. Cosmae et Damiani (Nr. 14) und St. Wilhadi (rechts oben, ohne Nr.) sowie den Kirchen des ehem. Franziskanerklosters St. Johannis (Nr. 15), des ehem. Benediktinerklosters St. Marien (Nr. 16) und der Ruine der Kirche des ehem. Prämonstratenserklosters St. Georg (Nr. 17).

Von sehr viel größerer Bedeutung ist dagegen ein Verzeichnis derjenigen Vereinigungen, die sich im Jahr 1569 um die Unterstützung der Armen in der Stadt Stade kümmerten[5]. Auf die Frage, warum dieses Verzeichnis im Jahr 1569, also im Jahrzehnt zwischen 1560 und 1570, angelegt worden ist, wird im Folgenden noch zurückzukommen sein. Die Liste nennt insgesamt 197 in Stade lebende arme Personen, die Almosen erhielten. Diese Almosen wurden durch insgesamt zehn einzeln genannte Einrichtungen verteilt[6], die sich zu drei Gruppen zusammenfassen lassen:

(1) Es werden die vier heute noch in Stade bestehenden Brüderschaften aufgeführt, nämlich die seit 1414 belegte St. Pankratii-Brüderschaft[7], die 1439 gegründete St. Antonii-Brüderschaft[8], der 1482 gegründete „Rosenkranz St. Cosmus", aus der die heutige Rosenkranz-Gotteshülfe-Brüderschaft hervorgegangen ist[9], und der unter anderem die Gelder der 1492 eingerichteten, reich ausgestatteten sog. Sworen'schen Stiftung verwaltete[10], sowie die 1556 gegründete Kaufleute- und Schiffer-Brüderschaft, die hier *schipper-*

---

[5] 500 Jahre Rosenkranz-Gotteshülfe-Brüderschaft in Stade 1482–1982, hg. von Harald GILLEN u. a. (Stade 1982) 20.

[6] Das Folgende nach ebd.

[7] Hierzu umfassend Jürgen BOHMBACH, 575 Jahre St. Pankratii-Brüderschaft in Stade 1414–1989 (Stade 1989); DERS. u. a., St. Pankratii-Brüderschaft von 1414 in Stade. Die älteste Brüderschaft der Hansestadt. 600 Jahre (Stade 2014).

[8] Hierzu umfassend Zur Hilfe verbunden. 550 Jahre St. Antonii-Brüderschaft zu Stade 1439–1989, red. von Jürgen BOHMBACH–Helmut SPEYER (Veröffentlichungen aus dem Stadtarchiv Stade 11, Stade 1989).

[9] GILLEN, Rosenkranz (wie Anm. 5) 20.

[10] Hierzu umfassend Jürgen BOHMBACH, Die Stader Ratsfamilie de Sworen und ihre Stiftungen 1492/93, in: Kultur – Geschichte – Strukturen. Beiträge zum Bilde der Landschaft zwischen Weser und Elbe. Festschrift für Thassilo von der Decken, hg. vom Landkreis Stade (Stade o. J. [1986]) 11–24.

selschop genannt wird[11]. Außerdem muss hierzu auch noch die Gilde der Brauerknechte gezählt werden, die aus der Brüderschaft St. Gertrud am gleichnamigen, westlich der Stadt Stade gelegenen Hospital hervorgegangen ist. Sie hat sich mit einer ganz besonderen Funktion bis heute erhalten: Noch immer stellt sie bei allen kirchlichen Beisetzungen in Stade die in eine Tracht des 18. Jahrhunderts gekleideten Sargträger[12].

(2) Die zweite Gruppe bilden die heute nicht mehr bestehenden Brüderschaften. Hierzu gehörten der Stader Kaland[13], auf den ich noch zurückkommen werde, sowie der Rosenkranz an St. Nikolai. Hierzu gehört außerdem die erstmals 1463 genannte St. Katharinen-Brüderschaft am Heilig-Geist-Hospital, das im Süden der Stader Altstadt lag. Die daraus entstandene Heilig-Geist-Stiftung ist noch im 18. Jahrhundert belegt[14].

(3) Die dritte Gruppe bilden schließlich die Gotteskisten, die an den Kirchen St. Wilhadi und St. Nikolai existierten.

Man muss es noch einmal betonen: Das eben vorgestellte Verzeichnis stammt aus dem Jahr 1569! Zu dieser Zeit bestand, wie ausgeführt, das Franziskanerkloster und die dortigen Brüderschaften schon seit mehr als 40 Jahren nicht mehr. Da die Franziskaner die Stadt Stade wohl, wie allgemein angenommen wird, zu der Zeit verlassen haben, als sich dort die Reformation durchgesetzt hatte, darf man also davon ausgehen, dass die eben genannte Liste mehr als 40 Jahre nach der Durchsetzung der lutherischen Reformation in Stade entstanden ist. Bereits 1541 waren auch die Marienmessen in der Kirche St. Cosmae et Damiani endgültig abgeschafft worden[15]. Die hier vorgesehenen Erträge der Sworen'schen Stiftung waren seitdem für die Unterstützung von Stader Schülern, der in Stade geborenen Studenten sowie insbesondere für die Unterstützung der „Hausarmen" in Stade verwendet worden[16], wohlgemerkt: der „Hausarmen", also der am Ort ansässigen „verschämten Armen", wie sie auch genannt wurden[17], nicht etwa der zahllosen Angehörigen des „Fahrenden Volkes"[18].

Aber eben erst jetzt, in den 1560er Jahren, wagte man sich in Stade ganz offen an eine Neuorganisation des kirchlichen Lebens. Vorangegangen war der Passauer Vertrag von 1552, der auch für das Erzstift Bremen „einen vorläufigen Religionsfrieden" bedeutete[19], auch wenn der altgläubige Bremer Erzbischof und Administrator des Bistums Verden Christoph von Braunschweig-Wolfenbüttel seinerzeit noch lebte. Vorangegangen war aber eben auch der 1558 erfolgte Tod dieses Erzbischofs, der in seinem Herrschaftsgebiet zeitlebens ein engagierter Kämpfer für den alten Glauben gewesen war[20]. Die Stadt Stade

---

[11] Hierzu jetzt umfassend Horst Eylmann, Kaufleute und Schiffer. Eine Spurensuche in einem halben Jahrtausend Stader Geschichte (Stade 2009).

[12] Jürgen Bohmbach, Vorreformatorische Brüderschaften in Stade, in: Wirtschaft – Gesellschaft – Mentalitäten im Mittelalter. Festschrift zum 75. Geburtstag von Rolf Sprandel, hg. von Hans-Peter Baum (Beiträge zur Wirtschafts- und Sozialgeschichte 107, Stuttgart 2006) 531–538, hier 531f.

[13] Hierzu zuletzt Mindermann, Adel (wie Anm. 4) 310–313; Sebastian Möllers, Den Armen tom besten. 600 Jahre Brüderschaften in Stade (Stade 2016) 18.

[14] Bohmbach, Brüderschaften (wie Anm. 12) 531; Möllers, Armen (wie Anm. 13) 19.

[15] Bohmbach, Ratsfamilie (wie Anm. 10) 14; Möllers, Armen (wie Anm. 13) 26.

[16] Ebd.

[17] Vgl. Franz Irsigler–Arnold Lasotta, Bettler und Gaukler, Dirnen und Henker. Außenseiter in einer mittelalterlichen Stadt (München 1984) 24–30: „Verschämte und Unverschämte: Hausarme und Bettler".

[18] Hierzu umfassend Ernst Schubert, Fahrendes Volk im Mittelalter (Bielefeld 1995).

[19] Matthias Nistal, Die Zeit der Reformation und der Gegenreformation und die Anfänge des Dreißigjährigen Krieges (1511–1632), in: Geschichte des Landes zwischen Elbe und Weser 3: Neuzeit, hg. von Hans-Eckhard Dannenberg–Heinz-Joachim Schulze (Stade 2008) 1–158, hier 35.

[20] Zu ihm vgl. zuletzt ebd. 1–87 sowie Matthias Nistal, Zwischen Anspruch und Wirklichkeit. Herzog

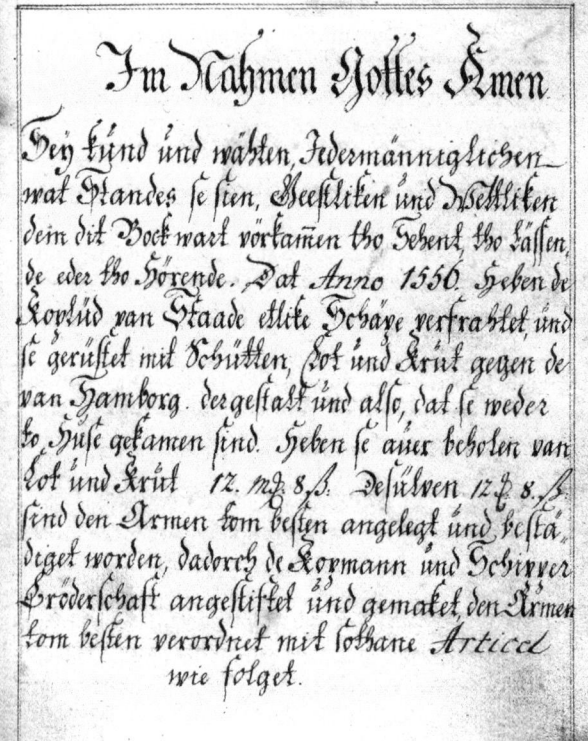

Abb. 2: Ausschnitt aus Abschrift der Gründungsur-kunde der Kaufleute- und Schiffer-Brüderschaft von 1556.

hatte im Jahr 1553, also kurz nach dem Passauer Vertrag, eine Bestätigung der städtischen Privilegien von Kaiser Karl V. erhalten[21], der zu dieser Zeit immerhin schon seit mehreren Jahrzehnten amtierte. Es ist kein Zufall, dass ebenfalls zu dieser Zeit, im Jahr 1563, das frühere Franziskanerkloster St. Johannis in ein städtisches Armenhaus umgewandelt wurde[22].

Bezeichnenderweise endete das 1415 begonnene, 1731 noch vorhandene, inzwischen aber leider verlorene älteste Rechnungsbuch der St. Pankratii-Brüderschaft im Jahr 1567[23]. Auch für die St. Pankratii-Brüderschaft bedeuteten demnach die 1560er Jahre ganz offenbar einen markanten Einschnitt in ihrer Geschichte.

In dieses Umfeld wird man also auch die Gründung der „Kaufleute- und Schiffer-Brüderschaft" im Jahr 1556 einfügen können, die ganz ausdrücklich als Brüderschaft (*broderschop*, wie es in der Gründungsurkunde heißt) gegründet wurde[24], auch wenn das eben genannte Verzeichnis von 1569 diese Stader Brüderschaft kurz und knapp als *schipper-selschop*

Christoph von Braunschweig-Wolfenbüttel und die Anfänge der Reformation in den Stiften Bremen und Verden, in: Reformation (wie Anm. 1) 39–52.

[21] UB der Stadt Stade (Bremisches Urkundenbuch 12. Abteilung), bearb. von Jürgen Bohmbach (Veröffentlichungen der Historischen Kommission für Niedersachsen und Bremen 37/4, Veröffentlichungen aus dem Stadtarchiv Stade 1, Hildesheim–Stade 1981) Nr. 446 (1553 September 26).

[22] Mindermann–Riggert-Mindermann, Stade (wie Anm. 3) 1378.

[23] Bohmbach, 575 Jahre St. Pankrati (wie Anm. 7) 8f.; ders. u. a., St. Pankratii-Brüderschaft (wie Anm. 7) 18.

[24] Hierzu zuletzt umfassend Eylmann, Kaufleute (wie Anm. 11) 27–34.

bezeichnete. Wie sehr die Gründung der Kaufleute- und Schiffer-Brüderschaft in dieses Umfeld gehört, zeigt bereits ihre Gründungsurkunde, die sich leider nur in einer Abschrift aus dem 17. Jahrhundert erhalten hat (Abb. 2). Es heißt dort wörtlich: *anno 1556 hebben de koplüd van Staade* ein Schiff *gegen de van Hamborg* ausgerüstet. Dieses Schiff diente zum Durchbrechen einer hamburgischen Seeblockade auf der Elbe. Ohne einen Schuss abgeben zu müssen, kehrte dieses Schiff wohlbehalten wieder nach Stade zurück. Deshalb hatten *de koplüd van Staade* [...] *aver beholden van lot und krut*, also nach dem Verkauf der restlichen Munition, *12 Mark, 8 Schilling. Desulven 12 Mark, 8 Schilling sind den Armen tom besten angelegt und bestätiget worden, dadorch de Kopmann- und Schipper-Böderschaft angestiftet und gemaket, den Armen tom besten*[25]. Die Kaufleute- und Schiffer-Brüderschaft verdankt ihre Entstehung also dem unblutigen Ausgang einer militärischen Operation!

Insbesondere auch das auf dieser Gründungsurkunde basierende, bis heute tradierte Motto dieser Brüderschaft, „Allens den Armen tom Besten"[26], zeigt sehr deutlich den Zweck dieser Stiftung einer rein protestantischen Brüderschaft. Es ist durchaus bemerkenswert, dass die Stadt Stade in den 1560er Jahren nicht daran ging, die nach dem Wegfall der Marien- und Seelenmessen zweckfrei gewordenen kirchlichen Einkünfte einfach umstandslos zugunsten der Stadtkasse einzuziehen, was ja auch möglich gewesen wäre, sondern dass die Stadt Stade diese Einkünfte jetzt gezielt der Armenversorgung zuwies – und zwar ausdrücklich unter Beibehaltung der überkommenen Einrichtungen, wie der Brauergilde und der Brüderschaften, oder doch zumindest von deren Namen, wie im Fall des Johannisklosters! Zu den alten Einrichtungen hinzugetreten war inzwischen, wie angeführt, der „gemeine Kasten" oder „Gotteskasten" der einzelnen Kirchen[27], wie ihn Martin Luther 1523 in seiner Schrift über die „Ordnung eines gemeinen Kastens. Ratschlag wie die geistlichen Güter zu handeln" ausdrücklich gefordert hatte[28].

Am bemerkenswertesten erscheint mir aber, dass zu jener Zeit selbst der Stader Kaland noch bestand. Kalande gab es in zahlreichen norddeutschen Städten. Sie waren ursprünglich Priesterbrüderschaften für die Priester einer bestimmten Region, denen aber in einigen Orten auch Laien angehören konnten. Beim Stader Kaland war das nachweislich der Fall. Bei dem Stader Kaland handelt es sich um den ursprünglichen Kehdinger Kaland, dessen Verlegung in die Stadt Stade 1447 vom damaligen Bremer Erzbischof Gerhard III. genehmigt worden war[29]. Selbst diese Einrichtung hatte in Stade also zumindest noch bis 1569 den Wegfall der katholischen Priester, sozusagen ihrer originären Mitglieder, als wohltätige Brüderschaft überstanden.

Dies ist umso erstaunlicher, da sich die äußerst harsche Kritik Luthers an den Brüderschaften wohl insbesondere auf die Kalande beziehen dürfte. Sie hatten sich ursprünglich wohl jeweils am Ersten eines Monats, den Kalenden des Römischen Kalenders, getroffen, wovon sich der Namen dieser Brüderschaften ableitete. Ihre teilweise doch recht ausschweifenden Gelage, die mit dem (heute weithin in Vergessenheit geratenen) Verb „kalendern" geradezu sprichwörtlich geworden sind[30], standen den Zeitgenossen sehr lebhaft

---

25 Vgl. ebd. sowie Möllers, Armen (wie Anm. 13) 22f.; s. a. Abb. 2.
26 Eylmann, Kaufleute (wie Anm. 11) 27; Möllers, Armen (wie Anm. 13) 28–30.
27 Heinrich Wittram, Verständigung in einer Zeit der konfessionellen Gegensätze, in: Bohmbach–Speyer, Hilfe (wie Anm. 8) 98–109, hier 98.
28 Martin Luther, Weimarer Ausgabe 12 (Weimar 1891) 11–30.
29 UB Stade (wie Anm. 21) Nr. 287 (1447 Januar 9); vgl. Mindermann, Adel (wie Anm. 4) 178–183, 310–313; Möllers, Armen (wie Anm. 13) 18.
30 So z. B in der sprichwörtlichen Sentenz „Er kalendert die ganze Woche"; vgl. Deutsches Sprichwörter-

vor Augen und wurden von Luther bereits 1519 deutlich kritisiert: „Zum einen wollen wir die bösen Übungen der Bruderschaften ansehen. Eine unter ihnen ist die, dass man ein Fressen und Saufen ausrichtet, eine oder mehrere Messen halten lässt, nach denen der ganze Tag und die ganze Nacht und der nächste Tag dazu dem Teufel zu eigen gegeben werden. Da geschieht nichts anderes, als was Gott missfällt. Solches Wüten hat der böse Geist uns eingetragen, und er lässt es eine Bruderschaft nennen, obwohl es mehr eine Luderei ist und ein ganz heidnisches, ja säuisches Wesen. Es wäre viel besser, wenn keine Bruderschaft in der Welt wäre, als dass solcher Unfug geduldet wird"[31].

Im Jahr 1564 hatte der Stader Rat den Stader Kaland faktisch unter seine Verwaltung genommen und sich verpflichtet, dass dessen Einnahmen künftig „zur Verbesserung des Gottesdienstes und zur Unterstützung der Kirchen, der Schule sowie christlicher Hausarmer einzusetzen"[32]. Der eben zitierte, von Luther benannte „Unfug", die „Luderei", waren vom Rat damit abgestellt; und gegen eine Brüderschaft mit solchen (!) Zielen hätte wohl auch Luther nichts einzuwenden gehabt – äußern konnte er sich hierzu nicht mehr, da er ja bereits 1546 gestorben war. Nach 1569 wird der Stader Kaland allerdings, nach derzeitigem Forschungsstand, ganz offenbar nicht mehr erwähnt. Er scheint sich in der Folgezeit dann doch aufgelöst zu haben[33].

Die eben geschilderte Entwicklung in den 1560er Jahren hat der frühere Stader Stadtarchivar Jürgen Bohmbach, einer der besten Kenner der Stader Brüderschaften, schon 2006 prägnant und treffend zusammengefasst: „Während in dieser Zeit der [Stader] Rat eine Reihe vorreformatorischer Stiftungen unter seine Verwaltung zieht, bleiben andererseits vier Brüderschaften unabhängig bestehen. Allerdings scheinen sie zum Teil zwischen 1550 und 1569 eine innere Bestandsaufnahme, eine Reorganisation, durchgeführt zu haben, maßgeblich beteiligt daran war der damalige regierende Stader Bürgermeister Peter Kirscher"[34].

1. Eine gemischtkonfessionelle Brüderschaft in Stade

Nun könnte man angesichts des angeführten Verzeichnisses von 1569 vielleicht meinen, man habe es in Stade spätestens zu dieser Zeit ausschließlich mit frühen katholischen, jetzt aber protestantischen Brüderschaften zu tun, die sich ganz in Luthers Sinne der Armenversorgung widmeten. Ganz so einfach war es aber nicht. Es gab nämlich eine bemerkenswerte Ausnahme!

Es war der frühere Stader Superintendent Heinrich Wittram, der bereits 1989 hinsichtlich der in Stade noch heute bestehenden St. Antonii-Brüderschaft von 1439 nachdrücklich auf ein durchaus erstaunliches und für unser Thema sehr bedeutendes Faktum hingewiesen hat: „Bei der Durchsicht der im ‚Goldenen Buch' in Stade eingetragenen Mitglieder der St. Antonii-Brüderschaft aus der Zeit zwischen 1540 und 1648 stoßen wir auf den überraschenden Tatbestand, dass für gut hundert Jahre dieser Brüderschaft in nicht geringer Zahl sowohl evangelische Theologen als auch katholische Theologen

---

Lexikon. Ein Hausbuch für das deutsche Volk 2, hg. von Karl Friedrich WANDER (Leipzig 1867, [Nachdr. Stuttgart 1987]) Sp. 1114, s. v. „Kalendern"; vgl. auch MÖLLERS, Armen (wie Anm. 13) 14.

[31] Martin LUTHER, Weimarer Ausgabe 2, 754; zit nach MÖLLERS, Armen (wie Anm. 13) 34.
[32] BOHMBACH, Brüderschaften (wie Anm. 12) 532; UB Stade (wie Anm. 21) Nr. 453 (1564 Juli 3).
[33] Vgl. MINDERMANN, Adel (wie Anm. 4) 312f.
[34] BOHMBACH, Brüderschaften (wie Anm. 12) 532f.

(Pastoren, Klosteräbte und Prioren), ferner Laien-Pröpste und Dompröpste angehören"[35]. Die St. Antonii-Bruderschaft in Stade war im Jahr 1439 gegründet worden. Sie ist damit nach der 1414 bereits bestehenden St. Pankratii-Bruderschaft die zweitälteste der vier heute noch in Stade bestehenden Bruderschaften[36]. Sie ist zudem, und das ist in unserem Zusammenhang von großer Bedeutung, die einzige Stader Bruderschaft, der bereits im frühen 16. Jahrhundert eine große Zahl von Geistlichen und auswärtigen Mitgliedern angehörte. Diese beiden Personengruppen fehlen in den drei anderen Stader Bruderschaften dagegen völlig. Mitglieder in jenen drei Bruderschaften waren, soweit sich dies ermitteln lässt, spätestens seit der Mitte des 16. Jahrhunderts ausschließlich protestantische Stader Bürger, insbesondere Schiffer, Kaufleute und Handwerker, mit unterschiedlichen beruflichen Schwerpunkten in den einzelnen Bruderschaften[37].

Anders die St. Antonii-Bruderschaft[38]: Im Jahr 1540, also fast genau 100 Jahre nach ihrer Gründung, nahm sie mit Dietrich Stölting erstmals einen evangelischen Geistlichen als Mitglied auf. Der 1503 in Hoya geborene Dietrich Stölting war 1540–46 Pastor in Hollern, anschließend von 1546 bis zu seinem Tod 1554 Prediger (Diakonus) an der Kirche St. Cosmae et Damiani in Stade. Er war seit 1528 verheiratet und hatte vier Kinder. Gleichzeitig war er – als Protestant! – auch Mitglied im oben erwähnten Stader Kaland. Der nächste evangelische Geistliche in der St. Antonii-Bruderschaft war Johann Hollmann II., Pastor an St. Nikolai in Stade und Sohn des gleichnamigen ersten evangelischen Pastors in Stade. Johann Hollmann II. gehörte der St. Antonii-Bruderschaft seit 1560 an. Bereits 1562 wird mit Osias Cordes, Nachfolger Dietrich Stöltings in St. Cosmae et Damiani, der nächste evangelische Geistliche in die St. Antonii-Bruderschaft aufgenommen. Er gehörte der Bruderschaft bis zu seinem Tod im Jahr 1602 an. Seit dem Jahr 1598 schließlich war Otto Casmann Mitglied der St. Antonii-Bruderschaft. Er war seit 1594 Rektor des Akademischen Gymnasiums (des heutigen Athenaeums) in Stade und seit 1601 zugleich zweiter Pastor an der St. Wilhadikirche in Stade. Er setzte sich in Stade auch öffentlich besonders für eine konfessionelle Verständigung zwischen Lutheranern und Reformierten ein.

Gleichzeitig finden wir unter den Mitgliedern dieser Bruderschaft etliche hochrangige Ordensangehörige und Pröpste von mehreren der im Erzstift Bremen gelegenen Männer- und Frauenklöster des Benediktinerordens, nämlich der Klöster St. Marien in Stade, Buxtehude-Altkloster, Buxtehude-Neukloster, Harsefeld und Zeven. Angesichts der inzwischen sicher nachgewiesenen gemischtkonfessionellen Zusammensetzung der Kloster- und Stiftskonvente in dieser Zeit[39] ist es allerdings nicht immer möglich, ganz eindeutig zu entscheiden, ob es sich bei ihnen um katholische Mönche bzw.

---

[35] WITTRAM, Verständigung (wie Anm. 27) 100.

[36] Vgl. Jürgen BOHMBACH, Die St. Antonii-Bruderschaft 1439–1989, in: BOHMBACH–SPEYER, Hilfe (wie Anm. 8) 73–97, hier spez. 73–76.

[37] Vgl. zur St. Pankratii-Bruderschaft: BOHMBACH, 575 Jahre Pankratii (wie Anm. 7) 87–90; DERS. u. a., St. Pankratii-Bruderschaft (wie Anm. 7) 122–148. Zur Rosenkranz-Gotteshülfe-Bruderschaft: GILLEN, Rosenkranz (wie Anm. 5) 106–108. Zur Kaufleute- und Schiffer-Bruderschaft: EYLMANN, Kaufleute (wie Anm. 11) 287–290.

[38] Das Folgende, wenn nicht anders angegeben, nach WITTRAM, Verständigung (wie Anm. 27) 100–106; vgl. das Verzeichnis der Mitglieder der St. Antonii-Bruderschaft in den Jahren 1439–1953, in: BOHMBACH–SPEYER, Hilfe (wie Anm. 8) 136–151, für die Jahre 1540–1648 spez. 137–140.

[39] Vgl. hierzu beispielhaft Walter JARECKI, Das Verdener Andreasstift zur Zeit des Administrators Eberhard von Holle (1566–1586). Beobachtungen zur Durchsetzung der Reformation in Verden. *Zeitschrift der Gesellschaft für niedersächsische Kirchengeschichte* 101 (2003) 55–99 (T. 1) u. 102 (2004) 205–242 (T. 2).

Abb. 4: Siegel des Harsefelder Erzabts Luneberg
Brümmer.

Abb. 3: Grabstein des Harsefelder Erzabts
Christoph Bicker († 1575).

Pröpste handelte oder um solche, die sich zu Luthers Lehre bekannten, faktisch also sozusagen um „protestantische Benediktiner".

An erster Stelle ist hier der 1513 geborene Harsefelder Erzabt Christoph Bicker zu
nennen, der der St. Antonii-Brüderschaft von 1557 bis zu seinem Tod im Jahr 1575 angehörte. In seinen letzten vier Lebensjahren, also von 1571 bis 1575, war er zugleich
Propst des Nonnenklosters Zeven. Sein Grabstein hat sich in Harsefeld bis heute erhalten (Abb. 3). Das Kloster Harsefeld war seit 1510 Mitglied der seit 1446 bestehenden
Bursfelder Kongregation, die sich zum Ziel gesetzt hatte, in den Benediktinerklöstern die
Ordensregeln des hl. Benedikt in ihrer ursprünglichen Strenge und Reinheit wieder in
angemessener Weise zur Beachtung zu bringen. In diesem Sinne entsandte auch der Harsefelder Erzabt Christoph Bicker Mitglieder seines Konvents nach Köln, damit sie „die
wahre und althergebrachte Religion bei den Vätern der Gesellschaft erlernten"[40]. Seine
Bindung zur katholischen Kirche war also keineswegs rein formal, sondern er war sich
seiner Zugehörigkeit zur katholischen Kirche sehr bewusst und ganz offenbar zutiefst von
ihr überzeugt. Umso bemerkenswerter erscheint dann seine Mitgliedschaft in der St. Antonii-Brüderschaft. Ganz sicher katholisch war auch Nikolaus Bosch, Propst des Nonnenklosters Buxtehude-Neukloster und seit 1573 Mitglied der St. Antonii-Brüderschaft.
Ebenfalls ohne jeden Zweifel katholisch war der Harsefelder Erzabt Luneberg Brümmer,
der der St. Antonii-Brüderschaft seit 1578 angehörte und im Jahr 1592 als Rechnungs-

---

[40] WITTRAM, Verständigung (wie Anm. 27) 101f.

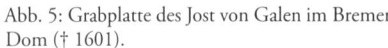

Abb. 5: Grabplatte des Jost von Galen im Bremer   Abb. 6: Epitaph für Jost und Dietrich von Galen im
Dom († 1601).   Bremer Dom (errichtet 1602).

Verwendung eines biblischen Motivs einen sehr versteckten Hinweis auf das lutherische
Prinzip „sola scriptura" sehen.

Wären auf dem Epitaph Heiligenfiguren erhalten, so hätte dies die konfessionelle Verortung dieser Zwillingsbrüder zweifellos etwas erleichtert. So aber bleibt vieles unklar:
Für ihre Bezüge zur neuen evangelischen Lehre spricht bei beiden Brüdern ihr Studium
in Marburg, wo Jost im Jahr 1568 immatrikuliert wurde und Dietrich im Jahr 1570. Immerhin handelt es sich bei der von Landgraf Philipp dem Großmütigen von Hessen 1527
gegründeten Universität Marburg um die früheste erfolgreiche Gründung einer explizit
protestantischen Hochschule in Deutschland[47]. Auch die Tatsache, dass beide Zwillingsbrüder mehrere Jahre lang als „Räte vom Haus" quasi der „Regierung" des von 1585
bis 1596 amtierenden Bremer Erzbischofs Johann Adolf angehörten (Jost 1592–1596;
Dietrich 1594–1596)[48] weist in diese Richtung, waren die Bremer Erzbischöfe zu dieser
Zeit doch faktisch längst evangelisch geworden[49]. Jost von Galen war aber andererseits

---

[47] Ingeborg SCHNACK, Die Philipps-Universität Marburg 1527–1977 (Marburg 1977). Marburg war die
früheste Gründung einer protestantischen Universität im Gebiet der heutigen Bundesrepublik Deutschland.
Es gab im deutschsprachigen Reichsgebiet des 16. Jahrhunderts mit der 1526 gegründeten Universität Liegnitz
zwar eine noch etwas ältere Gründung einer protestantischen Universität, allerdings bestand die dortige Universität nur bis 1530 und außerdem liegt die Stadt Liegnitz/Legnica in Niederschlesien.

[48] Karl Heinz SCHLEIF, Regierung und Verwaltung des Erzstifts Bremen am Beginn der Neuzeit (1500–
1645). Eine Studie zum Wesen der modernen Staatlichkeit (Schriftenreihe des Landschaftsverbandes Stade 1,
Hamburg 1972) 214–224 (Liste der erzbischöflichen Räte vom Haus), hier 218, Nr. 32 (Jost von Galen) u. Nr.
34 (Dietrich von Galen).

[49] Zuletzt NISTAL, Reformation (wie Anm. 19) 88–95.

von 1575 bis 1601 zugleich auch Propst des stets katholisch gebliebenen Nonnenklosters Zeven[50]. Außerdem verdankte er sein Kanonikat im Bremer Domkapitel einer 1569 erfolgten Providierung durch Papst Pius V., die im Bremer Domkapitel heftige Proteste hervorrief und zu einem mehrjährigen Prozess an der Römischen Kurie führte[51]. Sowohl die päpstliche Providierung als auch sein Amt als Zevener Propst deuten bei Jost von Galen wieder eher auf eine immer noch andauernde Bindung zum alten Glauben hin. Matthias Nistal sieht in der eben erwähnten päpstlichen Providierung von 1569 sogar ganz explizit die Übertragung der „durch den Tod Hermann Clüvers vakant gewordene[n] Dompräbende an den katholischen [!] Jodocus von Galen aus dem Stift Münster"[52]. An anderer Stelle vermutet er sogar eine gezielte „Einschleusung von drei katholischen Domherren, Jodocus und Theodor von Galen sowie Ahasver von Langen" in das Bremer Domkapitel, der allerdings „nur ein bescheidener Erfolg" von katholischer Seite gewesen sei und „offenbar zu keiner katholischen Opposition" im Bremer Domkapitel geführt habe[53].

Ungeachtet der Schwierigkeiten, die genaue Einstellung dieser beiden Zwillingsbrüder zur neuen evangelischen Lehre ermitteln zu können, bleibt jedoch hervorzuheben, dass bei beiden die (wie auch immer geartete) konfessionelle Ausrichtung ganz offenkundig weder beim gemeinsamen Epitaph im Bremer Dom noch bei der Mitgliedschaft in der St. Antonii-Brüderschaft in irgendeiner Weise eine Rolle spielte.

Ebenfalls Mitglied der St. Antonii-Brüderschaft war schließlich auch, um noch ein abschließendes Beispiel zu nennen, der letzte katholische Harsefelder Erzabt, Sebastian Bandex. Er gehörte dieser Brüderschaft seit 1638 an. Seine Eintragung im Goldenen Buch (dem Verzeichnis aller Mitglieder dieser Brüderschaft) lautet: *5.3. Sebastian Bandex Erzabt in Harsefelde, ao. 1638, hat der Brüderschaft 100 M. verehret*[54]. Im Jahr 1644 amtierte er als Rechnungsführer. Sein Harsefelder Amt als Erzabt verlor er mit der Säkularisation durch die Schweden im Jahr 1648, erhielt aber, ebenso wie der Rest des Konvents, eine Abfindung auf Lebenszeit. Diese wenigen Beispiele mögen hier genügen. Sie zeigen meiner Einschätzung nach den von Heinrich Wittram benannten Tatbestand in hinreichender Weise: Ganz ähnlich wie die Konvente mehrerer Klöster und Stifte des Erzstifts Bremen und des Hochstifts Verden[55] war auch die St. Antonii-Brüderschaft in der Reformationszeit für weit mehr als ein Jahrhundert – von 1540 bis in die zweite Hälfte des 17. Jahrhunderts hinein – ohne jeden Zweifel gemischtkonfessionell!

2. Der „Willkomm" der Stader Antonius-Brüderschaft

Neben dem Mitgliederverzeichnis im Goldenen Buch der St. Antonii-Brüderschaft gibt es allerdings noch ein sehr viel bemerkenswerteres Zeugnis der gemischtkonfessionellen Zusammensetzung dieser Brüderschaft: Aus der hier näher betrachteten Zeit hat sich ein „Willkomm" erhalten (in der St. Antonii-Brüderschaft „Renaissance-Pokal" genannt), der

---

[50] Elfriede Bachmann, Das Kloster Heeslingen-Zeven. Verfassungs- und Wirtschaftsgeschichte (Einzelschriften des Stader Geschichts- und Heimatvereins 20, Stade 1966) 159f.; dies., Zeven, in: Niedersächsisches Klosterbuch (wie Anm. 3) 1593–1600, hier 1599.

[51] Vgl. Bachmann, Heeslingen-Zeven (wie Anm. 50) 162; Nistal, Reformation (wie Anm. 19) 59f.

[52] Nistal, Reformation (wie Anm. 19) 59.

[53] Ebd. 60.

[54] Zit. nach Wittram, Verständigung (wie Anm. 27) 105.

[55] Vgl. hierzu beispielhaft Jarecki, Andreasstift (wie Anm. 39).

Abb. 7: „Willkomm" („Renaissance-
Pokal") der St. Antonii-Brüderschaft
von 1588/90.

Abb. 8 und 9: Wappen von Radtke Brümmer, Osias Cordes und
Anthonius Meyer auf dem „Willkomm" der St. Antonii-Brüderschaft von 1588/90.

noch heute bei den Pokalrunden während des Stiftungsfestes dieser Brüderschaft Verwendung findet (Abb. 7)[56]. Carl Wilhelm Clasen, zweifellos einer der besten Kenner des Stader
Goldschmiedehandwerks, hat in seinem 1962 erschienenen Werk über „Stader Silber" die
Funktion eines derartigen Pokals sehr treffend dargestellt: „Sie hießen ‚Willkomm', weil in
ihnen bei Stiftungsfesten und feierlichen Neuaufnahmen der Willkommenstrunk gereicht
wurde. Wenn man den Überlieferungen Glauben schenkt, so mußte jeder Neuling bei der
Aufnahme einen großen Willkomm bis zur Nagelprobe leeren"[57]. Da sich auf ihm die Wappen derjenigen 46 Brüder finden, die 1588 der St. Antonii-Brüderschaft angehörten, ist er
präzise auf die Jahre 1588–1590 zu datieren, da 1588–1591 keine neuen Brüder aufgenommen wurden. Angefertigt wurde er von dem Stader Goldschmied Joachim Runge († 1611)
unter Verwendung aller damals möglichen Techniken der Silberbearbeitung. Er ist Clasen
zufolge „in der technischen und künstlerischen Ausfertigung ohne Fehl"[58].

---

[56] Carl Wilhelm CLASEN, Stader Silber. Das Goldschmiedeamt zu Stade (Einzelschriften des Stader Ge-
schichts- und Heimatvereins 15, Stade 1962) 32; vgl. auch Helmut SPEYER, Die Silbergeräte der St. Antonii-
Brüderschaft zu Stade, in: BOHMBACH–SPEYER, Hilfe (wie Anm. 8) 124–132, hier 124; Heide WICKLEIN, Glanz
des Silbers. Stader Silber aus 5 Jahrhunderten und neuzeitliches schwedisches Silber. Katalog zur Ausstellung im
Schwedenspeicher-Museum Stade vom 6. Mai bis 3. Juli 1994 (Stade 1994) 27f., Kat.-Nr. 1; Arend MINDER-
MANN, „Willkomm" der St. Antonii-Brüderschaft von 1588–1590, in: MÖLLERS, Armen (wie Anm. 13) 36f.

[57] CLASEN, Silber (wie Anm. 56) 32.

[58] Ebd.

Abb. 10: Wappen des Harsefelder Abtes Luneberg Brümmer auf dem „Willkomm" der St. Antonii-Brüderschaft von 1588/90 (Foto: Arend Mindermann).

Abb. 11: Wappen des Bremer Dompropstes Dietrich von Galen auf dem „Willkomm" der St. Antonii-Brüderschaft von 1588/90 (Foto: Arend Mindermann).

Abb. 12: Wappen des Bremer Domthesaurars Jost von Galen auf dem „Willkomm" der St. Antonii-Brüderschaft von 1588/90 (Foto: Arend Mindermann).

Seine singuläre Bedeutung liegt aber nicht nur in seiner meisterhaften Ausführung, sondern mehr noch in der versteckten theologischen Botschaft der eben genannten Wappen: In der obersten Reihe der in drei Reihen übereinander angebrachten Wappen finden sich die Wappen mehrerer Geistlicher, die damals der St. Antonii-Brüderschaft angehörten – und zwar die Wappen von katholischen und protestantischen Geistlichen. So finden wir hier das Wappen von Radtke Brümmer, Prior des Stader Marien-klosters, dessen Konfession nicht sicher bekannt ist, unmittelbar daneben das Wappen

des lutherischen Pastors Osias Cordes und das Wappen des katholischen Zevener Beichtvaters Anthonius Meyer. Die Inschriften der Schriftbänder der drei Wappen lauten wie
folgt: R*B*P*T*V*L*FROWEN (ungekürzt: Radtke Brümmer, Prior to Unser Leven
Frowen, also zu Liebfrauen bzw. zu St. Marien), sowie OSEAS*CORDES*PAST und
A*M*PATER*ZV*ZEVEN (Abb. 8). Um es deutlich hervorzuheben: Die Wappen und
Inschriften von drei Geistlichen zweier unterschiedlicher christlicher Glaubensrichtungen
(die ja durch die Termini „Pater" und „Pastor" auch hinreichend deutlich gekennzeichnet
werden) sind hier also direkt nebeneinander platziert (Abb. 8 und 9).

Auch die Wappen von weiteren der oben vorgestellten Geistlichen finden sich
hier, sofern diese Geistlichen in den Jahren 1588/90 der St. Antonii-Brüderschaft angehörten. Dies gilt für den Harsefelder Abt Luneberg Brümmer (Abb. 10; Inschrift:
L*B*ART*[sic!]*Z*HASEF; ungekürzt: Luneberg Brümmer Abt zu Ha[r]sefeld) sowie den
Bremer Dompropst Dietrich von Galen (Abb. 11; Inschrift: D*V*G*D*P*D*K*Z*BRE;
ungekürzt wohl am ehesten: Dietrich von Galen, Domherr, Propst der Kirche zu Bremen) und seinen Zwillingsbruder, den Bremer Domthesaurar Jost von Galen (Abb. 12;
Inschrift: I*V*G* D*D*K*Z*B; ungekürzt wohl am ehesten: Iost von Galen, Domherr
[oder Domthesaurar?] der Kirche zu Bremen). Dass die in Abb. 11 und 12 angeführten
Initialen zweifelsfrei auf die beiden Zwillingsbrüder Dietrich und Jost von Galen zu beziehen sind, erweist ihr eindeutig erkennbares Wappen „in Gold drei schwarze Mauerhaken
(Wolfsangeln)"[59].

Es ist somit evident, dass Geistliche aus der Stadt Stade und deren Umland, die zwei
(andernorts erbittert verfeindeten) christlichen Glaubensrichtungen angehörten, im späten 16. Jahrhundert in Stade Mitglieder derselben Brüderschaft waren und sogar gemeinsam mit ihren anderen Brüdern einen sehr wertvollen Pokal stifteten, einen Pokal, auf
dem sie dann unmittelbar nebeneinander ihre Wappen anbringen ließen und aus dem sie
zweifelsohne auch gemeinsam getrunken haben werden: Das ist ein durchaus bemerkenswertes Zeugnis gelebter christlicher Ökumene im späten 16. Jahrhundert!

3. Fazit

Eine in sich völlig schlüssige Begründung dafür, warum trotz der heftigen Kritik Luthers an den Brüderschaften in der protestantischen Stadt Stade vier Brüderschaften bis
heute überlebt haben, und wie es zu der angeführten gemischtkonfessionellen Zusammensetzung der St. Antonii-Brüderschaft kam, hat sich bisher nicht finden lassen.

Hypothesen, warum das so war, lassen sich meines Erachtens aber durchaus formulieren: Ganz sicher waren die damaligen Stader nicht per se toleranter als die Bewohnerinnen
und Bewohner anderer norddeutscher Städte. Eine (!) denkbare Erklärung für dieses
Phänomen scheint mir allerdings in den politischen Verhältnissen im gesamten Erzstift
Bremen und im damaligen Reich zu liegen: Unter einem regierenden katholischen Erzbischof, also quasi, hinter einer nach wie vor existierenden „katholischen Fassade", um
es einmal etwas salopp zu formulieren, wurde bereits zu Lebzeiten des 1558 gestorbenen Erzbischofs Christoph im Erzstift Bremen über Jahrzehnte hinweg protestantisches

---

[59] Hans G[eorg] Trüper, Ritter und Knappen zwischen Weser und Elbe. Die Ministerialität des Erzstifts
Bremen (Schriftenreihe des Landschaftsverbandes der ehemaligen Herzogtümer Bremen und Verden 45, Stade
2015) 950; farbige Abb.: ebd. 1030.

Kirchenleben faktisch zugelassen, ohne das katholische Kirchenleben zu beenden. Aber auch nach seinem Tod wurden die katholischen Einrichtungen, sofern sie sich nicht selbst auflösten, offiziell nicht angerührt[60].

Dies geschah zunächst sicherlich, um unnötigen Ärger mit dem Kaiserhof in Wien zu vermeiden. Schließlich war jeder neue Erzbischof auf eine erneute Belehnung mit den Regalien von Seiten des Kaisers angewiesen, wollte er als Landesherr im Erzstift mit allen Rechten regieren[61]. Und diese Belehnung wäre für einen geistlichen Landesherrn, der sich offen zum Luthertum bekannt hätte, wohl kaum zu erlangen gewesen[62].

Und der zumeist in Wien residierende Kaiser war den Bremer Erzbischöfen in der ersten Hälfte des 16. Jahrhunderts auch räumlich sehr viel näher, als man vielleicht zunächst annehmen könnte: Seit der burgundischen Erbschaft im späten 15. Jahrhundert gehörten ja die gesamten heutigen Niederlande zum Habsburgerreich. Kaiser Karl V. herrschte also als Landesherr auch in den unmittelbar westlich von Dollart und Ems gelegenen westfriesischen Gebieten. Das östlich von Dollart und Ems gelegene Ostfriesland wiederum gehörte größtenteils zur Erzdiözese Bremen[63], wenn auch nicht zur Landesherrschaft der Bremer Erzbischöfe, dem Erzstift Bremen[64].

Das staatsrechtliche Problem der Regalienvergabe durch den Kaiser bestand bereits für den seit 1558 amtierenden Erzbischof Georg, der sich offiziell noch zur katholischen Lehre bekannte. Es bestand aber in noch viel größerem Maße für dessen Nachfolger, den von 1567 bis 1585 amtierenden Bremer Erzbischof Heinrich III. von Sachsen-Lauenburg. Dieser Erzbischof war nämlich, wie es Matthias Nistal prägnant formuliert hat, „trotz seiner anfänglich katholischen Haltung ein lutherisch gesonnener Mann"[65]. Ganz folgerichtig fehlen sowohl Erzbischof Georg als auch alle seine evangelischen Nachfolger in der von dem Benediktinerpater Pius Bonifacius Gams 1873 aufgestellten Liste aller Bischöfe der katholischen Kirche[66]. Es dürfte sich allerdings gerade auch in den für unser Thema ja recht bedeutenden 1560er Jahren durchaus förderlich ausgewirkt haben, dass zwischen 1564 und 1576 mit Maximilian II. in Wien ein Kaiser regierte, der als einziger Habsburger offen protestantische Neigungen zeigte[67]. Es war sicherlich kein Zufall, dass die Stadt Stade ausgerechnet im Januar 1568, also im ersten Amtsjahr Erzbischof Heinrichs III., eine erneute Bestätigung der städtischen Privilegien von eben diesem Kaiser Maximilian II. erhielt[68].

Zusammenfassend wird man also sagen können: Eine den Stadern im 16. Jahrhundert eigene, besondere religiöse Toleranz, die den Brüderschaften das Überleben sicherte und die konfessionelle Mischung in der St. Antonii-Brüderschaft ermöglichte, wird es so wohl nicht gegeben haben. Es dürfte m. E. bei allen Beteiligten vielmehr schlicht die Einsicht

---

[60] Nistal, Reformation (wie Anm. 19) 88–128.

[61] Dieter Hägermann, Regalien, -politik, -recht. *LMA* 8 (1995) Sp. 556–558, hier Sp. 556f.

[62] Hierzu zuletzt Nistal, Reformation (wie Anm. 19) 60f., 90–92.

[63] Geschichte des Landes zwischen Elbe und Weser 2: Mittelalter, hg. von Hans-Eckhard Dannenberg–Heinz-Joachim Schulze (Stade 1995) 76f., Abb. 11 (Karte: Die Erzdiözese Bremen mit ihren Klöstern und Stiften im Mittelalter).

[64] Ebd. 270, Abb. 3 (Karte: Die Landesherrschaft des Erzbischofs von Bremen um 1500).

[65] Ebd. 61.

[66] Series episcoporum ecclesiæ catholicæ, hg. von P. Pius Bonifacius Gams OSB (Regensburg [Ratisbonæ] 1873) 263: „1511 4. XII., 48. Christof v. Braunschweig (Verden, 1502), † 22. I. 1558. Finis episcopatus."

[67] Vgl. Horst Rabe, Reich und Glaubensspaltung. Deutschland 1500–1600 (München 1989) 319f.; Volker Press, Maximilian II. *NDB* 16 (1990) 471–475, hier 474; ders., Maximilian II. *TRE* 22 (1992) 296.

[68] UB Stade (wie Anm. 21) Nr. 454 (1568 Januar 2).

in die seinerzeit bestehenden politischen Möglichkeiten und Notwendigkeiten gewesen sein, die dies ermöglichte. Aber um es nochmals zu betonen: Diese Erklärung kann derzeit bestenfalls als eine vielleicht nicht unplausible Hypothese angesehen werden. Zu ihrer möglichen Verifikation bedürfte es weiterer Studien zu vergleichbaren geistlichen Territorien des damaligen Reichs nördlich der Alpen.

Griechisch-orthodoxe Bruderschaften in der Habsburgermonarchie (18. Jahrhundert): Multifunktionale Dienstleister und karitative Akteure

Stefano Saracino

Es sind mehrere Bruderschaften belegt, die von griechisch-orthodoxen Migranten aus dem Osmanischen Reich in der Habsburgermonarchie (in Wien, Triest und Ungarn) während des 18. Jahrhunderts begründet wurden. Diese Zusammenschlüsse wurden von Händlern dominiert, die sich im Groß- und Fernhandel zwischen beiden Reichsterritorien erfolgreich betätigten – Traian Stoianovich kreierte für sie 1960 die Bezeichnung „conquering Balkan orthodox merchants"[1]. Ob und inwiefern diese Bruderschaften vom katholischen Bruderschaftswesen mit seiner Vielfalt an Organisations- und Erscheinungsformen beeinflusst wurden, ist eine Frage, für deren Beantwortung im Folgenden nur Indizien ausfindig gemacht werden können. Eine zufriedenstellende Klärung dieser Frage war auf der Grundlage der verwendeten Quellen und eingesehenen Archivmaterialien (und auch aufgrund der Quellenlage und des Forschungsstandes) nicht möglich. Die Forschung hat betont, dass Bruderschaften ein zeitlich, räumlich und auch jenseits konfessioneller Grenzen weit verbreitetes Phänomen darstellen, das nur bedingt mit einer theologischen oder kirchengeschichtlichen Definition erfasst werden kann. Die Annahme, dass es sich dabei vorwiegend um Zusammenschlüsse handle, die im Auftrag oder zumindest mit Genehmigung der Kirchenobrigkeit religiöse-konfessionelle Praktiken durchführen, hat sich als zu eng herausgestellt[2]. Da Bruderschaften auch in Organisationen begegnen, die von der Kirche unabhängig waren, wie Zünfte, Gilden und Zechen, plädiert etwa Rupert Klieber für einen offeneren, funktionalistischen bzw. organisationssoziologischen Ansatz, der Bruderschaften als soziale Gruppen auffasst, die Dienstleistungen anbieten, deren Attraktivität die individuellen Mitglieder dazu motiviert, freiwillig einen Teil ihres materiellen oder geistigen Vermögens der Konfraternität zur Verfügung zu stellen[3].

---

[1] Trajan STOIANOVICH, The Conquering Balkan Orthodox Merchant. *The Journal of Economic History* 20/2 (1960) 234–313.

[2] Klieber kritisiert in seiner Studie zu den Salzburger Bruderschaften etwa folgende Definition von Behringer: „Eine kirchliche Bruderschaft ist eine durch die kirchliche Obrigkeit gebildete und geleitete Vereinigung von Gläubigen zum Zweck besonderer, nicht schon allen gebotener Werke der Gottes- und Nächstenliebe", Franz BEHRINGER, Die Ablässe, ihr Wesen und Gebrauch. Handbuch für Geistliche und Laien, Abschnitt III: Bruderschaften, Kongregationen und fromme Vereine (Paderborn ¹³1906) 511–827, hier 511. Vgl. Rupert KLIEBER, Bruderschaften und Liebesbünde nach Trient. Ihr Totendienst, Zuspruch und Stellenwert im kirchlichen und gesellschaftlichen Leben am Beispiel Salzburg (1600–1950) (Frankfurt/Main u. a. 1999) 20.

[3] Ebd. 24. Zu den Berufskonfraternitäten in Salzburg ebd. 341–360. Im Hinblick auf die Bruderschaften

führer amtierte. Auch er entsandte, ebenso wie bereits sein Vorgänger Christoph Bicker, Konventsangehörige nach Köln, auch er war also ohne jeden Zweifel ein durch und durch überzeugter Katholik. Von ihm hat sich offenbar kein Grabstein erhalten, doch ist immerhin sein Siegel bekannt (Abb. 4).

Ebenfalls ganz sicher den katholischen Geistlichen zuzurechnen ist Pater Antonius Meyer, „Confessionarius" (Beichtvater) im katholisch gebliebenen Nonnenkloster Zeven und seit 1586 Mitglied der St. Antonii-Brüderschaft. Deutlich unklarer ist dagegen die konfessionelle Zuordnung der beiden Zwillingsbrüder Jost (bzw. Jodokus oder Jodochus) und Dietrich (bzw. Theodorus) von Galen (geb. um 1550). Beide waren Domherren in Bremen[41]: Jost von Galen gehörte dem Bremer Domkapitel seit 1570 an (aufgrund einer päpstlichen Providierung von 1569, auf die noch zurückzukommen sein wird). Dietrich von Galen war bereits seit 1561 Kanoniker im Bremer Domkapitel, war also bereits als Elfjähriger zum Domherrn geworden. Beide erlangten später Dignitäten im Bremer Domkapitel: Jost war seit 1584 Domthesaurar, Dietrich ist 1578 bis 1584 als Domkantor nachzuweisen, 1587 dann als Dompropst[42]. Beide gehörten der St. Antonii-Brüderschaft etliche Jahre lang an: *Herr Jost vonn Galen* wurde im Jahr 1577 aufgenommen, im Jahr 1589 war er Rechnungsführer; *Herr Dieterich von Galen* wurde im Jahr 1587 aufgenommen[43]. Die Zwillinge Jost und Dietrich von Galen wurden annähernd gleich alt, denn sie verstarben recht kurz nacheinander: Jost von Galen starb am 6. Juni 1601, sein Zwillingsbruder Dietrich am 12. April 1602. Begraben wurden sie im Bremer Dom, wo noch heute die Grabplatte des Jost von Galen erhalten ist (Abb. 5)[44].

Außerdem erinnert hier ein großes, leider nur fragmentarisch erhaltenes Doppelepitaph von 1602 an diese beiden Zwillingsbrüder (Abb. 6)[45]. Erhalten hat sich darin eine hölzerne Figur des Dietrich von Galen. Diese Figur stammt allerdings erst aus dem frühen 20. Jahrhundert (sie fehlt auf einem älteren Foto). Die zweifelsfrei ältere, noch 1939 vorhandene gleichartige Figur des Jost von Galen ist inzwischen leider verloren. Ob allerdings an dieser Stelle von Anfang an Figuren der beiden Verstorbenen standen, oder nicht vielleicht doch eher andere Figuren, die dann später entfernt wurden, muss Spekulation bleiben. Zu denken wäre beispielsweise an Heiligenfiguren oder Figuren, die für ein sonstiges theologisches Programm stehen. Die hier ebenfalls vorhandenen allegorischen Figuren für Glaube, Liebe und Hoffnung, von denen die Figur der Hoffnung ebenfalls fehlt, lassen diese Deutung zumindest zu. Das hier vorhandene, sonst eher selten anzutreffende biblische Motiv der Aufrichtung der ehernen Schlange (4. Moses 21.4–9)[46] lässt eine konfessionell gefasste Ausdeutung wohl auch nicht zu, will man nicht in der expliziten

---

[41] Die folgenden biographischen Angaben zu Jost und Dietrich von Galen, wenn nicht anders angegeben, nach: Wolfgang BONORDEN, Die Zwillingsbrüder Jodochus und Theodorus von Galen (um 1550–1601/02), in: Die Gräber im Bremer St. Petri Dom. Eine biographische, genealogische, soziologische und heraldische Aufarbeitung der dort Begrabenen 1, Red. von DEMS. (Blätter der ,Maus'. Gesellschaft für Familienforschung e.V. Bremen 13, Bremen 1995) 19–28.

[42] UB Stade (wie Anm. 21) Nr. 462 (1587 Oktober 6).

[43] BOHMBACH–SPEYER, Hilfe (wie Anm. 8) 138f.

[44] Vgl. BONORDEN, Zwillingsbrüder (wie Anm. 41) 22f.; Abb. des Grabsteins: ebd. 23.

[45] Vgl. Hans Christoph HOFFMANN, Die Denkmalpflege in der Freien Hansestadt Bremen 1978 bis 1979. *Bremisches Jahrbuch* 58 (1980) 267–314, hier 284f.; Foto des Epitaphs: ebd. Abb. 2; BONORDEN, Zwillingsbrüder (wie Anm. 41) 20–22; Foto des Epitaphs: ebd. 21; Hans-Christoph HOFFMANN, Der Bremer Dom im 17. und 18. Jahrhundert (Schriftenreihe des Landschaftsverbandes der ehemaligen Herzogtümer Bremen und Verden 44, Stade 2015) 311f.

[46] HOFFMANN, Bremer Dom (wie Anm. 45) 311.

Auch die auf Habsburgerterritorium gegründeten griechisch-orthodoxen Bruderschaften weisen eine weitgehende Autonomie gegenüber der ostorthodoxen Kirchenobrigkeit (sowohl der serbischen Metropolie in Karlowitz als auch dem Patriarchat in Konstantinopel) auf, die zum Teil im Verlauf erbitterter Konflikte zwischen den Bruderschaftsmitgliedern und den Kirchenoberen (in Karlowitz) erkämpft werden musste. Und auch in ihrem Fall erscheint, so eine These der vorliegenden Studie, eine enge (auf ihre konfessionellen und kirchlichen Funktionen beschränkte) Wesensbestimmung unangemessen. So soll untersucht werden, inwiefern die griechisch-orthodoxen Konfraternitäten als multifunktionale Dienstleister in Erscheinung traten. Es soll rekonstruiert werden, ob von ihnen neben der Gewährleistung des Gottesdienstes und der Sakramentsverwaltung durch ostkirchliche Kleriker auch Aufgaben rund um den Tod und den Totenkult für ihre Mitglieder wahrgenommen wurden, wie die Versorgung der Hinterbliebenen, die Testamentsvollstreckung, das Begräbnis, die Kommemoration, zudem kommerzielle Angelegenheiten für ihre Mitglieder, die zumeist als Händler tätig waren, erledigt wurden. Nicht zuletzt zeigt das Beispiel der Wiener griechischen Gemeinden (Hl. Georg, gegründet vor 1726 für osmanische Untertanen, und Hl. Dreifaltigkeit, gegründet 1787 für k. k. Untertanen), dass auch die Verwaltung der von ihren Mitgliedern letztwillig verordneten karitativen Stiftungen und Legate einen wichtigen Stellenwert in den laufenden Amtsgeschäften einnahm[4]. Es existieren also Entsprechungen zum „multifunktionalen" Aktionsradius der katholischen Bruderschaften im Habsburgerreich; wobei zu bedenken ist, dass Totenkult und karitative Dienstleistungen bereits im Bruderschaftswesen im Byzantinischen Reich eine wichtige Rolle spielten. Auch wenn Bruderschaften als Organisationsform für konfessionelle Gruppen (Laien, Kleriker) für die Griechisch-Orthodoxen in der post-byzantinischen Zeit (im Osmanischen Raum) in der Forschung nur selten erwähnt und behandelt werden[5], hat Claudia Rapp herausgestellt, dass die rituell normierte Praxis der „Verbrüderung" (αδελφοποίησης) von der frühbyzantinischen Zeit bis zum Anbruch der Neuzeit ungebrochen fortexistierte[6]. Bruderschaften und Verbrüderungen stellen im

---

in Byzanz, die vor allem für die frühbyzantinische Periode belegt sind, meint Horden: „No clear distinction can be drawn between ‚professional' and devotional groups – and neither should be neglected by the religious historian. It is best to envisage a spectrum of possibilities: the soberly devotional association at one extreme, the wholly secular trade or craft guild at the other, and a large, undivided central portion, where religious, economic and convivial functions are variously but inextricably mixed", Peregrine HORDEN, The Confraternities of Byzantium, in: DERS., Hospitals and Healing from Antiquity to the Later Middle Ages (Variorum Collected Studies 881, Aldershot 2008) 30.

[4] Maria A. STASSINOPOULOU, Endowments as Instruments of Integration and Memory. The Panadi Building in Vienna, in: Across the Danube. Southeastern Europeans and Their Travelling Identities (17th–19th Centuries), hg. von Olga KATSIARDI-HERING–DERS. (Leiden 2016) 171–190; Stefano SARACINO, Witwen als Stifterinnen in den Wiener griechischen Gemeinden während des 19. Jahrhunderts. AKG 98/2 (2016) 315–358; Nathalie SOURSOS, Die Bettenstiftungen der Wiener Griechen im 18. und 19. Jahrhundert. *Virus. Beiträge zur Sozialgeschichte der Medizin* 16 (2017) 169–191. Zu den von Griechisch-Orthodoxen in Wien errichteten Stiftungen, auf die im Folgenden immer wieder Bezug genommen werden wird, siehe die im Rahmen des FWF-Projekts (AP2714021) „Soziales Engagement in den Wiener griechischen Gemeinden (18.–20. Jahrhundert)" (Projektleitung Prof. Maria A. Stassinopoulou) entstandene Datenbank zu über 150 Stifterinnen und Stiftern, die von Nathalie Soursos, Elias Petrou, Andreas Enderlin und dem Verfasser erstellt wurde: http://wienergriechen.univie.ac.at [31. 7. 2017].

[5] Siehe etwa zu einer Männer-Bruderschaft, die 1871 in Thessaloniki gegründet wurde und der Armenfürsorge gewidmet war, Dimitrios M. KONTOGEORGIS, Η Φιλόπτωχος Αδελφότητα Ανδρών Θεσσαλονίκης και η ιατροφαρμακευτική περίθαλψη των απόρων της πόλης κατά το τελευταίο τέταρτο του 19ου αιώνα, in: ΛΓ΄ Πανελλήνιο Ιστορικό Συνέδριο, 25.–27. Μαϊ 2012 (Thessaloniki 2014) 116–129.

[6] Claudia RAPP, Brother-Making in Late Antiquity and Byzantium. Monks, Laymen and Christian Ritual (Oxford 2016). Zum Bruderschaftswesen in Byzanz siehe unten Anm. 26.

Hinblick auf die Beziehungsgeschichte zwischen Ostorthodoxie und Katholizismus ein transkonfessionelles, weil auf gemeinchristliche Wurzeln zurückreichendes Phänomen dar, das ungeachtet konfessioneller Spaltungen in Ost und West fortbestand[7].

Der Begriff und das ethische Konzept Bruderschaft (als künstliche Verbrüderung Nicht-Verwandter) begegnet aber auch in Zusammenschlüssen griechisch-orthodoxer Migranten, die nicht als Bruderschaften konstituiert waren, sondern etwa als Kirchengemeinden oder Handelskompanien. Dies verweist, so eine zweite These, darauf, dass Bruderschaften nicht bloß als Dienstleister oder als Organisationsform attraktiv waren, sondern auch als normatives Instrument, um Gemeinsinn zu stiften oder zumindest auf dem Papier (etwa in Gemeindestatuten) von den Mitgliedern abzuverlangen. Eine in das Gewand des christlichen Werts der brüderlichen Nächstenliebe zwischen Konfessionsverwandten gehüllte Solidarisierung war zudem angesichts des migrationsgeschichtlichen Hintergrunds der zu untersuchenden Zusammenschlüsse besonders sinnvoll; etwa um das Profil und den Zusammenhalt der „griechischen Handelsmänner"[8] im Wettbewerb mit den einheimischen Händlern zu stärken oder aber um Migranten bei der Orientierung und Identitätsbildung im Zielland behilflich zu sein[9]. Aber auch Spannungen in der Binnendimension einzelner Diasporagemeinden (etwa zwischen griechischen und serbischen Gemeindemitgliedern) und innerhalb der „Confessio Graeca" allgemein machten diese Stiftung von Korpsgeist erforderlich.

Im Folgenden wird zunächst auf die Genese und Entwicklung der griechisch-orthodoxen Bruderschaften in der Habsburgermonarchie als Organisationsform eingegangen (1.), um anschließend die Verwendung des Begriffs Bruderschaft (αδελφότης) und weiterer Semantiken oder ethischer Konzepte der Verbrüderung in den Gründungsdokumenten der griechisch-orthodoxen Zusammenschlüsse zu untersuchen (2.). Schließlich wird auf deren Eigenschaft als multifunktionale Dienstleister eingegangen werden (3.).

---

[7] Zum Begriff und Forschungskonzept der Inter- und Transkonfessionalität siehe Thomas Kaufmann, Einleitung, in: Interkonfessionalität – Transkonfessionalität – binnenkonfessionelle Pluralität. Neue Forschungen zur Konfessionalisierungsthese, hg. von Kaspar von Greyerz–Manfred Jakubowski-Tiessen–dems.–Helmut Lehmann (Schriften des Vereins für Reformationsgeschichte 201, Gütersloh 2003) v. a. 14f.

[8] Dies ist der Terminus, der von den Behörden für die Handeltreibenden griechisch-orthodoxer Konfession verwendet wurde, die nicht notwendig im ethnischen Sinne „Griechen" waren. Zum Terminus Vasso Seirinidou, „Griechischer Handelsmann". Anatomizing a Collective Subject, in: Austrian-Greek Encounters over the Centuries. History – Diplomacy – Politics – Arts – Economics, hg. von Herbert Kröll (Innsbruck 2007) 129–138. Zum ethnisch polymorphen Charakter der Wiener Griechen Maria A. Stassinopoulou, Βαλκανική πολυγλωσσία στην αυτοκρατορία των Αψβούργων τον 18ο και 19ο αιώνα. Ενα γοητευτικό φαινόμενο και οι δυσκολίες των εθνικών ιστοριογραφίων, in: Διασπορά – Δυκτία – Διαφωτισμός (τετράδια εργασίας 28), hg. von Maria Christina Chatziioannou–ders. (Athen 2005) 17–32.

[9] Die säkularisierte und politisch aufgeladene Form des auf christlich geprägte kulturelle Wurzeln zurückgehenden Werts der „Brüderlichkeit" und der „Verbrüderung" begegnet im Zeitalter der Revolutionen und im aufklärerischen Geist nicht bloß im Westen. Unter dem Einfluss von Geheimbünden, wie den Freimaurern, war sie auch in der 1814 gegründeten „Philiki Etaireia" in Verwendung, die sich für die Befreiung Griechenlands von den Osmanen engagierte; s. Ilia Chatzipanagioti-Sangmeister, Ο τεκτονισμός στην ελληνική κοινωνία και γραμματεία του 18ου αιώνα: οι γερμανόφωνες μαρτυρίες (Athen 2010).

1. Bruderschaft (αδελφότης) als institutionelle Organisationsform für griechisch-orthodoxe Konfessions- und Händlergemeinden in der Habsburgermonarchie

Die Spuren für die mobile Präsenz „griechischer Handelsmänner" in der Habsburgermonarchie reichen weit ins 17. Jahrhundert zurück. Auch die allmähliche Herausbildung einer (zunächst kleinen) Konfessionsgemeinde oder Kapelle in Wien dürfte bereits in den 1690er Jahren stattgefunden haben[10]. Dennoch bilden die Friedensverträge von Karlowitz (1699) und Passarowitz (1718), mit denen eine über ein halbes Jahrhundert andauernde Periode Venezianisch-Habsburgisch-Türkischer Kriege beendet wurde, eine Zäsur. Durch sie wurden die Kommunikation, der Transport und der Handel zwischen beiden Reichsgebilden erleichtert. In einem gesonderten Artikel (Art. 13), der einen ähnlichen Passus aus dem Karlowitzer Vertrag von 1699 (dort Art. 14) erneuerte, wurde das Ziel ins Auge gefasst, den Handel zwischen beiden Reichsterritorien zu fördern. In einem angehängten separaten Handelsvertrag wurden zudem in Passarowitz Vorkehrungen ausgehandelt, die den bilateralen Handel erleichtern sollten; etwa die Festlegung eines einmalig bei der Ein- oder Ausfuhr zu entrichtenden Warenzolls von 3 %, der unter den gewöhnlichen Tarifen lag[11].

Die Haltung des Habsburgischen Staates gegenüber der Einwanderung ostorthodoxer Migranten allgemein und „griechischer Handelsmänner" im Besonderen wurde durch eine Gemengelage an Motiven und Interessen charakterisiert: dem ökonomischen Interesse an der Anwerbung von Händlern und Waren aus dem Osmanischen Reich, das mit dem in den habsburgischen Territorien im Entstehen befindlichen Manufakturwesen verbunden ist, ebenso wie dem politischen Interesse an der Konsolidierung der Grenze zum Osmanischen Reich (etwa durch die massenhafte Ansiedlung ostorthodoxer Migranten an der Militärgrenze), schließlich der konfessionellen Gelassenheit, es in den nicht unierten Griechen mit Konfessionsfremden zu tun zu haben, aus deren Dogma und konfessionellen Praktiken geringere Bedrohungen ausgehen würden, als im Falle der protestantischen Konfessionen[12].

Prinzipiell konnten von den Bestimmungen des Passarowitzer Abkommens so-

---

[10] Die Präsenz von griechisch-orthodoxen Migranten in Wien bzw. in der Habsburger Monarchie vor 1718 ist wenig erforscht. Während des mehrjährigen Aufenthalts des Dragomanen Alexandros Mavrokordatos ex Aporriton (1641–1709) in Wien, der für die osmanische Seite an den Verhandlungen des Karlowitzer Friedens beteiligt war, wurde in dessen Hausstand eine Kapelle eingerichtet, die als Nukleus der ostorthodoxen Konfessionsgemeinde in Wien gelten kann, s. das Memorandum, das die Georgsbruderschaft für den russischen Gesandten in Wien im Jahre 1761 anfertigen ließ: HHStA, StAbt, Türkei I/228-3, 28 Seiten, 3. Oktober 1761, v. a. §1–2; s. Emanuel Turczynski, Die deutsch-griechischen Kulturbeziehungen bis zur Berufung König Ottos (München 1959) 90; Vasso Seirinidou, Έλληνες στη Βιέννη (18ος– μέσα 19ου αιώνα) (Athen 2011) 275f.

[11] *Es soll von denen Kauff-Leuten beyderseits Reichen für die auf denen Flüssen, auch zu Land oder zu Meer führende Waaren, an einem Maut-Ort für die Maut mehr nicht, als drey von Hundert, nemlich einmahl bey der Einfuhr, und das andere mahl bey der anderer Waaren Ausfuhr bezahlt werden, und über solche besagte drey vom Hundert nicht das Mindeste mehr zu fordern jemand sich unterstehen.* Handelsvertrag von Passarowitz, abgeschlossen am 27. Juli 1718, vom Kaiser ratifiziert am 16. August 1718, in: Theatrum Europaeum 21 (Frankfurt/Main 1738) Art. III, 60.

[12] Olga Katsiardi-Hering–Ikaros Mantouvalos, The Tolerant Policy of the Habsburg Authorities towards the Orthodox People from South-Eastern Europe and the Formation of National Identities (18th–early 19th Century). *Balkan Studies* 49 (2014) 5–34. Zur unnachgiebigen Politik der Habsburger bis zum Toleranzedikt von 1781 gegenüber den Protestanten und zum Phänomen des Kryptoprotestantismus s. Geheimprotestantismus und evangelische Kirchen in der Habsburgermonarchie und im Erzstift Salzburg (17./18. Jahrhundert), hg. von Rudolf Leeb–Martin Scheutz–Dietmar Weikl (VIÖG 51, Wien–München 2009).

wohl Handeltreibende aus dem Osmanischen Reich profitieren als auch jene aus dem Habsburgerreich. Die Außenhandelspolitik, die Karl VI. verfolgte, etwa durch die Proklamation der Freiheit der Schiffahrt auf der Adria (1717), durch die Ernennung von Triest und Fiume/Rijeka zu Freihäfen (1719) und durch die Gründung einer (Zweiten) *Orientalischen Kompanie*, die von 1719 bis 1740 existierte, zielte auch auf die Förderung des reichsinternen Handelssektors und der Expansion der Aktivitäten der eigenen Händler auf dem Balkan und im Orient ab[13]. Es sollte sich aber letztlich herausstellen, dass man mit den Händlern aus dem Osmanischen Reich – hierbei vornehmlich die uns interessierenden, von Stoianovich als „conquering Balkan orthodox merchants" bezeichneten Handelssubjekten – nicht wettbewerbsfähig war. Jene vermochten den Warentransport kostengünstiger durchzuführen, und ihre Kontakte und Netzwerke in die Habsburgischen Territorien waren solider (und auch älter), als die der deutschen Händler im Osmanischen Raum[14].

Die nach 1718 einsetzende und vor allem in den Jahrzehnten nach Beendigung des Erbfolgekrieges (1740–1748) progressive Entwicklung des Handels, der von den „griechischen Handelsmännern" abgewickelt wurde, die von ihnen vertriebenen Waren (v. a. solche, die vom Textilgewerbe nachgefragt wurden, wie Wolle, Baumwolle, Leder, rotes und weißes Garn) und auch die Herkunftsregionen dieser Händler (v. a. die angrenzenden Bergregionen Epirus, Makedonien und Thessalien) sind gut erforscht. Eine interessante Momentaufnahme liefert etwa eine Konskription aller osmanischen Untertanen in Wien von 1766/67, die 82 Griechisch-Nicht-Unierte zum Vorschein brachte, die vorwiegend im Handel tätig waren[15]. Was uns hier interessieren wird, ist der Prozess der Herausbildung lokaler kollektiver Körperschaften, die von diesen Griechisch-Orthodoxen auf habsburgischem Boden mit staatlicher Genehmigung gegründet wurden.

Eine Flugschrift von 1720 (die offensichtlich auch mit dem Vorstoß Karls VI. auf dem Gebiet der Handelspolitik in Verbindung zu bringen ist), die die Gründung einer

---

[13] Aus dem Patent Karls VI. für die *Orientalische Kompanie* (vom 27. Mai 1719) geht deutlich hervor, dass die in Passarowitz beschlossenen Maßnahmen als Teil einer groß angelegten Initiative zur Förderung des reichsinternen Handels- und Wirtschafssektors gedacht waren, OeStA, FHKA, SUS Patente 50.21, 27. Mai 1719. Auch viele Passagen des Passarowitzer Handelsabkommens klingen so, als wollten sich die Habsburger einen Zugang zu den levantinischen Häfen und Märkten verschaffen, um dort mit den englischen, französischen und griechisch-osmanischen Handelsflotten in Konkurrenz zu treten.

[14] „Selbst der Handel mit dem osmanischen Reich entwickelte sich anders als erhofft – die Kompanie musste anerkennen, dass sie sich nicht gegen die Kaufleute aus dem osmanischen Reich selbst durchsetzen konnte. Diese beherrschten sowohl den Export osmanischer Waren wie auch den Import von Waren aus den österreichischen Erblanden. Im Jahre 1740 erklärte die Kompanie ihren Bankrott, sie wurde 1741 wegen der Reihe wirtschaftlicher Fehlschläge und nach dem Ablauf der eingeräumten Zollfreiheiten aufgelöst", Herbert HUTTERER, Handelskompanien, in: 300 Jahre Karl VI., hg. von Stefan SEITSCHEK–DEMS.–Gerald THEIMER (Wien 2011) 143–151, hier 149. Vgl. STOIANOVICH, Conquering Balkan Orthodox Merchants (wie Anm. 1) 294.

[15] OeStA, HHStA, StAbt, Türkei V 27-6, Konskription der türkischen Untertanen in Wien. Zu dieser wichtigen Quelle, in der 82 Griechen, 13 (muslimische) Türken, 18 Juden und 21 Armenier erfasst werden, die Anhaltspunkte liefert für den Netzwerkcharakter ebenso wie für die Reiserouten und nicht zuletzt für die Sozialstruktur der griechischen Handelsniederlassung in Wien, siehe Anna RANSMAYR, Untertanen des Sultans oder des Kaisers. Struktur und Organisationsformen der beiden Wiener griechischen Gemeinden von den Anfängen im 18. Jahrhundert bis 1918 (Diss. Wien 2016) 245–247. Vgl. zu dem von griechisch-orthodoxen Händlern im 18. Jahrhundert zwischen dem Habsburger und dem Osmanischen Reich errichteten kommerziellen Netzwerk Olga KATSIARDI-HERING, Greek Merchant Colonies in Central and South-Eastern Europe in the Eighteenth and Early Nineteenth Century, in: Merchant Colonies in the Early Modern Period, hg. von Victor N. ZAKHAROV–Gelina HARLAFTIS–DERS. (Perspectives in Economic and Social History 19, London 2012) 127–139.

Korporation aller griechisch-orthodoxen Händler im (Heiligen) „Römischen Reich" ankündigte, ist zwar ein interessantes Zeugnis dafür, dass bereits 1720 „griechische Handelsmänner" durch die günstigen Bedingungen von Passarowitz und durch Zusicherung
religiös-konfessioneller Rechte angelockt werden sollten. Das Projekt kam jedoch über die
Planungsphase nicht hinaus[16]. Vielmehr bildeten sich in den Folgejahren dezentral organisierte Gemeindestrukturen in Wien, Triest und in verschiedenen ungarischen und siebenbürgischen Städten heraus, sofern sie nicht bereits vorher existierten. Sie weisen eine
Vielfalt an Organisationsformen auf, wie Handelskompanien, Bruderschaften, Kirchengemeinden, Schulen[17]. Für die Herausbildung all dieser Formen gilt, dass sie stark von der
Tradition selbstverwalteter beruflicher Körperschaften und Gilden, die im Osmanischen
Reich existierte, beeinflusst worden sein dürften[18]. Was die Selbstbezeichnungen der Körperschaften anbelangt, die von Griechisch-Orthodoxen in der Habsburgermonarchie im
späten 17. und im 18. Jahrhundert gegründet wurden, die zwischen ihnen bestehenden
Unterschiede in der institutionellen Struktur und Funktionsweise außen vor lassend, so
begegnen auch mehrere Bruderschaften.

Die 1701 wiederbegründete und von Leopold I. mit einem Privileg versehene Gemeinde in Hermannstadt/Sibiu (Siebenbürgen) etablierte sich als Handelskompanie,
als „Compagnia Graecorum Negotiatorum Cibinensium", ebenso die benachbarte Gemeinde griechisch-orthodoxer Konfessionsverwandter in Kronstadt/Brasov. Die Mitglieder dieser Kompanien bildeten wohlgemerkt nur einen Teil der Gesamtheit griechisch-
orthodoxer Händler vor Ort ab[19]. Die griechische Gemeinde im ungarischen Tokaj, die
bereits 1693 historisch fassbar ist, wählte ebenfalls die Form der Kompanie[20]. Seit
dem Anfang seines Bestehens bezeichnete sich hingegen das zunächst zu Kommerz-

---

[16] Das Dokument hat sich im Archiv der „Propaganda Fide" in den Vatikanischen Archiven erhalten:
Rom, Archiv der Propaganda Fide, S. C., Greci, Bd. 2, 1701–1756, fol. 241ᵛ–242ʳ, abgedruckt in Zacharias N.
TSIRPANLIS, Η 'Σοσιετά των Γραικών' στην αυτοκρατορία των Αψβούργων. *Dodoni* 3 (1975) 162–165. Es
ist hierin von einer ansonsten nicht belegten *Gesellschaft der Griechen und neuen Untertanen des Kaisers der Römer*
(Σοσιετάς των Γραικών, νεοβασάλων της αυτού καθολικής μεγαλειώτατος αυτοκράτωρος των Ρωμαίων) die
Rede; ebenso von den günstigen Bedingungen, die für Händler aus dem Osmanischen Reich im Passarowitzer
Abkommen (τας συνθήκας και δεκρέτα της αγάπης του Πασάροβητζ) beschlossen worden seien (ebd. 164).
Es wird auch mit Zusicherungen im Hinblick auf die ungestörte Ausübung des griechisch-orthodoxen Ritus
geworben (ebd.). Tsirpanlis, der Entdecker und Herausgeber dieser Quelle, bezeichnet das Programm als „Uto-
pie" (ebd. 162).

[17] Olga KATSIARDI-HERING, Αδελφότητα, κομπανία, κοινότητα. Για μια τυπολογία των Ελληνικών
κοινοτήτων της κεντρικής Ευρώπης, με αφορμή το άγνωστο καταστατικό του Miskolc (1801). *Eoa kai
Esperia* 7 (2007) 247–310.

[18] So Hering in Bezug auf die 1693 gegründete griechische Kompanie in Tokaj, s. Gunnar HERING, Die
Handelsgesellschaft in Tokaj. Ihre innere Ordnung und ihre Auflösung 1801, in: DERS., Nostos. Gesammelte
Schriften zur südosteuropäischen Geschichte, hg. von Maria A. STASSINOPOULOU (Frankfurt/Main u. a. 1995)
265–281, 280f. Vgl. Nikolaos PANTAZOPOULOS, Ελλήνων συσσωματώσεις κατά την Τουρκοκρατίαν (Athen
1958).

[19] Siehe das *Privilegium Compagniae Graecorum Negotiatorum Cibinensium in Transylvania, ab Augustis-
simo Immortalis recordationis Imperatore D(omino) Leopoldo Primo*, Wien 12. September 1701, abgedruckt in:
Despina-Irini TSOURKA-PAPASTATHI, Η Ελληνική εμπορική κομπανία του Σιμπιού. Οργάνωση και δίκαιο
(1636–1848) (Thessaloniki 1994) 379–384. Die Kompanie in Sibiu wurde bereits 1636 errichtet, s. ebd. Zu
Brasov Athanasios E. KARATHANASIS, L'hellénisme en Transylvanie. L'activité culturelle, nationale et religieuse
des compagnies commerciales helléniques de Sibiu et de Brasov aux XVIIIᵉ–XIXᵉ siècles (Thessaloniki 1989).

[20] HERING, Handelsgesellschaft (wie Anm. 18), wobei Hering betont, dass die Kompanie von Tokaj ebenfalls kirchlich-religiöse Aufgaben versah, wie die Erhaltung des Kirchengebäudes oder die Anstellung und Besoldung von Geistlichen (ebd. 268, 274). Zur Organisationsform der Kompanie auch in zahlreichen anderen griechischen Gemeinden in Ungarn ebd. 269; Ödon FÜVES, Οι Έλληνες της Ουγγαρίας (Thessaloniki 1965) 20f.

zwecken zusammengeschlossene Kollektiv der Wiener Griechen als „Bruderschaft zum Hl. Georg"[21]. Bei der zweiten griechisch-orthodoxen Gemeinde in Wien, die 1787 von und für habsburgische Untertanen am Fleischmarkt gegründete Hl. Dreifaltigkeit, setzte sich hingegen die Selbstbezeichnung als Gemeinde/κοινότης bzw. Kirche/εκκλησία durch. Vorbild für die institutionelle Struktur der Hl. Dreifaltigkeit waren die unter der Regierung Josephs II. umgebildeten Pfarrgemeinden. Ebenfalls bei der Gemeinde im ungarischen Miskolc handelte es sich um eine Bruderschaft (αδελφότης), deren Verfassung als Folge der von Maria Theresia beschlossenen Treueeidverordnung von 1774 reorganisiert wurde, die den osmanischen Untertanen in Ungarn nur noch dann einen langfristigen Aufenthalt erlaubte, wenn sie die ungarische Staatsbürgerschaft annahmen[22]. Und auch die griechische Gemeinde in Triest, die sich von der serbischen Gemeinde des Hl. Spiridon abgespalten hatte und eine eigene Konfessionsgemeinde zum Hl. Nikolaus (San Niccolò dei Greci) gegründet hatte, nannte sich in ihren Statuten von 1784 *confraternità dei Greci*[23]. Als Bruderschaften (αδελφότης) organisiert waren aber auch Niederlassungen in Livorno und in Nischyn/Nižin (heute in der Ukraine), die von griechisch-orthodoxen Händlern aus dem Osmanischen Reich dominiert wurden[24].

Einen Vorbildcharakter für die von griechisch-orthodoxen Migranten (zumal in der Nähe Italiens) gegründeten Bruderschaften dürfte die griechisch-orthodoxe Bruderschaft San Giorgio in Venedig gehabt haben, die auf das 15. Jahrhundert zurückgeht. Zu vermuten ist aber auch, dass die Migranten aus dem Osmanischen Reich an die konfessionseigene Tradition der rituellen Verbrüderung nicht-verwandter Männer/Laien anknüpfen konnten. Claudia Rapp hat herausgestellt, dass durch die gesamte byzantinische Geschichte hindurch und auch in der post-byzantinischen Zeit die rituelle Verbrüderung (zum Teil entgegen dem Willen der Kirchenobrigkeit) praktiziert wurde[25]. Die Existenz von Korporationen, die als Bruderschaft organisiert waren und liturgische Funktionen (wie die Ikonenverehrung oder Prozessionen), karitative Funktionen (wie Armen- und Krankenbetreuung) oder den Totenkult (für Mitglieder oder Externe) versahen, ist hingegen vorwiegend für die frühbyzantinische Zeit belegt. Für spätere Phasen werden in der Forschung nur einzelne Beispiele registriert[26].

---

[21] „Es wird angenommen, dass die Bruderschaft zum Hl. Georg seit dem Bestehen der Georgskapelle Anfang des 18. Jahrhunderts existierte und für die Erhaltung der Kapelle Sorge trug", Ransmayr, Untertanen des Sultans (wie Anm. 15) 48. Die erste schriftliche Erwähnung ist ein Privileg zur Religionsausübung (*exercitium religionis*) aus dem Jahr 1726, das jedoch ein nicht datiertes älteres Privileg bestätigte, s. Bescheid vom Hofkriegsrat, 9. Juni 1726, OeStA, KA, Zentralstellen, Hofkriegsrat, Hauptreihe Bücher 581 exp. fol. 844ʳ; vgl. Ransmayr, ebd. 25–55.

[22] Katsiardi-Hering, Αδελφότητα (wie Anm. 17) 252.

[23] *Statuti, e Regolamenti della Nazione, e Confraternità Greca Stabilita nella Città, e Porto Franco di Trieste/* ΌΡΟΙ, ΚΑΙ ΔΙΑΤΑΓΑΊ ΤΟΥ ΓΈΝΟΥΣ ΚΑΙ ΤΗΣ ΑΔΕΛΦΌΤΗΤΟΣ ΤΩΝ ΓΡΑΙΚΩΝ Κατοίκων εις την Πόλιν, και λιμένα ελεύθερον του Τριεστίου, Venedig 1787. Zu den Griechisch-Orthodoxen in Triest Olga Katsiardi-Hering, Ἡ ἑλληνικὴ παροικία τῆς Τεργέστης (Athen 1986).

[24] Zur griechisch-orthodoxen Bruderschaft in Livorno Mathieu Grenet, La fabrique communautaire. Les Grecs à Venise, Livourne et Marseille, 1770–1830 (Florenz 2010). Zur griechisch-orthodoxen Bruderschaft in Nischyn/Nižin, die auf das Jahr 1657 zurückgeht, Iannis Karras, Εμπόριο, Πολιτική και Αδελφότητα: Ρωμιοί στη Ρωσία 1700–1774 (Athen 2010).

[25] Rapp, Brother-Making (wie Anm. 6).

[26] Horden, Confraternities (wie Anm. 3). Das Gründungsdokument (*typikon*) einer Marien-Bruderschaft in Theben von 1048 in John William Nesbitt–John Wiita, A Confraternity of the Comnenian Era. *BZ* 68 (1975) 360–384. Die Existenz einer ähnlichen Marien-Konfraternität in Konstantinopel im 15. Jh. ist ebenfalls bezeugt, s. ebd. 382f.

2. Bruderschaft (αδελφότης) als Begriff und ethisches Konzept in den Gründungsurkunden griechisch-orthodoxer Gemeinden in der Habsburgermonarchie

Blicken wir als nächstes auf die Verwendung des Begriffs Bruderschaft/αδελφότης und mit ihm verwandte Semantiken und ethische Konzepte in den Gründungsdokumenten und Statuten der erwähnten Korporationen.

Der Begriff „Bruderschaft" bzw. „αδελφότης" ist der in den Quellen am häufigsten begegnende Terminus zur Selbstbezeichnung der Wiener Gemeinde zum Hl. Georg, wenn auch nicht der einzige (alternativ begegnet z. B. auch die Bezeichnung Kapelle oder Gemeinde). Auch die staatlichen Behörden (vor Ort ebenso wie im Osmanischen Reich), als deren Ansprechpartner sie für das Kollektiv griechisch-orthodoxer Händler in Wien fungierte, sprechen in Korrespondenzen die Gemeinde als Bruderschaft an[27]. Vor den Privilegien, die der Bruderschaft 1776 von Maria Theresia gewährt wurden, finden sich aber kaum Zeugnisse, die die Organisationsform der Bruderschaft zum Hl. Georg erläutern. Eine seltene Ausnahme ist etwa ein an die habsburgischen Behörden adressierter Brief der Bruderschaft (το αδελφάτον της εν Βιέννη Καπέλλης) vom 7. Januar 1760, der von der Existenz von vier Vorstehern berichtet, die die Belange der Körperschaft vertreten[28]. Ein Zahlungsbescheid der serbischen Metropolie von Karlowitz aus dem Jahr 1765, die in dieser Zeit versuchte, ihre Suprematie über die Gemeinde zum Hl. Georg zu etablieren und deshalb mit den Mitgliedern der Konfraternität einen Konflikt austrug, berichtet hingegen nur von zwei Vorstehern (Georg Constantin Leonda und Constantin Popovich)[29]. Der Konflikt mit der Metropolie Karlowitz eskalierte so weit, dass die Mitglieder der Konfraternität von 1762 bis 1776 dem Gottesdienst in der Georgskapelle im Steyrerhof fernblieben und in dieser Zeit die Kapelle der russischen Gesandtschaft aufsuchten[30]. Im Zusammenhang des Konflikts, der früh zwischen dem serbischen Klerus und den griechischen Händlern und türkischen Untertanen ausbrach, die die Jurisdiktion der Metropolie von Karlowitz nicht anerkennen wollten, sind ebenfalls einige von Charalambos Papastathis edierte Quellen aus den Jahren 1726/27 erhalten. In ihnen wird seitens der Metropolie den von Georgios Trapezuntios angeführten Bruderschafts-Mitgliedern in Wien sogar vorgeworfen, mit einer Unterwerfung unter die „Papisten"

---

[27] Zur Rolle der Bruderschaft als Supplikant für die griechisch-orthodoxen Händler bei der Erhebung der sog. Silberabgabe durch die staatlichen Behörden in den Jahren 1809/1810 s. Maria A. STASSINOPOULOU, Der Mysteriensekretär und die Silberabgabe. Eine Miszelle zu Thomas Chabert (1766–1841) als Griechisch-Deutsch Übersetzer, in: Ein Land mit Eigenschaften. Sprache, Literatur und Kultur in Ungarn in transnationalen Kontexten. Zentraleuropäische Studien für Andrea Seidler, hg. von Márta CSIRE–Erika ERLINGHABEN–Zsuzsa GÁTI–Brigitta PESTI (Wien 2015) 89–94.

[28] Sofronios EVSTRATIADIS, Ο εν Βιέννη ναός του Αγίου Γεωργίου και η κοινότης των Οθωμανών υπηκόων (Alexandria 1912) 21f. Die Namen der Vorsteher sind Γεώργιος Κωνσταντίνου, Παύλος Χατζί Μιχάλη, Κώνσταντίνος Ζημποβίκη und Δημήτριος Σάββας. Das heute nicht mehr erhaltene Dokument war laut Evstratiadis von 95 Personen, den Mitgliedern der Konfraternität, unterzeichnet. Diese Unterschriften sind bei Evstratiadis aber nicht abgedruckt.

[29] Zahlungsbescheid der Metropolie von Karlowitz, 12. August 1765, AHG, G48, F2. Das Dokument spricht sowohl von der *allhiesigen St. Georgii Wiener Capellen Graeci ritus* als auch von der *Bruderschaft*. Im Bescheid werden Nachzahlungen für das Geschäftsjahr 1760/1761 gefordert, da zahlreiche der von den Vorstehern damals veranlassten Zahlungen nicht autorisiert bzw. nicht *proportionirlich* gewesen seien (ebd. fol. 4ʳ).

[30] RANSMAYR, Untertanen des Sultans (wie Anm. 15) 39f. Zum Konflikt zwischen Serben und Griechen in der ostorthodoxen Gemeinde in Pest Ende des 18. Jahrhunderts FÜVES, Οι Έλληνες (wie Anm. 20) 66.

(παππίστας) zu liebäugeln[31]. Der besonderen Vigilanz zugleich der katholischen Mehr-heitskonfession als auch der ostorthodoxen Kirchenleitung ausgesetzt gewesen und mit der eigenen konfessionellen Liminalität kreativ und ambivalent umgegangen zu sein, ist ein Merkmal, das die Griechisch-Orthodoxen in den Habsburgerterritorien mit Migran-ten desselben Bekenntnisses aus dem Osmanischen Reich anderswo (etwa im Regno di Napoli) teilen[32]. Der einflussreiche Theologe und Gelehrte Evgenios Voulgaris (1716–1806) problematisiert in einem offenen Brief von 1757, der an die Serben in der Habs-burgermonarchie adressiert ist, die Gefahr der Hybridisierung konfessioneller Praktiken (etwa im Hinblick auf den Marienkult oder die Jenseitsvorstellungen), der diese Migran-ten aufgrund ihrer Beziehung zu den Katholiken ausgesetzt seien[33].

Die kaiserlichen Privilegien, die die Wiener Bruderschaft im März 1776 erwarb, schlichteten den Streit mit dem serbischen Klerus zugunsten der Bruderschaftsmitglieder und etablierten deren weitgehende Autonomie von der Metropolie in Karlowitz[34]. Die Pri-vilegien legen nicht bloß die Organisationsstruktur der Bruderschaft fest (etwa im Hinblick auf die Bestellung von Geistlichen oder von zwei bis drei Vorstehern)[35], sondern thematisie-ren in Art. 7 ex negativo auch die Bedeutung von Eintracht und Gemeinsinn, den Grund-werten, die auch in den Gründungsdokumenten anderer griechisch-orthodoxer Korpora-tionen im Habsburgerreich thematisiert und zum ethischen Konzept entwickelt werden[36].

Interessant ist, dass auch in Dokumenten aus der Hl. Dreifaltigkeit, die sich eigentlich nicht als Bruderschaft bezeichnete, der Begriff Bruderschaft (αδελφότης) und eine auf den Werten brüderlicher Eintracht und Harmonie begründete Ethik anzutreffen sind. So etwa in verschiedenen Entwürfen für die Gemeindestatuten aus den 1800er Jahren (wohl-gemerkt sind bis ins frühe 20. Jahrhundert für die Bruderschaft vom Hl. Georg keine Ge-meindestatuten erhalten, die den Korpsgeist auf ähnliche Weise widerspiegeln können)[37]. Es handelt sich dabei um einen Entwurf aus der Feder des Gelehrten und Verfassers ein-

---

[31] Siehe die Dokumente aus dem Archiv der Metropolie von Karlowitz, in denen belastendes Material gegen die Bruderschaftsmitglieder gesammelt wird, in Charalambos Papastathi, Un document inédit de 1726–1727 sur le conflit helléno-serbe concernant la chapelle grecque à Vienne. *Balkan Studies* 24 (1983) 581–607. Zum Vorwurf, mit den Katholiken zu sympathisieren, ebd. 590f. In einem Schreiben der Bruderschaft vom 9. Dezember 1771 an die Hofkommission heißt es, dass *unsere Bruderschaft aus lauter fremden Griechischen Han-delsleuten und Unterthanen der Ottomanischen Pforte bestehe, welche allhier keinerdings domicilirt sind, folglichen auch die Geistliche Jurisdiction des Herrn Erzbischoffen von Carlowitz, über Uns als fremde Unterthanen eigentlich nicht fundirt seyn könnte*, AHG, G1, F1, zitiert nach Ransmayr, Untertanen des Sultans (wie Anm. 15) 41.

[32] Zu den Modalitäten konfessioneller Grenzmarkierung und Grenzüberschreitung der unierten und nicht unierten Griechen in ihrem Verhältnis zur katholischen Kirche in Süditalien Angela Falcetta, Ortodossi nel Me-diterraneo cattolico. Frontiere, reti, comunità nel Regno di Napoli (1700–1821) (I libri di Viella 226, Rom 2016).

[33] Evgenios Voulgaris, Ἐπιστολὴ παραινετικὴ πρὸς τοὺς Σέρβους, in: E. Argentis, Ἄνθος τῆς εὐσεβείας (Leipzig 1757) 53–89.

[34] *Die Erhaltung dieser Kapelle aber, und alle die Aufrechterhaltung des daselbigsten nicht unirten Gottes diens-tes betreffende Benehmungen der hiebey aus denen der Ottomanischen Pforte unterworfenen allhier handelnden Griechen der nicht unirten Orientalischen Kirche allein bestehende Bruderschaft gänzlichen [...] überlassen werden soll*, Privilegien Hl. Georg, 1776, Art. 1, in: Willibald M. Plöchl, Die Wiener Orthodoxen Griechen. Eine Studie zur Rechts- und Kulturgeschichte der Kirchengemeinden zum Hl. Georg und zur Hl. Dreifaltigkeit und zur Errichtung der Metropolis von Austria (Kirche und Recht 16, Wien 1983) 133f.

[35] Später bestand das Leitungsgremium aus zwölf Vorstehern (der sog. Dodekas).

[36] *[...] alle Geschäfte, und alle Sachen dieser Kapelle einhellig, und gemeinschaftlich von der Bruderschaft, und zwar durch Mehrheit der Stimme geschehen; im Fall aber eine Uneinigkeit oder Zwittracht [sic!] zwischen der Bruderschaft sich ereignete, solches unserer n.ö. Justiz Banco-Deputation vorgetragen werden; dieses Gericht hierüber urteilen, und nach Beschaffenheit der Umstände die rechtliche Erkenntniß schöpfen solle* (ebd. 135).

[37] Zur Geschäftsordnung des Hl. Georg von 1907 Ransmayr, Untertanen des Sultans (wie Anm. 15) 225–228.

flussreicher pädagogischer und ethischer Manuale Demeter N. Darvar (1757–1823) aus dem Jahr 1801 (in griechischer Sprache) sowie um eine auf dessen Entwurf basierende deutschsprachige Fassung der Gemeindestatuten seines Bruders Johann Darvar von 1807. In einem ebenfalls erhaltenen Entwurf von Johann Georg Paziazi von 1805, der zudem von 45 Gemeindemitgliedern unterschrieben wurde, spielt der Begriff „Bruderschaft" und das mit ihm verbundene ethische Konzept keine Rolle[38]. Die Mitglieder der Familie Darvar und Johann Georg Paziazi waren in dieser Zeit Sprachrohre und Anführer von sich gegenüberstehenden Faktionen innerhalb der Gemeinde zur Hl. Dreifaltigkeit. Diese Faktionen trugen hinsichtlich des Streitpunktes eine Kontroverse aus, welche Rolle der 1804 gegründeten (aber bereits seit den 1790er Jahren geplanten) griechischen Schule in der Gemeindeverfassung zukommen sollte. Erstere wollten die Schulverwaltung als integralen Aufgabenbereich der Gemeinde festlegen, letztere hingegen die Schule als unabhängige Institution etablieren. Entsprechend unterschiedlich verhalten sich auch die genannten Statuten-Entwürfe im Hinblick auf diese Frage[39].

In der Präambel der Fassung von Demeter N. Darvar, der sich eingangs selbst als „Bruder dieser Kirche" (αδελφός ταύτης της εκκλησίας) bezeichnet, werden philosophische (anthropologische) Überlegungen zur Notwendigkeit von Vergemeinschaftungen aufgrund der defizitären menschlichen Natur angestellt. Um sein Leben zu bewältigen sei der Mensch als unvollkommenes und unsicheres Wesen (φύσει ατελής και ακολούτως επισφαλής) auf die Zusammenarbeit und gemeinsame Beratschlagung mit anderen angewiesen[40]. Als höchstes Ziel der Gemeinde, das die Mitglieder und die Institutionen der Körperschaft leiten solle, wird das „Gemeinwohl der Bruderschaft" (το κοινόν όφελος της αδελφότητος) definiert, wobei in ihr stets Eintracht, Einverständnis und brüderliche Liebe vorherrschen sollen (ομόνοια, συμφωνία και αδελφική αγάπη)[41]. Im Abschnitt, der die Pflichten und Aufgaben der von der Gemeinde anzustellenden Geistlichen beschreibt, wird ebenso betont, dass sie (nach dem Vorbild des Heilands und der Apostel) wie Brüder miteinander umzugehen haben[42]. Im Entwurf Johann Darvars von 1807 wird die Leittugend der „brüderlichen Liebe" zwischen den nicht-verwandten Gemeindemitgliedern mit den gleichen Worten beschworen[43]. Im Statutenentwurf von Paziazi (von 1805) wird hingegen gefordert, dass die Gemeindemitglieder bei den Versammlungen ihre „persönliche Gehässigkeit" vergessen, keine „Schimpfwörter" verwenden oder „Tumult" stiften sollen, wobei im Falle eines Zuwiderhandelns eine Strafe von 25 Pfund Wachskerzen verhängt wird[44].

---

[38] Siehe die Entwürfe von Demeter Darvar von 1801, von Johann Georg Paziazi vom 1. April 1805 und von Johann Darvar vom 17. Oktober 1807, alle in AHD, G1, F2; auch abgedruckt in Ransmayr, Untertanen des Sultans (wie Anm. 15) 429–521.

[39] Zum Hintergrund der erwähnten Entwürfe für die Gemeindestatuten ausführlich ebd. 115–147.

[40] Siehe ebd. Abschnitt A, § 1, S. 429. Eine anthropologische Begründung der Vergemeinschaftung von Menschen ist auch in Darvars' ethischem Manual *Cheiragogia eis tin Kalokagathian* (*Anleitung zur moralischen Vortrefflichkeit*) enthalten, s. Darvaris, Χειραγωγία εις την Καλοκαγαθίαν (Wien 1791) 55–70.

[41] Abschnitt A, § 6, in: Ransmayr, Untertanen des Sultans (wie Anm. 15) 430.

[42] Ebd. Abschnitt F, § 3, S. 439.

[43] *In jeder Versammlung, es mag selbe allgemein oder einzeln seyn, soll jede Leidenschaft und Unordnung und überhaupt was immer für eine selbstsüchtige Absicht, welche dem Ganzen nie nützt, sondern immer schadet, beseitiget werden, und soll dabey der Geist der brüderlichen Liebe, Eintracht und Ordnung, überdies ein solcher warmer Eifer für das allgemeine Beste herrschen, daß die Angelegenheiten der Kirche, der Schule und der Gemeinde nach festen Grundsätzen besorgt, und zur gemeinschaftlichen Zufriedenheit sämtlicher Gemeindeglieder geschlichtet werden* (ebd. Kap. 1, § 6, S. 479).

[44] Entwurf Paziazi, ebd. § 6, S. 458.

Auch außerhalb Wiens lassen sich in den Statuten verschiedener griechisch-orthodoxer Gemeinden, etwa der Bruderschaften in Triest und im ungarischen Miskolc oder der Kompanie im siebenbürgischen Sibiu, ähnliche Verankerungen der „brüderlichen Liebe" als ethische Richtschnur der ostorthodoxen Konfessionsverwandten und Handeltreibenden antreffen. In einer um die Mitte des 17. Jahrhunderts zusammengetragenen Sammlung von Dekreten und Statuten der griechischen Kompanie in Sibiu wird die dortige Gemeinschaft von Händlern der griechischen „Nation" als Zusammenschluss von Brüdern (αδελφούς) bezeichnet[45]. In den Statuten der Gemeinde von Triest (von 1784) wird die Unterordnung des Einzelnen (*individuo*) unter das Wohl der ganzen Konfraternität (*ben essere della Confraternità*), werden die Werte der Einheit (*unione*) und Eintracht (*concordia*) beschworen. Zur Untermauerung dieses Gebots wird mehrmals die Metapher vom Körper als Ganzem und den ihm untergeordneten einzelnen Körperteilen bemüht[46]. Den vielleicht stärksten Niederschlag brüderschaftlicher Semantiken und Werte findet man innerhalb der für diesen Beitrag untersuchten Gründungsdokumente griechisch-orthodoxer Gemeinden in den Statuten der Bruderschaft im ungarischen Miskolc von 1801. Bereits in der Präambel werden die Werte der christlichen Liebe, der Eintracht und der Ordnung (χριστιανική αγάπη, ομόνοια, και ευταξία) für das Wohlergehen der Gemeinschaft herausgestellt, wobei ähnlich wie in Darvars Text auf die natürliche Unvollkommenheit des Menschen (bedingt durch seinen Sündenfall und seine schwache Natur) verwiesen wird[47]. Zur Steigerung des Gemeinsinns in der Konfraternität schreiben die Statuten vor, dass bei jeder Versammlung (σύναξιν) das Bild des Gekreuzigten in die Tischmitte gestellt werden solle, um alle zur Bescheidenheit (ταπεινωθή) zu ermahnen und ihnen den Kern der christlichen Lehre (συνείδησιν χριστιανικήν) vor Augen zu führen. Wohlgemerkt ist dies nur ein Beispiel von vielen, in denen in diesem Text die Bedeutung des Gemeinsinns und der brüderlichen Harmonie für die betreffende Körperschaft thematisiert und auch Überlegungen angestellt werden, wie diese erzeugt werden können[48]. Kongenial zu dieser Form der Herstellung einer artifiziellen Bruderschaft zwischen den nicht-verwandten Konfraternitäts-Mitgliedern ist auch die Forderung, die von verstorbenen Mitgliedern hinterlassenen Waisen so zu behandeln, als hätte man sie zu eigenen Kindern adoptiert (vor allem das Engagement wohlhabender kinderloser Mitglieder wird erwartet)[49].

Es wäre freilich naiv anzunehmen, dass Harmonie und brüderliche Liebe, die auf dem Papier in den Statuten oder in anderen Gründungsdokumenten der griechisch-orthodoxen Gemeinden in der Habsburgermonarchie eingefordert werden, die Gesinnung ihrer Mitglieder widerspiegeln oder von ihnen stets in der Praxis umgesetzt und gelebt wurden. Vielmehr lassen sich solche Deklarationen als Sprechakte interpretieren, durch die bestehende Interessenskonflikte entschärft oder ein von Eigeninteresse geleitetes Handeln abgeschwächt werden sollten. Sie sind vermutlich die Kehrseite eines konfliktbeladenen

---

[45] Beispiele in Tsourka-Papastathi, Ελληνική εμπορική κομπανία (wie Anm. 19) 257, 271.

[46] Siehe wie Anm. 23, Kap. I, Art. 4, S. 7 und Kap. II, Art. 1, S. 8f.

[47] Statut vom 15. Dezember 1801, abgedruckt in Katsiardi-Hering, Αδελφότητα (wie Anm. 17) 277–308, Präambel, 277–281. Katsiardi-Hering vermutet, dass dieser Text von Ioannis Apostolovik (Ιωάννης Αποστόλοβικ) stammt, der in Miskolc als Lehrer der griechischen Schule angestellt war und einer der Mitunterzeichnenden ist (ebd. 254, 259). Der Text wurde am 15. Dezember 1801 von den zwölf Vorstehern (*Dodekas*) der Bruderschaft unterzeichnet und am 19. Dezember 1801 durch 47 mitfertigende Gemeindemitglieder bestätigt (ebd. 307f.).

[48] Ebd. § 18, S. 292. Vgl. ähnliche Stellungnahmen zur brüderlichen Nächstenliebe zwischen den Mitgliedern der Konfraternität, untermauert mit Zitaten aus der Bibel, in: ebd. § 19, S. 293 und § 29, S. 298.

[49] Ebd. § 26, S. 296.

mit- und widereinander Handelns ihrer Mitglieder. Dafür, dass das Zusammenleben der griechisch-orthodoxen Händler und Konfessionsverwandten in der Diaspora und auch der Alltag der besagten griechisch-orthodoxen Gemeinden von handfesten Streitigkeiten dominiert wurden, sind oben schon mehrere Beispiele geliefert worden. Die gemeinschaftsorientierte Ethik dieser korporativen Zusammenschlüsse und die wettbewerbsorientierte Handlungs- und Denkweise ihrer Mitglieder, bei denen es sich großteils um Händler handelte, stehen in einem spannungsvollen Verhältnis zueinander.

Dass der Appell an die Brüderlichkeit aber sinnvoll sein konnte und man auf dessen rhetorische bzw. illokutorische Wirkung vertraute, zeigt sich daran, dass auch in rein kommerziellen Sozietätskontrakten der zwischen dem Osmanischen und dem Habsburgerreich Handeltreibenden die Semantik der Bruderschaft bemüht wurde; beispielsweise in dem (einem Kartell ähnelnden) Zusammenschluss der thessalischen Handelsfirmen, die Ende des 18./Anfang des 19. Jahrhunderts auf dem Gebiet der Produktion und des Exports von rotem und weißem Garn führend waren. Etwa dem Zusammenschluss von 1805, der sog. dritten *koini syntrofia* (allgemeine Genossenschaft), die ihren Sitz im thessalischen Ambelakia hatte[50].

3. Multifunktionale Dienstleister: Kommerz, Totenkult, karitatives Engagement, Sozialversicherung

Für die Erschließung des Phänomens der griechisch-orthodoxen Konfraternitäten in der Habsburgermonarchie scheint es geboten, neben den Gründungsdokumenten und deren semantischen und ethischen Inhalten, auch auf deren Tätigkeitsfelder einzugehen. Der Schwerpunkt wird im Folgenden dabei auf der Bruderschaft/Gemeinde zum Hl. Georg und der Gemeinde zur Hl. Dreifaltigkeit in Wien liegen, weil für die Vorbereitung der vorliegenden Studie vor allem Archivmaterialien aus diesen beiden Gemeindearchiven eingesehen wurden.

Im Falle der Wiener Konfraternität zum Hl. Georg handelt es sich zwar nicht um eine Handelsgesellschaft im engeren Sinne, wie jene, die von Griechisch-Orthodoxen in Sibiu und Brasov in Siebenbürgen oder in verschiedenen ungarischen Städten gegründet wurden. Dennoch spielten kommerzielle Dienstleistungen, die von der Konfraternität für die „griechischen Handelsmänner" und die von ihnen in Wien unterhaltenen Handelshäuser erbracht wurden, eine nicht unwesentliche Rolle. Im Archiv der Gemeinde zum Hl. Georg haben sich (vor allem für die frühe Phase) zahlreiche Dokumente zu kommerziellen Gegenständen erhalten[51]. Die Bruderschaft trat für die griechischen Händler als Fürsprecher gegenüber den Behörden auf, etwa in Belangen kriegsbedingter oder ander-

---

[50] *Durch gegenwärtigen Sozietätskontrakt bekennen, und beurkunden wir endesgefertigte drey Gesellschaften von Fabrikanten, und Kaufleuten unserer Stadt Ambelakia, bestehend aus zwey und fünfzig Mitgliedern [...] eine Gesellschaft und Bruderschaft zwischen uns zu errichten* (Übersetzung der Gründungsurkunde vom 1. Januar 1805), WStLA, Merkantilgericht, Griechen, A 6-3 (Fasz. 6), Nr. 281–372, CCLXLIII, fol. 11ʳ–14ᵛ, abgedruckt in Olga KATSIARDI-HERING, Τεχνίτες και τεχνικές βαφής νημάτων. Από τη Θεσσαλία στην Κεντρκή Ευρώπη (18ᵒˢ–αρχές 19ᵒᵘ αι) (Athen–Ambelakia 2003) 301–311, hier 301f. Abgesehen von der Anrufung Gottes in der Präambel fehlt in diesem Text jeder Bezug zur Religion/Konfession, der in den oben erwähnten Gründungsdokumenten der Gemeinden in Wien, Triest und Miskolc hingegen prägend und identitätsstiftend ist.

[51] Laut RANSMAYR, Untertanen des Sultans (wie Anm. 15) 51, finden sich sogar bis ca. 1870 Dokumente wirtschaftlichen Charakters im Gemeindearchiv, also für eine Zeit, als die Bedeutung der Wiener Griechen für den Wirtschaftsstandort Wien und für den Fernhandel mit dem Osmanischen Reich stark abgenommen hatte.

weitiger fiskalischer Abgabeleistungen[52]. In den Suppliken der Bruderschaftsvorsteher an die Regierungsstellen sparte man nicht mit Loyalitätsbekundungen und Huldigungen, man würdigte etwa die Eigentums- und Rechtssicherheit in der Habsburgermonarchie, argumentierte aber durchaus auch geschickt und scharfzüngig[53]. Auch staatliche Akteure aus dem Osmanischen Reich richteten sich an die Bruderschaft, etwa um für deren wirtschaftliches Engagement in bestimmten (Grenz-)Regionen zu werben[54]. In einem auf Italienisch verfassten Dokument, das an die diplomatische Vertretung der Hohen Pforte in Wien adressiert wurde, bitten die Vorsteher der Bruderschaft diese darum, zugunsten der griechischen Händler gegen eine von der kaiserlich-königlichen Regierung eingeführte Abgabe zu intervenieren[55].

Im Protokoll der Versammlung der Bruderschaft vom 24. Januar 1815 wird die Besorgung auch kommerzieller Angelegenheiten (την εκτέλεσιν εμπορικών υποθέσεων) zum Wohle ihrer Mitglieder als Aufgabengebiet der neu gewählten Vorsteher (Dodekas) festgehalten[56]. Zudem scheint die Mitgliedschaft in der Bruderschaft (zumindest zeitweilig) nach Firmen organisiert gewesen zu sein[57]. Laut Ransmayr zog die Georgs-Bruderschaft deshalb nicht (wie die katholischen Bruderschaften) die Ablehnung der Regierung Josephs II. auf sich, weil ihr kommerzieller Charakter und somit ihr staatlicher und gesellschaftlicher Nutzen hervorstechend waren[58]. Das kommerzielle Dienstleistungsangebot wurde dadurch eingeschränkt, dass es der Bruderschaft des Hl. Georg gemäß kaiserlichem Privileg nicht gestattet war, Schulden zu machen, wobei belegt ist, dass sie durchaus Darlehen gewährte (und zwar überwiegend an ihre eigenen Mitglieder)[59].

---

[52] Die Bruderschaft ersuchte etwa 1773 für die griechisch-orthodoxen Händler und türkischen Untertanen eine Sonderregelung beim Import von Wolle und Baumwolle: Siehe den Bescheid des Rats der niederösterreichischen Regierung Franz Georg Ritter von Keess vom 29. Oktober 1773, in welchem den griechischen Händlern längere Fristen für die Niederlegung der *Türkischen Schaaf- und Baumwolle* an den *Contumanz Stationen* zugesagt werden sowie die Abgabenfreiheit während dieser Fristen eingeräumt wird (AHG, G1, F1). Betreffend die Silberabgabe von 1809 siehe oben Anm. 27.

[53] [...] *die Sicherheit ihres Eigenthums – und ihres Erwerbes – die wohlgeordnete Justiz – kurz die gemässigte mit dem Despotismus ganz unbekannte Regierung, mußte diesen [den Gemeindemitgliedern] aus einem Lande, wo sie alles dieses so sehr vermißten, in einem besseren Himmelsstrich gekommen, Fremden so willkommen seyn, das [sic!] sie ihr Vaterland darüber ganz vergessend, sich größtentheils hier auf immer niederlassen (Antrag bei der hochlöblichen in Kriegs Steuer Sachen aufgestellten Hof-Kommission, 29. Januar 1800, AHG, G3, F6, S. 2f.).*

[54] Siehe das undatierte Schreiben des *Commandanten von Widin* Said Idris Pascha, das bei der Bruderschaft darum wirbt, die Waren wieder über Widin führen zu lassen, da in Zusammenarbeit mit dem in Crajowa befindlichen Russischen General (vermutlich während des Russisch-Türkischen Krieges, 1807–1812) die Ordnung wiederhergestellt worden sei und für die Sicherheit der Waren garantiert werde, s. AHG, G1, F1.

[55] Undatierter Brief, nach 1791, AHG, G2, F4. Das Schreiben nimmt Bezug auf die Einführung einer Stempelmarke auf Geschäfts- und Wechselbücher. Ein Argument, das vorgebracht wird, lautet, dass die Forderung dieser Abgabe von reichsfremden osmanischen Untertanen einen Verstoß gegen die Bestimmungen von Passarowitz darstelle, die im Friedensvertrag von Sistov (1791) erneuert worden seien, s. ebd. fol. 3f.

[56] EVSTRATIADIS, Ο εν Βιέννη ναός (wie Anm. 28) 183f.

[57] RANSMAYR, Untertanen des Sultans (wie Anm. 15) 51. Dies belege laut Ransmayr die Tatsache, dass in den Statuten für die Gemeinde zur Hl. Dreifaltigkeit von diesem Organisationsprinzip explizit Abstand genommen wurde: *Unter Gemeindeglied der hiesig ansässigen Griechen und Wallachen wird als ein solches jede einzelne hier ansäßige Person betrachtet, folglich begreift eine Handlungs Compagnie oder Firma so viel Gemeindeglieder, als sie Personen zählet, in sich* (Statuten-Entwurf von Paziazi, 1. April 1805, § 2, abgedruckt ebd. S. 457). Vgl. aber auch die Aufstellungen von geleisteten Mitgliedsbeiträgen für die Georgs-Bruderschaft nach Handelsfirmen (nicht nach individuellen Mitgliedern), undatiert in AHG, G3, F6.

[58] RANSMAYR, Untertanen des Sultans (wie Anm. 15) 61.

[59] Sowohl im Privileg Maria Theresias von 1776 für den Hl. Georg (Art. 1) als auch in jenem Josephs II. von 1787 für die Hl. Dreifaltigkeit (Art. 1) wird vorgeschrieben, dass diese privilegierten Gemeinden keine

Ähnlich wie es für das katholische Bruderschaftswesen belegt ist, lag ein weiterer Schwerpunkt der Tätigkeiten der Bruderschaft des Hl. Georg (ebenso wie anderer Bruderschaften, etwa in Triest oder Miskolc) auf der Verrichtung kirchlicher und konfessioneller Aufgaben. In den Privilegien von 1776 wird die *Aufrechterhaltung des daselbigsten nicht unirten Gottes dienstes* als Aufgabe festgelegt und es werden weitere damit verbundene Tätigkeiten spezifiziert (wie die Beschaffung des dafür nötigen Kapitals oder die Bestellung von Geistlichen). Wie wir sehen werden, gingen die konfessionellen Funktionen, die die Wiener Bruderschaft wahrnahm, aber noch viel weiter. Einbegriffen waren auch Aufgaben, wie mit dem Tod verbundene Dienstleistungen (Testamentsvollstreckung, Begräbnis, Totenkult) sowie die Verwaltung der von den Mitgliedern errichteten karitativen und frommen Stiftungen. Ähnlich heißt es in den Statuten der Bruderschaft in Miskolc von 1801, die dem in den Ursprungsterritorien der griechisch-orthodoxen Händler bedeutenden Lokalheiligen, dem Hl. Naum, gewidmet sind, dass die Instandhaltung ihrer drei Kerninstitutionen (Kirche, Waisenhaus, Schule) ein konfessionelles Anliegen sei, da sie der Unterstützung und Vervollkommnung des orthodoxen Glaubens (στερέωσις και προκοπή της ορθοδόξου, και αγιοτάτης ημών πίστεως) dienlich sein solle[60].

Blicken wir nun auf die Dienstleistungen für die eigenen Mitglieder rund um das Sterben und den Totenkult. Ein „totenkultischer Schwerpunkt", der laut Rupert Klieber ein Grundcharakteristikum (ja eine einheitsstiftende Klammer) des gesamten katholischen Bruderschaftswesens ist, mit seinem Reichtum an Formen (Laienbruderschaften, Ordensbruderschaften, Berufskonfraternitäten), findet sich auch in den hier behandelten griechisch-orthodoxen Konfraternitäten[61]. Aus der Perspektive der Jenseitsfürsorge konnten Konfraternitäten attraktive (postmortale) Dienstleistungen anbieten. Die Konzeption der Jenseitsfürsorge war sowohl im katholischen als auch im ostorthodoxen Dogma, trotz bestehender Unterschiede (beispielsweise wurde das Dogma des Fegefeuers in der Ostorthodoxie nie hoffähig und blieb ein Abgrenzungspunkt zu den Katholiken), an die Sicherstellung von Gebetsleistungen der Lebenden für die Verstorbenen (etwa durch Seelenmessen) gebunden. Bruderschaften gewährleisteten die Institutionalisierung solcher Gebetsleistungen, deren Wirkung zudem durch die Fürbitten des Bruderschaftskollektivs maximiert werden konnte. Verbrüderungen ermöglichten, mit Klieber, „eine Vervielfachung der Totenkultleistungen"[62]. Die aus dem katholischen Konfessionsraum bekannten unterschiedlichen Optionen, die Testatoren bei der Jenseitsfürsorge zur Verfügung standen, um die Fürbitte möglichst vieler „Interzessoren" vor Gott sicherzustellen, begegnen auch in unserem Quellenmaterial; so die Stiftung

---

Schulden machen dürfen. Im Statutenentwurf von Johann Darvar von 1807 für die Hl. Dreifaltigkeit heißt es: *folglich dürfen dieselben [die Vorsteher] bei eigener Dafürhaftung niemahls und auf keinen Fall sich erlauben, in Nahmen der Gemeinde Schulden zu machen, da solches das Allerhöchste Privilegium ausdrücklich verbiethet*, Kap. 3, § 2, in: Ransmayr, Untertanen des Sultans (wie Anm. 15) 484. Siehe verschiedene Schuldscheine, für die die Bruderschaft des Hl. Georg als Darlehensgeber fungierte, aus der Zeitspanne 1794–1796, in AHG, G2, F4. Ein anderer Bestand an Schuldscheinen reicht bis ins Jahr 1742 zurück, s. AHG, G48, F2. Im Hinblick auf die Konvention katholischer Bruderschaften, Kredite zu vergeben, für Salzburg Klieber, Bruderschaften und Liebesbünde (wie Anm. 2).

[60] Präambel, in: Katsiardi-Hering, Αδελφότητα (wie Anm. 17) 279.

[61] Klieber, Bruderschaften und Liebesbünde (wie Anm. 2) 24–26, 136f. Zur Funktion von byzantinischen Bruderschaften als „burial clubs" Horden, Confraternities of Byzantium (wie Anm. 3) 38f. und Nesbitt–Wiita, Confraternity of the Comnenian Era (wie Anm. 26). Im *typikon* der Thebener Bruderschaft von 1048 wird die Kommemoration der Mitbrüder (der lebenden ebenso wie der toten) explizit als Ziel festgehalten: μνείαν ποιουμένων [...] της όλης ημών αδελφότητος των τε περιόντων και των προαπελθόντων (ebd. 364f.).

[62] Klieber, Bruderschaften und Liebesbünde (wie Anm. 2) 37.

individueller Totengottesdienste oder aber die Aufnahme in kollektive Totengottesdienste, ferner die Strategie der Kumulation von Fürbitten der Lebenden in der prekären Phase unmittelbar nach der *hora mortis* oder aber die Strategie ihrer möglichst langfristigen (ewigen) Verstetigung[63]. Fromme Legate und Stiftungen, die von Testatoren als Seelgerät konzipiert wurden und mit Gebetsleistungen oder Seelenmessen verbunden sowie meist von den beiden griechisch-orthodoxen Gemeinden in Wien verwaltet wurden, sind in den Testamenten der Wiener Griechen bis ins vorangeschrittene 19. Jahrhundert hinein sehr oft anzutreffen[64]. Also auch noch zu einem Zeitpunkt, als sich Seelgeräte und fromme Legate, so die Befunde der Testamentsforschung zu verschiedenen habsburgischen Territorien und deren katholischen Bevölkerungen, im Niedergang befanden[65].

Manche Stifter setzten auf die kumulative Strategie, wie etwa der aus Trebinje (Herzegowina) stammende Händler Maximos Curtovic († 1799), der Vorsteher der Bruderschaft zum Hl. Georg gewesen war, oder der Händler und Großgrundbesitzer in Ungarn Christoph Nako de Nagy Szentmiklos (1749–1800), aus Dojrani in Makedonien gebürtig und ein Gründungsmitglied der Gemeinde zur Hl. Dreifaltigkeit. Sie verordneten jeweils für den Todes- oder Begräbnistag eine große Anzahl von Messen[66]. Die Sicherheit zu erlangen, dass Begräbnis und Kommemoration strikt nach den Bräuchen der griechischen Kirche durchgeführt würden, war dem Händler Georg Anastasio den astronomischen Betrag von 15.000 fl. wert, den seine Testamentsexekutoren für diesen Zweck veräußern (und nicht als Stiftungskapital anlegen) sollten, wobei er zusätzlich 1.500 fl. der Hl. Dreifaltigkeit und 500 fl. der *Kapelle der türkischen Unterthanen* (Hl. Georg) vermachte, die vermutlich mit dieser Aufgabe betraut wurden[67]. Auf die Strategie einer perpetuierten Jenseitsfürsorge setzte hingegen der aus Ioannina im Epirus stammende Händler und Bruderschafts-Mitglied Demeter Pauli († 1793). Neben einer Stiftung für die Armen und die Schulen in seiner Heimatstadt Ioannina (mit einem bei der Wiener Stadtbank angelegten Stiftungskapital von 45.500 fl. und der Hl. Dreifaltigkeit als Stiftungsorgan) sah er auch zahlreiche Legate für die griechisch-orthodoxen Institutionen in Wien sowie in

---

[63] Zu den erwähnten quasi-mathematischen Strategien der Jenseitsfürsorge in katholischen Testamenten siehe Philipp Ariès, Geschichte des Todes (München 2005) 225.

[64] Saracino, Witwen (wie Anm. 4). Zur Häufigkeit des Typus der Seelenmessstiftung unter den Stiftungen der Wiener Griechen s. die oben (in Anm. 4) zitierte Datenbank.

[65] Zum Rückgang von frommen Legaten im Zusammenhang der Reformen aus dem josephinischen Jahrzehnt und der Folgezeit s. für Testamente aus Niederösterreich Michael Pammer, Altruismus, Familie, Religion. Testamente um 1800. *Beiträge zur Rechtsgeschichte Österreichs* (2011) 148–161; für Testamente aus Mähren Tomáš Malý, Seelenheil und Fegefeuer im Zeitalter des „langen und nahen Todes". Das Lesen von Messen in Brünn im 17. und 18. Jahrhundert, in: Seelenheil und irdischer Besitz. Testamente als Quellen für den Umgang mit den „letzten Dingen", hg. von Markwart Herzog–Cecilie Hollberg (Irseer Schriften N. F. 4, Konstanz 2007) 139–151.

[66] Curtovic ordnete an, dass für sein Seelenheil (*in sufragio dell'anima mia*) in den griechischen Kirchen (*nelle chiese della mia Nazione*) (in Wien?) 100 Messen zelebriert werden sollten, s. Testament, 22. Oktober 1798, WStLA, Zivilgericht, A10, Testamente, 449/1801, fol. 1r. Nako bestimmte, dass am Tag und Ort seines Begräbnisses *zum Trost meiner armen Seele* 100 Messen und zwar zur Hälfte von katholischen und von griechisch nicht unierten Geistlichen gelesen werden sollten, s. Testament, 24. August 1799, NÖLA, Landesfürstliche Verwaltung, Selekte, Geistl. Stiftbrief Sammlung, Kart. 94, fol. 1r.

[67] Testament, 4. Januar 1809, WStLA, Zivilgericht, A10, Testamente, 60/1809. In einem diesem mündlichen Testament angehängten Zeugnis liest man: *Erstens hat der Erblasser Georg Anastasio für seine Seele fünfzehn Tausend Gulden bestimmt, und hat dadurch die Ausgaben für die Kirchenandachten, das ist für die religiösen Gebräuchnis verstanden, welche bei uns Griechen [...] üblich* (Zeugnis, 8. Februar 1810, unterzeichnet von Michael Georg, Stephan Johannovitz, Michael Sotto, WStLA, Zivilgericht, A10, Testamente, 60/1809, fol. 1).

zahlreichen Orten im Osmanischen Reich vor. Diese hatten als Gegenleistung auf Dauer
ein Mal jährlich zu unterschiedlichen kirchlichen Feiertagen eine Seelenmesse oder andere
Formen des Gebets für seine Seele zu verrichten[68]. Mehrere Handzettel mit Aufstellungen aller im Verlauf des Jahres zu kommemorierenden Stifter von Seelenmessen, die im
Archiv der Hl. Dreifaltigkeit in Wien aufbewahrt werden, dokumentieren nicht bloß die
Akkumulation von liturgischen Leistungen für verstorbene Gemeindemitglieder. Ein als
Katalogos betitelter Handzettel hierunter, der in griechischer Sprache verfasst und auf den
31. Oktober 1857 datiert ist, belegt zudem, dass zumindest zu diesem Zeitpunkt ein Tarif
von 300 fl. CM existierte, der erbracht werden musste, damit man eine jährlich durchzu-
führende individuelle Seelenmesse erhielt[69]. Für Stifter geringerer Summen existierte die
Konvention, diese unter den Wohltätern der ostorthodoxen Kirche am *Sonntag der Orthodoxie* (dem ersten Sonntag der Fastenperiode) namentlich zu erwähnen. Laut Statuten-
Entwurf von Demeter Darvar von 1801 sollten Stifter von Kapitalien über 1.000 fl. auch
ohne eigens geäußerten Wunsch zudem in jeder Messe kommemoriert werden[70].

Auch in Bezug auf weitere mit dem Tod und dem Totenkult verbundene Angelegenheiten waren die griechisch-orthodoxen Gemeinden (potentiell) Garanten dafür, dass diese
in Entsprechung zu den Wünschen der verschiedenen Bruderschafts- oder Gemeindemitglieder abgewickelt und dabei die Vorschriften und Gebräuche der Ostorthodoxie eingehalten wurden; etwa die Testamentsvollstreckung, das Begräbnisritual, die Errichtung und
Instandhaltung von Grabmonumenten oder die dortige Anbringung von Inschriften.

Es kam durchaus häufig vor, dass die Bruderschaft zum Hl. Georg bzw. deren Vorsteher (sämtliche oder einige von ihnen) zu Testamentsvollstreckern bestellt wurden. Der
Händler und türkische Untertan Georg Haggi Nicola († 1794) aus Meleniko (heute Melnik, Bulgarien) liefert ein Beispiel dafür, dass der Vorstand der Bruderschaft als Ganzes
zum Testamentsexekutor bestellt wurde[71]. Gleiches gilt für den Händler und türkischen
Untertan Demeter Arseni († 1800), der aus Thessalien stammte[72]. Ebenso beauftragte der
Händler und türkische Untertan Athanas Berovali, aus Berowo in Makedonien stämmig,
die Vorsteher der Bruderschaft zum Hl. Georg mit der Vollstreckung seines Testaments.
Er berief sich in seinem letzten Willen sogar darauf, dass es ihre Pflicht als „Brüder" sei,
sich dieser Last zu unterziehen[73].

---

[68] Der Hl. Georg erhielt 500 Piaster, *unter der Verbindlichkeit alle Jahre an dem Tag der 3 Könige mit 10
Kerzen mein Andenken zu feyern.* Die Hl. Dreifaltigkeit 1.000 Piaster für eine jährliche Seelenmesse. Weitere
Institutionen, die zum Zweck der Kommemoration Legate vermacht bekamen, waren die drei Kirchen in Ioannina, Klöster auf der Insel von Ioannina, die griechische Kirche in Iaşi (Moldau), das Hl. Grab in Jerusalem,
das Katharinen-Kloster auf dem Sinai und die Athos-Klöster, s. Testament, 2. Dezember 1792, AHD, G18, F5.

[69] Siehe die Zettel in AHD, G7, F7. So liest man in einem deutschsprachigen Vermerk auf dem griechischen Katalog von 1857, der den Stifter Johann von Margarit betrifft: *Irrthümlich vom Actuar zur Abhaltung
eines Mnem. [mnemosynon = Seelenmesse] angegeben, da laut Beschluß ein Legat von mindestens 300 fl. CM zur
Abhaltung erforderlich sind. Joh. Margarith hat nur 100 fl. gestiftet.* Der Vermerk ist signiert von Theodor Ducha-
teau, der von 1851 bis 1866 Gemeindesekretär war, Ransmayr, Untertanen des Sultans (wie Anm. 15) 356. Zur
Stiftung des 1831 verstorbenen Johann von Margarit siehe den Stiftbrief von 1833 in AHD, G3, F8.

[70] Abschnitt 8, § 17, in: Ransmayr, Untertanen des Sultans (wie Anm. 15) 441.

[71] *Ich ernenne und bestimme zu Exekutoren dieses meines Testaments die Zwölfe der Bruderschaft der St: Georg
Kapelle der rechtgläubig christl. türkischen Unterthanen in Wien, und ersuche dieselbe diese Mühe über sich zu nehmen, und alles so zu befolgen, wie ich es unten anordne, damit alles durch sie vollzogen werde* (Testament, 20. April
1794, AHG, G31, F16, fol. 1).

[72] Siehe die Zusammenfassung des Testaments, die einem Brief der Vorsteher der Bruderschaft an Arsenis
Neffen in Ambelakia Demeter Johann vom 28. August 1800 angehängt ist, AHG, G29, F1.

[73] *Vor allem benenne ich zu meinen Bevollmächtigten die Zwölfe der Kapelle zum Hl. Georg der türkischen*

Die soeben erwähnten Testatoren begründeten in ihren letztwilligen Urkunden auch karitative Stiftungen (oder ordneten Legate an), die von der Bruderschaft verwaltet wurden. In seinem Testament errichtete Georg Haggi Nicola eine Stiftung, durch die armen Kindern und Waisen in seiner Heimatstadt Meleniko der Schulunterricht ermöglicht werden sollte, deren Stiftungskapital sich auf 5.070 fl. belief und die von der Bruderschaft verwaltet wurde[74]. Andere Mitglieder der Konfraternität bestimmten deren Vorsteher nur zu Administratoren der von ihnen letztwillig veranlassten Stiftungen, übertrugen die Aufgabe der Testamentsvollstreckung aber anderen. So der mit 33 Jahren bei einem Unfall tödlich verletzte Händler Philipp Papa Sakellario aus Sistov (heute Bulgarien), der in seinem mündlich verlautbarten Testament eine Stiftung zugunsten der Armen seiner Heimatstadt errichtete (Stiftungskapital 8.000 fl. W.W.)[75].

Interessanterweise ist auch in den Stiftungsurkunden von Wohltätern, die der Hl. Dreifaltigkeit angehörten und diese Gemeinde zum Stiftungsorgan ernannten, entgegen der rechtlichen Faktenlage von ihr als Bruderschaft die Rede. Dies belegt zusammen mit dem Zeugnis der oben untersuchten Statutenentwürfe aus der Zeit von 1801 bis 1807, dass (zumindest in der ersten Phase ihres Bestehens) auch diese Gemeinde als Bruderschaft wahrgenommen wurde. Im Stiftbrief zur Stiftung Johann Constas für die Schule von Serres in Makedonien (Stiftungskapital 10.800 fl.) von 1801, die von der Hl. Dreifaltigkeit administriert wurde, heißt es: *Zugleich habe derselbe die Besorgung dieses frommen Vermächtnisses sowohl, als auch die Einhebung und Uiberschickung der verfallenen Interessen der Bruderschaft und den Ausschüssen der neuen Kirche in Wien, zur heiligen Dreyfaltigkeit genannt, aufgetragen*[76].

Der Wunsch von Testatoren, gemäß dem Ritus und Brauch der griechisch-orthodoxen Kirche bestattet zu werden, findet sich als Topos sehr häufig in den Testamenten der Wiener Griechen[77]. Die als Bruderschaften oder aber in anderer Form konstituierten griechisch-orthodoxen Konfessionsgemeinden nahmen hier die Funktion eines Garanten für die Einhaltung solcher Wünsche war[78]. Laut Joseph Pezzl waren es die „hiesigen Griechen" (und vermutlich die griechische Bruderschaft zum Hl. Georg als ihr Sprachrohr), die als erste und am lautesten gegen die von Joseph II. im August 1784 dekretierten Reformen des Bestattungswesens (u. a. der Einführung von Leichensäcken statt Särgen) protestierten[79]. Eine weitere Auswirkung dieser Reformen war, dass die Angehörigen der

Unterthanen, und ersuche dieselben, wenn sie Brüder sind, sich dieser geringen Last zu unterziehen (Testament, 24. April 1818, AHG, G5, F13).

[74] Stiftbrief 1797, AHG, G31, F16.

[75] *Im vollziehen dieser Angelegenheit benenne ich hiermit die gewählte Bruderschaft und die Vorsteher der hiesigen Kapelle Sanct Georg* (Testament, 4. Juni 1814, AHG, G35, F24). Laut dem Eintrag in den Matriken der Georgsgemeinde war Sakellario von einem herabstürzenden Dachziegel getroffen worden, s. Matriken, HG, 1777–1839, Tod, S. 202.

[76] Stiftbrief, 1801, AHD, G40, F3, fol. 6.

[77] Es seien nur zwei Beispiele von Begräbnis-Paragraphen genannt: Der ehemalige Vorsteher der Georgs-Bruderschaft Curtovic bat darum, dass sein Leichnam begraben werde *secondo il rito della Religione greca che professo* (Testament, 22. Oktober 1798, WStLA, Zivilgericht, A10, Testamente, 449/1801, fol. 1ʳ). Georg Johann von Karajan (1743–1813), der als habsburgischer Untertan der Hl. Dreifaltigkeit und zudem dem Reichsadel angehörte, ordnete in seinem Testament an, *nach meinen heiligen Religionsgebräuchen ordentlich beerdigt* zu werden (Testament, 29. Januar 1811, Album von Zoe Reininghaus-Karajan, ca. 1912, Sammlung Angelina Fritsche-Karajan).

[78] „Building an Orthodox church and creating a cemetery were the most basic concerns of the Greeks established in non-Ottoman environments", KATSIARDI-HERING–MANTOUVALOS, Tolerant Policy (wie Anm. 12) 26.

[79] *Die hiesigen Griechen machten zuerst eine Vorstellung dagegen, indem sie anzeigten, daß es gegen ihren Ritus sey*, Johann PEZZL, Skizze von Wien, Zweites Heft (Wien–Leipzig 1786) 145.

griechisch-orthodoxen Konfession, nach der Verlegung sämtlicher Bestattungsplätze außerhalb des Linienwalls, auf dem abgelegenen St. Marxer Friedhof bestattet wurden und
dort eine Parzelle zugewiesen bekamen[80]. Im 19. Jahrhundert wurde die Wahrnehmung
ihrer Aufgaben, die mit dem Begräbnis und dem Totenkult für ihre Mitglieder zusam-
menhingen, zusätzlich dadurch erleichtert, dass es den beiden Wiener griechischen Gemeinden 1836 gemeinsam gelang, auf einem eigens erworbenen Grundstück, das an den
St. Marxer Friedhof angrenzte, einen eigenen Leichenhof einzurichten. Im Vorfeld war
es, ausgelöst durch die Überfüllung der an die Parzelle der Griechen angrenzenden, von
Katholiken benutzen Friedhofsareale in St. Marx, zu Streitigkeiten mit den Katholiken
und mit den zuständigen gesundheitspolitischen Akteuren (Wundärzten) gekommen.
Die Dokumente, die das Vorhaben der beiden Gemeinden zur Einrichtung eines eigenen
Leichenhofs gegenüber ihren Mitgliedern und den Behörden rechtfertigen, betonen, dass
durch diesen Schritt zukünftig Konflikte vermieden und sie zudem ihren rituelle Pflichten
gegenüber den verstorbenen Gemeindemitgliedern besser nachkommen könnten[81]. Die
im 19. Jahrhundert von und für die Griechisch-Orthodoxen errichteten Grabmonumente
können heute noch auf dem St. Marxer Friedhof besichtigt werden, darunter besonders
prunkvoll und gut erhalten jene von Stiftern, die die Anlage oder Pflege des Grabmonu-
ments als Aufgabe der Stiftungsverwalter (Hl. Georg, Hl. Dreifaltigkeit) festgelegt hatten.
Der besonders großzügige Stifter Demeter Theocharides, der sein mehrstöckiges Haus auf
der Bieberbastei der Gemeinde zur Hl. Dreifaltigkeit vermacht hatte, um damit aus den
Mietzinseinnahmen zweimal jährlich (an Weihnachten und Pfingsten) Almosen an die
Gemeindearmen der beiden griechisch-orthodoxen Gemeinden zu verteilen, erhielt auf
Initiative der beiden Gemeinden ein Grabmonument mit folgender Inschrift: *Hier ruhet
in Gott / Herr / Demeter Theocharides / Handelsmann / gestorben am 14. Januar 1834 / Der
selbe hat sein Haus auf der Bieberbastei No 2 / den Armen der beiden griechisch nicht unirten
/ Gemeinden in Wien zu gleichen Antheilen gewidmet / dem großmüthigen Stifter aus Dank-
barkeit errichtet / Friede seiner Asche*[82].

Ein Schreiben der Leitung der Hl. Dreifaltigkeit an die des Hl. Georg von 1839,
das die gemeinsame Verwaltung des neuen Friedhofs betrifft, deutet darauf hin, dass die
Inschrift für Theocharides von den Gemeinden eigeninitiativ und im Bewusstsein ihres
Erinnerungsauftrages angebracht wurde, nachdem die sterblichen Überreste des Stifters
ins neue Friedhofsareal überführt worden waren[83].

---

[80] Bis in die 1780er Jahre waren die Griechen auf dem Nicolaifriedhof auf der Landstraße und auch auf dem Mariazeller Gottesacker (auch Schwarzspanierhof genannt), im Bereich des alten Allgemeinen Kranken-hauses gelegen, beigesetzt worden, s. Theophanis PAMPAS, Οι ενταφιασθέντες Κοζανίτες στο Νεκροταφείο της Βιέννης. *Elimeiaka* 74/75 (2015) 15–72, hier 21f.

[81] In einem Zirkular vom September 1835, das die Vorsteher der Georgs-Bruderschaft und der Hl. Drei-faltigkeit gemeinsam verfassten, wird betont, dass die eigenen Geistlichen zukünftig ungestört die mit dem Begräbnis und dem Totenkult verbundenen rituellen Praktiken (etwa die Rezitation des Trisagion-Gebets) werden ausüben können: Καὶ ὄντως χωρισμένοι ἀπὸ τοὺς Κατολίκους οἱ ἱερεῖς μας δύνανται νὰ διαβάσουν ἀνεπηρεάστως τὰ συνήθη τρισάγια, EVSTRATIADIS, Ο εν Βιέννη ναός (wie Anm. 28) 207.

[82] Der griechische Teil der zweisprachigen Inschrift ist aufgrund der Verwitterung nicht mehr lesbar. Laut Stiftbrief sah der letzte Wille von Theocharidis zudem vor, dass die beiden Gemeinden einen gemeinsamen Ausschuss bilden sollten, der über die Verteilung der Stiftungserträge zu entscheiden hatte, s. Stiftbrief, 5. November 1841, AHD, G40, F5.

[83] *Ferner erlaubt man sich auch zu erinnern daß der seelige Demeter Theochar sein sämmtliches Vermögen den Armen unserer beiden Religionsgemeinden hinterlassen habe. Es wäre daher nicht unbillig bei der [...] ereigneten Gelegenheit des neu eingerichteten Friedhofes, ein Monument mit passender Inschrift errichten zu lassen, dessen Kos-ten von höchstens 50 fl des Andenkens des edlen Gebers wohl werth sein dürfte* (Brief der Hl. Dreifaltigkeit an die

Einige Paragraphen der Statuten der Bruderschaft in Miskolc (1801) betreffen die Pflichten, die man den Mitbrüdern im Augenblick ihres Todes sowie deren Hinterbliebenen schuldig sei. Dazu zählen etwa die Gewährleistung eines würdevollen Begräbnisses (με τιμήν να τον ενταφιάση), die Betreuung und Unterstützung von Witwen, falls deren Ehemänner kein Testament bzw. kein Erbe hinterließen, schließlich (was ein archetypisches Merkmal auch der katholischen Konfraternitäten war!) dass alle Mitglieder bei der Leichenprozession zugegen sind (και αφ'ου ψαλθή η νεκρική ακολουθία, να τον συνοδεύσουν και εως εις το θαπτήριον)[84].

Diese Bestimmungen aus den Statuten von Miskolc oder der Typus der von Theocharides gegründeten Stiftung für Gemeindearme könnten darauf hinweisen, dass die von griechisch-orthodoxen Migranten auf Habsburger Boden errichteten Körperschaften auch als Sozialversicherung für Mitglieder und deren Nachkommen fungierten. Dies lassen Suppliken vermuten, die von in Konkurs gegangenen Händlern oder von ehemaligen Dienstangestellten von Stiftern an die griechisch-orthodoxen Gemeinden gerichtet wurden und in denen um finanzielle Unterstützung aus den Armenstiftungen gebeten wird[85]. Es muss allerdings betont werden, dass es sich hierbei um Einzelbeispiele und Zufallsfunde aus dem noch unerschlossenen Bestand an Armensuppliken aus den Archiven der beiden griechisch-orthodoxen Gemeinden in Wien handelt. Weil im 19. Jahrhundert die Unterstützung durch staatliche/städtische Versorgungsanstalten an das „Heimatrecht" gebunden war, zielten eventuell Armenstiftungen, die von den beiden griechisch-orthodoxen Gemeinden verwaltet wurden, speziell auf die Unterstützung von Migranten in Wien, die sich in wirtschaftlich prekären Verhältnissen befanden.

4. Fazit

Die Quellen vermitteln den Eindruck, dass die beiden griechisch-orthodoxen Gemeinden in Wien ihren kommerziellen, totenkultischen und karitativen Funktionen auf recht ähnliche Weise nachkamen. Ihre Bezeichnung als Bruderschaft, an der die Gemeinde zum Hl. Georg schon aus Traditionsgründen und eventuell auch zur Profilschärfung gegenüber der Hl. Dreifaltigkeit festhielt, hatte nicht zur Folge, dass sich ihre diesbezüglichen Dienstleistungen von jenen der Hl. Dreifaltigkeit unterschieden; wenn diese nicht sogar gemeinsam ausgeübt wurden, wie im Falle der gemeinsamen Friedhofsverwaltung oder der Theocharidis-Stiftung. Die Attraktivität dieser zwischen kommerziellen und konfessionellen Zusammenschlüssen changierenden Konfessionsgemeinden lag zweifelsohne auch darin begründet, dass sie als „Versicherung" für Dienstleistungen rund um den Totenkult und die Jenseitsfürsorge fungierten. Insofern ähneln sie den katholischen Bruderschaften, die in den Destinationsorten der griechisch-orthodoxen Migranten anzutreffen waren und von denen diese Migranten aus dem Osmanischen Reich sicherlich (ob

---

Vorsteher des Hl. Georg, 15. März 1839, AHD, G16, F3).

[84] Statuten 1801, § 25, 27, 38, in: Katsiardi-Hering, Αδελφότητα (wie Anm. 17) 296f., 305f.

[85] Ein Bittsteller, der nach eigenen Angaben am Fleischmarkt von 1809 bis 1816 einen *bedeutenden Tuchhandel in Großo* führte und einst gerne *bei jeder Gelegenheit zur Erhaltung dieser Kirche und Schule* seinen pekuniären Beitrag leistete, sei aufgrund seines Konkurses auf Unterstützungen derselben angewiesen, s. undatiertes Bittschreiben, AHD, G2, F8; vgl. das Ansuchen einer Katharina Müller, der ehemaligen *mehrjährigen und treuen Dienerin* Poliso Rogottis, des Ehemannes der Stifterin Regina Rogotti, vom 29. April 1851, AHD, G2, F8; zur Armenstiftung Rogottis (mit einem Stiftungskapital von 3.000 fl.) Stiftbrief, 1847, AHD, G40, F5.

positiv oder negativ, ob durch Nachahmung oder durch Abgrenzung) beeinflusst wurden.
Eine Investition materieller Güter war den griechisch-orthodoxen Konfraternitäts- oder
Gemeindemitgliedern diese „Versicherung" wert, so wie es den heutigen Menschen wert
ist, für eine Lebens- oder Rentenversicherung anzusparen, ungeachtet dessen, ob man je
in deren Genuss kommen wird. Dass das karitative Engagement wohlhabender Stifter
nicht bloß aufgrund philanthropischer oder konfessioneller Gesichtspunkte sinnvoll war,
sondern auch deshalb, weil Stiftungen memoriale Langzeitwirkungen zeigen und den Namen und das Gedächtnis des Stifters am Leben erhalten, hat Michael Borgolte in seinen
stiftungshistorischen Forschungen betont[86]. Die Funktionsweise von Bruderschaften und
Stiftungen konnten sich hier gegenseitig verstärken.

Die Ausgestaltung der Bruderschaft als Organisationsform (also die griechisch-orthodoxen Konfraternitäten im engeren Sinne) oder aber deren Verwendung als ethisches
Konzept innerhalb anders konstituierter griechisch-orthodoxer Konfessionsgemeinden
in der Habsburgermonarchie lässt darauf schließen, dass Beeinflussungen durch die katholischen Konfraternitäten am Werk waren[87]. Die Autonomie von der Metropolie in
Karlowitz begründete man mit der Referenz auf die vermeintliche Unabhängigkeit katholischer Konfraternitäten von der kirchlichen Obrigkeit. Andererseits handelt es sich
beim Bruderschaftswesen um ein transkonfessionelles, auf gemeinchristliche Wurzeln
zurückgehendes Phänomen. Zudem wurden Anhaltspunkte ausfindig gemacht dafür,
dass christliche Wertebestände (wie die harmonische Eintracht und brüderliche Liebe
zwischen Nicht-Verwandten) für die effiziente Organisation wirtschaftlicher Zusammenschlüsse instrumentalisiert wurden; ein weiteres Beispiel dafür, dass die Konfessionskultur,
der die „griechischen Handelsmänner" entstammen, auch ihre kommerziellen Tätigkeiten
und ihre Wirtschaftsethik beeinflusste[88]. Die transkonfessionellen Wurzeln des „Geistes
des Kapitalismus" sind aber ein anderes Thema.

---

[86] Zur Memoria und anderen totenkultischen Dienstleistungen, die Stiftungsverwalter und Stiftungsbe-
günstigte als Gegengabe für das vom Stifter erhaltene Stiftungskapital bzw. für dessen Erträge erbringen, s.
Michael Borgolte, „Totale Geschichte des Mittelalters"? Das Beispiel der Stiftungen. Antrittsvorlesung 2. Juni
1992 Berlin 1993; ders., Stiftungen und Memoria, hg. von Tillmann Lohse (Stiftungsgeschichte 10, Berlin
2012). Dieses reziproke Austauschverhältnis festigt laut Borgolte die Beziehung zwischen (verstorbenen) Stiftern einerseits und der Gruppe von Stiftungsverwaltern und -begünstigten andererseits, und bedingt damit den
Erfolg von Stiftungen.

[87] Katsiardi-Hering hebt hervor, dass die von Griechisch-Orthodoxen im Habsburger Reich begründeten
Konfraternitäten die Terminologie aus der administrativen Sprache katholischer Bruderschaften oder bruder-
schaftsähnlicher Korporationen adoptierten, s. Katsiardi-Hering, Αδελφότητα (wie Anm. 17) 269. *Nach
dem Jure Canonico, so wohl der römisch-Catholischen Occidentalischen- als der Orientalischen Griechischen Kirche
die Herren Ordinarii, Erz- und Bischöffe die Capitalien, Geräthschaften und Effecten der Bruderschaften nicht
eigenmächtig wegnehmen [...] können*, Brief der Vorsteher des Hl. Georg an die Hofkommission, 9. 12. 1771,
AHG, G1, F1.

[88] Stoianovich betont einen anderen Aspekt, die strengen Fastenpraktiken der Griechisch-Orthodoxen, die
eine (kommerziell vorteilhafte) Auswirkung auf die Sparsamkeit in deren geschäftlichen Tätigkeiten gezeigt
hätten, s. Stoianovich, Conquering Balkan Orthodox Merchant (wie Anm. 1) 294.

Jewish Brotherhoods in the Habsburg Lands

Sylvie Anne Goldberg

„Mrs. Rezi Koref was in the habit of summoning the members of the
burial brotherhood from the surrounding villages whenever she felt ill,
so that they could strengthen her with prayers on her last journey. As
soon as the pious men and women had done their duty around Rezi's
sickbed, she would get up totally cured. The pious men and women,
who often had to come a long way in all kinds of weather in the winter,
were understandably indignant at Rezi's lack of consideration. But she
used to say that she did not see why she should regularly pay her sub-
scription to the brotherhood for 30 years without having some benefit
from it while she was still alive"[1].

„Confraternities were and are primarily part of Western Catholicism, though some
Jewish communities in early modern northern Italy, notably in Ferrara, had their confraternities […]. Most confraternities were for laity, and promoted by them, though confraternities did exist for clergy alone", as Christopher Black wrote in the introduction
to his book on confraternities[2]. My contribution intends to challenge this assertion by
highlighting quite the reverse: Not only did Jewish confraternities exist elsewhere in Italy,
but they were actually one of the main communities' social structures. Even more so since,
strictly speaking, Jewish communities had neither clergy nor laity, which is why confraternities played both roles and held a median function between the spiritual and the
mundane worlds. Finally, my aim is to show that the Habsburg lands were the cradle of all
the Jewish Ashkenazi confraternities that flourished after them throughout the Ashkenazi
world.

---

[1] Vojtech Rakous, The Story of Modche and Rezi and Other Adventures (Czech. Prague 1938); quoted
from Wilma Abeles Iggers, The Jews of Bohemia and Moravia. A Historical Reader (Detroit 1992) 100–102.

[2] Christopher Black, Introduction. The Confraternities Context, in: Early Modern Confraternities in Europe and the Americas, ed. idem–Pamela Gravestock (Aldershot 2006) 1–34, here 1.

1. Jews and Jewries in the Lands between: A very Short Historical Survey

While it is true that the first mentions of Jewish brotherhoods came from Italy[3], the early modern development of confraternities followed a pattern that was first initiated by the Jewish community of Prague in the wake of the Counter-Reformation. The main goal of these brotherhoods was to ensure that their dying members would be given proper last rites and provided with burials according to Jewish religious requirements[4]. Beginning in the early 16th century in Ferrara and Modena, the institution was introduced to the Germanic lands via Prague, where the „Hevra Kadisha", the Holy Brotherhood, was established in 1564. Taking this confraternity as a case study and a kind of ideal type, this paper will focus on its development and further evolutions. Due to its important geographical, economical, and political localization, Prague was a preeminent city in Bohemia, and the Jewish community reflected this exceptional situation: It was the largest one in the kingdom, and it became the „natural centre, not only of the Czech Jews but also of those neighbouring territories"[5]. In fact, under early Habsburg rule, Jews were confined in the Bohemian Crown territories Bohemia, Moravia, and Silesia[6]. The Jewish presence is immemorial and merged with the existence of the Bohemian state, and especially the city of Prague. The Bohemian and Moravian Jewish settlements, and notably those in Prague, are probably the oldest known ones in Central Europe, acknowledged by chroniclers and a toll regulation from 906[7]. These settlements allegedly coincided with the very foundation of the country itself. A Jewish quarter is reported to have been located in the Old Town of Prague as early as the 11th century, and Jewish life started to flourish in Bohemia and Moravia during the 13th and 14th centuries. As was the case in all other Christian countries during the Middles Ages, the Jews formed a separate and distinct entity in the midst of their environment, endowed with special laws and restrictions known as „Judenrechte" and „Judenschutz"[8]. The Jewry stood out in the social fabric because

---

[3] Jacob Rader MARCUS, Communal Sick-care in the German Ghetto (Ella H. Philipson Memorial Publications 1, Cincinnati 1978); David B. RUDERMAN, The Founding of a Gemilut Ḥasadim Society in Ferrara in 1515. *Association for Jewish Studies Review* 1 (1976) 233–267; Elliott S. HOROWITZ, Jewish Confraternities in Seventeenth-Century Verona. A Study in the Social History of Piety (Diss. New Haven 1982); IDEM, Jewish Confraternal Piety in Sixteenth-century Ferrara. Continuity and Change, in: The Politics of Ritual Kinship: Confraternities and Social Order in Early Modern Italy, ed. Nicholas TERPSTRA (Cambridge Studies in Italian History and Culture, Cambridge 2000) 150–171.

[4] For this chapter, I am drawing from my book: Sylvie Anne GOLDBERG, Crossing the Jabbok. Illness and Death in Ashkenazi Judaism in Sixteenth- through Nineteenth-Century Prague (Contraversions. Critical Studies in Jewish Literature, Culture and Society 3, Berkeley–Los Angeles 1996).

[5] Jan HEŘMAN, The Prague Jewish Community before the Expulsion of 1541, in: Prague Ghetto in the Renaissance Period, ed. J. Herman Otto MUNELES (Jewish Monuments in Bohemia and Moravia 4, Prague 1965) 15–42, here 17. See also the recent survey with bibliographical references, Hillel J. KIEVAL, Art. Bohemia and Moravia, in: The YIVO Encyclopedia of Jews in Eastern Europe, ed. Gershon D. Hundert, 2 vols (New Haven 2008), online: http://www.yivoencyclopedia.org/article.aspx/Bohemia_and_Moravia> [1. 1. 2018].

[6] William O. McCAGG, A History of Habsburg's Jews 1670–1918 (Bloomington 1989) 11.

[7] Václav HÁJEK LIBOČANY, Czech Chronicle, 1541 (Prague 1541); see also Kosmas of Prague, Chronica Boemorum (1038–1125).

[8] Registered in the „Stadtbuch" of Prague for the years 1330–1340; see Julius Maximilian SCHOTTKY, Prag, wie es war und wie es ist. Nach Aktenstücken und den besten Quellenschriften geschildert (Prague 1831) 315. On Jewry Law, see Guido KISCH, The Jews in Medieval Germany (New York [1949] 1970); Ruth KESTENBERG-GLADSTEIN, Differences of Estates, between Pre-emancipation Jewry. *Journal of Jewish Studies* 5 (1954) 156–166; 6 (1955) 35–49.

of religious contingencies. Inversely, from another perspective, this separation was also similar to that of other social medieval classifications such as burghers, serfs, or nobility. According to ancient documents[9], the Jews were once beheld as an asset to urban development and were encouraged to settle down in towns in the making during the formative centuries of European urban construction. However, as centuries passed, this privileged condition changed. In the wake of the economic transformations brought about by the emergence of mercantilism during the Late Middle Ages and the Renaissance period, the Jews gradually turned into competitors in the market, especially for the merchant guilds[10]. In addition, the religious upheavals which had been sweeping over the kingdom since the Hussite Wars and were tearing apart the European countries put the Jews at the centre of the attention of both reformers[11] and counter-reformers, even though, as curious as it may sound, Judaism remained the only non-Catholic religion that was legally tolerated in the 17th century in the Bohemian Crown[12]. For instance, when Luther heard that in Moravia, „on the instigation of the Jews, some reformed Christians where Judaizing, celebrating the Sabbath, and even having themselves circumcised", he reacted vividly in his „Letter against the Sabbatarians"[13]. Indissociable from the fate of the local population, Jews were nevertheless ruled by Jewish laws organised within a Jewish social framework, and were viewed as a „nation". The Jewries were rather autonomous regarding the surrounding cities they dwelled in. On the other side of the coin, they were completely dependent on the will of the kings, bishops, or whatever Christian authority that allowed them to stay and live in accordance with their own traditions in exchange for the payment of special taxes. Therefore, their actual position was precarious, and entire communities could be expelled and forced to migrate either to other towns or to foreign countries. Indeed, the many expulsions of the Jews from France in the 14th century and from the Germanic lands all throughout the 15th and 16th centuries caused numerous migrants to settle down either in Prague or pass through the city on their way to Poland.

Outside Jewries, the Community served as the legal representative of the Jews. Inside, the Jewish legal system, the „Halakha", governed every dimension of Jewish life, be it private or public, and all spheres of Jewish existence were subject to an ethical rationalization. The „Halakha" regulated religious and ritual matters as well as the social, penal, and civil domains. Consequently, the Community provided Jewish schooling; it collected and assessed taxes, had its own juridical court, and owned its own cemeteries and hospices. Yet, how did communities care for their brethren and provide charity and burial[14]? Aside from a document from 1518 that mentions that the burghers of Prague increased their

---

[9] As illustrated in the earliest and famous charter of residence, accorded by bishop Rüdiger to the Jews of Speyer in 1084, which specifically mentions a Jewish burial ground and surrounding defence walls.

[10] Jonathan I. ISRAEL, European Jewry in the Age of Mercantilism, 1550–1750 (Oxford 1985).

[11] Louis Israel NEWMAN, Jewish Influence on Christian Reform Movements (Columbia University Oriental Studies 23, New York 1925) 435–630.

[12] Constitutiones regni Bohemiae anno 1627 reformatae, in: Robert J. EVANS, The Making of the Habsburg Monarchy 1550–1700 (Oxford 1979) 198.

[13] Martin LUTHER, Lectures on Genesis, 2: 361; Against the Sabbatarians: Letter to a Good Friend (1538), transl. by Martin H. BERTRAM, ed. Helmut T. LEHMANN (Luther's Works 47/The Christian Society 4, Philadelphia 1971) 60.

[14] On charity and caring for the poor in this period, see Brian PULLAN, Catholics, Protestants, and the Poor in Early Modern Europe. *Journal of Interdisciplinary History* 35/3 (2005) 441–456; Cultures of Charity. Women, Politics, and the Reform of Poor Relief in Renaissance Italy, ed. Nicholas TERPSTRA (Cambridge, MA–London 2013).

protection over the bathhouse and the cemetery from 12 to 50 shocks[15], no information really reached us until the creation of the Jewish brotherhood and the redaction of its charter in 1564. From this date on, register books regularly documented the daily life and the inner organisation of the confraternity throughout the following centuries. Since these minute books are still extant, it is possible to get a concrete idea of its tasks and endowments and to trail the evolution that gradually transformed the character and vocation of the confraternity throughout the early modern period.

2. The „Judenstadt" in Prague

Classical historiography dealing with the emergence of Jewish brotherhoods discusses whether this newly founded institution resulted from an inner evolution of the traditional community's structure since earlier ages, or from a later Christian influence that permeated Jewish attitudes through its environment[16]. Considering that this is exactly the kind of problem that cannot be solved by examining the documents alone, and reflecting mostly conceptual views about Jewish tradition, its continuity or discontinuities throughout centuries and across different spaces and cultures, I will leave this issue aside in this paper and rather focus only on documented features. The history of the Jews in the Bohemian Crown is far beyond the scope of this chapter. However, pondering over the creation of the Holy Brotherhood in Prague makes it necessary to briefly describe the historical and social context in which it emerged.

Regarding 16th century Jewish Prague, a document dated from 1522 attests to a community comprising 600 souls. Furthermore, a taxpayer's list from 1528 to 1549 records 171 payers. In 1549, 976 names are mentioned, numbering among them 132 family heads with their household and 184 penniless Jews who were exempt from taxes[17]. As far as we know, most of them had been living in the „Judenstadt", the Jewish Town of the Jewish Quarter since the High Middle Ages, the Jewish Town of the Jewish Quarter. The Jewish Town was located in the heart of the city and surrounded by walls, as were the other parts of the city. The medieval Prague consisted of four distinct districts, whereby each one was ruled by its own local administration, had its own particular rights and privileges, and was surrounded with its own defence walls. The early modern Prague consisted of the „Hradshin", the area around the Castle, „Malà Strana", the lower town also known as the „Little Quarter" situated along the river and linked to the Old Town, the „Altstadt", and the capital city of the Kingdom, surrounded by the New Town, the „Neustadt". The Jewish Town itself was located beneath the Castle, in the „Altstadt", perhaps since the 10th century onwards. With its main street and smaller adjacent streets, the Jewish Quarter was an autonomous administrative and religious entity which ultimately did not differ from other parts of the town. Archaeological works show that the „Alt-Neu Schule" was built at the same time as the ramparts of the Old Town and the houses adjacent to this quarter, sometime during the 13th century. According to the extant descrip-

---

[15] Anton BLASCHKA, Die Jüdische Gemeinde zu Ausgang des Mittelalters, in: Die Juden in Prag. Bilder aus ihrer tausendjährigen Geschichte. Festgabe der Loge Praga des Ordens B'nai B'rith zum Gedenktage ihres 25jährigen Bestandes, ed. Samuel STEINHERZ (Prague 1927) 58–87, here 76.

[16] Fritz BAER, Der Ursprung der Chewra. *Zeitschrift für jüdische Wohlfahrtspflege* 1/5 (1929) 241–247.

[17] Jan HEŘMAN, La communauté juive et sa structure au commencement des temps modernes. *Judaica Bohemiae* 5 (1969) 31–70; here 35–36; see GOLDBERG, Crossing the Jabbok (see note 4) 65.

tions, the defence wall had at least six gates called the „Portae Judaeorum". It seems that the houses were successively transferred from Christians back to Jews without problems. More interestingly, as it appears, Christians who dwelled in the Jewish Town paid their taxes and were subject to Jewish administration, as was rightly the case for all inhabitants living in other districts who were subject to the local administration of their own neighbourhood.

We know of the existence of an old location on the left side of the Vlatva/Moldau River which was later replaced with the larger quarter located on the right side, though some remnants still exist in the modern city. Furthermore, we are aware of the privilege granted by Premysl Otakar II in 1254 to open a cemetery (the Jewish Garden) in Prague which was closed in 1478. Later, during the years of 1706 and 1707, the Jewish minutes of the Holy Brotherhood recorded that some tombstones were transferred from there to the walls near the Klaus synagogue.

In contrast to the successive expulsions and banishments of Jews from larger German towns (Strasbourg, Vienna, Cologne, Augsburg, Graz, Munich, Constance, Landshut, Breslau, Erfurt, Esslingen, Hildesheim) during the 15th century, the Jews living in the Bohemian Crown were never definitely expelled from their homeland. Even if their situation was precarious at the time, they benefited from a true historical continuity. For example, deciding in favour of banishment in 1541 against the will of Ferdinand I did not put an end to it, and Jews managed to stay in their town until the banishment decree was abolished in 1549 by the „Glejt" (safe-conduct). At the crossroads of Germany and Poland, Prague was the heart of various commercial activities between the East and the West. In addition, it served as a highway for further migrations of Jews fleeing from Germany to the East. Despite the scarcity of available housing, many migrants settled in Prague and integrated in the local community, whereby the migratory movement was so intense that it radically transformed the community and its social structures.

In order to symbolize their autonomy, the Jews of Prague were granted the right to carry their banner in 1357. This banner, pictured in an engraving from the 16th century, was carried through the streets on special occasions and demonstrations. Of course, this does not mean that the Prague Jewry was exempt from any tribulations. In fact, since they were specially protected subjects of the Crown, Jews were often at the core of struggles and conflicts between the burgher's town and the kings, and, in addition the Jewish properties were as well the purpose of covetousness. Until the end of the 16th century, the continuous growth of the Jewish population paved the way for social tensions due to an extreme discrepancy between the wealthiest and the poorest that lived side by side. Under the reign of Rudolph II (1575–1611) and as a result of the efflorescence of the city, some Jews attained such a high rank that the Jewish mayor, Josef Marcus Maisel, enabled the building of houses including two major synagogues (Visokà and Meisel), the (Jewish) Town Hall, new baths, and the paving of streets. He even succeeded in enlarging the Jewish Quarter by buying Christian houses that were located close to it. Expanding constantly during the 16th century, the Jewish population doubled between the census of 1522 and that of 1540 and reached roughly 6,000 people in 1561[18]. About 150 years later, the census of 1703 informs us that there were 11,517 souls in the „Judenstadt" while

---

[18] According to the probably inflated estimate numbers of the Pope's nonce, Delphin Borromée, see documents left by Samuel Steinherz in Prague's archives, State Jewish Museum, Prague, DO A II 2d.

11,618 Christians shared the other four cities of Prague[19]. It became the largest urban Jewish community in Christian European countries until Amsterdam surpassed it.

With such an enormous population, its thirteen synagogues, its numerous Jewish professional corporations including the whole scope of urban activities from butchers to crafts, fire keepers, policemen, gate-keepers, and of course scholars and doctors, the Jewish Town was not an insulated or segregated space. Despite the recriminations of the Church, Christians and Jews would circulate freely in and out of it, from the arts and crafts shops to the market (the „Tandlmark"), or simply from one house to another, regardless of whether it was owned by a Christian or a Jew. More significant was the mutual assistance given to each other during the Thirty Years' War, when Christians hid their goods in their Jewish neighbours' houses and vice versa during the successive different invasions[20]. In addition, when the Swedish laid siege to Prague in the final stage of the War in 1648, Jews took an active part in the city's armed defence. In recognition of their courage, they received a new emblem: the Swedish helmet within the Shield of David, which was placed before all Jewish communal buildings[21].

3. The Emergence and Reign of the Holy Brotherhood

Throughout the Middle Ages, the urban and social way of life was governed by many regulations stemming from the individual membership in guilds. As Aron J. Gurevitch put it: „The behaviour of burghers was laid down and regulated by guild and town codes of rules. Together with the regulations governing the production process and other sides of economic life, these codes contain provisions for the care of the poor, they specify the baptism service, the authorised dress for apprentices, even lists of swear-words and the fines payable for using them, and much more […]. The guild – the association of craftsmen – was the organisational form in which they and their families spent their lives"[22]. Since the Jewish community simultaneously composed a social, political, and religious body as well as a rather particular corporation and a system of jurisdiction, where Jewish individuals dwelled undifferentiated, it might be possible to see the creation of a brotherhood as a way to introduce a kind of inner social repartition displaying some hierarchy and diversity between each and every one. In addition, while outside Jewries, authority and power were diversely endorsed by distinct social bodies, clerics, laymen, or nobles; inside the Community, all forms of authority, moral and economics, were handled by the rabbis and the „elders". On top of that, while a Jew could only escape his Community through baptism or conversion, the Community's power was supreme upon its members. The creation of the Holy Brotherhood that was viewed as a social and charita-

---

[19] Statistic tables in Wilfried Brosche, Das Ghetto von Prag, in: Die Juden in den böhmischen Ländern, ed. Ferdinand Seibt (Bad Wiesseer Tagungen des Collegium Carolinum, Munich–Vienna 1983) 87–122, here 117–119. Regarding the census, see recent approaches to Jewish demography in Bohemia and Moravia: Janà Vobescá, Demographic Avant-Garde. Jews in Bohemia between the Enlightenment and the Shoah (Budapest 2013) 34–36.

[20] Alexander Kisch, Die Prager Judenstadt während der Schlacht am Weißen Berge (Frankfurt/Main 1900); Käthe Spiegel, Die Prager Juden zur Zeit des dreißigjährigen Kriegs, in: Die Juden in Prag (see note 15) 107–186.

[21] Maurice Popper, Les Juifs de Prague pendant la guerre de 30 ans. *Revue des Études Juives* 29 (1894) 127–141; 30 (1895) 79–93.

[22] Aron J. Gurevitch, Categories of Medieval Cultures (London 1985) 206.

ble institution within the Community provided a new channel by expanding power and authority through a politics of moral behaviour and piety. Contrary to the legal aspect of authority imposed upon Jews externally, stemming from the Council of the Bohemian Chambers who nominated the elders and the chief Rabbi, the Brotherhood appointed its own leaders. Thus, they were not involved in resolving potential problems between the „Judenstadt" and the Christian city, nor did they have to levy regular or random taxes on their co-religionists. They were the sole judges presiding over their choices and determined themselves to whom they gave positions of responsibility. Therefore, on the one hand, they drew far less animosity than the „official" representatives. On the other hand, since the entire principle of the confraternity relied on piety, the minimum required from its representatives was a high level of morality and respectability.

The founding charter that was first copied in 1689 from the original written in 1564, before it was copied again in 1754 from the previous copy, clearly states that the task of the „Hevra Kadisha" will rely on volunteers who agree to devote themselves to providing burial and care for the poor, in addition to the creation of a general charity fund that was expected to come from the contributions of the members[23]. Performing the last rites associated with death is paramount in Judaism[24]. The dead must be buried hastily, at least within twenty-four hours after their demise. This is understood as a form of respect for the body's integrity by the time of resurrection and also served to protect the living from the impurity stemming from a corpse. Even a quick reading shows how important it was to the redactors to locate their new institution in the age-old Jewish tradition. The entire phraseology they used is drawn from Talmudic sayings, which is reflected in the very vocation of the brotherhood that is defined with terms like „gemilut hasadim" (act of loving-kindness) and „bikkur holim" (visiting the sick) that anchor its creation in the continuum of the most ancient past. Aside from the changes in the political situation of Jews the Habsburg's accession to the crown in 1526 and the increase of the Jewish population, another factor has played a significant role, namely new forms of piety and the increasing importance of death in the Jewish „Weltanschauung". Indeed: „Medieval Catholicism and Judaism were in complete agreement that education, prayer, and philanthropy were to be subsumed under religion"[25], as Jacob Rader Marcus observed.

Apart from its duties in death and sick care matters, the founding charter also acknowledges other main commitments. Distributing wood and food among the poor, defraying burial costs, and enlarging the cemetery were natural tasks for this type of confraternity. Yet, the charity fund would also enable the Community to negotiate against a potential threat of expulsion[26]. Another document from 1702 expanded the statutes of the Holy Brotherhood established in 1692. It listed the numerous rules, „old and new", of the Brotherhood, and was directly intended to survey the relationships between individuals and the confraternity[27]. It foresaw conflicts that might arise and ways of resolving

---

[23] See the text translated from Hebrew, in: GOLDBERG, Crossing the Jabbok (see note 4) 77–79.

[24] Daniel ZLOTNICK, The Tractate „Mourning" (Šĕmaḥot) (Regulations Relating to Death, Burial, and Mourning), translated from Hebrew (Yale Judaica Series 17, New Haven 1966).

[25] MARCUS, Communal Sick-care (see note 3) 72.

[26] Archives of the Prague Jewish Museum, Inventory 42842. See also Otto MUNELES, From the Archives of the State Jewish Museum, in: Jewish Studies. Essays in Honour of Dr. Gustav, Chief Rabbi of Prague, ed. Rudolf ILTIS (Prague 1955) 100–110.

[27] Moritz GRÜNEWALD, Älteste Statuten der Prager Bruderschaft 1692. *Das Jüdische Centrallblatt* 5 (1888) 39–57. English translation in: GOLDBERG, Crossing the Jabbok (see note 4) 219–225.

them. Thirty-two articles describe the appropriate behaviour of the members, including sixteen selected from previous protocols. Among the many considerations about what a fellow of the Holy Brotherhood should or should not do, some reveal a lot about Jewish daily life during the Early Modern Period. The Brotherhood saw itself as a guardian of piety in the Community. In order to secure it, „gravediggers" (i. e. fellows) would pray at the synagogue twice a day, morning and evening, and avoid taverns and gambling in Gentiles' houses. Each inhabitant of the „Judenstadt" had to pay dues to the confraternity, which warranted that they would receive the last rites and a place in the cemetery. Yet, not everyone could be accepted as an official and full member of the Holy Brotherhood. Article sixteen specifies that no more than forty candidates would be accepted „on probation" every year. Moreover, only four men would be admitted as „permanent" members per year. Each year, a special day was devoted to the admission of candidates on probation and on a permanent status. On this day, the members fasted and formed a procession to the cemetery, asking the dead to forgive them for all errors or omissions they could have committed during the last rites, and the day ended with a solemn banquet. In the 19th century, this banquet was actually the subject of a series of paintings that can still be viewed at the Jewish Museum in Prague[28]. This protocol clarifies the way the confraternity exercised its power and authority over the Jewish community. Just as excommunication made it impossible to live within a Jewish community, not participating in the duties of the Holy Brotherhood inevitably led to social exclusion. Access to the cemetery was important, though it was not the ultimate aim. In fact, daily life revolved entirely around the rhythm of the undertakings of the Brotherhood, and its ascendency affected each and every one in various degrees; from refraining from gambling or drinking to attending daily prayers, their entire behaviour was subject to strict rules that defined fines or exclusion. In fact, well beyond its funeral and sick-care vocation, the Holy Brotherhood was in charge of a variety of tasks, for instance dispatching alms and charity goods and ensuring that newborn males have a godfather toward circumcision and are provided with clothes. As Heinrich Flesch put it rightly, it became „a state in a state"[29].

However, there may be other explanations for the success story of the Holy Brotherhood which spread throughout the Central and Eastern European Jewish world. The effective power of the „Hevra Kadisha" was based on the conjunction of a juridical and spiritual body of rules that assumed the acceptance of a social and moral power revolving around the place of death. In fact, the place accorded to death stemmed from the belief in an afterlife and the collective resurrection of the „whole of Israel" when the time will come. Hence, the 1655 statutes of the Brotherhood of Steinitz/Ungarisch-Ostra, Moravia, state: „Any person who mocks or slander the occupations of the *hevra* on the subject of mortuary purification or visiting the sick […] that person has shown rebellion against the brotherhood […]. He has thus abused the divine commandments"[30]. To the extent that life and death depend on God, the organisation of the Holy Brotherhood became a kind of human intermediary between the sick and the dying, as well as between God and people enjoying good health. Thus, the same document reads: „He who fulfils the

---

[28] Jewish Museum in Prague, online: https://www.jewishmuseum.cz/en/collection-research/collections-funds/visual-arts/paintings/ [1. 1. 2018].

[29] Heinrich [or Heinrick] FLESCH, Aus den Statuten der mährischen Beerdigungsbrüderschaften. *Jahrbuch der Gesellschaft für Geschichte der Juden in der Čechoslovakischen Republik* 5 (1933) 157–174, here 157.

[30] IDEM, Statutes of the Holy Brotherhood of the Community of Steinitz in the Land of Moravia (Hebr.). *Jahrbuch der jüdisch-literarische Gesellschaft* 19 (1928) 21–31, here 29.

commandments of ‚hesed shel emet' (the idiomatic formula defining the mortuary rites and charity duties) lengthens his days and his years, and he who does not disqualifies himself before heaven"[31]. From this perspective, the Holy Brotherhood was nearly sacred, as its rules were deemed to be „untouchable" and no one could rebel against its decisions under pain of punishment, fines, or worse: a ban.

At this time, from the 16th century and until the juridical abolition of the Community by the time of the emancipation in the 18th and 19th century[32], it was inconceivable for a Jew to be an outsider. From a communal perspective, not participating in the confraternity would automatically result in social marginalization or excommunication, and from a spiritual perspective, it was the same as refusing to fulfil the Jewish laws and commandments.

Much has been written on the sense of a shared fate by groups and collectivities. It is true that the feeling of belonging to the same community of souls stems from a collective and individual sense of a shared past and a present history, which is expressed in collective expectations and hope[33]. As a religious obligation during the observance of rituals, the gathering of all members of the Jewish communities around the recalling the dead's memory, the processions to the cemetery, etc. strengthen a group's cohesion as well as each individual's feeling of outside insecurity. As a rule, what happened once might happen again in the future. Hence, the uncertain surroundings that Jews dwelled in in the Christian world accentuated the unity of the group against adversity and danger. However, observing the inner life in Jewish communities shows that this idealization of gathering around beliefs, expectations, and rituals also conceals the social partitions and many dissensions that kept breaking out within the Jewish space. Not being a member of the Holy Brotherhood, living in poverty from the charity fund, not holding a legal right of residency (which automatically makes someone a „transient") – all these conditions created social hierarchies, inner stratifications, and consequently tough conflicts[34].

4. Times Are Changing

Despite the claim of the Jewish Holy Brotherhoods that they fulfil the commandment of charity and care for those in need, many testimonies from the 18th century show that this was not exactly the case. In fact, the Holy Brotherhood was benevolent towards those who could afford it: wealthy householders holding rights of residence who were able to

---

[31] Ibid. deriving from Proverbs 10:2; Shabbat 156a-b.

[32] Despite the early process, which started with Joseph II's „Toleranzpatent" in 1782, the Jews had to wait until the revolutions from 1848–1866 before they were fully emancipated; McCagg, A History of Habsburg's Jews (see note 6) 83–102.

[33] Yosef H. Yerushalmi, Toward a History of Jewish Hope, in: The Faith of Fallen Jews. Yosef Hayim Yerushalmi and the Writing of Jewish History, ed. David N. Myers–Alexander Kaye (Tauber Institute Series for the Study of European Jewry, Waltham, Mass. 2014) 299–317.

[34] See the numerous complaints made by the excluded, homeless, and those left behind written during the 18th century. For example, the anonymous: Ayne klaglied oyf a meshores fun Frankfurt [A Song of Complaint against a Frankfurt's Communal Worker, in: Yiddish] [1708], ed. by Aron Freimann. Filologische Schriften 2 (1928) 170–173; Elchanan Kirchan, Simchat ha-nefesh (Joy of the Soul) [Sulzbach 1798], in: Jacob Schatzky, Simhat Hanefesh. A Book of Yiddish Poem (New York 1926); Herman Pollack, Jewish Folkways in Germanic Lands (1648–1806): Studies in Aspects of Daily Life (Cambridge, MA 1971) 163 (note 96), 322; Goldberg, Crossing the Jabbok (see note 4) 182–188.

pay their annual fees to be part of it. The brotherhood was an elitist club that not everyone was allowed to join, as the draconian conditions for admission indicate[35]. Therefore,
many individuals were de facto excluded from its services. Not only foreign beggars and
vagabonds, but also the local poor, young unmarried people, and individuals who were
supposedly not pious enough were not admitted. Holding a monopolistic control on burial and the cemetery, the „Hevra Kadisha" could refuse to deliver the last rites, contrary
to the rule valid for all Jews. Moreover, being a member of such a club was a matter of
prestige and a guarantee of morality. Therefore, the leaders of the communities were also
leaders and members of the Holy Brotherhood, which was the institutionalised elite. By
the second part of the 18th century, the emergence of newly founded confraternities is a
phenomenon that can be understood as a desire to change the ancient rules.

Brotherhoods and confraternities are remnant from medieval periods when guilds and
confraternities structured the social fabric in distinct orders and hierarchies. With their
increasing number in the Jewish space throughout the late 18th century, they paved the
way to new patterns of thinking and new behaviour, which bears witness to the changes
undermining the body of the traditional Jewish communities at the time[36]. And it is interesting to notice how the spirit of Enlightenment[37] managed to pervade institutions
created to support tradition, morality, and observance, or in today's wording: orthodoxy.
The case of women and young men's specific societies devoted to burial and sick-care,
which are only one of the particular phenomena that emerged in the middle and late
18th century, interestingly illustrate these changes. These developments are part of a general evolution of Jewish society. Thus, they concern not only the Bohemian Crown but
the Germanic lands as well, since they attest to new approaches to piety as well as to
health and the status of the individual.

Nowadays, it is trivial to mention that women were never seriously taken into account in the practice of Jewish formal rituals, and even if female intendants took part
in the burial care of the confraternities, they were barely mentioned before the 17th and
18th centuries[38]. Yet, the first women's society – „hevra nashim tsadkaniot" (Society of Pious Women) – was created in Berlin in 1745 and was especially committed to the care of
sick women and the relief of the local poor. In 1761, another female sick-care society was
established in Frankfurt/Main which had its own hospital rooms. In the process, other societies of this kind were established in Mainz (1770), Rendsburg (1776), Dresden (1790),
Mannheim (1798), and so on.

Regarding young men, Marcus noted: „One of the most interesting developments
in Jewish communities of Central Europe in the 18th century was the appearance of a
number of youth societies, some of which were almost entirely devoted to sick-care"[39].
The pioneers were the „Youth society" of Heidelberg (1747), the „Fine Young Men's society" of Vienna and „Those Who Rushes for Charity" of Frankfurt/Main (both created in

---

[35] See the different steps and conditions for admission in GOLDBERG, Crossing the Jabbok (see note 4)
92–95.

[36] Robert BONFIL, Jewish Life in Renaissance Italy (Berkeley–Los Angeles 1994) 196.

[37] Hillel J. KIEVAL, Languages of Community. The Jewish Experience in the Czech Lands (Berkeley–Los
Angeles–London 2000) 45–64; McCAGG, A History of the Habsburg's Jews (see note 6) 105–140.

[38] Königsberg (1779); Eduard BIRNBAUM–Hermann VOGELSTEIN, Festschrift zum 200 jährigen Bestehen
des israelitischen Vereins für Krankenpflege und Beerdigung, Chewra Kaddischa zu Königsberg i. Pr.: 1704–
1904 (Königsberg i. Pr. 1904).

[39] MARCUS, Communal Sick-care (see note 3) 146.

1763). The latest were the „Jungenhebrah" of Dresden (1788–1798), the „Lifesavers" of Pressburg (1791, now Bratislava), the „Glory of Young Men" of Prague and the „Visiting the Sick" of Furth (both formed in 1798). As a matter of fact, almost all of the many German „youth" Holy Brotherhoods created during the 18th century were founded during the second part of the century.

5. Entering a New Era

The foundation of these societies dedicated to the distinct care of their female and young male members is generally understood to reflect a social malaise. In their statutes, these societies included new tasks that the ancient burial brotherhoods had gradually incorporated as well, expanding the idea of religious duty to everything they took in charge. The most salient outcome was the care of the sick and the poor (in Hebrew: „bikkur holim"), which emerged as an addition to the traditional commitment to be present until the last breath, providing the ritual of „tahara" – washing the corpse – and giving it its last resting place in the cemetery. However, this supposed discontent raises some questions. Aside from acknowledging them to be new social institutions, should we see them as developing a new form of piety[40] or as resulting from a larger transformation of the social fabric? Or else, a cultural change upheld by the new political situation? While it is true that these late societies were generally founded after the enactment of Joseph II's „Toleranzpatent" in 1782 and the French Revolution in 1789, the fact that they emerged in a completely new world dominated by the irruption of politics into the old realm of sovereign religion does not allow us to claim that it was the main and only source of these creations.

Without doubt, the new regulations, the „Judenreformen" enacted for the Jewish communities by Joseph II, had a direct impact on the Habsburg Jews: they had to learn new behaviours, new modes of writing and speaking, and gradually change their traditional patterns of internal jurisdiction[41]. By the same token, the echoes of the dramatic events in France during the revolutionary years following 1789 were accurately tracked and commented in the Jewish enlightened periodical „Ha-Me'assef"[42], and it would not be reasonable to think that Jews from the German and Habsburg lands were not aware of the ongoing changes: firstly, because these changes directly converged on the critics of their traditional way of life and secondly, because religion itself was at the core of the debates.

During the following years, the Jews, who were granted both emancipation and civic rights at once – at least some of them, and even if this was only temporary – saw the

---

[40] Elliot HOROWITZ, Jewish Confraternal Piety in Sixteenth-century Ferrara, in: The Politics of Ritual Kinship (see note 3) 150–171.

[41] Among other reforms: Jewish languages, Yiddish and Hebrew, were to be replaced by German in all documents; elementary schooling with a German curriculum became mandatory; army conscription was introduced; Rabbinical jurisdiction was abolished; Germanic family names and surnames were to be taken, etc. GOLDBERG, Crossing the Jabbok (see note 4) 179–180; KIEVAL, Languages of Community (see note 37) 44–45. See Michael K. SILBER, The Making of Habsburg Jewry in the Long Eighteenth Century, in: The Cambridge History of Judaism 7: The Early Modern World, 1500–1815, ed. Jonathan KARP–Adam SUTCLIFFE (Cambridge 2017) 763–797.

[42] Adolf KOBER, The French Revolution and the Jews in Germany. *Jewish Social Studies* 7/4 (1945) 291–322.

walls of their quarters ceremoniously demolished by soldiers who did not intend to plun-
der but to free them from their chains, as Adam Philippe comte of Custine, the French
General leading the army of the Rhine, had ordered them to do. Just to mention the
broader picture, the main transformations were the „Déclaration des droits de l'homme
et du citoyen" (Declaration of the Rights of Man and Citizen), universal conscription,
and that women were claiming that the principle of equality should include them as well
(as demanded by Olympe de Gouges in 1791, for instance). Let us also recall that when
the French Army annexed the left bank of the Rhine (1795–1797), a Tree of Liberty was
planted in the former ghettos of the conquered towns as a symbol of freedom, and Jews
received complete equality with all other citizen. Adolf Kober, a historian of the early
20th century, put it as follows: „The French Revolution made reason, the dominating force
of the Enlightenment, into a reality and a power. It, therefore, exerted a strong influence
on the intellectual and religious attitudes and on the cultural aspirations of the Jews in
Germany"[43]. Nevertheless, did these political events really play a role in the transformation of what was – and probably still is – the most traditional and conservative organisational arm of the Jewish community?

Indeed, other factors should be considered in addition to these political changes. First
of all, it might be interesting to compare the fate and new developments of the Jewish
confraternities to those of non-Jewish brotherhoods. In the Jewish space, in contrast to
the Christian world where brotherhoods were the „lay face of the Church"[44], there was no
difference between „religious" and „lay" confraternities, and since the synagogue had no
real power, it was the Community personified by its elders which assumed a blend of both
secular and spiritual authority and juridical power. While their aim was obviously to pro-
mote in this world a way to prepare a subsequent afterlife into the other one, they took on
social and cultural functions in the daily life of the Jewish community by providing physical and spiritual assistance. Notwithstanding the claim of the Holy Brotherhoods in their
texts that they were accomplishing a biblical and Talmudic commandment and thus per-
petuating old traditions, Jewish Holy Brotherhoods did not completely come out of the
blue. In every part of the Christian space from the Middle Ages onward, confraternities,
brotherhoods, and sisterhoods were actively committed to the numerous tasks needed
to secure religious and social coexistence. However, in contrast to the Jewish societies,
they were at first relatively autonomous from the ecclesiastical authority. Yet, according
to recent works, a significant change occurred during the 17th century revealing a twofold
transformation. On the one hand, there was a proliferation of various confraternities,
and on the other hand, these „modern" brotherhoods were increasingly integrated within
the ecclesiastical institution, thus demonstrating a normalisation of the Christian space[45].
When compared to 18th century Jewish societies, the first part of this observation holds
true: the proliferation of communal or semi-private societies encompassing diverse tasks,
from learning sacred texts to endowing dowries to orphan girls, from caring for the poor
and the sick to providing burials, also signals a normalisation of the Jewish religious space
into a „total" one where no aspect of mundane life got out of control. Yet, contrary to the
Christian brotherhoods, it neither meant their integration into the community institution
nor the undermining of the authority and leadership of the Community (which finally

---

[43] Ibid. 301.
[44] Terpstra, The Politics of Ritual Kinships (see note 3).
[45] Alexis Fontbonne, Dévotion et institution. *Archives de sciences sociales des religions* 170 (2015) 191–208.

occurred in a further temporal development), but in a way announced a new part played by commoners and individuals who were taking their destiny in their own hands.

As a matter of fact, these new societies were – as far as one can guess from their statutes – founded under the supervision of distinguished rabbis and high figures of their local communities. They checked the societies' regulations scrupulously, as the statutes of Prague's „Glory of Young Men", Dresden's „Jungenhebrah", and Vienna's „Fine Young Men" demonstrate. Correspondingly, a quick glance at the rules they enacted would not show any significant distinctiveness with the old and traditional mode of expressing their vocation, or in regulating the routine of the activities of their newly founded brotherhoods. And the same is valid for the women's societies. So what was new about these societies? And what was the impulse that led these young men and women to feel the urge to create separate but „sub-holy" brotherhoods precisely at this time? One answer may lie in the new approaches to medical care that were implemented at the time: old-style barbers were gradually losing their status, and the Young Men Brotherhood of Prague specified that they would have a full-time „Arzt" in charge of their brethren and use a surgeon, and „even a non-Jewish physician", if they needed one[46]. The sick would be visited daily and taken care of until they have complete recovered and would not only be provided with a bed in the (private?) hospital of the society, but with food, clean linen, and medication. What appears completely innovative was the possibility to contribute to the expenses of a member who might need to take a „cure" at Carlsbad or Tepliz prescribed by a doctor[47]. In short, when reading the statutes of these „revolutionary" societies, one may not get the impression that anything changed at all: payments, discipline, hierarchies, spiritual vocation, everything seems to remain as it had been. And one could hardly find any mention about inflaming subjects like members who wear or do not wear beards, for example. Nonetheless, the fact that the poor, sick and dying seemed to be taken care of more than before basically indicates that if the spiritual dimension was still there in the writ, with the obligation of reading sacred texts and psalms and reciting prayers, etc., the attention paid to the living in this world came before the attention devoted to their souls in the other world.

However, one may say that these developments were only one side of the coin. On the other side, we are aware that the old-style „Hevra Kadisha" was actually at stake during this period, when the traditional Jewish burial procedure became one of the outposts of the critics of the enlightened Jewish activists („maskillim"), Jewish physicians, and other enlightened people[48]. As Michael Panitz states: „For them [the enlightened ones], the abolition of traditional burial was to become a crucial test of the ability of Judaism to be purged of its pre modern superstitions"[49]. A controversy about apparent death and delayed burial, i. e. the danger of burying people alive which broke out in the general medical world, also spread to the Jewish one. Like their colleagues, Jewish physicians who had studied at Christian universities started to ask for the end of the age-old practice of

[46] Jakob DIAMANT–Bernhard GLAZER, Statuten (Tekanoth) einer Chewra Kadischa für Jugendliche in Prag zum Ende des 18. Jahrhunderts. *Zeitschrift für die Geschichte der Juden in der Tschechoslowakei* 5/1 (1938) 13–22, § 17, 19.

[47] Ibid. § 13, 18.

[48] Marcus HERZ, Über die frühe Beerdigung der Juden, *Ha-Me'assef* (Berlin 1787); Michael Edward PANITZ, Modernity and Mortality. The Transformation of Central European Jewish Response to Death (Ph.D. New York 1989) 127–128.

[49] PANITZ, Modernity and Mortality (see note 48) 135.

burying the deceased as soon as they had been declared dead. This turned into a turmoil between tradition and modernity and led to the creation of the „Gesellschaft der Freunde" in Berlin between 1791–1792. At first, the main aim of the Society of Friends was to spread the light of reason over Jews. But after a while, its members tried to challenge the traditional Holy Brotherhood in Berlin and claimed to be especially devoted to the care of enlightened Jews who were excluded from traditionalist communities. It is true that the world had changed. Jews could now appeal to governments to enforce their demands, including internal reforms of Judaism, and so they did. The legislations concerning burial and cemeteries became general law, both for Christians and non-Christians, and all the brotherhoods had to resign and submit themselves to the new rules of the states they were living in.

To sum up the information collected, which features can we distinguish from the first emergence of the Holy Brotherhood to its further developments into new confraternities in and around the late 18th century? For those I have presented, including the women's and bachelor's societies, one may discern the birth of orthodoxy, which, without departing from tradition, has been able to deal with the then modern contemporary approaches to the needs of individuals[50]. Just as Michael Silber states: „The boundaries between rabbinic and ‚Haskala' [Enlightenment] cultures were not sharply defined"[51]. Consequently, they were both conservative and revolutionary at the same time, as Mary A. Clawson's study of the Masons and Old Fellows demonstrated[52]. Yet, these new societies bear witness to how the old concept of „charity" was replaced by the new concept of „philanthropy". For the second kind of phenomenon I have described, the „Gesellschaft der Freunde", the case is quite different. The rejection of its members from the old Jewish structure was supreme, and rabbis were virulently treated as „fanatics", „dogmatists" and „swindlers"[53]. With them, the rupture will soon become clear-cut. It would no longer be possible to manage social trading or the brotherhood over time, and even in the cemetery, the Jews would not agree to rest next to each other. However, what seems to be clear is that the fate of Jewish confraternities in the Habsburg lands followed the general path of their environment, just as they reflected a cultural dissatisfaction with their functioning. When the synagogue began to be considered as a church[54], the burial brotherhoods had to change accordingly.

---

[50] Katherine A. Lynch, Individuals, Families, and Communities in Europe, 1200–1800. The Urban Foundations of Western Society (Cambridge Studies in Population, Economy and Society in Past Time 37, Cambridge MA 2003).

[51] Michael K. Silber, The Historical Experience of German Jewry and Its Impact on Haskalah and Reform in Hungary, in: Toward Modernity. The European Jewish Model, ed. Jacob Katz (Milton [1987] 2017) 107–157, here 113.

[52] Mary A. Clawson, Constructing Brotherhoods. Class, Gender, and Fraternalism (Princeton 1989).

[53] Goldberg, Crossing the Jabbok (see note 4) 198.

[54] Leora Batnitzky, How Judaism Became a Religion. An Introduction to Modern Jewish Thought (Princeton 2011).

(6)
RESÜMEE

Wissen – Praktiken – Emotionen.
Nachdenken über eine kulturgeschichtliche Weiterführung
der Bruderschaftsforschung

Andreas Holzem

1. Bruderschaften analysieren durch Unterscheidung: Der Stand der Dinge

Wer sich als Kommentator mit einem derartigen Reichtum an breitem Überblick und archivnaher Detailforschung auseinandersetzt, wie er auf der in diesem Band dokumentierten Tagung dargeboten wurde, ist in einer zugleich dankbaren wie undankbaren Rolle. Zunächst ist man dankbar der selbst am intensivsten Beschenkte, zumal dann, wenn man selbst keineswegs zur Kerngruppe derer gehört, die zum Thema im engeren Sinne forschend beigetragen haben. Undankbar ist diese Rolle insofern, als nun aus einer gewissen, halb laienhaften Ferne Anregungen zu einer weiterführenden Bruderschaftsforschung erwartet werden: Sie können nur auf dem Weg gewonnen werden, von allgemeineren Trends auszugehen und über deren Bedeutung für das konkrete Forschungsfeld nachzudenken.

Das geschieht in einer Konzentration auf die Frühe Neuzeit. Denn die Autorinnen und Autoren dieses Bandes haben in der Regel das Spätmittelalter nur gestreift. Die Vorreformationszeit blieb gewissermaßen Vorgeschichte; sehr bewusst ist offenbar nach den zahlreichen Publikationen des Reformationsjubiläums 2017, unter wie anders gearteten Bedingungen Bruderschaften bis zum Ende des 15. und dann wieder seit dem Ende des 16. Jahrhundert operiert haben.

Zunächst zeigt die Konzeption der Tagung, wie viel schon erreicht ist: So fein ausgearbeitet ist die systematisierte Multiperspektivität, dass für jede Form von vertiefter Einzelforschung und gezielt vergleichender Überblicksdarstellung ein tragfähiger Kontext geschaffen ist. Daher ermöglicht diese Dokumentation eine fünffache Annäherung an den Gegenstand Bruderschaften: (1) über die Forschungsgeschichte, (2) über die Funktionen, (3) über Typen, (4) über Strukturformen und Umweltbeziehungen sowie schließlich (5) über konfessions- und religionsübergreifende Vergleiche. Die Ergebnisse zeigen, dass Bruderschaften ein sehr generelles, für Prozesse der Vergesellschaftung bis zum Ende des 18. Jahrhunderts unhintergehbares, aber gleichzeitig auch ein sehr spezifisches, nämlich vorwiegend – keineswegs vollständig – auf die europäischen Katholizismen eingegrenztes und mit deren Lehr- und Kultpraxis eng verwobenes Phänomen gewesen sind.

Durch welche Arbeits- und Denkoperationen ist das weite Feld der Bruderschaftsforschung bislang bestellt worden? Viele Beiträge betonen die Grenzen, die dem interessierten Blick durch eine vielfach rüde Vernichtung oder Vernachlässigung von Überlieferungsbeständen gesetzt sind. Der massive staatliche Zugriff auf eine vor- und außerstaatliche, konkurrierend eigenständige Organisation der Gesellschaft zerstörte nicht nur deren faktische Aktivität, sondern auch deren Erinnerungstradierung in einem hohen Maß. Das betrifft nicht nur die schriftlichen Archive, sondern auch die materielle Sachkultur. Dennoch haben die akribischen Recherchen hinreichend Material zu Tage gefördert, dass wir uns eines enorm hohen Wissensstandes erfreuen dürfen, nicht für jeden Ort und jede Phase gleichermaßen, aber doch generell und selbst für die Wahrnehmung feiner Unterschiede. Das liegt unter anderem daran, dass konsequente Interdisziplinarität dem in verschiedenste Bereiche weit ausgreifenden Charakter des Forschungsgegenstandes besonders gerecht wird: Es bedarf der Zusammenarbeit der historischen und theologischen, der musik- und literaturwissenschaftlichen, der kunst- und architektur-, nicht zuletzt wirtschaftsgeschichtlichen Zugriffe, um das Zusammenspiel der Funktionen, Organisationen, Repräsentationen und Netzwerke angemessen abbilden zu können.

Der Umgang mit den Recherche-Ergebnissen wird signifikant dort, wo es um Analyse und Bilanzierung geht. In den Beiträgen dieses Bandes werden in immer wieder neuen Anläufen Versuche unternommen, dem ungeheuer konkreten und umfassenden Phänomen Bruderschaften seine gerade in der Omnipräsenz liegende Unschärfe zu nehmen. Die zu diesem Zweck zahlreich eingeführten Begriffs- und Objektdefinitionen sind hinsichtlich ihrer Vorgehensweise vor allem durch zwei Operationen gekennzeichnet: (1) durch Typisierung und (2) durch Ausscheidung. Die Typisierungen wollen verschiedene Arten von Bruderschaften unterscheidbar halten; typisiert werden zu diesem Zweck vor allem Strukturen und Praktiken. Diese Operationen funktionieren immer nur dann, wenn die Ausscheidung von alternativen Typen einkalkuliert, gleichsam in Kauf genommen wird. Aber viele Beiträge zeigen gleichzeitig, wie schlecht das angesichts des empirischen Datenmaterials funktioniert, so dass solche ausgeschiedenen Typen in der Einzelforschung oft durch die Hintertür wieder hereinkommen. Es bleibt eine irritierende Uneindeutigkeit struktureller, organisatorischer, funktionaler, medialer, ökonomischer und selbst konfessioneller Faktoren. Solange diese Mehrdeutigkeit nicht behoben werden kann, scheint eine Rest-Unzufriedenheit trotz alles Erreichten vorzuwalten.

Woran liegt das? Auf dieser Tagung haben die differenzierenden Einzeluntersuchungen gegenüber den nivellierenden, angesichts der Quellenlage auf Interpolation setzenden Generalisierungen eindeutig überwogen. Diese Herangehensweise hat die Tendenz gefördert, um der materialen Spezifizierung des Objektes willen in einem hohen Maß mit binären Unterscheidungen zu arbeiten: Bruderschaften waren selbständig/unselbständig, mit/ohne Staffage, ständisch/egalitär, weltlich/geistlich, vorreformatorisch/katholisch, an Pfarreien/an Orden oder Klöster gebunden, verrichteten körperlichen/geistlichen Totendienst, folgten dem Modell Fraternität/dem Modell Jesuitensodalität usw. Die Vereindeutigungen fallen dadurch eher schwerer als leichter; die Typisierungen sind nicht klarer, die binären Zuschreibungen nicht präziser geworden. Das gilt selbst dann, wenn man wie Rupert Klieber zur genaueren Bestimmung des Einzelfalls die Kombination von Zuschreibungen vorschlägt: Es erhöht die Vielzahl der Möglichkeiten, schafft aber nur dann mehr Klarheit, wenn nicht, wie in einer Reihe der vorliegenden Beiträge, die Binaritäten einander überlappenden und wechselseitig uneindeutigen Merkmalsclustern angehören. Trotz aller Schwierigkeiten werte ich das Bemühen als solches dennoch zunächst einmal als Vorteil: Die auf dieser Tagung repräsentierte Bruderschaftsforschung hat sich entschieden, die Differenzierung wichtiger zu nehmen als die Nivellierung.

Die Crux dieser Verfahren liegt allerdings darin, dass sie hinterlegt sind mit einer viel grundsätzlicheren Alternative, die auf der Tagung selbst stets nur am Rande mitlief, obwohl sie als übergreifendes Erkenntnisziel gleich eingangs formuliert wurde: Verliehen die Bruderschaften einem „Autonomieverlangen der Laien" Ausdruck oder sind sie als Auswuchs „bischöflich-kirchliche[r] Kontrollvorstellungen" zu werten – so Martin Scheutz in seinem einleitenden Beitrag?[1] Waren – vielmehr wurden – Bruderschaften in der Frühen Neuzeit ein Disziplinierungsinstrument der Überherrschaftung durch geistliche und weltliche Eliten oder blieben sie ein Instrument freier Selbsthilfe? Fragt man so, dann läuft unterschwellig die gesamte Debatte um das Paradigma der ‚Konfessionalisierung' und seinen vermeintlichen Zusammenhang mit der Idee der ‚Sozialdisziplinierung' mit[2]: War dieser Prozess ein auf evangelisch-katholischer Konkurrenz aufbauender Beitrag des religiösen und religionspolitischen Handlungsfeldes zur Herausbildung der Moderne, oder wird durch eine solche strukturfunktionalistische Sicht der Eigen-Sinn der Akteure auf anachronistische Weise verfehlt? Und wenn der zentrale Beitrag der Konfessionalisierung zur Entstehung der Moderne bestanden haben soll in innerer Durchbildung des Staates, Professionalisierung von weltlichen und geistlichen Amtsträgern, religiösen wie zunehmend auch säkularen Bildungsinitiativen und Förderung öffentlicher Policey – wären dann in einem solchen Prozess die Bruderschaften ein förderlich-instrumenteller oder ein retardierend-unkontrollierbarer Apparat gewesen? In vielen Beiträgen schimmert die Tendenz durch, alles das entdecken zu wollen oder zu vermissen, was uns selbst einen Wert darstellt: Autonomie, Selbstorganisation, bottom-up-Strukturen, egalitär-integrierende Vergesellschaftung. Und gleichzeitig läuft eine grundlegende Skepsis mit gegen die Kontrolle religiös-sozialer Entwicklungsprozesse und Verfahren durch geistliche Eliten und weltliche Machtträger, verdächtigt als manipulativer Klerikalismus und obrigkeitliche Willkür. Leicht jedoch könnte man die Perspektive jeweils umdrehen und Laienautonomie als Residualraum von geistlichem Schlendrian und materieller Verschwendung kennzeichnen, bischöfliche Kontrolle und adelspolitische Initiative hingegen als schlussendliche Klärung entscheidungsunwilliger Ambiguität begreifen und jesuitische Formierungsinitiativen als Hilfestellung bei der Ausbildung einer reflektierten Identität und konsequenten Lebenshaltung begrüßen. Damit ein solches Gedankenspiel um bestimmten Analyseverfahren inhärente Bewertungsmaßstäbe nicht auf eine Karikatur sorgfältiger Reflexionen hinausläuft: Worauf es mir ankommt ist die kritische Rückfrage an das methodisch unvermeidliche ‚entweder – oder', zu dem typologisch binär differenzierende Verfahren immer wieder provozieren.

Die Akteure – Individuen wie Gemeinschaften – entsprechen offenbar nur bedingt den Fragekategorien, die wir mit solchen Untersuchungsrastern an sie richten. Alle Beiträge zusammengenommen, gibt es keine Gruppe, die sich typologisch konsequent verhält; vielmehr gilt es einzusehen, dass die strukturellen Konsequenzen gezielter Initiativen und die innerhalb ihrer praktizierten konkreten Vollzüge als Aushandlungsprozesse zu erfassen sind, die in der Regel (!) gerade nicht zu ‚perfekten' Ergebnissen führten. Daher sind, auch und gerade im Blick auf die Bruderschaften in ihrem jeweiligen sozialen Setting, die einander widerstreitenden Interessen und Logiken, die Uneindeutigkeit der Handlungsmuster und die Vernunft und Gefühl zusammenhaltenden Stimulantien

---

[1] Vgl. den einleitenden Beitrag von Martin Scheutz in diesem Band, 29–65.
[2] Vgl. zur Debatte: Andreas Holzem, Christentum in Deutschland 1550–1850. Konfessionalisierung – Aufklärung – Pluralisierung, Bd. 1 (Paderborn u. a. 2015) 7–32.

individueller und kollektiver Entscheidungen als der erwartbare Normalfall zu betrachten. Der kulturwissenschaftliche Mehrwert einer solchen Herangehensweise läge nicht zuletzt darin, auch unsere eigene Gesellschaft realistischer zu betrachten im Hinblick auf die Frage, ob sich richtiges von falschem Wissen, konsequente von irrationalen Verhaltensweisen, rationale von emotionalen „triggern" tatsächlich klar scheiden lassen[3].

Mit diesen drei Beobachtungsfeldern der Ambiguität sind aber auch drei der jüngeren Debatten aufgerufen, von denen her sich die mit den bisherigen Verfahren verbundenen Nachteile ausgleichen ließen: die Frage nach dem Wissen der Akteure, nach ihren Praktiken und nach ihren Emotionen. Martin Scheutz hat eingangs der Tagung die Bruderschaften als ein gleichsam leeres Haus metaphorisiert, dessen Außenmauern man zunehmend gut zu rekonstruieren in der Lage sei. Nun müsse es also um solche kulturwissenschaftlichen Ansätze gehen, von denen her sich die Innenarchitektur weiter ausgestalten ließe. Ich habe aus dem Reichtum der vorgelegten Beiträge gelernt, die Bruderschaften vorrangig nicht als fest gefügte Institutionen[4], sondern als Handlungsfelder zu begreifen, in denen allen Akteuren eine bestimmte „agency" zukommt, ein unterschiedlich großes und nicht von vornherein distinkt bestimmtes Potential an Teilhabe und Einfluss. Eine stark handlungsorientierte Herangehensweise an die Bruderschaften rechnet mit hybriden Formen religiöser und sozialer Identität und Praxis, weil kirchliche Normen, individuelles wie kollektives Selbstverständnis und christlich induziertes Welthandeln durchaus in einem Spannungsverhältnis zueinander stehen können. Diese Spannungen zum Kern der Fragestellung zu machen, würde bedeuten, drei Analyseebenen und ihre Leitbegriffe permanent miteinander zu verflechten: „Wissen", „Praktiken" und „Emotionen"[5].

2. Bruderschaften analysieren durch Verflechtung: Wissen – Praktiken – Emotionen

Mit der Hinwendung zu diesen drei kulturgeschichtlichen Perspektiven wird erstens anerkannt, dass religiös geprägte Individuen sich in kommunikativen Netzwerken bewegen; ihr je einzelnes Selbstbild und ihr Handeln ist also wesentlich an religiöses Wissen und seine Semantiken gebunden, die gruppenbildend Identität und Praxis begründen und deren Verständniswandel zum Ausdruck und in Austausch bringen. Zweitens werden religiöse Orientierungen keineswegs nur kognitiv konstruiert, sondern gerade im Feld der Bruderschaften ebenso, wenn nicht gar überwiegend durch Praktiken geschaffen

---

[3] So zu argumentieren, ist keine verkappte Rechtfertigung von *fake news* und ‚alternativen Fakten', sondern die Anerkenntnis, dass diese keineswegs ein reineweg neues Phänomen jüngster Medialisierungsstrategien von Politik sind.

[4] Auch hier ist sofort wieder einzuschränken und zu verweisen. Zu einem handlungstheoretisch durchreflektierten Institutionenbegriff vgl. schon: Institutionen und Ereignis. Über historische Praktiken und Vorstellungen gesellschaftlichen Ordnens, hg. von Reinhard BLÄNKNER–Bernhard JUSSEN (Veröffentlichungen des Max-Planck-Instituts für Geschichte 138, Göttingen 1998).

[5] Eine Forschergruppe der „Kommission für Zeitgeschichte" (Bonn), der der Autor angehört, arbeitet derzeit für die kirchliche Zeitgeschichte an einem vergleichbaren Konzept: „Katholischsein in der Bundesrepublik Deutschland. Semantiken, Praktiken, Emotionen in der westdeutschen Gesellschaft 1965–1989/90." Dem Gespräch der Gruppe verdanken die folgenden Überlegungen zur Frühen Neuzeit wichtige Aspekte; zu nennen sind insbesondere Florian Bock, Wilhelm Damberg, Frank Kleinehagenbrock, Christoph Kösters. Ein entsprechender Antrag wurde bei der DFG eingereicht.

und bewährt oder umgeformt. Bewegungen von Körpern, Handlungen von Akteuren/Akteurinnen und Platzierungen von Objekten konstituieren Räume, indem sie spezifische Orte mit Bedeutungen und Beziehungen aufladen[6]. Drittens schließlich wurde die Dynamik von Semantiken und Praktiken in der klassischen Ideen- wie Sozialgeschichte stets durch den Wandel von Interessen und Beweggründen erklärt. Die Frage nach den Emotionen erweitert nicht nur das Spektrum an Erklärungsmöglichkeiten für Pluralisierung und Konflikt, sondern bringt auch ganz neue Quellengruppen zur Geltung (Musik, Sachkultur, ephemere Szenerien etc.). Solche Grundlagenreflexionen anzustellen beansprucht nicht, das Rad neu zu erfinden. Vielmehr liefern die Beiträge dieses Bandes solchen Überlegungen überhaupt erst den Ausgangspunkt und die Substanz.

2.1 Religiöses Wissen

Um mit der Frage nach dem religiösen Wissen der Akteure zu beginnen: ‚Religiöses Wissen' meint nicht ‚Theologie', jedenfalls nicht ausschließlich, nicht einmal vorrangig[7]. Der weite Wissensbegriff der jüngeren Wissenssoziologie zielt nicht nur auf gelehrtes Wissen, das von Experten definiert und kontrolliert wird. Er meint vielmehr alle Formen allgemein akzeptierten Wissens über die Welt – also auch jenes ‚Jedermannswissen', das jedes Mitglied einer gegebenen sozialen Gruppe mit „anderen in der normalen, selbstverständlich gewissen Routine des Alltags gemein" hat: das „Allerweltswissen", das erst jene „Bedeutungs- und Sinnstruktur" bildet, „ohne die es keine menschliche Gesellschaft gäbe"[8]. Dieses allgemein akzeptierte Wissen konstituiert die gesellschaftliche Auffassung der Wirklichkeit. Dabei kommt dem praktischen Wissen – im Vergleich zum explizit diskursiven Wissen – eine eminent hohe Bedeutung zu. Praktisches Wissen dient den Akteuren dazu, innerhalb ihrer sozialen Ordnung mit anderen zu interagieren, ist ihnen aber nicht ohne weiteres in Form sprachlicher Regeln verfügbar; diskursives Wissen dagegen wird als dasjenige Wissen beschrieben, das die Akteure selbst jederzeit in Form von Regeln formulieren, reflektieren und anderen erklären könnten. „Die große Masse des ‚Wissensvorrats' […] ist dem Bewußtsein der Akteure nicht direkt zugänglich. Das meiste derartige Wissen ist seinem Wesen nach praktisch: es gründet in dem Vermögen der Akteure, sich innerhalb der Routinen des gesellschaftlichen Lebens zurechtzufinden"[9]. Die Bewahrung und Weitergabe, aber auch die fortwährende Aktualisierung von Wissen sind für die Fortexistenz einer Kultur demnach von zentraler Bedeutung. Gespeichert und transferiert, im Zuge dessen aber auch transformiert und an neue Gegebenheiten

---

[6] Vgl. exemplarisch: Topographien des Sakralen. Religion und Raumordnung in der Vormoderne, hg. von Susanne Rau–Gerd Schwerhoff (Hamburg 2008); Martina Löw, Raumsoziologie (stw 1506, Frankfurt/Main 82015).

[7] Vgl. das Programm des DFG-Graduiertenkollegs 1662 „Religiöses Wissen im vormodernen Europa (800–1800). Transfers und Transformationen – Wege zur modernen Wissensgesellschaft"; dazu: Andreas Holzem, Die Wissensgesellschaft der Vormoderne. Die Transfer- und Transformationsdynamik des „religiösen Wissens", in: Die Aktualität der Vormoderne. Epochenentwürfe zwischen Alterität und Kontinuität, hg. von Klaus Ridder–Steffen Patzold (Europa im Mittelalter. Abhandlungen und Beiträge zur historischen Komparatistik 23, Berlin 2013) 233–265.

[8] Peter L. Berger–Thomas Luckmann, Die gesellschaftliche Konstruktion der Wirklichkeit. Eine Theorie der Wissenssoziologie (Fischer 6623, Frankfurt/Main 212007) 16, 26.

[9] Anthony Giddens, Die Konstitution der Gesellschaft. Grundzüge einer Theorie der Strukturierung (Theorie und Gesellschaft 1, Frankfurt/Main 1988) 54f.

angepasst wurde soziales Wissen im vormodernen Europa in unterschiedlichen Formen, nämlich in schriftlich fixierten und mündlich tradierten Te x t e n verschiedenster Art (von Rechts- und Normtexten über gelehrte Traktate bis zu Literatur, Sagen und Liedern), in künstlerischen, illustrierenden und mentalen Bi l d e r n sowie durch Architektur, aber auch, gerade als praktisches Wissen, in R i t u a l e n sowie Routinen und Gebräuchen. Dieser weite Wissensbegriff scheint mir für das religiöse Wissen um Bruderschaften konstitutiv, denn er bezieht ein, was Menschen ‚intuitiv' wissen: Dabei geht es weniger um das, was zu denken, als darum, was zu tun ist. Mit genau solchem Wissen gehen die meisten Akteure in Bruderschaften die meiste Zeit um: Dieses Wissen ist engstens mit ihren Praktiken verknüpft, ja erwächst aus diesen und trägt diese gleichzeitig. Und dieses Wissen ist nicht in einem engen Sinne ‚rational' wie späterhin der utilitaristische Ansatz des den Bruderschaften zu Leibe rückende Josephinismus, sondern gewinnt seine spezifische ‚Vernünftigkeit' aus emotionaler Plausibilität. Solche das Wissen konstituierenden Verflechtungen von „Sprache, Institutionen und Traditionen liefern die soziokulturell objektivierten Rahmenbedingungen, die der subjektiv erfahrenen Wirklichkeit vorgelagert sind und auf sie zurückwirken"; demnach enthält alle Erfahrung, wenn sie handlungsleitend werden soll, „eine gesellschaftliche Dimension"[10] des Wissens. Die Dynamik von religiösem Wissen lässt sich also insbesondere am Bedeutungswandel von Worten im Kontext von Praktiken feststellen; eine für kulturelle Kontexte sensible Begriffsgeschichte[11] bildet daher einen elementaren Baustein einer Geschichte von religiös-sozialer Dynamik. Die Versprachlichung von Ereignissen sowie ihrer Wahrnehmung und Deutung durch einzelne bzw. gesellschaftliche Gruppen sind ein Gradmesser für spezifische Erfahrungen und deren Veränderung im Laufe der Zeit.

Also läge sinnvolle weitere Arbeit darin, eine Semantik des religiösen Wissens im Kontext von Bruderschaften zu erarbeiten. Viele Aufsätze weisen konsequent darauf hin, dass der Totendienst der zentrale Aspekt religiösen Wissens war, von dem her sich die ganze Struktur erschließen lasse. Zu selten aber wird exakt aufgearbeitet, was das genau bedeutet[12]. Man kann mit dem Wissen über den Tod beginnen: wie der Tod konkret erfahren wird, welcher Stellenwert individuellen und kollektiven Todesursachen zukommt und wie diese klassifiziert werden, in welchem Alter der Tod eintritt und auf welche Familienkonstellationen er sich auswirkt (Kinder, junge oder erwerbstätige Männer als Familienernährer, Frauen im Kindbett oder in der Familienphase, Alte, Arme und Reiche, die Erfahrung von Pest, Seuchen, Nahrungsmangel und Krieg usw.). Ungenau ist nach wie vor unsere Vorstellung davon, was Menschen des 17. und 18. Jahrhunderts über das Jenseitsschicksal der Verstorbenen wussten: was genau darüber gepredigt wurde, welche Angebote an Deutung und Verhalten die Andachtsbücher machten, welche Interzessoren für besonders einflussreich gehalten wurden, wie ernst man zwischen einer von Predigern immer wieder als ‚epikuräisch' gebrandmarkten Sorglosigkeit und einem skrupulösen Gerichtsernst der eigenen Sterblichkeit (und der nahestehender Menschen) begegnete, was man hoffte

---

[10] Zum Begriff der ‚Erfahrung' vgl. Nikolaus Buschmann–Horst Carl, Zugänge zur Erfahrungsgeschichte des Krieges. Forschung, Theorie, Fragestellung, in: Die Erfahrung des Krieges. Erfahrungsgeschichtliche Perspektiven von der Französischen Revolution bis zum Zweiten Weltkrieg, hg. von dens. (Krieg in der Geschichte 9, Paderborn 2001) 11–26, hier 18.

[11] Vgl. zur Methode der ‚Begriffsgeschichte' Reinhart Koselleck, Vergangene Zukunft. Zur Semantik geschichtlicher Zeiten (Frankfurt/Main 1979); ders., Zeitschichten. Studien zur Historik (Frankfurt/Main 2000).

[12] Siehe dazu besonders gründlich den Beitrag von Elisabeth Lobenwein.

und fürchtete, wenn man sich einen jenseitigen Reinigungsort konkret vorstellte und wie man sich zu dieser Erwartung ins Verhältnis setzte. Die während der Tagung bei Tisch geäußerte, ungläubig fragende Verwunderung, ob es denn wahrscheinlich sei, dass die Gläubigen selbst an Millionen von Ablasstagen geglaubt haben sollen, zeigt, wie viel hier noch zu tun ist. Wann schließlich, durch wen und bei wem wurde das Jenseits so umsemantisiert, dass man sich legitimiert, ja genötigt glaubte, das gesamte Bruderschaftswesen in eine Ideologie aufgeklärt-philanthropischer Bruderliebe umgestalten zu können, ja zu sollen? Das sind nur Beispiele für Inhalte explizit religiösen Wissens im Kontext bruderschaftlicher Praxis, die mit spezifischen, zur Not interpolierenden Quellen recherchiert werden könnten.

Entscheidend aber ist nun, das religiöse Wissen ins Verhältnis zu setzen zu anderen Wissensformen und -gehalten: In das Wissen um Religion spielt gleichzeitig das Wissen um die Natur, um das Soziale und Ökonomische, um das Politische oder um das Geschlecht unweigerlich hinein. Welcher(n) Bruderschaft(en) muss ich beitreten, um meiner gesellschaftlichen Position angemessenen Ausdruck zu verleihen? Welche Aktivitäten muss ich dort entfalten, welche Ämter erstreben und verteidigen, um meinem Selbst- und Rollenentwurf entsprechend wahrgenommen zu werden? Welche Präsenz und Repräsentanz kann ich mir leisten, welche Grenzüberschreitung auch? Wo ist körperschaftliche Solidarität ein Ausdruck überzeugten christlichen Gemeinsinns, wo auch mir selbst nützlich – was sich nicht ausschließen muss? Wo ist Kooperation, wo Konfrontation angemessen? Viele Beiträge leisten in diesem Fragesektor Erhebliches[13] oder setzen hier ihren eigentlichen Schwerpunkt[14]. Viele der oben genannten Dichotomien, viele vermeintliche Inkonsequenzen erhielten eine weitere Perspektive, wenn religiöses Wissen als mit diesen anderen Formen und Gehalten des Wissens unlöslich und auch legitim, jedenfalls unausweichlich verknüpft wahrgenommen würde. Hier hat auch die Mediengeschichte von Druck, Musik, ephemerer Theatralik und Sachkultur einen genuinen Ort vertiefter Analyse[15].

Die bedrängend unlösbare Alternative zwischen (semi-)autonomer Dienstleistung auf Gegenseitigkeit und formierend-disziplinierendem Zugriff löst sich damit auf: Religiöses Wissen ist weder theologieförmig systematisierbar noch als politische Strategie lesbar, jedenfalls nicht ausschließlich, sondern ist zu begreifen als das Produkt eines komplexen Aushandlungs- und Diffusionsprozesses zwischen Experten und Nicht-Experten: Ein für bruderschaftliche Praktiken zentraler Bibeltext wie die Gerichtsrede Mt 25,31–46 verstand sich nicht von selbst. Jede Bruderschaft des 15. bis 18. Jahrhunderts (und jede christliche Praxis davor und darüber hinaus) stand und steht vor der Aufgabe, solches als von Gott geoffenbart aufgefasstes Wissen in die jeweils eigenen Lebenswelten zu integrieren, um es als Reflexionsraum und Handlungsgrundlage aktuell zu halten. Damit es intellektuell Orientierung bieten und sozial integrierend wirken konnte, musste dieses Wissen, obgleich als intangibel ('geoffenbart') markiert, dennoch permanent an soziale und kulturelle Rahmenbedingungen angepasst werden: Es war notwendig, den Kanon und die in ihm formulierten Überzeugungen, Werte und Normen immer wieder neu ins Verhältnis zu setzen zu den sich historisch wandelnden sozialen Ordnungen und kulturellen

---

[13] Vgl. z. B. die Beiträge von Rupert Klieber und Thomas Frank in diesem Band.
[14] Vgl. z. B. die Beiträge von Irene Rabl und Tobias Daniels in diesem Band.
[15] Vgl. die Beiträge von Vladimír Maňas, Gerald Hirtner, Marina Beck und Claudia Resch in diesem Band.

Praktiken. Das reflektierte Bewältigungshandeln dieser fortwährenden Adaptationen kann die Bruderschaftsforschung als religiöses Wissen der Akteure untersuchen: Es geht dabei um jene je zeitgemäße Über-Setzung, die einen kanonischen Text überhaupt erst für eine bestimmte soziale Gruppe handlungsleitend machte – ohne freilich zeitgleiche gegenläufige Tendenzen je ganz außer Kraft setzen zu können. Eine solche Perspektive auf wissenssoziologische Dynamiken bewahrt auch davor, die josephinistische Aufhebung der Bruderschaften und die teilweise Vernichtung ihrer Überlieferung als pietätlosen Traditionsbruch moralisch zu brandmarken, wie das in manchen Beiträgen zumindest unterschwellig angedeutet wird. Stattdessen ist zu untersuchen, unter welchen Bedingungen solche Umsemantisierungen geschahen, ja den Akteuren als notwendig erschienen, welche Legitimierungsstrategien solchen Überzeugungen an die Seite gestellt wurden, welche Logiken sich daraus ergaben und wie diese wirkten.

Im Gefälle solcher Überlegungen ist das Verhältnis von Experten- und Laienwissen neu und anders zu thematisieren, eben nicht mehr nur als Sedimentierungspozess modernisierender Disziplinierung und retardierender Verweigerung. Einerseits blieben – angesichts der Wertzuschreibung an das göttlich autorisierte biblische Offenbarungswissen – Aktualisierung und Verfügbarmachung, aber auch Kontrolle und Standardisierung dieses Wissens eines der Felder, auf denen die soziale Macht von Experten als „Kontrolle im Symbolsystem"[16] ausgehandelt wurde. Wie jede soziale Kontrolle zielt auch die Kontrolle religiösen Wissens auf die Aufrechterhaltung und die Identitäts- wie Grenzsicherung von kirchlichen Systemen. Die Kontrolle durch die Experten wie die Kontrolle der Experten selbst beruhten weitgehend auf systematischer Machtübertragung durch religiöse Organisationen: in Theologie und Bildung, Recht und Liturgie, Bildung und geistlicher Literatur, und damit als Transfer in die und dann Transformation innerhalb der Erfahrungsräume der Laien. Viele Beiträge machen sehr deutlich, wie enorm sich insbesondere die Orden und die Wallfahrtskirchen hier engagierten; nur in wenigen Fällen spielten herausragende Reformbischöfe eine zentrale Rolle; auf der lokalen Ebene aber kam insbesondere den Landpfarrern einiges Gewicht zu; mächtige Laien von Landmagnaten bis zu Kaisern klinkten sich hier ein[17].

Andererseits allerdings waren an der Produktion religiösen Wissens immer auch Nicht-Experten beteiligt – wenngleich in je eigener Weise: Definition, Deutungskompetenz und Autorität dieser beiden Gruppen unterlagen im Untersuchungszeitraum starken Schwankungen; und sie konnten sehr umstritten sein. Experten der Philosophie und Naturwissenschaft konkurrierten mit theologischen Experten ebenso wie beide Gruppen mit Alltagsüberzeugungen, die sich auf andere Autoritätsformen als Bücher und Institutionen stützten. Denn die Nicht-Experten schöpften ihr religiöses Wissen als Grundlage von Diskurs und Praxis nur zum Teil aus der Belehrung durch Experten und deren institutionalisierte liturgische Praxis. Daneben existierten stets andere, teils umkämpfte Wege der Wissensvermittlung, die in der Regel durch praktisches Habituslernen vorgespurt waren und intuitiv beschritten wurden. In den in diesem Band beschriebenen habsburgischen Untersuchungsregionen gab es, wie überall im vormodernen Europa, Wissensgesellschaften unterschiedlicher Geschwindigkeiten und Sprachen, Kern- und Randzonen

---

[16] Vgl. Jörg RÜPKE, Historische Religionswissenschaft. Eine Einführung (Religionswissenschaft heute 5, Stuttgart 2007) 131f.

[17] Vgl. dazu die regionalen Forschungsüberblicke von Martin SCHEUTZ, Zdeněk ORLITA und András FORGÓ sowie exemplarisch die Einzelstudien von Zsófia KÁDÁR, Claudia RESCH, Irene RABL und Regine PUCHINGER.

des Wandels, Verzögerung und Dynamisierung. Insbesondere die regionalen Ausprägungen der Reformation und der josephinischen Reformen führten zu unterschiedlich scharf empfundenen Umbrüchen und Konflikten. Zudem berührt die Unterscheidung von Experten und Nicht-Experten zentral die Kategorie des Geschlechts: Männer und Frauen hatten nicht nur unterschiedlichen Zugang zu religiösem Wissen, sondern auch sehr unterschiedliche Chancen, als Experten in diesem Feld Anerkennung zu finden[18], obwohl sie sich, was ihre rege Beitrittsaktivität bezeugt, der Teilhabe offenbar als sehr bedürftig betrachteten.

In der Diskussion um die Konfessionalisierungsforschung, als deren Teil die Geschichte der Bruderschaften in diesem Band mehr oder weniger explizit geschrieben wird, ist gegen modernisierungstheoretische und funktionalistische Betrachtungsweisen plausibel eingewandt worden, sie brächten das ‚Eigengewicht des Glaubens‘ nicht hinreichend zur Geltung. Von einer wissenssoziologisch aufgeklärten Kulturgeschichte her wäre also das Eigengewicht des religiösen Wissens eben darin zu entfalten: zu zeigen, ob und wie weit Glaube in der Gesellschaft, hier konkret in den Bruderschaften, wirkte. Der Glaube hat nur dann ein Eigengewicht – theologisch gesprochen –, wenn er der Hoffnung eine Grundlage gibt und die Liebe bestärkt (1 Kor 13). Würde man an die Bruderschaften Parameter der konfessionellen Konformität anlegen, spräche der Schwall der Kanzelkritik eine klare Sprache: Die Professionalisierung der Geistlichen funktionierte durchaus, wenn auch in unterschiedlicher Eindringungstiefe, für die Laienkonfessionalisierung hingegen müsse mit erheblichen Abschattungen gerechnet werden. Dem widerspricht allerdings der Befund, dass die verfemten Laien sich nicht nur für gute Christen hielten, sondern für ihre religiöse Orientierung und die Bewältigung ihrer lebensweltlichen Risiken auch einen enormen Aufwand trieben. Hier zeigt sich die Grenze eines Religionsbegriffs, der sich von den Selbstbeschreibungen vormoderner Menschen prinzipiell distanziert: Religion lediglich als soziale Verständigung einer Gesellschaft über Sinnfiguren der Transzendenz zu verstehen, greift zu kurz[19]. Religion ist nicht nur ‚funktional‘ in dem Sinne, dass die Kommunikation darüber in Texten, Bildern oder Ritualen Ordnungen entweder stabil hält oder zur Veränderung herausfordert. Religiöse Kommunikation, so waren alle Akteure überzeugt, war nicht nur ein Symbolsystem in der Welt, sondern adressierte substanziell die, die eigentlich unverfügbar waren – Gott selbst als Vater, Sohn und Geist oder als Trinität, Maria, die Heiligen – und rechnete mit deren Antwort. Als unvermittelte religiöse Erfahrung aber erschloss sich das nur wenigen; darum brauchte es die vielgestaltige Medialität des Heiligen: Religion wurde dadurch im Alltag zu einem „Set von

---

[18] Vgl. aus der jüngeren Forschung zur Frauenbildung und zur religiösen Autorität von Frauen z. B. Christina Lutter, Geschlecht und Wissen, Norm und Praxis, Lesen und Schreiben. Monastische Reformgemeinschaften im 12. Jahrhundert (VIÖG 43, Wien 2005); dies., Mulieres fortes, Sünderinnen und Bräute Christi. Kulturelle Muster und spirituelle Symbolik in mittelalterlichen Geschlechterkonzepten, in: Religion. Kultur. Geschlecht, hg. von Monika Mommertz–Claudia Opitz (10. Fachtagung des Arbeitskreises Geschlechtergeschichte in der Frühen Neuzeit, Frankfurt/Main 2007) 51–70; Renate Dürr, Prophetie und Wunderglauben. Zu den kulturellen Folgen der Reformation. *HZ* 281 (2005) 3–32; dies., Laienprophetien. Zur Emotionalisierung politischer Phantasien im 17. Jahrhundert, in: Performing Emotions. Interdisziplinäre Perspektiven auf das Verhältnis von Politik und Emotion in der Frühen Neuzeit und in der Moderne, hg. von Claudia Jarzebowski–Anne Kwaschik (Göttingen 2013) 17–41; Gender in Transition. Discourse and Practice in German-speaking Europe, 1750–1830, hg. von Ulrike Gleixner (Social History, Popular Culture, and Politics in Germany, Ann Arbor 2006).

[19] So Benjamin Ziemann, Sozialgeschichte der Religion. Von der Reformation bis zur Gegenwart (Historische Einführungen 6, Frankfurt/Main 2009) 27f.

Erfahrungen"[20], und eben diese müssen aus der Kommunikation über jene Wahrnehmungen, Deutungen und Handlungen erschlossen werden, mit denen Menschen wieder in Prozesse der Verständigung einbrachten, was für sie religiöses Erleben war[21]. Man kann also den transzendenten Bezugspunkt der Religion nicht unabhängig von seinen kommunikativen und medialen Symbolisierungen betrachten, aber man kann auch nicht gegen die Akteure einfach voraussetzen, es gebe ihn nicht. Darum bedeutete Teilhabe am Heiligen, soziale Räume einer dreiseitigen Kommunikation auszubauen und sich darin anzuordnen: Nicht nur Geistliche und Laien, sondern auch die Mächte des Himmels übernahmen darin eine gestufte Handlungsträgerschaft, die aber wiederum nur „in der durch die Endlichkeit des Menschen geprägten Kultur und ihren ästhetischen Formen" gefasst werden kann[22].

Was wir dann zu sehen bekommen, ist genau jene Konkurrenz religiösen Wissens mit anderen Wissenssystemen, die mit einer je relativ eigenen Logik hervortreten: ökonomische Rationalität, versuchte Naturbeherrschung, politischer Pragmatismus, familiäre und soziale Strategien. In den religionspolitisch kodierten Lebensräumen der Bruderschaften war Religion in der Tat überall, aber nicht über allem. Der Glaube hat sein eigenes Gewicht, der Rest des Lebens aber auch. Konfessionalisierungsprozesse gewinnen mit Phantasien von fügsamer Volkskirchlichkeit kein sinnvolleres Merkmalsraster als mit Machbarkeitsstudien obrigkeitlichen Handelns. Dementsprechend erweiterungsfähig ist unser Bild davon, wie man sich die Welt der Laien in den katholischen Territorien vorzustellen hat, in denen Bruderschaften florierten, aber natürlich auch in den gemischtkonfessionellen Räumen, in denen sie zur Rekatholisierung eingesetzt werden sollten[23]. Auf der Seite der Laien scheinen nicht passive Implementierung und untertänige Akkulturation, sondern aktive Wahl und intuitive, oft selektive Einfügung die entscheidende Rolle gespielt zu haben: Biblische Texte und religiöse Grundeinsichten, die das Leben deuteten und ausrichteten, konnten Transfers aus der Theologen- in die Laienkultur ebenso auslösen wie die bewusste Entscheidung für einen Habitus des guten Christen. Dabei konnte viel gefordert, erzogen und eingeübt, aber wenig erzwungen werden. Standes-, Schicht- und Geschlechterdifferenzen gingen in solche Formierungsprozesse religiösen Wissens ein, weil sie Alltagsklugheit, Zuträglichkeit und Nutzen in religiöses Verständnis und fromme Praxis einbezogen, ohne sie bloß kalkuliert zu verzwecken. Die Wahl zu betonen bedeutet auch, mit Auswahl zu rechnen, also mit selektiver Aneignung.

2.2 Praktiken

Diese Überlegungen zum religiösen Wissen in Bruderschaften vorausgesetzt, können sich Perspektiven zu Praktiken und zu den Räumen, in denen sie sich vollzogen, wesentlich kürzer fassen. Alle Varianten religiöser Orientierung – das scheint in praktisch allen Beiträgen auf – wurden durch konkretes Handeln konstituiert. Die religiösen und

---

[20] Wietse de Boer–Christine Göttler, Introduction. The Sacred and the Senses in an Age of Reform, in: Religion and the Senses in Early Modern Europe, hg. von dens. (Intersections 26, Leiden–Boston 2013) 1–13, hier 13; vgl. Topographien des Sakralen (wie Anm. 6).

[21] Vgl. Oliver Krüger, Die mediale Religion. Probleme und Perspektiven der religionswissenschaftlichen und wissenssoziologischen Medienforschung (Religion und Medien, Bielefeld 2012) 463–466, hier 499.

[22] Silvio Vietta–Herbert Uerlings, Einleitung. Ästhetik – Religion – Säkularisierung, in: Ästhetik – Religion – Säkularisierung, Bd. 1: Von der Renaissance zur Romantik, hg. von dens. (München 2008) 7–24, hier 8.

[23] Vgl. die Beiträge von András Forgó, Christine Tropper und Judit Majorossy in diesem Band.

sozialen Aktivitäten der Bruderschaften konstituierten sich als Praxisformationen, die aus der Kombination von Sprechakten und konkretem Tun erschlossen werden können. Deren „doings and sayings"[24] speicherten den Sinnhorizont der Gemeinschaft auf und aktualisierten ihn gleichzeitig je neu. Diese Ensembles von Praktiken erscheinen auf den ersten Blick statisch und routiniert; sie werden auch in vielen Beiträgen als immer gleiche Vollzüge beschrieben, und zwar sowohl im alltäglichen wie im außeralltäglichen Geschehen, etwa den großen jährlichen Festen oder den Nah- und Fernwallfahrten[25].

Aber trifft das wirklich zu? Aufmerksam und gleichsam gegen den ersten Eindruck gelesen, berichten die einzelnen Fallstudien von permanenter Veränderung: ausgehend von der Unbestimmtheit spätmittelalterlicher Vergemeinschaftungsformen und Verfahrensweisen hinein in die Krise der Reformation, während der Reformationsdekaden die permanente Auseinandersetzung um Aufhebung, Anverwandlung, verteidigende Beibehaltung[26], in der zweiten Hälfte des 16. Jahrhunderts die (Selbst-)Bestimmung der Bruderschaften zum Signet konfessioneller Identität, die Auffächerung der Titelheiligen und Heilsgeheimnisse, die Auseinandersetzung von alten Orden und Jesuiten um den Einfluss auf die quantitative und qualitative Entwicklung, die Zunahme der Printmedien im Bruderschaftsbetrieb, die Ausfaltung der katholischen Frömmigkeitslandschaft und die Ortsuche der Bruderschaften innerhalb dieser, in den konkreten Vollzügen vor Ort die Anpassung an immer neue Krisen und Kriege, die die Alltagskultur bedrohten, die Expansions- und Repräsentationswünsche und die daraus hervorgehenden Rangstreitigkeiten, und dann schließlich gegen Ende des 18. Jahrhunderts die zunehmende Bestreitung aller dieser Anpassungsleistungen und die Forderung, alle diese Praktiken durch andere zu ersetzen oder ersatzlos aufzugeben. Natürlich war es der Wille der Bruderschaften, in allen ihrer Aktivitäten und medialen Repräsentanzen eine Tradition langer Dauer zu insinuieren; das entsprach ihrem Zweck, eine zeitlich gestreckte Memoria zu garantieren und darüber hinaus für die Ewigkeit vorzusorgen. Aber dahinter dürften die Praktiken höchst dynamisch gewesen sein, notgedrungen hingenommen oder absichtsvoll gewählt. Eine Phase der Stabilität oder der Stagnation ist eigentlich nicht auszumachen, wenn man ernst nimmt, was zwischen 1350 und 1800 von den Bruderschaften ausging oder auf sie einprasselte. Begriffe wie ‚Praxisformation' oder ‚Ensembles von Praktiken' dürfen also nicht dazu verleiten, der historischen Betrachtung die Vorstellung routinierter Wiederholungen zugrunde zu legen.

Dies vorausgesetzt, sind die Bruderschaften ein gutes Beispiel für den religiösen und gesellschaftlichen Performanzanspruch von Innovation wie gleichzeitig für die Grenzen der Disziplinierbarkeit großer sozialer Gruppen: Man setzt, auch mit großer institutioneller Macht, nichts durch, was im sozialen Feld keinen Sinn ergibt. Bruderschaften finden auf dem Land andere Bedingungen vor als in den Städten. Jesuiten wenden sich an eine andere Klientel und verfahren mit ihr auch anders als Dominikaner, Kapuziner oder Landpfarrer. Wo Bruderschaften keine nützliche Aktivität entfalten können, etwa aufgrund naturräumlicher oder siedlungsgeographischer Gegebenheiten, bleiben sie schwach. Bruderschaften als Konversionsinstrumente haben eher mäßig funktioniert usw.

---

[24] Vgl. Frank Hillebrandt, Vergangene Praktiken. Wege zu ihrer Identifikation, in: Praktiken der Frühen Neuzeit. Akteure, Handlungen, Artefakte, hg. von Arndt Brendecke (Frühneuzeit-Impulse 3, Köln 2015) 34–45.

[25] Vgl. z. B. den Beitrag von Thomas Winkelbauer in diesem Band.

[26] Vgl. insbesondere die Beiträge von Judit Majorossy und Arend Mindermann in diesem Band.

Für die teils stillschweigende, teils hartnäckige Verweigerung aller spirituellen und organisatorischen Innovation, die keine autochthonen Entwicklungsmöglichkeiten bietet und sich mit Wissen und Interessen der betroffenen Adressaten nicht verflechten lässt, verfügen wir aus anderen Bereichen frühneuzeitlicher Soziabilität über eine Fülle von Beispielen, ebenso aber für die begeisterte Rezeption von Erneuerung, wo sie sich mit Orientierungs- und Strukturbedürfnissen verbinden kann. Die Bruderschaften sind damit aber auch ein Beispiel für die Wirksamkeit der Steuerung religiösen Wissens durch Praxis: Geistliche Impulse und geistliche Leitung sind nicht automatisch als ‚Disziplinierung‘ zu begreifen. Sie setzen auch Impulse und fördern Motivationen. Bruderschaften sind also ein Mittel geistlicher Eliten – und sei es nur der einfache Landpfarrer, aber auch der religiös engagierte Ortsadelige –, soziale Räume spirituell auszugestalten. Wir können die Freiwilligkeit der Bruderschaftsmitglieder, auf solche Angebote einzugehen, nicht reflektieren, ohne die Sogwirkung des Verhaltens derer zu berücksichtigen, denen die Klientel der Bruderschaften sich zugehörig fühlen oder fühlen wollen. Ganz plakativ gesprochen: Wir müssen uns davor hüten, unseren Analysen eine subtil camouflierte Variante der aufgeklärten Priesterbetrugsthese zugrunde zu legen.

Hier setzt, das zeigen einige Beiträge, auch die jüngere Kulturgeschichte des Raumes bereits Akzente in der Bruderschaftsforschung. Die Chancen, Praxisformen der Bruderschaften besser zu verstehen, wachsen mit der Rekonstruktion jener Effizienzstrategien, mit denen die Konfraternitäten profane in religiöse Räume verwandelten und umgekehrt. Dieser Logik und ihrer Erfahrungsqualität sind wir bislang nur ansatzhaft auf die Spur gekommen. Sie ist für den Versehgang genauso zu rekonstruieren wie für den Leichenzug und die Wallfahrt. Gleichzeitig bieten einige Beiträge[27] exzellente Beispiele für die changierenden Übergänge zwischen realen und imaginativen Räumen und für den dadurch vollzogenen Medientransfer. Die Auseinandersetzung mit dem Volksgesang in Bruderschaften, mit der Musik generell, bringt effektiv den Klang im Kontext von Raumwirkungen gebauter Architektur, aber auch die Evokationen deutschsprachiger Gesänge in den geistig-seelischen Innenräumen zur Geltung[28]. Bruderschaften sind also, in der Terminologie Pierre Bourdieus, unter anderem Felder der Platzierung, und zwar sowohl des äußeren wie des inneren Selbst. Und wir kümmern uns noch zu wenig darum, welchen Zuschreibungen und Wertigkeiten diesen Aufstellungen im religiös-sozialen Feld zugrunde liegen und welchen Regeln sie folgen. Die Gestaltung der realen Räume und die Imaginationstiefe der virtuellen Welten bedingten sich in der Bruderschaftsfrömmigkeit wechselseitig. Die Raumgestaltung von Prozessionen, die theatralische und musikalische Bespielung kommunaler oder ländlicher Szenerien, die ephemere oder dauerhafte Ausgestaltung gebauter Architektur – alles das war nicht unabhängig von den inneren Raumbildern, die sich fromme Gläubige von den Jenseitsorten oder vom Verhalten Christi, Mariens und der Heiligen machten. Vielleicht sind diese Raumbilder und ihre ikonografischen Versatzstücke unserem analytischen Zugriff schon zu sehr vertraut, um sie mit den Augen unserer Akteure zu sehen: „Ob die flexibel agierenden, [...] verschiedenste Funktionen integrierenden Bruderschaften als Agent der obrigkeitlich, weltlich-kirchlich gesteuerten Gegenreformation auftraten bzw. als Zwangsmittel für eine verinnerlichte, privatisierte Frömmigkeit oder als „Ausdruck eines basalen nachtridentinischen Selbstverständnisses

---

[27] Siehe etwa die Beiträge von Marina BECK und Claudia RESCH.
[28] Siehe dazu die Artikel von Vladimír MAŇAS und Elisabeth HILSCHER.

der Laien" handelten, haben Elisabeth Lobenwein und Martin Scheutz eingangs gefragt[29]. Aber hier gilt wieder, was schon oben über die Grenzen der Disziplinierbarkeit von Verhalten gesagt wurde. Propagandistisch ausgestaltete Räume blieben für die Akteure leer, wenn ihnen die insinuierte Bedeutungsfülle nichts sagte. Visuelle Konzepte, die die Rezipienten nichts sehen ließen, waren als Massenmedium sinnlos. Was dem ganzen Forschungsbereich noch elementar fehlt, sind gründliche liturgiewissenschaftliche Analysen. Es ist nicht möglich, Praktiken und Wahrnehmungen einfach überzustülpen: Die äußeren und inneren Bilder, die ephemeren Szenerien und Klänge, die Rituale und ihre Texte wirkten nur dann, wenn sie von den Akteuren wiederum in praxisrelevantes religiöses Wissen übersetzt wurden. Sie sind nicht als eine Art Propagandamittel von außen zu analysieren, sondern sie öffneten jeweils neu jene imaginierten Räume, die von den Rezipienten bereits bewohnt und bespielt werden. Zugehörigkeit zu einer Bruderschaft bedeutete daher für den einzelnen Akteur und die einzelne Akteurin, immer wieder neu bewusste oder unbewusste, aber bedeutsame Akte der Ins-Verhältnis-Setzung des Selbst zu dem in den Bruderschaften praktizierten Konnex von Transzendenz und Gemeinsinn zu betreiben. Also muss die Forschung die Räume vermessen, in denen diese Setzungen verhandelt wurden.

Was heißt eine solche Praxeologie für die Rolle der Bruderschaften in der katholischen Konfessionskultur, als deren Spezifikum sie generell wahrgenommen werden? Die Bereitschaft, katholische oder lutherische oder reformierte Überzeugungen in die Lebenswelt einzubeziehen und somit der lokalen Öffentlichkeit wie dem häuslichen und persönlichen Leben ein klar erkennbares Profil zu verleihen – das wird sich an Intensität wenig benommen haben. Es gelang nicht einer Konfession eine erfolgreichere Konfessionalisierung als den anderen. Das Gewicht, das Glaube, Hoffnung und Liebe zukam, senkte nicht erkennbar eine Waagschale der Plausibilität. Der Unterschied liegt in den Ausdrucksformen, die es den Laien ermöglichten, als Glaubende aktiv zu handeln. Lutheraner und Reformierte blieben in hohem Maß an das Wort gebunden. Sie hörten es in der Predigt, und sie lasen es in Andachts- oder Erbauungsbüchern und Postillen, erst zu Beginn des 18. Jahrhunderts vermehrt auch in Bibeln. Sie sangen es auch. Aber sie konnten, neben dem Empfang der Taufe und des Abendmahls, alles in allem wenig tun. Stätten der Religion waren die Pfarrkirche und das Haus. Die Laienprophetie und die Deutung von Naturzeichen signalisieren einen Drang hin zu unmittelbareren Evidenzen. Der Katholizismus hingegen betonte in seiner Liturgie der täglichen Messfeier und in der vergleichbaren Vielfalt seiner Sakramente und Sakramentalien das Kultische stärker. Er schrieb dem Priester weniger als Verkünder und Katechet, mehr jedoch als wirkmächtigem Vermittler himmlischer Gnadengaben eine ihn heraushebende Rolle zu. Er machte aber gleichzeitig seine Laien unabhängiger, wenn sie selbst als Glaubende handeln wollten. Den Katholiken standen zahlreichere und vielgestaltigere Medien des Ausdrucks zur Verfügung, die sichtbar und handhabbar waren und den Raum erschlossen. Andachts- und Gesangbücher besaßen und lasen sie auch; Häuser bargen dem Gebet vorbehaltene Winkel. Andächtige oder wenigstens still gestellte Präsenz in der Kirche wurde auch von ihnen erwartet. Aber darüber hinaus konnten sie Wallfahrten und Flurprozessionen unternehmen, Reliquien mitführen und küssen, Bilder beschauen, Rosenkränze halten, Berührungsreliquien und Breverl und Schabmadonnen heimbringen, ihre Häuser und Ställe, ihr Vieh und ihren Acker segnen lassen, die Landschaft mit Wegkreuzen, Bildstöcken und Kapellen sakralisieren. Sie konnten Votive, Eisenopfertiere und Wachs

---

[29] Vgl. den Beitrag von Elisabeth Lobenwein und Martin Scheutz in diesem Band, 19.

darbringen. Sie konnten Katakombenheilige beschauen und sich mit den spezifischen Zuständigkeiten der Heiligen identifizieren. Sie können eine heilige Stiege hinaufsteigen. Sie konnten einen Versehgang begleiten und den Toten gewaltige Abschiede inszenieren. Sie konnten Ablass erwerben und mit jedem Atemzug das Jenseitsschicksal beeinflussen. Und sie konnten alles das, in diesem Band detailreich rekonstruiert, im Rahmen von Bruderschaften tun. Das war, anders als das aufgeklärte Verdikt oft lautete und lautet, nicht einfach Aberglaube, sondern das sachkulturelle Gebet und die haptische Fürbitte derer, die ohnehin nicht gewohnt waren viele Worte zu machen. Katholiken waren auch in einem weit geringeren Maß an ihre Pfarrkirche gebunden, weil es zwar einen Pfarrbann und eine Osterpflicht gab, aber darüber hinaus Unmengen naher und ferner heiliger Orte und sakraler Räume – die Bruderschaft einer davon. Der Katholizismus, kurz gesagt, ertrug und duldete und förderte in seiner Mitte ein viel größeres Spektrum an Ausdruckshandlungen und Medien transzendenter Vermittlung, ohne ihren Gebrauch zu fordern. Wer das alles nicht mitmachen wollte, konnte es lassen. Den Gebildeten und Anspruchsvollen machte der intellektuelle und personale Stil der Jesuiten und der anderen Reformorden ein Angebot. Die Ränder des Tragbaren und die Grenzen zur Magie, die nicht überschritten werden durften, waren weit gesteckt. Es war diese Weiträumigkeit katholischer Praxisformationen, in der die unzähligen Bruderschaften sich einhausen konnten.

Solche Überlegungen ermöglichen dann auch ‚Gegenproben‘ – und auch hier kann sich für die Bruderschaftsforschung noch ein weites Feld auftun: Vertiefte Einsichten in den Zusammenhang von Wissen und Praxis werden zum Ausgangspunkt einer neuen Debatte der Frage, warum diese Formationen für den josephinischen Staat des späten 18. Jahrhunderts nicht mehr tolerierbar waren. Es spricht ja alles dafür, dass es nicht allein die aufgeklärte religiöse Mentalität politischer und intellektueller Führungsschichten war, die das Fegefeuer als Aberglauben, den Funeralpomp als Zeitvergeudung und die Geselligkeit als Ressourcenverschwendung betrachtete. Vielmehr waren Bruderschaften Praxisräume, die sich vor allem durch ihre Staatsferne auszeichneten. Auf dem Weg zu einer egalitären Untertanengesellschaft nach preußischem Muster, die Joseph II. nach dem Siebenjährigen Krieg anstrebte, waren die Bruderschaften ein erratischer Faktor, während sich Bistümer, Pfarreien und Schulen zwar nicht widerstandslos, aber doch relativ effektiv einstaaten ließen. Die Aufhebung der Bruderschaften sollte nicht das Ende der Forschung zum Thema bedeuten, sondern das Problem aufwerfen, was denn an die Stelle ihrer bisherigen Funktionen trat und welche Lücken aufgerissen wurden und ungeschlossen blieben, wenn Substitute sich nicht entwickelten.

Fragen vom Typus ‚Gegenprobe‘ haben auch, das dokumentiert der Band in seinem letzten Teil, bereits zu intensivierten Forschungen geführt, ob und wie andere Konfessionen und Religionen vergleichbare Formen bruderschaftlicher Zusammenschlüsse entwickelt haben[30]. Darüber hinaus darf vorgeschlagen werden, auch vermehrt interdisziplinär und interkonfessionell zu diskutieren, wie denn jene Konfessionsgesellschaften, in denen Bruderschaften gar nicht verfügbar waren oder dezidiert abgelehnt und (wie in protestantischen Territorien oder im Osmanischen Reich) unterdrückt wurden, ganz konkret jene praktischen Probleme und identitären Orientierungen bearbeiteten, die in katholischen Ländern den Konfraternitäten überlassen waren. Ein solcher Vergleich könnte noch einmal enorme Erschließungskraft für das Verständnis des Bruderschaftswesens und für die Soziabilität der Religion in der frühneuzeitlichen Gesellschaft entwickeln.

---

[30] Vgl. die Beiträge von Judit MAJOROSSY, Arend MINDERMANN, Stefano SARACINO und Sylvie GOLDBERG in diesem Band.

Und nebenbei, aber stets bewusst, muss mit einer gewissen Inkonsequenz aller Praktiken gerechnet werden. Denn eines wird bei unserem dringlichen akademischen Fragen leicht übersehen, so banal es ist: Menschen, die sich in Bruderschaften organisierten, hatten nebenbei jede Menge anderes zu tun.

2.3 Emotionen

Die katholische Konfessionskultur der Frühen Neuzeit setzte, wie jede vergesellschaftete Religion, auf die Herstellung emotionaler Erlebnisse, vermittelt durch die Sinne, kurz: die Wirksamkeit von Gefühlen. Gefühle sind in diesem Kontext gerade nicht als etwas spezifisch Individuelles zu betrachten: Gruppenkohärenz basierte auf der Ausprägung „emotionaler Gemeinschaften"[31] mit spezifischen Codes, die aus einer je eigenen Rationalität des Selbstverständnisses hergeleitet wurden[32].

Mit dem von Pierre Bourdieus Habitus- und Feldtheorie ausgehenden Zweig der jüngeren Emotionsforschung[33] werden Emotionen dreifach qualifiziert: Erstens wird nicht unterschieden zwischen authentischen inneren Empfindungen und anerzogenen Gefühlsäußerungen; es ist unwahrscheinlich, dass dieser Unterschied als solcher existiert, jedenfalls lässt er sich historisch nicht untersuchen. Vielmehr ist davon auszugehen, dass Emotionen von Emotionsregimes gesteuert und dadurch überhaupt erst operationalisierbar werden: Emotionen müssen kommunikativ und medial mobilisiert und reguliert werden. Sie unterliegen einem lebensweltlich gebundenen „framing" und „shaping" durch Wissen, Erinnerungen, Bewegungen, Räume, Objekte und Klänge. Sie werden fokussiert durch Bezeichnungen, die auf den kommunikativen Kontext von Gruppen und auf deren Rituale und Aktivitäten zugeschnitten sind. Denn zweitens sind Emotionen nicht das Gegenteil von Vernunft. Die patristisch-scholastischen Theorien der Seelenkräfte neigten allesamt dazu, Vernunft und Willen hoch zu schätzen, das Gefühl aber des frommen Subjektivismus und der irrlichternden Abweichung zu verdächtigen. Solche Selbstentwürfe von maßgeblichen Akteuren und Akteurinnen können verdecken, dass, wie die jüngeren Neurowissenschaften betonen, vernünftige Entscheidungen und die Willenskraft beanspruchende Handlungen und Strategien ohne Emotionen nicht funktionieren[34]. Drittens sind Emotionen nicht eine Art „amplifier", die zu religiösem Wissen und religiösen Praktiken stimulierend und verinnerlichend hinzutreten. Sie sind vielmehr selbst zu erforschen als Praktiken, die semantisch aufgerufen und körperlich vollzogen werden („doing emotions"). Das Innen und Außen des Emotionalen, das Subjektbewusstsein und der Körper

---

[31] Barbara H. Rosenwein, Worrying about Emotions in History. *American Historical Review* 107/3 (2002) 821–845, hier 826.

[32] Vgl. Birgit Aschmann, Vom Nutzen und Nachteil der Emotionen in der Geschichte, in: Gefühl und Kalkül. Der Einfluss von Emotionen auf die Politik des 19. und 20. Jahrhunderts, hg. von Ders. (Historische Mitteilungen 62, Stuttgart 2005) 9–32.

[33] Vgl. Jan Plamper, Geschichte und Gefühl. Grundlagen der Emotionsgeschichte (München 2012); John Corrigan, Religion and Emotions, in: Doing Emotions History, hg. von Susan J. Matt–Peter N. Stearns (History of Emotions, Urbana u. a. 2014) 143–162; Monique Scheer, Emotionspraktiken. Wie man über das Tun an die Gefühle herankommt, in: Emotional Turn?! Europäisch ethnologische Zugänge zu Gefühlen und Gefühlswelten, hg. von Matthias Beitl–Ingo Schneider (Buchreihe der Österreichischen Zeitschrift für Volkskunde, Neue Serie 27, Wien 2016) 15–36; Birgit Aschmann, Heterogene Gefühle. Beiträge zur Geschichte der Emotionen. *Neue Politische Literatur* 61 (2016) 225–249.

[34] Vgl. Andrew Tallon, Christianity, in: The Oxford Handbook of Religion and Emotion, hg. von John Corrigan (Oxford 2008) 111–124.

sind antidualistisch zusammenzuführen. Methodisch also ist zu unterscheiden zwischen den Gefühlskonzepten, die die Akteure selbst entwerfen, und den Emotionspraktiken, die sich als „Diskurs und Performanz"[35] am Quellenmaterial erheben lassen.

Die Bruderschaften sind ein exzellentes Forschungsfeld, um solchen Grundsatzüberlegungen nachzugehen. Die Rhetorik der geistlichen Erziehung in der Predigt, im Andachtsbuch und im Gebetszettel appellierte mit Begriffen des Gefühls stets an das Innerste des geistlich zu formenden Menschen, wertete das Gefühl als relevanten Ausdruck der Seele. Das erscheint heute als sehr konventionelle Figur barocker Rhetorik; wir tendieren dazu, rasch darüber hinwegzugehen. Die Konzepte der jüngeren Emotionsforschung hingegen eröffnen die Möglichkeit, solche akteursbezogenen Gefühlskonzepte mit dem Wissen und den Praktiken zu verknüpfen. Im Gemütshaushalt der Frommen zwischen dem 14. und dem 18. Jahrhundert war das Wissen um die Emotionen ihrer heiligen Vorbilder fest verankert: Expressive Spuren boten die Bibel-, Lied- und Andachtstexte; auch der in den Bruderschaften äußerst prominente Rosenkranz war eine solche intellektuell-imaginativ-emotionale „docking station". Die Gebetsanleitungen forderten zu ausdrucksstarken Praktiken der Imitation auf: das Knien und Niederwerfen, das Seufzen und Weinen, die Vorstellung und die Selbstzufügung von Schmerzen gehörten zum Standard-Repertoire der ernsthaften Christen. Im Zusammenspiel von Wissen und Praxis ließen sich Religionsgeheimnisse verkörpern, ja geradezu ‚einverleiben': Ihre Vermehrung und Ausgestaltung in den Bruderschaften haben mehrere Beiträge feingliedrig herausgearbeitet[36]. Auch hier ermöglicht das Zusammendenken von Wissenserwerb und Emotionspraktiken, die Hinwendung von Bruderschaftsmitgliedern zum Christus der Passion, zu Maria, zu den Heiligen, zu den Heilsgeheimnissen und Gnadenflüssen präziser zu ermessen. Auch explizite Lehrbruderschaften, etwa die Schülersodalitäten der Jesuiten, lassen sich so wieder näher an andere Bruderschaftstypen heranführen und mit ihnen gemeinsam vergleichend analysieren. Auch hier ist die Zusammenarbeit mit der kulturwissenschaftlich orientierten Kunst- und Musikgeschichte wie der Liturgiewissenschaft essentiell: Jede barocke Tafelmalerei und Skulptur erhebt den Zusammenhang von Gefühl und Körperlichkeit zur visuellen Strategie. Die Druckgraphik zeigt äußere Haltungen, um innere Haltungen zu evozieren. Figuralmusik und Gesang steuern Emotionsregimes, ohne zu disziplinieren. Ritualität im Kontext bruderschaftlicher Wissensbestände und Praktiken heißt: „doing emotions" – „creating space".

Auch die Emotionen, wie das Wissen und die Praktiken, werden von gesellschaftlich anerkannten Regimes des Angemessenen und Zuträglichen gesteuert. Die soziale Stratifikation ist hier nicht weniger bedeutsam als die Alterität der Geschlechter oder die Stufen der Lebensalter. Auch Emotionspraktiken, hier kann man sich nach allem bislang Gesagten kurz fassen, sind nicht statisch, sondern als Prozesse gesellschaftlichen Aushandeln zu erfassen, in denen Individuen und Gruppen eine je spezifische, mehr oder minder mächtige „agency" zukommt.

---

[35] SCHEER, Emotionspraktiken (wie Anm. 33) 28.
[36] Vgl. Rupert KLIEBER, Elisabeth LOBENWEIN, Zsófia KÁDÁR in diesem Band.

3. Interesse, Anpassung und der „katholische Augenaufschlag beym Frauenzimmer": ein kurzes Fazit

Nimmt man diese Aspekte zusammen – religiöses Wissen, Praktiken und Emotionen – dann erscheint der Abgleich der Bruderschaften mit alternativen Konzepten der Einbettung von Todeserfahrung in Gemeinschaftserfahrung viele Forschungsoptionen zu bieten. Denn es gilt die entscheidende Frage aufzuwerfen: Warum war das in katholischen Räumen, grosso modo, so einflussreich, anderswo aber völlig verzichtbar? Warum wählten Katholiken der Frühen Neuzeit mit einer solchen Herausgehobenheit immer wieder massenhaft eben jene spezifische Ausdrucksform des Zusammenhangs von Transzendenz und Vergemeinschaftung? Und warum schienen sowohl die Reformation als auch der katholische Josephinismus auf diese Konstruktion völlig verzichten zu können? Was setzte die durchformte Religiosität der lutherischen Orthodoxie oder des Pietismus an die Stelle dieses eminenten menschlichen Sinn- und Deutungsproblems; und womit glaubte die aufgeklärte Rationalisierung und Ökonomisierung des Machtstaates auskommen zu können? Und was führte dazu, dass der post-revolutionäre Katholizismus im 19. Jahrhundert zwar ein ultramontanes Revival erfuhr, eine der Frühen Neuzeit vergleichbare Konjunktur der Bruderschaften aber nicht wieder auflebte? Es kann nicht erwartet werden, dass die Bruderschaftsforschung solche weit ausgreifenden Fragen allein beantwortet. Aber sie wären ein Horizont, vor dem sie ihre zukünftigen Perspektiven ausrichten und in ein Disziplinen- und Epochengrenzen überschreitendes Gespräch eintreten könnte.

Stellt man solche Fragen im Rahmen gängiger Konzepte einer Religionsgeschichte der Frühneuzeit, dann kann über ‚Konfessionalisierung' nicht gesprochen werden, ohne ‚Selbstkonfessionalisierung' einzubeziehen. Konfessionalisierung war kein kultureller Sedimentierungsprozess, sondern handelnde, umformende Aneignung. Sie geschah nicht unbedingt nur freiwillig, sondern reagierte auch auf die geweckte Furcht, den ausgeübten Zwang und die zugemessene Strafe. Laien veränderten unter diesem Eindruck ihr religiöses Leben so, dass sie sich selbst als gute Christen wissen, aber gleichzeitig den Erfordernissen ihres Lebens standhalten konnten. Das verschuf der Selbstkonfessionalisierung eine irritierende Uneindeutigkeit, wenn man sie mit der Agenda der Konfessionalisierer abglich. Denn was daran war eigentlich in katholisch-reformerischem, aber auch in evangelisch-reformatorischem Sinne tatsächlich neu? Was wir beobachten können, ist das Vorherrschen von „Interesse und Anpassung, aber kein Evangelium, das die Welt verändert"[37]. Selbstkonfessionalisierung war gleichzeitig nicht einfach eine Frucht der Angst, sondern auch ein Zeugnis der Identität. Das Christentum sollte das Überleben sichern und im pietätvollen Umgang mit Gott eine jenseitige Zukunft eröffnen. Der Trost und die Hoffnung werden in den Quellen wie in den Verhaltensweisen immer wieder als zentrale Erfahrungsmomente der Frömmigkeit geschildert. Man nimmt unter den Laien so viel Resistenz gegen ihnen nicht einleuchtende Forderungen und Maßnahmen wahr, dass Konfessionalisierung an stummer widerständiger Hartnäckigkeit gescheitert wäre, hätte sie nicht auch die Bedürfnisse, Gefühle und Gewissheiten des ländlichen und städtischen Habitus getroffen und weiterentwickelt. Nicht vorrangig die Furcht und der Zwang haben diese transformierende Aneignung bestimmt, sondern die Fürsorge für das Selbst und die Gemeinschaft.

---

[37] Renate DÜRR, Politische Kultur in der Frühen Neuzeit. Kirchenräume in Hildesheimer Stadt- und Landgemeinden 1550–1750 (Quellen und Forschungen zur Reformationsgeschichte 77, Gütersloh 2006) 336 (unter Berufung auf Thomas A. Brady; orig. engl.).

Weil dieses Buch mit dem Berliner Aufklärer Friedrich Nicolai begonnen hat, soll
es auch mit seinen Einschätzungen enden, wenn auch gegen den Strich gelesen: Denn
dass Konfessionalisierung – Erfindung und Einübung von Konfession – in diesem oben
genannten Sinne wirksam war, bezeugt seine Reiseschriftstellerei des späten 18. Jahrhunderts ohne Zweifel. Der evangelische Blick auf das Katholische ist allerdings schon arro-
gant geworden zu diesem Zeitpunkt. Ihm eignet darum ein blinder Fleck, das Bewusstsein davon nämlich, selbst von Konfessionalisierungsprozessen zutiefst affiziert zu sein. Es
ist ein gleichsam ‚ethnologischer‘ Blick, dem es aber an Selbstaufklärung über die Wurzeln
des eigenen Standpunktes mangelt. 1781 beobachtete Nicolai auf seiner Reise durch das
katholische Süddeutschland, dass die lang geübte lesende Andacht ihre Spuren in der „Re-
ligionsphysiognomie" hinterlasse. Mit einem gewissen Widerwillen vermerkte er unter
anderem, das stetig wiederholte murmelnde Gebet der Katholischen präge bei den Alten
eine bestimmte Neigung des Halses und eine typische Faltenbildung des Mundes aus.
Angeregt aber hat ihn offenbar der „katholische Augenaufschlag beym Frauenzimmer".
Darüber schreibt er: „Es ist darinnen etwas sanftes, etwas verschämtes, etwas starres, etwas
inniges. Daher sehen katholische Mädchen *ceteris paribus* verliebter aus, als andere. Ihre
Andacht hat etwas verliebtes, so wie ihre Liebe etwas andächtiges. Bey Erinnerung an ihre
Sünde schlagen sie vor einem Marienbilde die Augen zärtlich nieder, wie eine Geliebte vor
ihrem Liebhaber, gegen den sie eine Schwachheit begangen hat, und den sie noch liebet;
und ihr Liebhaber ist ihnen, wie ihr Heiliger, gegen den sie sich in zärtlicher Andacht
verlieren"[38].

---

[38] Friedrich Nicolai, Beschreibung einer Reise durch Deutschland und die Schweiz im Jahre 1781, Bd. 1
(Gesammelte Werke 15 [hg. von Bernhard Fabian–Marie-Luise Spieckermann], [Berlin 1783] Hildesheim–
Zürich 2006) 95–97.

Verzeichnis der Autorinnen und Autoren

Marina BECK, Oberhausmueum Passau, Oberhaus 125, D–94034 Passau; marina.beck@passau.de

Tobias DANIELS, Historisches Seminar der LMU, Mittelalterliche Geschichte, Geschwister-Scholl-Platz 1, D–80539 München; tobias.daniels@mg.fak09.uni-muenchen.de

András FORGÓ, Lehrstuhl für Neuere Geschichte, Universität Pécs, Rókus utca 2, H–7624 Pécs; forgo.andras@pte.hu

Thomas FRANK, Dipartimento di Studi Umanistici, Sez. di Scienze Storiche e Geografiche „Carlo M. Cipolla", Università degli studi Pavia; Piazza del Lino 2, I–27100 Pavia; thomas.frank@unipv.it

Sylvie Anne GOLDBERG, Etudes Juives-Centre de Recherches Historiques [EJ-CRH], Paris-Sciences-Lettres-Ecole des Hautes Études en Sciences Sociales [PSL-EHESS], 54, boulevard Raspail, F–75006 Paris; sag@ehess.fr

Elisabeth HILSCHER, Österreichische Akademie der Wissenschaften, Institut für kunst- und musikhistorische Forschungen, Abt. Musikwissenschaft, Dr. Ignaz Seipel-Platz 2, A–1010 Wien; elisabeth.hilscher@oeaw.ac.at

Gerald HIRTNER, Erzabtei St. Peter, Archiv, St. Peter-Bezirk 1, A–5020 Salzburg; archiv@erzabtei.at

Andreas HOLZEM, Katholisch-Theologische Fakultät, Lehrstuhl für Mittlere und Neuere Kirchengeschichte, Eberhard-Karls-Universität Tübingen; Liebermeisterstr. 12, D–72076 Tübingen; andreas.holzem@uni-tuebingen.de

Zsófia KÁDÁR, Institut für Geschichte, Eötvös-Loránd-Universität; Múzeum krt. 6–8, H–1088 Budapest; kadarzsofiaklara@gmail.com

Rupert KLIEBER, Institut für Historische Theologie/Kirchengeschichte, Universität Wien; Schenkenstraße 8–10, A–1010 Wien; rupert.klieber@univie.ac.at

Elisabeth LOBENWEIN, Institut für Geschichte der Alpen-Adria-Universität Klagenfurt, Universitätsstraße 65–67, A–9020 Klagenfurt; elisabeth.lobenwein@aau.at

Judit Majorossy, Institut für Österreichische Geschichtsforschung, Universität Wien, Universitätsring 1, A–1010 Wien; judit.majorossy@univie.ac.at

Vladimír Maňas, Institut für Musikwissenschaft, Philosophische Fakultät der Masaryk Universität, Brünn, FF MU A. Nováka 1, CZ–602 00 Brno; manas@phil.muni.cz

Arend Mindermann, Landschaftsverband der ehemaligen Herzogtümer Bremen und Verden, Johannisstraße 3, D–21682 Stade; mindermann@landschaftsverband-stade.de

Zdeněk Orlita, Muzeum Novojičínska, 28. října 12, CZ–74101 Nový Jičín; orlitaz@gmail.com

Regine Puchinger, Dr. Karl Renner-Museum für Zeitgeschichte, Rennergasse 2, A–2640 Gloggnitz; regine.puchinger@gmx.at

Irene Rabl, Zisterzienserstift Lilienfeld, Klosterrotte 1, A–3180 Lilienfeld/Institut für Geschichte der Universität Wien, Universitätsring 1, A–1010 Wien; irene.rabl@univie.ac.at

Claudia Resch, Austrian Centre for Digital Humanities, Österreichische Akademie der Wissenschaften, Sonnenfelsgasse 19, A–1010 Wien; claudia.resch@oeaw.ac.at

Stefano Saracino, Institut für Byzantinistik und Neogräzistik, Universität Wien, Postgasse 7/1/3, A–1010 Wien; stefano.saracino@univie.ac.at

Martin Scheutz, Institut für Österreichische Geschichtsforschung, Universität Wien, Universitätsring 1, A–1010 Wien; martin.scheutz@univie.ac.at

Christine Tropper, Kärntner Landesarchiv, St. Ruprechter Straße 7, A–9020 Klagenfurt; christine.tropper@ktn.gv.at

Alfred Stefan Weiss, Fachbereich Geschichte der Universität Salzburg, Rudolfskai 42, A–5020 Salzburg; alfred.weiss@sbg.ac.at

Thomas Winkelbauer, Institut für Österreichische Geschichtsforschung, Universität Wien, Universitätsring 1, A–1010 Wien; thomas.winkelbauer@univie.ac.at